동영상 강의 나눔복지교육원 www.hrd-elearning.com

나눔Book

2026 최신판

청소년 상담사

이론서 전과목 통합서

청소년 상담사 2급 필독서!

청소년상담사 2급 필기시험 합격을 위해 **최적화된 이론서!**

한국산업인력공단의 과목별 **출제기준에 맞춘 이론 수록!**

역대 기출문제의 핵심 중요내용 반영!

[실력 다지기], [심화학습], [기출 확인학습]_**학습 효율성 Up!**

저자 직강의 동영상 강의수강(유료) 및 Q&A 게시판 운영

학습 커뮤니티 : 네이버 또는 다음 카페 [김형준_나눔복지교육원]

김형준 / 유상현 공저

PREFACE
이 책의 머리말

2026년 청소년상담사 2급 시험의 최종합격을 기원합니다.

청소년상담사 자격증은 청소년의 건강한 성장과 발달을 지원하는 전문 상담 인력을 양성하기 위한 국가공인 자격입니다. 급변하는 사회 속에서 청소년들이 겪는 다양한 심리적·정서적 어려움을 이해하고, 전문적인 상담을 통해 그들의 삶에 긍정적인 방향을 제시하는 역할을 수행합니다.

특히 2급 청소년상담사는 청소년상담의 전문성과 심화된 이론·실무 능력을 갖춘 중급 수준의 상담 전문가로서, 학교, 청소년상담복지센터, 공공기관 등에서 상담 기획, 프로그램 운영, 사례 개입 등 보다 복합적인 역할을 수행합니다. 청소년의 심리적 특성과 발달 과정을 깊이 이해하고, 다양한 상담기법을 적용하여 실질적인 변화를 이끌어내는 핵심 인력으로 활동하게 됩니다.

[2026 청소년상담사 2급 이론서]는 최근 5년간 기출문제를 중심으로 구성되어 있어, 실제 시험의 출제 경향을 파악하고 효율적인 학습을 도와줄 것입니다. 또한 선택과목의 경우 시험문제의 난이도 측면과 다른 필수과목과의 연관성 등을 반영하여 **[집단상담]** 과 **[가족상담]** 두 과목을 선정하였으니 이 점 참고바랍니다.

[2026 청소년상담사 2급 이론서] 의 특징은 다음과 같습니다.

첫째, 2014년부터 2025년까지의 공개된 기출문제의 핵심내용을 반영하였으며, 특히 최신 기출의 이론내용은 마지막 장(chapter)에 수록하였습니다.

둘째, 출제기준(한국산업인력공단 발표)에 맞추어 개조식으로 잘 서술하였기 때문에 수험생의 학습 가독성을 고려하였습니다.

셋째, [실력 다지기], [심화학습], [기출문제 확인학습] 등을 잘 정리하려 학습구조화와 학습의 효율성을 제고하였습니다.

넷째, 나눔복지교육원 홈페이지(www.hrd-elearning.com)를 통해 저자 직강의 동영상 학습이 가능하도록 시험 합격에 최적화된 이론서입니다.

감사 말씀을 드립니다.
[2026 청소년상담사 2급 이론서] 교재작업을 함께 해 주신 유상현 교수님께도 감사드립니다. 또한, 편집과 제작에 도움을 주신 (주) 고시고시 최진만 대표님과 모든 임직원 여러분께 깊은 감사를 드립니다.

2026년, 수험생 여러분의 건강과 최종합격을 소망합니다.

편저자 대표 김형준 씀

청소년상담사 자격시험 합격률(2014 ~ 2025년)

자격	년도		필기시험			면접시험		
			응시자	합격자	합격률(%)	응시자	합격자	합격률(%)
1급	2014		286	29	10.13	29	22	75.86
	2015		257	72	28.02	77	62	80.52
	2016	14회	285	54	18.9	66	41	62.12
		15회	256	124	48.44	143	94	65.73
	2017		316	112	35.44	139	102	73.40
	2018		348	119	39.23	141	89	63.12
	2019		390	206	52.82	233	175	75.10
	2020		470	85	18.1	130	94	72.5
	2021		677	350	51.70	351	246	70.09
	2022		646	471	72.91	1,710	1,522	89.01
	2023		734	389	52.99	523	361	69.02
	2024		1,987	1,352	68.04	1,411	902	63.92
	2025		1,904	1,217	63.91	-	-	-
2급	2014		3,281	546	16.64	531	482	90.77
	2015		2,839	726	25.57	765	688	89.93
	2016	14회	3,148	1,066	33.80	1,100	930	84.54
		15회	3,302	1,011	30.62	1,145	980	85.59
	2017		3,876	1,181	26.78	1,119	938	83.80
	2018		3,937	1,962	50.29	2,039	1,713	84.01
	2019		4,128	1,769	42.85	2,024	1,721	85.00
	2020		4,468	2,050	45.9	2,191	1,725	78.4
	2021		4,485	2,802	62.47	3,052	2,582	84.6
	2022		4,047	2,859	51.74	2,794	2,342	83.32
	2023		4,189	2,253	53.78	2,375	1,959	82.48
	2024		5,479	3,870	70.63	3,996	3,041	76.10
	2025		4,713	2,742	58.17	-	-	-

<table>
<tr><td rowspan="14">3급</td><td colspan="2">2014</td><td>6,207</td><td>2,384</td><td>38.41</td><td>2,294</td><td>2,079</td><td>90.63</td></tr>
<tr><td colspan="2">2015</td><td>5,780</td><td>1,814</td><td>31.38</td><td>1,959</td><td>1,716</td><td>87.60</td></tr>
<tr><td rowspan="2">2016</td><td>14회</td><td>5,437</td><td>2,803</td><td>51.50</td><td>2,857</td><td>2,319</td><td>81.20</td></tr>
<tr><td>15회</td><td>5,431</td><td>1,427</td><td>26.27</td><td>1,850</td><td>1,560</td><td>84.32</td></tr>
<tr><td colspan="2">2017</td><td>6,008</td><td>2,111</td><td>35.14</td><td>2,132</td><td>1,852</td><td>86.90</td></tr>
<tr><td colspan="2">2018</td><td>5,597</td><td>1,800</td><td>32.16</td><td>1,946</td><td>1,722</td><td>88.49</td></tr>
<tr><td colspan="2">2019</td><td>5,667</td><td>1,549</td><td>27.33</td><td>1,626</td><td>1,396</td><td>85.80</td></tr>
<tr><td colspan="2">2020</td><td>5,822</td><td>3,056</td><td>52.5</td><td>3,061</td><td>2,666</td><td>87.1</td></tr>
<tr><td colspan="2">2021</td><td>5,608</td><td>1,468</td><td>26.18</td><td>1,710</td><td>1,522</td><td>89.1</td></tr>
<tr><td colspan="2">2022</td><td>5,526</td><td>2,859</td><td>51.74</td><td>2,794</td><td>2,342</td><td>83.82</td></tr>
<tr><td colspan="2">2023</td><td>4,851</td><td>2,446</td><td>50.42</td><td>2,599</td><td>2,732</td><td>85.87</td></tr>
<tr><td colspan="2">2024</td><td>4,479</td><td>2,672</td><td>55.91</td><td>2,804</td><td>2,377</td><td>84.77</td></tr>
<tr><td colspan="2">2025</td><td>4,402</td><td>1,330</td><td>30.21</td><td>-</td><td>-</td><td>-</td></tr>
</table>

청소년상담사 자격시험 안내

1) 제1차(필기) 시험 과목(청소년 기본법 시행령 제23조제3항)

<table>
<tr><th rowspan="2">구분</th><th colspan="2">시험과목</th></tr>
<tr><th>구분</th><th>과목</th></tr>
<tr><td rowspan="2">1급
청소년
상담사
(5과목)</td><td>필수(3과목)</td><td>• 상담사 교육 및 사례지도
• 청소년 관련 법과 행정
• 상담연구방법론의 실제</td></tr>
<tr><td>선택(2과목)</td><td>• 비행상담·성상담·약물상담·위기상담 중 2과목</td></tr>
<tr><td rowspan="2">2급
청소년
상담사
(6과목)</td><td>필수(4과목)</td><td>• 청소년 상담의 이론과 실제
• 상담연구방법론의 기초
• 심리측정 평가의 활용
• 이상심리</td></tr>
<tr><td>선택(2과목)</td><td>• 진로상담·집단상담·가족상담·학업상담 중 2과목</td></tr>
<tr><td rowspan="2">3급
청소년
상담사
(6과목)</td><td>필수(5과목)</td><td>• 발달심리
• 집단상담의 기초
• 심리측정 및 평가
• 상담이론
• 학습이론</td></tr>
<tr><td>선택(1과목)</td><td>• 청소년이해론·청소년수련활동론 중 1과목</td></tr>
</table>

※ 시험과목 중 법령과목 출제 기준일은 시험 시행일 기준임

※ 청소년 관련 법이란「청소년기본법」,「청소년복지지원법」,「청소년보호법」,「아동·청소년의 성보호에 관한 법률」,「청소년활동진흥법」,「학교폭력 예방 및 대책에 관한 법률」,「소년법」을 말하며, 그 밖의 법령을 포함하는 경우 여성 가족부장관이 고시

※ 성평등가족부장관이 고시한 그 밖의 법령은「학교 밖 청소년 지원에 관한 법률」임

2) 제2차(면접) 시험 항목

면접시험의 평가 항목	비고
1. 청소년상담자로서의 가치관 및 정신자세 2. 청소년상담을 위한 전문적 지식 및 수련의 정도 3. 예의·품행 및 성실성 4. 의사표현의 정확성과 논리성 5. 창의력, 판단력 및 지도력	

3) 시험방법

구분			시험방법
1급 청소년상담사 (5과목)	제1차 (필기)	1교시(필수)	객관식(5지택일) [과목당 25문항(총 75문항)]
		2교시(선택)	객관식(5지택일) [과목당 25문항(총 50문항)]
	제2차(면접)		면접시험
2급 청소년상담사 (6과목)	제1차 (필기)	1교시(필수)	객관식(5지택일) [과목당 25문항(총 100문항)]
		2교시(선택)	객관식(5지택일) [과목당 25문항(총 50문항)]
	제2차(면접)		면접시험
3급 청소년상담사 (6과목)	제1차 (필기)	1교시(필수)	객관식(5지택일) [과목당 25문항(총 100문항)]
		2교시(필수 및 선택)	객관식(5지택일) [과목당 25문항(총 50문항)]
	제2차(면접)		면접시험

4) 시험시간

구분	제1차(필기) 시험				제2차 (면접)시험
	교 시	시험과목	입실시간	시험시간	
1급 청소년 상담사 (5과목)	1교시 (필수)	• 상담사 교육 및 사례지도 • 청소년 관련 법과 행정 • 상담연구방법론의 실제	09:00 까지	09:30 ~ 10:45 (75분)	1조당 10 ~ 20분 내외
	2교시 (선택)	• 비행상담·성상담·약물상담·위기상담 중 2과목	11:30 까지	11:40 ~ 12:30 (50분)	
2급 청소년 상담사 (6과목)	1교시 (필수)	• 청소년 상담의 이론과 실제 • 상담연구방법론의 기초 • 심리측정 평가의 활용 • 이상심리	09:00 까지	09:30 ~ 11:10 (100분)	1조당 10 ~ 20분 내외
	2교시 (선택)	• 진로상담·집단상담·가족상담·학업상담 중 2과목	11:30 까지	11:40 ~ 12:30 (50분)	
3급 청소년 상담사 (6과목)	1교시 (필수)	• 발달심리 • 집단상담의 기초 • 심리측정 및 평가 • 상담이론	09:00 까지	09:30 ~ 11:10 (100분)	1조당 10 ~ 20분 내외
	2교시 (필수 및 선택)	• 학습이론(필수) • 청소년이해론·청소년수련활동론 중 1과목(선택)	11:30 까지	11:40 ~ 12:30 (50분)	

응시자격

1) 응시자격 기준(청소년 기본법 시행령 제23조제3항 및 별표3)

구분	자격요건	비고
1급 청소년 상담사	1. 대학원에서 청소년(지도)학·교육학·심리학·사회사업(복지)학·정신의학·아동(복지)학·상담학 분야 또는 그 밖에 성평등가족부령으로 정하는 상담 관련 분야(이하 "상담관련분야"라 한다)의 박사학위를 취득한 사람 2. 대학원에서 상담관련분야의 석사학위를 취득한 후 상담 실무경력이 4년 이상인 사람 3. 2급 청소년상담사로서 상담 실무경력이 3년 이상인 사람 4. 제1호 및 제2호에 규정된 사람과 같은 수준 이상의 자격이 있다고 여성 가족부령으로 정하는 사람	1. 상담분야 박사 2. 상담분야 석사+4년 3. 2급 자격증+3년
2급 청소년 상담사	1. 대학원에서 청소년(지도)학·교육학·심리학·사회사업(복지)학·정신의학·아동(복지)학·상담학 분야 또는 그 밖에 성평등가족부령으로 정하는 상담 관련 분야(이하 "상담관련분야"라 한다)의 석사학위를 취득한 사람 2. 대학 또는 다른 법령에 따라 이와 동등한 학력을 인정받는 기관에서 상담관련분야 학사학위를 취득한 후 상담 실무경력이 3년 이상인 사람 3. 3급 청소년상담사로서 상담 실무경력이 2년 이상인 사람 4. 제1호부터 제3호까지에 규정된 사람과 같은 수준 이상의 자격이 있다고 성평등가족부령으로 정하는 사람	1. 상담분야 석사 2. 상담분야 학사+3년 3. 3급 자격증+2년
3급 청소년 상담사	1. 대학 및 「평생교육법」에 따른 학력이 인정되는 평생교육시설의 청소년 (지도)학·교육학·심리학·사회사업(복지)학·정신의학·아동(복지)학·상담학 분야 또는 그 밖에 성평등가족부령으로 정하는 상담 관련 분야 (이하 "상담관련분야"라 한다)의 학사학위를 취득한 사람 2. 전문대학 또는 다른 법령에 따라 이와 동등한 학력을 인정받는 기관에서 상담관련분야 전문학사를 취득한 사람으로서 상담 실무경력이 2년 이상인 사람 3. 대학 또는 다른 법령에 따라 이와 동등한 학력을 인정받는 기관에서 학사학위를 취득한 후 상담 실무경력이 2년 이상인 사람 4. 전문대학 또는 다른 법령에 따라 이와 동등한 학력을 인정받는 기관에서 전문학사학위를 취득한 후 상담 실무경력이 4년 이상인 사람 5. 고등학교를 졸업하고 상담 실무경력이 5년 이상인 사람 6. 제1호부터 제4호까지에 규정된 사람과 같은 수준 이상의 자격이 있다고 성평등가족부령으로 정하는 사람	1. 상담분야 4년제 학사 2. 상담분야 2년제 + 2년 3. 타분야 4년제 + 2년 4. 타분야 2년제 + 4년 5. 고졸 + 5년

※ 비고

1. 상담 실무경력의 인정 범위와 내용은 성평등가족부장관이 별도로 정하여 고시함
2. 고등학교, 대학, 전문대학 및 대학원이란 각각 「초·중등교육법」 제2조 제4호에 따른 고등학교, 「고등교육법」 제2조제1호·제4호에 따른 대학·전문대학, 「고등교육법」 제29조에 따른 대학원을 말함
3. 응시자격을 갖추었는지 여부는 자격검정 공고에서 정하는 서류제출 마감일을 기준으로 판단함

※ 상담관련 학과 인정 시 법령에 나열되어 있는 10개 '상담관련분야'(청소년학, 청소년지도학, 교육학, 심리학, 사회사업학, 사회복지학, 정신의학, 아동학, 아동복지학, 상담학)와 이에 포함된 10개 학과명의 조합일 경우 인정하고 조합된 학과명에 10개 학과명 이외의 추가적인 문구가 있을 때에는 인정 불가

- 인정 예시 : 청소년 + 상담학, 아동 + 상담학, 교육 + 심리학 등
- 상담관련분야 학과명 중에 '학'자는 빠져있더라도 인정됨

※ 상담관련 학과 인정 시 '학위'명이 아닌 '학과'명 또는 '전공'명으로 판단

- 대학의 경우 : 학부명, 학과명, 전공명 중 하나라도 상담관련분야 명시
- 대학원의 경우 : 학과명, 전공명 중 하나라도 상담관련분야 명시

2) 성평등가족부령이 정하는 상담관련분야(청소년 기본법 시행규칙 제7조)

성평등가족부령이 정하는 그 밖의 '상담관련분야'	제출서류
상담의 이론과 실제(상담원리·상담기법), 면접원리, 발달이론, 집단상담, 심리 측정 및 평가, 이상심리, 성격심리, 사회복지실천(기술)론, 상담교육, 진로상담, 가족상담, 학업상담, 비행상담, 성상담, 청소년상담 또는 이와 내용이 동일하거나 유사한 과목 중 4과목 이상을 교과과목으로 채택하고 있는 학문분야 ※ Q-Net 청소년상담사 홈페이지 - 공지사항(동일·유사교과목) 참조	성적증명서(전공명시) 또는 교학처장(학과장) 직인이 날인된 재학 중 전공학과 커리큘럼

※ 응시자격 참고사항

- 복수전공으로 상담관련분야 학과를 졸업한 경우 인정(학위 취득자)
- 연계전공 혹은 부전공으로 상담관련분야를 선택했을 경우 상담관련과목을 전공으로 4과목 이상을 이수한 경우에만 인정
  ☞ 일반선택과목, 교양과목, 교직과목, 계절학기과목을 이수한 경우 인정되지 않음

※ 동일(유사)교과목 인정여부 판단할 때 기존에 인정된 동일(유사)과목명(현재까지 인정된 과목은 공단 청소년상담사 홈페이지 공지사항 "동일유사교과목"에 첨부되어 있음)과 핵심키워드가 일치하면 과목명에 "~론", "~학", "~연구", "~과정", "~세미나", "~이론" 등이 포함된 경우나 "의", "및", "과", "Ⅰ·Ⅱ", "1·2" 등과 같이 조사나 숫자가 다른 경우에 동일(유사)과목으로 인정가능(위의 문구 이외의 추가적인 문구가 있을 경우 동일(유사)교과목 심사 필요)

※ 동일(유사) 교과목 신청 시 해당 "학과장 직인"의 확인서류를 공문으로 제출

3) 상담 실무경력 인정기관

- 청소년단체(청소년 기본법 제3조제8호)
- 청소년상담복지센터(청소년복지 지원법 제29조)
- 청소년복지시설 : 청소년쉼터, 청소년자립지원관, 청소년치료재활센터, 청소년회복지원시설 (청소년복지 지원법 제31조)
- 학교 밖 청소년 지원센터(학교 밖 청소년 지원에 관한 법률 제12조)
- 각급 "학교"(초·중등교육법 제2조) / 각종 "대학"(고등교육법 제2조)
- 청소년상담사 자격검정위원회에서 인정하는 기관 (정부기관 · 공공상담기관 · 법인체상담기관 및 민간상담기관) : 예시내용 참조

※ 정부기관·공공상담기관·법인체상담기관

예시) 법무부(보호관찰소, 소년원), 고용노동부(진로상담센터), 보건복지부(아동학대예방 센터, 성폭력상담센터, 종합사회복지관), 국방부(군상담 부대 및 기관), 성평등가족부 (성폭력상담센터), Wee프로젝트(Wee 스쿨, 클래스, 센터) 등

※ 민간상담기관 : 상담기관으로서 관할관청에 신고 또는 등록을 필한 후 상담활동(개인상담, 집단상담, 심리검사, 상담교육 등)의 실적을 제시할 수 있는 상담기관으로

【 비영리 법인 : 고유번호증, 민간상담기관 : 사업자등록증명원 】 사업자등록증명원의 단체명, 업태, 종목에 '상담, 심리, 치료, 정신의학'이 명시된 기관은 인정

→인정여부 결정을 위해 기관실사 및 자격검정위원회에 회부를 할 수 있음

4) 응시등급별 청소년상담사 실무경력 인정기준(1년간 기준)

응시등급	상담유형	실시경력
1급 및 2급 청소년상담사	개인상담	대면상담 50회 이상 실시
	집단상담	24시간 이상 실시
	심리검사	10사례 이상 실시 및 해석
3급 청소년상담사	개인상담	대면상담 20회 이상 실시
	집단상담	6시간 이상 실시 및 참가
	심리검사	3사례 이상 실시 및 해석

※ 개인상담, 집단상담, 심리검사 경력을 모두 만족할 경우 1년 경력으로 인정

5) 결격사유

다음 각 호의 어느 하나에 해당하는 사람은 청소년상담사가 될 수 없음(최종 합격 발표일을 기준으로 각 호의 어느 하나에 해당하는 사람은 청소년상담사 자격검정에 응시할 수 없음)

1) 미성년자·피성년후견인 또는 피한정후견인

2) 파산선고를 받고 복권되지 아니한 사람

3) 금고 이상의 형을 선고받고 그 집행이 끝나거나 집행을 받지 아니하기로 확정된 후 3년이 지나지 아니한 사람

4) 금고 이상의 형을 선고받고 그 집행유예의 기간이 끝나지 아니한 사람

4의2) 제3호 및 제4호에도 불구하고 다음 각 목의 어느 하나에 해당하는 죄를 저지른 사람으로서 형 또는 치료감호를 선고받고 확정된 후 그 형 또는 치료감호의 전부 또는 일부의 집행이 끝나거나(집행이 끝난 것으로 보는 경우를 포함한다) 집행이 유예·면제된 날부터 10년이 지나지 아니한 사람

가. 「아동복지법」 제71조제1항의 죄

나. 「성폭력범죄의 처벌 등에 관한 특례법」 제2조의 성폭력범죄

다. 「아동·청소년의 성보호에 관한 법률」 제2조제2호의 아동·청소년대상 성범죄

5) 법원의 판결 또는 법률에 의하여 자격이 상실되거나 정지된 사람

※ 자격증 취득 후라도 상기 결격사유에 해당하거나 거짓이나 그 밖의 부정한 방법으로 자격을 취득한 경우, 자격을 다른 사람에게 빌려주거나 양도한 경우에는 자격을 취소할 수 있음

6) 합격자 결정 기준(청소년상담사 자격검정 및 연수 등에 관한 고시 제11조)

(1) 제1차(필기) 시험

매과목 100점을 만점으로 하여 매과목 40점 이상, 전과목 평균 60점 이상 득점한 자

※ 제1차(필기) 시험 합격예정자는 응시자격 서류제출기관에 응시자격 서류를 반드시 제출하여야 하며, 정해진 기간 내 응시자격 서류를 제출하지 않거나 심사결과 부적격자일 경우 시험 불합격(무효) 처리함

청소년상담사(응시자격 서류심사 1회)

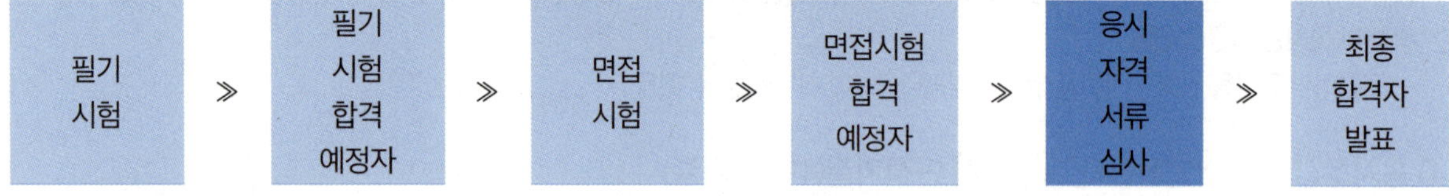

(2) 제2차(면접) 시험

면접위원의 평점의 합계가 각각 15점 이상을 얻은 자를 면접 시험 합격자로 함. 단, 면접위원의 과반수가 어느 하나의 평가 사항에 대하여 1점으로 평정한 때에는 평정점수 합계와 관계 없이 불합격으로 함

7) 시험의 일부면제

필기시험과 서류심사에 합격하고 면접시험에 불합격한 자에게 다음 회의 시험에 한하여 필기시험을 면제함

청소년상담사 2급 합격전략

1) 학습전략을 세울 때, 한국산업인력공단에서 발표한 출제평의 출제기본방향과 문제출제 시 강조점을 잘 읽어보고 이에 맞추어 과목별로 학습하는 것이 중요하다. 수험생 여러분이 꼭 숙지해야 할 것은 한국산업인력공단의 출제영역에 따라 학습을 진행하되, 각 과목에서 알아두어야 할 개념을 철저하게 이해하고 이에 대한 사례문제로 응용할 수 있는 능력이 요구된다. 다시 말하면, 개념정리와 이에 대한 사례적용이 중요하다는 것이다.

2) 통상적으로 청소년상담사 시험문제는 기존에 출제된 많은 문제의 풀(pool)에서 선별하는 방식으로 이루어지며, 대개는 약간 수정하여 출제하거나, 새로운 문제를 출제하고 있다. 이에 대비하기 위해서 먼저 이론내용에 대한 학습을 체계적으로 철저하게 해야 한다. 이론학습 없이 문제를 푼다는 것은 매우 어려운 일이다. 모든 과목의 이론내용을 적어도 2회독 정도는 해야 자신감이 생길 수 있다. 이를 위해서는 학습계획에 따른 철저한 실천이 요구된다. 3개월 정도의 시간을 가지고 이론학습을 하면 충분할 것이다. 이론내용에 최적화된 전공교재는 교육학, 상담학, 심리학 전공교재가 좋다. 그 이유는 이제까지의 합격률은 교육학과, 심리학과, 상담학과의 졸업생이 높은 비율을 차지했을 가능성이 높기 때문이다. 기출문제에서 사용하는 용어나, 문제의 유형을 보아도 알 수 있다. 따라서 이와 관련된 교재와 수험서를 보는 것이 바람직하다.

3) 이론학습 후에는 문제풀이 연습을 해야 한다. 문제풀이의 기간은 2 ~ 3개월 정도가 바람직하다. 많은 문제를 풀어보는 것이 바람직하며, 문제를 풀더라도 기출문제 유형과 비슷한 유형의 문제를 풀어보는 것이 좋다. 각 과목당 25문제로 모두 150문제이며 문제풀이 연습을 할 때는 3회분(450문제) 이상 풀어보는 것이 바람직하다. 그리고 자신의 이론학습 검증을 위해 오엑스 문제와 같은 유형의 연습도 필요하다.

4) 예상문제로 연습이 끝났다면 최종 모의고사를 실전처럼 풀어보는 것이 좋다. 이것은 적어도 1회 정도는 풀어야 하는데, 실제 시험시간에 맞추어서 컴퓨터용 용지에 직접 마킹을 해보는 연습이 필요하다. 이는 실제시험에 대비하기 위한 좋은 예행연습이 될 것이다. 시기는 실제시험일 이전 1~2주일이 좋을 것이다. 최종 모의고사 후, 실제시험까지 남은 시간은 최종모의고사에서 틀린 문제에 대해 재차 점검하는 것이 바람직한데, 틀린 문제유형은 다시 틀리기 마련이기 때문이다.

5) 주의할 내용은 이론학습을 통한 정리를 할 때는 단순히 암기식보다는 이해 위주의 학습을 하는 것이 바람직하며, 문제풀이 학습을 우선적으로 하기보다는 이론학습을 우선적으로 하는 것이 좋다. 실제 문제유형은 일반적으로 쉬운 문제부터 어려운 문제까지 난이도가 잘 조절되어 출제되는 경향이 많기 때문에, 연습문제풀이도 난이도가 잘 조절되어 있는 문제로 풀어보는 것이 바람직하다.

필기시험 합격을 위한 최적의 학습전략 4가지

1) 모든 학습은 반복학습이 가장 중요하다.

이론이나 문제풀이 등 모든 학습은 2번 이상 학습하는 것을 원칙으로 하고, 예습보다는 복습을 통해 효과를 더욱 극대화해야 한다.

2) 서로 관련된 과목을 연계하여 진행하는 것이 좋다.

서로 관련된 과목을 연계하여 진행하면 진도도 잘 나갈 뿐만 아니라, 종합적인 사고를 할 수 있어서 시험에서 큰 도움이 된다. 학습순서를 간단히 소개하자면, 청소년 상담의 이론과 실제 → 집단상담 → 가족상담 → 심리측정 평가의 활용 → 이상심리 → 상담연구방법론의 순서대로 권유하고 싶다.

3) 이론 → 문제풀이(기출문제 - 예상문제) → 최종 모의고사 점검의 순서대로 하는 것이 바람직하다.

80% 정도의 이론학습은 문제풀이 진도의 속도에도 도움이 되므로, 이론이 80% 정도 정리되면 문제풀이로 돌입하는 것이 좋다. 이론이 부족한 상태에서는 문제풀기가 어려우며, 오히려 시간낭비를 초래할 수 있다. 문제풀이는 기출문제를 통해 기출의 경향을 파악하고, 추후에 예상문제로 실력을 점검하는 것이 좋다. 시험일 1 ~ 2주 전에는 최종 모의고사로 실력을 테스트해 보길 바라며, 참고로 [나눔복지교육원]에서는 시험일 3 ~ 4주 전에 온라인 최종 모의고사를 서비스하고 있으니, 이를 활용하여 보는 것도 좋다.

4) 최적의 학습 콘텐츠를 선택하는 것이 중요하다.

시중에는 청소년상담사와 관련된 많은 수험서와 동영상 강의가 있다. 독학으로도 학습이 가능한 수험생도 있겠지만, 일반적으로 동영상 강의나 실강(오프라인 강의)의 도움을 받는 경우가 많다. 강의의 도움을 받고자 하는 수험생은 시간이 조금 걸리더라도 다양한 강의 콘텐츠를 잘 살펴보고 자신에게 맞는 콘텐츠를 선택하는 것이 좋다.

청소년상담사 2급 출제영역

주요항목	세부항목	세세항목
1. 청소년상담의 이론과 실제 (필수)	청소년내담자의 이해	청소년 내담자의 특성
		청소년 문제의 이해
		발달과제와 문제
	청소년상담이론	정신분석
		개인심리학
		행동주의 상담
		실존주의 상담
		인간중심 상담
		게슈탈트 상담
		합리정서행동 상담
		인지치료
		현실치료/해결중심 상담
		교류분석
		여성주의 상담
		다문화 상담
		통합적 접근
	청소년상담의 기초	청소년상담의 의의
		청소년상담의 목표
		청소년상담의 특성
		청소년상담자의 자질
		청소년상담자의 태도
		청소년상담자 윤리
	청소년상담의 실제	상담의 시작
		상담의 작업
		상담의 종결
		상담기술과 기법
		상담의 유형(단회, 단기, 장기, 매체 등)
		청소년 사례 통합관리
1. 청소년상담의 이론과 실제 (필수)	청소년상담의 실제	지역사회안전망 운영
	기타	기타 청소년상담의 이론과 실제에 관한 사항
2. 상담연구 방법론의 기초 (필수)	상담연구의 기초	상담연구의 과학적 접근
		상담연구의 패러다임
		전문적 글쓰기
	연구의 절차	연구문제 및 가설 설정
		연구구인의 조작적 정의
		연구주제 선정
		변인결정 및 측정도구의 선정
		연구대상자 선정과 표집
		자료수집과 분석방법

주요항목	세부항목	세세항목
2. 상담연구 방법론의 기초 (필수)	연구의 타당도	내적 타당도
		외적 타당도
		통계적 결론 타당도
		검사도구의 타당도
		검사도구의 신뢰도
	실험설계	실험연구의 개관
		상담성과 및 효과 연구
		통계분석 절차 및 방법
		집단 간 실험설계
		집단 내 설계
		혼합설계
		준실험 설계
		단일사례연구설계
		모의상담연구
		상관연구
2. 상담연구 방법론의 기초 (필수)	질적 연구	현상학적 접근
		근거이론
		사례연구
		합의적 질적 연구(CQR)
		질적 연구의 신뢰도와 타당도
	상담연구 윤리	
	기타	기타 상담연구방법론의 기초에 관한 사항
3. 심리측정 평가의 활용 (필수)	심리검사 개론	심리검사 및 평가의 개념과 역사·총론
		면접법과 행동평가법
		심리검사의 분류, 선택, 시행
		심리검사의 제작과 기본통계
	심리검사 각론	지능검사
		객관적 성격검사
		투사법 검사
	기타	기타 심리측정 평가의 활용에 관한 사항
4. 이상심리 (필수)	이상심리학의 이론적 입장	
	이상심리의 분류 및 평가	
	신경발달장애	
	조현병 스펙트럼 및 기타 정신병적 장애	
	양극성 및 관련장애/우울장애	
	불안장애	
	강박 및 관련장애/ 외상 및 스트레스 관련 장애	
	해리장애/신체증상 및 관련 장애	
	급식 및 섭식 장애/배설장애/ 수면 - 각성장애	

주요항목	세부항목	세세항목
4. 이상심리 (필수)	성 관련 장애(성기능 부전/ 성별 불쾌감/변태성욕장애)	
	파괴적, 충동조절 및 품행 장애/ 물질관련 및 중독 장애	
	신경인지장애	
	성격장애	
	기타(임상적 주의의 초점이 될 수 있는 기타의 상태 등)	
	기타	기타 이상심리에 관한 사항
5. 집단상담 (선택)	청소년 집단상담의 이론	집단상담의 기초 (정의/목표/치료적 요인)
		집단역동의 이해 및 집단상담의 과정 (초기/중기/종결 단계)
		집단상담의 제 이론 - 정신분석접근 - 개인심리학 접근 - 행동주의 접근 - 실존주의 접근 - 인간중심 접근 - 게슈탈트 접근 - 합리정서행동 접근 - 인지치료 접근 - 현실치료/해결중심 접근 - 교류분석 접근 - 예술적 접근 등 기타 접근(심리극, 미술, 음악 등)
		집단상담자 (집단상담자의 역할/기술/인성)
	청소년 집단상담의 실제	집단상담자의 기술 및 문제상황 다루기
		청소년 집단상담의 계획 및 평가
		청소년 집단상담의 특징 - 윤리와 규범 - 참여자의 권리와 책임 - 기타 특징
		청소년 집단상담의 제 형태
	기타	기타 집단상담에 관한 사항

주요항목	세부항목	세세항목
6. 가족상담 (선택)	가족상담의 기초	가족상담을 위한 체계적 조망
		가족상담의 기본 개념
		가족상담 과정
		가족상담 기술
		가족상담 윤리
	가족상담의 이론과 실제	가족상담의 이론적 기초
		가족상담 이론 - 보웬의 체계적 가족치료 - 구조적 가족치료 - 경험적 가족치료 - 전략적 가족치료 - 해결중심 단기 가족치료 - 이야기 치료
		가족생활주기와 가족상담
		가족상담 사정과 평가
		가족상담 실제
	청소년 가족 - 부모상담	청소년 가족 이해와 변화를 위한 개입전략
		청소년 문제 유형별 가족상담(폭력, 중독, 자살 등)
		청소년 가족 - 부모상담 사례
	기타	기타 가족상담에 관한 사항

CONTENTS
이 책의 목차

1교시

CONTENTS

이 책의 목차

청소년상담사
2급 필기 이론서

2교시

memo

1교시

1과목

청소년상담의 이론과 실제(필수)

나눔복지교육원 동영상 강의

CHAPTER 01

청소년 내담자의 이해

제1절 | 청소년 내담자의 특성

1) 상담동기가 부족하여 자기 스스로 상담실의 문을 두드리기보다는 의뢰된 내담자가 많다.
2) 상담동기가 낮은 청소년 내담자는 여러 회기의 상담에서 요구되는 지구력이 부족하여 청소년의 집중력의 한계를 가지고 있으며 큰 변화와 재미없이 상담시간에 꾸준하게 자발적으로 참여하는 것을 힘들어한다.
3) 청소년 내담자들은 상담자를 학교 지도부 선생님의 표상을 갖는 위치로 파악하는 경우가 많아 오해가 있을 수 있어, 상담자를 부정적으로 지각하는 경향이 있다.
4) 청소년들은 동시다발적인 관심을 가지기 때문에, 한 가지에 지속적인 관심을 가지지 못한다.
5) 청소년들은 감각적이고 빠른 흐름을 추구하기 때문에 감각적 흥미와 재미를 추구한다.
6) 청소년은 연령적으로 피아제의 구체적 조작단계에서 벗어나 형식적 조작단계에 있지만, 인지적 능력이 부족한 상태이다.
7) 청소년들은 환경으로부터 지배적인 영향을 받는다.
8) 언어 표현력이 부족하다.
9) 신장 등이 가장 급격한 발달을 이루는 시기, 즉 왕성한 변화를 이루는 발달시기이다.
10) 청소년 문제는 복합적이고 종합적인 특성을 지니기 때문에 종합적 이해와 대책이 요구되어 상담자는 청소년 내담자의 문제는 자기 자신과 가족의 배경, 학교생활 배경, 친구 배경, 미래에 대한 생각이나 방향 등을 총체적으로 살필 수 있는 틀과 방법을 확보하고 있어야 한다.

실력 다지기

하비거스트(Havighurst)의 청소년기 발달과업 – 정서적, 사회적 발달을 중요시하였다.

1) 자기의 체격을 인정하고 자신의 성역할을 수용한다.
2) 동성이나 이성의 친구와 새로운 관계를 형성한다.
3) 부모와 다른 성인들로부터 정서적으로 독립한다.
4) 경제적 독립의 필요성을 느낀다.
5) 직업을 선택하고 준비한다.
6) 유능한 시민으로서 갖추어야 할 지적 기능과 개념을 획득한다.
7) 사회적으로 책임 있는 행동을 원하고 이를 실천한다.
8) 결혼과 가정생활을 준비한다.
9) 적절한 과학적 세계관에 맞추어 가치체계를 형성한다.

청소년 내담자의 특징

1) 상담동기가 부족하여 자기 스스로 상담실의 문을 두드리기보다는 의뢰된 내담자가 많고, 청소년 내담자들은 상담자를 학교 지도부 선생님의 표상을 갖는 위치로 파악하는 경우가 많아 오해가 있을 수 있어, 상담자를 부정적으로 지각하는 경향이 있다.
2) 청소년은 연령적으로 피아제의 구체적 조작단계에서 벗어나 형식적 조작단계에 있지만, 인지적 능력이 부족한 상태이다.
3) 청소년들은 동시다발적인 관심을 가지기 때문에, 한 가지에 지속적인 관심을 가지지 못한다.
4) 청소년들은 신장 등이 가장 급격한 발달을 이루는 시기, 즉 왕성한 변화를 이루는 발달시기이며, 청소년 문제는 복합적이고 종합적인 특성을 지니기 때문에 종합적 이해와 대책이 요구되어 상담자는 청소년 내담자의 문제는 자기 자신과 가족의 배경, 학교생활 배경, 친구 배경, 미래에 대한 생각이나 방향 등을 총체적으로 살필 수 있는 틀과 방법을 확보하고 있어야 한다.

조기 완료(= 정체감 유실) – 청소년기의 문제가 되는 정체감 중 하나

1) 가치와 직업, 개인적 이념 등에 관여는 하고 있지만, 위기의식은 없는 상태이다.
2) 사춘기의 심리적 · 사회적 · 육체적 혼미로 인한 정신적 고통을 일시적으로 회피하기 위하여 부모나 기성세대 또는 동료에 의해 만들어진 기존의 가치체제를 그대로 수용하려고 한다.
3) 외형상으로는 안정된 상태인 것처럼 보이지만 가치체제가 고착화되어 있고 권위주의적인 태도를 보이며 자신의 정신적 지주라고 할 수 있는 성인(부모)에게 절대적으로 의존하는 경향이 높다.
4) 조기완료 상태가 지속되면 자신의 진정한 자아와 삶의 주체성을 상실하게 되며 융통성이 결여되게 된다.
5) 나는 누구인가? 라는 질문에 대해 '나는 아빠의 귀여운 딸이다', '나는 형님의 동생이다.' 등의 의존적 반응을 나타내서 자신을 타인과의 관계에 의해서만 정의하고자 하는 것이다.

1) 청소년의 내적 문제행동

(1) 내적 문제행동의 의미

비행, 행동장애, 반사회적 행동은 문제를 행동화하기 때문에 외향적인 것으로 간주되는 반면, 우울, 자살, 섭식장애와 같은 정신적인 장애는 문제가 내적으로 지향된다는 점에서 내향적인 성격을 지니고 있다.

(2) 우울

'우울한 기분'은 청소년기 동안 슬픔의 공통된 감정으로 간주되며 이러한 감정은 주로 일시적이다. 반면, '임상적 우울'은 일상생활의 다양한 측면에서 기능하는 개인의 능력에 실질적인 영향을 미치는 것으로 부정적 감정과 태도가 더욱 크고 지속적인 상태를 의미한다.

① 청소년기 우울증의 특징

ㄱ. 지속적으로 슬픈 감정을 보이며 이전에 좋아하던 활동을 하지 않고 활동 자체가 감소되어 있으며 화를 잘 내고 두통이나 복통과 같은 신체적 증상을 자주 호소한다. 학교를 자주 결석하거나 성적이 저조하고 숙제를 하지 않는 경향이 많으며 권태감이나 낮은 활동력 및 낮은 주의집중을 보이고 식사나 수면 패턴의 변화를 보인다.

ㄴ. 친구들과 같이 어울리는 시간이 줄어들어 혼자 지내거나 친구들과의 놀이에 흥미를 잃는 경우가 많으며 죽고 싶다는 말을 하거나 자살에 대해서 이야기한다.

② 성차

ㄱ. 여자 청소년이 남자 청소년보다 우울한 기분을 더 많이 나타나고 있다.

ㄴ. 여자 청소년에서 많이 나타나는 이유

가. 호르몬 원인론

나. 청소년 초기의 '사회적 변화' - 사춘기적 변화와 관련된 사회적 변화가 여자 청소년들로 하여금 좁게 규정된 성 고정 관념의 방식으로 자신을 표현하고 처신하도록 압력을 가함으로써 여자들을 사회적 변화에 매우 취약하게 만들 수 있다.

다. 여자 청소년들의 '신체에 대한 불만족'

라. 중다 스트레스 요인 인자들

마. 스트레스에 대한 반응의 '내재화'경향

③ 치료 및 예방

ㄱ. 청소년의 우울증 예방 방법은 스트레스 상황에 대처할 수 있는 능력을 증진시키고 문제해결 능력이나 생활기술을 가르치도록 계획된 프로그램이 효과적이다.

ㄴ. 기본적으로 모든 청소년들이 적어도 우울한 정서 상태를 경험할 수도 있다는 가정에 기초하여 전체 청소년에 대하여 예방 서비스를 제공하여야 한다.

ㄷ. 우울증으로 진단된 부모의 자녀들이 우울증을 보이는 경향이 높으므로 이들에 대한 예방 프로그램이 동시에 제공되어야 한다.

ㄹ. 부모의 우울을 이해하고 대처하는 데 필요한 정보를 가족구성원들에게 제공하는 것도 바람직하다.

(3) 자살

- 일반적으로 자살행동은 자살생각, 자살시도, 자살로 구분된다.
- 자살생각은 우리가 살아가면서 누구나 한 번쯤 일시적으로 갖게 되는 것으로 '인생이 가치 없다' 또는 '죽고 싶다'는 생각과 같은 보편적인 현상에서부터 자신이 정말 죽으려고 구체적인 계획을 세우는 것까지 포함한다.
- 자살시도는 정말 죽으려는 의도를 가지지 않고 자살행동을 통해 다른 목적(타인의 관심을 끌거나 다른 사람에 대한 위협 수단)을 달성하려는 것에서부터 죽으려고 하였으나 다른 사람의 개입으로 인해 결과적으로 그 목적을 달성하지 못한 경우까지 매우 다양하다.

① **성차**

ㄱ. 청소년 여자들은 남자보다 자살 시도율이 3배나 더 많다.

ㄴ. 완전한 자살은 남자가 여자보다 자살 성공 가능성이 4배 더 많다.

② **위험요소**

ㄱ. **생활 스트레스 인자**: 자살시도 집단은 다른 청소년들보다 주요 우울증으로 진단될 가능성이 18배나 더 많았다.

ㄴ. **사회적 위험요소**: 자살시도자의 가족들은 다른 청소년들의 가족보다 종종 비조직화되어 있고 응집성이 결여되어 있으며 갈등이 더 높았다.

③ **치료와 예방**

ㄱ. 자살에 대해 말하는 청소년과 이전에 자살을 시도한 청소년들은 매우 심각하게 취급될 필요가 있으며 그들이 재빨리 도움을 얻을 수 있도록 해 주어야 한다.

ㄴ. 자살각성 프로그램인 '다시 생각하기' 운영과 학교 구역들과 지역사회가 친구의 자살 이후에 청소년들에 대한 정서적 지원을 제공해 줄 필요가 있다.

(4) 약물과 알코올 남용

- 모든 청소년들이 약물사용으로 인한 심각한 합병증의 위험에 처해 있는 것은 아니다.
- 일부 청소년들의 경우 청소년기에 약물사용은 실험적이고 순간적이며 일시적인 경험이다.
- 위험은 약물사용이 다른 문제행동을 발생시킬 수 있는 가능성에 있다.
- 어떤 청소년들의 경우 약물사용은 무모한 운전, 성적 접촉의 증가, 성병의 위험, 약물사용과 관련된 임신과 태아 합병증, 학교생활의 어려움 또는 실패와 관련되어 있다.

① **청소년 약물 사용의 원인**

청소년 약물 사용의 원인은 매우 다양하고 복잡한 양상을 나타낸다.

ㄱ. **유전적 요인**: 알코올중독이나 약물남용의 가족력에서 볼 때 유전적 요인이 자녀들의 약물사용이나 알코올사용에 관여한다는 관점이다.

ㄴ. **가족 환경적 요인**

가. 가족의 구조와 기능은 청소년들의 약물 시도 · 사용 · 남용에 대한 수용 가능성과 관련이 있다.

나. 부모나 손위 형제들이 약물남용을 해 온 가정에서 양육된 청소년들은 약물남용자가 될 확률이 높으며 가정불화, 가족붕괴, 부모의 거부적 태도, 부모의 이혼 등이 영향을 미친다.

ㄷ. **지역사회와 사회적 환경 요인** : 사회 · 경제적 상태가 낮거나 소외집단에 속한 사람들은 현실적이고 보상이 될 만한 대안이 없으며 합법적인 역할모델의 결핍 때문에 약물복용을 매력적으로 느끼고 보다 쉽게 선택하는 경향이 있는 것으로 보고되고 있다.

ㄹ. **동료와 매스컴 요인** : 청소년에게는 동료의 압력이나 영향이 약물사용의 시작과 지속성에 중요한 영향을 미치며 최근에는 매스컴의 영향력도 매우 크게 작용한다.

ㅁ. **심리학적 및 정신 역동적 요인**

가. 약물남용이나 의존이 어떤 인격적 요인이나 정신역동적 요인에 의해 초래된다.

나. 정신역동학에서는 약물남용이 자아병리(ego pathology)와 관련이 있음을 시사하고 있다.

② **약물의 치료 및 예방**

ㄱ. **집단요법, 인지** : 행동 요법, 단기정신치료, 가족치료 등이 약물중독자에게 필요하다.

ㄴ. 치료의 초기 동안에는 치료적 관계형성을 확립하기 위해 관심 있는 태도와 지지적인 감정이입이 유용하다.

ㄷ. 약물 남용 문제에 대한 맞닥뜨림 방법도 제공될 수 있다.

ㄹ. 치료자의 위엄과 권위적 태도는 청소년 약물남용 환자의 치료에 중요한 장애 요인이 될 수 있다.

ㅁ. 치료자는 정신치료를 통하여 환자의 죄책감 및 실패감을 감소시켜 주며 매일의 활동계획과 대인관계 양상을 바람직한 방향으로 변화시켜 주어야 한다.

ㅂ. 약물남용 환자가 주로 사용하는 방어기제로는 부정, 투사, 합리화 등인데 이에 대해서는 직접 직면하지 말고 방어기제에 내재되어 있는 환자의 고통을 공감하고 강력한 지지와 희망을 갖도록 해주어야 한다.

2) 청소년의 사회적 문제행동

(1) 청소년 폭력의 특징

① 청소년 폭력은 친구나 선배, 불량배 등을 통해 이루어지는 악성폭력의 형태가 많으며 그 밖에도 부모나 교사의 체벌도 상당부분을 차지하고 있다.

② 청소년 폭력을 비롯한 범죄가 저연령화되고 있다.

③ 청소년 폭력이 더욱 잔인하고 비인간적인 방법으로 이루어지고 있다.

④ 청소년 폭력의 가해자는 다양한 얼굴을 지니고 있다.

⑤ 피해 학생의 경우 그 사실을 부모나 선생님에게 잘 알리지 않는다.

(2) 집단 괴롭힘

① **집단 괴롭힘의 의미** : 주로 학교 장면에서 일어나는 학교폭력의 일종으로, '한 명 이상의 학생이 약한 입장에 있는 학생을 지속적으로 고립시키고 괴롭히는 것'을 말한다.

② **집단 괴롭힘의 원인과 대책**

ㄱ. 집단 괴롭힘은 초등학교에서부터 중학교, 고등학교, 대학이나 직장생활에서까지 광범위하게 발생하고 있다.

ㄴ. 집단 괴롭힘은 남학생보다 여학생에게 더 보편적이다(중학교와 고등학교에서 두드러짐).

ㄷ. 청소년기 집단 괴롭힘의 가해와 피해행동을 유발하는 중요한 원인 가운데 하나는 이들 청소년들이 다양한 상황에서 더 많은 폭력장면을 목격해 왔기 때문이다.

ㄹ. 집단 괴롭힘은 청소년들의 집단 동조압력에서 비롯된다.

ㅁ. 입시위주의 교육과 경쟁적 풍토를 조장하고 있는 학교환경이 청소년들에게 강력한 스트레스를 주게 되며 이것이 집단 괴롭힘을 가속화시킨다고 할 수 있다.

ㅂ. 대책

가. 집단 괴롭힘이 어느 한 가지 원인만으로 발생하는 것이 아닌 만큼 대책 역시 가장 이상적인 어떤 한 가지 방안만을 제시할 수는 없다.

나. 청소년 초기의 인지적 성숙을 촉진시키고 스트레스 대처전략을 개선하도록 지도하며 사회적 기술과 대인협상 전략의 발달을 촉진시키고 사회적 지지 체계를 강화한다. 부모와의 안정적인 애착관계를 유지 발전시키고 청소년 개인의 자기 존중감을 향상시킬 수 있는 방법을 종합적으로 마련해야 한다.

(3) 청소년 가출

① **청소년 가출의 원인**

ㄱ. **정신병리학적 이론가의 입장** : 가출이 쾌락적 충동의 통제 부족, 신경증, 해소되지 않은 오이디푸스 콤플렉스, 심한 자기애적 인격장애, 낮은 자아개념 등에 의해 발생하는 개인적 정서장애의 한 형태라고 주장한다.

ㄴ. **맥락주의적 이론가의 입장** : 심각한 정서장애나 가족병리가 없는 다수의 청소년도 가출을 한다는 사실에 주목하고 가출은 가정의 해체나 갈등, 부모의 학대, 학교나 또래집단의 압력, 사회 유해환경으로부터의 유혹 등이 복합적으로 상호작용해서 발생된다고 본다.

ㄷ. 가출유형을 통해 가출의 동기를 밝히고자 한 접근

실력 다지기

가출유형을 세 가지로 정리 – Roberts(1982)

1) 참을 수 없는 가족상황에서 벗어난 사람
2) 모험을 추구하는 사람
3) 학교문제가 있는 사람

② **가출 청소년에 대한 지도대책**

ㄱ. 청소년이 가출을 문제해결의 수단으로 선택하지 않도록 하기 위해서 청소년의 문제해결 선택과정을 조력하기 위한 합리적인 지도대책이 마련되어야 한다.

ㄴ. 가출 예방을 위한 대책으로 개인의 생물학적 특성과 사회 문화적 환경요인을 개선하는 일도 중요하다.

ㄷ. 위험행동 선택의 중개 변인으로 작용하는 가출에 대한 지식, 관리기술 또는 대인협상 전략, 가출에 대한 개인적 신념 등을 개선 또는 강화시킬 수 있는 방안을 마련해야 한다.

ㄹ. 관리기술을 발달시킴으로써 부모, 교사, 친구들과의 보다 원만하고 생산적인 관계 형성을 촉진시킬 수 있도록 한다.

ㅁ. 가족의 강점을 개발하고 가족 간 의사소통과 갈등관리 능력을 향상시키고 가족을 위한 시간을 만들며 가족 응집성을 증가시키고 가족 역할 기대와 융통성을 향상시킨다. 부모가 청소년기를 이해하고 대처할 수 있는 능력을 기를 수 있게 도와주는 프로그램을 개발한다.

(4) 청소년 사이버 일탈

① **컴퓨터 몰입 및 중독 의미와 영향**

ㄱ. 청소년들이 장시간 인터넷이나 컴퓨터 통신을 사용함으로써 정신건강을 해치고 대인관계의 장애를 가져오는 일련의 문제행동이다.

ㄴ. 컴퓨터 중독이 되면 컴퓨터에 장시간 몰입함으로써 일상생활을 제대로 하지 못하고 컴퓨터를 사용하지 못할 경우 심리적 불안감과 우울증 등을 경험하게 된다.

ㄷ. 수면부족과 불규칙한 생활습관으로 인해 체력 저하와 집중력 저하를 겪게 되고 면역체계가 약화되며 눈의 통증 등을 경험한다.

ㄹ. 학업이나 업무상의 손실, 통신비용과 같은 경제적인 손실, 대인관계 및 가족관계에서의 문제 등을 경험한다.

ㅁ. 컴퓨터나 인터넷을 통한 가상공간에서의 삶은 특히 청소년들에게 정체감 형성을 크게 위협할 수 있는 요인으로 지적되고 있다.

☞ 가상 공간에서는 실제로 성 관련 정보와 매춘문제, 사회규범 해체와 관련된 해킹의 문제, 인권침해 등이 발생하여 청소년 초기 정체감 혼미를 더욱 가중시킨다.

② **사이버 범죄**

ㄱ. 기존의 실생활 범죄가 정보통신매체를 수단으로 하여 발생되거나 사이버 공간 내에서 타인의 명예 손상과 재산상의 손실 등을 의도적으로 야기하는 행위 일체를 말한다.

ㄴ. 청소년이 피해자가 되고 있는 사이버 범죄의 유형으로는 사이버 성폭력, 인터넷 매춘 알선, 인터넷 도박 등이 있다.

③ **사이버상의 부적절한 행위 유형** : 동일하거나 특별한 내용적 가치가 없는 정보의 연속적 게재, 정보의 내용과 동떨어진 제목의 게재, 정보의 중복 게재, 지나치게 긴 장황한 글의 게재, 출처가 불명확하거나 부정확한 정보의 게재, 욕설 등의 무례하거나 적대적인 언어사용, 인신공격 및 인격모독적인 발언, 과대 허위광고 게재, 음란, 외설, 폭력 등의 불건전 정보의 게재 등

④ **사이버 일탈행동의 지도대책 - 청소년의 사이버 일탈을 예방하고 극복하기 위한 방안**

ㄱ. **자율규제 활동 강화**: 사이버 공간의 역기능과 유해 정보는 이를 공유하는 네티즌(netizen)들의 자율적인 노력으로 차단되고 예방되는 것이 최선의 방책이다.

ㄴ. 네티켓 교육 확산

ㄷ. 부모의 사이버 참여 증진

ㄹ. 정보기술 관계법과 청소년 법 보완

제3절 | 발달과제와 문제 - 자아정체감을 중심으로

1) 자아정체감의 의미와 속성 - 에릭슨(Erikson)이 제시한 정체감의 의미

(1) 자아정체감은 '~ 로서의 나' 간의 통합감을 의미한다.

(2) 자아정체감은 과거의 나와 현재의 나, 미래의 나 간의 연속감이나 일관성을 의미한다.

(3) 자아정체감은 주체적 자아(I)와 객체적 자아(Me) 간의 조화감을 의미한다.

(4) 자아정체감은 '나는 나다'라는 실존의식을 의미한다.

→ 위의 자아정체감에 대한 네 가지 정의 방식은 상호 밀접한 관련성이 있다.

(5) 정체감의 구체적 모습들

① **발달적 정체감**: 인간은 성장 발달하면서 각 단계 또는 시기마다 그 나름대로 자부심이나 사명감을 갖게 되는데 이 때의 자부심 또는 사명감을 정체감이란 말로 표현할 수 있다.

② **부정적 정체감**

ㄱ. 문화적 기대나 요구는 젊은이들에게 사회의 규범과는 전혀 다른 모순 투성이의 자기상을 갖도록 한다.

ㄴ. 사회에 대한 공헌이나 성공의 가능성이 전혀 없다고 판단하는 청소년들은 '자기 정의'로서 이러한 부정적인 말을 받아들여 그것을 더욱 굳히는 행동을 계속함으로써 부정적 정체감(negative identity)을 강화시킨다.

③ **성 역할 정체감**

ㄱ. 성 정체감은 제2차 성징의 발현과 호르몬의 분비가 있기 훨씬 이전부터 명확하게 나타난다.

ㄴ. 성 정체감 발달의 세 가지 형태

가. 자신을 남자 또는 여자로 인지하는 것이다.

나. 남녀의 구별에 기초하여 남자다움(남성성) 또는 여자다움(여성성)을 익혀서 남성적 역할 또는 여성적 역할을 하는 것이다.

다. 성애(性愛)의 대상으로서 이성을 선택하는 것이다.

④ **집단정체감**

ㄱ. 개인이 자기 민족의 역사가 이룩한 독특한 가치 및 이상들과 내적 결속성을 갖는 것을 말한다.

ㄴ. 집단정체감(group identity)을 민족적 또는 국가적 정체감(national identity)이라고도 한다.

2) 청소년기의 정체감 위기와 형성과정

(1) 청소년기 정체감 위기의 문제 필연성과 정체감 확립의 중요성

① 청소년기에 들면서 내적 충동의 질적 · 양적 변화가 일어나기 때문

ㄱ. 청소년은 사춘기의 시작과 더불어 급격한 신체발달과 성적 성숙의 발달이 이루어진다.

ㄴ. 이러한 양적인 변화와 함께 신체 내부에서는 여러 가지 질적인 변화가 일어난다.

ㄷ. 양적인 변화는 쉽게 관찰할 수 있는 부분이지만 질적인 변화는 다소 복잡한 양상을 띠게 된다.

ㄹ. 청소년들은 자아의 힘이 부족하고 자아구조를 통합할 능력이 부족하기 때문에 근본적으로 자기 존재감에 대해 회의적이고 부정적임과 동시에 나는 누구인가, 나는 어디서 와서 어디로 가는 존재인가를 반문하게 된다.

② 청소년이 경험하는 상충적인 사회적 요구 때문

ㄱ. 청소년은 아이도 성인도 아닌 이른바 주변인으로서의 존재적 특정 때문에 많은 양가적인 상황(ambivalent situation)에 처하게 된다.

ㄴ. 가정에서 청소년들은 아직 미혼이며 경제적 독립이 성취되기 전이기 때문에 어쩔 수 없이 부모에게 의존적일 수밖에 없다.

ㄷ. 그러나 다른 한편으로 어른들은 나이와 체구에 걸맞게 독립적이기를 기대하고 책임 있는 행동을 요구한다.

③ 청소년기가 되면서 선택을 강요받게 되기 때문

ㄱ. 진학을 할 것인가 포기할 것인가, 진학한다면 어떤 전공을 택할 것인가, 만일 취업을 한다면 어떤 직종을 택할 것인가 등의 선택적 상황을 수없이 경험한다.

ㄴ. 이와 같은 상황에서 청소년들은 잠정적인 결정이든 최종적인 결정이든 간에 자기 스스로 결정을 내려야 한다.

ㄷ. 아직 완전한 성인은 아니지만 이전 시기처럼 전적으로 부모나 혹은 다른 성인에 의지할 수만도 없다.

④ 청소년기에 증대되는 인지 능력 때문

ㄱ. 청소년기는 인지능력에 있어서 이전 시기와는 질적으로 다른 발달 양상을 보인다.

ㄴ. 시간적 제한은 현재에 제한되지 않고 과거와 미래로 확장되는데 이것은 그들의 사고가 현실적 구속을 벗어나 가능성의 세계로 확대됨을 의미한다.

ㄷ. 인지적 능력의 발달은 자기 자신에 대한 탐색과정, 예를 들어 자신의 위치, 역할, 가능성, 가치 및 이념 등에 대한 검토와 확인 · 재규정 등에 영향을 미치게 된다.

기출문제 확인학습

청소년기의 사회 인지발달 특성으로 인해 나타날 수 있는 문제행동

1) 자신만은 괜찮을 것이라고 생각하며 위험한 행동을 계속한다.
2) 자신의 독특성에만 몰두하여 자신과 타인의 관심사를 구분하지 못한다.
3) 다양한 견해를 존중하지 않고 자신의 견해를 관철하려는 편협한 태도를 고집한다.

피아제(J. Piaget)의 형식적 조작기에 나타나는 사고의 특징

1) 형식적 조작사고 : 구체적으로 존재하지 않는 사상이나 아이디어에 대해서도 사고할 수 있으며, 실제와 다른 가설적인 상황에 대한 사고도 가능한 인지능력을 말한다.
2) 추상적 사고 : 개별적 사례들로부터 일반적 개념이나 원리를 형성하는 사고이다. 자료들을 비교, 대조하거나, 사실적 설명을 가하는 것은 구체적 사고에 속하는 반면, 자료에 근거하여 추론을 하거나, 유추를 하거나, 추론된 내용들 간의 논리적 관계를 설정하는 것은 추상적 사고이다.
3) 가설 - 연역적 사고 : 일반적인 명제(전제)를 토대로 하여 구체적인 명제(결론)에 도달하는 사고이다. 다음과 같은 삼단논법은 가설 - 연역적 추리의 대표적 예이다. ① 모든 사람은 죽는다. ② 소크라테스는 사람이다. ③ 따라서 소크라테스는 죽었다. 가설연역적 추리에서의 전제는 대개 귀납적 사고를 토대로 해서 나온 것들이다.
4) 이상적인 사고 또는 가능성의 사고 : 대부분 언어적인 형태로만 표현되며 실제 행동까지 수반되는 경우는 특히 초기 청소년기의 경우 매우 드물어 말과 행동이 불일치하는 양상을 보이기도 한다. 이러한 행동의 증가는 구체적 사실만이 아닌 가능성을 사고할 수 있는 형식적 조작기의 특징이라고 이해된다. 즉, 가설설정 능력은 완벽한 세상에 대한 비전을 세우는 이상주의적 사고로 확장된다.
5) 사고과정에 대한 사고 : 청소년기에는 또한 생각에 대한 생각, 소위 메타인지(meta cognition)능력이 급증하는 시기이기도 하다. 즉, 청소년기는 자신의 생각에 대해 사고하는 능력이 강하게 발달하는 시기인데, 자신에 대해 지나치게 몰두하다 보면 청소년기의 특수한 신념인 청소년기 자아중심적 사고(adolescent egocentric reasoning)를 발달시키기도 한다.

⑤ 동일시 대상의 변화 때문

ㄱ. 청소년은 지금까지 자신의 심적 참조 체계로서 간직해 왔던 이전의 동일시 대상들이 그 유용성을 상실하게 됨으로써 새로운 대상을 동일시하거나 이전 동일시 대상들을 새로운 참조체제로 통합하게 된다.

ㄴ. 사람들은 성장하는 과정에서 자기가 좋아하거나 중요한 의미를 부여하는 사람을 동일시하여 그들의 행동양식, 기호, 가치 등을 내면화해 가기 마련이지만 청소년기가 되면서 좋아하는 인물이나 대상이 바뀜으로써 정체감의 위기를 경험하게 되는 것이다.

CHAPTER 02

청소년 상담이론

제1절 | 정신분석적 상담이론 (지그문트 프로이트)

1) 상담목표

정신분석 상담의 목표는 무의식에 근거하고 있는 내담자의 무의식적 갈등이나 문제행동을 전이과정을 통해 의식화하여 내담자로 하여금 통찰을 얻게 하고 내담자의 자아 강화와 내담자를 보다 건설적인 방향으로 변화시킴으로써 환경에 잘 적응하는 개인으로 성장, 발달할 수 있도록 돕는데 있다.

실력 다지기

정신분석 상담의 목적

1) 내담자의 자각을 증진시키고 행동에 대한 지적인 통찰을 얻게 하며 증상의 의미를 이해한다.
2) 내담자와의 대화에서 정화(catharsis)로, 정화에서 통찰(insight)로, 통찰에서 무의식적인 문제를 다루며 노력하는 과정을 통해 성격의 변화를 유도하고 지적이고 정서적인 이해와 재교육을 이룬다.

2) 상담의 기법

(1) 자유연상 - 과거를 회상하는 기법

내담자는 일상생활의 상념과 선입견을 제거하고 어떤 감정이나 생각도 억압하지 않은 채, 마음에 떠오르는 것이면 무엇이든 즉시 말하도록 하는 기법으로 내담자가 최대한 자발적으로 참여하도록 해야 한다.

① 무의식적 소망, 동기, 갈등 등을 의식화시키는데 사용한다.
② 내담자로 하여금 떠오르는 생각이나 느낌을 의식적으로 검열하지 않고 그대로 표현하게 한다.

(2) 해석

치료적 관계에서 나타나는 내담자 행동의 의미를 설명하고 때로는 가르치기도 하는 것으로서 행동에 대한 단순한 설명이 아닌, 자아가 더 깊은 무의식의 내용을 탐색할 수 있도록 도와주는 기술이다. 이 때 너무 빠른 해석, 비현실적 해석은 바람직하지 않고 적절한 시기, 즉 내담자가 받아들일 수 있는 시기를 선택해서 적절한 해석을 해야 한다.

① 꿈, 자유연상, 저항, 전이 또는 치료관계에서 나타난 내담자의 행동의 의미를 치료자가 지적하거나 설명하는 것이다.
② 새로운 자료를 자아에 동화시켜서 더 깊은 무의식의 자료를 합하는 과정을 촉진시키는 것이다.

③ **해석의 시기** : 내담자의 반응을 통해 결정하게 되는데 시기가 적절하지 않을 경우 내담자에게 거부감을 주거나 저항을 불러일으킬 수 있다는 점을 유의해야 한다.

(3) 저항의 분석과 해석

저항은 참을 수 없는 불안에 대항하여 자아를 방어하려는 무의식적 역동으로 치료자는 이 저항을 지적하고 해석함으로써 내담자가 이에 대해 깨달을 수 있게 할 수 있도록 한다.

① 치료의 진전을 저해하고 내담자가 무의식의 내용을 표현하는 것을 방해하는 모든 것이 저항이라고 한다.

사례

지각, 결석, 무중요치 않은 이야기를 오래 하기, 자유연상을 잘 못하는 경우 등

② 저항의 해석을 통해 내담자가 저항의 원인을 자각하고 그것을 계속 탐색하도록 촉진해야 한다.

(4) 전이의 분석과 해석

전이에 대한 분석은 내담자로 하여금 과거 자신의 해결되지 못했던 일이 현재 자신에게 어떻게 영향을 미치는지 통찰할 수 있는 기회를 부여하며 통찰된 미결사항을 적절히 해석하고 훈습[1)](薰習)함으로써 내담자가 자신을 변화시킬 수 있는 기회를 갖게 한다.

① 내담자가 과거의 부모나 중요한 타인과 경험했던 감정이나 갈등을 치료자에게서 다시 경험하는 것이다.

② 무의식적으로 일어나기 때문에 내담자는 이를 모르고 보통 부적절한 감정이나 행동으로 나타난다.

③ 전이의 분석은 내담자로 하여금 과거의 영향이 어떻게 작용하는지 통찰하게 한다.

실력 다지기

1) **전이 발달** : 내담자가 정서적으로 중요한 의미를 부여하는 감정을 치료자에게 전이하기 시작한다.
2) **통찰** : 치료자는 전이-해석을 통해 내담자가 현실과 환상, 과거와 현재를 구분하도록 해주며 아동기의 무의식적이고 환상적인 소망의 힘을 통찰하도록 한다.
3) **훈습(working through)** : 통찰 후 자신의 심리적 갈등을 깨달아 실생활에서 자신의 사고와 행동을 수정하고 적응 방법을 실행해나가는 과정이며 훈습과정은 반복, 정교화, 확대로 구성된다.
4) **역전이 (counter-transference)** : 치료자가 내담자에게 하는 전이현상이다. 치료자의 무의식적 갈등이 내담자에게 전이된 것으로 바람직하지 않을 수 있다.

1) **훈습** : 내담자의 저항, 분석자의 저항에 대한 해석, 해석에 대한 내담자의 반응

🗀 기출문제 확인학습

상담자의 역전이(counter – transference)

1) 상담자가 자각하지 못하면 상담과정에 부정적이다.
2) 역전이가 일어나지 않도록 내담자와 거리두기를 하는 것은 바람직하지 않다.
3) 슈퍼비전의 도움을 받는 것이 역전이를 해결하기 위한 하나의 방법이 될 수 있다.
4) 다른 사람을 돌보는 것과 관련된 상담자의 미해결된 욕구는 역전이와 관련이 있다.
5) 내담자가 상담자로 하여금 어떤 감정을 느끼도록 무의식적으로 유발시키는 투사적 동일시를 역전이로 볼 수 있다.

(5) 경청과 감정이입

경청의 자세가 필요하며 이 모든 것을 관찰하고 상황을 정확하게 판단할 수 있을 때 정신분석적 경청이 가능해진다.

(6) 꿈의 분석(dream analysis)

① 수면 중에는 방어가 허술해져서 억압된 무의식적 욕구와 감정들이 꿈으로 표면화된다.
② 꿈을 해석하여 내담자 증상의 의미나 상태를 깨닫도록 한다.

(7) '버텨주기' 기법

정신역동적 상담의 부수적 기법 중 버텨주기는 내담자가 경험하고 있거나 혹은 막연하게 느끼기는 하지만, 감히 직면할 수 없는 깊은 불안과 두려움을 **견딜 수 있는 힘**을 제공하는 것이다.

(8) '간직하기' 기법

간직하기는 내담자가 두려워하는 모든 충동과 경험들을 **간직하여** 완화시켜 주는 것이다.

(9) 현실 검증 기법

현실 검증의 의미는 자아가 현실에 비추어 적절한 환경조건이 마련될 때까지 원초아의 욕구 충족과 긴장의 방출을 보류하며, 현실적이고 합당한 방법으로 만족을 얻을 수 있는 방법을 모색하고 계획하는 것이다.

3) 정신분석 상담의 절차

(1) 내담자에게 자신에 관한 사례를 작성하게 한다.
(2) 내담자를 긴 의자에 눕게 하고 아무런 통제나 제지를 받지 않는 상태에서 연상되는 것을 자유롭게 말하게 한다.
(3) 상담자가 내담자의 자유연상이나 꿈 또는 저항을 분석하여 내담자의 무의식적 동기를 해석해준다.
(4) 내담자의 전이를 분석해줌으로써 내담자의 자기이해를 돕는다.
(5) 내담자는 상담자의 해석에 의해 자신을 통찰하게 되고 억압된 갈등이나 욕망을 해소하여 적응력을 갖는다.

4) 정신분석 상담의 유용성

(1) 심리 내적 상황에 대해 관심을 가져 무의식의 존재 및 무의식이 성격에 미치는 영향, 성격의 구조 및 무의식과 성격의 상관관계를 이해하도록 하기 위해 원초아, 자아, 초자아의 개념을 활용하며 자아와 방어기제의 역할 등에 관심을 갖는다.

(2) 가족관계의 심리적·성적인 측면을 중요시하며 심리적·성적 요인 분석을 통해 내담자의 행동의 이해에 역동성을 부여한다.

정리

정신분석 상담이론 (S. Freud)

1) 내담자의 문제는 인생초기의 경험에서 비롯된다.
2) 내담자가 과거에 무의식의 심연에 숨겨버린 갈등의 경험을 이해하는 것이 중요하다.
3) 정신의 수준(무의식, 전의식, 의식)
4) 성격의 구조(원초아, 자아, 초자아)
5) 심리성적 발달단계(구강기, 항문기, 남근기, 잠복기, 생식기)
6) 불안(현실적 불안, 신경증적 불안, 도덕적 불안)
7) 훈습(내담자의 저항, 분석자의 저항에 대한 해석, 해석에 대한 내담자의 반응)
8) 방어기제
9) 자유연상, 꿈의 분석, 정화, 전이, 역전이, 저항, 해석, 리비도 등

기출문제 확인학습

1) 인간의 정신은 다양한 에너지들이 상호작용하는 힘의 체계이며 에너지 체계인 정신은 에너지를 방출하고 긴장을 완화시키는 작용을 한다.
2) 긴장이 감소되면서 즐거움을 느낀다고 보며 심리적 결정론에 기초하며 무의식이 중요하고 이 무의식 동기 중 성적욕구가 가장 중요하다고 본다.
3) 정신분석이론의 주요개념은 인간 정신세계의 마음영역을 의식, 전의식, 무의식으로 본 것과 원초아, 자아, 초자아의 개념으로 구분하고 있다.
4) 정신분석적 상담의 목표는 무의식에 근거하고 있는 내담자의 무의식적 갈등이나 문제행동을 전이과정을 통해 의식화하여 내담자로 하여금 통찰을 얻게 하고 내담자의 자아 강화와 내담자를 보다 건설적인 방향으로 변화시킴으로써 환경에 잘 적응하는 개인으로 성장, 발달할 수 있도록 돕는 데 있다.

제2절 | 개인심리학적 상담이론 (아들러)

1) 아들러(A. Adler)의 개인심리이론의 개념과 특성

(1) 인간이 성적 만족보다 우월감을 추구하며 우월감은 타인에 대한 열등감에서 비롯되었다.

(2) 잘못된 생활양식을 긍정적인 관점으로 변화시키고 사회적 관심을 발달시키면서 보다 나은 생활양식을 제시하고 연구·개발할 것을 강조하고 있다.

(3) 가족 구성원의 생활양식과 가족구조, 출생서열 등에 관심을 쏟았다.

아들러가 제시한 3가지 평생과제

아들러는 세계와 개인의 관계를 일, 사회(사회적 관계, 가족관계), 성(우정)을 세 가지 평생과제로 구분하고 이 세 가지는 뒤얽혀 있어 분리될 수 없는 것으로, 하나가 변하면 다른 것도 변한다고 하였다.

또한 아들러의 5가지 평생과제는 위의 3가지와 '자신에 대한 감정', '정신적인 영역(생의 목표 등)'이 있다.

2) 주요 개념

(1) 생활양식(Life Style)

인생목표 뿐 아니라 자아개념, 타인에 대한 감정, 세상에 대한 태도 등 스스로 설계한 한 개인의 독특한 좌표로서, 4 ~ 5세경에 그 틀이 형성되어 그 후에는 거의 변화하지 않으며, 유형으로는 지배형, 기생형, 회피형, 사회적 유용형이 있다.

실력 다지기

출생순위와 인생스타일(Life Style)

1) 첫째 아이 : 첫째 아이는 둘째 아이의 출생에 의해 부분적으로 소홀하게 내팽개쳐지는 '폐위된 왕'으로 불림
2) 둘째 아이 : 둘째 아이는 형이나 누나 혹은 언니를 따라잡으려고 안간힘을 쓰지만 적어도 인생의 초기에는 열등감을 갖게 됨. 둘째 아이는 항상 뒤에 있으며, 막내 아이보다는 우월하지만 부모가 나이가 많은 나이에 출생했을 수 있음
3) 막내 아이 : 막내 아이는 나이든 부모로부터 과잉보호됨. 과잉보호와 양육태만은 잘못된 인생 스타일로 이끄는 주요 원인으로 봄
4) 남아선호의 문제 : 심리적으로 남성과 여성이 평등하다고 하더라도, 남성을 강한 존재로 여기는 사회 또는 가정의 분위기 때문에 여성이 더 많은 열등감을 갖게 됨

(2) 열등감과 보상(Inferiority and Compensation)

① **열등감**: 개인이 잘 적응하지 못하거나 해결할 수 없는 문제에 직면했을 때 생기는 것으로, 모든 인간으로 하여금 무엇인가를 추구할 수 있게 하는 동기이다.

② **보상**: 잠재력을 발휘하도록 인간을 자극하는 건전한 반응, 즉 열등감에서 우월감을 갖도록 어떤 것을 유발하는 건전한 반응이 바로 보상이다.

(3) 인간관(총체적 · 사회적 · 목표지향적인 인간관)

인간관에서 과거의 어떤 경험에 너무 치우치지 않았다는 것과 인간이 가지고 있는 능력을 강조했다는 것, 또한 열등감을 어떤 보상활동을 통해서 우월감으로 바꾸는 것, 어떤 환경이나 유전에 의한 영향보다 인간이 가지고 있는 능력을 더욱 강조하였다.

(4) 사회적 관심

각 개인이 이상적인 공동사회의 목표를 달성하고자 할 때 사회에 공헌하려는 성향을 의미하며, 가족관계와 경험에서 발달하고, 어머니가 가장 큰 영향을 미친다.

(5) 자아의 창조적인 힘

자아의 창조적인 힘은 생의 의미를 제공하는 원리로 작용하면서 풍요롭게 만들며 자신의 인생목표와 이를 추구하는 방법을 결정하고 사회적 관심의 발달에 영향을 미친다.

(6) 우월성 추구/우월을 향한 노력(will to power)

열등감을 보상하려는 욕구에서 출발하며, 인간생활의 궁극적 목적은 우월하게 되는 것으로, 우월성 추구는 삶의 기초적인 사실로 모든 인간이 문제에 직면하였을 때 부족한 것은 보완하며 낮은 것은 향상시키고, 무능한 것은 유능한 것으로 만드는 경향성을 의미한다.

(7) 가상적 목적

철학자 바이힝거(H. Vaihinger)의 영향을 받은 개념으로 개인의 행동을 이끄는 마음 속의 중심 목표이며, 가상적 목표는 미래에 실재할 것이라기보다는 주관적으로 또는 정신적으로 현재의 행동에 영향을 주는 이상으로 지금-여기에 존재하며, 어떤 상황에서 개인이 추구하는 안전한 상태의 자기상을 말한다.

📁 기출문제 확인학습

바이힝거 (H. Vaihinger)

바이힝거는 아들러의 가상적인 최종목표(fictional finalism) 개념에 영향을 미친 철학자이다.

가상적인 최종목표 (fictional finalism)

1) Adler는 인간을 현재를 바탕으로 미래지향적인 삶의 목적을 향해 노력하는 존재로 보았으며, 이는 우월성 추구가 개인들이 각자 주관적으로 생각하는 궁극적 목적을 추구하면서 구체적으로 표출된다는 것이다.
2) 이러한 궁극적 목적은 현실세계에서 검증되지 않은 가상의 목적이며, 이는 독일 철학자 Vaihinger의 저서 '마치 ~처럼의 철학'으로부터 받은 영감에 근거하는 것으로 개인의 행동을 이끄는 마음속의 중심 목표를 가상의 목표라 한다.
3) Adler는 인간의 행동이 과거 경험에 의해 좌우되기보다는 미래에 대한 기대에 의해서 더 좌우된다고 생각하였다.
4) 가상적인 최종목표는 아동기에 형성되는데, 구체적으로 인식되는 것은 아니지만 아동의 행동 방향성을 결정한다.
5) 최종목표는 성격통합의 기본원리로 작동하며, 개인의 열등감을 보상하는 기능을 지닌다.

3) 상담 목표

(1) 일반적으로 잘못된 목표나 잘못된 가정을 규명하고 탐색하기 위한 계약을 체결하고 다음에 건설적인 목표를 설정하기 위해 내담자를 재교육한다.
(2) 기본목표는 내담자의 사회적 관심, 즉 잘못된 사회적 가치를 바꾸는 것이다.
(3) 행동수정보다는 동기 수정에 관심을 가지며 기본적인 삶의 전제들, 즉 생의 목표에 도전하려 한다.

4) 상담 과정 (4단계)

(1) 치료관계 형성

① 내담자의 삶에 책임감을 느끼도록 협동관계를 수립한다.
☞ 격려와 지지를 통해 강점을 자각하도록 돕는다.

② 내담자의 주관적 경험과 욕구를 중심으로 상담을 진행한다.
③ **초기국면의 기법들** : 능동적 참여 유도, 경청, 내담자의 변화능력에 대한 기대와 믿음 표현, 목표의 확인과 구체화, 공감 등

(2) 개인 역동성 탐색

내담자의 목표는 자신의 생활양식을 이해하고 그것이 현재의 생활의 모든 문제에 있어서 어떻게 기능하는지를 이해하는 것이다.

① 가족 내에서 개인의 위치를 탐색한다.
② **초기 기억(어린 시절의 회상)** : 내담자가 구체적으로 명확하게 기억할 수 있는 것들에 한하며 아들러 학파의 치료자들은 이러한 초기회상을 개인의 생애유형 발달과 개인 생활양식에 대한 중요한 단서로 본다.

③ **꿈** : 꿈은 현재의 관심이나 기분을 투사한 것으로서 꿈이 문제를 표면으로 가져오기 때문에 꿈은 치료의 방향을 제시한다.

④ **우선적 과제** : 내담자의 우선적 욕구를 평가하는 것은 그들의 생활양식을 이해하는 중요한 방법이며 상담자가 내담자의 가장 우선적인 일을 알아내는 방법은 내담자에게 그들의 전형적인 하루 일과를 자세하게 기술하도록 하는 것이다.

(3) 통합과 요약(자기 이해와 통찰)

① 개인의 가족 내에서의 위치와 초기회상, 꿈, 우선 과제 등에 대한 자료수집 후 각 영역을 분리해서 요약한다.

② 마지막으로 전반적인 생활양식 질문지에 근거해서 자료를 통합, 요약하고 해석한다.

③ 요약된 내용은 내담자에게 보여주고 내담자와 토의하며 내담자와 상담자가 같이 구체적으로 수정한다.

④ 상담자는 내담자가 자신의 생활양식, 현재의 심리적인 문제, 잘못된 신념 등 기본적 오류를 깨닫도록 해주고 그것이 어떻게 내담자에게 문제가 되는지 해석해 준다.

⑤ 상담자는 내담자의 언행의 불일치, 이상과 현실 간의 불일치 등에 대해 내담자가 직면하여 자신에 대한 통찰을 얻을 수 있도록 해야 하며 해석을 통하여 내담자의 장점을 지적하고 격려해야 한다.

(4) 재교육(재정향)

① 해석을 통해 획득된 내담자의 통찰이 실제 행동으로 전환되는 단계이다.

② 내담자가 과거의 잘못된 신념, 행동, 태도를 버리고 새로운 생활양식을 갖고 사회적 관심을 갖도록 원조한다.

③ 상담자는 내담자에게 사회적 접촉을 시범으로 보여주고 내담자가 이를 다른 사람에게도 실시해 보도록 격려한다.

정리

개인주의 상담과정

1) 좋은 상담관계 형성 : 동등하고 우호적인 관계

2) 생활양식 조사 : 생활양식, 가족구조와 출생순위, 어린 시절 회상

3) 해석과 통찰 : 해석을 통해 통찰할 수 있도록 격려

4) 재교육 : 통찰이 행동으로 전환되게 하는 재교육

5) 상담의 기술

(1) 일반적 상담기술 : 관심 기울이기, 경청하기, 공감, 구체성, 진실성, 자기 노출, 바꾸어 말하기, 직면, 해석, 즉시성

(2) 격려하기 : 불행, 우울, 분노, 불안의 심리 상태에 있는 사람은 성장할 수 있고 보다 자기 충족적인 방향으로 모험을 감행할 수 있는 내적 자원(resource) 개발 촉진과 긍정적인 방향으로 나아갈 수 있는 용기를 북돋아 주는 것이다.

(3) 행동적 기술 : 역할 연기(role playing), 빈 의자 기법[2]

(4) 시범 보이기 : 상담자는 내담자가 모방하려고 하는 가치를 행동으로 보여주어야 한다.

(5) 가상행동 : 내담자가 바라는 행동을 실제 장면이 아닌 가상 장면에서 '마치 ~ 인 것처럼(as if)'해 보게 하는 것이다.

(6) 역설적 의도 : 바라지 않거나 바꾸고 싶은 행동을 의도적으로 반복 실시하게 함으로써 역설적으로 그 행동을 제거하거나 벗어날 수 있게 하는 행동이다.

(7) 상상하기(creating images) : 바람직한 자신의 모습을 상상함으로써 실제로 그렇게 되도록 하는 방법이다.

기출문제 확인학습

개인주의 상담의 상담기법 정리

개인심리학에서는 내담자에게 스스로 변화할 수 있는 능력이 있다고 믿기 때문에 그러한 믿음을 그에게 보여줄 수 있는 상담 기법을 사용한다.

1) 일반적 상담기술

관심 기울이기, 경청하기, 공감, 구체성, 진실성, 자기노출, 바꾸어 말하기, 맞닥뜨림, 해석, 즉시성(상담 중에 나타나는 것이 일상생활에서 생기는 것의 표본이라는 사실을 내담자가 깨닫도록 돕는 것)

2) 언어적 기술

개인심리학에서는 충고를 사용하되, 내담자의 의존성을 부추기지 않도록 해야 하며 내담자의 자기 지도력과 자립 능력을 격려하도록 충고해야 한다.

3) 격려하기

불행, 우울, 분노, 불안의 심리 상태에 있는 사람은, 성장할 수 있고 보다 자기 충족적인 방향으로 모험을 감행할 수 있는 스스로의 능력에 대한 신뢰가 없기 때문이라고 생각한다. 따라서 이런 사람들의 내적 자원(resource)의 개발을 촉진하고 긍정적인 방향으로 나아갈 수 있는 용기를 북돋아 주는 것이 필요하다.

4) 행동적 기술

역할 연기(role playing), 빈 의자 기법

5) 시범 보이기

(1) 상담자는 내담자가 모방하려고 하는 가치를 행동으로 나타내 보여야 한다.

(2) 상담자는 내담자에 대해 사회적 관심의 대표자이자 진실한 인간, 실수할 수 있는 보통의 인간으로서의 역할을 보여주어야 한다.

6) 가상행동

내담자가 바라는 행동을 실제 장면이 아닌 가상장면에서 '마치 ~ 인 것처럼(as if)'해 보게 하는 것이다.

7) 역설적 의도

(1) 바라지 않거나 바꾸고 싶은 행동을 의도적으로 반복 실시하게 함으로써 역설적으로 그 행동을 제거하거나 벗어날 수 있게 하는 기술이다. - Victor Frankl

(2) 내담자가 두려워하는 행동이나 사고를 의도적으로 과장하여 하도록 하는 기법이다.

(3) 내담자로 하여금 이러한 행동이 얼마나 어리석은가를 명확하게 인식하도록 함으로써 만족스러운 생활양식으로 유도하게 되면 내담자는 그 행동을 변화시키거나 포기하게 될 것이다.

---

2) 빈 의자에 자신이 생각하고 있는 사람이 앉아있다고 생각하고 이야기하는 기법이다.

8) 상상하기(creating images)

바람직한 자신의 모습을 상상함으로써 실제로 그렇게 되도록 하는 방법이다.

9) 초인종 누르기(단추 누르기, push button technique)

(1) 내담자가 자신의 감정을 창조하는 것임을 깨닫도록 돕는데 사용하는 기법이다.

(2) 자신이 원하는 정서를 스스로 만들 수 있다는 사실을 알게 된다.

(3) 단추 누르기 기법은 내담자가 유쾌한 경험과 유쾌하지 않은 경험을 번갈아 가면서 생각하도록 하고 각 경험과 관련된 감정에 관심을 가지도록 하는 것이다.

(4) 이 기법의 목적은 내담자에게 그들이 무엇을 생각할지를 결정하여 자신이 원하는 감정은 무엇이든지 만들어 낼 수 있다는 사실을 가르치려는 것이다.

(5) 단추 누르기 기법을 통해서 아들러 학파는 내담자가 자신의 우울을 선택했으며, 우울은 자기 생각의 산물임을 인식하도록 도와준다.

(6) 따라서 상담자는 내담자가 겪는 사건에서 우울 단추와 행복 단추 중 선택하도록 자기가 통제할 수 있다고 인식시킨다.

10) 끓는 국에 찬물 끼얹기(= 수프에 침 뱉기)

(1) 내담자의 행동 뒤에 숨겨진 의도나 목적을 드러내어 집단원이 문제행동을 하는 것을 꺼리게 하는 기법이다.

(2) 상담자가 내담자의 어떤 행동의 목적과 대가를 인식하게 되면 상담자는 바로 그 행동이 총체적으로 손해되는 행동이라는 사실을 내담자에게 분명하게 보여줌으로써 내담자가 더 이상 손해되는 게임을 하지 못하도록 한다.

(3) 스프에 침 뱉기는 개인을 이전의 행동으로부터 분리시키려고 할 때 아주 효과적으로 사용하는 기법으로 침을 뱉으면 내담자는 그와 같은 것을 더 이상 하지 않거나 주저하게 될 것이다.

(4) 내담자의 자기패배적 행동 뒤에 감춰진 의도나 목적을 드러내 밝힘으로써 내담자가 그 행동을 하는 것을 주저하게 하는 기법이다.

11) 자기 간파(자기모습의 파악)

(1) 내담자가 자기 비난을 하지 않으면서 자기 파괴적 행동 혹은 비합리적 사고를 인식하도록 한다.

(2) 내담자가 자신의 목표를 이해하고 변화하려고 노력함에 따라, 자신들이 열망하는 변화된 행동을 하기 위해서는 '자기 모습을 있는 그대로 파악해 보는 것'이 필요하다.

12) 과제부여

내담자에게 치료 장면 외에서도 과제를 주어 내담자가 상담에 적극적으로 참여하게 하는 기법이다.

13) 수렁(악동) 피하기

(1) 내담자가 일상생활에서의 자기 패배적 행동양상을 상담 장면에 가져오는데 잘못된 가정도 사실로 인정받을 수 있는 기회가 있기 때문에 잘못된 가정에 매달려 있는 것인지도 모른다.

(2) 그래서 상담자는 함정에 빠지지 않도록 하며 내담자의 행동을 강화하지 않도록 주의해야 한다.

14) 이러한 기법 외에도 마이더스 기법(Midas technique), 타인 즐겁게 하기, 스스로 억제하기 등 여러 기법들이 있다.

참고

내담자가 보이는 행동은 근저에 있는 억압된 충동의 반대적 표현에 불과하다. 따라서 평소행동과 반대되는 행동을 해 보도록 요구함으로써 내담자가 억압하고 통제해 온 자신의 다른 측면을 접촉하고 통합할 수 있도록 도와 줄 수 있다. 평소에는 억압하고 차단해 왔던 자신의 측면들을 다시 사용해 봄으로써, 그 부분들을 다시 활성화시킬 수 있다.

정리

아들러(Adler)의 개인심리 상담이론

1) 인간은 열등감을 느끼는 존재이다.
2) 내담자의 문제는 인생초기에 형성한 생활양식에 크게 영향을 받는다.
3) 내담자가 가진 긍정적 자질을 개발하고 뚜렷한 목적의식과 노력을 통해 새로운 방향으로 자신을 변화시킬 수 있다.
4) 내담자가 느끼는 열등감은 성취를 위한 동기가 된다.
5) 생활양식 조사(초기기억, 가족구조, 출생순위)
6) 4가지 생활양식(지배형, 기생형, 회피형, 사회적 유용형)
7) 인생과제(사회적 관심, 사랑과 결혼, 일과 직업, 자기지향, 영성)
8) 열등감과 보상, 우월성의 추구, 사회적 관심, 창조적 자아

제3절 | 행동치료 (행동주의 상담이론 - 구스타인 등)

1) 행동주의 상담의 기본철학

(1) 인간 행동이란 학습과 환경조건에 의해 형성된다고 여기기 때문에 상담의 초점은 현재의 행동을 강조하고 과거의 심리적 작용이나 원인에 대한 접근은 중요시하지 않는다.

(2) 인간 행동은 거의 모두가 학습된 것이며 학습 과정을 통해 변화시킬 수 있다고 전제한다.

(3) 행동주의 상담은 학습이론에 기초하여 내담자로 하여금 이전의 바람직하지 못한 행동을 없애고 보다 적응적인 행동을 학습하게 돕는 것을 주목적으로 한다.

2) 인간관

인간은 본질적으로 그들의 사회 문화적 환경에 의해서 형성되고 결정되며 인간의 모든 행동은 학습된 것으로 본다. 즉, 인간을 환경적이고 유전적인 영향에 의해서 전적으로 결정되는 운명론적이며 기계론적인 존재로 본다.

(1) 인간의 행동이 일정한 법칙성을 가지고 있다고 가정한다.

(2) 행동의 변수를 알 수 있으면 행동을 예언하고 수정할 수 있다.

(3) 대부분의 인간 행동은 학습된 것이며 학습 원리를 통해 인간의 행동을 파악하려 한다.

3) 이론적 특징

(1) 실험연구에서 밝혀진 학습 원리를 심리치료에 응용한 것이다.

(2) 객관적으로 관찰할 수 있고 측정 가능한 행동을 치료대상으로 삼기 때문에 치료의 성과 및 진전 정도를 객관적으로 평가할 수 있다.

(3) 고전적 조건형성(파블로프) 원리 응용 : 체계적 둔감화, 혐오치료 등

(4) 조작적 조건형성(스키너) 원리 응용 : 긍정적 강화, 행동 조성, 자기주장 훈련, 토큰 강화 등

4) 행동주의 상담의 특징

(1) 명백하면서도 특징 있는 행동에 초점을 맞춘다.

(2) 상담목표가 정확하게 설명되어야 한다.

(3) 문제에 적합한 상담계획을 세운다.

(4) 상담결과에 대한 객관적인 평가를 한다.

(5) 겉으로 드러난 구체적 행동을 변화시키는 것이 중요하다.

(6) 현재의 행동을 강조하며, 과거사와 심리적 작용의 기원에는 많은 관심을 두지 않는다.

(7) 행동주의 상담자는 능동적이고 지시적인 역할을 한다.

5) 상담의 목적

(1) 부적응 행동을 제거하고 바람직한 새로운 행동을 강화시켜 이를 습득하게 한다.

(2) 상담의 목표는 분명한 말로 서술되어야 하며 내담자는 자기가 성취하고자 하는 것이 무엇인가를 명확히 인식해야 한다.

(3) 행동주의 상담은 내담자에게 적합하지 않은 행동을 제거하기 위해 새로운 행동을 습득시키며 그 행동을 계속 강화해 주어 행동수정에 의한 자기치료를 제공해 주는 것이 주요 목적이다.

(4) 행동주의 상담의 세 가지 목표

① 목표는 내담자가 기대하는 목표이어야 한다.

② 상담자는 내담자가 자신의 목표를 달성할 수 있도록 도와야 한다.

③ 내담자가 달성한 목표의 진전은 반드시 평가되어야 한다.

(5) 상담자의 기능과 역할

① 상담자는 능동적이고 지시적이며 내담자가 더 효과적인 행동을 학습할 수 있도록 훈련가와 교사의 역할을 한다.

② 내담자와 상담자 간의 인간적 관계는 강조되지 않지만, 매우 협조적인 관계가 행동적 절차를 수행하는데 있어서 기초가 된다.

6) 상담의 과정

(1) 변화시킬 행동을 밝혀내고 이를 행동 용어로 서술한다.

(2) 원하는 목표행동의 기초선(base line)을 정한다.

(3) 목표행동이 일어날 수 있도록 상황을 배열한다.

(4) 내담자에게 강화가 될 수 있는 자극과 사건들을 밝혀낸다.

(5) 원하는 목표행동이나 그 행동에 접근하는 행동을 강화한다.

(6) 목표행동에로의 변화를 기록함으로써 치료절차의 효과를 평가한다.

7) 치료 기법

(1) 체계적 둔감화(systematic desensitization)

인간은 느긋하면서 동시에 불안할 수 없다는 원리에 입각한 기법이다.

① 깊고 완전한 이완을 유지할 수 있도록 훈련한다.

② 내담자에게 불안을 유발하는 여러 상황들을 정도에 따라 위계적으로 배열하게 한다.

③ 이완을 유지한 상태에서 가장 낮은 불안을 유발하는 자극부터 상상하게 한다.

④ 불안의 위계에 따라서 단계적으로 불안을 극복하게 한다.

⑤ **체계적 둔감화의 적용**: 다양한 공포증 및 불안과 관련된 문제들에 적용할 수 있다.

보충

체계적 둔감법

1)Wölpe의 상호제지이론에서 치료자가 불안을 야기하는 장면을 점진적으로 묘사하는 것을 상상하면서 이완하는 것을 학습하여 공포 반응을 감소시킬 수 있다고 주장하였다.

2) 절차 **암기법** 이-불-계

근육이완훈련 → 불안위계목록 작성 → 단계적 둔감화

(1) 이완훈련: 체계적 둔감화를 위해서는 복식호흡법이나 근육이완법을 먼저 훈련하도록 한다.

(2) 불안위계 설정: 내담자가 두려워하는 사물이나 상황의 위계(hierarchy)를 만든다.

(3) 체계적 둔감화(낮은 강도 → 높은 강도)

- 체계적 둔감화 동안 내담자는 이완훈련을 받게 되고 집에서도 연습하는 것을 과제로 하게 된다.
- 이 기간 동안 치료자는 내담자에게 보다 더 이완되고 더 깊은 수준의 이완을 하도록 지지한다.

(2) 혐오치료(aversion therapy)

① 문제행동을 혐오자극과 연합시켜 문제행동의 빈도를 감소시키는 기법이다.

② 바람직하지 않은 행동이나 사고를 쇼크(공포)와 연결시켜서 그에 대한 혐오반응을 형성시킨다.

③ 약물중독, 알코올 중독, 성도착증 등의 치료에 적용한다.

(3) 노출치료(홍수법)

① 내담자가 무서워하거나 위험을 느끼는 장면에 내담자를 실제로 노출시킨다.

② 내담자가 상상 속에서 생각했던 만큼 실제로 두렵지 않음을 직접 경험하게 한다.

③ 회피반응을 소거하기 위해 내담자가 자극 상황을 피하지 못하게 하는 것이 필요하다.

(4) 긍정적 강화

① 내담자가 바람직한 목표 행동을 했을 때 보상을 주어 강화함으로 목표행동을 증가시킨다.

② 강화물 - 생리적 욕구 충족물(음식, 수면 등), 사회적 욕구 충족물(미소, 인정, 칭찬, 돈, 선물 등)

③ 치료 절차

ㄱ. 내담자에게 보상이 될 수 있는 것을 찾는다.

ㄴ. 바람직한 행동을 할 때마다 체계적으로 보상을 해 준다.

(5) 모델링(modeling)

① 내담자가 무서워하는 대상에 타인이 두려움 없이 대처하는 것을 보여주고 따라 하게 하는 것이다.

② 공포를 감소시키고 자기주장과 같은 새로운 기술을 가르치는데 성공적이라는 것이 입증되었다.

기출문제 확인학습

관찰학습이론을 청소년상담에 적용할 때 고려해야 할 사항

1) 모델이 매력적일수록 효과가 크다.
2) 인지능력이 떨어질 때는 관찰학습이 어려울 수도 있다.
3) 복잡한 행동에 대해서는 말로 설명해주는 것이 도움이 된다.
4) 실제 인물이 아닌 소설 속의 주인공은 모델로서의 역할을 할 수 있다.
5) 습득한 행동을 실제로 시연해 봄으로써 더욱 정확하게 학습할 수 있다.

(6) 자기표현 훈련

① 주로 대인관계의 문제 해결에 좋다.

② 감정표현(분노, 불쾌한 감정, 애정, 호감, 거절 등)을 잘 못하는 사람이 주된 대상이다.

③ 상담자와 내담자가 문제 상황에 서로 역할을 바꾸어 자유로이 자신의 감정과 의사를 표현하는 방법으로 역할행동을 많이 활용한다.

(7) 토큰(token) 강화

① 바람직한 행동을 인정해 주는 것만으로 별 효과 없을 때 적용한다.

② 토큰을 주어 내담자가 원하는 물건이나 권리로 바꿀 수 있도록 하는 치료 기법이다.

실력 다지기

토큰 경제법(환표 이용법)

1) 토큰법은 스키너의 강화 원리를 포함하여, 조작적 조건화의 원리를 적용시킨 행동주의의 기법이다.
2) 직접적으로 강화인자를 쓰는 대신에, 후에 내담자가 원하는 다양한 물건과 교환할 수 있는 토큰을 보상으로 제공하는 것이다.
3) 개인적으로 실시되기보다는 보통 교실이나 빈둥거리는 청소년들이 있는 가정 그리고 정신과 병동과 같은 집단상황에 적용된다.
4) 이 토큰법은 토큰이라는 강화인자를 갖고 적응행동을 발달시키려는 목적을 갖고 있다.
5) 토큰을 뺏음으로써 바람직하지 못한 행동을 소거시키려는 목적으로도 사용된다.
6) 토큰법의 주요 구성요소는 동일시된 목표행동이며 또한 얻을 수 있는 광범위한 상품이나 이익들이다.
7) 토큰법은 칭찬이나 다른 무형의 강화인자를 쓸 수 없을 때의 행동수정에 적용될 수 있다.
8) 적절한 행동을 강화하기 위한 강화인자로서 토큰을 사용하는 것은 다음과 같은 여러 이득을 지닌다.
   (1) 토큰은 특수한 행동을 개선할 때 그 소득과 가치가 증가한다.
   (2) 토큰은 적절한 행동과 보상 간의 지연을 감소시킬 수 있다.
   (3) 토큰은 어떤 행동을 변화시키는 강력한 동기인자로 작용될 수 있다.
   (4) 토큰은 긍정적 강화인자이다.
   (5) 번 토큰은 어떻게 사용할지 생각할 기회를 준다.
   (6) 토큰은 치료자와 내담자의 도덕성을 증가시킬 수 있다.
   (7) 토큰은 사회적 강화를 측정하는 데 사용할 수 있다.
   (8) 토큰은 제도와 제도 밖의 삶 사이에 다리를 놓아준다.

정리

행동주의 상담이론

1) 인간의 행동은 환경적 사건에 의해 결정된다.
2) 내담자의 문제는 잘못된 학습에서 비롯된 습관이다.
3) 내담자가 원하는 행동을 형성하기 위해서는 강화가 필요하다.
4) 상담자는 내담자에게 문제가 되는 구체적인 행동을 파악·평가하여 체계적인 조작적 조건형성 과정으로 부적절한 행동을 바꿀 수 있다.
5) 조건형성(파블로프의 고전적 조건 형성, 스키너의 조작적 조건 형성)
6) 사회적 인지이론(반두라의 관찰학습)
7) 인지적 행동 수정(인지적 재구조화에 의한다).
8) 강화계획(고정간격 계획, 변동간격 계획, 고정비율 계획, 변동비율 계획)
9) 기법들: 자극통제, 혐오치료, 홍수법, 모델링 기법, 토큰 경제법, 타임아웃, 처벌 등

제4절 | 실존치료 (실존주의 상담이론 - 메이, 프랭클 등)

1) 실존주의 상담이론[3]의 개요 및 인간관

(1) 정신분석 치료와 행동주의 치료에 대한 반동에서 발달하였으며 성장과 자아의 건강을 개념화한 것으로 현상학적 입장에 근거를 둔다.

(2) 인간 존재의 불안 원인은 본질적인 시간의 유한성과 죽음 또는 존재하지 않는 것에 대한 불안에서 기인하며 이 문제해결방법은 인간 존재의 참된 의미를 발견하는 것이다.

(3) 대표적 실존심리치료자는 루트비히 빈스방거, 메다드 보스, 롤로 메이, 빅터 프랭클, 어빈 얄롬 등이다.

(4) 인간관에서 인간은 선택과 행위에 책임이 있다는 가정에 기초한다.

(5) 인간은 어떤 상황에서든지 자신의 태도를 선택하고 자신의 방식을 선택할 수 있으며 인간의 본질은 의미나 목적을 찾는 데 있다.

2) 인간 실존조건의 기본적 차원

(1) 명제 1 : 자기 인식의 능력

(2) 명제 2 : 자유와 책임

(3) 명제 3 : 정체감과 대인관계의 추구 - 존재에의 용기, 개인적 경험, 관계의 경험

(4) 명제 4 : 의미의 추구 - 낡은 가치관을 없애는 문제, 무의미, 새 의미의 창조

(5) 명제 5 : 삶의 조건인 불안 존재 - 불안은 생존하기 위한 욕구

(6) 명제 6 : 죽음과 비존재에 대한 인식 - 죽음에 대한 인식은 삶에 대한 열정이나 창조성의 근원

3) 실존주의 상담의 목표

(1) 내담자가 자신의 행동에 대한 많은 자유와 책임 능력을 수용하게 하는 것이다.

(2) 새로운 자유는 불안을 초래하기 때문에 성장을 위해 자유에 대한 공포를 직면하게 한다.

(3) 가치 있는 존재를 창출하려는 진실한 목적에 기초한 행동을 하도록 돕는다.

(4) 소외된 내담자로 하여금 세계와의 관계 속에 있는 자신을 보게 하고 그가 보는 것에 따라서 행동하고 선택할 수 있도록 함께 내담자의 타고난 잠재력을 실현하게 하는 것이다.

(5) 인간의 부적응적 행동은 타고난 경향성을 실현하지 못한 결과이며 인간의 타고난 가능성 또는 경향성을 포함한 자신의 존재 의미를 찾고 자아실현에 도달하는 것이다.

---

3) 실존주의 상담이론은 어빈 얄롬(I. D. Yalom), 롤로 메이(R. May), 빅터 프랭클(V. E. Frankl) 등이 대표적인 학자이며, 현상학적 이론에 기반을 두어, 지금 - 여기를 강조하고 내담자가 존재하는 세계를 있는 그대로 이해하려는 입장에서 생겨났고, 내담자가 실존적 존재로서 자신의 궁극적 관심사를 지각하고 직면하여 삶의 원동력으로 삼는 것을 중요시한다.

4) 실존주의 상담의 유형

(1) 의미요법(프랭클)

① **의미 치료** : 내담자의 성격에서 무의식적이고 정신적인 요인을 자각하게 하는 것이다.

② **실존 분석** : 내담자로 하여금 자신의 책임의식을 갖게 하는 노력이다.

③ **현존 분석** : 내담자의 개인 내적 생활사를 밝혀 그 세계 내의 존재 구조와 세속적 존재를 분석하는 방법이다.

5) 실존주의 상담의 원리

(1) 비도구성의 원리

① 상담자와 내담자의 관계는 능률이나 생산성을 따지는 기술적 관계가 아니다.

② 상담은 도구나 수단이 아니며 기술적 · 지시적이어서도 안 된다.

③ 상담자는 경직되고 틀에 박힌 방식으로 행동해서도 안 된다.

(2) 자아중심의 원리 - '나 자신'과 같은 주관적이고 내면적인 것을 강조한다.

① 실존 상담의 초점은 내담자의 자아에 있다.

② 자아 중심성은 개인의 자아세계 내면에 있는 심리적 실체를 중심으로 하여 이루어진다.

(3) 만남의 원리

① 실존적 상담관계에서는 '지금-여기(here-now)'의 현실을 강조하고 지금-여기에서 상담자와 내담자의 만남을 중시한다.

② 지금까지의 인간관계에서는 알 수 없었던 것을 현재의 상담관계에서 알게 되는 것이 곧 만남이다.

③ 상담자와 내담자와의 관계는 문제해결을 위해 함께하는 친구이며 적극적으로 참여하는 역할이 필요하고 상담관계의 핵심은 존중이다.

6) 상담자의 역할

(1) 내담자가 새로운 선택을 할 수 있도록 돕기 위해 내담자의 주관적 세계를 이해하는데 초점을 둔다.

(2) 내담자가 제한된 실존으로 살아간다는 사실을 직면하도록 하고 스스로의 역할을 인식하게 돕는 것이다.

7) 상담기법과 과정

(1) 역설적 의도

내담자가 두려워하는 행동이나 사고를 의도적으로 과장하여 하도록 하는 기법이다.

사례
일을 미루기만 하고 끝내지 못하는 내담자에게 일을 더 미루도록 요구하는 것

(2) 정신분석적 기법과 인지적 행동치료에서의 기법을 혼용하여 사용한다.

(3) 치료자 자신을 치료에 사용하는 것이 실존주의 상담의 핵심이다.

(4) 상담과정

① **초기 단계**: 내담자가 세계에 관해 가지고 있는 가정을 확인하고 명료화한다.
② **중간 단계**: 자신의 가치체계에 대한 원천과 근거를 더 철저하게 검토하도록 격려한다.
③ **종결 단계**: 내담자가 자신들에 관해 배운 것을 행동으로 실천할 수 있도록 돕는데 초점을 둔다.

8) 실존적 접근의 공헌

(1) 인간을 관심의 중심으로 여긴다.
(2) 죽음에 관한 긍정적인 관점을 제시한다.
(3) 불안, 죄책감, 좌절, 외로움, 소외에 대해 새로운 관점을 제시한다.
(4) 인간과 인간의 관계를 강조한다.
(5) 인간의 자유와 책임을 강조한다.
(6) 자기 스스로 인식하고 선택함으로써 자기 삶을 재설계하는 인간의 능력을 인정한다.

정리

실존주의 상담 (프랭클 등)

1) 실존주의 상담
(1) 내담자의 문제는 삶의 궁극적인 관심사인 죽음, 무의미성, 고립, 자유와 관련된다.
(2) 내담자가 이러한 궁극적인 관심사에서 비롯된 불안을 어떻게 처리하느냐가 중요하다.
(3) 내담자가 실존적 존재로서 자신의 궁극적 관심사를 지각하고 직면하여 삶의 원동력으로 삼는 것이 필요하다.

2) 의미치료
(1) 인간은 자기분리나 자기초월 능력을 가진 실존적 존재이다.
(2) 내담자의 문제는 삶의 의미를 추구하는 의지를 상실한 데서 비롯된다.
(3) 이러한 능력에 근거한 역설적 의도(불안이나 공포로부터 도피하지 않고 직면함)와 탈숙고(지나친 숙고를 상쇄하여 자발성과 활동성을 회복함)를 통해 불안과 공포의 악순환의 고리를 끊으면 심리적 문제를 해결할 수 있다.
(4) 삶의 의미를 추구하는 것이 중요하다.

기출문제 확인학습

실존치료에 관한 설명

1) '실존은 본질에 앞선다.'라는 명제를 앞세운다.
2) 의미치료는 실존치료에 속한다.
3) 현상학의 영향을 받았다.
4) 내담자의 주관적인 세계를 중시하고 성장을 돕는다.
5) 역설적 의도는 실존치료에서 사용하는 기법이다.

실존주의 상담에서 상담자의 역할

1) 내담자로 하여금 자신의 잠재력을 깨닫게 한다.
2) 내담자가 삶의 불안을 직면할 수 있도록 격려한다.
3) 내담자가 있는 그대로의 세상을 볼 수 있도록 도와준다.
4) 내담자 스스로 선택과 책임을 활용할 수 있도록 도와준다.

제5절 | 인간중심치료 (인간중심 상담이론 - 칼 로저스)

1) 인간중심 상담이론의 개요

(1) 미국의 심리학자인 로저스(Carl Rogers)에 의해 1940년대에 체계화된 것으로 당시 개인 치료의 중심 기류였던 지시적이고 정신분석학적인 접근법에 대한 반동으로 생겨난 것이다.

(2) 비지시적인 이 상담모델은 기존의 정신분석학적이고 지시적인 접근법에서 상담자와 내담자 간의 위계적 관계를 수평적인 관계로 전환시켰다.

(3) 인간 본성에 대한 인본주의적인 낙관적 관점을 수용하여 상담자가 감정이입적이고 무조건적인 긍정적 관심을 가지고 내담자를 수용하고 진정한 관심(진실성)을 보이면 긍정적 변화가 일어난다고 본다.

(4) 인간중심상담에서는 상담의 기법보다 상담자와 내담자 사이의 관계의 본질이 치료에서 가장 핵심적인 부분으로 간주된다.

(5) 모든 인간이 자아실현의 욕구를 지녔다고 가정하며 자아실현 욕구는 자신을 유지하거나 향상시키는 방향으로 자신의 모든 능력을 개발하려는 인간의 타고난 성향이다.

(6) 자기개념과 개인의 경험 간의 불일치는 자아실현을 향한 유기체적인 힘과 그것들을 의식이나 활동으로 바꿀 수 있는 인간의 능력 사이에서 성장하는 것이라고 보고 개인에게 어떤 다른 조건이 주어지면 이를 극복해 나갈 수 있다고 본다.

(7) 인간에 대한 긍정적인 시각을 가지고 내담자의 능력에 대한 신뢰를 기반으로 하고 있다.

(8) 내담자에게 해석을 내리는 권위주의적 관계구조에 반대하며 내담자와 상담자와의 인간적인 관계를 중시한다.

(9) 이 상담은 내담자의 자기성장을 향한 잠재력이 발현될 수 있는 분위기를 조성하는 데 목적을 두고 있다.

(10) 개입방향에 대한 일차적인 책임이 내담자에게 있도록 내담자의 문제에 대해 과거사보다 '지금 - 여기(here and now)'를 강조한다.

실력 다지기

로저스 상담모델의 명명에 관한 발달 순서

내담자 중심모델은 미국의 심리학자인 칼 로저스에 의해 1940년대에 체계화된 것으로 당시 개인치료의 중심기류였던 지시적이고 정신분석적인 접근법에 대한 반동으로 출현한 것이다. 초기에는 로저스의 접근법이 비지시적 치료라고 불리었으나, 1951년 [중심 치료(=내담자 중심치료)]가 발간된 이후 클라이언트 중심(= 내담자 중심)으로 바뀌었다. 최근에는 로저스와 그의 동료들이 인간중심모델이라고 명명하고 있다. 즉, 비지시적 치료 → 내담자 중심치료 → 인간중심치료로 바뀌었다.

2) 인간관

(1) 인간은 사회적이고 미래지향적이며 자기실현의 의지와 아울러 선한 마음을 갖고 태어난다고 본다.

(2) 인간은 본래 부적응 상태를 극복하고 정신적 건강 상태를 되찾을 수 있는 능력을 갖고 있다.

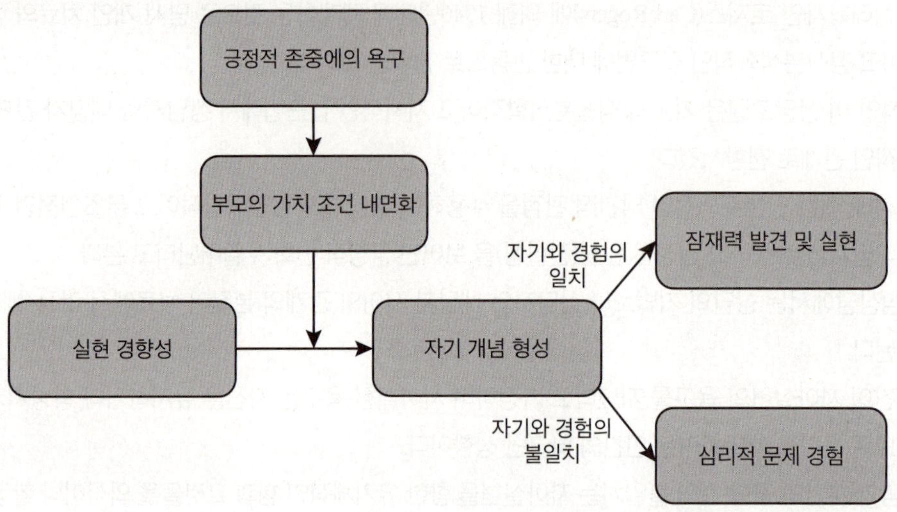

인간 중심적 이론에 따른 심리적 증상의 형성 과정(이장호 외, 상담심리학, 재인용)

3) 성격이론 - 현상학적 이론

(1) 유기체

개인의 신체, 행동, 정서를 모두 포함하는 전체로서의 한 개인을 의미한다.

(2) 현상학적 장

유기체가 경험하는 주관적 체험의 세계로서 개인의 실제 세계를 의미한다.

① 개인의 행동은 주어진 순간에 개인이 경험하는 모든 것(= 현상학적 장)에 의해서 영향을 받는다.

② 주관적으로 경험하는 현실은 서로 다르기 때문에 개인의 주관적 해석을 떠난 객관적 현실은 무의미하다고 본다.

(3) 자기(self)

① 자신에 대해 갖고 있는 조직적이고 지속적인 인식이다.

② 현상학적 장에서 분화하여 발달한 것으로서 현재 자신이 어떤 존재인가에 대한 개인의 개념을 말한다.

③ '나는 ~ 하다'라고 생각하는 자기 자신에 대한 신념이다.

사례

나는 못난 존재다, 나는 부지런하다 등

④ 자기개념은 현실적 자기와 이상적 자기로 구성된다.
ㄱ. **현실적 자기(real self)** : 현재 자신의 모습에 대한 인식이다.
ㄴ. **이상적 자기(ideal self)** : 어떤 존재가 되기를 원하는가에 대한 인식이다.

4) 성격의 발달

(1) 로저스는 누구나 다 무조건적으로 사랑받고 존중되는 경험이 필요하다고 주장한다.
(2) 인간은 타인으로부터 긍정적 존중을 받고자 하는 긍정적 존중에의 욕구가 있다.
(3) 인간은 누구나 부모를 비롯한 중요한 타인들로부터 사랑받고 인정받고 싶은 강한 욕구를 지니고 있다.

(4) 긍정적 존중의 조건

① 아동이 성장함에 따라 긍정적 존중은 특정 조건을 충족시켜야만 주어진다는 것을 알게 된다.

사례

공부를 잘해야 인정받고 말을 잘 들어야 칭찬받는다.

② 이러한 조건 충족을 위한 행동은 사회화에 중요한 역할을 담당한다.
③ 조건에 지나치게 집착하게 되면 부정적이고 왜곡된 자기개념을 갖게 되고 성장과 자아실현의 잠재력이 제한된다고 본다.
④ 긍정적 또는 부정적 자기개념이 성격형성에 영향을 미친다.

읽을거리

부모의 가치조건을 강요하여 긍정적 존중의 욕구가 좌절되고, 부정적 자아개념이 형성되면서 심리적 어려움이 발생된다고 보는 이론은 인간중심상담이론의 내용이다. 아동이 부모를 비롯한 중요한 타인으로부터 선택적으로 긍정적인 존중을 받으며 성장하면 자기존중을 발달시킬 수 없다. 가령, 아동이 자신이 하고 싶은 것을 선택할 경우 부모로부터 거절당하고 부모의 요구에 따를 때 존중받게 된다면, 아동은 타인의 긍정적인 존중을 얻기 위해 자신의 가치를 무시할 수밖에 없다. 부모가 아동을 수용하고 존중하는 태도에 있어서 일관성이 없으면 아동은 심리적으로 불안해지고 타인의 긍정적인 존중을 받을 수 있는 방법만을 선택하게 된다.

5) 적응의 본질 - 자기와 경험 간의 일치

(1) 자기(Self)와 경험 사이에 일관성을 유지하려는 성향

① 자기개념과 일치하는 생각이나 행동은 수용한다.
② 자기개념과 일치하지 않는 생각이나 행동은 자기에게 위협을 주기 때문에 부정하거나 왜곡하려고 한다.
③ 자기에게 일어나는 일들을 있는 그대로 경험하지 못하게 방해하여 현실대처를 못하게 한다.

사례

자기개념이 '나는 부족하다.'라는 사람은 타인이 '완벽하게 잘했다.'고 피드백해도 이를 거부한다.

6) 인간중심상담에서의 상담자의 태도 (= 상담 촉진관계를 유지하고 형성하는 3가지 태도)

(1) 진솔성(congruence) = 진실성 = 일치성

① 상담자가 자신의 내적 경험을 읽고 그 내적 경험에 솔직하게 따른다.

② 상담자가 자신의 진실된 반응을 신뢰하고 그러한 감정 또는 반응을 전달하는 능력을 말한다.

③ 진실성은 관계 속에서 허위나 방어적인 태도가 없는 참된 존재가 되도록 해준다.

(2) 공감적 이해(empathic understanding)

① 내담자의 입장에서 내담자가 생각하고 느끼는 것을 이해하고 이러한 이해를 전달하는 상담자의 능력이다.

② 이 과정을 통해 상담자는 내담자가 외부로 표현한 느낌이나 사고뿐만 아니라, 내담자가 표현하지 않은 내적 느낌이나 사고까지도 이해한다.

(3) 무조건적 긍정적 존중(unconditional positive regard)

① 상담자는 내담자가 표현하는 감정이나 사고의 유형에 관계없이 내담자를 완전하게 인정하게 한다.

② 상담자가 내담자를 충분히 수용하며 내담자에 대한 순수한 관심을 전달하는 것을 의미한다.

③ 내담자가 말하고 행동하는 것에 대해 '만약 ~하면'이라는 조건을 달지 않고 내담자에 대해 관심과 보살핌, 호의, 수용, 온정, 존중을 표현하는 것을 의미한다.

7) 치료목표

(1) 방어적 행동을 해제하도록 도와서 내담자가 경험에 대한 개방성을 증대시킬 수 있게 하는 것이다.

(2) 그 결과로 자기개념과 경험 간의 일치 정도를 높일 수 있도록 돕는 것이다.

(3) 자아실현 경향성을 성취할 수 있도록 하고 완전히 기능하는 인간이 되도록 조건을 조성하는 것이다.

(4) 치료방법이나 기법보다는 상담자의 철학이나 태도, 그리고 상담자의 언행보다는 상담관계를 강조한다.

8) 로저스가 주장한 완전히 기능하는 사람(fully functioning person)의 특성

완전히 기능하는 사람(fully functioning person)은 자신의 잠재력을 인식하고 능력과 자질을 발휘하여 자신에 대한 완벽한 이해와 경험을 풍부히 하는 방향으로 나아가는 사람이다.

경험에의 개방성	가치의 조건에 아무런 제재를 받지 않는 상태로 자신의 감정과 태도를 자유로이 경험할 수 있다. (↔ 방어적인 삶)
실존적인 삶	경직성, 경험에 대한 의도적인 구조가 없는 삶이다. (↔ 전에 부모로부터 습득한 방식대로의 삶)
유기체에 대한 신뢰	가장 만족스런 행동에 도달하는, 믿을만한 수단이 자신의 유기체임을 믿는 상태이다. (↔ 유기체의 불신)
자유 의식	삶에 대한 개인적 지배를 즐기며 그것은 일시적인 생각이나 환경, 과거의 사건들에 의해 결정되는 것이 아니라 자기 자신에게 달려있다고 믿는다.(↔ 조작되는 느낌, 자유롭게 선택할 수 없음)
창조성	타인들로부터의 인정에 별 관심이 없기 때문에 자기 자신이 존재하는 모든 영역에서 창의적인 자세와 삶으로 스스로를 표현한다.(↔ 일상적이고 틀에 박힌 표현)

★tip★

로저스의 충분히 기능하는 사람 조건 5가지

암기법 충분히 기능하는 사람은 / 실존적이고 자유 개방적인 삶으로 신뢰성이 있고 창조성이 풍부한 사람이다.

해설 1) 실존적 삶 2) 자유로운 삶 3) 경험에 대해 개방적 4) 자신에 대한 신뢰 5) 창조성

정리

인간중심 상담이론 (로저스)

1) 자기실현은 인간의 선천적이며 기본적 동기이다.
2) 내담자의 문제는 긍정적 존중의 욕구를 충족시키려는 노력으로 유기체의 자기조절인 가치화 과정에 어긋나게 가치를 조건화하는 데서 비롯된다.
3) 상담자로부터 진솔하고 공감적이고 무조건적 긍정적 존중을 받는다면 내담자는 변화될 수 있다.
4) 주요개념으로는 유기체, 자기, 자기실현, 주관적 경험, 가치의 조건화, 완전히 기능하는 사람(fully functioning person) 등이 있다.
5) 상담자의 중요한 특성(진솔성 = 일치성, 공감적 이해, 무조건적 긍정적 존중)

기출문제 확인학습

로저스(Rogers)의 인간중심 상담이론에 관한 설명

1) 인간이 주관적으로 경험하는 현실은 서로 다르기 때문에 개인의 주관적 해석을 떠난 객관적 현실은 무의미하다.
2) 인간은 자기실현을 위해 끊임없이 노력하는 성장지향적 성향을 타고난다.
3) 공감이란 내담자의 입장에서 그의 내면세계를 이해하되 동일시하지 않는 것이다.
4) 가치의 조건화는 주요한 타인의 평가에 의해 유기체적 경험이 왜곡되는 것을 말한다.
5) 상담의 목표는 자기개념과 유기체적 경험 간의 불일치를 제거함으로써 충분히 기능하는 사람이 되게 하는 것이다.

제6절 | 게슈탈트 치료 (형태주의 상담이론 - 프릿츠 펄스)

1) 게슈탈트 치료의 개요

(1) 형태주의 상담이론은 현상학, 실존주의에 영향을 많이 받았다.

(2) 인간은 인생에서 자기 자신의 길을 찾아내고 개인적인 책임감을 받아들여야 한다.

(3) 형태주의 상담이론은 내담자로 하여금 자신이 어떻게 여기-지금(here and now)의 현재의 현실에서 느끼고 경험하는 것을 방해하는지를 각성(awareness)하도록 돕는 접근방법이다.

(4) 게슈탈트 치료 상담은 지나치게 사회화되어 있고 차분하며 억제되어 있는 사람들과 신경증, 공포증, 완벽주의, 무력증, 우울증 등으로 기술되는 사람들에게 가장 효과적이다.

(5) 형태주의 상담이론 학자인 프릿츠 펄스(F. Perls)의 가장 중요한 공헌은 현재를 올바르게 인식하고 충분히 경험하는 데에 초점을 둔다는 것이다.

2) 형태주의 상담이론의 8가지 인간관

(1) 인간은 통합된 부분들로 이루어진 복합물이다.

(2) 인간은 환경의 한 부분이며 환경과 분리하여서는 인간을 이해할 수 없다.

(3) 인간은 내·외적 자극에 대해 반응할 방법을 선택하며 세계에 대한 행위자이다.

(4) 인간은 모든 감각, 사고, 정서, 지각을 충분히 인식할 수 있는 잠재력을 가지고 있다.

(5) 인간은 인식력을 가지고 있기 때문에 선택할 수 있다.

(6) 인간은 자기 자신의 삶을 효과적으로 영위할 수 있는 능력을 가지고 있다.

(7) 인간은 과거와 미래를 경험할 수 없으며 현재에서만 자기 자신을 경험할 수 있다.

(8) 인간은 기본적으로 선하지도 악하지도 않다.

3) 주요개념

(1) 알아차림(=각성, Awareness)

'알아차림'이란 개체가 자신의 유기체 욕구나 감정을 지각하여 게슈탈트로 형성하여 전경[4)]으로 떠올리는 행위 또는 그러한 능력이며 알아차림은 누구나 자연적으로 갖고 있는 능력이다.

① 개체가 자신의 욕구나 감정을 지각하고 그것을 게슈탈트로 형성하여 전경으로 떠올리는 행위이다.

② 개체가 자기조정 작용을 원활히 하기 위해서는 매 순간 자신의 사고나 감정, 욕구와 감각을 명확하게 알아차리는 상태를 유지하는 것이 중요하다.

③ 접촉 경계 혼란이 개입되면 개체는 알아차림을 차단하고 게슈탈트 형성에 실패하게 된다.

---

4) 관심의 초점이 되는 부분을 전경이라 하고 관심 밖에 놓여있는 부분을 배경이라고 한다.
① 사람이 대상을 지각할 때, 지각의 중심부분에 떠올리는 부분과 뒤로 물러나는 부분이 있는데, 이 때 지각의 초점이 되는 부분이 전경이고, 관심 밖의 부분이 배경
② 정서적 측면에 적용하면 어떤 상징에서 사람의 욕구와 필요의 초점이 되는 부분이 전경, 그 밖의 부분이 배경

🗀 실력 다지기

알아차림(Awareness)의 과정

① 배경에서 ② 어떤 유기체 욕구나 감정이 신체감각의 형태로 나타나고 ③ 이를 개체가 알아차려 게슈탈트로 형성하여 전경으로 떠올리고 ④ 이를 해소하기 위해 에너지(흥분)를 동원하여 ⑤ 행동으로 옮기고 ⑥ 마침내 환경과의 접촉을 통해 게슈탈트를 해소한다.

(2) 게슈탈트(Gestalt)

'전체', '형태', '모습' 등의 뜻을 지닌 독일어로서 게슈탈트란 '개체에 의해 자각된 자신의 행동 동기'를 뜻한다. 즉, 개체가 자신의 유기체 욕구나 감정을 하나의 의미 있는 행동동기로 조직화하여 지각한 것을 뜻한다.

① 게슈탈트란 '전체', '형태' 등을 뜻하는 말로, 여러 부분들이 연결되어 형성하는 의미 있는 전체이다.

사례

음식 찌꺼기를 버리고, 세제로 그릇을 닦고, 물로 헹구는 행동 → '설거지' 게슈탈트

② 개인이 자신의 욕구나 감정을 하나의 의미 있는 행동동기로 조직화하여 지각한 것이다.

(3) 접촉

전경으로 떠오른 게슈탈트 해소를 위해 현재를 있는 그대로 경험하고 환경과 상호작용하는 것이다.

(4) 미해결과제(unfinished business)

① 개체가 게슈탈트를 형성하지 못했거나 형성된 게슈탈트가 적절히 해소되지 못하여 배경으로 물러나지 못한 상태이다.

② 미해결 과제는 계속 이에 대한 해결을 요구하며 전경으로 떠오르려고 하면서 전경과 배경의 자연스런 교체를 방해하여 개체가 환경과 접촉하고 적응하는 것을 방해한다.

③ 미해결 과제를 해결할 수 있는 방법은 '지금-여기(here and now)'를 알아차리는 것이다.

(5) 회피

① 사람은 미해결 과제 및 그것과 관련된 불편한 감정을 직면하지 못하고 회피하려는 경향이 있다.

② 이러한 회피 경향 때문에 자신의 문제를 해결하지 못하고 이러지도 못하고 저러지도 못하는 상황에 빠지게 된다.

(6) 한의 장벽

① 불편 때문에 개인들이 위협적인 감정들의 경험을 회피하는 지점이며 극도의 무력감과 아무 것도 아니라는 느낌을 자주 경험한다.

② 고통스런 감정을 변화시키려 하지 않고 이를 피하려고 하면서 그에 대해 생각할 수도 없게 되어 성장의 가능성을 가로막는 것이 한의 장벽이다.

사례

"내가 실은 온순한 것이 아니라, 단지 그렇게 믿고 있을 뿐이었다는 것을, 남들 앞에서 그렇게 보이려고 하는 것뿐이었다는 것을 깨달아도 세상을 살아가려면 어쩔 수 없어, 그래도 난 그렇게 살 수밖에 없어."라고 생각하는 경우

(7) 에너지와 에너지 차단

① 형태주의 상담에서는 에너지가 어디에 있고 어떻게 사용되고 있는지 그리고 어떻게 차단될 수 있는지에 대해 특별한 주의를 기울인다.

② 내담자가 에너지를 차단하는 방식을 알게 하며 차단된 에너지를 적응적으로 전환하게 도와준다.

4) 접촉을 방해하는 것

(1) 내사(내면화, 투입, introjection)

개체가 환경과의 접촉을 통하여 자신에게 필요한 것을 외부로부터 받아들일 때 무비판적으로 받아들여서 자신의 것으로 동화시키지 못한 채 남아있으면서 개체의 행동이나 사고방식에 악영향을 미치는 타인의 행동방식이나 가치관이다.

사례

자신이 스스로 "얌전해라. 착하게 굴어라. 부모님께 순종해라. 얕보이지 마라. 여자는 조신해야 한다." 등의 생각을 하는 경우

(2) 투사(projection)

개체가 자신의 생각이나 욕구, 감정 등을 타인의 것으로 지각하는 현상으로 개체가 자신의 욕구나 감정을 자신의 것으로 자각하고 접촉하는 것을 두려워한 나머지 그것에 대한 책임 소재를 타인에게 돌리면서 책임을 회피한다.

사례

'조카의 응석부림이 너무 싫다' → 응석부리고 싶은 자신의 욕구가 투사되어 이를 싫게 여기게 되는 경우

(3) 융합(confluence)

① 밀접한 관계에 있는 두 사람이 서로 간에 차이점이 없다고 느끼도록 합의함으로써 발생하게 되며 공허감과 고독을 피하기 위해 시작되고 유지된다.

② 서로 지극히 위해주고 보살펴주는 것처럼 보이지만, 내적으로는 서로 독립적으로 행동하지 못하고 의존 관계에 빠진 경우

(4) 반전

① 개인이 다른 사람이나 환경에 하고 싶은 행동을 자기 자신에게 하는 것 또는 타인이 자기에게 해 주기를 바라는 행동을 스스로 하는 것이다.

사례

1) 타인에게 화를 내는 대신에 자기 자신에게 화를 내는 경우, 타인에게 위로받는 대신에 스스로 자기 위로를 하는 경우
2) 철이는 가족이나 환경에 대한 분노로 자해를 표출하는 문제로 상담을 받고 있다. - 12회 기출 문제

② 환경이 용납하지 않은 행동을 하지 않으면서 자신이 처벌이나 불이익을 받지 않으려는 것이다.

③ 대상이 자기 자신이기는 하지만, 반전행동을 통하여 부분적으로 욕구나 충동을 해소한다.

(5) 편향(deflection)

① 감당하기 힘든 내적 갈등이나 환경 자극에 노출될 때 이에 압도당하지 않으려고 자신의 감각을 둔화시켜서 환경과의 접촉을 피하거나 약화시키는 것이다.

② 이 때 개체는 환경과의 접촉에서 사용되어야 할 에너지를 철회함으로써 접촉을 피한다.

사례

감정을 직접 표현하지 않고 빙빙 돌리거나 간접적으로 표현하는 경우

실력 다지기

개인이 경험하는 문제의 6가지 종류

1) 인식의 결여
2) 자기 책임성의 결여
3) 환경과의 접촉 상실
4) 게슈탈트를 완성하지 못하는 것
5) 욕구를 소유하지 못하는 것
6) 자기를 양분하는 것

5) 상담의 목표

(1) 기본적인 목표는 참여자들로 하여금 자신의 인식에 대한 책임능력을 어떻게 회피하고 있는지를 인식시키고 외적인 지지보다도 내적인 지지를 찾도록 격려하는 것이다.

(2) 이러한 인식을 통하여 내담자들은 단절되었던 자신의 부분을 인지하고 재통합하여 전체적으로 된다.

(3) 개인들로 하여금 성숙하고 성장하도록 돕는 것이며 상담 목표는 통합(integration)[5]의 성취라는 목표가 함축되어 있다.

5) 통합이란 개인의 느낌, 지각, 사고 및 신체과정이 더 큰 전체의 부분임을 의미한다.

실력 다지기

게슈탈트 상담의 목표

1) 증상의 완화나 제거가 아니라, 개인의 성장을 방해하는 장애물을 제거해 개인의 성장 돕기
2) 내담자의 감정, 지각, 사고, 신체가 모두 하나의 전체로서 통합된 기능을 발휘할 수 있게 돕기
3) 현재의 경험을 더 명료하게 하며 자각을 증진시켜 내담자가 지금-여기의 삶을 살게 돕기
4) 외부환경에 의존하던 내담자가 자기에게 방향을 돌려 자기의 책임을 받아들여 성숙하게 돕기
5) 자신의 욕구와 감정을 분명히 알아차리고 수용하며 환경과의 접촉을 통해 해소하게 돕기
6) 내담자의 알아차림을 증진시키기 위해 상담자는 자신의 감각을 최대한 활용해 내담자의 신체 행동이나 표정 등의 비언어적인 표현과 변화를 관찰하며 이 때 언어적 표현과 비언어적 표현의 불일치에 주의한다.

6) 상담자의 역할

(1) 관심과 감동의 능력 : 상담자는 내담자의 존재와 그의 삶의 이야기에 대해 진지한 흥미와 관심을 보일 수 있어야 하며 내담자의 이야기에 감동할 수 있는 능력이 있어야 한다.

(2) 존재 허용적인 태도 : 상담자는 내담자 스스로 자신의 삶을 살도록 허용해 주어 내담자의 존재를 허용하는 마음을 가져야 한다.

(3) 현상학적 태도 : 모든 치료행위에서 상담자는 내담자로 하여금 스스로 문제를 발견하게 하고 탐색과 실험을 통하여 스스로 문제를 해결해나가도록 도와주어야 한다.

(4) 창조적 대응 : 상담자는 위의 현상학적 태도에 따라 내담자의 현상을 따라가기는 하지만 내담자의 문제에 함께 빠져서는 안 되며 내담자가 갖고 있는 고정된 시각에 대안을 제시해줄 수 있어야 한다.

7) 상담의 과정

(1) 형태주의 상담은 능동적이고 직접적인 경험에 관심을 가지고 시작한다.

(2) 상담자가 중심이 되어 상담활동을 정한다.

(3) 언제나 현재를 중심으로 각성시키는 것을 중요한 상담목표로 정한다.

자기 각성과 환경접촉 각성

자기 각성은 신체구조와 그 작용을 감각과 느낌, 사고와 환상을 통하여 깨닫게 하는 것이며 환경 접촉 각성은 주위 환경과 접촉하고 있는 실제 상황에 대해 각성을 하는 것이다.

(4) 상담과정은 형태의 생성(=형성)과 소멸(=해소)을 방해하는 요인을 제거하는 모든 과정이 포함된다.

8) 상담 기법

(1) 욕구와 감정 자각

① 지금-여기에서 체험되는 욕구와 감정을 알아차리게 하는 경우이다.
② 지금 어떤 느낌이시죠? 지금 당신이 원하시는 것이 무엇입니까?

(2) 환경 자각

① 주위 사물과 환경에 대해 자각하도록 해줌으로써 환경과의 접촉을 증진한다.
② 환경 자각은 내담자들의 공상과 현실에 대한 분별을 높여준다.
예 지금 무엇이 보입니까? 방 안에 전에 없던 새로운 것들이 있습니까?

(3) 언어 자각

① 말에서 행동의 책임 소재가 불명확한 경우 자신의 감정과 동기에 책임을 지는 문장으로 말하는 것이다.
② '나는' 이라는 말 대신 '그 사람이'라고 말하면, '나는'으로 바꿔 말하게 하기

(4) 신체 자각

① 보기, 듣기, 만지기, 맛보기, 냄새 맡기, 목소리 내기 등의 감각작용을 통해 환경과의 접촉을 증진한다.
② 정신작용과 신체작용은 서로 불가분의 관계에 있기 때문에 신체감각에 대해 자각하도록 함으로써 자신의 감정이나 욕구, 무의식적인 생각을 자각하게 한다.
예 당신의 호흡을 자각해 보세요. 당신의 신체감각을 한번 느껴보세요.

기출문제 확인학습

알아차림을 제공하기 위한 기법 사용하기

1) 게슈탈트 치료의 핵심은 알아차림을 증가시키는 것이다.
2) 게슈탈트 치료의 기법은 보다 많은 자각을 제공하는 것이다.
3) 기술적인 방법(기법)을 배우는 것은 게슈탈트 치료가 아니다. 기법은 내담자를 조작하게 된다.
4) 기법의 유일한 목적은 내담자로 하여금 자신의 방향성을 찾을 수 있도록 알아차림을 촉진시키는 것이다. 제공되는 기법은 강요하는 것이 아니라 내담자에게 힘을 북돋워 주기 위한 것이지 특정 방향으로 이끄는 것은 아니다.
5) '지금-여기'를 경험하는 과정에서 사람들은 과거의 미해결된 과제를 알아차리게 된다. 게슈탈트의 관점에서 과거는 항상 배경으로 나타나지만 미해결된 과제의 형태로 과거를 자각할 때 그것은 전경이 된다.
6) 언어 연습
   ① '아마', '마치', '… 일지 모르는'과 같은 수식어를 사용함
   ② '그것'을 '나'로 전환하기
   ③ 의문문을 서술문으로 바꾸기
   ④ 행위의 주체임을 받아들이기
   ⑤ 신체적 자각

(5) 언어 연습

① 게슈탈트 치료에서는 언어를 사용하는 양상과 성격 간의 관계를 강조한다.

② 언어를 사용하는 양상은 개인의 느낌, 사고, 태도를 표현하며 이에 초점을 맞추게 되면 자기 인식을 증가시킬 수 있다.

예 인칭대명사의 사용, '나는 ~에 대해 책임을 집니다.'

(6) 대화 실험

① 공상 대화를 통해 내담자로 하여금 내적인 분할을 인식하게 하고 궁극적으로는 성격 통합을 촉진시키고자 하는 것이다.

② 내담자로 하여금 자신이 거부해 왔던 감정이 바로 자신의 실제적인 일부분임을 깨닫게 함으로써 내담자가 이러한 자신의 일부분에서 떨어져 나가지 않도록 해준다.

(7) 투사놀이

① 어떤 내담자는 자신의 감정이나 동기를 부인하고 그러한 것을 다른 사람에게 돌리는데 너무 많은 에너지를 소비한다.

② 이처럼 내담자가 무엇인가를 다른 사람에게 투사하고 있을 때 상담자는 내담자에게 그 사람의 역할을 해 보라고 요청할 수 있다.

(8) 과장실험

① 게슈탈트 치료의 목표 중 하나는 내담자로 하여금 자신이 신체언어를 통해 보내고 있는 미묘한 신호와 단서를 좀 더 잘 인식하게 하려는 것이다.

② 상담자는 어떤 특정한 행동과 관련된 느낌을 좀 더 강렬하게 경험하고 그 행동의 내적인 의미를 좀 더 잘 인식하게 하기 위해서 내담자에게 어떤 움직임이나 몸짓을 과장하도록 요청한다.

③ 감정을 체험하지만, 그 정도와 깊이가 약해서 감정이 명확하지 않으면 내담자의 행동이나 언어를 과장되게 표현하게 해서 감정 자각에 도움을 준다.

(9) 꿈 작업 - 주의할 것은 '꿈의 해석'은 정신분석적 기법이므로 구분하여야 함

게슈탈트 치료에서는 정신분석에서처럼 꿈을 해석하고 분석하지 않는다. 그 대신에 꿈을 현실화하고 재현시켜서 마치 지금 일어나고 있는 것처럼 꿈을 다시 체험하게 한다. 상담자는 내담자에게 자신의 꿈을 현재 시제로 재현하고 행동화하여 꿈의 중요한 요소들을 대화로 변형시키고 꿈의 일부분이 되도록 권한다.

① 게슈탈트 치료에서는 꿈을 내담자의 욕구나 충동 혹은 감정이 외부로 투사된 것으로 보며 꿈에 등장하는 사람, 나무, 집 등 모든 것은 우리 자신의 투사물로 간주한다.

② 이렇게 투사된 것들을 다시 찾는 방법은 꿈의 각 부분들과 동일시 해보는 것이다.

③ 살인자에게 쫓기는 꿈을 꾸면 살인자 역할을 해보도록 해서 공격적 욕구와 접촉하게 한다.

(10) 반대로 하기(역전기법)

평소 행동과 반대되는 행동을 해보도록 요구함으로써 내담자가 억압하고 통제해 온 자신의 다른 측면을 접촉하고 통합할 수 있도록 돕는 것이다.

(11) 머물러 있기

① 자신의 미해결 감정들을 회피하지 않고 직면하여 견뎌냄으로써 이를 해소하도록 도와주는 기법이다.
② 막힌 에너지가 발견되면 내담자로 하여금 거기에 머무름으로써 그 에너지와 접촉하도록 해 준다.

(12) 빈 의자 기법

치료 장면에 없는 사람과 상호작용을 할 필요가 있을 때 내담자로 하여금 그 인물이 맞은 편의 빈 의자에 앉아 있다고 상상하고 대화하는 방법이다.

(13) 자기 부분들 간의 대화(상전과 하인)

① 내담자가 갈등을 느끼는 자기 부분들 간에 대화를 하게 해서 서로의 입장을 분명히 드러나게 하고 성격의 대립되는 부분들을 통합하게 하는 기법이다.
② 대표적 기법은 상전과 하인의 대립이며 이는 두 가지 상반된 감정과 생각의 통합을 촉진하는 기법이다.

예 애인이 아닌 다른 이성과 데이트를 할까 말까?
→ '데이트하려는 마음과 안 된다'라는 마음의 대화의 경우

정리

펄스(Perls)의 형태주의 상담 (게슈탈트 치료)

1) 인간은 현상학적이며 실존적 존재이다.
2) 인간은 완성을 추구하는 경향이 있으며 자신의 현재의 욕구에 따라 게슈탈트를 완성한다.
3) 인간은 전경과 배경의 원리에 따라 세상을 경험하고 이러한 인간의 행동은 행동이 일어난 상황과 관련해서 의미 있게 이해할 수 있다.
4) 내담자로 하여금 그의 오감을 통해 현재 그가 경험하는 것을 자각하도록 하고 민감한 자각을 통해 게슈탈트의 순환을 원활히 하도록 하는 것이 중요하다.
5) 내담자로 하여금 둘로 나누어진 상반된 자기 간의 끊임없는 게임을 끝마치고 자신을 통합하도록 한다.
6) "전체는 부분의 합보다 크다."
7) 접촉, 지금 - 여기, 자각과 책임감, 미해결 과제와 회피
8) 접촉경계 장애(내사, 투사, 반전, 편향, 합류 = 융합)
9) 언어표현 바꾸기(책임감 주는 단어 사용)

게슈탈트에서 강조하는 신경증 층

1) 사이비층(피상층) : 사람들이 형식적이고 의례적인 규범에 따라 피상적으로 만나는 단계로, 자신을 깊이 노출시키지 않아 진정한 변화는 일어나지 않는다.
2) 공포층(연기층) : 개체가 자신의 고유한 모습으로 살아가지 않고 부모나 주위 환경의 기대 역할에 따라 행동하며 살아가는 단계로, 모범생, 지도자, 구세주 역할 등이 있고, 자신의 실체를 드러내면 타인이 거부할 것이라는 비현실적 공포를 가지고 있다.
3) 난국층(교착층, 막다른 골목) : 지금까지의 역할연기를 그만두고 자립을 시도하지만 동시에 심한 허탈감과 공포를 체험하며 이를 지나면 새로운 돌파구가 열린다.
4) 내부 파열층(내파층) : 이 단계에 내담자는 자신이 억압하고 차단해왔던 욕구와 감정을 알아차리게 되고, 오래 차단해왔던 파괴적 에너지를 외부로 발산하면 타인과의 관계가 악화될 것이라는 두려움으로 자신 내부로 향하는 반전행동을 많이 보인다.
5) 폭발층(외파층) : 이 단계에 오면 개체는 자신의 감정이나 욕구를 더 이상 억압하거나 차단하지 않고 직접 외부 대상에게 표현하며 미해결과제도 전경으로 떠 올려 완결 짓는다. 마침내 정신과 신체의 총체적 통합을 체험하기도 한다.

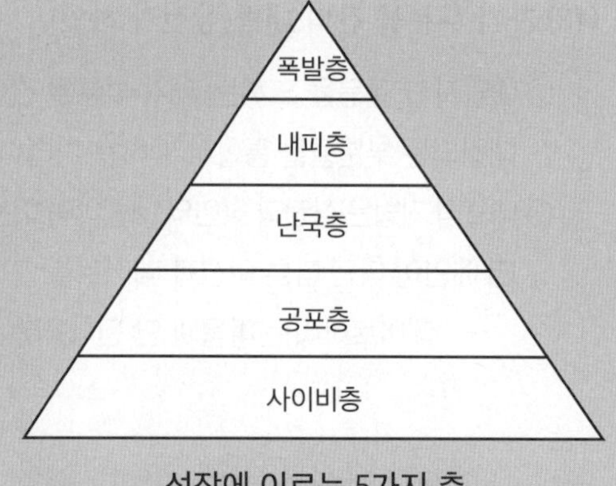

성장에 이르는 5가지 층

제7절 | 합리정서행동치료 (엘리스, 인지적 - 정서적 상담이론)

인지적 - 정서적 상담은 자기 파괴적, 비합리적인 신념을 줄이고 현실적, 이성적, 생산적, 합리적 삶을 살아가게 도와주는 데 목적이 있으며 상담자와 내담자의 인간적 친밀함이 필수적인 것은 아니며 상담자는 교사와 같은 역할을 한다. 내담자는 자신의 문제에 대한 통찰력을 얻고, 자기 - 패배적인 행동을 변화시키는데 능동적으로 행동해야 한다. 인지적 - 정서적 상담의 대표적인 학자는 앨버트 엘리스와 아론 벡이 있다.

1) 인간관

합리적 정서행동치료(REBT)에서 인간은 선천적으로, 합리적으로 될 잠재성과 함께 비합리적으로 될 잠재성도 가지고 태어난다고 본다.

2) 특징

(1) 인간의 인지나 생각이 심리장애의 주요 근원의 하나라는 개념에서 출발한다.
(2) 인간의 사고과정을 수정 · 변화시킴으로써 정서적 · 행동적 장애를 없애는 접근방법이다.
(3) 인간행동에 대한 과거 사건의 영향력보다는 현재에 초점을 둔다.
(4) 엘리스는 상담이 내담자의 행동을 의도적으로 변화시킨다는 관점에서 상담을 교육방법으로 파악하였다.

3) 본 가정

(1) 정서장애는 생활사건 자체가 아니라, 사건에 대한 왜곡된 지각에서 비롯되며 이것의 뿌리에는 비합리적이고 자기지배적인 신념들이 깔려있다.
  ☞ 치료는 비합리적 신념을 합리적이고 생산적인 것으로 대치하는 작업이다.
(2) 비합리적 사고를 유발하는 원인은 다양하며 유전적이거나 환경적인 것을 포함한 다양한 요인들이 비합리적 사고와 정신병리를 일으키는 원인이다.
(3) 인간은 스트레스에 대처하기 위해 스스로 다짐하는 자기 독백(self - talk)을 배우게 되며 이것이 비합리적이고 패배적이면 당면한 문제를 더 복잡하고 어렵게 만든다.
(4) 비합리적인 신념이나 자기 독백은 평소에 반복해서 학습된 것이며 이는 거의 자동적, 확산적으로 나타난다.
(5) 자기 패배로 이끄는 비합리적 신념의 예
  ① 주위의 모든 사람들로부터 반드시 사랑과 인정을 받아야만 한다.
  ② 가치 있다고 여겨지기 위해서는 완벽할 만큼 유능하고, 적절하며, 성취적이어야만 한다.
  ③ 과거의 경험이나 사건은 현재의 행동을 결정하고 사람은 과거의 영향에서 결코 벗어날 수 없다.

🗀 기출문제 확인학습

REBT상담에서 비합리적 사고의 요소

1) Ellis는 생각이 정서와 행동을 유도한다고 강조하여, 합리적 생각은 적절한 정서와 적응적 행동을 초래하고 비합리적 생각은 부적절한 정서와 부적응적 행동을 초래한다고 믿는다.
2) 비합리적 신념의 특징 : 비합리적 신념은 당위적 생각, 과장성, 인간의 가치평가(인간 비하성), 욕구좌절에 대한 낮은 인내심과 관련이 있다.
   (1) 당위성 : 다른 사람은 반드시 나를 사랑해야만 한다(should).
   (2) 과장성 : 그들이 나를 사랑하지 않으면 세상은 너무도 끔찍하다.
   (3) 인간의 가치평가(인간 비하성) : 그들에게서 사랑받지 못하면 나는 무가치한 사람이다.
   (4) 욕구좌절에 대한 낮은 인내심 : 내가 사랑받지 못하고 있다는 사실을 참을 수가 없다.

4) 주요 개념

자기 독백 (self-talk)	모든 정서적 문제의 주요 원인이 그 상황에 대해 스스로 말하는 자기 독백(self-talk)에 달려 있다고 전제하고 자기 독백이라는 자체가 비합리적인 신념에 의해서 이루어졌을 때 문제가 될 수 있다.
합리적 신념	합리적 신념은 행동을 합리적이고 효과적으로 통제하는 것으로서, 다른 사람과의 불필요한 갈등을 피하고 편안한 감정을 느낄 수 있도록 하는 신념이다.
비합리적 신념	① 안정된 삶을 방해하고 정서적·사회적 문제를 야기하는 비합리적 요소이다. ② 항상 남으로부터 사랑과 인정을 받아야 하고 자신은 언제나 성공적이어야 한다는 당위적 사고는 비합리적 신념 중 하나이다. ③ 당위적 사고는 must의 개념으로 "~ 해야 한다.", "결코 ~ 할 수 없다." 등이 여기에 해당한다.
성격 형성	인간은 어떤 사건이 일어나면 자동적으로 익숙한 자기 독백(self-talk)을 보이게 되고 이것이 반복되면서 태도, 가치, 신념을 형성하게 되어 자아개념에 영향을 주고 전반적인 감정과 행동을 결정하게 되는 것이 성격이다.

5) 치료 절차

비합리적 신념을 먼저 규명한 후, 이를 보다 합리적인 생각으로 바꾸는 것이 중요하다.

(1) 절차

① REBT의 기본철학 및 논리를 내담자가 믿도록 하는 설명과 설득이 필요하다.
② 면접과정에서 내담자의 자기관찰 및 치료자의 반응을 통해 비합리적 신념을 규명한다.
③ 상담자는 내담자의 비합리적 신념을 직접적으로 논박하고 문제 / 좌절 장면에 대한 합리적 해석을 예시 또는 시범을 보인다.
④ 비합리적 신념을 합리적 자기 독백으로 대치시키기 위한 인지적 연습의 반복이 요구된다.
⑤ 합리적 행동 반응을 개발·촉진하기 위한 행동과제의 연습이 필요하다.

(2) ABCDE 모형

① A(Antecedents) : 내담자가 노출되었던 문제 장면 또는 선행사건

② B(Belief system) : 문제 장면에 대한 내담자의 관점 또는 신념

③ C(Consequences) : 선행사건 때문에 생겨났다고 내담자가 보고하는 정서적 · 행동적 결과

④ D(Dispute) : 비합리적 신념에 대한 상담자의 논박

⑤ E(Effect) : 내담자의 비합리적 신념을 직면 또는 논박한 효과

ㄱ. 내담자를 정서적으로 곤란하게 하는 것(C)은 선행사건(A)이 아니고 말로 표현되는 내담자의 신념(B)이다.

ㄴ. 내담자 개인을 논박하는 것이 아니고 내담자의 비합리적 신념이 직접적인 공격의 대상임을 강조하여야 한다.

ㄷ. **논박의 특성** : 논리성, 현실성, 실용성, 융통성, 파급효과

실력 다지기

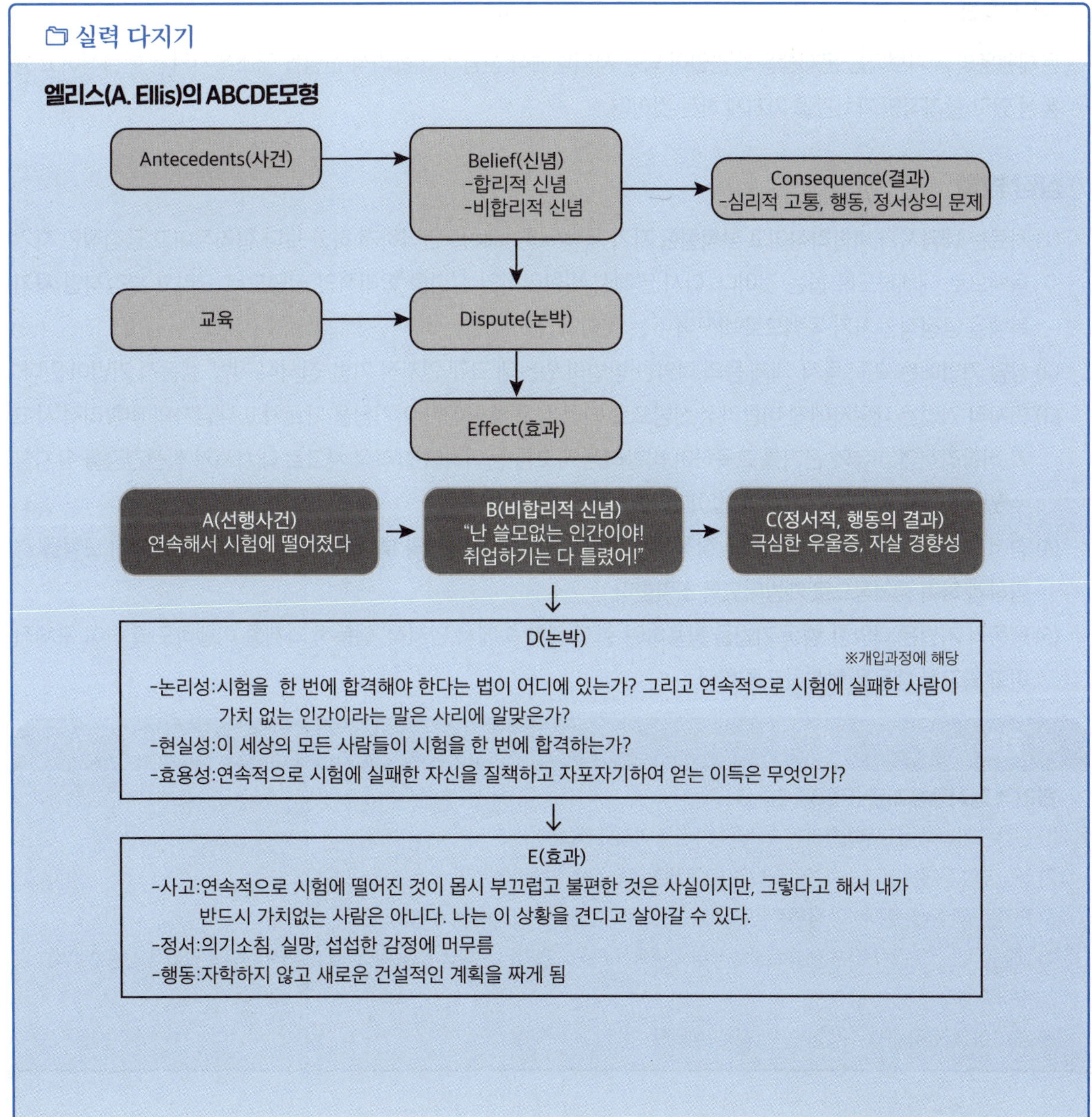

합리적정서행동치료(REBT)에서 논박의 특성

논리성, 현실성, 실용성, 융통성, 파급효과 **암기법** 논현동파 융실이

1) 현실성 : 합리적 사고는 보다 사실에 가깝다. 많은 사람들이 불편한 감정을 갖는 것은 사실에 근거를 두지 않은 것이 많다. 단지 사실이 아닌 것을 사실로 받아들이기 때문에 문제가 있다.
2) 논리성 : 합리적 사고는 논리적이다. 어떤 사고가 사실이라고 했을 때, 그 사실의 논리적 근거를 논박한다.
3) 유용성(실용성) : 합리적 사고는 자신과 타인에게 유용적이다. 자신의 사고가 어떤 유익을 주는지 논박한다.
4) 융통성 : 합리적 사고는 경직되지 않고 융통성이 있다는 것이다.
5) 파급효과 : 합리적 사고는 합리적인 정서와 행동을 낳는다. 행동의 결과를 보면 그 사람의 사고가 합리적인지, 비합리적인지 알 수 있다.

6) 상담 목표

문제행동의 제거보다는 문제행동의 원인이 되는 자기패배적 신념과 비합리적 신념을 극소화시켜서 현실적이고 융통성 있고 합리적인 가치관을 가지게 하는 것이다.

7) 상담 방법

(1) 치료는 내담자가 비합리적이고 부적절한 자기 독백(self-talk)을 인식하게 하고 보다 합리적이고 긍정적인 자기 독백으로 대체하도록 돕는 것이다. 다시 말해서 비합리적인 신념을 합리적인 신념으로 그리고 부정적인 자기 독백을 긍정적인 자기 독백으로 바꾸어 주는 것이다.
(2) 상담 기법에는 교수, 독서, 과제 등의 다양한 방법이 있는데 크게 인지적 기법, 정서적 기법, 행동적 기법이 있다.
(3) 인지적 기법은 내담자에게 비합리적 신념으로 인해 정서적 장애가 야기됨을 가르치고 내담자의 비합리적 사고가 비합리적인 이유와 근거를 교육하며 비합리적 사고를 논의하여 합리적 사고로 대치시켜 정신건강을 유지할 수 있도록 철학적 교육을 하는 방법이다.
(4) 정서적 기법은 내담자가 스스로를 정직하게 표현하도록 하고 자신의 부정적 경험을 인정하며 정서적 모험을 경험하게 하여 정서적으로 개방되도록 조력한다.
(5) 행동적 기법은 다양한 행동 기법을 활용하여 실제 생활 속에서 인지적, 행동적 과제를 이행하도록 하여 구체적이고 확고한 행동을 형성하도록 한다.

정리

합리적 정서행동치료 (REBT, Ellis)

1) 인간은 합리적 사고와 비합리적 사고의 잠재성을 가지고 태어난다.
2) 내담자의 문제는 일어난 사건이 아니라, 그의 비합리적 신념에서 비롯된다.
3) 인간은 불완전한 존재이며 당위적으로 기대하고 요구하는 생각이나 신념이 문제이다.
4) 내담자가 느끼는 정서적 장애를 해결하기 위해 냉정한 이성에 입각한 논박을 통해 이러한 비합리적 신념을 합리적 신념으로 바꾸어야 한다.
5) ABCDE 치료적 접근, 다양한 인지·정서·행동적 기법들

기출문제 확인학습

합리적 정서행동치료에서 강조하는 비합리적 신념 사례

1) 모든 사람으로부터 사랑과 인정을 받아야 한다.
2) 가치 있는 사람이 되려면 완벽하게 일을 잘해야 한다.
3) 사악한 사람은 반드시 처벌을 받아야 한다.
4) 모든 문제에는 반드시 해결책이 있으며, 이를 찾지 못하는 것은 끔찍한 일이다.
5) 비합리적 신념은 안정된 삶을 방해하고 정서적 · 사회적 문제를 야기하는 비합리적 요소이며 항상 남으로부터 사랑과 인정을 받아야 하고 자신은 언제나 성공적이어야 한다는 당위적 사고는 비합리적 신념 중 하나이다.
6) 당위적 사고는 must의 개념으로 "~ 해야 한다.", "결코 ~ 할 수 없다." 등이 여기에 해당한다.

수치심 깨뜨리기 연습 : 합리정서행동치료

1) 엘리스는 수치심이 정서장애의 핵심적 요인이라고 생각하였다.
2) 이것은 비도덕적이고 불법적이거나 다른 사람에게 피해를 주어서는 안 되지만 '우스꽝스럽고 어리석으며 바보 같은' 행동을 통해 이루어져야 한다.

대처카드 : 인지행동치료

1) 대처카드를 사용하여 내담자가 치료회기에서 배운 주요 인지행동 개입들을 연습하도록 돕고 구체적인 상황이나 문제와 함께 간략하게 대처전략의 요점을 대처카드에 적는다.
2) 대처카드를 활용할 때 주의할 점
   (1) 내담자에게 중요한 상황을 선택한다.
   (2) 대처카드 만들기를 치료개입의 목표로 정한다.
   (3) 내담자가 대처카드를 사용하는 전략을 시행할 준비가 되어 있는지 평가한다.
   (4) 상황 및 문제를 해결해 나가는 단계들을 구체적으로 정의한다.
   (5) 지시사항은 요점만 기록한다. 기억하기 쉬운 지시사항이 가장 오래 남기 쉽다.
   (6) 실제 성공할 가능성이 높은 전략들을 제안한다.
   (7) 실생활에서 대처카드를 자주 활용하도록 권한다.

제8절 | 인지치료 (아론 벡, 인지-정서적 상담이론)

인지치료는 개인이 가지고 있는 자신과 세계에 대한 지각이 정서적 · 행동적 문제를 초래한다는 전제하에 인지적 왜곡을 수정하여 정서, 행동상의 문제를 해결하고자 하는 매우 적극적이고 직접적이며 시간 제한적이고 구조화된 접근방법이다. 사람들이 필요로 하는 바를 충족시키지 못하면 상호 동의나 민주적 절차를 통해 변경시킬 수 있다고 본다.

1) 이론적 근거

(1) 인간은 자기의 심리장애를 이해 · 해결할 수 있는 자각능력과 의식기능을 가진다고 본다.

(2) 우울증 내담자 연구에 활용되며 자신과 자신의 미래, 환경(세상)에 대해 비현실적 · 비관적 생각을 가지고 있음을 발견한다.

2) 특징

(1) 엘리스와는 달리 탐색적인 접근을 지향한다.

(2) 인지적 오류(=인지적 왜곡)를 문제의 원인으로 파악한다.

🗀 실력 다지기

합리적 정서행동치료(REBT)와 인지치료(CT) 차이

1) 합리적 정서행동치료(REBT) : 비합리적 신념에서 경직된 당위성과 평가적 신념을 문제시하며 판단적 · 자기 파괴적 결론에 이른다.

2) 인지치료(CT) : 당위성이나 평가적 신념보다 개인의 정보처리 과정에서 나타나는 오류가 심각하다고 파악한다.

3) 주요 개념

(1) 도식

자신의 인지구조에 따라 특정 자극에만 선택적으로 주의를 기울여 반응하게 되는 인지구조이다.

(2) 자동적 사고

① 생활 속의 사소한 자극에 의해 매우 자동적으로 생성되는 사고이다.

② 한 개인이 어떤 상황에 대해 반응하여 떠올리는 자동화된 사고로서 자동적 사고는 부정적일 수도, 긍정적일 수도 있다.

예 개를 보고 귀엽다고 쓰다듬는 사람을 볼 때마다 '더러워'라는 생각이 들고 움찔하는 경우

(3) 인지적 오류의 유형

생활사건의 의미를 해석하는 과정에서 나타나는 추론 과정의 체계적 오류 **암기법** **이극과임개선파**

① **전부 아니면 전무의 사고(이분법적 사고)** : 생활 사건의 의미를 '이것 아니면 저것'이라는 식의 이분법적 범주로 나누어 둘 중의 하나로 생각하는 오류이다.

예 '완벽하게 성공하지 못하면 실패한 것이다.', '나를 좋아하지 않으면 싫어하는 것이다.'

② **과잉일반화** : 한두 번의 사건에 근거하여 일반적인 결론을 내리고 무관한 상황에도 그 결론을 적용하는 오류이다.

예 한두 번 시험에 떨어진 사람이 '나는 어떤 시험을 치든지 나의 노력이나 상황과는 상관없이 실패할 것이 뻔하다.'라고 일반화하여 생각하는 경우

③ **의미 확대와 의미 축소(극대화와 극소화)** : 어떤 사건의 의미나 중요성을 실제보다 지나치게 확대하거나 축소하는 오류이다.

예 불쾌한 감정을 자주 느끼는 사람은 자신의 단점이나 약점을 매우 중요한 것으로 확대해서 해석하여 심하게 걱정하면서, 장점이나 강점은 별 것 아닌 것으로 과소평가하는 경우

④ **정신적 여과 또는 선택적 추상화** : 어떤 상황에서 일어난 여러 가지 일 중에서 일부만을 뽑아 상황 전체를 판단하는 오류이다.

예 어떤 교수가 자신의 강의를 열심히 듣는 대다수의 학생보다, 졸고 있는 서너 명의 학생에 근거하여 '내 강의가 재미없나 보다, 나는 강의를 잘 못한다.'하고 결론 내리는 경우

⑤ **개인화** : 자신과 무관한 사건을 자신과 관련된 것으로 잘못 해석하는 것으로, 다른 사람의 행동에 대한 좀 더 타당한 설명을 고려하지 않고 자신이나 어떤 사람 때문에 다른 사람이 부정적으로 행동한다고 믿는 오류이다.

예 화장실에 갔다가 사무실로 들어오는데 동료들이 웃고 있는 모습을 보고서, '나에 대해 무엇인가 이야기하고 있었던 것 아냐?'라고 생각하는 경우

⑥ **재앙화(파국화)** : 미래에 대하여 좀 더 현실적인 다른 고려도 없이 부정적으로 예상하는 경우

예 화를 잘 내지 못하고 억누르는 사람들 중에는 '내가 한번 화를 내면 폭발하고 말거고, 그렇게 되면 난 전혀 제어하지 못하고 끔찍한 일이 일어나고 말거야.'라고 생각하는 경우

⑦ **정서적 추론** : 충분한 근거도 없이 막연히 느껴지는 감정에 근거하여 결론을 내리는 오류이다.

예 '내가 그렇게 느껴지는 것을 보니, 사실임에 틀림없다.', '불길한 느낌이 들어 일이 잘못된 게 틀림없어.'라고 생각하는 경우

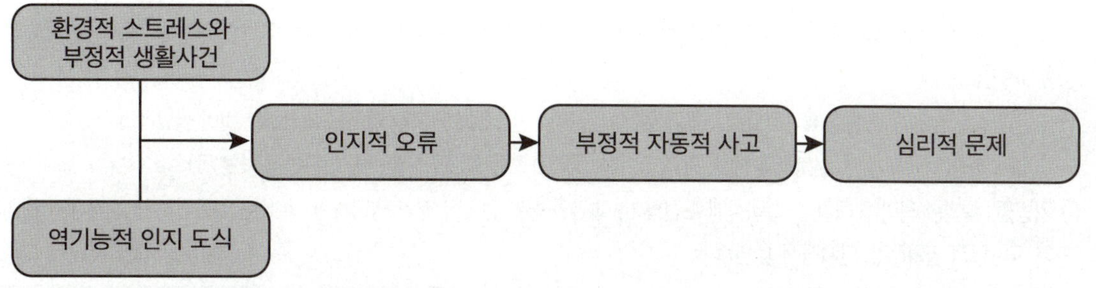

인지치료 이론에 따른 심리적 문제의 발생 과정(이장호 외, 상담심리학, 재인용)

4) 인지치료의 목표와 방법

(1) 인지치료의 목표는 내담자가 보다 건설적이고 목표 지향적인 활동에 참여하면서 자신의 능력에 대한 부정적이고 역기능적 사고를 변화시키는 것이다.

(2) 치료 초기에는 비교적 인식되기 쉬운 부정적 자동적 사고에 초점을 두어 스스로 이러한 자동적 사고를 식별하고 평가하여 수정할 수 있도록 돕는다.

(3) 역기능적 사고의 기초가 되고 있는 신념체계로 치료의 초점이 옮겨진다.

(4) 기법들 : 특별한 의미 이해하기, 절대성에 도전하기, 재귀인하기, 인지 왜곡 명명하기, 흑백논리 도전하기, 파국에서 벗어나기, 장 · 단점 열거하기, 인지적 예행 연습 등

5) 주요 절차

(1) 상담자는 내담자의 생각 중 왜곡된 부분을 발견, 시정하도록 돕고 생활경험을 보다 현실적으로 소화하는 대안적 안목 및 태도를 학습하도록 돕는다.

(2) 특징

① 비교적 단기간에 좋은 결과를 보인다.

② 내담자와의 관계를 중시한다.

③ 내담자 스스로 답을 찾는 소크라테스식 질문을 사용한다.

④ 문제 중심적, 교육적 · 지시적, 숙제를 중요시한다.

(3) 내담자의 생각 중 잘못된 신념을 지적하고 교정하여 자기 충족적인 생활로 바꾸어 나가도록 한다.

① 내담자가 자기 생각이 무엇인지 자각하게 한다.

② 내담자가 자각한 생각 중 부정확하고 왜곡된 신념이 무엇인지 규명한다.

③ 부정확한(현실적 근거가 없는) 신념을 대체할 수 있는 정확하고 객관적인 인지 내용이 무엇인지 발견, 학습하도록 한다.

④ 상담자는 내담자의 인지적 · 행동적 변화에 대해 피드백과 강화를 한다.

정리

인지적 – 정서적 상담 (인지치료 CT, Beck)

1) 인간은 복잡한 인지적 창조물로 개인의 성격은 개인이 학습해서 형성한 가치와 지각에 의해 형성되었다.

2) 내담자의 문제는 그의 인지적 왜곡에서 비롯된다.

3) 개인의 생각이 그의 감정과 행동을 결정하므로 개인은 자신, 미래, 세계(인지삼제)에 대해 올바른 가정에 기초한 견해를 갖는 것이 중요하다.

4) 우울과 같은 부정적 정서를 효과적으로 다루기 위해서 우리의 편견이나 인지적 왜곡을 제거하는 것이 필요하다.

5) 인지적 왜곡(임의적 추론, 선택적 추상화, 과잉 일반화, 극대화 또는 극소화, 개인화, 이분법적 사고 등)

6) 기법들 : 특별한 의미 이해하기, 절대성에 도전하기, 재귀인하기, 인지적 왜곡 명명하기, 흑백논리 도전하기, 파국에서 벗어나기, 장 · 단점 열거하기, 인지적 예행 연습 등

기출문제 확인학습

인지적 오류의 사례

1) 과잉일반화 : 한 명의 청소년 내담자를 상담하는 과정에서 어려움을 경험한 후, 모든 청소년상담 분야에는 소질이 없다고 결론을 내림
2) 개인화 : 복도에서 만난 친구가 인사를 하지 않고 지나간 것에 대해 나를 미워하기 때문이라고 생각함
3) 선택적 추상화 : 발표를 한 후, 대다수는 칭찬을 했지만 소수의 사람들이 부정적 반응을 보인 것만 보고 자신의 발표가 실패한 것이라고 여김
4) 파국화
   (1) 사례 : 지난 주 사례회의에서 지적당한 것을 볼 때, 이제 곧 팀장자리도 내놓아야 하고 머지않아 상담실에서도 쫓겨나고 말 것이라고 생각함
   (2) 개념 : 파국화는 개인이 한 사건을 지나치게 과장하여 두려워하는 오류를 말하며 자기 자신을 파국화 시키면 이는 세상에 곧 종말이 닥칠 것이라는 두려움 속에서 살아가는 원인이 된다.

라자루스(Lazarus)가 개발한 다중양식치료의 핵심개념인 BASIC - ID]

: 라자루스의 다중양식치료(인지행동 치료기법)

1) 개요
   (1) 이 치료법의 기본전제는 내담자들은 보통 여러 가지 특수한 문제들로 고통을 받고 있기 때문에 그 문제들을 다룰 때에도 여러 가지 특수한 치료법들을 동원해야 한다는 것이다.
   (2) 다중양식 치료에 있어서 상담자의 역할은 내담자의 특수한 문제들을 평가하여 그것에 적절한 치료기법들을 적용하는 것이다.
2) BASIC - ID 확인
   (1) 다중양식 치료는 인간의 경험이 움직이기, 느끼기, 감지하기, 상상하기, 생각하기 및 서로 관계하기로 이루어져 있다고 본다.
   (2) 이 치료이론에 따르면 한 개인의 진행 중인 두드러진 행동(B), 감정적 · 정서적 과정, 반응(A), 감각(S), 심상(I), 인지(C), 대인관계(I) 및 생물학적 기능, 성향(D)에 대해 상세하게 파악할 수 있다면 그 사람의 성격과 심리적 특성에 대한 완전한 이해가 가능해지게 되는 것이다.
   (3) 라자루스(Lazarus)는 진행 중인 행동(Behavior), 감정적 과정(Affect), 감각(Sensation), 심상(Imagery), 인지(Cognition), 대인관계(Interpersonal), 및 생물학적 기능(Drugs / Diet)들 각각을 '양식'이라 불렀다.
   (4) 다중양식 치료에서는 내담자의 문제를 이러한 BASIC - ID에 의거해서 평가한다.
   (5) 내담자들은 이러한 7가지 양식들이 관련되어 있는 정도와 그것들이 서로 관련되는 순서에 있어서 차이가 날 수 있다.
   (6) 실제 상담에서 다중양식 치료자는 각 내담자마다 독특한 BASIC - ID의 형태를 파악하여 내담자 문제를 평가할 수 있게 된다.

3) 치료기법들

(1) 행동 : 소거, 역조건 형성, 긍정적 강화, 부정적 강화 및 처벌

(2) 정서 : 소유하고 수용하는 감정

(3) 감각 : 긴장이완, 감각적 쾌감

(4) 심상 : 자기상(셀프 이미지)의 변화, 대처 심상

(5) 인지 : 인지적 재구성, 자각

(6) 대인관계 : 모델링, 불건전한 공포를 분산시키기, 역설적인 책략

(7) 약물 또는 생물학 : 의학적 치료, 운동의 이행, 영양섭취, 물질남용 중지

4) 다중양식치료는 인간에 기능하는 7가지 양식에 대한 종합적인 평가로 시작하며, 내담자들은 BASIC ID에 관한 질문을 받는다.

(1) 행동

이 양식은 관찰하고 측정할 수 있는 행위, 습관, 반응 등 주로 외현적인 행동들에 관한 것이다.

예 "당신이 변화시키고 싶은 것은 무엇입니까? 당신은 얼마나 적극적입니까? 당신은 어떤 행동을 시작하고 싶습니까?"

(2) 정서

이 양식은 감정, 기분, 강한 느낌에 관한 것이다.

예 "어떤 감정을 가장 많이 느낍니까? 당신을 웃게 하는 것은 무엇입니까? 어떤 감정이 당신에게 문제가 됩니까?"

(3) 감각

이 영역은 촉각, 미각, 후각, 시각, 청각의 기본적 오감에 관한 것이다.

예 "당신이 특히 보고, 냄새 맡고, 듣고, 만지고, 먹기를 좋아하거나 싫어하는 것은 무엇입니까?"

(4) 심상

이 양식은 우리 자신의 자기상, 기억, 꿈, 공상 등을 포함한다.

예 "반복되는 꿈이나 분명한 기억들에는 어떤 것들이 있습니까? 당신의 신체상은 어떻습니까? 당신은 현재의 당신을 어떻게 봅니까?"

(5) 인지

이 양식은 기본적 가치, 태도, 신념을 형성하는 통찰, 철학, 생각, 의견, 자기-말, 판단 등을 말한다.

예 "지적 요구를 충족시키는 방법은 무엇입니까? 당신의 사고가 당신의 감정에 어떻게 영향을 미칩니까? 당신이 가장 소중하게 여기는 가치나 신념은 무엇입니까?"

(6) 대인관계

이 양식은 타인과의 상호작용을 말한다.

예 "당신 자신은 얼마나 사교적입니까? 어느 정도의 친밀감을 원합니까? 삶에서의 중요 인물에게 무엇을 기대합니까?"

(7) 약물/생리

이 양식은 약물 이상의 의미를 갖는다. 섭식습관이나 운동양식을 포함한다.

예 "당신은 건강하거나 건강한 의식을 가지고 있습니까? 당신은 자신의 건강에 대해 걱정을 합니까? 섭식, 운동, 신체적 외모에 관한 당신의 습관은 무엇입니까?"

제9절 | 현실치료(현실주의 상담이론 - 글래서)

1) 현실치료의 인간관

(1) 인간은 궁극적으로 자기 결정적이며 자신의 상(image)에 대한 책임과 능력이 있다고 가정하기 때문에 비결정론적이고 긍정적이다.

(2) 인간은 자유롭고 자신이나 환경을 통제할 수 있으며 자신의 목표를 스스로 선택하고자하는 욕구를 지니고 있다.

2) 인간의 기본 욕구

(1) 인간은 신뇌에서 유발되는 욕구인 소속감, 힘, 자유, 즐거움의 욕구와 구뇌에서 유발되는 생리적 욕구가 있다.

(2) 인간은 태어날 때부터 이러한 욕구들에 의해서 움직여 왔고, 모든 행동은 매 순간 이러한 욕구들을 충족시키기 위한 최선의 노력이다.

① **소속** : 소속되고 사랑을 나누려는 속성
② **힘** : 경쟁하고 성취하고 중요한 존재이고 싶어 하는 속성
③ **자유** : 이동하고 선택하는 것을 마음대로 하고 싶어 하는 속성
④ **즐거움** : 새로운 것을 배우고 놀이를 통해 즐기고자 하는 속성
⑤ **생존** : 건강하게 생존하기 위해 생리적 기능을 하는 속성

3) 선택이론(= 통제이론)

(1) 불행한 느낌을 포함한 모든 것을 우리가 선택한다는 것을 설명해 주는 이론이다.

(2) 우리가 인식하는 것보다 훨씬 더 많이 자신의 삶을 통제하고 있다고 주장하는 이론이다.

(3) 인간 생명체가 하나의 통제체제로서 뇌의 작용에 의해 어떻게 자신의 행동을 통제하는지를 설명한다.

(4) 자신의 삶에 성취감을 북돋아주고 자신의 삶을 통제하는 긍정적인 개념의 통제 개념이다.

기출문제 확인학습

현실치료 상담은 내담자의 책임성 있는 행동과 스스로의 선택(통제)을 강조하여 자율성을 획득할 수 있도록 하는 상담이론이다. 따라서 '우울해 하고 있는', '불안해하고 있는', '화를 내고 있는'이라는 동사 표현, '오늘 많이 불안하기로 선택했어요', '그 사람이 나를 싫어한다고 생각하기로 선택했어요'라는 표현은 행동, 사고뿐만 아니라 감정까지도 스스로 선택한 것이라는 책임의식을 강조하는 것이므로 현실치료와 관련된다.

① **지각세계** : 인간은 기본욕구를 충족시키기 위해 감각기관, 지각체계, 행동체계를 통해 환경을 통제한다.

과정

현실세계의 것들 → 감각기관 → 지각체계(욕구 충족에 기대되는 것만 통과) → 총괄 지식 여과기(도움 된다고 여겨지는 것만 통과) → 가치화 여과기(긍정적, 부정적, 중성적 판단으로 욕구 충족에 도움 된다고 여겨지는 것만 통과) → 지각세계(가치화 여과기를 통과한 현실세계가 우리의 지각세계가 됨) → 사진첩(지각세계가 이전 경험에서 욕구충족에 도움 되었던 사진과 비교됨)

ㄱ. 개인의 원하는 사진이 지각세계와 일치하면 순수 즐거움을 경험한다.

ㄴ. 일치하지 않거나 일치 정도가 낮으면 순수 고통을 경험한다.

ㄷ. 순수 즐거움이나 순수 고통의 신호는 행동체계로 연결된다.

② **행동체계** : 행동체계는 이제까지 욕구 충족에 도움 되었던 조직화된 행동(전체 행동)으로 구성되어 있다.

행동체계의 구성

1) 전체행동(전 행동) : 활동하기, 생각하기, 느끼기, 생리적 기능 4가지로 구성된다.

2) 전체행동은 현실세계를 통제하여 기본적 욕구를 충족시킬 수 있도록 노력한다.

3) 전체행동이 욕구 충족에 도움이 되지 않을 것으로 보이면 새로운 행동을 재조직한다.

4) 활동하기(완전한 통제가능), 생각하기(어느 정도 가능), 느끼기(약간 가능), 생리적 기능(불능)

ㄱ. 통제 가능한 활동하기를 변화시켜 적극적인 활동에 많이 관여할수록 좋은 감정과 유쾌한 생각, 더 좋은 생리적 편안함이 수반될 것이라고 본다.

ㄴ. 활동하기를 위해서는 계획 등의 생각하기를 거쳐야 활동하기의 변화가 가능하다.

4) 정체감

(1) 자기 스스로에 대해 가지고 있는 자아 상(image)이다.

① 정체감은 어릴 때부터 발달하는데 성공적 상(image)을 가지면 성공적 정체감을 형성시키고 패배적 상은 패배적 정체감을 형성시킨다.

② 성공적 정체감을 가진 사람은 효과적으로 자신을 통제하고 책임감이 강하며 기본욕구를 충족시킨다.

5) 현실치료의 특징

(1) 의학적 모델 거부 : 정신병적 행동은 우연히 일어난 것이 아니라, 개인이 선택한 것이다.

(2) 긍정적 탐닉 : 달리기, 명상 등 삶에 있어 심리적인 힘의 자원을 얻는 데 긍정적으로 탐닉할 것을 강조한다.

(3) 책임에 대한 강조

① 책임은 다른 사람의 욕구 충족을 방해하지 않는 범위에서 자신의 욕구를 충족시키는 노력이다.

② 정신건강과 책임을 같은 개념으로 보며 책임 있는 행동은 정신건강의 원인이 되고 불행은 무책임의 결과로 나타난다.

🗀 기출문제 확인학습

현실치료의 세 가지 요소(3R)[6]

3R은 현실치료의 세 가지 요소인 책임(responsibility), 현실(reality), 옳고 그름(right and wrong)을 의미한다.

1) 책임(responsibility),
   (1) 책임은 다른 사람의 욕구충족을 방해하지 않는 범위 내에서 자신의 욕구를 충족하는 능력
   (2) 자신의 행동에 대한 책임뿐만 아니라 자신의 욕구를 충족시켜야 하는 책임도 강조
   (3) 정신건강과 책임을 동일한 것으로 간주함
2) 현실(reality)
   (1) 책임은 곧 현실을 직면하는 것. 현실세계를 직면하고, 현실세계를 통제함으로써 자신의 욕구를 충족해야 함
   (2) 기본욕구나 바람(wants)의 충족은 현실세계가 규정해 놓은 범위와 한계 내에서만 가능하다는 의미
   (3) 정신병이란 곧 '나의 현실을 거부한다.'는 것으로 해석
3) 옳고 그름(right and wrong)
   (1) 가치판단은 현실적으로 주어진 상황에서 책임 있는 행동을 하는 사람에게 중요
   (2) 욕구충족을 위한 합리적인 방법을 찾기 위해 가치판단이 필요함
   (3) 다른 사람의 욕구충족을 방해하지 않는 범위 내에서 자신의 욕구충족을 추구하는 데 있어서도 가치판단은 필요함

(4) 옳고 그름의 가치판단을 강조함으로써 다른 상담접근과 달리 도덕성을 중요시하였다. 가치판단 없이 악한 행동을 하면 타인의 비난이나 처벌 등의 현실적 책임을 면하기 어렵다.

(5) 과거 탐색의 가치에 대한 과소 평가 : 지금-여기에 초점을 두고 보다 나은 선택을 함으로써 현실세계를 효율적으로 조정하게 된다.

(6) 전이 경시 : 전이는 상담자가 한 인간으로 숨어 있는 것으로 간주하며 이를 거부하였다.

(7) 통찰을 통한 변화보다는 적극적으로 욕구 충족을 위하여 새로운 방법으로 교육하는 것을 강조한다.

6) 상담목표

내담자가 현실적이고 책임질 수 있는 행동을 하며 성공적인 정체감을 개발하여 자율성을 갖게 하는 것이다.

7) 상담과정

(1) 상담 관계 형성하기 : 상담자와 내담자가 친구 되기(라포 형성)
(2) 현재 행동에 초점두기 : 내담자가 자신의 욕구 충족을 위해 현재 어떤 행동을 하는지 알아보기
(3) 행동을 평가하기 : 현재 내담자의 행동이 욕구충족에 도움이 되는지, 방해가 되는지 내담자 스스로 평가하기
(4) 활동 계획 짜기 : 현재 행동 중 부정적인 것을 찾아 긍정적인 것으로 고치기 위한 계획 짜기
(5) 다짐 받아내기 : 내담자가 계획한 활동을 그대로 실천하겠다는 다짐을 받아내기
(6) 변명을 받아들이지 않기 : 변명은 받아들이지 않고 실행하지 않은 잘못은 받아들이게 하기(다시 계획 수립)
(7) 처벌을 사용하지 않기 : 처벌을 사용하면 더 패배적인 정체감을 가지게 되고 상담관계가 악화됨
(8) 절대 포기하지 않기 : 내담자의 변화 가능성을 끝까지 믿는 것이 중요함

6) **출처** : [네이버 지식백과] 3R [three Rs, 三-] (상담학 사전, 2016. 01. 15., 김춘경, 이수연, 이윤주, 정종진, 최웅용) 재구성

실력 다지기

효과적인 목표(SAMIC3)를 수립할 때 고려사항(Wubbolding, 1991)

1) Simple : 단순하고 쉬운
2) Attainable : 달성가능한
3) Measurable : 측정가능한
4) Immediate : 즉시 실행가능한
5) Controlled : 실행하는 사람에 의해 통제 가능한
6) Consistent : 지속가능한
7) Committed : 약속된

8) 치료기법

유머, 맞닥뜨리기, 토의와 논쟁, 역설적 기법, 언어충격 등

정리

글래서(Glasser)의 현실치료

1) 개인이 주관적으로 갖는 내적 욕구나 바람대로 행동한다(결정론적 입장 반대).
2) 내담자의 문제는 자신을 불행하게 하는 행동의 선택에서 비롯된다(책임감 있는 행동 중요).
3) 내담자의 욕구에 따라 정말 그가 무엇을 원하는지 확인하는 것이 중요하고 내담자의 바람을 달성하도록 계획하고 실천하도록 한다.
4) 내담자를 행복하게 하는 현실적인 행동을 선택하여 실천하는 것은 전적으로 내담자의 통제 하에 있고 내담자의 책임이다.
5) 기본욕구(소속감, 힘, 자유, 즐거움, 생존)
6) 전체행동(행동하기, 생각하기, 느끼기, 생리적 기능)
7) 통제이론, 선택이론
8) 현실치료 과정(WDEP)
9) 상담자의 태도(변명 불수용, 처벌 금지, 포기하지 않음 등)
10) 기법 : 질문하기, 직면하기, 역설적 기법, 유머 사용하기

기출문제 확인학습

WDEP 모형

WDEP 모형은 Want(욕구), Doing(수행), Evaluation(평가), Planning(계획)에 해당한다.

1) Want(욕구) : 내담자가 자신의 좋은 세계(quality world)를 탐색하여 자신의 바람을 명료하게 밝히도록 돕는 것
2) Doing(수행) : 내담자가 현재 어떤 행동을 하며 살아가고 있는지를 명확하게 인식하도록 돕는 것
3) Evaluation(평가) : 내담자의 전행동과 욕구나 바람과의 관계를 점검하여 생산적 행동과 비생산적 행동을 구분하는 것
4) Planning(계획) : 생산적 행동으로의 변화를 위한 계획수립을 돕는 것

제10절 | 교류분석적 상담이론 (에릭 번)

1) 개요

(1) 심리교류 분석 또는 의사거래 분석이라고도 한다.

(2) 교류분석이론은 초기의 인생결정 또는 과거의 전제에 근거하여 현재의 결정을 내린다는 가정에 근거를 둔 상호작용치료로서 인간관계를 분석하는 이론이다.

(3) 언어, 행동을 분석해서 자신의 자아 상태와 상대방의 자아 상태를 분석한다.

(4) 성격이론이 아니라 상담기법이다.

(5) 상담 목적은 내담자가 그의 현재 행동과 삶의 방향에 대한 새로운 결정을 내리는 것을 원조하는 것이며 자율성의 성취에 있다.

(6) 인간관은 과거에 이미 결정되었거나 형성된 자신의 행동양식들을 이해할 수 있고, 그러한 행동들을 새롭게 개선하기 위해 새로운 결정을 하고 자신을 변화시킬 수 있는 자율적 존재로 본다. 인간은 자신의 사고, 감정, 행동에 대해 책임이 있고 새로운 선택을 할 수 있는 자유의 존재이다.

실력 다지기

자율성과 자율적 존재

개인의 과거 경험들이 그 개인의 성격발달에 어떻게 영향을 주었든지 상관없이, 내담자가 현재의 자신의 행동과 생활양식을 보다 적절한 것으로 다시 선택 · 결정할 수 있는 행동 특성을 의미한다.

1) 인간은 자율적인 존재로 태어났으며 이는 생리적이며 생득적인 것이다.

2) 그러나 인생 초기(초기 5년)에 타인들, 특히 부모와의 관계에서 자율적으로 행동하기보다 부모의 일방적 명령과 금지령에 복종하며 자신의 자율성을 유보하고 포기하는 행동양식을 학습한다.

3) 어린 시절 형성된 행동유형을 재검토하고 초기 결단이 더 이상 타당하지 않다고 판단될 때 새로운 결단이 가능하다.

4) 자신의 삶에 대해 책임지고 스스로를 지도하여 변화시키는 자율성을 지닌다고 본다.

2) 특징

(1) 계약과 결단의 중시

① 치료목표와 치료방향을 분명히 기술하고 계약하며 이 계약은 내담자가 제안한다.

② 무엇을 변화시킬지를 선택하고 결단하는 것은 내담자이며 책임 및 계약을 통한 변화가 핵심이다.

(2) 인지적 특성

이론발달의 초기에는 인지적 요인과 통찰에 치중, 후기에는 정서에 관심 증가

3) 자아의 구성요소[7)]

모든 사람은 부모 또는 어버이, 어른, 어린이의 세 가지 자아 상태를 가지고 있음을 관찰 · 분석하고 이 세 가지 중 어느 하나가 상황에 따라 한 개인의 행동을 지배한다.

(1) 부모 또는 어버이(Parent : P) 자아 - 학습된 생활개념

① 출생에서부터 5년 간의 경험이 주가 되며 주로 부모를 통하여 모방 또는 학습하게 되는 태도 및 기타 지각 내용과 그 행동들로 구성된다.

② 어버이 자아의 특징은 비판에 의한 교정 없이 받아들어져서 내면화된다.

③ 어버이 자아는 명령함으로써 영향을 미치는 기능을 할 수 있고 직접 부모의 행동을 해 보일 수 있으며 또는 양육적 · 보호적일 수도 있고 통제적 · 억압적일 수도 있다.

> 🗀 실력 다지기
>
> **부모 또는 어버이 (Parent : P) 자아**
>
> 1) 양육적 부모자아(NP) : 자녀를 사랑하고 돌보는 부모의 말이 내면화된 요소로 원만한 대인관계에 필수이다.
> 2) 비판적 부모자아(CP) : '이래야 한다, 저래야 한다.' 등 윤리판단과 타인의 잘못을 비판하고 꾸짖는 요소이다.

(2) 어린이(Child : C) 또는 아동 자아 - 감정적 생활개념

① 인간 개체 내에서 자연히 발생하는 모든 충동과 감정들, 생의 초기에 경험하는 일들에서 느끼게 된 감정들과 감정에 대한 반응양식으로 구성된다.

② 어린이 자아는 때로는 창조적 · 직관적 · 정서적이며 때로는 반항적이거나 순종적이기도 하다.

③ 과거 발달단계에서는 적합한 경험과 감정이었으나, 현재의 발달단계에서는 부적합한 감정이나 경험을 나타낼 수 있다.

> 🗀 실력 다지기
>
> **어린이 (Child : C) 또는 아동 자아**
>
> 1) 순응적 아동 자아(AC) : 부모나 어른의 관심과 주의를 끌려고 눈치 보는 자아, 소극적 · 의존적 · 타인을 의식하는 특성
> 2) 자유 아동자아(FC) : 타인을 의식하지 않고 자유롭게 기능, 투정 · 미숙 · 자기중심적 · 본능적 · 쾌락추구 · 감정적인 특성
> 3) 어린 교수 자아 : 선천적인 지혜, 인간 내부의 재치와 창의성, 탐구적인 특성

---

7) **Berne은 그의 오랜 임상 경험에서 인간은 ① 어버이(Parent : P) ② 어른(Adult : A) ③ 어린이(Child** : C)의 세 가지 자아 상태를 가지고 있다는 사실을 관찰, 분석하였다.

(3) 어른(Adult : A) 자아 - 사고적 생활개념

① 어른 자아는 18개월부터 발달하기 시작하여 12세경이면 정상적으로 기능하게 된다.

② 어른 자아는 사고와 합리적 행동이 그 특성으로, 내적 욕구와 외적 욕구를 중재하는 중재자이다.

③ 어른 자아는 객관적이며 자율적으로 자료와 정보를 처리하고 확률을 추정하는 것과 관련되어 있는 자아, 즉 객관적 논리, 분석적 · 합리적으로 현실을 파악하고 자료를 처리하는 자아이다.

④ 어른 자아는 현실적이고 논리적이며 자신과 환경에 관련된 정보를 분석하고 저장하고 인출하는 것처럼 정서적이 아닌 인지적 기능을 담당한다.

⑤ 어떤 것을 혼자서 해낼 수 있는 어린 아이의 능력의 결과 위에 형성된 자아이다.

(4) 이 세 자아 중에서 한 자아가 선택적으로 인간관계의 상황이나 의사소통 과정에서 주된 동력으로 작용하게 되며 어느 상태에서 어느 자아가 개인 동력으로 작용하느냐에 따라 의사소통 및 인간관계의 양상이 달라지고 동시에 문제를 낳을 수도 있다.

실력 다지기

자아상태의 양면성[8)]

부정적 측면(NOK)	자아상태	긍정적 측면(OK)
• 비판적, 권위적, 도전적, 지배적 • 편견, 선입견	CP	• 예절, 전통 유지, 규범(질서), 이상 추구 • 신념, 선악의 판단
• 과보호, 과간섭, 맹목적인 애정 • 잔소리, 희생적	NP	• 보호, 육성, 친절, 지지 • 타인의 이해, 배려
• 인간미 결여, 계산적, 타산적 • 냉정, 기계적	A	• 이성적, 합리적, 객관적, 현실 지향 • P, C를 조정, 통제
• 반항, 공격적, 자유, 방종, 자기중심 • 충동적, 공포심	FC	• 애정 표현이 풍부하고 순수함 • 자발적, 행동적이며 호기심 강함
• 우물쭈물 지연, 폐쇄적, 자폐적 • 가짜 반항, 과민적, 의존적	AC	• 감정 억제, 적응, 타협 • 겸손, 양보

8) 듀세이의 에고그램을 통해 알 수 있다.

🗀 기출문제 확인학습

자아의 구조

1) 어버이 자아상태(Parent : P)

(1) 양친이나 양육자들의 생각, 행동 또는 느낌을 동일시한 부분으로 아직도 자기에게 영향을 주고 있는 말이나 동작이 내포되어 있다.

(2) P에는 징벌과 제한을 가하는 부분과 남을 보살펴주는 양육적인 부분이 있다.

① 비판적 어버이(Critical Parent) : 약자로 CP라고 부르며 주로 비판, 비난, 질책과 관련되어 있고 어린이들에게 규칙을 가르쳐 주는 엄격한 면, 양심과 관련이 있다.

예 손님 배웅을 앉아서 하다니 말도 안 돼. 당연히 서서 해야지.

② 양육적 어버이(Nurturing Parent)

㉠ 약자로 NP라고 부르며, 어린이의 성장을 도와주는 어머니와 같은 부분이며 동정적 · 보호적 · 양육적 · 공감적이다.

㉡ 그러나 지나치면 상대방의 독립심이나 자신감을 빼앗는 결과를 가져오기도 한다.

㉢ 치료자에게 있어 요구되는 가장 기본적인 것이다.

예 힘내라. 그 정도 다친 것은 매우 다행스러운 일이구나. 지금부터 조심해!

2) 어른 자아상태(Adult : A)

(1) 사실 중심으로 관찰하여 정보를 수집, 정리, 통합하는 것이다.

(2) 문제 해결법을 찾으려고 하며, 이를 위해서 행동에 옮기는 것도 가능하다.

(3) A는 감정에 지배되지 않는 냉정한 부분이지만, 정신적으로 성숙한 인간이라는 의미는 아니다.

3) 어린이 자아상태(Child : C)

(1) 우리들이 어린 시절에 실제로 느꼈다든지 행동했던 것과 같은 감정이나 행동을 나타내는 상태이다.

(2) 인생초기에 어버이에 대응하기 위해 습관화된 반응양식도 포함된다. 여기에는 자유로운 어린이와 순응하는 어린이 두 가지 기능이 있다.

① 자유로운 어린이(Free Child)

㉠ 약자로 FC라 부르며, 이것은 인격 중에서 가장 선천적인 부분이다. 감정적, 본능적, 자기중심적, 호기심이 많으나 창조성의 원천이다.

㉡ 일반적으로 FC가 풍부한 것이 건강하다.

예 아! 과자가 있다. 제일 맛있는 것을 먹어 보자.

② 순응하는 어린이(Adapted Child)

㉠ 약자로 AC라고 부르며, 어린이가 부모에게 순종하려고 노력하는 부분으로 부모의 영향 밑에서 이루어진다.

㉡ 보통 말이 없고 얌전한 소위, '좋은 아이'이지만 장래 무엇이 있으면 반항하거나 격노하기도 한다.

㉢ 교류분석에서는 AC가 과도한 경우를 특히 주목해야한다.

㉣ 이것은 '자유로운 나'를 극도로 억압하여 마치 어른인 것처럼 행동하여 주위를 놀라게 하는 경우가 있다.

교류분석상담 : 금지령과 대항금지령[9]

1) 금지령 : 부모의 내면에 있는 어린이 자아Ⓒ에서 자녀의 어린이 자아Ⓒ로 내리는 부모의 메시지로, 자녀가 무엇을 해야 하며 무엇이 되어야 하는지를 말해주는데, 주로 부모의 실망, 좌절, 불안, 불행 등 고통을 표현하는 것이다. '~하지 말라'의 내용을 갖는다.
2) 대항금지령 : 부모의 내면에 있는 어버이 자아Ⓟ에서 자녀의 부모자아Ⓟ로 전달되는 메시지로, 금지령에 대응(대항)하는 것이다. '강해져라', '완전해져라' 등의 내용을 포함하며, 대부분 사회생활에 적응하는 데에 도움이 된다.
3) 프로그램 메시지 : ~하는 방법에 대한 부모/어른의 메시지로서, 넥타이를 매는 방법, 김치 담그는 방법, 공부하는 방법, 친구와 화해하는 방법, 남자답게 행동하는 방법, 열심히 사는 방법 등으로 대항금지명령과 마찬가지로 대부분 긍정적으로 사용된다.

4) 자아상태의 병리

(1) 오염(혼합)과 배타(배척)가 자아기능에 장애 초래

① 오염(혼합, contamination)

ㄱ. 성인자아가 부모자아, 아동자아와 충분히 구별되지 않고 오염(혼합)되는 상태를 말한다.

ㄴ. 성인자아의 경계가 견고하지 못하고 부모자아, 아동자아가 성인자아의 기능에 영향을 미친다.

사례

1) 부모자아(비판적)가 오염(혼합)되면 편견이 심해짐 → '여성은 남성에게 복종해야 한다.'
2) 아동자아가 오염(혼합)되면 망상, 환각이나 광장 공포 등의 아동적인 공포증을 보이게 되는 경우

② 배타(배척, exclusion)

ㄱ. 세 자아의 경계가 지나치게 경직되어서 심적 에너지 이동이 거의 불가능한 상태이다.

예 부모자아(비판적)가 배타(배척)된 상태에서는 물건을 훔쳐도 죄책감이 없다.

실력 다지기

자아상태의 병리현상

1) 오염(또는 혼합) : 자아상태의 오염이란 어버이자아(P), 성인자아(A), 어린이자아(C)의 자아상태가 균형을 이루지 못하고 혼란을 일으키는 것을 말한다. 오염은 성인자아(A)가 다른 자아로부터 침범받은 경우로, (P)자아가 혼합되는 경우, (C)자아가 혼합되는 경우, (P)자아와 (C)자아로부터 혼합되는 경우 등 세 가지이다.
   예 ① 부모자아(비판적)가 오염(혼합)되면 편견이 심해짐 → '여성은 남성에게 복종해야 한다.'
   ② 아동자아가 오염(혼합)되면 망상, 환각이나 광장 공포 등의 아동적인 공포증을 보이게 됨
2) 배타(또는 배제) : 자아상태의 배타란 자아상태를 구성하고 있는 세 가지 자아 중 어느 하나에 집중되어 경계가 차단되는 것을 말한다. 배타는 (P)자아가 (A)와 (C)를 배제하는 경우, (A)자아가 (P)와 (C)를 배제하는 경우, (C)자아가 (P)와 (A)를 배제하는 경우 등 세 가지이다.

9) Ian Stewart, Vann Joines 공저, 현대의 교류분석, 학지사

5) 교류분석에서의 심리적 욕구 - Berne의 3가지 심리적 욕구

(1) 인정 자극의 욕구(stroke hunger) - 스트로크

신체적 접촉과 심리적인 인정을 받고자 하는 욕구를 말한다.

(2) 시간 구조의 욕구(structure hunger)

인정 자극을 극대화 할 방향으로 삶의 시간을 활용하여 사회적 상황을 만들고자 하는 욕구를 말한다.

(3) 생활 자세의 욕구(position hunger)

① 개인이 전 생애를 통해 인생을 바라보는 어떤 확고한 심리적 틀을 갖고자 하는 욕구를 말한다.
② 개인이 자신, 세계, 타인과의 관계를 결정하는 중요한 기초로 생애 초기 5년 간에 명확해진다.
③ 초기의 결정은 생활자세(life position) 형성의 기본이 되며 생활각본(life script)으로 발달한다.
④ 생활각본이 형성되면 인생에 대한 태도를 실행에 옮기기 위해 게임(game)을 하게 된다.

생활자세 욕구 → 초기결정 → 생활자세 형성 → 생활각본 발달 → 게임

6) 상담목표

(1) 내담자가 자신의 삶에 대해 책임지고 스스로 지도하는 자율성을 갖게 한다.
(2) 자기 패배적인 생활각본을 버리고 자신의 삶에 대한 인식과 자발성, 친밀감을 갖게 한다.
(3) 자아상태의 오염(혼합)이나 배타(배척) 없이 P, A, C가 적절히 기능할 수 있게 한다.
(4) 게임과 라켓의 부정적인 영향에서 벗어나게 돕는다.
(5) 초기결단 및 이에 근거한 생활각본을 새로운 결단에 근거한 자기긍정-타인긍정으로 바꾸어 준다.

7) 상담진행 과정

관계형성 → 계약 → 구조분석, 교류분석, 게임분석, 생활각본 분석 → 재결단

8) 상담의 단계

(1) 구조분석 : 자아 상태에 관한 구조분석

① 내담자의 자아 상태에 대한 이해와 과거 경험 때문에 성인자아가 기능을 못하는 원인을 찾는 것으로서 내담자의 부모자아, 성인자아, 아동자아의 내용과 기능을 인식하는 방법이며 내담자의 자아 상태에 오염(혼합)이나 배타(배척)가 있는지 분석 및 확인을 하며 자아기능 그래프(ego-gram)를 사용한다.

② **혼합성** : 하나의 자아 상태의 내용이 다른 자아 상태와 혼합되어 존재함으로써 각각의 자아 상태가 독립된 총체로서의 가능을 하지 못하는 것을 의미한다.

③ **배타성** : 3가지 자아 상태 중에서 하나 또는 두 가지만 사용될 때 나타나는 문제로서 어버이 자아 배제 시 가치감을 상실하고 어른 자아 배제 시 외부세계 간의 중재를 할 수 없으며 어린이 자아 배제 시 상황에 대해 정서적으로 반응할 수 없게 된다.

④ **손상** : 자아 상태 중 어느 것이 완전히 성장하지 못하고 상처를 입게 되는 것으로서 비합리적이고 통제할 수 없는 행동이 나타나게 되며 특히 어린이 자아에서 더 많이 나타나는 경향이 있다.

⑤ **해이한 경계선** : 자아 상태 간의 에너지 흐름이 지나치게 자유로운 경우로서 어른 자아의 통제라는 것이 거의 없고 행동이 수시로 바뀌고 혼란한 것이 특징이다.

(2) 의사교류 분석(transactional analysis)

의사교류는 두 사람이나 혹은 그 이상의 사람들의 관계에서 일어나는 사회적 작용으로 자극 → 반응에 의한다.

① 구조분석을 기초로 하여 내담자가 다른 사람들과 맺고 있는 상호 의사교류(두 사람의 자아 상태에서 이루어지는 자극과 반응)를 이해하도록 하는 것이다.

② 내담자의 상호교류를 분석함으로써 상호보완적 · 교차적 · 암시적 상호교류 등을 학습시킨다.

ㄱ. **내면적 교류** : 자아 상태 간의 대화를 말하는 것으로서 어버이 자아의 금지령, 어른 자아의 사고 능력, 어린이 자아의 욕구가 관련된다.

ㄴ. 타인과의 교류

가. 상보적 의사교류

a. 특정한 자아 상태에서 메시지를 보냈을 때 예견되는 반응을 얻은 교류이다.

b. 의사교류의 자극과 반응이 평행을 이루는 의사교류로서 갈등이 없다.

c. 특정 자아가 보낸 메시지가 다른 특정 자아로부터 예상된 반응이 나올 경우이다.

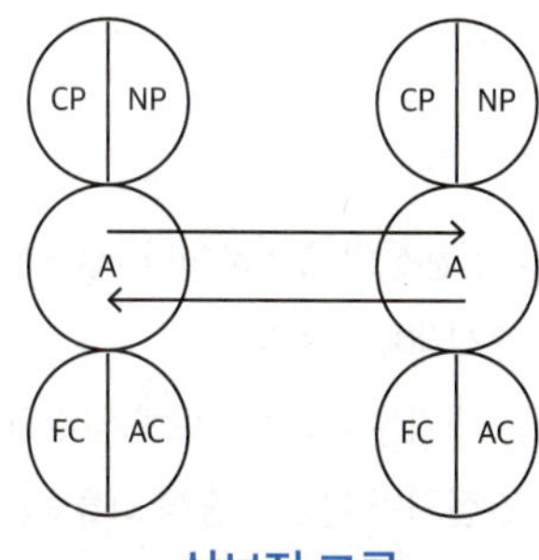

상보적 교류

사례

- 남편 : 내 서류봉투 어디에 있지?
- 아내 : 책상 두 번째 서랍에 있어요

나. 교차적 의사교류

a. 개인이 보낸 메시지에 대해 타인이 기대하지 않았던 반응을 하는 교류이다.

b. 의사소통의 방향이 서로 어긋날 때, 예상치 못했던 반응이 나올 때, 갈등이 유발된다.

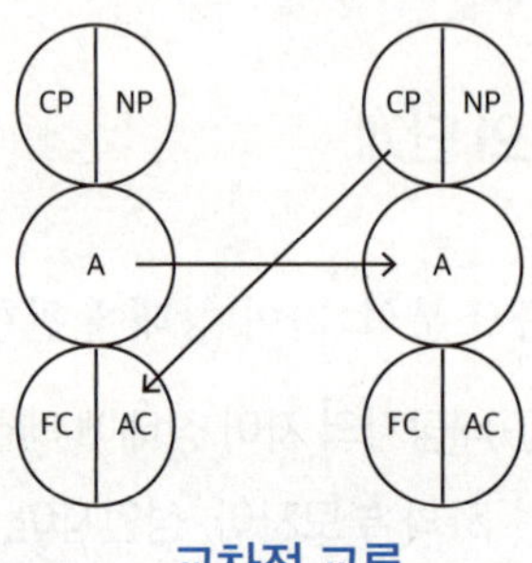

교차적 교류

사례

- 남편 : 내 서류봉투 어디에 있지?
- 아내 : 자기 것은 자기가 잘 챙겨야지, 나한테 물어보면 어떡해요?

다. 이면적(암시적) 의사교류 - 이중적 의사교류의 형태

a. 언어적 메시지와 비언어적 메시지가 일치되지 않으며 한 번에 3 ~ 4개의 자아 상태가 관련되는 교류

b. 겉으로 표현되는 자아와 실제로 기능하는 심리적 자아가 다르다.

c. 실제 의미를 숨긴 위장된 메시지가 교환될 경우이다.

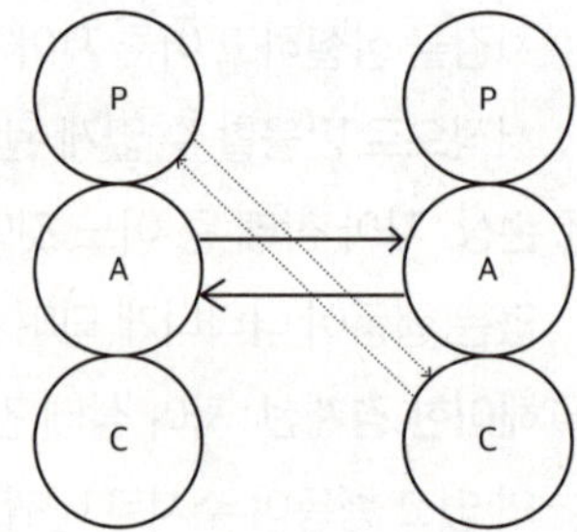

이면적 교류

사례

- 남편 (사회적 수준) : "몇 시에 저녁 먹을 거요?"
- 아내 (사회적 수준) : "6시에요."
- 남편 (심리적 수준) : (배고파 죽겠는데, 왜 저녁 빨리 안차려 줘?)
- 아내 (심리적 수준) : (저녁은 그냥 되나, 나도 피곤해 죽겠는데…)

(3) 게임 분석(game analysis)

① 게임은 어린 시절 형성된 초기 결정의 방식을 유지하고자 하는 의사교류의 한 유형으로서, 일련의 연속적 교류가 이루어진 결과로서 두 사람이 모두 나쁜 감정으로 끝나는 심리적 교류이다.

교류분석상담이론에서 게임

1) 여가선용상의 즐거움이나 재미를 주는 활동을 의미하는 것이 아니라 두 사람 이상의 사람들 간에 일어나는 심리적 교류의 상태를 뜻한다.
2) 모든 게임은 기본적으로 속임수가 있고 결과는 극적이고 흥분된 감정을 갖게 하며, 또한 조직적이고 예측 가능한 결과로 발전되어 가는 이중적 교류 속에서 진행된다.
3) 두 사람 간의 악화된 관계를 개선하기 위해서는 두 사람 사이의 암시적 상호교류의 근원을 파악하는 것이 중요하다.

② 숨겨진 동기를 가진 일종의 암시적 의사교류이다.

③ 애정이나 관심 등 인정 자극을 받기 위한 수단이다.

④ 게임의 특징은 게임을 하고 있는 사람 자신이 게임을 하고 있다는 것을 거의 의식하지 못하며 게임에 관여하는 사람들은 최소한 한 사람에게 부정적인 감정을 불러 일으키고 의사소통을 저해한다.

⑤ **만성 부정적 감정(라켓 감정)**: 게임의 결과로 만성적인 부정적 감정인 라켓(racket)을 경험하는 데 불안라켓, 우울라켓, 자해라켓이 있으며 만성 부정적 감정은 인정 받으려는 숨은 의도가 있고 조금씩 쌓여 한풀이 행동의 근거가 된다.

⑥ 게임분석은 암시적 의사교류와 만성 부정적 감정 유형을 분석하는 것이다.

ㄱ. **상보적 교류**: 표면상 유쾌하게 보인다.

ㄴ. **이면적 교류**: 숨겨진 의도를 가지고 있다.

ㄷ. **결말**: 게임을 결론 내리고 불쾌감 또는 부정적 평가를 수반한다.

기출문제 확인학습

번(Berne)의 교류분석이론에서 제시한 게임 공식

속임수(con) + 약점(Gimmick) = 반응(Response) → 전환(Switch) → 혼란(Cross-up) → 결말(Pay-off)

1) 번(1972)은 게임이 여섯 단계를 거쳐 진행된다는 사실을 발견하고 게임 공식을 제시했다.
2) 내담자의 도움 요청(Con)에 각본적 약점(Gimmick)을 가진 상담사가 기꺼이 응한다.
3) 게임의 '반응'단계에서 일련의 교류가 일어나는데, 이러한 반응은 몇 초에서 몇 년까지 이어지기도 한다.
4) 내담자는 상담사가 더 이상 할 말을 잃자, 내담자는 "어쨌든 도와주려고 해서 고맙습니다만..."하고 일어서는데, 이 때 '전환(switch)'이 일어난다. 게임에는 반드시 전환이 따른다. 현대에 와서 전환이 없으면 게임으로 보지 않는다.
5) 내담자가 일어서자, 상담자는 당혹감을 느끼는 '혼란'단계에 도달한다.
6) 그 후 마지막으로 '결말'에 가서 라켓 감정(사람마다 라켓 감정이 다르지만, 라켓 감정은 어려움에 처할 때마다 단골로 튀어나오는 나쁜 감정이지만, 이러한 정서는 문제해결에 아무 도움이 되지 않는다)을 느낀다.

(4) 인생각본(생활각본) 분석

인생각본은 생의 초기에 있어서 개인이 경험하는 외적 상황들에 대한 자신의 해석을 바탕으로 하여 형성·결정된 환경에 대한 반응행동 양식이다.

① 이 세상을 하나의 무대로 본다면 개인이 무대에서의 연기를 위해 따르는 각본이 생활각본이다.

② 생활각본은 어린 시절 부모로부터 받아들인 각종 메시지와 이 메시지에 대한 본인의 반응에 의해 만들어진 초기 결정들로 이루어진다(예 승리자 각본, 패배자 각본).

③ 생활각본 분석을 통해 문제행동에 관련된 각본을 찾음 → 이에 정확한 정보와 활력을 불어넣음 → 내담자가 재결단하도록 함 → 자율적인 삶을 영위하게 함

실력 다지기

인생태도와 인생각본

1) 인생태도 : 자기 자신과 타인 그리고 세계에 대해 해석하고 있는 개인의 태도를 통칭하는 것으로 초기험과 초기결정에 의해 형성된다. 인생에 대한 4가지 생활 자세는 다음과 같다.
   (1) "I'm OK – You're OK"(자기 긍정-타인 긍정) : 신뢰성, 개방성, 교환하려는 의지, 타인을 있는 그대로 수용하는 것이며 승자도 패자도 없고 가장 건강한 생활 자세이다.
   (2) "I'm OK-You're not OK"(자기 긍정-타인 부정) : 자신의 문제를 타인에게 투사하고 타인을 비난하며 그들을 끌어내리고 비판하며 자신의 우월성을 나타내고, 타인의 열등성을 비난하는 것이다.
   (3) "I'm not OK-You're OK"(자기 부정-타인 긍정) : 자신을 무력한 사람으로 생각하고 자신보다 타인의 욕구를 위해 봉사하고 타인의 권력을 지지하고 자신의 권력은 부정한다.
   (4) "I'm not OK-You're not OK"(자기 부정-타인 부정) : 인생의 모든 희망을 포기, 흥미 상실과 인생이 아무런 가망이 없다고 생각하는 관점으로 자기 파괴적이고 유아기적 행동과 타인이나 자신에게 상해를 입히는 공격적 행동을 보인다.
2) 인생각본 : 자신의 욕구를 충족시키기 위하여 초기에 결정한 인생계획으로 부모의 교육, 아동 자신이 내린 초기결정, 초기결정을 지속시키기 위한 게임, 결정을 정당화시키기 위한 라켓[10], 극본이 어떻게 전개되고 끝나야 하는지에 대한 자신의 기대 등이 포함된다.

(5) 재결단(재결정)

① 사람들은 대체로 각본에 맞추어서 살고 있으며 이 각본은 변경될 수 없는 것이라고 생각한다.
② 각본을 재결정할 수 있도록 도와주는 것이 의사교류분석의 목표이며 보다 적절하고 새로운 삶의 방향을 해줄 결정을 하도록 하는 것이다.

10) 초기 결정을 확증하기 위하여 다른 사람을 조작하는 과정이며 조작적이고 파괴적인 행동과 연관된 감정을 라켓감정(racket feeling)이라 한다. 즉, 자신의 의사와 다르게 표현되는 감정이다.

9) 치료기법

(1) 상담 분위기 조성 기법

① **허용** : 내담자가 부모의 금지에 근거해 행동하기 때문에 상담자는 허용적인 분위기를 창출한다.

② **보호** : 허용적인 분위기에서 그 동안 숨죽이던 아동 자아가 자유롭게 기능해서 내담자가 당황하게 될 수 있지만, 내담자의 이런 반응을 안심시켜 주고 지지해 주는 것이다.

(2) 타 상담이론의 기법을 활용한 내용들 : 심리극, 빈 의자 기법 등

정리

번(Berne)의 교류분석 상담이론

1) 인간은 자기를 발달시킬 능력과 자신을 행복하게 하고 생산적인 능력을 가지고 태어난다.
2) 내담자의 문제는 그가 과거에 받았던 어루만짐에서 비롯된다.
3) 내담자의 문제해결을 위해 자신의 성격을 이해하고 대인관계에서 주고받은 의사소통의 유형과 게임을 분석하도록 한다.
4) 타인과 의사소통을 하는데 있어 서로가 이만하면 괜찮다는 자세를 갖는 것이 필요하다.
5) 3가지 자아상태(부모 자아, 성인 자아, 아동 자아)
6) 교류의 유형(보완적 교류, 교차적 교류, 암시적 교류)
7) 인생태도 또는 삶의 입장(자기 긍정 - 타인 긍정, 자기 긍정 - 타인 부정, 자기 부정 - 타인 긍정, 자기 부정 - 타인 부정)
8) 4가지 분석방법(구조분석, 교류분석, 게임분석, 인생각본분석)

기출문제 확인학습

교류분석에 관한 설명

1) 번(Berne)이 창시한 이론이다.
2) 심리적 욕구로 자극 욕구, 구조 욕구, 자세 욕구를 강조한다.
3) 성격의 구조는 부모 자아, 어른 자아, 어린이 자아로 구성되어 있다.
4) 의사소통의 질을 개선할 수 있는 구체적인 방법을 제시해 준다.

자아상태와 그 특징

- CP (비판적 부모자아) : 설교적, 비판적, 권위적, 단조로운
- NP (양육적 부모자아) : 차분한, 보살피는
- FC (자유 아동자아) : 감정적, 개방적, 명랑한, 흥분된, 자유로운
- AC (순응적 아동자아) : 조심스러운, 눈치를 보는

1) 여성주의 치료[11] - Feminist Therapy, 카샥(Kaschak) 등

2) 자유주의적 여성주의 상담사의 입장

(1) 한 사람인 여성이 사회화 양상의 한계와 제약을 극복하도록 돕는 것에 관심이 있다.

(2) 여성과 남성의 기회평등을 돕는 것에 관심이 있다.

(3) 중요 치료 목표는 개별 여성의 권한, 존엄, 자기 충족, 평등 등을 찾는 것이다. 중요한 또 다른 목표는 성적 편견 및 전통적인 사회화에 기초한 심리치료 훈련을 반박하는 것이다.

3) 문화적 여성주의 상담사의 입장

(1) 사회가 여성의 장점과 가치, 역할을 평가절하하기 때문에 억압이 발생된다고 여긴다.

(2) 여성과 남성의 차이를 강조하며, 억압을 해결하기 위해 문화의 여성화가 이어진다면 사회는 더 양육적이고, 직관적이며, 주관적이고, 협동적이며, 관계 지향적으로 될 것이라 여긴다.

(3) 개인주의보다 상호주의의 가치를 강조한다.

(4) 치료목표는 협력적인 방식으로 사회의 가치를 융합시키는 것이다.

4) 급진적 여성주의 상담사의 입장

(1) 권위에 파묻힌 여성의 억압에 초점을 두고 활동과 평등의 힘을 통해 사회를 변화시키려 한다.

(2) 모든 영역에서 가부장제가 지배하는 방식에 대해 물음을 던진다.

(3) 중요 목표는 남성과 여성의 관계 변화, 사회 제도의 개혁, 여성의 성과 관련된 여성의 결정권과 창조적 결정권을 증가시키는 것 등이다.

5) 사회주의적 여성주의 상담사의 입장

(1) 급진적 여성주의 상담사와 함께 사회 변화라는 목표를 공유한다.

(2) 직업, 교육, 가족에서의 역할이 그들의 삶에 끼치는 영향에 대해 관심을 가진다.

(3) 중요한 치료목표는 사회관계와 제도를 개혁하는 것이다.

6) 여성주의 치료 원리

(1) 사람은 정치적이라는 것이다.

이 원리에서는 내담자의 문제가 사회적, 정치적인 맥락에서 발생한다고 본다.

---

11) 여성주의 치료는 전통적인 성역할과 남녀에 대한 성역할 고정관념이 여성문제에 있어서 중요한 원인이라고 보고 여성이 자신의 문제가 여성 자신의 개인 내적인 것뿐만이 아니라 사회구조적인 것에서부터 비롯됐다는 것을 깨닫도록 하여 성을 초월한 인간으로서의 자신을 개발하고 이해하도록 돕는 것이다.

(2) 사회적 변화에의 참여이다.

여성주의 이론의 목표는 개인의 변화뿐 아니라 사회변화도 추구한다고 보았으며 사회 변화를 위한 상담가의 직접 개입도 상담심리사의 중요한 역할로 생각한다.

(3) 여성주의에는 여성과 소녀의 의견과 지식은 가치가 있으며, 그들의 경험은 존경받아야만 하며 여기에서는 여성의 의견이 권위 있는 지식이나 가치 있는 정보로 인정받는다.

(4) 상담 관계는 평등하다.

여성주의 상담사는 내담자를 자기 인생의 전문가라고 생각하며 치료관계에서의 권력의 균형을 알고 평등한 관계를 위해 노력한다.

(5) 강점에 관심을 가지며, 심리적 스트레스에 대한 정의를 다시 형성한다.

① 여성주의 상담심리사들은 심리적 스트레스를 질병이 아니라, 공정하지 못한 체제의 표현으로 재개념화하였다.

② 내담자의 문제를 병리적으로 해석하지 않고 대처 전략으로 보았다.

(6) 모든 압박은 인식되어야 한다.

여성주의 상담사는 내담자들을 사회문화적 환경 속에서 이해하였는데, 그들은 사회 정치적 불평등이 모든 사람에게 부정적인 영향을 끼친다고 말한다.

7) 여성주의 치료의 특성

(1) 여성주의적 가치관을 가져야 한다.

여성 내담자들의 심리에 내면화된 가부장적 가치관을 인식시키고, 여성주의적 가치관이라는 새로운 지평을 열어주는데 초점을 맞추어야 한다.

(2) 개인의 변화를 넘어 사회적인 변화를 추구한다.

여성의 문제들이 개인의 문제가 아니라 성역할과 사회화로 인한 구조의 문제라고 보기 때문에 문제의 근본적인 해결을 위해서는 개인의 변화 뿐 아니라 사회구조의 변화가 반드시 수반되어야 한다.

(3) 상담자와 내담자는 평등하다.

여성주의 치료에서 상담자와 내담자는 함께 작업하는 평등한 관계로 나아가며, 경직되고 위계적인 거리감을 두기보다 보살펴주고 협조하는 사이이다.

실력 다지기

여성주의 상담이론에서 여성과 남성의 차이점을 과장하는 경향을 알파 편향(alpha bias)이라고 하고, 차이점을 축소하는 경향을 베타 편향(beta bias)라고 한다. 여성주의 상담이론에서는 이러한 편향을 경계하고 있다.

8) 여성주의 치료의 기법

(1) 여성주의 치료는 내담자들의 여성주의 정체성 발달단계에 따라서 상담이 진행되어야 한다.

(2) 여성주의 정체성은 여성이나 남성이 고정적인 성역할에서 벗어나 여성과 남성을 서로 차별하지 않고 각각 독립된 인간존재로 자신을 인식하는 것으로서 다음 4단계로 구분할 수 있다.

① 1**단계**: 수용성(acceptance): 전통적인 역할을 수행하며 의심 없이 사회구조를 받아들인다.

② 2**단계**: 폭로(revelation): 여성이 여성으로서 자신의 역할과 자신에 대해 회의감을 가진다.

③ 3**단계**: 새겨둠(embedness): 새로운 정체성을 받아들인다.

④ 4**단계**: 참여(commitment): 여성주의 정체성을 수행한다.

정리

여성주의 상담이론

1) 여성주의(Feminist)의 관점은 인간과 자연, 인간과 인간의 관계를 보는 하나의 세계관이며 인식론적 관점이다.

2) 여성주의 상담은 전통적인 성역할과 남녀에 대한 성역할 고정관념이 여성문제에 있어서 중요한 원인이라고 보고 여성이 자신의 문제가 여성 자신의 개인 내적인 것뿐만이 아니라, 사회구조적인 것에서부터 비롯됐다는 것을 깨닫도록 하여 성을 초월한 인간으로서의 자신을 개발하고 이해하도록 돕는 것이다.

3) 여성주의 상담은 내담자를 남녀로 분리해서 보기보다는 개개인이 지닌 특성, 잠재력들에 따른 상담을 함으로 인간성 회복의 운동이다.

4) 여성주의 상담은 기존의 남성 중심적인 시각에서 탈피하여 여성과 남성 내담자의 문제 해결에 도움을 제공하는 과정인데, 이러한 새롭고 혁신적인 방향은 무엇보다도 여성상담자 자신들의 새로운 인식에서 출발해야 한다.

5) 여성 내담자는 상담을 통하여 자신의 가능성을 개발하고 자신을 새롭게 재정의하며 자신의 문제가 사회체제에 의한 결과임을 인식하고 대응할 수 있어야 한다.

여성주의 상담의 특징

1) 젠더 균형적이다.

(1) 심리학적으로 여성과 남성의 유사함을 밝히고 남성과 여성의 차이를 사회화, 자기표현 전략, 인지적 감정적 진행의 발달적 양상으로 설명한다.

(2) 사회적 역할과 대인관계 행동에서 성역할 고정관념을 줄이기 위한 변화를 증진시키고자 한다.

2) 유연하며 다(多)문화적이다.

(1) 나이, 문화, 민족, 젠더, 계급, 성적 선호를 다양하게 지닌 개인이나 집단 모두에 적용 가능하다.

(2) 변화를 위한 복합적 대인 관계적 질서와 선택 가능성을 제시한다.

3) 개인과 상황 간 상호작용(연대성)을 강조한다.

개인(감정적, 행동적, 인지적)과 상황(제도, 문화, 권력, 장벽들) 사이의 연속선상의 중간지점에 머무는 경향이 있다.

기출문제 확인학습

여성주의 상담기법의 원리

1) 개인적인 것은 정치적인 것이며 여성의 문제를 사회구조적인 것에서 찾아서 여성 스스로가 자신의 정체성을 갖도록 하는 것이다.
2) 평등한 관계로서 여성의 문제 중에 하나는 자신들을 스스로 종속관계에 놓이게 하는 것으로서, 상담자와 내담자는 평등한 관계로서 도움을 주어 내담자가 상담 장면에서 '평등한 관계'를 체험학습 할 수 있어야 할 것이다.
3) '여성적 가치로 평가하기'라는 원리는 성 개념을 재구조화하는 것으로서 여성에게 정형화된 특성들을 남성과 여성 모두에게 가치 있고 중요한 인간의 특성들(양성평등)로 재평가하는 것이다.

콜버그와 길리건의 도덕론

1) 콜버그의 가장 상위단계인 보편적 도덕 원리는 권리의 평등성과 상호성을 보장하며 인간의 존엄성을 존중하고 보편적 정의의 원칙이 되며, 정의라고 하는 것은 개인이 결정을 내리는데 있어 바탕이 되는 원리로서, 일반적이며 보편적인 원리에 근거해야 한다는 것이다.
2) 콜버그는 정의는 보편적인 원리이므로 남녀에 구분 없이 최고 단계에 이르는 것이 도덕적으로 성숙한 것이라 하였다.
3) 하지만, 여성 대부분이 감정에 휩싸여 제대로 된 판단을 내리지 못해 도덕적 수준이 3단계인 착한 소년 · 소녀 단계에 머무르고 있어서 여성들이 남성들보다 열등하며, 도덕적으로 성숙할 수 없다고 하였다.
4) 부드럽고 다른 사람의 감정을 배려할 줄 아는 이러한 여성적인 고유한 특성이 여성들을 열등하게 만들었다는 것이다.
5) 길리건(Gilligan)은 이러한 남성중심의 규범윤리학을 비판하고, 남성과는 다른 여성만의 특성을 강조하는 배려의 심리적 특성에 관련해 새로운 기준으로서 배려 윤리(ethics of care)를 제시하였다.
6) 콜버그의 정의의 도덕은 규칙, 법칙성, 공정성, 자아와 타인에 대한 권리 등을 도덕적 요소로 하며, 권리와 규칙에 대한 이해를 도덕발달의 중심에 두고 있는데, 즉 정서의 중요성이나 타인과의 관계가 중요한 역할을 하지 않는다고 보는 것이다.
7) 길리건은 이러한 인지적인 측면보다는 인간관계, 동정심, 조화, 상황 등을 중시하며, 여성이 남성과는 다른 이러한 도덕적 지향을 가지고 있으며, 여성의 보살핌(caring)행위가 새로운 도덕적 성숙의 근거가 되어야 한다고 주장하였다.
8) 길리건은 여성의 도덕발달을 나타낼 수 있는 것으로 여성들의 관계와 그 관계 속에서 나타나는 반응에 중점을 둔 배려윤리를 제안하였다.

▶길리건(C. Gilligan) : 여성의 도덕성 발달은 콜버그(L. Kohlberg)의 모형으로 설명할 수 없다. 왜냐하면 여성의 돌봄과 책임의 도덕성은 관계체계에 근거하고 있기 때문이다.

▶밀러(J. Miller) : 여성의 정체감은 관계 맥락을 통해 확인할 수 있다. 그리고 종속집단에 해당하는 여성은 지배계층을 기쁘게 하기 위해 수동성, 의존성, 무능력 등의 특성을 형성해간다.

1 해결중심 상담이론의 생성

1) 해결중심 상담이론의 생성

(1) Steve de Shazer와 Insoo Kim Berg가 1978년 Milwaukee에 Brief Family Therapy Center(BFTC)를 설립하여 단기치료모델로서 해결중심치료를 개발하였다.

(2) 탈근대주의와 사회구성주의 영향 : 치료자에 대해 전문가로서가 아니라 가족들이 자신의 신념을 가지고 문제를 해결해 가도록 돕는 협조자로서 역할을 강조하였다. 즉 치료자의 역할은 문제에 새로운 의미를 만들고 해결방안을 구축해 나가도록 내담자와 협동하는 것이다.

2) 해결중심 상담이론의 기본 원리

(1) 정신건강에 대한 강조

내담자가 자신들의 문제를 다루는데 있어서 성공하였던 경험에 일차적인 초점을 두는 것으로 내담자의 장점과 자원 그리고 능력을 강조하며 내담자의 결함이나 장애는 다루지 않는다. 무엇이 잘못되었고 고착되었나 하는 것보다 무엇이 잘되었고 그것을 어떻게 활용하는가에 초점을 둔다.

(2) 내담자의 장점, 자원 등 활용

내담자의 장점, 자원, 건강한 특성들을 도출시킴으로써 제시된 문제를 해결하는 것이 중시된다. 이 원리는 내담자가 바라는 결과를 성취하기 위해 내담자가 이미 지니고 있는 자원, 기술, 믿음, 동기, 행동, 사회관계망, 환경, 개인적 특성을 활용하는 것이다.

(3) 탈이론적, 비규범적, 내담자 견해 중시

내담자의 개별적이고 특별한 불평에 주목하여 개별적인 해결책을 발견하고자 하는 시도를 한다. 해결중심적 접근법은 탈이론적이고 내담자가 결정한 것을 따르기 때문에 내담자의 견해는 그대로 수용된다.

(4) 간략화

복잡한 것에서 단순한 것으로 접근하는 것이 아니라 단순한 것에서부터 복잡한 것으로 치료를 한다. 한 영역에서 생기는 작은 변화는 다른 영역들에서 많은 변화를 가져온다. 그러므로 치료는 파급효과를 가져오기 때문에 가장 단순한 것부터 시작한다.

(5) 변화의 불가피성

변화는 내담자 삶의 일부이기 때문에 내담자는 변화를 막을 수 없다. 따라서 치료는 변화를 확인하고 그 변화를 해결책으로 활용하는 작업이라 할 수 있다.

(6) 현재와 미래 지향성

해결중심 치료는 현재와 미래를 중시한다. 과거에 대한 정보는 내담자들이 현재 살아가는 방법을 반영하여 주는 것으로 인식한다. 해결중심 치료는 과거를 깊이 연구하기보다는 내담자가 현재와 미래에 적응하는 것을 돕는데 일차적인 초점을 둔다. 그리하여 내담자를 과거와 문제로부터 멀리하게 하고, 미래와 해결책으로 지향하도록 한다.

(7) 협력적인 치료관계

이 원리는 치료에 참여하는 모든 사람들이 동등하게 협력해야 한다는 것이다. 진정으로 협력적인 치료관계란 내담자가 치료자에게 협력하여야 할 뿐 아니라 치료자도 내담자에게 협력하여야 하는 것이다.

3) 해결중심 상담이론의 질문기법

해결중심 상담의 질문기법은 상담사가 문제와 해결방법을 제시하는 과정에 능동적으로 참여하는 것을 말한다.

(1) 첫 상담 전 변화에 관한 질문 : 내담자가 상담 약속을 한 후 상담을 받으러 오기 전에 문제 상황에 변화가 일어났음을 전제로 내담자에게 질문을 한다. '상담약속을 잡으신 후 문제에 변화를 일으킨 어떤 행동을 했습니까?'와 같은 질문을 통해, 내담자 스스로 변화하고 있음을 격려한다.

(2) 예외질문 : 내담자가 살아오면서 지금 문제로 지목하는 그 일이 문제가 되지 않았던 때가 있었다고 전제하고 예외적인 상황을 탐색한다.

> **사례**
> 'OO님께서 지금까지 살면서 문제가 일어나지 않거나 덜 심각한 때는 언제입니까?'

(3) 기적질문 : 상담자는 '하룻밤 사이에 기적이 일어나 당신의 문제가 해결된다면 당신은 그것을 어떻게 알 수 있으며, 무엇이 달라질까요?'라고 질문하고 내담자에게 문제가 아직 있는 것을 알지만 달라질 것을 실행해보도록 한다.

(4) 척도질문 : 0에서 10까지의 척도를 통해 내담자의 변화를 세밀하게 관찰하고 내담자가 문제에 완전하게 패배한 것이 아니라는 점을 내담자에게 알려주기 위해 사용한다.

> **사례**
> '오늘 여기 가지고 오신 문제가 전부 해결이되어 최상의 상태가 될 때를 10점이라고 하고, 지금까지 경험했던 것 중에 가장 힘든 상태가 1점이라고 한다면, 지금은 몇점이나 될까요?'

(5) 대처질문 : 자신과 자신의 미래를 절망적으로 보는 내담자에게 '그런 심각한 문제를 가지고 어떻게 지금까지 지내올 수 있었는지' 질문하면서 내담자가 대처해 온 경험에 대해서 격려하고, 내담자가 스스로 자신이 대처기술을 가졌음을 깨닫게 된다.

(6) 관계성질문 : 내담자와 중요한 관계에 있는 사람들이 자신을 어떻게 보고 있을 것인가를 질문하면서 자신에게 중요한 타인의 입장에서 자신을 보게 되면서 변화의 가능성을 만들어낼 수 있다.

> **사례**
> '아들이 귀가가 늦는다고 어머니께 전화하면, 아들은 어머니께서 어떻게 반응하기를 바랄까요?'

(7) **첫 회기 과제 공식질문** : 첫 회기와 둘째 회기 사이에 내담자가 수행하도록 상담자가 부여하는 과제의 형식을 말한다. '지금부터 다음번 우리가 만날 때까지 당신에게서 앞으로 계속 일어나기 원하는 어떤 일이 일어나는지를 관찰해보세요'라고 하고, 두 번째 회기에서 내담자에게 무엇을 관찰했으며 앞으로 어떤 일이 일어나기를 바라는 지를 질문한다.

심화학습

이야기 치료 목표와 기법

1) 목표 : 사람들이 구성한 삶의 이야기를 경청하고, 부정적인 내용을 새로운 언어로 재구성하도록 촉진한다.

2) 기법

(1) 문제의 외재화 : 이야기의 힘을 분해하여 문제와 내담자를 분리하는 과정이다.

예 "이 문제가 당신의 삶에 어느 정도 영향을 미친다고 생각하는가?"

(2) 구체적 결과 찾기 : 외재화 질문 이후에 문제가 내담자에게 어떤 영향을 미치고 있는지 구체적인 결과를 질문을 통해 확인한다.

예 "그 문제가 당신을 지배하려고 한 적이 있는가?", "그것 때문에 당신이 알아야 하는 것은 무엇인가?"

(3) 대안 이야기와 재창작 : 예언되지 않은 구체적 결과를 통해 내담자가 새로운 이야기를 재창작하도록 한다.

예 "당신이 그때 그것을 알고 있다면 무엇을 할 것인가?"

(4) 증거자료 : 재창작된 이야기를 지지하는 증거를 통해 변화를 강화한다.

예 치료적 편지쓰기 방법

제12절 | 절충적 접근 (= 통합적 접근 - 에간 등)

1) 발달 역사

(1) 상담 및 심리치료의 절충적 경향은 1940년대 중반부터 그 기초가 형성되었다.

(2) 절충주의에 관하여 최초로 체계적인 관점을 전개했던 손(Thorne, 1950)은 기존의 모든 방법들에 대한 실증적 증거를 절충적 입장에서 수집하고, 평가할 것을 주장하였다.

(3) 브래머와 쇼스트롬(Brammer & Shostrom, 1968)은 절충주의적 입장을 취한 발달적 접근으로부터 자신들의 실현상담(실현치료 ; actualizing counseling or actualizing therapy)을 개발하였다.

(4) 브래머(Brammer, 1979)는 이론, 연구, 임상실제 및 관찰을 통해 치료적 관계기술들을 종합함으로써 관계기술, 가치명료화 및 체계적 의사결정에 중점을 두었다.

(5) 쇼스트롬(Shostrom, 1976)은 실현상담이 절충주의를 능가하는 것이라고 말하고 있지만, 절충적인 그의 실현치료를 소개하면서 '창조적 종합(creative synthesis)'이란 용어를 사용하였으며 정적(靜的)인 의미가 강한 '실현(actualization)'이란 용어 대신 동적(動的)인 의미가 강한 '실현화(actualizing)'란 용어를 사용하였다.

(6) 카커프와 베렌슨(Carkhuff & Berenson, 1977) 등은 효과적인 관계, 문제해결 및 훈련기술들을 예비상담자(조력자)의 준비교육 및 과학적인 선발과정과 결합시켜 종합적, 체계적, 통합적인 절충적 발달모형을 연구, 검증 및 발전시켜 나갔다.

(7) 에간(Egan, 1975)은 가장 널리 알려진 치료적 관계기법들을 목표지향적인 체계적 절충주의 모형으로 통합시켰는데, 이는 체계적 기술체계(systematic skills systems), 사회적 영향 이론(social influence theory) 및 행동주의 이론의 세 가지 주요이론을 근거로 하였다.

(8) 1980년대 초 아이비와 시멕다우닝은 다른 치료학파와 절충주의자들 및 비전통적인 중재접근 등의 연구에 의해 개발된 원리를 기초로 하여, 절충적 경향을 가지는 상담 및 심리치료의 일반이론(general theory of counseling and psychotherapy)을 개발하였다.

(9) 종합적인 체계모형은 "어떠한 조건 하에서, 어떤 내담자에게, 어떻게 치료할 것인가?"에 대한 해답을 추구하면서 더욱 발전할 것이다.

(10) 절충주의의 영향으로 인해 최근 순수학파 옹호자들의 저작에서도 더 많은 유형의 내담자들과 더 다양한 인간문제 및 더 많은 치료전략을 고안하기 위해 자신들의 이론적 관점을 확대해 나가는 경향을 볼 수 있다.

> 행동주의자들은 인지적 과정과 기법을 수용하고 적용하는 방향으로 나아가고 있으며, 전통적인 모형인 특성-요인 상담이론에서는 현실치료, REBT 및 인간중심적 상담의 기법들을 선택적으로 사용하고 있으며, 아들러학파 치료자들은 행동주의적 접근을 더 많이 사용하고 있다. 그리고 의사교류분석(TA) 상담가들은 게슈탈트 치료기법을 더 많이 받아들이게 되었다.

> **정리**
>
> **통합적 (절충적) 상담**
>
> 1) 통합적 상담은 실용주의(pragmatism)에 근거하며, 세 가지 이상의 상담이론을 통합적으로 사용하고 다양한 이론적 접근들을 필요에 따라 선별적으로 적용한다.
> 2) 모든 내담자들에게 효과적인 단일 접근법은 없다고 믿기 때문에 한 가지 상담이론에 얽매이지 않으며, 모든 문제에 효과 있는 하나의 이론이나 기법은 없다고 가정한다.
> 3) 개별 내담자에게 최상의 심리치료가 어떤 것인지 알 수 없기 때문에 내담자에게 효과적인 상담방법을 탐색하고, 동일한 내담자에 대해 서로 다른 이론 적용을 허용한다.
> 4) 통합의 궁극적 목표는 치료의 효과와 유용성을 높이는 것이다.

2) 체계적 상담모델의 과정 - 길리랜드와 데이비스의 6단계 모델을 중심으로

체계적 상담모델의 과정은 6단계로 표현될 수 있는데, 이 단계들은 구분이 명확하거나 기계적인 것이라기보다 융통성 있는 하나의 과정으로 볼 수 있다.

(1) 1단계 : 문제 탐색하기[12)]

라포(rapport) 형성하기, 내담자의 관심사 경청하기, 내담자로 하여금 자신의 관심사를 보다 깊은 수준에서 탐색하도록 격려하는 방식으로 반응하기, 상호 신뢰 발달, 내담자의 감정표출이 필요할 때마다 이를 허용하기, 언어적 및 비언어적 행동에 관심 기울이기, 말의 내용뿐 아니라 감정에도 관심 기울이기, 관계 속에서 가능한 한 순수하고 현실적이며 공감적이고 보호적이며 존중하고 무비판적이며 비소유적이고 수용적으로 되기 등이 포함된다.

(2) 2단계 : 두 가지 차원으로 문제 정의하기[13)]

① 상담자는 내담자 문제의 정의적, 인지적, 신체적 측면에 대한 이해가 이루어질 때까지 문제의 '감정적' 측면과 '사실적' 측면을 언어화시킨다.
② 내담자와 상담자는 자세하고도 구체적인 용어로써 함께 문제를 정의해야 한다.
③ 문제의 정의는 내담자와 상담자로 하여금 문제의 원인에 대해 확실히 알 수 있도록 해준다.

(3) 3단계 : 대안의 확인[14)]

① 신체적 및 정서적 안전을 고려하면서 현재 가능한 대안들을 확인하고 검토하기, 모든 합리적인 선택들을 제시하고 공개적으로 검토하기, 상담과정 중에 대안목록 작성하기, 내담자를 격려하여 가능한 한 많은 실행 가능한 대안들을 가능한 한 많이 열거하고, 언어로 표현하도록 하기 등이 포함되는데, 이 대안들은 내담자 자신의 것이어야 하며 적절하고 현실적이어야 한다.

12) 1단계는 인간중심 상담과 실존상담(실존치료) 등에 근거를 두고 있다.

13) 2단계는 인간중심 상담과 실존상담(실존치료) 등에 근거를 두고 있다.

14) 3단계는 인간중심 상담, 현실요법, 정신분석 치료, REBT, 특성 - 요인 상담, 아들러식 치료, 게슈탈트 치료, 행동치료(인지적 행동치료 포함) 및 TA가 내담자에게 이용 가능한 대안을 검토하는 데 활용될 수 있는 체제들이다.

② 내담자의 선택을 명료화하기 위해 상담자는 개방형 질문을 사용하고 내담자가 그 자신의 것으로 받아들일 수 있는 대안들을 더 추가해 줌으로써 내담자를 도울 수 있다.

③ 더 많은 대안을 발견하기 위해 내담자에게 숙제를 내줄 수도 있으며 위탁과 자문을 구할 수도 있다. 그러나 내담자에게 강요해서는 안 된다.

(4) 4단계 : 계획[15)]

① 확인된 대안들에 대한 비판적인 평가, 재연, 역할연기, 제안 및 내담자가 계획한 실행단계에 대한 정서적 심상법들이 포함될 수 있다.

② 내담자의 과거 성취수준과 현재의 위험감수 및 반응에 대한 준비도를 고려하여 적절하고 현실적인 대안들은 무엇이며 또 얼마나 되는지 내담자가 결정할 수 있도록 돕는다.

③ 상담자는 계획과정에서 모든 문제들이 단계적으로 해결될 수 있는 것은 아니므로 치유되는 데 시간이 필요한 경우, 나쁜 영향을 감소시킴으로써 부분적으로 완화될 수 있는 경우 또는 "우리는 타인들의 행동이나 생각을 통제할 수 없을 뿐 아니라, 그들에 대해 책임질 수도 없다." 같이, 꼭 알아야 할 필요가 있을 경우 제안을 하거나, 직접 가르칠 수 있다.

④ 현실적이며 성공지향적인 실행가능한 계획들을 발전시키는 것이 이 단계의 주요 목표이다.

(5) 5단계 : 행동/헌신[16)]

① 실행 가능한 행동단계에 대한 순수한 현실이 일차적 목표이며 현실성, 시간, 정서적 수용력 및 욕구 충족 차원에서 어떠한 행동단계를 시도할 것인지 결정하는 것은 내담자에게 중요하다.

② 상담자는 인간적인 관계에서 순수하게 지지적이지만, 내담자를 대신하여 행동단계를 수행할 수는 없다.

③ 내담자는 행동단계를 중요시하며, 목표에 관련된 것으로서 기꺼이 시도할 의사를 보여야 한다.

④ 처음 시도에서 목적이 달성되지 않았거나, 부분적으로만 달성되었을 경우 이것이 재난이나 실패가 아님은 물론, 완전한 성공도 아니라는 것을 이미 알고 있는 내담자는 이러한 상황을 현실적으로 이해한다.

⑤ 헌신단계에서 상담자의 역할은 내담자가 최대의 성공을 달성하도록 조력하고, 진보를 평가하고, 계획을 정교화할 수 있도록 돕는 것이다.

(6) 6단계 : 평가 및 피드백[17)]

① 내담자는 보통 앞 과정에서의 행동/헌신에 기초하여 목표달성에 이르는 진보상황을 요약한다.

② 내담자와 상담자는 내담자의 욕구, 느낌 및 현재의 대응수준에 비추어 목표달성 정도를 검토하고 평가한다.

---

15) 4단계는 인간중심 상담, 현실치료, 정신분석적 상담, RET, 특성 - 요인 상담, 아들러식 상담, 게슈탈트 치료, 행동치료(인지적 행동치료 포함) 및 TA가 내담자의 행동계획단계에서 사용된다.

16) 5단계는 인간중심 치료, 현실치료, 정신분석적 상담, REBT, 특성 - 요인상담, 아들러식 상담, 게슈탈트 치료 및 행동 치료(인지적 행동치료 포함)와 TA는 내담자가 중요하고, 바람직한 것으로 보고 있는 현실적인 목표달성 또는 성공적인 행동을 위해 행동/헌신할 수 있도록 조력하는 데 사용될 수 있는 체제들이다.

17) 6단계는 인간중심 상담, 특성 - 요인 상담, TA, 행동주의 상담(인지적 행동주의 포함), 아들러식 상담, REBT 및 현실치료 등이 평가와 피드백 단계의 여러 다양한 요소들과 함께 이용될 수 있는 체제로서 권장된다.

③ 목표달성 수준이나 내담자의 현재 욕구에 대한 평가를 통해 필요하다면 계획에 대한 토의와 평가를 더 계속할 수 있다.
④ 내담자가 추가로 어떤 것을 원하거나, 또는 다른 문제를 다루고자 한다면 상담자와 내담자는 내담자의 욕구 및 필요에 의해 피드백과 평가 자료를 처리할 수 있을 것이다.
⑤ 상담자는 모니터링과 지지적 역할을 계속하면서 같은 목표에 대해 내담자를 조력한다.

3) 상담전략[18] - 절충적 상담에서 활용하는 상담전략

(1) 관계형성 전략

① 절충적 상담자들은 내담자와의 긍정적인 관계형성 및 유지를 매우 강조하며 내담자의 독립성과 책임감 증진 역시 중요한 목표가 된다.
② 상담 장면에서의 ㉠ 상담분위기 조성 기술, ㉡ 인간관계형성 기술, ㉢ 의사소통(언어적 · 비언어적 의사소통) 기술, ㉣ 경청하기 기술 등이 상담자와 내담자 간의 정서적 유대관계를 형성하는 데 매우 중요한 영향을 미치게 된다.

(2) 면접전략

① 많은 상담자들은 구조화를 위한 면접을 초기 회기(initial session), 접수면접(intake interview), 사정 면접(assessment interview), 기본규칙 수립과정 등과 같은 여러 가지 다른 명칭으로 부르고 있다.
② 첫 면접과정을 통해 개방적이고 자발적이며 신뢰로운 관계를 위한 기초가 구축되어야 한다.
③ 구조화는 상담의 초점이나 의도를 억제, 제한, 한정하거나 엄격하게 규정하는 것이 되어서는 안 된다.
④ 면접에서 상담자와 내담자의 역할과 책임을 규정하고 명료화하며, 내담자가 상담하러 온 이유를 확인하고 신뢰와 라포(rapport)를 형성하여야 한다.
⑤ 첫 면접을 통해 내담자는 상담관계가 가지는 기제, 윤리, 기대 및 제한점에 대한 시각을 얻게 될 것이다.

(3) 자료수집 전략(assessment strategies)

① 절충적 상담자의 자료수집 절차는 복합적이고 체계적이며 지속적인 노력을 요구하는 과제이다.
② 자료수집이 그 자체만으로 분리해서 이루어지는 것은 아니며 종합적인 자료수집 절차는 내담자와 상담자가 핵심적인 문제를 확인하고 그 문제에 대한 환경적, 사회적 영향을 검토하는 데 도움을 준다.
③ 내담자의 발달적 · 환경적 · 문화적 자원 또는 결함을 고려하면서 내담자의 다양한 요구를 확인할 수도 있다.
④ 자료 수집을 위한 평가절차는 내담자의 생활양식, 세계관 및 정신건강을 평가하는 데 도움이 되며 내담자의 흥미, 적성, 능력 및 숙련수준에 대한 정보를 제공해 준다.
⑤ 수집된 자료는 대안을 확인하고 내담자가 현실적인 행동계획을 발전시키며, 상담자의 능력을 개선하는 데 도움이 되는 출발점이 될 수 있다.

18) ① 관계형성전략, ② 면접전략, ③ 자료수집전략, ④ 아이디어 생성전략, ⑤ 사례전략, ⑥ 통찰전략, ⑦ 행동관리전략, ⑧ 평가와 종결전략, ⑨ 인간적/전문적 성장전략, ⑩ 연구전략의 10가지 전략이 있다.

(4) 아이디어 생성 전략

① 절충적 상담자는 내담자가 대안을 생각하도록 돕거나 내담자가 자신의 대안목록들을 생각하는 방법을 가르칠 때 브레인스토밍(brainstorming)기법, 자기관리를 위한 내적 대안방법(self-managed covert alternative methods), 체계적 문제해결절차 등과 같은 많은 전략들을 사용한다.

② 아이디어 생성에서 가장 중요한 것은 선택이 내담자에 의해, 또는 상담자에 의해 강요된 것이 아닌 상담자와 협의 하에 이루어져야 한다.

③ 내담자가 주인의식(ownership)을 가질 수 있는 것으로서, 가능한 한 많은 대안들 중에서 적어도 하나를 선택하여 합리적인 계획이 실제로 수행되어야 한다는 점이다.

(5) 사례 전략(case-handling strategies)

① 절충적 상담자와 심리치료자들은 타당하게 수집된 자료를 토대로 선택된 광범위한 사례전략들을 활용한다.

② 절충주의자들이 활용할 수 있는 기존의 사례전략은 매우 다양하고 방대하다. 이러한 '순수한' 절충적 접근방식 외에 절충적 상담자들은 심리교육적 전략, 발달적 전략, 체제적 전략, 위기 중재적 전략(상황적 위기를 맞은 내담자들이 균형을 회복하고, 정상적인 대처행동을 할 수 있도록 하기 위해 단기적인 응급조치가 필요할 때 사용) 등을 사용하기도 한다.

(6) 통찰 전략

① 절충적 상담자들은 내담자가 통찰을 얻도록 촉진시키는 데 필요한 절차들을 몇 가지 이론적 체제들로부터 선택할 수 있다.

② 프로이트(Freud)로부터 현재에 이르기까지 모든 정신역동적 접근법들은 통찰이 치료적 가치를 가진다는 신념에 근거를 둔 개념 및 과정요소를 포함한다.

③ 광범위한 인지적 행동치료기법에서 볼 수 있는 바와 같이, 인지적 요인에 중점을 두는 접근에서는 상담의 중요한 성과로서 통찰(인지)이라는 요소를 중요시 한다.

④ 실존치료에서는 자아의 지각적 · 경험적 구조와 세계와의 계속적인 참 만남 속에의 통찰을 중요시한다.

⑤ 게슈탈트 및 TA의 모든 각성기법들은 내담자가 새로운 통찰을 얻도록 하는 데 직접 적용될 수 있는데, 이 두 가지 치료법만으로도 내담자의 통찰을 자극하는 광범위하고 강력한 전략들을 제공해 줄 수 있다.

(7) 행동관리 전략

① 행동관리 전략에는 행동계약, 토큰경제 같은 외현적 기법에서부터 정서적 심상법, 스트레스 접종 같은 내재적 절차에 이르기까지 광범위한 방법들이 포함된다.

② 절충적 상담자는 내담자의 금연을 돕는 것부터 이성과 친밀감에 대한 태도 개선에 이르기까지 수많은 다양한 조력상황에서 행동주의 기법을 선택, 활용한다.

(8) 평가 및 종결 전략

① 평가는 상담자와 내담자가 기대했던 성과를 어느 정도 달성했는지 결정할 수 있도록 돕고, 상담과정에서 요구되는 조정(개선, 변화)을 제대로 실행하기 위한 전략이다.

② 평가는 동일하거나 유사한 내담자 상황에서 상이한 전략들과 접근방식들의 상대적 효과를 확인할 수 있도록 한다.

③ 평가는 연구, 저술, 전문활동 등을 통하여 상담자의 지식과 기술을 향상시키고, 다른 조력 전문가들과 타당한 결과들을 서로 공유할 수 있도록 한다.

④ 절충적 상담자들의 평가전략은 모든 타당한 체제와 접근에서부터 도출된 것들로서, 평가에서 나온 정보는 상담의 모든 단계에서 활용된다.

⑤ 평가는 전체적으로 통합되어 체제적으로 가능한 것으로서, 조력과정의 어느 한 특정 시점에서만 활용되는 몇 가지 분리된 기법들과는 비교된다.

⑥ 상담의 목적이 정상적인 진보과정에 의해 달성되었으면 상담자와 내담자는 명확하고 긍정적인 종결을 할 수 있다.

(9) 인간적/전문적 성장 전략

① 상담자의 효율성 발휘, 발달, 재훈련 및 소진에 대비한 충전 등은 적절한 전문단체나 활동에 가입하고 참여함으로써 증진될 수 있다.

② 상담자들은 기본적으로 끊임없이 전문서적과 논문을 읽고, 또 읽어야 한다.

③ 상담자들은 '소진'을 피하는 방법으로서 심리운동적인 활동(psychomotor activity)의 몇 가지를 매일 실천해야 한다.

④ 절충적 상담자들은 다양한 종류의 성장활동들을 활용할 수 있다.

(10) 연구 전략

① 상담자가 관심을 가지는 두 가지 종류의 연구는 상담과정에 대한 연구(process research)와 상담성과에 대한 연구(outcome research)이다.

② 과정연구는 내담자의 목표달성을 위해 상담에서 활용되었던 절차를 탐구하는 것인데, 여기에서는 상담성과에 영향을 미칠 수 있는 이론, 전략, 기법, 처치, 상담자 특성 등 모든 변인들을 탐구한다.

③ 성과연구에서는 상담의 결과로서 목표가 어느 정도 달성되었는가를 탐구하는데, 이는 특수한 처치에 노출되기 전에 일상적으로 나타났던 특정 행동의 빈도와 처치 후 일상적으로 나타난 행동의 빈도를 비교한다.

심화학습

절충적 상담 (Hill & O'Brien의 3단계 상담모델)

1) 3단계 상담모델의 기본적 가정
   (1) 개인은 인지적, 신체적, 대인관계 영역에 있어서 다양한 잠재력을 가지고 태어난다.
   (2) 유아기의 경험은 중요하며, 성격은 끊임없이 변화한다.
   (3) 정서, 인지, 행동은 개인이 지닌 성향의 중요한 구성요소이다.
2) 3단계 상담모델의 개요
   (1) 3단계 상담모델은 탐색단계, 통찰단계, 실행단계로 구성한다.
   (2) 상담의 과정에서 각각의 단계는 다소 상호 중복된다.
3) 3단계 정리
   (1) 탐색단계
      ① 탐색단계의 주요과업
         ㉠ 상담자는 내담자와 의사소통이 원활하도록 치료관계를 발전시킨다.
         ㉡ 상담자는 공감과 경청, 수용 등을 통해 내담자가 자신의 이야기를 하도록 격려한다.
         ㉢ 상담자는 내담자가 자신의 감정과 사고를 탐색할 수 있도록 용기를 북돋아 준다.
         ㉣ 상담자는 공감의 토대 위에서 내담자를 더 잘 알도록 한다.
      ② **상담자가 지켜야 할 태도** : ENCOURAGES
         ㉠ Eye contact (최대한 내담자와 눈을 맞춘다)
         ㉡ Nod (내담자의 진술에 고개를 끄덕인다)
         ㉢ Cultural difference (문화적 차이를 인정한다)
         ㉣ Open (내담자의 사고와 감정에 대해 개방된 자세를 유지한다)
         ㉤ Umhmm ('음'과 같은 반응으로서 내담자의 표현에 대해 동의를 보인다)
         ㉥ Relax (내담자와 상담자가 최대한 편안하도록 한다)
         ㉦ Avoid (상담의 진행을 방해하는 행동을 하지 않는다)
         ㉧ Grammatical (내담자의 진술범위 내에서 또는 내담자의 수준에 맞는 단어를 사용한다)
         ㉨ Ear (최대한 경청한다)
         ㉩ Space (적절한 거리를 유지하고 앉는다)
   (2) 통찰단계
      ① 상담관계가 안전하게 형성, 내담자가 상담의 중재를 충분히 수용할 만큼 충분한 관계가 형성된 후 이루어져야 한다.
      ② 상담자는 내담자와 공감적 결합을 유지하지만 내담자를 액면 그대로 수용하지는 않는다. 이 단계는 탐색단계에 비해 '수용'의 정도는 상대적으로 약해진다.
      ③ 내담자로 하여금 더 깊은 자기 이해와 그가 누구인지, 어떻게 하여 현재까지 오게 되었는지, 타인이 자신을 어떻게 보는지에 대한 통찰을 얻도록 한다.
      ④ 상담자는 내담자가 자신의 행동과 생각 등에서 일정한 규칙을 발견할 수 있도록 돕는다.
      ⑤ 상담자는 내담자 스스로가 자신을 통찰할 수 있도록 하는 데 많은 관심을 보인다.
      ⑥ 상담자는 내담자와의 상담관계 자체(here & now)에 관심을 가지고 상담관계에서 발견한 관계 패턴을 내담자에게 알림 → 내담자가 타인과 어떤 관계를 형성하는지 알릴 필요가 있다.

⑦ 상담자는 자신의 관점을 내담자에게 부여하기보다는 내담자의 관점을 존중하면서 상호 협력적이고 공감적인 관계 내에서 통찰을 다루어야 한다.

(3) 실행단계

① 행동탐색 - 지금의 상황에 대해 어떻게 느낍니까?

② 사전에 시도하였던 것을 평가하기 - 지금의 문제를 고치기 위해 어떠한 노력들을 해왔는지요?

③ 구체적 목표설정 - 당신은 어떻게 변화하고 싶습니까?

④ 목표달성 방법 토의 - 지금을 변화시키는데 도움이 되는 행동들은 어떤 것이 있을까요?

⑤ 대안 탐색하기 - 지금의 방법 외에 어떤 노력을 구상하고 있습니까?

⑥ 새로운 행동 결정하기 - 선택한 방안이 당신을 어떻게 변화시킬 것이라고 느끼는지요?

⑦ 행동실행 : 선택한 기술(이완 기술, 행동수정 기술, 역할극)을 구체적으로 적용하고 가르친다.

⑧ 실행된 행동수정하기 - 실행해 본 행동 중에서 무엇이 아쉬웠나요?

⑨ 피드백 주기 - 이완훈련 중에 다른 생각을 하는 것처럼 보이더군요.

⑩ 지지 제공 - 당신은 적절하게 자기를 주장하는 것 같습니다.

기출문제 확인학습

절충적 상담에 관한 설명

1) 실용주의(pragmatism)에 근거한다.

2) 세 가지 이상의 상담이론을 통합적으로 사용한다.

3) 다양한 이론적 접근들을 필요에 따라 선별적으로 적용한다.

4) 모든 문제에 효과 있는 하나의 이론이나 기법은 없다고 가정한다.

5) 동일한 내담자에 대해 서로 다른 이론의 적용을 허용한다.

제13절 | 예술적 접근방법[19] (미술, 음악치료 등)

1) 미술치료

(1) 미술치료는 놀이, 음악, 무용, 레크리에이션, 심리극, 문학(시)치료와 같은 예술치료의 한 영역이다.

(2) 그림이나 조소, 디자인의 기법 등과 같은 미술활동을 통해서 심신의 어려움을 겪고 있는 사람들의 심리상담이나 치료를 하고 심리적으로 건강한 사람들을 대상으로 한 자아성장 프로그램으로도 활용할 수 있어 예방적, 발달적 기능도 갖고 있다.

(3) 미술치료는 심리치료 과정에서 미술을 매개체로 이용하는 방법이라는 측면(Art in Therapy)과, 작품을 만드는 과정 자체를 중시하는 치료로서의 미술(Art as Therapy)이라는 입장, 양자를 통합하는 입장 등이 있으나 목적과 대상에 따라 선택할 수 있다.

(4) 어떤 입장을 취하든 간에 미술치료는 인간의 조형 활동을 통해서, 개인의 갈등을 조정하고 자기표현과 승화작용을 통해서 자아성장을 촉진시키며, 개인의 내적 세계와 외적 세계 간의 조화를 이룰 수 있도록 조장해 준다.

(5) 미술치료의 장점

① 미술은 심상의 표현이다.

미술치료에서는 꿈이나 환상, 경험이 순수한 언어적 치료법에서처럼 말로 해석하기보다는 심상으로 그려진다. 예술 매체는 심상의 표출을 자극하는, 즉, 일차적 과정의 매체를 자극하여 창조적 과정으로 나아가게 한다.

② 비언어적 수단이므로 통제를 적게 받아 내담자의 방어기제를 감소시킬 수 있다.

미술은 비언어적 수단이므로 통제를 적게 받는다. 예상치 않았던 인식은 내담자의 통찰, 학습, 성장으로 유도되기도 한다.

③ 구체적인 유형의 자료를 즉시 얻을 수 있다.

저항적인 내담자들의 경우는 내담자를 직접 다루는 것보다 그림을 통해 접근하는 것이 더 쉽다. 내담자들의 감정이나 사고 등이 그림 같은 하나의 사물로 구체화되기 때문에 자신도 모르게 자신이 만든 작품을 보고 개인의 실존을 깨닫게 된다.

④ 자료의 영속성이다.

미술 작품은 보관이 가능하기 때문에 내담자가 만든 작품을 필요한 시기에 재검토하여 치료 효과를 높일 수 있다. 때로는 새로운 통찰이 일어나기도 하며, 내담자 자신도 이전에 만든 작품을 다시 보면서 당시의 자신의 감정을 회상하기도 한다.

⑤ 미술은 공간성을 지니고 있다.

미술 표현은 문법, 통사론, 논법 등의 언어 규칙을 따를 필요가 없다. 즉, 본질적으로 공간적인 것이며 시간적인 요소도 없다. 미술의 공간성은 바로 경험을 복제한 것이다. 우리는 나의 가족을 말로 소개하고 그림으로 그것을 동시에 나타낼 수 있다. 가깝고 먼 곳이나 결합과 분리, 유사점과 차이점, 감정, 특정한 속성, 가족의 생활환경 등을 표현하게 되므로 개인과 집단의 성격을 이해하기가 쉽다.

19) 예술치료는 음악이나 미술, 무용, 연극, 레크리에이션 및 문학(시) 등과 같은 창작예술을 통해서 심신에 어려움을 겪고 있는 사람들의 심리 상담이나 치료, 또는 일반인들의 정신건강을 위해 활용되고 있다.

⑥ 미술은 창조성이 있으며 에너지를 유발시킨다.

미술 작업을 진행하고, 토론하며, 감상하고, 정리하는 시간에는 대체로 활기찬 모습을 띤다. 체내의 에너지 정도가 변화한다는 것을 느낀 사람이 많다. 연극이나 영화에서 역할을 맡은 배우처럼 미술치료는 하나의 작업이라기보다는 놀이와 레크리에이션과 음악과 열정이 있는 창조의 에너지를 발산하는 것이라고 할 수 있다.

2) 음악치료

(1) 음악치료는 음악을 통하여 심신의 기능 상실상태를 재확립(Restoration)하고, 유지(Maintenance)하고 개선(Improvement)시키고자 하여 부정적 심리와 행동을 바람직하고 만족한 상태로 변화시킨다.

(2) 음악치료법에는 먼저 음악을 연주하는 것(Music Preforming)이 있는데, 노래 부르기, 악기 연주, 음악 작곡, 즉흥 연주 등이며 내담자가 자유자재로 쉬운 리듬악기를 통해 자신의 감정을 표현하는데 이때 몸짓이 매우 중요하다.

(3) 즉흥연주는 인간관계에 도움이 되며, 노래 부르기는 가사내용을 활용하면 치료에 효과적이며 음악청취(감상)를 통한 정신치료와 음악과 동작을 통한 치료, 레크리에이션 음악치료, 긴장이완 등의 치료법을 들 수 있다.

(4) 음악치료의 단계를 보면 활동중심 음악치료 단계(사회적 상호작용효과), 통찰 및 과정중심 단계(감정의 언어화), 분석적 카타르시스 단계(무의식 표출) 등이 있으며, 상담에서는 라포 형성으로 음악을 사용하기도 한다.

3) 놀이치료

(1) 놀이치료는 놀이를 통해 대인관계 개선, 공격성, 욕구 불만, 집착성, 억제 등을 치료한다.

(2) 놀이의 생리적인 면과 내적인 욕구, 상호관계적인 면. 사회문화적인 면 등의 기능을 활용한 것이며, 여기서도 정신분석학, 인본주의, 행동주의, 발달심리 등의 이론을 바탕으로 하고 있다.

(3) 놀이치료에는 모래상자 놀이치료와 게임 놀이치료 등이 있다.

4) 레크리에이션 치료

(1) 레크리에이션(recreation)은 휴양, 기분전환, 오락, 원기회복 등의 의미를 지니고 있으며, 스트레스 해소와 리더십과 협동심, 적극적인 생활 등의 효과를 거둘 수 있다.

(2) 레크리에이션을 통해서 신체적, 정신적, 정서적, 사회적 행동의 변화와 개인의 성장과 발전, 증진을 이루는 과정이 치료 레크리에이션이다.

(3) 치료 레크리에이션 과정은 평가(정보수집 · 사정), 계획, 이행, 평가 등의 순으로 이루어지며, 치료 레크리에이션의 모델은 크게 치료, 여가교육, 레크리에이션 참여 등의 세 가지 구성요소가 포함되고 있다.

① **치료**(treatment) : 기능이나 행동수정을 목적으로 하는 것으로서 지적장애의 경우는 움직임 발달, 사회성 증진, 주의력 집중 등의 효과를 얻는다.

② **여가교육**(Leisure Education) : 여가 참여와 여가 생활에 관련된 지식, 태도, 기술을 익히게 하며 여가에 대한 인식, 사회적 상호작용능력, 여가활동기능, 여가자원에 대한 지식과 이용 등이 중심내용이다.

③ **레크리에이션 참여**(Recreation Participation) : 레크리에이션을 즐기거나 자기를 표현할 수 있는 기회를 제공하기 위한 집단 레크리에이션의 장을 마련하는 것이다.

CHAPTER 03

청소년상담의 기초

제1절 | 청소년상담의 의의

(1) 청소년상담은 성장기에 있는 청소년이 이 사회에 잘 적응하고 자신의 잠재 가능성을 최대한 실현할 수 있도록 도와주기 위한 전문적인 활동이다.

(2) 청소년상담의 영역을 보다 포괄적으로 설정하여 청소년상담은 청소년 및 청소년 관련인과 청소년 관련 기관을 대상으로 하여 직접봉사, 자문활동 그리고 매체를 통하여 청소년의 바람직한 발달 및 성장을 추구하는 활동으로 정의하기도 한다.

(3) 청소년상담은 청소년이 겪고 있는 정서적 불안, 부적절한 행동, 정신질환 등을 치료하는 한편, 청소년이 발달과업을 충실히 달성할 수 있도록 적절한 프로그램을 개발하고 실시하여 청소년이 보다 적응적이고 창조적인 사회인으로 성장하도록 돕는다.

(4) 청소년상담은 방법적인 면에서도 일대일 개인면접뿐만 아니라 소규모 혹은 대규모 집단으로 교육과 훈련을 하거나 매체를 이용하는 등 다양한 방법을 활용한다.

🗀 기출문제 확인학습

청소년상담과 성인상담의 차이점

1) 청소년상담의 대상은 청소년, 청소년 관련인, 그리고 관련 기관 사람들이 포함된다.
2) 청소년상담 목표는 심리치료적인 측면보다는 청소년의 건전한 발달, 성장을 돕는 예방 및 교육적 측면과 위기에 처한 청소년들에 대한 직접 개입 및 지원, 자립이 포함된다.
3) 청소년상담 방법은 일 대 일의 개인면접뿐만 아니라 소규모 또는 대규모 형태의 집단교육 및 훈련, 컴퓨터나 전화 등을 이용한 매체상담 등 다양한 방법을 활용한다.

제2절 | 청소년상담의 목표

1) 문제를 해결한다.

청소년기에 공통적으로 직면하는 문제를 해결하고 그것이 성장과 성숙에 도움이 되도록 조력하며 시대적 변화나 환경적 여건에 따라 청소년에게 발생하는 독특한 문제들을 다루고 해결하도록 한다.

2) 이상심리를 치료한다.

노이로제나 정신질환을 치료하는 것은 물론 성격장애나 발달 과정상에 나타나는 다양한 심리적 장애를 치료하는 것에 목표를 둔다.

3) 문제 발생을 예방한다.

학생 청소년의 경우 가출이나 중도탈락은 각종 부적응행동, 일탈행동, 범죄, 정신질환 등에 노출되는 경로로 작용할 수 있기 때문에 이러한 문제를 사전에 예방하는 것은 청소년상담의 중요한 목표가 된다.

4) 발달을 촉진한다.

청소년기 발달과업을 성취하여 성인기를 준비하는 기초를 확립하고 나아가 환경적 변화를 주도할 수 있는 능력을 신장시킨다.

5) 탁월성을 성취하도록 한다.

청소년이 각자의 잠재능력을 계발하여 과학, 스포츠, 예술, 정치, 문화, 경제, 종교 등 광범위한 영역에서 탁월성을 추구할 수 있게끔 새로운 전략을 마련하고 활동을 시도하도록 조력한다.

참고

청소년상담의 목표 (지오르지와 크리스티아니)

1) 행동변화의 촉진
2) 적응기술의 증진
3) 의사결정 기술의 함양
4) 인간관계의 개선
5) 내담자의 잠재력 계발
6) 내담자의 자아정체감 정립
7) 긍정적 자아개념 형성
8) 건전한 가치관 정립

제3절 | 청소년 상담자의 자질

1 청소년 상담자의 자질

일반적으로 상담자의 자질은 전문적인 자질과 인간적인 자질로 구분하며 전문적인 자질은 상담이라는 전문적인 활동을 함에 있어서 요구되는 각종 지식과 기술을 의미하며, 인간적인 자질은 상담자로서 갖추어야 할 사람됨을 특징으로 한다. 물론 이런 두 자질은 서로 밀접하게 관련되어 있다.

1) 전문적인 자질

(1) 전문가적 자질이란 상담이라는 전문 활동을 하는데 요구되는 각종 지식과 기술을 말한다.

(2) 전문가적인 자질이란 상담활동에 필요한 지식 및 기술과 상담지원 활동에 필요한 지식 및 기술로 나뉜다.

(3) 일반적으로 지식은 상담이론이나 내담자의 발달단계, 성격의 구조와 형성과정, 심리적인 역동 등과 같이 상담활동에 필요한 지식과 새로운 상담자를 양성하기 위한 사례지도의 방법, 교육자와 피교육자간의 심리적 역동, 연구방법 등과 같이 상담지원활동에 필요한 지식으로 구분된다.

(4) 기술은 상담활동의 기법에 관한 지식을 토대로 하지만 단순히 아는 수준을 넘어서서 이론과 기법을 실제 상담 장면에 통합하여 가장 적절한 개입을 하고 상담과정에서 순간순간 판단을 적절히 할 수 있는 능력이다.

(5) 지식과 기술은 상담활동과 상담지원활동을 하는 상담자들에게 필요한 자질을 이해하는 두 개의 중요한 축이 된다.

기출문제 확인학습

청소년 상담자에게 필요한 전문적 자질

1) 내담자의 문화적 차이에 대한 이해
2) 심리검사, 진단분류체계에 대한 이해
3) 상담 상황에서 지켜야 할 윤리규정의 숙지
4) 실제적인 상담기술 훈련을 포함한 지속적인 자기개발

청소년 상담자의 전문적 자질

인성적 자질과 더불어 청소년상담자들이 상담 업무를 효율적으로 수행하기 위해서는 청소년에 대한 지식과 상담기술 뿐 아니라 행정 및 추진력과 같은 상담 이외의 능력도 필요하다. 따라서 청소년 상담자들이 갖춰야 할 전문적 자질은 청소년 관련 기본지식, 청소년상담 관련 기술, 상담 이외의 업무 수행능력의 세 가지로 요약된다.

1) 청소년 관련 기본 지식

(1) 청소년과 관련된 일반적인 지식이 필요하다. 여기에는 청소년 개인, 환경 그리고 청소년 문제에 대한 지식이 포함된다.

(2) 상담이론과 기법에 대한 지식이 있어야 한다. 청소년상담에는 심리 상담만 있는 것이 아니라 진로상담, 학업상담, 비행 상담 등 다양한 상담이 진행되고 있다. 따라서 청소년상담 전문가들은 청소년들의 이러한 문제들을 지원할 수 있는 다각적인 접근과 기법들을 활용할 수 있어야 한다.

(3) 실무에 대한 지식이 필요하다.

① 상담자가 일하는 기관에서 사례를 진행하는 절차 지식
② 관련법과 윤리 지식
③ 조직에 관한 지식(상담연계 기관에 관한 이해와 활용지침 포함)
④ 사례관리에 관한 지식

2) 인간적인 자질

(1) 상담이 효과적으로 수행되기 위해서는 상담활동 및 지원활동과 관련된 전문적 자질 이외에도 상담자의 사람됨과 관련된 인간적인 자질이 갖추어져야 한다.

(2) 상담자의 인간적인 자질이 밑받침되지 않으면, 상담과정이 잘못되어 내담자의 인간적인 성장을 저해할 수도 있다.

(3) 상담자의 인간적인 자질은 대체로 자신에 대한 이해, 타인에 대한 태도, 상담에 대한 태도의 3가지 측면으로 구분할 수 있다.

기출문제 확인학습

청소년 상담사의 자질

1) 지적 능력 : 상담자는 다양한 조력 이론에 대한 지식을 갖추고 이러한 것을 배우고자 하는 의욕과 학습능력을 갖추어야 하며, 현실적으로 빠른 이해력을 갖추어야 한다.

2) 에너지 : 상담은 정서적으로나 신체적으로 많은 에너지가 요구되는 활동이고, 상담자는 적극적인 자세로 상담회기에 임해야 하며, 많은 내담자를 연속적으로 면접할 수 있는 활동성을 유지해야 한다.

3) 융통성 : 유능한 상담자는 특정한 반응 양식에 사로잡히지 않으며, 자신의 스타일을 내담자의 요구에 적응시킬 수 있어야 한다.

4) 지지 : 상담자는 내담자가 스스로 결정할 수 있도록 지지하며, 구원자의 역할을 지양하고 내담자 안에 희망과 힘을 북돋워 준다.

5) 온정 : 상담자는 내담자의 독립심을 키워주며 내담자의 이익을 추구하여야 한다.

6) 자기인식 : 상담자는 자신의 태도, 가치관, 감정을 인식하고 어떤 요인이 이러한 자신의 내적 특성에 영향을 미치는지를 잘 이해하고 있어야 한다.

7) 문화적 경험에 대한 인식 : 다양한 문화적 배경을 지닌 사람들에 대한 이해가 요구된다.

2 청소년 상담자의 역할

(1) 청소년 상담자의 활동을 크게 상담활동과 상담지원활동으로 구분하였다.

(2) 상담활동은 청소년의 문제해결 및 예방, 발달 및 성장을 촉진한 제반활동을 의미하며, 대상에 대한 직접적 개입활동과 관련인을 대상으로 한 자문활동으로 구분된다.

(3) 상담지원활동이란 위의 상담활동을 효과적이고 효율적으로 수행하기 위한 제반활동으로 우수한 상담자를 양성하기 위한 상담자 교육활동, 상담활동의 질적 향상을 위한 상담연구 활동, 상담활동이 국가 및 사회적인 수준에서 서로 연관을 맺고 효율적으로 활용하도록 촉진하는 상담행정 및 정책 활동 등이 포함된다.

(4) 다양한 활동에 근거하여 볼 때 청소년상담자는 상담자, 교육자, 컨설턴트, 연구자 및 프로그램 개발자, 정책제안자, 환경개선 지킴이 등의 역할을 수행하고 있다.

제4절 | 청소년 상담자의 태도

1 청소년 상담자가 지녀야 할 마음가짐

1) 수용적 태도

(1) 청소년 내담자의 행동에 대해 판단하고 평가하지 않고 있는 그대로 수용해준다.

(2) 행동을 모두 수용하는 것이 아니고 행동의 동기를 수용하며, 감정표현 모두를 수용하는 것이 아니고 감정을 느낄 수 있음을 수용한다.

2) 존중적 태도

(1) 청소년 내담자의 주체적인 자아가 살아나지 않으면 상담이 성공적으로 이루어지기 어렵다.

(2) 대부분의 청소년 내담자들은 주체적인 자아를 잃어버리고 주변 사람을 삶의 중심으로 놓고 주변 사람이 삶을 좌지우지 하도록 내버려 두고 불평하며 자신의 삶에 대한 책임을 주변 사람들에게 떠넘기려 한다.

(3) 상담과정에서 상담자로부터 존중받는 경험을 통해 주체적인 자아를 회복한다.

(4) 존중은 청소년 내담자의 능력을 믿고 그 능력에 기초한 판단과 결정을 중요하게 고려해주는 것이다.

3) 개방적 태도

상담자의 과거 경험뿐만 아니라 상담과정에서 느끼는 경험을 진실하게 드러낸다.

4) 지지적 태도

힘들어하는 청소년 내담자가 충분히 기대고 활용할 수 있도록 버팀목이 된다.

5) 민감성

청소년 내담자의 행동에 적극적인 관심을 갖고 기민하고 섬세하게 반응한다.

6) 온정적 태도

청소년 내담자에게 따뜻한 관심을 기울여 준다.

7) 용기 있는 태도

마음이 아프고 위태하지만, 청소년 내담자가 직면해야 하는 내용에 대하여 도전의 자극을 제공하고 직접 부딪치고 경험하도록 지켜본다.

8) 전문적인 태도

상담자가 상담에 대한 전문 지식과 기술 그리고 자신의 접근법에 대해 자신감을 가질 때, 청소년 내담자가 상담자를 믿고 의탁하게 된다.

2 상담자로서의 자세

1) 상담사로서의 자질과 인격

(1) 정신치료자나 상담사의 자질은 전문적 자질과 인간적 자질로 나누어 볼 수 있다.

(2) 이러한 자질 외에 청소년을 대상으로 하는 치료에서는 청소년의 특성과 발달과제에 대한 깊은 지식과 이해를 필요로 한다.

(3) 청소년은 예측하기 어렵고 권위에 대해 안정된 관계를 맺기 힘든 특성으로 인하여 치료를 극단적이고 파괴적인 방향으로 몰고 가거나 부정적 역전이를 쉽게 유발하기도 한다.

(4) 따라서 상담사로서는 수용성과 인간적 성숙이 중요한 조건이 된다.

2) 상담 자세

(1) 청소년 문제라고 해서 그 자체에만 초점을 맞추기보다는 아동기의 발달을 검토하여 현재 청소년에서 나타나는 자아정체성의 혼란이나 긍정적 인간관계 형성의 어려움에 대해 이를 정립하는데 대한 방향의식을 제시할 수 있어야 한다.

(2) 다른 사람들의 견해에 대해 눈을 돌릴 수 있도록(perspective taking) 도와주는 기술이 필요하다.

(3) 청소년 상담사는 아동들을 대상으로 할 때처럼 조언을 주로 하는 교육적, 권위주의적 접근도 지양해야 하며, 동시에 성인에서와 같이 지나친 내담자 중심의 수동적, 허용적, 비지시적 접근 방법을 사용해서도 안 된다.

(4) 사례 : 면담 중 침묵이 너무 길게 유지되는 경우, 이것이 관계수립이나 치료진행에 방해를 줄 수 있다고 판단되면 상담사가 적극적으로 깰 수 있다.

(5) 청소년 상담사는 성인 상담자에 비해 조금 더 능동적이고 면담 중에 특정한 주제에 초점을 맞출 수 있고, 상담사의 견해도 보다 명확히 하는 것이 좋다.

(6) 다만, 초점을 맞추는 주제는 치료 과정상 청소년의 발달과제와 관련 있는 것이어야 한다.

3) 열린 마음

(1) 청소년은 치료 초기에 상담사를 쉽게 믿지 못하고 자신을 드러내는데 시간과 노력이 필요함을 알고 있어야 한다.

(2) 상담사이기 이전에 하나의 인간으로서, 실제적 인간관계가 존재함을 인정하고, 자신의 경험과 감정을 드러낼 수 있어야 한다.

4) 넓은 수용능력

(1) 청소년 폭력과 범죄 관련 문제를 다루는 상담사는 지나치게 옳고 그름을 판단하는 자세를 견지해서는 안 된다.

(2) 아무리 비도덕적인 문제를 접할 때도 이해하고 공감할 수 있는 한 그렇게 해야 하며, 무엇이 문제인지 함께 찾아보자는 자세로 임하는 것이 필요하다.

5) 비밀보장의 원칙 준수

(1) 비밀보장(confidentiality)은 아무리 강조해도 지나치지 않은, 중요한 상담사의 자세이다.
(2) 청소년상담에서 신뢰의 구축은 상담의 시작이자 끝이다.
(3) 만일 부모에게 면담 내용을 알리고자 할 때는 허락을 받는 태도를 취하여야 한다.
(4) 그럼으로써 청소년에게 상담사는 부모와 다른, 부모 입장을 대변하는 사람이 아닌, 자신을 객관적으로 볼 수 있고 도와줄 수 있는 사람으로 인식되어야 한다.

6) 모델로서의 역할

(1) 청소년을 대상으로 하는 상담에서 가장 중요한 요소는 특정한 기술의 사용이나 약물 사용이 아니라, 청소년 자신이 상담사와의 관계를 통하여 발달 과정 동안 부족했거나 경험하지 못했던 부분을 경험하는 것(corrective developmental experience)이라고 할 수 있다.
(2) 청소년이 안고 있는 문제에 대해 상담사 자신도 실제로 상당히 심각하게 인식하고 있음을 표현해 줄 필요가 있으며, 동시에 그러한 문제 해결에 있어서 전문적인 지식과 경험을 갖고 있음을 적절하게 보여줌으로써 청소년으로 하여금 확신을 갖도록 해야 한다.
(3) 청소년은 상담사를 이상화시키거나 자신이 추구하고자 하는 모델로 삼기도 하는데, 그럴수록 상담사는 말과 행동에서 신중함을 요하는 동시에 이를 치료적으로 이용할 수 있어야 한다.
(4) 청소년의 왕성한 지적 욕구와 지성화를 적절히 이용할 수 있고, 토론을 요구하는 것을 반갑게 여길 수 있어야 한다.
(5) 상담 효과를 높이기 위해서 판단과 결정을 요하는 문제에서는 가능한 청소년 자신의 생각을 물어보는 것을 습관화하는 것이 좋다.

7) 자기 발전을 위한 노력

(1) 상담사의 자세는 첫 면담에서부터 드러나고 요구되는 것이지만, 여러 번 반복되는 면담을 통해서 청소년이 확신을 갖게 된다.
(2) 청소년을 대상으로 하는 상담 경험이 많다고 청소년 전문가라고 주장하는 것은 곤란하며 특히 청소년을 대할 때 반복해서 어려움이 있거나 부담스러운 경우에는 상담사 자신이 지도감독을 받는 등 자신을 돌아볼 필요가 있다.

실력 다지기

1) 상담자가 갖추어야 할 자질은 전문적 자질과 인성적 자질로 구분할 수 있다.
2) 전문적 자질은 상담이라는 전문 활동을 수행하는 데 필요한 지식과 기술을 의미하며, 인성적 자질은 상담자로서 갖추어야 할 기본적 태도나 품성과 같은 인간성이라고 할 수 있다.
3) 효과적인 상담자의 특성
   (1) 자신의 감정과 경험에 대해서 개방적이고 수용적이다.
   (2) 자기인식을 해야 한다.
   (3) 자신의 가치와 신념을 인식한다.
   (4) 개방적이다.
   (5) 모험적이다.
   (6) 온정적이고 깊은 인간관계를 발전시켜 나갈 수 있다.
   (7) 다른 사람들에게 자신을 그대로 내보인다.
   (8) 자신의 행동에 대해서 책임을 진다.
   (9) 현실적인 포부 수준을 가지고 있다.
   (10) 개인의 성격과 행동에 대하여 관심을 가지고 있다.
   (11) 유머 감각을 가지고 있다.
   (12) 통찰력을 가지고 있다.

제5절 | 청소년 상담자의 상담윤리[1]

1 전문적 태도

1) 전문적 능력

(1) 상담자는 상담에 대한 이론적 지식, 전문적 실습, 교수, 상담활동, 연구를 통해 전문성을 발달시키기 위해 지속적으로 노력해야 한다.

(2) 상담자는 자신의 능력 및 기법의 한계를 인식하고, 전문적 기준에 위배되는 활동을 하지 않는다. 만일, 자신의 개인 문제 및 능력의 한계 때문에 도움을 주지 못하리라고 판단될 경우에는 내담자에게 동의를 구한 후, 다른 동료 전문가 및 관련 기관에 의뢰한다.

(3) 상담자는 자신의 활동분야에 있어서 최신의 과학적이고 전문적인 정보와 지식을 유지하기 위해 지속적인 교육과 연수에 참여한다.

(4) 상담자는 윤리적 책임이나 전문적 상담 실시에 대해 의문이 생길 때 다른 상담자나 관련 전문가들에게 자문을 구하는 절차를 따른다.

(5) 상담자는 정기적으로 전문가로서의 능력과 효율성에 대해 자기반성과 자기평가를 해야 하며, 필요한 경우 자신의 효율성을 증진시키기 위해 지도감독을 받아야 한다.

2) 충실성

(1) 상담자는 내담자를 보다 효과적으로 도울 수 있는 방법에 관하여 꾸준히 연구 · 노력하고, 내담자의 성장촉진과 문제의 해결 및 예방을 위하여 최선을 다한다.

(2) 상담자는 자신의 능력 한계나 개인적인 문제로 내담자를 적절하게 도와줄 수 없을 때에는 상담을 시작해서는 안 되며, 다른 전문가에게 의뢰하는 등의 적절한 방법으로 내담자를 돕는다.

(3) 상담자는 자신의 질병, 사고, 이동 또는 내담자의 질병, 사고, 이동이나 재정적 한계 등과 같은 요인에 의해 상담을 중단할 경우, 이에 대한 적절한 조치를 취해야 한다.

(4) 상담자는 상담을 종결하는 데 있어서 어떤 이유보다도 우선적으로 내담자의 관점과 요구에 대해 고려해야 하며, 내담자가 다른 전문가를 필요로 할 경우에는 적절한 과정을 통해 의뢰한다.

(5) 상담자는 자신의 기술이나 자료가 다른 사람들에 의해 오용될 가능성이 있거나, 개선의 여지가 없는 활동에 참여해서는 안 되며, 이런 일이 일어난 경우에는 이를 시정하여야 한다.

1) 한국상담학회 윤리강령을 기준으로 제시하였다.

2 정보의 보호

1) 비밀보장

(1) 상담자는 사생활과 비밀유지에 대한 내담자의 권리를 최대한 존중해야 할 의무가 있다.

(2) 상담자는 내담자에 대한 상담 기록 및 보관을 윤리 규준에 따라 시행한다. 또한 상담자는 상담내용의 녹음 및 기록에 관해 내담자의 동의를 구해야 한다.

(3) 상담자는 내담자가 기록에 대한 열람이나 복사를 요구할 경우, 그 기록이 내담자에게 잘못 이해될 가능성이 없고 내담자에게 해가 되지 않으면 응하는 것이 원칙이다. 다만 여러 명의 내담자를 상담하는 경우, 다른 내담자와 관련된 사적인 정보는 제외하고 열람하거나 복사하도록 한다.

(4) 상담자는 상담과 관련된 기록을 보관하고 처리하는 데 있어서 비밀을 유지해야 하며, 이를 타인에게 공개할 때에는 내담자의 직접적인 동의를 구해야 한다.

(5) 상담자는 내담자 개인 및 사회에 임박한 위험이 있다고 판단되는 등의 비밀보호의 예외가 존재하는 경우를 제외하고는, 내담자의 서면 동의 없이 제3의 개인이나 단체에게 상담기록을 공개하거나 전달해서는 안 된다.

2) 집단 및 가족상담의 비밀보장

(1) 상담자는 특정 집단을 대상으로 집단상담을 시작할 때 비밀보장의 중요성과 한계를 명확하게 설명한다.

(2) 상담자는 가족상담을 할 때 각 개인의 비밀보장에 대한 권리와 그 비밀보장을 유지해야 할 의무와 관련해 참여한 모든 사람으로부터 동의를 구하고 그 동의 사항을 문서에 기록한다.

(3) 상담자는 자발적인 동의 능력이 불가능하거나 미성년인 내담자를 상담할 때, 부모나 보호자가 참여할 수 있음을 알린다.

3) 전자 정보의 비밀보장

(1) 상담자는 컴퓨터를 사용한 자료 보관의 장점과 한계를 알아야 한다.

(2) 상담자는 내담자의 기록이 전자 정보의 형태로 보존되어 제3자가 내담자의 동의 없이 접근할 가능성이 있을 때, 적절한 방법을 통해 내담자의 신상이 드러나지 않도록 조치를 취한다.

(3) 상담자는 컴퓨터, 이메일, 팩시밀리, 전화, 음성메일, 자동응답기 그리고 다른 전자 테크놀로지를 사용해 정보를 전송할 때는 비밀이 유지될 수 있도록 사전에 주의를 기울인다.

4) 비밀보장의 한계

(1) 상담자는 상담 시작 전이나 상담 과정 중 내담자에게 비밀보장의 한계를 수시로 알리고 비밀보장이 불이행되는 상황에 대해 주지시킨다.

(2) 상담자는 아래와 같은 내담자 개인 및 사회에 임박한 위험이 있다고 판단될 때 매우 조심스러운 고려 후에, 내담자에 관한 정보를 적정한 전문가 혹은 사회 당국에 제공할 수 있다.

① 내담자의 생명이나 사회의 안전을 위협하는 경우

② 내담자가 감염성이 있는 치명적인 질병이 있다는 확실한 정보를 가졌을 경우

③ 내담자가 심각한 학대를 당하고 있을 경우
④ 법적으로 정보의 공개가 요구되는 경우

(3) 상담자는 만약 내담자에 대한 상담이 여러 전문가로 구성된 집단에 의한 지속적인 관찰을 포함하고 있다면, 그러한 집단의 존재와 구성을 내담자에게 알릴 의무가 있다.
(4) 상담자는 내담자의 사적인 정보의 공개가 요구될 때 오직 기본적인 정보만을 공개한다. 더 많은 사항을 공개하기 위해서는 사적인 정보의 공개에 앞서 내담자에게 알리고 동의를 얻어야 한다.
(5) 상담자는 비밀보장의 예외 및 한계에 관한 타당성이 의심될 때에는 다른 전문가나 지도감독자 및 우리 학회 윤리위원회의 자문을 구한다.

3 상담관계

1) 다중관계

(1) 상담자는 내담자와의 친밀한 관계를 인식하고 내담자에 대한 존중감을 유지하며, 내담자를 이용하여 상담자 개인의 필요를 충족하고자 하는 활동 및 행동을 하지 않는다.
(2) 상담자는 상담 전에 상담관계에 영향을 줄 수 있는 상담의 목표, 기술, 규칙, 한계 등에 관해서 내담자에게 알려주어야 한다.
(3) 상담자는 객관성과 전문적인 판단에 영향을 미칠 수 있는 다중 관계를 피해야 한다. 단, 내담자의 복지를 위해 상담자와 내담자가 사전 동의를 한 경우와 그에 대한 자문이나 감독이 병행될 때는, 상담관계를 맺을 수도 있다.
(4) 상담자는 특별한 경우를 제외하고는, 내담자와 상담실 밖에서 사적인 관계를 맺지 않는다.
(5) 상담자는 내담자와의 관계에서 상담료 이외의 어떠한 금전적, 물질적 거래관계도 맺지 않는다.

2) 성적 관계

(1) 상담자는 내담자와 어떤 형태의 성적 관계를 갖지 않는다.
(2) 상담자는 내담자와 성적 관계를 맺었거나 유지하는 경우 상담 관계를 형성하지 않는다.
(3) 상담자는 상담관계가 종결된 이후에도 최소 2년 내에는 내담자와 성적 관계를 맺지 않는다.
(4) 상담자는 상담 종결 이후 2년이 지난 후에 내담자와 성적 관계를 맺게 되는 경우에도 이 관계가 착취적이 아니라는 것을 철저하게 검증할 책임이 있다.
(5) 상담자는 성적 유인, 신체적 접근 또는 성적인 성격을 지닌 성적 위협에 관여하지 않는다. 이를 알게 되거나 듣게 되었을 때 묵과하지 않고 적절한 조치를 취한다.

실력 다지기

상담의 윤리 - 비밀유지 및 노출

비밀보장은 상담자의 윤리적 의무이지만, 제한이 가능하기 때문에 절대적인 의무는 아니다.
-윤리적 상대주의

1) 비밀 보호의 의무는 내담자의 가족과 동료에 대해서도 지켜져야 한다.
2) 비밀유지 예외사항[2)]
   (1) 내담자의 상담과 치료에 관여한 상담자와 의사 및 이들의 업무를 도운 보조자들 간의 의사소통을 위해 말할 수 있다.
   (2) 내담자가 비밀노출을 허락한 대상에게는 비밀을 말할 수 있다.
   (3) 내담자를 대신해서 법적으로 권한을 부여받은 사람 (예 후견인, 대리인 등)의 동의를 얻은 경우 비밀을 말할 수 있다.
   (4) 적절한 전문적 자문을 구하기 위한 슈퍼비전의 경우 비밀을 말할 수 있다.
   (5) 내담자나 그 밖의 다른 사람들을 상해나 위험으로부터 보호하기 위한 경우 비밀을 말할 수 있다.
   (6) 법률에 의해 위임되고 승인된 경우 비밀을 말할 수 있다.

기출문제 확인학습

키치너(Kitchener) 윤리적 결정 원칙 암기법 **자선 / 무성 / 공정**

1) 자율성(autonomy) : 내담자가 원하는 것을 선택하고 그것을 할 수 있는 권리를 인정하는 것
2) 선의(beneficence) : 내담자의 안녕과 복지를 증진시키는 것
3) 무해성(non-maleficence) : 내담자에게 고통이나 피해를 줄 수 있는 위험한 행동이나 활동을 하지 않는 것
4) 성실성(fidelity) : 상담자는 전문가로서 지킬 수 있는 정직한 약속을 하고 신뢰관계를 형성하여 자신의 책임을 다해야 한다는 것
5) 공정성(justice) : 내담자의 연령, 성별, 인종, 경제적 수준, 문화적 배경, 종교 등에 상관없이 모든 내담자에게 동등한 수준의 서비스를 제공하는 것

2) 상담자가 비밀을 노출할 경우에도 가능한 한 실명노출을 삼가는 것이 바람직하다.

CHAPTER 04

청소년상담의 실제

제1절 | 상담의 시작

1 상담 준비

1) 상담을 위해 필요한 물리적 공간 준비

(1) 상담실 : 방음장치, 외부소음 차단, 녹음시설, 비디오 녹화시설, 필기도구, 거울 등

(2) 대기실 : 조용한 음악, 편안함을 느낄 수 있는 의자 등

(3) 접수실 : 청소년 내담자가 가장 쉽게 찾을 수 있는 공간에 마련함

(4) 검사실 : 조용하고 쾌적한 공간

2) 상담실 가구 배치

3) 각종 서류의 준비

(1) 상담신청서, 청소년 내담자별 파일, 각종 검사도구의 구비 등

(2) 기록지 준비

2 상담초기

상담준비	상담 접촉과정	상담접수
-상담을 위한 공간 상담실, 대기실 접수실, 검사실 상담파일 보관실 -각종 서류 및 도구의 준비	-상담실 접촉=상담의 시작 전화이용 접촉 인터넷 통한 접촉 직접방문 접촉	-상담신청서 작성 -접수면접의 준비 -접수면접자 역할 중요 -접수면접 시 유의사항 -정보수집 -본 상담자에게 인도

1) 접수면접

(1) 접수 면접자의 역할

막연한 기대를 하는 청소년 내담자에게 전문적인 능력과 기술을 지닌 사람이라는 인상을 심어 주는 것이 필요하다.

(2) 접수면접 시 유의해야 할 사항

① 희망을 불러일으키는 것이 요구된다.

② 비밀이 보장됨을 확실히 이야기를 하고 비밀보장의 한계도 설명해야 한다.

③ 상담에 대한 기대를 평가하여야 하는데, 상담관계에 대한 잘못된 개념, 왜곡된 기대 등을 안내해 줄 필요성이 있다.

④ 기본적인 정보를 수집한다.

- 가족관계, 사회경제적 수준, 이전에 받았던 상담 경험, 주요하게 호소하는 문제, 정서적인 강도(양가감정의 정도), 인지적 기능, 대인관계 기술 등

⑤ 청소년 내담자가 상담실에 찾아오게 된 경위를 파악한다.

⑥ 행동적인 변화에 대한 동기를 파악하는 것이 요구된다.

정리

접수단계의 면접

1) 접수면접은 내담자의 현재의 문제, 일반적인 삶의 상황, 대인관계상의 기능에 대한 정보를 수집하기 위해 내담자와 함께 작업하는 단 한 번의 만남이다.

2) 접수면접에서는 내담자의 외모, 행동. 심리동작 활동, 접수면접자에 대한 태도, 정서와 기분, 언어와 사고, 지각장애, 현실에 대한 방향성과 의식, 기억과 지능, 신뢰성과 판단력을 평가하는 작업이 이루어진다.

3) 접수면접의 제한점

(1) 상담자와 내담자 간의 신뢰와 협력관계가 형성될 겨를도 없이 민감하고 고통스러운 정보를 논의해야 한다는 것이다.

(2) 상담자가 정해지면 자신의 문제를 다시 반복해야 하는 불편감이 있다.

(3) 내담자의 감정과 비언어적 행동에 주의를 기울여 내담자를 편안하게 해 주어야 한다.

(4) 접수면접에서 수집된 자료는 정확하지 않을 수 있으며, 내려지는 진단은 항상 잠정적이다.

2) 상담의 초기

(1) 상담 초기에 중요하게 다룰 부분

① 청소년 내담자의 문제 이해

ㄱ. 청소년 내담자가 도움을 청하는 내용과 직접적인 이유를 확인한다.

ㄴ. 문제가 발생한 배경을 탐색한다.

예 어떤 관계에서 불편한가?, 왜 지금 문제가 되는가?, 언제부터 불편이 시작되었나?, 과거에 비슷한 문제가 없었는가?, 성장을 해 오면서 결핍이 무엇이었는가? 등

ㄷ. 문제해결에 대한 동기와 의욕을 평가한다.

② 상담목표 및 진행방식에 대한 합의(계약)

ㄱ. 상담목표를 정한다.

ㄴ. 상담의 진행방식을 합의한다.

예 상담 기간 및 시간에 대한 합의 과정에서 바람직한 청소년 내담자의 행동 및 역할에 대한 안내

기출문제 확인학습

청소년상담의 상담목표를 설정할 때의 사례

1) 인터넷 게임을 1시간 줄인다.
2) '싫다'고 말할 수 있도록 한다.
3) 시험 시간에 긴장하지 않도록 한다.
4) 수업시간 시작 전에 교실에 들어가게 한다.

→ 청소년 상담목표는 구체적이고 실현가능한 것을 세우는 것이 좋다.

③ 촉진적 상담 관계(라포)의 형성

ㄱ. 상담진행의 효과성을 위해 상담의 구조화를 이룬다.

ㄴ. 상담과정에 대한 오리엔테이션과 합의가 이루어져야 한다.

ㄷ. 상담의 특성, 한계, 조건, 앞으로 기대되는 결과, 청소년 내담자와 상담자의 의미, 상담의 목표, 비밀보장 등에 대해 언급한다.

ㄹ. 상담의 구조화를 통해 상담이 그 방향이나 초점을 잃지 않도록 하여 상담진행을 돕는다.

실력 다지기

상담의 구조화

1) 개념

청소년 내담자가 상담경험이 있고 상담과정에 대해 잘 알고 있지 않을 경우 상담에 대한 올바른 이해를 위해 안내가 필요한데, 이러한 안내를 상담 구조화라고 한다. 즉, 상담과정의 본질, 제한조건 및 방향에 대하여 상담자가 정의를 내려주는 것으로 청소년 내담자에게 상담과정의 바람직한 체계와 방향을 알려주는 것이다.

2) 상담구조화의 필요성

(1) 상담이 무엇인지, 상담에 대해 청소년 내담자가 기대하는 것이 무엇인지를 탐색한다.
(2) 상담시간에 무엇을 해야 하는지, 상담자는 무엇을 할 것인지에 대해 구체적인 대화가 필요하다.
(3) 청소년 내담자가 상담에 대해 가질 수 있는 애매모호함과 불안감을 줄일 수 있다.
(4) 상담에 대한 청소년 내담자의 잘못된 기대를 교정해 준다.
(5) 상담관계가 현실에 기반을 두고 합의된 목표를 추구해 나가는 실제적 관계로 발전시켜 나갈 수 있다.

3) 상담구조화의 내용

(1) 상담에 관한 구조화 - 상담시간, 빈도, 총 상담횟수, 연락방법, 상담 장소 등
(2) 상담관계에 관한 구조화 - 상담자 역할, 청소년 내담자 역할, 관계의 성격 등
(3) 비밀보장 다루기

4) 상담구조화의 종류 : 상담의 구조화에는 두 가지 종류가 있다.

(1) 암시적인 구조화 : 이미 알려진 상담자의 역할과 청소년 내담자가 처해 있는 상황이 자동적으로 상담관계에 어떤 구조를 가하게 되는 것이다.

(2) 정규적인 구조화 : 청소년 내담자에게 상담과정에 대해 의도적으로 설명하고 제약을 가하는 것이다. 상담에서는 청소년 내담자가 자유롭게 자신의 행동과 결정을 하는 것이 원칙이지만, 선택방향을 제시하는 어느 정도의 참조체제가 필요한 것이다.

기출문제 확인학습

상담의 구조화

1) 상담에서 진행될 예상 회기를 알려준다.
2) 상담에 대한 내담자의 불안을 경감시킬 수 있다.
3) 상담의 전 과정에서 필요에 따라 반복할 수 있다.
4) 상담이 직접적 문제해결이라고 생각하는 내담자에게 효과적이다.

(2) 상담초기 체크리스트

기대목표	• 라포와 신뢰감 형성 • 호소문제 및 원인 파악 • 사례개념화 및 상담목표 수립

과정	실행내용		체크
관계형성	라포 및 신뢰감 형성과 편안하고 허용적인 분위기 형성		
	상담에 대한 기대감 형성		
상담에 대한 자발성 정도 확인	자발적	명확한 비밀보장의 한계 제시	
	비자발적	내담자와의 라포 형성과 신뢰형성을 우선으로 함	
		내담자의 불편한 마음을 수용, 표현할 기회 제공	
		비밀유지 한계 결정 및 의뢰자에게 정보 제공 고려	
		교사, 학생부, 학부모가 의뢰한 이유에 대해 밝힘	
상담 구조화	상담	상담의 의미 설명 및 내담자 상담의 의미를 살핌	
		상담시간, 빈도, 회기 등에 대해 설명	
	상담관계	상담자의 역할 설명	
		내담자의 상담자에 대한 기대 살피기	
	비밀보장	비밀보장 및 예외상황(한계)에 대해 설명	

과정	실행내용	체크
문제이해 및 평가	내담자에 대한 이해(신체, 인지, 적성, 학업, 사회적 기능 등)	
	자아와 자기평가(현실검증 기능, 판단기능, 현실감, 사고, 대상관계, 충동통제, 적응적 퇴행, 방어기능, 자율 기능, 종합과 통합기능, 유능감 등)	
	담임교사, 교과 담당교사, 학부모 등의 행동관찰 정보	
	문제 해결에 도움이 되는 개인 내적 및 환경 특성	
	문제를 유지시키고 해결에 방해가 되는 환경 특성	
사례 개념화	상담자가 파악한 내담자 문제의 성격은 무엇인가?	
	문제가 생기게 된 경로나 원인은 무엇인가?	
	문제를 지속시키는 내적, 외적 역동은 무엇인가?	
	문제를 해결을 위하여 내담자에게 필요한 것은 무엇인가?	
	상담자는 상담 장면에서 무엇을 할 것인가?	
상담목표 설정	1단계:목표설정의 목적과 필요성에 대해 설명	
	2단계:내담자와 함께 목표 설정	
	3단계:목표달성이 가져다 줄 이점과 손실 검토	
	4단계:목표 달성에 장애가 될 수 있는 요인 파악	
	5단계:필요한 경우 상담과정 중 수정하여 새로운 목표 설정	
유의사항	- 의뢰되어 온 경우 의뢰자의 의견보다는 내담자의 생각과 감정이 중요하고 관심이 있음을 표현할 것 - 사례개념화 시 내담자에게 반복적으로 나타나는 주제와 역기능적인 측면뿐만 아니라 기능적인 측면도 파악하고 내담자의 환경적 특성(가족, 대인관계 등)에 대한 정보를 수집하고 활용할 것	

실력 다지기

사례개념화

내담자의 문제, 원인 또는 관련 요인, 상담개입 방법을 체계적으로 설명하는 과정을 사례 개념화라고 한다. 사례 개념화는 내담자에 대한 정보를 모아서 조직화하고, 내담자의 상황과 부적응적 패턴을 이해하고 설명하며, 상담을 안내하며 초점을 맞추고, 도전과 장애를 예상하고, 성공적인 종결을 준비하기 위한 방법 및 임상적 전략이다(Sperry, 2010).

사례개념화 요소

요소	내용
호소문제	호소하는 문제, 촉발요인에 대한 특징적인 반응
촉발요인	패턴을 활성화하여 호소 문제를 일으키는 자극
부적응적 패턴	지각, 사고, 행동의 경직되고 효과가 없는 방식
유발요인	적응 또는 부적응적 기능을 촉진하는 요인
유지요인	내담자의 패턴을 지속적으로 활성화하여 호소 문제를 경험하게 하는 자극
문화적 정체성	특정 민족 집단에 대한 소속감
문화: 적응과 적응 스트레스	주류 문화에 대한 적응 수준(심리사회적 어려움 등을 포함한 문화 적응 관련 스트레스)
문화적 설명	고통, 질환, 장애의 원인에 대한 신념
문화 대 성격	문화와 성격역동 간의 상호작용 정도
적응적 패턴	지각, 사고, 행동의 유연하고 효과적인 방식
상담목표	단기-장기 상담의 성과
상담의 초점	적응적 패턴의 핵심이 되는 상담의 방향성을 제공하는 중요한 치료적 강조점
상담전략	보다 적응적인 패턴을 달성하기 위한 실행 계획 및 방법
상담개입	상담목표와 패턴 변화를 달성하기 위해 상담전략과 관련된 세부 변화 기법 및 책략
상담의 장애물	부적응적 패턴으로 인해 상담과정에서 예상되는 도전
문화적 상담개입	해당 사항이 있을 경우, 문화적 개입, 문화적으로 민감한 상담, 개입의 구체화
상담의 예후	상담을 하거나 하지 않을 경우, 정신건강 문제의 경과, 기간, 결과에 대한 예측

제2절 | 상담의 작업 (상담의 중기)

1) 상담중기의 의미와 과제

(1) 문제를 해결하는 단계이다.

(2) 여러 가지 상담기법을 사용한다.

(3) 상담 중기의 과제

① **저항의 처리** : 저항하는 경우 이에 대한 내용을 점검하고 처리하여 주어야 한다.

② **구체적 탐색과 직면** : 문제에 대해 구체적인 탐색(탐색단계에서는 관찰내용을 피드백 해주는 것이 가장 적절함)과 청소년 내담자의 불일치된 면이 나타나는 경우 이에 직면할 필요가 있다.

③ 다양한 기법을 활용하고 해결 대안의 발달을 촉진한다.

④ 청소년 내담자가 문제해결을 위해 실천할 수 있는 동기를 조성해 나가야 한다.

⑤ 실천과정을 유지하고 강화해 나가야 한다.

기출문제 확인학습

내담자의 저항

1) 불안이 심하여 저항이 뚜렷할 때 해석해주는 것은 내담자로 하여금 해석의 의미를 알기 어렵게 만들며 더 저항하는 원인이 되기도 하기 때문에 바람직하지 않다.
2) 상담자의 일방적인 과제 제시는 저항의 원인이 된다.
3) 저항을 직면할 수 있는 자아강도가 있을 때 해석해 준다.
4) 중요한 이야기를 하지 않고 화제를 돌리는 것은 저항의 한 예이다.
5) 준비가 되지 않은 내담자에게 빠른 변화를 위해 적극적으로 개입한 것은 저항의 원인이 된다.

2) 상담중기 과정의 특성

(1) 계속되는 탐색과정을 꾸준하게 지속한다.
(2) 청소년 내담자에게 관심으로 보여 생활의 규칙성을 탐색하여 안정시킨다.
(3) 문제와 관련된 감정, 생각, 신념 그리고 행동을 인식, 수용하고 대안을 마련한다.
(4) 문제에 있어 자신과 대인, 환경 간의 관련성을 인식, 수용하고 대안을 마련한다.
(5) 청소년 자신의 문제에 대한 종합적 설명을 위한 틀을 준비하고 이에 대한 대안도 마련한다.
(6) 필요한 기법들을 훈련한다.
(7) 실제에 적용, 평가해 본다.

3) 상담중기 과정의 주요 목표들의 흐름

구체적 탐색 → 자각과 수용 → 대안 마련 → 대안실천 → 적용평가

제3절 | 상담의 종결

1) 조기종결을 알리는 신호들

(1) 상담약속 시간에 자주 전화도 없이 나타나지 않거나 늦게 나타난다.

(2) 핑계를 대고 자주 상담을 연기하거나 상담약속 시간의 잦은 변경을 한다.

(3) 상담자가 하는 조언이나 충고를 무비판적으로 받아들인다.

(4) 혼자서도 문제를 해결할 수 있다고 우긴다.

(5) 상담 받으러 왔을 때 호소한 문제가 다 해결되었다고 한다.

2) 상담 종결에서 다룰 부분

(1) 종결의 준비과정을 거쳐야 하며 점진적으로 청소년 내담자와 함께 정할 필요가 있다.

(2) 청소년 내담자의 불안을 다루어 주어야 한다. - 상담을 통한 변화와 발전을 재음미하고 요약하며 종결에 따른 불안을 다뤄 주는 것이다.

(3) 상담자를 향한 의존성을 극복할 수 있게 원조한다.

① 상담자와 청소년 내담자의 상담관계가 상담목표를 가지고 만난 일시적인 관계임을 상기시킬 필요가 있다.

② 청소년 내담자를 격려해 주고 상담관계가 청소년 내담자에게 의미 있는 관계임을 확인시켜 주어야 한다.

(4) 대처에 대한 면역력을 증대시킨다.

상담 종결 후의 생활을 예견해 보고 대처방안을 논의한다.

(5) 증상 재발시의 대처방법을 강구한다.

증상 재발시 추가 만남에 대한 가능성을 제시한다.

상담종결의 과제

1) 상담목표의 달성 정도 파악
2) 행동변화 요인에 관한 평가
3) 행동변화가 미진한 이유에 대한 평가
4) 향후 계획에 대한 논의
5) 추수면접 계획(상담종결 후 1개월, 3개월, 6개월, 1년까지도 지속된다)

기출문제 확인학습

상담 종결의 주제

1) 행동변화에 기여한 상담자 요인은 무엇인가?
2) 상담종결을 앞둔 내담자의 심정은 어떠한가?
3) 행동변화에 기여한 내담자 요인은 무엇인가?
4) 상담성과가 미흡한 부분은 무엇이며, 앞으로 어떻게 대처해 나갈 것인가?

제4절 | 상담기술과 기법

1) 경청

상담에서 가장 기본적인 기법으로서 상담자가 내담자의 말과 행동을 적극적으로 듣는 것뿐만 아니라, 선택적으로 주목해서 듣는 것을 의미한다.

기출문제 확인학습

관심과 경청 그리고 이해 (G. Egan)

1) 관심과 경청은 상담을 포함하여 모든 커뮤니케이션에서 제2의 천성이 되어야 할 만큼 가장 기본적인 기술이다.
2) 관심을 기울인다는 것은 상담자가 신체적으로나 심리적으로 내담자와 함께 할 수 있는 방법을 일컫는 것이고 경청한다는 것은 내담자가 이야기를 할 때 그 메시지가 언어적으로 전달되든 비언어적으로 전달되든, 분명하게 전달되든 모호하게 전달되든, 내담자가 전달하려고 하는 메시지를 상담자가 포착하고 이해하는 능력을 가리킨다.
3) 관심을 기울이기 위한 미시적 기술(경청 기술, G. Egan)
   (1) 내담자를 바로 바라본다.
   (2) 개방적인 자세를 취한다.
   (3) 가끔 상대방 쪽으로 몸을 기울인다.
   (4) 좋은 시선의 접촉을 유지한다.
   (5) 편안하고 자연스러운 자세를 취한다.

2) 재진술 (= 바꾸어 말하기 = 환언)

(1) 내담자의 말 중에 가장 중요하다고 생각되는 것을 재진술하여 바꾸어 말해주는 것이다.
(2) 내담자가 하던 이야기를 이어가고 자기탐색을 계속하게 한다.

사례

- 내담자 : "어제 드디어 용기를 내서 그 친구에게 연락을 했어요."
- 상담자 : "그래, 용기를 내서 연락했구나."

심화학습

재진술 기법

1) 정의
   (1) 내담자의 진술 내용이나 의미를 반복하거나 바꾸어 말하는 것을 의미한다.
   (2) 비슷하지만, 적은 단어를 사용하고 내담자 진술보다는 구체적이고 분명하다.
   (3) 재진술은 간접적 또는 직접적으로 표현할 수 있다.
   (4) 재진술은 방금 전에 말한 내용과 관련이 있을 수 있거나 전에 말한 다른 내용과 관련이 있을 수 있다.

2) 의도 또는 목적

(1) 내담자에게 자신의 생각을 점검할 수 있는 기회를 준다.

(2) 문제의 한 측면을 좀 더 깊이 있게 탐색하고 전에 고려하지 못했던 부분에 대해 생각할 수 있도록 한다.

(3) 내담자의 의도를 확인한다.

3) 방법

(1) 내담자가 말하고자 하는 바의 핵심을 파악하라

(2) 짧고 간략하게 하라

(3) 내담자가 다른 사람에게 초점을 두더라고 상담자는 내담자에게 초점을 두도록 하라

(4) 재진술의 형태를 다양하게 하라

3) 명료화(=명확화)

내담자가 표현을 분명하게 할 수 있도록 격려한다. 장점으로는 상담자가 내담자의 이야기를 주의 깊게 경청하고 있으며 이야기에 중요성을 부여하고 있음을 보여 주는 것이고 단점은 내담자가 부담을 느껴 면접의 흐름을 방해할 수 있다는 것이다.

(1) 내담자의 말 속에 내포되어 있는 뜻을 내담자에게 명확하게 말해 주는 것이며 또한 내담자가 보다 분명하게 표현할 수 있도록 도와주는 것이다.

(2) 내담자에게 언급해 주는 내용과 의미는 내담자의 표현 속에 포함되었다고 판단된 것이어야 한다.

(3) 명료화 해 줄 것은 내담자가 미처 자각하지 못하는 의미와 관계가 있는 것으로 한다.

(4) 내담자가 애매하게 느끼던 내용과 자료를 상담자가 말로 표현해 주기 때문에 내담자는 자신이 이해받고 있고 상담이 잘 진행되고 있다는 느낌을 갖게 해 주는 장점이 있다.

(5) 내담자가 미처 생각하지 못했던 측면을 분명하게 생각하도록 하는 자극제 역할을 한다.

사례

- 내담자 : "저는 왜 그런지 어머니가 미워요. 저를 위해 고생하고 계시는 어머니를 미워하는 것이 괴롭고 두렵게 느껴져요."
- 상담자 : "어머니에게 미안하다는 감정과 또 고맙다는 감정이 동시에 느껴지나 보군요."

사례

"아이들을 심하게 야단치신다고 하셨는데, 구체적으로 어떻게 야단치신다는 이야기인가요?"

"모든 것이 다 끝났다고 하셨는데 무슨 말인지 잘 이해되지 않습니다. 구체적으로 설명해 주시겠습니까?"

4) 감정 반영

(1) 내담자가 말한 내용에서 감정과 관련된 부분을 바꾸어 말하는 것이며 거울처럼 비추어준다고 하여 감정반영이라고 하는 것이 대표적인 기법이다.

(2) 내담자의 말 속에 흐르는 주요 감정을 전달해 주는 것이다.

(3) 내담자에게 이해받고 있다는 인식을 주게 되어 라포 형성에도 도움이 된다.

(4) 내담자의 자기이해를 도와준다.

상담자: "당신은 그 여자를 사랑한다고 얘기했는데, 그 여자에 대해서 말할 때마다 주먹을 꽉 쥐는군요."

기출문제 확인학습

감정반영 기법

1) 반영: 반영은 내담자의 말과 행동에서 표현된 기본적인 감정 · 생각 및 태도를 상담자가 다른 참신한 말로 부연해 주는 것이다.

2) 반영의 효과

(1) 내담자는 자신이 표현한 감정과 생각을 상담자가 적절히 반영해 줄 때 자신의 감정을 파악하고 수용할 수 있게 된다.

(2) 반영에 의해 내담자가 자신의 감정을 명료하게 파악하고 수용하게 되면 이후 자신에 대해 보다 깊은 탐색을 시도하게 된다.

(3) 상담자의 충분한 감정 반영은 내담자에게 감정 표현의 모델이 될 수 있다.

(4) 상담자의 반영으로 내담자가 자신의 감정을 충분히 경험하게 되므로 정화(카타르시스)를 느끼게 된다.

(5) 반영 반응은 내담자에게 이해받고 있다는 느낌을 주기 때문에 촉진적 상담관계를 형성하는데 도움을 준다.

3) 반영해 주어야 할 감정과 행동 및 태도

(1) 상담자가 반영해 주어야 할 내담자의 내면적 감정은 크게 정적인 감정, 부적인 감정 그리고 정적인 감정과 부적인 감정이 동시에 병존하는 양가적 감정으로 나눌 수 있다.

(2) 내담자의 말이나 행동에 한 가지 감정이나 느낌이 아니라 동일한 대상에 대해 모호하고 양면적인 느낌이 깔려 있는 경우, 상담자는 이런 느낌들을 내담자에게 반영해 주는 것이 필요하다.

(3) 그러면 내담자는 동일한 대상에게 갈등적인 감정과 태도가 있음을 자각하게 됨으로써 내면적 긴장의 원인을 덜 수 있게 된다.

(4) 상담자는 내담자가 말로써 표현하는 것뿐만 아니라, 자세, 몸짓, 억양, 눈빛 등으로 표현되고 있는 것에 대해서도 반영해 줄 필요가 있다.

(5) 내담자의 언어 표현과 행동 단서가 서로 차이가 나거나 모순을 보일 때는 이를 반영해 주어야 한다.

4) 반영의 출처

내담자가 느끼는 것에 대한 실마리는 내담자의 표현, 자신의 감정에 대한 내담자의 언어적 내용, 내담자의 비언어적 행동 그리고 상담자의 내담자에 대한 자기감정 투사 등의 4가지 출처에서 찾을 수 있다.

(1) 감정에 대한 내담자의 표현: 때때로 내담자는 자신의 감정을 알고 개방적으로 표현한다. 예를 들어, 내담자가 "나는 선생님에게 정말 화가 났어요"라고 말할 경우 상담자는 내담자가 더 깊은 수준으로 감정을 경험하고, 감정의 다른 면들도 탐색할 수 있도록 감정을 묘사하기 위한 다른 단어('화가 치밀다')를 사용할 수 있다.

(2) 내담자의 언어 내용: 내담자가 감정을 직접적으로 언급하지 않더라도 내담자의 단어로부터 느끼는 감정이 무엇인지 추론하는 것이 가능하다. 상담자는 내담자가 느낄지도 모르는 것들에 대한 몇 가지 가정을 준비해 둘 필요가 있다. 예를 들어, 내담자가 자신의 성적표를 받았고 거의 모든 과목에서 성적이 향상되었다고 말할 경우 상담자는 "당신은 성적이 오른 것에 대해 자랑스럽게 느끼고 있군요."라고 말할 수 있다. 그러나 상담자는 주의를 기울이고, 이후의 피드백을 기초로 반영을 수정할 준비를 할 필요가 있다.

(3) 비언어적 행동 : 내담자가 비언어적으로 표출한 행동이나 태도를 통해 내담자가 어떻게 느끼는지 추론할 수 있다. 따라서 상담자는 단서를 위하여 내담자의 모든 비언어적 행동을 보아야 한다.

(4) 상담자의 감정 투사 : 내담자 감정을 간파하는 마지막 출처는 상담자 자신이다. 내담자의 위치에 자신을 놓고, 그 상황에서 자신이 어떻게 느꼈었는지 혹은 어떻게 느낄까를 생각함으로써 내담자의 감정을 이해해 보는 것이다. 그러나 상담자는 자신의 경험이 아니라, 내담자의 경험에 초점을 두어야 한다는 것을 잊지 말아야 한다.

5) 감정 어휘 찾아내기

상담자는 여러 가지 감정 어휘를 익혀두고, 내담자의 말과 행동 속에 있는 감정을 잘 찾아내어 감정의 강도 및 의미에 알맞은 표현을 적절하게 활용할 줄 알아야 한다.

(1) 기쁜 감정 : 기쁜, 가슴 뿌듯한, 기분 좋은, 신나는, 사랑스러운, 자랑스러운, 만족한, 자유로운, 멋진, 행복한, 자신 있는, 황홀한, 정열적인, 명랑한, 상큼한, 포근한, 싱그러운, 편안한, 반가운, 살맛나는, 후련한, 시원한, 따스한, 정다운, 당당한, 다정한, 홀가분한

(2) 슬픈 감정 : 슬픈, 가슴 아픈, 가슴이 북받치는, 비참한, 사랑받지 못한, 불행한, 좌절한, 실망스러운, 희망이 없는, 근심스러운, 죄책감이 드는, 상처 입은, 후회스러운, 우울한, 울적한, 억울한, 암담한, 침울한

(3) 화난 감정 : 화난, 속상한, 수치스러운, 분통 터지는, 참을 수 없는, 질투심이 나는, 약이 오른, 무시 받는, 원망스러운, 기만당하는, 짜증나는, 기가 막힌

(4) 두려운 감정 : 두려운, 겁이 나는, 기가 죽은, 궁지에 몰린, 지친, 불안한, 무서운, 걱정스러운, 패배한, 떠밀린, 소심한, 주저하는, 실망한, 초조한, 절망적인

(5) 기타의 감정을 나타내는 말 : 의기소침한, 풀이 꺾인, 씁쓸한, 가슴 답답한, 역겨운, 지겨운, 신경질이 나는, 먹먹한, 재미있는, 우스운, 놀라운, 창피한, 찝찝한, 측은한, 차가운, 이상한, 썰렁한, 아찔한, 안타까운, 민망한, 묘한, 의심스러운, 곤혹스러운, 귀찮은, 아쉬운, 징그러운, 부담스러운, 겸연쩍은, 착잡한

5) 요약

(1) 내담자의 생각과 감정을 간략하게 묶어서 정리해 말해주는 기법이다.

(2) 내담자의 말에서 중요한 내용과 감정을 언급하는 것이 일반적이다.

(3) 대개 면접의 초반부터는 이전 면접의 내용을, 면접의 후반에는 당일 날 한 상담의 중요내용을 정리하여 주는 기술이다.

6) 질문

(1) 질문을 통해 생략된 정보를 보완하고 내담자 말의 의미를 구체화하고자 할 때 사용한다.

(2) 내담자가 자신의 내면세계를 더 깊이 탐색하고 자기이해를 높일 수 있게 돕는다.

(3) 유형에는 개방형 질문과 폐쇄형 질문이 있다.

사례

① 개방형 질문 : 내담자가 이야기를 시작하도록 격려하고 자신을 탐색할 수 있도록 돕는다. '오늘은 무엇에 대해 이야기하고 싶으세요?', '요즘은 지내시는 게 어떠세요?'

② 폐쇄형 질문 : '예/아니요'로 답하거나 짧게 답하게 하는 질문으로 저항하는 내담자에게 적합하다. '어머니를 좋아하세요?', '잘 지내셨는지요?'

보충

직접 질문과 간접 질문

1) 직접 질문과 간접 질문은 질문하는 형태의 차이이다.
2) 예를 들어, 동연이가 "어제 우리 집에서는 관악산에 놀러 갔었어요."라고 말했는데 교사가 "그 곳에 가서 무엇을 하며 놀았니?" 라고 묻는 것은 직접 질문이며, "관악산에서 어떻게 놀았는지 궁금하구나."라고 묻는 것은 간접 질문이 된다.
3) 직접 질문은 상대방에게 자신이 심문받는다는 느낌을 주는 경우가 많고 질문을 계속해서 여러 번 하는 경우 특히 그러한 느낌을 주기 쉽다.
4) 이러한 경우에는 간접질문으로써 질문에 대한 저항감을 줄이면서 상대방의 표현을 촉진시킬 수 있다.

7) 직면 - 내담자의 언행 불일치(모순)의 경우 사용함

(1) 내담자가 자신도 모르고 있거나 인정하기를 거부하는 생각과 느낌에 대해서 주목하도록 하여 내담자의 탐색과 자각을 촉진하는 상담자의 직접적 진술이다.
(2) 내담자의 양가감정을 따뜻하고 공감적으로 직면해 주는 것이 필요하다.
(3) 직면은 내담자의 변화와 성장을 증진시킬 수도 있지만, 반대로 심리적 위협과 상처를 줄 수도 있다는 것에 유의해야 한다.
(4) 상담자가 직면할 때는 특히 상담 중기 때 시기적절하게 받아들일 준비가 되었는지를 면밀히 점검한 후에 직면 활용을 고려해야 한다.

사례

상담자 : "좋은 성적을 내고 싶다고 말씀은 많이 하시는데, 대부분의 시간을 잠자는데 쓰시는군요."

기출문제 확인학습

직면

1) 맞닥뜨림, 지적하기로서 상담자가 내담자의 감정, 행동반응의 모순, 비일관성, 비합리성을 확인하여 지적해주는 기술이다.
2) 이러한 직면기법은 흔히 무례하고 불친절하고 적대적인 행동으로 지각되기 쉬우나 직면기법을 통해 내담자는 자신의 모습을 제대로 볼 수 있다.
3) 직면은 충분한 신뢰관계가 형성된 후에 사용하는 것이 좋다.

8) 해석

(1) 내담자가 자신의 문제를 새로운 각도에서 이해하도록 내담자의 생활경험과 행동의 의미를 설명해 주는 것이다.
(2) 내담자가 보이는 행동들 간의 관계 및 의미에 대한 가설을 상담자가 제시하는 것이다.
(3) 내담자가 과거의 생각과는 다른 새로운 각도에서 자신의 행동과 내면세계를 파악하게 하는 것이다.

사례

상담자 : "당신이 지금 나에게 화를 내는 것은, 나를 붙잡으려는 마음의 표현이군요."

실력 다지기

해석의 유형(Hill, 1985)

1) 서로 분리된 진술, 문제, 사건 간에 연결을 형성하는 해석
2) 내담자의 행동이나 감정에 있는 주제나 패턴을 지적하는 해석
3) 방어, 저항, 전이의 해석
4) 현재의 사건이나 경험 혹은 느낌을 과거와 관련시키는 해석
5) 감정, 행동, 문제에 대한 새로운 틀을 제공하는 해석

9) 즉시성

'지금 - 여기'에서 두 사람 간에 일어나고 있는 일에 대해 민감하고 직접적으로 반응하는 것으로 상담자와 내담자의 상호작용을 내담자에게 보여주는 기법이다.

사례

- "철수야, 지금 나와 함께 있는 것에 짜증이 난 것처럼 느껴져."
- "수미는 상담실에 올 때마다 가슴이 답답하다고 하는데, 그 말을 들으니 '내가 수미를 제대로 이해하지 못하고 있나?'라는 미안한 느낌이 들어."

심화학습

즉시성 (immediacy) 기법

1) 개념
   (1) 상담의 순간에 느껴지는 상담자 자신의 감정과 직관을 내담자에게 내놓음으로써 내담자에게 새로운 안목을 제공하는 것이다.
   (2) 상담자가 내담자와의 관계에서 자기 자신, 내담자, 그리고 치료관계에 대해 어떻게 느끼는지를 표면화하는 것이다.
2) 즉시성의 효과
   (1) 통찰을 촉진한다.
   자신이 관계에서 어떻게 행동하고 있는지에 대해 더 깊이 이해한다. 자신이 세상과 관계를 맺는 방식에 대한 통찰, 도전시키는 효과를 갖으며, 전이해석과 유사한 목적을 갖는다. 상담자와 내담자 관계를 넘어서서 예전 시점으로 돌아가 그때에 느낀 느낌을 느끼고 현재 상대방에게 전이시키는 것이다.
   (2) 치료관계의 수리
   관계에서 생겨난 오해나 실수를 개방적으로 다룬다. 상호회복 과정을 촉진하는 것이다. 막힌 곳을 뚫고 더 나아갈 수 있게 한다. 대인관계의 문제를 어떻게 풀 것인가에 대해 본보기를 제공한다.
   (3) 감정의 파악과 강렬화
3) 즉시성의 구분
   (1) 어떠한 관계를 점검하는가에 따라 전반적 관계의 검토, 지금 - 여기의 관계 검토로 나눌 수 있다.
   (2) '내담자 반응에 대한 즉시성'은 내담자가 상담에 대한 불만이나 불안을 가지고 있을 경우 바로 치료관계를 수정하여 오해를 풀고 후속작업을 해 나아갈 수 있도록 한다.

4) 즉시성이 필요한 상황
(1) 상담이 방향을 잃고 진척이 없을 때 솔직함이 난국을 헤쳐 나가는 지름길이 될 수 있다.
(2) 상담자와 내담자 사이에 긴장감이 있을 때 또는 방어나 저항이 있을 때
(3) 신뢰의 문제가 있을 때
(4) 의존성이 상담과정을 방해하는 경우, 상담자에게 해답을 얻어내려고 질문하는 경우. 자신이 행동할 방향에 대해 답을 구하는 경우.
(5) 저항이 상담관계를 방해할 때

기출문제 확인학습

상담기술

1) 요약 : 산발적으로 드러나는 생각과 감정에서 초점을 찾을 기회를 제공한다.
2) 반영 : 내담자의 말을 참신한 다른 말로 되돌려 주는 시도이다.
3) 해석
(1) 치료적 관계에서 나타나는 내담자 행동의 의미를 설명하고 때로는 가르치기도 하는 것으로서 행동에 대한 단순한 설명이 아닌 자아가 더 깊은 무의식적인 내용을 탐색할 수 있도록 도와주는 기술이다.
(2) 이때 너무 빠른 해석, 비현실적 해석은 바람직하지 않고 적절한 시기, 즉 내담자가 받아들일 수 있는 시기를 선택해서 적절한 해석을 해야 한다.
4) 내담자의 자세, 몸짓, 어조 등도 반영해 줄 필요가 있다.
5) 직면은 내담자에게 상처를 줄 수 있다.
6) 재구성(reframing)
(1) 청소년 내담자의 상황이나 행동에 대한 인식을 변화시키는 전략으로, 문제의 다른 측면에 초점을 두거나 다른 시각에서 문제를 바라볼 수 있게 하는 기법이다.
(2) 재구성(reframing)은 두 사람 이상의 사람들이 서로에 대해 부정적인 생각을 하고 있는 경우, 이를 긍정적으로 전환하는데 목적이 있는 인지적 기술이다.
예 친한 친구와 심하게 다퉈 헤어졌을 때, 이를 긍정적으로 전환하고자 이러한 상황을 자신의 의사소통이나 대인관계 방식에 대해 다시 생각해봄으로써, 되돌아볼 수 있는 기회로 삼아 관계를 개선하는 것이다.

상담기술과 반응 예시

1) 감정반영 : "엄마의 그 말에 크게 실망했나 보구나."
2) 재진술 : "네 말은 엄마가 동생을 더 예뻐하신다는 말이구나."
3) 직면 : "너는 상황이 심각하다고 말하면서 웃는 표정을 짓고 있구나."
4) 자기개방 : "나도 네 나이 때는 사람들이 비웃을까봐 두려웠단다."
5) 간접질문 : "엄마의 말에 어떻게 대답했는지 궁금하구나."

실력 다지기

녹스와 힐(Knox & Hill, 2003) 자기개방의 유형[1]

1) 훈련사실의 개방(Disclosure of facts)

상담사의 삶과 전문직업 훈련과 관련된 전기적 사실을 개방한다.

예 "나는 상담심리학 박사이고, 초기에는 대학생들을 상담했습니다"

2) 감정의 개방(Disclosures of feeling)

치료자의 주관적 경험에 대한 묘사에서 감정적 용어의 사용을 포함한 감정을 개방한다.

예 "당신과 비슷한 상황에 있었을 때, 나에게 그 일이 어떻게 돌아올지 몰랐기 때문에 나는 두려웠습니다."

3) 통찰의 개방(Disclosures of insight)

상담사가 자신에 대해 배운 것을 사례화 하는 과거의 경험에 대한 통찰을 개방한다.

예 "남자 동료와 비슷한 갈등을 겪었을 때, 나의 아버지가 그랬던 것처럼 그가 나를 버릴 것이라는 두려움 때문에 내가 그만둔다는 것을 깨달았어요"

4) 전략의 개방(Disclosures of strategy)

특정 문제를 다루는데 있어서 치료사가 효과적인 것으로 보았던 전략을 개방한다.

예 "내가 당신과 비슷한 상황에 처했을 때, 어떤 일이 일어날지 대비하기 위해 내가 할 수 있는 한 많은 정보를 모은 것이 도움이 되었어요."

5) 승인/지지의 개방(Disclosures of reassurance/support)

상담사가 특정한 치료 맥락에서 환자의 반응에 대한 승인과 정당화를 표현한다.

예 "내가 이야기를 했을 때, 그 시간이 나에게도 매우 어려운 시간이었기 때문에 당신이 불안해하는 것을 이해합니다."

6) 도전의 개방(Disclosures of challenge)

상담사의 삶으로부터의 사례를 통한 환자의 사고 과정이나 행동에 대한 도전을 표현한다.

예 "당신이 알고 있는지 모르겠지만, 나도 이혼한 사람이고, 결혼생활 실패에 나도 책임이 있다는 것을 심각하게 생각해야만 했습니다."

7) 즉시성의 개방(Disclosures of immediacy)

내담자/상담 관계 및 과정에 대한 즉각적인 사고나 느낌을 개방한다.

예 "당신이 지금 가족관계가 냉랭하다는 것을 묘사하는 동안, 나는 당신으로부터 멀어지고 고립되는 것을 느꼈습니다. 나의 이런 감정이 당신이 가족에게 느끼는 것과 같은지 궁금합니다."

1) **Knox, S., & Hill, C. E. (2003). Therapist self-disclosure**: Research-based suggestions for practitioners. Journal of Clinical Psychology, 59(5), 529-539

제5절 | 상담의 유형 (단회, 단기, 장기, 매체 등)

1 단회상담 (학교장면을 중심으로)

국내외 상담현장에서 이루어지는 대다수의 상담은 10회기 이내의 단기 상담이며 이중 상당수는 상담 시작과 종결이 1회에 이루어지는 단회상담이다.

1) 단회상담 모형의 적용대상

(1) 단회상담 모형은 주로 학교 장면에서 교사가 학생들을 대상으로 활용할 수 있도록 고안된 상담방법이다.

(2) 상담교사는 학생과의 최초 접촉을 통해 단회상담에 적합한 학생을 선별하기 위한 노력을 기울여야 한다.

(3) 상담에 대한 동기수준이 높거나, 주변에 도움을 줄 만한 인적 자원이 풍부하거나, 통찰력이 있거나, 훌륭한 조력체계를 지닌 학생은 대체로 단회상담에 적합한 내담자로 볼 수 있다.

(4) 단회상담에 적합한 학생의 유형

① 특별한 문제해결을 원하는 학생

② 정신건강 검진을 목적으로 '정상' 여부를 확인해 보기 위해 온 학생

③ 공동상담자와 같은 역할을 담당할 수 있는 가족구성원이나 중요한 타인들을 동반한 학생

④ 상담을 신청하기 전에 이미 발생한 문제해결에 도움이 되는 방안이나 과거의 성공경험이 있는 학생

⑤ 과거 사건에 대한 분노, 죄의식, 슬픔 등과 같이 쉽사리 지워지지 않는 감정으로 인해 정상적인 생활에 지장을 받고 있는 학생

⑥ 법률, 직업, 재정, 종교 또는 이와 유사한 상담을 받기 위해 전문가의 의뢰를 필요로 하는 학생

⑦ **해결이 불가능한 문제에 직면해 있는 학생**: 변화가 불가능하다는 현실을 인정하게 하고, 해결이 불가능한 문제를 해결하기 위해 헛된 노력을 하거나 강박적인 시도를 그만두도록 돕는 것은 더 이상의 치료와 완쾌를 위해 노력을 포기함으로써 평온을 찾을 수 있게 한다.

⑧ 어떤 처치 없이도 보다 나아질 수 있는 학생 등

2) 단회상담에 부적합한 학생의 유형

(1) 자살을 시도하거나, 심각한 정도의 정신장애와 중독성 장애가 있는 학생

(2) 발달장애와 같이 명백한 뇌 손상을 입은 경우, 심한 정도의 증상을 동반한 만성적이고 오랫동안 미해결 상태로 남아있는 문제를 가진 학생

(3) 처음부터 장기상담을 요청한 학생으로, 자기 자신의 발달과 자아감을 장기간에 걸쳐 탐색하기를 기대하거나 준비해 온 학생

(4) 인격장애로 진단된 학생 등

(5) 신경성 식욕부진증, 신경성 폭식증, 주의력 결핍장애, 아동 발달장애, 광장공포증, 건강염려증 그리고 신체형 통증장애가 있는 학생

2 사이버 (인터넷) 상담

1) 사이버 (인터넷) 상담의 필요성

(1) 보다 많은 이용자들에 대한 서비스

인터넷 및 컴퓨터 통신 이용자층의 증가가 두드러진다는 점과 함께 내담자 주도성 및 자발성, 익명성, 시간 및 공간적 제한으로부터의 자유 등 사이버 상담 특성은 이용자들의 특성과 잘 부합하므로 사이버 상담 이용자는 점진적으로 늘어날 것이다.

(2) 상담의 대중화

사이버 상담을 이용하는 이들의 상담서비스 수혜 경험은 이들로 하여금 상담 일반에 대한 인식의 전환을 하도록 영향을 주어, 사이버 상담의 발전이 전체 상담 일반의 대중화에 일익을 담당할 것으로 전망된다.

2) 사이버 상담의 장점

(1) 풍부하고 용이한 정보 획득

사이버 상담의 가장 큰 장점으로는 내담자가 자신의 문제해결에 도움이 되는 풍부한 자료를 용이하게 찾아볼 수 있다는 점이다.

(2) 신속한 상담관계 형성

사이버 상담에서는 대면상담에서보다 관계형성에 시간과 노력을 덜 기울이고도 기본적인 상담관계가 쉽게 맺어질 수 있다.

(3) 감정 정화 기능

사이버 상담은 익명적인 특성이 있어서 상대방이나 주위 환경의 방해를 받지 않고, 자신의 감정과 생각을 있는 그대로 바로 표현할 수 있는 장이 될 수 있다.

(4) 내담자의 자발적 참여

사이버 상담에서는 내담자가 익명으로 문자를 통해서 상담에 응하기 때문에 대면상담에서 만나는 내담자보다 상담과정에서 더 많은 통제력과 주도성을 갖게 되어 상담 동기가 높다고 볼 수 있다.

(5) 시간적 및 공간적 제약 극복 가능

사이버 상담은 언제 어디서나 상담 받기가 용이하다는 점이다.

3) 사이버 상담의 단점

(1) 전산 기반의 불안정성

사이버 상담실의 기반이 웹 상에서 구현된다는 특징이 있기 때문에 이를 뒷받침해주는 전산 시스템이 불안정할 경우 많은 불편이 있다.

(2) 의사소통의 제약

사이버 상담은 주로 이루어지는 기본적 의사소통이 문자라는 점에서 다양한 채널(언어 및 비언어적)을 이용한 대면상담에 비해 의사소통에 제약이 많다.

(3) 응급상담시 적극적 대처의 어려움

사이버 상담을 할 경우 응급상담이 발생하더라고 즉시 개입이 어려운데, 이는 내담자에 대한 정보를 갖고 있지 못해 상담자로서 도움을 주는 데 한계가 있다는 것이다.

(4) 신뢰 문제

사이버 상담에서는 상대방에 대한 신뢰 구축에 글로 표현된 내용에 의존할 수 밖에 없다는 점에서 신뢰감 형성이 취약할 수 있다.

(5) 대화 예절의 파괴

서로가 누구인지 모르는 상황에서 가명을 사용하는 익명적인 상황에서는 의사소통시 몰개성화라는 심리상태가 나타날 수 있다. 즉, 내담자가 상담에 적합한 예절과 언어사용을 무시할 수 있다.

기출문제 확인학습

사이버 상담 종류

1) 사이버 상담의 개념
  (1) 컴퓨터를 통해 행해지는 상담에 대해 '사이버 상담'이라는 명칭이 사용되고 있다.
  (2) 사이버 상담은 컴퓨터통신이 단순한 정보교환이나 의사소통의 수준을 넘어서서 인간의 내면세계까지 다루게 된 결과, 내담자의 문제를 해결하고 성장을 촉진하는 것을 돕는 과정까지 담당하게 된 것이다.
  (3) 우리나라에서 주로 이루어지고 있는 사이버 상담의 유형으로는 E-mail 상담, 게시판 상담, 상담사례의 제공, 대화방을 통한 실시간 상담(채팅) 등이 인터넷을 기반으로 제공되고 있다.

2) 종류
  (1) E-mail 상담
    ① E-mail 상담은 내담자가 상담자에게 자신의 고민사항을 적어서 E-mail로 보내면, 상담자가 내담자에게 답장을 보내는 방식으로 이루어지고 있다.
    ② E-mail 상담은 상담자와 내담자가 신중하게 생각한 내용을 글로 정선하여 주고받으므로 내담자가 스스로 자신의 심정을 먼저 정리해 볼 수 있는 기회를 갖게 해 준다.

③ 상담자도 내담자의 고민을 여러 차례 읽어보면서 다양한 답변을 제공할 수 있으며, 이러한 E-mail 상담은 대체로 단회로 이루어지지만 내담자의 필요에 따라서 상담자와 내담자가 편지를 주고받으면서 준정기적 형태의 상담으로 이어질 수도 있다.

(2) 게시판 상담

① 게시판 상담은 대체로 공개적인 형태로 상담이 이루어진다.

② 인터넷 사이트의 게시판을 이용하여 내담자가 고민을 게시판에 올려놓으면 상담자들이 응답을 주기도 하고, 때로는 다른 내담자들도 답해줄 수 있는 공개된 공간이다.

③ 게시판 상담에서는 내담자들이 서로의 고민을 함께 하고 나름대로의 도움 방안을 생각하여 글로 올릴 수 있으므로 상담을 통해 도움을 받을 뿐 아니라 내담자 스스로 상담자가 되어볼 수 있다는 장점을 가지고 있다.

(3) 대화방을 이용한 온라인 상담(채팅상담)

① 상담자와 내담자가 대화방이라는 가상의 상담실에서 만나 대화(chatting)를 주고받는 형태의 상담을 말한다.

② 대화방을 이용한 상담은 기존의 면 대 면 상담과 가장 근접한 형태의 상담으로 개인 및 집단상담으로 구성되기도 한다.

③ 정보통신기술의 발전과 더불어 상담자와 내담자가 원하면 화상으로 서로의 모습을 볼 수도 있게 되었다.

(4) 데이터베이스를 활용한 상담

① 인터넷의 활용은 무궁무진한 자료의 보고에서 관심 있는 자료를 획득할 수 있는 여러 문제의 사례들에 스스로 접근할 수 있으므로 상담자와 내담자 모두에게 풍부하고 다양한 자료가 투입되어 질높은 상담을 형성하는데 의의가 있다고 할 수 있다.

② 데이터베이스를 활용한 상담은 많은 상담사례를 사안별로 유목화하거나 키워드로 입력된 데이터베이스로 구축하여 둠으로써 내담자가 사이버 세계의 익명성, 즉시성, 정보의 다양성이라는 속성을 이용하여 쉽게 원하는 정보를 찾아볼 수 있게 된다.

사이버 상담의 기법

1) 즉시성과 현실기법 : 상담자가 내담자의 글에 대한 자신의 심정과 모습을 생생하게 시각화하여 표현하는 것
2) 정서적 표현에 괄호 치기 : 글 속에 숨어있는 정서적 내용을 보여주며 사실에 대한 대화를 주고받으면서 정서적 표현을 전달하는 것
3) 말줄임표 사용 : 침묵하는 것을 나타내거나 눈으로 글을 읽고 있음을 나타낼 때 사용하는 것
4) 비유적 언어 사용 : 문제나 상황에 대한 의미를 전달하고 심화시키기 위해 은유 등을 사용하는 것
5) 글씨체 사용 : 강조하고 싶은 경우 큰 글씨를 사용하거나, 내담자가 보내온 것과 같은 글씨체나 크기를 사용하여 내담자와 내적 세계를 공유하는 것
6) 문자기반 외재화 : 내담자로 하여금 자신의 문제를 멀리 떨어져서 볼 수 있도록 해주고, 자기 자신의 문제와 분리시켜 볼 수 있도록 해 주는 것

3 전화상담

1) 전화상담의 장점

(1) 익명성 보장

자신을 드러내고 싶지 않은 문제나 내담자에게 유용하다.

(2) 이용의 편리성

응급상황 등에도 전화만 있는 곳에는 도움 요청이 가능하다.

2) 전화상담의 단점

(1) 1회적인 경우가 많다.

지속적인 상담을 통해 만족할 만한 문제 해결이 어렵다.

(2) 내담자로부터 얻는 정보가 제한적이다.

대화를 통해 내담자가 보고하는 정보만 얻을 수 있다.

기출문제 확인학습

다양한 상담방법에 관한 설명

1) 전화상담은 정보제공의 기능도 한다.
2) 독서치료에서는 잡지를 자료로 사용할 수 있다.
3) 미술치료에서 미술매체는 내담자의 인지수준에 따라 재료를 제한해 주어야 한다.
4) 음악치료에서 사용되는 음악은 내담자의 선호도가 개입되지 않은 객관적 기준으로 선정한다.

CHAPTER 05

기타

제1절 | 기타 청소년 상담의 이론과 실제에 관한 사항

1 청소년 문제유형별 상담[1)]

1) 학교 폭력

(1) 학교폭력 상담의 궁극적 목표는 사건의 수습이 아니라 피해학생과 가해학생의 치료와 선도에 있다.

(2) 학교상담자는 우선 피해학생에게 적절한 지지와 보호를 제공하고, 가해학생의 공격행동 재발생을 방지하기 위한 활동을 한다.

(3) 피해학생의 안전을 우선적으로 확보하고 심리적 안정을 취할 수 있도록 돕는다.

(4) 후속폭력이 예상될 경우 보호자 동행 등의 안전조치를 취한다.

(5) 가해학생에게는 상담자가 객관성을 유지하면서 처벌보다는 도움을 받을 수 있다는 신뢰감을 주도록 하며 폭력행동의 원인 파악과 객관적 근거 제시를 위해서 심리검사를 실시하고 이를 바탕으로 상담한다.

2) 집단 따돌림

(1) 학교상담자는 객관적 상황을 파악하고, 피해학생의 강점을 찾아내어 자존감을 향상시켜 집단 따돌림의 상황에 대처하는 힘을 갖도록 돕는다.

(2) 가해자가 따돌림의 원인을 피해자에게서 찾음으로써 따돌림을 합리화하지 않도록 한다.

(3) 따돌림이 폭력의 한 유형임을 담임교사와 전체학생들이 인식하도록 교육 및 집단지도를 별도로 실시한다.

3) 도벽

(1) 학교상담자는 도벽문제가 의심되는 경우 정확한 상황을 파악한다.

(2) 문제 행동에 대한 책임감을 인식하게 하고, 도벽과 관련된 청소년의 성장 배경을 탐색하여 적절한 개입을 한다.

(3) 학부모 상담을 통해서 청소년을 지지하고 행동변화를 위한 도움을 청한다.

(4) 도벽문제는 학교에 알려질 경우 청소년에 대한 낙인이 되어 문제해결에 부정적인 영향을 미칠 수 있으므로 비밀보장에 특히 유의해야 한다.

1) **출처** : KORATES EDUCONSULTING 홈페이지 내용 일부 재인용

4) 등교거부

(1) 학교상담자는 등교거부의 원인을 정확히 파악해야 한다.

(2) 등교거부에는 개인 내적인 요인과 사회 환경적 요인 등 여러 가지 요인이 복합적으로 작용하여 나타나고 있음을 인식하고 정확한 원인(친구 없는 낯선 환경, 따돌림, 학습의욕 상실, 학교의 강압적 생활지도 방식 등)을 파악하는 것이 중요하다.

(3) 내담자 욕구의 실현가능성을 함께 탐색하고, 그 과정에서 스스로 현실을 인식하도록 한다.

(4) 학교생활에 적응할 수 있는 긍정적인 자원(친구관계, 흥미 있는 과목, 미래의 꿈, 교사와의 관계 등)을 찾아주고, 학교생활에 적응하기 위한 동기를 부여하는 것이 중요하다.

(5) 동기를 부여하기 위해서 학교에 대한 만족을 증가시키고, 집에 머무르는 것에 대한 만족을 감소시키며, 학교경험에서 도움을 받을 수 있는 환경 조성이 필요하다.

5) 가출

(1) 학교상담자는 가출의 원인이 된 문제를 성숙하게 해결할 수 있는 방법을 알려주고 희망을 심어준다.

(2) 예방교육을 통해 가출의 실상을 깨닫게 함으로써 가출에 대한 환상을 제거하고 가출동기를 약화시키는데 중점을 둔다.

(3) 가출이나 재가출의 우려가 있는 학생들은 학교생활에 잘 적응하지 못하고 소외감과 고립감을 느낄 수 있으므로 또래 상담자 훈련을 통해 학교에서 소속감, 유대감, 수용감을 느낄 수 있도록 한다.

6) 자살

(1) 학교상담자는 자살 위험군에 있는 학생의 정신건강 수준을 파악한다.

(2) 상담 과정에서 내담자를 도울 수 있는 지지자원(친구, 교사, 학부모, 종교인 등)을 탐색하여 지원체계를 구축한다(비상연락망 확보 등).

(3) 자살 충동의 자극을 줄일 수 있는 환경을 조성하도록 상담교사 또는 외부의 정신과 전문가의 협조를 구한다.

기출문제 확인학습

최근 우리나라 청소년상담 문제의 전반적 경향

1) 비행상담에서는 학교폭력 관련 문제가 가장 많다.
2) 진로상담에서는 진로정보탐색에 대한 요구가 큰 편이다.
3) 인터넷 중독 등 컴퓨터 사용과 관련된 문제가 증가하고 있다.
4) 또래관계는 대인관계 문제에서 가장 큰 비중을 차지하는 문제이다.
5) 전체 상담에서 가장 큰 비중을 차지하는 것은 학업과 진로에 관한 것이다.

2 자살상담에서 자신을 해칠 위험에 대한 평가

상담자는 내담자가 자신이나 타인에게 위험한 일을 할 개연성이 있는지 알고 있어야 한다.

(1) 위험요인

어떤 사람이 이미 알려진 자살 위험 특성을 보일 경우, 상담자는 언제나 그 내담자의 자살 위험성을 평가할 준비가 되어 있어야 한다. 상담자는 크고 작은 이유로 내담자가 자살할 수도 있다는 의심이 들 때마다 내담자의 자살 가능성에 대해 평가할 준비가 되어있어야 한다.

(2) 자살 가능성 평가

자살의 가능성을 평가할 때 상담자는 세 가지 변인, 즉 자살에 대한 생각(자살을 하려는 일시적 · 장기적 생각), 의지(자살을 하려고 결정하고 계획을 세우는 것), 충동성(상담자가 미리 평가할 수 있는 시간이 거의 없기 때문에 가장 심각한 문제)을 평가한다.

(3) 치명성 평가

자살 가능성이 얼마나 높은가를 평가할 때 상담자는 위험 요인과 자살에 대한 생각의 내용 및 빈도를 고려한다.

(4) 상담자가 폭력을 당할 위험

폭력이 매우 빈번할 뿐 아니라 많은 전문가가 폭력을 당할 위험에 대한 평가는 일반적 평가나 배경정보 수집 과정에 당연히 들어가야 한다고 주장하기 때문이다.

3 위기상황에서의 상담

상담자는 다양한 수준의 상황을 동시에 고려할 수 있어야 한다.

(1) 면접의 초점 맞추기

위기상황에서 내담자는 자기조절이 되지 않는다고 느끼며 감정의 홍수에 휘말리는 경우가 많다.

(2) 위기상황 이해하기

내담자가 '과민한 반응'이라고 지칭하는 것이 사실 내담자의 그간 경험에 비추어 보면 이해할 수 있는 것임을 지적하는 것도 도움이 된다.

(3) 왜곡된 사고 교정하기

내담자가 어리석거나 자신의 비합리적임을 알지 못해서 그러한 사고를 하는 것은 아니다. 사실, 그들에게는 자신의 생각이 비합리적이라는 자각 자체가 더 많은 좌절을 낳는다. 그러한 자각이 있었지만 자신의 반응을 바꿀 수는 없었기 때문이다.

(4) 강한 감정에서 거리 두게 하기

내담자가 위기상황에 있을 때 특정 감정에 초점을 두는 것은 역효과를 초래할 수 있다. 왜냐하면 그러한 감정은 자살충동을 갖게 하거나 손목을 끊거나 다른 사람을 공격하거나 혹은 약물 남용 등의 파괴적인 대처전략을 취하게 할 수 있기 때문이다.

(5) 폭력 행사 위협 다루기

어떤 위기상황은 내담자 혹은 다른 사람을 해칠 만큼 심각한 위협이 있기 때문에 상담자가 더욱 당황하고 두려워할 수 있다. 내담자가 파괴적인 행위를 할지 모르는 상황을 다룰 때마다 상담자는 내담자와 타인이 해를 입지 않도록 보호할 의무에 대해 이야기해야 한다.

(6) 분석에서 문제 해결로 전환하기

상담자와 내담자가 작업할 문제에 대한 합의가 이루어지면 그 문제를 해결하는 전략을 세우도록 한다.

(7) 위기상황에 처한 내담자에게 효과적인 방안을 마련할 때 상담자가 기억해야 할 몇 가지 전략은 다음과 같다.

(1) 성공적인 대응 전략 찾기
(2) 자신을 돌보게 하기
(3) 지지 체계 형성하기
(4) 실험적 행동을 해 보게 하기
(5) 구체적인 계획 세우기
(6) 낙관적인 태도 보여 주기
(7) 내담자 상태를 점검할 시점 계획하기
(8) 의뢰하기
(9) 질문할 기회 많이 제공하기
(10) 상담자 자신 돌아보기 - 위기에 개입한 후 상담자는 자신을 돌아보는 시간을 가지는 것이 도움이 된다.

4 다문화가족 상담 서비스 등[2] - 다문화가족의 문제에 대한 대안 중심으로

1) 다문화가족을 위한 실천적 서비스

(1) 한국 문화적응 프로그램

① 한국 사회에 새로이 유입되는 사람들은 한국의 언어와 문화에 익숙하지 않아, 생활에 많은 장애를 경험하게 된다.
② 한국문화 적응 프로그램을 통해서 좀 더 쉽게 정착할 수 있도록 도움을 줄 수 있다.
예 한글교실, 한국어 말하기 대회, 한국 문화 유적지 등 관광, 요리교실, 노래교실, 예절교육

2) 설동훈, 다문화 가족에 대한 사회적 인식. 전북대 사회복지학과

(2) 가족보존 프로그램

① 새로운 가정을 위협하는 스트레스 요인들을 적절히 해결할 수 있어야 가족의 해체가 쉽게 일어나지 않는다.
② 배우자와 배우자 가족의 타문화에 대한 이해를 도울 수 있는 교육
③ 부모교육 교실, 부부관계 증진을 위한 프로그램
④ 가사지원 및 자녀양육 도우미

(3) 법률 상담 프로그램

한국의 국적법은 복잡하다. 그래서 법적인 권익보호에 관한 지식과 이해가 필요한데, 이를 접근하기 쉬우면서 적절하게 상담받을 수 있는 프로그램이 필요하다.

(4) 상담 및 치료서비스

① 적응과정에서의 과도한 스트레스는 우울증, 불안, 음주나 폭력의 문제로 발전할 수 있다.
② 적절한 상담 및 치료서비스를 통해서 적응을 많이 도울 수 있고, 문제를 미리 막을 수 있다.
예 외국인 배우자의 스트레스 관리에 대한 대책

(5) 연계 서비스 프로그램

① 이주 가정의 문제는 여러 요소가 복합적으로 일어날 가능성이 크다.
② 하지만 언어 · 문화적 차이로 인해 서비스 접근성이 열악한 실정이다.
③ 연계서비스를 통한 서비스에 대한 접근성을 높여야 한다.

(6) 아동 및 청소년 교육지원 프로그램

① 다문화가족의 경우 자녀가 언어나 학습의 부분에서 어려움을 많이 겪는다.
② 다문화가족의 자녀들의 부족한 학습에 대해 지원해 줌으로써 학교생활에 흥미를 잃지 않도록 하고 학교에서의 적응을 돕는다.

실력 다지기

다문화가족 상담 및 이주여성 상담의 필요성

다문화가족은 어떤 유형이든 간에 한국 사회 내의 소수자로서 총체적인 문제에 봉착해 있다. 따라서 노동권적 문제, 사회권적 문제, 시민권적 문제, 인권적인 문제에 걸친 상담이 필요하다. 이주여성에 대해서는 다문화가족의 부부 간, 고부간 문제를 비롯해서 폭력이나 자녀의 교육문제 등 불합리하고 반인권적인 처지에 일상으로 노출되어 있기 때문에 상담의 필요성이 절실하다.

제2절 | 최신 기출내용

1) 분석심리학의 심리치료 단계

(1) 고백단계

내담자가 자신의 억제된 감정이나 숨겨왔던 비밀 등을 치료자에게 털어놓고 토로하며 공유하는 과정을 의미한다.

(2) 해석단계

꿈, 환상, 전이, 억압된 소망 등의 무의식적 의미를 해석함으로써 내담자로 하여금 자신의 무의식 세계에 대한 이해를 확장하고 심화시키는 과정을 뜻한다.

(3) 교육단계

정신분석의 훈습과 유사한 것으로서 무의식의 통찰을 구체적인 현실 속에 적용하여 행동의 변화를 촉진하는 과정이다.

(4) 변환단계

치료자와 내담자의 깊은 인격적 교류를 통해서 내담자의 심오한 변화가 생성되는 과정을 의미한다.

심화학습

분석심리학적 정신치료[3)]

융(Jung)은 그의 저서 『변환의 상징』에서 정신치료자의 자세에 대해 다음과 같이 말하고 있다. "오늘날 정신치료자는 교육받은 환자들에게 종교적인 체험의 기초를 설명해 주고, 그러한 체험을 할 수 있는 길을 제시해야 한다. 내가 의사이자 자연의 탐구자로서, 복잡한 종교적인 상징들을 분석하고, 그 상징들의 근원을 더듬어 갈 때, 이 작업의 유일한 목표는 상징들이 나타내고 있는 가치를 요해(了解, 깨달아 알아냄)함으로써, 사람들이 이러한 상징들의 가치를 보존하고, 상징적으로 생각할 수 있는 능력을 되살리는 데 있다(Jung,1950 ; 한국융연구원, 2005)."

융(Jung)은 현대 정신치료의 기본문제와 발전과정을 다음과 같이 네 단계로 설명하였다. 즉 정신치료의 네 단계란 고백(Confession), 명료화(해명, Elucidation), 교육(Education), 변환(Transformation)의 단계이다(Jung, 1950 ; 심성연구, 1996 ; 한국융연구원, 2001 ; 이도희, 2006).

첫째 단계는 고백(Confession)의 단계이다.
고백의 기원은 가톨릭 고백성사의 전형에서 발견된다. 이 단계에서는 죄의 고백과 유사하게 억압에 의해 숨겨져 왔던 비밀, 억제된 감정과 정동들을 치료자 앞에서 고백의 형식으로 토로하여 다른 사람과 공유함으로써 치료가 이루어진다. 카타르시스 또는 정화법이 이에 속하는데, 철저하게 마음을 털어버리는 카타르시스 방법은 진심을 토로함으로써 모든 것을 드러낼 수 있다. 모든 불안을 겪었고, 눈물을 흘리면서 모든 것을 드러냈고, 더 이상의 눈물은 없으니 이제 모든 것이 잘 될 것이라고 믿게 만든다. 이를 통해 환자는 억압되었던 자신의 개인적인 그림자를 의식하게 되고, 비밀스런 감정을 다른 사람과 공유하면서 치유적인 효과를 얻게 된다.

3) **출처** : 현대심리상담연구소 연구자료실

나아가 자신이 타인과 같은 고통과 불안을 가진 인간적인 존재임을 다시 한 번 확인하고 안도하게 된다. 그러나 무의식에 억압된 고통의 원인이나 불안과 두려움, 소망의 실체에 대해서는 알지 못하기 때문에 신경증적인 상태는 지속될 수밖에 없다. 따라서 과거뿐 아니라 현재에도 반복되고 있는 갈등상황과 부적응적인 행동패턴의 원인에 대해 좀 더 의식화해야 할 필요가 있게 된다.

둘째 단계는 해명 혹은 명료화(Elucidation)의 단계이다.

이 방법은 꿈이나 환상, 억압된 소망자료들을 인과론적이고 환원론적으로 해석함으로써 전이와 무의식의 원인을 규명하여 치료하는 방법으로, 프로이트(Freud)가 사용했던 전통적인 정신분석학적 치료가 이에 속한다. 카타르시스 방법을 통해 의식화된 내용들은 새로운 의식의 구성요소로서 자아에게 되돌려 주지만, 전이현상은 단순한 고백만으로는 효과가 없다. 따라서 카타르시스 방법으로는 의식화될 수 없었던 전이와 무의식의 현상은 해석적 방법을 통해서 점차 드러나게 된다. 이것이 고백과 해명단계 사이의 주요한 차이점이다. 그러나 전이관계는 무의식적 현상에 대한 설명과 해석을 요구하기 때문에 전이관계를 통찰할 수 있도록 도움을 줄 전문가(분석가)가 필요하다. 이러한 억압된 무의식을 이해할 수 있는 가장 중요한 통로는 꿈과 자유연상이다. 이제 환자는 분석가의 도움을 받으면서 꿈과 자유연상을 통하여 신경증의 원인을 알게 되고, 가장 초기의 기억과 외상이 드러나며, 마지막 뿌리와 핵심감정까지 경험하게 되고, 전이에 대해서도 통찰을 얻으며, 정상적인 생활에 대한 기대와 희망을 가지게 된다. 그러나 분석가의 해석이 통찰을 통하여 신경증적인 고착의 어두운 근원까지 들어가, 의존적이고 유아적인 안일함을 포기하고, 책임감을 가지면서 사회적인 적응으로 나아갈 수 있도록 도움을 주기는 하지만, 대부분의 경우에는 여전히 비적응적이고 무능력한 부분이 남아 있다.

세 번째 단계는 교육(Education)의 단계이다.

이는 아들러(Adler)의 개인심리학으로 대표되는 치료법으로, 이들은 신경증 등으로 만들어진 완고한 습관은 통찰만으로는 고쳐지지 않고 적절한 교육이 필요하다고 하여 교육을 중시한다. 이의 목표는 사회적인 적응과 정상화이다. 신경증적인 환자가 자신의 병이 어떻게 발생되었는지 그리고 어디서 왔는지를 아는 것만으로는 완전한 치료는 불가능하다는 것이다. 따라서 아들러(Adler) 학파는 환자들이 자신들을 이해 한 이후에 정상적인 생활로 돌아가는 길을 찾고자 하는, 그들의 요구에 부응하고자 노력하였다. 그러나 정상적이고 적응이 잘 된 사회적 존재가 더 높이 추구해야 할 정신적 이상은 무엇인가? 세상에는 정상적으로 살 수 없기 때문에 신경증을 앓게 되는 사람이 많이 있듯이, 반대로 정상이기 때문에 신경증을 앓게 되는 사람들도 많다. 정상적 인간이라는 개념 속에는 적응이라는 개념과 마찬가지로, 이미 평균적인 것에 의해 제약을 받는다는 것이 포함되어 있기 때문이다. 평균적이 된다는 것은 자신의 신경증 때문에 정상적인 생활이 어려운 사람들에게는 이상적인 목표가 될 수 있다. 그러나 평균 이상의 사회적인 적응능력과 고유한 개성을 가진 사람들에게는 평균적이고 정상적인 사람이 되라는 것은 견딜 수 없는 권태와 메마름 그리고 절망을 의미한다. 이런 사람들이 인생의 후반기에 경험하게 되는 문제들은 위의 세 가지 치료법으로는 도움이 되지 않는다.

이에 융(Jung)은 이전단계의 치료법을 모두 포기하고, 치료자와 환자 두 인격이 마치 두 화학물질을 섞는 것처럼 변환의 과정을 거치면서 두 사람 모두가 변화되어가는 치료법을 고안하였다. 이 단계가 융(Jung)이 말하는 네 번째 단계인 변환(Transformation)의 단계이다. 여기서 치료는 치료자와 환자와의 상호작용의 산물이다. 때문에 치료자도 동등하게 치료과정의 한 부분이 되고 변환의 과정에 참여하게 된다. 따라서 치료자 역시 자신의 변환을 알아차릴 수 있도록 지속적인 교육 분석이 필요하게 되며, 윤리적인 태도가 더욱 중요하게 된다.

융(Jung)은 후기에 정신치료 방법을 다시 암시요법과 변증법적 방법으로 구분하여 설명하였다. 암시요법은 위의 세 가지 단계에 해당하는 치료법으로, 사회적인 적응을 목표로 하는 인생의 전반기 환자에게 분석적이고 환원적인 해석과 교육을 통하여 치료하게 된다.

변증법적 방법은 변환(Transformation) 단계의 치료법으로, 이전의 이론과 실제를 모두 포기하고 환자와 진지한 대화를 통해 서로의 소견을 비교함으로써 치료하는 것이다. 여기서 치료자는 더 이상 행동하는 주체가 아니고 환자의 발달 과정을 함께 체험하는 자이다. 이 방법은 주로 인생의 후반기의 환자를 치료할 때 사용되고, 좀 더 깊은 무의식의 자료와 상징들을 해석학적인 방법으로 접근한다. 나아가 이 치료의 궁극적인 목표는 원형적인 체험을 통해 자신의 고유한 개성화 과정과 전체정신으로서의 자기(self)를 체험하도록 돕는 것이다.

융(Jung)은 정신치료의 네 단계 중에서 고백(Confession), 명료화(Elucidation), 교육(Education) 단계의 암시요법을 과학적 치료, 또는 작은 치료라고 부르고, 네 번째 변환(Transformation)의 단계인 변증법적 치료를 철학적 치료, 또는 큰 치료라고 불러 후자의 중요성을 강조하였다.

결론적으로 분석심리학적 정신치료의 주된 목표는, 인생의 전반기 환자의 경우에는 사회적응과 정상화를 위해 자아(ego)를 강화하는 쪽이라면, 후반기 환자의 경우에는 전인격적인 개성화 과정에서 자신의 삶의 의미를 이해하고 전체 정신의 중심인 자기(self)를 경험하도록 돕는데 있다.

정리[4)]

융은 분석심리학을 기반으로 상담과정을 4단계로 나누고 있다. 1단계는 고백(confession)인데, 분석치료의 원형은 고백이다. 치료과정의 첫 단계는 비밀을 공유하고 억제된 정서를 드러내는 것이다. 2단계는 해명(elucidation) 단계인데, 해명은 전이에 의해 유도된 내용을 조명하면서 명료화하는 과정이다. 3단계는 교육(education)단계이다. 해명은 내담자들을 지적으로 만들지만, 여전히 무능력한 아이의 상태로 남겨둔다. 이 단계에서 치료는 통찰을 넘어 책임성 있는 의뢰인으로 훈련시키는 것이다. 4단계는 변혁(transformation)이다. 내담자들과의 변혁단계에서는 내담자들뿐만 아니라, 치료사도 '분석 속'에 있다. 결론적으로 분석심리상담은 첫째, 인간의 정신, 특히 무의식 세계에 대한 보다 심층적인 접근과 이해를 가능하게 했다. 둘째, 분석심리상담은 무의식과 원형이라는 개념을 통해서 모든 인간이 공통적 심상 구조를 지닌 인류 공동체임을 인식하게 해주었다. 셋째, 분석심리상담은 인생의 의미와 목적을 새로운 관점에서 바라볼 수 있도록 해주었다. 따라서 융은 환자에 대해 병적인 문제를 지닌 존재가 아니라, 스스로 전체성을 실현하고자 하는 전인적인 인간으로 볼 것을 강조하였다.

2) 변증법적 행동치료(Dialectical Behavior Therapy, DBT)

(1) 변증법적 행동치료(DBT)란 정서조절장애 치료를 위해 마샤 리네한(Marsha Linehan)이 개발한 것으로 자살, 경계선 성격장애, 섭식장애, 치료 거부적 우울증, 약물남용, 기타 다양한 정신장애를 가진 성인뿐만 아니라 자살위기에 처한 청소년 치료를 위해서도 효과적이다.

(2) DBT의 목표는 회복탄력성을 증진시키고 가치 있는 삶을 경험하도록 도와준다. 또한 우리 앞에 놓인 상황을 어떻게 변화시켜 나갈 것인지와 어떻게 수용할 것인지를 통합하는 방법을 가르쳐 준다. 구체적으로 우리가 매 순간을 있는 그대로 수용하며 어떻게 살아가야 할지 가르쳐 준다. 우리가 원치 않는 감정, 생각 그리고 정서적 고통을 인정해줌으로써 내담자 스스로 자신의 경험을 온전히 받아들이고 극단적이고 강렬한 정서를 바라보고 알아차리도록 한다. 이러한 감정의 홍수를 버틸 수 있는 여러 가지 방법을 배우고 훈련한다. 그에 덧붙여 감정에 영향을 주는 가장 큰 요인 중 하나인 대인관계 문제들을 해결해 나갈 수 있는 기술을 안내한다.

4) 출처 : 박원진 외(2019). 분석심리학을 적용한 상담과정과 상담기법에 관한 연구. 산업진흥연구. 4(1): 67-78.

3) 행동주의 상담 기법 중 프리맥(Premack)의 원리와 토큰강화

(1) 프리맥의 원리(Premack's principle)

프리맥의 원리(Premack's principle)는 선호하는 반응은 덜 선호하는 반응을 강화하여 행동의 발생 빈도를 증가시킬 수 있다는 원리이다. 예를 들어 축구를 좋아하는 학생에게 숙제를 다하면 축구를 하게 해주겠다고 하는 것이다.

(2) 토큰경제

토큰경제는 강화의 원리를 이용하여 행동변화를 일으키는 것이다. 바람직한 행동들에 대한 체계적인 목표를 정한 후, 행동이 이루어질 때 그에 상응하는 보상(토큰)을 하는 기법이다. 예를 들어 조현병 환자에게 매일 아침 침대를 정리하면 토큰을 줌으로써 환자들이 토큰을 모아 원하는 것을 매점에서 살 수 있도록 함으로써 정리하는 습관을 가질 수 있게 하는 것이다.

4) 청소년복지 지원법령상 지역사회 청소년통합지원체계(청소년안전망) 구성 시 반드시 포함하여야 하는 필수연계기관과 기관별 협력의무

(1) 지방자치단체 : 통합지원체계(청소년안전망)의 활성화를 위하여 필수연계기관의 활동을 상호 연계하거나 협력을 촉진하기 위한 조치의 추진

(2) 시·도 교육청 및 교육지원청 : 관할지역 안의 학교폭력, 학업중단 등 위기상황에 처한 학생에 대한 상담 지원 의뢰 및 학교 내 상담 활성화를 위한 협조

(3) 각급 학교 : 해당 학교의 학생이 학교폭력 등 위기상황, 학교부적응 등의 사유로 결석하거나 자퇴를 희망하는 경우 또는 그 밖에 전문적인 상담서비스의 제공이 필요하다고 판단되는 경우 상담지원 의뢰

(4) 청소년비행예방센터 : 위기청소년에 대한 비행예방교육 및 상담활동 협조

(5) 경찰관서 : 가출 등으로 위기상황에 처한 청소년을 발견한 경우 보호 의뢰 및 긴급구조를 필요로 하는 위기청소년에 대한 구조 협조

(6) 지방고용노동청 : 위기청소년에 대하여 직업훈련 또는 취업지원을 요청하는 경우

(7) 공공보건의료기관 및 보건소 : 위기청소년에 대하여 진료 또는 치료지원을 요청하는 경우

(8) 청소년복지시설 및 청소년지원시설 : 청소년에 대한 일시·단기 또는 중장기적 보호 협조

(9) 학교밖청소년지원센터 : 위기청소년에 대하여 「학교 밖 청소년 지원에 관한 법률」에 따른 업무에 관한 지원을 요청하는 경우

(10) 보호관찰소 : 보호관찰 대상 청소년에 대하여 전문적인 상담·복지서비스의 제공이 필요하다고 판단되는 경우 상담·복지지원 등의 의뢰

5) 현실치료의 구체적인 상담절차모형(우볼딩, WDEP모형)

(1) 제1단계 : Want : 바람, 욕구, 지각 탐색하기

① 자신이 원하는 것을 정확하게 이해할수록 그것을 얻을 수 있는 가능성도 높아진다.
② 진정으로 원하는 것이 무엇인지 적어보고, 가장 원하는 것부터 상대적으로 덜 중요한 바람까지 순서를 정해본다.
③ 각각의 바람이 얼마나 실현가능한지도 생각해본다. 이를 통해 내담자가 자신의 바람을 명확하게 인식하게 한다.

(2) 제2단계 : Doing : 현재의 행동 파악하기

① 내담자의 전 행동을 탐색하는 과정으로 현재 행동을 탐색한다.
② 하루의 일과를 살펴보고 다른 사람들과 어떻게 소통하는지, 시간은 어떻게 사용하고 있는지 등을 확인한다.

(3) 제3단계 : Evaluation : 바람, 행동, 계획 평가하기

① 이전 단계에서 관찰한 자신의 행동이 어떤 도움 혹은 해가 되는지 평가한다.
② 현재의 행동들이 자신이 진정으로 원하는 것을 얻는 데 도움이 되는지 또는 해가 되는지 자기평가를 한다.

- 당신이 원하는 것이 현실적이고 실현 가능한 것입니까?
- 지금 하고 있는 것이 당신이 원하는 것을 얻는 데 도움이 됩니까?
- 상담의 진행과 당신의 변화에 대해 어떻게 약속하시겠습니까?

(4) 제4단계 : Planning : 행동 계획과 실천하기

① 자신이 진정으로 원하는 것을 얻을 수 있도록 새로운 계획을 세운다.
② 이러한 계획은 구체적이고(언제, 무엇을, 어디서, 얼마나 할 것인가) 현실적이어야 하며, 즉시 실행할 수 있는 것이어야 한다.
③ 반복해서 할 수 있는 계획을 세우는 것이 좋다.

6) 여성주의 상담에서 길리건(C. Gilligan)의 주장에 관한 설명

(1) 콜버그(L. Kohlberg)의 모형을 '정의의 도덕성'이라 한 반면, 자신의 모형은 '책임의 도덕성'이라고 본다. 즉, 길리건(Gilligan)은 남성 중심의 규범윤리학을 비판하고, 남성과는 다른 여성만의 특성을 강조하는 배려 윤리(ethics of care)를 제시하였다.
(2) 가설적 상황보다는 실제 상황을 적용하여 여성이 직면하는 도덕적 딜레마를 제시하고자 하였다.
(3) 정체성 형성에 있어, 전통적인 심리학에서 바라보는 여성들의 관계에 대한 관점을 비평하였다.
(4) 여성의 착한 면으로 여겨지는 동정심과 돌봄과 같은 특성은 여성의 도덕성 발달에 있어서 불리한 조건으로 작용한다고 보았다.
(5) 여성의 도덕성이 일반적으로 3단계에 도달하는 반면, 남성의 도덕성이 4단계에 도달한다는 결과는 여성의 결함이 아니라 콜버그 이론의 결함이라고 주장한다.

7) 인지치료 상담이론의 소크라테스식 문답법

인지치료 상담이론에서 상담자는 상담초기에 내담자의 부적응적인 신념을 반박하지 않고 내담자가 자신의 신념이 어떤 기능을 하는가에 대한 탐색의 기회를 제공한다. 이어서 상담자는 소크라테스식 교육자로서 내담자의 신념체계에서 옳고 그른 것을 소크라테스의 문답식으로 평가한다. 그 후 면밀한 평가를 거쳐 새로운 자료가 들어오면 인지치료자와 내담자는 한 팀이 되어 새로운 전략을 마련한다.

인지치료는 협력적 경험주의 원칙에 기초하여, 상담자가 내담자의 자동적 사고와 인지오류를 확인시키기 위해 소크라테스식 대화를 사용하고, 내담자에게 자신의 신념이 타당한지 스스로 검토해 볼 수 있도록 행동 실험을 요구한다. 소크라테스식 논박의 예는 다음과 같다.
(1) 논리적 논박 : 그와 같은 신념이 타당하다는 논리적 근거는 무엇인가?
(2) 경험적 논박 : 그와 같은 신념이 타당하다는 현실적·경험적 근거는 무엇인가?
(3) 실용적(기능적) 논박 : 그와 같은 신념이 당신이 추구하는 목적을 달성하는 데 어떠한 도움이 되는가?

8) 지역사회 청소년통합지원체계(CYS-Net, 청소년안전망)

(1) 이 체계는 「청소년복지지원법」 제29조에 규정되어 있다.
(2) 필수연계기관에 지방고용노동청 및 지청이 포함되어 있다.
(3) 지역사회기반으로 통합서비스를 제공하기 위한 시스템이다.
(4) 위기청소년을 지원하기 위한 자발적인 지역주민 모임이 있다.
(5) '위기청소년 발견', '상담개입', '통합서비스 제공'이라는 세 가지 운영 모듈을 가지고 있다.

청소년안전망(CYS-Net)

「청소년복지지원법」 제29조에 규정되어 있는 청소년안전망(CYS-Net)은 청소년상담복지센터에서 위기상황에 처한 청소년들을 발견하고 통합적인 상담복지 서비스를 제공하는 사업이다. 청소년안전망은 '위기청소년 발견', '상담개입', '통합서비스 제공'이라는 세 가지 운영 모듈을 가지고 있다. 만 9세 ~ 24세 이하 청소년이라면 언제든지 지역 내 청소년상담복지센터를 통해 위기개입, 긴급구조, 일시보호 등 의 서비스를 제공받을 수 있다. 1388청소년지원단은 위기청소년을 조기에 발견하고 지원하는 역할을 수행하기 위한 민간의 자발적 참여조직으로서 전국의 청소년상담복지센터에 소속되어 '발견·구조', '의료·법률', '복지지원', '상담·멘토'등의 다양한 활동을 수행한다.

9) 청소년상담의 특징

(1) 발달적 특성을 고려함

청소년은 심리적 발달과정에 있으므로 자아정체성, 독립성, 심리적 변화를 이해하고 지원함으로써 잠재가능성을 실현할 수 있도록 돕는다.

(2) 라포 형성과 신뢰의 중요성

비자발적이고 의뢰된 상담이 많으므로 자신을 존중하고 신뢰할 수 있는 상담자와의 관계가 중요하다. 따라서 청소년상담자는 청소년의 의견을 존중하고 비판적이지 않은 태도를 유지해야 한다.

(3) 매체상담 활용

청소년은 다양한 매체를 통해 정보에 노출되고 소통한다. 따라서 청소년상담에서는 텍스트 메시지, 소셜 미디어, 온라인 플랫폼 등을 활용하여 의사소통을 할 수 있어야 한다.

(4) 자살·자해 등 위험 행동 예방과 관리

청소년의 뇌는 발달과정에 있으므로 정서조절력이 떨어진다. 따라서 자살·자해와 같은 위기상황이 일어나지 않도록 교육·예방 및 위기개입이 중요하다.

(5) 가족 및 학교 연계

필요한 경우 가족과 학교와 협력하여 청소년의 발달과 문제해결을 지원해야 한다.

(6) 다양성 고려

청소년상담은 다양한 문화적, 종교적, 성적 소수자 집단을 고려해야 한다. 이를 위해 상담자는 문화 감수성을 가지고 있어야 하며 다양성을 존중하고 이해해야 한다.

10) 상담기법의 적용 시점에 대한 질문 - (학업을 중단한 내담자에게)

(1) 내담자의 문제해결을 위한 정보가 필요할 때

"학교밖 청소년을 위한 꿈드림센터라는 기관이 있어요. 꿈드림센터에서는 학교밖 청소년에게 상담, 교육, 자립지원, 직업 체험 등을 지원하고 있어요."

(2) 상담의 주제나 초점을 이동하고자 할 때

"학업을 중단하고자 하는 이유가 수업을 듣는 것이 큰 의미가 없어서라고 했는데, 친구들은 당신이 학교를 그만둔다고 했을 때 무엇이라고 이야기했나요?"

(3) 내담자 문제의 원인을 설명하고자 할 때

"학업을 중단하고자 하는 이유가 무엇인가요?"

(4) 내담자의 사고나 감정, 행동 등을 탐색하고자 할 때

"막상 학교를 그만둔다고 생각하니 기분이 어떤가요?"

(5) 내담자의 감정을 변별하고 표현할 수 있도록 돕고자 할 때

"친구들이 괴롭혀서 학교를 그만두고 싶다고 이야기 하는데, 나를 싫어하는 친구들에게 어떤 말을 해 주고 싶나요?"

11) 사례개념화의 정의

(1) 사례개념화는 상담자가 면접과 심리검사, 관찰 등을 통해 얻은 내담자의 문제에 대한 정보를 의미 있는 방법으로 종합하여, 상담자의 이론적 경험과 임상적 경험을 가지고 내담자 문제의 특성과 원인, 해결방법 등에 대한 잠정적인 가설을 세우는 것이다.

> 이러한 가설은 내담자에 대한 정보가 추가될 때마다 수정, 보완할 수 있다. 사례개념화를 할 때 이론적 개념에 따른 추상적인 용어보다는 내담자의 상황에 맞는 구체적이고 사실적인 용어를 사용하는 것이 좋다. 예를 들어 '내담자는 어린 시절 부모와의 불안정 애착으로 현재 대인관계에서 어려움을 겪고 있다.'라고 설명하기보다 '내담자는 어린 시절 부모의 돌봄 부족으로 인해 회피애착이 형성되어 대인관계에서 상처받지 않기 위해 회피와 고립을 선택함으로써 외로움을 호소하고 있다.'라고 설명하는 것이다.

(2) 사례개념화는 내담자에 대한 정보를 모아서 조직화하고, 내담자의 상황과 부적응적 패턴을 이해하고 설명하며, 상담을 안내하고 초점을 맞추고, 도전과 장애를 예상하고, 성공적인 종결을 준비하기 위한 방법 및 임상적 전략이다.

(3) 사례개념화는 내담자 문제, 원인, 개입방향이나 방법에 대해 이론적 개념을 사용하여 설명하는 것이다. 즉, 내담자의 문제를 진단하고 평가해서 자신의 상담이론을 적용해서 구체적인 상담개입의 방법을 찾는 것이다.

(4) 사례개념화는 상담자의 상담이론과 상담경험에 근거하여 내담자의 문제에 관한 다양한 단서나 정보를 종합하고, 이를 바탕으로 내담자 문제의 원인을 가설적으로 설명하여 내담자의 문제해결을 위한 상담목표와 전략을 구상하는 역동적인 과정이다.

12) 수용전념치료(ACT)

(1) 수용전념치료(Acceptance and Commitment Therapy, ACT)의 철학적 핵심은 모든 인간은 고통을 받는다는 것을 전제로 한다. 따라서 ACT는 피할 수 없는 고통을 수용하는 내적 언어를 사용함으로써 풍요롭고 의미 있는 삶을 창조하도록 한다. 수용전념치료는 6가지 심리적 경직성인 경험 회피, 인지적 융합, 경직된 주의, 개념화된 자기, 가치명료화·접촉의 결여, 무활동·충동성·회피 지속이 정신병리를 일으킨다고 가정한다.

(2) 상담목표는 심리적 유연성을 증대시키는 것이며, 6가지 치료과정을 통해 개인이 추구하는 가치에 기여하는 행동을 지속할 수 있는 능력을 증대시키는 것이다. ACT의 6가지 치료과정은 수용, 탈융합, 현재 순간의 자각, 맥락으로서의 자기, 가치, 그리고 전념 행동이다.

(3) 수용전념치료(ACT) 6가지 치료과정

① 맥락으로서의 자기

언어로 인해 개념화된 자기나 과도한 융합으로 인한 심리적 경직성을 지금-여기의 경험을 조망하는 자기, 관찰하는 자기로 경험하기 위해 마음챙김, 명상 등 체험적인 연습과 비유를 사용한다.

② 현재에 존재하기(현존하기)

언어로 인해 과거와 미래에 집착하는 것으로부터 벗어나 지금-여기의 체험을 알아차리며 현재에 존재하도록 하는 것이다.

③ 가치

개인이 실현하기를 원하는 삶의 중요한 가치나 목표를 의미한다.

④ 전념 행동

소중한 목표나 가치를 실현하기 위해 구체적인 행동에 전념하는 것이다.

⑤ 인지적 탈융합

생각, 심상, 감정, 기억을 언어적 개념으로 추상화하지 말고 있는 그대로 체험하도록 하는 것이다.

⑥ 수용

비(非)판단적인 태도를 지니고 자신의 생각, 감정, 신체적 감각 등의 경험을 능동적으로 껴안는 것이다.

13) 대상관계 이론가와 중심개념

(1) 코헛(H. Kohut) - 자기대상(self-object), 이상적 자기-쌍둥이 자기-거울 자기

(2) 클라인(M. Klein) - 편집-분열의 자리, 우울의 자리, 좋은 젖가슴-나쁜 젖가슴

(3) 페어베언(W. Fairbairn) - 분열 자리(schizoid position), 리비도 자아-반리비도 자아

(4) 위니컷(D. Winnicott) - 과도적 대상(transitional object), 충분히 좋은 엄마, 진짜 자기-가짜 자기

(5) 말러(M. Mahler) - 분리개별화(separation-individuation), 자폐-공생-분리개별화

14) 카프만(S. Karpman)의 드라마 삼각형 → 교류분석상담과 관련됨

1) 에릭 번은 게임이란 인간관계를 악화시키기도 하고 비(非)건설적인 결과를 초래하기도 하는 행동 패턴이라고 주장한다. 게임이란 라켓 감정을 유발하는 이면교류이다.

2) 카프만은 게임을 분석할 수 있는 드라마 삼각형(drama triangle)를 제시하였다. 인간은 게임을 할 때 박해자(persecutor), 희생자(victim), 구원자(rescuer)라는 세 가지 인생각본 역할 중 하나를 맡게 된다.

① 박해자는 주도권을 쥐고 있으며, 지배적인 힘을 발휘하고 상대방의 행동을 억압하거나 지시하는 역할을 한다.

② 희생자는 대립되는 관계에서 힘의 균형을 유지하기 위해 희생이 되는 역할을 한다.

③ 구원자는 희생자를 원조하고 박해자를 지지하며 친절을 가장한 겉치레로 타인을 자신에게 의존하는 역할을 한다.

15) 청소년상담의 통합적 접근

(1) 청소년상담의 통합적 접근은 내담자에게 동일한 치료관계와 방법을 적용하기 위해 고안해낸 접근법이 아니라, 특정 상담이론의 한계를 극복하고자 포괄적으로 접근하는 시도이다. 통합적 접근을 지향하는 상담자들은 자신이 사용하는 한 가지 치료이론의 한계를 발견하고 다양한 상담이론을 통합한다.

(2) 통합적 접근은 기술적 통합, 이론적 통합, 공통요인 접근법, 동화적 통합을 모두 포함한다. ① 기술적 통합은 라자루스(A. Lazarus)의 다중양식치료, ② 이론적 통합은 인지행동치료, ③ 공통요인 접근법은 치료적 동맹, 공감적 경청, 등이며 ④ 동화적 통합은 마음챙김 기반 인지치료(MBCT) 등이 있다.

(3) 통합적 접근의 유형

① **기술적 절충주의 → 사례**: 라자루스의 복합모형치료(BASIC ID)
특정한 심리치료 이론에 동의하지 않고 어떠한 이론도 취하지 않으며 다양한 심리치료 이론에서 기술을 빌려올 수 있다는 입장으로 심리치료의 다양한 접근 중에서 효과가 입증된 기법을 통합하는 방법

② **이론적 통합주의 → 사례**: 인지치료와 행동치료의 통합모델인 인지행동치료, 변증법적 행동치료(DBT)
심리치료의 이론과 더불어 기술적 통합을 강조하는 입장으로 둘 또는 그 이상 심리치료 이론의 가장 좋은 요소들을 통합하여 새로운 치료이론을 만들어 내는 방법

③ **공통요인 접근법 → 사례**: 치료적 동맹, 공감적 경청, 감정 정화, 새로운 행동의 적용과 연습
비록 서로 다른 심리치료 이론들이라 할지라도 치료를 성공적으로 만드는 것은 '치료에 도움이 되는 핵심적인 공통요인이 있다'는 입장을 가지는 방법

④ **동화적 통합주의 → 사례**: 인지치료 과정에서 게슈탈트치료의 빈의자 기법을 사용하는 것, 인지치료에 마음챙김을 적용하는 것(MBCT)
특정 이론적 접근에 근거하여 다른 치료적 접근의 기법 중 장점을 선택적으로 결합하는 방법

1교시

2과목

상담연구방법론의 기초(필수)

나눔복지교육원 동영상 강의

CHAPTER 01

상담연구 패러다임

제1절 | 상담연구의 패러다임과 분석방법

1 상담과 상담심리학

1) 실제적 측면에서의 상담

(1) 상담은 내담자가 상담을 받는 이유, 상담자의 전문성, 상담자와 내담자 간의 관계 양상, 상담을 하는 목적과 방향, 상담을 통해 발생하는 현상에 대한 이론적 개념화 등이 서술되는 것이다.

(2) 상담, 심리치료, 생활지도가 어떻게 중복이 되고 어떤 점에서 공통성을 가지는지를 분명히 인식할 필요가 있다.

2) 학문으로서의 상담

(1) 상담의 실제 - 이론 - 연구

상담이론은 상담실무자들의 상담실제에 지침과 방향을 제공하고 이론은 실제를 통해서 그 타당성을 검증받는데, 즉 실제에 적용이 잘 되어야 '좋은' 이론임을 인정받는 것이다.

(2) 상담학이 그 이름으로 하나의 학문이 되려면 상담학의 관련영역과 분야를 규정해야 하고, 각 영역들에 대한 학술적 이론과 연구 결과들을 정리해야 한다.

실력 다지기

학문으로서의 상담 차는 연구의 위치

1) 상담이론은 상담 실제를 근거로 만들어졌지만, 이론은 상담 실무자에게 상담 실제의 지침과 방향을 제공한다.
2) 이론은 실제를 통해서 타당성을 검증받는다.
3) 실제에 잘 적용되어야 좋은 이론임을 인정받는 임무를 수행한다.
4) 이론의 타당성은 연구자에 의해 상담 실제라는 경험적 자료가 체계적이고 객관적이고 과학적인 방법과 절차에 의해 수집, 분석, 해석되는 것이다.
5) 결과적으로 상담이론, 상담실제, 상담연구는 별개의 존재가 아니라 유기적으로 맞물려 톱니바퀴처럼 이루어져야 한다.

🗀 기출문제 확인학습

과학자 – 전문가(실무자) 훈련 모델의 의미

1) 1949년 미국 콜로라도의 보울더(Boulder)에서 개최된 미국 심리학회 회의에서 임상심리학자의 수련과 관련하여 '과학자 - 전문가 모델' 또는 '과학자 - 실무자 모델'이 제시되었다.
2) 일명 '보울더 모델'이라고도 하며, 임상심리학자의 수련 및 학제 간 관계 형성을 통한 진단, 평가, 연구, 치료에 중점을 둔 심리학적 영역이 부각되었다.
3) 기본적으로 과학과 임상실습의 통합적 접근을 통해 임상심리학자가 과학자이자 서비스 제공자로서의 역할을 동시에 수행할 것을 강조하며, 이와 관련하여 대학원 과정에서 두 가지 역할에 대한 결합을 주장하였다.
4) 과학자와 전문가로서의 역할을 동시에 훈련받음으로써, 이론적 · 학문적 · 응용적 · 임상적인 역량을 강화할 수 있다.
5) 임상장면에 적용 가능한 연구방법론을 개발하고, 그 기술과 기법에 능숙한 임상가가 되어야 한다.
6) 인간행동을 이해하기 위해 연구자로서 끊임없이 연구하는 동시에 전문가로서 그 과정을 통해 발견한 지식을 인간행동의 변화를 위해 실천한다.
7) 일차적으로 과학자(심리학자)가 되어야 하며, 이후에 임상가(전문가)가 되어야 한다.

2 상담연구가 상담 실제에 도움이 되는지의 양면성

1) 긍정적 측면

(1) 이론 발전에 도움이 되는 상담연구

① 이론은 연구결과에 의해 검증되거나 확인을 받는다.
② 기존 이론을 지지해주는 연구결과는 이론의 타당성을 확고히 해주는 역할을 하고, 기존 이론을 지지하지 않는 연구결과는 이론 수정이 요구된다.

(2) 상담 실제의 발전에 도움이 되는 상담연구

상담효과 검증연구, 상담과정 연구, 내담자 연구 등은 상담 실제의 발전에 도움이 된다.

(3) 양적 연구와 질적 연구의 조화

① 구체적인 연구문제를 추출하며 체계적이고 객관적인 절차를 통해서 연구문제를 검증한다.
② 방법적 측면에서 질적 방법 또는 양적 방법의 결정은 연구문제의 성격이 어느 방법에 더 적합한지의 여부에 따라 결정된다.

(4) 상담실무자의 과학적 사고방식

상담과 심리치료의 과학성은 ① 경험적 자료, 타인과 공유할 수 있는 객관적 자료에 근거한 사고를 해야 하고 ② 상담자의 심리로부터 탈피해야 한다는 의미이다.

(5) 연구교육에의 관심 고조

최근 상담실무자가 증가하고 청소년상담, 대학상담, 종교상담 등이 활성화되면서 상담전공 대학원이 크게 증가하여 상담연구 교육에의 관심이 고조되고 있다.

2) 부정적 측면

(1) 연구를 위한 연구

상담연구는 주로 학위취득을 위한 준비의 일환으로 이루어져 연구문제를 풀기 위해서 연구를 했거나 또는 연구하기를 좋아해서 연구를 했다고는 보기 어렵다.

(2) 주로 외국의 이론과 연구를 바탕으로 함

우리나라는 상담 실제를 바탕으로 하여 상담자에 의해서 제창된 이론을 아직은 발견하기가 쉽지 않다.

(3) 일반화의 제한성

다양하고 많은 피험자를 구하기가 쉽지 않은 문제점으로 일반화에 제한이 있다.

(4) 측정과 관찰의 신뢰도와 타당도 문제

신뢰도와 타당도 문제인데, 이는 관찰 또는 측정하고자 의도했던 내용을 얼마나 정확하게 관찰하고 측정했는지, 그리고 유사한 일관성이 나타났는지의 문제이다.

(5) 연구자와 실무자 간의 괴리 / 상담교육에서 연구에 관한 교육의 소홀

전문적인 상담연구자의 소수화의 문제와 더불어, 상담교육도 연구교육보다는 상담실무에 대한 교육을 위주로 하는 대학원이 많다는 것이 문제이다.

CHAPTER 02

상담연구의 기초

제1절 | 상담연구의 개요

1 과학적 사고

1) 과학적 사고의 본질적 속성

(1) 과학적 사고는 '증거를 중요시하는 사고'이다.

(2) 증거를 찾고 제시하는 방법과 절차가 체계적이어야 한다.

(3) 사용하는 관찰방법과 자료 제시 방법에 객관성이 있어야 한다.

(4) 과학자는 오차(오류)를 인정하며 과학이론이나 법칙은 수정된다는 것을 가정한다. → 오류를 없애는 것과 오류를 줄이는 것이 요구되며 과학 자체의 비완벽성과 자연현상과 인간 및 사회현상의 변화를 인정한다.

기출문제 확인학습

과학적 연구의 특징

1) 논리적(logical)이다.

과학은 합리적인 사고활동이며, 과학적 설명은 이치에 맞아야 하며 연역법과 귀납법에 의한 과정을 거친다.

2) 결정론적(deterministic)이다.

과학에서의 모든 현상은 자연발생적인 것이 아니라, 어떠한 원인에 의해 나타난 결과이며, 이러한 원인과 결과는 논리적으로 설명될 수 있어야 한다.

3) 일반적(general)인 것을 추구한다.

일반성은 경험을 통해 얻은 구체적인 사실들을 바탕으로 보편적인 원리를 추구하는 것을 말한다.

4) 간결(parsimonious)한 것을 추구한다.

종속변수의 변화를 잘 설명해줄 수 있고 핵심적 내용의 설명이 가능한 독립변수를 최소화 하여야 한다.

5) 구체적(specific)이다.

대부분 과학적 방법에서 사용되는 개념들은 다양한 해석이 가능하므로, 좋은 과학적 연구를 위해서는 연구자가 사용하고자 하는 개념이 무엇인지를 정확히 정의 내려야 하고, 이런 정의가 다른 연구자들이 이해할 수 있도록 구체적으로 표현되어야 한다.

6) 경험적으로 검증가능(empirically verifiable)하다.

다양한 전제를 바탕으로 연구자가 제시한 이론들이 현실세계에서 경험을 통해 검증이 될 수 있어야 한다.

7) 수정가능(open to modification)하다.

과거 과학적이라고 인정받던 이론들이 시간이 흐름에 따라 잘못된 것으로 확인되거나 다른 이론들로 대체되는 경우가 많으므로 연구자들은 현존하는 모든 이론이 새로운 이론으로 대체될 수 있음을 인정해야 한다.

8) 연구과정이 같으면 같은 결론(inter-subjectivity)을 얻어야 한다.

과학적 방법은 경험을 통해 검증되어야 할 뿐만 아니라, 객관적인 수준에서도 인정을 받아야 한다.

9) 효용성을 추구한다.

효용의 추구는 과학적 이론들이 진리인가, 진리가 아닌가를 따지기보다 과학적 이론이 우리의 주변세계를 이해하는 데 얼마나 유용한가를 가지고 평가되어야 한다는 것이다.

2) 과학적 사고의 과정

(1) 법칙성에의 관심

과학자는 사건 또는 사물에서 발생하는 법칙성과 규칙성에 관심을 갖는다.

(2) 인과관계의 관심

① 사건과 사건, 변인과 변인, 구념[1](개념, 구인)과 구념(개념, 구인) 간의 관계(실험 연구설계)이다.

② 심리학에서의 귀인 현상은 인간의 본능, 현상에 원인에 대한 사고 과정 연구를 말한다.

③ 인과관계를 인식하면 예측이 가능해지고, 예측이 가능하면 현상의 조작, 통제가 가능하다.

④ 인과관계의 기준은 시간 조건(원인의 시간적 우선성), 공변 조건(원인변수가 변하면 결과 변수도 변함), 배타 조건(외생변수의 통제)이 있다.

⑤ 일방향적 인과성은 A가 B의 원인이고 B는 A의 결과라는 말로서 A → B의 관계는 있어도 B → A의 관계는 없다는 의미이다.

⑥ 양방향적 인과성은 상호적 결정론, 순환적 인과성을 의미한다.

(3) 상관관계(기술 연구설계)

① 기술연구는 실험조작이 어렵거나 불가능한 경우 관찰자료를 양적, 질적으로 분석하여 변인 간의 관계를 규명한다.

② 상관연구는 기술연구의 한 방법으로 두 변인 간의 상관성을 연구하는 것으로, 단순상관, 중다 변인분석, 중다회귀분석, 요인분석, 캐논분석 등이 있다.

(4) 경험적 자료

모든 이론과 가설은 경험적 자료(데이터)에 의해서 경험적으로 증명되어야 한다.

---

1) 구념(개념)이란 '특수하고 구체적인 사상들로부터 일반화를 통해 형성된 추상적인 생각'의 표현이다. 예를 들어 '신체발달'을 들 수 있다. 한편 구인은 개념의 하나인데, 개념과의 차이를 구별해 보면 '과학적 목적'을 위해 의도적으로 만들어 낸 것이다. 따라서 연구자들이 어떤 현상을 설명하기 위해서 전에 없던 개념을 만들어 내거나 특별한 목적으로 구성한 개념은 구인이라고 할 수 있다. 예를 들어 '탄력성'을 들 수 있다.

(5) 귀납적 사고, 연역적 사고, 가설 연역적 사고

① 귀납적 방법은 여러 구체적 자료로부터 보편적 원리를 얻는 과정이다.

② 연역적 방법은 보편적 명제를 기초로 구체적 명제를 추출해 내는 과정이다.

③ **가설 연역적 사고** : 과학의 가장 핵심적 사고로서, 사고과정의 전형은 '이론으로부터 연역적 사고를 사용하여 구체적인 가설을 추리해 내는 과정'이다.

(6) 과학의 기능 - 기술, 설명, 예언, 통제

① 기술은 현상을 전문 용어와 일반적인 용어를 사용하여 관찰되는 대로 기록하고, 묘사하고, 요약하고, 표현하는 것이다.

② 설명은 보통 인과관계를 설명하는 것을 지칭한다.

③ 예언은 현상 간의 인과적 관계 또는 상관관계를 규명할 때 가능하다.

④ **통제(조작)** : 예언의 확률이 높으면 현상의 통제나 조작이 가능하다.

(7) 자료수집과 통계적 추론 - 통계적 추론의 기초 개념 중심으로

① 추리통계의 기본은 영가설(귀무가설)의 개념을 이해하는 것이다.

② 통계 절차(실험가설, 연구가설)는 영가설(귀무가설)을 설립한 후에, 얻어진 자료 분석의 결과가 그 영가설(귀무가설)을 부정하는지, 그렇지 않은지를 검토하는 절차를 취한다.

③ 자료 분석 결과가 영가설(귀무가설)을 기각하면 원래의 연구가설이 지지되어 채택한다.

2 상담연구 과정

연구란 '과학적인 방법을 적용하여 문제를 해결하는 과정'(Gay, 1987)이기 때문에 연구의 전 과정을 담아내는 그릇으로서의 논문체제는 문제해결의 과정에 따라 논리적 순서로 조직되어야 하고 과학적 방법의 특성을 지니고 있어야 한다(문수백, 2011).

- 단계 1:관심분야의 선정
- 단계 2:관심분야의 관련 이론과 선행연구 고찰
- 단계 3:가능한 연구문제의 도출
- 단계 4:연구문제의 중요성 평가
- 단계 5:연구문제의 선정
- 단계 6:연구가설 설정을 위한 관련 근거 고찰
- 단계 7:연구가설 설정
- 단계 8:연구가설 검증을 위한 연구방법 결정
- 단계 9:연구가설 검증결과 도출
- 단계 10:연구가설 검증결과의 논의
- 단계 11:연구결론 도출

1) 관심 분야(주제)의 선정 (1단계)

(1) 연구를 하기 위해 연구자는 먼저 자신이 관심을 두고 있는 분야(주제)를 탐색하게 된다.

(2) 만약 지금 연구를 시작하려고 하는 사람이라면 "내가 현재 흥미를 가지고 있는 분야 또는 주제는 무엇인가?"라고 자문할 필요가 있다.

2) 관심 분야의 관련 이론과 선행연구 고찰 / 연구문제의 도출 (2단계, 3단계)

연구자가 관심을 가지는 분야가 정해지면 연구자는 그 분야에서 행해진 선행연구나 관련 이론들을 구체적으로 그리고 체계적으로 고찰하여 자신이 선택한 주제에 대한 정보를 얻고 가능한 연구거리들을 탐색하게 된다.

3) 연구문제의 중요성 평가 / 연구문제의 선정 (4단계, 5단계)

(1) 연구자는 과연 주어진 연구문제들이 관련 분야의 이론적 또는 실제적인 문제를 해결하는 데 과연 얼마나 기여할 수 있는지를 평가해 보아야 한다.

(2) 평가된 최종적인 연구문제의 선정 여부를 결정한다.

4) 가설 설정을 위한 관련 근거 고찰 / 연구가설의 설정 (6단계, 7단계)

주어진 연구문제와 관련된 선행연구 결과와 이론의 고찰을 통해 연구문제에 대한 잠정적인 해답이 될 수 있는 가능성이 가장 높은 연구가설을 설정하게 된다.

5) 연구가설 검증을 위한 연구방법의 결정 (8단계)

연구가설이 설정되면 연구자는 잠정적인 해답이 아닌, 경험적인 방법으로 주어진 가설의 진위 여부를 검증해야 한다.

6) 연구가설 검증결과 도출 (9단계)

연구자는 연구가설 검증을 위해 수집된 자료를 요약해 주는 정보와 함께 연구가설의 검증 결과를 사용된 통계분석 방법의 양식에 따라 정리하여 제시한 다음, 연구가설 검증결과를 기술한다.

7) 연구결과의 논의 (10단계)

(1) 연구결과에서는 얻어진 연구결과가 무엇을 의미하는지 해석하는 단계를 거치게 된다.

(2) 그리고 왜 그러한 결과를 얻게 되었는지를 선행연구나 이론적 틀 속에서 추론하고 합리화하는 과정을 거치게 된다.

🗀 기출문제 확인학습

연구논문의 '논의' 부분에 포함될 내용 - 결론

1) 연구결과에 근거하여 연구의 결론을 서술한다.
2) 연구결과가 가설을 지지하는지의 여부를 밝힌다.
3)연구의 한계점을 기술한다.
4)결과가 제공하는 이론적 및 실제적 함의를 제공한다.

8) 결론 및 제언 (11단계)

결과와 논의의 내용을 요약하여 연구의 전체적인 결론을 맺고 연구문제의 도출에서부터 연구의 결론을 도출해 내기까지 사용했던 경험적인 근거들을 참고문헌으로 정리하여 제시하게 된다.

3 연구설계의 선택

1) Gelso가 제시한 연구설계 - 연구설계와 타당도와의 관계

(1) Gelso가 제시한 4가지 연구설계는 실험실 기술연구, 현장 기술연구, 실험실 실험연구, 현장 실험연구이다.

(2) 실험연구에서는 연구자는 연구 목적과 의도에 맞게 실험절차를 표준화하거나 기타 연구자가 통제하고 싶은 변인들을 통제하며 이는 인과관계를 설명함에 있어서 높은 내적 타당도를 의미한다.

🗀 실력 다지기

연구설계

1) 통제효과가 높다.
   피험자를 무선 선발, 각 처치에 무선으로 할당, 엄격한 독립변인의 조작
2) 통제효과가 낮다.
   각 처치에 무선 할당률이 낮으며 독립변인의 조작 불완전
3) 장소에 따라 : 실험실 - 실험실연구 / 상담현장 - 현장연구
   (1) 실험실 실험연구 : 내적 타당도 ↑, 외적 타당도 ↓
      ① 현장이 아닌 조작된 상황에서 실험을 하는 연구
      ② 변인들 간의 인과성 속성을 정확히 알고자 할 때 주로 사용
   (2) 현장 상관(기술)연구 : 내적 타당도 ↓, 외적 타당도 ↑
      전문 상담기관에서 수행하는 수백 건의 상담사례 기록을 분석하는 현장 상관(기술)연구
   (3) 현장 실험연구 : 내적 타당도 ↑, 외적 타당도 ↑
      ① 가장 이상적인 실험설계
      ② 실험연구이지만, 실험실 연구에 비하면 실험변인 이외의 변인을 통제하기 어려움
   (4) 실험실 상관(기술)연구 : 내적 타당도 ↓, 외적 타당도 ↓

*실험연구:내적 타당도 높다.	*현장연구:외적 타당도 높다.
*상관(기술)연구:내적 타당도 낮다.	*실험실:외적 타당도 낮다.

4 연구주제론과 방법론

1) 연구주제론

(1) 상담심리학에서 연구주제론은 Brown과 Lent(1984, 1992)가 편집한 「상담심리학 핸드북」이 가장 대표적인 것이다.

(2) 「상담심리학 핸드북」은 상담의 이론·실제·연구를 통합해 보려는 시도로서 연구란 이론이 실제에 적용된 결과를 과학적으로 분석한 것이다.

2) 연구방법론

(1) 단일사례연구와 다사례연구

① 단일사례연구는 단일 피험자 연구(N = 1)로서, 단일사례연구에 대비되는 연구설계법은 다(多)사례연구이다.

② 다사례연구의 중요한 특징은 거의 항상 통계적 분석을 한다는 점이다.

보충

단일사례연구와 다사례연구[2)]

1) 단일사례연구(단일 피험자 연구) : 한 연구에서 한 상담 사례만을 관찰하고 분석
 → 질적 분석에서 자주 사용, 시계열 분석, 일반화의 어려움

2) 소(小)사례연구 : 2가지 또는 3가지 사례를 따로따로 관찰, 분석한 후 종합적 결론을 내리는 연구

3) 다(多)사례연구 : 각각 사례연구를 분석, 관찰한 후 통계적 분석을 함
 (1) 변량분석 : 평균의 차이 분석
 (2) 회귀분석 : 변인들 간의 상관계수를 기본 자료로 분석, 중다 상관분석, 요인분석 등

(2) 질적 연구와 양적 연구

① 양적 연구에서는 변인을 설정하는데, 변인이란 한 개념 안에 양적인 다양성이 존재한다는 점에 착안한 것이다.

② 질적 연구는 주로 문화인류학 연구에서 많이 사용되며 질적 연구는 이론을 새로이 도출하는 기능을 한다.

2) ① **사례보고** : 상담자 자신이 담당했던 사례에 대해서 내담자의 문제, 진단, 상담과정과 내담자의 변화, 상담성과, 사례의 특징 등에 대해서 기술적 으로 보고하는 형식으로 상담자가 직접 행해야 함
② **사례연구** : 단순한 기술에 그치지 않고 연구자 나름의 체계나 관점을 가지고 분석하는 과정을 포함하며 상담자 자신이 할 필요는 없고 다른 전문가가 할 수도 있음

참고

양적 연구와 질적 연구

1) 양적 연구 : 변수를 설정하고 변수를 조작하는 연구
 (1) 통계분석 사용 : 각종 측정치를 자료로 한 분석방법의 총칭(기술통계와 추리통계)
 (2) 가설이나 이론을 검증하거나 보편적인 경향성을 발견하는데 탁월한 기능(연역법)
 (3) 측정도구 및 측정방법을 개발하는데 시간과 에너지를 씀
2) 질적 연구 : 문화인류학 연구, 참여관찰법 등
 (1) 표준적이며 객관적인 관찰을 강조하기 때문에 고도로 훈련된 관찰자 필요
 (2) 가설이나 이론을 새로이 도출하는 기능(귀납법)
 (3) 연구자를 훈련시키는 데 에너지와 시간이 소요됨

※양적 연구와 질적 연구의 상호 보완적인 기능 : 질적 방법으로 발견한 가설이나 이론을 양적 방법으로 연구하여 그 가설이나 이론의 일반성, 즉 보편성을 검증하는 절차

(3) 집단 간 설계와 피험자 내 설계

① 집단 간 설계란 2개 이상의 집단 간의 차이를 분석하는 방법으로 집단은 대개 처치의 여부에 의해 구분된다.
② 피험자 내 설계에서 타당성을 확보하기 위해서 사용하는 전략은 반복측정이다.

(4) 횡단적 연구와 종단적 연구

① 종단적 연구와 횡단적 연구는 각각 장점과 단점이 있어서 서로 상대방이 밝히지 못하는 부분을 밝혀낼 수 있는 상호보완적 관계를 가지고 있다.
② **횡단적 조사**(Cross - sectional Research) : 어느 한 시점에서 다수의 분석단위에 대한 자료를 수집하는 연구로서 어떤 현상의 단면을 분석하는 정태적인 성격이 있으며 간단하고 비용은 절감할 수 있지만 어떤 현상의 진행과정이나 변화 측정은 불가능하다.
③ **종단적 조사**(Longitudinal Research) : 장기간에 걸쳐, 즉 여러 시간에 걸쳐 조사를 반복하는 것으로, 어떤 현상의 진행과정이나 변화를 측정하여 분석하는 동태적인 성격을 가지는 방법이다.

실력 다지기

횡단적 - 단기종단적 접근법(short - term longitudinal approach)

1) 횡단적 접근법과 종단적 접근법을 절충한 방법
2) 3년 ~ 5년 동안 횡단적 설계의 대상 집단을 단기간 추적해서 종단적 발달 변화를 연구
 예 3, 6, 9세 3개 집단 아동들을 연구한 후, 3년 후에 3집단을 다시금 연구

발생과정 분석설계

1) 매우 적은 수의 아동의 특정행동이 형성되고 변화해가는 과정을 면밀히 추적하여 분석하는 접근
2) 종단적 설계를 수정한 접근법이며, 특수한 연구방법
3) 관심이 되는 순간순간의 행동을 녹화하고 반복 관찰하여 발생과정을 철저하게 규명하는 기법
 예 또래집단에서 처음 인간관계를 시작하는 순간부터 대인관계 기술이 획득될 때까지 과정 분석

시차설계법

1) 시차설계법이란 연령은 같으나 출생연도가 다른 개인을 조사 시기를 달리해서 계속해서 조사, 연구하는 접근 방식이다.
2) 이 방식의 용도는 신체적 나이는 동일하지만 출생연도가 다른 개인이 둘 이상의 조사 시기에 따라 어떤 차이가 있는가에 관심이 있을 때 사용된다.
3) 이런 점을 고려하여 출생연도와 조사 시기를 달리해서 연령효과를 검토해보는 것이 시차설계법의 특징이다.
4) 이 방식에서는 연령은 일정하게 고정시켜 놓고 시대적 변화에 따른 개인의 변화를 보려고 한다.

예 1977년에 20세가 된 사람과 9년 후인 1986년에 20세가 된 사람은 비록 신체적 연령은 동일하지만 그들이 올림픽 경기에 대한 태도가 다를 수 있을 것이다. 왜냐하면 '66년생 20세의 사람은 '86년도 아시안 게임의 주역들이었으나 '57년생 20세의 사람은 그렇지 않았기 때문이다.

(5) 계열적 연구

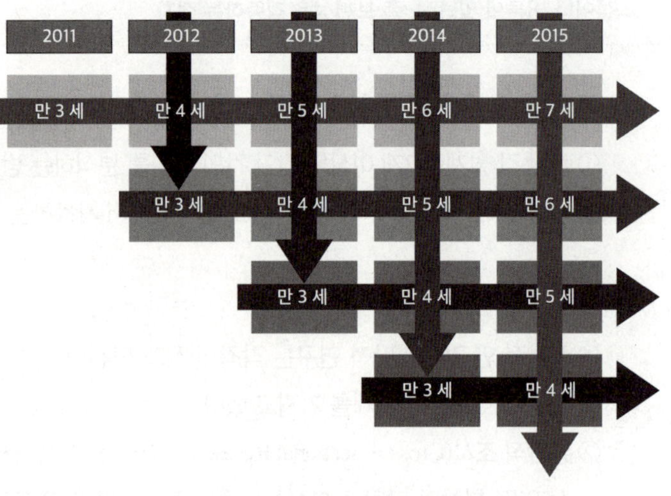

① 횡단적 연구와 종단적 연구의 단점을 보완한 연구이다.
② 종단 - 연속적 연구 혹은 단기 - 종단적 접근법이라고도 부르기도 한다.
③ 출생년도가 다른 여러 아동집단을 동일한 종단적 연구기간 동안 관찰하여 그 결과를 서로 비교하는 방법이다.
④ 종단적 방법보다는 비교적 짧은 기간 내에, 횡단적 방법보다는 비교적 긴 기간에 발달에 관한 정보를 수집할 수 있다.

(6) 실험연구와 상관연구

① 실험연구와 상관연구라는 분류는 연구방법을 기준으로 한 분류이다.
② 행동과학에서 실험연구는 원래 인과관계를 규명하려는 목적에서 시도되었다.
③ 상관연구는 기술이나 분류의 목적으로 이루어진다.

5 연구보고서 작성

1) 연구보고서 작성의 개요

(1) 가급적 활자화된 보고서로 작성해야 하는데, 이는 활자화되지 않은 연구는 가치가 없기 때문이다.

(2) 보고서를 활자화한다는 것은 연구내용에 대한 영구적인 기록이 된다는 의미에서 매우 중요하다.

2) 미국심리학회(APA)의 요강을 기준으로 본 보고서 작성법

(1) 제목 : 독자들의 관심을 끄는 기능을 하기도 하며, 다른 연구자들이 출판물을 찾는 데에도 큰 역할을 한다.

(2) 초록 : 초록은 간결하고, 정확하고, 이해하기 편리하게 작성되어야 한다.

(3) 서론 : 독자들에게 연구문제의 방향을 제시해 주고 연구를 위한 논리를 발전시키며 검토 또는 규명할 가설을 가능한 한 구체적이고 명료하게 서술하는 부분이다.

(4) 본론(방법) : 연구문제를 검증하는 설계, 절차, 도구 등 방법에 대해 상세한 보고를 하고 방법 부분이 상세히 언급되지 않으면 다른 학자들이 그 연구의 타당도를 알 수가 없으며, 다른 연구자가 그 연구를 반복할 수가 없다.

(5) 결과 : 연구자가 목표했던 연구문제에 대한 결과적 자료를 축약하되, 핵심적 정보를 제공하는 부분이다.

(6) 논의 : 결과가 가설을 지지했는지 여부를 설명해 주고 결과에 근거한 결론을 진술하며 이 연구의 한계점들을 제시하고, 결과가 시사하는 상담 실제적·이론적 함의를 논의해야 한다.

(7) 참고문헌 : 본문에 인용되거나 제시된 모든 문헌은 참고문헌 부분에 수록되어야 한다.

(8) 영문 요약 : 이 부분은 특히 외국 연구자들에게 이해될 수 있는 유일한 부분이기 때문에 정확한 문장을 쓰도록 해야 하며 연구의 목적, 가설, 연구방법, 주요 결과와 결론을 진술한다.

3) 과학적 글쓰기의 일반적인 원리 - 객관성, 정확성, 비애매성, 비모호성, 논리성

정보를 제공하라 / 솔직하라 / 과장된 진술을 삼가야 한다 / 논리적이고 조직적이어야 한다 / 적합한 문체를 사용하라 / 반복해서 수정하라 / 우선 글로 써라 등

실력 다지기

전문적(과학적) 글쓰기

1) 과학적 글쓰기는 과학적 현상과 사실, 개념과 원리, 법칙과 이론에 대해 사고하는 내용과 과정을 논리적인 글로 표현하는 활동이다.

2) 과학적 글쓰기의 일반원리 : 객관성, 정확성, 비애매성, 비모호성, 논리성

(1) 정보를 제공하라.

(2) 솔직하라. : 완전한 연구는 존재하지 않기 때문에 한계점 등을 솔직히 기술함

(3) 과장된 진술을 삼가라.

(4) 논리적이고 조직적이어라.

(5) 적합한 문체를 사용하라.

(6) 반복해서 수정하라.

(7) 우선 글로 써라.

CHAPTER 03

연구의 절차

제1절 | 연구 문제 및 가설 설정

1 연구문제의 선정

1) 연구문제의 의의

두 가지 이상의 변수 간 어떤 관계가 있는가를 조사해 보기 위한 의문형의 문장이며 이 때 문제는 명백하고 간결한 문장 형태로 기술하고 그 문제가 경험적으로 검증 가능하도록 작성되어야 한다.

2) 연구문제의 구체화

(1) 연구문제는 연구주제보다 한 단계 더 구체화된 것이다.

(2) 연구문제는 연구주제보다 구체화되어야 할 뿐만 아니라, 그것으로서 연구가 시작될 수 있어야 한다.

(3) 연구문제에는 '질문' 형태를 가지는 연구문제와 '가설' 형태를 가지는 연구가설이 있다.

3) 연구문제의 해결가능성에 영향을 미치는 요인

(1) 연구문제의 명확한 구조화

(2) 용어의 명확화 : 용어에 대한 명확한 조작적 정의

(3) 연구의 경험적 검증가능성

(4) 연구의 실행가능성 : 시간과 비용의 제약을 고려하고 연구대상의 확보가능성 및 시설·기구 등의 조건을 고려한 구비문제 등

4) 연구문제의 선정기준

(1) 독창성

기존의 것을 답습하지 않고 새로운 관점이나 견해를 제시하여야 한다.

(2) 경험적 검증가능성

문제에 대한 해답을 얻을 수 있고 구체적인 가설에서 사용된 조작적 정의를 통해서 경험적으로 측정 가능해야 한다.

(3) 윤리적 배려

연구문제에 대한 답이 개인적 사생활이나 정신적·신체적 피해를 주지 않아야 한다.

(4) 현실적 제한 고려

주어진 시간 및 비용, 조사인력, 장비 등과 같은 현실적인 상황을 고려해야 한다.

참고

연구주제 선정

1) 연구방법의 설계 이전에 연구의 주제가 있어야 한다.
2) 연구주제가 선정되면 경험적 연구가 가능하도록 구체적인 [연구문제]로 변환시켜야 한다.
3) 연구문제는 연구주제보다 그 폭이 좁고 구체적이면서 검증가능하거나 관찰 가능한 것이어야 한다.

2 가설 설정

1) 가설의 개념

가설은 둘 이상의 변수들 간의 관계, 즉 연구문제에 관한 잠재적 진술이며 구체적이어야 하고 현상과 연관성이 있어야 하며 과학적 조사에 의하여 경험적 검증이 요구되는 것이어야 한다.

2) 가설의 특성

(1) 문제 해결성

제기한 문제를 해결할 수 있는 가설이어야 한다.

(2) 상호 연관성

2개 이상의 변수는 서로 관계를 나타내고 있어야 하는데 이는 선행연구를 통해 연관성을 알 수 있다.

(3) 경험적 검증 가능성

경험적 검증이 가능하기 위해서는 조작적 정의가 필요하다.

(4) 내용의 명확성

명확한 내용으로 제시되어야 한다.

(5) 구체성

측정 가능한 변수 간의 관계이어야 한다.

(6) 추계성

잠정적, 즉 확률적인 표현(~ 일 것이다)으로 진술되어야 한다.

★tip★
가설의 특성

암기법 **추계 구체 명확 / 해결 연관 검증가능 가설**

해설 **추계성(= 확률적 표현), 구체성, 명확성, 문제 해결성, 상호연관성, 검증가능성**

3) 가설의 유형[1]

(1) 연구목적에 따른 분류

① **기술적 가설** : 어떤 현상의 정확한 기술, 즉 어떤 변수의 크기·성질·위치 등의 사실을 밝히는 것에 관한 가설이다.

② **설명적 가설** : 인과관계를 규명하기 위한 가설이다.

(2) 검증과정에 따른 분류

① **연구가설** : 연구문제에 대한 잠정적 해답으로 제시한 가설로서 경험적으로 검증 가능한 형태인 "A와 B는 차이가 있을 것이다"의 형태로 진술된 가설이다.

② **영가설**

ㄱ. 귀무가설이라고도 하며 원인과 결과 간에 아무런 관계가 없다는 가설을 세우는 것으로, 이론이 오히려 관계가 있음을 반증하려는 가설이며 연구가설과 논리적으로 반대의 입장을 취하는 가설이다.

ㄴ. 연구가설을 채택·기각과 같이 검증하기 위해 설정하는 가설이다.

③ **대립가설** : 귀무가설에 대립되는 가설로서 원인과 결과 간에 관계가 있다고 가설을 세우는 것이다.

부연

통계적 검증과정에서의 분류

1) 연구가설(research hypothesis)

(1) 검증될 때까지 연구문제에 대한 잠정적인 해답으로서 연구자가 제시한 가설

(2) 경험적으로 검증 가능하도록 진술한 가설로서 "두 개 이상의 모집단 사이에 차이가 있을 것이다.", "두 개 이상의 변수 간에 관계가 있을 것이다.", 또는 "독립변수가 종속변수에 영향을 미칠 것이다."의 형식으로 설정됨

(3) H1 : $\mu1 \neq \mu2$

예 남녀 사회복지전담공무원 사이에는 직무만족도의 차이가 있을 것이다.
공무원의 성별은 직무만족도와 관계가 있을 것이다.
공무원의 성별은 직무만족도에 영향을 미칠 것이다.

(4) 실험가설 또는 조사가설이라고 불리며, 영가설(귀무가설)의 반대되는 개념으로 영가설(귀무가설)이 거짓으로 판명되었을 때 채택되기 때문에 대립가설이라고도 불림

1) 구체적 내용은 검증과정에 따른 분류를 중점적으로 학습하기 바람

2) 영가설(null hypothesis)

(1) 연구가설과 논리적으로 반대의 입장을 취하는 가설로서 귀무가설이라고 불림

(2) 통계적 방법에 의한 가설검증을 위해서 영가설의 설정은 매우 중요함

(3) 수집된 자료에 대한 통계적 분석결과에서 나타난 차이나 관계가 표본추출에서 오는 오차에 의해 우연히 발생한 것이라는 점을 의미하는 진술로서, "두 개 이상의 모집단 사이에 차이가 없을 것이다.", "두 개 이상의 변수 간에 관계가 없을 것이다." 또는 "독립변수가 종속변수에 영향을 미치지 않을 것이다."의 형식으로 설정됨

(4) $H0 : \mu 1 = \mu 2$

예 남녀 사회복지전담공무원 사이에는 직무만족도의 차이가 없을 것이다.
공무원의 성별은 직무만족도와 관계가 없을 것이다.
공무원의 성별은 직무만족도에 영향을 미치지 않을 것이다.

예 가설 설정에 있어서 범하기 쉬운 오류는 쌍열가설(double - barreled)의 작성임

3) 쌍열가설

(1) 쌍열가설이란 두 개의 가설을 하나의 가설 속에 포함시킴으로써 하나의 가설은 수용될 수 있으나 다른 하나는 수용될 수 없는 모순된 경우가 발생할 수 있는 가설을 의미함

예 "경제적으로 부유하고 건강한 노인은 그렇지 못한 노인보다 노후생활에 대한 만족감이 높을 것이다."

(2) 해결방법은 가설에 사용된 변수를 구분하여 여러 개의 가설로 분리하는 것이 바람직함

→"경제적으로 부유한 노인은 그렇지 못한 노인보다 노후생활에 대한 만족감이 높을 것이다."

→"건강한 노인은 그렇지 못한 노인보다 노후생활에 대한 만족감이 높을 것이다."

참고

가설의 구비조건

1) 가설은 간단하고 명료해야 한다.
2) 가설은 경험적으로 검증 가능해야 한다.
3) 기존 사실화된 당연한 관계를 가설로 설정하는 것은 바람직하지 않다.
4) 가설은 실제로 적용할 자료의 수집과 분석방법이 적절하게 선택될 수 있도록 진술되어야 한다.
5) 가설은 이론적 근거를 배경으로 하고 있어야 한다.
6) 가설은 수량화할 수 있어야 한다.
7) 가설은 두 가지 이상의 변수 간 관계로 기술하여야 한다.
8) 가설은 가능한 한 광범위한 적용범위를 가지고 있어야 한다.
9) 정(+)의 관계 또는 부(-)의 관계로 기술한다.

제2절 | 연구구인의 조작적 정의 (definition)

1) 개념화는 구체적인 개념 정의를 통해 완성되며, 일반적으로 세 가지 종류의 정의 방식이 있다.
2) 실제적 정의는 사물의 '본질적 속성'을 기술하는 것인데, 상담연구에서 어떤 개념의 '본질적 속성'을 기술한다는 것은 현실적으로 어렵다.
3) 상담연구에서는 일반적으로 개념에 대한 명목적(nominal) 정의를 통해 커뮤니케이션의 편리를 도모하고, 조작적 정의를 통해 현실세계에서의 관찰을 가능하게 한다.

(1) 사전적 정의(lexical definition)

(2) 명목적 정의

① 어떤 용어에 명목상(자의적으로) 부여하는 정의로서 명목적 정의는 관찰의 전략(방향)에 초점을 맞출 뿐, 관찰을 어떻게 할 것인지를 지시하지 않는다.
② 실제로 무엇을 어떻게 측정할 것이냐를 구체화하기 위해서는 조작적 정의가 필요하다.

(3) 연구 구인의 조작적 정의

① 어떤 개념을 관찰하거나 측정하기 위해 따라야 할 절차를 구체화하는 것이다.
② 연구자가 자신의 연구에서는 그 개념을 어떤 특정한 의미로 사용할 것이라고 구체적으로 밝히는 것이다.
③ 조작적 정의는 추상적인 개념을 실제 현장에서 측정가능 하도록 관찰 가능한 형태로 정의해 놓은 것이다.
④ 개념적 정의를 벗어나지 않는 범위에서 측정 가능하도록 정의를 내리는 것이다.
⑤ 변수를 조작적으로 정의하는 방법은 한정되어 있지 않고 학자마다 다른 방법을 정할 수 있다. 예를 들어 부부관계 문제정도를 조작적으로 정의한다면, 싸움의 횟수라든지 의사소통의 빈도 등을 통해 부부관계의 문제 정도를 조작화할 수 있을 것이다.
⑥ 연구하는 구인이 아직 추상적인 개념 상태에서는 경험적 연구를 할 수 없다.
⑦ 구인은 일반적으로 추상적인 상태에서 이를 구체적이며 측정 가능한 상태로 변환되어야 한다.

기출문제 확인학습

조작적 정의

1) 조작적 정의는 사물 또는 현상을 객관적이고 경험적으로 기술하기 위한 정의이며 대개는 수량화할 수 있는 내용으로 만들어진다.
2) 한 구인에 여러 가지 조작적 정의가 존재한다.

예 구인의 하나로 사회경제적 지위(SES : socioeconomic status)를 조사하고자 한다면, 연구에서 사회경제적 지위를 단지 '소득과 교육수준을 합친 것'으로 구체화할 수 있을 것이다. 그러나 이는 직업지위, 자산, 가문 등으로 구체화 될 수도 있다. 따라서 사회경제적 지위의 개념은 어떻게 조작적 정의하느냐에 따라 달라지게 된다.

제3절 | 변인(변수) 결정 및 측정도구의 선정

1 변인(변수, variables)

1) 개념

조사대상이 되는 구체적인 개념 또는 이론적으로 구성된 개념을 말하며 연구대상의 경험적 속성을 나타내고 그 속성에 계량적인 수치를 부여할 수 있는 개념을 의미한다.

2) 분류

(1) 기능에 의한 분류

① **독립변수**: 다른 변수에 영향을 미치는 원인이 되는 변수로서 원인변수, 설명변수, 예측변수라고도 한다.

② **종속변수**: 독립변수의 영향을 받아 일정하게 변화하는 결과변수로서 결과변수, 피설명변수, 피예측변수, 가설적 변수라고도 한다.

변인 (변수)

1) 변인이란 서로 다른 값이 부여되는 개인 또는 집단의 어떤 속성이라 할 수 있다.
2) 변인의 의미 안에는 특성이나 속성을 연구자가 측정할 수 있다는 것과 개인 또는 집단이 그 특성이나 속성 면에서 서로 다르다는 두 가지 조건이 포함된다.
3) 변인이 개념이나 구인과 분명하게 구별되는 점은 변인에 어떤 값(수치)을 부여할 수 있다는 것, 즉 측정할 수 있다는 것이다.
4) 변인의 종류
   (1) 독립변인 → 종속변인 : 실험설계, 인과관계 발견
   (2) 예언변인 → 준거변인 : 기술설계, 공변관계 발견

③ **매개변수**: 두 변수는 서로 직접적인 관계가 없는데 제3의 변수가 두 변수의 중간에서 다리 역할을 하여 두 변수가 간접적으로 관계를 가지는 경우로서 독립변수의 결과인 동시에 종속변수의 원인이 되는 변수이다.

④ **선행변수**: 제3의 변수가 독립변수와 종속변수에 앞서 작용하는 경우이다.

⑤ **통제변수**: 두 변수 간의 관계를 정확히 파악하기 위해 두 변수 사이의 관계에 영향을 미칠 수 있는 제3의 변수를 연구과정에서 통제하는 경우이다.

⑥ **외생변수(= 가식적 관계 변수)**: 독립변수와 종속변수 간의 관계를 달리 설명하는 변수로서 외생변수를 통제하지 못하면 독립변수와 종속변수의 인과관계를 규명하지 못한다. 즉, 두 변수가 표면적으로 인과관계가 있는 것처럼 보이게 하는 변수이다.

기출문제 확인학습

외생변수의 통제방법

실험설계를 하기 전에 결과변수에 영향을 미칠 가능성이 있는 외생변수를 통제하는 방법은 다음과 같은 것이 있다.

① 제거(elimination) : 외생변수로 작용할 수 있는 요인이 실험 상황에 개입되지 않도록 하는 방법

② 균형화, 매칭(matching) : 예상되는 외생변수의 영향을 동일하게 받을 수 있도록 실험집단과 통제집단을 선정하는 방법

③ 상쇄(counter balancing) : 외생변수가 작용하는 강도가 다른 상황에 대해서 다른 실험을 실시함으로써 외생변수 영향제거

④ 무작위화(randomization) : 어떠한 외생변수가 작용할지 모르는 경우, 실험집단과 통제집단을 무작위로 추출

⑦ **억압변수(= 왜곡변수 = 가식적 영관계 변수)** : 하나의 변수와는 긍정적으로 상관되어 있고(정적 상관관계) 다른 하나의 변수와 부정적으로 상관되어 있으며(부적 상관관계), 인과관계가 없는 것처럼 보이게 하는 변수이다.

실력 다지기

조절변수와 매개변수

1) 조절변수

(1) 조절변수(moderating variable)란 독립변수와 종속변수 사이에 강하면서도 불확정적인 효과(contingent effect)를 미치는 변수이다. 즉, 이 변수가 존재할 때만 독립변수와 종속변수 사이의 이론적 관계(theorized relationship)가 성립된다.

(2) 조절효과는 A(독립변수) → C(종속변수)에 미치는 관계 자체는 적합하지만, 이러한 관계가 어떤 특정한 변수에 의해서 달라질 수 있다는 것이다.

예 월 수입(독립변수) → 행복지수(종속변수) 간의 관계에서 '성별'에 따른 조절효과는 남성이 월 수입(독립변수) → 행복지수(종속변수)에 미치는 영향(정도)과 여성이 월 수입(독립변수) → 행복지수(종속변수)에 미치는 영향에 차이가 있을 것이라는 것이다. 이를 좀 더 어렵게 표현하면 '월수입이 행복에 미치는 영향에서 성별은 조절효과를 보일 것이다'로 표현할 수 있다.

2) 매개변수

(1) 매개변수란(mediating variable)란 종속변수에 영향을 미치기 위하여 독립변수가 작용하는 시점과 독립변수가 종속변수에 영향을 미치는 시점의 중간에 나타나는 변수이다.

(2) 따라서 매개변수에는 시간적 차원이 포함되어 있다.

(3) 독립변수와 매개변수와의 관계에서 매개변수는 종속변수의 역할을 하지만, 매개변수와 종속변수만의 관계에서는 독립변수 역할을 한다.

(4) 즉, 매개변수는 독립변수와 종속변수의 중간다리 역할을 하는 변수이다.

3) 조절변수와 매개변수 차이점

(1) 매개변수가 조절변수와 다른 점은 독립변수 및 종속변수와 직접적인 영향을 주고받는 점이다. 즉, 조절변수는 독립변수가 종속변수에 미치는 영향을 조절하는 반면, 매개변수는 독립변수의 영향을 종속변수에게로 전달하는 역할을 한다.

(2) A(독립변수) → C(종속변수)라는 직접적 인과관계보다는 A(독립변수)가 B(매개변수)를 거쳐 C(종속변수)에 영향을 미친다는 것을 확인하는 것은 매개변수이며 이 변수가 더 현실적이고 설명이 타당하다.

기출문제 확인학습

가변수(더미변수, dummy variable)

1) 더미변수는 범주형 변수를 연속형 변수로 변환한 것이다.
2) 범주형 변수로는 사용할 수 없고 연속형 변수로만 가능한 분석기법을 사용할 수 있게 해준다.
3) 선형 회귀분석, 로지스틱 회귀분석 등 회귀분석 계열은 원래 독립변수가 연속형 변수이어야 사용할 수 있는 분석 기법인데, 만약 독립변수 중에 범주형 변수가 섞여 있다면, 그 변수를 더미변수로 변환하여 회귀분석을 사용할 수 있다.
4) 더미변수는 0 또는 1의 값을 가진다.
5) 해당 더미변수에 속하면 1, 아니면 0의 값을 가진다.
6) 더미변수는 원래 범주형 변수의 범주 개수보다 1개 적게 만들어진다.
7) 사례
   (1) 예 1 : 원래 변수가 성별(남, 여)이라면 남성 여부 또는 여성 여부 둘 중에 하나만 만드는데, 범주의 개수 2개, 더미변수 1개가 된다.
   (2) 예 2 : 원래 변수가 학년(1학년/2학년/3학년)이라면 1학년 여부와 2학년 여부 또는 2학년 여부와 3학년 여부 또는 1학년 여부와 3학년 여부로 더미변수를 만들어, 범주의 개수 3개, 더미변수 2개가 된다.

(2) 변수의 속성에 따른 분류

① **이산변수**(discrete variables) : 명목척도, 서열척도로 측정되는 변수로서 값과 값의 사이가 연결되어 있지 않고 분리되어 있으며 이에 따르는 수치는 아무 의미가 없다.

② **연속변수**(continuous variables) : 등간척도와 비율척도로 측정된 변수로서 모든 값이 서로 연결되어 있어 연산이 가능하다.

(3) 측정수준에 의한 변수의 분류

변수를 얼마나 정확히 측정했느냐와 밀접한 관계가 있으며 측정수준에 의한 변수의 종류에 따라 적용되는 통계기법이 달라지기 때문에 변수를 설정하는 단계에서 적용할 통계기법이 고려되어야 한다.

① **명목변수(= 명명변수)** : 측정대상인 변수의 특성을 종류별로 분류하여 속성에 이름만 붙인 변수로 각 특성 간의 우열이나 서열은 비교할 수 없다.

예 성별, 종교, 계절, 혈액형 등

명목척도 (nominal scale)

1) 단순히 분류하기 위해서 측정대상의 속성에 부호나 수치를 부여하는 것을 말한다. 예로는 성(性), 인종, 종교, 결혼 여부, 직업 등의 구별 등이다.
2) 부여된 숫자의 크기는 아무 의미가 없고 단지 부여된 숫자가 다르면 그 대상의 특징이 다르다는 것을 의미할 뿐이며 산술적인 의미는 없다.
3) 상호배타적인 특성, 즉 모든 대상은 하나의 범주에만 속하고 두 가지 범주에 동시에 속할 수는 없다는 특징이 있다.
4) 동일한 집단에 속해 있는 대상은 동일한 척도 값을 가져야 한다.
5) 사용가능한 연산은 (=), (≠)이다.

② 서열변수(= 순위변수)

ㄱ. 명목변수의 특성인 분류를 할 수 있으며 우열의 크고 작음이나 순서를 알 수 있는 변수이다.

예 학위, 선호도, 학교, 만족도, 소득수준 등

ㄴ. 서열변수는 명목변수로 취급될 수 있지만 명목변수가 서열변수는 되지 못한다.

서열척도 (ordinal scale)

1) 측정대상을 그 속성에 따른 분류뿐만이 아니라 서열이나 순위도 매길 수 있도록 수치를 부여하는 것이지만 서열 간의 동일한 간격이나 절대량을 지적하지 않는다. 예로는 사회계층, 선호도, 수여받은 학위, 변화에 대한 평가, 서비스 효율성 평가 등이 있다.
2) 측정대상 간의 대소, 고저, 전후, 상하 등에 따라 서열화 시킬 수 있다.
3) 서열 간 간격이 동일하지 않고 절대량의 크기를 나타내지 않는다.
4) 사용가능한 연산은 (=), (≠), (〈 , 〉)이다.

③ 등간변수(= 동간변수)

ㄱ. 대상자의 분류와 대상자의 특성을 측정한 값에 순서를 고려할 수 있고 두 숫자의 차이가 일정한 의미(간격이 동일)도 지니는 변수이다.

예 온도, 지능지수, 시험점수, 학년 등

ㄴ. 등간변수는 서열이나 명목변수로 사용될 수 있지만 그 반대의 관계는 성립하지 않는다.

등간척도 (interval scale)

1) 측정대상을 속성에 따라 서열화 하는 것을 물론, 서열 간의 간격이 동일하도록 수치를 부여하는 측정이다. 예로는 IQ, 온도, 시험점수, 학년 등이 있다.
2) 절대영점이 존재하지 않기 때문에 곱하기, 나누기 같은 비율계산은 사용할 수 없다. 즉, 사용가능한 연산은 (=), (≠), (〈 , 〉), (+ , -)이다.

④ **비율변수** : 명목, 서열, 등간변수의 속성을 모두 지니는 변수이며 측정수준이 가장 높은 것으로서 절대영점이 존재하는 변수이다.

예 소득, 몸무게, 신장, 빈곤율, 사망률, 가족 수, 연령 등

비율척도 (ratio scale)

1) 측정대상의 속성에 절대적 영점을 가진 척도를 가지고 수치를 부여하는 것을 말하며 가감승제가 가능하다. 예로는 연령, 무게, 키, 수입, 출생률, 사망률, 이혼율, 가족 수 등이 있다.
2) '0'이 실제적 의미를 가지고 있기에 모든 산술적 조작이 가능하고 측정값 사이의 비율계산이 가능하여 사용가능한 연산은 (=), (≠), (〈 , 〉), (+ , -), (×, ÷)이다.

정리

측정수준에 따른 변수의 정리

특성 \ 변수	명목변수	서열변수	등간변수	비율변수
분류(category)	○	○	○	○
순위(order)	×	○	○	○
등간격 (equal interval)	×	×	○	○
절대영점 (absolute zero)	×	×	×	○
연산	(≠), (=)	(≠), (=), (<, >)	(≠), (=), (<, >), +, -	(≠), (=), (<, >), +, -, ×, ÷

2 측정(measurement)

1) 의의

(1) 측정이란 추상적인 개념을 경험적으로 검증하기 위한 작업으로, 경험적인 특징들에 대해 규칙에 의거해 숫자나 기호 등을 부여하는 과정이다.

(2) 측정의 가장 중요한 요소는 규칙이다. 이러한 규칙은 숫자나 기호들을 어떻게 부여할 것인지에 관한 기준을 제시하는 것이다.

2) 척도 - 지수의 작성과정

이론적 개념 → 경험적 변수 → 경험적 지표 → 지수 척도

(1) 문제에 관한 속성을 인지하고 이것을 표현하는 이론적 개념을 형성한다.

(2) 이론적 개념의 내용을 특정화하여 경험적 관찰이 가능한 변수로 전환한다.

(3) 변수의 속성을 파악하기 위한 경험적 지표를 선정한다.

(4) 선정된 지표를 활용하여 지수와 척도를 사용한다.

3) 측정도구(척도)의 유형

(1) 평정척도(rating scale)

① 응답 대상자에게 주어진 대상이나 사회현상에 대해 몇 개의 범주를 제시하고 이러한 범주들 가운데 하나를 선택하게 하거나 또는 일정한 연속선상이 있어 한 점을 선택하도록 하여 대상의 속성이나 사회현상을 평정(評定)하는 방법이다.

② 작성하기가 쉬워 널리 활용되고 있는 것은 장점인데 반해 문항이 애매모호하다든지, 내적인 일관성 등 문항의 적절성 여부를 검토할 수 있는 특별한 절차가 없고 응답의 신뢰성의 확보가 어렵다는 단점이 있다.

실력 다지기

평정척도의 유형

1) 도표식 평정척도법 : 평정척도에서 가장 흔히 사용되는 방법으로, 선과 언어를 합하여 구성한 것으로 선을 긋고 중간에 숫자 또는 해설을 붙여서 평가자로 하여금 대상의 위치 또는 기호로 표시하도록 하는 방법이다.

예 귀하가 거주하는 지역 사회복지관의 직원들은 얼마나 친절하십니까?

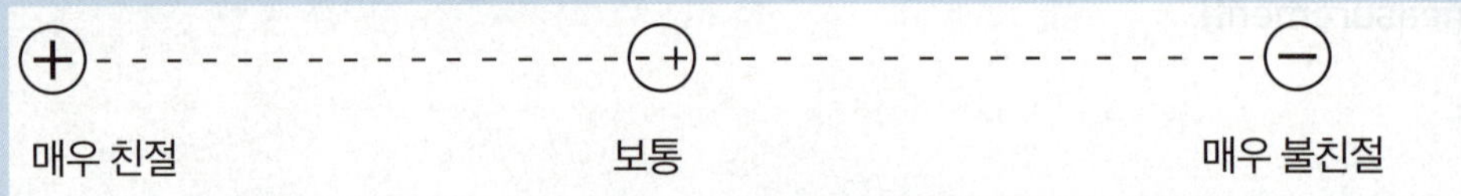

2) 범주 평정척도법 : 특정 범주척도는 도표를 사용하지 않고 어떤 속성을 나타내는 문장이나 항목을 그 정도에 따라 범주별로 제시하고 그 가운데에서 적합한 것을 고르게 하는 방법이다.

예 귀하가 거주하는 지역복지관의 직원들은 얼마나 친절하십니까? (해당란에 V 표)

매우 친절하다 (　　)　　친절하다 (　　)　　보통이다 (　　)

불친절하다 (　　)　　매우 불친절하다(　　)

3) 숫자-언어식 평정척도 : 측정대상의 특성에 따라 평가자가 일정한 숫자나 언어를 부여하는 방법이다.

예 귀하가 거주하는 지역복지관의 직원들은 얼마나 친절하십니까?

(1) 매우 친절하다　　(2) 친절하다　　(3) 보통이다　　(4) 불친절하다　　(5) 매우 불친절 하다

4) 평점방식 평정척도법 : 평점방법에 의한 척도는 조사대상의 속성이나 특성에 대해서 평가자가 의견이나 태도를 수치로 평점하는 것이다. 양극은 0에서 100으로 지정되나 그사이에 아무런 구분이 명시되어 있지 않다.

예 우리 지역의 지역복지관에 근무하는 직원들은 친절하다.

\+ - +

0　　　　　　　　　　　　　　　　　　　　　　100

(2) 리커트 척도(Likert scale)

① **개념**: 어떤 변수(독립변수 혹은 종속변수)를 측정하고자 할 때 단 한 문항만으로는 충분하지 못하고 적절하게 선택된 다수의 문항들로 척도를 구성한 방법이다.

② **장점**: 일관성이 있고 단순하며 사용이 용이하고 척도를 구성할 때 시간과 비용적 측면에서 효율성이 있고 타당도와 신뢰도를 높게 확보할 수 있다. 그리고 많은 질문 문항들을 한데 묶어서 척도를 만들기 때문에 일관성 있게 어떤 현상을 측정할 수 있다.

③ **단점**: 이 척도에 의해 얻어진 총점(일명 총화평정척도라고도 한다)을 등간적 변수로 취급하는 경우가 많지만 척도간격이 엄밀히 등간적이라고 할 수 없으며 대략적으로 응답을 하여 응답자의 응답 의도와 응답내용의 일치성이 결여된다는 점을 들 수 있다.

실력 다지기

성역할에 대한 리커트 척도

	매우 반대	반대	중간	찬성	매우 찬성
1. 여성은 남성보다 순종적이다.	1	2	3	4	5
2. 여성은 현모양처가 되어야 한다.	1	2	3	4	5
3. 가사노동은 여성의 의무이다.	1	2	3	4	5
4. 남성은 여성보다 더 능력이 있다.	1	2	3	4	5
5. 남성만이 가장이 될 수 있다.	1	2	3	4	5

출처: 정영숙 외 5인, 사회과학조사방법론, 일부 재인용

참고

총화평정 (summated rating) 척도

합산법 척도는 응답자가 응답하는 여러 질문문항의 값들을 어떤 방식으로 종합하여 계산하는 척도이다. - 리커트 척도도 이러한 구성을 따를 수 있다.

예 베일리 출산율 척도가 있다. 10개 항목의 출산율 척도를 구성하고 동의하는 경우 1, 동의하지 않는 경우 0을 부호화하여, 10점은 아이를 가져야 할 강한 책임감을 느끼는 경우이며 0점을 받은 응답자는 아이를 가질 책임감을 가지지 않는 경우가 되는 구성이다.

(3) 거트만 척도(Guttman scale)

① **개념** : 단일차원적인 특성이나 태도 및 현상 등을 측정하기 위해 강도에 따라 서열화시킨 방법이다.

② **장점** : 척도를 구성하는 문항들이 일관성 있게 서열을 이루고 있고 단일차원적이고 예측성이 있으며 경험적 측면을 기초로 척도가 구성됨으로써 이론적으로 우월하다는 점이다.

③ **단점** : 두 개 이상의 변수를 동시에 측정하는 다차원적인 척도로서 사용되기 어렵다는 것이다.

실력 다지기

양로시설 설치와 관련된 거트만 척도

질문) 귀하는 양로시설 설치와 관련해 어떻게 생각하십니까? 다음 각 질문에 응답해주십시오.

1. 양로시설이 우리나라에 있는 것은 괜찮다. 그렇다( ) 그렇지 않다( )
2. 양로시설이 서울에 있는 것은 괜찮다. 그렇다( ) 그렇지 않다( )
3. 양로시설이 우리 동네에 있는 것은 괜찮다. 그렇다( ) 그렇지 않다( )
4. 양로시설이 우리 옆집에 있는 것은 괜찮다. 그렇다( ) 그렇지 않다( )

(4) 보가더스의 사회적 거리척도

① **개념** : 서열척도의 일종으로 소수민족, 사회계급, 사회적 가치 등에 대한 사회적 거리감의 정도를 측정하기 위해 하나의 연속성을 가진(강도에 의한 서열) 문항들로 구성된 척도이다.

② **단점** : 사회적 거리의 원근만을 표시함에 그치고 구체적인 친밀감의 크기를 나타내지는 않는다.

실력 다지기

보가더스의 인종 간 거리척도

문항	중국인	일본인	미국인	기타
7. 결혼하여 가족으로 받아들인다. 6. 개인적 친구를 사귄다. 5. 이웃으로 같이 지낸다. 4. 같은 직장에서 일한다. 3. 우리나라의 국민으로 받아들인다. 2. 우리나라의 방문객으로만 받아들인다. 1. 우리나라에서 추방한다.				

(5) 써스톤 척도(= 유사등간법)

① **개념** : 어떤 사실에 대하여 찬성적인 태도와 부정적인 태도를 나타내는 양극단을 등간으로 구분한 후에 수치(척도치)를 부여함으로써 척도를 구성하는 방법이다.

② 척도치를 알기 위해 실시하는 문항평가자의 평가에서 문항평가자가 소홀히 평가한 것이나 평가한 의견이 너무 엇갈리는 문항은 제거한다.

실력 다지기

개인주의에 관한 서스톤 척도

(주제) 개인주의에 관한 여러 가지 명제들

가중치 (척도치)	명제
1.1	사회의 의견을 받아들이기 위하여 개인의 의견을 억누르는 것은 자신의 숭고한 목적을 달성하는 길이다.
2.8	인간은 다수의 의견을 따를 때 가장 좋은 대접을 받는다.
4.5	논쟁이 생겨서 친구와 의견일치를 보지 못하는 것은 어리석은 일이다.
6.1	자기주장을 펴는 것은 가치 있는 일이지만 사회생활의 편익을 누리기 위해 제한되지 않을 수 없다.
7.5	인간의 능력발전은 자신에게 중요한 목적이 되어야 한다.
8.9	타인의 요구에 쉽게 따르면 자기 개성은 희생된다.
10.4	능력의 한계까지 자기발전을 이루려는 것은 인간존재의 주목적이다.

여기서 응답자의 개인주의적 척도는 응답자가 찬성하는 모든 문항의 가중치를 합쳐서 평균을 낸 것이다. 평균치가 높을수록 개인주의적 성향이 높다고 하겠다.

출처 : Philips. B.(1997)

기출문제 확인학습

서스톤의 등현간격기법 (Thurstone's equal - appearing scaling method)

1) 초기 척도 이론을 정립한 학자가운데 1925년 루이스 서스톤(Louis Thurstone)은 등현간격기법(method of equal - appearing intervals)을 소개하였으며 이는 구인(construct)에 대한 선호도를 표시하는 문항들을 모아 척도로 만드는 '자극 중심 척도화' 기법이다.
2) 이 방법론은 구성개념에 대한 정확한 정의를 바탕으로 측정 가능한 척도를 개발하는 것이다.
3) 항목들은 측정될 구성개념에 대해 잘 알고 있는 전문가에 의해 결정된다.
4) 하나의 구성개념과 관련된 약 80개에서 100개 정도의 후보 항목을 추려내고, 이를 응답자들이 동의 - 반대의 형태로 응답할 수 있도록 문장으로 구성한다.
5) 그 다음, 구성개념을 잘 표현하고 있는 항목들에 대한 판단을 할 수 있는 패널들을 구성한다.
6) 패널들은 학문적으로 구성개념에 대한 훈련이 선행되어 있거나, 해당 연구 현상에 대해 어느 정도 인지하고 있는 응답자를 무작위로 추출한다.
7) 그리고 패널들은 각 항목들이 구성개념을 얼마만큼 잘 표현하고자 하는지를 자신의 의견과 비교하여 1부터 11까지의 척도로 나타낸다(1 : 연결성이 없음, 11 : 연결성이 높음).
8) 그 결과를 바탕으로 각 항목들의 중앙값과 사분위수(inter - quartile range)를 계산하고 히스토그램의 형태로 나타낸다.
9) 척도 항목은 중앙값의 범위를 중심으로 간극이 일정한 형태로 선택되고, 그 항목들을 빈도수가 높은 중앙값과 동일한 집단에 포함되어 가장 작은 사분위수에 존재하는 항목을 선택한다.
10) 연구자는 항목 선별을 위해 통계적 분석에 완전히 의존하기보다는 항목에 따른 각각의 수준(level)과 적절한 문장으로 구성되어 있는지 확인하는 분석방법이 응답자들의 명확한 이해를 돕는다.
11) 척도 항목의 중앙값은 구성개념을 표현하는 종합적 척도 값에 사용되는 가중치를 의미한다.
12) 1부터 11까지의 일정한 간격으로 구성된 자(ruler)와 비슷하기 때문에 이 기법을 등현간격기법이라고 한다.

(6) 요인척도(등간 - 비율화 척도 중 하나 : R기법)

① 요인척도화(요인분석, SPSS통계 프로그램 상)는 변수들 간에 존재하는 상호관계의 유형을 밝히고 상호 간에 밀접하게 연관되어 있는 변수들의 묶음을 발견하고 이를 보다 적은 수의 가설적 변수, 요인들로 축소시키기 위한 통계적 기법이다.

② **장점** : 컴퓨터 프로그램 사용으로 계산상 용이, 단일 차원성 확보, 항목들의 가중치 부여, 등간 - 비율화(연속형 변수) 척도로서 연속 점수 가능

③ **단점** : 손수 계산이 어려움, 분석을 위한 분석

실력 다지기

Q분류 척도

1) Q - 기법은 특정자극에 대해 비슷한 태도를 가진 사람이나 대상을 분류하기 위한 방법으로 응답자로 하여금 특성 기준에 따라 문항들을 분류하게 하여 측정대상을 나눈다.
2) 한 사람의 특징이나 또는 단일 현상을 설명하기 위해 여러 가지 특징이나 요인들을 도출해 내는데 주력한다.
3) 여러 사람 또는 여러 가지 현상들을 하나로 묶어 공통된 점을 도출해내는 요인분석인 R - 기법과 차이가 있다.

(7) 의미분화척도

어떤 개념에 함축되어 있는 주관적 의미를 평가하기 위한 방법으로 고안되었으며, 어의 변별 척도라고도 한다. 의미분화척도를 만드는 법은 ① 리커트 척도, 거트만 척도, 서스톤 척도가 일련의 문항들을 만드는 것과는 달리 의미분화척도는 해당 개념을 어떻게 생각하고 있는지를 반영하는, 서로 반대의 뜻을 갖는 양극화된 형용사 쌍을 만든다. ② 0에서 6또는 - 3에서 + 3까지의 범주를 갖도록 한다. (일반적으로 5점과 7점을 척도로 사용)

실력 다지기

측정도구 선정

1) 측정도구를 선정할 때 먼저 고려해야 할 것은 타당도이다.
2) 연구자 자신이 연구하고자 하는 변인을 제대로 측정해 주는 도구를 발견하는 일이 무엇보다도 중요하다.
3) 연구자는 자기의 연구에서 어떤 종류의 타당도가 중요한지를 판단해서 도구 선정에 적용해야 한다.
4) 타당도는 연구하고자 하는 변인을 제대로 측정하고 있는가를 의미하는 것으로, 측정도구의 문항을 일일이 읽어보고 측정도구의 개발과정을 확인하며 측정도구를 사용한 연구보고서를 읽어보면서 증거를 수집하는 것이 바람직하다.
5) 신뢰도는 측정도구의 일관성을 제대로 측정하고 있는가의 의미로서, 측정방법의 종류에는 검사 - 재검사 신뢰도, 크론바 알파계수(문항 내적 합치도), 평정자 간 신뢰도, 반분법, 동형검사법이 있다.

제4절 | 연구대상자 선정과 표집

1 확률 표본추출 - 일반적으로 양적 연구에서 사용

1) 개념

모집단의 각 표집단위가 추출될 기회를 다 가지고 있고, 각각의 표집단위가 추출될 확률을 정확히 알며 무작위방법에 기초하여 표본을 추출한다.

2) 종류

(1) 단순무작위 표집(simple random sampling)

의식적인 조작이 전혀 없이 표본을 추출하는 방법으로 모집단의 모든 요소가 추출기회를 동등하게 가지며 어떤 요소의 추출이 계속되는 다른 요소의 추출 기회에 아무런 영향을 미치지 않는 방법이다.

예 난수표 이용법, 제비뽑기, 컴퓨터를 이용한 추출방법(컴퓨터 추첨)

(2) 계통적 표집(systematic sampling = 계층적 = 체계적 표집)

① 개념

ㄱ. 모집단을 구성하고 있는 구성요소들이 자연적인 순서에 따라 배열된 목록에서 표집간격인 매 k번째의 구성요소를 추출하여 형성한 표집이다.

참고 표집간격 = 집단의 크기 / 표본집단의 크기

ㄴ. 첫 번째 요소는 반드시 무작위적으로 선정되어야 하고 목록자체가 일정한 주기성을 가지지 않아야 한다.

(3) 층화표집(유층표집, stratified sampling)

① 이질적 집단보다 동질적 집단에서 추출한 표본의 표집오차가 작다는 이론에 기초한 표집방법으로서, 모집단을 일정한 기준에 따라 2개 이상의 동질적인 계층으로 구분하고, 각 계층별로 단순무작위 추출방법 또는 체계적 표집방법을 적용하는 방법이다.

② 전체 모집단에서 표본을 선정하기보다는 이미 알고 있는 사전 지식을 이용하여 모집단을 동질적인 부분으로 나누고 이들 각각으로부터 적정한 수의 요소를 선정한다.

③ 층화표집법의 유형에는 모집단에서 각 계층이 점하는 비율에 따라서 각 계층의 크기를 무작위로 추출하는 방법인 비례층화표집과 각 계층에서 각 계층의 크기와 상관없이 표본을 추출하는 방법인 비비례층화표집이 있다.

실력 다지기

층화표집의 특징

암기법 층화표집은 동내 / 이간 집단이다.

해설 층화표집의 특징은 집단 내 동질적이고 집단 간 이질적이다.

(4) 집락표집(cluster sampling = 군집표집)

① 모집단을 여러 가지 이질적인 구성요소를 포함하는 여러 개의 집락 또는 집단으로 구분한 후 집락을 표집단위로 하여 무작위로 몇 개의 집락을 표본으로 추출한 다음, 표본으로 추출된 집락에 대해 그 구성요소를 무작위로 표본추출 하는 방법이다.

② 층화표집과의 비교

ㄱ. 층화표집은 각 계층의 구성요소들은 동질적이고, 계층과 계층 간에는 이질적인 경우에 적용하는 것이 바람직한 데 비하여, 집락표집의 경우에는 각 집락이 모집단의 구성요소를 대표할 수 있는 이질적인 요소로 구성되고, 집락과 집락들 사이에는 거의 차이가 없는 경우에 적용된다.

ㄴ. 층화표집은 모든 부분적 계층에서 표본이 선정되지만 집락표집은 추출된 부분계층에서만 표본을 선정한다.

(5) 행렬표집

① 행렬표집은 피험자와 문항을 동시에 표집할 수 있는 표본추출방법으로, 교육평가에서 유용하게 활용될 수 있는 방법이다.

② 행렬표집은 검사에 대한 특정 모집단의 능력을 추정하기 위해서는 추출된 피험자들이 모든 문항을 풀지 않아도 된다는 사실에 기초하고 있기 때문에 검사의 목적이 개인의 능력보다는 특정 집단의 능력을 측정하고자 할 때 적합한 방법이라고 할 수 있다.

③ **행렬표집의 장점**: 일부의 피험자에게 일부의 문제만을 풀게 하는 방법이므로 많은 문항으로 이루어진 검사에 유용하며 피험자의 심리적 부담을 감소시킬 수 있고 평가자의 시간과 비용을 절약할 수 있다.

④ **행렬표집의 단점**: 개인 성적 산출에는 부적절하며, 서로 다른 문항들로 구성된 여러 종류의 검사를 실시하고 채점하여야 하므로 관리, 시행, 자료 처리과정이 복잡하며 시간과 노력이 많이 든다.

★tip★

확률표집(확률 표본추출)의 종류

암기법 단층집행계 - 확률

해설 1) 단순무작위 표집 2) 층화표집(= 유층표집) 3) 집락표집
4) 행렬표집 5) 계통적 표집 (= 체계적 표집 = 계층적 표집)

2 비확률 표본추출 - 일반적으로 질적 연구에서 사용

1) 개념

비확률표집방법은 모집단 자체의 범위를 한정할 수 없거나, 모집단의 한계가 분명하더라도 목록을 구할 수 없거나 작성할 수 없을 경우 그리고 비용, 시간, 인력이 지나치게 많이 드는 문제가 있을 때 사용할 수 있는 표집방법이다.

2) 종류

(1) 편의표집(convenient sampling/accidental sampling = 임의 = 우발적 표집)

① 모집단에 대한 정보가 전혀 없는 경우나, 모집단의 구성요소들 간의 차이가 별로 없다고 판단될 때 조사자가 임의대로 표본을 추출하는 방법이다.
② 연구자가 쉽게 이용 가능한 대상들을 표본으로 선택하는 방법이다.
③ 가장 비용이 적게 들고 시간을 절약할 수 있는 방법이지만 표본의 대표성과 결론의 일반화에 한계를 가진다.

(2) 유의표집(purposive sampling = 판단 = 의도적 표집) - 극단적 사례표집 · 전형적 사례표집 등

① 모집단에 대한 정보가 많은 경우 연구자의 주관적 판단의 기준에 따라 연구목적 달성에 도움이 될 수 있는 구성요소를 의도적으로 추출하는 방법이다.
② 주관적 판단의 타당성 여부가 표집의 질을 결정한다.
③ 문제점으로는 표본의 대표성을 확신할 수 없고 모집단에 대해 상당한 사전지식이 필요하며 표집오차의 산정이 곤란하다는 점이다.

(3) 할당표집(quota sampling)

① 모집단의 어떤 특성을 사전에 미리 알고 추출된 표본에 같은 비율을 얻고자 할 때 사용되는 방법이다.
② 표본을 모집단에서 차지하는 범주의 비율에 따라 할당하고 할당된 수의 표본을 임의적으로 추출하는 것이다.
③ 확률표집인 층화표집과 유사한데, 그 차이점은 무작위방법과 인위적 방법이라는 것이다.

(4) 누적표집(snowball sampling = 눈덩이 표집)

① 연구에 필요한 소수의 사례 표본을 찾고 그 표본을 통해서 다른 사람을 추천받아 점차 표본의 수를 늘려가는 표집방법이다. 즉, 첫 단계에서 연구자가 임의로 선정한 제한된 표본에 해당하는 사람으로부터 추천받아 다른 표본을 선정하는 과정을 되풀이하여 마치 눈덩이를 굴리듯이 표본을 누적해 가는 방법이다.
② 연구자가 특수한 모집단의 구성원을 전부 파악하고 있지 못할 때에 적합한 표집방법이다.
③ 단점은 추천하는 사람의 주관에 의한 편견이 개입될 수 있다는 점이다.

★tip★

비확률표집의 종류

암기법 누유임할 - 비확률

해설 1) 누적(= 눈덩이)표집 2) 유의(= 판단)표집 3) 임의(= 편의)표집 4) 할당표집

기준	확률표집방법	비확률표집방법
연구대상이 표본으로 추출될 확률	동등하다. 알려져 있을 때	동등하지 않다. 알려져 있지 않을 때
표집	무작위적	인위적(= 작위적)
표본의 통계치로 모집단의 모수 추정	편의(bias)가 없다.	편의(bias)가 있다.
모치수 추정 가능성	추정 가능	추정 불가능
오차 측정 가능성	측정 가능	측정 불가능
시간과 비용	많이 소요	많이 소요되지 않는다.
모집단의 규모와 성격	명확히 모집단의 성격 규명	불명확 또는 불가능
종류	단순무작위, 계통, 층화, 집락, 행렬	편의, 유의, 누적, 할당

실력 다지기

질적 연구에서의 표집방법

1) 의도적 표집 : 연구하고자 하는 대상이나 현상을 잘 보여줄 수 있는 사례를 의도적으로 설정하는 방법
   예 방과 후 아동프로그램에 대한 참여를 조사하고자 할 때 참여한 아동과 그 가족, 참여하지 않은 가족, 중도 탈락한 아동과 가족 등을 선정하여 연구하는 것
2) 기준 표집(criterion sampling) : 연구자가 연구하고자 하는 초점에 맞추어 미리 결정한 어떤 기준을 충족시키는 사례를 선정하는 방법
   예 직업훈련프로그램의 효과성에 대한 조사의 경우 특정기관에서 꾸준하게 직업훈련프로그램에 1년 이상 참여한 사람들을 선정하는 것
3) 최대변이표집(최대변화량 표집 ; maximum variation sampling) : Patton이 지적한 표집방법으로 소규모표본을 집중적으로 연구하면서 다양한 현상을 찾아내려는 목적으로 작은 표본 내에서 다양한 속성을 가진 사례들을 골고루 확보하기 위한 방법
   예 사례관리과정을 연구하고자 할 때 도시지역에서의 사례관리프로그램, 농촌지역 등으로 나누어 선정
4) 동질적 표본(homogeneous sampling) : 어떤 특정주제와 관련 있는 사람들(동질적 사례)을 대상으로 집단면접을 하기위해 유사한 배경과 경험을 가진 사례들을 선정하는 것
   예 포커스 집단면접(주제와 관련된 5 ~ 8명 정도의 집단과 함께 개방형 면접 실시)
   미리 정해놓은 주제에 대해 자유롭게 토론하고 토론내용을 분석하여 필요한 정보를 얻는 것
5) 결정적 사례표집(critical case sampling) : 조사하고자 하는 주제에 대해 아주 극적인 요점을 제공해줄 수 있는 사례를 의미하는 경우
   예 지역사회복지프로그램에 대한 주민들의 이해정도를 조사하는 경우, 결정적 사례는 교육수준이 높은 지역사회주민이 될 수 있다.
6) 예외적 사례표집(일탈적 사례표집, deviant sampling) : 질적 연구조사에서 McCall & Simmons가 제시한 사례표집방법으로 어떤 주제에 대해 규칙적인 유형에 맞지 않는 예외사례를 검토함으로써 규칙적인 행위와 태도의 유형을 이해하는 방법
   예 노인요양원에 거주하는 노인들의 가족이 시설의 보호에 참여하는 정도를 조사하는 경우 예외적 사례는 시설의 보호활동에 가장 잘 참석하는 가족과 가장 적게 참가하는 가족을 집중적으로 연구하는 것
7) 준예외적 사례표집(intensity sampling) : 준예외적 사례는 Patton이 지적한 방법으로 예외적 사례표집의 강도를 낮춘 것으로 예외적 사례가 너무 특이해서 집단의 현상을 왜곡시킬 수 있는 경우, 예외라고 할 정도로 특이하지 않은 사례를 표집 하는 방법
   예 상기의 노인요양보호 사례에서 준예외적 사례는 노인요양보호에 가장 많이 참여한 가족과 가장 적게 참여한 가족을 선정하기보다는 대부분의 가족들보다 약간 참여를 더하거나 덜한 가족을 선정하는 것

3 표집오차와 표본크기

1) 표집오차(sampling error = 표본오차)

(1) 모집단의 일부만을 뽑아 표본조사를 하기 때문에 생기는 오차로서 모집단에서 추출한 표본이 모집단의 특성과 일치하지 않아서 생기는 차이이다.

(2) 표본오차에 영향을 주는 요인은 표본의 크기, 신뢰구간 등이다.

(3) 전수조사를 하지 않기 때문에 표본으로부터 얻어진 값을 기초로 하여 연구자가 정한 일정한 신뢰수준 하에서 나타날 수 있는 오차의 범위를 추정한다.

(4) 신뢰수준을 높게 잡으면 오차가 커지고, 표본의 크기가 커지면 표본오차는 작아진다.

(5) 표본조사에서만 나타난다.

실력 다지기

신뢰도(신뢰수준)와 정확도(표본오차)

통계학에서 보고자 하는 '신뢰도'와 '정확도'는 다음과 같이 정의한다.

- 신뢰도 : 주장 A가 맞을 확률
- 정확도 : 주장 A의 구체성

보기1 100m 떨어진 곳에 어떤 물체가 보일 때 아래의 주장들을 비교해 보자.

- S1 : 저건 사람이다.
- S2 : 저 사람은 여자이다.
- S3 : 저 사람은 할머니이다.

이 상황에서 3개의 주장(명제)중 맞을 확률이 높은 명제는 무엇일까? 당연히 S1이다. 반면에 물체에 대한 S1의 묘사는 가장 불투명하고 S3가 가장 구체적이다. 그래서 신뢰도는 S1이 가장 높고 정확도는 S3이 가장 높다.

즉, 신뢰도 : S1 > S2 > S3 / 정확도 : S1 < S2 < S3 이다.

보기2 다른 예를 들어 어떤 사람의 키에 대해서 생각해 보자.

- S1 : 저 사람 키는 150 cm 이상이다.
- S2 : 저 사람 키는 170 cm 이상이다.
- S3 : 저 사람 키는 190 cm 이상이다.

여기서 어떤 주장이 신뢰도가 가장 높을까? 당연히 S1이다. 반면에 정확도는 S3가 가장 높고 S1이 가장 낮다.

보기1 과 **보기2** 에서 보듯이 이 '신뢰도'와 '정확도'는 상호상충관계(trade - off) 즉, 반비례적 관계이다.

2) 비표집오차

조사자가 조사하는 과정상 자료를 수집하고 집계하는 과정에서의 오차이다. 전수조사와 표본조사 모두에서 발생하고 전수조사가 표본조사보다 더 크게 나타난다.

3) 표본의 크기

(1) 표본의 크기는 모집단에서 추출되는 표본의 수를 의미한다.

(2) 표본의 크기 결정요인

① **신뢰구간 접근법 또는 통계적 기법** : 통계적 검정력(표본의 크기가 클수록 통계적 검정력은 증가한다)
② **모집단의 동질성** : 표본의 크기가 아주 작을 때는 전수조사가 좋고 표본이 동질 할수록 표본의 크기는 작아도 된다.
③ 표집방법(확률표집과 비확률표집)과 조사방법(관찰법, 질문지법 등) / 자료분석(양적 및 질적) 유형
④ **분석범주나 변수의 수** : 분석범주의 수가 많을수록 표본은 커야 한다.
⑤ **이론과 표본설계** : 타당한 표본설계에 의한다면 표본의 크기는 작아도 된다.
⑥ 시간과 비용 및 연구자의 능력을 고려한다.

실력 다지기

표본의 크기와 표본오차 / 신뢰수준과 표본오차

1) 표본오차는 표본의 통계치와 모집단의 특성을 요약하는 추정치인 모수치와의 차이를 의미하는데 표본의 크기가 크면, 이 오차는 줄어들어 대표성이 있을 것이다.
⇒ 표본크기가 클수록 표본오차가 작다(반비례).
2) 표준오차는 표본에서 계산된 평균값으로 모집단의 평균을 추정하고자 할 때 나타날 수 있는 오류이므로 이는 표본의 통계치와 모집단의 특성을 요약하는 추정치인 모수치와의 차이인 표본오차를 추정할 수 있다.
3) 신뢰수준과 모수치 추정

(1) 모집단 평균치 : $\mathscr{M}$
(2) 표본의 평균치 : X
(3) 평균치의 표준오차 : SE
(4) 90% 신뢰수준 : $\mathscr{M} = X \pm 1.65SE$
(5) 95% 신뢰수준 : $\mathscr{M} = X \pm 1.96SE$
(6) 99% 신뢰수준 : $\mathscr{M} = X \pm 2.58SE$

⇒신뢰수준이 높을수록 표본오차가 크다(비례).

기출문제 확인학습

표준오차(standard error)

1) 모집단을 전체로 실험할 수 없으므로, 무선 표집을 하게 되는데, 이렇게 표집된 표본집단의 평균과 모집단의 평균 사이에는 표집오차(=sampling error)가 발생할 수 있다.
2) 하지만, 모집단의 평균을 알 수 없으므로, 이 표집오차는 추정밖에 할 수 없고, 또한 이렇게 표집한 표본집단이 얼마나 모집단을 잘 대표하는지를 알기 위해서 표준오차의 개념을 사용하는 것이다.
3) 표준오차를 구하기 위해서는 일단 모집단이 정상분포를 이루고 있다는 가정 하에 모집단의 평균과 가까워지기 위해 여러 번의 표집(sampling)을 통해 각 표본집단의 평균들로 이루어진 표본평균분포를 얻게 되는데, 이 분포의 표준편차가 바로 표준오차가 된다.
4) 즉, 모평균과 표본평균 사이에 평균적으로 얼마나 많은 오차가 있는지 알려주며, 이 표준오차가 적을수록 표본집단은 그만큼 모집단을 잘 대표하는 것으로 여겨진다.
5) 표준오차는 모집단의 표준편차가 클수록 커지고 사례수가 많아질수록 적어진다.

제5절 | 자료수집과 분석

1 설문조사

설문조사는 조사 대상자들에게 측정하고자 하는 것을 물어서 자료를 수집하는 방법이다. 많은 사회현상들은 연구자에 의해 직접 관찰되기 어렵기 때문에 연구자는 그러한 현상들을 경험했던 그리고 경험하고 있는 사람들에게 물어보는 방법을 통해서 자료를 수집할 수 있다. 설문조사는 대개 고정된 형태의 문항으로 문답을 통해 어떤 한 일정한 시점을 기준으로 자료들이 수집되기 때문에 양적(quantitative)분석을 전제로 한다.

1) 우편조사 (= 질문지법 = 자기기입식 설문조사)

(1) 개념

질문지를 우편으로 우송한 후 설문결과를 다시 회수하는 조사방법으로 이 방법은 조사자와 응답자가 대면하지 않는 관계 속에서 자료를 수집하게 된다.

(2) 장점

① 대인면접법에 비해 비용이 적게 든다. 특히 지리적으로 광범위하게 분포된 조사대상에 대한 조사에서 조사비용을 크게 줄일 수 있다(가장 저렴하다).
② 대인면접이나 전화면접 등 면접조사에서 쉽게 접근할 수 없는 대상을 포함시킬 수 있다.
③ 조사자와 인간관계가 없어도 조사가 가능하므로 조사자의 개인적 특성에 따른 조사의 오차를 줄일 수 있다.
④ 응답자가 충분한 시간적 여유를 가지고 응답할 수 있도록 한다(응답자의 편리).
⑤ 편견에 의한 오류가 감소한다.
⑥ 설문지를 많은 대상자에게 동시에 배포하여 수거할 수 있어 시간이 절약된다.
⑦ 대면적인 관계가 생략되며 설문 응답자들은 자신들의 익명성이 보장된다.

(3) 단점

① 가장 심각한 단점은 낮은 회수율이다. 통계상 회수율은 20 ~ 40%이고 실제사용이 가능한 자료는 10 ~ 25%에 불과한 것으로 알려져 있다.
② 응답내용이 모호한 경우에 확인할 방법이 없다.
③ 응답자가 답한 응답의 진위 여부를 확인할 수가 없다. 즉, 설문지가 어떤 상황에서 작성되었는지를 통제할 방법이 없다.
④ 오기(誤記)나 불기(不記) 등이 발생할 수 있다.
⑤ 설문 항목들은 응답자들이 스스로 이해할 수 있는 단순한 문제들에 대해서만 답변이 제한되기 쉽고 어려운 질문들의 설문은 응답률이 현저히 낮을 가능성이 높다.
⑥ 추가 질문이나 불확실한 응답에 대한 추가 질문 등과 같은 심층규명을 하기가 어렵다.

⑦ 무의식적인 행동이나 비언어적 행동의 조사는 불가능하다.

⑧ 융통성이 결여되어 응답자가 질문의 내용을 잘못 이해하고 있더라도 수정할 수 있는 기회가 없다.

> **실력 다지기**
>
> **설문지의 회수율 모니터링에 관한 설명**
>
> 1) 추가설문지의 발송시기를 예측한다.
>
> 2) 비응답자들의 추가 응답률을 높이는데 활용된다.
>
> 3) 모니터링을 중단하는 시점은 회수율이 70 ~ 80%인 때이다.
>
> 4) 여러 시점에서 회수된 설문지를 분석하면 표본추출의 편향을 추정할 수 있다.
>
> 5) 그래프로 일일 회수빈도와 누적빈도를 기록한다.

2) 면접조사

(1) 개념

연구에 필요한 자료를 얻기 위해 연구대상자와 면접자가 대면하여 질문과 응답 형식으로 정보를 수집하는 방법이다.

(2) 장점

① 다양한 조사내용을 비교적 긴 시간에 걸쳐서 상세하게 조사할 수 있다.

② 면접자가 자료를 직접 기입하므로 응답률이 매우 높고 표본의 다양성 측면에서 유리하다.

③ 질문의 내용을 응답자가 잘 이해하지 못하는 경우에 면접자가 설명해 줄 수 있고, 응답의 내용이 분명치 않은 경우에도 면접자가 응답의 내용을 점검할 수 있어서 응답의 오류를 줄일 수 있어 응답의 타당성이 높다.

④ 질문서에 포함된 내용 외에도 연구에 필요한 기타 관련된 정보들을 수집할 수 있다.

⑤ 오기나 불기(不記)를 예방할 수 있다.

⑥ 적절한 질문을 현장에서 결정할 수 있는 융통성이 있다.

⑦ 비언어적 행위를 직접 관찰할 수 있다.

⑧ 개별적으로 진행하는 면접환경을 표준화할 수 있다.

⑨ 면접일자, 시간, 장소 등을 기록할 수 있다.

⑩ 면접시에 복잡한 질문지를 사용할 수 있다.

⑪ 면접에 응할 수 있는 분위기 조성이 가능하다.

(3) 단점

① 비용과 시간이 많이 소요된다.

② 면접자와 응답자 사이에 친숙한 분위기가 형성되지 않거나 상호이해가 부족한 경우에 조사 외적인 요인들로부터 오류가 개입될 가능성이 있다.

③ 응답자가 기록한 사실에 대해 확인할 시간을 줄 수 없다.

④ 응답자의 익명성이 결여되어 정확한 내용을 도출하기 어렵다.

(4) 면접의 유형

① **구조화 면접**: 연구자가 대상자로부터 정보를 얻기 위하여 기록된 설문목록, 즉 면접조사표를 가지고 질문을 하며 이는 연구자의 편향된 오류를 최소화하기 위한 것이다.

② **반구조화 면접**: 정보를 얻기 위하여 처해진 상황에 따라 질문을 변화하는 경우로 면접지침만 존재하며 연구자는 연구대상자의 이해정도에 따라서 질문을 달리 할 수 있다.

③ **비구조화 면접**: 가장 자유롭고 개방적인 형태의 면접으로서 면접에 대한 간단한 주제 목록을 가지고 질문을 하며 이 때 질문은 규칙적이지 않고 대체적으로 자유롭게 전개한다.

(5) 면접기술

면접자의 선정, 면접자의 훈련, 협력을 얻는 기술(라포 형성), 프로빙 기술(구체적으로 캐묻는 기술), 면접결과의 기록 등

실력 다지기

집합조사와 배포조사의 장 · 단점

1) 집합조사

(1) 개념: 조사자가 피조사자를 동시에 동일한 장소에 집합시켜서 동일한 조건 하에 질문지를 나누어주고 필요시에 간단한 설명을 하면서 실시하는 조사이다.

(2) 집합조사의 장점과 단점

① 장점

㉠ 피조사자들이 집합되어 있으면 조사를 쉽게 진행할 수 있다는 측면에서 비용이 저렴하게 들 수 있다.

㉡ 조사 조건을 표준화할 수 있다.

② 단점

㉠ 대상을 한 장소에 집합시킨다는 것은 쉽지 않으므로 특수한 조사에만 가능하며 출석자에게 일당이나 교통비를 주어야 할 경우 비용이 많이 들 수 있다.

㉡ 응답자가 옆 사람이나 다른 사람의 영향을 받을 가능성이 있다.

㉢ 질문지에 잘못 기입하는 경우 그러한 오기(誤記)를 시정하기 어렵다.

㉣ 응답자 집단이 확률표집에 의해 추출되지 않고 비확률표집의 하나인 유의표집에 의해서 추출되었기 때문에 응답자 집단이 모집단을 적절하게 대표할 수 없다.

2) 배포조사

(1) 개념 : 조사자가 피조사자에게 질문지를 배포한 후 피조사자가 스스로 응답을 기입하도록 하고 일정기간 내에 질문지를 회수하는 방법이다.

(2) 배포조사의 장점과 단점

① 장점

㉠ 질문지의 회수율이 높다.

㉡ 비용이 적게 들고 응답자가 생각할 시간적 여유를 준다.

② 단점

㉠ 글자를 아는 사람에게만 적용이 가능하다.

㉡ 응답자의 의견이 기입되었는지 아니면 제3자의 영향을 받았는지 알 수 없다.

2 전화조사

1) 개념

사전에 훈련된 조사원이 전화라는 도구를 통하여 응답자들에게 질문을 하고 응답을 얻어내는 방법이다.

2) 장점

(1) 간편하고 시간과 비용을 절약할 수 있다.

(2) 전화번호부를 이용하여 비교적 쉽게 표본을 추출할 수 있다.

(3) 간단히 응답자와 대화를 할 수 있다.

(4) 조사자와 응답자가 얼굴을 맞대고 의사소통을 하지 않으므로 응답자의 외모나 차림새 등에 따른 조사자의 선입관 때문에 발생하는 응답의 오류를 배제할 수 있다.

3) 단점

(1) 대인면접에 비해 조사내용의 분량이 제한되어 있다.

(2) 응답자를 통제할 수 있는 방법이 한정되어 있으므로 대인면접에서와 같이 많은 조사내용에 관한 자료를 수집하기 어렵다.

(3) 전화응답자가 선정된 표본인지를 확인하기도 힘들다.

(4) 대표성의 문제가 발생한다.

(5) 응답자의 표정이나 주변 상황 등을 직접 확인할 수 없다.

3 전자설문 조사 (인터넷 조사)

1) 장점

(1) 조사와 분석이 매우 신속하다.
(2) 다른 조사방법에 비해 조사비용이 적게 든다. 즉, 모집단이나 표집의 양이 많은 경우에도 추가비용이 들지 않는다.
(3) 시간 및 공간상의 제약이 거의 없다.
(4) 인터넷 매체는 다른 매체에 비해 쌍방향의 의사소통이 가능하고 적극적인 참여가 필요하기 때문에 응답자들도 그러한 특성을 갖는 경우가 많다.
(5) 동영상을 포함한 보조 자료를 제시할 수 있다.
(6) 일반적으로 접근성이 떨어지는 전문가 등의 특수 계층에도 접근이 용이하다.
(7) 전자메일 등을 통한 후속독촉이 용이하다.

2) 단점

(1) 인터넷 조사의 가장 큰 단점은 표본의 대표성 문제로 편의현상이 나타날 수 있다. 즉, 컴퓨터와 인터넷을 사용하는 대상자에 한해서 조사할 수 있다.
(2) 응답자에 대한 의존성이 다른 조사에 비해 높다.
(3) 동일인이 복수로 응답할 가능성이 있다.
(4) 설문지 대신 컴퓨터 설문시스템을 운용해야 하므로 고정비용이 많이 든다.
(5) 네트워크에 접속한 사람들이라도 전자조사에 얼마나 자발적으로 참여할 것인지를 확신할 수 없어 낮은 응답률과 회수율이 나타날 수 있다.

4 관찰법 (관찰조사)

1) 개념

응답자가 행동을 통해 나타내는 태도나 의견 등을 조사하고 분석하는 것으로 현장연구라고도 하며 인간의 외부적 행동들에 관한 자료수집에 효과적이고 관찰자가 자료를 산출하게 된다.

2) 장점

(1) 연구하고자 하는 행동이나 사회적 과정을 행위가 발생하는 현장에서 즉시에 포착할 수 있다.
(2) 행동으로 나타나는 것을 관찰하므로 질문지법이나 면접법에서 나타날 수 있는 응답과정에서 생길 수 있는 오차가 많이 줄어들게 된다.
(3) 응답자에게 질문을 통해서 자료를 얻을 수 없을 때 관찰로서 자료의 수집이 가능하다.
(4) 연구대상의 무의식적인 행동이나 응답자가 정확히 인식하고 있지 못한 문제는 관찰방법을 통해서만 측정이 가능하다.
(5) 조사대상자의 나이가 어려서 구두표현의 능력이 없는 경우에 적합하다.

(6) 조사연구에 비협조적이거나 면접을 거부하는 경우에 가능하다.

(7) 시간의 경과에 따르는 자료 수집을 가능하게 하여 시간적인 변수를 도입하기 용이하고 종단분석이 가능하다.

(8) 귀납적 자료수집으로 귀납적 논리전개에 유용하다.

3) 단점

(1) 개인의 사적문제 등 동의를 얻기 힘든 경우가 있어 관찰이 불가능한 행동이 있다.

(2) 피조사자가 관찰을 당하고 있다는 것을 알고 있을 경우, 평소에 하던 행동과는 다른 행동양식을 보일 수 있다 (호손효과 = 관찰자 효과 = 반응효과).

(3) 조사대상의 행동양식들은 변할 수 있다.

(4) 관찰자가 선택적(주관적)으로 관찰하게 되어 관찰자의 편견개입에 의한 오류가 발생할 가능성이 높다.

(5) 조사자의 감각이 극히 제한적이어서 모든 것을 관찰하지 못한다.

(6) 관찰대상의 행위를 포착하기 위해 발생할 때까지 기다려야 한다.

(7) 시간과 경비가 많이 소요된다.

(8) 동의를 얻기 힘든 경우도 있다.

(9) 관찰 대상 집단인 표본의 크기가 크면 관찰법의 사용이 어렵다.

(10) 관찰은 구두 기록과 느낌을 중시하기 때문에 관찰된 사실들을 수량화된 자료로 바꾸기 어려워 양적분석이 어렵다.

기출문제 확인학습

자연적 관찰과 통제된 관찰

관찰은 관찰 장면에 가해지는 통제의 유무에 따라 자연적 관찰(naturalistic observation)과 통제된 관찰(controlled observation)로 나눌 수 있다.

1) 자연적 관찰(naturalistic observation)

(1) 자연적 관찰은 조작이 없이 있는 그대로의 자연스러운 상황에서 관찰이 이루어진다.

(2) 자연적 관찰은 관찰 장면에서 일어나는 다양한 현상을 아무 제한 없이 관찰하는 것을 뜻한다.

(3) 자연적 관찰은 관찰 장면에서 발생하는 행동과 사상을 있는 그대로 관찰하는 것이다.

2)통제된 관찰(controlled observation)

(1) 통제된 관찰은 관찰 장면에서 일종의 통제가 가해지는 관찰이다.

(2) 실험적 조작을 뜻하는 통제 : 연구자에 의해 어떤 환경 조건이 의도적으로 계획되고 그 조건하에서 행동이 관찰되는 것으로 흔히 실험실 상황에서 이루어진다. - 실험실 관찰

(3) 관찰될 행동이나 시간을 미리 일정한 형태로 계획해 놓고 특정한 영역의 행동에 대해서만 관찰하는 것으로 대부분 자연스러운 현장에서 이루어진다. - 실제 환경에서 수행

5 설문의 작성과 사전조사

1) 설문지 작성과정

연구목적 및 연구문제와 관련된 설문내용을 설정하고 설문내용에 따른 설문지의 구성 및 설문방법을 결정한 뒤 설문순서를 결정하고 응답자가 이해하기 쉽도록 배치한다.

2) 설문작성 시 고려사항

(1) 하나의 질문에 두 가지 이상의 문제가 포함되는 중복질문(= 쌍열질문)은 피하여야 한다.

(2) 응답자가 잘 이해하고 답할 수 있도록 방언이나 전문용어는 지양해야 한다.

(3) 질문의 내용은 가능한 한 짧게 하여야 하는데 이는 문장이 길 경우 무응답으로 답변하거나 실제 응답이 아닌 다른 응답을 할 가능성이 높기 때문이다.

(4) 부정적 질문은 피하고 "~한다. ~해야 한다." 등의 긍정적 진술의 형태를 취한다.

(5) 모든 응답자에게 같은 의미로 받아들여져야 한다.

(6) 질문은 객관적이어야 한다.

(7) 가능한 한 쉽고 의미가 명확한 용어를 사용한다.

(8) 폐쇄형 질문에 있어서는 가능한 응답을 모두 제시해 주고 응답 간에 중복이 있어서는 안 된다.

(9) 하나의 질문에 두 가지 이상을 포함해서 질문해서는 안 된다.

(10) 응답자들에게 지나치게 자세한 응답을 요구해서는 안 된다.

(11) 대답을 유도하는 질문을 해서는 안 된다.

(12) 질문의 배치 측면

① 답변하기 용이한 질문부터 물어보아야 한다.

② 개방질문은 질문지 뒤편에 배열한다.

③ 일정한 유형의 응답경향이 구성되지 않도록 역 문항을 적절하게 배치한다.

④ 일반적인 사항을 앞부분에, 특수한 사항을 뒷부분에 배열한다.

⑤ 신뢰도를 알기 위한 질문들, 즉 유사한 질문들은 서로 떨어져 있도록 배열한다.

⑥ 답하기 쉽고 흥미를 느낄 수 있는 질문으로 시작하고, 회피하거나 꺼리는 질문이나 개인적 신상정보에 관한 질문은 뒤에 놓는 것이 좋다.

실력 다지기

개방형 질문과 폐쇄형 질문

1) 개방형 질문

(1) 질문의 끝이 열려 있다는 뜻이며, 응답자가 어떤 제약도 없이 자유로이 답을 할 수 있는 질문이다.

(2) 개방형 질문은 만들고자 하는 문항에 대하여 제작자가 가지고 있는 정보가 확실하지 못할 때 정보를 탐색하기 위하여 사용되는 경우가 많다.

(3) 개방형 질문은 예비조사에서 많이 사용되어 최종질문지를 만들기 위한 정보를 확보하는데 유용하다.

(4) 본 조사용 최종질문지에서도 포괄적이고 질적인 내용에 대한 자료를 구하고자 한다면 이 개방형 질문을 사용하는 것이 유리하다.

(5) 개방형 질문의 장점

① 조사자의 의도나 질문의 형식에 구애받지 않고 응답자가 자유로이 답한 것이기 때문에 응답한 내용을 응답자의 상당히 자연스러운 상태로 해석할 수 있다.

② 가치관, 태도 그리고 기분과 같이 단순화하기 어려운 사항에 대한 질문은 개방적으로 하는 것이 좋다.

(6) 개방형 질문의 단점

① 여러 사람들의 응답을 수치화하여 통계적으로 처리하기는 쉬운 일이 아니다.

② 반응한 내용을 다시 정리하고 분석하여서 부호화하거나 수치화하여야 하는 번거로움이 있다.

③ 개방형 질문에 응답자가 자신의 생각이나 태도 등을 길게 쓰는 일이 그리 쉬운 일이 아니다.

④ 개방형 질문에 답을 잘 하도록 하기 위해서는 조사대상자가 질문지에 대하여 보다 적극적이 되도록 동기화시켜야 하는 어려움이 있다.

2) 폐쇄형 질문

(1) 질문의 꼬리가 닫혀 있어서 주어진 한정된 선택사항 중에서 골라서 답하여야 하므로 응답자가 자유로이 답할 수 없다.

(2) 폐쇄형 질문은 질문할 내용에 대하여 가지고 있는 정보와 내용이 상당히 확실하거나 안정적일 때 그리고 질문에 대한 답을 양적으로 표현하기 쉬운 경우에 흔히 사용하는 형식이다.

(3) 폐쇄형 질문의 장점

① 질문지를 만든 사람의 의도에 따라서 분류되고 부호화되거나 수치화된 문항에 간단하게 (V)표를 하여서 답하는 것은 자신의 생각을 나열하여 쓰는 것에 비하여 훨씬 쉬운 일이다.

② 부호화된 질문지에 답한 결과를 자료처리하는 것은 주관식 문항의 답에 비하여 매우 편리하다.

(4) 폐쇄형 질문의 단점

① 폐쇄형 질문은 응답자의 생각을 질문의 틀에 강제로 맞추어 넣게 되어 응답한 결과가 응답자의 원래의 생각이나 태도를 그대로 반영하지 못할 수 있다.

② 때로는 주어진 범주가 응답자의 생각과 전혀 달라서 반응하기가 곤란한 경우도 있다.

③ 미리 범주화된 폐쇄형 질문에 답하게 하는 것은 조사대상자의 생각이나 태도를 조사자의 의도와 개념들로 변환하여 자료를 수집한다는 비판을 받게 된다.

3) 사전조사(pre - test)와 예비조사(pilot study)의 비교

(1) 사전조사는 질문지 초안이 만들어진 후 질문지를 시험해 봄으로써 질문지의 오류를 찾아내기 위한 조사인 반면, 예비조사는 질문지 작성의 사전단계에서 연구자가 연구하려고 하는 문제의 핵심적인 요소들이 무엇인지를 알지 못할 때 실시하는 조사이다.

(2) 사전조사(pre - test)

① 사전조사는 본 조사에 들어가기 전에 질문내용, 형태, 문항 작성, 질문 순서 등에 있어서 여러 가지 오류를 찾아내는 과정이다.

② 사전조사는 질문지 수정과 본 조사 수행에 필요한 정보를 수집한다는 2가지 목적을 가지고 있다.

③ 질문지 수정과 관련된 고려사항

ㄱ. 응답자가 응답한 것 가운데 전후 내용이 모순되거나 일치되지 않는 것이 있는 경우

ㄴ. 응답이 어느 한쪽으로 치우치는 경우

ㄷ. '모른다'는 대답 또는 '무응답'이 많은 경우

ㄹ. 기타에 응답한 경우가 많은 경우

실력 다지기

간접 질문

그리 나쁜 형태의 질문은 아니며 조사형태의 질문이나 실천 면접기술의 질문에서 사용할 수 있다. 물음표가 없는 형태로서 관심을 보이지만, 질문처럼 들리지 않는다.

예 "낮에 일하고 밤에 공부한다는 것은 확실히 고된 일일 겁니다."
"당신이 그런 상황에 대해 어떻게 생각하시는지 궁금합니다."

좋지 않은 질문의 사례 (유도질문)

질문은 객관적이어야 하고, 긍정적이거나 부정적이어서 어느 한 방향으로 치우쳐서는 안 되며 또한 질문 내에 어떤 가정이나 암시가 있어서도 안 되는데 이는 답을 유도하는 질문이 될 수 있기 때문이다.

예 "상담기관에서 업무를 전문성 있게 잘 수행하고 있다고 생각하는데 귀하의 생각은 어떻습니까?"라고 질문한다면, 전문성이 있다는 것을 유도하는 질문이 될 것이므로 바람직하지 않다.

수반형 질문(후속질문)

1) 질문이 특정 응답자에게만 관련되고 다른 응답자에게 관련 없는 경우
2) 일련의 질문들 중 후속질문을 말함
3) 질문을 받고 대답하는 것은 일련의 질문들 중 첫 번째 질문에 대한 응답을 조건으로 함
4) 수반형 질문의 올바른 사용은 응답자의 설문지 완성을 촉진 할 수 있는데, 이는 자신과 관련 없는 질문에 대답하지 않아도 되기 때문임

예 임신 횟수에 대한 질문은 오직 여성에게만 해야 함

참고 동일유형 질문(동일한 응답범주 모음 - 행렬식 질문)

동일한 응답범주 모음을 가진 몇 가지 질문을 하려고 할 때 일반적으로 리커트 응답범주가 사용될 경우

포괄성의 원칙과 상호배타성의 원칙 등

변수와 속성들을 구체화하는 개념화와 조작화의 과정(설문지 작성 과정)에서 포괄성의 원칙과 상호배타성의 원칙이 충족되어야 한다.

1) 포괄성의 원칙 : 한 변수의 측정을 위해서는 그 안에 포함된 모든 속성들이 포괄적으로 나타날 수 있어야 한다.
2) 상호 배타성의 원칙 : 한 변수를 나타내는 속성들은 상호 배타적이어야 한다. 다른 속성들은 서로가 엄격히 구분되어야 한다.
3) 논리적 연관성 : 범주 내에 이질적인 것을 포함해서는 안 되며, 범주들이 논리적으로 연결되어 있어야 한다.
4) 내적 일관성 : 여러 문항들이 측정하고자 하는 하나의 개념을 측정해야 한다.
5) 그 외에도 타당성(묻는 내용과의 합치), 균형성(어느 한쪽에 치우쳐서는 안 됨)이 요구된다.

6 자료처리

1) 개념

자료수집의 절차를 통해 수집된 자료를 분석에 이용할 수 있는 형태로 정리하는 것이다. 이 과정에는 원 자료 정리와 함께 전산프로그램(SPSS프로그램 등)을 이용한 자료 분석의 경우에는 원 자료를 코딩하여 입력하는 절차까지도 포함된다.

2) 자료처리 과정

수집된 원 자료들은 연구목적에 맞게 변형되어 처리가 용이하게 해야 한다. 예를 들어 설문지 자료를 수집한 경우 이 자료들을 통합된 형태의 자료로 만들고 수집된 자료들을 통계분석하기 위해 컴퓨터 통계프로그램(SPSS프로그램 등)을 사용할 경우에는 원 자료들을 부호화(coding)하고 변환과정을 거쳐야 한다.

(1) 원 자료의 정리

자료 수집을 할 경우 대부분 자료수집방법으로 하나가 주로 사용되지만 때에 따라서 둘 이상의 자료수집방법을 병행하거나 보조적인 자료수집방법들이 추가된 경우도 있다. 수집된 원 자료들은 연구의 목적에 맞게 정리되어야 한다.

(2) 원 자료의 편집

수집된 원 자료들은 면밀하게 검토되어야 한다. 우편조사법을 사용하여 회수한 설문지의 경우 부분적으로 누락된 경우나 부적절한 형태의 응답이 있을 경우가 있다. 애매모호하게 표기된 항목들은 무응답으로 처리할 것인가, 특정 값을 부여할 것인가에 대한 판단을 해야 하는 경우도 있다.

(3) 부호화(코딩)

① 부호화란 항목별로 각 응답에 해당하는 숫자나 기호를 부여하는 과정으로 전산처리에 의해 분석을 편리하게 하기 위해 각 항목에 대한 응답을 숫자로 표현하는 것이다.

② 자료를 분석하기 위한 목적으로 그것들을 수량화하는 자료처리의 과정이 필요하며 부호화를 위해 먼저 각각의 정보 단위들에 대해 변수 이름을 입력하고 각 변수들이 갖는 변수값을 설정한다.

3) 자료입력

양적 연구에서는 분석목적에 적합한 통계분석 프로그램을 사용한다.

7 자료분석

자료분석 단계에서는 처리된 자료를 조작하여 조사문제에 해답을 제공하고자 한다. 통계는 기능에 따라 기술통계(descripive statistics)와 추리통계(inferential or inductive statistics)로 나누어진다.

1) 기술통계 (descripive statistics)

(1) 현상을 이해하기 위해 자료를 체계적으로 정리하고 요약하여 많은 자료에 대한 전반적인 특성을 파악하는 통계기술이다.

(2) ① 구성은 요약수치와 도표로 되어 있고 ② 표본 또는 모집단의 특성을 서술하는 요약수치에는 빈도분포, 집중경향치(최빈치, 중앙값, 평균), 산포도(범위, 사분편차, 분산, 표준편차), 백분율 등이 있고 ③ 도표는 히스토그램, 막대도표, 절선도표, 파이차트 등이 있다.

2) 집중 경향치(중앙 경향 값)

(1) 한 집단의 점수분포를 하나의 값으로 요약해 주는 지수를 말한다.

(2) 가장 대표적인 것으로 산술평균[2]이 있으며 이외에 중앙치, 최빈치 등이 있다.

(3) 산술평균은 측정수준이 동간성이나 비율성을 가정할 수 있는 변인에 적절하며 중앙치나 최빈치는 서열변인이나 명명변인에 적절하다.

(4) 정상분포곡선 하에서는 평균치 = 중앙치 = 최빈치이다.

(5) 부적으로 편포되어 있는 경우(낮은 점수는 별로 없고 높은 점수만 많은 경우)에는 최빈치 > 중앙치 > 평균의 순으로 크고, 정적으로 편포되어 있는 경우(높은 점수는 별로 없고 낮은 점수만 많은 경우)에는 평균 > 중앙치 > 최빈치의 순으로 크다.

2) 한 집단에 속하는 모든 점수의 합을 사례수로 나눈 것이다.

실력 다지기

중앙치[3] (median)

한 집단의 점수분포에서 전체 사례를 상위 1/2과 하위 1/2로 나누는 점을 말한다. 즉, 이 중앙치를 중심으로 전체 사례의 반이 중앙치 상위에, 나머지 반이 중앙치 하위에 있게 된다. 예를 들어, 12, 13, 16, 19, 20과 같이 5개의 사례가 크기 순서로 나열되어 있는 경우 그 중앙에 위치한 16이 중앙치가 된다. 엄격히 말하면 중앙에 위치한 16을 가진 사례가 중앙치가 되는 것이 아니라 전체 사례 5가지를 상위 2.5와 하위 2.5로 나누는 16.0이 중앙치가 된다. 만약 22라는 점수를 가진 사례가 하나 더 있다면 총 사례수는 짝수가 되므로 (16 + 19) / 2 = 17.5, 즉, 17.5가 중앙치가 된다.

최빈치(mode)

최빈치(mode)란 가장 많은 빈도를 지닌 점수를 말한다. 11개 사례의 값이 12, 12, 14, 14, 18, 18, 18, 18, 19, 20, 20인 경우, 18은 그 빈도가 4로 가장 많으므로 18이 최빈치가 된다. 빈도의 크기가 다 같은 경우에는 최빈치가 없다. 예를 들어 1, 8, 12, 13, 15의 경우이다.

기출문제 확인학습

중앙 경향 값

1) 하나의 변수에 관한 자료의 중앙경향분석(analysis of central tendency)은 자료의 분포를 대표하는 단일의 수치(single number)를 찾아내는 것이다.
2) 흔히 평균(averages)이라고 부르는 대표 값을 말한다(Matlack, 1980).
3) 중앙경향분석은 평균, 중위수, 최빈수 등을 통해 가능하다.
4) 평균(mean)은 산술평균, 기하평균 및 조화평균 등이 있으나 대체로 산술평균을 사용한다.
5) 산술평균(arithmetic mean)은 대상집단에 포함된 모든 자료 값의 합을 자료의 수로 나눈 값이며, 중위수(median)는 자료를 크기 순서로 배열했을 때 한 가운데 위치하는 자료의 값을, 그리고 최빈수(mode)는 자료의 분포에서 가장 빈도가 높은 값을 말한다.
6) 등간척도나 비율척도에 의해 측정된 변수는 세 가지 지표(평균, 중위수, 최빈수) 중에서 필요에 따라 골라 서 사용할 수 있지만, 서열척도로 측정된 변수는 평균을 계산할 수 없고, 명목척도로 측정된 변수는 중위수와 평균을 계산할 수 없고 오직 최빈수만 사용할 수 있다.

3) 한 집단의 점수분포에서 전체 사례를 상위 50%와 하위 50%로 나누는 점을 말한다.

3) 변산도

변산도란 한 집단의 점수분포의 흩어진 정도를 요약해주는 지수를 말한다. 변산도를 나타내는 지수로는 여러 가지가 있다.

(1) 범위(range)

① 범위(range)는 점수분포에 있어서 최고점수와 최하점수까지의 거리를 의미한다.

② 범위를 R이라고 간단히 표현하면 R = 최고점수 - 최저점수 + 1로 나타낸다.

③ 여기서 +1은 최고점수 정확상한계와 최저점수 정확하한계까지의 거리가 범위를 포함한 것이다.
예 2, 5, 6, 8, 네 점수가 있는 경우 이것의 범위는 8 - 2 + 1 = 7이 된다.

(2) 사분편차[4] = 사분위편차

① 사분편차(interquartile range)는 범위가 양극단의 점수에 의해 좌우된다는 단점을 가지므로, 점수 분포 상에서 양극단의 점수가 아닌 어떤 일정한 위치에 있는 점수 간의 거리를 비교하고자 하는 것이다.

② 즉, 사분편차는 범위가 가지고 있는 단점인 양극단의 점수의 영향을 배제하기 위해 만든 것인데, 전체 사례를 '넷으로 나누는(사분)' 점수 중 백분위 75에 해당하는 백분위 점수에서 백분위 50에 해당하는 백분위 점수까지의 거리와, 백분위 50에 해당하는 백분위 점수에서 백분위 25에 해당하는 백분위 점수까지의 거리를 합하여 2로 나눈 것이다.

③ 중앙치로부터 백분위 25가 되는 평균거리를 산출한 것이 바로 사분편차인데, 사분편차 역시 범위(range)의 일종이라고 할 수 있다.

(3) 평균편차

한 집단의 산술평균으로부터 모든 점수까지의 거리를 평균낸 것을 말하며 평균편차는 수리적인 조작에 한계가 있기 때문에 추리통계에서는 사용되지 않는다.

(4) 표준편차

① 통계집단의 단위의 계량적 특성값에 관한 산포도를 나타내는 도수 특성값을 말하며, 한 집단의 수치들이 어느 정도 동질적인지를 표현하기 위해 개발한 통계치 중 하나로서 집단의 각 점수들이 평균에서 벗어난 평균거리를 의미한다.

② 표준편차가 0일 때는 관측값의 모두가 동일한 크기이고 표준편차가 클수록 관측값 중에는 평균에서 떨어진 값이 많이 존재한다.

③ 표준편차는 관측값의 산포(散布)의 정도를 나타낸다.

4) 중앙치로부터 백분위 25가 되는 평균거리를 산출한 것이다.

4) 자료의 분석

(1) 분포도[5]

분포도란 사례들의 점수를 각 점수대별로 표현한 그림이며 대부분의 변수들은 사례수가 충분하다면 정규분포[6]를 이루게 된다.

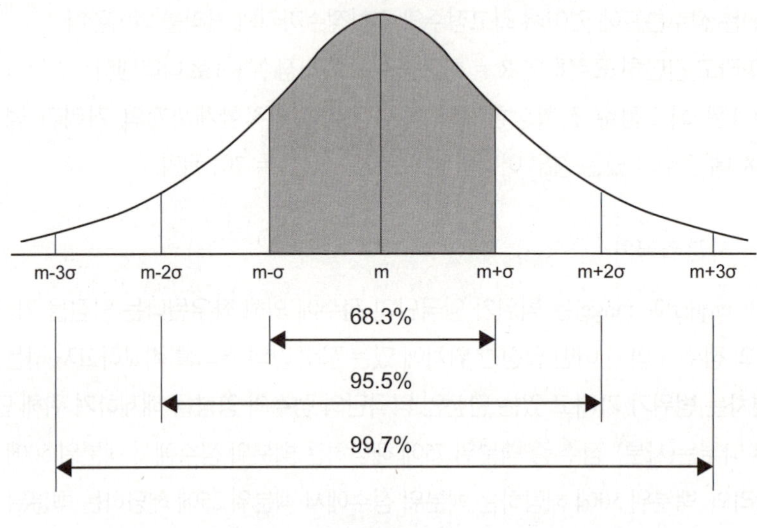

정규분포 곡선

기출문제 확인학습

콜모고로프 스미르노프 검정 (kolmogorov Smirnov 검정, 단일표본)

1) 콜모고로프 스미르노프 검정은 주어진 어떤 표본분포가 이론적으로 기대되는 분포(예 정규분포)와 일치하는지의 여부를 검정할 때 이용된다.
2) 이 검정법은 많은 모수 통계기법은 주어진 자료가 정규분포를 따른다는 것을 가정하며, 콜모고로프 스미르노프 검정은 이러한 가정을 검정하는데 유용하게 이용된다.
3) 검정의 조건은 자료가 적어도 순위자료(서열척도) 이상이어야 하고 연속적 분포를 가정할 수 있어야 한다.

(2) 평균

집단의 특성을 나타내는 하나의 대표치로서 각 점수들의 합을 사례수로 나눈 값이다.

5) 자료를 정확하게 제시하는 가장 기본적인 방법이다.

6) **정규분포** : 도수분포곡선이 평균값을 중앙으로 하여 좌우대칭인 종 모양을 이루는 것으로 신장의 분포, 지능의 분포 등 그 예는 많다. K.F.가우스가 측정오차의 분포에서 그 중요성을 강조하였기 때문에 이것을 가우스분포·오차분포라고도 하며, 그 곡선을 가우스곡선 또는 오차곡선이라 한다. 또한 A.J.케틀레가 통계에 이용하였으므로 이것을 케틀레곡선이라고도 한다(네이버 백과사전)

(3) 분산

① 통계에서 각 변량의 값이 변량의 평균값과 차이를 말한다.

② 변량 X의 평균값을 E(X)라 할 때, {X - E(X)} 제곱의 평균값 또는 σ의 제곱(σ^2) = 0일 때 자료는 모두 평균값에 집중되어 있어서 흩어짐이 없다.

(4) 표준오차

① 추정량의 정도를 나타내는 측도로서 표준편차를 표본크기의 양의 제곱근으로 나눈 것이다.

② 표본추출을 여러 번 했을 때 각 표본들의 평균이 모집단 전체의 평균과 얼마만큼의 차이를 보이는가를 알려주는 통계량이다.

5) 추리통계 (inferential statistics)

(1) 표본의 자료를 근거로 모집단의 특성을 파악하는 통계기법으로 추정과 가설검증으로 이루어진다. 즉, 모집단에서 뽑은 표본에서 나온 통계치로부터 모수치를 추정하거나 가설을 검증하는데 사용하는 통계적 방법을 말한다.

(2) 추리통계는 표본에서 모집단의 특성을 추정하는 통계로 가설을 검증하는데 사용되는 통계이다. 예를 들면 상관계수, 카이제곱 검정, t - 검정, 분산분석(ANOVA), 다중회귀분석 등이다.

6) 상관계수 - 추리통계 중 하나

(1) 두 변인이 서로 일정한 관련성을 갖고 있는 정도를 나타낼 수 있도록 개발된 통계치로서 검사의 신뢰도나 타당도를 분석할 때 널리 이용된다.

(2) 감마값으로 산정되며 이는 - 1에서 + 1의 값을 가지고 절대값이 클수록 상관관계가 높다는 것을 뜻한다.

(3) 산포도를 표현했을 때 사례들이 나타내는 점들이 직선에 가깝게 모여 있을수록 상관계수가 크고 점들이 퍼져 있을수록 상관계수가 작다.

(4) 상관계수의 크기에 영향을 미치는 요인은 점수의 제한과 아울러 서로 다른 집단의 결합이다.

(5) 단순상관은 두 변인 간의 상관관계를 알아보는 것이며 중다상관은 여러 변인과 한 변인과의 상관관계이다.

(6) 상관계수는 - 1 ~ + 1 사이의 값을 가지며 부호가 양수인 경우는 정적 상관, 음수인 경우는 부적 상관이라고 한다.

(7) 정적 상관은 한 변인의 값이 증가하거나 감소하면 다른 변인의 값도 증가하거나 감소하는 경우를 말하고, 부적 상관은 한 변인의 값이 증가하거나 감소하면 다른 변인의 값이 감소하거나 증가하는 경우를 말한다.

실력 다지기

수정된 '중다 상관제곱(adjusted R^2)'에 영향을 줄 수 있는 요인

1) 수정된 중다 상관제곱(adjusted R^2)은 회귀분석이 단계적으로 전개될 때 자유도를 고려하여 조정된 R^2으로서, 일반적으로 모집단의 결정계수를 추정할 때 더 사용된다.
2) 표본의 수가 충분히 큰 경우에는 중다 상관제곱(R^2)과 동일하다.
3) 중다 상관제곱(R^2)은 결정계수라고 하여 독립변수가 종속변수를 설명하는 정도를 의미하며 이를 자유도를 고려하여 수정한 값이 수정된 중다 상관제곱(adjusted R^2)이다.
4) 수정된 중다 상관제곱(R^2)은 독립변인의 수, 사례 수(표본의 수), 그리고 중다 상관제곱(R^2)에 의해 영향을 받는다.

기출문제 사례

상담사 A는 부모애착의 영향을 통제한 후, 사회성에 대한 친구애착의 순수한 효과를 검증하기 위해 위계적 회귀분석을 실시하였다. 분석결과가 다음과 같을 때, 'ㄱ'에 해당하는 유의확률은?

독립변인	모형1		모형2	
	b	β	b	β
절편	26.50 (0.010)	-	5.94 (0.666)	-
부모애착	2.96 (0.004)	0.61	2.60 (0.007)	0.54
친구애착			0.29 (0.067)	0.35
R제곱	0.367 (0.004)		0.491 (0.003)	
ΔR제곱	0.367 (0.004)		0.115 (ㄱ)	

단, ( ):유의확률

① 0.001 ② 0.002 ③ 0.003 ④ 0.004 ⑤ 0.067

 ⑤

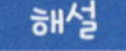

1) 'ㄱ'은 모형 1과 모형 2간의 설명력의 차이에 대한 유의확률을 의미한다.
2) 즉, 부모애착이 통제된 상태에서 사회성에 대한 친구애착의 순수한 효과를 의미한다.
3) 위계적 회귀분석은 통제변수들의 영향력을 제외시킨 상태에서 독립변수의 영향력을 알아보고자 실시하는 분석이므로, 위 모형 2의 분석은 모형 1에서 투입된 부모애착이 통제된 상태에서 친구애착의 영향력을 알아보고자 하는 것이다.
4) 이 때, 친구애착 변수의 유의확률이 0.067이므로 모형 2에서 새로 투입된 친구애착 변수의 유의확률 역시 0.067이 된다.

기출문제 확인학습

편상관(partial correlation)분석

1) 단순상관분석(Simple correlation analysis)에 제3의 교란요인(Confounding factor)을 반영하고자 하는 경우에 사용한다.
2) 경찰관의 숫자와 범죄발생률의 관련성을 알고자 하는 경우, 해당 지역의 인구수(제3의 교란요인)를 고려하지 않을 경우 경찰관 수가 많으면 범죄 발생률이 증가한다는 잘못된 결론에 도달할 수 있다. 그러므로 제3의 교란요인을 고려하여, 즉 제3의 교란요인을 배제한 경우의 상관관계를 알고자 하는 경우 이용된다.
3) 기출문제 분석

학생의 '와해된 행동량'과 교사의 '실패 예측'간에 0.8 정도의 단순상관이 계산되었지만, 또 다른 변수인 '학급 능력 수준'과 두 변수 간의 단순상관들이 각각 - 0.6 정도를 보였다면, 예상되는 두 변수('와해된 행동량'과 '실패 예측') 간의 편상관(partial correlation)은?

(1) 학생의 '와해된 행동량'과 교사의 '실패 예측' 간에 0.8 정도의 단순상관을 보였다.
   - 강한 정적상관
(2) '학급 능력 수준'(제3의 교란요인)과 두 변수 간의 단순상관들이 각각 - 0.6 정도를 보였다.
   - 0.8보다는 약한 부적상관
(3) 예상되는 결론은 단순상관 0.8 보다 높지 않은 정적상관이다.

심화학습

첨도와 왜도 (그림 문제 출제)

1) 첨도(Kurtosis)는 분포의 뾰족한 정도를 나타낸다.
   (1) 정규분포를 따르는 자료의 첨도는 3이다.
   (2) 첨도가 3보다 크면 급(급격)첨, 3보다 작으면 완(완만)첨이라 한다.

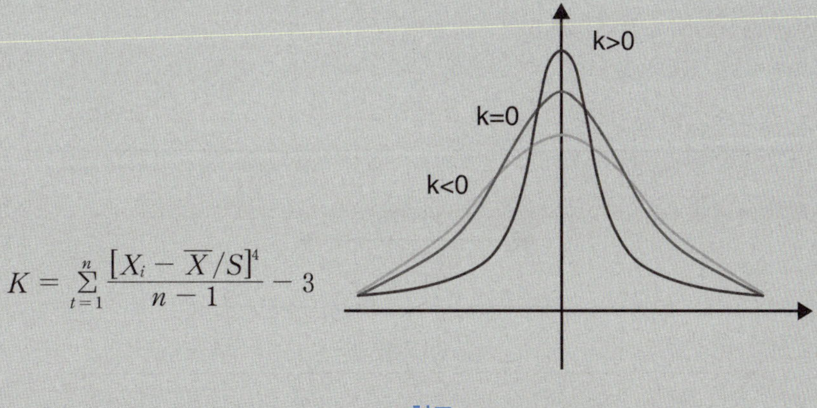

$$K = \sum_{t=1}^{n} \frac{[X_i - \overline{X}/S]^4}{n-1} - 3$$

첨도

2) 왜도(Skewness)는 비대칭 정도를 나타낸다.

(1) 평균에 대한 분포의 비대칭 정도를 나타내는 통계량으로 자료의 분포 모양 및 자료가 어떤 치우침, 기울어짐의 특징을 갖는 형태인가를 파악할 때 주로 쓰인다.

(2) 왜도가 0.5보다 크면 분포의 꼬리가 양의 값 쪽으로 치우쳐 있고, - 0.5보다 작으면 이와 반대 방향으로 치우친다.

(3) - 0.5와 0.5 사이 값이면 대칭에 가깝다.

즉, 왜도(Skewness)는 평균을 중심으로 한 확률분포의 비대칭 정도를 나타내주는 지표이다. 왜도의 값이 0.5보다 크면 분포의 비대칭 꼬리가 양의 방향으로 치우쳐 있고, - 0.5보다 작으면 음의 방향으로 치우친다는 것을 의미한다. 왜도의 값이 0.5와 - 0.5사이이면 평균을 중심으로 대칭에 가깝다는 것을 의미한다.

$$n_3 = E=\left(\frac{X-n}{v}\right)^3 G = \frac{n_3}{v^3}$$

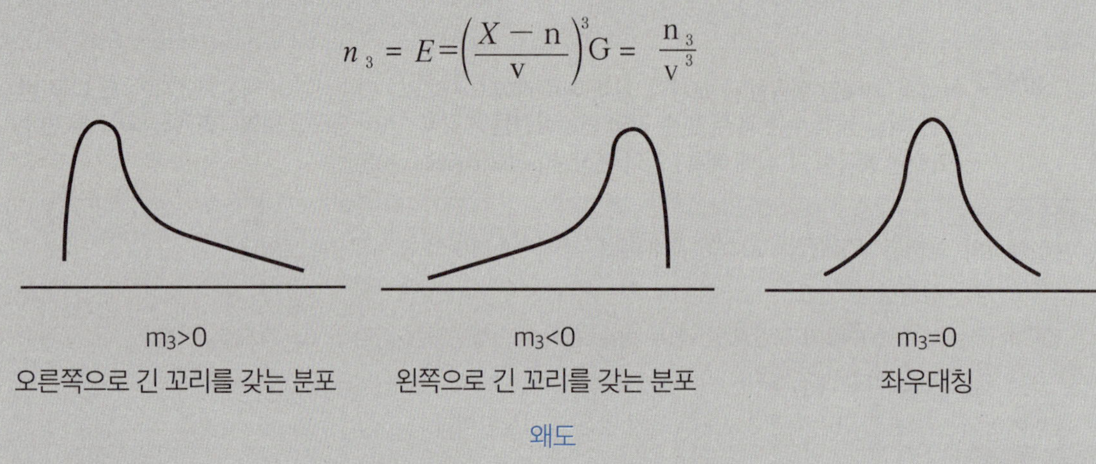

왜도

자료의 분석

1) 분포 : 자료를 정확하게 제시하는 가장 기본적인 방법이며 분포도란 사례들의 점수를 각 점수대별로 표현한 그림이다. 대부분의 변수들은 사례수가 충분하다면 정규분포를 이루게 된다.

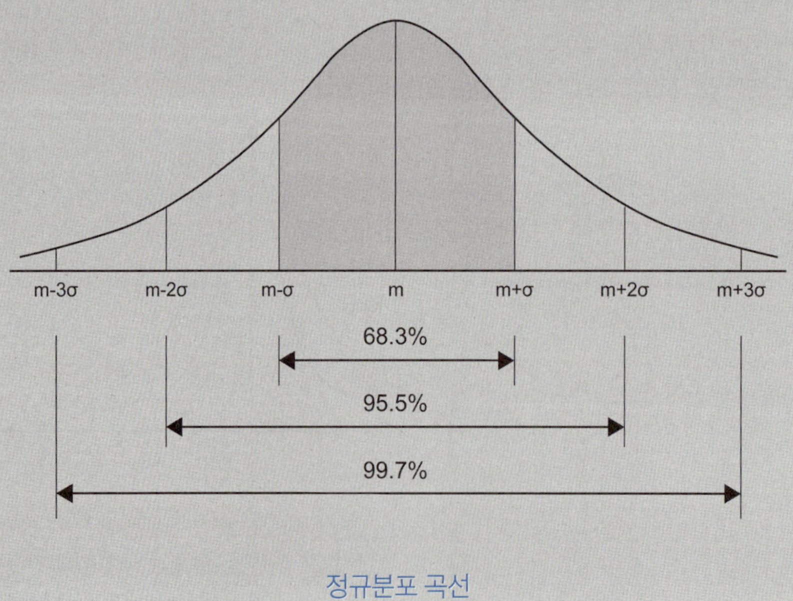

정규분포 곡선

정규분포곡선

1) 일반적으로 전집(모집단)의 분포는 정규분포곡선(normal distribution curve), 평균은 0이고 표준편차는 1을 나타낸다고 가정된다.
2) 정규분포곡선이란 종모양의 좌우대칭적인 분포곡선을 말한다.
3) 이 곡선은 가우스(Gauss)에 의하여 통계적·수학적 성질이 판명되었기 때문에 가우스곡선(Gaussian curve)이라고도 한다.
4) 정규분포곡선에서는 각 집중 경향치는 일치하며(M = Mdn = Mo - 최빈값, 중위수, 산술평균이 한 점에 일치함), 집단의 평균과 표준편차 간의 관계로서 분포비율을 확인할 수 있다.
5) 표본의 대표성에 관한 유용한 정보를 제공해 준다.
6) 정규분포의 모양은 평균과 표준편차에 의해 결정되는데, 표준편차 크기에 따라 정규분포의 흩어진 상태가 다르다.
7) 표준편차가 크면 정규분포는 넓게 흩어진 모양이고, 표준편차가 작으면 좁게 밀집된 모양으로 나타난다.

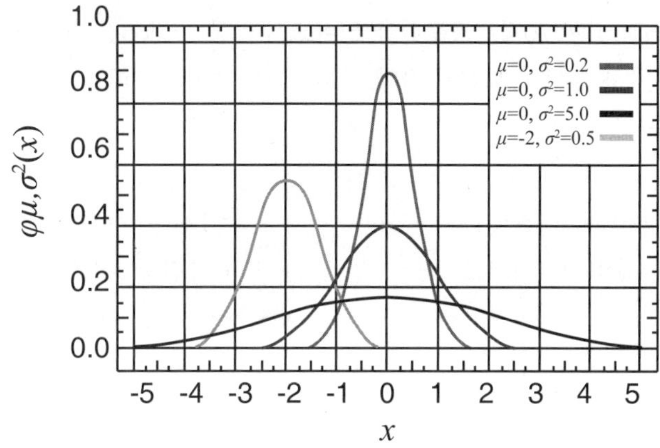

2) 표준점수
   (1) 평균이 0이고 표준편차가 1이 되도록 변환한 값(Z점수)으로서 원 점수에서 평균을 뺀 후 표준편차로 나눈 값이다.
   (2) 서로 다른 체계로 측정한 점수들을 동일한 조건에서 비교를 가능하게 한다.

3) 표준화 점수
   (1) 표준점수에 상수를 더하거나 곱해서 친숙한 수치들로 변환하여 만든 점수로서 대표적인 T점수를 활용한다.
   (2) 예를 들어 미네소타 다면적 인성검사, 웩슬러 지능검사 등을 들 수 있다.

4) 상관계수
   (1) 두 변인이 서로 일정한 관련성 갖고 있는 정도를 나타낼 수 있도록 개발된 통계치로서 검사의 신뢰도나 타당도를 분석할 때 널리 이용된다.
   (2) - 1에서 + 1의 값을 가지며 절대값이 클수록 상관관계가 높다는 것을 뜻한다.
   (3) 산포도를 표현했을 때 사례들이 나타내는 점들이 직선에 가깝게 모여 있을수록 상관계수가 크고 점들이 퍼져 있을수록 상관계수가 작다.
   (4) 상관계수의 크기에 영향을 미치는 요인은 점수의 제한과 아울러 서로 다른 집단의 결합이다.

실력 다지기

표준점수 Z점수와 T점수

1) 표준편차를 하나의 단위로 하여 나타낸 점수로서 평균으로부터의 편차점수를 그 분포의 표준편차로 나누어 구하는데, 흔히 Z점수라고 한다.
2) Z점수의 분포는 평균이 0, 표준편차가 1인 분포를 이룬다.
3) T점수 : 가장 많이 사용되는 표준점수로서, Z점수가 +, -, 소수점을 갖는 불편을 해소하기 위하여 평균이 50, 표준편차가 10인 분포로 전환한 점수를 말한다.
4) 홍미검사나 적성검사 결과표 등을 보면 T점수가 나오는데 이 수치가 높으면 높을수록 홍미나 적성이 높다고 볼 수 있다.
5) T(점수) = 50 + 10Z(점수)
6) 계산 문제 사례

영수는 국어 점수가 75점(평균 : 70점, 표준편차 : 5)이고 수학점수가 68점(평균 60점, 표준편차 : 4)이다. 이 두 점수로 Z점수와 T점수를 구하면, 다음과 같다.

① Z점수 = 변량 - 평균/표준편차

② T점수 = 10Z + 50

③ 영수의 국어 Z점수 = 75 - 70/5 = 1 - - - - - - - - - T점수 = 60

④ 영수의 수학 Z점수 = 68 - 60/4 = 2 - - - - - - - - - T점수 = 70

기출문제 확인학습

암기법 정규 t분포는 좌우대칭 / 카이 F는 정적편포

분포 정리

1) 정규분포 : 정규분포 또는 가우스 분포는 연속 확률 분포의 하나로서, 정규분포곡선은 좌우 대칭이며 하나의 꼭지를 가진다.

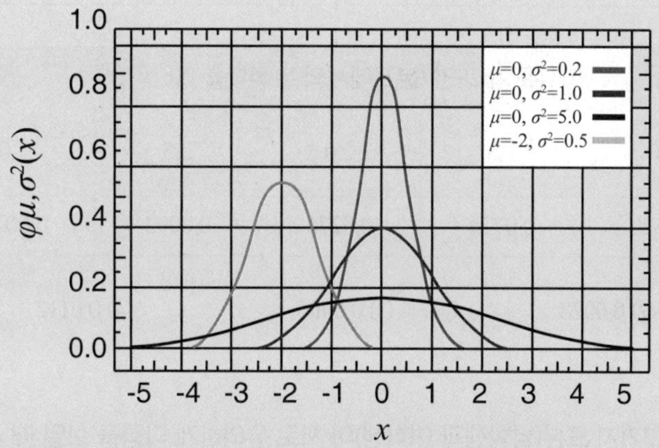

2) t 분포

(1) t 분포는 정규 분포의 평균을 측정할 때 주로 사용되는 분포이다.

(2) t 분포는 종 모양으로서 t = 0에서 좌우대칭을 이루며 t - 분포는 좌우대칭의 엎어진 종 모양의 곡선으로 정규분포곡선과 유사하게 생겼지만 자유도를 가진다는 점에서 차이가 있다.

(3) t 분포의 모양을 결정하는 것은 자유도이며, 자유도가 커질수록 표준정규분포에 가깝게 된다.

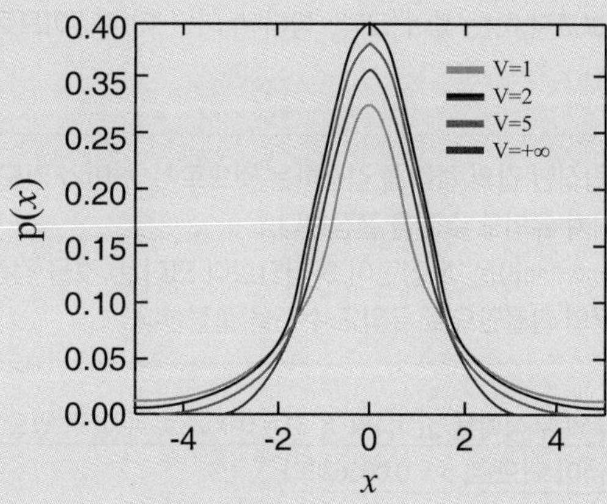

12회 사례문제

'스트레스는 남녀 간에 차이가 있을 것이다'라는 연구가설을 검증하기 위해 남학생과 여학생을 각각 15명씩 표집하여 스트레스를 측정한 후 t - 검정을 실시하였다. 'ㄱ'에 해당하는 값은?

t	df	p
3.000	28	(ㄱ)

자유도가 28인 t분포에서의 누적확률 P(t > k)						
k / df	1.0	1.5	2.0	2.5	3.0	3.5
28	0.1629	0.0724	0.0276	0.0093	0.0028	0.0008

① 0.0014 ② 0.0028 ③ 0.0056 ④ 0.0112 ⑤ 0.0024

정답 ③

해설 t 검정(t - test)은 2가지 표본(남학생과 여학생)이 서로 유의하게 다름을 보일 때 사용하는 검정방법이다. 그리고 표본의 크기가 너무 작아 표본이 정규분포를 이룬다고 가정할 수 없을 경우, 모집단이 t분포를 이룬다고 보고, t검정을 사용한다.

1) 귀무가설(H_0):스트레스는 남녀 간에 차이가 없을 것이다. - $H_0:\mu_1 = \mu_2$
2) 대립가설(H_1):스트레스는 남녀 간에 차이가 있을 것이다. - $H_1:\mu_1 \neq \mu_2$ - 양측검정
3) 이는 양측 검정의 경우로서, 현재 표에서는 P(t > k)인 값만 주어졌으며 t분포는 정규분포 가정에 의해 양측값은 대칭이기 때문에 P(t < - k)인 값도 똑같다.
4) p - value는 관찰된 검정통계량(k)보다 더 극단적으로 나올 확률인데, 이 때 극단적(양쪽 꼬리부분)이란 대립가설에게 더 유리한 방향이다. 보고자 하는 것이 '크다', '작다'가 아닌 '다르다'이므로 양측검정의 문제이므로 분포의 양쪽을 다 봐야한다.

양측 검정(two - tail)은 두 독립집단 간의 차이를 검증하는 것으로서, 차이가 커도 검증되고 작아도 검증되며 정규 분포의 양쪽 끝을 포함시켜 유의도 수준을 결정한다.

참고 단측검정(일방 검증, one - tail)은 'A 집단이 B 집단보다 크다'는 것을 검증할 때 사용하며 정규 분포의 왼쪽 혹은 오른쪽 끝의 확률만으로 유의도 수준을 결정한다.

5) 문제의 계산에서 k = 3인 경우의 누적확률 값이 P(t > 3) = 0.0028로 주어져 있으므로, P(t < - 3) = 0.0028이다.
6) 두 값의 합이 양측검정 확률(p)이 되므로, p = 0.0056이다.

3) 카이제곱 분포

(1) 카이제곱 분포(x^2분포)는 서로 독립적인 표준정규 확률변수를 각각 제곱한 다음 합해서 얻어지는 분포이다.

(2) 확률분포 모양은 원점에서 양의 축 방향으로 곡선을 갖는 형태(정적 편포)를 띠며 비대칭적인 분포로서, 자유도에 따라 분포의 형태가 결정된다.

(3) 자유도 k가 작을수록 왼쪽으로 치우치는 비대칭 모양이다.

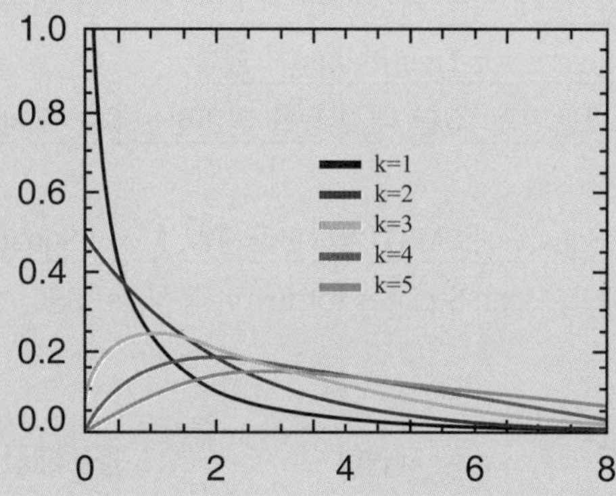

4) F 분포

(1) F 분포는 통계학에서 사용되는 연속 확률 분포로, F 검정과 분산분석 등에서 주로 사용된다.

(2) F분포 모양은 정적으로 편포된 비대칭적 양상을 지닌 분포이다.

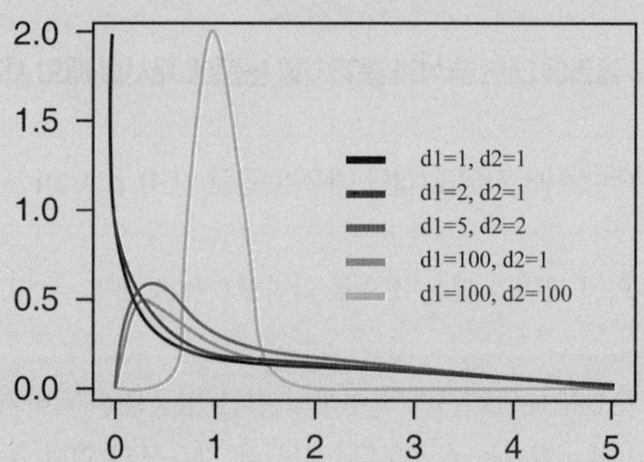

F 분포 (F값) – 분산분석

1) F 분포는 분산의 비교를 통해 얻어진 분포비율이다.

2) 이 비율을 이용하여 각 집단의 모집단분산이 차이가 있는지에 대한 검정과 모집단평균이 차이가 있는지 검정하는 방법으로 사용한다.

3) 분산분석에서는 집단 간의 분산의 동질성을 가정하고 하기 때문에 만약 분산의 차이가 크다면 그 차이를 유발한 변인을 찾아 제거해야 한다.

4) 집단 간 제곱합(SSB)의 평균인 집단 간 평균제곱(MSB : 집단간 제곱합 / 자유도)이 크면 클수록, 반면에 집단 내 제곱합(SSW)의 평균인 집단내 평균제곱(MSW : 집단내 제곱합 / 자유도)이 작으면 작을수록 집단 간 평균들이 서로 멀리 떨어져 명확하게 다름을 알 수 있다.

5) 따라서 이들 두 값의 비, 즉 집단 간 평균제곱(MSB)을 집단 내 평균제곱(MSW)으로 나눈 값으로 표시되는 통계량 F값(MSB / MSW)이 크면 클수록 집단 간에 평균의 차이가 크다고 할 수 있다.

6) 공식

(1) 집단간 평균제곱(MSB) = SSB / (k - 1 : 자유도로서 집단의 수 - 1)

(2) 집단 내 평균제곱(MSW) = SSW / (N - k : 자유도로서 전체 인원 - 집단의 수)

(3) F = MSB / MSW

7) 또 다른 F값 측정방법

(1) 표본평균들이 서로 얼마나 가까운지를 측정하는 척도인 처리 간 변동 또는 집단 간 변동을 의미하는 SST(처리제곱합, Sum of Squares for Treatments)가 있다.

(2) 두 번째 통계량은 처리 내 변동 또는 집단 내 변동을 의미하는 SSE(오차제곱합, Sum of Squares for Error)이 있다.

(3) 총변동(TSS, Total Sum of Squares)은 MST(처리평균제곱, Mean Squares for Treatments, 공식 = SST / k - 1)과 MSE(오차평균제곱, Mean Squares for Error, 공식 = SSE / N - k)로 계산된다.

(4) F = MST / MSE

변동의 원천	자유도	제곱합	평균 제곱	F 통계량
처리(그룹간) 오차(그룹내)	k - 1 n - k	SST SSE	MST = SST / (k - 1) MSE = SSE / (n - 1)	F = MST / MSE
합계	n - 1	TSS(총변동)	n - k	

일원변량분석(one way ANOVA) 결과에 대한 해석과 통계치를 논문에 제시할 때의 사례

F = 55.98, 자유도(집단 내 298, 집단 간 4), p < .01

- 결과에 대한 해석 : 5 집단 간 유의한 차이가 있는 것으로 나타났다(F(4, 298) = 55.98, p < .01).
- 설명

1) 일원변량분석은 일원배치 분산분석으로, 3가지 이상의 집단 평균을 비교하기 위해 비교과정에 분산을 사용하는 통계적 기법이며 이 때 F검정을 활용한다. 집단 간 자유도의 일반 공식은 자유도(df) = k(표본의 수) - 1이다. 집단 간 자유도가 4이므로 표본의 수(N)는 5가 된다. 따라서 5 집단 간 비교이다.

2) 그리고 산출된 F값을 이용하여 F분포 상에서 p - value을 산출하여 다음과 같이 판정한다. p ≤ α이면 영가설을 기각하여 연구가설이 유의하다고 해석하며, p > α이면 영가설을 수용하여 연구가설이 유의하지 않다고 해석한다.

종속변수의 정규성 검토를 위한 방법

1) Q - Q plot

Q - Q plot은 그래프를 그려서 정규성 가정이 만족되는지를 시각적으로 확인하는 방법이다. 그래프를 시각적으로 확인하기 때문에 결과 해석이 다분히 주관적이다.

2) 샤피로 - 윌크 검정 (Shapiro-Wilk test)

(1) 샤피로-윌크 검정은 오차항이 정규분포를 따르는지 알아보는 검정으로, 회귀분석에서 모든 독립변수에 대해서 종속변수가 정규분포를 따르는지 알아보는 방법이다.

(2) '귀무가설은 정규분포를 따른다'는 것으로 p - value가 0.05보다 크면 정규성을 가정하게 된다.

3) 콜모고로프-스미르노프 검정 (Kolmogorov - Smirnov test)

(1) 콜모고로프-스미노프 검정은 자료의 평균/표준편차와 히스토그램을 표준정규분포와 비교하여 적합도를 검정한다.

(2) Shapiro-Wilk test와 마찬가지로 p-value가 0.05보다 크면 정규성을 가정하게 된다.

4)첨도와 왜도

(1) 데이터의 분포에서 첨도는 뾰족한 정도를 의미하며, 왜도는 좌우 대칭 정도를 의미한다.

(2) 첨도와 왜도가 모두 0일 때 정규분포를 가정한다.

참고 Box의 M검정 : 다변량 접근 방식은 종속변수의 벡터가 다변량 정규분포를 따르고, 집단 간의 공분산 행렬이 동일(분산의 동질성 검정)하다는 가정 하에 접근하게 된다. Box의 M검정은 이 가정 중 집단 간의 공분산 행렬이 동일한지에 대한 집단 간 분산의 동질성 가정을 검증하는 것으로, 유의확률이 0.05보다 크면 공분산 행렬이 동일하다는 가설을 기각할 수 없어, 다변량 접근 방식의 동질성 검정을 만족하게 된다. 하지만 Box의 M검정은 케이스 수에 민감하여 케이스가 많을 때, 동질성이 조금 벗어날 수 있다. 또한, 정규성을 따르는지에 따라 영향을 받으므로 정확하지 않을 수 있다. 때문에 Levene's tests를 통해 추가적인 확인을 할 필요가 있다.

기출문제 확인학습

분포에 관한 설명으로 옳은 것은?

① 표준정규분포는 자유도에 따라 그 모양이 달라진다.

② 표준정규분포와 t분포는 첨도가 1이다.

③ 자유도가 3인 x^2분포는 정적인 편포이다.

④ x^2값은 0보다 작은 값을 가질 수 있다.

⑤ F분포는 1개의 자유도를 가진다.

정답 ③

해설

① t - 분포, F - 분포, 카이제곱 분포와 같은 표본분포는 자유도(degree of freedom)에 따라 모양이 변한다.

② 정규분포, t - 분포와 같이 대칭인 분포의 경우 첨도가 0이다.

정규분포의 첨도는 0이다(기본적인 정의에 의하면 3이지만, 일반적으로 정규분포의 첨도를 0으로 만들기 위해 3을 빼서 정의하는 경우가 많다). 첨도가 0보다 크면 정규분포보다 긴 꼬리를 갖고, 분포가 보다 중앙부분에 덜 집중되게 되므로 중앙부 분이 뾰족한 모양을 가지게 된다. t분포는 정규분포보다 더 긴 꼬리를 가지므로 첨도가 0보다 크다.

③ 자유도가 3인 x^2분포는 정적인 편포이다. 확률분포 모양은 원점에서 양의 축 방향으로 곡선을 갖는 형태(정적 편포)를 띠며 비대칭적인 분포로서, 자유도에 따라 분포의 형태가 결정된다.

④ 카이제곱은 표준정규분포의 제곱값이므로 0보다 큰 양수의 값을 갖는다.

⑤ F분포는 2개의 자유도를 가진다. 즉, 두 확률 변수 V1, V2가 각각 자유도가 k1, k2이고 서로 독립인 카이제곱 분포를 따른다고 할 때, 확률변수 F는 자유도가 (k1, k2)인 F - 분포를 따른다. F분포는 자유도가 작을수록 오른쪽으로 긴꼬리를 가지고, 자유도가 클수록 정규분포에 접근한다.

8 통계분석의 종류

1) 일원적 분석

(1) 개념 : 일원적 분석(univariate analysis)은 단일변수들에 대해 묘사 분석하는 것이다.

(2) 자료 수집 후 분석에서 대부분의 조사연구들에서는 일원적 분석을 먼저 시도하는 것이 보통이다.

(3) 수집된 자료들이 어떤 성격을 가지고 있는지를 알기 위해서 각 변수들에 대한 평균이나 빈도 혹은 분산의 정도 등을 묘사하는 분석이 요구되고 일원적 분석에는 빈도분포, 집중 경향치, 분산 등의 방법들이 많이 쓰인다.

2) 이원적 분석

(1) 개념 : 이원적 분석이란 두 변수 간의 관계를 경험적으로 분석한 것이다.

(2) 변수들의 측정수준, 즉 변수의 수준이 명목변수, 서열변수, 등간변수, 비율변수 중 무엇인가에 따라 변수들 간의 관계를 나타내는 계수의 산출방법과 의미하는 바가 다르게 나타난다.

(3) 두 변수 간의 상관관계를 나타내는 통계치들은 SPSS와 같은 프로그램들을 사용하면 손쉽게 계산될 수 있다.

3) 다원적 분석

(1) 다원적 분석이란 셋 이상의 변수들 사이에 나타나는 관계를 분석하는 것이다.

(2) 다원적 분석의 1차적인 목적은 두 변수 간의 관계를 확인하려는 데에 있고 다원적 분석의 최종목적은 예측능력의 향상에 있다.

(3) 하나의 종속변수에 대해 몇 개의 독립변수들이 복합적으로 영향을 주는 경우가 보다 현실적인 상황을 반영한다.

(4) 다수의 변수들이 작용하는 상황을 분석하는 데는 다중회귀분석방법이 적당하다.

(5) 다중회귀분석은 다수의 독립변수들이 종속변수에 대해 미치는 영향력을 측정한다.

(6) 다원적 분석기술 통계기법으로는 다수의 독립변수들이 종속변수에 미치는 상대적 영향력을 검증하는 다중회귀분석, 변수들 간의 경로를 검증하는 경로분석, 명목종속변수에 대한 독립변수의 영향력을 분석하는 판별분석, 다수의 변수들을 몇 요인으로 추출해내는 요인분석, 공변량 분석 등이 있다.

자료 분석

1) 자료 분석에는 크게 양적인 자료 분석과 질적인 자료 분석이 있다.

2) 양적 분석에는 빈도분석, 분포의 특성분석 등 기술적인 분석이 있다.

(1) 기술분석 : 빈도분석, 분포의 특성분석

(2) 회귀분석 : 인과관계 및 상관관계 분석(단순상관, 중다상관)

(3) 변량분석 : 평균과 변산의 관계

(4) 경로분석, 구조방정식 분석, 연계분석 등

3) 질적 분석방법에는 주제별 약호화와 분류(주제별 파일화), 주요 사례추출, 빈도분석, 분류체계 분석, 성분 분석, 원인 연쇄 분석, 계획분석, 과정분석 등이 있다.

기출문제 확인학습

판별분석

1) 개념

(1) 판별분석이란 측정된 변수들을 이용하여 각 개체들이 2개 이상의 집단 중 어느 집단에 속하는지를 판별하는 분석방법을 말한다.

(2) 판별분석은 두 개 이상의 집단으로 구성되어 있는 자료로부터 공통으로 측정할 수 있는 변수들을 이용하여 각 집단들을 가장 잘 구분할 수 있는 판별함수를 만드는 과정을 포함한다.

(3) 또한 판별함수를 이용하여 각 개체들이 소속집단에 얼마나 잘 판별되는지에 대한 판별력을 측정하고, 어느 집단에 속해 있는지를 모르는 새로운 관측값으로부터 판별함수에 포함되는 변수들을 이용하여 이 관측값이 속할 확률이 가장 높은 집단을 판단하는 분석방법을 포함한다.

2) 기본가정

(1) 종속변수가 질적 변수이거나 최소한 집단을 구분하는 범주변수이어야 한다.

(2) 독립변수들의 분포가 정규분포를 이루어야 한다.

(3) 각 집단의 분산이 동일하여야 한다. (등분산 가정)

(4) 각 독립변수 간의 상관이 높지 않아야 한다. 즉, 독립변수들이 상호 독립적이어야 한다.

(5) 이상점(outlier)[7]이 없어야 한다.

3) 판별분석 사용목적 : 종속변수가 두 개 혹은 그 이상의 집단일 때 집단의 판별에 영향을 주는 독립변수와 영향력의 크기를 알고자 할 때 사용한다.

7) 이상치(이상점, outlier)란, 관측된 데이터의 범위에서 많이 벗어난 아주 작은 값이나 아주 큰 값을 말한다. 어떤 의사결정을 하는데 필요한 데이터를 분석할 경우 이렇게 이상한 값들에 의해서 의사결정에 영향을 미칠 수 있으므로 제거하는 것이 좋다.

CHAPTER 04

연구의 타당도

제1절 | 내적 타당도

1) 개념

연구과정 중 종속변수에서 나타나는 변화가 독립변수의 변화에 의한 것임을 확신할 수 있는 정도를 말한다. → 인과성에 대한 검증 능력이 강하면 내적 타당도가 높다.

2) 내적 타당도 저해요인

(1) 성장요인(= 성숙요인)

시간의 흐름(시간 연속설계) 때문에 발생하는 조사대상 집단의 신체적·심리적 특성의 변화, 즉 실험이 진행되는 기간으로 인해 실험집단이 성숙하게 되어 독립변수의 순수한 영향 이외의 변화가 종속변수에 미치게 되는 경우이다.

예 아동에 대한 운동프로그램, 노인에 대한 의료프로그램 등

(2) 역사요인(= 우연한 사건)

조사기관 중에 연구자의 의도와는 관계없이 일어난 통제 불가능한 사건으로 결과변수에 영향을 미칠 수 있는 사건을 의미한다.

예 직업훈련 실시기간 중에 경기침체, 고등학생 대상의 스트레스완화 프로그램 시 학교의 축제

(3) 선발요인

정책이나 프로그램 집행 후에 실험집단과 통제집단(= 비교집단) 간의 결과변수에 대한 측정값의 차이가 프로그램 집행의 차이라기보다는 단순히 두 집단구성원들이 다르기 때문에 나타나는 경우이다.

예 자원자 혹은 지원자에 의한 직업훈련프로그램·금연프로그램 실시

(4) 상실요인

정책집행 기간 중에 관찰대상 집단의 일부의 탈락 또는 상실로 남아있는 대상이 처음의 관찰대상 집단과 다른 특성을 갖게 되는 현상이다. 즉, 연구과정에서 실험대상자의 이사, 사망, 질병 등으로 실험결과에 다른 영향을 미치게 되는 것이다.

예 금연프로그램의 성공률

(5) 통계적 회귀요인

극단적인 측정값을 갖는 사례들을 재측정 할 때, 평균값으로 회귀하여 처음과 같은 극단적 측정값을 나타낼 확률이 줄어드는 현상, 즉 종속변수의 값이 극단적으로 높거나 낮은 경우 프로그램 실행 이후 검사에서는 독립변수의 효과가 없더라도 높은 집단은 낮아지고 낮은 집단은 높아지는 현상이다.

예 좌절감이나 우울성의 정도가 매우 심한 사람들에 대한 상담서비스 등

(6) 검사요인(= 테스트 요인)

프로그램의 실시 전과 실시 후에 유사한 검사를 반복하는 경우 프로그램 참여자들이 시험에 친숙도가 높아져서 측정값에 영향을 미치는 현상이다.

예 동일한 시험문제나 조사도구로 반복 측정 시

(7) 도구요인

프로그램 집행 전과 집행 후에 측정자의 측정기준이 달라지거나, 측정수단이 변화함에 따라서 정책효과가 왜곡되는 현상이다.

예 주관식 시험문제의 채점, 사전검사에는 난이도가 높은 도구를 사용하고 사후검사에는 난이도가 낮은 도구를 사용할 경우

(8) 모방(imitation) = 개입확산

분리된 집단들을 비교하는 조사연구에서 적절한 통제가 안 되어, 실험집단에서 실시되었던 프로그램이나 특정한 자극들에 의해서 실험집단의 사람들이 효과를 얻게 되고, 그 효과들이 통제집단에게 영향을 미치는 것을 의미한다.

(9) 인과적 시간 - 순서(causal time - order)

시간적 우선성을 경험적으로 보여줄 수 없는 설계의 형태인 비실험설계에서는 원인변수와 결과변수 사이의 인과관계의 방향을 결정하기가 곤란하다.

3) 내적 타당도 위협요소의 방지

(1) 내적 타당도 위협요소는 여러 가지가 있는데, 예를 들어, '역사요인'의 내적 타당도 위협요소는 처치기간 중 처치의 결과에 영향을 미칠 만한 사건이나 상황이 있었는가를 의미한다.

(2) 내적 타당도를 높이기 위한 무선적 할당을 시도한다.

(3) 내담자를 상담자에게 할당하는 과정에 아무런 평가·판단·편견이 작용하지 않는 것으로, 다시 말해서 각 내담자는 각 상담자에게 할당될 확률이 모두 같도록 하는 것이다.

기출문제 확인학습

기출 사례문제

다음 실험과정에서 발생할 수 없는 내적 타당도 저해요인은?

새롭게 개발한 교수법 프로그램이 성취도에 대해 효과가 있는지 검증하기 위해 특정지역에서 10명의 학생을 무선 표집하여 이들을 대상으로 프로그램 적용 전과 적용 후에 동일한 성취도 검사를 실시한 후, 그 변화를 다음은 이를 도식화한 것이다.

O_1 X O_2

(단, O_1:사전검사, X:새로운 교수법 적용, O_2:사후검사)

① 역사　② 성숙　③ 반복검사　④ 피험자 선발　⑤ 통계적 회귀

정답 ④

해설 문제에서 사전 및 사후감사를 실시한다고 하였으므로 이 기간 중에 나타날 수 있는 역사요인, 성숙요인이 나타날 수 있으며 동일한 검사도구에 따라 나타나는 반복검사(검사요인)이 나타날 수 있고, 마지막으로 특정지역에서 10명의 학생을 무선 표집을 하였으므로 통계적 회귀요인이 내적 타당도를 저해할 수 있다. 피험자 선발은 어느 대상 일부분만을 선택하는 경우 나타나는 것으로서, 보기의 사례와 거리가 있기 때문에 해당이 안 된다.

실력 다지기

내적 타당도 위협요인

캠벨과 스탠리(Campbell과 Stanley, 1963)는 내적 타당도를 저해하는 요인으로 다음의 것들을 제시하였다.

1) 역사요인 : 실험이 진행되는 동안에 피험자의 학교, 가정, 직장 등에서 일어나는 사건의 영향
2) 성숙요인 : 자연적으로 발생할 수 있는 정신적 · 신체적 발달이나 변화의 경향
3) 검사요인(테스트요인) : 기억의 효과로 동일검사의 반복은 사후검사 결과를 왜곡함
4) 측정도구의 변화(도구요인) : 극단적인 장소의 측정도구 이상, 평정자의 코딩과 분류 기준 변화
5) 통계적 회귀 : 반복측정은 점수들을 중앙쪽(평균지점)으로 이동시킬 확률이 큼
6) 선발요인 : 실험처치 이전에 차이가 나는 실험집단과 통제집단
7) 탈락(상실)요인 : 연구기간 동안에 피험자가 실험에서 이탈하는 현상
8) 피험자 선발과의 상호작용[1] : 실험집단과 통제집단의 선발이 잘못되어서 두 집단이 이질집단일 때 생기는 문제
9) 인과관계 방향성의 애매함 : 연구에서 독립변인과 종속변인의 불분명한 인과성
10) 처치내용의 누설과 처치의 모방(확산효과)

1) 피험자 선발과의 상호작용은 피험자의 선발요인과 성숙요인 간의 상호작용에 의하여 실험의 결과가 달라지는 것을 뜻한다. 실험집단과 비교집단의 피험자들이 어떤 기준이 되는 특성에서는 동질적이라고 하더라도 다른 특성, 예컨대 성장속도에 있어서는 이질적일 수 있는데, 이러한 차이가 실험결과에 큰 영향을 미칠 때가 있다.

제2절 | 외적 타당도

1) 개념

표본에서 얻어진 연구의 결과로 인해 연구조건을 넘어선 다른 환경이나 다른 집단들에까지 적용할 수 있는, 즉 일반화를 할 수 있는 정도를 말한다.

2) 외적 타당도 저해요인

(1) 연구표본의 대표성 결여

표본이 모집단을 대표할 수 있어야 일반화의 정도가 높다. 즉, 대표성의 결여는 일반화의 한계가 된다.

(2) 조사반응성(= 반응효과)

대상자가 실험에 참여한다는 것을 의식하여 연구자가 관찰하는 동안에는 연구자가 원하는 방향으로 반응을 보인다면 일반화의 정도가 낮다.

(3) 플라시보 효과(위약 효과, placebo effect)

대상자가 어떤 특별한 치료나 특별한 관심을 받고 있다고 인식하게 되면 대상자 스스로 심리적으로 반응해서 변화를 불러일으키는 것으로 이러한 경우 일반화의 정도가 낮다.

(4) 피험자 선발과 실험처치 간의 상호작용

① 실험처치의 효과가 특정 피험자에게 나타난 경우와 같이, 피험자 유형에 따라 실험처치의 영향이 다름으로 인한 일반화의 한계를 보인다.
② 선택대상의 성격이 실험처치의 효과에 영향을 주어 연구결과의 일반화를 제한한다.
③ 피험자의 특성에 따라 효과성 검증이 어려울 수도 있다.

(5) 사전검사와 실험처치 간의 상호작용

사전검사를 실시했을 때에만 실험처치의 효과가 있는 경우와 같이, 사전검사 실시로 인하여 실험처치에 대한 관심이 증가 또는 감소함에 따른 일반화의 한계가 나타난다.

3) 외적 타당도 위협요소의 방지

(1) 외적 타당도 위협요소는 여러 가지가 있는데, 표본의 대표성이 결여되어 있다면 다른 사람들이나 상황까지 일반화될 수 있는 측면에서 한계에 부딪히게 된다.

(2) 외적 타당도의 확보 전략

① 사람에 대한 외적 타당도를 확보하는 방법은 피험자 수를 늘리는 것이 바람직하다.

② 전집(모집단)의 특성을 미리 상정하는 것이 좋은데, 피험자의 호소문제, 연령, 학력, 성별 등을 구체적으로 기술한다.

③ 표집(표본추출 과정)에서 피험자는 그 연구결과를 일반화시키고자 하는 전집(모집단)을 대표하는 집단이면 좋다.

(3) 상황에 대한 외적타당도 확보전략으로 시간과 공간의 유사한 적용을 하는 것이 일반화를 위해 바람직하다.

기출문제 확인학습

외적 타당도 저해요인 사례문제

아동의 자존감 향상 프로그램의 효과를 검증하기 위해 사회경제적 수준이 높은 지역에 위치한 특정 유치원 아동만을 대상으로 하여 그 효과성을 입증하였다. 이 실험연구에서 외적타당도를 저해하는 가장 큰 요인은 피험자 선발과 처치 간의 상호작용이다.

제3절 | 통계적 결론 타당도

통계적 검증에는 몇 가지 필수적인 요소들이 있다.
1) 통계적 검증은 표집의 자료를 가지고 전집(모집단)의 내용을 추정하는 것이다.
2) 영가설(귀무가설)을 세운다는 점으로서 '통계치가 의미가 없을 것이다.'라는 영가설(귀무가설)을 세워놓고 그것을 부정하는 방식으로 검증절차를 밟는다.

1) 통계적 결론 타당도 개념

(1) 통계적 결론 타당도는 통계검증을 근거로 한 연구자의 결론이 가지는 확신의 정도를 말한다.

(2) 연구의 통계적 결론은 추리통계에 관한 것이다.

2) 통계적 검증의 절차

표집의 자료를 가지고 전집(모집단)의 내용을 추정 → 영가설 세우기(검증하고자 하는 통계치가 의미가 없다는 가설) → 영가설 부정하기 → 통계적 결론

3) 통계적 결론의 오류 가능성 [1종 오류와 2종 오류]

암기법 영사 - 기 - 1종 / 영거 - 채 - 2종
해설 1) 영가설이 사실인데 영가설을 기각한 경우 - 1종 오류
2) 영가설이 거짓인데 영가설을 채택한 경우 - 2종 오류

(1) 제1종의 오류는 귀무가설이 참일 때 귀무가설을 기각하고 대립가설을 수락할 때 발생하는 오류를 말한다. 이것을 흔히 알파 오류라고도 하며, 유의수준 또는 검정의 크기(size of the test)라고도 부른다.

(2) 반면, 제2종의 오류는 귀무가설이 참이 아닌데도 귀무가설을 기각하지 않을 때 발생하는 오류를 말한다. 이를 흔히 베타 오류라고 부르며, 이를 검정력[2)]이라고 부른다.

(3) 표본의 크기가 고정되어 있을 때에 제1종의 오류와 제2종의 오류는 서로 역비례 한다(Blalock 1981).

(4) 따라서 제1종의 오류에 관해 보수적인 입장을 취하면 제2종의 오류에 대한 값을 치를 수밖에 없다. 예를 들어, 제1종의 오류 또는 유의수준을 0.05에서 0.01로 내린다면 이것은 더 큰 제2종의 오류를 감수하지 않으면 안 된다는 것을 말한다.

(5) 그리고 제2종의 오류는 표본의 크기가 커지면 감소하므로 적절한 크기의 표본을 추출하는 일이 무엇보다도 중요할 수 있다.

2) 검정력이란 어떤 차이가 존재할 때 이를 탐지하는 확률, 즉 귀무가설이 거짓일 때 귀무가설을 기각하는 확률을 말한다.

구분		귀무가설이 참일 때	귀무가설이 참이 아닐 때
귀무가설에 대한 결정	채택	올바른 결정	제2종의 오류
	기각	제1종의 오류	올바른 결정

심화학습

통계적 검정력을 높이기 위한 방법

통계적 검증력을 높이려면 ① 표집의 크기를 크게 하거나 ② 실험의 절차 혹은 측정의 신뢰도를 높여서 오차변량을 줄이거나 ③ 양방검증보다는 일방검증을 사용하거나(이유는 일방검증이 영가설이 사실임에도 영가설을 기각할 확률이 높아 1종 오류가 클 수 있기 때문) ④ 1종 오류의 한계, 즉 알파 수준을 높여서 2종 오류인 베타 수준(표집의 크기가 적절하면 2종 오류를 줄일 수 있음)을 감소시키는 등 4가지 방법이 있다.

양방검증과 일방검증[3]

1) 양방검증

(1) 영가설은 반드시 등호(=)의 형태인 '차이가 없을 것이다'의 형태로 나타나야 한다.

(2) 따라서 영가설을 기각하는 경우에는 '동일하지 않다', '차이가 있다'라고 결론을 내리게 된다.

(3) 만약에 연구자가 '남녀 간에 사회성 점수에서 차이가 있다'라고 주장을 하고자 한다면, 남자의 평균이 큰 경우에도 영가설은 기각할 수 있고 반대로 여자의 평균이 큰 경우에도 영가설은 기각할 수 있다. 즉, 어느 쪽이 큰 가에 관련 없이 차이만 보이면 되는 것이다.

(4) 만약 알파 값이 .05인 경우에 남자의 평균이 큰 경우에 .025, 여자의 평균이 큰 경우에 0.25를 할당하여야 전체적으로 알파 값이 .05가 된다.

(5) 그러므로 p - value값이 .025보다 작아야 영가설을 기각하여 연구가설이 유의할 수 있으며, 이러한 검증방법을 양방검증이라 한다.

2)일방검증

(1) 연구자들은 특정집단의 평균이 다른 집단보다 큰 지, 혹은 작은지에만 관심을 가질 수 있다.

(2) 사례로, 연구자는 '여자 사회성 평균이 남자 사회성 평균보다 높은지'에 대하여만 관심이 있다고 하자. 따라서 실제로 여자의 평균이 큰 경우에만 연구가설을 채택하기 때문에 영가설을 기각할 것이다.

(3) 이러한 경우에는 알파 값을 .05를 나누지 않고 그대로 적용하는데, 이러한 검증 방법을 일방검증이라 한다.

3) 요약

(1) 연구자가 두 집단의 차이에 관심이 있다면, 양방검증을 해야 하고 이때에는 알파 값을 반으로 나누어서 적용해야 하고 통계 결과표에서 Sig(2 - tailed)라고 기술되어 있는 부분은 양방검증을 했을 때의 p - value라는 것이다. 양방 검증을 할 때는 이 p값이 알파 값보다 작은지를 살펴보면 된다. 그리고 영가설을 기각하기 위해 강력한 증거가 요구된다.

(2) 반면 한 집단의 점수가 다른 집단의 점수보다 큰 지 혹은 작은지에만 관심이 있으면 일방검증을 해야 하고 알파 값을 그대로 적용할 수 있다. 이는 영가설을 너무 쉽게 기각하는 경향이 있어, 1종 오류의 가능성이 높고 반면에 2종 오류는 줄일 수 있다.

1종 오류(Type I Error)와 2종 오류(Type II Error)

가설검증은 확률적인 판단이며, 어떤 결정을 내렸을 때, 오류가 발생할 수 있다. 가설검정에서 발생할 수 있는 오류로는 1종 오류와 2종 오류가 있다.

3) **출처** : 김청택(2011) 통계적 가설검증의 절차와 문제점 그리고 대안, 김청택, 수정 인용

1) 1종 오류

(1) 1종 오류는 영가설이 참일 때, 영가설을 기각하는 오류(암기법 영 - 사 - 기 - 1종 오류)를 말한다.

(2) 1종 오류는 가설검증에서 통제될 수 있는 오류이며 영가설이 참일 때 영가설을 기각할 확률은 알파 값(0.001, 0.01, 0.05)이며, 1종 오류를 저지를 확률은 알파 값으로 고정되어 있다.

2) 2종 오류

(1) 2종 오류는 영가설이 참이 아닐 때(영가설이 거짓, 대립가설이 참일 때), 영가설을 기각하지 못하는(채택) 오류(암기법 영 - 거 - 채 - 2종 오류)를 말한다.

(2) 2종 오류의 크기는 베타(β)로 표기되며, 2종 오류는 가설검증에서 전혀 통제할 수 없다.

(3) 가설검증은 영가설이 참이라는 가정 하에서 진행되는 절차이므로 영가설이 거짓인 경우에서는 전혀 말할 수 없으며, 이러한 특징은 가설검증의 가장 큰 단점이기도 하다.

(4) 가설검증에서 1종 오류를 저지를 확률은 알 수 있지만, 2종 오류를 저지를 확률을 알 수 있는 방법은 없다.

(5) 오류를 저지르지 않고 가설검증에 성공하는 경우는 영가설이 참일 때 영가설을 기각하지 않는 경우와 영가설이 거짓일 때 영가설을 기각하는 경우이다.

(6) 전자의 경우는 관심을 가질 필요가 없다. 왜냐하면, 우리가 연구가설에 대해 내릴 수 있는 결론은 없기 때문이다.

(7) 후자는 연구자가 가장 원하는 결과이다. 즉 연구자의 연구가설이 참일 때(영가설은 연구의 연구가설과 반대로 설정됨), 연구가설을 받아들이는 것이며 이 확률을 검정력(power)이라고 한다.

(8) 따라서 2종 오류는 검정력(power)과 관련이 있다.

기출문제 확인학습

유의수준과 유의확률

1) 가설검정에서 제1종 오류는 유의수준과 일치한다.
2) 유의확률이 유의수준보다 낮으면 영가설이 기각된다.
3) 영가설이 참일 때 영가설을 기각하는 오류를 '제1종 오류'라 한다.
4) 영가설이 참일 때 영가설을 기각할 확률을 '유의수준 또는 검정의 크기'라고 한다.
5) 유의수준 0.01의 의미는 실제 영가설을 채택해야 하지만 기각하는 경우가 100번 중의 1번 정도임을 의미한다.

가설검정법의 검정통계량과 표본크기와의 관계

유의수준 α가 엄중할수록(작을수록), 효과크기가 작을수록 요구되는 검정력(power)을 강화시키기 위해서 표본크기는 커야 한다. 양측검정이 단측검정에 비해 더 큰 표본크기를 요구한다.

1) 표본의 크기, 즉 단위의 수를 말하며 보통 N으로 나타낸다.
2) 효과의 크기 : 보통 원하는 효과크기가 작을수록 표본의 크기가 커야 한다.
3) 유의수준(0.001, 0.05, 0.1 등으로 나타내는 통계적 역치)
   P값이 유의수준과 같거나 이보다 높을 때 통계적으로 유의하지 않다고 표현한다.
4) 검정력 : 효과를 찾아낼 수 있는 가능성을 표시하는 값이다.
5) 연구의 검정력을 결정하는 것은 위의 4가지 기준은 서로 연결되어 있기 때문에, 이들 중 세 가지의 값을 알고 있다면 나머지 하나의 값도 구할 수 있다. 하지만 보통 유의수준은 고정되어 있고 (일반적으로 0.001, 0.05, 0.1 중에서 선택) 문헌검토를 통해 효과크기 역시 예측할 수 있다. 따라서 연구의 검정력을 강화시키기 위해서는 표본크기에 집중해야 한다.

4) 통계적 결론 타당도를 위협하는 요소

(1) 낮은 통계적 검정력 : 2종 오류가 높다는 것은 통계적 검정력이 낮다는 것을 의미

※ 통계적 검정력 높이기 : 표집의 크기 크게 하기, 실험절차 및 측정의 신뢰도 높여 오차변량 줄이기, 1종 오류의 한계를 높이기

(2) 통계적 가정의 위반 : 통계분석 절차가 유효하기 위한 선행조건의 위반

※ 모수적 통계의 조건 : 표집분포의 정상분포성, 피험자 선발과정이 무선적이고 독립적일 것, 집단 간 변량의 동질성

(3) 투망질식 검증 : 한 세트의 자료를 가지고 여러 번 통계검증을 하여서 의미 있는 결과만을 뽑아내려는 전략

※ 자료의 여러 번 검증은 자료의 자연성을 손실하고 그 결과는 통계적 오류가 나타남

(4) 신뢰도 낮은 측정 : 신뢰도가 낮으면 오차변량이 커지며 통계적 검증력 약화

(5) 신뢰롭지 못한 처치

(6) 반응의 무작위적 다양성 : 무작위적이고 중구난방의 다양한 반응

(7) 피험자의 무작위적 이질성 : 이질성은 통계적 결론 타당도를 위협하고, 비슷한 피험자만을 연구대상에 참여시키면 그 결과를 일반화시키는 데 제한

⊘ 정리

과학적 연구의 타당도

1) 내적 타당도 : 내적 타당도란 '변인들 간에 원인 - 결과의 관계가 있다'라는 결론을 내리는데 대한 타당도이다.

(1) 내적 타당도를 위협하는 장애요인

① 역사 : 사전검사와 사후검사 사이에 있었던 갖가지 특수한 사건들을 말한다. 독립변인으로 투입한 실험적 처치 이외에 실험 결과 중에 발생한 어떤 특수한 사건이 실험의 결과에 영향을 미쳤을 가능성이 있다는 것이다.

② 성숙 : 실험적 처치 이외의 시간의 흐름에 따라 나타나는 피험자의 내적 변화가 피험자의 반응에 영향을 줄 수 있다. 연령이 증가하거나 검사 도중 피곤해지거나 흥미가 변하거나 하는 생물학적, 심리학적인 변화를 의미한다.

③ 검사 : 사전검사를 받은 경험이 사후검사에 주는 영향을 뜻한다. 피험자가 이전에 사전검사를 받은 경험이 있으므로 사전검사 때보다 그 검사에 익숙해지거나 검사내용의 일부를 기억하고 있어서 사후검사의 결과에 영향을 미칠 수 있다.

④ 도구 사용 : 측정도구의 변화, 관찰자나 채점자의 변화로 인하여 실험에서 얻은 측정치에 변화가 생기는 것을 말한다. 사전검사와 사후검사에서 사용한 측정도구가 달라지거나 관찰자가 바뀌었을 경우 측정결과도 변화될 가능성이 있는 것이다.

⑤ 통계적 회귀 : 피험자의 선발을 아주 극단적인 점수를 토대로 해서 결정할 경우에 일어나기 쉬운 통계적 현상을 말한다. 즉 피험자들을 뽑을 때 단 한 번 실시한 검사에서 극단적으로 점수가 높거나 반대로 점수가 극히 낮은 사람들을 선발하여 실험하게 되면, 실험처치의 효과가 없더라도 그 특수집단의 피험자들은 다음 검사에서 자연히 전집의 평균에 좀 더 가까운 점수를 받는 경향이 있는데, 이러한 현상을 통계적 회귀하고 한다.

⑥ 피험자의 선발 : 실험집단과 비교집단을 만들기 위하여 피험자를 선발할 때 두 집단 간에 동질성이 결여됨으로써 편파적으로 나타나는 영향을 뜻한다. 예를 들어, 과학교수 프로그램을 학업성적이 뛰어난 학급의 학생들에게 실시하고 통제집단과 비교하였을 때 학기말 과학적인 태도가 향상되었다고 가정하자. 이때 나타난 결과는 프로그램의 효과라고 하기보다는 학업성적이 뛰어난 집단을 선발하였기 때문이라고 볼 수 있다. 따라서 실험집단과 통제집단의 피험자는 동질적이어야 한다.

⑦ 피험자의 탈락 : 피험자들이 실험과정에서 중도 탈락함으로써 실험결과에 영향을 미치는 것을 말한다. 실험집단이나 비교집단의 어느 한편에서 피험자들이 체계적으로 탈락하면 실험결과에 편파적인 영향을 미치게 된다.

⑧ 피험자의 선발과 성숙간의 상호작용 : 피험자의 선발 요인과 성숙요인간의 상호작용에 의하여 실험의 결과가 달라지는 것을 뜻한다. 실험집단과 비교집단의 피험자들이 어떤 기준이 되는 특성에서는 동질적이라고 하더라도 다른 특성 예컨대 성장속도에 있어서는 이질적일 수 있는데, 이러한 차이가 실험결과에 큰 영향을 미칠 때가 있다.

⑨ 그 외에 인과관계 방향성의 애매함, 처치내용의 누설과 처치의 모방, 처치에 대한 보상적 형평화, 통제집단 피험자들의 보상적인 경쟁, 통제집단 피험자들의 사기 저하 등이 있을 수 있다.

2) 외적 타당도 : 연구의 결과를 다른 대상(성별, 나이, 직업, 국적 등), 장면(기관, 과목, 상담자, 상담방법 등), 시기(하루의 다른 시간대, 다른 시대) 등에 일반화 시킬 수 있는 정도를 의미한다.

(1) 외적 타당도에 영향을 미칠 수 있는 위협요인

① 선발과 처치의 상호작용 : 피험자들은 성, 성역할 의식, 교육수준, 전문경력의 수준, 인지스타일, 성격, 지능 등 수많은 종류의 다른 특징을 가지고 있다. 이들 특성 중 어느 것이 처치와 상호작용할지 모른다.

② 장면(상황)과 처치의 상호작용 : 정부기관, 지방자치단체, 종교기관에서 운영하는 상담소도 상호 다른 특징을 가지고 있는데, 다른 장면에서 독립변인과 종속변인 간에 다른 방식으로 관계를 보인다는 것을 발견했다면 이는 장면 간의 일반화 가능성에 관한 정보를 얻은 것이므로 그만큼 외적 타당도를 더 강화하는 것이기 때문이다.

③ 시기와 처치의 상호작용 : 1997년도 외환위기 이전과 이후 간에 연구결과를 일반화 하는데 문제가 있을 수 있다. 이런 시기적 차이는 내담자와 상담자의 행동과 반응 등 각종 양상에서 차이를 야기할 수 있다.

3)통계적 결론 타당도 : 통계적 결론이라는 것은 추리통계에 관한 것으로 통계적 검증에는 몇 가지 필수적인 요소들이 있다. 첫째는 통계적 검증은 표집의 자료를 가지고 전집의 내용을 추정하는 것이다. 둘째는 영가설을 세운다는 것이다. 영가설이란 검증하고자 하는 통계치가 의미가 없다는 것이다. 일단 통계치가 의미가 없다는 영가설을 세워놓고 그것을 부정하는 방식으로 검증절차를 밟는다.

(1) 통계적 결론 타당도를 위협하는 요인들

① 낮은 통계적 검정력 : 통계적 검정력이란 대안가설이 참일 때 영가설을 기각할 수 있는 힘, 즉 확률을 말한다. 통계적 검정력이 낮다는 것은 대안가설이 참임에도 불구하고 영가설을 기각하지 못하는 경우를 말하며, 이때 그릇된 결론을 내릴 가능성이 높아지므로 통계적 결론 타당도가 위협을 받는 것이다.

통계적 검정력을 높이려면 ㉠ 표집의 크기를 크게 하거나 ㉡ 실험의 절차 혹은 측정의 신뢰도를 높여서 오차변량을 줄이거나 ㉢ 양방검증보다는 일방검증을 사용하거나 ㉣ 1종 오류의 한계, 즉 알파 수준을 높여서 베타 수준을 감소시키는 네 가지 방법이 있다.

② 통계적 가정의 위반 : 통계적 가정은 어떤 통계분석 절차가 유효하기 위한 선행조건들을 의미하는데, 우리가 자주 사용하는 모수적 통계는 다음과 같은 조건들이 있다. ㉠ 표집분포의 정상성, ㉡ 피험자 선발과정이 무선적이고 독립적일 것, ㉢ 집단 간 변량의 동질성 등이며, 이를 지나치게 위반하면 1종 오류를 증가시키기 때문에 얻어진 통계결과는 부정확한 결론이 될 가능성이 높다.

③ 투망질식 검증 : 한 세트의 자료를 가지고 여러 번 통계검증을 하여서 의의 있는 결과만을 뽑아내려는 전략을 이른바 투망질식 검증이라고 부른다. 문제는 한 자료에 여러 개의 검증을 하면 할수록 그것을 통한 결론은 오류를 범할 확률이 증가하는데, 한 자료에서 한 번의 통계검증을 실시하든지, 혹은 미리 설정된 가설에 대한 검증, 즉 계획된 검증만을 실시하는 것이 바람직하다.

④신뢰도 낮은 측정 : 연구에 사용된 측정의 신뢰도가 낮으면 이른바 오차변량이 커지며 이는 통계적 검증력의 약화를 초래한다.

⑤ 신뢰롭지 못한 처치

⑥ 반응의 무작위적 다양성 : 불안증상에 대한 상담에서 행동연습을 처방하는데, 행동연습의 장소가 통제되어 있지 않고 어떤 피험자는 술집에서, 어떤 피험자는 직장에서 연습을 하였다. 이런 연습상황의 다양성을 낳고, 이는 다시 오차변량을 증가시켜서 결국 통계적 결론 타당도를 위협한다.

⑦ 피험자의 무작위적 이질성 : 연구에 참여하는 피험자가 모든 면에서 동질일 수는 없는데, 이질성이 통계적 결론 타당도를 위협할 수 있다.

4) 구인타당도(구성개념 타당도, 구념타당도) : 연구자가 측정하고자 하는 구성개념을 정확하게 측정하는지를 나타낸다.

(1) 구인타당도의 위협요인 - Cook과 Campbell(1979)

① 구성개념에 대한 세심한 조작화의 결여 : 구성개념은 추상적인 차원에서 구체적인 차원으로 조작화 되어야 함

② 변인에 대한 단일조작적 편향 : 독립변인의 단일조작은 처치를 할 때 한 가지 상황으로 마치 큰 개념을 대변할 것처럼 기대하는 것이며 종속변인 단일조작은 한 가지 도구로 단 한번 종속변인을 측정하는 것이다.

③ 한 가지 측정방법만을 사용함 : 독립변인과 종속변인에 대해서 같은 측정방법을 사용하는 것은 결과를 왜곡시킬 우려가 있으며 측정방법을 한 가지 이상 사용함으로써 단일조작의 문제와 단일측정의 문제를 동시에 해결이 가능하다.

④ 피험자가 가설을 추측함 : 연구자의 의도에 맞게 반응하든지 그 반대로 반응함으로써 구념타당도 및 내적 타당도를 위협한다.

⑤ 평가받는다는 것을 의식함 - 내담자의 반응을 왜곡할 수 있다.

⑥ 실험자(연구자)의 기대 : 실험자(연구자)의 기대가 은연 중 피험자에게 전달되어 구념타당도를 위협한다.

⑦ 변인의 수준을 일부만 적용함

⑧ 여러 처치들 간의 상호작용(구념 및 구념 수준의 혼합) : 한 연구에서 두 가지 이상의 처치가 가해진 경우 무엇 때문에 결과가 발생했는지 해석이 곤란하다.

⑨ 검사와 처치 간의 상호작용 : 처치를 가하기 전에 실시하는 사전검사 내용에 영향을 받아서 처치에 대한 반응이 변화되는데, 이 문제를 극복하기 위한 실험설계법이 솔로몬 4집단설계이다.

⑩ 중요한 구념을 연구에서 빠뜨리는 경우

🗀 기출문제 확인학습

공변량 분석[4)]

1) 교수방법 A, B, C가 학업성취에 미치는 영향을 연구하기 위해 세 개 집단을 선정하였다.
2) 그러나 이 세 집단은 이미 학업성취에 크게 영향을 줄 수 있다고 보는 지능에 차이가 있다고 가정하자.
3) 세 집단 중 학업성취가 우수한 집단의 지능이 높았다면 이 결과는 교수방법에 의한 것인지, 지능의 영향인지 또는 둘의 상호작용의 결과인지 알 수 없다.
4) 공변량 분석의 목적은 순수한 독립변인만 종속변인에 작용하게 하고 그 외의 변인은 통제하는데 있다.
5) 공변량 분석(ANCOVA : analysis of covariance)은 변량분석과 회귀분석이 결합된 분석방법이다.
6) 공변량 분석의 궁극적인 목적은 변량분석과 마찬가지로 집단 간 차이를 검증하는 것이다.
7) 공변량 분석은 자료분석에 있어 소위 기저선(baseline)의 차이 또는 사전검사(pretest)의 차이에 의한 오염을 통제하는 것이다.
8) 공변인 또는 공변량 분석이라는 용어의 '공변(共變, covariation)'은 독립변인과 함께 변한다는 뜻이다.
9) 즉, 독립변인의 수준에 따라 평균값이 변하는 변인을 공변인으로 사용해야 한다.

중다 회귀분석

1) 2개 이상의 독립변수와 하나의 종속변수와의 관계를 분석한다.

   예 임금을 결정하는 변인들(성, 인종, 교육수준 등) 중 통계적으로 유의미한 변인이 무엇인지를 밝혀줄 뿐만 아니라 그 변인의 영향력 정도를 알려준다.

2) 다중회귀분석의 목적은 미래 예측, 인과관계를 설명하는 것이다.

4) 피험자의 무작위적 이질성 - 연구에 참여하는 피험자가 모든 면에서 동질일 수는 없고 이질성이 통계적 결론 타당도를 위협할 수 있는데, 만약 용모라는 변인이 불안증상을 극복하는 연습효과에 영향을 미친다면 공변량 분석의 기법을 사용해서 통계적으로 용모 변인의 영향을 제거할 수 있다.

3) 둘 이상의 독립변수를 가지고 하나의 종속변수의 값을 예언하는 회귀분석을 의미한다.

$$y = a + b_1x_1 + b_2x_2 + ----- + b_kx_k + e$$

4) 다변수 회귀분석의 목적이 예언을 위한 것이 아닌 경우도 있다. 즉 여러 독립변수들 가운데 어느 독립변수가 종속변수와 관계가 깊은가를 찾아내고, 그 중요성의 순위를 정하기 위한 경우도 있다.
5) 모형의 설명력 평가 : R^2(결정계수)
   (1) R^2값은 모델 속에 있는 모든 독립변수에 의해서 설명될 수 있는 Y의 변량이다.
   (2) 독립변수의 추가로 R^2는 증가하지만 R^2의 증가가 무의미(통계적으로 유의도 없음)한 경우가 많으므로 변수의 추가는 R^2change의 유의도 검증을 필요로 하고, 추가의 결정은 많은 경우 이론적 입장을 고려해야 한다.
   (3) 단계적 회귀분석에서 첫 독립변수를 투입하고, 그 후에 두 번째 독립변수를 투입하고 나서 설명력의 증가(R^2의 증가)가 통계적으로 유의미하여야 변수가 서로 다른 구인이라고 할 수 있다.

다중공선성 문제(Multi - collinearity)

1) 통계학의 중다회귀분석에서 독립변수들 간에 강한 상관관계가 나타나는 문제이다.
2) 독립변수들 간에 정확한 선형관계가 존재하는 완전공선성의 경우와 독립변수들 간에 높은 선형관계가 존재하는 다중공선성으로 구분하기도 한다.
3) 이는 회귀분석의 전제 가정을 위배하는 것이므로 적절한 회귀분석을 위해 해결해야 하는 문제가 된다.
4) 진단법
   (1) 결정계수 R^2값은 높아 회귀식의 설명력은 높지만, 식 안의 독립변수의 P - value값이 커서 개별 인자들이 유의하지 않는 경우가 있다. 이런 경우 독립변수들 간에 높은 상관관계가 있다고 의심된다.
   (2) 독립변수들 간의 상관계수를 구한다.
   (3) 분산팽창요인(Variance Inflation Factor, 분산확대인자)을 구하여 이 값이 10을 넘는다면 보통 다중공선성의 문제가 있다.
      ① VIF = $1/(1-R_i^2)$
      ② Tolerance(공차한계) = 1 / VIF
      ③ Tolerance < 0.1 이거나 VIF > 10 이면 공선성이 존재함
   (4) 다중공선성을 보이면 1보다 큰 표준화 회귀계수가 나타날 수 있다.

독립변수 간의 상관 (다중공선성 - 중다 회귀분석에서 점검)

1) 회귀식에 투입되는 변수들 간에는 상관이 낮아야 한다. 사회조사에서 다루는 변수들의 무상관을 가정하기는 불가능하지만, 다중공선성(multicollinearity)이 높으면 독립변수들의 개별 설명변량을 정확히 해석할 수 없게 된다. 다중공선성이 높으면, 투입되는 변수의 순서에 따라 설명력이 크게 좌우된다.
2) 예를 들어, 변수 A와 B가 상관이 높고 모두 종속변수를 유의미하게 설명한다고 하자. 변수 A가 먼저 투입되고 B가 나중에 투입되면 A는 B의 설명력을 가져가므로 A의 설명력은 과대평가되고 B의 설명력은 과소평가된다. 반대로 B가 먼저 투입되면 A의 설명력은 B가 가져가게 되고 B의 설명력은 실제보다 높게 평가되고 A의 설명력은 실제보다 낮게 평가된다. 실제 둘 이상 여러 변수의 상관이 높을 때를 다중공선성이라고 한다.

3) SPSS for Windows에 다중공선성을 진단하는 방법은 다음과 같다.

(1) 기초 상관행렬 : 변수 간의 상관계수는 대략적인 다중공선성을 파악하는데 도움을 준다.

(2) 공차한계(tolerance) : 공차한계는 $1 - R_i^2$으로, 즉 1 - SMC이다. SMC는 중다상관제곱(Squared Multiple Correlation)을 의미하는 값으로 한 독립변수를 종속변수로 하고 다른 변수들을 독립변수로 하여 계산된 설명량(R^2, R_i^2)이다. 따라서 SMC가 크다는 것은 한 독립변수가 다른 독립변수에 의해 설명되는 변량이 크다는 것이고, 따라서 공차한계가 0.1보다 작으면 다중공선성이 있는 것을 말한다.

(3) 분산확대인자(VIF : varinace inflation factor) : 분산확대인자는 회귀계수의 변량 증가분을 의미하므로 다중공선성에 대한 지수가 된다. VIF가 10에 접근할 때 다중공선성이 없는 것으로 판단하며, 10을 초과하면 다중공선성이 있는 것으로 판단한다.

4) 다중공선성이 발견될 때의 처치방법은 과감히 불필요한 독립변수를 분석에서 제외하는 것이 바람직하다.

공분산(예 A척도와 B척도의 공유하는 점수의 분산)

1) 공인타당도는 동시에 추정되는데 비하여 예측타당도는 얼마간의 시간이 지난 후에 행위 변수와의 관계를 추정하기 때문에 일반적으로 검사도구의 공인타당도가 예측타당도보다 높게 추정된다고 주장한다.
2) 공인타당도가 0.8 이상이거나 예측타당도가 0.6 이상이면 타당한 검사라고 할 수 있다.
3) 상관분석의 원리를 살펴보자면, 변수 X가 커질수록 변수 Y도 커지는 관계에 있을 경우에는 (X - X평균)(Y - Y평균)은 양의 값을 가질 가능성이 커지는데, 이 값들의 합을 공분산(covariance)이라 한다.
4) 그런데 이 값을 그대로 사용할 경우에는 몇 가지 문제가 있는데, 일단 변수를 측정하는 단위에 의존하게 되기도 하고, 또 범위가 제한되지 않아서 비교하기가 쉽지 않다는 점이다.
5) 공분산을 두 변수의 표준편차의 곱으로 나누어, 이를 상관계수(correlation coefficient)라고 하며, 일종의 표준화이기 때문에 이 값은 - 1과 1 사이의 값을 갖게 된다.
6) A척도의 평균을 E(X), 표준편차를 sd(X), B척도의 평균을 E(Y), 표준편차를 sd(Y)라고 하면, 공분산 Cov(X,Y) = E(XY) - E(X)E(Y)이고, 상관계수 Corr(X,Y) = Cov(X,Y) / sd(X) × sd(Y)이다.

공분산 분석

1) 종속변수가 두 독립변수의 복합적인 관계에 의하여 영향을 받을 때에는, 한 요인을 통제하고 다른 한 요인의 효과를 분석하는 경우가 있다.
2) 이와 같은 경우, 회귀분석의 변형된 기법인 공분산 분석(ANCOVA : Covariance Analysis)을 사용한다.
3) 공분산 분석은 질적인 독립변수와 양적인 독립변수를 동시에 분석하는 것으로 양적인 독립변수를 통제하고 질적인 독립변수와 종속변수 간의 관계를 명확하게 규명하는 방법이다.
4) 여기서 통제되는 양적인 독립변수를 공분산(Covariate)이라고 한다.
5) 기본가정
   (1) 각 집단에 해당되는 모집단의 분포가 정규분포이어야 한다.
   (2) 각 집단에 해당되는 모집단의 분산이 같아야 한다.
   (3) 매개변수와 종속변수 간에 선형적 상관관계가 있어야 한다.
   (4) 매개변수와 종속변수의 회귀선이 모든 실험집단 내에서 동일한 기울기를 가져야 한다. 즉, 각 집단의 회귀계수가 동일해야 한다.
   (5) 매개변수(공변인)가 종속변수에 영향을 미치지 않아야 한다.

6) 기본원리 기출

(1) 회귀분석을 이용한 공분산분석을 설명하면, 예를 들어 집단 A, B, C의 수리 점수 평균을 비교할 때 C 집단의 평균점수는 9점으로 가장 높고, A 집단은 7점, B 집단은 6점이 된다. C 집단의 수리 점수 평균이 가장 높은 이유는 매개변수인 사전능력 점수의 평균이 8점으로 이미 높았기 때문에 수리 점수 평균이 높아진 것이지, 처치효과 때문에 평균점수가 높은 것은 아니다. - 공분산분석을 할 때는 우선 매개변인(공분산 변인)이 종속변수에 영향을 미친다는 논리적인 설명이 우선 제시되어야 된다.

(2) 즉, 세 집단의 사전능력이 모두 다르기 때문에 수리 점수를 비교하기 어렵게 되므로 사전능력을 통제하기 위해 공변량 분석에서는 사전능력 점수의 전체 평균, 즉 집단의 사전능력의 평균이 동일해지도록 회귀등식을 이용하여 수리 점수를 이동시켜 교정점수를 계산한다.

(3) 따라서 사전능력에서 높은 수준을 나타냈던 C 집단의 수리 점수의 평균은 내려가게 되고 사전능력에서 낮은 수준을 나타냈던 A 집단의 수리 점수는 올라가게 되어 교수법에 따른 점수 차이를 정확하게 해석할 수 있게 된다.

(4) 공분산분석은 교정된 집단별 수리 점수의 평균 차이, 즉 교정평균의 차이를 검정하는 것이며, 집단별 회귀선이 동일한 기울기를 가진다는 가정이 충족될 경우, 집단별 절편의 차이를 검정하는 것이다.

기출문제 확인학습

그림은 행복감 관련변수 간의 이론적 인과관계에 대한 연구모형이다. 이에 관한 설명으로 옳지 않은 것은? (단, 직사각형 : 측정변수, 화살표 : 인과관계)

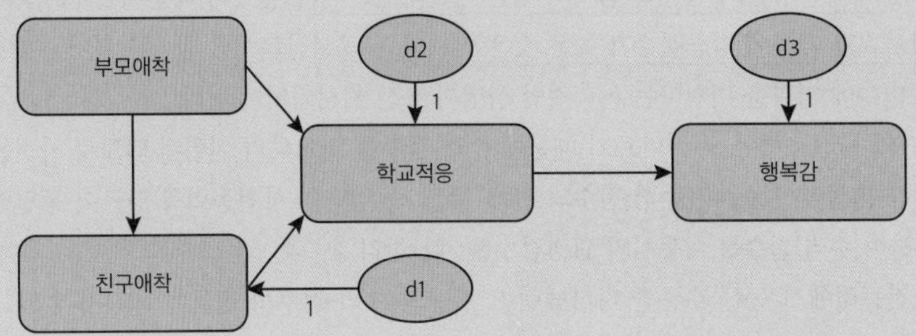

① 자유도는 3이다.
② 간명(overidentified)모형에 해당한다.
③ 3개의 내생변수를 가진다.
④ 경로분석을 통해 이중매개효과를 검증할 수 있다.
⑤ 부모애착과 친구애착 간의 화살표 방향을 반대로 하더라도 적합도는 변하지 않는다.

정답 ①

해설 ① 구조방정식 모형에서 자유도의 공식은 [총 정보의 수 - 추정해야 할 모수(자유모수, 미지수)]의 수이다. 총 정보의 수는 (관측변수 또는 측정변수의 수) × (관측변수의 수 + 1))/2이 된다. 위 모형에서는 관측변수가 4개이므로 [총 정보의 수]는 4×5/2=10이다.

또한, 추정해야 할 모수(자유모수)는 측정오차 수, 구조오차 수, (순수)외생(잠재)변수[외생변수로만 쓰이는 변수, 외생 및 내생 변수로 쓰이는 매개변수는 포함되지 않음) 분산 수, 외생(잠재)변수 간 공분산 수, 1로 고정되지 않은 경로 수들을 말한다. 따라서 이 모형에서는 측정오차 수 = 0, 구조오차 수(d1, d2, d3) = 3, 외생변수 분산 수 = 1, 외생변수 간 공분산 = 0, 1로 고정되지 않은 경로의 수 = 4로 모두 8이 된다. 따라서 문제 모형의 자유도는 10 - 8 = 2이다.

② 간명(overidentified)모형에 해당한다.

공분산구조분석을 시도하는 연구자들로 하여금 실제 초기모형으로 선택하도록 하는 양대 유형으로는 포화모형과 간명모형이 있다. 포화된(saturated or just - identified) 모형은 '미지수 = 정보수'(자유도 = 0)이기 때문에 비록 인정은 될 수 있어도 간명함이 전혀 없으며, 간명한(over - identified) 모형은 '미지수 < 정보수'이기 때문에 인정도 되고 간명함까지도 지닌다.

③ 3개의 내생변수(친구애착, 학교적응, 행복감)를 가진다.
④ 경로분석을 통해 이중매개효과(예 부모애착이 행복감에 미치는 영향)를 검증할 수 있다.
⑤ 부모애착과 친구애착 간의 화살표 방향을 반대로 하더라도 적합도는 변하지 않는다.

LISREL이나 AMOS를 이용한 구조방정식모델의 적합도를 평가하는 적합지수는 크게 모델의 전반적 적합도를 평가하는 절대 적합지수(Absolute Fit Index), 기초모델에 대한 제안모델의 적합도를 비교하는 증분적합지수(Incremental Fit Index), 그리고 모델의 간명도와 관계된 간명적합지수(Parsimonious Fit Index)가 있다. 대부분의 적합지수는 0(무적합)에서 1(완벽한 적합) 사이의 값을 갖게 되며, 각 적합도의 수용기준은 상대적이다.

기출문제 확인학습

모수통계와 비모수 통계

1) 모수통계방법

(1) 어떤 분포를 알며 모수값(예를 들면 평균이나 분산) 또한 안다는 가정 하에 분석하는 방법이다.

(2) ① 분석에 이용되는 자료는 적어도 등간척도로 측정되어야 하며, ② 모집단의 확률분포를 구체적으로 가정할 수 있어야 하며, ③ 모집단의 확률분포의 모수에 관해서 통계적 추론을 할 수 있어야 한다.

(3) 일반적으로 모수통계방법은 비모수통계법보다 더 효율적이며 검정력이 크다.

(4) 유형 : 빈도분석, T-test ,분산분석(ANOVA), 상관관계분석(correlation), 회귀분석(regression), 판별분석(discriminant analysis), 요인분석(factor analysis), 군집분석(cluster analysis) 등

2) 비모수통계방법

(1) 모집단의 모수성을 가정을 하지 않고 분석하는 방법이다.

(2) 즉, 평균값이나 표준편차를 알 수 없을 경우, 통계자료가 정규분포가 아닐 때, 또는 정규분포로 적절하게 변환되지 못할 때 사용한다.

(3) 주로 변수가 서열척도나 명명척도일 때 사용한다.

(4) 유형 : Wilcoxon 검정 등

비모수 검정 및 해당 대립 모수 검정 리스트

비모수 검정	대립 모수 검정
1-표본 부호 검정	1-표본 Z 검정, 1-표본 t-검정
1-표본 Wilcoxon 검정	1-표본 Z 검정, 1-표본 t-검정
Mann-Whitney 검정	2-표본 t-검정
Kruskal-Wallis 검정	일원 분산분석[5]
Mood 중위수 검정	일원 분산분석
Friedman 검정	이원 분산분석[6]

5) 일원분산분석(one-way ANOVA)은 종속변인은 1개이며, 독립변인의 집단도 1개인 경우이다.

6) 이원분산분석(two-way ANOVA)은 독립변인의 수가 두 개 이상일 때 집단 간 차이가 유의한지를 검증하는 데 사용한다.

제4절 | 검사도구의 타당도

1) 개념

(1) 타당도는 측정하고자 하는 개념을 측정하고 있는가와 그 개념이 정확하게 측정(= 정확성)되었는가 하는 두 요소를 모두 포함한다.

(2) 타당도를 확인하기 위해서는 내용타당도, 기준타당도, 구성타당도 세 가지 방법이 많이 쓰인다.

2) 타당도의 종류

(1) 내용타당도(= 액면타당도 = 안면타당도)

① **개념** : 측정도구에 포함된 지표가 내용의 모집단을 대표하고 있는지의 정도를 나타내는 측정도구의 대표성 또는 표본문항의 적절성을 의미하는 것으로 논리적 타당성이라고도 한다.

② 특징

ㄱ. 측정도구에 포함된 설문 문항들이나 관찰 항목에 대해서 적합성을 결정하기 위해 주관적 판단에 기초한다.

ㄴ. 측정하고자 하는 개념을 정확히 측정하기 위해 올바른 질문이나 관찰항목들이 측정도구에 포함되어 있는지를 연구자의 직관 또는 전문가들의 견해를 통해 판단한다.

ㄷ. 장점으로는 문항에 대한 면밀한 검토에 따른 주관적인 판단에 의존하므로 적용이 쉽고 시간이 많이 소요되지 않는다.

ㄹ. 문제점으로는 연구자나 전문가의 주관적 판단에 의존하므로 오류의 가능성이 있다. 따라서 이를 해결하기 위해 다양한 외부적인 관점을 포함시켜 주관성의 소지를 최대한 줄여야 한다.

(2) 기준타당도(= 준거타당도)

① **개념** : 하나의 측정도구를 사용하여 측정한 결과를 이미 타당성이 경험적으로 입증된 독립된 기준을 적용하여 측정한 결과와 비교하여 나타난 관련성의 정도를 의미한다.

② 특징

ㄱ. 새로이 개발된 측정도구에 의해 산출된 측정 결과들이 비교의 기준이 되는 다른 측정 결과들과 상관성이 높을 때 기준타당도는 높다.

ㄴ. 측정값과 비교의 기준사이의 상관관계 계수를 가지고 타당도 계수로 많이 사용한다.

ㄷ. 외부 기준으로 동원된 측정치 자체에 대한 타당도와 신뢰도를 살펴볼 경우 이미 타당도와 신뢰도를 널리 인정받은 측정치를 선택한다.

ㄹ. 현존하는 상태를 측정하는 것으로 서로 상이한 두 대상을 구별해 내는 능력인 동시적 타당도(= 공인타당도)와 측정도구가 현재의 상태로부터 미래의 차이를 얼마나 정확하게 예측해 내는지의 능력인 예측적 타당도(예언적 타당도)가 있다.

ㅁ. 장점은 타당도 계수를 계산해 냄으로써 내용타당도에 비해 훨씬 객관적이고 비교가 가능하다.

ㅂ. 단점은 기본적으로 비교기준을 이용하기 때문에 비교기준이 있는가를 알아야 하고 그 비교기준이 타당한 것인가를 먼저 고려해야 하는 등의 추가적인 비용이 소요된다.

기출문제 확인학습

척도 A(평균 10.0, 표준편차 3.0)의 예측타당도를 추정하기 위해 준거척도 A^0(평균 3.0, 표준편차 1.0)와의 상관을 계산한 결과 rAA^0 =0.6으로 나타났다. 이에 관한 설명의 사례

1) 척도 A에서 타당하지 못한 점수의 분산비율은 0.64이다.
   → 상관계수가 0.6이므로 결정계수 설명력은 R^2으로 0.36(36%)이다. 따라서 A척도에서 타당하지 못한 점수의 분산비율(설명력)은 1 - 0.36로 0.64이다.
2) 척도 A에서 준거척도 A^0와 공유하는 점수의 분산은 1.8이다.
   → 상관계수는 공분산 / 표준편차의 곱이다. 따라서 0.6 = 공분산 / 3이므로 공분산은 1.8이다.
3) 척도 A에서 준거척도 A^0와 공유하지 않는 점수의 분산은 7.2이다.
   → A척도의 분산은 9(표준편차가 3이므로, ($\sqrt{분산}$ = 표준편차)), A^0와 공유한 분산은 1.8이므로 공유하지 않는 점수의 분산은 9 - 1.8으로 7.2이다.
4) 척도 A에서 준거척도 A^0와 공유하는 점수의 분산비율은 0.36이다.
   → A척도에서 타당하지 못한 점수의 분산비율(설명력)이 0.64이었으므로 공유하는 점수의 분산비율은 1 - 0.64 = 0.36(36%)이다.
5) 척도 A의 점수로 준거척도 A^0의 점수를 예언할 때, 예언된 점수와 실제점수 간 차이의 표준편차는 0.8이다.
   → 검사점수를 이용해서 상당한 기간이 경과한 뒤에 수검자의 행동수준이나 성과를 예언할 수 있는 정도를 가리켜 예언타당도라 한다. 이에 대한 오차를 내는 공식은 다음과 같다.

$$S_e = S_y\sqrt{1-r^2}$$

따라서 A척도의 점수로 A^0척도의 점수를 예언할 때, 예언된 점수와 실제 점수 간 차이의 표준편차는 $S_e = S_y\sqrt{1-r^2}$ 에 대입하면, $1\sqrt{1-0.6^2}$ 으로 0.8이다.

(3) 개념타당도(= 구성체 타당도 = 구인타당도)

① **개념**: 측정되는 개념이 어떤 관련을 맺고 있는 개념들이나 가정들을 토대로 전반적인 이론적 틀 속에서 측정도구의 타당성을 경험적으로 검증하는 방법이다.

② **종류**

ㄱ. **이해타당도(= 요인타당도)**: 측정하고자 하는 개념을 이해하는 데 있어 정확한가의 의미이다. 개념들을 요인분석에 의해 요인타당도를 알아볼 수 있다.

ㄴ. **수렴적 타당도(= 집중적 타당도)**: 집중적 타당성이라고도 하며 같은 개념을 상이한 측정방법으로 측정했을 때 그 측정 값 사이의 상관관계가 높으면 그 측정지표는 타당성이 높다.

ㄷ. **차별적 타당도(= 판별적 타당도)**: 판별적 타당도라고도 하며 서로 다른 이론적 구성개념을 나타내는 측정지표들 간의 상관관계가 낮을 경우에 차별적 타당성이 높다.

③ **문제점**: 행복이나 만족과 같이 조사자가 측정하고자 하는 추상적인 개념이 측정도구에 의해서 제대로 측정되었는가에 관한 문제로서 측정하고자 하는 개념이 추상적일수록 개념 타당도를 확보하는 것은 더욱 어렵다.

실력 다지기

타당도 등

타당도: 재고자 하는 속성을 재고 있는가의 문제

1) 내용타당도(안면타당도): 재고자 하는 속성을 재고 있는가?
   해당 분야의 전문가들에게 척도의 문항들을 면밀히 검토하고 평가
2) 준거타당도: 예언타당도와 공인타당도(동시타당도)
   (1) 예언타당도: 적성검사 점수와 직무수행 정도 간의 상관을 예측하는 것이다.
   (2) 공인타당도: 같은 속성을 잰다고 가정되는 두 검사 간(현존하고 공인된 것과 비교)의 상관 정도를 표시한다.
3) 구인타당도(구성개념, 구념타당도)
   (1) 검사가 측정하는 속성, 즉 특성의 무엇인가에 대한 정보를 의미한다(측정된 속성이 이론에서 말하는 개념에 일관되게 나타나는지, 그 속성이 무엇인지에 대한 정보).
   (2) 간단한 상관계수, 요인분석, 수렴적 - 식별적 타당화 등
   (3) 수렴적 - 식별적 타당화: 다특성 - 다방법 행렬표 분석
      ① 수렴적(집중) 타당도: 같은 구인을 측정하는 도구 간에는 높은 상관이 발견되어야 함
      ② 식별적(차별) 타당도: 다른 구인을 측정하는 도구 간에는 낮은 상관이 발견되어야 함

구성체 타당도를 구체적으로 점검하는 방법

1) 새로 만든 검사와 유사한 기존의 검사와 상관관계를 검토한다.
2) 요인분석법으로 많은 수의 문항이나 도구를 상호 상관관계를 분석해서 묶어줌으로써 요인이라 부르는 적은 수로 줄여 구성 개념을 검토한다.
3) 수렴 타당도와 식별 타당도: 이론적으로 관계가 있는 변인과 상관관계가 높을 때 수렴타당도가 높다고 하며 관계가 없는 변인과 상관관계가 낮을 때 식별타당도가 높다.

요인타당도 (factorial validity)

1) 요인분석을 통하여 입증되는 구인타당도의 한 형태이다.
2) 요인분석(factor analysis)은 일련의 변수들에서 그 상관성을 분석하고 변수들을 몇 개의 요인(factor)으로 수렴 및 분류하여 상호관계를 설명하려는 수리적 절차이다.

다특성 - 다방법 타당도(다특성 중다방법 행렬표, MTMM)를 확인하는 절차

1) 둘 이상의 특성을 둘 이상의 방법으로 측정하는 방식이다.
2) 캠벨과 피스크(Campbell, Fiske)가 제안한 확인적 요인분석의 하나로서, 구성타당도를 경험적으로 확인하는 방법이다.
3) 이는 한 개념이 복수의 특징들과 복수의 방법으로 측정되면, 각 특징 내에서의 항목들 간 상관관계는 다른 특징 항목들과의 상관관계보다 높아야 한다는 것이다.
   예 자아존중감의 개념 중에 자긍심, 자신감, 자기노출, 개방성의 특징이 있는데 자긍심의 측정항목이 T1, T2, T3 3가지가 있고, 자신감의 측정항목이 T4, T5, T6 3가지가 있는 경우 T1, T3의 경우는 상관관계가 높고 T1, T5는 상관관계가 낮아야 한다는 것이다. → 구성타당도가 확보된 것으로 여긴다.

교차타당도 (cross validity)

1) 같은 전집(population)에서 이끌어낸 두 독립적인 표집에서 예측변인과 기준변인 간의 관계를 설정시키려는 과정이다.
2) 검사받는 내담자들의 이질성 요인, 즉 다른 조건이 같을 때 내담자들이 이질적일수록 타당도 계수는 높아진다.

제5절 | 검사도구의 신뢰도

1 신뢰도 개요

1) 개념

측정의 일관성을 뜻하는 것으로 동일한 대상에 대하여 같거나 유사한 측정도구를 사용하여 반복, 측정할 경우 동일하거나 비슷한 결과를 얻을 수 있는 정도이며 타당도가 측정에 있어서 체계적인 오류들과 관련된 것이라면 신뢰도는 무작위적 오류들과 관련된다.

2) 신뢰도를 측정하는 방법

(1) 조사자 간 신뢰도(= 상호관찰자 기법)

조사하는 사람마다 설문지에 대한 해석이 다를 수 있으므로 이들 조사자 간의 동질성을 확보하기 위해 서로 다른 조사자가 같은 도구를 거의 같은 시간에 같은 대상자에게 적용했을 때 얼마나 일관성 있는 점수를 얻는가를 보는 것이다. 즉, 조사자 또는 평가자가 2명 또는 여러 명 있다면 이들 간의 평가점수가 일치해야 신뢰도가 있다는 것을 나타낸다.

기출문제 확인학습

채점자간 일치도(agreement between/among raters)[7)]

1) 채점자간 일치도(혹은 평정자간 신뢰도, inter - rater reliability)란 2명 이상의 채점자가 채점을 하였을 때 그 결과가 어느 정도 일치하는가를 확인하는 것이다.
2) 채점자간 일치도를 계산하는 방법으로는 채점자가 2명일 경우에는 단순 상관계수를 계산하고, 3명 이상일 경우에는 2명씩 쌍을 이루어 단순 상관계수를 계산하거나 변량분석(analysis of variance) 등을 통한 유목 내 상관계수(intra - class correlation coefficient)를 계산하면 된다.[8)]
3) 그리고 점수의 범위가 좁거나 등급을 매기는 수준이라면, 점수나 등급의 일치 비율을 계산하기도 한다.
4) 예컨대, 2명의 교사가 50명의 학생들을 대상으로 '현장조사 보고서'에 대한 발표력을 상/중/하로 평정한 결과가 <표 1>과 같다면, 이 2명 교사들의 채점자간 일치도(비율)는 88%가 된다. 채점자간 일치도를 해석할 때는 신중을 기할 필요가 있는데, 채점자간 일치도가 도구의 특성 때문에 높거나 낮게 나올 수 있지만, 채점자의 자질 때문에 높거나 낮게 나올 수도 있기 때문이다.

---

7) **출처** : 백순근, 현장교육연구에 대한 일 고찰 원고 정리

8) 이는 독립변수에 의해 설명될 수 있는 종속변수의 변량의 비율을 나타내는 지수로, 전체 변량 중 설명 변량의 비율을 의미하는 것이다. 간단한 계산 공식은 변량분석에서 집단간 변량을 전체 변량으로 나누어 주는 것이다(유목내 상관계수 = 집단간 변량 ÷ 전체 변량 = 독립변인의 설명량 ⇒ 평정자간 신뢰도).

<표 1> 2명의 교사에 의한 50명 학생에 대한 발표력 평정 결과표

채점자		교사 A			
	평정	상	중	하	소계
교사 B	상	20	2	0	22
	중	2	14	0	16
	하	0	2	10	12
	소계	22	18	10	50
채점자간 일치도(비율) 계산 = (20+14+10)/50 = .88, 즉 88%					

5) 한편, 채점자간 일치도를 계산할 때, 평정 등급의 수가 적을수록 확률적으로 우연에 의하여 일치된 평정(<표 1>의 대각선 부분)을 할 가능성이 있다. Cohen(1960)은 확률적으로 우연에 의하여 일치할 비율을 제거해야 함을 주장하고, 그 비율을 제거한 카파(K : Kappa) 계수를 제안하였는데, 이는 일치도 계수보다 작은 값이 되며, 그 계산 공식은 다음과 같다.

$$K = \frac{P_A - P_C}{1 - P_C}$$

PA = 일치도 계수

PC = 확률적으로 우연에 의하여 일치할 비율

6) 이때, 확률적으로 우연에 의하여 일치할 비율(PC)은 다음과 같이 계산한다. 예컨대 J×J 빈도표(혹은 분할표)에서 대각선 셀(cell)에 확률적으로 우연에 의하여 배치될 기대빈도(Njc)는 해당 셀과 관계되는 주변 사례 수들을 서로 곱한 값을 총 사례수로 나눈 값이다. 그러므로 확률적으로 우연에 의하여 일치할 비율(PC)은 대각선 셀의 기대빈도를 모두 합한 다음(NC) 전체 사례 수로 나누면 된다. 이를 수식으로 나타내고 <표 1>을 사용하여 카파를 계산하면 다음과 같다.

$$N_{jc} = \frac{N_{.j} \times N_{j.}}{N}$$

$$N_c = \sum_{j=1}^{J} \frac{N_{.j} \times N_{j.}}{N}$$

$$P_c = \frac{N_c}{N}$$

<표 1>를 사용한 계산

예 NC = (22×22)/50 + (16×18)/50 + (12×10)/50 = 17.84

PC = Nc÷50 = 17.84÷50 ≒ 0.36

그러므로 K = (0.88 - 0.36) ÷ (1 - 0.36) ≒ 0.81

기출문제 분석

김 교사와 이 교사가 학생 30명의 수행평가 결과를 각각 상, 중, 하로 평정한 결과이다.

채점자		김 교사			소계
		상	중	하	
이 교사	상	10	2	0	12
	중	2	8	0	10
	하	0	2	6	8
	소계	12	12	6	30

1) 상 - 상 셀의 기대빈도는 4.8이다.

카이제곱 검정에서 각 범주에 기대되는 빈도를 기대빈도라고 한다. 이때 기대빈도는 열 빈도수×행 빈도수/전체 빈도수이므로, 상 - 상에 해당하는 열 빈도수와 행 빈도수를 대입하면 12×12/30 = 4.8 이다.

2) 중 - 중 셀의 기대빈도는 10×12/30 = 4이다.

3) 하 - 하 셀의 기대빈도는 8×6/30 = 1.6이다.

4) 채점자 간 일치율은 (10 + 8 + 6)/30 = 0.8이므로 80%이다.

5) Kappa 계수는 약 0.69이다.

NC = (12×12)/30 + (10×12)/30 + (8×6)/30 = 10.4

PC = 10.4÷30 ≒ 0.35

그러므로 K = (0.80 - 0.35) ÷ (1 - 0.35) ≒ 0.69

(2) 검사 - 재검사법(test - retest method)

① **개념** : 똑같은 측정도구를 가지고 똑같은 대상에게 시간적 간격을 두고 두 번 측정하고 그에 따른 점수들에 대한 상관관계를 계산한다(안정성 계수).

② **한계** : 두 번의 동일한 검사를 동일한 대상들에게 실시할 때 반복 응답하는 과정에서 친숙도가 있어 동일한 결과를 보여 신뢰도가 높게 나타날 수도 있고 시간 간격 동안 상황의 변화로 인해 응답자들의 성향이 변화하여 신뢰도를 떨어뜨릴 수도 있다.

(3) 대안법(= 복수양식법, 평행양식법, 동형검사법)

① **개념** : 유사한 형태의 두 개 이상의 측정도구를 사용하여 동일한 표본에 적용한 결과를 비교하여 신뢰도를 측정하는 방법이다(동형성 계수).

② **한계** : 유사한 형태의 두 측정도구를 만드는 것도 어렵고 유사한 형태로 만든 서로 다른 두 양식이 얼마나 유사한 것인지를 확인할 수 없다.

(4) 반분법(반분 신뢰도)

① **개념** : 측정도구를 임의대로 반으로 나누어서 각각을 독립된 척도로 보고 이들의 측정결과를 비교하는 방법을 말한다.

② 반분법은 구하기 쉽고 검사 - 재검사법이나 대안법과 달리 한번 측정으로 신뢰도를 구할 수 있지만 항목을 두 부분으로 나누는 방법에 따라 신뢰도가 달라져서 항목들을 나누는 방식에 따라서 신뢰도 계수의 추정치가 달라진다는 단점이 있다.

기출문제 확인학습

반분 신뢰도 (split - half reliability)

1) 검사의 신뢰도를 구하는 방법의 하나로서 한 개의 검사를 한 피검자 집단에게 실시한 다음 그것을 적당한 방법에 의해 두 부분으로 나눈 후 이 두 부분을 독립된 검사로 생각하고, 두 부분의 점수들의 상관계수를 가지고 문항들 간의 내적 합치도를 알아보는 신뢰도 추정법이다.

2) 이때 나오는 신뢰도는 검사 전체의 신뢰도가 아닌 반분된 부분 검사 점수 사이의 신뢰도이기 때문에 과소 추정되므로, Spearman - Brown 공식을 사용해 전체 검사의 신뢰도계수로 교정한다.

(5) 내적 일관성 방법(= 문항 내적합치도)

① 개념

ㄱ. 동일한 개념을 측정하기 위해 여러 개의 항목으로 구성된 척도를 사용하는 경우, 신뢰도를 저해하는 항목을 찾아내어 측정도구에서 제외시킴으로써 신뢰도를 높이는 방법이다.

ㄴ. 반분법이 지니는 문제점이 단일의 신뢰도 계수를 계산할 수 없다는 데 착안하여 가능한 모든 반분법 신뢰도를 구한 다음 그 평균값을 신뢰도로 추정하는 방법을 말한다.

ㄷ. 현재 신뢰도를 측정하는 기법으로 가장 널리 쓰이는 방법이며 크론바 알파(Cronbach′α) 계수라고도 한다.

ㄹ. 크론바 알파계수는 0(신뢰도 전혀 없음)에서 1(완벽한 신뢰도) 사이의 값을 나타내며 대개 사회과학 영역에서는 Cronbach′α = 0.7 이상이면 신뢰도가 높다고 인정한다.

tip

신뢰도 측정 방법

암기법 신뢰성을 위해 내일 반대에 대한 재조사가 있다.

해설 1) 내적일관성 방법(크론바 알파) 2) 반분법 3) 대안법 4) 재검사법 5) 조사자간 신뢰도

실력 다지기

신뢰도(안정성과 일관성)

1) 측정의 안정성 : 시간에 대한 안정성으로 검사 - 재검사 신뢰도
   ⇒ 인간의 기분, 감정 등은 상황과 시간의 변화에 따라 변화하는 속성
2) 측정의 일관성 : 채점자 간 일관성, 측정 문항 간의 일관성
   (1) 채점자 간 일관성 : 여러 명의 측정자 간의 일관성 있는 측정, 일치도는 측정의 신뢰도를 나타내는 지표
   (2) 측정 문항 간의 일관성 : 문항 간의 일관성 정도를 측정, 크론바 알파계수, 쿠더 - 리차드슨 신뢰도(KR - 20), 반분 신뢰도

참고 **신뢰도 측정 방법**

1) 조사자 간 신뢰도:서로 다른 조사원이 같은 도구를 거의 같은 시간에 같은 대상자에게 적용했을 때 얼마나 일관성 있는 점수를 얻는가를 보는 것이다.
2) 동형검사법:비슷한 항목으로 이루어진 두 개의 도구를 거의 동시에 같은 대상자에게 적용했을 때 얼마나 일관성 있는 점수를 얻는가를 평가하는 방법이다.
3) 검사 - 재검사법:사람들에게 한번 검사하고 일정기간 후에 다시 검사하여 두 결과가 유사한지 살펴보는 방법이다.
4) 반분법:도구에 있는 항목들을 두 부분으로 나눈 다음 시간적 간격을 두지 않고 동시에 조사를 실시하여 상관계수를 이용하여 신뢰도를 측정하는지 평가하는 방법이다.
5) 크론바 알파계수:반분법이 가지는 문제점을 극복한 신뢰성의 지표로 재검사를 하거나 항목들을 둘로 나누지 않고도 항상 일정한 신뢰도 값을 내는 내적 일관성의 척도이다.

신뢰도에 영향을 미치는 요인들

개인차와 문항 수, 문항 반응 수(진위형이나 선다형의 경우 선다형이 더욱 신뢰도가 높다), 난이도, 검사시간, 검사시행 후 경과시간, 응답자 속성의 변화, 검사 후 재검사까지의 절차 등

기출문제 확인학습

내적 일관성 신뢰도 : KR - 20, KR - 21, Hoyt 신뢰도, Cronbach's α

1) 내적 일관성 신뢰도(internal consistency reliability)로서 KR - 20, KR - 21, Hoyt 신뢰도, Cronbach′s α는 검사를 한 번 실시하여 양분하지 않고 문항 간의 일치정도를 추정하여 검사의 신뢰성을 검증하는 방법이다.
2) KR - 20과 KR - 21은 Kuder와 Richardson(1937)에 의하여 제안된 방법이며, KR - 20은 문항 점수가 0과 1일 때 사용하며(이분 문항에도 사용), KR - 21은 문항 점수가 Likert 척도와 같이 1, 2, 3, 4, 5점과 같을 때 검사의 신뢰도를 추정하는 방법이다.
3) Hoyt신뢰도는 1941년 분산분석의 반복설계를 이용하여 Hoyt에 의하여 제안된 방법이며, Cronbach′s α는 Cronbach(1951)에 의하여 제안된 방법으로 신뢰도를 표기할 때 가장 자주 쓰이는 방법이다.
4) 일반적으로 인지 영역 검사로서 학업성취도 검사에서 선택형 문항일 경우 문항 점수가 0과 1로 부여된다(이분 문항에도 사용).
5) 같은 응답 자료를 가지고 검사도구의 신뢰도를 KR - 20, Hoyt, Cronbach′s α 에 의하여 계산하면 신뢰도 계수가 같다.
6) 이는 세 신뢰도 추정공식은 다소 다르나 신뢰도를 규명하는 이론적 배경이 동일하기 때문이다.

7) KR - 20, KR - 21, Hoyt 신뢰도, Cronbach's α 중 가장 널리 사용되는 것은 Cronbach's α계수를 보는 것이다.
8) 신뢰도에 영향을 미치는 하나로서, 검사 시간이 충분하여야 한다.
9) 이는 문항 수와 관계되는 문제이기도 하다. 충분한 시간이 부여될 때 응답의 안전성을 보장받을 수 있다.
10) 그러므로 속도검사(speed test)보다는 역량검사(power test)가 신뢰도 측면에서 바람직하다.

신뢰도 계수 등 개념

1) 관찰점수
   - 진점수 + 오차
   - 측정하여 얻은 점수
   - 오차가 포함된 점수로서, 진점수(오차 없는 점수)와 반대 개념
2) 진점수
   - 관찰점수 - 오차
   - 오차 없는 점수
   - 측정 오차가 전혀 없을 때를 상정한 이상적인 점수
   - 반복 측정하여 얻은 관찰점수들의 기대값(평균)을 진점수라고 추정함
3) 오차점수
   - 관찰점수와 진점수의 차이
   - 어떤 요인들에 의해 필연적으로 발생하는 오차
   - 고전검사이론에서는 독립적, 무작위적이라고 가정
4) 측정의 표준오차(SEm : Standard Error of Measurement)
   (1) 어떤 검사를 매번 실시할 때마다 달라질 수 있는 오차의 범위를 제시한다.
   (2) 예를 들어, 40문항의 검사에서 표준편차가 5.45이고 신뢰도 계수(Coefficient alpha)가 0.84이면 측정의 표준오차(SEm)는 2.18이 된다. 해석하면 어떤 학생이 검사를 받아서 점수가 30점이면 두 번째 볼 때도 30 ± 2.18내에 있을 것이라고 통계적으로 예측할 수 있다는 의미이다. 즉, 신뢰도 수치가 높을수록 측정의 표준오차(SEm)는 적게 되므로 좋은 검사지라고 할 수 있다.
   (3) 진점수 분산 / 관찰점수 분산 = 신뢰도 계수이다.

신뢰도에 영향을 주는 요인

1) 신뢰도에 영향을 주는 요인이 여러 가지가 있는데, 그 중에서 피검사자 요인(개인차)이 있다.
2) 여기에는 능력요인이 있는데, 지능 우수집단이 낮은 집단에 비하여 신뢰도가 낮게 나타난다.
3) 즉, 집단의 능력의 범위가 넓을 때가 능력의 범위가 좁을 때보다 신뢰도는 올라간다.
4) 집단의 동질성이 있을수록 신뢰도가 낮아지게 되는데, 집단의 능력이 비슷비슷한 경우 신뢰도가 높아지기 힘들며 집단 동질성이 높아지면 변별도가 낮아지게 되고, 그에 따라 신뢰도가 낮아지기 때문이다.

기출 사례

A시 고등학생 1,000명을 무선표집하여 수학 적성검사의 검사 - 재검사 신뢰도를 구한 결과 0.7로 나타났다. 그 후에 같은 시의 일반 고등학교 10개교에서 내신성적 기준 상위 5% 내의 학생 200명(지능우수 집단)을 무선표집하여 이 측정도구를 실시하게 되면 점수범위가 좁아져 문항 변별도가 낮아지게 되고, 그에 따라 신뢰도가 낮아지기 때문에 검사 - 재검사 신뢰도 추정값은 낮아지게 된다.

신뢰도를 높이는 방법

1) 문항이 많으면 많을수록 신뢰도는 높다. 적은 수의 문항으로 인간이 지니고 있는 속성을 측정할 때보다 많은 수의 문항으로 검사를 실시할 때 측정의 오차를 줄일 수 있다.
2) 문항변별도가 높아야 한다. 문항은 잘하는 학생과 못하는 학생을 구분할 수 있는 변별력이 높아야 한다.
3) 검사시간이 충분히 주어져야 한다. 이는 문항 수와 관계되는 문제이기도 하다. 충분한 시간이 부여될 때 응답의 안정성을 보장받을 수 있다. 그러므로 속도검사(speed test)보다는 역량검사가 신뢰도 측면에서 바람직하다.
4) 검사 실시 상황이 적합해야 한다. 즉, 부정행위의 방지, 검사환경의 부적절성으로 인한 오답 가능성의 배제가 있어야 한다.
5) 객관적인 채점방법을 사용한다.
6) 문항의 난이도가 적절하여야 한다. 즉, 검사가 너무 어렵거나 쉬우면 검사 불안과 부주의가 발생하여 일관성 있는 응답을 하지 못하므로 신뢰도가 저하된다.
7) 평가하려는 내용을 전체 범위 내에서 골고루 표집해서 문항을 작성해야 한다.
8) 검사도구의 측정내용이 보다 좁은 범위의 내용이어야 한다. 만약 한국사 과목의 시험을 치를 때, 검사의 내용범위가 고대사로 제한된다면 한국사 전체의 내용을 포함하는 검사보다 신뢰도가 높을 것이다.
9) 동질집단의 신뢰도는 이질집단(검사대상의 개인차를 크게 함)보다 낮다. 비슷한 학생집단에서보다는 넓은 학력점수의 범위가 원인이 된 넓은 능력범위를 가지고 있는 수험자 집단으로부터의 일련의 점수 즉 이질집단의 점수 신뢰도가 높다. 그리고 검사대상의 개인차를 크게 하면 검사점수 변량이 커져 신뢰도계수가 커진다.
10) 이질적 내용보다는 동질적 내용의 검사를 실시하는 것이 높다.

정규분포를 가정하며 평균 100, 표준편차 15, 신뢰도계수 0.84인 척도에 관한 설명

1) 측정의 표준오차는 6이다.

   측정의 표준오차 = 표준편차 × $\sqrt{1-\text{신뢰도계수}}$ 이므로 $15\sqrt{0.16}$ = 15 × 0.4 = 6이다.
2) 이 척도에서 100점을 얻은 사람의 진점수가 대략 88~112점 사이에 있을 가능성이 95%이다.

   이 척도에서 100점을 받은 사람은 진점수와 측정의 표준오차(피검자의 이론적 진 점수를 포함하는 오차범위)가 6이므로, 100점의±6점 사이에 진 점수(한 검사가 오차 없이 어떤 특성을 측정할 때 얻어지는 점수를 말하며, 따라서 어떤 검사에서 실제 얻어진 점수(또는 관찰점수)는 진점수와 오차점수(+ , - 모두 가능)의 합(合)이라고 할 수 있음)가 있을 것이다. 95% 확률은 IQ±2표준편차에 해당하므로 100 - 12(88)에서 100+12(112)의 범위에 있게 된다.
3) 관찰점수 분산에 대한 오차점수의 분산비율은 0.16이다.

   [관찰점수 분산 = 진점수분산 + 오차점수분산]이다. 양변을 관찰점수 분산으로 나누면 [1 = 진점수분산 + 오차점수분산/관찰점수 분산]이 되어, 오차점수분산/관찰점수 분산은 [1 - 진점수 분산/관찰점수 분산]이 된다. 따라서 관찰점수 분산에 대한 오차점수 분산비율은 [1 - 신뢰도계수]로, 1 - 0.84 = 0.16이다.
4) 이 척도의 규준집단에서 약 95%는 70~130점(평균 100, 표준편차 15이므로 평균±2표준편차 적용)을 받았다고 볼 수 있다.
5) 관찰점수 분산에 대한 진점수의 분산비율은 0.84이다.

   [진점수 분산/관찰점수 분산 = 신뢰도 계수]이므로 관찰점수 분산에 대한 진점수분산은 0.84이다.

2 타당도와 신뢰도의 관계

1) 신뢰도가 있어도 타당도는 없을 수 있다.
2) 타당도가 없어도 신뢰도를 가질 수 있다.
3) 타당도가 높으면 반드시 신뢰도가 높다.
   참고 타당도가 높은 측정은반드시 신뢰도가 높지만, 신뢰도가 높다고 해서 반드시 타당도가 높은 것은 아니다.
4) 신뢰도가 낮고 타당도가 높은 측정은 없다.
5) 신뢰도가 높고 타당도가 낮은 측정은 있다.
6) 타당도는 신뢰도에 대한 충분조건, 신뢰도는 타당도의 필요조건이다.
7) 타당도와 신뢰도는 비대칭적 관계이다.

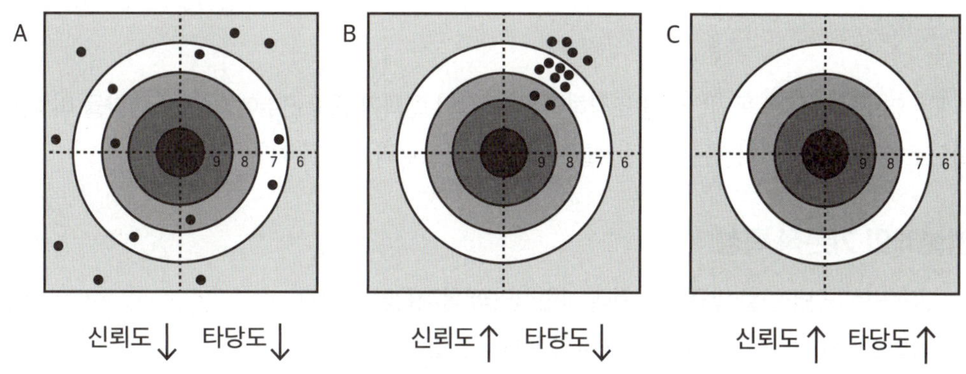

신뢰도와 타당도의 의미 (↓:낮음, ↑:높음)

기출문제 확인학습

측정의 오류

1) 관용의 오류 : 관찰 대상들이 관찰되는 변인에서 현저하게 다름에도 불구하고, 관찰자가 대부분의 관찰 대상들을 지나치게 좋게 평가하려는 경향은 측정의 오류 중 관용의 오류이다.
2) 근접의 오류(approximate error) : 시간적 혹은 공간적으로 가깝게 평정된 특성들에 대한 평정결과는 서로 높은 상관을 갖게 되는 경향을 의미한다.
3) 집중경향의 오류(error of central tendency) : 아주 높은 점수나 낮은 점수는 피하고 평정이 중간 부분에 지나치게 자주 모이는 경향을 말한다.
4) 엄격성의 오류 : 어떤 평정자는 평가기준을 높게 잡아서 부정적인 척도 부분만을 사용하는 경향이 있을 수 있는데, 이를 인색의 오차(severity error)라고 한다.
5) 후광 효과(halo effect) : 평정대상에 대해 가지고 있는 특정 인상을 토대로 또 다른 특성을 좋게 평정하는 경향을 말한다.

CHAPTER 05

실험설계 등

제1절 | 실험연구의 개관 - 진실험설계 중심으로

1 진실험설계(= 실험설계) 개요

1) 개념

실험설계는 연구에 사용된 독립변수를 조작하여 그 조작의 결과가 종속변수에 어떠한 영향을 미치는가를 평가하는 방법으로서 실험설계의 목적은 인과관계를 규명하여 앞으로의 사건을 예측하는 것이다.

2) 진실험설계의 기본적 특성

(1) 비교 : 공동변화(공변성)를 입증하기 위해 실험집단과 통제집단의 비교

(2) 조작 : 독립변수의 시간적 우선성을 입증하기 위한 독립변수의 조작

(3) 무작위 할당(외생변수의 통제) : 외생변수의 통제, 즉 경쟁가설을 제거하기 위해 실험집단과 통제집단을 무작위로 할당하여 동질화

3) 실험설계의 장점과 단점

(1) 실험설계 장점

① 가외변인의 철저한 통제가 가능하다.
실험자가 통제집단과 실험집단을 무선할당 배치하여 각 집단을 엄격히 통제할 수 있고 조작 가능한 독립변인을 집단에 적용할 수 있기 때문이다.

② 한 가지 이상의 독립 변인을 조작할 수 있고, 변수의 명확한 조작화와 조작강도를 정밀하게 변화시켜 처치할 수 있다.

③ 명확한 인과관계 검증에 유리하다.

(2) 실험설계 단점

① 진실험설계는 엄격한 통제 상황에서 처치효과를 검증하므로 실험결과의 도출이 다소 인위적이고 부자연스러워 독립변인의 효과가 실제에서는 크게 작용하지 않는 요인일 수 있다.

② 상대적으로 낮은 외적타당도를 가질 수 있다.

③ 진실험설계로 인과관계를 도출하기에는 윤리적으로 부적당할 수 있는데, 예를 들어 우울증과 자살의 인과관계를 검증한다면 실험집단에게 실제로 우울증에 걸리게 하는 처치를 가하는 것은 불가능하기 때문이다.

2 순수실험설계 (= 진실험설계)

1) 통제집단 전후 비교설계

(1) 무작위 할당을 통해 실험집단과 통제집단에 연구대상자를 할당한 후 실험집단에는 독립변수의 조작 또는 실험적 개입을 하고, 통제집단에는 그것을 가하지 않고서 두 집단 간의 차이를 전후 비교해서 결과를 얻는 방법이다.

실험식

실험집단	O_1	X	$O_2 = O_2 - O_1$
통제집단	O_3		$O_4 = O_4 - O_3$ (R:무작위할당)

(2) 장점 : 두 집단의 동질성이 확보될 수 있고 외생변수를 철저히 통제할 수 있다.

(3) 단점 : 검사요인(주시험 효과 : $O_1 \rightarrow O_2$)을 통제할 수 없고 사전조사와 실험처리의 상호작용시험의 효과($O_1 \rightarrow$ X)가 발생한다.

2) 통제집단 후 비교설계

(1) 통제집단 전후 비교설계의 단점(주시험 효과 : $O_1 \rightarrow O_2$)을 제거하기 위하여 실험대상자를 무작위로 할당하고 사전조사 없이 실험집단에는 실험적 조작을 가하고, 통제집단에는 그것을 가하지 않았다가 결과를 서로 비교하는 방법이다.

실험식

실험집단	X	O_1
통제집단		O_3 (R:무작위할당)

(2) 장점 : 사전검사의 영향을 제거할 수 있다.

(3) 단점 : 사전측정을 하지 않아 최초의 상태가 동질적인지 아닌지를 정확히 알 수 없다.

3) 솔로몬 4집단 설계

(1) 무작위로 할당된 4개 집단으로 통제집단 전후 비교설계와 통제집단 후 비교설계를 혼합해 놓은 방법이다.

(2) 장점 : 사전검사의 영향을 제거해 내적 타당도를 높일 수 있다. 사전검사와 실험처리의 상호작용의 영향을 배제해 외적 타당도를 높일 수 있다.

(3) 단점 : 4개 집단으로 무작위 할당하기가 어렵고, 4개 집단을 관리하기가 곤란하여 비경제적이다.

4) 요인설계

실험처치를 하는 실험집단에 프로그램을 두 가지 이상 실시하는 경우의 설계이다. 각각 하나의 프로그램 효과인 주효과와 동시에 두 가지 프로그램을 실시한 상호작용 효과를 알 수 있다.

예 '교과태도에 대한 교수방법의 효과가 성(性)에 따른 것이다'는 가설을 검증하는 경우, 교과태도에 대한 교수방법이라는 독립변인과 성별이라는 독립변인의 두 가지 이상의 변인의 효과에 미치는 영향을 알아보는 것이므로 요인설계의 사례이다.

기출문제 확인학습

상호작용효과

1) 상호작용효과의 의미 : 둘 또는 그 이상의 독립변인들이 종속변인에 미치는 연합 효과(joint effect)로 이해하면 된다. 예를 들어 교수방법 A, B에 따라 학업성취도가 달라진다면 이를 '주효과'라고 하며 교수방법이 학업성취도에 미치는 영향력이 성별에 따라서 달라진다고 할 때, 이를 '상호작용효과'라고 한다. 교수방법 A는 남학생에게 더 효과적이고 B는 여학생에게 더 효과적이라면 '교수방법과 성별은 학업성취도에 대해 상호작용효과가 있다'라고 말할 수 있다.
2) 필요성 : 독립변인들 간에 상호작용이 종속변인에 통계적으로 유의미한 영향을 줄 수 있다는 이론적 근거를 갖고 있는 경우에 상호작용효과를 실시해야 한다. 하지만 상호작용효과에 대한 이론적 근거가 없더라도 종속변인에 기여할 수 있는 기대하지 못한 독립변인들 간의 관계를 이해할 수 있다. 이유는 상호작용효과가 유의미할 경우, 종속변인에 미치는 한 독립변인의 효과는 또 다른 독립변인의 값에 따라 변한다. 주효과와 상호작용효과 중 상호작용효과를 먼저 실시하는 것이 좋다. 만약 상호작용효과가 없다면, 주효과만 해석하면 된다.

요인설계

1) 두 가지 이상의 변인을 동시에 고려한 연구 설계이다.
2) 즉, 요인설계(factorial designs)는 두 가지 이상의 독립변인이 개입되는 설계이기 때문에 다양한 형태를 취하며 그 이름도 다양하다.
3) 요인설계의 이름은 독립변인의 수와 각 독립변인의 조건(처치) 수 그리고 각 독립변인의 성질, 즉 피험자 간 독립변인인지 피험자 내 독립변인(반복측정 요인)인지에 따라서 달라진다.
4) 각 독립변인의 수준이 두 개인 이요인설계이며 이런 요인설계를 2×2 요인설계라고 쓸 수 있다.
5) 2 × 2에서 숫자 2는 각 독립변인의 수준(level)의 수를 말한다.
6) 수준은 각 독립변인의 조건 또는 처치 종류(수)를 말하는 것으로, 예를 들면 어느 연구에서 첫 번째 독립변인이 운동종류(유산소 운동, 무산소 운동)이고, 두 번째 독립변인이 성별(남, 여)이면 여기에서 운동종류를 두 가지로 나누었으므로 첫 번째 독립변인의 수준은 2가 되고, 성별도 두 개이므로 두 번째 독립변인의 수준도 2가 된다.
7) 각각의 독립변인은 모두 피험자 간 비교를 하는 피험자 간 변인이다.
8) 2 × 2라는 것은 첫 번째 독립변인의 2가지 수준과 두 번째 독립변인의 2가지 수준에서 나오는 조건(처치)의 경우 수 또는 집단의 수는 4라는 것이다.

(12회 출제)

5) 플라시보 통제집단 비교설계

플라시보 효과, 즉 위약효과를 통제하여 실제의 효과를 알기 위해 설계된 유형이다.

3 유사실험설계 (= 준실험설계 = 의사실험설계)

1) 개념

무작위 할당에 의하여 실험집단과 통제집단의 동등화를 꾀할 수 없을 때 사용하는 설계방법으로 무작위 할당 대신 다른 방법을 통하여 실험집단과 유사한 비교집단을 구성하려고 노력하는 설계를 의미한다.

2) 장점과 단점

실험 설계에서와 같이 무작위 배정을 통한 엄격한 통제를 갖지는 못하지만, 대안적 방법의 하나이고 윤리적 문제가 덜 한 유사실험설계가 실제 연구에서는 더 많이 이용된다.

3) 유형

(1) 단순시계열 설계 / 시간연속설계(simple time - series design)

실험식

O_1　　O_2　　O_3　　X　　O_4　　O_5　　O_6

⇒ 실험대상을 연구에 노출하기 전에 일정한 기간을 두고 정기적으로 수차례 결과에 대한 측정을 하는 것으로 통제집단은 없으며 동일집단 내 여러 번에 걸쳐 검사를 실행한다.

(2) 복수시계열 설계 / 복수 시간연속설계(multiple time - series design)

실험식

실험집단	O_1	O_2	O_3	X	O_4	O_5	O_6
통제집단	O_7	O_8	O_9		O_{10}	O_{11}	O_{12}

⇒ 무작위 할당을 하지 않고 비슷한 특성을 지닌 두 집단을 선택하여 실험집단에 대해서는 실험변수를 도입하기 전에 여러 번 관찰을 하고 실험변수를 도입한 후 다시 여러 번 관찰한다. 통제집단에 대해서는 실험변수를 도입하지 않고 실험집단의 측정시기를 맞추어 계속 관찰하여 종속변수의 변화 상태를 서로 비교한다.

(3) 비동일 통제집단 설계(nonequivalent group design)

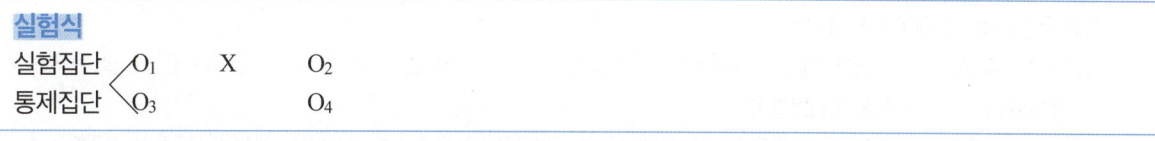

실험식

실험집단	O_1	X	O_2
통제집단	O_3		O_4

⇒ 전형적인 유사실험설계로 실험설계의 통제집단 사전사후검사 설계와 유사하지만 단지 무작위 할당에 의해 실험집단과 통제집단이 선택되지 않은 점이 다르다.

제2절 | 집단 간 실험설계

1) 집단 간 준실험설계(유사실험설계)와 진실험설계(순수실험설계)

(1) 진실험설계에서 각 집단에 내담자를 무선할당[1](무작위할당)함은 두 집단이 '동일하다'라는 가정을 한다.

(2) 준실험설계에서는 실험집단과 통제집단이 서로 비교가 가능한 집단인지, 특히 해석이 가능한 집단인지를 따져 보는 것이 중요하다.

2) 두 집단 간 설계와 세 집단 이상의 설계

(1) 연구문제에 따라서 세 집단 또는 그 이상의 집단이 필요한 경우가 생긴다.

(2) 두 집단 간 설계에 의한 연구에서는 't - 검증'이라는 특수한 절차의 변량분석을 하게 되고, 세 집단 간 설계에 의한 연구에서는 '보편적인 변량분석, F - 검정'의 절차를 밟게 된다.

(3) 12회 시험에서는 '한 연구자가 청소년기의 사회성 발달을 알아보기 위해 10세 200명, 11세 200명과 12세 200명을 동시에 무선 표집하여 집단 간 특성을 평균 비교'한 F - 검정이 출제되었다.

보충

변량 (변산)

분산의 정도를 나타내는 지수로, 변량분석이란 변량을 이용해서 두 개 이상의 평균 간의 차이가 있는지를 검증하는 방법이다.

개별비교

3가지 집단 간의 변량분석을 한 다음에, 이른바 각 집단의 평균에 대한 비교

⇒ Scheffé 검정, Tukey 검정 등

요인설계

두 가지 이상의 변인을 동시에 고려한 연구 설계

t - 검정 (t - test)

1)집단별 평균분석 : 집단별 평균분석은 그룹별로 특정변수에 대한 기술통계량을 구하고자 할 때 사용된다.

2)일 표본 t - 검정 : 단일변량 t - test라고도 불리우는 일 표본 t - 검정은 한 변수에 대한 기술 통계량을 구하고자 할 때 사용된다.

예 '어느 학교에서 무작위적으로 선택된 30명의 남학생 키를 조사하였다고 하자. 성인 남자의 평균 키가 170cm이라고 할 때, 이 학교의 남학생들의 평균 키가 성인 남자들의 평균 키보다 크다고 할 수 있는가?'라는 문제에 사용되는 검정방법이다.

3) 독립표본 t - 검정 : 독립표본 t - 검정은 두 그룹 간에 모평균의 차이가 있는가를 검정하고자 할 때 사용되는 검정법이며 '독립인 두 변량 t - test'라고도 불리운다.

예 '남학생, 여학생 각각 10명의 대한 수학성적을 수집하였다. 이 때 남녀 학우별 수학성적의 평균 점수가 같다고 할 수 있는가?'라는 문제에 이용되는 검정방법이다.

4) 대응표본 t - 검정 : 대응표본 t - 검정은 대응되는 표본에 대한 평균차이가 있는가를 검정하고자 할 때, 사용되는 검정법이며 '대응변량 t - test'라고도 한다.

1) 개입 시작 전 실험집단과 통제집단의 차이가 무의미할 수 있는 수학적 확률이 높다는 것을 보장하기 위해서 무작위로 할당하는 것을 무작위화(randomization)라 한다. 무작위표집이 일반화 가능성을 위한 것이라면, 무작위화는 내적 타당도를 증가시키기 위한 전략이다.

예 '어떤 알약의 부작용으로 혈압강하의 효과가 있는지를 알아보기 위하여 10명의 환자를 대상으로 알약 복용 전후의 혈압을 측정하여 자료를 얻었다. 측정하여 얻은 결과로부터 알약이 혈압을 내린다는 주장을 할 수 있는가?'라는 문제에 적합한 검정 방법이다.

기출문제 확인학습

김 교사는 학습태도를 증진하는 프로그램을 실시하고 그 효과를 검증하고자 다음과 같은 단일집단 전후검사 설계를 활용하였다. 효과 검증을 위해 사용할 수 있는 가장 적합한 통계 분석 방법은 대응표본 t - 검정이다.

O_1 X O_2
(단, O_1:사전검사, X:학습태도증진 프로그램 적용, O_2:사후검사)

정리

독립표본 t - 검정과 대응표본 t - 검정의 차이점은 쉽게 말해, 대응표본 t - 검정은 동일한 표본(개체)에서 두 개의 측정값을 관측한 경우이고, 독립표본 t - 검정은 서로 다른 표본(개체)에서 측정값을 관측한 경우이다.

자유도 (degree of freedom)

1) 주어진 조건에서 자유롭게 변화할 수 있는 점수, 변인의 수 또는 한 변인의 범주의 수이다.
2) 기호는 df를 사용하며 통계적 분석에서는 제한조건의 수와 표본의 수의 영향을 받는다.
3) 통계적 분석의 경우 자유도는 사례수(표본의 수) 및 통계적 제한조건의 수와 관계가 있다.
   4명의 학생이 있을 때, 이 4명의 학생들에게 자신이 좋아하는 학생을 1명씩 선택하라고 한 경우 각 학생이 자유롭게 선택할 수 있는 대상은 자신을 제외한 3명이므로 자유도는 N - 1 = 4 - 1 = 3이다. 이 경우 4명은 사례수(N)가 되고, 1명을 선택하는 의미에서 1은 선택할 때의 제한조건의 수이다.
4) 제한조건의 수를 k라고 하면 자유도의 일반공식은 df = N(사례수) - k(통계적 제한조건의 수)이다.

기출문제 확인학습

사후검정

1) 다중비교(= 사후검정)의 개념

(1) 세 개 이상의 독립적인 정규모집단의 모평균에 차이가 있는지를 검정하기 위해서 분산분석 방법을 사용한다.

(2) 세 개의 모집단을 고려하는 경우 귀무가설은 세 모집단의 모평균이 모두 같다는 것이다.

(3) 분석결과 귀무가설이 기각되는 경우, 즉 세 모집단의 모평균이 모두 같지 않다고 판단되는 경우 어느 모집단의 모평균 사이에 차이가 있는지를 분석하는 것이 중요하다.

(4) 이러한 분석을 다중비교(Multiple Comparison)라고 하며, 분산분석에서 설정된 모형이 통계적으로 유의한 경우, 즉 귀무가설이 기각되는 경우에는 다중비교를 통하여 실제 어느 모집단 사이에 어떠한 모평균의 차이가 존재하는지를 분석하게 된다.

2) 일반적으로 많이 이용되는 검정방법 : 실제로 다중비교를 할 때는 어느 한 절차에만 전적으로 의존할 것이 아니라, 최소한 세 종류 이상의 다중비교를 동시에 시행해보고 공통적인 결론을 도출하는 것이 좋다고 할 수 있다.

(1) 피셔(Fisher)의 최소 유의차 LSD(Least Significant Difference) : 이 방법은 반복수가 다른 경우에도 사용 가능하며, 귀무가설이 기각되는 경우에 사용한다.

(2) 뉴만 - 클스(Newman - Keuls) 방법

① 이 방법을 적용하기 위해서는 우선 평균치들을 낮은 것에서 높은 것으로 등위를 지어야 한다.

② 이 방법을 사용하는데 있어 주의해야 할 점은 높은 준거치와 비교해오다가 처음으로 유의하지 않은 것이 나오면 그 행의 비교는 거기서 멈추어야 한다는 것이다.

③ 그래야 큰 평균 차는 유의하지 않고 낮은 평균 차는 유의한 모순이 생기지 않게 된다.

(3) 터키(Tukey)의 정직 유의차(Honestly Significant Difference, HSD)

① 원래 반복수가 동일하다는 가정 하에서 고안된 방법이다.

② Fisher의 최소 유의차 LSD, Newman - Keuls 방법보다 더욱 엄격하므로 유의한 차이로 판단되는 경우가 적다.

③ 즉, 검정력[2]이 떨어지므로 따라서 이 방법에서는 유의수준 α를 0.1 이상의 큰 값으로 사용하는 것이 바람직하다.

(4) 터키(Tukey)의 스튜던트화 범위 검정(Studentized Range Test) : Tukey의 HSD 방법의 신중성을 극복하기 위하여 제안된 방법으로, Tukey의 HSD 방법과 Newman - Keuls 통계량을 평균하여 검정의 기준으로 이용하는 방법이다.

(5) 쉐페(Scheffé) 방법

① Scheffé검정법은 유의한 F를 얻었을 때만 적용하는 전형적인 사후검정법(post - hoc test)이다.

② Scheffé 검정법은 집단들이 동수 n이 아니어도 될 뿐만 아니라 변량분석표를 이용하여 바로 계산할 수 있기 때문에 가장 많이 쓰이는 방법이다.

③ 그러나 이 기법은 검증력 있는 강한 검증법이라기보다는 대단히 보수적인 방법이기 때문에 α = .05를 쓰는 사람이 많다.

④ Scheffé는 α = .10을 이용하기를 권고하고 있다.

2) 검정력이란 어떤 차이가 존재할 때 이를 탐지하는 확률, 즉 귀무가설이 거짓일 때 귀무가설을 기각하는 확률을 말한다.

(6) 던컨(Duncan) 방법

① 등분산성과 반복수가 동일하다는 가정에서 고안된 방법이다.

② 다른 방법에 비해 차이를 검출하는 확률이 높아서 자주 이용되고 있으나 제1종 오류(실제로는 차이가 없으나 차이가 있다고 판단할 오류)가 높을 가능성이 있으므로 그리 좋은 방법은 못 된다.

③ 계열적이라는 면에서는 Newman - Keuls의 방법과 비슷하지만, 쓰고 있는 유의수준은 서로가 다르다.

등분산 검정

레벤(Levene) 검정은 등분산[3] 검정으로서, 집단들의 분산이 모두 동일한지를 검정하는 것이다. 등분산성 검정에는 바틀렛(Bartlett) test와 레벤(Levene) test 두 가지 방법이 있다.

등분산 검정방법

1) 변량분석(ANOVA, 분산분석)에서 동(同) 변량성 가정을 검증하는 방법(등분산 검정방법)은 Hartley의 Fmax 검증법, Cochran 검증법, Levene 검증법, Bartlett 검증법 등이 있다.

2) 변량분석법은 다음과 같은 가정을 전제로 한다.

(1) 표본들은 정규분포를 이루고 있는 모집단에서 추출한 것이어야 한다(정규성). 그리고 표본들은 무선적으로 추출한 독립적인 것이어야 한다.

(2) 표본들을 추출해 온 모집단의 변량이 같아야 한다(동변량성). 동변량성을 검증하는 방법으로는 Hartley 검증법, Cochran 검증법, Levene의 등분산 검정, Bartlett 검정이 있다.

(3) 어떠한 측정치도 몇 가지 요소의 합이어야 하며, 이들의 효과는 승법적인 것이 아니라, 가법적인 것이어야 한다(가법성). 즉, 전체평균, 처치효과 및 오차가 독립적이고 직선적인 관계에 있어야 하며, 무엇으로써 무엇을 곱한 것과 같은 것이어서는 안 된다.

3)등분산 검정 방법으로는 크게 2가지 방법이 있으며, Bartlett 검정과 Levene 검정이 있다.

(1) Bartlett 검정과 Levene 검정의 차이로는 Bartlett 검정은 정규성 가정을 만족한 집단들에 대한 등분산 검정으로, 이 방법을 시행하기 전에는 반드시 정규성 검정을 실시하여 만족한 경우에만 가능하다.

(2) 이에 반해 Levene 검정은 정규성 가정과 무관한 방법으로 표본 집단의 분포가 정규분포이든지, 아니든지 분석이 가능한 방법이다.

비교 대상 집단수	관계	비모수	모수
단일 표본 분석		Sign test(Binomial test 이용)	T test
		Kolmogorov - Smirnov test	
2표본	독립	Mann - Whitney	T test
	대응 자료	Wilcoxon 부호 - 서열 test	Paired T test
K표본(3 이상)	독립	Kruskal - Wallis H test	ANOVA test
	대응 자료	Friedman test	

3) 등분산성은 어떤 통계모형에서 정의된 잔차(오차)항의 분산이 독립변수나 예측변수의 각 관찰 값에서 동일한 값을 보이는 성질이다.

실력 다지기

분산분석과 사후검정

1) 분산분석은 정확히 말하면 분산의 차이를 검증하는 것이지, 평균의 차이를 검증하는 것은 아니라고 할 수가 있다.
2) 따라서 각 집단 간의 평균의 차이를 검증하기 위하여 사후검정을 실시하여야만 하는 것이다.
3) 사후검증은 평균 차이들에 대한 사전 가설 없이, 전반적 검증결과 집단 간 차이가 유의미했을 때 어떤 평균들이 서로 차이가 나는지 규명하기 위해 평균들을 쌍으로 혹은 묶어서 비교하는 것이다.
4) 사후비교를 하는 이유는 그 차이에 대한 판단에서 제1종 오류를 범할 확률이 높기 때문이다.
5) 사후검정방법에는 Scheffé 검정법, Tukey 검정법, Duncan 검정법, Dunnett 검정법, Newman - Keuls 검정법이 있다.

(1) Scheffé 검정법

① Scheffé 검정법은 유의한 F를 얻었을 때만 적용하는 전형적인 사후검정법(post - hoc test)이다.

② Scheffé 검정법은 집단들이 동수 n이 아니어도 될 뿐만 아니라 변량분석표를 이용하여 바로 계산할 수 있기 때문에 가장 많이 쓰이는 방법이다.

③ 그러나 이 기법은 검증력 있는 강한 검증법이라기보다는 대단히 보수적인 방법이기 때문에 α = .05를 쓰는 사람이 많다.

④ 단순쌍 비교와 복합쌍 비교 모두 가능하고 검증력이 가장 엄격하며 1종 오류는 낮지만, 2종 오류가 일어날 확률이 높다.

(2) Tukey 검정법

① Tukey 검정법은 Tukey의 HSD(honestly significant difference) 검정법이라고도 한다.

② 이 검정법은 모든 집단의 사례수가 동수 n이고 평균치간의 1대 1의 짝의 비교를 하고자 할 때는 Scheffé 검정법보다 강력할 수 있다.

③ 집단평균들의 사후비교를 위한 Tukey 검정법은 Scheffé 검정법에 비해 적용범위가 제한적(1종 오류 - 유의수준의 가능성 높음)이지만 평균 쌍들의 비교를 위해서는 Scheffé 검정법보다 검증력이 높다(2종 오류 낮음).

(3)Newman - Keuls 검정법

① 이 방법을 적용하기 위해서는 우선 평균치들을 낮은 것에서 높은 것으로 등위를 지어야 한다.

② 이 방법을 사용하는데 있어 주의해야 할 점은 높은 준거치와 비교해 오다가 처음으로 유의하지 않은 것이 나오면 그 행의 비교는 거기서 멈추어야 한다는 것이다.

③ 큰 평균차는 유의하지 않고 낮은 평균차는 유의한 모순이 생기지 않게 된다.

(4) Duncan 검정법

① Duncan 검정법은 흔히 Duncan's new Multiple Range Test(Duncan의 MRT test)라고 부르기도 한다.

② 계열적이라는 면에서는 Newman - Keuls의 방법과 비슷하지만, 쓰고 있는 유의수준은 서로가 다르다.

③ Duncan 검정법에서 사용하는 유의수준을 사용해서 구하며 평균들이 등위로 보아 떨어져 있으면 있을수록 유의수준은 관대해진다.

Fisher의 정확한 검정 (Fisher's exact test)

1) 변수 간 비율의 차이를 비교하는 방법은 카이제곱 검정, Fisher의 정확한 검정, 선형 대 선형 결합의 방법이 있다.
2) 기대빈도가 5보다 작은 셀이 전체의 20% 이상인 경우에는 교차분석을 사용할 수 없으며 이 경우 Fisher의 정확한 검정(Fisher's exact test)을 사용하게 된다.
3) 독립성 검정에서 카이제곱 통계량을 사용하기 위해서는 각 셀의 기대빈도가 적어도 1 이상이어야 하고 기대빈도가 5 이하인 셀이 20% 이하이어야 한다. 따라서 기대 빈도가 5 이하인 셀이 많은 경우에는 두 개 범주를 묶어서 새로운 변수로 만든 다음에 독립성 검정을 하는 것이 좋다.
4) 기대 빈도가 5 이하인 셀이 많은데 카이제곱 통계량을 사용하면 잘못된 결론을 내리기 쉽다. 표본수가 적어서 기대 빈도가 5 이하인 셀이 하나라도 많은 상태(20% 이상)로 독립성 검정을 하고자 하는 경우에는 피셔의 정확한 검정을 사용하거나 Monte Carlo 방법에 의한 검정을 하여야 한다.

3) 성과연구에서 통제집단의 종류

(1) 무처치 통제집단 : 실험집단은 소정의 상담처치를 받고, 통제집단은 그 처치를 받지 않는 것이다.

(2) 대기자 통제집단 : 피험자의 일부를 무선표집하여 대기자 명단에 넣고 이들은 실험이 끝날 때까지 측정만 받을 뿐, 처치를 받지는 않는다. 단, 실험이 끝나면 곧 처치를 받는다.

(3) 플라시보 통제집단 : 처치의 특정 요소를 뺀 처치 아닌 처치를 받는 경우

예 개인심리치료 연구에서의 SRP(Subliminal Reconditioning Placebo)라는 것이 있는데, SRP를 받는 피험자는 잠재의식적 메시지를 녹음테이프를 통해 들을 때 그것이 전의식 또는 무의식에 영향을 준다고 알려준다. 그러나 그 테이프에 녹음된 잠재의식적 메시지는 사실은 무의미한 철자들이다.

(4) 짝지은 통제집단 : 성과연구에서 처치의 길이는 중요한 영향력 있는 변인이기 때문에 연구에서 사례마다 처치 길이에 차이가 있다면, 연구의 타당성을 떨어뜨리므로 연구자는 실험집단 사례와 통제집단 사례들의 처치 길이가 최소한 짝이 맞기를 기대한다.

보충

짝짓기 (matching)

1) 하나 이상의 변수에서 비슷한 대상자들을 짝지은 다음, 한 명은 실험집단으로 다른 한 명은 통제집단으로 무작위 할당한다.
2) 집단을 비교가능하게 만드는 기회를 향상시키는 것으로 무작위화와 함께 사용될 때만 진정한 실험이 된다.
3) 할당행렬(quota matrix)은 행렬의 각 항에 동일한 수의 연구대상이 해당되도록 구성하여 각 항의 반은 실험집단, 나머지는 통제집단으로 할당하는 것이다.
4) 실험집단에 대한 전체적 평균 수치는 통제집단과 같아야 한다.

존 헨리 (John Henry) 효과

사회실험(social experiments)에서 통제집단이 일정한 의도를 가지고 반응을 하게 됨에 따라 나타나는 편향(bias), 즉 통제집단의 오염 효과이다.

제3절 | 집단 내 설계 (피험자 내 설계)

1 집단 내 설계

1) 개념

(1) 각 피험자가 둘 이상의 실험조건에서 반응하는 설계를 말한다.

(2) 각 피험자가 단 하나의 처치조건에만 속하는 피험자 간 설계와 달리, 피험자 내 설계에서는 참가자들이 둘 이상의 실험조건에서 반응하며 각 처치가 주어진 후에 종속변인을 측정한다.

(3) 설계는 실험의 여러 처치조건에 피험자가 무선적으로 할당되지 않기 때문에 준실험설계에 해당한다.

(4) 어떤 가설이나 연구주제들은 피험자 내 설계를 필요로 하기도 한다.

예 10개월 유아의 미소 짓는 행위가 청중효과에 의한 것인지를 알기 위한 실험을 할 경우, 10개월 유아가 의사전달을 하기 위하여 미소를 사용한다면, 어머니가 자신에게 주의를 기울이고 있을 때 더 많은 미소를 지을 것이다.

2) 집단 내 설계의 장점과 단점

(1) 집단 내 설계의 장점

① 독립변인의 효과를 탐지해낼 가능성이 높아진다.

ㄱ. 피험자 내 설계는 피험자들의 개인차로 인한 가외변인들을 통제한다.

ㄴ. 같은 참가자들의 서로 다른 조건에서의 행동 차이를 보게 된다면, 한 집단의 참가자들이 다른 집단과 원래부터 다르기 때문에 차이가 발생했을 가능성은 낮아진다.

② 실험의 통계학적인 검증력을 증가시킨다.

ㄱ. 통계학적으로 보면, 참가자 내 설계를 사용할 때 실험조작의 효과를 탐지할 기회가 많아진다.

ㄴ. 동일한 참가자가 모든 처치조건에 참가하기 때문에 서로 다른 처치조건에 걸친 변인의 효과가 통제된다.

ㄷ. 실험조작에 의해서 유발된 행동의 차이가 더 명확해지기 때문에 실험의 검증력은 높아진다.

③ 피험자 수와 실험시간을 절약할 수 있다.

ㄱ. 네 가지의 처치조건이 있고 각 조건에 15명의 참가자를 사용하고자 할 때, 피험자 내 설계를 사용하면 15명이 필요하지만 피험자 간 설계에서는 60명이 필요하다.

ㄴ. 실험을 실시할 때 시간을 절약시켜주며, 만약 피험자들을 실험을 위해 훈련 시켜야 한다면, 각 피험자들을 여러 가지의 조건에서 훈련시키는 것이 더 효율적이다.

(2) 집단 내 설계의 단점

① 조건 간의 간섭이 발생한다.

ㄱ. 한 조건이 다른 조건을 간섭한다면, 참가자 내 실험을 수행할 수 없다.

예 한 가지 단어목록을 심상으로 학습하는 것과 반복 암송으로 학습하는 것의 두 조건을 배치한다면, 한 조건을 이미 학습한 피험자는 다른 조건을 학습할 때 그 내용이 이미 머릿속에 남아있게 된다.

ㄴ. 즉, 처치들이 심하게 상충되어 동일한 피험자들에게 그 처치들을 적용할 수 없다면 집단 간 설계가 필요한 것이다.

② 순서효과가 발생한다.

ㄱ. 처치의 순서 때문에 피험자의 반응이 처치조건마다 달라질 수 있다.

예 TV 광고를 시청하고 이를 얼마나 좋아하는지 평가한다면, 첫 번째로 평가되는 광고는 새롭다는 사실 때문에 더 높은 평가를 받을 수 있다.

ㄴ. 뒤의 순서에 제시된 광고는 적응과 습관화가 되어 평가가 낮아질 수 있다.

③ 현실적인 제약이 있다.

피험자 한 명에게 여러 가지 조작을 하기 위해서 실험조작을 계속해서 바꾸어 주어야 하거나, 전체 과정을 모두 한 피험자에게 처치해야 하므로 시간이 오래 걸릴 수 있다.

④ 피험자에게 피로효과나 연습효과, 이월효과와 같은 진행성 오류가 발생할 수 있다.

ㄱ. 피로효과는 실험이 계속되면서 피험자가 피로해지면서 성과가 떨어지거나 대충 참여하게 되는 것을 말하는데, 실험이 지겨워지거나 초조해지는 감정적인 변화가 발생하면서 끝날 때까지 시늉만 하게 될 수 있다.

ㄴ. 연습효과는 피험자가 실험에 친숙해짐에 따라서 편안해지고 더 성과가 좋아질 수 있으며 실험도구 사용에 익숙해지거나, 문제 해결을 위한 전략을 개발하거나, 연구의 실제 목적을 파악하게 될 수도 있다.

ㄷ. 이월효과는 처치를 제거한 후에도 그 효과가 지속되는 효과를 말하며 이러한 요인들로 실험이 진행됨에 따라서 결과가 왜곡되는 것을 진행성 오류라고 한다.

기출문제 확인학습

1) 라틴 정방형 설계(latin square design)
  (1) 실험설계에서 사전에 통제할 두 요인(two nuisance factors)을 하나는 종축, 다른 하나는 횡축으로 처치의 수 만큼 설정하고, 종축과 횡축 안에서 각 처치를 무선적으로 배정하여, 각 처치가 횡열과 종열에서 단 한 번씩만 나타내게 설계하는 것이다.
  (2) 무선구획설계(Randomized Block Design)가 횡열에서만 잡음변수(외생변수)의 효과를 통제한다면, 라틴 정방형설계는 횡열과 종열에서 모두 잡음변수를 통제한다고 할 수 있다.

라틴 정방형 설계 (latin square design)

1) 실험설계에서 사전에 통제할 두 요인(two nuisance factors)을 하나는 종축, 다른 하나는 횡축으로 처치의 수 만큼 설정하고, 종축과 횡축 안에서 각 처치를 무선적으로 배정하여, 각 처치가 횡열과 종열에서 단 한 번씩만 나타내게 설계하는 것이다.
2) 즉, n×n 정방에 서로 다른 n개의 문자를 한 번씩 쓰도록 배치한 것이며 n×n 행렬표에 n개의 서로 다른 기호를 각 행(가로줄), 각 열(세로줄)당 한 번만 나타나도록 배치한 것이다.

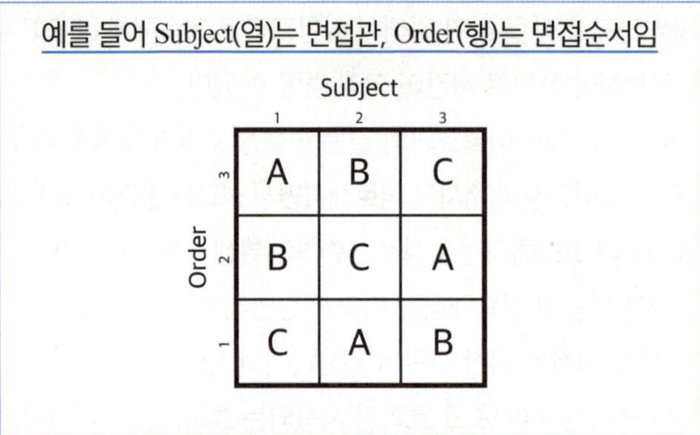

3) 무선구획설계(Randomized Block Design)가 횡열에서만 잡음변수의 효과를 통제한다면, 라틴정방형설계는 횡열과 종열에서 모두 잡음변수를 통제한다고 할 수 있다.

2) 배속설계(내재설계, nested designs)
  (1) 한 독립변수의 처치조건이 다른 독립변수의 처치조건에 배속(내재)되는 경우를 의미한다.
  (2) 배속설계를 하는 목적은 분산분석에서 집단 내 발생하는 효과의 차이를 분석과정에 통제하려고 할 때 이용한다.
  (3) 내재설계의 사례 : 교수법과 보상방법이라는 독립변수와 학업성취도라는 종속변수 간의 상호작용을 분석하는 것이 아니라 보상방법에 따른 교수법 간의 차이를 밝힌다고 볼 수 있다.

3) 2요인 교차 설계(2 - factor crossed design)
  (1) 피험자가 두 가지 이상의 집단에 순차적으로 배정되어 처치에 참여하는 것으로, 피험자 각자가 대조군이 된다.
  (2) 예를 들어, 피험자가 한 집단의 시험제품 섭취가 끝나면, 다음 그룹의 시험제품을 섭취하기 전에 일정기간 섭취를 중단하는 'wash - out period'를 가지는데, 이는 이전 시험제품의 섭취가 다른 집단의 결과에 영향을 줄 수 있는 가능성을 최소화하기 위해서 필요하다.

심화학습

혼합설계 (mixed design) - 타당도를 높이기 위한 복합설계 중 하나

1) 혼합설계에는 순수 피험자 내 설계와 순수 피험자 간 설계 모두 장점과 난섬이 있는데, 이러한 단점들을 최소화시키면서 2가지 설계의 장점을 얻고자 고안한 설계이다.
2) 혼합설계는 피험자 간 설계(두 개 이상의 집단을 비교)와 피험자 내 설계(피험자 안에서 처치를 다른 수준으로 경험하게 하여 비교)를 모두 한 실험 안에서 하는 설계이다.
3) 혼합 설계(mixed designs)는 분할 구획 설계(split - plot design)라고도 하며, 피험자 간(between - subject) 설계와 피험자 내(within - subject) 설계를 혼합한 실험설계방법으로, 요인설계와 무선구획설계(무선 구획 설계란 종속변인과 관련 있는 분류변인 또는 구획변인 - 피험자의 성별, 나이, 사회문화적 배경 등 - 에 따라 피험자를 구획(block) 내에 무선적으로 할당하는 방법)의 조합이라고도 할 수 있다.

기출문제 확인학습

연구의 오차 및 오염변인의 효과를 통제하는 방법

1) 오염변인이 양적변수일 경우 공분산분석(공분산 분석은 질적인 독립변수와 양적인 독립변수를 동시에 분석하는 것으로 양적인 독립변수를 통제하고 질적인 독립변수와 종속변수 간의 관계를 명확하게 규명하는 방법)을 실시한다.
2) 무선구획설계를 하여 오염변인의 효과를 통제한다.
3) 피험자 내 설계(피험자 내 설계는 피험자들의 개인차로 인한 가외변인들을 통제)로 개인차를 통제한다.
4) 유사한 피험자를 연구대상으로 선발한다.
5) 현장연구보다 실험실 연구(통제효과가 높으며, 피험자를 무선 선발, 각 처치에 무선으로 할당, 엄격한 독립변인의 조작)를 실시한다.

제4절 | 단일사례 연구설계

1 단일사례 연구설계의 개요

1) 개념

개인 및 가족, 소집단 등을 대상으로 문제를 해결하기 위한 개입의 효과를 과학적으로 입증하는 조사방법으로 변수간의 관계규명을 위한 것이라기보다 상담사의 의도적인 개입이 표적행동에 바라는 대로의 효과를 나타내었는가를 평가하기 위해 적용하는 설계이다.

2) 단일사례 연구설계의 특성

(1) 사례가 하나이다. 개인 한 명이 될 수도 있고, 한 집단 또는 한 가족이 될 수 있다.

(2) 단일사례연구의 1차적인 목적은 가설의 검증에 있는 것이 아니라 어떤 표적행동에 대한 개입의 효과를 관찰하여 분석하는 것이다.

(3) 단일사례연구는 경향과 변화를 알 수 있도록 시계열적으로 반복적인 관찰을 한다.

(4) 개입 전(A)과 개입 후(B)의 상태를 비교한다.

(5) 개입 도중에 자료를 검토하여 개입의 효과를 판단할 수 있으므로 개입의 효과가 없는 것으로 판단되면 새로운 개입방법을 수립하거나 개입방법을 수정함으로써 효과적인 개입을 할 수 있는 길을 열어준다.

(6) 통제집단을 따로 갖지 않고 비교의 대상을 반복 측정하여 효과성의 변화(결과)를 두고 개입 프로그램의 효과를 파악한다.

(7) 반복측정에서 개입 전 단계는 통제집단을 대신한다는 점에서 이점이 있지만 반복측정 자체에서 야기되는 조사대상자의 반응성 등과 같은 문제를 야기할 수 있다.

(8) 즉각적인 피드백이 가능하여 개입의 효과를 높일 수 있다.

3) 용어 정리

(1) 기초선(baseline) 단계 : 연구자가 개입활동을 실시하기 전에 표적행동의 상태를 관찰하는 기간을 말하며 개입전의 국면이며 'A'로 표시한다.

(2) 개입국면 : 표적행동에 대한 개입활동이 이루어지는 기간으로 'B'로 표시한다.

(3) 표적행동 : 개입을 통해 변화시키려는 행동이다.

2 단일사례 연구설계 종류

1) 기본설계 (= AB설계)

개입 전과 개입 후에 측정하는 평가 설계로서 하나의 기초선(A)과 개입(B)으로 구성된 가장 간단한 방법이다.

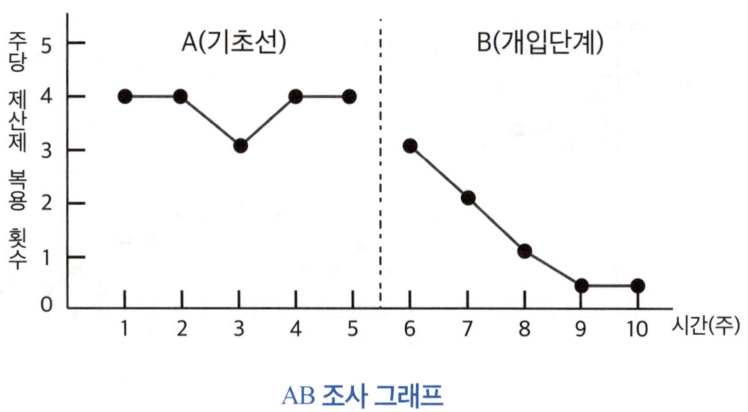

AB 조사 그래프

2) ABA설계

(1) 개입의 효과를 테스트하기 위해 일정기간 이후에 개입을 중단하는 평가 설계이다.

(2) 개입을 중단하는 윤리적 문제가 대두될 수 있다.

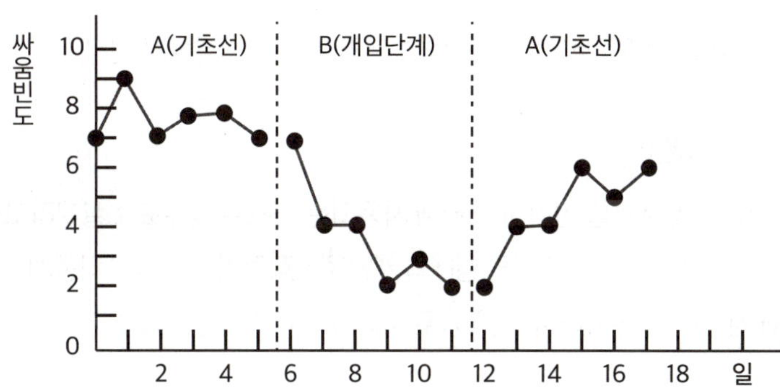

개입의 효과가 입증되는 ABA설계의 예

3) 반전설계 (= 철회설계 = ABAB설계)

(1) 기초선이 측정된 후에 특정기간 동안 개입을 하고 그 후 잠시 동안 멈춘 후에 다시 개입을 하는 평가 설계이다.

(2) AB설계와 같이 진행되다가 개입이 종료된 이후 다시 기초선 과정을 거치고 제2의 개입이 이루어지는 설계로서 가장 통제적인 요소가 확실하지만, 윤리적 문제가 대두될 수 있다.

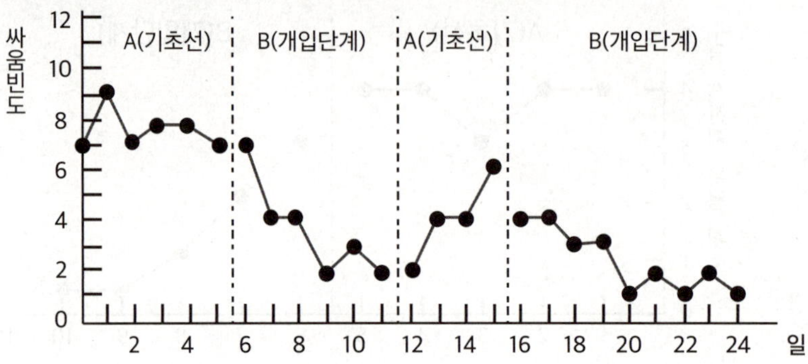

개입의 효과가 입증되는 ABAB설계의 예

4) 선개입 설계 (= BAB설계)

(1) 곧바로 개입으로 시작해서 기초선 수립을 위해 개입을 중지했다가 개입을 다시 시작하는 설계로서 위기 개입 시 사용할 수 있다.

(2) 개입 이후 기초선 단계(A)를 거치며 효과 여부에 따라 개입 여부를 결정하게 된다.

5) 복수요인설계 (= ABCD설계)

(1) 일련의 종류가 다른 개입들의 효과를 평가하기 위해 사용되는 것으로 다수요소설계라고도 한다.

(2) 첫 개입에 대한 효과가 나타나지 않는 경우 다른 형태의 개입을 시작하거나 처음에 다중개입방법을 계획하게 된다.

(3) 유용한 점은 대상자에게 개입이 유용하지 않을 경우 이를 수정하거나 실제로 문제에 변화를 가져오는지 설명하고자 할 경우이다.

6) 복수기초선 설계 (= 중다기초선 설계)

(1) 개입중단의 문제점을 개선하면서 AB설계를 ① 여러 문제, ② 여러 상황, ③ 여러 대상자에게 적용하여 같은 효과를 얻음으로써 개입효과의 확신을 높이는 설계이다.

(2) 문제 간 복수기초선 설계, 상황 간 복수기초선 설계, 대상자 간 복수기초선 설계가 있다.

(3) 노인요양시설에 거주하는 세 명의 장애노인 대상자에게 재활치료의 효과에 대한 개입이 이루어지는 경우 재활 프로그램이 첫 번째 대상자에게 효과가 있다면 두 번째 대상자 및 세 번째 대상자에게 개입하는 방식으로 진행되는 경우는 대상자 간 복수기초선 설계의 예이다.

실력 다지기

중다기초선설계(다중기초선설계)

1) ① 두 가지 이상의 문제, ② 둘 이상의 대상자, ③ 두 가지 이상의 상황에서 AB설계가 반복되는 설계이다.

2) 둘 이상의 기초선을 설정하고 동시에 측정하며 중재(개입)는 각각 다른 시점에서 순차적으로 이루어진다.

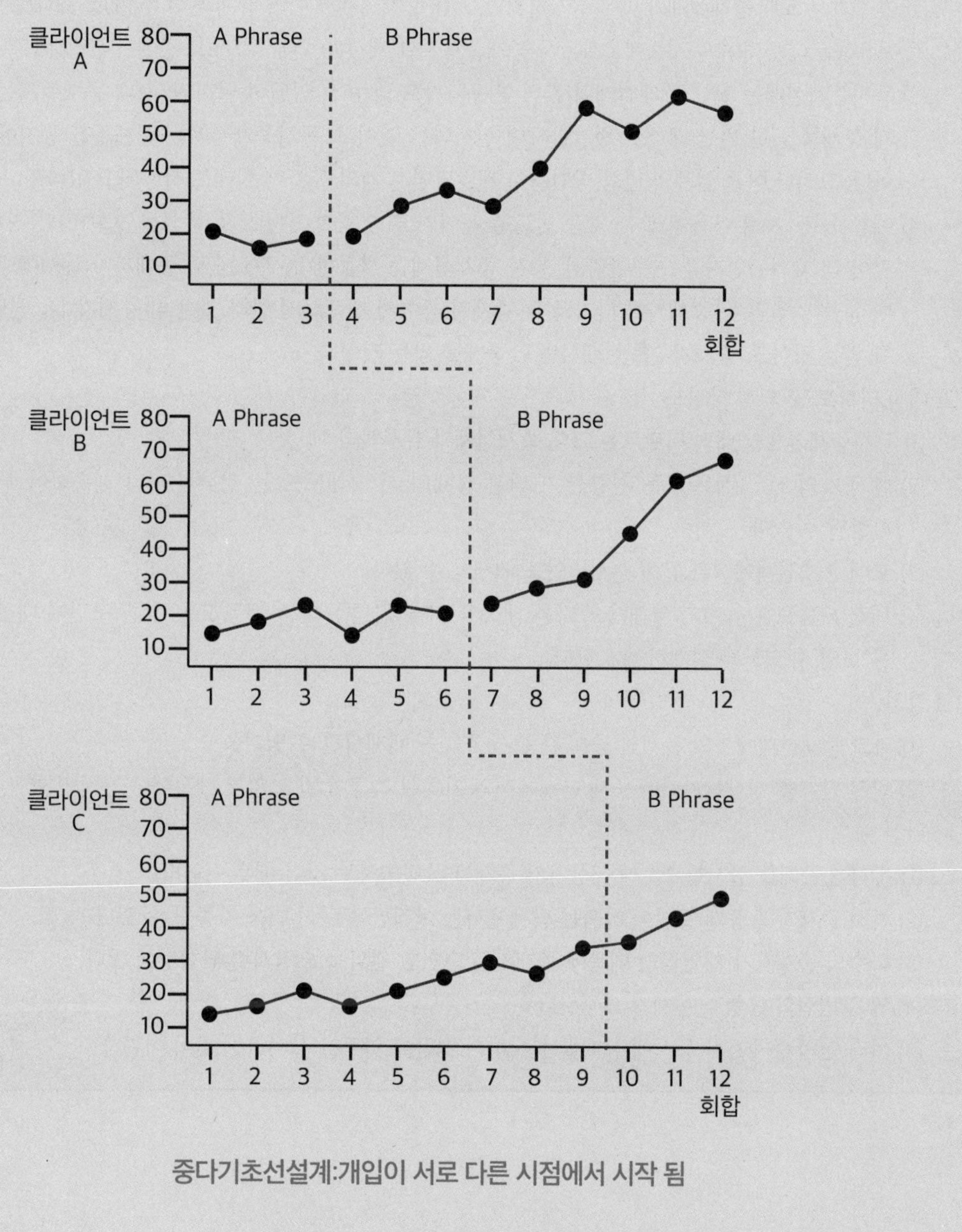

중다기초선설계:개입이 서로 다른 시점에서 시작 됨

실력 다지기

동시중재설계 (단일사례 연구설계 중)

1) 개요

(1) 동시중재설계는 교대 중재설계[4]와 마찬가지로 중재 간 순서 효과를 배제시키기 위한 중재 간 비교연구 방법이다.

(2) 이 설계는 교대 중재설계와 매우 유사하지만, 교대 중재설계가 여러 중재(흔히 두 개)를 교대로 번갈아 가면서 적용하는 데 반하여, 동시중재설계는 두 중재를 동시에 제시하여 대상자가 그 중에서 선택하도록 하는 것이다.

(3) 동시중재설계는 교대 중재설계와 흔히 혼용되기도 하는데, 엄밀히 말하면, 교대 중재설계는 한 대상자에게 중재들을 한 번씩 교대로 번갈아가며 실시하는 것이고, 동시중재설계는 중재들을 동시에 실시하는 것이다. 그러나 이들 설계의 변형 방법들이 개발되면서 거의 유사한 형태로 사용되고 있다.

(4) 예를 들어, 자폐 아동에게 눈 맞춤 빈도를 높이기 위한 중재 방법으로 음식물 강화(B)와 칭찬(C) 중 어떤 것이 더 효과적인가를 연구한다면, 동시 중재설계를 사용한 경우에는 두 중재자가 동시에 존재하여 아동이 눈을 맞추면 두 중재자가 다가와 두 중재자 중에서 선택하게 한다. 아동이 중재자 1을 선택하면 B 중재를 받는 것이고, 중재자 2를 선택하면 C 중재를 받는 것이다.

2) 내적 타당도 및 외적 타당도

(1) 동시중재설계의 내적 타당도는 교대 중재설계와 유사하다.

(2) 한 중재의 선 그래프(또는 경향선)가 다른 중재의 선 그래프(또는 경향선)보다 계속하여 우위에 있을 때 확립될 수 있다.

(3) 교대 중재설계에서와 같이 순서변인도 배제할 수 있다.

(4) 외적 타당도를 높이기 위해서도 다른 대상자, 대상 군(群), 다른 행동 또는 다른 조건에 대하여 반복 효과를 보일 수 있도록 설계하여야 한다.

3) 장점

(1) 비교 중재설계에서의 문제인 중재 간 순서 효과를 배제시킬 수 있다.

(2) 반전 단계를 개입시키거나 중재 단계에서의 기초선 측정이 필요 없기 때문에 시간적인 효율성이 있다.

4) 단점

(1) 동시에 중재를 실시함으로써 대상자가 중재들을 변별하는 것이 매우 어렵다.

(2) 특히 중재자와 중재 조합이 바뀌는 단계에서는 이러한 혼란이 더욱 가중될 수 있다.

(3) 다수의 중재자가 개입되기 때문에 중재자의 변인인 결과를 오염시킬 위험성이 많다.

(4) 많은 변인의 균형과 통제가 요구된다.

(5) 여러 명의 중재자가 동시에 중재를 실시하기 때문에 연구를 실시하는 것이 어렵다.

4) 교대 중재설계는 한 대상자(또는 대상군)에게 여러 중재를 교대로 실시하여 그 중재들 간의 효과를 비교하는 연구방법이다.

기출문제 확인학습

중재비교설계 - 단일사례연구의 복잡한 설계

새로운 훈련(프로그램)방법이 기존의 것보다 우월하다는 것을 밝혀, 새로운 훈련방법에 대한 설득력 있는 근거를 제시하기 위해, 여러 훈련조건을 비교할 수 있도록 개발된 연구방법이다.

1) 중다중재설계
   (1) 목표행동에 대한 두 개 이상의 중재조건의 효과를 검증하기 위한 것이다.
   (2) 모형 : A / B / A / C / A / D
   (3) 제한점 : 내적 타당도 문제, 중재 간 전이 문제, 혼합된 중재 효과

2) 교대 중재설계
   (1) 한 대상자에게 여러 중재를 빠른 간격으로 교대로 실시하여 그 중재들 간의 효과를 비교한다.
   (2) 모형 : A / BC(교대중재) / 최종단계
   (3) 제한점 : 훈련자의 독립변인 신뢰도 중요, 중재방법이 인위적, 연구절차상의 번거로움

3) 동시 중재설계
   (1) 두 중재를 동시에 제시하여 대상자가 선택하며 중재자 두 명이 필요하다.
   (2) 모형 : A / BC(동시중재) / 최종단계
   (3) 제한점 : 대상자의 중재변별 어려움, 중재자의 변인이 결과 오염, 많은 변인의 균형과 통제 요구, 연구 실시 자체가 어려움(여러 명이 동시에 진행)

4) 평행중재설계
   (1) 독립적이지만 난이도가 유사한 행동에 대한 중재기법 간의 효과를 간접적으로 비교한다.
   (2) 모형
   X 중재기법 목록 1 - A / B / A / B
   Y 중재기법 목록 2 - A / B / A / B
   X 중재기법 목록 3 - A / B / A / B
   Y 중재기법 목록 4 - A / B / A / B
   (3) 제한점 : 중재 간의 효과비교 비효율, 변인통제 부담(시간, 절차), 목표행동 간의 난이도 조절

3 단일사례 연구설계의 과정

1) 단일사례 연구설계의 주요 절차

(1) 목표(표적) 행동의 정의

① 단일사례연구에서 변화시키고자 하는 행동, 즉 관찰·측정하고자 하는 행동을 분명하게 정의하는 것은 일차적으로 중요하다.

② 목표행동에 대한 측정이 가능하려면 상당한 정도로 구체적인 정의가 필요하다.

(2) 측정방법의 선택

① 단일사례연구에서도 자기 보고법, 자기관찰법, 생리측정법 등이 활용될 수 있다.

② 단일피험자 설계의 측정에서 가장 중요한 점은 반복측정이 용이해야 한다는 점이다.

(3) 측정절차의 결정

① 행동관찰법에는 빈도기록법과 지속시간 기록법 두 가지가 있다.

② 빈도 기록법은 정해진 기간 동안 목표행동이 발생한 횟수를 기록하는 것이다.

③ 지속시간 기록법은 예를 들어 아동이 울기 시작해서 몇 분 동안 울음을 지속하는지를 기록하는 것이다.

(4) 측정의 신뢰도

① 행동측정법에는 '관찰자 간 일치도'가 신뢰도로 사용된다.

② 관찰자 갑(甲)의 평정과 관찰자 을(乙)의 평정 간에 일치도가 낮으면 그 측정법은 신뢰하기 어려운 측정방법이라고 평가해야 한다.

(5) 기저선(기초선) 단계의 설정 : 안정성

기저 단계는 최소한 세 지점의 단계는 있어야 하는데, 그 이유는 목표행동이 증가하는 경향인지, 감소하는 경향인지 아니면 안정되어 있는지를 알 수 있으려면 최소한 세 지점은 있어야 하기 때문이다.

실력 다지기

단일사례설계의 과정

문제의 확인 및 정의	연구대상자가 지닌 문제를 먼저 확인해야 하며, 해결되어야 할 문제가 확인되고 나면 그 문제는 구체적이고 명확하게 규정되어야 한다.
↓	
변수의 선정	실험에 사용될 변수를 선정하고 변수는 문제를 합리적으로 대표할 수 있는 타당한 지표이어야 한다.
↓	
표적행동 결정	선정된 변수의 속성 중 어떤 측면을 측정할 것인지 표적행동을 결정한다.
↓	
개입의 목표 규정	문제의 원인을 제거할 것인지, 문제 자체를 해결할 것인지 등 개입의 목표를 구체적이고 명확하게 정한다.
↓	
조사설계 (디자인)	단일사례설계의 여러 가지 유형 중 어떤 유형을 활용할 것인지 결정하며 측정시기 및 측정횟수, 자료의 출처, 자료수집방법, 자료측정 및 기록방법 등의 조사 설계를 작성한다.
↓	
조사실시	개입하기 이전과 개입 도중, 개입 이후에 자료를 수집하고 수집된 자료는 그래프로 표시한다.
↓	
효과성 평가	조사가 완료되면 변화분석, 통계적 분석 그리고 임상적 관점의 실천적 분석을 통하여 개입의 효과를 평가한다.

4 단일사례 연구설계의 효과성 분석과 쟁점

1) 시각적 분석

기초선 단계와 개입단계가 도안된 그래프를 통하여 대상자의 문제가 변화되었는지를 분석하는 방법이다.

2) 임상적 분석

개입으로 인한 효과가 실제 임상에서 적용될 수 있을 것인지 임상적으로 판단하는 것을 의미한다.

3) 통계적 분석

기초선과 개입단계의 평균 및 경향 등을 비교하는 것으로 시각적인 분석을 보완할 수 있다.

4) 이론적 분석

단일사례연구 설계의 이론에 입각해서 설계유형이나 설계과정이론에 맞추어 분석한다.

5) 단일사례설계의 연구방법론적 쟁점

(1) 단일사례 성과연구의 장점

① 단일사례설계에서는 집단 실험설계에서 적용하기 힘든 측정, 즉 시간과 돈이 많이 드는 집단실험설계에서는 얻기 어려운 자료도 얻을 수 있다.
② 단일사례연구에서 얻은 자료는 연구자에게 집단설계가 갖기 어려운 풍부한 정보를 제공해 줄 수 있다.

(2) 단일사례 성과연구의 단점

단일사례연구는 일반화의 제한점이 있는데, 이는 사례수가 하나로서 적기 때문이다.

제5절 | 모의상담 연구 (Analogue Research)

1) 개념

(1) 모의상담 연구(Aalogue Research)는 실험실 실험연구의 대표적인 예로서, 관찰하려는 상담현상 자체를 좀 더 단순화시키는 연구전략이다.

(2) 외적 타당도는 낮지만, 높은 내적 타당도를 얻을 수 있다.

2) 모의상담 연구의 장점

(1) 실험조건의 통제가 용이하다. - 연구자가 관심을 가지는 독립변인 조작이 쉽다.

(2) 연구문제와 관련이 없는 다른 변인들을 무작위화시키거나 또는 다른 방법으로 통제하기 용이하다.

(3) 모의상담 과정을 실제보다 단순화시킴으로써 결과를 해석하기가 용이하다.

(4) 상담연구에서 자주 발생할 수 있는 윤리적인 문제를 줄일 수 있다.

3) 모의상담 연구의 단점 - 모의상담 연구의 장점이 곧 단점으로도 작용한다.

(1) 실험조건을 통제하면 할수록 연구의 외적 타당도가 낮아진다.

(2) 모의상담 상황은 실제 상황보다 지나치게 단순화되어 있다.

(3) 모의상담 방법에 의한 연구결과는 실제 상황에 일반화시키는 데 문제점이 많다. 즉, 외적 타당도가 낮아진다.

제6절 | 상담성과 및 효과 연구

1 상담성과의 개요

1) 측정 시기에 따른 상담성과의 종류

(1) 즉시적 성과(회기 내 성과)

상담성과 중에 가장 최고 단위는 바로 즉시적 성과로서 상담자가 바로 앞에서 개입이나 처치를 한 직후 또는 조금 후에 내담자에게 어떤 반응을 일으켰는지를 면밀히 살펴봄으로써 즉시적 성과를 찾는다.

(2) 회기 성과

① 회기를 마친 직후에 측정하는 경우 이를 회기 성과라고 부른다.

② 회기 성과를 아주 간단하게 평가하는 방법은 1개 또는 몇 개의 질문으로 회기에 대한 내담자의 만족도, 상담자의 만족도 등을 묻는 것이다.

(3) 사례 종결 후 성과

① 사례를 모두 종결한 후 상담의 성과를 재는 방법은 다양하다.

② 가장 흔히 사용되는 방법 중의 하나는 상담 목적달성 정도를 내담자나 상담자에게 대답하도록 하는 것이며 또 하나의 방법은 문제나 증상의 정도를 재는 척도를 사용하는 것이다.

(4) 지속적 성과

① 상담의 효과는 장기간 지속되기를 기대하기 마련인데, 얼마동안 오래 상담효과가 지속되어야 '성공'이라고 평가할 수 있는가?

② 어떤 상담연구들에서는 보통 종결 후 1개월, 3개월 또는 6개월이나 12개월 이후에 성과측정을 하게 된다.

2) 상담성과 측정의 방법

(1) 자기보고법

① 자기보고법은 피험자가 자기의 체험을 글로 작성하거나 주어진 질문지에 응답하는 것으로, 사용이 쉽고 피험자의 내면적 생각이나 기분 등을 측정할 수 있으며 현상학적 자료를 얻을 수 있다.

② 단점은 피험자가 연구의 목적이나 가설을 짐작하여 고의적으로 또는 무의식적으로 대답을 왜곡시킬 가능성을 배제하기가 어렵고 외현적인 행동의 측면을 직접 측정하기가 곤란하다.

(2) 타인에 의한 평정

① 타인이 대답을 하는 이 방법의 장점은 상담성과에 대한 피험자 본인 이외의 새로운 관점이 제공된다는 점이다.
② 단점은 타인인 평정자의 편견이 쉽게 작용할 수 있다는 가능성이다.

(3) 행동 측정

① 관찰 또는 측정하고자 하는 목표행동 그리고 행동들을 사전에 명확히 정의한 후에 훈련된 관찰자가 관찰하고 기록을 하는 방법이다.
② 장점은 외현적인 행동을 관찰하기 때문에 관찰자의 해석을 최소화하고 높은 객관성이 있다는 점과 외현적인 행동을 직접 관찰한다는 점이다.
③ 단점은 개인의 내면적인 감정, 생각 등을 측정하기에는 곤란하다는 점이다.

읽을거리

참여행동연구 (participatory action research, PAR)

1) 연구대상자들을 자신들의 문제와 바람직한 해결책을 정의하고 그들의 목표를 실현시키는데 도움이 될 연구를 설계하는데 주도적인 역할을 수행하도록 한다.
2) 이 접근은 연구가 지식생산을 위한 하나의 수단일 뿐 아니라, 의식의 교육과 개발을 위한 하나의 도구로 그리고 행동을 동기화시키는 것으로 기능한다는 믿음을 함축하고 있다.
3) 참여행동연구 패러다임에서 연구자들의 기능은 연구대상자들에게 하나의 자원으로서 기능하는 것인데, 연구대상자들이 자신의 이해에 맞게 효과적으로 행동하는 기회를 주는 것이다.
4) 이 접근은 고전적인 사회과학 연구에 대한 신랄한 비판으로부터 유래되었다.
5) PAR 패러다임에 따르면, 전통적 연구는 연구의 '주체'를 연구의 '객체'로 환원하는 일종의 '엘리트 모델'로 인식된다.
6) PAR 접근의 많은 주창자들에 따르면, 연구자와 연구대상자 간의 구분은 사라져야만 한다.
7) 그들은 연구에 의해 영향을 받게 될 대상들도 그 연구설계에 책임이 있다고 주장한다.
8) 연구자가 연구대상자보다 우위에 있다는 암묵적 가정에 도전한다.
9) 연구대상자는 자신의 문제와 해결책을 스스로 정의한다.
10) 연구대상자는 연구 설계에 주도적인 역할을 수행한다.

(4) 생물학적 지표

생물학적 지표들(EEG, EMG, 혈압, 맥박, 불안, 스트레스, 두뇌의 활동 등)은 피험자의 심리적 경험에 대한 자기보고법 그리고 외현적 행동의 관찰기록법 등이 포착하지 못하는 것들을 나타내 주기도 하는 방법으로, 즉 자기보고법의 왜곡된 답변의 문제점을 보완하고 내면적·외현적 행동 특성을 측정할 수 있다.

(5) 심리진단 검사

주제통각검사(TAT), 로르샤흐 검사법, 집 - 나무 - 사람검사, 문장완성검사, MMPI 또는 간이정신진단검사(SCL - 90)와 같은 심리진단검사는 상담의 성과측정으로 자주 활용되어 왔다.

(6) 실물 측정

상담자 훈련의 정도를 측정하는 경우에 상담자에게 묻는 것보다 상담자의 대학원 성적표, 연수기록이나 수료증 등을 조사하는 것이 더 정확한 측정이 될 수 있다.

3) 상담성과 측정의 쟁점

(1) 성공 사례의 기준

성과연구에서는 상담의 성공을 무엇으로 규정하느냐에 의해서 이른바 성공률이 크게 달라진다.

(2) 측정도구의 다양화

측정이 구체적이고 다변화되는 것은 측정의 신뢰도와 타당도를 향상시키는 장점이 있는 반면에, 측정도구가 너무 다양해서 여러 연구를 상호 비교하기가 어려워졌다는 단점도 있다.

(3) 측정의 민감성 : 변화의 감지능력

① 민감성의 문제는 심리측정에서 신뢰도나 타당도만큼 중요한 쟁점이다.
예 미세한 증상의 차이에 대해서는 거시적 척도보다는 매일매일의 활동을 기록하는 미시적 척도가 더 민감하게 반영할 수 있다.

② 미시적 척도는 미세한 증상이나 행동의 변화, 학습의 증거를 측정하는 도구로서 민감성은 우수하지만 구인타당도는 낮다. 반면, 거시적 척도는 구인타당도는 높으나 증상의 작은 변화를 잡아내지 못한다.

(4) 반복 측정

연구설계를 보면 '사전 - 사후' 검사를 실시하는 집단 간 설계나, 한 집단의 피험자에게 여러 차례 같은 측정을 반복하는 피험자 내 설계, 시간계열(시계열) 설계 등에서는 반복측정의 문제가 발생할 소지가 많다.

2 상담 성과연구의 다양한 전략 (Heppner(1999)의 여섯 종류의 성과연구 전략)

1) 처치(프로그램) 패키지 전략

(1) 성과연구에서 가장 기본적인 질문은 어떤 처치가 결과에 영향(효과)을 미쳤는가를 알아보는 것이다.
(2) 실험집단과 통제집단의 설정이 요구된다.
(3) 설계로는 진실험설계와 준실험설계가 있다.

2) 처치 요소 분할전략

(1) 어떤 처치 프로그램은 여러 개의 요소로 구성되는데, 직접 영향(효과)을 야기시키는 요소가 무엇인가를 분석하는 것이다.

(2) 여러 처치 요소들을 체계적으로 쪼개고 조합하여 과연 무엇이 그 영향(효과)의 원인인지를 분석하는 것, 즉 처치의 요소를 분리해서 처치를 가한 후, 영향(효과)의 크기를 비교하는 전략이다.

3) 건설 전략

이미 효과가 검증된 처치(표준 처치)에, 다른 처치를 첨가했을 때 영향(효과)이 더 커지는가를 보려는 것이 목적이다.

4) 처치구조 변경 전략

처치의 내용적인 측면보다는 구조적인 속성, 즉 처치의 양을 달리했을 때 영향(효과)이 달라지는지를 검토하는 전략이다.

5) 처치기법 간 성과비교 전략

두 처치 기법 간의 차이가 있다면 어느 것이 얼마만큼 영향(효과)이 더 큰가? 즉 처치법 간의 영향(효과), 성과를 비교하는 연구문제 및 그에 따른 연구전략을 의미한다.

6) 내담자와 치료자 변인을 변화시키려는 전략

(1) 처치는 그대로 두고 내담자나 치료자를 변화시키는 전략이다.

(2) 내담자 변인 변화 : 인지 능력, 인지 스타일, 성격, 성별, 나이, 교육 정도 등

(3) 치료자 변인 변화 : 학위, 경력 수준, 인지 스타일 등

3 프로그램 평가

1) 프로그램의 의미

집단상담 교육 프로그램, 워크숍, 학교(기업)의 조직체에서 한 세트로 주어지는 개입(처치)이며 상담에서 프로그램이란 어떤 특정 상황이나 한 가지 상황이 아닌 여러 가지 상황에 미리 계획된, 상당히 구조화된 교육, 개입, 처치절차와 내용을 말한다.

2) 프로그램 평가

(1) 의미

① 프로그램의 효과를 검증하고 진행과정이나 종결 후, 프로그램의 수정을 위한 자료를 수집하는 등의 활동을 말한다.

② 통제집단 없이 프로그램의 사전, 중간, 사후에 필요한 측정을 해서 효과를 검토하거나 프로그램 수정을 위한 자료를 수집하고 분석하는 활동으로 실험설계[5]의 연구와는 다른 개념이다.

5) 실험설계는 보편적이고 전문적인 지식의 생산이 목적이며 프로그램 평가는 프로그램의 효과 여부와 더 효과가 있기 위해서는 어떤 수정을 해야 하는가가 목적으로서, 프로그램의 평가는 과학의 조건이 보편적 지식의 생산이 목적이 아니다.

(2) 경험 과학적 연구

① 피험자의 무선할당과 함께, 비교를 위한 통제집단을 설정하는 것이 경험 과학적 의미가 더 크다.

② 경험 과학적 연구는 다음과 같이 비교된다.

ㄱ. 무선할당한 연구 > 무선할당하지 않은 연구

ㄴ. 통제를 한 연구 > 통제하지 않은 연구

ㄷ. 처치를 비롯한 연구변인을 가급적 명확하게 규정 > 불명확하게 규정의 크기

(3) 상담 분야의 프로그램 연구

피험자를 각 집단에 무선할당을 실시하지 않고 비교를 위한 통제집단도 설정하지 않는 것이 일반적이며 긴 프로그램 기간 때문에 내적 타당도의 저해요인인 역사요인과 성장요인이 발생한다.

4 프로그램 평가의 절차와 방법

1) 프로그램 평가의 경계 (바운더리) 정하기

(1) 평가의 목적을 분명히 하기

(2) 프로그램 배경 정보 수집하기

(3) 프로그램의 성격에 대한 평가자의 인식과 프로그램 진행자의 인식의 동일성 확인하기

(4) 프로그램 평가에서 포함해야 할 요소에 대하여 평가자와 평가 의뢰인 간의 합의하기

(5) 프로그램 평가자의 역할 정하기

(6) 최종보고서의 내용 및 기타 의뢰인이 원하는 내용 정하기

2) 최적의 평가전략 선택 - 평가해야 할 요소에 초점을 지속해서 맞추어야 한다.

(1) 프로그램 진행자와 예산 지원자의 의도 정확히 파악하기

(2) 프로그램이 실제로 수행된 절차 및 내용에 대한 실질적인 정보수집하기

(3) 프로그램이 의도대로 수행된다는 것을 어떻게 알아낼 것인지에 대한 평가계획 수립하기

(4) 자료수집 계획을 확고하게 세우기

(5) 자료 분석에 대한 계획, 평가에 드는 비용과 시간 계산, 평가 작업을 계약할 것인지 결정하고 예산 및 각각의 책임 분명히 하기

3) 자료수집과 분석

(1) 수집해야 할 정보를 분명히 하고 누가, 언제, 어떻게 할 것인지 사전에 계획할 것

(2) 처음부터 모든 사례 수집하기보다 일부분만 예비로 수집 분석하기

(3) 1차 분석(원래의 평가목적에 대한 분석)과 2차 분석(원래의 평가목적에 대한 분석 이외의 것에 대한 분석)

4) 평가결과의 보고 - 브리핑과 보고서

전체 요약, 평가의 목적, 평가를 필요로 하는 입장, 평가의 한계, 평가를 하는 주요 초점과 프로그램 내용, 평가절차의 개요, 평가 결과 제시, 결론 및 대안 제시, 결론 또는 대안에 대한 다른 의견, 부록 등

5 메타분석[6]

1) 의미

(1) 동종의 여러 연구(동일한 또는 유사한 연구문제를 유사한 연구 설계로 다룬 연구)로부터 얻어진 양적 자료를 통합하여 분석하는 방법이다.

(2) 상담분야의 메타분석은 성과연구(처치의 효과 여부 검증, 효과에 영향을 미치는 변인 분석, 기타 이론적 가설 및 예측들에 대한 검토)가 있다.

2) 메타분석의 과정

(1) 분석 자료가 되는 모든 연구들, 즉 각 처치 효과의 크기 계산하기

(2) 효과 크기의 평균 산출하기

(3) 효과의 크기와 다른 변인들과의 상관관계 여부 분석하기

3) 메타분석 이전의 성과연구 논문

통제집단이 결여된 연구이거나 자연적인 치유율(기본율)을 기저선(기초선)으로 사용하였다.

- 기저선 발견을 위한 노력

(1) Shephard와 Greenberg의 연구(1957) : 뉴욕 주의 의료보장 프로그램 자료를 기초로 신경증으로 처치를 받은 환자들의 유병률과 의료보장 프로그램에는 들어왔으나, 신경증 치료를 받지 못한 환자들을 비교한 연구

(2) Denker의 연구(1946) : 불안, 강박, 히스테리 등 신경증으로 인한 직장 근무와 사회생활을 정상적으로 수행하지 못하는 심한 정도의 신경증 환자 약 500명을 5년간 연구

(3) Eysenck의 연구(1952) : 신경증에 대한 심리치료의 효과가 기저선(기초선)에 못 미치거나 또는 겨우 기저선 정도 밖에 되지 못한다는 결과를 제시하였다.

4) 메타분석의 기초

(1) 메타분석은 동일한 연구문제와 연구 설계의 여러 가지 연구를 요약하는 기법이다.

(2) 통제된 연구의 출현 : 메타분석의 가장 중요한 조건은 통제된 연구이다.

(3) 효과의 크기(effect size) : 메타분석의 발전에 결정적인 역할을 하였다.

(4) 변량분석적 추리통계 : 두 평균의 차이를 두 평균의 표준오차로 나누는 방법이다.

6) 메타분석 이전에 상담성과 논문 및 이를 종합하는 연구가 있었으며 그 이후에 이를 통합하여 요약 분석하는 메타분석이 등장하였다. Smith와 Glass(1977)의 메타분석이 최초의 본격적인 메타분석이다.

(5) 효과의 크기 : 두 평균의 차이를 검증하는 방식과 유사하며 일종의 표준점수 역할을 한다.

① 원시적인 효과의 크기 - 처치집단과 통제집단 평균 간의 차이를 비교한다.

② 효과크기는 차이 값을 표준화시키는 것인데, 즉 평균의 값을 표준편차로 나눈다.

(처치집단의 평균 - 통제집단의 평균) / 통합 표준편차

③ 효과 크기는 표준화된 비교를 위해서 표준점수로 변환시키는 것이 바람직하다. 즉, 여러 연구들 간의 비교를 가능하게 해 주기 위해서 표준점수로 변환시킨다.

④ 단일연구의 효과크기와 메타분석의 효과크기에서 메타분석의 효과크기는 여러 단일 연구들의 모든 효과크기를 모아 하나의 효과크기로 만든 것이다.

기출문제 확인학습

에타 제곱 η^2 일반적 특징

1) 에타계수의 자승(에타 제곱 η^2)

2)상관계수의 특징을 가지고 있다.

3) 효과크기(effect size)이다.

분산분석에서의 효과크기는 집단 간 평균 차이를 나타내는 표준치(standardized measure)이다.

4) 독립변인이 종속변인에 미치는 영향력의 크기를 보여준다.

5) 완전 η^2(complete η^2)

η^2 계산은 $\frac{\text{집단 간 제곱합}}{\text{전체 제곱합}} = 1 - \frac{\text{집단 내 제곱합}}{\text{전체 제곱합}}$ 으로 한다.

6)기출문제 분석

문제 상담방법의 효과를 확인하기 위해 3집단에게 상담을 실시한 후 효과를 분석한 결과가 다음과 같다. 효과의 크기(에타 제곱 η^2)는?

변량원	제곱합	자유도	제곱평균	F
집단간	48	2	24	6
집단내	72	18	4	

해설 효과의 크기(에타 제곱 η^2) = 집단간 제곱합 / 전체 제곱합이므로 48/120이므로 0.4이다. 또는 1 - [집단내 제곱합 / 전체 제곱합]이므로 1 - [72/120]이므로 1 - 0.6 = 0.4이다.

(6) Smith와 Glass(1977)의 메타분석 : 최초의 본격적인 메타분석 연구

① **기본적 조건** : 연구논문들을 선발한 기준(500개 논문 중에서 심사하여 375개 선정)

② 최소한 한 가지 이상의 심리치료 처치를 받은 집단과 무처치 또는 다른 처치를 받은 집단과 비교를 한 연구만을 분석대상으로 하였다.

③ 심리학적 원리들을 사용하여 개인의 감정, 태도, 가치, 행동 등을 이해하고 변화를 꾀하는 기법을 사용한 것으로 한정하였다.

④ 각 연구로부터 치료성과의 크기, 즉 효과의 크기를 계산하였다.

⑤ 효과 크기 0.2 정도(적은 크기의 효과), 효과 크기 0.5 정도(중간 크기의 효과), 효과 크기 0.8 정도(큰 크기의 효과)로 설정하였다.

⑥ 성과 측정의 분류는 불안 - 공포의 감소, 자존감, 적응, 학교 또는 직장에서의 성취로 하였다.

5) 메타분석의 발전된 모습

(1) 내담자 군별, 처치 방법별 메타분석

(2) 절대적 효과성 분석과 상대적 효과성 분석

① **절대적 효과성**

ㄱ. 집단 간 실험설계를 채택한 연구, 처치집단과 무처치 집단 간의 차이를 검토한 연구가 여기에 해당한다.

ㄴ. 상담과 심리치료의 효과가 있는가? 그 효과의 크기는 얼마인가? 처치를 받지 않은 내담자와 비교했을 때 처치를 받는 내담자들은 효과를 보았는지, 얼마나 효과가 있는지에 대한 개념을 말한다.

② **상대적 효과성**

ㄱ. 상대적 효과성을 검토하는 방법으로서, 처치 효과의 요인이 특수요인과 공통요인인가를 검증하는 것이다.

ㄴ. 치료법 간의 효과 크기를 비교하려는 목적으로 설계된 연구(비교설계)가 여기에 해당한다.

ㄷ. 치료 효과의 크기는 치료법 간에 큰 차이 없으며, 치료 효과도 특수요소보다 주로 공통요인에 발생한다.

부연

심리치료 상담의 상대적 효과성을 검토하는 절차

1) 비교하려는 처치법을 독립변인으로 한 연구 결과들을 수집하기
2) 각 처치법의 효과 크기를 통제집단과 비교해서 계산하기
3) 각 처치법에서 수집된 효과 크기들의 평균을 계산하기
4) 그 평균의 차이를 통계적으로 비교하기

③ 효과성 연구로부터 효과 연구로의 전환(임상실험의 효과성≠임상실제의 효과)

ㄱ. **효과성** : 일종의 임상실험의 결과를 지칭하며 연구자는 독립변인을 완전히 통제하는데, 즉 완전히 매뉴얼화된 절차가 있고 내담자들을 무선적(무작위적으로)으로 각 집단에 할당한다.

ㄴ. **효과** : 임상 실제에 관한 것, 임상실제에서는 상담절차가 치료자마다 차이가 있기 때문에 독립변인이 일정하지 않고 내담자에게 맞는 치료법을 선택할 때 무작위가 아니라, 임상적 판단이 개입된다.

기출문제 확인학습

메타분석

사례 A는 부모교육 프로그램의 효과성을 알아보기 위해 최근 10년간 국내에서 발표된 부모교육 프로그램 효과성 논문 100편을 분석하려고 한다. 이러한 연구 진행 시 고려할 점?

1) 출판 편향(publication bias)은 통계적으로 유의한 차이를 보이는 연구가 통계적으로 차이가 없는 연구보다 출판될 가능성이 높게 되며, 따라서 메타분석을 위한 문헌 검색 시에도 통계적으로 유의한 결과를 보인 연구가 더 많이 파악되어, 메타분석 결과가 왜곡되어 발생하는 편향이다. 편향은 연구결과를 과대추정 혹은 과소 추정하게 만들며, 잘못된 연구결과를 야기하게 되어, 잘못된 해석이나 해석에 있어 어려움을 일으키게 되므로 유의수준과 관련된 1종 오류(영가설 사실인데도 이를 기각하고 연구가설을 채택하는 경우)가 증가하게 된다.
2) 피험자 한 명당 1의 자유도를 부여하게 되면, 연구자 자유도(researcher degrees of freedom)에 의해 데이터(자료)가 잘못된 긍정적 방향으로 오염될 수 있기 때문에 연구자 자유도(researcher degrees of freedom)를 악용하지 않는 것이 바람직하다.
3) 메타분석에서는 연구설계가 빈약한 논문이라도 분석에 포함시킬 수 있다.
4) Rosenthal (1979)의 '책상서랍의 문제(file drawer problem)' 즉, 통계적으로 유의한 결과가 더 많이 출판되고 있고 유의하지 않았던 많은 연구들이 출판되고 있지 않는 문제로 인해 초래되는 불완전성의 문제를 해결할 필요가 있다. 이러한 문제를 해결하기 위한 방법으로서 안전성 계수(fsn) 산출공식을 제시하였다. Rosenthal (1979)이 메타분석 결과의 안정성을 평가하기 위하여 안전성계수(failsafe N)방법을 제안하였으며, 그 통계치는 출판되지 않거나 서랍 안에 있어서 존재가 파악되지 않는 연구물을 추가하였을 때 메타분석 결과의 안정성을 나타낸다.
5) 메타분석은 먼저 연구 내의 변동만을 고려하는 고정효과모형(fixed effect model)으로 분석을 실시한다. 즉, 효과크기가 동질적이라면 고정효과모형(fixed effect model)을 적용한다. 하지만 동일하지 않은 실험 환경, 대상, 연구 방법에 의하여, 연구들 간의 동질성을 만족하지 않는 경우가 발생한다. 동질성을 만족하지 못하는 연구 결과들을 대상으로 연구간 변동을 고려하지 않고 통합하게 되면 편향(bias)을 유발할 수 있다. 이러한 이유로 유효크기의 모집단에 대한 동질성 검사를 실시하여야 하며, 동질성을 만족하지 못하면 연구 간의 변동을 고려한 변량효과모형(random effect model)을 가정하여 추론한다.

동질성 검증 = 동질성 통계량

1) 개별연구들의 결과를 통계적으로 종합하기 위해서는 먼저 동질성 검정을 통해 개별연구결과들이 같은 모집단에서 추출된 것인지를 파악하여야 한다.
2) 카이스퀘어 분포를 따르는 동질성 검정은 Q통계치를 이용한다.

6 상담과정 - 성과연구

1) 과정 - 성과 연구의 의미

(1) 상담 성과 연구 : 상담은 효과가 있는가라는 질문에 대한 연구로 구체적인 기법, 개입 절차의 효과, 어떤 종류의 내담자들에게 효과가 있는가를 밝히는 것이다.

(2) 상담 과정 : 상담 과정이란 상담의 회기 내에서 상담자와 내담자의 행동과 언어를 포함한 그들 간의 모든 상호작용 및 그들의 모든 내적 경험 등을 지칭한다.

(3) 상담 과정 연구 : 상담에서 무엇이 발생하는지를 기술하는 연구이다.

(4) 상담 과정 - 성과연구 : 상담의 성과를 발생시키는 원인이 상담의 과정 부분 중 무엇인지를 발견하는 것이 목적이다.

2) 상담 과정 연구에서 과정 - 성과 연구로의 변천

(1) 상담 과정 연구 동향의 변화

① **상담 내용에 대한 관심의 퇴조(상담내용** : 독립변인, 상담과정 : 종속변인)

② **상담 과정과 성과 간의 연결** : 상담 성과의 차이를 일으키는 과정 변인이 무엇인가?

→ 과정 - 성과연구의 전형 : 내담자의 호소문제 종류에 따라서 상담자의 지시성 정도의 차이가 다른 성과를 야기하는가?

③ 진로상담 등 심리치료 이외의 분야로 확산

④ **문화, 인종 간 연구에 대한 관심** : 문화 간 연구, 다문화 관점

⑤ 단순 빈도분석에서 상호작용 패턴분석으로

ㄱ. **칼 로저스** : 인간중심 상담이론으로서 상담 과정에 대한 정확한 기록을 도입함

ㄴ. 상담 회기의 녹화자료는 코딩 시스템에 의해 코딩하여 빈도분석법을 활용함

ㄷ. 상담자와 내담자 간의 상호작용, 교호적인 상호관계의 분석, 즉 연계분석법(상담자 - 내담자, 부모 - 자녀, 교사 - 학생, 고객 - 상인 간의 상호작용에 나타나는 여러 가지 특징들을 분석해 주는 기법)을 활용함

3) 상담 과정 - 성과연구의 이론모형

과정 - 성과연구는 회기 내에서 발생하는 것이 내담자 변화와 어떻게 관계하는가에 관심을 갖는다.

(1) 과정 - 산출 모델

① 회기 내에서 발생한 상담자 행동, 내담자 행동 또는 상담자가 내담자에게 미친 영향이 산출(성과)을 발생시킨다는 일방향적 인과론에 입각한 모형이다.

② 문제점

ㄱ. 상담자와 내담자 간 상호 교호적인 인간관계를 보지 못한다.

ㄴ. 상담자와 내담자의 내부에서 발생한 인지적 활동을 포착하지 못한다.

(2) Martin의 인지매개모델

① 양방향적 인과론과 인지현상을 강조하는 심리학의 시대적 조류에 부응하는 관점이다.

② 상호 교호적인 현상을 통계학적으로 분석해 내기 위한 기법으로 연계분석법을 활용한다.

7 상담의 효과 연구의 필요성

1) 상담 효과의 인식과 설득

(1) 상식

① 인간은 현상에 대해서 이해를 하거나 믿게 되는 인지적인 경로를 지니고 있다.

② 미국의 철학자인 찰스 퍼스(Charles Peirce)의 분류는 큰 도움이 되는데, 인간이 현상을 이해하고 믿는 경로로서 '고집, 권위, 직관, 과학'의 4가지를 제시하였다.

③ 상담의 효과를 인식하고 믿게 만드는 경로로서 '고집'과 '권위'는 전형적인 방식일 것이다.

(2) 과학

① 과학에서는 어떤 처치법의 효과를 주장할 때 기본율(과학에서 어떤 처치법의 효과를 주장할 때의 일종의 기준)이라고 부르는 일종의 기준을 고려해야 한다.

② 치료 효과 연구에서 사용하는 기본율에는 여러 가지가 있는데, 그 중에서 가장 쉽게 이해할 수 있는 기본율은 자연치유율이다.

(3) 효과와 효과성

① **효과** : 효과는 상담의 실제 상황 즉 '진짜 임상상황'에 관한 것이며 상담자와 심리치료가들은 실험연구에 참여하는 경우를 제외하고는 자신의 임상적 판단을 가미해서 처치에 임한다.

② **효과성**

ㄱ. 처치연구에서 효과성이란 충실히 통제된 처치절차의 효과를 의미한다.

ㄴ. 상담의 효과성은 상담의 임상실험에 관한 것으로 대부분의 처치 효과를 의미한다.

ㄷ. 어떤 특정 처치의 고유한 요소, 특정의 처치 절차가 효과를 발생시키는지에 관심이 있다.

2) 상담 효과의 평가 기준

(1) 주관적 기준과 객관적 기준

① **주관적 기준** : 상담을 받은 모든 내담자는 그 결과에 대해서 평가를 할 수 있으며 상담 회기의 과정이나 절차, 상담의 결과, 상담자의 전문성 등에 대해서 내담자 자신의 주관적인 느낌이나 생각을 말한다.

② **객관적 기준** : 피험자의 주관적 느낌보다는 객관적으로 관찰되는 것을 측정의 기준으로 삼는다는 뜻으로, 예를 들어, 신체 - 생리적 반응이나, 심리적 반응, 행동관찰 등이 객관적 내용들이다.

(2) 임상적 기준과 통계적 기준

① **임상적 기준**

ㄱ. 어떤 처치 후에 처치 전과 비교하여 차이, 즉 변화가 있을 때 그 변화의 양이 임상적으로 볼 때 충분한 것인지 여부에 대한 전문적 견해를 임상적 의미라고 한다.

ㄴ. 사회적 타당화(임상적 기준)는 행동치료를 통해 얻어진 행동의 변화는 내담자가 살고 있는 사회에서 용납되는 범위, 그 사회의 건강한 동료집단과 비교해서 크게 벗어나지 않는 범위에 들어가야 한다는 기준을 의미한다.

② **통계적 기준**

ㄱ. **연구보고서에서 제시된 통계표에 * , **, *** 등의 기호가 붙어 있고 통계표 아래에** *: $p < .05$, **: $p < .01$, ***: $p < .001$ 등의 각주가 붙어 있는 것을 볼 수 있는데, 이것이 어떤 데이터의 통계적 유의도에 대한 약속된 기호로서, 통계적 기준이라는 것은 통계적 추리의 유의도를 지칭하는 것이다.

ㄴ. 표준화된 절차에 의해서 추리해 보았을 때 표집에서의 통계치가 전집(모집단)을 반영한다는 결론을 내릴 수 있는가에 관한 것이다.

3) 상담 효과의 원인

(1) 효과의 원인이 바로 그 상담이었는가?

효과의 원인을 알아보는 것은 인과관계를 검증하는 것인데, 인과관계 검증 시 과학에서는 상식에서보다 훨씬 더 엄격한 기준을 요구한다.

(2) 구체적으로 어떤 요소가 상담 성과의 원인이었나?

① **내담자 변인**: 내담자의 호소 문제, 진단된 문제, 문제의 심한 정도, 내담자의 사회경제적 지위와 교육 정도, 내담자의 각종 자원과 장점 등

② **상담자 변인**: 상담자의 성(性), 연령, 민족적 배경, 상담자의 전문 교육 배경, 상담자의 개입기술 수준, 개입의 표준화 정도 등

③ **상담자 - 내담자 관계변인**: 상담자에 대한 내담자의 평가, 내담자에 대한 상담자의 평가, 상담자 - 내담자 간 협조적 관계에 대한 지각 등

④ **상담과정 변인**: 상담에서 사용된 내담자의 언어와 상담자의 언어, 상담자의 개입 의도, 상담자의 개입에 대한 내담자의 반응, 내담자와 상담자 간 우호 - 적대 관계 등

⑤ **상담변인**: 상담의 길이, 사용된 기법과 이론, 상담기관의 성격, 상담실의 환경, 상담의 형태, 상담의 방법, 상담의 의뢰 과정 등

CHAPTER 06

비실험설계

제1절 | 동년배 설계 또는 동류집단(코호트) 설계

1) 개념

(1) 종단적 실험설계(longitudinal experimental research design) 중의 하나로서 같은 연령대의 사람들을 모집단으로 설정하고 일정한 시간간격을 두고 같은 모집단에서 각각 다른 표본을 선정하여 관찰하는 형태이다.

(2) 동년배집단(cohort)은 특정 역사적인 기간에 태어나서 역사적 사건을 비슷한 방법으로 경험한 연령집단이다.

2) 장점과 단점

(1) 장점 : 동년배 집단설계는 경향조사설계의 특수한 형태라고 할 수 있는데, 경향조사 설계는 모집단이 어떤 특성을 갖고 있는 다양한 연령층을 포함하고 있지만, 동년배집단설계에서는 모집단이 일정한 연령층으로 한정된다는 차이가 있다.

(2) 단점 : 동년배집단설계는 내적 타당성을 저해하는 다양한 요인들이 작용한다.

3) 사례

예를 들어, 386세대의 정치적 성향의 변화를 파악하고자 할 때, 5년마다 386세대 중에서 매번 표본을 추출하여 정치적 성향을 조사하는 것이다.

🗀 기출문제 확인학습

코호트 연구설계[1](Cohort study) – 요인 대조 연구 (factor – control study) / 종단설계

1) 코호트는 시간적인 연구 설계에 따라 전향적 코호트 연구와 후향적 코호트 연구로 분류하기도 하는데, 결과에 대한 위험 요인 혹은 폭로를 잘 파악하기 위해서는 전향적 코호트가 유리한 측면이 있고, 추적관찰에 따른 탈락의 위험성을 회피하고 단기간에 연구를 완성하기 위해서는 후향적 코호트가 유리한 측면이 있다.
2) 코호트설계의 환자 - 대조군 연구에서는 추적기간 동안 질병이 발생하지 않은 코호트(통제집단)에서 무작위 추출로 대상자를 선정하여 분석하기도 한다.
3) 장점 : 다양한 관심 사건의 발생률을 측정할 수 있고 장기 관찰을 통해 질병의 진행 과정을 살펴볼 수 있으며, 특정 요인과 질병과의 인과관계를 알아볼 수 있다는 점이다.
4) 단점 : 비용, 대상자 수, 시간과 노력이 많이 필요하며 중도탈락이 높을 경우 결과의 정확도에 문제가 생길 수가 있다는 것이다.

읽을거리

코호트 연구 (cohort studies)

1) 특정 인구집단(코호트)을 연구대상으로 선정하고 그 대상으로부터 특정 질병의 발생에 관여하리라 의심되는 어떤 특성(혈액형) 혹은 흡연과 같이 질병의 원인이라 생각되는 인자에 폭로된 정보를 수집한 후, 특정 질병의 발생을 시간경과에 따라 전향적(prospective)으로 추적(follow - up) 및 관찰(observation)함으로써 특정 요인에 폭로되지 않은 집단에 비해 폭로된 집단에서의 질병 발생률(incidence)을 비교하는 역학적 연구방법을 말한다.
2) 코호트 연구서는 폭로에 대한 정보를 수집하는 시점이 '현재인가?' 아니면 '과거인가?'에 따라 크게 두 가지 종류로 나누어진다.
3) 전향적 코호트 연구(prospective cohort study)에서는 현재 시점, 즉 코호트가 정의된 시점에서 폭로에 대한 자료를 수집한다. 이러한 경우에는 폭로에 대해 가장 최신의 자료를 얻는 것이 가능하기 때문에 폭로 여부를 분류하는 과정에서의 편견(misclassification bias)이 최소화될 수 있다. 그러나 이 방법은 이와 같이 폭로 시점부터 질병이 발생하는 시점까지(즉, 잠복기간)의 기간이 너무 긴 경우에는(암의 경우 수십 년) 제한점이 있다.
4) 후향적 코호트 연구(historical 혹은 retrospective 혹은 reconstructed cohort study)는 잠복기간이 긴 경우에 특히 유용한데, 이 연구에서는 연구가 계획되기 훨씬 이전에 이미 폭로 여부를 측정한 자료를 이용하게 된다. 이러한 기록에는 의무기록, 고용기록, 혹은 다른 개인적인 기록들이 있다. 이미 작성되어 있는 자료를 이용함으로써 폭로가 질병의 위험에 어떠한 효과를 낼 수 있을 때까지 기다려야 하는 시간이 상당히 줄어들거나 심지어는 없을 수도 있다.

1) 코호트 연구란 종단적 설계 중 하나로, 특정 인구집단을 일정 기간 추적하여 특정질병의 발생을 확인하고, 추적 관찰하여 특정 요인에 대한 폭로 유무에 따른 질병 발생률을 비교하는 역학적 연구방법이다. 코호트란 조사연구와 인구학적 연구에서, 특별한 기간 내에 출생하거나 조사하는 주제와 관련된 특성을 공유하는 대상의 집단을 말한다. 가령 평균여명(life expectancies)을 계산할 때 같은 달에 태어난 십만 명의 사람이 한 코호트가 될 수 있다.

실력 다지기

경향조사 설계(trend study design)와 패널조사 설계(panel study design)

1) 경향조사 설계(trend study design)

(1) 동일 모집단 내에서 각각 다른 표본을 선정하여 여러 차례 시간 간격을 두고 관찰하는 형태이다.

(2) 장점과 단점

① 연구의 일차적 목적이 일정한 집단의 태도나 행동의 변화를 기술하거나, 특정 정책의 변화 등 자연적 또는 인위적 상황의 효과를 분석 및 평가하려고 할 때, 일정기간 동안 특정집단을 반복 조사해서 변화의 추세를 파악하고자 할 때 적합하다.

② 조사대상 표본이 매번 바뀌므로 표본의 동질성을 확보하기 어렵고, 내적 타당도를 저해하는 요인들이 많이 작용한다는 단점이 있다.

(3) 사례

일본인에 대한 한국인의 호감도 변화를 조사하기 위해 20세 이상의 한국인을 모집단으로 정하고, 3년에 한 번씩 표본을 선정하여 일본인에 대한 호감도를 조사하여 비교분석하는 것이다.

2) 패널조사 설계(panel study design)

(1) 동일 모집단에서 동일한 표본을 선정하여 일정한 시간 간격을 두고 계속적으로 조사하는 방법으로서, 경향조사설계나 동년배 집단설계 등과는 표본의 동일성을 유지한다는 점이 다르다.

(2) 장점과 단점

① 패널조사 설계는 표본의 동일성을 유지할 수는 있다.

② 현실적으로 동일한 표본을 계속해서 유지하기가 어렵고 성숙이나 역사적 사건과 같은 내적 타당성을 저해하는 요인들의 통제가 어렵다는 단점이 있다.

CHAPTER 07

상관연구

제1절 | 상관연구 개요

1) 개념

(1) 상관[1]연구는 독립된 하나의 연구방법으로 국한되기보다는 연구에서 수집한 자료들을 통계적으로 분석하고 해석하는 데 초점을 두는 연구이다.

(2) 통제나 조작을 할 수 없는 상황에서 변인들 간의 관계를 파악하고자 할 때 흔히 사용하는 방법이다.

2) 상관계수

(1) 상관의 정도는 계수로 표시한다.

(2) 상관계수는 두 변인을 측정했을 때, 한 변인의 변화에 따라 그에 대응하는 다른 변인이 어떻게 변화하느냐의 관계를 표시하여 주는 통계치로서, 상관의 정도를 일종의 지수로 표시한 값이다.

(3) 상관계수는 보통 감마(γ)로 표시하는데, 이 계수의 값은 + 1.00으로부터 0을 거쳐 - 1.00까지의 값을 취한다.

(4) 상관계수가 0으로 나타나는 것은 두 변인이 서로 완전히 독립되어 있다는 것, 즉 상관이 없음을 의미한다.

(5) 상관계수가 양수로 나타나면 두 변인 간에 정적 상관이 있다고 한다.

(6) 상관계수가 음수인 것을 부적 상관이라고 하는데, 이것은 한 변인의 점수가 높으면 높을수록 다른 변인의 점수는 오히려 점점 더 낮게 되는 관계를 말한다.

1) 상관이란 어떤 사건과 사건 또는 현상과 현상 사이에 나타나는 어떤 종류의 관계를 말한다.

기출문제 확인학습

피어슨 적률상관계수 (Pearson correlation coefficient)

1) 피어슨 적률상관계수(Pearson correlation coefficient)는 두 변수 간의 관련성을 구하기 위해 보편적으로 이용된다.
2) 결과의 해석은 r 값은 X 와 Y 가 완전히 동일하면 + 1, 전혀 다르면 0, 반대방향으로 완전히 동일하면 -1 을 가진다.

스피어만 상관계수 (Spearman correlation coefficient)

1) 스피어만 상관계수(Spearman correlation coefficient)는 데이터가 서열척도인 경우 즉 자료의 값 대신 순위를 이용하는 경우의 상관계수로서, 데이터를 작은 것부터 차례로 순위를 매겨 서열 순서로 바꾼 뒤 순위를 이용해 상관계수를 구한다.
2) 두 변수 간의 연관 관계가 있는지 없는지를 밝혀주며 자료에 이상점이 있거나 표본크기가 작을 때 유용하다.
3) 스피어만 상관계수는 - 1과 1 사이의 값을 가지는데 두 변수 안의 순위가 완전히 일치하면 + 1이고, 두 변수의 순위가 완전히 반대이면 - 1이 된다. 예를 들어 수학 잘하는 학생이 영어를 잘하는 것과 상관있는지 없는지를 알아보는데 쓰여질 수 있다.

심화학습

Pearson의 상관관계(적률 상관관계)와 Spearman의 서열 상관관계(순위상관)

1) Pearson의 상관관계(적률 상관관계)
   (1) 두 변수가 등간척도 이상이어야 한다.
   (2) 두 변수가 직선의 관계가 있어야 한다.
   (3) 각 행과 열의 분산이 비슷해야 한다.
   (4) 적어도 하나의 변수가 정상분포를 이루어야 한다.
   (5) 사례수가 적을수록 신뢰도가 떨어진다.
   (6) 상관계수는 r로 표현한다.
   (7) 상관계수의 값은 - 1.00 ~ + 1.00 사이에 있다.
2) Spearman의 서열 상관관계(순위상관)
   (1) 독립변수와 종속변수가 서열척도로 구성된 경우에 사용한다.
   (2) 상관계수의 값은 - 1.00 ~ + 1.00 사이에 있다.
   (3) 주어진 자료에서 등간성이 의문시되거나, 변수들의 점수가 극단적인 분포를 나타내는 경우에는 적률상관관계 대신 Spearman의 서열상관관계를 사용한다.
   (4) 상관계수는 로우(ρ)로 표현한다.
   (5) Spearman계수는 사례수가 적거나 두 변수간의 순위의 차이가 커서 계산이 길 때 사용한다.
   (6) Kendall's tau(켄달의 타우)도 독립변수와 종속변수가 서열척도로 구성된 경우에 사용한다.

실력 다지기

상관분석

1) 상관관계는 두 개 또는 그 이상의 변인들이 정적 또는 부적으로 함께 변하는 <방향>과 관계의 <정도>만을 제시해 줄 뿐이다. 즉, 상관의 정도는 분포의 흩어진 정도를 나타낸다고 할 수 있다.
2) 상관분석은 두 변량 X와 Y 사이에 선형관계가 있는지의 여부를 검정하는 것이다.
3) 상관분석의 기본가정
   (1) 선형성 : 두 변인 X와 Y의 관계가 직선적인지를 알아보는 것으로 이 가정은 분포를 나타내는 산점도를 통하여 확인할 수 있다.
   (2) 동 변량성 : X의 값에 관계없이 Y의 흩어진 정도가 같은 것을 의미한다.
   (3) 두 변인의 정규 분포성 : 두 변인의 측정치 분포가 모집단에서 모두 정규분포를 이루는 것이다.
   (4) 무선독립표본 : 모집단에서 표본을 뽑을 때 표본대상이 확률적으로 선정된다는 것이다.

파이계수 검정 : 2 × 2 분할표에 의한 상관연구

1) Pearson의 파이 계수는 두 변수가 이분변수 일 때 두 변수 간의 상관관계를 나타내는 지수이다.
2) 신뢰도와 동일하게 상호연관성의 정도(예언타당도의 상관계수)를 파악할 수 있는 동시에 부호를 포함하고 있어서 연관성의 방향도 알 수 있다.
   예 성별과 산아제한에 대한 찬반의 상관연구

참고 상관을 구하려고 하는 두 변수 중에서 하나의 변수나 혹은 두 변수 모두가 서열척도일 경우에는 Spearman 등위상관계수(Spearman rank correlation coefficient)를 산출하는 것이 적합하며, Pearson 상관계수는 두 변수가 등간척도(Interval - scale) 또는 비율척도(Ratio - scale)이어야 하며, 가장 이상적인 데이터 세트(Data Set)는 등간척도 변수이다.

심화학습

상관계수

1) Pearson 상관계수 : 연속 변수들 간의 상관계수 / 선형적 관계 가정
2) Spearman's 상관계수 : 서열척도들 간의 상관계수 / 연속변수라 하더라도 극단적인 값들이 존재하면 Pearson Correlation 대신 Spearman 상관계수를 사용할 수 있음
3) Phi(ϕ) 상관계수 : 두 범주변수(이산변수)들 간의 상관계수 / 각 범주변수를 0과 1로 바꾼 다음, 이 둘 간의 Pearson 상관계수로 계산할 수 있음
4) 점이연 상관계수(Point - biserial correlation) : 하나가 연속변수이고 다른 하나는 이분변수일 때 사용하는 상관계수 / 이분변수를 0과 1로 코딩한 다음 Peason 상관계수를 계산하면 이 상관계수가 됨
5) 이연 상관계수(Biserial correlation) : 하나가 연속변수이고 다른 하나는 이분변수일 때 사용하는 상관계수이지만, 이분변수가 원래 연속변수인데 이분화한 경우에 사용함

측정수준에 따른 단순상관계수의 산출 통계방법

변인의 종류	상관계수의 산출 통계방법
두 개의 명명변인 간	① 구트만의 예언계수(Guttman's coefficient of Predictability, λ) ② 율의 Q계수(Yule's Q) ③ 율의 Y계수(Yule's Y) ④ 피어슨의 C계수(Pearson's C) ⑤ 츄프로우의 T계수(Tschuprow's T) ⑥ 파이계수(ø) ⑦ 사분상관계수(tetrachoric correlation coefficient)
두 개의 서열변인 간	① 굿맨과 크루스칼의 서열상관계수(Goodman and Kruskal's coefficient of ordinal association, γ) ② 켄달의 타우계수(Kendal's τ) ③ 스피어만의 순위상관계수(Spearman's ρ) ④ 플라나간의 상관계수(Flanagan's coefficient of correlation)
두 개의 등간변인 간	① 피어슨의 적률상관계수(Pearson's γ) ② 상관비(correlation ratio, η^2) ③ 곡선상관계수(coefficient of curvilinear correlation)
명명변인과 서열변인 간	① 윌콕슨의 θ ② 프리맨의 차별상관계수(Freeman's θ)
명명변인과 등간변인 간	① 상관비 η^2계수
서열변인과 등간변인 간	① 자스펜의 다분상관계수(Jaspen's coefficient of multiserial correlation, M) ② 피터스와 반 보리스의 다류(多類)상관계수(Peters and Van Voorhis's point - multiserial correlation) ③ 양분상관계수(biserial correlation, γbis) ④ 양류(兩類) 상관계수(point - biserial correlation, γpb)

CHAPTER 08

질적 연구

제1절 | 현상학적 연구(A Phenomenological Study)

1) 질적 연구[1]의 배경철학으로서 현상학에 대한 이해

(1) 현상이란 그것 자체로서 거기 있으며 어떤 방식으로든 대체될 수 없고, 간접적으로 고찰될 수 없는 것으로서, 명명(naming)되기 이전, 범주화 이전의 '있는 그대로'의 것을 의미한다.

(2) 현상학적 연구(A Phenomenological Study)는 전기가 단일한 개인의 삶을 보고하는 반면에, 현상학적 연구는 하나의 개념이나 현상에 대한 여러 개인들의 체험의 의미들을 기술한다.

(3) 현상학자들은 인간의 경험에서 의식의 구조를 탐색하며 그것의 철학적 관점 등의 철학적 논의에 뿌리를 두고 있다.

2) 현상학적 연구방법

사태 자체를 '있는 그대로' 이해하기 위한 방법

(1) 눈앞의 사물, 사태, 사람을 '존재 그 자체'가 아닌 '존재자'로 보아야 한다.

(2) 현상학적 환원, 직관, 구성, 초월, 이해, 해석, 상황, 세계, 지평 등의 이론적 도구를 공유한다.

(3) 현상학적 환원에서 환원은 본래의 상태로 돌아감을 의미하며 주어진 세계의 문화, 선입견, 편견 등에서 벗어나 현상 자체로, 사태 자체로 되돌아감을 의미한다.

(4) 현상학적 연구의 질은 과정적 충실성과 해석의 공감적 타당성으로 평가된다.

실력 다지기

민속지학 연구

1) 민속지학은 일상적인 삶의 세계를 직접 또는 간접적으로 관찰하여 그 속에 살아가는 사람들이 사회라는 것을 꾸려나가는 방법을 알아내는 것으로서 일상생활, 상식 세계의 구성방법이다.

2) 즉, 연구자가 오랜 기간(현장에서 상당기간을 보내야만 함)동안 자연스런 상황에서 다른 문화 속에서 살아가면서 해당 문화를 관찰하는 과정을 말하며 참여자들의 준거 틀로부터 도출된 주제나 이슈를 연구하는 데 중점을 둔다.

1) 질적 연구는 실제로 어떤 삶을 살고 있는 사람들의 시각으로부터 '살아있는 경험'에 대한 이해를 얻음과 동시에 그들의 삶으로부터 어떤 의미를 도출하고자하거나, 프로그램과 개입이라는 블랙박스의 내면을 이해하고자 하는 경우, 민감하고 정서적으로 깊이 있는 주제를 연구하는 경우에 활용한다.

제2절 | 근거이론

질적 연구의 한 가지 접근법인 근거이론 방법은 실제로 진행되고 있는 것을 발견하기 위해 현장으로 나가 자료에 근거하여 이론의 관련성 및 적절성을 파악하고, 현상 및 인간행동의 복잡성 및 다양성을 파악한다. 이 방법은 의미의 이해와 본질에 대한 민감성·조건·행동·결과 간의 상호관계에 대한 인식의 연구방법으로 적합하다. (Strauss & Corbin, 1998)

1 Strauss & Corbin(1998)의 근거이론 접근 방법

1) 근거이론[2] 방법이란 연구과정을 통해 체계적으로 수집되고 분석된 자료에서 나오는 이론을 의미하며 연구자는 한 분야의 연구를 시작하며 이론이 자료로부터 생성되도록 해야 한다.

2) 자료로부터 나온 이론은 경험에 근거하여 일련의 개념을 조합한 방법으로 자료에서 도출된 것이므로 직관력을 제공하며 이해를 강화하고 행동을 하는데 의미 있는 지침을 제공해주는 경향이 있다.

3) 연구자의 창의력이 필수적인 요소이며 비판적 생각과 창의력 사고, 즉 분석의 과학적 측면 및 예술적 측면 모두에 의존해야 한다. (Strauss & Corbin, 1998)

4) 근거이론 방법의 이론적 표본추출은 개념에 근거, 개념의 속성을 변화시키는 차원의 범위 및 다양한 조건을 탐색할 목적으로 이루어져야하며 민감하게 만드는 질문, 이론적인 질문, 실용적이고 구조적인 질문, 유도하는 질문을 통해 각 범주가 포화될 때까지 자료를 수집한다.

5) 수집된 자료를 선택적이고 구체화된 속성과 차원에 따라 자료를 조직화하고 등급을 매기는 개념정리와 이론적 민감성을 가지고 표본추출, 지속적 비교방법, 메모, 도표, 코딩을 통해 논리적, 체계적, 도식의 방법으로 이론을 개발하는 것이다.

6) 분석도구는 코딩과정을 촉진하기 위해 사용하는 장치와 기법으로 질문하기, 단어, 구문, 문장의 분석, 비교를 통한 심화분석이 있으며 이 도구를 바탕으로 민감성을 가지고 창의적이고 근거 있고 실질적인 이론을 구축해야 한다. (Strauss & Corbin, 1998)

7) 코딩은 자료를 분해하고 개념화하고 이론을 형성하도록 통합시키는 분석과정으로 개방코딩, 축 코딩, 선택코딩으로 구성된다.

8) 개방코딩은 개념을 밝히고, 그 속성과 차원을 자료 안에서 발견해나가는 분석과정으로 개념화 또는 추상화, 범주를 발견하기가 있다.

9) 축 코딩은 범주를 하위범주와 연결시키는 과정으로 코딩이 한 범주의 축을 중심으로 일어나며 속성과 차원의 수준에서 범주들을 연결시키는 작업이다.

10) 선택코딩은 마지막 과정으로 이론을 통합시키고 정교화 하는 과정이며 이때 이론의 통합을 도와주는 기법으로 메모와 도표가 사용된다. (Strauss & Corbin, 1998)

2) 현상학적 연구가 많은 개인들의 경험의 의미들을 강조하는 반면에 근거이론 연구의 목적은 특정 상황에 관련된 어떤 이론, 즉 어떤 현상에 대한 추상적 분석 구조를 생성하거나 발견하고자 하는 것이다. 이러한 상황이란 개인이 한 현상에 대한 반응으로 상호작용하고 행동하며 혹은 하나의 과정에 관여하는 상황을 말한다.

실력 다지기

근거이론 (질적 연구 중 하나)

근거이론(grounded theory)은 사회과학의 질적 방법론의 한 종류로서, 사회학자 글래이저와 슈트라우스에 의해 제창되었다.

1) 경험적 자료에 근거를 둔 개념화
   (1) 대개 근거이론 연구가들은 연구를 통해 얻어지는 결과들을 기존의 연구 또는 이론과 연관을 짓고자 한다.
   (2) 이러한 과정을 통해 연구결과를 더욱 공고히 하는 것이다.
   (3) 근거이론 연구에서는 귀납법적인 개방성과 가설검증 및 기존문헌과 경험적 자료 간의 상호확인이라는 보다 연역적인 과정이 하나로 결합된다.
   (4) 위의 과정을 통해 경험적 자료에 근거를 둔 개념화가 더욱 공고하게 된다.
2) 이론적 표본추출 / 이론적 포화(theoretical saturation)
   (1) 어떤 사례를 봄에 있어서 더 이상 새로운 정보를 얻지 못할 정도가 될 때까지 유사한 사례들을 보는 것이다.
   (2) 그때 다른 (유사한 또는 반대의)사례로 넘어가 또 다시 더 이상 새로운 정보를 얻지 못할 때까지 사례들을 살펴본다.
   (3) 이렇게 더 이상 새로운 정보를 얻을 수 없는 상태를 이론적 포화라 한다.

TIP

근거이론의 5가지 특성

1) 개념적인 틀 또는 이론이 기존 연구 결과물의 종합이 아닌 실제 자료를 통해 개발된 것이다.
2) 연구자는 특정 단위에 대한 기술보다는 사회적 현상 내에 존재하는 주요 과정에 대한 발견에 초점을 둔다.
3) 각 자료는 타 자료와의 지속적 비교를 통해 분석한다.
4) 자료수집에 대한 전략은 도출되는 이론에 따라 조정이 가능하다.
5) 연구자는 자료의 수집과 동시에 분석하고 메모를 기록한다.

코딩 - 근거이론 중

자료를 분석하는 과정에는 코딩, 관찰자의 의견이나 메모, 기존의 연구나 이론이라는 세 가지가 있다. 코딩은 한 마디로 이름을 붙이는 것인데, 어떤 개념이나 가설이 발견되면 그것에 이름을 붙이는 것이다. 그렇게 붙인 이름이 코드이며 자료를 충분하게 이해할 때 만들어질 수 있다.

기출문제 확인학습

근거이론

1) 코딩은 자료를 분해하고 개념화하고 이론을 형성하도록 통합시키는 분석과정으로 개방코딩, 축 코딩, 선택코딩으로 구성된다.
2) 개방코딩은 개념을 밝히고, 그 속성과 차원을 자료 안에서 발견해나가는 분석과정으로 개념화 또는 추상화, 범주를 발견하기가 있다.
3) 축 코딩은 범주를 하위범주와 연결시키는 과정으로 코딩이 한 범주의 축을 중심으로 일어나며 속성과 차원의 수준에서 범주들을 연결시키는 작업이다.
4) 선택코딩은 마지막 과정으로 이론을 통합시키고 정교화 하는 과정이며 이때 이론의 통합을 도와주는 기법으로 메모와 도표가 사용된다.
5) 근거이론은 이론형성에 목적을 두고 질적 정보들을 개념화하는 과정에 초점을 두고 해석학적 관점에 두고 있으면서도 실증주의적 전통을 접목한다.
6) 이론적 표본추출을 멈추는 시기는 이론적 포화에 따라 결정된다.
7) 인과적 조건 : 중심현상의 발생을 이끄는 원인이 되는 조건
8) 중심현상 : 분석 영역에서 나타난 핵심적 행위와 상호작용
9) 맥락적 조건 : 중심현상에 영향을 미치는 상황들을 만들어내는 특수한 조건들
10) 중재적 조건 : 중심현상에 영향을 주는 추가적 조건으로 행위 및 상호작용 전략에 영향을 줌

학교폭력과 관련된 연구

1) 중심현상 : 고통을 해결하여 행복한 학교생활을 하고 싶음
2) 인과적 조건 : 학교생활이 힘듦, 해결방법을 모름, 자신과 주변인들을 힘들게 함
3) 맥락적 조건 : 변화의 필요성을 인식함, 상담적인 도움을 받음
4) 중재적 조건 : 현재 본인의 모습에 대한 통찰이 일어남, 변화에 대한 소망을 가짐

11) 근거이론의 5가지 특성
   (1) 개념적인 틀 또는 이론이 기존 연구 결과물의 종합이 아닌 실제 자료를 통해 개발된 것이다.
   (2) 연구자는 특정 단위에 대한 기술보다는 사회적 현상 내에 존재하는 주요 과정에 대한 발견에 초점을 둔다.
   (3) 각 자료는 타 자료와의 지속적 비교를 통해 분석하며 얻은 자료에 대해 잠정적 개념이나 범주를 만들어내고, 다시 자료를 분석하는 과정을 거치고 자료에 대한 재검토 결과 더 이상 새로운 통찰을 이루지 못할 때까지 지속한다.
   (4) 자료수집에 대한 전략은 도출되는 이론에 따라 조정이 가능하다.
   (5) 연구자는 자료의 수집과 동시에 분석하고 메모를 기록한다.

심화학습

근거이론의 부호화[3)]

1) 개방 코딩 (open coding)

(1) 개방코딩은 면밀한 자료검토를 통해 현상에 이름을 붙이고 범주화시키는 일종의 분석 작업이다.

(2) 범주화란 똑같은 현상에 속하는 것처럼 보이는 개념들을 그룹 짓는 과정을 말하는데, 범주를 발전시키기 시작할 때에는 그 속성에 의거해서 하게 되며, 그때 속성은 일정하게 차원화된다. 즉 속성은 범주의 특성이고 차원은 연속선상에서 속성의 위치를 나타내는 것이다.

2) 축 코딩 (axial coding)

(1) 축 코딩은 범주나 하위범주들을 패러다임에 따라 관계를 짓는 것이다. 즉 범주들은 인과적 조건, 현상, 맥락, 중재적 조건, 작용·상호작용 전략, 결과들을 나타내는 범주에 따라 연결된다.

(2) 현상(phenomena)은 어떤 작용·상호작용에 의해 다루어지고 조절되거나 관계를 맺고 있는 중심 생각이나 사건들이다.

(3) 인과적 조건(causal condition)은 어떤 현상을 일어나게 하거나 발전하도록 하는 사건을 말한다.

(4) 맥락(context)은 어떤 현상이 놓여 있는 일련의 속성들의 구체적인 나열이다.

(5) 중재적 조건(intervening condition)은 특정한 맥락 내에서 취해지는 작용·상호작용 전략을 촉진하거나 억제하기 위해 작용하는 조건이다.

(6) 작용·상호작용 전략(action·interaction strategy)은 현상을 다루고 조절하고 수행하고 반응하는 데 쓰이는 전략이며, 연속적이며 과정적인 특성이 있다.

(7) 결과(consequence)는 작용·상호작용 전략에 따른 결과를 말한다.

(8) 축 코딩을 하는 동안에 연역적으로 제안된 모든 가설적인 관계는 계속 얻어지는 자료와 반복적으로 대조, 검증될 때까지 임시적인 것으로 여겨져야 한다.

3) 선택 코딩(selective coding)

(1) 선택 코딩은 핵심범주를 선택하고 핵심범주와 다른 범주들을 연결시킨 관계에 대한 진술문을 만들고 그러한 관계진술문에 대해서 확인하면서 범주를 좀 더 정렬화시키는 과정이다.

(2) 즉 모든 범주들이 하나의 핵심범주를 중심으로 통합되어 하나의 이론이 구축되는 과정으로서, 이야기 윤곽을 통해 핵심 범주를 찾아내고, 중심 현상과 다른 범주들과의 관계를 통해 유형을 분석하고, 가설적 관계 진술문을 만든 후 가설을 도출하여 근거이론으로 제시를 한다.

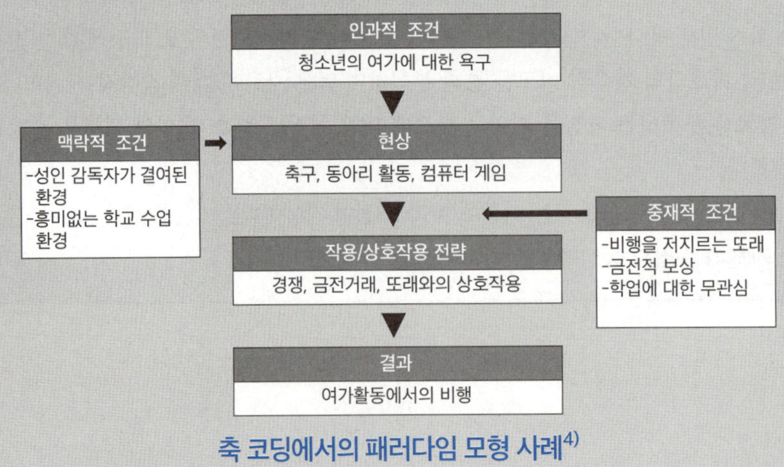

축 코딩에서의 패러다임 모형 사례[4)]

3) **출처** : 근거이론의 개념과 연구방법, 최지영(나사렛대학교 교수)

4) **출처** : 조수영(2015), 청소년의 여가활동에서 비행이 발생하는 원인에 대한 근거 이론적 접근

제3절 | 사례연구(A Case Study)

1) 사례 연구(A Case Study)의 개념

(1) 사례 연구는 맥락 속에서 풍부한 여러 가지 정보원들을 포함하는 세부적이고 심층적인 자료 수집을 통해서 시간의 경과에 따라 하나의 '경계 지어진 체계'나 하나의 사례를 탐색하는 것이다.

(2) 이 경계 지어진 체계(bounded system)는 시간과 장소에 의한 경계를 갖게 되며 그것이 연구되는 사례 - 프로그램, 사건, 활동, 개인들인 것이다.

2) 사례 연구(A Case Study)의 장점

(1) 소수의 사례를 집중적, 심층적으로 검토하기 때문에 연구대상에 대한 깊이 있는 종합적인 이해가 가능하다.

(2) 연구대상의 독특한 성질을 구체적으로 상세하게 연구할 수 있어 어떤 현상의 특성연구에 적합하다.

(3) 연구대상 사례의 동태적인 변화나 흐름에 대한 파악이 가능하다.

3) 사례 연구(A Case Study)의 단점

(1) 소수 사례에 대한 연구이므로 연구대상의 대표성에 문제가 있어 연구결과의 일반화가 어렵다.

(2) 다소 시간과 비용이 많이 들어 비경제적이다.

기출문제 확인학습

사례연구

1) 일반화의 문제를 지니고 있다.
2) 자료수집은 면접, 관찰, 저널, 각종문서, 시청각 자료 등 다양한 자료원을 활용한다.
3) 개인, 조직, 사건의 일반적이지 않은 특성을 상세하게 심층적으로 이해하고자 할 때 행해진다.
4) 수집된 자료를 통해 이슈나 문제를 이해하고자 한다.

실력 다지기

실증주의와 해석주의

1) 실증주의와 해석주의는 연구 패러다임으로서 연구 패러다임은 '행동을 이끄는 기본적인 신념의 묶음'으로 가치론, 인식론, 존재론, 방법론의 요소를 포함하고 있으며 이는 쉽게 변하지 않는다.
2) 무언가의 존재 여부에 대한 존재론과, 그렇게 존재하는 것을 나름대로 파악해 내어 지식으로 주장하는 인식론이라는 큰 틀에서 존재론적 관점은 객관주의 · 구성주의 · 리얼리즘으로, 인식론은 실증주의 · 해석주의로 분류한다.
3) 객관주의와 실증주의, 구성주의와 해석주의는 각각 유사한 맥락을 가진다.
4) 실증주의(양적 - 객관적)
   (1) 경험적으로 검증되지 않는 지식은 의미 있는 지식으로 보지 않는다.
   (2) 20세기 초반을 지나면서 실증주의의 정량화에 대해 관찰이나 사실의 이론 의존성에 대한 지적, 이론의 불확정성, 사실의 가치 의존성에 대한 비판이 제기되고 근본적인 수정이 요구되면서 여러 가지 대안적 패러다임들이 제안되었다.
5) 해석주의(질적, 주관적)
   (1) 해석주의 패러다임은 다수의 실재들이 있을 수 있다고 주장하면서 상대주의적 존재론을, 연구자와 연구대상들이 지식과 이해를 공동으로 창조해나간다고 주장하면서 주관주의적 인식론을, 연구방법 및 절차에 있어서는 자연주의적 입장을 취한다.
   (2) 해석주의, 구성주의의 기본적 가정은 첫째, 실재란 다양할 수 있으며 구성되는 것이고, 전체적인 것이며 다를 수 있다. 둘째, 실재가 갖는 맥락 및 시간제한성 때문에 일반화란 가능하지 않거나, 혹은 가능하더라도 바람직하지 않다. 셋째, 가치제한성 및 연구자와 연구대상 간의 상호연관성을 인정하는 연구과정을 통해서, 인과관계가 아니라 서로 간에 영향을 주고받는 상호 구성과정을 발견할 수 있다.

제4절 | 합의적 질적 연구(CQR)

1) Hill 등(1997, 2005)은 질적 연구방법 중에 합의적 질적 연구(Consensual Qualitative Research : CQR)를 제안하였다.

2) 합의적 질적 연구방법은 다양한 연구 구성원들을 참여시켜 자료를 분석하는 과정에서 양적 연구 과정의 엄밀함을 도입하여 체계적인 분석과 구성원의 합의를 강조한 점이 기존의 질적 연구와 다른 점이다.

예 수집된 자료를 바탕으로 중심 주제를 추출하는(cross case analysis) 2중의 분석과정을 거친 후 최종 연구 참여자들 간의 합의를 유도함으로써 질적 연구의 유연성과 양적 연구의 정밀함을 겸비한 연구모델이라고 볼 수 있다.

1) 합의적 질적 연구(CQR)의 특징

(1) 합의적 질적 연구(CQR)는 반구조화된 개방형 질문으로 자료를 수집하고 숫자가 아니라, 말로 설명을 한다.

(2) 합의적 질적 연구(CQR)는 귀납적인 방법으로 소수의 사례를 집중 연구하는 방법이다.

(3) 합의적 질적 연구는 3~5명의 분석자(judges, primary team)로 구성하고 합의를 통해 자료의 의미를 영역(domain), 핵심개념(core ideas) 교차분석(cross - analyses)의 절차로 판단한다.

(4) 합의적 질적 연구(CQR)는 기존의 질적 연구방법의 객관성 결여와 결과의 반복성, 엄격성을 기대하기 어렵다는 한계를 보완하여 개발한 것으로 복수의 연구자(분석팀)가 참여하여 합의에 도달하는 체계적인 방법을 강조한다.

(5) 자료 분석과정에서 분석팀은 먼저 자료를 독립적으로 분석하고 각 분석자들 간의 일치와 불일치를 확인하고 그 차이점에 대해 논의를 통해 합의해 나가며 자료해석의 편향된 관점을 막기 위해 감수자가 분석팀의 합의 판단을 점검하는 절차를 따른다.

(6) 연구팀이 분석한 결과를 최종적으로 감수자(auditor)의 검토를 거친다.

2) 합의적 질적 연구(CQR)의 구체적인 단계

(1) 초기단계에서는 연구문제를 개발한다.

(2) 연구팀을 구성하고 대상자, 연구 참여자를 모집하고 질문지 작성과 면접을 하는 자료수집 과정을 거친다.

(3) 축어록을 작성하고 다시 확인한다.

(4) 연구대상의 경우 동질집단에서 무선 선정을 하고 선발기준에 대한 자세한 정의를 한다.

(5) 연구 참여자들은 연구현상에 대해 잘 아는 한두 번의 면접이 가능한 8~15명 정도로 구성한다.

(6) 인터뷰 절차의 경우, 우선 연구주제 관련 문헌 검토 후 면접 질문지를 개발한다.

(7) 인터뷰는 한 시간 정도 소요가 적당하고 8~10개 정도의 개방형 질문을 만든다.

(8) 심층적 탐색 질문 형식이 중요하고 파일럿 면접 후 면접 질문지를 수정한다.

(9) 면접자들을 훈련하고 가능하면 최소한 두 번의 면접을 할 수 있도록 한다.

(10) 분석은 영역과 핵심주제를 도출하는 것으로 설명할 수 있다.

① 영역의 경우 축어록을 바탕으로 영역부호화를 하고 전체 primary team이 먼저 몇 사례의 영역을 부호화하고 나머지 사례는 1명의 연구자가 부호화한 것을 팀에서 검토할 수 있다.

② 핵심개념의 도출은 참여자의 말을 간략하고 명확하게 사례 간에 비교할 수 있도록 편집하는 과정이라고 볼 수 있으며 이때 참여자의 조망과 명백하게 드러난 의미를 유지하는 것이 중요하고 해석이나 가정을 하지 않으며 사례의 전체적인 맥락을 고려한다.

(11) 전체 primary team이 먼저 몇 사례의 중심개념을 개발하고 나머지 사례는 1명의 연구자가 중심개념을 구성하고 팀에서 검토할 수 있거나 또는 팀 전체가 함께 영역을 부호화하고 중심개념을 구성할 수 있다.

(12) 교차분석 단계에서는 자료의 특징을 기술하기 위해 빈도를 사용한다.

(13) 일반적(general)은 모든 또는 1사례를 제외한 모든, 전형적(typical)은 대상의 반 이상, 드문(rare)은 15사례의 경우 2~3사례, 1사례는 기타에 포함, 결과표에 포함시키지 않는다.

(14) 해석할 때는 계속 원 자료를 참고하고 명쾌해질 때까지 계속 교차분석을 수정하고 교차분석에 대한 피드백을 받는다.

(15) 마지막으로는 감수(auditing) 단계를 거치는데, 영역부호화, 중심개념을 내부 또는 외부 감수자가 원 자료가 옳은 영역인지, 영역의 중요한 자료가 모두 요약되었는지, 중심개념의 말이 간결하고 원 자료를 반영하는지를 체크한다.

(16) 교차분석 시 적어도 한 명의 외부 감수자가 필요한데 중심개념이 특정 범주에 적절한지, 범주명이 중심개념의 특징을 충분히 포착하는지, 범주들을 더 나누거나 합칠 수 있는지를 체크한다.

(17) 결과를 기술할 때 염두해 두어야 할 것은 분명하고 설득력 있게 독자에게 전달하도록 하고 논리적이고 모든 자료에 대한 설명을 하고 특히 연구문제에 대한 적절한 답을 하며 외부 독자가 이해할 수 있게 설득력 있고 쉽게 기술해야 한다.

(18) 일반적·전형적 범주는 충분히 기술해주고 도표에는 교차분석의 모든 범주를 포함하고 논의를 기술할 때는 결과를 단순히 반복하지는 말고 가장 중요한 결과만을 부각시키도록 한다.

(19) 결과를 문헌과 관련시키고 의미 있는 방식으로 정리하며 가능하다면 이론을 개발한다.

제5절 | 질적 연구의 신뢰도와 타당도

1) 다른 연구와 마찬가지로, 질적 연구에서도 신뢰도와 타당도가 핵심 관심 사항이다.

2) 질적 연구의 신뢰도는 일반적으로 연구의 재생산 가능성(reproducibility)을 말하는데, 신뢰도는 서로 다른 연구자들이 동일한 현상을 발견하거나 유사한 결과를 도출하고, 참여자들이 결과의 의미에 동의하는 정도를 말한다.

3) 신뢰도

(1) 외적 신뢰도는 다른 연구자들도 동일한 현상을 발견하거나, 동일 또는 유사한 상황에서 동일한 구성개념을 산출하는지 여부에 대한 문제를 강조한다.

(2) 내적 신뢰도는 다른 연구자들에게 이미 산출된 일련의 구성 개념을 제시했을 때, 원 연구자가 했던 것과 동일한 방식으로 자료와 구성 개념을 결부시킬 수 있는 정도를 말한다.

4) 질적 연구에서의 타당도는 결과의 정확성(accuracy) 정도를 의미하고 신뢰도는 타당도를 위한 필수 선행요건이 된다.

5) 타당도

(1) 외적 타당도는 결과의 일반화 가능성(generalizability), 즉 구성 개념과 전제들이 다른 집단에 적용 가능하도록 산출, 정교화 또는 검증된 정도를 의미한다.

(2) 내적 타당도는 연구자들이 자신이 관찰 또는 측정하고자 한 것을 실제로 관찰하거나 측정한 정도를 말한다.

6) 질적 연구의 내적·외적 타당도를 위협하는 주요 요인들이 있으며 이러한 내적·외적 타당도 위협 요인들을 보완함으로써 보다 타당한 질적 연구를 수행할 수 있다.

7) 질적 연구의 신뢰성과 타당성을 높이기 위한 방안으로 삼각검증법(triangulation)이 제안되고 있다.

(1) 삼각검증법(triangulation), 즉 다면적인 방법은 연구의 관점과 시간·공간 등을 달리 하여 연구를 재검토하는 기법이다.

(2) 세 가지 유형의 삼각검증법

① 자료 삼각검증으로 다양한 자료의 원천을 활용하여 신뢰성을 검증하는 방법이다.

② 연구자 삼각검증으로 다수의 연구자들을 참여시켜 지나친 편견과 주관을 배제하여 신뢰성을 높이고자 하는 방법이다.

③ 방법론적 삼각검증으로 다양한 방법들을 활용하여 연구의 신뢰성을 높이는 방법이다.

기출문제 확인학습

질적연구에서 타당도[5)]

양적연구에 비하여 질적연구는 타당도의 개념이 명확하지 않고, 학자마다 차이를 보인다. 이는 질적연구에서 타당도는 지속적으로 생성되는 중이며, 학자마다 다른 철학적 입장과 관점에서 타당도에 접근하기 때문이라고 할 수 있다. 이러한 사실은 Lincoln과 Guba가 진실성(trustworthiness)이라는 타당도 개념을 제시한 이후에 지속적으로 타당도에 대한 새로운 개념이 나오는 사실을 통해서 알 수 있다.

진실성(trustworthiness)

진실성(trustworthiness)은 질적연구 최초의 타당도 개념이다. 진실성은 자연주의 탐구에 기초하고 있으며, 신용성(credibility), 전이성(transferability), 의존성(dependability) 그리고 확실성(conformability)으로 구성된다.

5) **출처**: 김영천, 질적연구방법론, 문음사 / 허승희 외, 질적연구방법과 설계, 문음사

1) 신용성(신뢰성)

(1) 신용성(신뢰성)은 연구 참여자와 그들이 갖고 있는 구성된 실재간의 일치정도를 나타내기 때문에, 연구자가 연구 참여자의 관점을 정확하게 측정했는지 여부가 핵심이 된다.

(2) 이를 위해서 장기적 현장참여, 지속적 관찰, 삼각 검증법, 동료검증, 반증 사례분석, 참조자료의 보관, 연구 참여자의 검증 등의 방법을 사용한다.

2) 전이성(전이가능성)

(1) 전이성(전이가능성)은 특정맥락의 연구결과를 공통된 특성이나 특질을 보이는 다른 맥락에 적용하는 것을 나타낸다. 즉 전이성은 맥락과 관련 없이 연구결과를 일반화하여 적용하는 것이 아니라, 연구맥락과 동일한 특성을 보이는 맥락에 연구결과를 적용할 수 있는지 여부가 핵심이 된다.

(2) 이를 위해서 목적표집과 심층기술 등의 방법을 사용한다.

3) 의존성(안정성)

(1) 의존성(안정성)은 비슷한 주제나 맥락에서 다시 연구를 진행했을 때, 비슷한 연구 결과가 도출될 수 있는지에 대한 증명여부를 나타낸다. 즉 의존성은 양적연구와 같이 동일한 실험환경에서 동일한 연구를 하는 것이 아니라, 연구된 결과인 연구자료를 통하여 동일한 결과에 도달 할 수 있는지 여부를 판단한다.

(2) 이를 위해서 의존성 검사, 삼각검증법 등의 방법을 사용한다.

4) 확실성(확증가능성)

(1) 확실성(확증가능성)은 연구가 연구자의 선입견 혹은 편향의 반영이 아니라, 연구의 초점이 반영된 것을 나타낸다. 즉, 연구자의 왜곡된 시각의 반영 없이, 연구만으로 연구결과를 도출했는지 여부이다.

(2) 이를 위해서 삼각 검증법, 그리고 반성일지 작성 등의 방법을 사용한다.

진실성(trustworthiness)의 4가지 준거는 양적연구의 준거와 대응된다. 신용성은 내적타당도, 전이성은 외적타당도, 의존성은 신뢰도, 그리고 확실성은 객관도에 각각 대응된다. 질적연구가 양적연구와 다른 관점을 가지고 있음에도, 양적연구에 타당도 준거에 질적연구의 준거가 대응하는 것은 특이한 일이다. 그 이유는 진실성이 질적 연구는 타당도가 없는 비과학적 연구라는 실증주의 학자의 비판에 대응하기 위해서 만들어졌기 때문이다. 따라서 진실성은 지나치게 실증주의적 관점에 기울어져 있다는 의견도 이러한 맥락에서 이해 할 수 있다.

혼합연구방법의 종류[6)]

1) 삼각검증 설계 (Triangulation design)

(1) 양적 방법과 질적 방법에서 얻은 결과를 직접적으로 대조시켜 각각의 결과의 유효성을 검증하는 데 이용된다.

(2) 양적 자료와 질적 자료가 대등한 위상을 가지기 때문에 둘 중 하나가 빠지면 연구문제에 대답하기 힘들다.

2) 내재적 설계 (Embedded design)

(1) 양적자료와 질적 자료를 동시에 사용하는 것은 맞으나, 한 쪽이 뒷받침하는 방식으로 진행된다.

(2) 두 자료가 연구문제에 직접적으로 대답하는 것은 아니지만, 뒷받침하는 쪽의 자료가 없을 경우 뒷받침 받는 쪽의 자료의 분석과 해석이 불가능해진다.

3) 순차적 혼합법 (Sequential mixed methods)

(1) 연구자들이 질적 연구로 자료수집과 분석을 한 다음, 이 결과를 토대로 후속적인 양적 연구를 설계하여 수행하는 방법이다.

(2) 예를 들면 근거이론으로 자료수집과 분석을 한 다음, 양적 분석인 구조방정식과 같은 연구를 수행할 수 있다.

6) **출처**: 위키백과 참조

CHAPTER 09

상담연구의 윤리적 문제

제1절 | 상담연구의 윤리성

1) 연구 수행상의 윤리적 쟁점

(1) 연구윤리의 일반적인 원칙

① 피험자들은 연구에 참여함으로 인해서 피해를 입어서는 안 된다는 무(無)피해의 원칙이 있다.

② 상담연구는 인류의 건강과 안녕에 기여해야 한다는 이익의 원칙이 있다.

③ 피험자가 연구에 참여하느냐 안 하느냐는 피험자 자신의 자발적 의사에 달려 있다는 자율성의 원칙이 있다.

④ 연구자는 피험자에게 한 약속을 지켜야 한다는 신용의 원칙이 있다.

(2) 피험자와 관련된 윤리적 쟁점

① 위험 대 이익 - 과학에서의 윤리적 판단, 인간 피험자에 대한 검토

② 정보에 입각한 피험자의 동의 - 피험자가 그런 동의를 할 만한 능력이 있는가의 문제

③ 피험자를 속이는 경우 - 디브리핑[1] - 신용의 원칙

④ 비밀 유지와 프라이버시

⑤ 처치의 유보나 위약(플라시보) 등이 있다.

(3) 연구과정 및 자료수집과 관련된 윤리적 쟁점

① 연구자가 정확하고 믿을만한 자료를 수집하지 못하는 것은 연구의 타당도만의 문제가 아니라, 윤리적인 문제이기도 하다.

② 연구자들의 불성실과 부주의, 고의적 또는 무(無)의도적 실수, 편견 등은 연구자의 문제이며 때로는 자료를 위조하거나 조작하는 경우가 있는데 이는 치명적인 윤리문제를 야기한다.

1) 연구자는 피험자에게 한 약속을 지켜야 한다는 신용의 원칙이 있다. 이는 연구자는 기만(속임)의 불가피성을 설명하고 기만으로 인한 오해 등을 최대한 제거하기 위해 실험과 자료 수집을 마친 후 '디브리핑(debriefing)'절차를 이행해야 한다.

2) 출판과 관련된 윤리적 쟁점

(1) 출판 공헌도

① 어느 정도의 공헌이 있어야 연구보고서의 저자로 이름을 올릴 수 있는가? 이 질문에 대한 절대적인 대답은 없다.

② 다만, 연구 공헌도를 연구문제나 가설을 설정한 사람, 연구 설계를 한 사람, 연구보고서 원고 작성에 참여한 사람, 자료 수집을 직접 실시한 사람, 자료를 분석한 사람 등으로 분류해 보면 그 기준이 어느 정도 명확해질 수 있다.

(2) 인용출처의 표시와 표절의 문제

① 다른 학자의 논문이나 저서를 인용하지 않는 연구보고서는 거의 없다.

② 연구의 연구보고서 작성법에는 본문에 인용문헌을 표기하는 방법, 그리고 '참고문헌'의 목록을 표기하는 방법을 상세히 규정하고 있으며 그 표준화된 표기방법은 매우 철저하게 지켜지고 있다.

실력 다지기

연구에 있어 윤리적 규칙을 위한 제안

1) 연구자는 자신의 권리보다 청소년의 권리를 우선으로 생각해야 한다.
2) 연구자는 연구 참여 청소년들에게 연구의 의도와 절차 및 참여자로서의 역할 등에 대해 사전에 충분한 정보를 제공해야 한다.
3) 연구자는 육체적으로나 심리적으로 해를 줄 수 있는 조작은 하지 말아야 한다.
4) 연구자는 연구결과의 학문적 가치와 관계없이 그것이 청소년의 성장과 실제 행동에 나쁜 영향을 미칠 수 있다고 판단될 경우 이를 대중에 발표하지 않아야 한다.
5) 연구자는 과학적인 태도와 더불어 도덕적 성실성, 정직성, 타인의 권리에 대한 존경심 등을 갖추어야 한다.

기출문제 확인학습

연구자가 지켜야 할 연구 윤리 중 '고지된 동의'(informed consent[2])

1) 참가동의는 서면으로 받아야 한다.
2) 참가자가 연구에 대한 충분한 설명을 들은 후에 참가에 동의하는 것을 의미한다.
3) 실험이 진행되는 중에도 언제든지 자유롭게 실험 참가를 그만둘 수 있다.
4) 연구자는 실험의 잠재적 위험과 이득을 명확하게 제시해야 한다.
5) 부모나 법적 보호자로부터 동의를 받은 미성년 참가자는 동의를 받았더라도 참가를 거부할 수 있다.

상담연구 수행 시 고지된 동의(informed consent)

1) 고지된 동의의 형태는 명확하고 알기 쉬운 언어로 이루어져야 한다.
2) 연구의 목적, 연구에 관련된 위험, 연구의 기간과 절차, 연구의 참여로 인한 보상, 동의를 거부하거나 철회할 수 있는 권리, 동의에 수반되는 시간계획, 연구의 비밀보장의 한계 등이 고지된 동의에 포함되어야 한다.
3) '고지된 동의'(informed consent)는 연구참여자가 결정에 참여할 수 있다는 소극적인 의미보다, 주어진 정보를 바탕으로 연구참여자 스스로 연구를 선택, 결정한다는 적극적인 주체적인 의미를 지닌다고 할 수 있다.

연구수행 상의 윤리적 쟁점

1) 연구윤리의 일반적인 원칙
   (1) 피험자들은 연구에 참여함으로 인해서 피해를 입어서는 안 된다는 무(無)피해의 원칙이 있다.
   (2) 상담연구는 인류의 건강과 안녕에 기여해야 한다는 이익의 원칙이 있다.
   (3) 피험자가 연구에 참여하느냐 안 하느냐는 피험자 자신의 자발적 의사에 달려 있다는 자율성의 원칙이 있다.
   (4) 연구자는 피험자에게 한 약속을 지켜야 한다는 신용의 원칙이 있다. 이는 연구자는 기만(속임)의 불가피성을 설명하고 기만으로 인한 오해 등을 최대한 제거하기 위해 실험과 자료 수집을 마친 후 '디브리핑(debriefing)' 절차를 이행해야 한다.
2) 피험자와 관련된 윤리적 쟁점
   (1) 위험 대 이익 - 과학에서의 윤리적 판단, 인간 피험자에 대한 검토
   (2) 정보에 입각한 피험자의 동의 - 피험자가 그런 동의를 할 만한 능력이 있는가의 문제
   (3) 피험자를 속이는 경우 - 디브리핑 - 신용의 원칙
   (4) 비밀유지와 프라이버시
   (5) 처치의 유보나 위약(플라시보) 등이 있다.

2) 고지된 동의(informed consent)는 상담사와 같은 실천가들이 내담자에게 개입의 내용과 가능한 결과들에 대해서 알려주어야 한다는 것으로서 이는 내담자의 권리이며 실천가의 윤리적 행동이다.

CHAPTER 10

기타

제1절 | 기타 상담연구방법론의 기초에 관한 사항

1 상담성과를 예언하는 내담자 변인

1) 내담자의 인구학적 변인과 상담성과의 관계

사회경제적 지위변인, 즉 사회적 지위, 직업적 지위, 수입정도, 교육수준 등은 상담성과와는 별로 관계 없다.

2) 내담자의 각종 특성과 상담성과의 관계

(1) 우울증 문제의 심각도(문제의 심각도에 대한 개념 정의 어려움)와 상담성과

우울증의 경우 심한 우울증 내담자보다 경미하거나 중간 정도 우울증 내담자의 상담성과가 높았다.

(2) 자아 강도[1]와 상담성과

자아 강도가 강한 내담자나 자아 강도가 약한 내담자 모두 상담성과가 비슷하였다.

(3) 내담자의 매력도와 상담성과

내담자에 대한 호감이 있는 경우가 내담자에 대한 호감이 없는 경우보다 상담성과가 높았다.

(4) 내담자의 내부 및 외부 통제성과 상담성과

① **외부통제가 강한 사람** : 지시적 치료, 근육 이완법에 의한 효과, 저항이 별로 없는 경우 상담성과가 높았다.

② **내부통제가 강한 사람** : 비지시적 치료, 인지적 이완법에 의한 효과, 저항이 심한 경우 상담성과가 높았다.

1) 심리 내적 충동과 외부의 현실 간 균형을 효율적으로 유지시키는 의식능력이며 자아와 현실 간의 중재를 하고 외부의 요구에 적절히 대처하는 능력으로 치료자에 의한 임상적 평가나 다면적 인성검사 및 로샤투사법 검사로 측정한다.

2 상담자(치료자) 변인과 상담성과

1) 객관성 - 주관성 차원

(1) 객관성 차원

변인이 겉으로 드러나서 객관적으로 관찰할 수 있는 것인가? 상담자의 연령, 성(性), 전문가 훈련 배경 등 외현적 변인이다.

(2) 주관성 차원

요인이 속에 감추어져 있어서 측정도구에 의해서 척도화되거나 유추 해석해야 하는 것인가? 상담자의 성격, 가치관, 기대, 치료이론의 취향 등이다.

실력 다지기

상담자(치료자) 변인 중 범상황적 - 상황적 차원

1) 범상황적 변인: 변인이 시간의 흐름이나 상담사례의 변화에도 불구하고 변하지 않는 것으로 상담자의 연령, 성(性), 출신지역, 성격, 가치관 등이다.
2) 상황적 변인: 시간의 흐름, 상담 훈련, 상담사례에 따라 변화하는 것으로 상담 스타일, 개입 기술, 전문가적 배경, 치료적 관계 형성, 치료에 대한 기대 등 시간이나 사례의 변화에 따라 변화할 수 있는 변인이다.

2) 객관적, 범상황적 변인

(1) 상담자의 성(性)

(2) 상담자의 연령(연령 유사성)

→ 연령 차이 < 연령 비슷: 상담성과 크기

(3) 상담자의 민족적 배경

→ 같은 민족 배경 > 다른 민족 배경: 상담성과 크기

3) 객관적, 상황적 변인[2]

(1) 치료자의 전문적 배경과 상담성과

대학원 교육, 연수 프로그램 참가, 실습 수련 경력, 실무 경력 등의 전문적 배경

① **전문가 수련 여부**: 전문가와 비전문가 모두 비슷하였으나, 내담자의 나이가 많을수록 비전문가보다는 전문가의 경우 상담성과가 높았다.

② **전문가 수련 및 실무기간**: 경력자가 비경력자보다 상담성과가 높았으며 긴 상담경력일수록 상담 협력관계가 높았고 내담자의 문제가 심각할수록 경력자의 상담 효과가 더 높았다.

2) 사례에 따라서 그 변인의 속성이 달라질 수 있는 외현적 변인이면서 상담자의 치료스타일, 개입방법, 상담자의 전문적 배경 등이다.

③ **치료자 수련의 종류** : 정신과 의사와 심리학자의 경우 상담성과가 높았다.

(2) 개입기술과 상담성과

① **매뉴얼화된 개입절차의 사용 여부** : 연구의 구인타당도를 향상시키면 치료 효과가 높았다.

② **치료기술의 수준(공통적인 기술과 특수한 기술)** : 치료기술과 실무경력 기간과는 비례하지 않고 교육훈련과 실무연수 측면, 즉 치료과정을 표준화하여 기술 훈련시키는 것이 교육효과, 치료효과에 어느 정도 공헌하는가를 살펴보는 연구가 요구된다.

(3) 치료자의 지시적인 정도

이론에 따른 지시도가 높은 행동치료법과 인지치료법이 지시도가 다소 낮은 정신역동법이나 내담자 중심요법보다 상담성과가 높았다.

(4) 치료자의 자기개방 - 치료자의 자기개방은 내담자의 자기개방을 촉진한다.

① 치료자의 자아가 개입된 즉시적인 자기개방이 상담에 효과적이다.

② 치료자의 사적이며 깊은 수준이 내담자의 자기개방을 촉진한다.

③ 내담자의 민족 배경에 따라 자기개방에 반응하는 양상에 차이가 있다.

(5) 치료자의 대인유형(치료자의 성격이나 대인관계 스타일)

① **상담자의 우호적 태도와 행동** : 내담자의 우호적인 반응을 일으킨다.

② **상담자의 주도적 의사소통 방식** : 내담자의 추종적인 의사소통 방식을 일으킨다.

③ **상호보완적 상호작용** : 상담자의 우호적인 태도와 내담자의 우호적인 태도가 상응하고 상담자의 주도적인 의사소통방식에 내담자가 순응하여 따라갈 때 상담이 효과적이다.

④ **대칭적 상호작용** : 상담자의 주도적인 행동에 대해 내담자도 주도적인 행동으로 응하는 것을 말한다.

4) 주관적, 범상황적 변인 : 상담자의 성격, 정서적 안정감, 가치관, 태도 등

(1) 상담자의 인지적, 성격적 특성과 상담성과

① **인지 분화 수준** : 상담자와 내담자의 인지 분화 수준이 비슷할 때 효과적인 상담이 된다.

② **상담자의 심리적 안정성** : 상담자의 적응능력은 상담성과를 긍정적으로 예언한다.

③ **상담자 자신의 치료경험** : 상담자의 치료경험은 상담성과와 큰 관계가 없는 것으로 보고하고 있다.

(2) 기타 상담자 변인과 상담성과

① **상담자의 신앙** : 내담자의 신앙에 따른 차이가 있다.

② **상담자의 가치관**

ㄱ. 동일시(내담자가 치료자의 인지적, 행동적, 정의적 요소들에 대한 모방)는 효과적인 상담이 된다.

ㄴ. 가치 수렴성은 내담자가 상담자와 접촉하는 동안 그의 가치관 신념, 지식을 흡수하는 것이며 가치 유사성은 원래부터 상담자와 내담자의 가치관이 유사한 정도를 말한다.

5) 주관적, 상황적 변인

(1) 치료적 관계 : 동맹관계, 상담 협력관계, 상담 동맹관계

① 상담협력 관계의 형성은 상담자와 내담자가 함께 하는 것이다.

② 상담초기(1 ~ 5회기)에 형성된 치료적 관계의 질은 상담성과를 예측할 수 있게 한다.

③ 상담성과 면에서 상담자가 지각한 협력관계보다 내담자가 지각한 협력관계가 높은 경우 상담 성과가 높았다.

(2) 사회적 영향 : 상담에서 상담자가 내담자에게 미치는 설득력의 힘

① 내담자가 지각하는 상담자의 매력, 신뢰감, 전문성이 내담자의 변화를 촉진시키는 조건이다.

② 1차 단계의 사회적 영향과 2차 단계의 사회적 영향

ㄱ. **1차 단계** : 내담자가 상담자에게서 매력, 신뢰감, 전문성을 지각하는 과정이다.

ㄴ. **2차 단계** : 1차 단계의 지각이 상담기술의 적용과정과 내담자의 변화에 영향을 미치는 과정이다.

(3) 상담에 대한 상담자의 기대와 의도 : 상담에 대한 상담자의 기대는 처치 기간, 처치의 유형, 내담자의 행동 등에 대한 상담자의 예상(기대)

① 상담자의 기대와 내담자의 기대가 일치하면 상담성과를 예측할 수 있다.

② 상담자의 기대와 의도

ㄱ. **기대** : 단순히 치료의 길이나 처치 유형에 대한 상담자의 기대, 즉 예측을 지칭한다.

ㄴ. **의도** : 상담자가 어떤 말을 하거나 처치기법을 사용함에 있어서 내담자의 어떤 반응을 기대하고서 상담자가 그러한 말이나 기법을 사용했느냐 하는 것을 의미한다.

(4) 상담자의 상담이론 : 일반적으로 치료법 간에 의미 있는 차이가 없는 것으로 보고하고 있다.

① 내담자의 성격, 사고방식, 문제해결 유형에 따라 다르게 나타난다.

② 연구주제

ㄱ. 어떤 치료법이 어떤 내담자에게 효과적일 것인가?

ㄴ. 치료법의 변인 안정화, 즉 같은 이름을 가진 치료법은 실제로도 같은 절차와 내용의 처치여야 한다는 연구과제도 안고 있다.

제2절 | 최신 기출내용

1) 중심극한정리 등 주요개념

(1) 중심극한정리(central limit theorem)

중심극한정리(central limit theorem)란, 표본을 사용하여 모수를 추정할 경우 모집단의 실제분포와 상관없이 표본의 수가 많다면(적어도 30사례 이상) 표본평균의 표본분포는 정규분포(normal distribution)에 근접한다는 것이다.

(2) 구간추정(interval estimation)

하나의 수치를 구하는 것이 아니라, 추정량의 분포를 이용하여 표본으로부터 모수 값을 포함하리라고 예상되는 구간을 제시하는 것이다.

> 참고 점추정은 말 그대로 모수를 하나의 수치로 추정하고자 하는 것이다.

(3) 유의수준(level of significance)

1종 오류의 가능성을 보통 1% 또는 5%로 임계값(critical value)을 설정하고 귀무가설을 채택하거나 기각하는데 이를 유의수준(significance level)이라고 한다. 예를 들어, 유의수준 5%란 표본을 추출해서 나온 검정통계량(차이 또는 효과)이 우연히 나타날 확률 5% 미만이라는 의미이다.

2) 척도와 통계분석

(1) 명목척도 - 이항분포 검정(Binomial test)

이항분포 검정(Binomial test)은 결과가 두 가지 값을 가지는 확률변수의 분포를 판단하는데 효과적이며, 이산변량을 대상으로 한다. 즉, 명목척도로 측정된 점수를 토대로 이항분포 검정을 실시한다.

(2) 서열척도 - 빈도분석, 카이제곱 분석(chi-square), 스피어만(Spearman) 서열(순위)상관분석을 실시할 수 있다.

(3) 등간척도 - 평균과 표준편차

(4) 비율척도 - 변동 계수 계산

변동 계수(변동의 정도를 표시하는 통계량, coefficient of variation)**를 계산하는 방법**

변동 계수 = 표본 표준편차/표본 평균(%)

표본 표준편차라는 값으로 충분히 변동의 정도를 알 수도 있는데, 표본 표준편차를 표본 평균으로 나누어, 즉 각 변수들의 표본평균으로 나누어 줌으로써 단위의 차이를 제거하고 표준적인 변동의 정도를 알 수 있다. 이는 비율척도에서 사용할 수 있다.

심화학습

척도수준에 따른 통계분석 방법

1) 빈도분석

빈도분석은 명목척도, 서열척도, 등간척도, 비율척도를 사용할 수 있으며, 대부분 표본의 인구통계학적 특성 등을 확인할 때 사용한다.

2) 신뢰도 분석(Reliability Analysis)

신뢰도 분석은 등간척도, 비율척도로 구성된 변수에 사용하며, 설문통계에서 요인분석을 실시한 후, 설문문항의 내적 일관성, 동질성, 신뢰도를 측정하기 위해 사용하는 분석방법이다.

3) 요인분석(Factor Analysis)

요인분석은 등간척도, 비율척도로 구성된 변수를 사용하며, 일반적으로 설문통계방법에서 문항의 요인들의 상관관계와 타당성을 검증하고, 공통된 요인의 문항으로 축약하는 분석방법이다.

4) 카이제곱 분석(chi - square)

카이제곱 분석은 명목척도, 서열척도로 구성된 변수에 대해 교차분석 후, 집단 간 차이를 확인하는 분석방법이다.

5) t 검정(t - test)

t 검정은 독립변수가 명목척도, 종속변수가 등간척도, 비율척도로 구성되어 있을 때 사용하는 분석방법이다.

6) 분산분석(ANOVA)

분산분석(ANOVA)은 t 검정과 같이 독립변수가 명목척도, 종속변수가 등간척도, 비율척도로 구성되어 있을 때 사용하며, 3개 이상의 표본의 평균차이 비교를 분석하는 방법이다.

7) 상관분석(Correlation Analysis)

일반적으로 상관분석은 회귀분석의 진행과정에 변수간의 인과관계를 확인하기 위해 사용하는 분석 방법으로 등간척도, 비율척도는 피어슨(Pearson)의 상관분석을 사용한다.

(단, 서열척도는 스피어만(Spearman) 서열(순위)상관분석을 실시한다.)

8) 회귀분석(Regression Analysis)

회귀분석은 등간척도, 비율척도로 구성된 변수들에 대해(독립변인이 종속변인에 미치는 영향) 인과관계를 파악하기 위한 분석방법으로, 독립변수와 종속변수에 따라 단순회귀분석, 다중회귀분석, 조절회귀분석, 매개회귀분석, 로지스틱회귀분석이 있다.

3) 양적 연구와 질적 연구의 특징

(1) 양적 연구의 특징

① 사회적 실재는 객관적으로 존재한다고 가정한다. : 실증주의

② 기계론적 인과론을 갖고 있다.

③ 행위 또는 관찰 가능한 현상을 주로 연구한다.

④ 모집단 전체 또는 모집단을 대표하는 표본 집단을 대상으로 연구한다. → 연구결과의 일반화 시도

⑤ 객관성을 지향(가치중립적)하는 것으로서 가치개입적인 것은 아니다.

⑥ 할당표집이나 유의표집과 같은 비확률표집 방법에서도 활용될 수 있지만, 주로 확률표집을 이용하며, 현상들과의 관련성, 즉 상관관계나 인과관계를 탐색할 때 많이 활용된다.

(2) 질적 연구의 특징

① **해석학 또는 현상학적 인식론의 입장에서 인간을 연구한다.** : 해석주의

② 질적 연구의 목적은 맥락화, 이해, 해석으로, 전형적인 사례를 선별하여 공통된 특성을 뽑아내는 상호주관성 (inter-subjectivity)[3] 을 이용하여 본질을 파악하는 것이 목적이다.

③ 현상을 관찰한 후 이론을 세우는 귀납적인 방식을 취하며, 연구 윤리가 강조된다.

④ 질적 연구는 연구자의 가치가 개입될 수 있다.

4) 표본의 크기(수) 결정

① 신뢰수준과 관련된 Z값과 ② 모집단의 표준편차 값(σ)의 곱한 값을 ③ 허용오차(E)로 나눈 값의 제곱값을 표본의 크기로 정한다.

> 1) 조사하고자 하는 변수의 분산값이 클수록 표본의 크기가 커야 한다.
> 2) 추정치에 대한 높은 신뢰수준을 원할수록 표본의 크기가 커야 한다.
> 3) 최대 허용오차(오차의 한계)가 작을수록 표본의 크기가 커야 한다.

사례

어느 과자 회사에서 생산하는 A과자의 평균용량은 250g으로 알려져 있다. 그래서 실제로 그러한지를 알아보려고 하는데, 평균에 대해서 허용할 수 있는 오차는 10g으로 설정하였다. 그리고 과거의 데이터를 분석해보니 표준편차는 30g이라고 한다. 이때 신뢰수준 90%에 적합한 표본크기를 구하시오[4].

풀이) 90%의 신뢰수준이기에 $Z_{\alpha/2}=1.645$이고 $\sigma=30$이다. 그리고 허용오차 E = 10이므로, 공식을 사용해서 문제를 풀어보면 24.3542가 나온다. 그래서 적당한 표본크기는 25개라는 것을 알 수 있다.

공식) 표본크기(n) = $\{(Z_{\alpha/2}\times\sigma) / E\}^2$

5) 상징적 상호작용론[5] : 질적 연구와 관련이 있음

(1) 상징적 상호작용론은 인간이 상호작용을 통해 개인과 사회에 관한 의미를 어떻게 창출해 내는가에 관심을 두는 이론이다. 상징적 상호작용론은 규칙성을 지닌 어떤 구조나 사회체계는 존재하지 않으며 사람들이 상호작용하는 사회적 맥락 안에서 의미 있는 구조나 사회체계가 만들어진다고 본다. 그래서 상징적 상호작용론은 사람들이 의사소통하면서 의미를 지니는 말, 몸짓, 상징, 개념 등을 중요하게 다룬다. 그런데 이것들은 고정된 의미를 지닌 것이 아니고 상황이나 문화에 따라 그 의미가 달라지는 다의성을 지닌 것이다. 예컨대, 일본 국기는 자신들에게는 충성의 표지지만 한국인에게는 반감의 상징일 수 있다(김병욱, 2008).

---

3) **상호주관성(inter-subjectivity)** : 현상은 연구자와 연구현상과의 상호작용을 통한 결과라고 보는 것으로, 주관과 객관이 서로 대립되는 것이 아니라 서로가 상관적 의미에서 관계적 인식영역을 갖는다고 본다.

4) **출처** : https : //math100.tistory.com/56

5) **출처** : 교육문화연구소(2021). 질적 연구방법 - 상징적 상호작용론(symbolic interactionism). 재인용

(2) 상징적 상호작용론은 민속방법론과 함께 해석학적 접근이론 중의 하나로 언어, 제스처, 신호, 그림, 음악 등의 상징을 매개로 하여 사람과 사람 간의 상호작용을 한다고 한다. 문화나 사회도 상징체계를 통하여 표출된 상호작용의 결과이다. 이러한 상징적 상호작용을 통해서 개인을 보는 시각, 세상을 보는 눈이 길러진다. 인간은 타인과의 상호작용을 통해 타인의 언행, 사고방식, 신념 등, 타인의 상징을 통해 문화를 배운다. 또한 인간은 다양한 사회적 상황 속에서 역동적으로 전개되는 상호작용을 통해 인지, 해석, 재정의를 인간적 발달(사회화 과정)이 진행된다(김흥규, 2017).

(3) 상징적 상호작용론 또는 상징적 상호작용주의는 사회적 상호작용의 핵심인 언어와 상징에 초점을 맞추어 탐구하는 접근 일체를 가리키는 말이다. 조지 허버트 미드(George Herbert Mead, 1863 ~ 1931)에 의하면, 인간은 항상 상징(주로 언어, 문자 등)을 통해 다른 인간과 세상과 상호작용 한다. 이 세상은 이 상호작용을 중심으로 분석해야 한다고 한다. 그는 개인의 자아조차도 사실 생물학적으로 주어지는 것이 아니라 상호작용의 과정에서 만들어지는 사회적 자아라고 주장하였다(Anthony Giddens and Philip W. Sutton, 2017).

6) 현상학적 연구 : 질적 연구방법 중 하나

현상학적 연구는 하나의 개념이나 현상에 대해 개인들이 체험의 공통 의미를 기술해내는 방법을 활용한 연구이다. 현상학의 기본적인 목적은 현상에 대한 개인의 경험에서 보편적 본질에 대한 기술을 포착하여 기술하는 것이며, 이러한 기술은 그들이 '무엇'을 경험했는가와 그것을 '어떻게' 경험했는가로 구성된다. 자료 분석 절차의 체계적인 단계와 조직적/구조적 기술을 조합하는 지침을 담고 있는 무스타카스(Moustakas, 1994)의 접근은 다음과 같다.

(1) 현상학에 가장 적합한 문제 유형 선택 : 한 가지 현상에 대한 여러 개인들의 공통된 또는 공유된 경험을 이해하는 것이 중요할 경우에 그 문제는 현상학 연구에 가장 적합하다고 할 수 있다. 구체적으로 실천이나 정책 개발을 위하여, 현상의 특성을 더 깊이 이해하기 위해 사용될 수 있다.

(2) 연구의 관심이 되는 현상을 확인한다.

(3) 현상학의 광범위한 철학적 가정들을 인식하고 상술 : 이 절차에서는 연구 참여자들이 바라보는 현상을 완전히 기술하기 위해 연구자 자신의 경험을 가능한 한 많이 배제 시켜야 한다(괄호 치기, 판단 중지).

(4) 현상을 경험해 온 개인들로부터 자료 수집 : 주로 심층면접과 여러 차례의 면접으로 구성되며, 관찰, 예술, 시 등의 예술형태나 간접 경험하는 자료들로 수집될 수도 있다.

(5) 연구 참여자들에게 질문 수집 : 주어진 질문은 크게 두 가지이다. '현상에 관하여 무엇을 경험하였는가?', '현상에 대한 경험에 전형적으로 영향을 준 맥락이나 상황은 무엇인가?'로 조직적 기술과 구조적 기술을 이끌어내는 질문을 제공한다.

(6) 현상학적 자료 분석 : 수집된 자료와 질문을 활용하여 의미 있는 진술들이나 문장, 인용문을 강조하여 주제로 발전시킨다.

⊙ 무스타카스(Moustakas, 1994)의 현상학적 연구에서의 자료 분석 방법

1) 괄호 치기(bracketing) 과정 : 열린 태도, 새로운 눈을 통해 현상을 새롭게 경험하는 것
2) 수평화 작업(horizonalizing) : 얻어진 각종 개념들에게 모두 동일한 중요성 부여하는 것
3) 조직적 진술(textural description) : 수집된 개념들을 하나의 의미 단위를 만드는 것
4) 상상적 변형(imaginative variation) : 다양한 모습을 상상하고 변하지 않고 존재하는 본질을 찾아내는 것
5) 구조적 진술(structure description) : 연구 구조에 맞게 기술하고 최종적으로 현상을 전체적으로 이해할 수 있는 본질이 파악되게 됨

7) 이중맹검(double - blind) : 실험연구에서 행할 수 있는 방법

(1) 이중맹검(double - blind)법은 연구자와 실험참여자의 의식에서 나타날 수 있는 주관적 편차(subjective bias)와 개인 선호(personal preferences)를 없애기 위해 더욱 엄격한 실험방법이다.

(2) 이중맹검(double - blind)법에서는 연구자와 실험참여자 모두 어떤 참여자가 대조군(control group)에 속하는지, 어떤 참여자가 실험군(experimental group)에 속하는지 모르며, 모든 자료가 기록된 후에만 어떤 집단인지 연구자가 알 수 있다.

8) 연구윤리 확보를 위한 지침 제12조(연구부정행위의 범위)

(1) 연구부정행위는 연구개발 과제의 제안, 수행, 결과 보고 및 발표 등에서 이루어진 다음을 말한다.

① '위조'는 존재하지 않는 연구 원자료 또는 연구자료, 연구결과 등을 허위로 만들거나 기록 또는 보고하는 행위

② '변조'는 연구 재료·장비·과정 등을 인위적으로 조작하거나 연구 원자료 또는 연구자료를 임의로 변형·삭제함으로써 연구 내용 또는 결과를 왜곡하는 행위

③ '표절'은 다음 각 목과 같이 일반적 지식이 아닌 타인의 독창적인 아이디어 또는 창작물을 적절한 출처표시 없이 활용함으로써, 제3자에게 자신의 창작물인 것처럼 인식하게 하는 행위

ㄱ. 타인의 연구내용 전부 또는 일부를 출처를 표시하지 않고 그대로 활용하는 경우
ㄴ. 타인의 저작물의 단어·문장구조를 일부 변형하여 사용하면서 출처표시를 하지 않는 경우
ㄷ. 타인의 독창적인 생각 등을 활용하면서 출처를 표시하지 않은 경우
ㄹ. 타인의 저작물을 번역하여 활용하면서 출처를 표시하지 않은 경우

④ '부당한 저자 표시'는 다음 각 목과 같이 연구내용 또는 결과에 대하여 공헌 또는 기여를 한 사람에게 정당한 이유 없이 저자 자격을 부여하지 않거나, 공헌 또는 기여를 하지 않은 사람에게 감사의 표시 또는 예우 등을 이유로 저자 자격을 부여하는 행위

ㄱ. 연구내용 또는 결과에 대한 공헌 또는 기여가 없음에도 저자 자격을 부여하는 경우
ㄴ. 연구내용 또는 결과에 대한 공헌 또는 기여가 있음에도 저자 자격을 부여하지 않는 경우
ㄷ. 지도학생의 학위논문을 학술지 등에 지도교수의 단독 명의로 게재·발표하는 경우

⑤ '부당한 중복게재'는 연구자가 자신의 이전 연구결과와 동일 또는 실질적으로 유사한 저작물을 출처표시 없이 게재한 후, 연구비를 수령하거나 별도의 연구업적으로 인정받는 경우 등 부당한 이익을 얻는 행위

⑥ '연구부정행위에 대한 조사 방해 행위'는 본인 또는 타인의 부정행위에 대한 조사를 고의로 방해하거나 제보자에게 위해를 가하는 행위

⑦ 그 밖에 각 학문분야에서 통상적으로 용인되는 범위를 심각하게 벗어나는 행위

(2) 대학 등의 장은 제1항에 따른 연구부정행위 외에도 자체 조사 또는 예방이 필요하다고 판단되는 행위를 자체 지침에 포함시킬 수 있다.

9) 과학적 연구의 특징

(1) 논리적

두 가지의 배타적인 상태는 동시에 일어날 수 없으며, 말이나 현상 등이 앞뒤 이치에 맞아야 한다.

사례 하나의 동전을 던지면 동전의 앞과 뒤가 동시에 나올 수 없다. 또는 불을 지피지도 않았는데 연기가 먼저 날 수 없다.

(2) 결정론적

모든 과학적 현상은 스스로 발생할 수 없으며, 그에 상응하는 원인이 존재한다.

사례 대통령 선거에서 유권자가 특정 후보에 투표하는 경우, 특정 후보를 선택하게 된 원인요인(사회계층, 지연, 학연 등)이 존재한다.

(3) 일반화 목적

과학적 연구는 개별적인 특정 사건이나 현상의 설명을 목적으로 하지 않고, 대부분의 일반적 사건이나 현상들에 적용하여 설명할 수 있는 논리나 이해 추구를 목적으로 한다.

(4) 간결성

과학적 연구는 최소한의 정보로 최대한의 설명력을 확보할 수 있어야 한다.

사례 100개의 변수를 사용한 모형의 정확도가 99%이며, 3개의 변수를 이용한 모형의 정확도가 70%일 때 후자의 모형이 더 바람직한 모형일 수 있다.

(5) 검증 가능성

과학적 연구에 의하여 형성된 지식은 그 산출과정이 명확해서 다른 연구자가 같은 연구자가 같은 방법을 사용해서 이를 다시 검증할 수 있어야 한다.

(6) 간주관성 또는 상호 주관성(inter-subjectivity)

과학적 연구는 연구자에 의해 계획되어 수행되기 때문에 주관적인 성격을 포함하고 있어, 동일한 목적의 연구라도 사용하는 연구방법에 따라 서로 다른 결과가 나올 수 있다. 그러나 연구자마다 서로 다른 주관적인 판단과 지식을 바탕으로 연구를 계획하고 수행해도 동일한 여건 하에서 다른 연구자가 동일한 연구방법으로 연구를 수행하면 동일한 결론을 얻을 수 있어야 한다.

(7) 수정 가능

과학적 연구결과로 입증된 이론이나 사실들은 변할 수 있다. 과학적 연구는 항상 수정을 전제로 하며 수정이 가능해야 한다.

10) 외적 타당도

(1) 외적 타당도는 조사 결과를 다양한 시점과 대상, 상황에 일반화할 수 있는 정도를 의미한다. 조사 결과를 일반화하려면 조사의 대상이 된 표본이나 상황이 일반적인 대상과 상황을 잘 대표할 수 있어야 한다. 즉, 조사 대상 표본이 모집단을 잘 대표할수록 외적 타당도가 높아진다.

(2) 표본의 크기가 클수록 표본은 모집단의 특성을 좀 더 반영할 수 있다. 그리고 표본을 뽑을 때 확률표집방법을 사용할수록 대표성이 높아진다. 다른 방법으로는 호손 효과(hawthorne effect)가 있는데, 조사 대상자들이 자신이 조사되고 있다는 인식이 적을수록, 즉 호손효과(hawthorne effect)가 작을수록 외적 타당도는 높아진다. 조사 대상자들이 자신을 연구 대상자임을 인식하게 되면 평소와 다르게 행동할 확률이 높기 때문이다. 관찰자를 의식해서 의도와는 다른 행동을 할 수도 있다. 따라서 연구자는 호손효과가 생기지 않도록 조사를 수행해야 한다.

(3) 외적 타당도는 여러 상황과 대상을 반복적으로 조사해서 재현했을 때 더 높아진다. 반복적으로 재현함으로써 축적된 결과는 일반화하는 것에 유리하기 때문이다. 그리고 조사 상황이 일반적인 상황 또는 현실적인 상황을 잘 반영할수록 외적 타당도는 높아진다. 따라서 연구자는 조사 상황을 설계에 맞게 잘 설정하도록 노력해야 한다.

(4) 내적 타당도는 외적 타당도의 필요조건이지만, 충분조건은 아니다. 외적 타당도를 따지기 위해 내적 타당도가 전제되어야 한다. 그러나 내적 타당도만으로 외적 타당도를 담보할 수 없으므로 위에서 제시한 방법을 사용하여 연구자가 조사를 진행하는 것이 바람직하다.

11) 단순회귀 모형 $Y_i = b_0 + b_1X_i + \epsilon_i$와 결정계수 R^2에 관한 설명

(1) R^2값은 X에 의해 설명되는 Y분산의 비율을 의미한다.

결정계수(R^2)가 1에 가까우면 반응 변수의 변동 중 많은 부분이 회귀에 의해 설명된 것이고, 0에 가까우면 반응 변수의 변동 중 대부분이 회귀에 의해 설명되지 않았다는 것을 나타낸다. R^2값은 X를 사용하여 설명될 수 있는 Y의 변동비율을 측정한다. 즉, X에 의해 설명되는 Y분산의 비율을 의미한다.

(2) b_1은 독립변수 X가 한 단위 변화할 때 Y가 변화하는 양이다.

> 회귀분석에 원인이 되는 변수를 독립변수(X), 결과로 되는 변수를 종속변수(Y)라 하는데, 두 변수의 관계는 회귀식 $Y_i = b_0 + b_1X_i + \epsilon_i$로 표현할 수 있다. 회귀계수 b_1는 X가 한 단위 변화할 때 Y가 변화하는 양을 나타낸다. 회귀분석을 하는 목적은 두 변수의 관계가 회귀식으로 간단하게 설명하고, 한 변수로 다른 변수의 값을 추정하거나 예측하기 위한 것이다.

(3) ϵ의 기댓값은 0이다. 또한 b_0는 X가 0일 때 Y의 값이다.

단순회귀 모형의 기본가정

$Y_i = b_0 + b_1 X_i + \epsilon_i$

b_1과 b_0은 미지의 절편과 기울기 모수이며 회귀변수 X는 수학변수로 가정한다.
오차항 ϵ_i는 다음과 같은 기본가정을 가진다.

1) ϵ_i의 기댓값은 0이다.
2) ϵ_i의 분산은 일정하다.
3) $i \neq j$일 때 ϵ_i와 ϵ_j는 서로 상관이 없다.
4) X_i가 확률변수가 아니고 ϵ_i와 상관이 없다.
5) ϵ_i는 정규분포 $N(0, \sigma^2)$을 따른다.

(4) 1에 가까운 R^2값은 X와 Y간 인과관계의 필요조건이 된다. 즉, 상관관계는 인과관계의 필요조건이지 충분조건은 아니다. 회귀분석은 변수와 변수 간의 인과관계를 탐구할 수 있는 통계방법이기 때문에 이를 활용하고 있다.

상관관계는 곧바로 인과관계로 이어지지 않는다, 상관관계만으로는 인과관계를 장담할 수 없다, 상관관계는 인과관계를 암시하지 않는다, 상관관계는 인과관계의 필요조건(necessary condition)이지만, 충분조건은 아니다. 변인 A와 변인 B가 상관관계에 있다고 해서 한쪽 변인이 다른 한 쪽의 변인의 원인임이 반드시 입증되지 않는다. 원인이 되는 변인이 단 하나가 아니고, 수많은 변인들이 원인으로서 작용하는 사례들이 있기 때문이다[6].

12) 벨몬트 보고서(The Belmont Report)[7]

- 인간 피험자 보호를 위한 윤리 원칙과 지침 -

(생명의료 및 행동 연구의 인간 피험자 보호를 위한 국가위원회, 1979년 4월 18일)

(1) 기본적 윤리 원칙들

'기본적 윤리 원칙'이라는 표현은 여러 가지 특정 윤리적 처방을 정당화하는 기초이자 인간 행동을 평가하기 위한 일반적 판단 기준을 가리킨다. 우리 문화 전통 속에서 일반적으로 받아들여지는 원칙들 가운데 특히, 다음 세 가지 기본 원칙이 인간 피험자를 포함하는 연구 윤리와 관련이 깊다. 인간 존중의 원칙, 선행의 원칙, 그리고 정의의 원칙이 그것이다.

벨몬트 보고서는 인간 존중(Respect for Person), 선행(Beneficent), 정의(Justice), 신의(Fidelity), 악행금지(Non-Maleficence), 진실(Veracity)을 여섯 개의 기본 윤리 원칙으로 설정했으며, 이 원칙들 중에서 같거나 유사한 개념이 정리되어 현재 모든 임상시험의 기초가 되는 인간 존중, 선행, 그리고 정의의 세 가지 기본 윤리 원칙들이 제시되었다.

[출제] 비밀성(confidentiality) ×, 익명성(anonymity) ×

6) **출처** : 나무위키

7) 터스키기 매독 연구(Tuskegee Syphilis Study)의 심각성을 인지한 미국 의회는 1974년 7월 12일 국가연구법(National Research Act)를 통과시켰다. 이 법의 통과와 함께 보건복지부 규정(45 CFR 46), 식약청 규정(21 CFR 50)등을 비롯한 연방 규제 법안이 입법되었다. 이 해에 미국 의회는 '생명의학 및 행동 연구에서의 피험자 보호를 위한 국가위원회(The National Commission for the Protection of Human Subjects of Biomedical and Behavior Research)'를 승인하였다. 의회는 이 위원회를 통해 임상시험의 바탕이 되는 윤리원칙을 정의하도록 촉구하였으며, 이 위원회는 1978년 '임상시험의 인간 피험자를 보호하기 위한 윤리원칙과 가이드라인(Ethical Principles and Guidelines for the Protection of Human Subjects of Research)'을 발표하였고 이는 1979년 4월 18일에 '벨몬트 보고서(Belmont Report)'로 발간되었다.

① 인간 존중(respect for persons)

인간 존중은 최소 두 가지의 윤리적 신념을 하나로 묶는다. 첫째, 인간은 자율적 존재로 취급되어야 하며, 둘째, 자율 능력이 부족한 인간은 보호를 받을 권리가 있다는 것이다. 그러므로 인간 존중의 원칙은 두 가지 서로 다른 도덕적 요구로 분리된다. 그 하나는 자율성 인정에 대한 요구이고, 다른 하나는 자율성이 부족한 인간에 대한 보호의 요구이다.

자율적인 인간은 자의적으로 자신의 목적을 숙고할 능력 그리고 그 방향으로 행동할 능력이 있는 개인이다. 자율성 존중이란 자율적인 인간의 숙고된 의견과 선택을 그들의 행동이 다른 이들에게 명백한 피해를 주지 않는 한 방해하지 않고 존중하는 것이다. 불가피한 이유가 없는데도 도덕 행위자의 숙고된 판단을 무시하거나, 그 숙고된 판단에 따라 행위 할 자유를 부인하거나, 숙고된 판단을 내리는데 필요한 정보를 감추는 것은 자율적 도덕 행위자를 존중하지 않는 것이다.

하지만, 모든 인간이 자기결정 능력을 가지고 있는 것은 아니다. 자기결정 능력은 성장과 더불어 증대되며 어떤 사람들은 질병, 정신이상, 또는 자유가 심하게 제한되는 상황 등으로 인해 이 능력의 전체 또는 일부분을 상실한다. 미성년자와 무능력자(the incapacitated)에 대한 존중은 그들이 성장해 가는 동안, 또는 그들이 장애를 가지고 있는 동안 그들을 보호할 것을 요청한다.

> 사회적 실험과 관련된 문제는 생의학적, 행동학적 연구와는 상당히 다르기 때문에 본 위원회는 이 시점에서 그런 연구와 관련된 어떤 정책도 결정하지 않기로 한다. 그 대신 그런 문제는 본 위원회의 후속기구에서 다루어져야 한다고 생각한다.

어떤 사람들은 그들에게 해를 줄지도 모르는 행위들로부터 그들을 배제시키는 정도로까지 광범위한 보호를 필요로 한다. 다른 이들은 그들이 나쁜 결과의 위험을 인식하는 가운데 자유롭게 행동할 수 있음을 보장하는 것 외에 별다른 보호를 필요로 하지 않는다. 제공되는 보호의 수준은 예상되는 위험과 이득의 정도에 달려 있다. 누군가가 자율성을 결여하고 있다는 판단은 주기적으로 재평가되어야 하며 상황에 따라 다양할 것이다.

인간 피험자와 관련이 있는 대부분의 연구에서 인간 존중은 그 피험자가 충분한 정보를 가지고 자발적으로 연구에 참여하기를 요구한다. 그러나 어떤 상황에서 이 원칙의 적용은 그리 분명하지 않다. 피험자로서 죄수의 참여는 교육적인 예를 제공한다. 한편으로는 인간 존중의 원칙이 죄수도 연구에 자발적으로 참여할 수 있는 기회를 박탈당해서는 안 됨을 요구하는 것처럼 보인다. 다른 한편으로는 수감 생활 속에서 그들이 그렇지 않았다면 '자원'하지 않았을 연구에 참여하도록 미묘한 압력을 받거나 부당한 영향을 받을 수도 있다. 그렇다면 인간 존중의 원칙은 죄수가 보호 받아야 함을 요구한다. 죄수로 하여금 '자원'하게 할 것이냐, 또는 '보호'할 것이냐 하는 문제는 딜레마이다. 대부분의 곤란한 사례에서 인간 존중은 종종 그 원칙 자체에 의해 요구되는 대립하는 주장들 사이의 균형을 잡아가는 일이다.

② 선행(beneficence)

사람들을 윤리적으로 대우하는 방식에는 그들의 결정을 존중하고 위험으로부터 보호하는 것 외에도 그들의 복지를 보증하려고 노력하는 방식이 있다. 이때 후자의 대접 방식은 선행 원칙의 범주에 포함된다. '선행(beneficence)'이라는 용어는 엄격한 의무를 넘어서는 친절, 또는 자선을 의미하는 것으로 종종 이해된다. 이 보고서에서는 선행이란 그보다는 좀 더 강한 의미로서, 하나의 의무로 이해된다. 이런 의미의 선행에 대한 일반적인 규칙을 다음 두 가지의 상호 보완적인 표현으로 정식화할 수 있다. ① 해를 입히지 말 것, ② 가능한 한 이익을 극대화하고 가능한 한 해악을 극소화할 것.

'해를 입히지 말라'라는 히포크라테스의 격률(格率)은 오랫동안 의료 윤리의 기본적인 원칙이었다. 클로드 베르나르는 이를 연구의 영역까지 확장시켜, 타인에게 이득이 되는지 여부를 불문하고 누구에게든 해를 입히지 말라고 말했다. 그러나 해를 입히지 않기 위해서라도 무엇이 해악인지 알아야 한다. 그리고 이런 정보를 얻는 과정에서 사람들은 해악의 위험에 노출되기 마련이다. 더욱이 히포크라테스 선서는 의사들에게 '최선의 판단에 따라' 환자들에게 이득을 줄 것을 요구한다. 사실상 무엇이 이득이 될 것인가를 알기 위해서 사람들을 위험에 노출시켜야 하는 경우도 있다. 이런 정언적 명령이 제기하는 문제는 위험에도 불구하고 특정한 이득을 추구하는 것이 정당화될 수 있는 경우와 위험 때문에 이득을 포기해야만 하는 경우를 결정해야 한다는 것이다.

선행의 의무는 개별 연구자와 사회 일반 모두에게 영향을 미치는데, 왜냐하면 선행의 의무가 특정 연구 프로젝트는 물론 연구 행위 전반에까지 확장되기 때문이다. 특정 프로젝트의 경우 연구자와 그 기관의 종사자들은 그 연구로부터 생길지도 모르는 해악을 최소화하는 한편 이득을 극대화하기 위해 사전에 숙고해야만 한다. 일반적인 과학 연구의 경우 사회 구성원들은 장기적인 관점에서 지식의 발전, 새로운 의학적, 심리치료적, 사회적 과정의 발달로부터 야기될 수 있는 이득과 위험을 인식해야만 한다.

선행의 원칙은 종종 인간 피험자와 관련된 연구의 여러 영역에서 잘 정의된 정당화의 역할을 한다. 어린이 대상의 연구에서 한 예를 발견할 수 있다. 어린이 질환을 치료하는 효과적인 방법과 건강증진법의 개발은 설령 개별적 연구 대상이 이득의 수혜자가 아니라 하더라도 어린이 대상 연구를 정당화하는 데 도움이 되는 이득이다. 연구를 통해서 이전에 일반적으로 활용되었던 시술법을 자세히 조사함으로써 그 시술법의 적용에 기인하는 위험을 피할 수도 있다. 그러나 선행의 원칙의 역할은 언제나 그리 분명한 것은 아니다. 예컨대 관련 어린이에게 직접적인 이득이 즉각적으로 기대되지 않으면서 최소한의 위험 이상의 것이 예상되는 경우 어려운 윤리적 문제는 그대로 남는다. 어떤 이들은 그런 연구가 용인되어서는 안 된다고 주장해 온 반면에, 다른 이들은 만약 그런 연구를 제한한다면 미래의 어린이들에게 큰 이득을 가져올 장래성 있는 수많은 연구가 배제될 것이라는 점을 지적해 왔다. 다른 어려운 문제들과 마찬가지로 여기서도 다시 한번 선행의 원칙에 근거한 서로 다른 주장은 충돌을 일으키고 어려운 선택을 강요한다.

③ 정의(justice)

누가 연구에서 생기는 이득을 누리고 누가 그 부담을 감당해야 하는가? 이것은 '분배의 공정성', 또는 '합당한 응분'이라는 의미에서, 정의의 문제이다. 자격이 있는 사람에게 어떤 이득이 정당한 이유 없이 부인되거나 또는 어떤 부담이 부당하게 지워질 때 불의가 발생한다. 정의의 원칙을 이해하는 또 다른 방법은 동등한 것은 동등하게 취급해야 한다는 것이다. 그러나 이 진술은 해설을 필요로 한다. 누가 동등하고 누가 그렇지 않은가? 불균등한 분배를 정당화하려면 무엇을 고려해야 하는가? 거의 모든 주석가는 경험, 나이, 결핍, 의사결정능력, 공적, 그리고 지위에 근거한 분배가 특정 목적을 위한 차별적인 대우를 정당화하는 기준을 실제로 구성하는 경우가 가끔 존재한다는 점을 인정한다. 그렇다면 사람들이 어떤 점에서 동등하게 취급받아야 하는지를 설명해야 할 필요가 있겠다. 부담과 이득의 공정한 분배를 위해 널리 받아들여지는 몇 가지 정식(定式)이 있다. 각 정식은 부담과 이득을 분배할 때 기초로 삼아야 할 관련 속성에 관해 언급하고 있다. 이러한 정식들은 ① 각자에게 똑같은 몫을, ② 각자의 개별적인 필요에 따라, ③ 각 개인의 노력에 따라, ④ 각자의 사회적 기여도에 따라, ⑤ 각자의 공적에 따라 분배하라는 것이다.

정의의 문제는 오랫동안 처벌, 과세, 그리고 정치적 대의(代議)제도와 같은 사회적 실천과 관련을 가져 왔다. 얼마 전까지만 해도 이런 문제들은 과학 연구와는 대개 관련이 없었다. 하지만 그런 문제들은 인간 피험자를 포함하는 연구의 윤리적 측면을 조금만 성찰해 보더라도 그 징조를 금방 발견할 수 있다. 예컨대 19세기와 20세기에 연구 피험자로서의 부담은 주로 가난한 병동 환자들의 몫이었으며 반면 연구에 따른 의학적 진보의 이득은 대개 부유한 환자들에게 돌아갔다. 다음으로, 나찌 수용소 수용인들에 대한 착취는 특히 극악한 불공정의 예로 비난을 받았다. 미국에서는 1940년대에 터스키기 매독 연구가 치료받지 않을 경우 그 병의 진행 과정을 연구하기 위해 결코 이 병이 그들에게만 국한된 문제가 아니었음에도 불구하고 시골의 가난한 흑인 남성들을 이용하였다. 연구의 계속적인 수행을 이유로 이 피험자들에게는 효과적인 치료가 제대로 제공되지 않았는데, 그러한 치료 방법이 일반에 널리 보급된 이후에도 그러했다.

이런 역사적인 배경에 비추어 본다면 정의라는 개념이 인간 피험자 연구와 어떻게 관련되는지 알 수 있다. 예컨대 연구 대상의 선정이 특정 계층(저소득층, 소수 민족과 특정 인종, 또는 시설 수용자 등)이 연구주제와 직접적으로 관련이 있기 때문이 아니라, 그들이 단지 시간이 많고 처지가 어려우며 조종하기 쉽다는 이유로 체계적으로 선택된 것은 아닌지의 여부를 세밀히 검토하여야 한다. 끝으로 공공기금의 지원을 받는 연구가 치료 기술이나 장치의 개발을 목적으로 할 때에는 그것들을 활용할 여유가 있는 사람에게만 편익이 되어서는 결코 안 되며, 그 연구 결과의 적용을 받는 수혜자가 될 가능성이 없는 집단에서 그런 연구의 피험자를 부당하게 뽑아서는 안 된다는 것을 정의는 요구한다.

13) 연구 수행에 관한 설명

(1) 관련 이론과 선행 연구들이 부재한 상황이라면 정성적 방법(질적 방법), 관련 자료조사, 관찰, 심층인터뷰의 과정을 거치는 연구가 먼저 필요하다.

(2) 자기보고식 검사를 사용하더라도 참여자들에 대한 측정에서 체계적 오류와 비체계적 오류가 발생할 수 있다.

(3) 연구의 독특성, 의의 및 실행 가능성 등을 고려하여 연구 주제와 연구문제를 결정하는 것이 바람직하다.

(4) 양적 연구 수행 시 연구의 내적 타당도(인과성 추론의 정도)뿐 아니라 연구 결과의 일반화 가능성(외적 타당도)도 중요한 고려 사항이다.

14) 사례에 적절한 분석 방법

(1) 연구자는 '자기수용척도'의 하위척도(자기수용-1, 자기수용-2, 자기수용-3) 점수의 프로파일을 토대로 연구 참여자들을 적극적 자기수용자, 소극적 자기수용자, 비수용자로 구분했다. → 연구 참여자들을 범주화하였기 때문에 군집분석에 해당한다.

(2) 연구자의 관심은 A와 B의 관계를 C가 조절하는지를 확인(조절효과)하는데 있다. 이를 위해 연구자는 1단계에 공변인을 투입하고, 2단계에 A와 C를 투입하고, 마지막 3단계에 A와 C의 상호작용 항을 투입해서 B를 설명하는 모형을 설정한 후 상호작용 항이 통계적으로 유의한지 확인했다. → 위계적 회귀분석

위계적 회귀분석은 연구자의 경험적 근거를 이용하여 영향력이 큰 변수를 하나씩 투입해가면서 독립변수 중에서 가장 영향력이 큰 변수가 무엇인지 찾아내는 방법으로, 영향력이 가장 작은 것이 무엇인지도 알 수 있다.

예제

위계적 회귀분석을 활용한 조절효과분석

조절변수의 조절효과를 검증하기 위하여 연령을 통제한 후 조절변수의 상호작용항을 구성하여 위계적 회귀분석을 실시한다. 1단계에서는 통제변수를, 2단계에서는 독립변수, 3단계에서는 조절변수를, 4단계에서는 독립변수와 조절변수를 조합한 상호작용항을 투입하여 분석한다.

15) 양적 연구의 타당도

(1) 무선표집(random sampling) 즉, 확률표집을 실시하면 표본의 대표성이 확보되어 일반적으로 외적타당도가 증가한다.

(2) 일반적으로 실험연구는 가외변인(외생변인)을 통제하기 때문에 내적타당도가 높다.

(3) 연구 수행 중에 참여자들이 이탈하는 것은 상실요인이며, 측정도구가 바뀔 경우는 도구요인으로 이는 연구의 내적타당도가 위협받는다.

(4) 두 변인이 상관성이 있더라고 인과성이 없을 수 있다. 즉, 변인 간 상관관계를 토대로 인과관계를 단정할 수 없다.

(5) 연구참여자들을 실험집단과 통제집단에 무선할당(random assignment)하면 일반적으로 내적타당도가 증가한다. 실험집단과 통제집단에 무선할당(random assignment)하는 설계는 진실험설계이며, 이는 인과관계를 규명하기 위한 설계로, 높은 내적타당도가 특징이다. 무선할당(random assignment)을 통해 두 집단의 동질성을 확보할 수 있고, 가외변인을 통제하기 때문에 내적타당도가 높다.

16) 척도의 신뢰도(reliability)

(1) 척도의 문항이 1개일 경우 반분신뢰도 계수는 0이다. 반분법은 양분된 측정도구의 문항 수는 그 자체가 완전한 척도를 이룰 수 있을 만큼 충분해야 한다. 즉, 반분된 문항 수는 적어도 8 ~ 10개는 되어야 한다. 척도의 문항이 1개일 경우 반분신뢰도 계수를 산출할 수 없다.

(2) 같은 척도를 연령대가 다른 참여자들에게 실시한다면 신뢰도 계수는 변한다.

(3) Cronbach의 alpha는 문항내적 합치도 또는 내적 일관성 방법을 적용한 신뢰도를 나타낸다.

(4) 문항들의 내용이 서로 유사하면 척도의 내적 일관성은 커진다. 그 이유는 내적 일관성은 여러 문항들이 측정하고자 하는 하나의 개념을 측정해야 한다는 개념이기 때문이다.

17) 측정도구 선정 및 사용

(1) 측정도구의 신뢰도가 높더라도 타당도는 낮을 수 있다.

(2) 측정도구 선정 시 검사의 경제성, 피검자의 피로도(비체계적 오류 발생 원인)는 고려할 사항에 해당한다.

(3) 측정도구가 특정 연령대를 대상으로 타당화되었다고 하더라도 다른 연령대에도 타당도가 확보된 것은 아니다. 측정의 정확성은 연령에 따라 달라질 수 있기 때문이다.

(4) 한 개의 측정도구로 특정 구성개념을 완벽히 측정할 수 없다. 따라서 구성개념을 측정하기 위해 두 개 이상의 측정도구를 사용할 필요가 있다.

(5) 검사-재검사법은 시간 간격을 두고 동일 대상자에게 동일한 측정도구를 사용하기 때문에 반복된 측정으로 인한 연습효과가 예상된다. 따라서 이를 보완하기 위해 동일한 시점에 두 가지의 측정도구(유사한 도구 제작)를 사용하여 회수하는 동형검사(parallel forms) 사용을 고려하는 것이 좋다.

18) 결정계수 R^2

기출

총변동(SST ; sum of squares total) 중 선형관계로 설명되지 않는 변동(SSE ; sum of squares error)이 차지하는 비중이 $\frac{1}{5}$ 이라면 결정계수 R^2의 값은 $(1-\frac{1}{5})=\frac{4}{5}=$ 이다. 그 이유는 결정계수 R^2의 값은 {1-선형관계로 설명되지 않는 변동 즉, 입력변수로 설명할 수 없는 변동비율(SSE ; sum of squares error)}로 구할 수 있기 때문이다.

(1) 총변동(SST) = 회귀제곱합(SSR) + 선형관계로 설명되지 않는 변동(SSE)

SST는 Y의 총 분산(변동성)이며, SSE는 회귀직선으로 설명 불가능한 분산(변동성)이고, SSR은 회귀직선으로 설명 가능한 분산(변동성)을 의미한다.

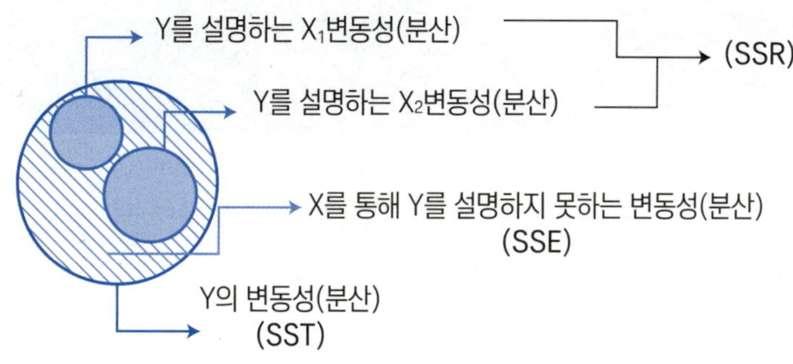

그림출처: 딥러닝과 머신러닝 이야기(https://bluediary8.tistory.com)

(2) 추정된 회귀선이 표본 자료에 적합한가를 측정하는 결정계수(R^2)의 특성

① R^2은 제곱합의 상대적 비율이므로 음(-)의 값을 가질 수 없다.

② R^2은 0 에서 1 사이에 값을 갖는다($0 \le R^2 \le 1$).

③ R^2값이 0 이라면 표본회귀선으로 설명 가능한 부분이 없다는 뜻이므로 두 변수 X 와 Y 사이에는 전혀 관계가 없다. 그러므로 R^2값이 0 에 가까우면 회귀분석을 적용함에 적합하지 않다는 뜻이다.

④ R^2값이 1이라면, 표본회귀선은 완전히 적합하다는 뜻이므로 두 변수 X 와 Y 사이에는 잔차가 전혀 없는 하나의 수학적 함수이다. 그러므로 R^2값이 1 이라면 회귀분석을 적용할 수 없다.

cf $R^2 = 1 - \frac{RSS(\text{잔차의 제곱합})}{TSS(\text{총 변량크기})}$ 또는 $R^2 = \frac{\text{회귀제곱합}(SSR)}{\text{총제곱합}(SST)}$

⑤ 회귀분석에서 결정계수 R^2이 통계적으로 유의미하면 회귀모형이 적합한 것으로 평가한다.

⑥ R^2값이 1에 가까울수록 설명력이 크고, 추정된 회귀식의 적합도가 높다.

⑦ 결정계수 R^2은 독립변수의 개수 및 표본크기의 영향을 받는다. → R^2은 독립변수가 늘어날수록 증가하는 경향이 있다.

memo

1교시

3과목

심리측정 평가의 활용(필수)

나눔복지교육원 동영상 강의

CHAPTER 01

심리검사 개론

제1절 | 심리검사 및 평가의 개념과 역사 · 총론

1 심리검사 및 평가의 개념

1) 심리검사의 의미

(1) 인간의 행동적 특성이나 심리적 특성을 측정하는 방법으로 응용 가능성을 가지고 수많은 영역에서 다양하게 실시되고 있는데 간단한 검사에서부터 특수한 검사까지 아주 다양하다.

(2) 인간의 성격, 능력 및 그 밖에 그 사람이 갖고 있는 심리적 특성의 내용과 그 정도를 밝힐 목적으로 일정한 조건 하에 이미 마련한 문제 혹은 작업을 제시한 다음 그 사람의 행동 또는 행동의 결과를 어떤 가정의 표준적 관점에 비추어 질적 혹은 양적으로 기술하는 조직적 절차를 의미한다.

(3) 인간의 행동의 모든 것을 완전하게 설명해 주는 도구가 아니라, 단지 인간의 행동을 이해하는 보조도구이기 때문에 너무 과신하거나 불신하는 것은 바람직하지 않다.

> **실력 다지기**
>
> **심리평가 (Psychological assessment)**
>
> 1) 심리평가는 심리검사, 면담, 행동관찰, 개인력 등 개인에 관한 정보를 종합적으로 통합하는 과정이다. 즉, 심리평가란 개인의 심리적 특성을 이해하기 위한 일련의 전문적인 과정으로서, 심리검사, 면담, 행동관찰, 전문지식의 여러 다른 방법에 의해 이루어진다. 즉, 다양한 평가결과를 종합하여 최종적으로 해석을 내리는 보다 복잡하고 전문적인 과정이다.
> 2) 임상가가 개인의 심리적 특성을 평가하기 위해서는 심리검사결과, 면담, 행동관찰, 기타의 기록 등을 전문적 지식을 토대로 종합하여야 한다.
> 3) 심리평가가 의뢰되면 먼저 의뢰된 문제를 분석하여 적절한 평가절차와 검사를 결정하고, 검사를 시행, 채점하여 결과를 해석한다.
> 4) 심리검사결과를 가장 중요한 해석의 근거로 사용하지만, 이 결과만으로 개인을 평가할 수 없으며, 심리검사과정의 행동관찰과 면담자료를 토대로 검사결과를 해석하는 것이 바람직하다.
> 5) 또한 이러한 결과들은 심리학, 정신병리학과 같은 전문적 지식과 임상적 경험이 바탕이 되어야 한다.
> 6) 따라서 심리평가란 심리검사결과, 행동관찰, 면담, 전문적 지식이 종합된 일련의 과정이라고 할 수 있다.

2) 심리검사의 목적

(1) 한 개인의 행동을 예측하는 것이다.

학업성취도의 예측이나 특정 활동에서 개인의 행동을 예측하는데 유용하며 심리검사의 결과는 개인 간의 상호 비교에 그 근거를 두어 앞으로 한 개인이 수행할 행동을 상대적으로, 확률적으로 예측할 수 있도록 한다.

(2) 한 개인의 행동 상의 원인적인 요인을 진단하는 것이다.

적절한 심리검사의 사용을 통해 행동에서 나타나는 결함이나 결점뿐만 아니라, 그 원인을 찾을 수가 있다.

(3) 검사를 통하여 집단의 일반적인 경향을 조사 또는 연구하여 기술하거나 규명하려는 목적으로 사용하기도 한다.

(4) 개성과 적성의 발견을 통하여 자신의 발전을 도모하고 인력의 적재적소 배치를 위해 검사를 사용하기도 한다.

실력 다지기

검사, 측정, 평가의 개념 비교

1) 검사(test) : 대답될 일련의 질문과 과제를 제시해 놓은 것으로 적성 검사, 학업성취도 검사, 성격 검사, 흥미 검사 등이 있다.
2) 측정(measurement) : 물체나 인간이 가지고 있는 어떤 속성을 수량화하는 과정으로 무게, 길이, 심리적 특성의 측정 과정을 들 수 있으며 측정은 검사보다 광의의 의미를 지닌다.
3) 평가(evaluation) : 인간, 프로그램, 사물의 속성과 특성을 측정한 결과를 가지고 가치를 판단하는 행위이며 평가는 필요한 정보를 결정하고 수집하여 가치를 판단하는 과정으로서 측정과 검사를 모두 포함하는 개념이다.

3) 상담초기 내담자 평가의 내용

(1) 상담에 대한 준비도

상담에 대한 준비도란 상담을 통해 도움을 받을 수 있는 내담자[1)]의 준비정도를 말하며 내담자들은 자기 문제에 대한 인식이나 문제에 대한 소유 의식에 있어서 차이를 보일 수 있다.

(2) 내담자의 귀인양식과 대처유형

상담자는 내담자의 문제 원인에 대한 귀인(attribution)양식과 문제해결에 대한 책임감의 소재에 대한 인식을 파악할 필요가 있다.

브릭맨 등(Brickman et al. 1982)은 내담자의 귀인양식과 대처양식에 따라 내담자를 크게 다음의 네 가지 종류로 구분하고 있다.

① 자조적 유형, ② 보상적 유형, ③ 의존적 유형, ④ 의학적 유형

1) 밀러와 김인수는 상담실을 찾아오는 내담자를 크게 방문객형(Visitor type), 불평자형(Complainant type), 고객형(Customer type)으로 분류하였다.

🗀 실력 다지기

내담자의 귀인양식과 대처유형

1) 상담자는 내담자의 문제 원인에 대한 귀인양식과 문제해결에 대한 책임감의 소재에 대한 인식을 파악할 필요가 있다.
2) 내담자의 귀인양식과 대처양식에 따라 내담자를 크게 네 종류로 구분하고 있다.
   (1) 자조적 유형 : 내적 귀인 / 자기 대처 - 문제원인을 자신에게, 해결도 자신이 해야 한다.
   (2) 보상적 유형 : 외적 귀인 / 자기 대처 - 문제원인은 자기 밖에, 해결은 자신이 해야 한다
   (3) 의존적 유형 : 내적 귀인 / 타인 대처 - 문제의 원인은 자기에게, 해결은 타인이 도와주어야 한다.
   (4) 의학적 유형 : 외적 귀인 / 타인 대처 - 문제의 원인도 자신에게 있지 않고, 그 해결도 다른 사람

4) 문제해결양식 및 스트레스 대처양식

(1) 문제해결 양식 : 마이어 - 브리그스 성격유형 척도(MBTI) 검사로 파악할 수도 있다.

① **외향성 대 내향성** : 집단구성원으로서 해결 대 개인적 해결
② **감각형 대 직관형** : 사실에 근거하여 문제 정의 대 가능성에 근거하여 문제 정의
③ **사고형 대 감정형** : 논리적으로 문제해결 대 가치 지향적으로 문제해결
④ **판단형 대 인식형** : 계획과 절차에 따른 문제해결에 중점 대 문제의 정의에 더 관심

(2) 스트레스 대처 양식 : 헤프너 등(Heppner, et al. 1995)은 스트레스 대처양식에 따라 세 유형으로 구분한다.

① **반성적 유형** : 문제해결의 논리적 과정을 중시한다.
② **억압적 유형** : 문제를 부인하거나 회피한다.
③ **반응적 유형** : 강한 정서적 반응과 충동성을 보인다.

5) 상담초기 내담자 문제 평가방법

(1) 상담 신청서

내담자의 인적 사항, 호소 문제, 이전 상담경험, 상담의 긴급성 등을 질문하여 기록한다.

(2) 호소문제 목록화(체크리스트) 하기

(3) 접수 면접

① **목적** : 내담자 문제의 성격과 심각성을 평가하고 개입방법을 결정하기 위해 행하며 내담자의 문제를 가장 잘 해결해 줄 수 있는 상담자와 내담자를 연결시켜 주기 위함이다.
② **주제** : 호소문제, 현재 및 최근의 기능상태, 스트레스 원, 사회적 및 생리적 자원, 외모 및 행동, 문제와 관련된 개인사 및 가족관계, 상담에 대한 기대와 동기 등을 파악하기 위함이다.

(4) 표준화 검사의 활용

준화된 조건 하에서 피검사자들의 심리적 특성들을 측정하기 위한 관찰수단이나 도구를 말하며 이 때 표준화라는 말은 어떤 절대적인 기준(criterion)을 설정하는 것이 아니라, 검사 실시 상황이나 조건 및 검사의 내용과 자극을 모든 피검사자들에게 동일하게 함으로써 검사결과의 상대적 비교를 보다 타당하게 하도록 하는 규준(norm)을 설정하는 것을 의미한다.

2 심리검사의 역사

1) 골턴 (Galton)

(1) 골턴은 인간의 정신적 특성에 깊은 관심을 갖고 1869년에 「천재의 유전(Hereditary Genius)」이란 책을 발간하였다.

(2) 그 후 1873년에 「인간의 능력과 그 발달에 관한 탐구(Inquiries into Human faculty and Its Development)」란 책을 저술하였는데 이것을 인간의 개인차에 관한 과학적인 연구와 심리진단 검사의 시초라고 본다.

2) 커텔 (Cattell)

(1) 커텔은 독일의 Wundt의 실험적 통제의 강조와 미국의 전통적인 실용주의의 영향을 종합해 미국 풍토에 맞는 심리측정과 검사활동의 기반을 세웠다.

(2) 커텔은 엄격한 실험적 통제에도 불구하고 개인 간에는 차이가 있다는 것을 인정하고 행동에 있어서 개인 간에 그러한 차이가 있다는 것은 과학적 연구에 중요한 대상이 된다고 주장하였다.

(3) 커텔은 반응시간에 있어서의 개인차에 관한 연구로서 그의 박사학위 논문을 완성하였다.

(4) 몇 년 후에 펜실베이니아 대학과 콜럼비아 대학에 심리학 연구소를 설치하였고 1890년에 정신검사(mental tests)라는 말을 처음 사용하였다.

3) 비네 (Binet) 등

(1) 비네는 1903년에 자기의 두 딸을 대상으로 기억, 상상, 의지 등에 대해 연구한 「지능의 실험적 연구」를 발표하고 1905년 Simon과 초등학교 입학 시에 있어서 정신박약아의 식별을 목적으로 한 30문항의 검사법을 제안하였다.

(2) 이 검사가 바로 Binet - Simon Test로서 1908년 개정되어 3세에서 13세까지의 일반 아동을 검사할 수 있게 하였으며 문제의 난이도에 합치되는 정신연령(mental age, MA)의 척도를 고안하였다.

(3) 그 후 1911년 Binet가 죽기 전 제2차 개정이 이루어졌고 15세부터 성인까지의 문제를 재정비하여 Binet - Simon Scale로 명명되었다.

(4) 터만(Terman)은 1916년 이 검사를 발전시켜 Stanford - Binet 지능검사를 만들었고 1937년과 1960년에 개정하여 오늘에 이르고 있다.

읽을거리

19세기 후반 Binet와 Simon(1905)은 프랑스 정부로부터 일반 학급에서 정신지체아와 정상아를 구별할 수 있는 검사 개발을 위탁받았다. 그들은 아동들의 지능을 측정하여 초등학교 정규 교육 과정을 수학할 능력이 없는 지체 아동을 판별할 목적의 평가 도구인 Binet - Simon Test(1905)를 개발하였다. Binet는 '지능이란 잘 판단하고 이해하며 추리하는 일반적인 능력'이라고 정의하고, 그 구성 요소로 '판단력', '이해력', '논리력', '추리력', '기억력'을 제안하였다. Binet는 연령이 증가함에 따라 구조화된 과제에 대한 수행이 향상되므로 어떤 아동이 또래 아동보다 과제를 잘 해결하면 정신연령과 지능이 높다는 전제하에 정신연령(mental age)의 개념을 도입하였다. Binet - Simon Test는 3 ~ 13세 아동에게 실시되었으나, 1908년과 1911년에 재표준화를 거치면서 대상 연령이 15세까지 확장되었다. Terman(1916)은 미국 문화에 적절하도록 Binet - Simon Test의 문항을 수정하여 Stanford - Binet Test를 출판하였다.

(5) 1939년에 Wechsler - Bellevue Intelligence Scale이라는 성인용 지능검사가 나왔는데 1955년 WAIS(Wechsler Adult Intelligence Scale)로 개정되었고, 1949년에 5세에서 15세 아동을 위한 Wechsler Intelligence Scale for Children(WISC)가 나왔다. 1967년에는 4세부터 6세 반의 취학 전 아동을 위한 WPPSI(Wechsler Pre - School and Primary Scale Intelligence)가 나왔다.

기출문제 확인학습

검사의 역사적 순서

비네(Binet) 검사(1905) - 로샤(Rorschach) 검사(1921) - 인물화(DAP) 검사(1926, DAP가 벅의 HTP 검사로 확장된 것은 1948년) - 벤더 게슈탈트 검사(BGT)(1938) - 아동용 주제통각검사(CAT) (1949)

3 심리검사의 총론

1) 측정 영역에 따른 분류

(1) 지능검사[2)]

① **개인용**: 비네 검사, 웩슬러 검사, 카우프만 검사 등

② **집단용**: 군대 알파, 군대 베타 검사, 각 학교에서 집단적으로 실시되는 지필 검사 등

실력 다지기

집단용 지능검사

1) 여키스(Yerkes) 등은 1917년에 병사들의 적절한 배치를 위한 최초의 집단검사인 Army - α를 만들었고, 후에 문맹자를 위한 Army - β를 만들었다.

2) 이러한 집단검사가 개발되면서 적성검사, 성격검사, 흥미검사 등의 등장으로 개인의 적성, 성격, 흥미 등을 측정하는데 도움을 주고 있다.

2) 검사대상자의 인원에 따라 일대일로 검사를 받는 개인검사와 검사자가 집단을 대상으로 실시하는 집단검사가 있다.

(2) 학력 및 학업 관련 검사

(3) 적성검사 : 특수한 분야에서의 성공 가능성을 예언해주는 능력을 측정한다.

① 진학 적성검사 대 직업 적성검사

② 일반 적성검사(예 GATB, DAT 등) 대 특수 적성검사(예 사무능력 적성검사, 기계 이해검사, 음악 적성검사, 미술 적성검사 등)

(4) 성격검사

① **자기보고형** : MMPI, CPI, MBTI 등

② **투사형** : 로샤 검사, 주제통각검사(TAT), BGT, 문장완성검사(SCT), HTP검사 등

(5) 흥미검사

직업 흥미검사 대 학업 흥미검사

2) 측정방법에 따른 분류[3]

(1) 기구를 사용하는 검사 : 예 GATB, WAIS, WISC 등

(2) 지필 검사(paper pencil test)

(3) 이 외에도 측정방법에 따라 검사시간을 엄격히 제한하는 속도검사와 제한하지 않는 역량검사가 있다.

3) 측정 목적과 용도에 따른 분류

진단용, 선발 배치용 등이 있다.

4) 평가절차에 따른 분류

표준화검사(제작, 실시, 채점, 해석의 표준화) 대 비표준화 검사

- 표준화 절차에 따라 제작된 표준화 검사와 표준화 절차를 거치지 않은 비표준화 검사가 있다.

5) 결과의 표현방식에 따른 분류

양적 검사(수량화하여 표현) 대 질적 검사(서술하여 표현)가 있다.

3) 검사도구와 관련해 검사지와 필기도구만을 가지고 하는 지필검사와 특정한 기계나 기구를 가지고 하는 기구검사가 있다.

6) 기타

정신적 이상 유무를 진단하는 진단검사와 비진단검사가 있다.

실력 다지기

심리검사의 분류

1) 검사의 실시방식에 따른 분류

구분	검사 명	특징
실시시간	속도검사	시간 내에 수행능력 측정, 문제해결력보다는 숙련도 측정
	역량검사	어려운 문제로 구성, 궁극적인 문제해결력 측정(예 수학경시대회)
수검자의 수	개인검사	한 사람의 피검자에게 1대 1로 검사해서 심층적 연구
	집단검사	선다형 검사이며, 보통 컴퓨터로 한꺼번에 객관적으로 채점
검사의 도구	지필검사	종이에 인쇄된 문항에 연필로 응답하는 가장 일반적인 방식
	수행검사	수검자가 대상이나 도구를 직접 다루어야 하는 검사(예 운전면허시험 2차)

2) 내용에 따른 분류

대분류	중분류	직업상담에 적합한 심리검사의 예	특징 비교
인지적 검사 (능력검사 = 성능검사)	지능검사	한국판 웩슬러[4] 성인용 지능검사 한국판 웩슬러 지능검사	극대수행검사 문항에 정답 있음 응답의 시간제한 최대한의 능력발휘 요구
	적성검사	GATB(일반적성검사) 기타 다양한 특수적성검사	
	성취도 검사	TOEFL, TOEIC	
정서적 검사 (성격검사 = 성향검사)	성격검사	직업선호도 검사 중 성격검사 캘리포니아 성격검사(CPI) 성격유형검사	습관적 수행검사 문항에 정답 없음 응답 시간제한 없음 최대한 정직한 응답요구
	흥미검사	직업선호도 검사 중 흥미검사	
	태도검사	직무만족도 검사	

3) 사용목적에 따른 분류

규준 참조검사	준거 참조검사
다른 대표적인 집단의 사람들의 점수와 비교해서 해석하며 비교 기준이 되는 점수들을 규준이라고 한다.	특정 기준을 토대로 해석하며 기준 점수는 검사사용기관이나 조직의 특성 및 시기에 따라 달라질 수 있다.

4) 유아용(WPPSI), 아동용(WISC), 성인용(WAIS)

7) 상담의 전개과정과 심리검사의 활용

(1) 1단계 : 문제의 제시 및 상담의 필요성에 대한 인식
(2) 2단계 : 촉진적 상담관계의 형성
(3) 3단계 : 상담목표의 수립
(4) 4단계 : 가능한 해결방안의 대안 탐색
(5) 5단계 : 해결방안의 실천
(6) 6단계 : 상담목표 달성의 평가와 종결

8) 검사의 선정

검사는 상담과 분리된 활동이 아니라, 상담의 한 과정이며 검사의 선정, 실시, 채점 및 해석은 상담자로서의 전문성이 요구된다.

(1) 검사의 선정

① **내담자가 요구하는 경우** : 검사를 왜 받으려 하는지 탐색, 적합한 검사를 선정하고 검사의 일반적 특징에 대해 내담자에게 안내한다.

② **상담자가 필요로 하는 경우**

ㄱ. 가능하면 내담자와 의논하여 결정해야 하지만, 일반적으로 상담자가 일방적으로 결정하는 경우가 많으며 내담자의 검사에 대한 불안을 감소시키는 것이 중요하다.

ㄴ. 검사의 목적은 내담자 스스로 자신을 더 잘 이해할 수 있도록 도와주기 위한 것이라고 인식시킴으로써 지능검사나 적성검사와 같은 능력검사에서 최대한의 능력을 발휘하게 하고, 흥미검사나 성격검사에서 솔직하게 응답할 수 있도록 하여야 한다.

ㄷ. 내담자가 검사를 선택하는 과정에 참여하게 되면 결과와 해석을 객관적으로 받아들일 가능성이 높아진다.

(2) 심리검사 활용 시 유의점

① **검사의 선택** : 어떤 목적에서 실시가 필요한지 분명하게 인식하고 검사요강을 필독하여 타당도와 신뢰도에 대해 검토한다.

② **검사의 실시** : 피검사자의 동의와 목적을 설명하고 어떤 이점이 있는지 충분히 설명한다.

③ **검사의 채점** : 전문적 자격과 경험이 필요하다.

④ 검사결과에 대한 비밀보장의 의무가 준수된다.

실력 다지기

심리검사의 윤리적 문제

1) 심리검사 결과가 여러 분야의 의사결정에 중요한 증거로 활용된다는 것은 심리검사가 공정하고 정확하게 이용되지 않으면 수검자가 피해를 입을 가능성이 존재한다는 의미이다.
2) 윤리강령 기본정신은 심리검사가 수검자를 부당하게 차별하는 도구로 사용되어서는 안 된다는 것이며 심리학자들은 검사의 한계를 인식하고 끊임없이 검사의 질적 향상을 위해 노력해야 한다.

9) 검사 선정 시 고려사항

(1) 측정학적 문제

① 검사도구를 선정할 때 비용도 중요한 고려 사항이지만, 검사 도구가 엄격하고 과학적인 기준에 근거하여 개발되었는지 여부가 중요하다.

② 검사가 충분한 신뢰성과 타당성을 지녔는가? 양질의 심리측정적 요소를 지니지 않은 검사 도구의 구매는 비용 낭비일 뿐이다.

③ 이용 가치가 없는 도구를 사용한다면 피검사자에게 불필요한 일을 하는 것이다.

④ 검사자는 표준화된 검사를 구입하기 전에 그 검사가 신중하고 과학적인 과정을 통해 개발되었는지를 살펴봐야 한다.

⑤ 가령 신뢰도와 타당도 계수를 확인할 경우, 무엇을 재는 검사이든 어떤 검사의 신뢰도 계수가 0.70 이하라면 그 검사 점수는 신뢰하기 어렵다고 할 수 있다.

⑥ 다만, 타당도 계수는 신뢰도 계수보다는 낮다. 타당도 계수는 0.60 이상은 거의 없고 대부분 0.30 ~ 0.50 사이에 있는데, 0.10 ~ 0.20 정도로 낮더라도 타당도의 기준이 미래행동을 예언한다면 유용하다고 볼 수도 있다. (탁진국, 2011, 재인용)

부연

검사 선정 시 고려사항

1) 심리검사의 목적을 분명히 하고 그 목적달성에 적절한 검사를 선정해야 한다.
2) 표준화된 검사를 사용하는 경우 검사의 신뢰도를 검토해 보아야 한다.
3) 표준화된 검사일지라도 검사의 타당도가 검사 요강에 제시되어 있지 않은 경우가 있는데 이는 신뢰도 검증에 비해 타당도 검증이 쉽지 않기 때문에 타당도 검증을 거치지 않고 표준화검사로 사용되기 때문이다.
4) 검사의 타당도는 검사 결과를 다각적으로 검토함으로써 검증될 수 있는데, 실제로 타당도 조건이 충족되는 심리검사는 매우 드물다.
5) 심리검사의 실용성을 고려해 보아야 한다. 즉, 검사 시행과 채점의 간편성, 시행시간, 심리검사지의 경제성 등을 검토해야 할 것이다.

실력 다지기

심리학적 측정 (psychological measurement)

1) 개인의 행동을 특징짓는 성질, 즉 심리적 특성을 수량화하는, 즉 측정하는 과정이다.
2) 이러한 심리학적 측정은 물리학적 측정과는 다르게 직접적인 측정이 가능하지 않는 간접적인 측정이다.
3) 왜냐하면 심리적 특성은 추상적인 구성개념(construct)이기 때문이다.
   예 자아강도, 지배성, 엄격성, 사회적응과 같은 심리적 특성은 인간의 행동을 설명하기 위해 이론으로부터 도출된 가설적이고 추상적인 개념이다.
4) 이러한 구성개념이 측정 가능한 방식으로, 즉 조작적으로 정의되고 구성개념과 관련이 있다고 생각되는 행동을 바탕으로 하여 측정되기 때문에 심리적 특성을 측정하는 과정은 간접적인 것이다.

5) 이와 같이 심리학적 측정은 구성개념을 조작적으로 정의하고, 측정도구인 심리검사를 제작하고, 심리검사를 통하여 측정하고, 그 결과를 해석하는 일련의 과정을 거치게 된다.
6) 심리적 특성에 대한 정확하고 객관적인 측정결과를 얻기 위해서는 이러한 일련의 과정이 객관적 측정을 보장해 줄 수 있어야 한다.
7) 구성개념인 심리적 특성은 간접적으로 평가될 수밖에 없는 추상적 개념이므로 이러한 변인을 측정하기 위한 도구를 고안함에 있어서 어려운 문제점이 제기된다.

(2) 의뢰목적 - 검사 전 면담

① 검사 전 면담에서는 심리검사가 의뢰된 상황에 대해 알아보는 것이 필요하며 검사자는 의뢰상황에 따라 검사에 대한 수검자의 인식, 동기, 태도, 검사목적에 있어서 차이가 있음을 인식하고 적절하게 대처할 수 있어야 한다.

② 의뢰자가 구체적인 검사 동기와 목적을 갖고 의뢰하는 경우

ㄱ. 수검자 당사자나 부모나 가족이 검사를 의뢰하기도 하지만, 대부분은 수검자와 관련되는 기관이나 관계자들이 의뢰한다.

ㄴ. 법원에서 피의자의 정신감정, 학교나 기업체, 보험회사 등

③ 내담자나 그의 가족이 심리적 문제를 해결하기 위해 상담자나 치료자를 찾아왔다가 검사를 받도록 권유 받는 경우

ㄱ. 심리검사를 통해 알아보고 싶어 하는 구체적인 질문을 갖고 있기보다는 내담자의 심리적 특성과 문제 발생의 원인 등에 관한 전반적인 정보를 얻고자 한다.

ㄴ. 심리검사의 필요성을 인식하지 못해 동기가 낮고 소극적, 방어적일 가능성이 있다.

참고

검사 실시 전에 시행되는 면담의 목적

1) 친숙한 관계 형성을 위함이다.
2) 검사 목적의 합의를 위함이다.
검사의 시행이 더 협조적으로 이루어지고, 검사 결과를 수검자의 상황에 맞게 구체적으로 제공할 수 있으며 수검자는 자신이 필요한 정보를 제공받아 문제 상황에 적용하여 적극 활용할 수 있는 기회를 가진다.
3) 검사 동기를 높이기 위함이다.
(1) 수검자가 자신이 처한 상황을 분명하게 인식하고, 도움 받고 싶다는 기대를 갖고 있어야 한다.
(2) 검사가 제공해줄 수 있는 정보에 대해 알고 있을수록 동기는 높다.
(3) 검사자는 수검자가 직면한 상황에 대해 다각적으로 질문함으로써 수검자가 처해 있는 상황을 객관적으로 볼 수 있도록 도움을 주게 된다.

10) 검사 시행 시 고려사항

(1) 라포 형성

① 라포(rapport)는 상담자와 내담자 또는 치료자와 내담자 사이에서 '편안하며 동일한 목적을 갖고, 잘 소통하며 협력하는 관계'를 맺는다는 의미이다.

② 작업동맹은 협력적 관계, 상호관계, 연대적 관계를 의미하며 성공적인 상담이나 치료결과를 가장 잘 예측해 주기 때문에 중요하다.

③ 검사자는 수검자가 있는 그대로 반응하도록 동기를 갖도록 격려한다.

④ 검사자는 수검자에게 동기를 부여하고 검사시행에 대한 수검자의 참여도를 높일 수 있는 기술을 습득하도록 노력한다.

(2) 피검자 변인

① 검사가 진행되는 동안 수검자의 정서상태, 신체적 상태에 대해 검사자는 알고 있어야 한다.

② 검사자는 수검자의 저항과 두려움을 이해하고 검사를 받을 때 이러한 정서상태가 드물지 않게 일어날 수 있음을 수검자에게 설명해주고 수검자가 저항과 불안을 해소할 수 있도록 도와야 한다.

③ 준비과정을 거쳤음에도 불구하고 검사과정에서 특별한 심리적·신체적 상태를 보인다면, 기록해 두었다가 해석과정에 이를 반영한다.

④ 수검자가 지나치게 긴장, 저항을 보일 시 검사를 중단하거나 보류하는 것이 바람직하고 재검사의 기회를 권하는 것이 좋다.

부연

검사 시행 시 피검자 고려사항

1) 보통 지능검사나 적성검사의 경우 '일대일 개인 검사'를 많이 실시하지만, 경우에 따라서 주변인으로부터 응답을 받을 필요가 있다.
2) 내담자 스스로 본인의 검사 도구에 직접 표시하는 자기보고에 기초한 '자기보고 데이터'와 타인의 보고에 기초한 '타인보고 데이터'로 구분할 수 있다.
3) 두 자료가 있어야 대상 내담자에 대한 완전한 평가를 할 수 있다.
4) '타인보고 데이터'는 자기 보고를 타당화하는 데 사용될 수 있고, '자기보고 데이터'는 타인 보고에서 얻을 수 없는 자기 지각에 관한 통찰을 제공해 준다.
5) 학생의 예를 든다면, 지능 및 적성 영역, 학업 영역의 도구는 주로 학생 본인이 스스로 검사에 응한 자료를 가지고 검사하지만, 정서·행동 영역의 도구인 '아동·청소년 행동평가척도(K-CBCL)'는 부모가 대상 아동이나 청소년의 사회능력 영역과 문제행동 증후군 영역에 대해 평정하도록 되어 있으며, 부모가 부재하는 경우 함께 거주하는 친척이 평정하도록 한다.
6) '한국 주의력결핍 과잉행동 진단검사(K-ADHDDS)'와 '코너스 척도'의 경우에도, 부모나 교사가 평상시에 아동을 관찰한 내용을 토대로 하거나, 검사자가 면담을 통해 검사지에 기록한다.

(3) 검사자 변인

① 검사가 비구조화되거나 자극이 모호하거나 어렵거나 새로운 과제일수록 검사자의 영향이 크다.
② 정서적으로 불안정하고 혼란된 수검자일수록 검사자의 영향이 크다.
③ 검사자의 연령, 성, 인종, 직업적 지위, 수련과 경험, 성격, 외모 등에 따라 영향을 받는다.
④ 검사시행 전이나 중간과정에서 검사자의 행동이 중요한 영향을 미친다.
⑤ 검사자와 수검자 간 상호작용도 영향을 미친다.
⑥ 검사자 자신의 기대가 반응 결과에 영향을 미칠 수 있다.
⑦ 검사자는 검사자 변인이 검사결과에 영향을 미친다는 점을 인식하고 어떤 수검자에게나 일관성 있게 라포 형성에 도움이 될 수 있는 태도를 보여주어야 하며, 이러한 태도를 자연스럽게 익힐 수 있도록 노력하여야 한다.
⑧ 검사자는 심리검사가 매우 중요한 진단적, 치료적 과정임을 인식하고 심리검사를 통해 수검자를 도울 수 있다는 점을 스스로 확신하고 심리검사의 시행이 단순하고 기계적인 과정이 아니라 수검자에게 유익한 결과를 가져다 줄 수 있는 과정이라는 점을 충분히 인식하여 진지한 태도를 가질 필요가 있다.

부연

검사 시행 시 검사자 고려사항

1) 검사자는 검사 설명서에 검사가 토대로 한 이론적 근거, 심리 측정의 개발과정, 검사의 구체적인 사용목적, 검사 실시자의 자질, 검사의 실시, 채점, 해석에 관한 자세한 설명을 확인할 필요가 있다.
2) 검사의 합리성과 목적을 설명하는 부분은 도구가 최신 이론에 기초하여 개발되었는지 알려주는데, 어떤 경우는 검사자에게 검사의 시행 및 해석을 위한 훈련이나 배경지식을 요구하기도 한다. (김민정, 한진순, 이혜란 역, 2011)
3) 설명서를 제대로 숙지해야 피검사자의 점수를 검사의 규준과 비교할 수 있으며, 정(正)반응과 오(誤)반응을 상담자 개인의 기준에 따라 결정하면 안 되므로, 설명서에 제시된 자세한 채점 방법을 확인해야 한다.
4) 표준화된 학업적성검사는 비교적 조금만 훈련받고도 검사를 실시할 수 있는데, 개인 지능검사를 실시할 수 있는 지식과 기술을 습득하기 위해서는 강의도 듣고 임상 현장에서 실습도 해야 한다.

(김계현 외, 2012, 재인용)

기출문제 확인학습

피그말리온 효과(= 로젠탈효과, 자성적 예언, 자기충족적 예언)

1) 타인의 기대나 관심으로 인하여 능률이 오르거나 결과가 좋아지는 현상을 의미하는 심리학 용어이다.
2) 미국의 교육학자인 로젠탈과 제이콥슨이 밝혀낸 것으로 로젠탈효과, 자성적 예언, 자기충족적 예언이라고도 하며 그리스신화에 나오는 키프로스의 왕이자 조각가 피그말리온의 이름에서 유래했다.
3) 피그말리온은 아름다운 여인상을 조각하고, 그 여인상을 진심으로 사랑하게 되는데 여신 아프로디테(비너스)는 그의 사랑에 감동하여 여인상에게 생명을 주었다고 한다.
4) 관찰자의 기대 효과(observer - expectancy effect)인 피그말리온 효과는 관찰자의 기대가 대상에게 자기실현적 예언(self - fulfilling prophecy) 상황을 만들면서, 현실에 실제 영향을 준다는 것이다. 예를 들어, 선생님들의 긍정적 기대는 학생들에게 유익한 영향을 주고, 부정적 기대는 해가 될 수 있다는 뜻이다. 단, 연구목적을 잘 이해하는 보조자를 활용해서 줄일 수 있는 연구자의 편향에서 발생하는 효과이다.

피그말리온 효과의 메커니즘

[전제(가정)] '교수자에게 학습자는 우수한 능력을 갖고 있다'라고 알려줄 경우

1) 교수자는 학습자에 대하여 긍정적 태도를 갖게 된다.
2) 이로 인해 교수자는 학습자의 능력향상을 위해 노력한다.
3) 학습자는 이러한 교수자의 노력에 동참하게 된다.
4) 결과적으로 효과적인 결과를 보이게 된다.

바넘 효과(Barnum effect)

1) 일반적이고 모호해서 누구에게나 적용될 수 있는 성격묘사를 특정 개인에게만 적용되는 것으로 받아들이는 성향으로써, 발견자인 버트럼 포러(Bertram R. Forer)의 이름을 따서 포러 효과(Forer effect)라고도 한다.
2) 바넘 효과라는 이름의 유래는 서커스 단장겸 홍행업자였던 P.T. 바넘에서 유래하는데, 바넘은 '모두를 만족시킬 수 있는 무언가가 있습니다(We've got something for everyone).'란 문구를 사용했고, 이 말이 바넘 효과의 기본 명제와 잘 맞아떨어져서 그의 이름이 붙은 것으로 알려져 있다.
3) 심리학자인 버트럼 포러는 대학생들을 대상으로 심리테스트 설문지를 돌린 후에 답변을 다 무시하고 전원에게 아래와 같은 평가서를 돌려줬다.

> 당신은 타인이 당신을 좋아하길 원하고, 존경받고 싶어하는 욕구를 갖고 있습니다만, 아직 당신은 자신에게는 비판적인 경향이 있습니다. 성격에 약점은 있지만 일반적으로는 이러한 결점을 잘 극복할 수 있습니다. 당신에게는 아직 당신이 발견하여 사용하지 못하는 숨겨진 훌륭한 재능이 있습니다. 외적으로는 당신은 잘 절제할 수 있고 자기 억제도 되어 있습니다만, 내면적으로는 걱정도 있고 불안정한 점이 있습니다. 때로는 올바른 결단을 한 것인가, 올바른 행동을 한 것인가 하고 깊이 고민하기도 합니다. 어느 정도 변화와 다양성을 좋아하고, 규칙이나 규제의 굴레로 둘러싸이는 것을 싫어합니다. 자기 자신을, 다른 사람들의 주장에 대해서 충분한 근거가 없다면 받아들이지 않을 수 있는 독자적인 사고를 하는 사람으로 자랑스러워 하고 있습니다. 종종 당신은 외향적이고 붙임성이 있으며 사회성이 좋지만 가끔은 내향적이고 주의 깊고, 과묵한 때도 있습니다. 당신의 희망 중의 일부는 좀 비현실적이기도 합니다.

4) 그리고 이 평가서가 자신의 성격을 얼마나 잘 설명하는지 점수를 매기라고 해서 모아봤더니 5점 만점에 4.26점이 나왔으며 이 실험은 몇 백번이나 반복되었는데 평균치는 대략 4.2에 수렴했다고 한다.
5) 구체적으로 분석해보면 정말 당연한 이야기가 쓰여 있다. '한마디로 이렇지만 저렇기도 하다!'고 대강 적어주면 다들 믿는다는 소리이다.

기타 효과 내용

1) 호손(Hawthorne) 효과는 실험집단 참가자에게서 발생하며 이는 연구자에 대한 관찰로 인한 효과라고 하여 관찰자 효과, 조사반응성이라고 한다.
2) 존 헨리(John Henry) 효과는 연구자의 편향이 아니라, 사회실험(social experiments)에서 통제집단이 일정한 의도를 가지고 반응을 하게 됨에 따라 나타나는 편향(bias), 즉 통제집단의 오염 효과이다.
3) 실험자 효과는 독립변인과 관련된다. 실험자 효과는 실험자의 기대, 특성, 행동이 피험자나 피실험 동물에 영향을 미쳐 실험(독립변인) 효과에 반영되는 현상을 말한다.

4) 후광 효과(할로(halo) 효과)란 일반적으로 어떤 사물이나 사람에 대해 평가를 할 때 그 일부의 긍정적, 부정적 특성에 주목해 전체적인 평가에 영향을 주게 되어 대상에 대한 비(非)객관적인 판단을 하게 되는 인간의 심리적 특성을 말한다. 이는 일종의 사회적 지각의 오류라고 한다. 측정하고자 하는 변인이 분명할수록 관찰평가에서 나타날 수 있는 오류는 감소한다.

(4) 검사상황 변인

① 검사상황 변인은 검사환경을 의미하며 심리검사실, 세부적인 검사 조건, 검사시행 시간과 수검자의 정서적 안정도 등이 있다.

② 검사 시행이 표준절차에 따라 진행되도록 하며, 검사 반응에 영향을 미칠 수 있는 여러 조건들을 통제하려고 노력하고 표준절차에 벗어난 경우, 아무리 사소한 것이라도 기록하여 검사 결과 해석 시 고려하여야 한다.

③ 검사상황 변인

ㄱ. **심리검사실**: 지나친 소음과 자극으로부터 보호받을 수 있고 적절한 채광과 통풍, 안정된 좌석과 공간이 요구되며 심리 검사 중에는 외부간섭을 차단하는 것이 좋다.

ㄴ. **세부적인 검사 조건**: 응답지의 종류, 응답방법의 차이, 검사받는 수검자의 수 등이 고려되어야 한다.

ㄷ. 검사시행 시간과 수검자의 정서적 안정도나 피로도 등

11) 검사시행 준비, 실시와 채점

(1) 검사자는 심리검사를 편안하고 자연스럽게 시행할 수 있도록 검사시행에 대해 숙달되어 있어야 하고, 지시 내용이나 시행지침 등을 잘 숙지해 두어야 한다.

(2) 검사를 시작하기 전에 검사도구를 잘 챙겼는지 점검하고 부족한 도구가 없도록 주의한다.

(3) 검사 의뢰목적에 따라 검사 계획을 세우고 검사를 선정한 결과에 따라 필요한 검사 도구를 미리 갖추어 놓고 검사를 시작한다.

(4) 검사의 실시

① 검사요강에 나와 있는 지침대로 실시한다.

② 기계적인 실시는 바람직하지 않으며 이러한 오류는 경험이 많은 조사실시자에게 종종 나타난다.

③ 검사실시자의 전문적 능력을 보여줄 필요가 있다.

④ 적합한 검사장소를 준비하여야 한다.

(5) 검사의 채점

① **손으로 채점**: 채점판 활용(WISC, 미네소타 다면적 인성검사(MMPI) 등), 피검사자 스스로 자가 채점(예 MBTI 등)

② **컴퓨터로 채점**: 점수 또는 프로파일 뿐만 아니라 해석까지도 컴퓨터화 되어있는 경우도 있지만, 해석의 경우에는 아직 타당성이 확보되어 있지 못하다.

12) 심리검사의 해석의 유의점

(1) 전문적인 자질과 경험을 갖춘 사람이 검사결과를 해석해야 한다.

(2) 규준에 따라 해석되어야 한다.

(3) 다른 검사나 관련 자료를 함께 고려하여 결론 내린다.

(4) 피검사자를 명명하거나 낙인찍어서는 안 된다.

(5) 자기충족 예언을 해서는 안 된다.

(6) 검사결과를 악용해서는 안 된다.

(7) 해석에 대한 내담자의 반응을 고려하여 해석해야 한다.

(8) 검사결과에 대해 이해하기 쉬운 언어를 사용한다.

(9) 내담자에게 검사의 점수를 말해주기보다는 내담자의 진점수의 범위를 고려하여 해석해주는 것이 좋다(예 "어떤 부분이 극히 안 좋다"라고 하기보다는 "규준점수에 비해 상대적으로 낮다"라고 해석하는 것이 좋다).

(10) 내담자의 방어를 최소화하기 위해 검사결과에 대한 중립적이고 무비판적이어야 한다.

(11) 일방적 해석보다 피검자 스스로 생각해서 자신의 진로를 결정하도록 돕는다.

(12) 검사의 대상과 용도를 명확히 한다.

제2절 | 심리검사의 윤리성

1 비밀보장-정보의 보호

1) 비밀보장

(1) 상담자는 사생활과 비밀유지에 대한 내담자의 권리를 최대한 존중해야 할 의무가 있다.

(2) 상담자는 내담자에 대한 상담 기록 및 보관을 윤리 규준에 따라 시행한다. 또한 상담자는 상담내용의 녹음 및 기록에 관해 내담자의 동의를 구해야 한다.

(3) 상담자는 내담자가 기록에 대한 열람이나 복사를 요구할 경우, 그 기록이 내담자에게 잘못 이해될 가능성이 없고 내담자에게 해가 되지 않으면 응하는 것이 원칙이다. 다만 여러 명의 내담자를 상담하는 경우, 다른 내담자와 관련된 사적인 정보는 제외하고 열람하거나 복사하도록 한다.

(4) 상담자는 상담과 관련된 기록을 보관하고 처리하는 데 있어서 비밀을 유지해야 하며, 이를 타인에게 공개할 때에는 내담자의 직접적인 동의를 구해야 한다.

(5) 상담자는 내담자 개인 및 사회에 임박한 위험이 있다고 판단되는 등의 비밀보호의 예외가 존재하는 경우를 제외하고는, 내담자의 서면 동의 없이는 제3의 개인이나 단체에게 상담기록을 공개하거나 전달해서는 안 된다.

2) 집단 및 가족상담의 비밀보장

(1) 상담자는 특정 집단을 대상으로 집단상담을 시작할 때 비밀보장의 중요성과 한계를 명확하게 설명한다.

(2) 상담자는 가족상담을 할 때, 각 개인의 비밀보장에 대한 권리와 그 비밀보장을 유지해야 할 의무와 관련해 참여한 모든 사람으로부터 동의를 구하고 그 동의 사항을 문서에 기록한다.

(3) 상담자는 자발적인 동의 능력이 불가능하거나 미성년인 내담자를 상담할 때, 부모나 보호자가 참여할 수 있음을 알린다.

3) 전자 정보의 비밀보장

(1) 상담자는 컴퓨터를 사용한 자료 보관의 장점과 한계를 알아야 한다.

(2) 상담자는 내담자의 기록이 전자 정보의 형태로 보존되어 제3자가 내담자의 동의 없이 접근할 가능성이 있을 때, 적절한 방법을 통해 내담자의 신상이 드러나지 않도록 조치를 취한다.

(3) 상담자는 컴퓨터, 이메일, 팩시밀리, 전화, 음성메일, 자동응답기 그리고 다른 전자 테크놀로지를 사용해 정보를 전송할 때는 비밀이 유지될 수 있도록 사전에 주의를 기울인다.

4) 비밀보장의 한계

(1) 상담자는 상담 시작 전이나 상담 과정 중 내담자에게 비밀보장의 한계를 수시로 알리고 비밀보장이 불이행되는 상황에 대해 주지시킨다.

(2) 상담자는 아래와 같은 내담자 개인 및 사회에 임박한 위험이 있다고 판단될 때 매우 조심스러운 고려 후에, 내담자에 관한 정보를 적정한 전문가 혹은 사회 당국에 제공할 수 있다.

① 내담자의 생명이나 사회의 안전을 위협하는 경우

② 내담자가 감염성이 있는 치명적인 질병이 있다는 확실한 정보를 가졌을 경우

③ 내담자가 심각한 학대를 당하고 있을 경우

④ 법적으로 정보의 공개가 요구되는 경우

(3) 상담자는 만약 내담자에 대한 상담이 여러 전문가로 구성된 집단에 의한 지속적인 관찰을 포함하고 있다면, 그러한 집단의 존재와 구성을 내담자에게 알릴 의무가 있다.

(4) 상담자는 내담자의 사적인 정보의 공개가 요구된 때 오직 기본적인 정보만을 공개한다. 더 많은 사항을 공개하기 위해서는 사적인 정보의 공개에 앞서 내담자에게 알리고 동의를 얻어야 한다.

(5) 상담자는 비밀보장의 예외 및 한계에 관한 타당성이 의심될 때에는 다른 전문가나 지도감독자 및 학회 윤리위원회의 자문을 구한다.

2 이중관계 - 상담관계 중에서

1) 상담자는 내담자와의 친밀한 관계를 인식하고, 내담자에 대한 존중감을 유지하며 내담자를 이용하여 상담자 개인의 필요를 충족하고자 하는 활동 및 행동을 하지 않는다.

2) 상담자는 상담 전에 상담관계에 영향을 줄 수 있는 상담의 목표, 기술, 규칙, 한계 등에 관해서 내담자에게 알려 주어야 한다.

3) 상담자는 객관성과 전문적인 판단에 영향을 미칠 수 있는 다중 관계를 피해야 한다. 단, 내담자의 복지를 위해 상담자와 내담자가 사전 동의를 한 경우와 그에 대한 자문이나 감독이 병행될 때는 상담관계를 맺을 수도 있다.

4) 상담자는 특별한 경우를 제외하고는 내담자와 상담실 밖에서 사적인 관계를 맺지 않는다.

5) 상담자는 내담자와의 관계에서 상담료 이외의 어떠한 금전적·물질적 거래관계도 맺지 않는다.

3 검사결과 피드백

1) 일반사항

(1) 상담자는 내담자의 환경(사회적·문화적·상황적 특성 등)과 개별적 특성을 고려한 후, 내담자를 조력하기 위한 목적에 적합한 심리검사를 선택해야 한다.

(2) 심리검사를 실시할 때에는 자격이 있는 사람이 표준화된 절차에 따라 실시해야 하며, 그 과정을 경시해서는 안 된다.

(3) 상담자는 검사 채점과 해석을 수기로 하건, 컴퓨터를 사용하건 혹은 다른 서비스를 사용하건 상관없이 내담자의 요구에 적합한 검사 도구를 적용·채점·해석·활용한다.

(4) 상담자는 검사 전에 검사의 특성과 목적, 잠재적인 결과 수령자의 구체적인 결과의 사용에 대해 설명한다. 이 때 상담자는 내담자의 개인적·문화적 상황, 내담자의 결과 이해 정도, 결과가 내담자에게 미치는 영향을 고려한다.

(5) 상담자는 피검자의 복지, 명확한 이해, 검사 결과를 누가 수령할 것인지에 대한 결정에서 사전 합의를 고려한다.

2) 검사도구 선정과 실시 조건

(1) 상담자가 검사도구를 선정할 때 도구의 타당도, 신뢰도, 실용도, 객관도, 심리측정의 한계를 신중하게 고려한다.

(2) 상담자는 제3자에게 내담자에 대한 검사를 의뢰할 때, 적절한 검사도구가 사용될 수 있도록 내담자에 대한 구체적인 의뢰 문제와 충분한 객관적인 자료를 제공한다.

(3) 상담자는 문화적으로 다양한 집단을 위한 검사도구를 선정할 경우, 그러한 내담자 집단에게 적절한 심리측정 특성이 결여된 검사도구를 사용하지 않도록 합당한 노력을 한다.

(4) 상담자는 검사도구의 표준화 과정에서 설정된 동일한 조건하에서 검사를 실시한다.

(5) 상담자는 기술적 또는 다른 전자적 방법들이 검사 실시에 사용될 때, 실시 프로그램이 잘 기능하고 있는지 그리고 정확한 결과를 제공하는지에 대해 점검한다.

3) 검사 채점 및 해석

(1) 상담자는 개인 또는 집단검사 결과 발표에 정확하고 적절한 해석을 포함시킨다.

(2) 상담자는 검사 결과를 보고할 때, 검사 상황이나 피검사자의 규준 부적합으로 인한 타당도 및 신뢰도와 관련하여 발생하는 제한점을 명확히 한다.

(3) 상담자는 연령, 피부색, 문화, 장애, 민족, 성, 인종, 언어 선호, 종교, 영성, 성적 지향, 사회경제적 지위가 검사 실시와 해석에 영향을 미친다는 것을 인식하고, 내담자와 관련된 다른 요인들을 고려하여 적절하게 검사 결과를 해석한다.

(4) 상담자는 기술적인 자료가 불충분한 검사 도구의 경우 그 결과를 해석할 때 주의해야 한다. 그러한 도구를 사용하는 특정한 목적을 내담자에게 명확히 알린다.

(5) 상담자는 내담자에게 심리검사 결과의 수치만을 알리거나 제3자에게 알리는 등 검사결과가 잘못 통지되지 않도록 해야 한다.

4) 정신장애 진단

(1) 상담자는 정신장애에 대해 적절한 진단을 하도록 특별하고 세심한 주의를 기울인다.

(2) 상담자는 치료의 초점, 치료 유형, 추수상담 권유 등 내담자 보살핌을 결정하기 위해 사용되는 개인 상담을 포함한 검사 기술을 신중하게 선택하고 합당하게 사용한다.

(3) 상담자는 정신장애를 진단할 때는 내담자의 문제를 규정하는 방식에 문화가 영향을 미친다는 것을 인식하고 내담자의 사회경제적·문화적 경험을 고려한다.

(4) 상담자는 어떤 개인이나 집단들에 대해 오진을 내리고 정신병리화 하는 역사적·사회적 편견과 오류에 대해 충분히 이해하고 이러한 편견과 오류가 발생하지 않도록 특별한 주의를 기울인다.

(5) 상담자는 심리검사의 결과가 내담자나 다른 사람들에게 해를 끼칠 수 있다고 판단되면 진단이나 보고를 해서는 안 된다.

4 성추행 및 성관계

1) 상담자는 내담자와 어떤 형태의 성적 관계를 갖지 않는다.

2) 상담자는 내담자와 성적 관계를 맺었거나 유지하는 경우 상담 관계를 형성하지 않는다.

3) 상담자는 상담관계가 종결된 이후에도 최소 2년 내에는 내담자와 성적 관계를 맺지 않는다.

4) 상담자는 상담 종결 이후 2년이 지난 후에 내담자와 성적관계를 맺게 되는 경우에도 이 관계가 착취적이 아니라는 것을 철저하게 검증할 책임이 있다.

5) 상담자는 성적 유인, 신체적 접근 또는 성적인 성격을 지닌 성적 위협에 관여하지 않는다. 이를 알게 되거나 듣게 되었을 때 묵과하지 않고 적절한 조치를 취한다.

5 실시 및 해석자의 자격 - 심리검사를 시행할 수 있는 전문가의 자격

1) 심리검사는 상당히 강력한 도구로써 개인에게 중요한 영향을 미치는 의사결정에 있어서 매우 중요한 역할을 한다. 예를 들어 취업결정, 업무배치, 정신장애 치료의 지원 여부 등에 영향을 미칠 수 있다.

2) 따라서 심리검사를 사용하는 전문가는 사용에 따른 책임을 인식해야 하며, 검사도구의 판매는 전문가에게만 허용되어야 한다.

3) 한국심리학회 (1999)

(1) 검사를 실시하는 전문가는 일정 기준 이상의 전문성을 유지해야 한다.

(2) 검사자들은 자신이 실시한 검사 결과에 대해 책임을 져야 한다.

(3) 검사자들은 검사의 제작, 타당도, 신뢰도 그리고 검사에 관한 연구들에 대한 충분한 지식이 요구되며, 어느 수준 이상의 검사 사용 경험과 교육훈련이 있어야 한다.

(4) 특히 검사 결과에 입각하여 개인에 관한 결정을 내려야 하는 검사 사용자는 검사 실시나 해석에 관한 특별한 자격 조건을 갖추어야 한다.

4) 미국 심리학회

심리검사의 전문성 수준이나 난이도에 따라 A, B, C 수준으로 구분하여 자격을 구체적으로 제시하고 있다.

실력 다지기

심리검사 사용 시 고려할 점

1) 검사자의 전문가로서 자격조건

전문성 유지 및 검사결과에 대해 책임을 지며 검사에 대한 충분한 지식이 요구되고, 일정 수준 이상으로 검사 사용의 경험이 있어야 하며 교육훈련을 받아야 한다.

2) 검사자의 책임의식

심리검사 결과가 개인의 삶에 직접적인 영향을 줄 수 있음을 인식하고 이러한 영향을 오용할 수 있는 개인적, 조직적, 재정적 또는 정치적 상황이나 압력에 대해 경계해야 한다. 그리고 상담이나 치료적 목적, 그 외 목적으로는 사용되지 않아야 한다.

3) 개인의 사생활 권리 보호

검사를 시행하기 전 검사자는 검사의 목적, 내용, 필요성 등에 대해 수검자에게 충분히 설명한 후 수검자의 동의를 얻어야 한다.

4) 개인 정보에 대한 비밀보장의 의무

수검자에 대한 정보를 수검자나 수검자의 가족 또는 법적 대리인에게만 제공한다. 그러나 심리검사 결과를 제공하지 않으면 타인에게 명백한 위험이 초래되는 특수한 경우이거나 정보제공에 대한 요구가 법적으로 이루어지는 경우는 예외적이다.

기출문제 확인학습

검사결과에 영향을 미치는 검사자 변인과 수검자 변인

1) 검사자 변인

검사자의 인종적 배경, 검사자의 성별, 검사자의 연령, 검사자의 경험, 검사자의 외모, 검사자의 성격, 검사결과에 대한 기대효과(검사자가 어떻게 기대하는가에 따라 기대하는 방향과 유사한 검사결과가 나타나는 것), 수검자의 반응에 대한 강화(검사과정에서 수검자에 대한 강화는 특별한 의미가 있고 이런 강화는 검사점수에 결정적인 영향을 미칠 수 있음) 등

2) 수검자 변인

심신상태(수검자의 신체적, 심리적 상태), 검사 불안(평가 장면이나 검사장면에서 개인이 자신의 수행이나 수행결과에 대해 느끼는 불안), 수검능력(수검자가 검사문항의 내용과 형식에 관한 특징을 이용하여 자신의 실력보다 더 높은 점수를 획득하는 능력), 수검동기, 검사경험과 코칭(어떤 검사를 받으려고 수검자가 그 검사나 유사한 검사로 검사내용과 방법에 대해 설명, 지시, 조언, 지도 또는 훈련하는 행위), 위장반응(검사를 실시하기 전에 솔직하고 성실하게 답할 것을 지시하지만 수검자가 마음만 먹으면 실제 자신의 생각, 느낌, 행동, 태도와 다른 모습이 나타나도록 반응), 반응태세와 반응양식(수검자가 의식적이거나 무의식적으로 문항 자체의 내용이나 물음과는 관계없이 일정한 방향으로 일관성 있게 반응하는 경향) 등

제3절 | 면접법과 행동 평가법

1 면접법의 개요

1) 면접법(interview method)은 연구자가 참여자와 대면하여 언어적 질문과 응답을 통해 연구에 필요한 자료를 수집하는 방법이다.

2) 면접법에는 연구질문의 제시방법이나 참여자 응답의 분류방법에 따라 구조화된 면접(structured interview), 반구조화된 면접(semi - structured interview), 또는 비구조화된 면접(unstructured interview)으로 나누어질 수 있다.

3) 면접의 유형

(1) 구조화 면접

연구자가 대상자로부터 정보를 얻기 위하여 기록된 설문목록, 즉 면접조사표를 가지고 질문을 하며 이는 연구자의 편향된 오류를 최소화하기 위한 것이다.

(2) 반구조화 면접

정보를 얻기 위하여 처해진 상황에 따라 질문을 변화하는 경우로 면접지침만 존재하며 연구자는 연구대상자의 이해정도에 따라서 질문을 달리 할 수 있다.

(3) 비구조화 면접

가장 자유롭고 개방적인 형태의 면접으로서 면접에 대한 간단한 주제 목록을 가지고 질문을 하며 이 때 질문은 규칙적이지 않고 대체적으로 자유롭게 전개한다.

기출문제 확인학습

면담의 유형

1) 체계적(구조화) 면담 : 표준화된 면담(Standardized interview)이라고도 불리며 질문문항과 순서가 일정하게 규격화되어 있다. 진단의 신뢰도와 정확도를 높여주고, 초보 면담자의 경우 빠짐없이 질문할 수 있다.
2) 비체계적(비구조화) 면담 : 면담문항을 일정하게 지정하지 않고 내담자나 내담자가 제공하는 정보에 따라 면담을 진행하는 방식으로 임상가 자신의 독단적인 결정에 치우칠 수 있다. 따라서 임상가의 숙련된 경험과 기술이 요구된다.
3) 반체계(반구조화)면담 : Semistandardizd interview라고 불리며, 대부분의 임상가들이 채택하는 면담방식이다. 이는 내담자의 반응에 따라 면담자가 융통성을 발휘할 수 있다.

2 행동관찰법의 개요

1) 행동관찰과 행동평가

(1) 전통적인 행동관찰

① 개인의 행동이 그 개인의 행동특성과 정서, 심리적 상태를 표현한다는 전제하에 행동을 이해하고 예측하기 위해 기본적인 성격특성에 대한 탐색을 하기 때문에 주관성이 나타날 수 있다.
② 언어적 표현보다는 비언어적 행동이 더 정확하고 의미 있는 단서를 제공한다.

(2) 행동주의적 행동평가 - 행동주의 이론에 근거를 두고 있는 평가법

① 성격특징이나 정서, 심리적 상태보다는 행동에 관심, 행동의 용어로 설명하고 기술한다.
② 행동의 원인으로서의 내적 갈등보다는 현재 환경에서의 유발자극 및 유지조건에 관심을 가지므로 객관성을 보장한다.

2) 행동관찰법

(1) 자연관찰법(naturalistic observation)

① 내담자의 집, 학교, 병원 등에서 자연스럽게 나타나는 문제행동을 관찰하는 것이다.
② 시간과 비용 면에서 효율적이지 못하다(문제행동이 나타나는데 시간이 걸린다).
③ 생태학적으로 가장 완벽하고 많은 정보를 제공해준다.
④ 여러 상황에 걸쳐 관찰함으로써 문제행동의 리스트를 작성하고 문제행동의 기초자료를 수집하는데 도움을 준다.

(2) 유사관찰법(통제관찰법, analogue observation)

① 내담자가 문제행동을 보이는 상황을 조작해 놓고 그 조건에서의 문제행동을 관찰하는 것이다.
② 경제적이고 효율적인 방법이다.

(3) 자기관찰법

① 자신의 행동, 사고, 정서 등을 스스로 관찰하고 기록하는 것이다.
② 자신에 대한 기록과 관찰을 왜곡할 수 있다는 단점이 있다.
③ 비용이 저렴하고 자신의 행동에 대한 피드백으로 문제행동을 통제하는 장점이 있다.

(4) 참여관찰법

① 내담자와 자연스러운 환경에서 같이 생활하고 있는 사람(부모, 보호자, 교사)이 관찰하여 보고하도록 하는 것이다.
② 비용이 적게 들고, 광범위한 문제행동과 환경적 사건에 적용 가능하며, 자연적 상황에서 자료수집이 가능하다.
③ 관찰자의 훈련 문제, 정확한 기록이 어렵다는 등의 단점이 있다.

기출문제 확인학습

행동관찰법

1) 관찰할 행동에 대한 조작적 정의가 명확해야 한다.
2) 자연적 상황의 관찰은 인위적 상황의 관찰보다 반응성 문제가 적다.
3) 행동관찰법 중에서 평정자가 한 번에 관찰해야 하는 표적행동의 개수는 적을수록 좋다.
4) 발생빈도가 높은 행동의 기록은 간격기록법을 사용한다. 간격기록은 관찰대상행동을 관찰기간동안 일정한 간격으로 여러 회에 걸쳐 관찰하여 기록하는 방법이다.

행동평가

1) 개념
   (1) 행동평가는 문제행동을 발견해내고 이러한 문제행동과 더불어 문제행동의 결정요인으로 작용하는 환경요인 또는 개인과 환경과의 상호작용을 양적으로 평가해내는 과정이다.
   (2) 행동평가법은 진단명을 탐색하기 위해서 실시하는 것이 아니라, 내담자의 행동을 평가하여 처치를 수정하거나 처치효과를 평가하는 데 활용된다. 또한 이러한 평가를 계기로 적절한 처치를 선별하거나 문제행동과 그것을 유지하는 조건이 어떤 것인지 확인하기 위해 행동평가를 하는 것이다.
2) 행동평가법의 발달
   행동관찰은 Pavlov의 고전적 실험에서와 같은 행동주의 심리학으로부터 시작되었으며 형태심리학, 사회심리학, 발달심리학, 비교심리학과 같은 다양한 영역에서의 실험심리학적 발달이 체계적인 행동관찰법을 촉진시켰다.
3) 행동평가의 기본전제
   (1) 행동평가는 행동의 결정요인을 환경적 사건이라고 전제한다.
   (2) 행동평가에서는 문제행동과 시간적으로 인접한 환경적 요인 또는 행동과 환경과의 상호작용이 문제행동에 있어서 보다 중요하다고 강조한다.
   (3) 환경결정론과 밀접하게 관련이 있는 가정은, 행동의 발생이나 특성을 설명함에 있어서 행동에 선행되거나 동반되는 상황적 요인이 중요한 것이다.
   (4) 행동주의자들은 행동의 다요인 결정론을 지지한다.
   (5) 행동평가에서는 평가의 대상이 되는 문제행동이 다양한 요소들로 구성되어 있다는 반응의 단편화를 전제로 한다.
   (6) 개인의 행동이 환경에 영향을 줄 수도 있다고 전제한다.
   (7) 행동은 환경 변화에 따라 결정되는 특성과 행동은 외부로 표현되기 때문에 외재적 특성을 전제한다.

관찰기록법의 종류

1) 표본식 기록법(Specimen Description)
   (1) 지속적인 관찰 기록법으로 행동의 일화를 가장 자세하고 완전하게 표현하는 관찰방법이다.
   (2) 즉, 관찰자가 참여 대상이나 장면을 미리 정해놓고 그 장면에서 일어나는 유아의 행동과 상황을 모두 집중적으로 기술한다.
2) 이야기식 기록법(일화기록, narrative recording)
   핵심적 단어 혹은 짧은 구절에 기초한 일화기록은 몇 초에서 몇 분 정도의 사건에 대한 서술적인 설명으로 기록시간이 적게 걸리고 특별한 계획, 양식지, 시간구성 등을 요구하지 않는다.

3) 시간간격별 기록별(시간표집법, interval recording)

(1) 시간표집이란, 시간을 표집해서 관찰하는 방법으로 관찰하고자 하는 특정 행동이 정해진 짧은 시간 내에 얼마나 자주 일어나는지의 행동 출연 빈도를 수집하는 방법이다.

(2) 비교적 짧고 일정한 시간 사이에 행동이 얼마나 발생하는가를 양적으로 측정하는 방법이며, 빈도표집이라고도 한다.

4) 사건별 기록법(사건표집법, event recording)

사건표집은 단순히 어떤 행동의 발생 유·무만을 관찰하기보다는 행동이나 사건이 발생하기를 기다렸다가 관심을 가진 행동이나 사건이 일어나면 일정한 형식에 따라 행동의 순서를 자세하게 기술하는 방법이다.

5) 행동목록법(Check list)

행동목록법(체크리스트)은 특정 행동이 존재하는지 아닌지를 표시하는 기록 방법으로 관찰자의 주관적 평가를 가능한 배제하기 위해 사전에 유아 발달이나 행동 특성의 목록을 미리 작성한다.

6) 평정 기록법(rating recording)

(1) 평정척도는 관찰된 행동의 질적인 차이를 평가할 때 연속성이 있는 단계로 수량화된 점수나 가치가 부여된 기록지에 평정하는 것이다.

(2) 평정 기록법은 행동목록법에 질적 수준에 대한 정보를 첨가한 형태로 볼 수 있다.

1 심리검사의 제작

1) 심리검사의 개발과정 - 표준화검사

(1) 특정 행동특성을 측정하기 위해 표준화된 절차를 거쳐 작성된 검사를 말하며, 측정에 사용되는 검사·절차·채점방법 등이 표준화된 것을 뜻한다.

(2) 표준화검사의 가장 두드러진 특징은 여러 가지 조건이 다른 피험자에게 동일한 검사를 실시하여 얻은 점수를 의미있게 상호 비교할 수 있도록 검사의 작성에서부터 실시에 이르기까지의 모든 조건을 표준화했다는 점에 있다.

2) 표준화 검사의 제작순서

(1) 검사의 목적을 구체적으로 결정한다. - 검사목적의 명료화

(2) 검사의 내용과 객관식 검사인지, 투사적 검사인지 결정한다. - 검사내용 및 검사방법 결정

(3) 합리적인 문항 형식을 선택하고 이에 따라 다수의 문항을 제작하되, 문항 수는 최후검사에 포함시키려는 문항수의 두 배 이상은 되어야 한다. - 예비 문항 작성

(4) 제작된 문항으로 예비검사를 구성하고, 활용 대상 집단을 대표하는 표집을 대상으로 예비조사를 실시한 후 문항분석을 실시한다. - 예비조사와 문항분석

(5) 문항분석의 결과에 따라 문항을 수정하고 선택된 문항을 가지고 최후검사를 완성한다. - 문항의 세련화와 최종 검사문항 완성

(6) 규준을 제작하기 위해 검사의 활용대상인 모집단을 대표하는 대단위 표집을 하여 검사를 실시하며 이 때 표집군이 모집단을 충분히 대표할 수 있어야 한다. - 본 조사 실시

(7) 정해진 방법에 의하여 채점하고, 검사 자체의 신뢰도와 타당도를 검증한다. - 채점 및 신뢰도와 타당도의 산출

(8) 여러 가지 통계적 조작을 통하여 규준을 만들고, 이러한 과정을 거쳐 제작된 검사는 검사지와 검사요강의 형태로 산출되는데, 검사요강에는 검사의 실시방법, 채점방법, 규준, 활용방법, 검사의 신뢰도나 타당도와 같은 정보를 수록한다. - 검사 규준과 요강 작성

(9) 결론적으로 검사의 제작과정은 [검사목적의 명료화 → 검사의 내용과 방법 결정 → 문항의 개발 → 문항 분석 → 검사 규준과 요강 작성]의 순서가 된다.

2 규준[5]의 개념과 개발

1) 심리검사 점수는 상대적인 것이며 상대적 점수 해석을 위한 기준이 필요한데 그것이 바로 규준이다.

2) 규준은 대표집단의 사람들에게 실시한 검사점수를 일정한 분포도로 작성한다.

3) 규준의 제작은 모집단에 대한 대표성을 확보할 수 있는 표본추출 방법을 이용하여 규준 집단을 구성하여 제작한다.

4) 심리검사에서 규준을 마련하는 것은 검사점수 해석을 위해 꼭 필요한 작업이다.

5) 규준은 비교하고자 하는 집단의 검사 결과로서 객관적 검사에서 상대적인 해석에서 중요한 역할을 하는 것이다. 규준 설정 시 사용된 표본의 크기와 대표성이 있는지 확인해야 하며 표준화 검사의 경우 규준이 얼마나 최근에 제작되었는가도 확인해야 한다. 그리고 규준집단의 구성이 명확하게 규정되어야 한다.

5) 원 점수를 어떤 상대적 측정치로 변환해서 사용함으로써 ① 대표집단 내 수치가 차지하는 위치를 쉽게 파악, ② 상호 비교가 가능하게 된다.

기출문제 확인학습

원 점수 해석의 근거

1) 규준 : 비교하고자 하는 집단의 검사 결과
2) 규준 참조적 검사(norm - referenced test)
   (1) 규준을 기준으로 원 점수가 상대적으로 해석될 수 있는 검사
   (2) 상대평가를 위해 대상자집단의 점수분포를 고려하며, 개인의 점수를 해당 분포에 비추어 상대적으로 파악함
   (3) 이 때 점수분포가 규준(Norm)에 해당함
3) 준거 참조적 검사(criterion - referenced test)
   비교의 근거가 다른 대상이 아니라 숙달 기준에 있는 검사
4) 규준 집단
   (1) 표집 절차의 명확한 제시
   (2) 표집의 크기
   (3) 규준 집단의 특징을 명확히 정의
   (4) 검사 실시의 시기
   (5) 표집의 대표성
      ① 표집의 무선화 원리
      ② 전집 요소의 동일한 추출 가능성
      ③ 표집 도중 전집에 변화가 없어야 함
      ④ 한 요소의 표집이 다른 요소의 표집 될 확률에 전혀 영향을 미치지 않아야 함
      ⑤ 표집의 오차가 적어야 함
      ⑥ 규준의 자료분포와 전집의 자료분포가 유사

실력 다지기

규준참조검사(norm - reference test)와 준거참조검사(criterion - reference test)

검사는 사용목적에 따라 규준참조검사와 준거참조검사로 구분할 수 있다.

1) 규준참조검사
   (1) 상대적 규준을 이용하여 검사결과를 해석하는 검사로서, 한 검사에서 개인이 획득한 점수를 그 개인이 속해 있는 집단의 구성원들의 점수와 비교하여 해석하는 검사이다.
   (2) 대부분의 표준화 심리검사들은 규준을 이용하여 동일한 해석이 되도록 하므로 규준참고 조사라 할 수 있다.
2) 준거참조검사
   (1) 절대적 준거를 이용하여 검사결과를 해석하는 검사로서, 한 검사에서 개인이 획득한 점수를 미리 세워놓은 목표, 즉 준거에 도달한 정도로 해석하는 검사이다.
   (2) 대부분의 국가자격시험은 대표적인 준거참조검사이다.
   (3) 이 때 기준 점수는 검사사용 기관이나 조직의 특성, 검사의 시기나 목적에 따라 달라질 수 있다.

3 기본통계

1) 변수(변인)의 종류

변수는 서로 다른 수치를 부여할 수 있는 모든 사건이나 대상의 속성이다.

(1) 연속 변수와 불연속 변수

무한히 많은 값을 취할 수 있는 변수와 한정된 수치만을 할당할 수 있는 변수

(2) 양적 변수와 질적 변수

① 수치들이 양적인 차이를 나타내는 변수와 질적인 차이를 나타내는 변수
② **질적 변인**: 수량화할 수 없는 변인 예 성별, 출신지, 직업의 종류 등
③ **양적 변인**: 수량화할 수 있는 변인 예 지능지수, 성적, 키, 몸무게 등

(3) 독립변수와 종속변수

어떤 다른 변수의 원인이 되는 변수와 독립변수의 결과가 되는 변수

(4) 예언변수와 준거변수

변수의 값을 통해 다른 변수의 값을 예언하려는 용도로 사용되는 변수와 예언 변수로 예측하고자 하는 변수

2) 척도의 종류

척도는 수치를 체계적으로 할당하는데 사용하는 측정도구이며 대상들을 산출한 수치들이 담고 있는 정보의 양에 따라 다음과 같이 나눈다.

(1) 명명척도(= 명목척도)

정보의 차이만을 담고 있는 척도 예 성별, 지역, 눈 색깔 등

(2) 서열척도(= 순위척도)

상대적 크기, 순위 관계에 관한 정보도 담고 있는 척도 예 석차, 만족도 등

(3) 등간척도(= 동간척도)

수치 차이가 반영하는 속성 차이가 동일하다는 등간정보도 포함 예 지능지수, 온도 등

(4) 비율척도

수의 비율에 관한 정보도 담고 있는 척도로 절대영점이 있는 변수를 측정한 경우에 얻을 수 있음 예 길이, 무게 등

실력 다지기

측정수준과 통계방법

측정수준	속성	예시	산출통계량	통계방법
명명척도	분류	남, 여	최빈치, 빈도	비모수적 방법
서열척도	분류, 순위	상, 중, 하	중앙치, 사분편차	
등간척도	분류, 순위, 등간격	15℃, 30℃	평균, 표준편차, 가감	모수 및 비모수적 방법
비율척도	분류, 순위, 등간격, 절대 0점	10㎝, 20㎝	모든 통계, 가감승제	

기출문제 확인학습

측정척도와 통계 분석 방법

1) 측정 척도는 양적 분석을 위한 통계 분석 방법을 결정하기 때문에 중요하다.
2) 즉, 명목척도와 서열척도로 측정된 변인은 비모수통계(non - parametric statistics)를 적용하고, 등간척도와 비율척도로 측정된 변인은 t검증이나 상관관계분석, 변량분석과 같은 모수통계(parametric statistics)를 적용한다.
3) 측정척도는 측정하고자 하는 변인의 속성에 따라 결정되는 것이 아니라 측정하는 방식에 따라 결정되기 때문에 동일한 측정변인에 대해서도 어떻게 측정하였는가에 따라 적용되는 통계 분석방법이 달라진다. (예 학업성취를 성적(점수)으로 측정하였다면 모수통계가 적용되지만, 학업석차로 측정하였다면 비모수통계가 적용된다.)

3) 확률 표본추출

(1) 단순무작위 표집(simple random sampling)

의식적인 조작이 전혀 없이 표본을 추출하는 방법으로 모집단의 모든 요소가 추출기회를 동등하게 가지며 어떤 요소의 추출이 계속되는 다른 요소의 추출 기회에 아무런 영향을 미치지 않는 방법이다.

예 난수표 이용법, 제비뽑기, 컴퓨터를 이용한 추출방법(컴퓨터 추첨)

(2) 계통적 표집(systematic sampling = 계층적 표집 = 체계적 표집)

① 모집단을 구성하고 있는 구성요소들이 자연적인 순서에 따라 배열된 목록에서 표집간격인 매 k번째의 구성요소를 추출하여 형성한 표집이다.

참고 표집간격 = 모집단의 크기 / 표본집단의 크기

② 첫 번째 요소는 반드시 무작위적으로 선정되어야 하고 목록자체가 일정한 주기성을 가지지 않아야 한다.

(3) 층화표집(유층표집, stratified sampling)

① 모집단을 일정한 기준에 따라 2개 이상의 동질적인 계층으로 구분하고, 각 계층별로 단순무작위 추출방법 또는 체계적 표집방법을 적용하는 방법이다.

② 전체 모집단에서 표본을 선정하기보다는 이미 알고 있는 사전 지식을 이용하여 모집단을 동질적인 부분으로 나누고 이들 각각으로부터 적정한 수의 요소를 선정한다.

③ 층화표집법의 유형에는 모집단에서 각 계층이 점하는 비례에 따라서 각 계층의 크기를 할당하여 추출하는 방법인 비례층화표집과 각 계층에서 각 계층의 크기와 상관없이 표본을 추출하는 방법인 비비례층화표집이 있다.

기출문제 확인학습

유층표집 (층화표집)

1) 유층표집의 특징

(1) 유층표집이란 모집단을 동질적인 일련의 하위집단으로 나누고(유층화), 각 하위집단에서 적절한 수의 표본을 뽑아내는 방법이다.

(2) 유층화는 연구자의 연구목적에 따라 임의적으로 이루어지나, 유층에서의 표본추출은 단순무선으로 이루어진다.

(3) 동질성을 지닌 유층에서 표본을 추출하므로, 다른 확률적 표집방법보다 표집오차가 적다.

(4) 따라서 다른 표집방법보다 표본의 크기가 작아도 된다.

2) 유층표집의 절차

(1) 우선 모집단을 하위집단으로 구분한다.

(2) 하위집단에서 무선으로 표본을 추출한다.

3) 유층표집의 종류

(1) 비례유층표집 : 유층으로 나뉜 각 집단에서 같은 비율로 표집하는 방법으로, 예컨대 전집의 10%를 표집한다고 했을 경우 우선 유층을 나누고, 유층별로 각각 10%씩 단순무선으로 표집하는 방법이다.

(2) 비비례유층표집 : 연구목적에 따라 의도적으로 표본의 수를 정하는 경우로서, 예를 들어 초등학교 남녀교사에 대한 비교연구에서 여교사 대 남교사의 비율이 7 : 3 일 경우, 남교사의 수가 너무 적어 통계상의 문제를 가져 올 경우 필요한 만큼의 적당한 수를 표집하는 방법이다.

(4) 집락표집(군집표집, cluster sampling)

① 모집단을 여러 가지 이질적인 구성요소를 포함하는 여러 개의 집락 또는 집단으로 구분한 후 집락을 표집단위로 하여 무작위로 몇 개의 집락을 표본으로 추출한 다음, 표본으로 추출된 집락에 대해 그 구성요소를 무작위로 표본추출하는 방법이다.

② 층화표집과의 비교

ㄱ. 층화표집은 각 계층의 구성요소들은 동질적이고, 계층과 계층 간에는 이질적인 경우에 적용하는 것이 바람직한 데 비하여 집락표집의 경우에는 각 집락이 모집단의 구성요소를 대표할 수 있는 이질적인 요소로 구성되고, 집락과 집락들 사이에는 거의 차이가 없는 경우에 적용된다.

ㄴ. 층화표집은 모든 부분적 계층에서 표본이 선정되지만 집락표집은 추출된 부분계층에서만 표본을 선정한다.

> 실력 다지기
>
> **확률표집(확률 표본추출)의 종류**
>
> **암기법** 단층집계 확률!
>
> **해설** 1) 단순무작위 표집 2) 층화표집(유층표집) 3) 집락표집 4) 계통적 = 체계적 = 계층적 표집

4) 비확률 표본추출

(1) 편의표집(임의표집 = 우발적 표집, convenient sampling / accidental sampling)

① 모집단에 대한 정보가 전혀 없는 경우나, 모집단의 구성요소들 간의 차이가 별로 없다고 판단될 때 조사자가 임의대로 표본을 추출하는 방법이다.

② 연구자가 쉽게 이용 가능한 대상들을 표본으로 선택하는 방법이다.

③ 가장 비용이 적게 들고 시간을 절약할 수 있는 방법이지만, 표본의 대표성과 결론의 일반화에 한계를 가진다.

(2) 유의표집(판단표집 = 의도적 표집, purposive sampling)

① 모집단에 대한 정보가 많은 경우 연구자의 주관적 판단의 기준에 따라 연구목적 달성에 도움이 될 수 있는 구성요소를 의도적으로 추출하는 방법이다

② 주관적 판단의 타당성 여부가 표집의 질을 결정한다.

③ 문제점으로는 표본의 대표성을 확신할 수 없고 모집단에 대해 상당한 사전지식이 필요하며 표집오차의 산정이 곤란하다는 점이다.

(3) 할당표집(quota sampling)

① 모집단의 어떤 특성을 사전에 미리 알고 추출된 표본에 같은 비율을 얻고자 할 때 사용되는 방법이다.

② 표본을 모집단에서 차지하는 범주의 비율에 따라 할당하고 할당된 수의 표본을 임의적으로 추출하는 것이다.

③ 확률표집인 층화표집과 유사한데, 차이점은 무작위방법과 인위적 방법이라는 것이다.

(4) 누적표집(눈덩이 표집, snowball sampling)

① 연구에 필요한 소수의 사례 표본을 찾고 그 표본을 통해서 다른 사람을 추천받아 점차로 표본의 수를 늘려 가는 표집방법이다. 즉, 첫 단계에서 연구자가 임의로 선정한 제한된 표본에 해당하는 사람으로부터 추천받아 다른 표본을 선정하는 과정을 되풀이하여 마치 눈덩이를 굴리듯이 표본을 누적해 가는 방법이다.

② 연구자가 특수한 모집단의 구성원을 전부 파악하고 있지 못할 때에 적합한 표집방법이다.

③ 단점으로는 추천하는 사람의 주관에 의한 편견이 개입될 수 있다는 점이다.

실력 다지기

비확률표집의 종류

암기법 누유임할 - 비확률

해설 1) 누적(= 눈덩이)표집 2) 유의(= 판단)표집 3) 임의(= 편의)표집 4) 할당표집

확률표집과 비확률표집 비교

기준	확률표집방법	비확률표집방법
연구대상이 표본으로 추출될 확률	동등하다. 알려져 있을 때	동등하지 않다. 알려져 있지 않을 때
표집	무작위적	인위적
표본의 통계치로 모집단의 모수 추정	편의(bias)가 없다.	편의(bias)가 있다.
모치수 추정 가능성	추정 가능	추정 불가능
오차 측정 가능성	측정 가능	측정 불가능
시간과 비용	많이 소요	많이 소요되지 않는다.
모집단의 규모와 성격	명확히 모집단의 성격 규명	불명확 또는 불가능
종류	단순무작위, 계통, 층화, 집락	편의, 유의, 누적, 할당

5) 집중 경향치

(1) 한 집단의 점수분포를 하나의 값으로 요약해 주는 지수를 말한다.

(2) 가장 대표적인 것이 산술평균[6]이 있으며 이외에 중앙치, 최빈치 등이 있다.

(3) 산술평균은 측정수준이 동간성이나 비율성을 가정할 수 있는 변인에 적절하며 중앙치나 최빈치는 서열변인이나 명명변인에 적절하다.

(4) 정상분포곡선 하에서는 평균치 = 중앙치 = 최빈치이다.

(5) 부적으로 편포되어 있는 경우(낮은 점수는 별로 없고 높은 점수만 많은 경우)에는 최빈치 > 중앙치 > 평균의 순으로 크고, 정적으로 편포되어 있는 경우(높은 점수는 별로 없고 낮은 점수만 많은 경우)에는 평균 > 중앙치 > 최빈치의 순으로 크다.

6) 한 집단에 속하는 모든 점수의 합을 사례수로 나눈 것이다.

실력 다지기

중앙치[7](median)

한 집단의 점수분포에서 전체 사례를 상위 1/2과 하위 1/2로 나누는 점을 말한다. 즉, 이 중앙치를 중심으로 전체 사례의 반이 중앙치 상위에, 나머지 반이 중앙치 하위에 있게 된다. 예를 들어 12, 13, 16, 19, 20과 같이 5개의 사례가 크기 순서로 나열되어 있는 경우 그 중앙에 위치한 16이 중앙치가 된다. 엄격히 말하면 중앙에 위치한 16을 가진 사례가 중앙치가 되는 것이 아니라 전체 사례 5가지를 상위 2.5와 하위 2.5로 나누는 16.0이 중앙치가 된다. 만약 22라는 점수를 가진 사례가 하나 더 있다면 총 사례수는 짝수가 되므로 (16 + 19)/2 = 17.5, 즉, 17.5가 중앙치가 된다.

최빈치(mode)

최빈치란 가장 많은 빈도를 지닌 점수를 말한다. 11개 사례의 값이 12, 12, 14, 14, 18, 18, 18, 18, 19, 20, 20인 경우 18은 그 빈도가 4로 가장 많으므로 18이 최빈치가 된다. 빈도의 크기가 다 같은 경우에는 최빈치가 없다. 예를 들어 1, 8, 12, 13, 15의 경우이다.

6) 변산도

변산도란 한 집단의 점수분포의 흩어진 정도를 요약해주는 지수를 말한다. 변산도를 나타내는 지수로는 여러 가지가 있다.

(1) 범위(range)

① 범위는 점수분포에 있어서 최고점수와 최하점수까지의 거리를 의미한다.

② 범위를 R이라고 간단히 표현하면 R = 최고점수 - 최저점수 + 1로 나타낸다.

③ 여기서 + 1은 최고점수 정확상한계와 최저점수 정확하한계까지의 거리가 범위를 포함한 것이다.

④ 예를 들어 2, 5, 6, 8 네 점수가 있는 경우 이것의 범위는 8 - 2 + 1 = 7이 된다.

7) 사분편차[8] (interquartile range) = 사분위편차

① 사분편차는 범위가 양극단의 점수에 의해 좌우된다는 단점을 가지므로, 점수 분포 상에서 양극단의 점수가 아닌 어떤 일정한 위치에 있는 점수 간의 거리를 비교하고자 하는 것이다.

② 즉, 사분편차는 범위가 가지고 있는 단점인 양극단의 점수의 영향을 배제하기 위해 만든 것인데, 전체 사례를 '넷으로 나누는(사분)' 점수 중 백분위 75에 해당하는 백분위 점수에서 백분위 50에 해당하는 백분위 점수까지의 거리와, 백분위 50에 해당하는 백분위 점수에서 백분위 25에 해당하는 백분점수까지의 거리를 합하여 2로 나눈 것이다.

③ 중앙치로부터 백분위 25가 되는 평균거리를 산출한 것이 바로 사분편차인데, 사분편차 역시 범위(range)의 일종이라고 할 수 있다.

7) 한 집단의 점수분포에서 전체 사례를 상위 50%와 하위 50%로 나누는 점을 말한다.

8) 중앙치로부터 백분위 25가 되는 평균거리를 산출한 것이다.

(1) 평균편차

한 집단의 산술평균으로부터 모든 점수까지의 거리를 평균낸 것을 말하며 평균편차는 수리적인 조작에 한계가 있기 때문에 추리통계에서는 사용되지 않는다.

(2) 표준편차

① 통계집단 단위의 계량적 특성값에 관한 산포도를 나타내는 도수 특성값을 말하며 한 집단의 수치들이 어느 정도 동질적인지를 표현하기 위해 개발한 통계치 중 하나로서 집단의 각 점수들이 평균에서 벗어난 평균거리를 의미한다.

② 표준편차가 0일 때는 관측값의 모두가 동일한 크기이고 표준편차가 클수록 관측값 중에는 평균에서 떨어진 값이 많이 존재한다.

③ 표준편차는 관측값의 산포(散布)의 정도를 나타낸다.

8) 자료의 분석

(1) 분포도[9]

분포도란 사례들의 점수를 각 점수대별로 표현한 그림이며 대부분의 변수들은 사례수가 충분하다면 정규분포[10]를 이루게 된다.

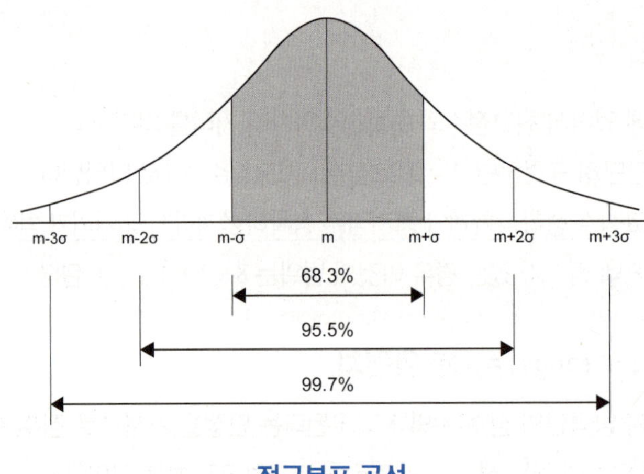

정규분포 곡선

(2) 평균

집단의 특성을 나타내는 하나의 대표치로서 각 점수들의 합을 사례수로 나눈 값이다.

---

9) 자료를 정확하게 제시하는 가장 기본적인 방법이다.

10) **정규분포**: 도수분포곡선이 평균값을 중앙으로 하여 좌우대칭인 종 모양을 이루는 것으로 신장(身長)의 분포, 지능(知能)의 분포 등 그 예는 많다. K.F.가우스가 측정오차의 분포에서 그 중요성을 강조하였기 때문에 이것을 가우스분포·오차분포라고도 하며, 그 곡선을 가우스곡선 또는 오차곡선이라 한다. 또한 A.J.케틀레가 통계에 이용하였으므로 이것을 케틀레곡선이라고도 한다(네이버 백과사전).

(3) 분산

① 통계에서 각 변량의 값이 변량의 평균값과 차이를 말한다.

② 변량 X의 평균값을 E(X)라 할 때, {X - E(X)} 제곱의 평균값 또는 σ의 제곱 = 0일 때 자료는 모두 평균값에 집중되어 있어서 흩어짐이 없다.

(4) 표준오차

① 추정량의 정도를 나타내는 척도로서 표준편차를 표본크기의 양의 제곱근으로 나눈 것이다.

② 표본추출을 여러 번 했을 때 각 표본들의 평균이 모집단 전체의 평균과 얼마만큼의 차이를 보이는가를 알려주는 통계량이다.

실력 다지기

표준편차와 표준오차 비교

1) 표준편차는 K. Pearson에 의해 1893년 소개된 통계량으로 각각의 데이터가 평균과 얼마만큼의 차이를 가지느냐를 알려주는 통계량이며, 분산의 양의 제곱근이다.
2) 반면에, 표준오차는 추정량의 정도를 나타내는 척도로서 표준편차를 표본크기의 양의 제곱근으로 나눈 것이다.
3) 표본추출을 여러 번 했을 때 각 표본들의 평균이 전체 모집단 평균과 얼마만큼의 차이를 보이는가를 알려주는 통계량이다.
4) 만약 모집단의 표준편차를 알고 있다면, 이것을 사용해서 표준오차를 구할 수 있으며 이때 표준오차는 표준편차보다 항상 작게 된다.
5) 표준오차를 구할 때 표준편차를 표본 크기의 양의 제곱근으로 나눠주기 때문이다.

(5) 표준점수(Z점수)

① 평균이 0이고 표준편차가 1이 되도록 변환한 값으로서 원 점수에서 평균을 뺀 후 표준편차로 나눈 값이다.

② 서로 다른 체계로 측정한 점수들을 동일한 조건에서 비교를 가능하게 한다.

(6) 표준점수(T점수)

① 표준점수에 상수를 더하거나 곱해서 친숙한 수치[11]들로 변환하여 만든 점수이다.

② 예를 들어 미네소타 다면적 인성검사, 웩슬러 지능검사 등을 들 수 있다.

실력 다지기

원 점수와 규준(표준)점수

1) 원 점수
   (1) 원 점수는 심리검사를 해서 우선적으로 채점되어 나오는 점수로서 소점(raw score)으로 부르기도 한다.
   (2) 원 점수는 그 자체의 점수로는 어떤 의미도 갖지 못한다.
   (3) 한 개인의 검사의 결과를 의미 있게 해석하려면 비교할 수 있는 집단의 검사결과인 규준이 있어야 하고 어떤 규준과 비교하느냐에 따라 검사결과의 해석은 매우 달라진다.

11) T점수를 의미한다.

(4) 원 점수 척도에는 의미 있는 의거점이 없고 서로 여러 가지 원 점수를 비교할 수 없으며 단위의 동간성도 없다는 단점을 가지고 있다.

(5) 따라서, 원 점수를 비교할 수 있는 규준점수로 바꾸어야 하는 것이 바람직하다.

2) 규준(표준)점수

(1) 표준점수란 원 점수를 주어진 집단의 평균을 중심으로 표준편차 단위로 전환한 점수이다.

(2) 표준점수는 비율척도에 해당되는 가장 유용한 척도로 원 점수와 달리 의거점이 있으며 동간성이 있다.

(3) 상대적인 위치도 짐작할 수 있고 검사결과를 의미 있게 비교할 수 있다는 점에서 가장 뛰어난 점수이다.

(4) 대표적으로 많이 사용되는 표준점수는 Z점수와 T점수가 있다.

Z점수와 T점수

사례) 영수는 국어 점수가 75점(평균 : 70점, 표준편차 : 5)이고 수학점수가 68점(평균 60점, 표준편차 : 4)이다. 이 두 점수로 Z점수와 T점수를 구하면,

풀이)

- Z점수 공식 = 원 점수 - 평균/표준편차

1) 영수의 국어 Z점수 = 75 - 70/5 = 1

2) 영수의 수학 Z점수 = 68 - 60/4 = 2

- T점수 공식 = 10Z + 50

T점수 = 60

T점수 = 70

기출문제 확인학습

규준점수(Z)

이는 표준 점수(standard score)라고 하기도 한다. 표준 정상 분포에서 Z = (X - mean)/standard deviation 으로 구할 수 있다. 한 표집 자료에서 모든 Z점수의 평균은 0이고, 표준편차는 1이다.

TIP

Z점수 (Z - score)

1) 존재하는 모든 것의 속성이 정규 분포라는 가정 아래 원점수의 평균을 0으로 하고 표준편차를 1로 해서 개인이 얻은 점수가 평균으로부터 떨어진 거리(편차 : deviation)를 표준 편차로 나눈 값이다.

2) Z점수는 대부분의 점수가 + 3 ~ - 3 사이에 분포되어 있고, - 1 ~ + 1 사이에 전체 점수의 약 68%, 그리고 - 2 ~ + 2 사이에 약 95%의 검사 점수가 분포되어 있다.

3) Z점수는 모든 표준 점수의 기본이 된다.

T점수 (T - score)

1) Z점수를 일반인이 쉽게 이해할 수 있도록 평균 50, 표준 편차 10인 단위로 변환한 점수를 말한다.

2) T점수는 대부분의 점수가 최대 80점, 최소 20 사이에 분포되어 있고, 40 ~ 60점 사이에 전체 점수의 약 68%가, 30 ~ 70점 사이에 약 95%가 분포되어 있다.

(7) 상관계수

① 두 변인이 서로 일정한 관련성 갖고 있는 정도를 나타낼 수 있도록 개발된 통계치로서 검사의 신뢰도나 타당도를 분석할 때 널리 이용된다.

② －1에서 ＋1의 값을 가지며 절대값이 클수록 상관관계가 높다는 것을 뜻한다.

③ 산포도를 표현했을 때 사례들이 나타내는 점들이 직선에 가깝게 모여 있을수록 상관계수가 크고 점들이 퍼져 있을수록 상관계수가 작다.

④ 상관계수의 크기에 영향을 미치는 요인은 점수의 제한과 아울러 서로 다른 집단의 결합이다.

> **실력 다지기**
>
> **상관관계**
>
> 1) 상관(correlation)은 변인 간 상호관련성의 정도를 수리적으로 표현한 것이다.
> 2) 단순상관은 두 변인 간의 상관관계를 알아보는 것이며 중다상관은 여러 변인과 한 변인과의 상관관계이다.
> 3) 상관계수는 －1 ～ ＋1 사이의 값을 가지며 부호가 양수인 경우는 정적 상관, 음수인 경우는 부적 상관이라고 한다.
> 4) 정적 상관은 한 변인의 값이 증가하거나 감소하면 다른 변인의 값도 증가하거나 감소하는 경우를 말하고, 부적 상관은 한 변인의 값이 증가하거나 감소하면 다른 변인의 값이 감소하거나 증가하는 경우를 말한다.

9) 신뢰도

신뢰도는 얼마나 일관성 있게, 얼마나 오차 없이 측정하고 있느냐 하는 개념이다. 즉, 한 현상을 반복적으로 측정하였을 때(동일한 도구로), 일관성 있는 측정결과가 나오는가에 관한 문제이다. 신뢰도의 측정방법으로는 다음과 같은 것들이 있다.

(1) 조사자 간 신뢰도(＝ 상호관찰자 기법)

조사하는 사람마다 설문지에 대한 해석이 다를 수 있으므로 이들 조사자 간의 동질성을 확보하기 위해 서로 다른 조사자가 같은 도구를 거의 같은 시간에 같은 대상자에게 적용했을 때 얼마나 일관성 있는 점수를 얻는가를 보는 것이다. 즉, 조사자 또는 평가자가 2명 또는 여러 명 있다면 이들 간의 평가점수가 일치해야 신뢰도가 있다는 것을 나타낸다.

(2) 검사－재검사법(test－retest method)

① **개념** : 똑같은 측정도구를 가지고 똑같은 대상에게 시간적 간격을 두고 두 번 측정하고 그에 따른 점수들에 대한 상관관계를 계산한다(안정성 계수).

② **한계** : 두 번의 동일한 검사를 동일한 대상들에게 실시할 때 반복 응답하는 과정에서 친숙도가 있어 동일한 결과를 보여 신뢰도가 높게 나타날 수도 있고 시간 간격 동안 상황의 변화로 인해 응답자들의 성향이 변화하여 신뢰도를 떨어뜨릴 수도 있다.

(3) 대안법(= 복수양식법, 평행양식법, 동형검사법)

① **개념** : 유사한 형태의 두 개 이상의 측정도구를 사용하여 동일한 표본에 적용한 결과를 비교하여 신뢰도를 측정하는 방법이다(동등성 계수).

② **한계** : 유사한 형태의 두 측정도구를 만드는 것도 어렵고 유사한 형태로 만든 서로 다른 두 양식이 얼마나 유사한 것인지를 확인할 수 없다.

(4) 반분법[12](반분 신뢰도)

① **개념** : 측정도구를 임의대로 반으로 나누어서 각각을 독립된 척도로 보고 이들의 측정결과를 비교하는 방법을 말한다.

② 반분법은 구하기 쉽고 검사 - 재검사법이나 대안법과 달리 한 번의 측정으로 신뢰도를 구할 수 있지만 항목을 두 부분으로 나누는 방법에 따라 신뢰도가 달라져서 항목들을 나누는 방식에 따라서 신뢰도 계수의 추정치가 달라진다는 단점이 있다.

기출문제 확인학습

반분법

1) 반분신뢰도는 홀짝법(기우절반법), 전후법(전후절반법), 임의 짝진 배치법을 이용하며 측정문항을 반으로 나누기 때문에 많은 다분 문항에도 사용할 수 있다.
2) 추정과정에서 둘로 나누어진 측정도구의 상관계수를 활용하며 반분된 두 검사 간에 얻어진 신뢰도계수는 어디까지나 반분된 검사의 신뢰도이므로 실제 사용되는 전체검사의 신뢰도를 추정하기 위해서는 스피어만 - 브라운 교정공식을 사용해야 된다.
3) 즉, 반분검사신뢰도(split - half reliability)는 한번 실시한 검사 점수를 두 부분으로 나누어 두 부분 간 점수의 상관계수를 계산한 후, Spearman과 Brown이 제안한 공식에 의하여 신뢰도를 검증하는 방법이다.

(5) 내적 일관성 방법(= 문항내적합치도)

① 동일한 개념을 측정하기 위해 여러 개의 항목으로 구성된 척도를 사용하는 경우, 신뢰도를 저해하는 항목을 찾아내어 측정도구에서 제외시킴으로써 신뢰도를 높이는 방법이다.

② 반분법이 지니는 문제점이 단일의 신뢰도 계수를 계산할 수 없다는 데 착안하여 가능한 모든 반분법 신뢰도를 구한 다음 그 평균값을 신뢰도로 추정하는 방법을 말한다.

③ 현재 신뢰도를 측정하는 기법으로 가장 널리 쓰이는 방법이며 크론바 알파(Cronbach' α)계수라고도 한다.

④ 크론바 알파 계수는 0(신뢰도 전혀 없음)에서 1(완벽한 신뢰도) 사이의 값을 나타내며 대개 사회과학 영역에서는 Cronbach' α = 0.7 이상이면 신뢰도가 높다고 인정한다.

12) **반분 신뢰도** : 문항수가 많아질수록 신뢰도가 높아진다. 반분 신뢰도(split - half reliability)는 하나의 측정도구를 반으로 나누어 서로의 상관관계로 신뢰도를 추적하는 방법이다. 이는 반으로 나누기 때문에 문항을 잘 나누는 것도 중요하지만, 문항이 많을수록 신뢰도가 증가하기 때문에 문항의 길이도 중요하다. 반분법은 문항이 너무 적은 경우 활용하기 어렵다.

기출문제 확인학습

내적 합치도 (= 문항내용 합치도) : 동질성 계수 (coefficient of homogeneity)

1) 문항내용 합치도의 개념

이 방법은 피험자가 각 문항에 반응하는 일관성에 근거하고 있다. 반분 신뢰도에서 양분된 두 부분을 각각의 검사로 생각하듯이 문항내용 합치도는 검사 속의 한 문항 한 문항을 모두 독립된 한 개의 하위검사로 생각하고 그 합치도, 동질성, 일치성을 종합하는 접근방법이다. 그래서 문항내적 합치도(K - R 계수, Cronbach′s α 계수)라고 하며, 쿠더 - 리처드슨 방법이라고도 한다.

2) 문항내용 합치도의 추정방법

추정방법에는 K - R 20, K - R 21, Hoyt 신뢰도, Cronbach′s α계수 등이 있다.

(1) K - R 20(Kuder - Richardson 20)

문항의 점수가 1(= 맞음) 혹은 0(= 틀림)인 경우에 사용 가능

(2) K - R 21(Kuder - Richardson 21)

리커트 척도처럼 1, 2, 3, 4, 5 형태의 문항 점수에 사용 가능

(3) 크론바 알파(Cronbach′s α)계수

실력 다지기

신뢰도 정리

신뢰도에 영향을 주는 요인

특정한 신뢰도를 추정하는 방법에 따라서 신뢰도 계수는 영향을 받을 뿐만 아니라, 검사문항의 수, 집단의 동질성, 문항 곤란도, 개인차, 문항 반응 수(진위형이나 선다형의 경우 선다형이 더욱 신뢰도가 높다), 난이도, 검사시간, 검사시행 후 경과시간, 응답자 속성의 변화, 검사 후 재검사까지의 절차 등이 신뢰도 계수에 영향을 끼친다.

신뢰도의 평가 및 적용

1) 신뢰도의 평가기준

(1) 안정성(일관성) : 서로 다른 시점에서의 측정결과가 안정된 값을 가지는 것이다.

(2) 동등성(등가성) : 둘 이상의 측정 도구가 겉으로는 다르지만, 내용은 같아야 한다는 것이다.

2) 신뢰도의 제고방안

(1) 측정도구가 되는 항목을 누구나 동일하게 이해되도록 명백하게 구성해야 한다.

(2) 측정항목을 늘린다.

(3) 측정자의 태도와 측정방식의 일관성이 유지되어야 한다.

(4) 측정대상자가 무관심하거나 잘 모르는 내용은 측정하지 않는 것이 좋다.

(5) 사전에 신뢰도가 검증된 표준화된 측정도구를 이용하는 것이 좋다.

기출문제 확인학습

신뢰도 계수의 크기에 영향을 미치는 요인

1) 검사의 길이(문항 수)
2) 문항의 반응 수(진위형 2가지, 4지택1형 4가지 등)
3) 문항의 난이도
4) 개인차의 정도(집단의 변산도, 집단의 동질성)
5) 신뢰도 계산(추정) 방법
6) 검사 후 두 번째 검사까지의 시간 간격

기출문제 사례 (다음에 있는 측정의 표준오차 내용 참고)

신뢰도는 관찰점수 변량에서 진점수 변량이 차지하는 비율로 정의된다. 1,000명의 학생을 대상으로 학습동기를 측정하였더니 관찰점수 변량이 100점이었다. 학습동기 검사도구의 신뢰도가 0.84라고 할 때, 이 검사의 측정의 표준오차는? (단, $r_{xx'}$: 신뢰도, s^2x : 관찰 변량, st^2 : 진변량)

① 1 ② 2 ③ 4 ④ 8 ⑤ 16

답 ③

해

1) 신뢰도에 관한 기본 개념을 이해하기 위해서는 진점수(true score)란 무엇인지를 알아야 한다.
2) 진점수는 한 검사가 오차 없이 어떤 특성을 측정할 때 얻어지는 점수를 말하는데, 따라서 어떤 검사에서 실제 얻어진 점수(또는 관찰점수)는 진점수와 오차점수(+ , - 모두 가능)의 합이라고 할 수 있다.
3) 신뢰도를 구하는 공식을 살펴보면, 신뢰도 [r = 진점수 변량(즉, 관찰점수 변량 - 오차점수 변량) ÷ 관찰점수 변량]이다.
4) 이를 구체적으로 말하면, 신뢰도를 오차가 적은 정도로 보고 오차점수를 제외한 점수 즉 진점수가 관찰점수 중에서 차지하는 비율로 보려는 시도가 있다.
5) 이 시도는, 관찰점수는 진점수와 오차점수의 합으로 보고, 이들을 변량으로 전환해서 관찰점수 변량을 진점수 변량과 오차점수 변량의 합으로 본다.
6) 그래서 신뢰도를 관찰점수 변량 중에서 진점수 변량이 차지하는 비율로 본다.
7) 진점수 변량이란 관찰점수 변량에서 오차점수 변량을 뺀 나머지이기 때문에 이 나머지를 관찰변량으로 나눈 비율이 신뢰도인 것이다.
8) 그리고 측정의 표준오차는 $\sqrt{\text{관찰변량}} \times \sqrt{1 - (\text{신뢰도})}$ 로 계산한다.
9) 따라서 $\sqrt{100} \times \sqrt{(1-0.84)} = 4$ 이므로 측정의 표준오차는 4이다.

측정의 표준오차

1) 신뢰도의 수리적 표현

측정된(관찰된) 점수를 X, 진점수를 T, 오차점수를 E라고 하면 X = T + E 로 나타낼 수 있다. 오차점수 E가 없다면 관찰점수 X는 바로 진점수 T가 된다. 이 오차로 인해서 측정의 신뢰도라는 개념이 생겨난 것이라고 할 수 있다.

각 점수를 편차점수로 나타내면 $X-\overline{X}=x, T-\overline{T}=t, E-\overline{E}=e$ 가 되고 각 편차점수들은 x = t + e의 관계가 성립한다.

$$r_{xx'}=\frac{S_t^2}{S_x^2}=\frac{S_x^2-S_e^2}{S_x^2}=1-\frac{S_e^2}{S_x^2}$$

$r_{xx'}$: 신뢰도

S_x^2 : 관찰점수 변량

S_t^2 : 진점수 변량

S_e^2 : 오차 변량

그러나 이 식은 다음과 같은 문제점을 가지고 있다.

첫째, 측정대상의 관찰점수만 알 수 있을 뿐, 진점수 및 오차점수를 알 수 없거나 알기가 매우 어렵다. 따라서 위 수식에 의한 신뢰도는 관념적으로만 가능할 뿐 실제로는 산출할 수 없다. 물리적 대상의 측정에서는 어느 정도 진점수와 오차점수를 알 수 있고 관찰점수도 자연히 알 수 있다. 따라서 동일 대상을 여러 번 혹은 여러 대상을 한번 측정해서 관찰점수, 진점수, 오차점수를 알 수 있고 그들을 근거로 위 수식에 의한 신뢰도를 계산할 수 있다. 그러나 심리적 특성의 진점수와 오차점수를 안다는 것은 매우 어렵거나 불가능하다. 오로지 관찰점수만 알 수 있을 뿐이다.

둘째, 위 식은 진점수의 편차점수(t)와 오차점수의 편차점수(e)의 합은 영이 된다는 것에 근거하고 있는데 실제로 항상 영이 되는 것은 아니며, 영이 되는 경우도 있고 되지 않은 경우도 있다.

셋째, S_x^2, S_t^2, S_e^2 은 관찰점수, 진점수, 오차점수의 표준편차를 제곱한 것인데 표준편차란 측정치들의 차이의 크기를 나타낸 것이기 때문에 은 관찰점수 중에서 진점수가 차지하는 비율을 나타낸 것이 아니다. 그것은 진점수들의 차의 크기를 관찰점수들의 차의 크기로 나눈 것일 뿐이다.

2) 측정의 표준오차

신뢰도를 수리적으로 나타내고 있는 사람들 중에는 측정의 표준오차라는 개념을 도입하여, 개인의 관찰점수를 통하여 진점수를 범위로 추정할 수 있다고 주장하고 있다. 측정의 표준오차는 앞서의 신뢰도, 진변량, 관찰변량, 오차변량들 간의 관계를 나타내는 식에서 오차를 신뢰도와 관찰변량으로 나타낸 것이다. 측정의 표준오차는 ×로 계산한다.

$$r_{xx'}=\frac{S_t^2}{S_x^2}=\frac{S_x^2-S_e^2}{S_x^2}=1-\frac{S_e^2}{S_x^2}$$

이 식을 측정의 표준오차(Se)에 관해서 풀면 다음과 같이 된다.

$$Se=Sx : \sqrt{1-r_{xx'}}$$

이를 측정의 표준오차라고 하는데 이를 이용하면 진점수를 신뢰구간으로 추정할 수 있다고 한다.

10) 타당도

신뢰도가 검사점수의 일관성을 보여주는 것이라면, 타당도란 한 검사 혹은 평가도구가 '측정하려고 의도하는 것'을 정확히 충실하게 측정하고 있느냐의 정도로 정의할 수 있다. 즉, 타당도는 측정하려고 하는 바를 얼마나 충실하게 측정하였는가의 정도를 나타내는 것으로서, 특정의 개인 또는 집단에 관하여 그 도구가 평가하려고 계획하고 있는 평가목표를 놓치지 않고 명확하게 잴 수 있는 성질을 의미한다. 타당도의 종류는 다음과 같이 정리할 수 있다.

(1) 내용타당도

목표로 삼고 있는 바로 그 내용을 얼마나 제대로 평가하고 있는가를 가리키는 것으로, 그 분야의 전문가들에게 물어 타당도(face validity)를 판단한다.

기출문제 확인학습

내용타당도

1) 대개 일반인에게 판단을 받는 안면타당도가 높을지라도 전문가에게 판단을 받는 내용타당도는 낮을 수 있다.
2) 내용타당도는 일반적으로 전문가들의 판단에 의존하며 통계치는 없다.
3) 그리고 내용타당도 분석에서 중요한 것은 내용 영역을 얼마나 정확하게 기술하느냐 하는 것이다.

(2) 준거타당도

① 검사점수와 어떤 준거점수와의 상관을 구하여 타당도를 추정한 것이다.

② **예언적 타당도**(predictive validity) : 현재의 측정을 근거로 미래의 어떤 것을 예언하는 정도를 말한다.

예 대학입학능력검사가 대학에서의 학업성취를 정확하게 예언할수록 예언타당도는 높게 된다.

기출문제 확인학습

예언적 타당도(predictive validity)의 사례

A 직무수행능력검사를 제작하여 취업 전 청년 100명을 대상으로 검사를 실시하였다. 검사에 참여했던 청년들이 취업한 후 직장에서의 업무 수행평가 결과를 토대로 직무수행능력검사 결과와의 상관관계를 구하여 A직무수행능력검사의 타당성을 파악하였다.

예언타당도[13)]

1) 개념 : 한 평가도구의 타당도는 그 검사결과가 피험자의 미래 행동이나 특성을 어느 정도로 정확하게 예언하느냐에 의해 결정될 수 있다. 이 같은 예언역량의 정도에 의해 표시되는 것을 말하며, 즉 예언타당도는 검사 점수가 피험자의 미래 행동이나 특성을 얼마나 잘 예언하느냐의 문제라고 본다. 즉, 예언타당도는 개인이 상당한 차후에 표준과업을 어떻게 수행할 수 있는가를 예언 또는 어림잡는데 사용한다. 예언은 예언자가 검사로 측정해서 얻은 것과 검사가 정당함을 인정할 수 있는 기준 사이에서의 시간의 차이를 암시한다. 기준이란 예언한 특성 혹은 재능의 추정으로 만들어진 표준을 말한다.

---

13) **출처** : 김대현 외1, 교육과정 및 교육평가(Curriculum & educational evaluation), 학지사

2) 측정 및 방법 : 적성검사와 같이 예언을 주된 기능으로 하는 검사에서는 더 절실히 요구되며, 입학시험의 예언 타당도도 중요하다. 이와 같이 예언타당도는 어떤 평가도구가 목적하는 준거(예 비행기록, 입학 후의 재학성적, 직업에서의 적응정도 등)를 정확하게 예언하는 힘을 말한다.

생존분석

명칭에서도 짐작할 수 있듯이 어떤 사건(event)이 발생할 때까지의 시간(미래)에 대한 확률을 구하는 방법이다.

파이계수

Pearson의 파이 계수는 신뢰도와 동일하게 상호연관성의 정도(예언타당도의 상관계수)를 파악할 수 있는 동시에 부호를 포함하고 있어서 연관성의 방향도 알 수 있다.

ROC분석

이 분석에서 그리는 ROC커브는 로지스틱을 이용하여 예측된 결과(미래)를 실제 결과와 비교하여 그래프로 나타낸 것이다.

로지스틱 회귀분석

로지스틱 회귀분석에서 종속변수는 2가지 결과를 나타내며 이 두 가지 분류를 로지스틱 회귀분석을 통해 나온 결과와 비교하여 ROC곡선을 그리게 된다. 따라서 ROC분석은 로지스틱 회귀분석과 관련된다.

참고

고유치

1) 고유치는 아이겐값(Eigenvalue)과 같은 의미로써, 이는 요인분석과 관련이 되며 요인타당도와 관련된다.
2) 아이겐값(Eigenvalue)은 각 요인이 기존변수의 정보를 어느 정도 설명하는지를 나타내는 지표이다.
3) 아이겐값이 크다는 것은 그 요인이 변수들이 분산을 잘 설명한다는 것을 의미한다.
4) 변수의 수가 20개를 넘을 경우에 사용하는 것이 적절하며, 변수의 수가 작은 경우에 사용하는 것은 적절하지 않다.
5) 다시 말하면, 고유치인 아이겐값(Eigenvalue)은 각각의 요인으로 설명할 수 있는 변수들의 분산의 총합으로서, 각 요인별로 모든 변수의 요인 적재량(각 변수와 요인 간의 상관관계의 정도를 나타냄)을 제곱하여 더한 값이다.
6) 즉 변수의 정보(분산)가 어떤 요인에 의해 어느 정도 표현되는지를 나타내주는 비율이다.

③ **공인(동시적)타당도(concurrent validity)** : 예언적 타당도가 현재 측정된 점수가 미래 측정될 예정인 점수를 얼마나 사전에 정확하게 예측할 수 있느냐에 관심을 갖고 있다면, 공인타당도는 현재 측정한 점수가 기존의 공인된 다른 검사에서 얻은 점수와 얼마나 상관관계가 있느냐 하는 정도를 가리킨다.

(3) 구인타당도

① 구인타당도는 특정 검사가 조작적으로 정의된 구인을 실제로 측정하고 있는지를 검증하여 나타내는 타당도를 말한다. 즉, 구인타당도(construct validity)는 어떤 평가에서 아직 조작적으로 정의하지 않은 어떤 특성(개념)이나 성질을 측정했을 때 그 평가가 과연 과학적 이론에 비추어 보아 어느 정도 의미 있게 측정하고 있는가를 가리키는 개념이다.

② 구인이란 지능, 동기, 태도, 학력 등과 같이 직접 관찰하거나 측정할 수 없는 특성 또는 현상을 이론적으로 개념화한 일종의 구성개념인데, 예를 들어 창의력을 측정할 때 창의력이 민감성, 정교성, 독창성, 융통성으로 구성되어 있다고 한다면 이와 같은 것을 구인이라 하고, 그 검사도구가 이 구인들을 측정하고 있는지 밝히는 것과 같은 것이다.

③ 구인타당도를 측정하는 방법에는 통계적 방법이 많이 쓰이는데, 대표적으로 상관계수 방법, 실험설계 방법, 요인분석 방법 등을 들 수 있다.

④ **수렴적 타당도** : 동일한 특성(개념)이 여러 가지 다른 방법에 의해 측정될 때에 개념 간에 상관관계가 높다는 것을 나타내는 타당도를 말한다.

⑤ **판별적 타당도** : 여러 가지 다른 특성(개념)이 동일한 방법에 의해서 측정되고 있다고 하더라도 다른 특성의 측정결과 간에는 서로 상관이 높지 않다는 것을 나타내는 타당도를 말한다.

기출문제 확인학습

구성(구인)타당도

1) 행복, 만족도와 같이 조사자가 측정하고자 하는 추상적인 개념이 측정도구에 의해서 제대로 측정되었는가에 관한 문제로 측정하고자 하는 개념이 추상적일수록 구성타당도를 확보하는 것은 더욱 더 어렵다.

2) 이론적 구조의 타당도와 측정하려는 개념의 속성에 대해 초점을 두고 있어서 개념타당도라고도 하며 구성타당도를 평가하는 방법은 일반적으로 측정도구가 연구자가 의도한 요인구조를 나타내는가를 분석을 통해 확인하는 것으로, 크게 ① 다중속성 - 다중측정 기법(다특성 - 다방법 행렬분석)과 ② 요인분석으로 나뉜다.

다특성 – 다방법 타당도 (multitrait – multimethod validity)

다특성 - 다방법 타당도는 둘 이상의 특성을 둘 이상의 방법으로 측정하는 방식이다. 다특성 - 다방법 행렬표 분석은 수렴적 타당도 및 식별적 타당도(변별타당도)를 검증하는 방법이다. 수렴적 타당도 및 식별적 타당도(변별타당도)는 구인타당도의 종류에 해당한다. 다특성 - 다방법 행렬은 변인 간 일관성을 측정하는 신뢰도도 파악이 가능하다.

다특성 - 다방법 행렬표(MTMM)를 확인하는 절차

1) 캠벨(Campbell)과 피스케(Fiske)가 제안한 확인적 요인분석의 하나로서, 구성타당도를 경험적으로 확인하는 방법이다.
2) 이는 한 개념이 복수의 특징들과 복수의 방법으로 측정되면, 각 특징 내에서의 항목들 간 상관관계는 다른 특징 항목들과의 상관관계보다 높아야 한다는 것이다.
3) 예를 들어 자아존중감의 개념 중 자긍심, 자신감, 자기노출, 개방성의 특징이 있는데 자긍심의 측정항목이 T1, T2, T3의 3가지가 있고, 자신감의 측정항목이 T4, T5, T6의 3가지가 있는 경우 T1, T3의 경우는 상관관계가 높고, T1, T5는 상관관계가 낮아야 한다는 것이다.
4) 이러한 경우 구성타당도가 확보된 것으로 여긴다.

요인분석

1) 요인분석의 개념

요인분석(Factor Analysis)은 많은 변수들의 상호 관련성을 소수의 요인(factor)으로 추출하여 전체변수들의 공통요인을 찾아내 각 변수가 받는 영향의 정도와 그 집단의 특성을 규명하는 통계분석방법이다. 즉, 실제결과를 초래하게 되는 요인을 찾아냄으로써 목표로 하는 명제를 설명하는 다변량 통계분석방법이다.

2) 요인분석의 목적

구조방정식모델을 분석하기 이전에 측정모델의 타당성을 분석하기 위해서 요인분석을 실시하게 되며, 이러한 요인분석에는 크게 ① 탐색적 요인분석과 ② 확인적 요인분석이 있다.

3) 탐색적 요인분석의 원리(단계)

(1) 모든 변수들에 대한 상관행렬을 구한다. - 문항 간 상관계수 산출
(2) 각각의 요인을 추출한다. - 요인 수 추정
(3) 보다 나은 해석을 위해 요인들을 회전한다. - 요인구조 회전
(4) 각 응답자에 대한 요인들의 점수를 산출한다. - 요인 간 상관계수 산출

4) 탐색적 요인분석[14](Exploratory Factor Analysis)

(1) 서로 관계가 알려져 있지 않은 측정변수와 잠재변수 간의 관계를 규명하기 위해 이용한다.
(2) 측정항목들이 미리 의도한 해당 차원을 제대로 측정하고 있는지에 대해 사전지식을 갖고 있지 않기 때문에 탐색적(Exploratory)이라고 한다.
(3) 요인분석을 하기 전까지 어떤 항목들이 서로 묶이는지 알 수 없기 때문에 요인구조를 탐색하는 목적으로 사용된다.
(4) 분석결과에 따라 일부항목을 제거하거나 추가하게 된다.
(5) 탐색적 요인분석은 일반적으로 SPSS의 Factor Analysis를 통해 행한다.

14) 여러 문항들을 요인분석을 해서 연구자가 의도했던 바대로 요인이 묶여지는 것으로 나타나면, 타당도가 높다고 판단하는 방법으로 아직 완전히 구성되어 있지 않은 개념을 탐색한다는 의미이다.

5) 확인적(확증적) 요인분석[15](Confirmatory Factor Analysis)

(1) 이론적 지식 혹은 경험에 근거하여 각 측정 변수와 잠재 변수 간의 관계를 사전에 가정하고 이 가정을 통계적으로 검증하기 위해 이용된다.

(2) 요인과 항목들 간의 관계가 이미 정해진 상태에서 모델이 구성되고 분석된다.

(3) 학계에서는 기존 이론모델을 수정 또는 변경한 모델에 대한 검증에 많이 이용된다.

(4) 확인적 요인분석은 LISREL이나 AMOS와 같은 구조방정식 모델을 이용해 분석하는 것이 일반적이다.

(5) 관측변수(문항)와 잠재변수(요인)의 관계에 초점이 맞추어지고 구조방정식을 통해서만 분석이 가능하다.

6) 탐색적 요인분석과 확인적 요인분석

(1) 측정모델의 타당성을 검증하기 위해 탐색적 요인분석과 확인적 요인분석의 두 가지 분석을 순차적으로 시행하는 경우가 많다.

(2) 일반적으로 미리 설정한 모델에 대해 탐색적 요인분석을 통해 측정항목들을 1차적으로 정제한 다음 확인적 요인분석을 통해 측정모델의 구성에 대한 통계적 검증을 최종적으로 실시하게 된다.

심화학습

구조방정식 모형[16]

1) 구조방정식은 사회학 및 심리학에서 개발된 측정이론에 토대를 둔 확인적 요인분석과 계량경제학에서 개발된 연립방정식모델에 토대를 둔 다중회귀분석 및 경로분석 등이 결합된 성격을 갖는 방법론이다.

2) 이는 측정모델과 이론모델로 구성되는데, 측정모델(measurement model)은 확인적 요인분석의 성격이 반영된 것이며 이론모델(structural model)은 다중회귀분석 및 경로분석의 성격이 반영된 것이다.

3) 구조방정식은 공분산 구조분석(covariance structure analysis), 잠재변수 모델(latent variable model) 등으로 불려지기도 한다.

4) 구조방정식 모형은 사전적(a priori)성격을 가지며, 연구모델에 포함되는 잠재변수[17]와 관측변수[18] 간의 관계, 잠재변수와 잠재변수 간의 관계[19] 및 방향 등을 연구자가 사전에 수립한 모델을 기초로 분석이 이루어진다.

5) 연구자가 이론을 토대로 사전에 수립한 모델이 있어야 하며 이론을 토대로 사전에 수립한 모델이 자료에 의해 지지되는가를 검증하는 것이 연구의 주된 관심사항이 된다.

6) 연구자는 연구모델(research model)을 수립하여 하는데 위의 일련의 과정을 모델구축(model development)이라 하며 이러한 모델구축을 통해 연구자가 수립한 모델을 연구모델(research model)이라고 한다.

7) 모델검증 (model testing)은 연구자가 수립한 모델을 자료를 어느 정도 적합한지를 알아보는 것을 의미한다. 즉, 구조방정식 모델 프로그램(예 Lisrel, Amos 등)을 이용하여 검증하는 것이다.

---

15) Lisrel이라는 통계프로그램을 이용하여 연구자가 제시한 전체 척도의 요인구성을 검증해주는 방법으로, 이미 충분한 선행연구를 통해 해당개념을 구성하는 요인들에 대해 어느 정도 합의가 된 후에 이들 개념이 정말 타당한가를 확증한다는 의미이다.

16) 배병렬, 「Lisrel, 구조방정식 모델 - 이해와 활용 -」, 청람, 2005, 재구성

17) 잠재변수를 학생의 학업성적은 학생의 학업능력, 학업에 대한 열망 및 가정환경 등에 의해 영향을 받는 것으로 가설화하였다고 가정하는 경우 구조방정식모델에서는 '가정환경', '학업능력', '학업열망', '학업성적' 등과 같은 가설적인 개념들을 잠재변수라고 하고 이는 원 또는 타원으로 표기한다.

18) 관측변수는 잠재변수를 측정하기 위해 사용된 변수로서 사각형으로 표기한다.

19) 잠재변수 간 관계는 각각의 잠재변수를 측정하기 위한 관측변수를 개발하고, 잠재변수들 간의 관계를 기존의 이론을 토대로 가설화하는 것이다.

8) 모델검증의 방법에는 모델을 먼저 수립한 후 자료를 통해 어느 정도 적합한지를 분석하는 성격을 가지므로 확인적 접근법(confirmatory approach)을 취하는 분석법과 이와는 반대되는 탐색적 접근법 (exploratory approach)이 있다.

9) 구조방정식 모형의 연구절차

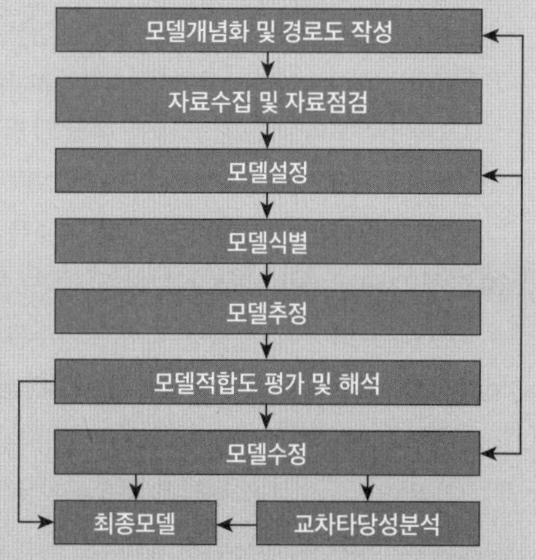

(1) 모델개발 전략(model development strategy)은 다음의 세 가지 전략이 있다.

(2) **확인적 전략**(strictly confirmatory strategy) : 이는 하나의 모델을 설정하고 이를 수집한 자료를 대상으로 검증하여 기각하거나 또는 채택하는 접근법으로서 단 한 번의 모델검증을 통해 모델의 적합도를 평가하는 전략이며 실질적으로 연구에서 많이 쓰이지는 않는다.

(3) **대안모델 전략**(alternative model strategy) : 이는 연구자가 몇 가지 대안모델을 사전에 설정한 다음, 그 가운데 하나의 모델을 선택하는 접근법으로 경쟁모델전략(competing model strategy)이라고도 한다.

(4) **모델생성 전략**(model generating strategy) : 이는 시초모델(initial model) 또는 제안모델(proposed model)을 설정한 후, 이를 자료를 대상으로 검증하는 것이며 모델이 적합하지 않으면 동일한 자료를 대상으로 연속적으로 모델을 수정해 가는 접근법이다.

10) 구조방정식 모형의 변수

(1) 구조방정식 모델에서는 독립변수와 종속변수라는 개념 대신 관측변수(observed variable)와 잠재변수 (latent variable) 그리고 외생변수(exogenous variable)와 내생변수(endogenous variable)의 개념으로 변수들이 나타난다.

(2) 관측변수들이(설문지에 해당하는 문항들) 모여서 하나의 잠재변수를 형성하게 되고, 이러한 잠재변수들끼리 외생변수와 내생변수의 개념을 가지고 모델을 형성하게 된다.

(3) 외생변수는 모델 내에서 한 번도 다른 변수의 결과가 되지 않는 변수이며, 내생변수란 최소 한번은 모델에서 결과가 되는 변수이다. 참고로 관측변수는 정사각형이나 직사각형이 사용되며, 잠재변수는 원으로써 나타낸다.

11) 구조방정식 모형의 장점

(1) 다중 및 상호 종속관계를 동시에 추정이 가능하다.

(2) 이들 관계에 잠재변수(추상적 개념)를 포함할 수 있으며, 측정오차를 추정할 수 있다.

(3) 모델에 포함된 잠재변수의 직접효과와 간접효과(두 변수들 간의 효과가 다른 변수에 의해 매개되는 것)의 크기를 파악할 수 있다.

(4) 확인적 요인분석의 경우 특정 개념을 표현(측정)하기 위한 척도의 신뢰도 및 타당도를 평가할 수 있을 뿐 아니라 측정모델의 적합도를 평가할 수도 있다.

(5) 인과관계 추론 시 복잡한 관계를 처리할 수 있고, 기존의 방법론에 비해 보다 더 정확하고 유연하게 처리할 수 있다.

기출문제 확인학습

적합도 지수 : 확인적 요인분석의 3단계 : 모형 평가

아래의 적합도 지수는 합당한 적합도 지수로서, 적합도 지수 조건을 충족시키고 표본크기에 민감하지 않다.

1) SRMR (Standardized Root Mean Square Residuals)
   0.08이나 보다 적은 값은 좋은 적합도 지수를 나타낸다.
2) TLI (Tucker - Lewis Index) 또는 NNFI (Non - normed Fit Index)
   0.95나 보다 큰 값은 좋은 적합도 지수를 나타낸다.
3) CFI (Comparative Fit Index)
   0.95나 보다 큰 값은 좋은 적합도 지수를 나타낸다.
4) RMSEA(Root Mean Square Error of Approximation)
   (1) RMSEA < .05 : 좋은 적합도
   (2) RMSEA < .08 : 괜찮은 적합도
   (3) RMSEA < .10 : 보통 적합도
   (4) RMSEA > .10 : 나쁜 적합도

참고

NFI(Normed Fit Index)

1) 증분적합지수의 기본이 되는 지표이며 표준적합지수라고 한다. 표준화시킨 부합치로 0.9보다 크면서 1에 가까울수록 모형의 적합도에 만족한다고 할 수 있다. 이는 표본크기에 가장 민감한 지수이다.
2) 공식 : NFI = 1 - (연구모형 카이제곱값/독립모형 카이제곱값)

(4) 처치타당도

① 내용타당도, 준거타당도, 구성타당도가 측정학적인 개념이라면, 처치타당도는 상담자와 임상가들이 고안한 개념으로서 검사결과가 처치에 어떤 변화를 일으키는가에 대한 타당도를 말한다.

② 만일 검사결과가 유용하고 상담과정에 변화를 주었다면 처치타당도는 높다.

기출문제 확인학습

타당도에 영향을 주는 요인

<table>
<tr><td colspan="2">표집의 특성</td><td>1) 집단의 크기, 집단의 대표성과 같은 표집된 집단의 특성
2) 대상집단 전체를 표집의 목표로 하여 타당도를 연구하는 경우:전반적 적중률에 관심이 있는 경우에 더욱 타당한 표집 집단의 특성
3) 선발된 집단만을 대상으로 타당도를 연구하는 경우:긍정적 적중률을 높이는데 관심이 있는 경우에 더욱 타당한 표집 집단의 특성</td></tr>
<tr><td colspan="2">기본구성비율</td><td>1) 선발되지 않은 집단에서 어떤 현상이 발생하게 되는 기본비율
2) 검사의 유용성 = 검사결과에 의거한 결정이 기본구성비율보다는 더 정확한 결정률을 가져야 함
3) 예언하고자 하는 현상이 너무 흔하거나 너무 희귀할 때 기본구성비율에 의존하는 것보다 정확률이 낮을 수 있다.</td></tr>
<tr><td colspan="2">선발비율</td><td>1) 전체 지원자 중에서 선발된 비율
2) 선발조건을 엄격하게 하면 선발비율 낮아져 적중률이 높아지게 되므로 타당도 높아짐</td></tr>
<tr><td>신뢰도</td><td>검사의 길이</td><td>1) 검사의 길이를 충분히 늘리면 신뢰도 증가 → 타당도 증가
2) 신뢰도가 낮은 검사의 경우 검사의 길이를 늘림으로써(신뢰도의 증가와 더불어) 타당도를 높일 수 있다.</td></tr>
<tr><td colspan="2">집단의 이질성</td><td>동질적 집단(homogeneous group)보다는 이질적 집단(heterogeneous group)을 통한 검사 결과의 신뢰도가 더 높으며, 따라서 보다 높은 타당도를 추정할 수 있다.</td></tr>
<tr><td rowspan="2">피험자 반응특성</td><td>허위반응 (faking response)</td><td>1) 검사결과를 어떤 방향으로 변화시키고자 하는 피험자의 고의적 의도에 따른 반응
2) 허위반응은 검사 결과의 타당도를 낮추게 되므로 허위반응의 방지가 중요함
3) 솔직한 반응이 피검사자에게도 유리함을 숙지시키거나, 검사의 목적을 피검사자가 잘 알지 못하도록 하여 허위반응을 방지할 수 있다.
4) 허위척도(또는 타당도 척도)를 사용하여 허위반응 여부를 가려내는 기법도 있다.</td></tr>
<tr><td>반응경향 (response tendency)</td><td>1) 피검사자가 제시된 답지 가운데에서 선택하기 어려울 때 일어날 가능성이 높다.
2) 추측하려는 경향 / 내용에 상관없이 '그렇다'고 대답하는 경향 / 어떤 것을 부정하거나 불찬성하는 경향 / 가능한 한 많은 문항에 응답하려는 경향 / 극단적 입장만을 취하려는 경향 / 항상 자신이 사회적으로 우수하다고 반응하는 경향 등
3) 반응 방법 및 문제의 제시를 명료하게 해 준다면 반응경향성을 줄일 수 있다.</td></tr>
</table>

타당도가 양호하게 산출되려면 ① 신뢰도가 높거나, ② 문항 수가 적당히 많으며 ③ 대규모 표본에서 검증하는 경우가 있다. 그리고 ④ 검사의 유용성으로 검사결과에 의거한 결정이 선발되지 않은 집단에서 어떤 현상이 발생하게 되는 기본비율인 기본구성 비율(base rate)보다 더 정확한 결정률(민감도)을 보여야 타당도가 양호하다. 또한, ⑤ 실제 선발 여부와 유의한 관계가 있을 때 선발확률을 낮추는 경우 내적타당도의 위협정도가 낮아져 타당도가 양호하게 된다.

연구의 타당도

1) 표본의 대표성을 확신할 수 없는 경우 외적 타당도는 낮아진다.

2) 내적 타당도는 연구결과에서 나타나는 변화가 독립변인에 의한 영향만을 반영하고 있는가에 관한 것이다.

3) 무선배치는 무작위할당으로서 실험설계에서 주로 활용되므로 내적 타당도를 높이고 무선표집은 무작위표본 추출로서, 이는 표본의 대표성을 높이므로 외적 타당도를 높일 수 있다.

4) 반작용 효과(reactivity effects)란 연구대상자가 자신이 측정되거나 관찰되고 있다는 것을 의식하고 행동하는 것을 의미하므로 반작용 효과는 내적 타당도와 외적 타당도 모두에 심각한 위협이 된다.

타당도와 신뢰도와의 관계

1) 신뢰도가 검사점수의 안정성에 관한 것인 반면, 타당도는 외적 준거와 관련된 것이다.

2) 검사의 타당도 검증에서 중요한 일은 알맞고 신뢰할 수 있는 준거를 설정하는 것이다.

3) 어떤 검사의 신뢰도가 높다고 하여 타당도도 높은 것은 아니다.

4) 즉, 신뢰할 수 있는 검사는 이론적으로 타당하나 실제적으로 타당하지 않을 수 있다.

5) 타당도가 높은 검사는 신뢰할 수 있는데 이는 준거와의 상관(타당도)은 그 검사 신뢰도의 신뢰도 계수에 의해 제한되기 때문이다.

6) 신뢰도가 낮으면 타당도는 이에 비례해서 낮아진다.

7) 역으로 표현해서 신뢰도 없이 타당도가 높은 평가도구는 존재할 수 없다.

8) 이는 한 검사의 타당도는 그 검사의 신뢰도에 의해서 제한된다는 것을 의미한다.

11) 문항 난이도

(1) 난이도는 정답률이기 때문에 난이도 지수가 높을수록 그 문항은 쉽다는 의미이다.

(2) 문항난이도 계산 공식은(정답자 수 ÷ 전체 사례 수) × 100이 된다.

(3) 즉, 문항난이도(item difficulty)는 각 문항에 정확하게 답한 학생들의 비율을 조사함으로써 결정될 수 있다.

(4) 만약 한 학급 40명 중 32명이 특정한 문항을 정확하게 답했다면 문항난이도는 0.80이 될 것이다.

(5) 문항 난이도는 특정 문항을 맞춘 사람들의 비율로서 0.00에서 1.00의 값을 가지며 문항의 난이도는 신뢰도에 영향을 미치는데 어려울수록 신뢰도는 유사하게 나올 가능성이 낮아 신뢰도가 낮아진다.

(6) 문항의 난이도가 0.50일 때 가장 이상적으로 검사점수의 분산도가 최대가 된다.

(7) 이는 쉬운 문항과 어려운 문항이 적절히 포함되고 중간수준 난이도 문항이 다수이면 변별력이 높아지게 되어 이상적이고 변별력이 높아진다는 것은 곧 편차가 커진다는 것과 같기 때문에 분산도는 최대가 된다.

☞ **정리**

문항 난이도

1) 문항난이도(p)는 한 문항이 얼마나 어려운가를 나타내는 지수로서 정답률이라고도 함
2) 선다형 문항
   P = R/N × 100
   (N : 총 피험자 수, R : 문항의 답을 맞힌 피험자 수)
3) 부분점수 부여되는 서술형 문항
   P = R/(N × SA) × 100
   (R : 어떤 한 문항에서 전체 응답자들이 받은 점수의 합, SA : 그 문항에 주어진 배점, N : 총 사례 수)
4) 난이도 0.25 이하는 '어려운 문항', 0.25 ~ 0.75는 '적절한 문항'으로, 0.75 이상은 '쉬운 문항'으로 판단함

예제) 문항 난이도

100명의 학생이 시험을 치루었고(N = 100), 이 중에서 65명이 정답을 맞추었다(R = 65)고 가정하면 이 경우의 문항난이도의 계산은 아래와 같다.

$$P = \frac{65}{100} = 0.65$$

12) 문항 변별도

(1) 한 검사에서 각 문항이 수검자의 능력 수준을 변별할 수 있는 정도를 나타내는 지수로, 즉 문항변별도란 학생의 능력을 어느 정도 변별해 내느냐의 정도를 말한다.
(2) 예를 들어 변별력이 있는 문항은 능력이 높은 수검자가 답을 맞히는 확률이 능력이 낮은 수검자가 답을 맞히는 확률보다 높은 문항이다.
(3) 문항변별지수는 -1.0에서 +1.0 사이의 값을 갖는다.
(4) 이 값이 +1.0에 가까울수록 변별력이 높은 문항이고, 0에 가까울수록 변별력이 떨어지는 문항이다.
(5) 일반적으로 규준참조검사에서는 문항변별지수가 적어도 0.30 이상이 되는 것이 좋다.

기출문제 확인학습

문항 변별도

1) 문항이 능력에 따라 피험자를 변별하는 정도를 나타내는 것으로 문항난이도의 영향을 받음
2) 문항의 변별력이 높으면 검사의 신뢰도는 높아짐
3) 개별 문항 점수와 전체 점수 간의 상관이 높으면 문항의 변별도가 높아짐
4) 개별 문항의 총점이 높은 사람과 낮은 사람을 구분해 주는 정도를 의미함
5) 변별도 지수(DI) = (Rh - Rl) / f (Rh : 상위 집단의 정답자 수, Rl : 하위집단의 정답자 수, f : 상위 집단 및 하위 집단 각각의 총 사례 수)
6) 전체 피험자의 점수를 기준으로 상위 27%를 상위집단으로, 하위 27%를 하위집단으로 나눔
7) 0.40 이상을 매우 좋은 문항, 0.30 ~ 0.39를 상당히 좋으나 개선될 여지가 있는 문항, 0.20 ~ 0.29를 약간 좋은 문항으로서 개선될 필요가 있는 문항, 0.19 이하를 별로 좋지 않은 문항으로서 버려야 하거나 수정되어야 하는 문항으로 본다.

문항 변별도의 해석기준

문항 변별도	문항에 대한 해석
0.40 이상	변별력이 높은 문항
0.30~0.39	변별력이 있는 문항
0.20~0.29	변별력이 낮은 문항
0.10~0.19	변별력이 매우 낮은 문항
0.10 미만	변별력이 없는 문항

예제)

지필검사의 응답 결과(총 4명 응시, 총 3문항)				
이름	문항점수(X)			총점(Y)
	문항1	문항2	문항3	
김수진	1	1	1	3
이진영	1	1	0	2
박진수	0	0	1	1
배수현	0	0	0	0

위 표에 나타난 결과를 토대로 문항1의 문항 변별도를 구하려면 아래 표의 계산 절차를 거쳐야 한다.

문항 1에 대한 문항 변별도 단계별 계산					
	X	Y	XY	X^2	Y^2
김수진	1	3	3	1	9
이진영	1	2	2	1	4
박진수	0	1	0	0	1
배수현	0	0	0	0	0
합계(Σ)	2	6	5	2	14

$r = (N \times \Sigma XY - \Sigma X \times \Sigma Y) / \sqrt{N \times \Sigma X\text{제곱} - (\Sigma Y)\text{제곱}}$

$r = \{(4 \times 5) - (2 \times 6)\} / \sqrt{(4 \times 2 - 4)} \times \sqrt{(4 \times 14 - 36)}$

$= 8 / (2 \times \sqrt{20})$

$= 8 / (2 \times 4.4721)$

$= 0.8944$

[공식기호] r:문항 변별도 X:각 학생의 문항점수 Y:각 학생의 총점수

문항1에 대한 문항 변별도는 약 0.89인 것으로 나타났다. 이 값은 문항 변별력이 매우 높다는 것을 나타낸다.

13) 문항의 유용도

(1) 문항유용도(실용도)란 가급적 최소의 노력, 최소의 시간, 최소의 경비로 유용하게 이용할 수 있어야 하는 것을 말한다.

(2) 즉, 실용도는 한 마디로 쉽게 사용할 수 있는 정도를 의미한다.

(3) 유용도의 사례로는 검사 문제가 적절할 것, 실시하기 용이할 것, 검사·채점이 객관적이고 용이할 것, 검사의 비교가 가능할 것, 경제적일 것 등을 들 수 있다.

(4) 아무리 훌륭한 평가라도 노력과 비용, 시간 등이 많이 드는 평가는 실용도가 있는 평가라고 할 수 없다.

(5) 평가의 원리나 그 방법을 항상 현실적 교육 여건에 맞게 조절하고 실제에 적용시켜 조화롭게 학습 평가를 수행해야 한다.

부연

문항유용도 (실용도)

1) 평가도구의 실용적 가치에 관련되는 문제로서 문항 제작, 평가 실시, 채점 상 비용, 시간과 노력을 적게 들이면서 소기의 목적을 얼마나 달성할 수 있느냐의 정도를 말하는 것이다.
2) 아무리 훌륭한 평가도구라 할지라도 채점이 복잡하다든지, 시간이 너무 많이 소요된다든지, 사용하기 매우 어려울 경우에는 문제가 발생한다.
3) 문항유용도(실용도)의 조건
   (1) 실시의 용이성(시간 제한, 실시의 과정, 방법이 명료하고 간결하며 완전해야 함)
   (2) 채점의 용이성
   (3) 검사의 해석과 활용의 용이성
   (4) 비용과 시간, 노력들이 절약되는 효율성

심화학습

오답지의 매력도

1) 정답지와 오답지가 효과적으로 제 기능을 다하고 있는지를 나타내는 척도
2) 이 때 각 오답지의 응답 비율이 공식으로 계산된 오답지의 매력도 보다 높으면 매력적인 답지이며, 그보다 미만이면 매력적이지 않은 답지로 판단한다.
3) 오답지의 매력도(Po) = 1 - P/Q - 1(Po : 답지 선택 확률, P : 문항 난이도, Q : 답지 수)

기출문제 확인학습

기출문제

성취도검사의 총점에 있어 상 · 하위 25% 집단의 특정 문항에 대한 답지별 선택비율이다. 정답이 4번이라고 할 때, 이 문항에 대한 설명으로 옳은 것은?

	상위 25%의 선택비율	하위 25%의 선택비율
답지 ①	.02	.10
답지 ②	.07	.05
답지 ③	.00	.05
답지 ④	.90	.80

① 정답률은 .85이다.
② 변별도는 음수이다.
③ 변별도가 낮은 편이다.
④ 어려운 문항이다.
⑤ 모든 오답지가 매력 있다.

답 ③

해

① 정답률은 전체 응답자 중에서 정답에 응답한 비율을 말하는데, 문제에서는 상 · 하위 25% 집단의 특정 문항에 대한 답지별 선택비율만 제시되었으므로 알기가 어렵다.
② 변별도는 양수이다. 상위 25%의 선택비율이 하위 25%의 선택비율보다 높기 때문에 양수로 추정하면 될 것이다. 문항변별도를 추정할 때 가장 문제가 되는 문항은 문항변별도가 (-)로 계산되는 경우인데, 이 문항은 변별력이 없는 문항이므로 삭제되거나 수정 보완되어야 한다.
④ 쉬운 문항이다.
⑤ 문항난이도는 높기 때문에(정답자 수가 많다)오답지에 대한 매력도는 낮다.

1) 많은 학생들이 정답을 맞혔다면 문항난이도는 높을 것이다. 이는 그 문항의 답을 맞힌 학생의 비율(확률)이 되기 때문이다. 문제에서는 상·하위 25% 집단의 특정 문항에 대한 답지별 선택비율(0.90, 0.80)이 모두 높기 때문에 문항난이도는 높다.
2) 그리고 문항이 학생들의 능력에 따라 이를 구분해 내는 정도를 나타내는 지수가 문항변별도인데, 상·하위 25% 집단의 특정 문항에 대한 답지별 선택비율이 거의 같다면 변별도는 낮을 것이다.
3) 위의 문제를 보면 정답이 4번인데, 상·하위 25% 집단의 특정 문항에 대한 답지별 선택비율(0.90, 0.80)이 모두 높다. 따라서 쉬운 문항이다.

CHAPTER 02

심리검사 각론

제1절 | 지능검사

1 지능의 개념과 측정

1) 지능의 의미

지능의 의미는 임상적 입장과 이론적 입장이 있다.

(1) 임상적 입장

지능은 전체적인 잠재적 적응 능력으로서 지능의 구성요소에 대한 가설을 바탕으로 하여 지능검사를 제작하고 타당도를 검증하면서 개인의 전체적 능력평가를 위해 사용한다. 동기나 성격과 같은 비지적 요소가 지적 기능의 수행에 영향을 미친다.

(2) 이론적 입장

지능의 개념을 과학적으로 정의하기 위해 개인이 아닌 집단을 대상으로 한 지능검사 결과와 개인의 성, 연령, 학력변인 등과의 상관관계를 연구하여 지능검사의 소검사들에 대한 요인분석 연구를 바탕으로 지능의 개념을 발전시켜 왔다.

① 비네(Binet, 1905) : 지능이란 잘 판단하고, 이해하고, 추리하는 일반적이고 기본적 능력으로서 그 구성요소는 판단력, 이해력, 논리력, 추리력, 기억력이며 이러한 기본적 능력이 행동차원에서 평가될 수 있다.

② 스피어만(Spearman, 1904) : 모든 지적 기능에는 공통 요인과 특수 요인이 존재한다는 2요인설을 제시하였다.

③ 손다이크(Thorndike, 1909) : 추상적, 언어적 능력과 실용적 지능, 사회적 지능 등의 특수 능력을 분류하였다.

④ 웩슬러(Wechsler, 1939) : 지능은 유목적적으로 행동하고, 합리적으로 사고하고, 환경을 효과적으로 다루는 개인의 종합적인 능력으로 성격의 다른 부분과 분리될 수 없으며 이러한 인지적·정서적·동기적 측면을 모두 포함하는 전체적 능력이다.

⑤ 써스톤(Thurstone, 1941) : 지능의 다요인이론으로 기본정신 능력으로 7개 요인을 제시(7 - PMA)하였다.

⑥ 커텔(Cattell, 1971) : 유동성 지능(fluid intelligence)과 결정성 지능(crystallized intelligence)으로 구분하였다.

⑦ 가드너(Gardner, 1983) : 독립적 9요인(언어적, 음악적, 논리 - 수학적, 공간적, 신체 - 운동적, 개인 간(대인 간), 개인 내 요소, 자연탐구, 실존지능)을 제시하였다.

결론적으로 지능이란 유전적·환경적 결정요인을 지니는 것으로 검사를 통해 측정되는 지능은 유전적 결정요인뿐만 아니라, 초기 교육적 환경, 후기교육과 작업경험, 현재의 정서적 상태 및 기질적·기능적 정신장애, 검사 당시의 상황요인의 상호작용 결과로 나타나는 개인의 전체적이고 잠재적인 적응능력이다.

2) 지능검사의 목적

(1) 개인의 지적인 능력 수준을 평가한다.

(2) 인지적·지적 기능의 특성을 파악한다.

(3) 임상적 진단을 명료화한다.

(4) 기질적 뇌손상 유무, 뇌손상으로 인한 인지적 기능의 저하를 평가한다.

(5) 합리적인 치료 목표를 설정하는데 필요한 정보를 얻는다.

참고

지능검사의 개요

1) 지능검사의 발달과정

(1) 지능이란 용어를 처음 사용한 이는 Cattel이고, 1905년 Simon과 Binet에 의해, '비네 - 시몬 검사'의 지능검사가 처음으로 제작되었다. 이것은 정신지체아와 비장애아를 구별할 목적으로 제작된 것이다.

(2) 1916년 스텐포드 대학의 터만 교수는 비네검사를 개정해서 스텐포드 지능검사를 만들었는데, 이 검사에서 지능지수를 MA/CA × 100으로 산출하였다.

(3) 개인 지능검사로 웩슬러의 성인 지능검사(WAIS), 아동용 지능검사(WISC) 등이 있다(편차 IQ = DIQ : 15Z + 100).

(4) 집단 지능검사로는 1차 세계대전 때 군인을 변별하기 위해 만든 군인 알파검사와 군인베타검사가 있다.

(5) 우리나라 최초의 지능검사는 1954년 정범모의 지능검사가 있다.

2) 지능검사의 유형

(1) 일반 지능검사와 특수 지능검사

(2) 언어검사(α검사)와 비 언어검사(β검사) : 비언어검사는 취학 전 아동, 문맹자, 언어장애인, 노인, 외국인을 위해 개발한 검사이다. 특히 도형, 그림, 기호 등 실제의 작업을 통해 지능을 측정하는 것을 β검사라 한다.

(3) 동작검사와 필답검사 : 필답검사는 주로 집단검사에 이용한다.

(4) 개인 지능검사와 집단 지능검사

3) 지능이론

(1) 요인이론 : 지능을 구성하고 있는 요인이 무엇이냐에 관심이 있다.

① 스피어만(Spearman) : 한 개의 일반요인(여러 가지 다양한 지적 과제를 해결하는 데 고르게 관여하는 일반적인 능력)과 여러 개의 특수요인(특정 과제를 해결하는 데에만 주로 활용되는 특수한 능력)으로 구성

② 써스톤(Thurstone) : 56개의 지능검사 결과를 요인 분석한 결과 일곱 가지 기초 정신능력을 발견하였으며, 이 일곱 가지 기초 정신능력(PMA : Primary Mental Ability)은 언어이해력, 추리력, 수리력, 공간지각력, 언어 유창성, 지각속도, 기억력이다.

③ 길포드(Guilford)

ㄱ. 내용(시각적, 청각적, 상징적, 의미론적, 행동적), 산출(단위, 유목, 관계, 체계, 변환, 함축), 조작(평가, 수렴적 사고, 확산적 사고, 기억파지(= 기억장치), 기억저장, 인지)의 세 차원으로 구성되어 있다.

ㄴ. 이 세 차원의 조합에 따라 180개의 능력으로 구성(초기에는 120개의 능력으로 구성되었다고 했다가 이후 150개의 능력이라고 수정하였으며, 가장 최근에는 180개 능력으로 구성되어 있다고 주장함)되어 있다.

ㄷ. 조작 차원 중 수렴적 사고는 하나의 정답을 찾아 가기 위해 생각을 모아가는 방식의 사고를 말하고 확산적 사고는 다양한 가능성 있는 대안을 찾기 위해 생각을 퍼뜨리는 방식의 사고를 말한다.

ㄹ. 길포드에 의하면, 창의력은 확산적 사고와 관련이 깊다고 한다.

기출문제 확인학습

길포드(Guilford) – 3수준 지능이론

1) Guilford는 다요인설의 관점에서 Thurstone의 기본정신능력을 확대발전시킨 지능구조모형(Structure of intellect model)을 제안하고 인간의 지능은 3개 필수적 차원이 존재한다고 보았다.
2) 내용(content), 조작(operation), 산출(product)의 세 가지가 정신능력에 필수적으로 요구되는 차원이라 보고, 이러한 내용, 조작, 결과를 조합하면 특정한 요인이 발생한다고 가정하였다.

참고 젠센(Jensen)은 지능이 80% 유전에 의해 이루어진다고 주장하였다.

(2) 위계이론

지능 요인 간에 공유되거나 중첩된 변인을 종합함으로써 보다 높은 수준의 요인을 가정하고 있는 이론이며 대표적으로 카텔(Cattell)은 유동성 지능과 결정성 지능으로 구분하였다.

(3) 가드너(Gardner, 1983)의 다중지능이론

① **언어적 지능** : 이것은 우리가 흔히 일컫는 언어분석력, 복잡한 어문자료를 이해하는 능력, 은유를 이해하는 능력을 포함한다(대표자는 시인 엘리어트).

② **논리 수학적 지능** : 산수연산이나 상징적 논리력은 모두 이 지능을 요구한다(대표자는 과학자 아인슈타인).

③ **공간적 지능** : 숨은 그림을 찾고 공간 속에서 사물을 머릿속으로 그 위치를 바꾸고 돌려서 그것을 진술할 수 있는 능력을 말한다(대표자는 화가 피카소).

④ **신체 운동적 지능** : 자신의 신체를 완벽하게 인식하고 조절할 수 있는 능력을 말한다(대표자는 무용가 마르샤 그래함).

⑤ **음악적 지능** : 음악과 관련된 모든 자질을 의미한다(대표자는 음악가 스트라빈스키).

⑥ **대인 간 지능** : 타인의 동기, 기분, 의도를 파악하고 구분 짓는 능력을 말한다(대표자는 정치가 간디).

⑦ **개인 내 지능** : 자신을 들여다보는 능력, 자기의 감정, 동기, 의식 등을 스스로 알고 분석하고 표현하는 능력을 말한다(대표자는 정신분석가 프로이트).

⑧ **자연탐구 지능** : 생존을 위해 자연에 적응할 때 감각을 사용하는 능력으로서, 자신의 환경에서 생존하고 적용할 수 있는 지능이다(찰스 다윈).

⑨ **실존 지능** : 처음에는 영적 지능(spiritual intelligence)으로 불렸던 것으로서, 인간의 존재 이유, 생(生)과 사(死)의 문제, 희로애락, 인간의 본성, 가치 등 철학적인, 어떤 의미에서는 상당히 종교적인 사고를 할 수 있는 능력이다. 다만, 가드너는 이를 완전한 지능으로 인정하지 않고 유보하였다.

(4) 스텐버그(Sternberg, 1986)의 삼원지능이론

① 성분적 요소

ㄱ. 지능을 원초적으로 구성하는 성분으로서 상위 성분, 수행 성분, 지식습득 성분이 있다.

ㄴ. 분석적 사고력이 높은 사람은 이 성분적 요소의 역할이 강하게 나타난 사람이다.

② **경험적 요소**: 경험을 통하여 생소한 과제를 통찰력 있게 다룰 줄 아는 것으로서 창의력이 높은 사람은 이 경험적 요소의 역할이 강하게 나타난 사람이다.

③ 맥락적 요소

ㄱ. 외부환경에 대응하는 능력, 즉 현실상황에의 적응력을 강조하는 것으로서 전통적인 지능검사로 측정한 지능지수나 학업성적과는 무관한 능력이다.

ㄴ. 어떤 상태에든 잘 적응하는 사람은 이 맥락적 요소의 역할이 강하게 나타난 사람이다.

4) 스탠포드 - 비네 (Stanford - Binet) 검사

(1) Binet - Simon척도(1905, 1908, 1911)는 정상/정신지체 아동을 감별하기 위한 목적으로 최초 실용적인 지능검사를 제작하였다.

(2) 스탠포드 - 비네(Stanford - Binet) 검사는 1916년, 스텐포드 대학의 터먼(Terman)이 비네 검사를 개정한 것이다.

(3) 비율 지능지수(IQ) 도입 : [비율지능지수 = 정신연령 ÷ 생활연령 × 100 즉, IQ = MA/CA × 100]

기출문제 확인학습

비율지능과 편차지능

1) IQ는 비율지능(Ratio IQ, RIQ)과 편차지능(Deviation IQ, DIQ)으로 나뉘는데, 현대에 이르러서는 편차지능이 주로 사용되고 있다.

2) 검사를 받는 사람이 나이가 많은 경우에 비율지능으로 수치를 산출하기가 곤란하기 때문이다. 다만 검사를 받는 사람의 나이가 만 6세 미만 정도로 어릴 경우에 한해, 여전히 비율지능으로 IQ를 나타내기도 한다.

3) 비율지능지수(RIQ)는 (피험자의 정신연령 ÷ 피험자의 생활연령)×100으로 산출된다. 예를 들어 만 나이 5세의 아동이 지능검사를 실시한 결과 6세의 정신연령을 가지고 있었다면 이 아동의 비율지능지수는 (6 ÷ 5) ×100 = 120임을 알 수 있다.

4) 그에 반해 편차지능지수(DIQ)는 {(원점수 - 원점수의 평균) ÷ (원점수의 표준편차)} × (사용하고자 하는 표준편차) + 100으로 산출된다. 예를 들어 어떤 사람이 원점수 평균이 60이고 원점수 표준편차는 20이며 표기되는 표준편차는 16인 지능검사에서 80점의 원점수를 받았다면 이 사람의 편차지능지수는 {(80 - 60) ÷ 20} × 16 + 100 = 116임을 알 수 있다. 여기에서 알 수 있듯이 편차지능은 전체 인구와의 상대적 비교가 용이하기 때문에 비율지능보다 더 정확하고 세련된 개념이다.

5) 표준편차(Standard Deviation, SD) 15는 웩슬러(WAIS) 검사, 16은 스탠포드 - 비네 검사, 24는 레이븐스 검사에서 사용된다. 편차지능에서 표준편차에 특별한 언급이 없으면 표준편차 16을 따르는 것이 일반적이다. 이에 대한 이유는 불분명하지만, 최초로 편차지능의 개념을 도입한 지능검사가 스탠포드 - 비네 검사이기 때문일 것이다.

(4) 검사과제가 적절한 연령수준에 배치되었는지를 검토해 재표준화(1937)하였다.

(5) 재표준화 없이 1937년형으로 통합(1960)하였다.

(6) 검사의 재표준화(1972)가 이루어졌다.

(7) 지적장애수준에 따르는 기능영역 및 훈련가능 정도의 평가

① 가벼운 정도의 지적장애(IQ 50 ~ 70) : 교육 가능한 부류로서 전체 지적장애의 80% 정도를 차지하며 학령기 전에는 최소의 감각운동 지연만 있어서 흔히 비장애아와 구별되지 않을 수도 있고 10대 후반까지 6학년 수준의 학습이 가능하며 성년이 되면 최소의 독립생활을 할 수 있는 사회적·직업적 기술을 성취할 수 있다.

② 중간 정도의 지적장애(IQ 35 ~ 49) : 훈련 가능한 부류로서 전체 지적장애자 중 약 12%가 이에 해당되며 학령기 전에 말하거나 의사소통이 가능하기도 하고 학령기에는 사회적·직업적 기술훈련으로 도움을 받을 수 있으나 2학년 수준 이상의 학습은 곤란하며 성년이 되면 적절한 지도 하에 비숙련 또는 반숙련 노동이 가능하다.

③ 심한 지적장애(IQ 20 ~ 34) : 전체의 약 7%를 차지하고 학령기 전에 빈약한 운동발달 및 최소의 언어구사를 보이고 의사소통이 거의 불가능하며 학령기가 되어야 말하는 것을 배울 수 있고 초보적인 위생습관의 훈련이 가능해지고 성년기에 완전지도 하에서 단순작업을 할 수 있다.

④ 극심한 지적장애(IQ 20미만) : 전체의 약 1% 미만에 불과하지만 성년이 되어서도 언어의 발달이 극소하여 훈련에 의하여 신변처리 능력이 겨우 이루어질 수 있고 생활 전반에 지속적인 간호 및 지도가 필요하다.

2 웩슬러(Wechsler) 지능검사

1) 웩슬러(Wechsler) 지능검사의 개요

(1) 웩슬러 검사의 기본적 입장

지능이란 효율적인 적응을 성취할 수 있는 잠재적 능력으로서

① 지능검사는 잠재력을 평가하는 표준화된 과제들로 구성된 정신기능 측정검사이다.

② 지능은 다요인적, 중다 결정적이며 전체적인 능력이다.

③ 지능은 인지적 요인뿐만 아니라 비인지적 요인도 평가하는 것이다.

(2) 비네(Binet) 지능검사가 언어와 언어적 기술에 너무 많은 비중을 두었다 생각하여 비언어적 지능을 측정하기 위한 수행검사를 개발하여 추가한 것으로서, 언어성 IQ와 동작성 IQ, 그리고 전체 IQ를 산출해낸다.

① 성인용 : 만 16 ~ 64세 대상 WAIS(Wechsler Adult Intelligence Scale)(1955)
→ WAIS-R(1981)

② 아동용 : 만 6 ~ 16세 대상 WISC(Wechsler Intelligence Scale for Children)
→ WISC-R(1974)

③ 유아용 : 만 4 ~ 6.5세 대상 WPPSI(Wechsler Preschool & Primary Scale of Intelligence)
→ WPPSI-R(1989)(개정판)

참고

웩슬러 검사와 스탠포드 - 비네 검사 비교

웩슬러 검사와 비네 검사는 둘 다 개별적으로 실시되는 지능 검사이며 두 척도 간에는 주요한 차이점이 많다.

1) 웩슬러 검사는 하위검사별로 배열 실시되며, 비네 검사는 연령수준별로 배열 실시된다.
2) 웩슬러 검사는 언어과제와 수행과제(동작성)를 포함하고, 비네 검사는 내용 면에서 언어에 비중을 두고 있다.
3) 웩슬러 검사는 언어, 수행, 전체척도에 대한 지능지수와 하위검사 점수를 제공하는데, 비네 검사는 전체 지능지수 하나와 정신연령 점수를 제공한다.
4) 비네 검사는 주로 2 ~ 18세 어린이용으로 고안되고 성인용으로도 실시될 수 있다. 이에 비해 WAIS는 성인용(16세 이상)으로 고안되었으며, 6 ~ 16세 어린이용(WISC - R)과 4 ~ 6.5세의 1/2세용(WPPSI) 척도들이 개발되었다.
5) 웩슬러 검사는 점수척도이고, 비네 검사는 연령척도이다.
6) 웩슬러 검사의 경우 모든 대상에 동일한 하위검사들이 실시되고, 비네 검사의 경우 내용이 연령수준에 따라 다르다.
7) 웩슬러 검사는 진단용으로 더 적합하다.

실력 다지기

웩슬러 지능검사의 변천사

웩슬러 지능검사의 개발과 발달

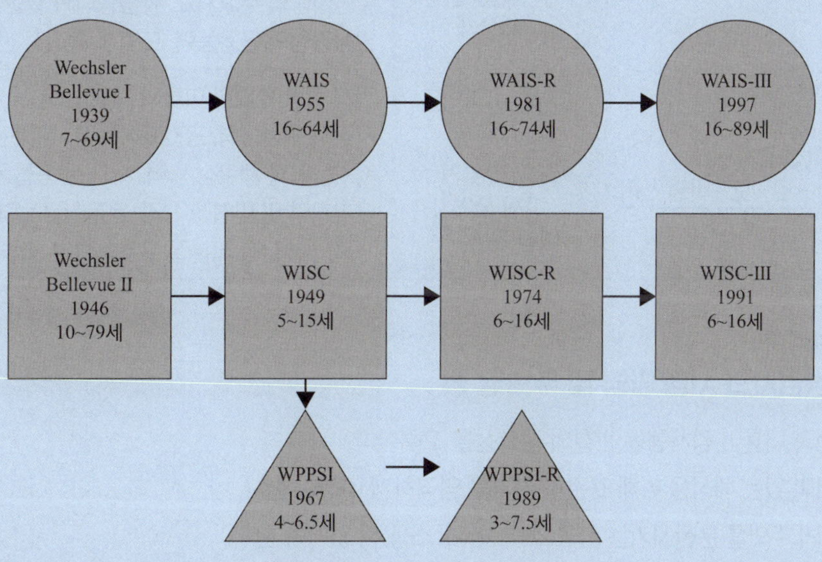

Wechsler 지능검사의 역사

출처:Kaufman & Lichtenberger(1999). Essentials of WAIS - Ⅲ Assessment.

(3) 웩슬러 지능검사의 구성 - 오리지널 검사

① 11개 소 검사, 동작성(5)과 언어성(6) 지능으로 구분하였다.

② 편차 IQ의 개념 사용: 동일 연령 대상으로 실시하여 평균 100, 표준편차 15를 적용하여 산출한다.

③ 언어성 검사(verbal) 6가지: 기본 지식, 숫자 외우기, 어휘문제, 산수문제, 이해문제, 공통성 문제

④ 동작성 검사(performance) 5가지: 빠진 곳 찾기, 차례 맞추기, 토막 짜기, 모양 맞추기, 바꿔쓰기

⑤ 웩슬러 지능검사를 실시하면 언어성 IQ(Verbal IQ), 동작성 IQ(Performance IQ), 그리고 전체 IQ(Full-Scale IQ)를 얻게 된다.

⑥ 언어성 검사는 고도로 조직화된 능력, 즉 아동기부터 축적된 경험과 지식을 요구하는 반면, 동작성 검사는 비교적 덜 조직화된 즉각적인 문제해결능력, 과거 축적된 지식의 활용, 즉각적인 대처능력을 요구한다.

(4) 한국판 웩슬러 성인지능검사의 구성

	하위 검사명	측정 내용
언어성 검사 암기문장 어-이-공-산-지-수	공통성 문제 산수문제 기본지식 숫자 외우기 어휘문제 이해문제	유사성 파악능력과 추상적 사고능력 수 개념 이해와 주의집중력 개인이 가지는 기본 지식의 정도 청각적 단기기억, 주의력 일반지능의 주요지표, 학습능력과 일반개념 정도 일상경험의 응용능력, 도덕적·윤리적 판단능력
동작성 검사 암기문장 빠-차-토-모-바꿔 쓰기	차례 맞추기 토막 짜기 모양 맞추기 바꿔 쓰기 빠진 곳 찾기	전체 상황에 대한 이해와 계획 능력 지각적 구성능력, 공간표상능력, 시각-운동협응능력 지각능력과 재구성 능력, 시각-운동협응능력 단기기억 및 민첩성 시각-운동협응능력 사물의 본질과 비본질 구분능력, 시각 예민성

2) 웩슬러 지능검사의 시행 방법 및 주의할 점

(1) 표준 시행과 더불어 검사행동 관찰의 중요성을 고려한다.

(2) 결과의 의미 있는 해석을 위해 표준화 절차를 엄격하게 따라야 한다.

(3) 피검사자의 주의를 분산시키는 자극(조명, 환기, 소음)이 없어야 한다.

(4) 피검사자의 최대능력이 발휘될 수 있는 분위기에서 시행될 수 있도록 한다.

(5) 일반적으로 간단하게 설명해 준 다음에 질문하는 것이 바람직하다.

(6) 피검사자의 불완전한 반응에 대처할 수 있도록 채점의 원칙을 잘 알고 있어야 한다.

(7) 특별한 이유가 없는 한 1회에 전체 검사를 완성하는 것이 바람직하다.

(8) 유용한 정보를 제공하는 행동관찰에 대한 훈련이 되어 있어야 한다.

(9) 검사시행이 피검사자보다 중요한 목적이 되어서는 안 된다는 점을 숙지해야 하며 만약, 검사시행이 적절치 않은 경우 시행을 중단하거나 면담을 통해 상황을 극복하도록 시도한다.

(10) 철저한 채점원리의 파악으로 정확한 채점을 할 수 있어야 한다.

실력 다지기

웩슬러(Wechsler) 지능검사의 유의성

1) 웩슬러 지능검사-3판에서는 검사의 각 하위검사(소검사)에서 얻은 T점수 간의 차이가 3점 이상의 차이가 있으면 통계적으로 유의미한 차이가 있다.
2) 언어성 검사와 동작성 검사의 점수 차이는 연령과 유의수준에 따라 다르지만, 대개 13점 이상이면 통계적으로 유의미한 차이가 있다고 본다.

예 웩슬러(Wechsler) 지능검사-4판에서는 4가지 지표 내 소검사에서 얻은 T점수 간의 차이가 5점 이상의 차이가 있으면 통계적으로 유의미한 차이가 있다. 그리고 4가지 지표 간 점수 차이는 23점 이상이면 통계적으로 유의미한 차이가 있다고 본다.

경계선 지능 (Borderline Intelligence)

1) 경계선 지능은 웩슬러 지능검사 등의 표준화된 지능검사로 지능지수가 70 ~ 79점을 받은 경우를 지칭하는 말이다.
2) 즉, 경계선의 의미는 정상과 정신지체의 경계에 있다는 의미로서, 정상이 80이상이고, 70이 되지 않으면 정신지체이므로 그 사이에 있다는 것이다.

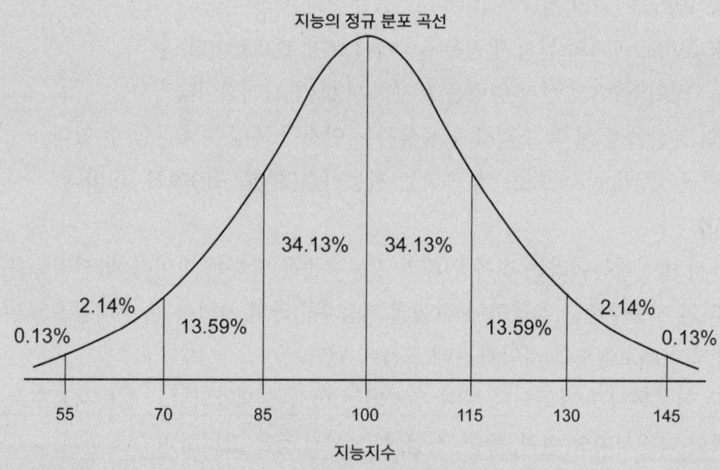

지능지수	분류	백분율(%)
130 이상	최우수	2.2
120 ~ 129	우수	6.7
110 ~ 119	평균 상	16.1
90 ~ 109	평균	50.0
80 ~ 89	평균 하	16.1
70 ~ 79	경계선	6.7
69 이하	정신지체	2.2

웩슬러 지능검사와 분류

1) 웩슬러 지능검사가 가장 많이 사용되고, 나이에 따라 유아용(K-WPPSI), 아동용(K-WISC-Ⅲ), 성인용(K-WAIS)으로 나누어진다.
2) 웩슬러 지능검사의 항목은 주로 언어적 이해, 지각적 조직화, 주의집중력 등을 평가하는 문항으로 구성되어 있고, 학습을 통해 습득된 지식 정도를 평가하는 문항은 있지만, 기억력 측정 문항은 없는 것이 특징적이다.
3) 검사자의 기술이나 당일 아동의 상태에 따라 측정 오차는 존재하므로, IQ 지수 자체 보다는 어느 범위에 해당하는지 보는 것이 중요하다.
4) 같은 연령대의 아동들의 지능 분포를 평균 100, 표준편차 15로 분포곡선을 그려서 어느 위치에 해당되는가로 아동의 IQ 지수를 계산하는데, 80 ~ 119를 평균이라 하고, 70 ~ 79를 경계선, 69 이하를 정신지체로 분류한다.

기출문제 확인학습

웩슬러(Wechsler) 지능검사에 관한 설명

1) 아동용 지능검사(K-WISC-Ⅳ)의 평균은 100이고, 표준편차는 15이다.
2) 아동용 지능검사(K-WISC-Ⅳ)의 실시 연령은 6세에서 16세 11개월이다.
3) 성인용 지능검사(K-WAIS-Ⅳ)의 실시 연령은 16세에서 69세 11개월이다.
4) 소검사 간 점수들의 분산을 통해 각 소검사가 표상하는 인지적 특성을 추론할 수 있다.
5) 지능의 분포에서 평균 상(High Average)에 속하는 지능지수(IQ)는 110에서 119이다.

병전지능 (웩슬러 검사)

1) 웩슬러 지능검사에서 병전지능이라는 것은 원래의 지능수준을 말하는 것이다. 병전지능은 지능검사를 시행한 후 피검사자의 원래의 지능수준을 추정하여 현재의 지능수준과의 차이를 계산해 봄으로써 급성적, 만성적, 병적 경과, 지능의 유지나 퇴보정도를 파악하는데 도움이 된다.
2) 원래의 지능수준은 어휘문제를 기준으로 하여 추정되는 방식이 제안되었고 일반적으로는 기본 상식, 어휘 문제, 토막 짜기 결과와 피검사자의 연령, 학력, 직업, 학교성적 등을 고려하여 추정한다.
(암기문장 상 / 어 / 인구 / 토막).

WMS-R (또는 WMS-Ⅲ)

1) 개정판 Wechsler 기억 검사(Wechsler Memory Scale-Revised, WMS-R ; Wechsler, 1987)는 성인의 기억 기능을 평가하는데 널리 사용되는 검사도구 중 하나로, 난치성 간질 환자에서도 수술 전과 후의 기억력을 평가하는데 흔히 사용되고 있다.
2) WMS-R의 시각성 기억 검사가 지닌 한계점을 보완하기 위해 개발된 새로운 검사도구들이 제3판 Wechsler 기억 검사(WMS-III ; Wechsler, 1997)에 제시되고 있다.

3 K-WAIS-Ⅳ (한국판 웩슬러 성인용 지능검사)

1) 개요

(1) 한국 웩슬러 성인용 지능검사-4판(K-WAIS-IV)은 16세 0개월부터 69세 11개월까지의 청소년과 성인의 인지 능력을 개인적으로 평가할 수 있도록 만들어진 임상도구이다.

(2) K-WAIS-IV는 소검사들과 합성점수로 이루어져 있으며, 합성점수는 일반적인 지적 능력을 나타내주는 점수와 특정 인지영역에서의 지적 기능을 나타내 주는 점수로 구성되어 있다.

(3) 소검사는 언어성 검사와 비언어성 검사로 구분되며, 총 10개의 핵심 소검사, 5개의 보충 소검사로 구성되어 있다(보충 소검사의 실시 여부는 검사자의 판단에 따라 달라질 수 있음).

(4) 5개의 모든 보충 소검사를 실시할 필요는 없고, 꼭 필요한 검사만 선택적으로 실시한다.

(5) 검사를 통하여 측정할 수 있는 영역으로는 언어이해, 지각추론, 작업기억, 처리속도가 있으며, 측정 가능한 모든 영역을 합산하여 하나의 수치로 만든 것이 바로 전체 IQ가 된다.

(6) IQ가 높다는 것이 모든 영역에서 우수한 두뇌를 가졌다는 것을 의미하지는 않는데, 언어이해 능력이 뛰어나 전체 IQ는 높지만 작업기억, 처리속도 등의 이른바 동작성 검사에서 낮은 점수가 나올 수도 있기 때문이다.

(7) 지능지수는 연령 범주별 환산점수로부터 유도하며, 산출되는 지능지수의 범위를 IQ 40 ~ 160으로 확장하여 능력이 매우 뛰어나거나 매우 제한된 사람들의 지능지수 산출이 가능하다.

(8) 그 밖에 시범문항과 연습문항을 도입하고, 시각적 자극의 크기를 확대하며, 언어적 지시를 단순화하고, 시간 보너스의 비중을 줄이며, 검사의 수행과정에서 운동 요구를 감소시켜 전반적으로 실시를 간편화하고 실시시간을 단축시켰으며, 특히 나이든 집단의 과제 수행을 용이하게 하였다.

(9) K-WAIS-IV는 평균이 100점이고 표준편차는 15점의 분포를 지닌다.

2) WAIS-IV의 주요 구성

지표	소검사		
언어이해 지표(VCI)	핵심	공통성, 지식(상식), 어휘	암기법 공 / 상 / 어
	보충	이해	
지각추론 지표(PRI)	핵심	토막짜기, 퍼즐, 행렬추리	암기법 토 / 퍼 / 행
	보충	빠진 곳 찾기, 무게비교	
작업기억 지표(WMI)	핵심	숫자, 산수	암기법 산 / 수
	보충	순서화	
처리속도 지표(PSI)	핵심	기호쓰기, 동형 찾기	암기법 기 / 동
	보충	지우기	

※ 보충 소검사 암기법 이 / 빠 / 무 / 순 / 지

🗀 기출문제 확인학습

K-WAIS-IV의 조합점수별 측정 내용

언어이해 지표 (VCI ; Verbal Comprehension Index)	언어적 이해능력, 언어적 정보처리능력, 언어적 기술 및 정보의 새로운 문제 해결을 위한 적용능력, 어휘를 이용한 사고능력, 결정적 지식, 인지적 유연성, 자기감찰 능력 등
지각추론 지표 (PRI ; Perceptual Reasoning Index)	지각적 추론능력, 시각적 이미지에 대한 사고 및 처리능력, 시각-운동 협응능력, 공간처리 능력, 인지적 유연성, 제한된 시간 내에 시각적으로 인식된 자료를 해석 및 조직화하는 능력, 유동적 추론능력, 비언어적 능력 등
작업기억 지표 (WMI ; Woring Memory Index)	작업기억, 청각적 단기기억, 주의집중력, 수리능력, 부호화 능력, 청각적 처리기술, 인지적 유연성, 자기감찰 능력 등
처리속도 지표 (PSI ; Processing Speed Index)	시각정보의 처리속도, 과제 수행속도, 시지각적 변별능력, 정신적 수행의 속도 및 정신운동속도, 주의집중력, 단기 시각-운동협응능력, 인지적 유연성 등
전체지능 지표 (FSIQ ; Full Scale IQ)	개인의 인지능력의 현재 수준에 대한 전체적인 측정치로서, 언어이해지수, 지각추론지수, 작업기억지수, 처리속도지수 등 4가지 지수를 산출하는 데 포함된 소검사 환산점수들의 합으로 계산됨

3) 지표별 내용

(1) 언어이해 지표

① 공통성 검사

㉠ 두 단어에 대한 공통성을 추상적으로 표현할 수 있는 능력을 측정하는 검사이다.

㉡ 서로 반대의 개념을 가지고 있는 두 개의 단어에서 공통성을 찾아내는 검사이기 때문에 언어에 대한 이해가 없는 경우에는 조금 까다로울 수도 있다.

② 어휘 검사

일상생활에서 사용되는 단어에 대한 이해도를 측정하는 검사이다.

③ 상식(기본지식)

검사 후천적으로 습득한 지식의 정도를 파악하기 위한 검사이다.

※ 언어이해 지표의 점수는 후천적인 지식 습득을 통하여 충분히 높일 수 있다. 학력이 높을수록 언어이해 영역에서는 높은 점수를 받을 수 있다. 만약 웩슬러 지능검사에서 언어이해 영역의 점수가 낮게 나왔다면 꾸준한 책 읽기를 통하여 추후에는 어느 정도 높은 점수를 받을 수 있을 것이다.

(2) 지각추론 지표

① 토막 짜기 검사

㉠ 동일한 블록을 가지고 다양한 모양을 얼마나 빠른 시간에 만들 수 있는가를 측정하는 검사이다.

㉡ 이 검사는 시간제한이 있기 때문에 빠른 시간에 제시된 토막을 완성하는 경우에 높은 점수를 받을 수 있다.

② 행렬추론 검사

㉠ 몇 개의 도형 그림이 제시되었을 때 빠진 부분의 도형을 얼마나 정확하게 고를 수 있는가를 측정하는 검사이다.

㉡ 대중에 잘 알려져 있는 멘사 유형의 IQ 테스트라고 보면 될 것 같다.

③ 퍼즐 검사

㉠ 제시된 도형을 만들기 위하여 제한된 개수의 도형 조각을 얼마나 잘 고를 수 있는가를 측정하는 검사이다.

㉡ 도형 조각은 회전되어 있는 경우가 대부분이기 때문에 머릿속에서 도형을 회전하는 능력을 측정하는 검사로 보면 될 것 같다.

※ 지각추론 지표의 점수는 선천적인 지능을 보여준다. 물론 꾸준한 연습을 통하여 점수를 높일 수는 있겠으나, 선천적인 지능의 영향을 가장 많이 받는 영역이 바로 지각추론 영역이다.

(3) 작업기억 지표

① 숫자 검사

㉠ 검사자가 여러 개의 숫자를 불러주면 피검자가 순서대로 따라 말하는 검사이다.

㉡ 검사자가 불러준 여러 개의 숫자를 거꾸로 말하는 검사도 포함된다.

㉢ 이 검사는 검사자가 불러준 숫자를 얼마나 잘 기억하고, 주어진 정보를 머릿속에서 어떻게 조작할 수 있는지를 측정하는 검사이다.

㉣ 특히 숫자 거꾸로 말하기 검사는 숫자를 외우는 작업과 거꾸로 바꾸는 작업을 동시에 수행해야 하므로 굉장히 까다로운 검사이다.

② 산수 검사

㉠ 말 그대로 덧셈, 뺄셈, 곱셈, 나눗셈을 얼마나 정확하고 빠르게 할 수 있는지를 측정하는 검사이다.

㉡ 피검자는 문제를 볼 수 없으며 검사자가 불러주는 문제를 기억하여 암산해야 하는 검사이다.

※ 작업기억 지표의 점수는 단기기억과 관련된 지능을 보여주는데 사용된다. 인간의 뇌에는 어떠한 정보를 단기적으로 기억할 수 있는 공간이 있다. 이 공간의 용량은 개개인마다 다르다고 한다. 작업기억 영역에서 높은 점수를 받는다는 것은 선천적인 단기기억력이 좋다는 것을 의미한다. 하지만 인간의 뇌는 여러 가지 운동을 통하여 충분히 그 능력이 향상될 수 있기 때문에, 꾸준한 연습을 한다면 숫자 검사나 산수 검사에서 좋은 점수를 받을 수 있을 것이다.

(4) 처리속도 지표

① 동형 찾기 검사

여러 개의 도형 중에서 특정한 도형의 존재 여부를 얼마나 빠르게 판단할 수 있는가를 측정하는 검사이다.

② 기호쓰기 검사

제시된 숫자와 도형을 연계하여 옮겨 적는 검사이다.

※ 처리속도 지표의 이 두 개의 소검사는 육군, 해군, 공군 지각속도 검사에서도 사용하고 있을 정도로 두뇌의 처리속도를 측정할 때 가장 많이 사용되는 검사이다.

4 K-WISC-IV (한국판 웩슬러 아동용 지능검사)

1) 개요

(1) 한국판 웩슬러 아동용 지능검사(K-WISC-IV)는 6세 0개월 ~ 16세 11개월까지의 아동의 인지적 능력을 평가하기 위한 개별 검사도구이다.

(2) 전반적인 지적능력(전체검사 IQ)을 나타내는 합성점수는 물론, 특정인지 영역에서의 지적 기능을 나타내는 소검사와 합성점수를 제공한다.

(3) K-WISC-IV는 다섯 가지 합성점수를 얻을 수 있으며, 아동의 전체적인 인지능력을 나타내는 전체검사 IQ를 제공한다(15개의 소검사로 이루어져 있지만 합성점수를 얻기 위해서는 대부분 10개의 주요검사만 실시한다).

(4) 소검사는 주요 소검사와 보충 소검사로 구별되고 10개의 주요 소검사들은 언어이해 지표, 지각추론 지표, 작업기억 지표, 처리속도 지표로 총 네 가지 지표로 구성되고 있다.

(5) 다양한 인지기능 평가

인지능력이 평균 이하로 추정되는 아동, 아동의 인지기능을 재평가해야 하는 아동, 낮은 지적능력이 아닌 신체적·언어적·감각적 제한이 있는 아동, 청각장애아 또는 듣는 데 어려움이 있는 아동의 평가 등이 가능하다.

2) K-WISC-IV의 주요 구성

지표	소검사		
언어이해 지표(VCI)	핵심	공통성, 어휘, 이해	암기법 어이공 / 단지
	보충	상식(지식), 단어추리	
지각추론 지표(PRI)	핵심	토막 짜기, 공통그림 찾기, 행렬추리	암기법 토공행 / 빠
	보충	빠진 곳 찾기	
작업기억 지표(WMI)	핵심	숫자, 순차연결	암기법 수순 / 산
	보충	산수	
처리속도 지표(PSI)	핵심	기호쓰기, 동형 찾기	암기법 동기 / 선
	보충	선택	

3) 지표별 내용

(1) 언어이해 지표 소검사

① 공통성

개념을 나타내는 두 개의 단어를 제시받고, 그들이 어떻게 비슷한지 설명 / 언어적 추론과 개념 형성을 측정

② 어휘

그림의 이름을 말하거나, 소리 내어 읽어주는 단어를 정의 / 아동의 언어지식과 언어적 개념 형성을 측정

③ 이해

일반적 원칙이나 사회적 상황에 대한 이해를 바탕으로 문항에 답변하도록 요구 / 언어적 추론과 개념화, 언어적 이해와 표현, 과거 경험을 평가하고 사용하는 능력, 실제적 지식을 발휘하는 능력을 측정

④ 상식(기본 지식)

일반적 지식 주제에 대해 답변 / 일반적이고 사실적인 지식을 획득하고 유지하고, 인출하는 능력을 측정

⑤ 단어추리

일련의 단서가 설명하고 있는 공통개념을 알아내도록 요구 / 서로 다른 유형의 정보를 통합 및 종합하는 능력, 대체 개념을 만들어내는 능력을 측정

(2) 지각추론 지표 소검사

① 토막 짜기

소책자를 보고 동일한 토막을 만들도록 요구 / 추상적 시각 자극을 분석하고 종합하는 능력을 측정

② 공통그림 찾기

그림을 제시받고 공통특성으로 묶을 수 있는 그림들을 각각 고름 / 추상화와 범주적 추론 능력을 측정

③ 행렬추리

반응 선택지에서 행렬의 빠진 부분을 선택 / 유동성 지능의 좋은 측정치

④ 빠진 곳 찾기

특정 제한시간 내에 중요한 빠진 부분의 이름을 말해야 함 / 시지각 및 시각적 조직화, 집중력, 사물의 본질적인 세부에 대한 시각적 재인을 측정

(3) 작업기억 지표 소검사

① 숫자

숫자를 반대로 혹은 똑바로 따라하게 함 / 청각적 단기기억, 계열화 능력, 주의력, 집중력을 측정

② 순차연결

순차적으로 불러주는 숫자와 글자를 듣고 순서대로 기억하고 말하게 함 / 계열화, 정신적 조작, 주의력, 처리속도 등을 측정

③ 산수

일련의 수학 문제를 암산 / 정신적 조작, 집중력, 주의력, 단기기억 및 장기기억, 수와 관련된 추론 능력, 기민함을 측정

(4) 처리속도 지표 소검사

① 기호쓰기

간단한 모양을 서로 짝지어진 숫자와 맞게 적음 / 처리속도와 단기기억, 학습 능력, 시지각, 시각-운동 협응 등을 측정

② 동형 찾기

시간 내에 표적 모양 중 하나라도 일치하는 기호가 있는지 찾음 / 집중력, 시각적 변별, 인지적 유연성 등을 측정

③ 선택

무선 혹은 일렬배열로 되어 있는 그림에서 목표 그림을 찾음 / 시각적 선택 주의, 각성, 시각적 무시를 측정

※ 낮은 지적 기능 그 자체로 정신지체라는 진단을 내릴 수 없는 것과 마찬가지로 지능검사에서 낮은 점수를 받았다고 해서 반드시 지적 기능이 낮음을 의미하는 것은 아니다. 그 이유는 낮은 IQ 점수는 대부분의 경우 지적 손상을 반영하겠지만, 다른 요인이 원인이 될 수도 있기 때문이다. 예를 들어 검사의 표준화 집단과 문화적·언어적인 이질성이나 아동의 주의산만 또는 낯선 환경에 대한 불안, 검사자에 대한 거부 등도 그 이유가 될 수 있다. 그렇기 때문에 더 정확한 결과를 얻기 위해서는 위와 같은 상황을 주의 깊게 관찰할 수 있고 볼 수 있는 검사자와 함께 검사를 진행해야 한다.

🗀 실력 다지기

K-WISC-V (한국판 웩슬러 아동용 지능검사 V판)[1]

1) 개요

(1) 한국 웩슬러 아동지능검사 V판 (K-WISC-V)은 만 6세 0개월~만 16세 11개월까지의 아동의 인지적 능력을 평가하기 위한 개별 검사도구로 K-WISC-IV 와 연령 대상은 동일하다.

(2) 기존의 한국 웩슬러 아동지능검사(K-WISC-IV)를 개정한 것으로 지능이론, 인지 발달, 신경 발달, 인지신경과학, 학습과정에 대한 심리학 연구를 기초로 제작되었다.

2) K-WISC-V 검사의 특징

(1) 검사의 체계

① 전체척도와 기본지표척도, 추가지표척도로 구성됨

② 전체척도는 FIQ(전체IQ)를 제공하며, 기본지표척도는 5개의 기본지표점수, 추가지표척도는 5개의 추가지표점수를 제공함

◎ 전체척도

언어이해	시공간	유동추론	작업기억	처리속도
공통성 어휘 상식 이해	토막짜기 퍼즐	행렬추리 무게비교 공통그림찾기 산수	숫자 그림기억 순차연결	기호쓰기 동형찾기 선택

◎ 기본지표척도

언어이해	시공간	유동추론	작업기억	처리속도
공통성 어휘	토막짜기 퍼즐	행렬추리 무게비교	숫자 그림기억	기호쓰기 동형찾기

◎ 추가지표척도

양적추론	청각작업기억	비언어	일반능력	인지효율
무게비교 산수	숫자 순차연결	토막짜기 퍼즐 행렬추리 무게비교 그림기억 기호쓰기	공통성 어휘 토막짜기 행렬추리 무게비교	숫자 그림기억 기호쓰기 동형찾기

1) 곽금주(2021). K-WISC-V 이해와 해석. 서울: 학지사

③ WISC-V에 있던 보충지표척도(명명속도지표, 상징해석지표, 기억인출지표)는 한국 표준화 과정에서 포함시키지 않음

④ 전체척도의 구성(5개 영역) : 언어이해, 시공간, 유동추론, 작업기억, 처리속도

- 총 16개의 소검사 : 10개의 기본 소검사 + 6개의 추가 소검사
- 기본 소검사(10개) : 공통성, 어휘, 토막짜기, 퍼즐, 행렬추리, 무게비교, 숫자, 그림기억, 기호쓰기, 동형찾기
- 추가 소검사(6개) : 상식, 이해, 공통그림찾기, 산수, 순차연결, 선택

⑤ 기본지표척도의 구성(5개 지표) : 언어이해지표, 시공간지표, 유동추론지표, 작업기억지표, 처리속도지표

- 5개 지표로 구성되며, 각 지표는 2개의 기본 소검사를 포함

기본지표척도	소검사
언어이해 지표	공통성, 어휘
시공간 지표	토막짜기, 퍼즐
유동추론 지표	행렬추리, 무게비교
작업기억 지표	숫자, 그림기억
처리속도 지표	기호쓰기, 동형찾기

※ K-WISC-V 검사에서 달라진 지표와 소검사

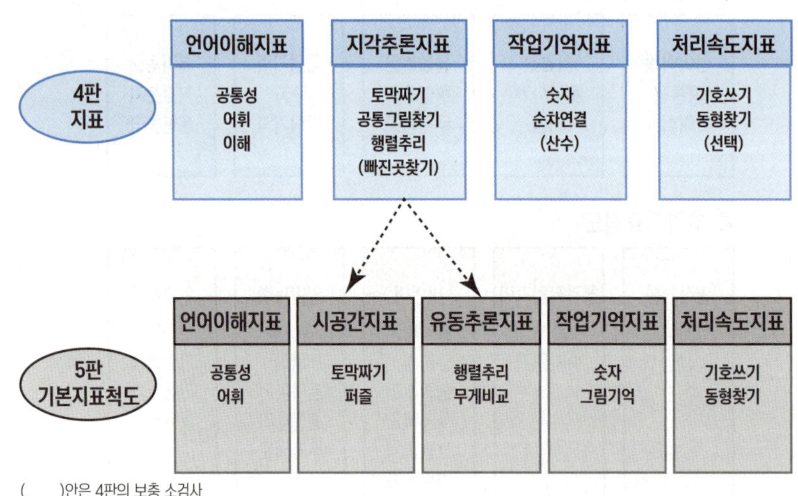

(　　)안은 4판의 보충 소검사

⑥ 추가지표척도의 구성 : 양적추론지표, 청각작업기억지표, 비언어지표, 일반능력지표, 인지효율지표

- 5개의 추가지표로 구성되며, 각 지표는 기본 소검사와 추가 소검사의 조합으로 구성됨
- 양적추론지표 : 무게비교, 산수

- 청각작업기억지표 : 숫자, 순차연결
- 비언어지표 : 토막짜기, 퍼즐, 행렬추리, 무게비교, 그림기억, 기호쓰기
- 일반능력지표 : 공통성, 어휘, 토막짜기, 행렬추리, 무게비교
- 인지효율지표 : 숫자, 그림기억, 기호쓰기, 동형찾기

소검사	설명
토막짜기 (Block Design)	제한시간 내에 두 가지 색으로 이루어진 토막을 사용하여 제시된 모형이나 그림과 똑같은 모양을 만들어야 한다.
공통성 (Similarities)	공통적인 사물이나 개념을 나타내는 두 개의 단어를 듣고, 두 단어가 어떻게 유사한지 말해야 한다.
행렬추리 (Matrix Reasoning)	행렬이나 연속의 일부를 보고, 행렬 또는 연속을 완성하는 보기를 찾아야 한다.
숫자 (Digit Span)	수열을 듣고 기억하여 숫자를 바로 따라하고, 거꾸로 따라하고, 순서대로 따라해야 한다.
기호쓰기 (Coding)	제한시간 내에 기호표를 사용하여 간단한 기하학적 모양이나 숫자에 상응하는 기호를 따라 그려야 한다.
어휘 (Vocabulary)	그림 문항에서는 소책자에 그려진 사물의 이름을 말하고, 말하기 문항에서는 검사자가 읽어 주는 단어의 뜻을 말해야 한다.
무게비교 (Figure Weights)	제한시간 내에 양쪽 무게가 달라 균형이 맞지 않는 저울 그림을 보고 균형을 유지할 수 있는 보기를 찾아야 한다.
퍼즐 (Visual Puzzles)	제한시간 내에 완성된 퍼즐을 보고, 퍼즐을 구성할 수 있는 3개의 조각을 찾아야 한다.
그림기억 (Picture Span)	제한시간 내에 1개 이상의 그림이 있는 자극페이지를 본 후, 반응페이지에 있는 보기에서 해당 그림을(가능한 한 순서대로) 찾아야 한다.
동형찾기 (Symbol Search)	제한시간 내에 반응 부분을 훑어보고 표적 모양과 동일한 것을 찾아야 한다.
상식 (Information)	일반적 지식에 관한 광범위한 주제를 다루는 질문에 답해야 한다.
공통그림찾기 (Picture Concepts)	두 줄 혹은 세 줄로 이루어진 그림들을 보고 각 줄에서 공통된 특성으로 묶을 수 있는 그림들을 하나씩 골라야 한다.
순차연결 (Letter-Number Sequencing)	연속되는 숫자와 글자를 듣고, 숫자는 오름차순으로, 글자는 가나다 순으로 암기해야 한다.
선택 (Cancellation)	제한시간 내에 무선으로 배열된 그림과 일렬로 배열된 그림을 훑어보고 표적 그림에 표시해야 한다.
이해 (Comprehension)	일반적인 원칙과 사회적 상황에 대한 이해에 근거하여 질문에 답해야 한다.
산수 (Arithmetic)	제한시간 내에 그림 문항과 말하기 문항으로 구성된 산수 문제를 암산으로 풀어야 한다.

⑦ 처리점수의 구성

- 토막짜기, 숫자, 그림기억, 순차연결, 동형찾기, 기호쓰기, 선택 소검사에서 총 18개의 처리점수 제공

※ 처리점수의 종류

처리점수	원어(약자)
시간보너스 없는 토막짜기	Block Design NO Time Bonus (BDn)
토막짜기 부분점수	Block Design Partial Score (BDp)
토막짜기 공간크기 오류	Block Design Dimension Errors (BDde)
토막짜기 회전 오류	Block Design Rotation Errors (BDre)
숫자 바로 따라하기	Digit Span Forward (DSf)
숫자 거꾸로 따라하기	Digit Span Backward (DSb)
숫자 순서대로 따라하기	Digit Span Sequencing (DSs)
가장 긴 숫자 바로 따라하기	Longest Digit Span Forward (LDSf)
가장 긴 숫자 거꾸로 따라하기	Longest Digit Span Backward (LDSb)
가장 긴 숫자 순서대로 따라하기	Longest Digit Span Sequencing (LDSs)
가장 긴 그림기억 자극	Longest Picture Span Stimulus (LPSs)
가장 긴 그림기억 반응	Longest Picture Span Reponse (LPSr)
가장 긴 순차연결	Longest Letter-Number Sequence (LLNs)
동형찾기 세트 오류	Symbol Search Set Errors (SSse)
동형찾기 회전 오류	Symbol Search Rotation Errors (SSre)
기호쓰기 회전 오류	Coding Rotation Errors (CDre)
선택(무선배열)	Cancellation Random (CAr)
선택(일렬배열)	Cancellation Structured (CAs)

5 집단용 지능검사

(1) 한 명의 검사자가 여러 명의 피검사자를 검사하는 것으로, 육군 알파(Army-α)검사와 육군 베타(Army-β)검사가 최초이며 이는 제1차 대전 시 미국에서 모병을 할 때 어느 정도의 지적인 능력이 있는 자원을 선발할 목적으로 제작하였다.
(2) 알파 검사는 언어성 검사로 구성, 베타 검사는 글을 모르는 피검사자들을 위하여 비언어성 검사로 구성되어 있다.
(3) 표준화된 검사이므로 검사의 시행조건이 균일화된다.
(4) 한 명의 검사자가 여러 명의 피검사자를 검사하는 집단용 지능검사에서 피검사자 간 변량(분산의 측정, 표준편차의 제곱, 일련의 점수들에서 변산성의 정도를 반영하는 하나의 지표)이 커질 수 있다.
(5) 개인적으로 실시하는 지능검사보다는 피검사자의 반응범위가 제한된다.
(6) 정서상태가 불안정한 피검사자에게 권장되지 않는다.
(7) 집단적으로 이루어지므로 수행을 방해하는 개인적 요인의 탐지가 어렵다.

1 객관적 검사

1) 개념

객관적인 검사는 자기보고형의 형태를 띠고 있으며 검사 과제가 구조화되어 있고, 일정한 형식에 따라 반응하게 된다. 따라서 개인의 독특성보다는 개인마다 공통적으로 지니고 있는 특성이나 차원을 기준으로 하여 개인들을 상대적으로 비교하게 된다. 이런 특징들 때문에 객관적 검사는 구조적 검사(structured test) 등으로 불리기도 한다.

구조화 검사(객관적 검사)

1) 객관적 검사는 검사과제가 구조화되어 있다.
2) 즉, 검사에서 평가되는 내용이 검사의 목적에 따라 일정하게 준비되어 있고 일정한 형식에 따라 반응된다.
3) 따라서 개인의 독특성보다는 개인마다 공통적으로 지니고 있는 특성이나 차원을 기준으로 하여 개인들을 상대적으로 비교하려는 목적을 지닌 구조적 검사(structured test)이며, 발견법칙적 검사(nomothetic test)라고 할 수 있다.

2) 장점과 단점

(1) 장점

① **검사 실시의 간편성**: 객관적 검사는 시행과 채점, 해석의 간편성으로 인하여 임상가들에게 선호되는 경향이 있고 검사에 따라 차이가 있지만 시행시간이 비교적 짧다는 장점도 있다.

② **검사의 신뢰도와 타당도**: 투사적 검사에 비해 검사제작 과정에서 신뢰도와 타당도 검증이 이루어지고 신뢰도와 타당도가 충분한 검사가 표준화되기 때문에 검사 신뢰도와 타당도가 높다

③ **객관성의 증대**: 투사적 검사에 비해 검사자 변인이나 검사 상황변인에 따라 영향을 적게 받고 개인 간 비교가 객관적으로 제시될 수 있기 때문에 객관성이 보장될 수 있다.

(2) 단점

① **사회적 바람직성에 의한 측정오류 발생**: 문항의 내용이 사회적으로 바람직한 내용인가에 따라 문항에 대한 응답결과가 영향을 받는다.

② **반응 경향성**: 개인이 대답하는 방식에는 일정한 흐름이 있어서 이에 따라 결과가 영향을 받는다.

③ **문항 내용의 제한성**: 객관적 검사문항이 특성 중심적 문항에 머무르기 때문에 특정 상황에서의 특성 - 상황 상호작용 내용이 밝혀지기 어렵다.

(3) 종류

다면적 인성검사(MMPI), 캘리포니아 성격검사(CPI), 성격유형검사(MBTI), 16요인 성격검사 등이 있다.

3) 객관적 성격검사 시 유의사항

(1) 심리평가의 목적을 분명히 하여 목적에 맞는 적절한 검사를 선정한다.

(2) 표준화된 검사의 경우 반드시 신뢰도와 타당도를 검토한다.

(3) 검사의 실용성을 고려하는 것이 요구되는데, 이는 시행과 채점의 간편성, 시간, 경제성 등을 말한다.

(4) 심리검사 실시 전 유의사항 : 검사의 목적 또는 검사의 이유, 결과의 용도, 누가 이 결과를 보게 되는가, 그리고 결과의 비밀보장 등에 관하여 솔직하고 성실하게 설명해 주는 것, 그밖에 검사에 대한 제반 질문에 친절하게 답변하여 주는 일이 피검사자의 협조를 얻는 데 대단히 중요하다.

(5) 심리검사 실시 후 유의사항 : 피검사자에게 방해되지 않게 한두 번 정도 검사진행을 확인할 필요가 있으며, 특히 정신혼란이 있기 쉬운 피검사자일 경우에는 답지를 정확히 기재하는가를 확인할 필요가 있다.

2 다면적 인성검사(MMPI - 오리지널 척도)의 개요

1) MMPI는 질문지형 성격검사인데도 상당히 투사법적 함축(projective implication)을 띤 550개의 문항을 포함하고 있다. 그 중 16문항이 중복되어 총 566문항으로 구성되어 있으며, 피검사자가 각 문항에 대하여 '그렇다' 혹은 '아니다'의 두 가지 답변 중 하나를 택하여 반응하게 되어 있다.

2) MMPI는 주요 비정상 행동의 종류를 측정하는 10가지 임상척도와 그 사람의 검사태도를 측정하는 4가지 타당성 척도로 구성되어 있다. 이 타당성 척도는 피검자가 얼마나 정확하게 검사를 실시했었는지에 대한 검사태도를 평가할 수 있다.

3) MMPI는 문항선정과 척도구성은 철저한 경험적 접근을 통하여 만들어졌다.

4) MMPI는 피검자의 심리적 상태 및 정상으로부터의 이탈을 매우 신뢰롭고 타당하게 반영해 준다.

5) 진단을 목적으로 하는 병원중심의 임상척도 뿐 아니라 일반인의 적응이나 성격특성을 이해할 수 있는 특수내용 척도가 있어 정상인의 적응과 성격을 예측, 이해하는데 효율적이다.

미네소타 다면 인성검사 (MMPI : Minnesota Multiphasic Personality Inventory)

1) 1938년, 맥킨리와 헤사웨이(Mckinley & Hathaway)가 개발

2) 종류 : full form(566문항 = 550문항 + 동일문항 중복 16문항) / short form(383문항)

3) 4개의 타당성 척도와 10개의 임상척도로 구성

6) 타당도 척도와 임상척도

(1) 타당성 척도

① L(Lie)척도(15문항) - 부인척도

ㄱ. 자신을 지나치게 완벽하고 이상적으로 꾸며내는 것을 포착한다.

ㄴ. 낮은 점수를 보인 사람은 자기 신뢰감이 높은 사람이라고 할 수 있다.

② ? 척도 - 무응답척도

ㄱ. ? 척도는 다른 척도들처럼 정해진 특정문항으로 구성되어 있는 것이 아니므로 ? 점수의 크기는 다른 척도점수에 영향을 미치게 된다.

ㄴ. 원 점수 100이상이면 임상척도 점수를 신뢰하기 어렵다.

ㄷ. 이러한 경우는 정신쇠약증, 우울증 등의 피검사자에게서 발견된다.

③ F(inFrequency)척도(64문항) - 비전형척도

ㄱ. 응답이 얼마나 평균으로부터 벗어나 있는지(비전형적인지)를 측정한다.

ㄴ. 높은 점수의 경우 정신병이나 실직, 이혼, 사별 등에 의한 혼란된 감정상태를 반영하는 것이다.

④ K(correction)척도(30문항) - 교정척도

ㄱ. 자기옹호나 자기방어, 그 반대로 자신의 결점 및 약점 노출 정도를 측정한다.

ㄴ. 높은 점수를 보인 사람은 자신에 대해 지나치게 방어적이고 긍정적인 면만 나타내 보이려고 하는 사람이다.

ㄷ. 중간 정도의 점수를 보인 사람은 자아강도가 높고 정서적 방어가 효과적이며 현실접촉이 좋으며 대처기술이 탁월한 사람이라고 평가할 수 있다.

(2) 임상척도 : 성격특성 척도 (암기법 건우 / 테반 / 남편 / 강열(강조) / 경사 또는 경내)

① 건강염려증(Hypochondriasis) - 1

ㄱ. 높은 점수는 질병을 포함하여 신체에 대한 관심이 지나칠 뿐만 아니라 자기중심적, 미성숙, 염세적, 요구가 많고, 수동 공격적 경향을 나타낸다.

ㄴ. 신체적 곤란에 대해 불평하는 목적은 타인을 조절하고 통제하기 위한 것이다.

② 우울증(Depression) - 2

비관, 염세, 무의미, 자기무력감, 죽음과 자살의 편견을 측정한다.

③ 히스테리(Hysteria) - 3

전환 히스테리(신체적 징후를 수단으로 해서 어려운 갈등, 위기를 모면 또는 회피하려고 하는 것)를 측정한다.

④ 반사회적 성격(Psychopathic Deviate) - 4

사회적 규범 무시, 깊은 정서적 반응 결핍, 경험(특히 처벌)으로부터 학습하는 능력 부족을 측정, 높은 점수의 경우 범죄의 가능성을 의심해볼 수 있다.

⑤ 남향성 - 여향성(Masculinity - Femininity) - 5

본래 동성애 감정과 성정체성의 혼란이라는 문제가 있는 남성을 확인하기 위해 만들어졌다. 그러나 이것만으로 개인의 성적 흥미를 명확히 판단하기는 어렵다. 대신에 이것은 전통적인 남녀의 역할과 흥미에 관련된 항목에 동의하는 정도를 측정한다.

⑥ 편집증(Paranoid) - 6

ㄱ. 집착증, 의심증, 각종 망상(피해망상, 관계망상, 과대망상 등)을 측정한다.

ㄴ. 높은 점수의 경우 대인관계가 원만하지 못하다.

⑦ 정신쇠약증(Psychasthenia) - 7

ㄱ. 현재는 강박증 척도라고 불린다.

ㄴ. 병적 공포, 근심 걱정, 불안, 강박행동, 우유부단, 지나친 완벽주의를 측정한다.

ㄷ. 건강한 일반인들이 점수가 높은 경우는 몹시 예민하고, 논리정연하고, 개인주의적이고 완벽주의적이며 도덕기준이 높다.

⑧ 조현병(Schizophrenia) - 8

ㄱ. 조현병이라고도 하며, 억압, 현실에 냉담하고 무관, 각종 망상, 환각(환청, 환시, 환미, 환촉, 환취), 사고와 행동의 전후 모순을 측정한다.

ㄴ. 조현병으로 진단하기 위해서는 다른 척도 점수 및 임상 기록, 행동관찰 기록 결과를 함께 고려하여야 한다.

⑨ 경조증(Hypomania) - 9

'가볍게 날뛴다'는 한자어의 뜻에서 알 수 있듯 사고와 행동의 과잉, 지나친 정서적 흥분, 관념의 비약, 열광적, 과도한 낙천주의 등을 측정한다.

⑩ 사회적 내향성(Social Ineversion) - 0

대인관계 회피, 비사회성을 측정한다.

실력 다지기

	척도명	기호	약자
타당도 척도	무응답척도		?
	부인척도		L
	비전형척도		F
	교정척도		K
임상척도	건강염려증(Hypochondriasis)	1	Hs
	우울증(Depression)	2	D
	히스테리(Hysteria)	3	Hy
	반사회성(Psychopathic Deviate)	4	Pd
	남성특성 - 여성특성(Masculinity - Feminity)	5	Mf
	편집증(Paranoia)	6	Pa
	강박증(Psychasthenia)	7	Pt
	조현병(Schizophrenia)	8	Sc
	경조증(Hypomania)	9	Ma
	내향성(Social Introversion)	0	Si

(3) MMPI[2] 검사 실시 시 일반적 유의사항

① 검사를 실시·채점하는 데 있어서 표준화 과정에서 사용한 방법과 조금이라도 차이가 있으면 검사결과는 표준화 과정에서 나온 규준에 비추어 해석한다는 것은 무의미하게 된다.

② 검사자는 검사요강을 숙독하여 검사 실시방법 및 유의사항을 고려하여야만 피검사자의 인성요인을 정확히 측정할 수 있다.

③ MMPI를 실시하기 전에 우선 고려해야 할 사항은 피검사자의 상태이다.

④ 검사문항이 다른 심리검사에 비해 월등히 많아 많은 시간을 요구하기 때문에 피검사자가 피로에 지쳐 있지 않고 권태를 느끼지 않을 시간대를 선택하여 검사를 실시하는 것이 바람직하다.

⑤ 피검사자의 독해력 여부를 확인하는 일이다.

ㄱ. MMPI를 제대로 응답할 수 있느냐의 가장 중요한 요인의 하나는 독해력이다.

ㄴ. 원래 MMPI의 문항제작 시 초등학교 6학년 수준의 문장으로 구성했으므로 초등학교 이상의 정규교육을 받은 사람이면 별 어려움 없이 MMPI를 할 수 있다.

⑥ 피검사자의 연령과 지능수준을 고려해야 한다.

ㄱ. 원래 검사를 실시할 수 있는 피검사자의 연령 하한선을 16세로 잡았으나, 현재는 독해력만 인정되면 12세까지도 가능하다고 본다.

ㄴ. 재표준화된 한국판 MMPI에서도 중학생 이상의 규준치가 마련되어 있다.

ㄷ. Wechsler 성인용 검사에서 언어성 검사 IQ가 80이하인 사람들은 MMPI를 응답하기에 불가능한 것으로 본다.

⑦ 검사 장소는 충분히 밝은 조명과 공간이 확보되어 있고 환기도 잘 되며 조용한 곳이어야 한다.

⑧ 검사는 개인별로 할 수도 있고 집단으로 할 수도 있으며, 소요시간은 보통 60분에서 90분이 보통이다.

심화학습

MMPI－2의 실시[3]

1) **검사자의 자격조건**: 심리측정에 대한 지식(통계적 의미 해석), 성격·정신병리에 대한 지식(임상적 의미 해석), 타 분야 전문가와의 효과적인 의사소통 능력이 있어야 함

2) **피검자의 조건**: 초등학교 6학년 수준 이상의 독해력 요구, 신체적·정서적 문제에 대한 고려(예 시력 저하, 중독·금단 상태, 기질성 혼미, 환각, 정신운동 지체 등), 19세 이상 성인

3) **소요 시간**: 약 50 ~ 90분, 시간제한은 없으나 가능한 빨리 읽고 빨리 답하도록 지시하고 가능한 한 한 번에 실시하지만, 임상적 상태에 따라 분할 실시 가능

4) 검사 실시

(1) 검사자의 감독 하에 실시하고 옳고 그른 답이 없으므로 자신의 생각을 솔직하게 응답하도록 지시함

(2) **피검자들의 질문에 대한 답변**: 단어의 뜻을 질문하는 경우 간단한 정의를 말해주거나 구어적 표현으로 바꾸어 말해줄 수는 있으나, 그 이상의 언급은 피해야 함

(3) 일반적으로 "본인이 생각하는 대로 답하시면 됩니다."라고 말하는 것으로 충분함

2) MMPI는 검사내용, 실시방법 및 조건, 채점과정을 표준화한 검사이다.

3) (주) 마음사랑에서 발표한 자료를 정리한 내용임

3 다면적 인성검사(MMPI - 2)[4]의 개요

1) Original MMPI 개정의 필요성
   (1) 부적절한 문항:성적인 문항, 특정 종교 편향, 시대에 맞지 않는 내용 등
   (2) 새로운 내용 영역을 추가할 필요성 있음:자살, 약물, 부부문제, Type A 행동 등
   (3) 새로운 규준의 필요성
2) 재 표준화의 목표
   (1) Original MMPI와의 '연속성'유지
   (2) 새로운 척도 및 보강된 정보의 제공:재구성 임상척도(RC), 성격병리 5요인 척도(PSY - 5)
3) MMPI - 2 및 MMPI - A의 출간
   (1) 1989년, MMPI - 2 출간(567문항)
   (2) 1992년, MMPI - A 출간(478문항)

기출문제 확인학습

MMPI - 2 - 동형(Uniform) T점수의 사용

1) 원 점수 해석의 한계
   상대적 위치에 대한 정보가 없으며 척도 간 비교에 어려움이 있다.
2) 선형 T점수, 평균 50, 표준편차 10
   (1) 통상 정상분포를 가정하고 사용하며 정신병리적 지표들은 정적 편포를 보이는 경향을 보인다.
   (2) 동일한 편포 정도를 보이는 것은 아니며 동일 T점수가 다른 백분위를 가진다.
3) 동형 T점수
   편포의 특성을 크게 해치지 않고 척도 간 백분위 비교가 가능해진다.

동형 T점수의 산출 방법

1) 척도 5와 척도 0 - 선형 T점수를 사용한다.
2) 남녀별 8개 임상척도의 선형 T점수를 계산한다.
3) 원점수를 동형 T점수로 변환하는 회귀식을 구하고 16개의 회귀식을 이용하여 각 동형 T점수를 구한다.

4) 개발 과정은 MMPI - 2는 원판 MMPI의 개정판으로 1989년 미국에서 출판하였으며 표준척도의 변화를 최소한으로 하면서 기존 MMPI의 문제점(부적절한 문항, 새로운 내용 영역을 추가할 필요성, 새로운 규준의 필요성 인식)을 개선하였다.

동형 T점수를 사용하는 척도들

8개 임상척도, 내용척도, 내용 소척도, 재구성 임상척도, 성격병리 5요인 척도

정리

1) MMPI - 2 개발에서 중요한 변화 한 가지는 동형 T점수(uniform T score)의 사용으로서, 원판 MMPI에서 사용된 것과 같은 선형 T점수(linear T score) 변환은 점수 분포의 모양을 변화시키지 않으며, 편포에서의 차이를 유지한다.
2) 따라서 선형 T점수는 척도 간의 '백분위 비교 가능성(percentile comparability)'이 부족하다.
3) 즉 척도 간에 선형 T 점수가 같더라도 각 척도의 편포 정도가 다르기 때문에, 동일한 T점수가 각 척도마다 서로 다른 백분위 값을 나타내게 되는 것이다.
4) 반면, 동형 T점수는 정규화된 T점수처럼 척도 간 백분위 비교가능성을 보장하면서도, 정규화된 T점수와는 달리 MMPI 임상척도 분포들의 특징인 정적 편포를 그대로 유지한다.

1) 타당도 척도 (Validity scales)[5]

범주	척도명	측정내용
성실성	?(무응답)	빠짐없이 문항에 응답했는지, 문항을 잘 읽고 응답했는지에 대한 정보 제공
	VRIN(무선반응 비일관성)	
	TRIN(고정반응 비일관성)	
비전형성	F(비전형)	일반인들이 일반적으로 반응하지 않은 방식으로 응답했는지에 대한 정보 제공
	F(B)(비전형 - 후반부)	
	F(P)(비전형 - 정신병리)	
방어성	L(부인)	자기 모습을 과도하게 긍정적으로 제시하고자 했는지에 대한 정보 제공
	K(교정)	
	S(과장된 자기제시)	

실력 다지기

증상 타당도 척도 (Symptom Validity, FBS)[6]

1) 2011년 7월부터 MMPI - 2 타당도 척도상에서 증상 타당도 척도(Symptom Validity, FBS)가 추가되었다.
2) FBS(증상 타당도) 척도 : FBS 척도는 총 43개의 문항으로 구성되어 있으며, 개인 상해 소송(personal injury litigation) 장면에서 자신의 증상을 과장하는 사람들을 가려내기 위한 목적하에 개발되었다(Lees - Haley, English와 Glenn, 1991).

5) 타당도 척도는 ① 피검자가 문항을 주의 깊게 읽고 내용을 파악한 뒤 솔직하게 응답해야만 신뢰성 있고 타당한 해석이 가능함 ② 수검태도(test - taking attitude)의 탐지, 무선반응, 편향반응, 비일관 반응, 부정왜곡, 긍정왜곡, 방어반응, 과대보고, 과소보고 등 ③ 검사 외적 행동(성격, 정신병리)에 대한 유용한 정보 제공함

6) **출처** : (주)마음사랑 홈페이지

3) **FBS(증상 타당도) 척도의 활용**: 기존의 F 척도는 주로 심각한 정신과적 증상의 과대 보고를 탐지하는 데 효과적이므로, 개인 상해 소송이나 신체적 장애 신청 장면에서의 신뢰롭지 못한 반응을 탐지하는 데는 FBS 척도가 보다 유용하다.
4) **FBS(증상 타당도) 척도의 해석**: FBS 척도의 높은 점수는 F, F(B), F(P) 척도와 마찬가지로 과대 보고를 평가하지만, 평가되는 과대 보고의 영역은 다르므로 독립적인 해석이 가능하다.

(1) ?(무응답, cannot say) 척도

① ? 척도는 (1) 빠뜨린 문항과 (2) '그렇다'와 '아니다'에 모두 응답한 문항의 단순한 합산임
② 되도록, 한 문항도 빠짐없이 응답하도록 권유할 필요함
③ 원점수 30 이상(무응답 30개 이상)이면 전체 결과가 무효일 수 있음

(2) VRIN(무선반응 비일관성) 척도

① 무선반응(random response)의 탐지하는 척도
② **내용상 '유사한' 문항 쌍 혹은 내용상 '상반된' 문항 쌍에 대해 비일관적으로 응답한 문항 쌍의 개수**: 49개 문항 쌍, 67개 반응 쌍(5개 T - T, 5개 F - F, 57개 T - F/F - T)
③ F(비전형) 척도와 함께 해석하면 유용함
④ T점수가 80 이상이면 무효임

(3) TRIN(고정반응 비일관성) 척도

① 모두 '그렇다' 혹은 모두 '아니다' 식의 편향 반응을 탐지하는 척도
② **내용상 '상반된' 문항 쌍에 대해 비일관적으로 응답한 문항 쌍의 개수**: 20개 문항 쌍, 23개 반응 쌍(14개 T - T, 9개 F - F)
③ L, K, S와 함께 해석하면 유용
④ T점수가 80 이상이면 무효임

(4) F(비전형) 척도

① 검사 전반부의 비전형 반응 탐지(1 - 370번 문항에 분포)
② 한 사람의 생각이나 경험이 다른 사람들과 다른 정도를 측정
③ F **척도의 상승요인**: 무선반응(VRIN), 고정반응(TRIN), 정신병리(F), 부정왜곡[F(p)]에 민감함
④ F가 높으면 특히 임상척도 상승에 영향을 줌
⑤ T점수가 80 이상이면 무효일 수 있음

(5) F(B)(비전형 - 후반부) 척도

① 검사 후반부의 비전형 반응 탐지(281번 문항 이후에 분포)

② 구성방법은 F 척도와 같음

③ 무선반응, 고정반응, 정신병리, 부정왜곡에 민감

④ 검사 과정에서 수검 태도의 변화를 알려줌

⑤ T점수가 90 이상이면 무효일 수 있음

(6) F(p)(비전형 - 정신병리) 척도

① 무선반응 및 부정왜곡(faking - bad) 가능성 높음

② F 척도에 비해 정신병리에 덜 민감함

③ F 척도 상승의 의미를 명확하게 해줌

④ 실제로 심각한 정신병리를 지니고 있는가, 아니면 정신병리를 왜곡해서 가장하고 있는가를 측정함

⑤ T점수가 100 이상이면 무효일 수 있음

(7) L(부인) 척도

① 방어적인 태도를 측정하기 위한 15개 문항으로 구성

② 대부분의 사람들이 인정하는 사소한 결점이나 인간적인 약점마저 부인하면서 자신을 좋게 보이려고 하는 긍정왜곡(faking - good) 경향을 측정함

③ 모든 문항이 '아니다'로 응답할 때 채점되므로, TRIN 척도를 함께 고려할 필요가 있음

④ T점수가 80 이상이면 무효임(주로 '아니다'로 응답하는 경향)

(8) K(교정) 척도

① 정상 프로파일을 보인 정신과 환자의 반응과 정상인의 프로파일 반응을 비교하여 변별력 있는 30개의 문항으로 구성함

② L 척도에 반영되는 것보다 조금 더 세련되고 교묘한 방어성을 탐지하는 척도

③ T점수가 75 이상이면 긍정왜곡(faking - good), 주로 '아니다'로 응답하는 경향이며 T점수가 40 미만이면 부정왜곡(faking - bad), 주로 '그렇다'로 응답하는 경향으로 무효일 수 있음

(9) S(과장된 자기제시) 척도

① 50문항, 검사 전 후반에 골고루 퍼져 있음

② '아니다'로 응답할 때 채점되므로 TRIN 함께 고려해야 함

③ T점수가 75 이상이면 긍정왜곡(faking - good), 주로 '아니다'로 응답하는 경향으로 무효일 수 있음

2) MMPI-2 추가된 타당도 척도 5가지

(1) 무선반응 비일관성 척도(Variable Response Inconsistency : VRIN) : 문항 응답 시 무선적으로 반응하는 경향을 탐지한다.

(2) 고정반응 비일관성 척도(True Response Inconsistency : TRIN) : 모든 문항에 '예(T)' 또는 '아니오(F)'로 반응하는 경향을 탐지한다.

(3) 비전형 - 후반부 척도(Back infrequency : Back F, Fb) : 검사 후반부에서 비전형 반응을 탐지한다.

(4) 비전형 - 정신병리 척도(Infrequendcy - Psychopathology, F(P)) : 비전형적 반응을 탐지하지만, F 척도에 비해 심각한 정신 병리에 덜 민감하고 F 척도의 점수 상승이 무선반응이나 고정반응으로 인한 것이 아닐 때 사용한다.

(5) 과장된 자기 제시 척도(Super lative Self - Presentation : S) : K 척도와 마찬가지로 방어성을 측정하지만, 검사의 전반부에 국한된 K 척도와 달리 검사 전반에 걸쳐 있다.

⊘ 정리

MMPI - 2 타당도 척도

1) L : 바른 척하려는 태도, 심리적으로 세련되지 못한 부인(denial)의 방어기제
2) F : 비전형 척도로서 고립감과 소외감, 심리적 불편감에 대한 지표,
3) K : 정상인의 경우는 성격적 통합성과 건강한 적응의 지표, 부적응을 겪는 사람에게는 방어성의 지표, L 척도에 비해 세련되고 은밀한 방어
4) VRIN : 응답이 심하게 일관되지 못한 경우, 부적응으로 일관성을 유지할 수 없는 경우
5) TRIN : 무성의한 응답자를 가려냄
6) F(B) : 특이한 비전형 척도가 문항 후반부에서도 발견되는지 가려내는 척도
7) F(P) : 정신병리가 있는 척하는 사람들을 가려내는 척도
8) S : 지나치게 완벽해 보이려 방어하는 사람을 가려냄

3) 임상척도 - 재구성 임상척도 (9개의 척도) 중심으로 기술

(1) 12개 씨앗척도와 전체 567문항의 상관을 계산하여 추출함

(2) 문항 선정 기준

① 12개 씨앗 척도 중에서 가장 높은 상관을 보이는 척도에 포함됨
② 최소한의 일정한 수치이상의 상관을 보일 것
③ 다른 씨앗 척도와의 상관이 0.30보다 작은 경우가 일정한 비율 이상일 것
④ 위의 일정한 수치와 일정한 비율은 시행착오적으로 판단함

(3) 재구성 임상척도의 구성

척도명			내용
RCd	dem	Demoralization	정서적 혼란(불안감)과 관련된 문항
RC1	som	Somatic Complaints	신체적 불편감 - 신체 건강에 대한 염려와 집착
RC2	lpe	Low Positive Emotions	낮은 긍정적 정서
RC3	cyn	Cynicism	냉소성
RC4	asb	Antisocial Behavior	반사회적 행동
RC6	per	Ideas of Persecution	피해의식 - 피해사고와 의심이 많음
RC7	dne	Dysfunctional Negative Emotions	역기능적 부정적 정서
RC8	abx	Aberrant Experiences	기태적 경험(망상, 환각 등)
RC9	hpm	Hypomanic Activation	경조증적 상태

4) 성격병리 5요인 (PSY-5) 척도

(1) 주요 성격특성의 전체적 윤곽을 제공함
(2) 심리장애를 범주적(categorical)으로 분류하는 체계에 문제가 있음을 지적함
(3) 성격장애를 정상 성격기능의 연장선상에서 개념화할 필요성을 제기함
(4) 차원적(dimensional)으로 접근할 필요성을 제기함
(5) PSY-5는 정상적인 기능 및 임상적인 문제 모두와 관련되는 성격특질을 평가하기 위해 제작된 척도임

척도명			내용
AGGR	Aggressiveness	공격성	공세적이고 도구적인 공격성에 초점
PSYC	Psychoticism	정신증	현실과의 단절 평가
DISC	Disconstraint	통제 결여	위험추구, 충동적, 관습에 얽매이지 않는 성향 평가
NEGE	Negative Emotionality/ Neuroticism	부정적 정서성/ 신경증	부정적 정서를 경험하는 성격 성향
INTR	Introversion/ Low Positive Emotionality	내향성/낮은 긍정적 정서성	기쁨을 느끼고 즐거운 어울림을 경험하는 성향

5) 내용척도 (Content scales) - 15개

(1) MMPI - 2 내용척도는 새로운 내용 영역에 대한 문항 추가함
(2) 15개 내용척도(65T 기준 점수)는 이성적 방법과 통계적 방법을 사용함
(3) 내적 일치도와 척도 간 독립성이 높음
(4) 내용척도의 구성_1

척도명			소척도
ANX	Anxiety	불안	
FRS	Fears	공포	FRS1 (일반화된 공포) / FRS2 (특정공포)
OBS	Obsessiveness	강박성	
DEP	Depression	우울	DEP1 (동기 결여), DEP2 (기분 부전) DEP3 (자기 비하), DEP4 (자살 사고)
HEA	Health Concerns	건강염려	HEA1 (소화기 증상) / HEA2 (신경학적 증상)
BIZ	Bizarre Mentation	기태적 정신상태	BIZ1 (정신증적 증상) / BIZ2 (조현형 성격특성)
ANG	Anger	분노	ANG1 (폭발적 행동) / ANG2 (성마름)
CYN	Cynicism	냉소적 태도	CYN1 (염세적 신념) / CYN2 (대인 의심)

(5) 내용척도의 구성_2

척도명			소척도
ASP	Antisocial Practices	반사회적 특성	ASP1(반사회적 태도) / ASP2(반사회적 행동)
TPA	Type A	A 유형 행동	TPA1 (조급함), TPA2 (경쟁 욕구)
LSE	Low Self - Esteem	낮은 자존감	LSE1 (자기 회의), LSE2 (순종성)
SOD	Social Discomfort	사회적 불편감	SOD1 (내향성), SOD2 (수줍음)
FAM	Family Problems	가정 문제	FAM1 (가정 불화) / FAM2 (가족내 소외)
WRK	Work Interference	직업적 곤란	
TRT	Negative Treatment Indicators	부정적 치료 지표	TRT1 (낮은 동기) / TRT2 (낮은 자기개방)

6) 보충척도 (Supplementary scales) - 15개

기출문제 확인학습

보충척도

1) 1943년에 MMPI가 출판된 이후, 많은 연구자가 MMPI의 문항 군집(item pool)을 사용하여 다양한 심리학적 구성개념을 측정하는 보충 척도를 추가로 개발하였다.
2) 즉, MMPI - 2의 문항군집을 문항분석, 요인분석, 직관적 절차를 통해 다양하게 재조합하여 새로운 척도 개발하였다.
3) 1989년에 MMPI - 2가 출판되면서 남성적 성역할(GM) 척도와 여성적 성역할(GF) 척도의 두 가지 보충 척도가 새롭게 도입되었으며 뒤를 이어 중독 인정 척도(AAS), 중독 가능성 척도(APS), 결혼생활 부적응 척도(MDS) 등이 개발되었다.
4) 보충척도들은 그 이름대로 타당도 척도와 임상 척도의 해석을 보충하여, MMPI - 2가 평가할 수 있는 임상적 문제와 장애의 범위를 넓혀준다.
5) 연구 자료를 참조하여, 신뢰도와 타당도가 확보된 척도만을 MMPI - 2에 포함시켰다.

(1) 보충척도의 구성_1

척도명			비고
A	Anxiety	불안	타당도 척도와 임상척도의 제1요인
R	Repression	억압	타당도 척도와 임상척도의 제2요인
Es	Ego Strength	자아강도	심리적 적응 지표(방어성과 관련)
Do	Dominance	지배성	1:1관계의 강자, 자신감과 관련
Re	Social Responsibility	사회적 책임감	법과 규범, 관습의 존중
Mt	College Maladjustment	대학생활 부적응	대학생에 한해서 해석
PK	Post - Traumatic Stress Disorder	외상 후 스트레스 장애	극심한 심리적 혼란 측정 (PTSD 환자 이외에도 높은 점수)
MDS	Marital Distress	결혼생활 부적응	가까운 사람과의 관계에서의 불만족

(2) 보충척도의 구성_2

척도명			비고
Ho	Hostility	적대감	냉소적 태도와 관련
O - H	Overcontrolled - Hostility	적대감 과잉통제	과도한 공격 반응 가능성
M-ARC	MacAndrew Alcoholism - Revised	MacAndrew의 알코올 중독	외향성과 위험추구 행동의 성격적 특성
AAS	Addiction Admission	중독 인정	13개의 명백문항으로 구성
APS	Addiction Potential	중독 가능성	제한된 연구결과
GM	Masculine Gender Role	남성적 성역할	대다수의 남자들과 여자들의 10% 미만이 응답한 문항
GF	Feminine Gender Role	여성적 성역할	대다수의 여자들과 남자들의 10% 미만이 응답한 문항

정리

MMPI - 2의 보충 척도[7)]

약어	보충 척도명
A	불안 척도 (Anxiety Scale)
R	억압 척도 (Repression Scale)
Es	자아 강도 척도 (Ego Strength Scale)
Do	지배성 척도 (Dominance Scale)
Re	사회적 책임감 척도 (Social Responsibility Scale)
Mt	대학생활 부적응 척도 (College Maladjustment Scale)
PK	외상 후 스트레스 장애 척도 (Post - Traumatic Stress Disorder Scale)
MDS	결혼생활 부적응 척도 (Marital Distress Scale)
Ho	적대감 척도 (Hostility Scale)
O - H	적대감 과잉 통제 척도 (Overcontrolled - Hostility Scale)
MAC - R	맥앤드류 알코올리즘 척도 (MacAndrew Alcoholism Scale)
AAS	중독 인정 척도 (Addiction Acknowledge Scale)
APS	중독 가능성 척도 (Addiction Potential Scale)
GM	남성적 성역할 척도 (Masculine Gender Role Scale)
GF	여성적 성역할 척도 (Feminine, Gender Role Scale)

7) **출처**: 심리학용어사전, 2014. 4, 한국심리학회

기출문제 확인학습

MMPI-2의 임상 척도 및 임상 소척도[8)]

번호	약어	척도 설명 및 임상 소척도
1	Hs	① 건강 염려증 환자를 탐지할 목적에서 개발 ② 건강에 대한 과도한 걱정, 기질적 원인이 없거나 미미함에도 다양한 신체적 호소를 하는 사람들 ③ 신체형 장애, 우울 장애, 불안 장애 범주의 진단을 받은 환자들에게서 흔히 상승함
2	D	① 다양한 형태의 우울 징후를 탐지할 목적에서 개발 ② 슬픈 기분, 우울감, 불행감, 불만족감, 불쾌감, 무망감, 절망감, 일상생활에 대한 흥미 저하, 주의집중의 어려움, 의사결정력 약화, 과민하고 짜증스러운 기분, 사소한 근심, 걱정, 죽음에 대한 생각 증가, 자살 사고 및 자살 가능성 증가 등 ③ D1:주관적 우울감, D2:정신운동 지체, D3:신체적 기능 장애, D4:둔감성, D5:깊은 근심
3	Hy	① 심인성 감각 장애 또는 운동 장애를 보이는 히스테리 환자 집단을 탐지할 목적에서 개발됨 ② 신체적 불편감, 신체 기능 저하, 특정 신체 증상 호소가 많음 ③ 스트레스 증가 시 신체 증상 악화, 애정, 인정 및 의존 욕구 강함, 적대감, 분노감 등을 부인하며 우회적인 방식으로 드러냄 ④ Hy1:사회적 불안 부인, Hy2:애정 욕구 Hy3:권태 - 무기력, Hy4:신체 증상 호소, Hy5:공격성 억제
4	Pd	① 반사회적 성격 장애 환자들 탐지할 목적에서 개발됨 ② 감각적, 자극적 활동을 선호하며 모험적, 충동적, 보편적 가치 규범에 대해 저항적인 태도, 욕구 지연이나 좌절에 대한 내구성이 약함, 타인에 대한 공감 및 배려가 부족함 ③ 소소한 규칙 위반이나 위범 행동 연루 가능성 높아짐 ④ Pd1:가정 불화, Pd2:권위 불화, Pd3:사회적 침착성, Pd4:사회적 소외, Pd5:내적 소외
5	Mf	① 사회적 성 역할 특성 탐지 ② 높은 점수의 남성:섬세하고 민감하며 감수성 풍부함, 전통적인 남성적 역할이나 활동에 관심이 적을 수 있음 ③ 낮은 점수의 남성:전통적인 남성적 성역할을 중요하게 여기며 이를 과시하고자 함 ④ 높은 점수의 여성:진취적이고 성취 지향적이며 경쟁적, 자기 주장이 강함, 전통적인 여성적 역할에 거부적일 수 있음 ⑤ 낮은 점수의 여성:전통적인 여성적 역할에 만족감 경험
6	Pa	① 편집성 상태 환자 집단을 탐지할 목적에서 개발 ② 타인의 사소한 말이나 행동에 민감하고 과잉 경계함 ③ 타인으로부터 부당한 처우, 무시, 모함, 괴롭힘을 당한다는 피해 사고 보임 ④ 자신의 도덕적 정당성, 합리성, 공평무사함을 과도하게 강조하고 집착함 ⑤ 융통성이 부족함, 투사, 부인, 합리화 등의 방어기제를 주로 사용함 ⑥ 망상 장애, 조현병 진단을 받은 환자들에게서 척도 점수가 매우 높게 상승함 ⑦ Pa1:피해 사고, Pa2:예민성, Pa3:순진성

8) **출처** : 심리학용어사전, 2014. 4, 한국심리학회

번호	약어	척도 설명 및 임상 소척도
7	Pt	① 강박 장애를 비롯한 불안 장애 환자들을 탐지할 목적에서 개발 ② 불안감, 긴장감, 초조감 경험, 정서적 동요와 불편감 증가 ③ 강박사고 및 강박 행동, 불필요한 근심, 걱정 증가, 자신의 능력에 대한 의구심, 피로감이나 에너지 소진, 불면, 자율신경계의 각성과 관련된 신체 증상 호소 등
8	Sc	① 조현병을 비롯한 정신증적 장애 탐지할 목적에서 개발 ② 사고의 혼란, 판단력 손상, 부적절하고 와해된 행동, 충동 및 행동 통제력 약화, 정서적 부적절성, 대인 관계 기술 부족, 이질감이나 고립감, 소외감 경험, 주의 집중력 저하 및 산만함 등 ③ 조현병, 망상 장애, 정신증적 장애의 가능성 증가 ④ Sc1:사회적 소외, Sc2:정서적 소외, Sc3:자아 통합 결여 - 인지적, Sc4:자아 통합 결여 - 동기적, Sc5:자아통합결여 - 억제부전, Sc6:기태적 감각 경험
9	Ma	① 경조증 징후를 탐지할 목적에서 개발 ② 심신 에너지의 항진, 고양된 기분, 정서적 흥분성, 과민하고 짜증스러운 기분, 과장된 자기 지각, 과대 사고, 지나치게 긍정적, 낙천적 태도, 행동량 증가, 충동성 증가, 행동 통제력 약화 ③ Ma1:비도덕성, Ma2:심신운동 항진, Ma3:냉정함, Ma4:자아 팽창
0	Si	① 내향적 성향, 대인 관계에 대한 두려움, 불편함, 회피적 태도 등을 평가 ② 높은 점수:내향적, 수줍음이 많음, 주위 평판에 민감함, 대인관계 기술이 부족하거나 사회적 상황을 불편해함, 소극적이고 회피적 ③ 낮은 점수:외향적, 사교적, 활달함, 말수가 많고 자기 표현적, 대인관계 욕구가 강함, 폭넓은 대인 관계 추구, 피상적일 수 있음 ④ Si1:수줍음·자의식, Si2:사회적 회피, Si3:내적·외적 소외

실력 다지기

MMPI - 2와 MMPI - A(청소년용)의 비교

구분	MMPI - 2	MMPI - A
문항 수	567 문항	478 문항
문항 내용	중요 내용 영역의 문항 추가	청소년에 적합한 문항 내용 및 표현
규준 연령	(미국) 18~84세 / (한국) 19~78세	(미국) 14~18세 / (한국) 13~18세
타당도 척도	9개(?, VRIN, TRIN:F, F(B), F(P):L, K, S)	8개 - S척도 없음 (?, VRIN, TRIN:F, F1, F2:L, K)
임상척도	10개	MMPI - 2와 동일한 임상척도 10개 Mf, Si 척도에서 문항수가 줄어듦
K 교정 점수	K 교정 점수 적용	K 교정을 적용하지 않음
재구성 임상척도	9개의 재구성 임상척도 개발(2003)	없음
내용척도	15개의 새로운 내용 척도 개발	11개의 내용 척도는 MMPI - 2와 동일 4개의 내용 척도 청소년용으로 개발
보충척도	15개의 새로운 보충 척도 개발	3개의 보충 척도는 MMPI - 2와 동일 3개의 보충 척도 청소년용으로 개발
성격병리 5요인 척도	공격성, 정신증, 통제 결여, 부정적 정서성 / 신경증, 내향성 / 낮은 긍정적 정서성	MMPI - 2와 동일함

기출문제 확인학습

MMPI - A에는 MMPI - 2와 마찬가지로 새로운 타당도 척도(예 VRIN, TRIN, F1, F2), 내용척도, 보충척도 및 PSY - 5 척도들이 추가되었는데, 내용척도와 보충척도들 중에는 특별히 청소년을 위해 새로이 개발된 척도들이 포함되었다. MMPI - A의 15개 내용척도들 중에서 4개 척도는 MMPI - A에만 존재하는 것으로 소외척도(A - ain), 낮은 포부척도(A - las), 그리고 학교 문제척도(A - sch)는 주로 MMPI - A를 위해 새롭게 선정된 문항들로 구성되었고, 품행 문제척도(A - con)는 MMPI - 2의 반사회적 특성척도(ASP)를 대체하여 새롭게 개발되었다.

4 MMPI - 2의 채점과 타당도 척도의 해석

1) MMPI - 2의 해석전략

다음의 질문에 대한 해답을 찾으려고 노력하면서 결과를 해석한다.

(1) 피검사자의 수검태도는 어떠하며, 이러한 태도는 검사 결과를 해석하는 데 어떤 식으로 참고하여야 할까?

(2) 피검사자의 전반적인 적응수준은 어떠한가?

(3) 피검사자가 어떤 종류의 행동(예 증상, 태도, 방어)을 보일 것으로 추론·기대할 수 있는가?

(4) 결과를 보고 내릴 수 있는 가장 적절한 진단은 무엇인가?

(5) 치료에 대한 시사점은 무엇인가?

2) MMPI-2 **해석의 단계**

(1) 의뢰사유, 기초 신상자료의 검토

(2) 수검행동 및 수검태도의 검토

(3) **타당도 척도의 검토**: 타당한 프로파일인가?

타당하지 않다면?: 더 이상의 해석을 하지 말아야 하며 이유를 확인한 뒤, 가능하면 재검사 실시

(4) 전반적 적응수준의 검토

① 정서적으로 얼마나 편안한가? - 주관적 고통의 기준

② 갈등·불편함을 느끼는지에 관계없이 일상생활의 책임을 잘 수행하고 있는가? - 부적응성의 기준

③ 임상척도의 전반적인 상승 - 부적응의 지표

ㄱ. 8개의 임상척도에서 65T 이상의 척도 개수가 많을수록

ㄴ. **A 척도 상승**: 주관적인 정서적 혼란감

ㄷ. **Es 척도 하강**: 자아강도의 빈약

ㄹ. **RCd 척도 상승**: 전반적인 정서적 불편감

(5) 프로파일 해석

① 개별 임상척도의 검토

② 상승된 척도가 있다면?

재구성 임상척도 및 임상 소척도 검토, 척도의 연관성을 고려하여 해석적 가설 점검, 프로파일의 코드타입 검토: 형태해석

③ 내용척도, 내용소척도, 보충척도의 검토

④ 결정적 문항의 검토

⑤ 통합적 해석

ㄱ. **인지적 특성**: 자기관, 타인관, 미래관 / 평가적, 판단적, 피상적 등

ㄴ. **정서적 특성**: 정서의 체험 및 표현

ㄷ. **행동적 특성**: 부적응적인 행동, 과잉 발달된 행동, 과소 발달된 행동

ㄹ. **대인관계적 특성**: 대인관계 장면에서 주로 구사하는 방략

ㅁ. 생리적·신체적 특성

(6) 치료적 시사점

① 치료를 얼마나 필요로 하는가?

② 치료에 지속적으로 참여하고 바람직한 방향으로 반응할 것인가?

③ 어떤 치료가 가장 효과적인가?

④ 치료에서 고려해야 할 문제영역은 무엇인가?

⑤ 치료진행을 방해·촉진할 수 있는 개인적 자산·단점은 무엇인가?

⑥ 타당도 척도의 패턴이 특히 유용하게 활용될 수 있다.

ㄱ. **방어적 유형(L, K, S > F)**: 자신의 문제나 증상에 대해 이야기하고 싶어 하지 않으며, 치료를 받지 않을 가능성이 높다.

ㄴ. **호소적 유형(F > L, K, S)**: 자신의 문제나 증상, 정서적 고통을 인정할 가능성이 높음. 치료에 대한 동기도 높을 가능성이 크다.

⑦ 일반적으로 심리적 고통이 클수록 치료를 받아들일 가능성도 높으며 치료를 받는 데 드는 노력이나 불편을 견뎌내려고 할 것이므로 심리적 고통의 지표들을 확인할 필요가 있다.

⑧ 척도 4의 점수가 높을수록 자신의 고통·어려움에 대한 책임을 인정하려 하지 않으며 불쾌한 환경을 피하기 위해서만 치료에 동의하는 경향이 있다.

⑨ 2 - 7 / 7 - 2 **코드타입**[9]: 정서적인 고통 때문에 치료에 동의하고 오랫동안 참여하는 경향이 있으며 느리지만 안정적인 진전을 기대할 수 있다.

심화학습

다면적 인성검사(MMPI)의 해석방식

1) 형태 해석(Configurational Interpretation)

(1) 임상척도 간 상관관계나 임상 증후 간 중복 때문에 피검자의 MMPI 결과는 몇 개의 척도가 동시에 하나의 형태를 이루면서 상승하는 경향이 있다.

(2) 형태 분석은 T점수가 70점 이상으로 상승된 임상척도들을 하나의 프로파일로 간주하여 해석하는 2 - 코드, 3 - 코드 방식이 있다.

(3) 다시 말하자면 임상척도 가운데 척도 2와 척도 7이 T점수 70점 이상으로 상승되어 있으면 2 - 7코드형이 된다.

(4) 또한 타당도 척도와 임상척도 가운데 의미 있게 점수가 상승하는 척도들을 묶어서 전체 형태로 보는 방식이 있다.

(5) 그리고 전체 임상척도의 프로파일에 대한 형태적 분석방식도 있다.

(6) 이러한 각 형태분석 방식은 서로 배타적이라기보다 보완적이며 단계적으로 진행하면서 해석할 수 있다.

2) 내용에 근거한 해석(Content - based Interpretation)

MMPI에 대한 연구개발과 임상 적용을 프로파일들의 경험적 연구와 이를 근거로 한 내용적 해석을 강조한 것이며 내용 해석은 피검자가 검사 문항에 응답하는 과정에서 문항의 의미와 내용에 솔직하고 직접적으로 반응한다는 가정을 전제로 한다.

(1) **요인분석적 접근**: MMPI 전체 문항들이나 특정척도에서 요인을 밝혀내는 접근인데, 그 대표적인 경우가 '불안', '억압' 척도로서, MMPI의 표준 임상척도 간 상관관계를 분석하여 요인척도 'A(불안)'와 'R(억압)'이 개발된 것이다.

(2) **내용해석에 대한 논리적 접근**: 논리적 분석에 따라 내용척도를 개발하려는 시도로 이루어졌으며 상승된 척도의 내용차원

9) 코드타입(상승척도쌍)은 임상척도 중에서, 가장 높은 2개 혹은 3개의 척도(예 2 - 7, 1 - 3, 4 - 7, 2 - 4 - 9, 6 - 7 - 8), T점수가 65점 이상일 때 코드타입으로 분류한다.

의 '의미'를 검토함으로써 척도에 대한 논리적이거나 직관적인 분석을 바탕으로 하여 이루어져야 한다.

(3) 내용해석에 대한 '결정 문항' 접근

① 이 접근은 피검자들이 문항에 대한 자신의 반응을 통해서 개인적인 문제를 드러낼 것이라는 가정을 전제로 하고 있으며, 어떤 문항들은 다른 문항들보다 더 중요하게 문제영역을 결정적으로 반영한다고 간주된다.

② 이 방식은 단일 문항들의 낮은 신뢰도가 문제점으로 지적이 되지만 내용에 근거한 해석과정으로서 경험적인 해석방법에 추가되고 있다.

3) 특수척도의 해석(Special scale interpretation)

(1) 현재 MMPI에 대한 연구와 실시는 주로 타당도 척도, 임상척도, 내용척도 그리고 다른 특정한 또는 실험적인 척도를 사용하고 있다.

(2) MMPI의 경우 지배성이나 편견과 같은 성격특성 혹은 행동특성을 측정하거나 약물남용이나 만성적 질병과 같은 다양한 증후군을 예측하려는 목적에 따라 부가적인 척도들이 개발되었다.

(3) 이러한 부가척도 중 소수의 특정 척도는 널리 연구되고 임상적으로 활용되어 왔다. 자아강도 척도, 일반적 부작용, 불안측정 요인척도, 알코올 남용척도 등이 있다.

다면적 인성검사(MMPI)의 특수 척도 중 자아강도 척도(ego strength scale)

1) 자아강도 척도(Es : Ego Strength scale)는 정신치료 성공 여부를 예측하기 위해 고안하였으며 개인의 전반적인 기능수준과 상관이 있다고 한다.

2) 높은 점수의 경우 효율적인 기능과 스트레스를 견디는 능력을 반영하며 개인들은 문제를 해결하는데 도움을 주는 심리적 자원(psychological resources)을 지니고 있다

3) 자아강도(Es) 척도 - 68개 문항

(1) 바론(Barron)은 환자들에게서 평정된 호전도와 의의 있게 높은 상관을 보이는 문항들을 골라내어 자아강도(Ego - strength) 척도라 명명하였다.

(2) 성격 통합 능력이라는 일반적 요인, 즉 자아강도를 측정하는 것으로서 주로 신체적 기능, 사회적 회피성, 종교에 대한 태도, 도덕적 태도, 성격 적응능력, 공포 및 불안 등을 포함한다.

(3) Es 척도가 높으면 자아강도가 높고, 치료가 진행됨에 따라 그 사람에게서 나타날 수 있는 자질이 있음을 의미한다.

(4) Es 척도가 높은 환자들은 환경적인 스트레스를 크게 당면하고 있는 경우가 많고, Es 척도가 낮은 환자들은 만성적이며 성격적인 문제를 갖고 있을 가능성이 많을 것이라고 가정했다.

3) MMPI - 2의 타당도 척도의 해석[10)]

(1) 타당도 척도의 해석 1 : '성실성'의 평가

① ? > 30점(원 점수) : 전체결과가 무효일 수 있음

② VRIN > 80점(T점수) : 의도적인 무선반응 가능성이 높으며 F 척도의 점수를 함께 고려해야 하며 F 척도가 상승했다면, 그 이유는 실제의 정신병리가 아닌 무선반응 때문일 가능성이 높기 때문이다.

③ TRIN > 80점(T점수) : 의도적인 편향반응(고정반응) 가능성이 높으며 L, K, S 척도의 점수를 함께 고려해야 하는데 그 이유는 이들 척도는 '아니다'로 응답할 때 상승하는 경향이 있기 때문이다.

10) **출처** : (주) 마음사랑

(2) 타당도 척도의 해석 2 : '비전형성'의 평가

① F 척도 상승의 의미, 즉 MMPI - 2에서 비전형 반응을 하게 되는 이유(다른 사람들이 흔히 응답하지 않는 방향으로 응답하는가?)

② **무선반응** : VRIN 척도 고려

③ **고정반응** : TRIN 척도 고려

④ **부정왜곡** : F(p) 척도 고려

⑤ **심각한 정신병리** : 척도(F 척도)의 원래 목적에 부합함

(3) 타당도 척도의 해석 3 : '방어성'의 평가

① L 척도의 모든 문항은 '아니다'로 응답한 경우[긍정 왜곡(faking - good)]에 채점된다.

② K, S 척도의 경우에도 '아니다'로 응답[긍정 왜곡(faking - good)]할 때 채점되는 경향이 크다.

③ 따라서, TRIN 척도와 함께 고려해야 한다.

④ 비 임상장면에서(특히 인사 선발, 보호관찰평가 등) 자신을 되도록 좋게 보일 필요성이 강할 때 상승하는 경향이 있다.

⑤ K, S 척도와 함께 방어 성향을 탐지한다.

(4) ? (무응답, cannot say) 척도

원 점수	프로파일 타당성	점수 상승의 가능한 이유
30 이상	전체 결과가 무효일 수 있음	독해능력 부족, 심각한 정신병리, 비협조적 태도, 강박적 태도
11 ~ 20	일부 척도들이 무효일 수 있음	선택적 문항 무응답
0 ~ 10	유효함	특정 피검자에게 적용되지 않는 문항

(5) L(부인, Lie) 척도

T점수	프로파일 타당성	점수 상승의 가능한 이유
80 이상	무효일 것임	긍정왜곡(faking good) 주로 '아니다'로 응답하는 경향
70 ~ 79	무효일 수 있음	긍정왜곡(faking good), 전통적인 성장배경 '아니다'로 응답하는 경향이 중간 정도
65 ~ 69	타당도가 의심스러움	지나친 긍정적인 자기표현
60 ~ 64	유효할 것임	세련되지 못한 방어
59 이하	유효할 것임	

(6) K(교정, Defensiveness) 척도

T점수	프로파일 타당성	점수 상승의 가능한 이유
75 이상	무효일 수 있음	긍정왜곡(faking - good) 주로 '아니다'로 응답하는 경향
65~74	무효일 수 있음	중간 수준의 방어성 '아니다'로 응답하는 경향이 중간 정도
40~64	유효함	
40 미만	무효일 수 있음	부정왜곡(faking - bad) 주로 '그렇다'로 응답하는 경향

(7) F(비전형, Infrequency) 척도

T점수	프로파일 타당성	점수 상승의 가능한 이유
80 이상	무효일 수 있음	무선반응·고정반응, 심각한 정신병리
65~79	과장된 것일 수 있음. 그러나 유효할 것임	문제를 과장하여 표현함
40~64	유효할 것임	
39 이하	방어적일 수 있음	문제를 부인하여 응답했을 수 있음

(8) F(B)(비전형 - 후반부, Back F) 척도

T점수	프로파일 타당성	점수 상승의 가능한 이유
90 이상	무효일 수 있음	무선반응·고정반응, 심각한 정신병리, 증상 과장 응답, 응답 태도의 변화

(9) F(p)(비전형 - 정신병리, F - Psychopathology) 척도

T점수	프로파일 타당성	점수 상승의 가능한 이유
100 이상	무효일 수 있음	무선반응, 부정왜곡(faking - bad)
70~99	과장된 것으로 보임. 그러나 유효할 것임	문제를 과장하여 표현함
69 이하	유효할 것임	

(10) VRIN(무선반응 비일관성, Variable Response Inconsistency) 척도

T점수	프로파일 타당성	점수 상승의 가능한 이유
80 이상	무효	독해능력 부족, 혼란·반응 표기상 실수, 의도적 무선 반응
65~79	유효함. 단 일부 비일관적 반응이 개입되어 있음	부주의, 집중력의 일시적 상실
64 이하	유효함	

(11) TRIN(고정반응 비일관성, True Response Inconsistency) 척도

T점수	프로파일 타당성	점수 상승의 가능한 이유
80T 이상	무효	'그렇다' 반응경향 강함
65T~79T	유효함. 단 프로파일이 부분적으로 '그렇다' 반응경향에 영향 받음	부분적으로 '그렇다' 반응경향 있음
50~64(T or F)	유효함	
65F~79F	유효함. 단 프로파일이 부분적으로 '아니다' 반응 경향에 영향 받음	부분적으로 '아니다' 반응경향 있음
80F 이상	무효	'아니다' 반응경향 강함

(12) S(과장된 자기제시, Superlative Self - Presentation) 척도

T점수	프로파일 타당성	점수 상승의 가능한 이유
75 이상	무효일 수 있음	긍정왜곡(faking - good) 주로 '아니다'로 응답하는 경향
70~74	무효일 수 있음	중간 수준의 방어성 '아니다'로 응답하는 경향이 중간 정도
69 이하	유효함	

☞ 심화학습

MMPI - 2의 무응답 척도 해석법에서 주의할 점

1) 무응답 문항의 개수가 30개 이상(원 점수 30 이상)이라면 검사결과 자체를 무효로 간주하지만, 결론을 내리기 전에 두 가지 사항을 신중하게 고려해야 한다.
2) 첫째, MMPI - 2에서는 단축형 검사 실시를 쉽게 하기 위해서 원판 타당도 척도(L, F, K)와 임상척도들은 최초 370문항 안에 모두 배치하였기 때문에 대부분의 무응답 문항이 370번 문항 이후에 나타났다면, 단지 무응답 문항의 수가 많다는 이유만으로 전체 검사결과의 타당성을 의심할 필요는 없다.
3) 둘째, MMPI - 2에서는 척도마다 전체 문항 중 몇 %의 문항이 응답되었는지를 표시해준다. 그래서 무응답 문항들이 각 척도에 실제로 영향을 미쳤는지, 영향이 있다면 어느 정도인지를 파악할 수 있다. 무응답 문항이 전체의 10% 이상인 척도는 해석해서는 안 된다.
4) V자형(L 척도와 K 척도 점수가 높고 F 척도 점수가 낮다.)
   (1) 바람직하지 못한 감정이나 충동 혹은 문제들을 회피하려 하며, 자신을 가능한 한 가장 좋게 보이려고 애쓰는 사람으로서, L·K 척도가 더 높아질수록 그런 경향이 더욱 강해진다.
   (2) 비교적 단순하고, 세상을 선과 악으로 양극단으로 보려는 경향을 보인다.
5) ∧형(삿갓형) : L 척도와 K 척도 점수가 낮고 F 척도 점수가 높다.
   자신의 신체적 및 정서적 곤란을 인정하고, 자신의 문제해결 능력에 자신이 없으며, 도움을 요청한다.
6) 부적 기울기(L > F > K) : ↘
   순박하고 덜 세련되었으나 좋게 보이려고 애쓰는 사람이나, 성공하지 못하고 신경증 척도가 상승한 경우가 많고 자신의 문제를 인정하지 않으며 교육 수준이나 경제적 수준이 낮은 사람이다.
7) 정적 기울기(L < F < K) : ↗
   (1) 일상생활에서 당면하는 문제들을 해결할 수 있는 능력이 있고 현재 갈등이나 스트레스를 겪지 않는 사람에게 나타난다.
   (2) 정교한 방어기제를 쓰고 있는 대학교육을 받거나 사회경제적 수준이 높은 사람, 좋게 보이려는 입사지원자에게서 보인다.

5 MMPI-2의 임상척도 해석

1) 임상척도의 프로파일 형태

(1) 표준적인 프로파일은 T점수 50점을 기준으로 하여 대체로 ±5의 범위 내에서 그려지게 된다.

(2) 척도가 T점수 30 ~ 70선의 범위 내에 있으면 대체로 통계적으로는 '정상'으로 보며 프로파일 전체가 이러한 범위 내에 있으면 그 수검자는 '정상' 범위 내의 인성을 가진 것으로 해석된다.

(3) 그러나 정상범위라 하여도 T점수가 70에 가까울수록 정상범위에서의 일탈 정도가 심한 것으로 생각할 수 있으며, 70선을 넘을 경우에는 넘는 정도가 높을수록 이상 경향이 심하다고 볼 수 있다.

(4) T점수가 낮은 경우에는 일반적으로 높은 경우와는 달리, 소극적인 해석 경향을 보이고 있지만 척도에 따라서는 반드시 그렇지도 않으며 임상적으로는 정상의 범위를 65선과 35선의 범위로 보는 것이 좋을 것이다.

(5) 각 척도를 개별적으로 보는 것과는 달리, 검사에서 얻어지는 인성의 프로파일 형태는 개성의 표현으로 여러 가지 모양을 나타내기도 하는 것이므로, 이러한 프로파일을 유형화하여 보는 것도 판단에 도움을 줄 것이다.

(6) 정상형 : T점수 50선을 기준으로 하여 각 척도의 T점수가 ±5이내에서 분포하는 형태가 통계적으로 가장 평균적인 모습을 보이며 임상적으로는 임상척도가 상한 55에서 하한 45의 범위 내에 각 척도가 분포하는 경우를 정상형으로 볼 것이다.

(7) 하강된 정상형

① 프로파일 전체가 대략 T점수 50 ~ 30범위 내에 있는 경우이다.

② 형태의 배경을 이루는 특징은 최고점수의 척도가 일반인의 평균보다 그다지 높지 않을 것, 대부분의 T점수가 40선 또는 30선 부근에 있을 것 등이다.

③ 이 같은 프로파일은 왜곡된 마음가짐 때문에 생기는 경우가 있으므로 해석 시에는 타당성 척도에 특별히 주의해야 한다.

(8) 경계선 급형 : 대부분의 임상척도가 T 55 이상의 값을 나타내고 몇 개의 척도는 70선 가까이에 육박하고 있는 모습을 말하며 임상적으로는 T 65선을 경계로 함이 좋을 것이다.

(9) 고도 상승형 : 2개 또는 3개의 척도가 현저하게 높고 기타의 척도는 중간 정도이거나 낮은 척도인 것을 포함한다.

(10) 신경증 3척도군 : Hs, D, Hy의 3개 척도가 기타의 척도들보다 월등히 높은 형태를 말하며 3개 척도의 조합은 여러 가지가 있다.

(11) 정신병 4척도군 : 정신병적 징후와 관련이 있는 Pa, Pt, Sc, Ma의 4개 척도는 해석 시 하나의 범주로 묶어서 취급하면 편하며 Pa, Sc, Ma의 3개를 정신병 3척도군이라고도 한다.

(12) 비행성 성격척도군 : Pd, Pa, Sc, Ma의 4개 척도군이 기타 척도보다 높은 형태를 취한다.

🗀 실력 다지기

MMPI-2의 Harris-Lingoes 소척도의 구체적 내용

1) D (우울)

(1) D1 주관적 우울감 : 주의집중 어려움 / 자주 울음 / 열등 / 비판 / 쉽게 상처

(2) D2 정신운동 지체 : 일을 처리할 힘이 모자람 / 적대적인 공격적 충동이 없다.

(3) D3 신체적 기능 장애 : 허약, 다양한 신체증상 경험

(4) D4 둔감성 : 일을 처리할 힘이 모자람 / 긴장 / 정신 집중 어려움 / 기억, 판단력 떨어짐 / 자신감 부족 / 열등감 / 가치 없다고 여긴다.

(5) D5 깊은 근심 : 살 가치가 없다고 생각 / 열등 / 불행 / 사고과정을 통제하지 못한다고 느낀다.

2) Hy (히스테리)

(1) Hy1 사회적 불안의 부인

(2) Hy2 애정욕구 : 사랑받고 싶은 욕구가 강하다. 타인에 대한 부정적 감정이 없다. 불편한 대면을 피하려 하고 욕구가 충족되지 못하리라는 두려움이 있다.

(3) Hy3 권태 - 무기력 : 불편 / 건강 좋지 않음 / 쉽게 피로감 / 정신집중 어려움 / 불행감 및 우울감 / 집안 환경이 유쾌하지 않으며 재미없다고 본다.

(4) Hy4 신체증상 호소

(5) Hy5 공격성의 억제 : 적대적 공격적인 충동이 일어나지 않는다. / 다른 사람들이 자신에게 어떻게 반응하는지에 민감하다. / 단호하다.

3) Pd (반사회성)

(1) Pd1 가정불화 : 가정 및 가족 분위기가 유쾌하지 않다고 본다. / 자신의 가정을 떠나고 싶어한다.

(2) Pd2 권위 불화 : 사회적으로 통용되고 부모님이 가지고 있는 규준 및 관습에 분개 / 말썽을 부리거나 법적인 문제를 일으킨 적이 있다 / 옳고 그름에 대한 분명한 소신이 있다. / 자신이 믿는 것을 옹호

(3) Pd3 사회적 침착성

(4) Pd4 사회적 소외 : 소외감, 고립감, 소원함을 느낀다. / 외롭고 불행하며 사랑받지 못한다고 느낀다. / 부당한 대우를 받는다고 느낀다. / 자신의 문제와 결점들을 다른 사람 탓으로 돌린다.

(5) Pd5 내적 소외 : 불편, 불행 / 정신집중 어려움 / 일상의 재미와 보람을 찾지 못한다. / 과도하게 술을 마실 수 있다.

4) Pa (편집증)

(1) Pa1 피해의식 : 세상을 위협적인 곳으로 본다. / 이해받지 못한다고 느낀다. / 타인을 의심 / 다른 사람을 비난

(2) Pa2 예민성 : 다른 사람들보다 신경과민, 흥분을 잘하며 더 민감하다. / 기분전환을 위해 위험하거나 자극적인 행위를 찾는다.

(3) Pa3 순진성 : 낙관적인 태도 / 다른 사람들이 정직 · 관대 · 이타적이라고 본다. / 잘 믿는다. / 도덕적 기준이 높다. / 적대감 및 부정적인 충동이 일어나지 않는다.

5) Sc (조현병)

(1) Sc1 사회적 소외 : 부당한 대우를 받는다고 믿는다. / 다른 사람들이 자신에 대해 원한을 품고 있다고 믿는다. / 가족 간에 사랑과 지지가 부족하고 느낀다. / 외로움과 공허감을 느낀다. / 가능하면 사회적 상황과 인간관계를 피한다.

(2) Sc2 정서적 소외 : 우울 및 절망감 경험 / 죽어버렸으면 하는 마음이 있을 수 있다. / 냉담하며 겁을 먹는다. / 가학적인 혹은 피학적인 욕구가 있다.

(3) Sc3 자아통합 결여, 인지적 어려움 : 미칠지도 모른다고 느낀다. / 생각이 이상하게 흘러가며 비현실감이 든다. / 정신집중 및 기억에 어려움이 있다.

(4) Sc4 자아통합 결여, 동기적 결여 : 인생살이가 힘들다고 느끼며, 우울 및 절망감을 경험한다. / 과도하게 염려한다. / 공상 및 백일몽으로 빠져들게 된다. / 일상에서 재미와 보람을 찾지 못한다. / 죽어버렸으면 하는 마음이 있을 수 있다.

(5) Sc5 자아통합결여 - 억제부전 : 자신의 감정과 충동을 통제하지 못한다고 느끼며 자신의 통제력 상실에 놀란다. / 안절부절못하고 과잉행동을 보이며 짜증을 부리는 경향이 있다. / 웃음과 울음을 참지 못하는 때가 있다.

(6) Sc6 기태적 감각 경험 : 자신의 몸이 이상하고 유별나게 변하고 있다는 느낌이 든다. / 피부 민감, 동작이 서툴고, 몸의 균형을 잡는데 어려움이 있고, 귀가 윙윙거리거나 울리고 마비를 경험하고 몸이 허약해지는 것을 경험한다. / 환각 이상한 사고 내용을 경험 / 외부의 어떤 힘이 작용한다고 생각한다.

6) Ma (경조증)

(1) Ma1 비도덕성 : 사람들을 이기적이고 정직하지 못하며 기회주의적이라고 보면서 그런 사람들처럼 행동하는게 정당하다고 느낀다. / 다른 사람들을 조종하고 착취함으로써 대리만족을 얻는다.

(2) Ma2 심신운동항진 : 말의 속도, 사고과정 및 근육운동이 빨라진다. / 긴장감, 안절부절 못함 / 이유 없이 흥분 기분이 고양 / 쉽게 지루함 / 모험이나 흥분, 위험을 경험하게 된다. / 해롭거나 충격적인 무엇인가를 하려는 충동이 인다.

(3) Ma3 냉정함 : 사회적 장면에서 불안을 경험하지 않는다. / 주변에 사람들이 있으면 편안하다. / 다른 사람의 견해, 가치 및 태도에 아랑곳하지 않는다. / 참을성이 없고 다른 사람들에게 짜증을 부린다.

(4) Ma4 자아팽창 : 자신은 중요한 사람이라고 생각한다. / 부당하게 취급받는다고 느낀다. / 다른 사람들이 요구를 할 경우 특히 요구하는 사람이 자신보다 무능하다고 느끼는 경우 분개한다.

기출문제 확인학습

MMPI-2의 Harris-Lingoes 소척도(D, Hy, Pd, Pa, Sc, Ma 소척도 개발)의 해석

1) Harris - Lingoes 소척도 점수들은 임상척도에서 특정 점수를 얻은 경우, 채점 방향으로 체크된 문항들이 어떤 종류인지에 관한 정보를 제공한다.
2) 일부 소척도들은 모척도와 독립적으로 해석해서는 안 되는데, 왜냐하면 문항 수가 극히 적고 비교적 신뢰도가 낮으며, 해당 소척도와 MMPI 외의 다른 변인과의 상관에 대해서는 지극히 제한된 연구만이 있었기 때문이다.
3) 소척도는 일반적으로 모척도가 T > 65로 유의미하게 상승할 경우에만 해석되어야 하며, 해석은 모 척도 점수가 왜 그렇게 상승했는지를 이해하기 위한 것에만 국한되어야 한다.
4) 소척도의 높은 점수를 정의하는 절대적이고 확실한 분할점을 정하는 것은 가능하지 않다.
5) 서술된 모든 것이 특정 소척도에서 높은 점수를 얻은 개개인에게 다 해당되는 특징은 아니기 때문에 평가된 개인에 관해 활용 가능한 다른 정보와 연관지어 가설을 검토해 볼 필요가 있다.
6) 강조할 점은 Harris - Lingoes 소척도가 기본 타당도 척도 및 임상척도를 보충하기 위해 사용되어야 한다는 점이다. 임상적 해석을 뒷받침하는 독립적 척도로 쓰일 수 없다.

척도 4의 Harris-Lingoes 소척도 내용

소척도	내용
가정불화(Pd1) 9문항	비판적이고, 비지지적이며, 독립성을 방해하는 가족을 가진다. 가족의 통제에 저항하고자 하며, Pd4, Sc1과 함께 학대력에 가장 민감한 소척도이다.
권위불화(Pd2) 8문항	사회적 규칙에 반항적이고, 사회적 규범을 존중하지 않는 방식의 옳고 그름을 가진다. 권위에 반발하고, 논쟁하기를 좋아한다. 특히, 통제되지 않는 행동과 저항적인 반응을 예측하며, Ma4와 동반 상승할 경우 통제 회피, 자율성, 자기결정 등의 문제가 두드러진다.
사회적침착성(Pd3) 6문항	사회적 불안을 부인하고 담담함을 나타내며, 의존 욕구를 부인한다. 두려움을 모르는 대담한 사교성(Hy1), 사회불안이 없고 확신에 차있다.
사회적소외(Pd4) 13문항	사람들로부터 소외되어 있고 이해받지 못한다고 생각한다. Sc1이 다른 사람과의 애착형성을 꺼리는 반면, Pd4는 애착형성은 어렵지만 이에 대한 슬픔을 느낀다.
내적소외(Pd5) 12문항	자신에 대해 불행해하고 과거 행동에 대해 죄책감과 후회를 보인다. 척도 4의 우울 요소로 자기비난과 후회를 반영한다. 죄책감을 가장 잘 반영하는 척도이다.

2) 개별 임상척도의 해석법 [오리지널 척도의 10가지 임상척도]

(1) 척도 1 : 건강염려증(Hypochondriasis, Hs)

① 높은 점수

ㄱ. 다양한 신체증상과 함께 만성적인 피로감, 통증, 무력감을 호소함

ㄴ. 자기중심적이고 외부세계에 대해 비관적이고 냉소적이며 스스로 불만스럽고 불행하다고 느낌

ㄷ. 신체증상을 통해 다른 사람을 존중하려고 하고 짜증나게 함

ㄹ. 의존적이고 미성숙한 경향이 있음

② 낮은 점수

ㄱ. 불특정한 신체적 증상이나 건강에 대한 걱정을 부인하는 사람

ㄴ. 보건직에 종사하는 사람이나 건강염려증 환자의 가족이나 병을 나약함과 동일시하여 부정적으로 생각하는 사람

ㄷ. 기민하고 낙천적이며 통찰력 있고 효율적임

(2) 척도 2 : 우울증(Depression, D)

① 높은 점수

ㄱ. 불안하고 위축되며, 자신의 미래에 대해 비관적임

ㄴ. 어려운 문제를 해결해 나갈 자신감이 없고 자신은 쓸모없는 사람이라고 생각함

ㄷ. 말하기 거북해하고, 잘 울며, 기운이 없음

ㄹ. 혼자 있기를 좋아하며 간단한 결정도 내리기 힘들어하고 지나치게 자신을 억제하고 양보함

② **낮은 점수** : 지나치게 낮은 경우는 자신의 문제에 대한 부인이나 방어일 수 있고, 실제 이것이 그의 모습이라면 다른 사람으로부터 자제력이 부족하다는 평을 들으며, 때로 허세를 부리고 자기 과시적이어서 대인관계를 해치는 경우도 있음

(3) 척도 3 : 히스테리(Hysteria, Hy)

① 높은 점수

ㄱ. 신체증상으로는 두통, 흉통, 무기력감, 심박항진, 급성불안, 발작 등이 많으며 스트레스와의 시간적 관계가 비교적 분명함

ㄴ. 부인, 피암시성이 높고 신체적 증상을 통해 스트레스에 대처하거나 책임을 회피하려는 경향

ㄷ. 미성숙하고 감정변화가 많으며, 자기중심적임

ㄹ. 타인의 주의와 애정에 민감하고 이것이 채워지지 않으면 쉽게 기분이 상하지만 이를 직접적으로 표현하지는 않음

② **낮은 점수** : 대인관계에서 재치가 부족하고 인생이란 괴로운 것이라고 생각하며 냉소적인 태도를 가짐

(4) 척도 4 : 반사회성(Psychopathic Deviate, Pd)

① 높은 점수

ㄱ. 충동성, 참을성 부족, 욕구좌절에 대한 인내심이 부족, 모험적, 경험으로부터 배우지 못함

ㄴ. 권위나 규범에 대한 거부감, 분노감, 저항성

ㄷ. 첫인상은 정력적이고 외향적이어서 좋을 수 있으나 오래 사귀면 무책임성, 신뢰성 결여 등을 알게 됨

ㄹ. 주관적인 불안이나 우울감을 호소하는 것은 비교적 적음

ㅁ. 이 척도가 나타내는 충동성은 반드시 행동이 외부적으로 표현되는 것을 의미하지는 않으며, 척도 8, 9가 같이 상승하면 비행률이 높고, 반대로 척도 1, 2, 7이 상승하면 비행률이 저하됨

② 낮은 점수

ㄱ. 순응적, 수동적이고 비주장적이다. 타인들이 자기에게 어떻게 반응할 것인가에 관심이 많으며 대체로 대인관계에서 진실되고 신임이 두터움

ㄴ. 자기 비판적이고 충고나 제안을 잘 받아들임

ㄷ. 자기주장을 못하고 경쟁에 약하며 흥미범위가 좁고 독창적이거나 자발적인 면이 적음

(5) 척도 5 : 남성성 - 여성성(Masculinity - Feminity, Mf)

① 남성

ㄱ. 높은 점수

가. 광범위한 취미, 참을성이 많고 통찰력이 높으며 60 이상 상승한 경우 미술, 음악 등 심미론적 흥미가 많고 이는 교육수준과 비례함

나. 행동특성으로는 공공연하고 직접적이기보다는 은밀하고 간접적으로 사물을 처리하는 성향

다. 70 이상이면 성적 자아정체에 갈등, 자신의 남성적인 역할에 대한 불안정하고 의존적이며 여성적인 행동을 보임

라. 창조적이며 사회적 예민성, 따뜻한 감정

ㄴ. 낮은 점수

가. 강박적으로 남성적인 특성을 강조하는 경우 신체적인 힘이나 정력을 강조함

나. 공격적, 모험적, 거칠고 부주의함

다. 생각하기보다 행동하기를 좋아하고 흥미범위가 좁고 독창성이나 유연성이 없음

② 여성

ㄱ. 높은 점수

가. 여자로서 높은 상승은 드물며 여성으로서의 흥미에 관심이 없음

나. 공격적이고 불친절하며 경쟁적, 지배적임

다. 자유분방, 자신만만, 자발적

ㄴ. **낮은 점수** : 수동적이고 복종적이며 유순하며 극단적으로 낮은 경우 위축되고 자기연민에 빠져 있으며 흠잡기를 잘하고 의존적임

(6) 척도 6 : 편집증(Paranoia, Pa)

① 높은 점수

ㄱ. 명백한 정신병적 증상, 피해망상, 분노, 적개심, 원한

ㄴ. 의심이 많고 경계심이 많으며 지나치게 민감하고 논쟁을 많이 하고 남 탓하기를 잘함

ㄷ. 주변에 떠도는 말이나 일어나는 일들이 특별히 자기를 겨냥한 것으로 생각함

ㄹ. 사소한 거부도 꼭 기억하며 경직성과 의심성 때문에 대인관계의 접촉이 어려움

② 낮은 점수 : 주로 '아니다'로 채점되는 순박성의 문항은 정상인의 경우 '그렇다'로 대답하는 경우가 많아서, 오히려 증상이 없이 단순하고 잘 속을 수 있는 사람은 중간 점수대를 얻을 것으로 보임

(7) 척도 7 : 강박증(Psychasthenia, Pt)

① 높은 점수

ㄱ. 불안하고 긴장되며, 매우 사소한 일에 대해서도 걱정이 많고 겁이 많음

ㄴ. 자신감이 부족하고 긴장을 통제할 수 없는 상태가 된 사람들로 자의식이 강하고 완벽적이고 높은 행동기준을 요함

ㄷ. 대인관계에서 서투르고 타인의 반응에 민감하며 수줍음이 많음

ㄹ. 생각이 많고 이들의 생각은 불안정감이나 열등감에 집중됨

② 낮은 점수

ㄱ. 일반적으로 안정되고 자신만만한 사람

ㄴ. 정상적인 불안을 느끼지 못하고 동기가 부족하며 게으를 수 있음

(8) 척도 8 : 조현병(Schizophrenia, Sc)

① 높은 점수

ㄱ. 정신병적 사고

ㄴ. 인간이면 갖추어야 할 근본적인 무엇이 결여된 듯한 경험, 소외감

ㄷ. 실제적인 대인관계보다 백일몽, 환상을 즐기고 열등감, 고립감, 자기불만감 경험

ㄹ. 자아정체감의 혼란, 괴팍함

ㅁ. 점수가 높아질수록 비논리적이며 주의집중력과 판단력의 장애 및 사고장애를 보임

② 낮은 점수

ㄱ. 순응적, 권위에 대해 지나치게 수용적임

ㄴ. 실용적인 현실주의자이며 사변적이고 철학적인 문제에는 별 관심이 없으며 규칙적이고 짜여져 있는 것을 좋아함

ㄷ. 상상력이 부족하고 비창조적이며 세상을 자기와 다르게 지각하는 사람을 이해할 수 없음

(9) 척도 9 : 경조증(Hypomania, Ma)

① 높은 점수

ㄱ. 과잉활동, 정서적 흥분성, 사고의 비약

ㄴ. 경쟁적이고 말이 많고 자기도취적, 피상적인 사회적 관계, 화를 잘 내고 기분의 불안정

ㄷ. 외형적인 자신감과 안정에도 불구하고 이 척도가 높은 사람들은 자기가 인생에서 얻은 것에 대해 불만이 많고 신경질적이며 긴장되고 안절부절 못하고 걱정이 많다고 말함

② 낮은 점수

ㄱ. 신뢰성 있고 성숙되며 남들이 보기에 겸손하고 진지함

ㄴ. 자신감이 부족하고 활동이 적으며 감정억제가 있음

ㄷ. 기운이 없고 의욕이 부족하며 비활동적임

ㄹ. 만성적인 피로감과 공허감을 호소함

(10) 척도 0 : 내향성(Social Introversion, Si)

① 높은 점수

ㄱ. 사회적 상황에서 불안하고 불편해짐

ㄴ. 자기억제가 심하고 감정표현을 못함

ㄷ. 관계형성에 냉담하고 자기비하적임

ㄹ. 내향적이고 수줍어하며 회피적임

ㅁ. 자신감이 부족하고 남의 눈에 잘 띄려하지 않음

② 낮은 점수

ㄱ. 외향적이고 사교적이며 사람을 좋아하고 다양한 사람과 잘 어울림

ㄴ. 활발하고 유쾌하고 말이 많은 편

ㄷ. 남 앞에 나서기 좋아하고 과시적이며 적극적이고 정력적이며 경쟁적 상황을 찾아 나섬

ㄹ. 충동억제가 부족하고 만족을 지연시키기 어려우며 다소 미숙함

ㅁ. 극단적으로 낮으면 피상적이고 진실한 친근성이 없으며 변덕스럽고 다른 사람을 조종하고 기회주의적임

기출문제 확인학습

임상척도 점수가 상승했을 때의 해석내용

1) 척도 1 : 건강염려증(Hypochondriasis) - Hs - 높은 점수
   (1) 다양한 신체증상과 함께 만성적인 피로감, 통증, 무력감을 호소한다.
   (2) 자기중심적이고 외부세계에 대하여 비관적이고 냉소적이며 스스로 불만스럽고 불행하다고 느낀다.
   (3) 다른 사람(타인)에게 요구가 많고 동시에 매우 비판적이다.
   (4) 신체증상을 통하여 다른 사람(타인)을 조정하려고 하고 짜증나게 한다.
2) 척도 2 : 우울증(Depression) - D - 높은 점수
   (1) 불안하고 위축되며, 자신의 미래에 대하여 비관적이다.
   (2) 어려운 문제를 해결해 나갈 자신감이 없고 자신은 쓸모없는 사람이라고 생각한다.
   (3) 말하기 거북해하고, 잘 울며, 기운이 없다.
   (4) 혼자 있기를 좋아하며, 간단한 결정도 내리기 힘들어하고 지나치게 자신을 억제하고 양보한다.
   (5) 중간정도의 점수는 너무 심하지 않거나 아니면 만성화된 우울감을 반영한다.
3) 척도 3 : 히스테리(Hysteria) - Hy - 높은 점수
   (1) 신체증상으로는 두통, 흉통, 무기력감, 심박항진, 급성불안, 발작 등이 많으며 스트레스와의 시간적 관계가 비교적 분명하다.
   (2) 부인(부정)이 높고 신체적 증상을 통하여 스트레스에 대처하거나 책임을 회피하려는 경향을 보인다.
   (3) 미성숙하고 감정변화가 많으며, 자기중심적이다.
   (4) 타인의 주의와 애정에 민감하고 이것이 채워지지 않으면 쉽게 기분이 상하지만 이를 직접적으로 표현하지는 않는다.
4) 척도 4 : 반사회성(Psychopathic Deviate) - Pd - 높은 점수
   (1) 충동성, 참을성 부족, 욕구좌절에 대한 인내심이 부족하고 모험적, 경험으로부터 배우지 못한다.
   (2) 권위나 규범에 대한 거부감, 분노감, 저항성을 보인다.
   (3) 공감이나 정서적 친밀감 형성의 곤란, 자기중심적, 과시적 또는 허세적, 첫 인상은 정력적이고 외향적이어서 좋을 수 있으나, 오래 사귀면 무책임성, 신뢰성 결여 등을 알게 된다.
   (4) 주관적인 불안이나 우울감을 호소하는 것은 비교적 적다.
5) 척도 5 : 남성성 - 여성성(Masculinity - Femininity) - Mf - 높은 점수
   (1) 남자의 경우
      ① 광범위한 취미, 참을성이 많고 통찰력이 높으며 미술, 음악 등 심미론적 흥미가 많고 이는 교육수준과 비례한다.
      ② 행동특성으로는 공공연하고 직접적이기보다는 은밀하고 간접적으로 사물을 처리하는 성향이다.
   (2) 여자의 경우
      ① 여자로서 높은 상승은 드물며 여성으로서 흥미에 관심이 없다. 또는 법적이거나 가족 간의 문제가 있는 경우가 많다.
      ② 공격적이고 불친절, 경제적, 지배적
6) 척도 6 : 편집증(Paranoia) - Pa - 높은 점수
   (1) 명백한 정신병적 증상, 피해망상, 분노, 적개심 등
   (2) 의심이 많고 경계심이 많으며 지나치게 민감하고 논쟁을 많이 하고 남 탓하기를 잘한다.

(3) 주변에 떠도는 말이나 일어나는 일들이 특별히 자기를 겨냥한 것으로 생각한다.
(4) 경직성과 의심성 때문에 대인관계의 접촉이 어렵다.

7) 척도 7 : 강박증(Psychasthenia) - Pt - 높은 점수

(1) 불안하고 긴장되며, 매우 사소한 일에 대해서도 걱정이 많고, 겁이 많다.
(2) 자신감이 부족하고 긴장을 통제할 수 없는 상태가 된 사람으로 자의식이 강하고 완벽하며 높은 행동기준을 요구한다.
(3) 대인관계에서 서투르고 타인의 반응에 민감하며 수줍음이 많다.
(4) 생각이 많고 이들의 생각은 불안정감이나 열등감에 집중된다.

8) 척도 8 : 조현병(Schizophrenia) - Sc - 높은 점수

(1) 정신병적 사고, 인간이면 갖추어야 할 근본적인 무엇이 결여된 듯한 경험, 소외감
(2) 실제적인 대인관계보다 백일몽, 환상을 즐기고 열등감, 고립감, 자기불만감, 자아정체감의 혼란, 괴팍하다.

9) 척도 9 : 경조증(Hypomania) - Ma - 높은 점수

(1) 과잉 활동, 정서적 흥분성, 사고의 비약
(2) 경쟁적이고 말이 많고 자기도취적, 피상적인 사회적 관계, 화를 잘 냄, 기분의 불안정
(3) 외형적인 자신감과 안정에도 불구하고 이 척도가 높은 사람들은 자기가 인생에서 얻은 것에 대하여 불만이 많고 신경질적이며 긴장되고 안절부절 못하고 걱정이 많다고 말한다.

10) 척도 0 : 내향성(Social Introversion) - Si - 높은 점수

(1) 사회적 상황에서 불안하고 불편해진다.
(2) 자기억제가 심하고 감정표현을 못한다.
(3) 관계형성에 냉담하고 자기비하적이다.
(4) 혼자 또는 몇 명의 사람과 있는 것이 편하며, 여러 가지 사회적 활동에 참여하는 것이 싫다.
(5) 내향적이고 수줍어하며 회피적이다.
(6) 자신감이 부족하고 남의 눈에 잘 띄려하지 않는다.

3) 임상척도의 형태적 해석 [상승 척도쌍 (code type] - 코드타입]

(1) 임상척도 중에서, 가장 높은 2개 혹은 3개의 척도(예 2 - 7, 1 - 3, 4 - 7, 2 - 4 - 9 등)

(2) T점수가 65점 이상일 때 코드타입으로 분류

(3) 정의된(defined) 코드타입만 해석이 권장됨

(4) 척도 5와 0은 코드타입 분류에서 제외

4) 임상척도의 형태적 해석의 몇 가지 사례

(1) 1 - 2 / 2 - 1

신체형 장애, 수동·의존적, 모호한 신체증상 호소, 불안과 긴장 호소, 예민하고 신경질적이며 스트레스 상황을 신체적 증상을 통해 회피하고자 하나, 본인은 그에 대한 인식이 결여되어 있음

(2) 1 - 3 / 3 - 1

① 불안 억제의 노력이 효율적이지 못함

② 심리적인 문제를 회피하기 위해 신체적인 증상을 이용, 자신의 증상에 대한 불편감을 경험하지 않음

③ 1 - 3 형태에서는 건강염려증적 성향과 좀 더 관련되며 3 - 1 형태는 히스테리적 전환증상과 좀 더 관련됨

④ 방어기제는 주로 부인, 억압, 전환 등이며 자기도취적, 이기적, 의존적, 미성숙함, 불안정감, 강한 애정욕구와 애정욕구 좌절 시 강한 분노감 경험, 분노의 과잉 억압과 피상적인 태도, 공감능력의 결여, 간접적인 분노의 표출 등의 특징을 지님

(3) 1 - 4 / 4 - 1

알코올리즘이 많으며, 짜증과 잔소리가 많고 비관적이며 불평불만이 많고 불안하고 우유부단함과 건강염려증적 특성

(4) 1 - 9 / 9 - 1

① 여러 가지 신체적 증상을 보이며 높은 활동수준과 불안 경험, 긴장, 안절부절, 포부는 크나 확고한 목표가 없고 좌절감이 많음

② 외견상 외향적이고 공격적이지만 근본적으로 수동 - 의존적이고 자신의 동기에 대한 인식이 부족함

(5) 2 - 3 / 3 - 2

① 감정표현 불능증, 우울증, 히스테리적 방어기제가 제대로 작용하고 있지 않음

② 무감각, 무력감, 통제가 너무 심하며 만성적 문제에 적응되어 변화에 저항하고 불행을 참고 견디는 경향이 있음

③ 타인으로부터 보호본능을 유발시키는 경향, 사소한 비판에도 쉽게 상처를 받음

(6) 2 - 4 / 4 - 2

① **외적상황에 의해 우울증을 겪는 경우(구속, 구금, 제한 등)**: 어떤 불법행위로 구속된 경우 일시적인 우울증을 나타내지만, 이러한 상황을 모면하면 바로 우울증상은 사라짐

② **범법행위 없이 만성적으로 우울감 경험**: 가정적 문제, 결혼생활의 갈등 등 아무 희망도 없게끔 만드는 외적 환경에 대한 심리적 고통 경험, 자기연민에 빠지거나 타인을 원망함

③ 청소년 집단은 권위적 대상 거부, 가출, 약물사용, 자살시도 등으로서 우울감을 벗어나려는 성향

(7) 2 - 6 / 6 - 2

① 우울감이나 분노를 타인에게 노골적으로 표현할 뿐 아니라 자신에게도 향해있을 정도로 강함

② 대인관계에서 소외되는 경향, 만성적인 성격특성

(8) 2 - 7 / 7 - 2

① 주관적 고통이 심함, 사소한 일들에도 예민하게 반응하며 스트레스를 경험, 문제해결능력에 자신감이 없으며 위축되고 만성적 긴장 경험

② 기능수준의 저하, 우울증, 인정욕구는 강하나 거부에 몹시 민감하며 자신에 대한 기대수준은 높지만, 그러한 수준에 못 미치면 자책, 자신에 대해 비관함, 우유부단하며 자신감이 없고 자발성·융통성이 없음

③ 심리치료에 대한 동기가 강하며, 치료예후가 비교적 좋음

1) 2 - 7 - 3: 온순하고 수동적이며 의존적인 대인관계에서 가장 편안함을 경험, 불안, 신경증이 많으며, 우울증이 기저에 잠재하고 있음
2) 2 - 7 - 4: 만성적이고 뿌리 깊은 우울증, 자기경시적 태도, 자신의 약점이나 부적절성을 부각시킴으로써 다른 사람으로 하여금 우월감을 느끼게 만듦. 실패에 대해 지나친 두려움, 열등감, 자포자기 성향, 우울증, 수동 - 공격적 성향, 알코올리즘
3) 2 - 7 - 8: 만성적이고도 다양한 신경증적 증상, 뿌리 깊은 양가감정, 사교기술 부족, 애정욕구는 강하나 그것을 충족시킬 수 있는 방법을 알지 못하며, 긴장과 불안수준이 높고 수줍어하고 강한 부적절감을 경험, 회피적, 내향적, 불안증, 강박증, 조현병

(9) 2 - 8 / 8 - 2

① 불안, 초조, 긴장, 안달하는 느낌

② 수면 곤란, 주의집중 곤란, 혼란된 사고, 잦은 망각(인지기능의 감퇴/저하)

③ 맡은 일을 효율적으로 완수하지 못함

④ 사고 및 문제해결 양상이 독창적이지 못함

⑤ 쉽게 화를 내고, 대부분의 시간동안 분노를 품고 지냄

(10) 2 - 0 / 0 - 2

우울증에 적응되어 있으며 변화에의 동기가 없으며, 직접적인 사회적 기술훈련이 필요함

(11) 3 - 4 / 4 - 3

① 만성적 분노, 적대적·공격적 충동을 품고 있으나, 적절한 방식으로 표현하지 못함

② **자신의 행동의 원인과 결과에 대한 통찰 결여**: 타인에 대한 과도한 비난, 책망

③ 관심·인정을 갈망하면서도, 타인에게 냉소적이고 의심하는 경향

④ 폭음, 폭발적 행동 이후에 자살시도

⑤ 성격장애, 특히 수동 - 공격성 성격장애, 물질 남용·의존 보임

(12) 4 - 6 / 6 - 4

① 자기 도취적, 자기중심적, 충동 억제력이 부족하고 폭발적으로 반응할 소지가 있음

② 분노수준이 높고 비난에 대한 예민성과 의심성이 합해져서 폭력행사의 가능성 있음

③ 분노의 원인을 항상 외부에 투사시키며, 깊은 정서적 관계형성을 회피함, 성격장애와 조현병 가능성

(13) 4 - 7 / 7 - 4

① 자신의 행동이 초래할 결과에 무관심하게 신경을 쓰지 않는 기간과 그 행동이 타인에게 미칠 영향을 지나치게 걱정하는 기간을 번갈아 반복

② 일탈행동·방종행동의 시기가 지난 다음, 죄책감을 느끼며 자신을 비난하는 시기 도래

(14) 4 - 8 / 8 - 4

① 반사회적 인격장애, 조현형 인격장애, 조현병

② 사회에 대해 회피 또는 공격적으로 반응하지만 애정욕구는 강하고 뿌리 깊은 불안정성을 가짐

③ 기분 변동이 심하고 예측불허, 충동적인 행동을 보임

④ 외모나 행동에서 기이한 인상을 주고, 판단력 부족에서 잔인하고 기이한 행동을 저지를 가능성이 높음

(15) 4 - 9 / 9 - 4

반사회적 인격장애, 행동장애를 보임

(16) 6 - 8 / 8 - 6

① 가장 두드러진 특징은 조현병, 망상형 장애, 조현성 인격장애, 편집증적 성향과 사고장애

② 주의집중 곤란 및 지속적 주의력 곤란 호소, 판단력 장애, 심한 스트레스 상황에서 긴장과 우울증상, 친밀한 대인관계 회피, 사회적 고립, 의심성과 불신감을 보임

③ 실제로 정신병을 앓고 있지 않더라도 만성적이며 심한 부적응자

④ 체계화된 망상을 보이며 비현실감을 호소하고 많은 시간을 백일몽과 환상 속에서 보냄

(17) 6 - 9 / 9 - 6

① 조현병, 적응장애, 인격장애, 양극성 장애 등, 기분이 고양되어 있고 말이 많으며 공격적이고 적개심을 나타냄
② 감정을 적절히 조절해서 적응적으로 표현할 줄 모름
③ 사소한 스트레스에도 과도한 반응을 보임
④ 심하면 환상세계로 도피, 판단력의 장애, 투사가 주된 방어기제

(18) 7 - 8 / 8 - 7

① 만성적으로 걱정 많고 긴장되고 예민하며 안절부절 못하고 우울함
② 심한 주의집중 곤란, 판단력 장애, 내성적, 과잉 사고형, 타인과의 친밀한 대인관계 형성 곤란, 열등감, 신경증, 조현병, 다양한 증상을 보이는 초기 장애 진행 중인 환자

(19) 8 - 9 / 9 - 8

양극성 장애, 조현병, 망상과 정서적 부적절성, 환각, 심한 병적 현상, 사고와 행동 면에서 상당한 퇴행의 인상을 주며, 행동이 예측불허하고 정서적으로 흥분하기 쉽고 적대적, 충동적, 거부적임, 현실 검증력의 어려움

심화학습

다면적 인성검사(MMPI)의 타당도 및 임상척도 해석 시 고려사항

1) 각 타당도 및 임상척도에 대한 환자의 점수를 검토하는 일이다.
각 척도마다 상담사는 이 점수가 이 특정 환자에게 있어서 정상 범위에 속하는 것인가 아니면 비정상 범위에 속하는 것인가? 그리고 각 척도에 대한 이 범위의 점수가 무엇을 의미하는가를 잘 생각해보아야 한다.
2) 척도별 연관성에 대한 분석이다.
각 점수가 의미하는 바와 있을 수 있는 가설들을 종합하여 상담사는 어느 특정척도의 점수를 근거로 하여 다른 척도들에 대한 예측을 시도해야 한다.
3) 척도 간의 응집 또는 분산을 찾아보고, 그에 따르는 해석적 가설을 형성하는 일이다.
4) 매우 낮은 임상척도에 대한 검토이다.
- 두 개 척도 간의 관계만을 대상으로 하는 해석법으로 만일 고려의 대상이 되는 두 개 척도가 가장 높거나 또는 가장 비정상적인 임상척도들이라면 MMPI 해석체계의 핵심인 상승척도 쌍의 분석을 사용할 수 있다.
- 낮은 점수에 주의를 기울이는 것이 그 환자가 방어하려 하고, 나타내 보이지 않으려고 하는 행동의 종류를 알 수 있는 방법이라고 주장하기도 한다.
5) 타당도 및 임상척도에 대한 형태적 분석이다.
대표적인 방법으로 세 쌍을 동시에 고찰하는 방법이 있다.
6) 전체 프로파일에 대한 형태적 분석이다.
전체적 형태분석에서 주로 고려하게 되는 프로파일의 특징은 척도들의 상승도, 기울기 및 굴곡이다.

기출문제 확인학습

MMPI의 상승척도 쌍에 관한 해석[11)]

1) 2 - 6
   - 이 프로파일의 특징은 자기 자신 및 타인을 향한 분노감이다.
   - 이들은 타인에 대한 부정적인 개념을 가지고 있어서, 다른 사람들이 그들에게 공격적이고 적대적이라고 지각한다.
   - 사소한 비판이나 거절에도 극도로 민감하여 적개심을 갖게 되며 분노감을 쉽게 표출하는 경향을 보이지만, 2번 척도가 많이 상승될 경우 타인에 대한 분노감을 내재화하여 스스로 비난하며 우울감을 경험하게 된다.
   - 우울감이나 분노를 타인에게 노골적으로 표현할 뿐 아니라, 자신에게도 향해 있을 정도로 강하고 대인관계에서 소외되는 경향, 만성적인 성격특성을 보인다.
2) 2 - 7
   - 우울, 불안하고 긴장되어 있으며 걱정이 많고 예민하다.
   - 어떤 문제가 생기기도 전에 그 문제를 예상하고 걱정하며 실제적이거나 상상적인 위협에 취약하여 사소한 자극에도 과민반응을 보일 수 있어 정서적으로 쉽게 불안정해진다.
   - 이들은 지나치게 엄격하고 완벽주의적이며 생각이 많아 결정을 잘 하지 못하고 우유부단한 경향이 있으며 사고와 문제해결에 있어서 융통성이 부족하다.
3) 3 - 9
   - 공황발작, 가슴통증, 심장혈관 계통의 증상, 두통 등과 같은 갑작스러운 신체증상을 호소하며 급성의 정신적 고통을 경험한다.
   - 성격적으로 사교적이며 외향적인 사람들로, 사람들과 어울리고 타인의 주목을 끌기 좋아하지만 대인관계는 상당히 피상적인 경향이 있다.
   - 지배적인 어머니에 대한 적대감이 존재하며 의존과 독립에 대한 갈등이 있을 수 있다.
4) 1 - 9
   - 급성적인 정신적 스트레스에서 나타나는 긴장이나 불안과 관련된다.
   - 이 사람들은 신체기능의 저하나 역기능에 대해 과도하게 염려하여 때로는 중추신경계나 내분비계의 기능 이상과 관련된 기질적인 문제를 시사할 수 있다.
   - 이러한 신체적 증상이 기질적인 문제에서 기인된 경우라면 신체적인 어려움이나 고통을 회피하고자 과도한 에너지를 사용하는 것이며 기질적 원인이 아니라면 신체적 증상이나 증가된 에너지 수준은 우울을 숨기려는 시도일 수 있다.
5) 4 - 6
   - 주요 특징은 분노와 적개심, 불신이다.
   - 이런 양상을 보이는 사람들은 까다롭고 타인을 원망하며 화를 잘 내고 논쟁을 자주 벌인다.
   - 갈등을 유발하고 대인관계를 악화시키는 자신의 태도에 대해 전혀 생각하지 않고 분노나 갈등의 원인을 항상 외부로 전가한다.
   - 정신과 환자집단에서는 흔히 성격장애(특히 수동 - 공격적)와 조현병의 진단이 내려진다.
6) 2 - 8 : 활동 증가와 피로감이 교대로 나타나며, 사고의 혼란을 동반한다.
7) 1 - 3 : 유사 신경학적 신체 증상들에 몰두하지만, 현저한 우울감과 자살사고가 동반되지는 않는다.

11) **출처 : http** ://blog.daum.net/doulos04

8) 8 - 7 : 예민하고 안절부절 못하며, 신경증적 양상, 조현병적 증상 등이 나타난다.

9) 3 - 4 : 만성적 분노, 적대적 · 공격적 충동을 품고 있으나, 적절한 방식으로 표현하지 못한다.

10) 4 - 7 : 자신의 행동이 초래할 결과에 무관심하게 신경을 쓰지 않는 기간과 그 행동이 타인에게 미칠 영향을 지나치게 걱정하는 기간을 번갈아 반복하며, 일탈행동 · 방종행동의 시기가 지난 다음, 죄책감을 느끼며 자신을 비난하는 시기가 도래한다.

법 정신감정을 목적으로 MMPI를 활용할 때, 해석 시 특히 유의해야 할 조합

법 정신감정을 목적으로 MMPI를 활용할 때, 해석 시 특히 유의해야 할 조합은 F 척도, F - K 지표, 8번 척도의 상승이다. 정신감정을 하는 것이므로 이 세 가지 조합에 유의하여야 한다. 이를 하나씩 설명하면 다음과 같다.

1) F 척도 점수의 상승

(1) F 척도가 정신병리와 관련되기 때문에 이 척도의 점수는 임상장면과 비임상 장면에서 각기 다른 의미를 가진다고 설명하고 있다.

(2) 보통사람들과는 다른 생각(예 정신병을 가진 사람)이나 이상한 태도(비행 청소년), 이상한 경험을 가진 사람들에게서 F 척도가 상승한다.

(3) 극단적인 상승은 정신장애와 관련이 있으며 현실 검증력의 손상을 반영하기도 한다.

2) F - K 지표의 상승

(1) Gough(1950)는 자신에게 심각한 정신병리가 있다는 인상을 주려고 하는 사람들의 경우에는 K 척도에 비해서 F 척도의 점수가 훨씬 상승한다는 것을 발견하였다.

(2) F 척도의 원점수와 K 척도의 원 점수 간의 차이가 부정왜곡 프로파일을 탐지하는 유용한 지표로 기능할 수 있다고 제안하였다.

(3) Gough(1950)와 Meehl(1951)은 F - K 지표가 양수이고 9점 이상이면, 이 프로파일은 부정왜곡 반응세트 때문에 얻어진 것으로 간주할 수 있다고 제안하였다.

3) 8번 임상척도의 상승

(1) 이는 조현병이며 정신병적 네 쌍(척도 6, 7, 8, 9) 중 하나로, 정신적 혼란을 측정하는 척도로써 가장 많은 78개 문항을 포함한다.

(2) 이 척도는 기괴한 사고방식이나 행동양식을 지닌 사람을 판별하는 것으로 이 척도가 높을수록 그 사람은 더욱 심하게 혼란되어 있음을 나타낸다.

(3) 척도 8이 높은 사람들은 냉담하고 무감동적이며, 사고와 의사소통에 곤란이 있고 정신병적 사고방식을 가지고 있을 수 있다.

(4) 그들은 실제적인 대인관계보다 백일몽이나 환상을 더 즐기며, 열등감 및 심한 자기불만에 빠져 있다.

(5) 사회적 접촉을 회피하고 혼자 있기를 좋아한다.

(6) 스트레스에 대한 전형적인 반응은 공상이나 환상으로 도피하며, 현실과 환상을 구별하지 못하는 경우가 많다.

실력 다지기

정신상태 평가[12)]

1) 일반적 기술(general description)
   (1) 외양
   (2) 검사자에 대한 태도
   (3) 행동과 정신운동 활동 : 환자의 운동행동의 질적·양적 양상을 기술한다. 매너리즘, 틱, 제스처, 상동적 행동, 과다행동, 안절부절, 경직성, 민첩성 등이 포함된다. 계속 움직이는지, 손을 가만두지 못하는지 등 여러 가지 신체의 움직임을 기술한다. 또한 정신 운동성 지연이나 신체 움직임의 전반적 저조 상태가 있는지 기술하고, 목적 없는 행동이 있는지도 기술한다.
2) 기분과 정서(mood and affect)
   (1) 기분
   (2) 정서(감정반응성)
   (3) 적절성 : 감정반응의 적절성은 환자가 하는 말의 내용과 대비하여 평가한다. 가령 피해망상을 이야기하고 있다면 환자는 당연히 화가 나거나 무서워할 것이고, 그런 감정반응은 적절한 것이다. 그런데 이야기의 내용이나 상황과 감정의 종류가 서로 맞지 않은 경우가 있는지 살펴보아야 한다.
3) 말(speech) - 언어
4) 지각(perception) : 환각과 착각 같은 지각장애를 기술한다. 관여된 감각기관(청각 · 시각 · 후각 · 촉각)과 그 내용과 특징을 기술한다. 특히 지시하는 환청이 있는지 그리고 그 지시에 따라 실제로 행동을 하는지를 평가하는 것은 중요하다. 환각 경험의 때와 상황도 중요하다. 가령 입면환각과 출면환각은 다른 환각에 비해 정상 범주에서 관찰될 가능성이 크다.
5) 사고(thought)
   (1) 사고의 고정 혹은 형태
   (2) 사고의 내용
6) 감각과 인지(sensorium and cognition)
   (1) 각성과 의식수준
   (2) 지남력 : 지남력의 장애는 통상 시간, 장소, 사람에 대한 지남력으로 구분한다. 장애가 와도 통상 이 순서대로 오고, 호전될 때에는 역순을 따른다. 오늘이 며칠인지, 지금이 몇 시쯤인지 물어본다. 지금 있는 장소가 어딘지, 무엇하는 곳인지, 주위에 있는 사람들이 누구인지, 그들과의 관계는 어떤 관계인지를 물어본다.
   (3) 기억
   (4) 집중과 주의
   (5) 읽기와 쓰기 능력
   (6) 시공간 능력(visuospatial ability)
   (7) 추상적 사고
   (8) 상식과 지능
7) 충동조절
8) 판단과 병식 : 자기가 병들었다는 사실에 대한 인식과 이해의 정도를 병식이라고 한다. 자기가 병들었다는 사실을 전적으로 부정할 수도 있고, 어느 정도는 알지만 그 원인이 신체질환이나 외부적 요인 혹은 타인에게 있다고 여길 수도 있다.

---

12) **출처** : 신경정신과학, 대한신경정신의학회 편, 하나의학사

제3절 | 투사적 검사

1 투사적 검사

1) 개념

사람들이 모호한 자극을 지각하고 그에 대해 반응하는 방식과 내용에는 그 사람의 무의식적인 사고방식, 감정 반응 양식, 대인관계 방식, 갈등 영역 등의 개인적이고 독특한 성격 특성이 반영되고 투사되어 나타난다.

2) 투사적 성격검사의 특징

(1) 글, 그림, 이야기 속에 한 사람의 성격이 투사되어 있다고 가정하고 그것을 분석한다.
(2) 검사자극이 불분명하고 모호하며 모호한 자극에 대한 반응의 종류가 다양하기 때문에 그것을 실시 및 해석하는 데에는 많은 훈련과 경험이 필요하다.
(3) 채점과정이 매우 복잡하고 주관적인 측면이 있어서 신뢰도 및 타당도가 낮은 편이다.

3) 장점과 단점

(1) 장점

① **반응의 독특성**: 임상장면에서 보면 투사적 검사반응은 면담이나 행동관찰, 객관적 검사반응과 다르게 매우 독특한 반응을 제시해주며 이러한 반응이 개인을 이해하는데 매우 유용하다.
② **방어의 어려움**: 반응과정에서 피검사자는 불분명하고 모호하고 신기한 검사자극에 부딪혀서 적절한 방어를 하기가 어렵게 된다.
③ **반응의 풍부함**: 검사자극이 모호하고 검사 지시 방법이 제한되어 있지 않기 때문에 개인의 반응이 다양하게 표현되며 이러한 반응의 다양성이 개인의 독특한 심리적 특성을 반영해준다.
④ **무의식적 내용의 반응 - 정신분석이론의 영향**: 실제 투사적 검사는 자극적 성질이 매우 강렬하여 평소에는 의식화 되지 않던 사고나 감정이 자극됨으로써 이러한 전의식적이거나 무의식적인 심리적 특성이 반응될 수 있다.

(2) 단점

① **검사의 신뢰도**: 투사적 검사는 신뢰도 검증에 있어서 전반적으로 신뢰도가 부족하다.
② **검사의 타당도**: 대부분의 투사적 검사의 경우 타당도 검증이 매우 빈약하고 그 결과는 매우 부정적이다.
③ **반응에 대한 상황적 요인의 영향력**: 투사적 검사는 여러 상황적 요인에 의해 강한 영향을 받는데 예를 들면 검사자의 인종, 성, 검사자의 태도, 검사자에 대한 피검자의 선입견 등이 검사 반응에 강한 영향을 미친다는 것이다.

4) 종류

로샤 검사, 주제통각검사(TAT), 문장완성검사(SCT), 집 - 나무 - 사람 그림검사(HTP : House, Tree, Person Drawing Test)등

5) 투사적 검사의 활용방안

(1) 비표준화 검사(투사적 검사)는 표준화된 검사에 비해 신뢰도와 타당도가 떨어지지만, 기존의 심리검사에 의해 다루어지지 못했던 측면들을 융통성 있게 고려할 수 있다.

(2) 상담에 쓰이는 많은 심리검사들은 검사 해석을 위한 대표적 규준집단, 검사 채점의 신뢰도 등의 기준을 갖추고 있지 않은 경우가 많고, 이러한 비표준화 검사에는 투사적 기법, 행동관찰, 질문지 등이 포함된다.

(3) 면접이나 투사적 기법, 행동관찰 등의 경우, 평가절차 상 신뢰도는 낮지만 검사 대상자의 일상생활, 주관적인 생각 등 표준화 검사를 통해 얻기 어려운 정보를 제공해준다. (김계현 외, 2012 ; 김석우, 2009)

정리

투사적 검사 및 객관적 검사의 장점과 단점

	투사적 검사	객관적 검사
장점	① 반응의 독특성 ② 방어의 어려움 ③ 반응의 풍부함 ④ 무의식적 내용의 반응	① 검사 실시의 간편성 ② 검사의 높은 신뢰도 및 타당도 ③ 객관성의 증대
단점	① 검사의 신뢰도 부족 ② 검사의 타당도 부족 ③ 반응에 대한 상황적 요인의 영향력	① 사회적 바람직성 ② 반응 경향성 ③ 문항내용의 제한성
종류	① Rorschach Test ② 주제통각검사(TAT) ③ 인물화 검사(DAP) 등	① MMPI 등의 성격질문지 ② KEDI - WISC 등의 지능검사 ③ Holland 직업흥미 검사 ④ 진로·적성검사 등

2 HTP 검사(House, Tree, Person Drawing Test - 집, 나무 사람 검사)

1) 1948년 벅(Buck)에 의해 처음 제창되었으며 1958년 햄머(Hammer)에 의해 크게 발전되었다.

2) 집, 나무, 사람은 누구에게나 친밀한 주제이기 때문에 이것을 그리게 하여 환경에 대한 적응적인 태도, 무의식적 감정과 갈등을 파악하려고 하였다.

3) 지시

용지 4매, 연필, 지우개를 준비하여 집, 나무, 사람을 각각 그리도록 하는데, 자신과 반대되는 이성을 그린 경우 용지를 한 장 더 주어 자신과 같은 동성의 인물화를 그리도록 하였으며 인물화의 경우 팔다리를 모두 갖춘 그림을 그리도록 지시하고 집, 나무, 사람의 그림마다 소요시간을 기록한다.

4) 형식 분석과 햄머(Hammer)식 해석법의 예

(1) 계열성

표현의 계속과정 속에 그린 자의 심리가 나타나 있는데 예를 들어, 집은 잘 그렸으며 나무는 피로한 인상을 주고, 사람의 머리만 그리면 우울증을 의심한다.

(2) 그림의 크기

그림에 나타난 인물의 크기는 자신감의 정도를 나타낸다.

(3) 선 화필의 압력

선이 강한 경우 적극적인 사람으로 볼 수 있으나, 간질과 뇌 장애자에게서 그러할 수 있고 선이 약한 경우 억제적, 억압적인 사람으로 볼 수 있다.

(4) 그림의 위치(용지 전체 중)

① **중앙** : 자신감 있는 자기중심적인 사람 / 감정적으로 행동함
② **중앙에서 이탈** : 자기 통제력이 없는 의존적인 사람
③ **오른쪽** : 안정, 통제적, 만족 연기, 지적 만족 추구
④ **왼쪽** : 강박적, 자기 욕구와 충동적인 정서적 만족 추구
⑤ **위쪽** : 노력가, 공상적, 비사교적
⑥ **아래쪽** : 우울하지만 야무진 근성

실력 다지기

1)「집」 - 그의 가정환경이나 가정에서의 인간관계와 관련된 연상, 특히 아동에게 있어서 자신과 부모나 형제 사이와의 관계가 분명하다.

* 필수 구성요소 : 지붕, 벽, 창문, 문, 굴뚝

2)「나무」 - 무의식적이고 감추어진 감정이나 성격과 관련된 연상이다(내면 감정 투영).

* 필수 구성요소 : 나무기둥, 가지, 잎새

3)「사람」 - 가장 의식적인 그림 내용이므로 피험자의 방어기제 사용을 최소로 하기 위해 제일 나중에 그리게 되는데 이는 자아상이나 이상적 자아상 또는 중요한 사람과 관련된 연상을 일으키며 그의 심리, 사회적 적응도를 나타나게 된다.

* 필수 구성요소 : 얼굴, 눈, 코, 입, 귀, 목, 몸체, 팔, 손, 다리

4) HTP 해석

(1) HTP 검사의 해석이란 그림에 의해 성격의 여러 면을 밝혀 나가는 것이며 전체적 평가, 형식적 분석, 내용적 분석을 종합하여 해석한다.

(2) 개별 그림의 해석

① 집 : 내담자의 환상, 자아기능, 현실검증 능력, 가정 상황에 대한 지각 등에 대한 단서

② 나무 : 심층적이고 무의식적인 자기상을 대변, 가장 감정 이입적인 동일시를 느낌

③ 사람 : 심리적인 자화상으로서 의식적인 자기 모습(자기 개념이라는 성격의 핵심적 측면이 투사), 피검자로부터 가장 많이 거부당하는 검사이며 청소년기에는 이상적 자화상, 아동의 경우 부모의 이미지를 그림

(3) 형식적 분석(그리는 방법과 스타일을 검토, 연구자마다 견해가 다름)

순서, 크기, 필압, 선긋기와 선의 질, 세부묘사, 왜곡과 생략, 대칭, 투명성, 위치, 지우기 등으로 나눠볼 수 있다.

(4) 내용적 분석(그림 가운데 강조되어 있는 부분을 다룸)

기출문제 확인학습

집 – 나무 – 사람(HTP)의 검사

1) HTP는 종이와 연필을 사용해 쉽고 간편하게 실시할 수 있는 대표적인 투사 검사이다.
2) HTP의 효시는 구디너프(Goodenough, 1926)가 개발한 인물화 검사(Drawing A Person Test, DAP)인데, DAP는 본래 아동들의 지능을 간편하게 측정할 목적에서 사용되었지만 이후 투사적 성향 검사로서의 유용성이 확인되어 널리 사용되었다.
3) 벅(Buck, 1948)은 이를 HTP로 확장하고 양적인 채점 체계도 개발했다.
4) DAP, HTP 같은 그림 검사에서는 사람들이 그리는 그림에는 그 자신도 인식하지 못하는 내면의 욕구, 감정, 생각, 환경 또는 자신에 대한 경험 및 지각 등이 투사된다고 가정한다.
5) HTP에서는 수검자에게 '집', '나무', '사람'의 주제를 순차적으로 제시하여 자유롭게 그림을 그리도록 한 후 각 주제에 대해 몇 가지 질문을 하는 과정을 거쳐 검사 자료를 수집하고 이를 해석한다.
6) 이렇듯 HTP는 종이와 연필 외에는 별도의 검사 도구가 필요치 않으며 짧은 시간 안에 쉽고 간편하게 실시할 수 있다는 점, 지적 능력이나 언어 및 문화적 제약이 적다는 점, 복잡한 채점 절차 없이 그림과 수검자의 반응을 토대로 즉석에서 해석이 가능하다는 점 등이 장점이며 폭넓게 사용되고 있다.
7) 실시방법
   (1) 도화지 한 장을 가로로 제시하면서 '집을 그리세요.'라고 지시한다.
   (2) 집을 다 그리고 나면 다시 도화지 한 장을 이번엔 세로로 제시하면서 '나무를 그리세요.'라고 한다.
   (3) 나무를 다 그리고 나면 그 다음엔 도화지 한 장을 세로로 제시하면서 '사람을 그리세요. 단 사람을 그릴 때 막대 인물상이나 만화처럼 그리지 말고 사람의 전체를 그리세요.'라고 한다.
   (4) 그 다음엔 다시 도화지를 세로로 제시하며, '그 사람과 반대되는 성(性)을 그리세요.'라고 지시한다.
   (5) 다 그리고 나면 각각의 그림에 대해 20가지의 질문을 한다.
8) HTP의 집 그림
   (1) 일반적으로 가족 구성원이나 가족 관계 및 가정생활에 대한 수검자의 생각, 감정, 소망 및 내적 표상 등이 반영되며 때로는 가족 관계에서의 자기 지각, 상징적인 의미에서의 자기 표상이나 내적 공상이 투영되기도 한다.
   (2) 집 그림을 해석할 때에는 그림의 전반적인 구조 및 특성과 함께 필수 요소인 지붕, 벽, 문, 창문이 어떻게 묘사되었는지가 해석의 주안점이다.
   (3) 또한 집 그림에 부가적으로 덧붙인 사물, 조망이나 원근감 등도 해석의 대상이다.
9) HTP의 나무 그림
   (1) 인생과 성장에 대한 상징이 투사된다고 알려져 있다.
   (2) 여기에는 무의식 수준의 자기 개념과 자기상, 적응 정도, 성취 및 포부 등이 반영된다.
   (3) 나무 그림에서는 기둥, 잎을 포함한 수관(樹冠), 가지, 뿌리와 같이 나무의 구성 요소 각각에 대한 묘사와 함께 나무 그림에서 표현되는 내용 및 주제 등을 해석한다.
   (4) 여기에는 나무의 종류, 나무의 상태 등이 포함된다.
10) HTP의 사람 그림
   (1) 집과 나무에 비해 자기 개념, 자기 표상, 자기에 대한 태도 등이 좀 더 의식적인 수준에서 직접적으로 드러난다.

(2) 여기에서는 현재의 자기 지각이나 이상적인 자기상이 반영될 뿐만 아니라 부모, 배우자, 가족과 같이 중요한 타인에 대한 표상이 투영되기도 한다.

(3) 사람 그림에서는 머리, 얼굴, 팔과 다리, 이목구비 같은 신체의 각 부위와 복장 등의 구성 요소와 함께 전반적인 인상, 크기, 성별을 묘사하는 순서 등을 살펴봐야 한다.

(4) 또한 인물 각각에 대한 수검자의 언어적인 설명 역시 해석의 중요한 단서가 된다.

기출문제

Q) HTP의 집과 나무 그림에서 환경과의 상호작용을 반영하는 것은?

① 굴뚝, 나무뿌리 ② 굴뚝, 나무기둥 ③ 문, 나뭇가지 ④ 문, 나무뿌리 ⑤ 지붕, 나뭇가지

답 ③

해 HTP의 집과 나무, 그림에서 환경과의 상호작용을 반영하는 것은 문(창문)과 나뭇가지(가지)이다.

1) 창문

(1) 창문은 세상을 내다보고, 또 세상과 타인이 집안을 들여다 볼 수 있는 통로이다.

(2) 이는 대인관계와 관련된 피검자의 주관적인 경험, 자기 혹은 자기대상이 환경과 상호작용 할 수 있는 능력에 대해 스스로 느끼는 감정들과 관련될 수 있다.

2) 나뭇가지(가지)

(1) 나무의 가지는 나무가 양분을 흡수하여 성장하고 세상을 향해 뻗어나가는 부분을 의미한다.

(2) 그러므로 나뭇가지는 피검자가 환경에서 만족을 추구할 수 있는 자원과 다른 사람들에게 접촉하는데 필요한 자원, 현재 상황에 대처할 수 있는 능력, 지금보다 나아질 수 있는 자원, 성취하고자 하는 소망과 이를 위해 노력하는 태도 등을 반영할 수 있다.

3 SCT

1) 문장완성검사(SCT : Sentence Completion Test)의 개요

(1) 문장완성 검사는 다수의 미완성 문장을 피검자가 자기 생각대로 완성하도록 하는 검사로 단어연상 검사의 변형으로 발전된 것이다.

(2) 문장완성 검사는 Rorschach, TAT에 비해 검사의 체계화가 구비되어 있어 검사자극이 보다 분명하며 피검자가 검사자극 내용을 지각할 수 있도록 구성되어 있다.

(3) 따라서 다른 투사적 검사들에 비하면 보다 의식된 수준의 심리적 현상들이 반응되는 경향이 있다.

(4) 문장완성검사는 문항이 매우 짧지만 몇 가지 기본적인 주제를 포함하고 있다.

(5) 단축형(40문항)의 경우 자기개념, 어머니, 아버지라는 세 가지 주제가 반복되어 있고, 수검자는 주제가 반복될 때마다 각 주제에 대해서 다양하게 자신을 표현할 수 있다.

(6) 물론 대부분의 문장완성검사는 이보다 훨씬 더 길고 주제도 다양하다.

(7) 적게는 40문항에서 많게는 100문항으로 구성된 문장완성검사도 있고 주제도 적게는 4가지에서 많게는 15가지를 포함하고 있다.

2) 문장완성검사의 장점과 단점

(1) 문장완성검사의 장점

① 반응의 자유를 들 수 있다.
피검사자는 '네', '아니요', '모릅니다' 식으로 단정적으로 답을 강요당할 필요가 없고 자기가 원하는 대로 답할 수 있다.
② 검사의 목적을 피검사자가 뚜렷하게 의식하기 어려움으로 비교적 솔직한 답을 얻을 수 있다.
③ 집단적으로 검사를 실시할 수 있어서 노력 상 경제적이며, 또한 다른 투사법보다 그 시행·채점·해석에 소요되는 시간이 적다.
④ 이 검사는 극히 용이하게 작성할 수 있으며, 여러 특수 상태에 부합할 수 있도록 검사 문항을 수정할 수 있다.

(2) 문장완성 검사의 단점

① 그 결과를 어느 정도 객관적으로 채점할 수 있다고는 하지만, 표준화 성격검사에서와 같이 완전히 객관적으로 채점할 수가 없으며, 그 결과를 토대로 하여 성격을 임상적으로 분석하려면 상당한 지식과 훈련이 필요하다.
② 기타 투사법에서와 같이 검사의 목적이 완전히 은폐되어 있지 않으므로 약은 피검사자는 검사의 목적을 알아채서 자신에게 불리한 답을 안 할 수도 있다.
③ 피검사자의 언어 표현력이 부족하거나, 검사에 협조적이 아니면 그 결과가 만족할 만한 것이 못 될 우려성이 있어서 이 검사는 문장표현력이 부족한 초등학생에게는 적당치 못하다.

3) 문장완성검사(SCT)의 영역

기출문제 확인학습

성인용 : 삭스(J. Sacks)의 문장완성검사(SSCT)

현재 임상장면에서 널리 사용되고 있는 Sacks에 의해 개발된 것으로 50개의 문항이 현재 많이 사용된다. 가족, 성, 자기 개념, 대인관계라는 4가지 영역을 각각 세분화하여 최종적으로 15개의 영역으로 분류하였고, 각 영역에 대해서는 피검자가 보이는 손상의 정도에 따라 0, 1, 2점으로 평가하고 그 수치를 통해 피검자에 대한 최종 평가를 하도록 해석 체계를 구성하였다.

영역	내용
가족	어머니, 아버지, 가족에 대한 태도를 측정한다. 피검자가 회피적인 경향이 있더라도 4개의 문항 중 최소한 개에서라도 유의미한 정보가 드러나게 된다.
성	이성관계에 대한 태도를 포함하고 있다. 이 영역의 문항들은 사회적인 개인으로서의 여성과 남성, 결혼, 성적 관계에 대하여 자신을 나타내도록 한다.
대인관계	친구와 지인, 권위자에 대한 태도를 포함한다. 이 영역의 문항들은 가족 외의 사람들에 대한 감정이나 자신에 대해 타인이 어떻게 느끼는지에 관한 피검자의 생각들을 표현하게 한다.
자기개념	자신의 능력, 과거, 미래, 두려움, 죄책감, 목표 등에 대한 태도를 포함한다. 이 영역에서 표현되는 태도들은 현재, 과거, 미래의 자기개념과 그가 바라는 미래의 자기상과 실제로 자기가 될 것 같다고 생각하는 모습에 대한 정보를 제공해 준다.

아동용 문장완성 검사

아동의 욕구상태와 부모 및 교사, 동성, 이성 친구에 대한 태도를 파악하기 위해 실시하며 성격 역동에 대한 심리진단 정보를 얻고 전반적인 심리적 적응을 판단하는 데 사용된다.

이 검사는 다음과 같은 4가지 영역으로 구성되어 있다.

1) 가족 : 이 영역은 어머니, 아버지, 가족에 대한 태도를 담고 있는 문항으로 구성되며 가족에 대한 지각, 정서적 관계 등을 파악할 수 있다.
2) 사회 : 또래와의 상호작용, 일반적인 대인관계 등에 대해 파악할 수 있다.
3) 학교 : 학교에 대한 지각, 성취와 욕구에 대한 지각 등을 파악할 수 있다.
4) 자기 : 미래 지향, 소원, 일반적인 정신건강 등의 개인내적 기능을 파악할 수 있다.

차원	평가영역	척도
가족	외부환경	가족에 대한 지각, 또래에 대한 지각
사회	외부환경	또래와의 상호작용, 일반적인 대인관계
학교	자기지각	학교에 대한 지각, 욕구지향
자기	개인내적 기능	개인적인 평가, 미래지향, 일반적인 정신건강

Sacks의 문장완성검사 하위 영역

1) 가족 관계 영역
2) 대인관계 영역
3) 이성 관계 영역
4) 자아 개념 영역

SSCT 평점기록지에 포함되는 태도

1) 어머니에 대한 태도
2) 아버지에 대한 태도
3) 가족에 대한 태도
4) 여성에 대한 태도
5) 남성에 대한 태도
6) 이성관계 및 결혼 생활에 대한 태도
7) 친구나 친지에 대한 태도
8) 권위자에 대한 태도
9) 두려움에 대한 태도
10) 죄책감에 대한 태도
11) 자신의 능력에 대한 태도
12) 과거에 대한 태도
13) 미래에 대한 태도
14) 목표에 대한 태도

참고

단어연상검사

1) 1908년 융(Jung)이 단어빈도사전에 의거하여 최다빈도의 단어 100개의 자극어를 택해 만든 것이다.
2) 자극어를 듣고 제일 먼저 머리에 떠오르는 단어를 빨리 대답하도록 지시한다.
3) 의식적, 무의식적 콤플렉스를 파악하고자 만든 것이다.

4 로샤(Rorschach) 검사

1) 로샤(Rorschach)의 잉크반점 검사(Ink-blot test)

(1) 1921년 스위스의 정신과 의사인 로샤(Hermann Rorschach)에 의해 최초로 소개되었으며, 여러 학자들에 의해 채점 및 해석 체계가 발전되었다.

(2) 처음부터 투사형 성격검사를 개발하려고 한 것이 아니었고 우연히 잉크반점에 대한 조현병 환자의 반응이 비장애인의 반응과 차이가 있다는 점을 발견하고 그것을 검증하기 위해 출발하였다.

(3) 로샤(Rorschach)의 잉크블롯은 심리적 장애인을 분류하는데 중요하게 사용된다.

(4) 잉크블롯에 대한 로샤(Rorschach)의 연구는 1911년에 시작되었으며 그의 유명한 저서 심리진단방법이 발간됨으로써 절정에 이르게 되었다.

(5) 로샤 검사는 가장 대표적인 투사적 성격검사이다.

(6) 이 검사는 데칼코마니 양식에 의한 대칭형의 잉크 얼룩으로 이루어진 무채색 카드 5매, 부분적인 유채색 카드 2매, 전체적인 유채색 카드 3매로 모두 10매의 카드로 구성되어 있다.

(7) 이 카드를 순서에 따라 피검자에게 한 장씩 보여 주고 이 그림이 무엇처럼 보이는지 말하게 한다.

(8) 모든 반응은 검사자에 의해 자세하게 기록되며 10장 카드에 대한 피검자의 반응이 끝난 후에 검사자는 다시 각 카드마다 피검자가 카드의 어떤 점 때문에 그렇게 보았는지를 확인하게 된다.

(9) 이러한 자료에 근거하여 각 반응은 채점 항목과 기준에 따라 채점되며 채점의 주요항목은 반응영역, 결정요인, 반응내용, 반응의 독창성 여부, 반응의 형태질 등이며 그 밖에 반응 수, 반응시간, 채점항목 간의 비율 및 관계 등이 계산되어 구조적 요약표에 정리된다.

(10) 로샤(Rorschach)가 채점했던 주요 항목

① 그림의 어떤 위치를 보고 반응했는지 여부
② 어떤 요인을 보고 반응했는지 여부(예 모양, 색깔, 농도 등)
③ 어떤 내용을 반응했는지 여부

2) 로샤(Rorschach) 검사에서 사용하는 채점지표 (반응의 채점지표)

반응 채점은 로샤(Rorschach) 검사에 대한 반응을 로샤(Rorschach) 부호로 바꾸는 과정이며, 로샤(Rorschach) 반응을 부호로 바꾼 다음에는 각 부호의 빈도, 백분율, 비율, 특수 점수를 산출하여 이러한 자료들을 체계적으로 요약하고 해석을 시도하게 되고, 엑스너(Exner)의 종합 체계 방식은 기본적으로 반응의 위치, 반응 위치의 발달 질, 반응의 결정 요인, 형태 질, 반응 내용, 평범 반응, 조직 활동, 특수 점수, 쌍 반응의 9개 항목으로 채점한다.

(1) 반응의 위치(반응영역) : 피검자가 블롯의 어느 부분에 반응했는가?
(2) 반응 위치의 발달 질 : 위치 반응은 어떤 발달수준을 나타내는가?
(3) 반응의 결정요인 : 반응을 결정하는데 영향을 준 블롯의 특징은 무엇인가?
(4) 형태질 : 반응된 내용은 자극의 특징에 적절한가?
(5) 반응 내용 : 반응은 어떤 내용 범주에 속하는가?
(6) 평범 반응 : 일반적으로 흔히 일어나는 반응인가?
(7) 조직(화) 활동 : 자극을 조직화하여 응답했는가?
(8) 특수점수 : 특이한 언어반응이 일어나고 있는가?
(9) 쌍 반응 : 사물을 대칭적으로 지각하고 있는가?

3) 로샤(Rorschach) 검사의 실시

(1) 투사적 검사는 개인검사이기 때문에 검사자와 내담자 사이에 무언의(non - verbal) 역동성이 검사 분위기에서 일어나게 된다(신동균, 1989).

(2) 로샤(Rorschach) 검사를 실시할 때는 내담자가 가능한 한 솔직하게 반응할 수 있도록 내담자와 좋은 관계를 형성하는 것이 좋다. 이를 위해 사전에 다른 간단한 검사를 실시할 수도 있다.

(3) 로샤(Rorschach) 검사를 제대로 실시하기 위해서는 채점 체계에 숙달되어 있어야 한다. 그래야만 채점을 확인할 수 있는 적절한 반응을 받아낼 수 있다.

(4) 검사 실시는 다른 심리검사와 마찬가지로 표준화된 방법을 따라야 한다.

(5) 로샤(Rorschach) 검사의 실시는 자유연상(free association) 단계, 질문(inquiry) 단계, 한계 음미(testing of limits) 단계로 이루어진다.

(6) 검사 시 내담자가 검사를 대하는 방식이나 검사태도는 내담자의 중요한 특성을 말해줄 수 있으며, 내담자가 치료에서 어떻게 반응할 지에 대한 유용한 시사점을 줄 수 있다.

(7) 검사자에 대한 태도 또한 치료자와의 관계에 대한 시사를 줄 수 있다. 검사자와 내담자와의 관계는 전이 관계, 작업 동맹 관계, 실제적 관계 중 어떤 관계가 활성화될 수 있다.

(8) 정신분석적인 입장에서 볼 때 치료자의 투사적 동일시(projective identification)는 내담자를 이해하는데 중요한 역할을 할 수 있다.

(9) 검사 동안 검사자의 생각, 감정, 환상 등은 내담자의 검사 반응과 일치할 수도 있고 상이할 수도 있는데, 이러한 점은 모두 내담자의 방어에 대한 추론에 활용될 수 있다(Lerner, 1998).

4) 로샤(Rorschach) 검사를 실시하는 각 단계

(1) 자유 연상 단계

① 피검자가 10장의 카드를 보고 말한 내용을 모두 기록한다.

② 피검자의 모든 반응을 검사자는 그대로 기록한다.

③ 피검자의 반응을 암시하거나 유도해서는 안 된다.

④ 지시를 간단히 하고 상상력 검사라는 인상을 주지 않아야 한다.

⑤ X번까지 끝낸 후 총 반응수가 14개 이하이면 반응을 더 해달라고 부탁하고 검사를 다시 할 수 있다.

(2) 질문단계

① 자유연상 단계가 끝나면 반응을 정확히 분류하기 위해서 질문을 한다.

② 질문 단계에서는 피검자에 의하여 응답된 내용만을 다루는데, 자유연상 단계에서 피검자가 반응한 내용을 질문한다.

③ 주의해야 할 점은 가능성 있는 모든 결정요인에 대한 유도적인 질문이나 지시적인 질문은 피하고 비지시적인 방법으로 질문하며 반응을 유도할 수 있는 질문은 피해야 한다.

(3) 한계음미단계

① 질문 단계 이후 정보가 부정확한 내용에 관해서 직접적인 질문을 한다.

② 색채와 음영 반응, 움직임 등에 대하여 직접적인 질문을 한다.

③ 평범 반응(일반적으로 흔히 일어나는 반응인가?)을 보고하지 않은 경우 피검자에게 평범 반응을 알려주고 피검자가 평범 반응을 볼 수 있는지 확인할 수 있다.

실력 다지기

로샤 검사 채점

1) 공백 반응(S, 반응의 위치와 관련됨)은 카드의 흰 공백부분에 대해 반응이 일어나는 경우 채점된다. 공백반응 S는 독립적으로 채점되지 않고 WS, DS, DdS와 같이 부가적으로 채점된다.
2) 평범반응(P)은 종합방식에서 7,500개 반응 기록지에서 전체 반응수의 1/3 이상 빈번하게 반응되는 내용 13개를 추출하여 평범반응으로 정하였다. 평범반응과 내용 및 위치가 매우 유사하지만 정확하게 일치하지 않는 경우 평범반응으로 채점되지 않는다. 평가자의 주관적 기준에 따르는 것은 아니다.
3) 전체반응(W, 반응의 위치와 관련됨)은 블롯(반점)의 전체가 응답에 사용된 경우에 한하여 채점한다.
4) 아주 작은 부분이 제외되면 전체반응(W)으로 기호화할 수 없다.
5) 흔히 사용하는 부분에 반응한 경우 D로 기호화한다. 흔히 반응되는 블롯이 사용되었을 때 부분반응(D)으로 채점된다. 따라서 정상집단의 반응 빈도를 기준으로 하여 정상집단의 반응 가운데 반응 빈도가 95% 이상 빈번하게 응답된 영역이 반응에 사용되었을 때 D라고 채점하면 된다.
6) 드문 부분반응(Dd)

   반응빈도가 5% 미만으로 드물게 반응되는 영역이다. 이 반응은 대부분 크기가 작은 영역에서 응답되지만 반드시 그렇지는 않다. 때로는 전체 반응에서 일부를 제외한 큰 부분에서 반응되는 경우도 있다.

정리

반응의 위치 해석

1) W 반응 : 전체 영역
2) D 반응 : 흔히 사용되는 영역
3) Dd 반응 : 드물게 사용되는 영역
4) S 반응 : 공백 부분이 사용된 반점 영역

7) 반응 채점의 주요 원칙
   (1) 피검자가 자유연상단계에서 자발적으로 응답한 반응만 채점한다. 따라서 질문단계에서 검사자의 질문을 받고 유도된 반응은 원칙적으로 채점되지 않는다. 그러나 질문단계에서 응답되었다 할지라도 검사자의 질문을 받지 않고 자발적으로 피검자가 응답한 경우라면 채점에 포함된다.
   (2) 반응단계에서 나타난 모든 요소들이 빠짐없이 모두 채점되어야 한다. 혼합반응에서처럼 피검자가 응답한 내용을 어느 부분도 빼놓지 않고 모두 채점해야 된다는 점은 채점과정에서 주의해야 한다.

로샤검사의 해석

1) 형태질의 부호화 중 - (minus)의 의미 : 왜곡된

반응과정에서 블롯의 특징이 왜곡되고 인위적이며 비현실적으로 사용된다. 블롯의 특징을 완전히 혹은 거의 무시한 반응이 지각된다. 즉 반응과 블롯의 특징이 전혀 조화되지 않는다. 때로는 반응된 형태를 지각할만한 블롯의 특징이 없는 상태에서 독단적으로 형태가 지각된다.

2) 평범반응(P) 해석

정상 성인의 평범 반응 범위는 5 ~ 8개이며 이를 벗어날 때 관습적인 지각과 관련하여 의미가 있다고 제안하였으며 4개 이하의 경우 경제적이거나 관습적인 방식으로 지각하지 못하고 심각한 정신병리의 표현이거나 피검자의 독특한 인격 특징을 보인다.

3) 지각의 왜곡 : X - %

X + %가 유의하게 낮고 이와 더불어 X - %가 높다면 피검자의 지각왜곡이 심각하며 X - %가 20%를 넘는다면 심각한 지각 손상을 보인다.

로샤검사의 우울증 지표(DEPI)

1) 정서적으로 우울한 사람들, 인지적으로 자신의 행동에 대해 비관적이고 무기력하며 자기패배적인 사람들, 복잡한 사회에서 경쟁하는 데 무기력한 사람들을 진단함
2) 7개 변인 가운데 5개 변인이 충족되면 우울증이 고려됨
   (1) FV + VF + V > 0 또는 FD > 2
   (2) 색채 - 음영 혼합 > 0 혹은 S > 2
   (3) [3r + (2)] / R > .44 & Fr + rF = 0 혹은 [3r + (2)] / R < .33
   (4) Afr(정서비) < .46 또는 혼합반응 < 4
   (5) 음영반응합 > FM+m 또는 SumC′ > 2
   (6) MOR > 2 또는 주지화[2AB + Art + Ay] > 3
   (7) COP < 2 또는 소외지표[(Bt + 2CI + Ge + LS + 2Na) / R] > .24

로샤검사의 자살지표 (The Suicide Constellation, S - CON)

1) 자살군 76 ~ 90% 예측 / 15세 미만 연령군에는 해당되지 않음
2) 12개 항목 가운데 8개 이상 항목이 충족되면 자살 가능성이 검토됨
   (1) FV + VF + V + FD > 2
   (2) 색채 - 음영 혼합 > 0
   (3) [3r + (2)] / R < .31 or > .44
   (4) MOR > 3
   (5) Zd > + 3.5 혹은 Zd < - 3.5
   (6) es > EA
   (7) CF + C > FC
   (8) X + % < .70
   (9) S > 3
   (10) P < 3 or P > 8
   (11) pure H < 2
   (12) R < 17

로샤검사의 지각적 사고지표(PTI)

1) 종합체계(Exner, 2000)에서 사고장애와 현실검증의 손상을 시사하는 지표였던 조현병 지표(SCZI)는 지각적 사고지표(PTI)로 대체되었다.
2) 지각적 사고지표는 진단적 범주에 대한 함의보다 인지적 역기능을 밝히는데 초점을 두고 있다. 만약 PTI가 4 이상이라면 관념과 관련된 변인부터 검토한다. 만약 4미만이라면 우울지표(DEPI)를 고려한다.
   (1) XA% < .70 & WDA% < .75
   (2) X-% > .29
   (3) Sum Level 2 > 2 & FAB2 > 0
   (4) R < 17 & WSum6 > 12 or R < 16 & WSum6 > 16
   (5) M- > 1 or X-% > . 40

기타 로샤 검사 실시 및 해석

1) 형태를 포함하지 않은 순수색채반응(C, '파래서 하늘 같다' 등)인 C반응은 형태를 전혀 고려하지 않고 색채를 주된 결정인으로 사용한 반응이다. 이는 조직화 활동 점수(Z점수)를 주지 않는다. 조직화 활동의 점수 Z는 피검자가 자극을 얼마나 인지적으로 조직화하였는가, 얼마나 조직화하려 노력하였는가에 대해서 평가하기 위하여 도입되었다. 즉, 피검자가 자극을 얼마나 인지적으로 조직화하였는가, 조직화하려 노력하였는가에 대해서 수치적으로 평가하는 것이 Z점수이다.
2) 질문단계에서는 이전에 하지 못했던 새로운 반응들을 충분히 이끌어내는 것이 아니다. 질문단계의 목적은 피검자의 반응을 정확히 기호화, 채점하려는 데 있다. 즉, 피검자가 어떻게 그렇게 보게 되었는지를 명료화하려는 데 목적이 있는 것이지, 새로운 반응을 이끌어 내려는 것이 아님을 기억하여야 한다. 이 과정에서 검사자의 질문이나 태도에 따라 피검자의 반응이 유도되기 쉬우므로 주의해야 한다.
3) 자유연상단계에서는 카드를 보고 연상되는 것에 대해 가능한 한 자세히 말하도록 지시한다. Rorschach 검사의 실시는 자유연상(free association) 단계, 질문(inquiry) 단계, 한계 음미(testing of limits) 단계로 이루어진다.
4) 정상 규준 집단에서 5% 미만이 반응하는 영역은 Dd로 채점한다. 대부분 반점의 일부분에 대한 반응으로 반응빈도가 5% 미만으로 드물게 반응하는 영역은 이상 부분반응(Dd, Unusual detail response)에 해당한다.
5) 반점의 크기나 모양에 기초하여 거리를 지각하면 결정요인(결정인) 중 형태차원인 FD로 채점한다. 이는 크기, 모양을 보고 입체적으로 지각한 경우로서 거리를 지각한 사례(예 매우 작게 보이는 것을 보니 멀리 떨어져 있는 것 같다)가 여기에 해당한다.

☞ **심화학습**

로샤검사의 해석[13)]

1) 로샤검사의 해석은 로샤검사 자료에서 제시되는 가설의 타당성을 검토해 나가는 과정에서 임상가가 기본적으로 지니고 있는 다각적인 지식을 근거로 하여 당면한 사례를 검토하고 종합하는 과정이다.
2) 한 개인의 반응형태를 전체적으로 파악하여 개인 내적 특징을 해석하며, 규준 자료를 근거로 하여 개인 간 비교를 통하여 개인의 특징을 해석한다.
3) 타당한 해석을 위해서는 적절한 검사 수행과 정확한 채점이 요구된다.
4) 임상가의 축적된 임상경험이 요구된다.
5) 해석과정
   (1) 가설설정단계
      ① 로샤검사의 반응 채점 결과를 정리한 구조적 요약, 즉 반응의 빈도, 비율, 백분율, 반응의 특수점수 등을 통하여 가설이 설정되고, 언어표현 분석으로 가설이 검토된다.
      ② 모순된 내용이라도 모두 수용하고 특이한 반응 내용뿐 아니라 평범한 내용도 고려한다.
      ③ 상당히 극적인 경우가 아니라면 단일반응의 의미를 과장되게 해석해서는 안 된다.
   (2) **통합단계** : 다양한 가설적 내용을 논리적 연결에 따라 통합하고 가설을 기각하거나 변형하거나 명료화하며, 임상가의 경험에 따라 통합된 내용을 근거로 행동과 정신병리에 대한 지식을 추가하면서, 개인행동을 깊이 이해하는 과정을 통합단계라고 한다.
6) 구조적 자료 1 - 타당도, 스트레스 통제력, 대응방식
   (1) 타당도
      ① 전체 반응 수(number of response : R)
         ㉠ 해석을 내릴 수 있을 만큼 충분한 정도로 전체 반응이 표집되었는지를 알아보기 위한 것이다.
         ㉡ 성인의 평균 반응 수는 17 ~ 27개이며, 만약 성인의 반응이 17개 이하 또는 27개 이상인 경우 규준 자료를 적용하는데 논리적 설명이 추가되어야 한다.
      ② 반응수, 람다, 타당도의 문제
         ㉠ 10개 미만의 반응의 경우는 구조적 접근이 불가능한데, 그 이유는 반응 비율의 계산이 부적절하기 때문이다.
         ㉡ 람다(Lambda : L)
         → 람다(Lambda : L)는 전체 반응에서 순수 형태반응(일종의 경제적 심리적 활동)이 차지하는 비율이며, 만약 반응이 10 ~ 12개 사이일 경우, 대표성 여부를 검토할 때 근거가 된다.
         → 성인은 람다(Lambda : L)가 1.2 이상, 아동은 람다(Lambda : L)가 1.5 이상이면, 지나치게 단순하고 경제적인 심리적 작용을 통하여 반응하고 있고, 자극의 복잡성을 무시하고 있음을 뜻한다.
      ③ 람다와 순수형태 반응
         ㉠ F반응(형태반응)은 정서 지연, 형식적 추론작용과 연관되며, 갈등을 일으키는 상황에서 갈등을 지연시키고 논리적 사고를 진행하는 일종의 자아방어적 기능과 연관된다.
         ㉡ 정상 성인의 F반응(형태반응)은 전체 반응의 30 ~ 35%이며, 람다(Lambda : L)가 1.2 또는 1.5 이상, 즉 F반응이 높아진다면, 기본적 성격이나 대응방식이 회피적이거나, 복잡한 자극은 피하고 가능한 한 단순하게 반응하는 경향성을 나타낸다.

---

13) **출처** : 최정윤(2005), 심리검사의 이해, 시그마프레스, 김영환 외(2005), 심리검사의 이론과 실제, 학지사

ⓒ 순수 F반응(형태반응) 빈도가 평균보다 낮을 때 L이 낮아지는데, 여기에는 3가지 가능성이 있다.

→내적 문제로 외부자극에 지나치게 과민하게 개입하거나, 적절하게 통제된 상태로 대응하는 데 실패하게 됨으로써 개인의 내적 자원을 충분히 활용할 수 없는 경우 F반응 감소

→성취지향적 개인이 검사를 일종의 도전으로 받아들임으로써 F반응 감소

→지적 성취 야심이 높은 개인이 실패를 피하려는 동기에서 F반응 감소

(2) 스트레스 대응과 통제

스트레스 대응 및 통제와 연관되는 것은 경험형(EB), 경험실제(EA), 경험기초(eb), 경험자극(es)이 있으며 4개 점수를 기초로 계산되는 D점수, 조정 D점수가 있다.

① D점수(EA - es, 경험실제 - 경험자극) : 반응의 대표성이 충분하면 D점수(개인이 사용할 수 있는 자원과 현재 개인에게 부과되고 있는 스트레스 정도와의 관계)를 평가한다.

㉠ D = 0

개인의 자원을 문제해결 방향으로 효율적으로 사용한다.

㉡ D > 0

문제해결을 위해 사용할 수 있는 개인의 자원이 풍부, 스트레스 대응능력이 높다. 조현병 환자가 D + 일 경우, 상황을 회피하려고 하기 때문에 치료나 변화에 저항한다.

㉢ D < 0

제한된 스트레스 대응능력, 스트레스 상황에서 압도되고 불안정해질 가능성이 높은데, 발달장애로 개인의 능력이 원래 제한되어 있거나 인격구조가 미성숙하거나, 과도한 현실적 스트레스 상황에서 인격의 붕괴가 일어나는 경우가 여기에 해당한다.

② 조정 D점수(the adjusted D score : D′)

㉠ 통제에 대한 일반적인 능력에 관한 정보를 제공한다.

㉡ 조정 D점수(D′) = EA - es′, es′ = es - (m - 1) - (Y - 1)

㉢ m, Y 변인은 상황적인 스트레스에 쉽게 변화하는 매우 불안정한 점수이다.

참고

경험형(the erlebnistypus : EB) 개인의 반응 스타일을 나타냄

심리적 자원을 조직하는 정도를 나타내는 지표로, 충분히 조직화되어 있고 신중하게 의도된 심리적 행동과 관계되며, 인간의 운동반응(M)과 유채색 반응(FC, CF, C)에서 얻은 가중치에 의해 얻어진다.

경험 실제(the experience actual : EA)

1) 공식 : EA = M반응의 합 + 색채반응의 합
2) M반응의 비중이 높은 개인은 내적 생활을 더 많이 사용하는 경향이 있다.
   (1) M반응의 비중이 높은 개인은 내향적인 기질을 보인다.
   (2) 개인의 문제해결방식이나 행동방식에서 내적 자원, 즉 사고활동을 보다 적극적으로 활용하여, 문제해결을 할 때 감정보다는 사고를 통해 감정을 바꾸거나 조절하기를 잘 한다.

인간운동반응 (The human movement response:M)

1) 개인의 상상력에 의해 창조되므로 투사가 개입되는 반응이다.
2) 매우 복잡한 정신활동(추리, 상상 활동 등 고차적인 사고 작용 포함)과 관련된다.
3) 검사자극에 대한 자동적인 해석이나 반응을 지연시키면서 활발하게 심사숙고하는 사고 작용이다.
4) 정상 성인의 M반응 빈도 범위는 3 ~ 10개이다(최소 1개 이상 보임).
5) 정신장애와 M과의 상관연구에서는 우울증의 경우 M빈도가 낮고, 조증환자의 경우 M반응이 증가하며, 신체망상보다 대인망상(조현병)이 M반응이 높다.

3) 색채반응의 비중이 높은 개인은 기본적 충족을 위해 외적 세계와의 상호관계를 이용한다.
   (1) 색채반응의 비중이 높은 개인은 외향적인 기질을 보인다.
   (2) 욕구충족을 위해 환경과의 관계에 의존하며 환경에 그의 감정을 지속적으로 표출하여, 문제해결을 하면서 결정과정에 정서가 많이 관여하며 자신의 감정에 압도될 가능성이 높다.

   참고 양향적 성향은 일관성 없는 적응방식과 관련되며, 보다 불리한 문제해결방식을 나타내어, 문제해결이나 결정과정에서 엇갈린 감정을 보인다.

색채반응(Chromatic color response:FC, CF, C)

1) Rorschach 제안에 따르면, FC는 정서표현에 대한 통제성, CF는 정서의 지배성, C는 정서적 충동성이나 변동성을 의미한다.
2) Exner의 수정
   (1) CF와 C변인은 독립적으로 취급되기보다 동일한 정서적 반응 특징을 지니고 있다.
   (2) CF, C 색채변인에서 드러나는 정서반응을 성격차원의 정서반응 스타일이라고 해석하는 것은 무리가 있으며, CF와 C는 변동적이며 강렬하고 보다 덜 통제적인 정서 방출과 관계가 있지만, 정서통제나 충동성은 D점수와 직접적으로 관계가 있다.
   (3) FC는 정서표현에 있어서 인지적 활동이 주로 개입되며, CF와 C는 현재의 정서적 방출방식과 연관되기 때문에 잘 조절되지 않는 강한 정서적 반응과 관련이 있다.

경험기초(The Experience Base : eb)

1) 공식 : eb = FM + m : C′ + T + V + Y 반응비율

2) 대체로 왼쪽 값이 오른쪽 값보다 크지만(정상 성인의 80% 이상), 때로는 초조한 정서가 증가하면 오른쪽 값이 더 높아질 수 있는데, 즉, 성격장애, 조현병 환자집단, 우울장애 집단은 오른쪽 값이 왼쪽 값보다 큰 경향을 보인다.

3) eb의 왼쪽 값인 FM과 m반응

(1) FM 반응

① 충족되지 못한 욕구 상황에서 자극(욕구좌절로 인해 증가)되는 반응으로 상당히 일관성이 있다.

② FM과 m반응도 M반응처럼 투사가 일어나며 사고가 개입된다는 공통점이 있지만, 요구하는 자극 상황하에서 유발된 정신활동의 여부와 관련되어, 욕구자극에 의해 유발된 소극적인 사고활동과 관계된다는 차이점이 있다.

③ 각성과 주의력을 요구하는 상황에서는 적절한 대응행동을 증가시켜 줄 수 있지만, 지나치게 자극되는 경우 적응장애가 초래될 수 있다.

4) eb의 오른쪽 값인 무채색반응과 음영반응(The Achromatic, Shading variables : SH)

색채반응은 자발적인 정서반응이나 음영반응은 욕구자극에 의해 유발된 소극적인 정서반응이다.

(1) C′(무채색반응)

① 정서적으로 우울한 경향과 관련되며, 정상 성인의 75%, 우울증 환자의 90%에서 1개 반응을 보인다. - 정상 성인의 평균 반응수는 1.31이며 우울증 환자의 평균 반응 수는 2.99이다.

② 정서 억압과 관련되어, 정서 표현이 억제되고 막연한 불편감에서 심한 긴장까지 다양한 형태의 정서적 반응이 나타난다.

(2) T(재질반응)

친밀감에 대한 욕구의 증가와 관련되며, 높은 재질반응은 타인에 대한 강한 애정욕구와 관련이 있고, 낮은 재질반응은 애정욕구나 의존욕구의 메마름과 대인관계의 거리감이나 경계와 연관이 있다. 정상 성인의 평균 반응수는 1.16이다.

(3) V(차원반응)

① 자기 내성적 과정으로, 자신을 반성하고 반추한다는 점에서 심리적 통찰에 필수적인 반응이다.

② 자기집중 행동에 의해 야기되는 부정적인 감정의 경험과 관련되어 있어, 청소년, 우울증 환자, 자살 시도를 한 사람들에게 자주 발견되며 정상 성인의 평균반응 수는 0.48로서 1개 미만이다.

③ 반응이 높은 경우 개인이 자아의 부정적 측면에 지나치게 초점을 맞추는 반추적 내성적 활동이 심하고 이로 인한 고통스러운 감정이 동반된다.

※ 형태 - 차원반응(The Form Dimension response:FD)

1) 내성적 활동과 연관되는 반응으로, 정상 성인의 약 75%에서 1개 반응이 나타난다.

2) 1~2개 반응은 자아 성장을 촉진하는 내성적 활동을 나타내지만, 그 이상의 FD 반응은 부적응적일 수 있으며, FD 반응의 결여는 자아 자각이나 자아 성찰의 회피를 시사한다.

(4) Y(일반 확산 음영반응)

무기력하고 통제력을 상실하고 효율적인 대처행동을 하지 못하는 상황에서 유발되는 정서적 감정과 관련되며, 불안, 염려감, 긴장, 불편감 등 다양한 형태로 경험하며, 정상 성인의 평균 반응수는 0.98이다.

경험자극(The Experienced Stimulation : es)

1) 공식 : es = FM + m + SH
2) FM, m, SH 반응 모두 내적으로나 상황적으로 욕구자극에 의해 유발되므로 이를 합한 es점수는 현재 경험되고 있는 사고활동이나 정서반응이 욕구 자극에 따라 촉발된 수동적인 경험을 의미한다.
3) EB 반응과 비교, D점수 검토, es의 적응결과로 스트레스의 종류나 급성 또는 만성적 스트레스 여부가 평가될 수 있다.

7) 구조적 자료 2 - 인지, 사고내용, 정서

(1) **인지 - 인지활동** : 복잡성과 조직성

① **조직적 인지활동**(Organizing Activity : Zf)

㉠ 피검자가 보다 복잡한 인지적 책략을 사용하여 과제에 접근하는 정도를 의미한다.

㉡ 정상 성인과 아동의 Z점수는 전체반응의 약 40 ~ 50%를 보인다.

㉢ L이 높은 피검자는 Z점수를 낮게 받는 경향이 있으며, Z점수가 낮은 원인은 첫째, 지적 제한, 둘째, 대부분 자세하고 정확하게 검사 자극을 다루는 인지활동의 제한, 셋째, 동기의 결여 등이다.

② **발달질**(Development Quality : DQ)

㉠ 로샤 자극들을 의미 있는 방식으로 분석하고 통합하려는 의욕 및 능력과 관련된다.

㉡ DQ + : 명석하고 심리적으로 분석적인 개인에게 높게 나타난다.

㉢ DQv : 지나치게 단순하고 막연한 형태지각으로, 아동이나 지적 능력의 제한이 있는 성인 또는 기질적 장애환자에게서 빈번하게 나타난다.

㉣ DQv / + : 4가지 발달질 가운데 가장 적게 반응하며 성인에게 있어서 이 반응이 2개 이상인 경우는 통합적 인지활동을 통하여 형태를 분명하게 지각함에 있어서 장애가 있는 것이다.

㉤ DQo : 단순하지만 분명하게 형태를 지각하는 과정을 의미한다.

㉥ 정상 성인의 경우 Zf 증가에 따라 DQ + 나 DQv / + 의 빈도 역시 평균 이상으로 나타난다.

㉦ Zf는 높지만, DQ + 나 DQv/ + 는 평균 이하의 빈도라면, 인지적 노력이 있지만 인지활동은 덜 정교하고 보다 단순할 가능성이 있다.

㉧ Zf가 능가되고 DQ + 역시 증가된 경우, 피검자가 인지적 과제에 의욕적으로 참여할 뿐만 아니라 복잡하고 정교한 인지적 활동을 하고 있다는 것이며, 만약 인지과정이 복잡하거나 현실에 근거를 두지 않으면 부적응이 초래된다.

③ **반응의 위치**(location of response) : W, D, Dd 분류는 개인이 환경에 접근하는 인지적 방식에 관한 정보 제공과 관련된다.

㉠ **전체반응 W** : 성인의 전체반응의 30 ~ 40%에서 나타나며 자극상황을 전체적으로 따르는 인지활동과 관련된다.

W : M 비율

1) W반응 : 자극상황을 전체적으로 다루려는 의욕 및 동기와 연관된다.
2) M반응 : 추론이나 복잡한 사고활동과 연관이 있으며, 성취지향적 활동에 요구되는 실제적 능력에 대한 대략적 지표이다.
3) 성인의 W : M 비율은 1.5 : 1 또는 2.5 : 1 정도이다.
4) 3 : 1 이상으로 W반응이 M반응보다 높으면 개인의 능력 수준에 비해 과도하게 인지적으로 성취를 추구하는 경향성을 보인다는 의미이다.
5) 1 : 1 이하로 W반응이 M반응보다 낮다면 지나치게 조심스럽고 자신의 능력을 과소평가하고 목표달성이나 목표설정에 있어서 지나치게 소극적일 가능성이 높다는 의미이다.

㉡ D반응 : 브롯의 분리된 부분에서 쉽게 인지될 수 있는 자극 과제를 경제적으로 단순하게 다루는 것과 관련된다.

W : D 비율 (피검자의 인지 특징)

1) 전체 반응수를 고려하여 검토한다.
2) 전체 반응수가 평균이거나 평균 이상의 D반응은 W반응보다 많아 D : W 비율은 1.5 : 1 또는 2 : 1을 의미한다.
3) D반응이 2 : 1 이상으로 W반응보다 많다면 이는 W반응에 요구되는 복잡한 인지활동을 회피하는, 지나치게 경제적이고 단순한 인지적 활동을 나타낸다.
4) 전체 반응수가 평균일 때 W반응수가 D반응과 같거나 D반응보다 많으면 피검자는 경제적인 인지활동을 희생하고 있다고 볼 수 있다.

※ D + 반응은 상당히 복잡한 분석과 통합과정을 요구하며 경제적 인지활동과는 다르게 해석된다.

㉢ Dd반응

㉮ 전체 반응 수가 평균 범위에 있을 때 3개 이상의 Dd반응은 일차적으로 강박적인 인지특징이 고려되나, 때로는 보다 다루기 용이한 좁은 범위의 자극만을 다루는 회피적 태도와 관련이 있다.

㉯ 1 ~ 3개이면 일시적인 후퇴 경향성을 나타내며, 3개 이상이면 Dd반응은 완벽주의적 특징 또는 일상적 요구로부터 회피하는 경향성을 보인다는 의미이다.

조직적 인지활동의 효율성 (Organizational Efficiency : Zd)

1) Zd : 인지활동의 결과로 나타나는 효율성과 연관이 있다.
2) Zf는 자극을 조직화하려는 인지적 노력과 연관되며, DQ는 이러한 노력의 질을 의미한다.
3) Zd의 범위 : - 3.0 < 정상 성인과 청소년의 약 70% < + 3.0
4) - 3.0 이하 : 자극이 충분히 검토되지 않고 반응되고 통합과정이 충분하지 않기 때문에 과소 통합적 인지활동과 연관된다.
5) + 3.0 이상 : 자극에 주의 깊게 접근하여 통합하는 과도한 인지적 활동과 연관된다.
6) 인지적 경직성과 인지적 장애 : PSV, CONFAB

④ 반복반응(perseveration : PSV)

㉠ 정상 성인의 약 5%에서 1개의 반복반응을 보인다.

㉡ 카드 내 반복반응은 대부분의 반복반응이 이에 속한다.

㉢ 정보처리과정 또는 의사결정에서의 융통성의 결여를 암시한다.

㉣ 기질적 손상, 지적 결함, 일종의 심리적 무능력과 연관이 있다.

㉤ 단, 카드 간 반복반응은 흔히 일어나지 않는 드문 반응으로 심한 정신증적 상태로 인한 사고 집착 여부를 검토한다.

⑤ 우화반응(Confabulation : CONFAB)

㉠ 정상 성인이나 정신장애자 모두에게 잘 반응되지 않는 희귀한 반응을 나타낸다.

㉡ 인지적인 통제나 실패에서 비롯된 반응이다.

㉢ 원래의 잉크반점의 윤곽을 무시하고 지나치게 일반화하는 인지적 특징과 연관이 있다.

㉣ 단순한 사실을 근거로 하여 일반화하는 인지적 장애를 나타낸다.

㉤ 인지장애, 논리적 사고 결함을 뜻하므로 인지기능을 정밀하게 평가하는 검사가 필요하다.

⑥ 평범반응 : P

㉠ 피검자들의 반응 가운데 같은 카드의 같은 영역에서 3번 중 적어도 한 번 정도는 똑같은 반응을 한 것으로, 브롯의 평범한 특징을 지각하고 반응하는 능력과 연관이 있다.

㉡ 기본적 평범반응 내용은 동일하다.

㉢ 정상 성인의 평범반응 범위는 5 ~ 8개이다.

㉣ 4개 이하의 경우 경제적이거나 관습적인 방식으로 지각하지 못한다는 의미로, 심각한 정신병리의 표현이거나 피검자의 독특한 인격특징으로 인한 인지적 특성의 표현이다.

㉤ 8개 이상의 경우 L이 1.5 이상이라면 경제적으로 반응하려는 시도이며, L이 높지 않다면 단순하고 정확한 방향으로 반응하려는 시도이다.

⑦ 형태질 : X + %, F + %, X - %

형태반응은 자극의 현실을 지각하면서 적절한 통제와 조절과정에서 일어나고, 형태반응은 현실적 지각능력과 밀접한 관계가 있는 로샤반응의 주요 결정요인이며 형태반응의 질(형태질)은 적절한 현실지각 능력을 나타내는 주요한 지표가 된다.

㉠ 확대 형태질 : X + %

㉮ 현실적 방식으로 브롯의 형태 특징을 지각하는 능력과 연관이 있다.

㉯ X + %가 90% 이상인 경우, 지나치게 관습적이어서 창의적이거나 개성적인 지각활동이 거의 일어나지 않는 지나치게 엄격한 지각과정을 보이며, 지나친 보수적 경향, 완벽주의, 강박적 경향을 반영한다.

㉰ X + %가 70% 이하인 경우, 브롯의 자극을 비전형적 방식으로 해석하려는 경향성이 있으며, 지각과정의 왜곡, 지나친 개성적인 지각, 정서적 경험의 통제 실패 등이 원인이 된다.

㉡ 양호한 형태질 : F + %

㉮ 피검자의 정서 상태와 지적인 능력에 따라 변하는 경향을 말하며, 조현병 환자군 60% 수준, 정상 성인은 대체로 80% 이상을 보인다.

㉯ 형태질 분석이 실제로 유용하기 위해서는 적어도 8개 이상의 순수형태반응이 있어야 하고 L이 .70 이상이어야 한다.

㉢ 지각의 왜곡 : X - %

㉮ 브롯의 윤곽을 적절하게 사용하지 않고 주어진 자극을 왜곡하는 흔치 않은 반응이다.

㉯ 정상 성인의 경우 1개의 X - %반응은 약 80%에서 나타나지만, 평균 X - %는 6%에 불과하다.

㉢ X + %가 유의하게 낮고, 이와 더불어 X - %가 높다면 피검자의 지각왜곡이 심각하다는 의미이다.

㉣ X - %가 전체의 20%를 넘는다면 심각한 지각 손상을 나타낸다.

㉤ X - %가 전체의 70% 이상은 급성 정신증 상태 또는 꾀병일 가능성이 높다.

형태질 빈도 : FQx, FQf

1) Fu 반응

(1) 지나치게 주관적인 지각양상으로, 적게 나타나는 경우 지나치게 관습적인 지각에 얽매이지 않는 건강한 신호이나, 지나치게 많이 나타난다면 관습에 따르지 않는 지나치게 주관적인 지각 가능성을 암시한다.

(2) 사례 : 낮은 X + %는 비통상적인 형태반응(Fu)의 상승으로 인해 초래될 수 있다.

2) 형태가 전혀 개입되지 않은 반응 : 순수결정인 C, T, C′

X + %의 감소는 형태가 개입되지 않은 반응의 증가로 초래될 수 있다.

(2) 사고의 특징 - a : p, Ma : Mp, M + , Sum6 Special Score

① 능동적 인간운동 대 수동적 인간운동 - a : p

㉠ 인지적 융통성에 관한 정보를 제공한다.

㉡ 두 방향으로 반응이 고르게 나타날수록 사고방식에서 융통성을 나타낸다.

㉢ 한 방향으로 반응이 치우쳐 있으면 사고가 고착되어 있고 고정되고 편협할 가능성이 높다.

㉣ 수동적 M반응 > 능동적 M반응 : 개인의 사고나 공상이 방어적 수단으로 사용되는 경향성이 있어, 수동적인 공상으로 도피 또는 결정이나 행동을 독자적으로 주도하지 않는 도피적 경향성이 있고, 정상인의 10%, 조현병의 35%, 우울증의 34%, 성격장애의 36%가 이에 속한다.

② 인간운동반응(M반응)의 형태질 : MQ

㉠ M반응의 형태질은 M반응이 질적으로 우수하거나 열등한 정도를 나타낸다.

㉡ M - 반응 : 반응이 하나라도 사고장애 가능성이 의심되며, 두 개 이상은 매우 드문 경우로 분명한 정신증적 사고를 의심할 수 있다.

㉢ 형태가 사용되지 않은 M반응 : 검사자극으로부터의 심한 이탈, 환각과 유사하다.

㉣ Mu반응 : 압도적이지 않은 경우 상당히 주관적이지만, 사고장애와 관계없는 양호한 반응이다.

③ 6개 특수점수 DV, INCOM, DR, FABCOM, ALOG, CONTAM

특수반응의 총 점수는 정상 성인집단에서 평균 4점, 조현병 진단 기준은 총 11점 이상이며, 어떤 수준의 특수반응들이 주로 나타나고 있는가가 중요하고, 동일한 특수반응이라도 그 내용의 비현실성 정도에 따라 인지장애의 심각성이 검토된다.

㉠ 이탈적 언어표현(DV) : 일시적인 인지적 실수나 표현장애와 연관되며, 잘못된 언어사용이나 독특한 언어적 표현과 같은 인지적 장애를 검토한다.

㉡ 부적절한 반응합성(INCOM) : 성인과 아동반응에서 보다 흔하게 일어나며, 브롯의 부분들을 부적절하게 융합시켜 하나의 사물로 지각하는 것으로, 정확한 변별의 실패, 구체적인 수준의 논리과정을 의미한다.

㉢ 이탈적 반응(DR) : 우회적인 산만 반응으로 나타나며, 잠재적인 인지적 불안정에 대한 단서를 제공한다.

㉣ 우화적인 합성(FABCOM) : 비합리적인 통합과정이 개입되므로 연상의 이완과 관계가 있으며, 연상의 일관성 및 논리성의 결여, 우회적이고 산만한 사고와 연관이 있어, 사고장애의 신호가 된다.

㉤ 부적절한 논리(ALOG) : 대부분 조현병 환자군에서 반응이 나타나며, 잘못된 인과관계가 설정되어 검증이 안 되는

비논리적 사고인 논리적 사고장애와 판단장애의 지표이다.

ⓑ 오염(CONTAM) : 가장 심한 인지장애로, 심한 논리적 장애와 경험의 비현실적 혼합이 나타난다.

(3) 정서의 특징 - FC : CF + C 등

① 색채반응비율 FC : CF + C

㉠ 정서적 방출이 조절되는 정도 및 방식과 관계가 있다.

㉡ FC반응 : 인지적 과정이 더 지배적, 정서적 경험은 보다 덜 지배적이므로 정서를 어느 정도 인지적으로 통제하고 있다.

㉢ CF, C반응 : 정서적 경험이 보다 지배적, 인지적 과정은 덜 지배적이므로 인지적으로 통제하기 어려워 정서조절의 어려움을 시사하며 CF + C > FC의 경우 자살지표에 해당한다.

㉣ 정상 성인의 FC : CF + C 비율 = 1.5 ~ 2.5 : 1

② 정서비 : Afr

㉠ 3개 색채카드(Ⅷ, Ⅸ, Ⅹ)와 비색채카드(Ⅰ ~ Ⅶ)의 반응비율이다.

㉡ 정서적 자극상황을 개인이 어느 정도 수용하는지를 반영한다.

㉢ 외향적인 사람들의 평균 정서비(Afr)는 .60 ~ .95이며, 내향적인 사람들의 평균 정서비(Afr)는 .50 ~ .80이다.

㉣ 정서표현에 어려움을 갖고 있는 피험자들이 그렇지 않은 피험자들보다 정서적 자극에 보다 빈번하게 반응하려는 경향이 있다.

③ 공백반응 : S

㉠ 분노 조절의 어려움, 심리적 불만족감과 관계가 있다.

㉡ 1 ~ 2개의 경우 어느 정도 주어진 과제로부터 거리를 유지하고 독립적인 상태를 유지할 수 있는 긍정적 경향을 보인다.

㉢ 카드 Ⅰ, Ⅱ 같이 앞 카드에서만 나오면 검사상황과 관련된 저항의 표시이다.

㉣ 카드 Ⅲ번 이후에 3개 이상 나올 경우 성격차원의 저항과 관계가 있으며, 특히 자율성에 대한 위협이 있을 때 일어나는 분노반응과 연관이 있다.

④ 색채투사(Color Projection : CP)

㉠ 무채색의 반점에서 색채가 있는 것처럼 반응한다.

㉡ 솔직한 감정을 표현하기보다는 이를 숨기고 무기력감을 해소하려는 시도이다.

㉢ 비현실적인 낙관적 감정과 관련이 있으며, 원하지 않는 감정을 처리하려는 부정방어기제와 관계가 있다.

㉣ 극히 낮은 반응빈도를 보인다(정상 성인의 1%, 조현병 환자군의 3%, 우울장애의 5%).

㉤ 하나라도 있다면, 화나고 즐겁지 않은 감정을 부정하고 긍정적인 감정을 내보이려는 시도이며 자주 환경에 의해 야기되는 불쾌한 감정을 회피함으로써 현실을 외면하려는 경향이 있다.

⑤ 혼합반응(Blend Response)

㉠ 하나의 반응에 결정요인이 여러 개 있는 것으로, 반응과정에서 보다 복잡한 활동이 개입된다.

㉡ 정상 성인 집단의 전체반응 가운데 1/5 정도가 나타난다.

㉢ 전체 반응수가 평균수준일 때 혼합반응이 없으면 심리적 협소함이나 억압을 시사한다.

㉣ 혼합반응이 지나치게 많으면 심리적 복잡성을 암시하며, 상황적 스트레스하에서 증가된 것이라면 m이나 Y반응을 수반한다.

㉤ IQ 90 이하 피검자에게는 나타나지 않아, 지적능력과 관련이 있음을 시사한다.

ⓑ 음영혼합반응은 드문 경우로, 극심한 심리적 고통을 반영하며, 색채 - 음영반응은 색채와 음영결정인이 한 개의 반응에서 혼합되는 경우로, 우울증 환자집단의 70%, 자살과 관련된다.

8) 구조적 자료 3 - 자아이미지와 대인관계 태도

(1) **자아이미지의 특징** : 3r + (2) / R, MOR, PER, Ab + Art, An + Xy

① **자아중심성 지표(The Egocentricity Index)** : 3r + (2) / R

㉠ 자기에로의 초점 또는 자기관심에 대한 지표이다.

㉡ 정상 성인의 자아중심성 지표의 평균은 .30 ~ .42이다.

㉢ 지나치게 높은 경우 피상적인 대인관계와 지나친 자기에로의 몰입이 초래된다.

㉣ 지나치게 낮은 경우 부정적인 자기평가와 관계, 우울증의 빈도나 강도를 높인다.

㉤ 강박증, 우울증, 공포증, 정신신체장애 등 강박적 집단, 자살 성공집단에서 나타난다.

② **병적인 내용(Morbid content)** : MOR

㉠ 브롯의 특징과 관계없는 특징을 투사한 반응이다.

㉡ 자아중심성 지표와 부적 상관, 자기감에 대한 손상과 비관적이고 부정적 자기상을 반영한다.

㉢ 자아 이미지가 부정적이거나 손상된 경우, 자아나 환경에 대한 태도가 매우 비관적인 경우 높게 나타난다.

③ **신체반응내용** : An + Xy

㉠ 해부반응(An), X-ray(Xy)의 의미로, 사람의 몸에 대한 관심이나 집착이 있다.

㉡ 일종의 자기몰입의 표현이거나 신체적 변화로 인한 신체 염려감의 표현이다.

㉢ 드물게 일어나는 X선 반응은 신체적 집착이 심리적 고통을 수반한다고 해석한다.

④ **개인적 반응(The Personal Response : PER)**

개인적 반응의 증가는 자아이미지를 방어하려는 경향성, 지각의 완고성, 자아이미지의 완고성을 나타낸다.

⑤ **추상 예술반응 내용** : Ab + Art

이지화(주지화, 지성화) 방어기제와 관계가 있다고 가정한다.

⑥ 운동반응

실제적인 자기와 관련된 반응, 운동반응이 수동적인지, 능동적인지, 공격적인지, 피(被)학대적인지 등에 관한 특성은 자신이 어떤 사람인지 드러낸다.

(2) **대인관계 지각** : H, Hd, Isolate : R, AG

① **인간반응내용** : H, Hd, (H), (Hd)

㉠ 정상인의 H반응은 평균 5개, 환자군의 H반응은 평균 4 ~ 6개로 비슷하다.

㉡ 인간반응이 0인 경우는 매우 드물고 타인으로부터의 철수, 대인관심의 결여를 나타낸다.

㉢ H반응은 빈도뿐만 아니라, 공상적 인간반응이 아닌 '실제적 인간반응'인지 고려해야 한다.

㉣ 정상 성인의 실제적 H반응 수는 평균 3개이며, 전체 인간반응 가운데 1/2 ~ 2/3 차지하고, 1/2보다 적다면 대인 지각이 비현실적 경험을 기초(공상에 근거)로 형성될 가능성이 높다.

㉤ 비현실적 인간반응 (H)반응 증가는 사회환경에 대한 부정, 현실로부터의 철수, 공상으로의 철수경향성을 나타낸다.

㉥ 인간부분반응인 Hd, (Hd)의 경우 Hd반응 증가는 대인관계에서의 경계, 환경에 대한 의심, 현학적 태도, 타인 지각의 왜곡을 뜻한다.

② **공격적 운동반응(The Aggressive Movement Response : AG)**

㉠ AG반응이 높을 경우 공격성 행동이 - 언어적이든 비언어적이든 - 표출될 가능성이 높고 타인에 대한 부정적이고 적대적인 태도를 암시한다.

㉡ 사회환경을 보다 공격적으로 지각하고 그러한 태도를 피검자의 성격의 일부로서 지니게 된다.

③ 소외지표(The Isolation Index : Isolate/R)

식물, 구름, 지도, 풍경, 자연반응으로 구성하며, 전체 반응수의 1/4 이상 차지하면 대인관계로부터의 소외, 현실접촉이 단절되어 있을 가능성이 높다.

④ 협조적인 운동반응 : COP

㉠ 두 가지 이상의 대상이 적극적 또는 협조적으로 상호작용하는 운동반응으로, 안정되고 협력적인 인간관계를 맺는 것과 관련된다.

㉡ 정상인의 80%가 적어도 1개, 조현병과 우울증의 40 ~ 50%만이 1개 정도 반응을 보인다.

9) 구조적 자료 4 - 특수지표

(1) 집단 간 판별력이 상당히 높기 때문에 기준점 이상으로 점수가 높으면 그 의미가 신중히 검토되어야 한다.

(2) 세 지표(우울, 자살, 조현병)들의 기준의 선정과정

① 선행연구 결과에 의해 타당성이 검증된 로샤 반응들과 이론적 관련이 있다고 생각되는 로샤 반응들을 선택하여 실험적 지표로 설정한다.

② 지표가 진단하고자 하는 정신장애군과 대조군을 정확하게 평가해내는가를 검증한다.

③ 진단하고자 하는 정신장애군을 가장 높은 비율로 정확하게 진단해내는 동시에 대조군이 정신장애군으로 잘못 판정되는 비율이 가장 적은 조건을 선택하면서 지표변인이 조정된다.

10) 해석의 종결 - 계열분석과 반응내용 분석

반응계열과 언어화 분석은 구조적 자료를 명료화하고 풍부하게 해주는 보조적 자료로 사용된다.

(1) 반응계열분석

① 반응들이 어떤 순서로 나타나고 있는가를 검토하는 것이다.

② 검토해야 할 점

㉠ 접근방식에 있어서 일관성이 있는가?

㉡ 형태질에 있어서 u와 - 반응이 어떤 부분에 특정하게 몰려 있는가?

㉢ - 반응이 일어날 때 동일한 카드 내에서 곧 이어서 좋은 형태질 반응이 뒤따르는가?

㉣ 평범 반응이 어떤 카드에서 일어나고 있는지?

㉤ 조직 활동이 반응기록의 처음부터 끝까지 고르게 나타나는지? 아니면 어떤 부분에 집중적으로 나타나는지?

㉥ S반응이 Ⅰ, Ⅱ번 초기카드에만 국한되는지? 아니면 전체 카드에서 고르게 나오는지?

㉦ 특수반응이 특징적인 양상으로 일어나는지?

(2) 반응내용분석

① Schafer는 공통 주제를 나타내는 반응들이 있는지를 검토해 보는 방법을 제안하였으며, '주제의 일관성' 반응내용에서 전달되는 '정서적 분위기'를 파악하는 것이 의미있다고 주장하였는데, 이는 비교적 반응내용에 함축된 공통적인 의미를 발견하는 데 도움이 된다.

② 단순하게 반응된 내용보다는 표현이 풍부하고, 내용이 반복되는 경우에 투사의 가능성이 높으므로 이러한 경우 반응내용의 의미를 해석하고자 시도하여야 한다.

③ 주의점

㉠ 연상단계에서의 반응과 질문단계에서의 반응이 연속적인 것으로 취급되어서는 안 된다.

㉡ 연상단계에서 반응된 내용들만 가지고 그 의미를 검토해 보아야 하며, 질문단계에서 반응된 내용이 검사자의 지시에 따르지 않고 자발적으로 연상되었다는 조건이 충족될 때만 그 내용이 검토될 가치가 있다.

㉢ 지나치게 빠른 속단은 금물이며 특히 한두 개 반응에 근거하여 해석을 내려서는 안 된다.

㉣ 구조적 자료와 내용분석 결과가 일치하지 않는 경우는 원칙적으로 구조적 자료를 우선적인 것으로 받아들여야 한다.

㉤ 여러 변인들을 종합하여, 개인의 장점, 문제점, 행동의 의미 등을 전체적으로 이해하려고 시도해야 한다.

기출문제 확인학습

로샤(Rorschach)검사 : 움직임 결정인(Movement Determinants) – 운동반응

1) 동작(운동)반응은 인간의 움직임 M, 동물의 움직임 FM, 무생물의 움직임 m으로 나누어진다. 인간의 동작 반응은 '달리고 뛰어오르고 싸우고 논쟁하는'과 같은 적극적 반응과 '잠자고 생각하고 미소 짓고 쳐다보는'과 같은 소극적 반응으로 구별되며 적극적 인간 운동반응은 Ma, 소극적 인간 운동반응은 Mp로 표시된다. 동물움직임과 무생물 움직임 역시 적극적 반응에 FMa, ma, 소극적 반응에 FMp, mp를 기록한다.
2) 무생물의 움직임 반응 m 반응은 인간이나 동물이 아닌 무생물의 움직임을 나타낼 때 채점되는데 예를 들면 '불이 타오르고, 폭발하고 있고, 피가 떨어지고, 폭포 물이 떨어지고, 나무가 기울어져 있다'의 경우이다. '팽팽하게 펴진 가죽, 옷걸이에 걸린 외투' 같이 자연스럽지 않은 긴장 상태를 나타내기 때문에 m 반응으로 채점된다.

로샤검사에서의 핵심영역과 결정적 특수지표 정리[14)]

1) 핵심영역(core section)

   개인이 한 반응의 타당성을 검토하기 위한 변인이 포함되어 있고 개인의 지배적인 성격적 스타일과 스트레스 통제(stress control) 및 내성(tolerance)에 관한 정보를 제공한다.

   (1) R(반응 수)

   전체 반응의 수를 의미한다. 반응수를 검토하는 이유는 개인의 심리적 특성을 반영할 만큼 충분한 반응수가 표집 될 때 해석적 신뢰성을 보장할 수 있기 때문이다.

   (2) L(람다)

   ① L은 전체 반응에서 순수 형태반응이 차지하는 비율로 개인이 심리적 자원을 경제적으로 사용하는 정도와 관련된다.

   ② 산출식 : L = F(형태반응) / R - F

   (3) D

   ① D점수는 개인이 실제로 사용가능한 심리적 자원과 현재 스트레스 자극에 의해 유발되는 심리적 활동 간의 차이점수를 나타낸다. 아래의 식에서, EA는 개인이 외부자극에 대처해가는 사고와 정서에 있어서의 심리적 자원을 의미하며, es는 개인이 경험하고 있는 심리적 자극 혹은 스트레스의 양과 관련된다.

   ② 산출식 : EA(M + WSumC) - es(FM + m + SumShd)

2) 특수지표(Special Indices)

   아래의 특수지표들은 로샤검사(Rorschach test)의 대표적인 채점체계인 Exner 종합체계의 구조적 요약의 자료들의 빈도, 가산된 총점수, 비율 및 백분율을 계산한 지표들을 기초로, 각 특수지표의 기준을 충족시킬 때 유의하게 해석한다.

   (1) PTI : PTI(지각적 사고 지표)는 왜곡된 사고와 부정확한 지각의 정도를 측정한다.

   - XA% < .70 and WDA% < .75
   - X - % > .29
   - LV2 > 2 and FAB2 > 0
   - R < 17 and WSUM6 > 12 or R > 16 and WSUM6 > 17
   - M - > 1 or X - % > .40

14) 장문선 외, 베트남 참전 고엽제 환자와 한국전쟁 참전 상이군인의 심리적특성에 관한 예비 연구 - 로샤 반응을 중심으로 - , 한국산학기술학회, 2009

(2) DEPI : DEPI(우울증 지표)는 정서적 및 인지적 우울증의 정도를 측정한다.

- (FV + VF + V > 0) OR(FD > 2)
- (Col - Shd Blends > 0) OR(S > 2)
- (3r + (2)/R > .44 and Fr + rF = 0) OR 3r + (2)/R < .33)
- (Afr < .46) OR(Blends < 4)
- (Sum Shading > FM + m) or(SumC′ > 2)
- (MOR > 2) OR(2×AB + Art + Ay > 3)
- (COP < 2) OR([Bt + 2×Cl + Ge + Ls + 2×Na]/R > .24)

(3) CDI : CDI(대응결함 지표)는 환경적 요구나 스트레스 상황에 대한 대처기능의 손상을 측정한다.

- (EA < 6) OR(AdjD < 0)
- (COP < 2) and(AG < 2)
- (Weighted Sum C < 2.5) OR(Afr < .46)
- (Passive > Active + 1) Or(Pure H < 2)
- (Sum T > 1) or(Isolate/R > .24) or(Food > 0)

(4) S - CON : S - CON(자살지표)은 자살가능성에 대한 정도를 측정한다.(주의 : 14세 이상의 수검자에게만 적용)

- FV + VF + V + FD > 2
- Color-Shading Blends > 0
- 3r + (2)/R < .31 or > .44
- MOR > 3
- Zd > + 3.5 or Zd < - 3.5
- es > EA
- CF + C > FC
- X + % < .70
- S > 3
- P < 3 또는 P > 8
- Pure H < 2
- R < 17

(5) HVI : HVI(과잉경계지표)는 환경에 대한 예민성과 경계의 정도를 측정한다.

- (1) FT + TF + T = 0
- (2) Zf > 12
- (3) Zd > + 3.5
- (4) S > 3
- (5) H + (H) + Hd + (Hd) > 6
- (6)(H) + (A) + (Hd) + (Ad) > 3
- (7) H + A : Hd + Ad < 4 : 1
- (8) Cg > 3

(6) OBS : OBS(강박증 지표)는 강박사고 및 행동의 정도를 측정한다.

- (1) Dd > 3
- (2) Zf > 12
- (3) Zd > +3.0
- (4) Populars > 7
- (5) FQ+ > 1
- (1) ~ (4) 중에서 2개 이상이 해당되고 FQ+ > 3
- (1) ~ (5) 중에서 3개 이상이 해당되고 X+% > .89

로샤 검사 구조 변인의 해석

Weiner(1998)는 상황 인식, 경험적 사고, 정서 조절, 스트레스 대처, 자기지각, 대인관계 지각의 6가지 영역으로 구조 변인의 해석을 제시하였다.

1) 상황 인식

(1) Lambda : 주변 환경에 관심을 기울이는 정도와 관심의 폭

(2) Zd : 정보를 효율적으로 조직화하는 능력

(3) X-% : 현실을 지각할 때 왜곡되어 있는 정도

(4) W : D : Dd : 주변 환경을 인식하는 경향의 정도(나무를 보는가 숲을 보는가)

(5) Xu% : 주변 상황을 정확하게 지각하는 정도, 적응하는 정도

(6) P : 관습적인가, 독특하게 인식하는가의 정도

2) 경험적 사고

(1) WSum6 : 논리적이고 합리적인 사고를 하는 정도

(2) a : p : 사고의 융통성 평가

(3) Ma : Mp : 건설적으로 사고하는 능력

(4) EBPer : 문제해결 또는 의사결정 방식

(5) 2AB + Art + Ay : 주지화 대처 정도

(6) FM + m : 의식적 통제가 없는 침투적 사고

3) 정서 조절

(1) Afr : 정서 자극의 처리 정도

(2) WSumC : SumC′ : 정서 경험과 표현 능력

(3) SumC′ : 고통스러운 감정의 내재화

(4) Color - Shading Blends : 양가적 감정

(5) SumShading : 정서적 스트레스의 정도

(6) S : 방어적 태도, 적대감이나 내재화된 분노

(7) EBPer : 감정적 의사결정의 정도

(8) FC : CF + C : 상황에 맞는 정서 표현 능력

(9) CP : 미성숙한 방어기제

4) 스트레스 대처

(1) EA : 긍정적 자원의 정도

(2) CDI : 대처방식의 적절성

(3) D : 스트레스에 대한 적응정도
(4) AdjD : 주관적 불편감
(5) EA Style : 대처방식의 일관성과 융통성

5) 자기 지각
(1) Fr + rF : 자기 자신에 대한 관점, 나르시스적 특성
(2) 3r + (2)/R : 자아중심성 지표, 자기와 타인에 관심을 기울이는 정도
(3) V : 자기 비난적 태도
(4) MOR : 병리적 손상 정도
(5) FD : 통찰 또는 자기반성할 수 있는 능력.
(6) H : Hd + (H) + (Hd) : 인간에 대한 관심, 자아정체감 정도

6) 대인관계 지각
(1) SumH : 다른 사람에 대한 관심의 정도
(2) Iso. : 소외 지표, 대인관계 기피
(3) T : 타인에게 다가가고 싶은 욕구
(4) HVI : 과민성 정도
(5) COP : 협동적 관계 욕구
(6) AG : 공격성, 경쟁적 태도
(7) a : p : 수동적, 의존적 태도
(8) M : 사회적 지각의 정확도

로샤 6개 특수점수 DV, INCOM, DR, FABCOM, ALOG, CONTAM

특수반응의 총 점수는 정상 성인집단에서 평균 4점, 조현병 진단 기준은 총 11점 이상이며, 어떤 수준의 특수반응들이 주로 나타나고 있는가가 중요하고, 동일한 특수반응이라도 그 내용의 비현실성 정도에 따라 인지장애의 심각성이 검토된다.

1) 이탈적 언어표현(DV) : 일시적인 인지적 실수나 표현장애와 연관되며, 잘못된 언어사용이나 독특한 언어적 표현과 같은 인지적 장애를 검토한다.
2) 부적절한 반응합성(INCOM) : 성인과 아동반응에서 보다 흔하게 일어나며, 브롯의 부분들을 부적절하게 융합시켜 하나의 사물로 지각하는 것으로, 정확한 변별의 실패, 구체적인 수준의 논리과정을 의미한다.
3) 이탈적 반응(DR) : 우회적인 산만 반응으로 나타나며, 잠재적인 인지적 불안정에 대한 단서를 제공한다.
4) 우화적인 합성(FABCOM) : 비합리적인 통합과정이 개입되므로 연상의 이완과 관계가 있으며, 연상의 일관성 및 논리성의 결여, 우회적이고 산만한 사고와 연관이 있어, 사고장애의 신호가 된다.
5) 부적절한 논리(ALOG) : 대부분 조현병 환자군에서 반응이 나타나며, 잘못된 인과관계가 설정되어 검증이 안 되는 비논리적 사고인 논리적 사고장애와 판단장애의 지표이다.
6) 오염(CONTAM) : 가장 심한 인지장애로, 심한 논리적 장애와 경험의 비현실적 혼합이 나타난다.

[로샤검사] 특수 점수[15)]

<table>
<tr><th></th><th>기호</th><th>설명</th></tr>
<tr><td rowspan="7">특이한 언어 반응</td><td rowspan="2">Deviant Verbalization (의사소통에 방해되는 표현방식)</td><td>DV:검사자에게 특이하다는 인상을 주는 반응
1) Neologism:수검자의 언어능력으로 볼 때 충분히 정확하게 표현할 수 있는데 부적절한 단어를 사용하거나 새로운 용어를 사용한 경우
2) Redundancy(중복):언어를 기이하게 사용하는 것으로 대상의 특성을 두 번 보고하는 경우</td></tr>
<tr><td>DR:수검자의 언어사용이 매우 특이한 경우이다. DV를 포함하는 DR반응이 있는 경우 DR만 기록한다.
1) Inappropriate phrases:매우 부적절하게 아무런 관련이 없는 구를 사용한 경우이다. 반응자체에 부적절한 구가 포함되어 있을 때 DR를 채점한다.
2) Circumstantial response:주제에서 벗어나서 애초에 말하려고 했던 목적지에 도달하지 못하는 반응이다.</td></tr>
<tr><td rowspan="3">부적절한 결합 (Inappropriate Combinations)</td><td>INCOM:Incongruous Combination
반점들이 서로 부적절하게 결합된 경우이다. 반점의 부분이 부적절하게 하나의 대상으로 합쳐진 반응이다.</td></tr>
<tr><td>FABCOM:Fabulized Combination
두 가지 이상 대상이 부적절하게 관계를 맺고 있는 반응이다. 항상 분리되어 있는 둘 이상의 반점을 포함한다.</td></tr>
<tr><td>CONTAM:Contamination
부적절한 반응결합 중에서 가장 기괴한 반응이다. 두 가지 또는 그 이상의 모습들이 비현실적으로 하나의 반응에 중첩된 것을 말한다. CONTAM 반응은 반점의 한 부분만 사용하며, 한 부분에 반응이 중첩되어 나타나는 경우이다.</td></tr>
<tr><td>Inappropriate logic (ALOG)</td><td>비논리적 표현 (ALOG)
수검자가 자기 반응을 정당화하기 위해 자발적으로 비논리적 표현을 한 경우이다. 언어적 표현에서 연상의 이완이 나타나거나 사고가 지나치게 단순화되어 있을 때 채점한다.</td></tr>
<tr><td rowspan="3">반응 반복 (PSV)</td><td>카드 내 반응 반복</td><td>동일 카드에서 위치, 발달질, 결정인, 형태질, 내용 및 Z점수가 동일한 반응이 연속적으로 나타나는 경우이다.</td></tr>
<tr><td>내용반복 (content perseveration)</td><td>앞 카드에서 발한 내상이 뒤 카드에서 동일하게 반복될 때 내용 반복으로 채전한다. 채점이 같지 않을 수 있고 때로는 완전히 다를 수도 있다.</td></tr>
<tr><td>기계적 반응 반복</td><td>신경학적 손상이 있는 사람에게 가장 흔히 나타난다. 짧고 간단하며 동일한 대상을 기계적으로 반복해서 보고한다.</td></tr>
</table>

15) **출처** : [헤아림] 심리연구소 홈페이지

통합 실패	confabulation (CONFAB)	CONFAB:confabulation:통합실패 반점의 한 부분에 대해 반응한 후에 보다 큰 영역 또는 반점 전체로 일반화시키는 경우가 있다. 부분 반응으로 적절하지만 전체 영역에 대한 반응으로는 부적절하다. 예로, 카드 1의 D1 영역에 대해 초점을 두고 '이것은 손이고 그래서 전체가 사람이다'라고 반응할 수 있다. 수검자가 반점 전체를 사용했다고 주장하더라도 이러한 CONFAB 반응에 대해서는 Z점수를 채점하지 않는다. CONFAB 반응은 매우 심각한 병리적 특성과 지각적-인지적 손상을 시사하며 ALOG가 의심되어도 함께 채점하지 않는다.
특수 내용	**추상적 내용** (AB) abstract content	추상적 내용 (AB) 1) 인간의 정서, 감각적 경험을 나타내는 것으로 반응 내용 기호인 인간 경험(Hx)와 함께 나타나는 경우 2) 구체적인 상징 표현을 한 경우:평화를 상징하는 비둘기, 악마를 상징하는 가면 등과 같이 형태가 사용되고 대상에 대한 상징적 의미가 부여된 경우이다.
	공격적 운동 (AG) aggressive movement	공격적 운동 (AG) 운동반응(M, FM, m)에 싸우는 것, 서로 빼앗은 것, 매우 화가 난 것 등 분명히 공격적인 내용이 포함되어 있을 경우이다. 공격자가 포함되어 있어야 한다.
	협조적 운동 (COP) cooperative movement	협조적 운동 (COP) 둘 이상의 대상이 적극적인 또는 협조적인 상호작용을 하는 운동반응(M, FM, m)을 말한다.
	병적인 내용 (MOR) morbid content	병적인 내용 (MOR) 1) 죽거나 다친, 혹은 파괴된 대상을 지각한 경우이다. 부서진 꽃병, 다친 곰, 썩은 나뭇잎 등이다. 2) 우울한 감정을 부여한 반응이다. 울고 있는 여자, 불행한 나무, 음침한 집이다.
개인적 반응	PER (personal)	개인적 반응:(PER, personal) 자신의 반응을 정당화시키기 위해 개인적 지식이나 경험을 사용한 경우 개인적 반응으로 채점한다. 흔히 '나는, 나에게, 나의 또는 우리'와 같은 대명사를 포함한다. 중요한 것은 자신의 반응을 정당화하기 위해 개인적 지식이나 경험을 사용한다. 예를 들어, '우리 집에서 이런 을 본적 있다. 해부학 시간에 배운 것과 똑같다' 등이다.
특수 색채 현상	**색채투사** (CP) color projection	색채투사 (CP) 색채명을 잘못하는 경우인데 언어적 실수인지, 색맹인지 여부를 확인해야 한다. 색맹이 아니고 언어적 실수인 경우 DV로 채점한다. 무채색 반점을 유채색으로 보고하는 경우, 예를 들어 무채색 카드에서 '노란색 나비'라고 한다면, 색채투사를 채점한다.

5 TAT

1) 주제통각검사 (TAT : Thematic Apperception Test) 개요

(1) 욕구이론을 펼친 머레이(Murray)와 모간(Morgan)에 의해 1935년 개발되었다.

(2) 31장의 그림판이 있는데 모두 20매의 그림(11매는 공통, 성인 남자용 9매, 성인 여자용 9매, 소년용 9매, 소녀용 9매)을 제시하고 이 그림이 어떤 상황인지, 과거에 어떤 일로 인해 지금의 상황이 되었는지, 그리고 앞으로 이 일이 어떻게 진행되어 갈 것인지에 대해 상상력을 최대한 동원하여 이야기를 꾸며보라고 지시한다.

(3) 피검사자가 꾸며낸 이야기에 그 사람의 성격이 투사되어 있을 것이라고 가정하고 그 이야기를 분석하여 성격을 진단하고자 한다.

(4) 여러 가지 해석방법이 사용되고 있으나 '욕구(내적) - 압력(환경) 관계 분석법'이 가장 많이 사용된다.

(5) 분석 내용은 주인공의 주요한 욕구, 갈등, 불안, 주위 인물에 대한 지각, 방어기제, 초자아의 적절성, 자아의 강도 등이다.

(6) 주제통각검사는 상상적 접근으로, 사고의 형식보다는 사고의 내용을 통해 인성(성격)의 내용을 주로 본다는 점에서 로샤 검사와 대비된다. - 12회 기출

(7) 로샤검사와 주제 통각 검사의 비교

	로샤 검사	주제통각검사
접근방법	지각적 접근 - 무엇을 어떻게 지각하는가?	상상적 접근 - 상상에서 얻은 자료가 기초
측정대상	인성의 구조	인성의 내용 예 충동, 욕구, 갈등

2) 주제통각검사 실시방법

(1) 주제통각검사(TAT)의 실시에서 필요한 정보가 있으면 수검자가 반응을 하고 있을 때 질문을 하는 것이 아니라, 피검자가 검사 실시 동안 자유롭게 상상하고 언어로 표현할 수 있도록 동기부여를 시킨다.

(2) 피검자는 그림을 보고 이야기를 만들어야 한다. 현재 어떤 일이 일어나고 있으며 과거에는 어떤 일이 있었으며 인물들이 어떻게 생각하고 느끼고 있는지 그리고 어떻게 결말이 날지를 포함하여 이야기해야 한다.

(3) 검사자는 "마음대로 생각해서 이야기하세요. 그래서 어떻게 되었나요? 좀 더 구체적으로 이야기해 보세요. 그 때 그는 어떤 느낌을 가졌을까요?" 등으로 피검사자를 격려해야 한다.

(4) 주제통각검사 실시 방법

① 31장의 카드 중 성별, 연령을 고려하여 선정된 20개 카드를 2회에 걸쳐서 한 차례에 10개씩 사용하여 검사한다.

② 피검자가 검사 실시 동안 자유롭게 상상하고 언어로 표현할 수 있도록 동기 부여를 시키는 것이 중요한데, 이는 개인의 의사표현 방식이 억제적이고 자유롭지 않은 경우 이러한 검사에서 반응이 매우 제한적일 것이기 때문이다.

③ 예를 들어 검사자가 피검자에게 다음과 같이 지시하는 것은 매우 유용하다.

ㄱ. 1회 검사 때 지시 내용 실례

"이 검사는 상상력의 검사이고 일종의 지능 검사입니다. 지금부터 당신에게 몇 장의 그림을 한 번에 한 장씩 보여주겠습니다. 그림을 보면서 극적인 이야기를 만들어 보십시오. 그림에 나타난 장면이 있기까지 어떤 일이 있었는지, 현재 무슨 일이 일어나고 있는지, 사람들은 무엇을 느끼고 있고 무엇을 생각하고 있는지를 이야기해 주십시오. 그리고 그 결과에 대해서도 이야기하시기 바랍니다. 생각이 떠오르는대로 이야기해 주십시오. 자, 어떻게 하는 것인지 이해가 갑니까? 지금부터 10장의 그림을 보는 데 50분 정도의 시간이 있으니 한 장에 약 5분 정도 이야기할 수 있습니다. 자, 여기 첫 번째 그림이 있습니다."

ㄴ. 2회 검사 때 지시 내용 실례

"오늘 검사 시행 방법은 상상을 좀 더 자유롭게 한다는 점 외에는 지난 번 방법과 동일합니다. 첫 번째 10개 이야기들은 매우 훌륭하였습니다. 그러나 그 이야기들은 일상적인 사실에 국한되는 것이었습니다. 이제 상식적인 현실을 무시할 때 이 그림에서 무엇을 볼 수 있는지를 알아보기로 합시다. 신화나 동화, 우화에서처럼 상상력을 마음껏 발휘해 보시기 바랍니다. 자 여기에 첫 번째 카드가 있습니다."

ㄷ. 카드 16번 백지 카드 지시 내용

"이 백지 카드에 대해 당신이 무엇을 볼 수 있는지를 알아봅시다. 이 백지에서 어떤 그림을 상상해 보고 그것을 자세하게 말해 보십시오."

실력 다지기

주제통각검사(TAT)의 해석

1) 해석방법

(1) TAT 반응을 해석하기 전에 피검자에 관한 기본 정보(성, 결혼상태, 직업, 연령, 부친의 사망이나 이별 여부, 형제들의 연령과 성 등)는 검사자가 필수적으로 갖고 있어야 한다.

(2) 해석의 타당성은 임상가의 훈련과 경험 그리고 역동심리학에 대한 이해에 의존한다.

2) 슈나이드만(Schneidman, 1951)이 제안한 다섯 가지 방식의 해석

(1) 표준화법 : TAT해석을 수량화하려는 입장이며 각 개인의 검사기록에 의한 TAT 반응상 특징을 항목별로 분류하여 유사점과 이질점을 피검사자군에서 작성된 표준화 자료에 비교하여 분석한다.

(2) 주인공 중심의 해석법 : 가장 중요한 의의를 갖는 연구법으로 이야기에 나오는 주요 인물, 주인공을 중심으로 분석하는 방법으로서 이야기 속 인물 분석법, 요구 - 압력 분석법[16], 주인공 중심법이 있다.

(3) 직관적 방법 : 정신분석이론에 기초한 가장 비조직적 분석방법이며 해석자의 통찰적인 감정이입 능력에 의존하고 반응내용 기저의 무의식적 내용을 자유연상법으로 해석하는 방법이다.

(4) 대인관계법

① Arnold(1949)의 인물 등의 대인관계 상태분석법 : 이야기 중 인물 간 및 인물들에 대한 피검사자의 역할에 비추어 공격, 친화, 도피 감정을 중심으로 분석하는 방법이다.

② White(1944)방식 : 이야기에 나오는 여러 인물의 사회적 지각 및 인물들의 상호 관계를 중심으로 분석한다.

16) 현재 가장 많은 지지를 받고 있는 분석법으로서, 개인의 욕구와 환경 압력 사이의 상호작용 결과를 분석하여 심리적 상황을 평가한다.

(5) 지각법 : 피검자의 이야기 내용 형식을 분석하며 도판의 시각 자극의 왜곡, 이야기 자체의 기묘한 왜곡, 언어의 이색적 사용, 사고나 논리의 특성 등을 포착, 분석한다.

3) 해석하는데 관련되는 기본 요인

주인공, 환경자극의 압력, 주인공의 욕구, 대상에 대한 주인공의 감정(긍정적, 부정적), 주인공의 내적 심리상태, 주인공의 행동표현 방식, 결과

아동용 주제통각검사(CAT)

1) Bellak & Bellak이 개발하였으며 3 ~ 10세 아동용으로 활용된다.

2) TAT와 다른 점은 그림판에 동물이 등장한다는 점이며 표준 그림판 9매, 보충 그림판 9매 총 18매의 그림판으로 구성된다.

주제통각검사 읽을거리

1) 1935년에 Harvard대학교의 임상심리연구실에서 Murray와 Morgan에 의하여 제작된 투사적 검사이다.

2) 피검자가 쉽게 동일시 할 수 있는 인물과 상황을 묘사한 30매의 그림카드와 아무런 그림이 없는 1매의 공백카드로 구성되어 있다.

3) 30매의 카드는 남성 성인용, 여성 성인용, 소녀용, 소년용, 겸용(공통)으로 분류되어 있는데 한 피검자에게 20매를 제시하도록 되어 있다.

4) 피검자에게 각 카드를 보여주면서 현재 무슨 일이 일어나고 있는지, 카드 내에 나타난 인물들의 생각, 느낌, 행동은 어떤지 그리고 과거에는 어떠했고 미래에는 어떻게 될 것인지에 대하여 상상력을 발휘하여 이야기를 만들어 보라고 요청한다.

5) 이 검사는 모호한 그림에 대하여 이야기를 구성하는 과정에서 피검자가 자신의 개인적인 과거 경험, 상상 및 공상내용, 관심과 욕구를 투사하게 되며, 이러한 공상 속에서 피검자의 무의식적 충동, 방어 및 개인적인 갈등이 표현된다는 가정에 근거하고 있다.

6) TAT는 임상장면에서 임상진단과 치료적 목적으로 활용될 뿐만 아니라 교육, 사회, 산업장면에서 폭넓게 활용되고 있다.

기출문제 확인학습

주제통각검사(TAT)의 해석

주제통각검사(TAT) 도판 1의 일반적인 주제

1) 주제통각검사(TAT) 도판 1의 내용

한 소년이 바이올린 앞에서 무엇인가 골똘히 생각하고 있다.

2) 주제통각검사(TAT) 도판 1의 해석

(1) 이 그림에서는 부모와의 관계가 투사되고는 한다.

(2) 부모의 태도가 강압적이고 위협적인가, 아니면 수용적이고 이해적인가를 알 수 있다.

(3) 부모의 요구에 대한 주인공의 반응으로 권위에 대한 복종과 자립에 대한 갈등, 혹은 자립에 대한 죄책감을 파악한다.

(4) 야망, 희망, 성취동기 등의 주제가 나타나기도 한다.

주제통각검사(TAT) 도판 8BM

> 한 청년이 앞쪽을 바라보고 있으며 한쪽에는 엽총이 보인다. 배경에는 몇 명의 남자에 의해 둘러싸인 한 사람이 누워있는 누군가의 배를 향해 칼을 들고 있는 희미한 장면이 있다.

1) 8BM 도판은 남성 피검자에게 특히 유용하며, 대부분 전면의 소년과 동일시한다.

2) 주로 도출되는 주제는 공격성이나 야망과 관련되어 있다.

3) 소년과 칼을 들고 있는 사람, 그리고 누워있는 세 사람과의 관계가 어떻게 구성되는지 유심히 살펴볼 필요가 있는데, 오이디푸스적 관계에 대한 단서를 제공하기도 한다.

주제통각검사(TAT) : 지시문 등[17]

1) Murray(1943)는 검사실시 요강에서 수검자 유형에 따라 두 가지의 지시문 형식을 제시하였다.

(1) 형식 A : 평균 지능과 교양을 갖춘 청소년과 성인에 적합한 지시문

"이것은 지능의 한 형태인 상상력 검사입니다. 지금부터 한 번에 한 장씩 몇 장의 그림을 보여드리겠습니다. 각각의 그림을 보면서 될 수 있는 한 드라마틱한 이야기를 만들어 내십시오. 그림에 나타난 장면이 있기까지 어떤 일들이 있었고, 현재 무슨 일이 일어나고 있으며, 그림 속의 인물들이 무엇을 느끼고 생각하고 있는지 이야기해 주십시오. 그리고 현재의 상황이 어떤 결과로 이어질지도 이야기해 주십시오. 머리에 떠오르는 대로 이야기해 주십시오. 자, 어떻게 하는 것인지 이해가 갑니까? 10장의 카드를 보는 데 50분의 시간이 걸릴 테니, 한 카드당 5분 정도 이야기할 수 있습니다. 자, 여기 첫 번째 그림이 있습니다."

17) **출처 : https** : //blog.naver.com/bacajjang

(2) 형식 B : 아동, 교육수준이나 지능이 낮은 성인, 조현병 환자를 위한 지시문

"이것은 이야기를 만들어내는 검사입니다. 제가 가지고 있는 그림을 당신에게 보여줄 것입니다. 당신이 각 그림마다 이야기를 만들어주세요. 이 그림을 보고 이전에 무슨 일이 있었으며 지금 무슨 일이 일어나고 있는지 말해 주십시오. 그림 속의 사람들이 어떻게 느끼고 생각하는지와, 그 결과 앞으로 어떻게 될 것인지 말해보세요. 당신이 하고 싶은 어떤 이야기라도 만들 수 있습니다. 자, 어떻게 하는 것인지 이해가 갑니까? 그럼, 여기 첫 번째 그림이 있습니다. 이야기를 만들 수 있는 시간은 5분입니다. 얼마나 잘할 수 있는지 볼까요."

이 지시문은 나이, 지능수준, 성격 등에 따라 변경될 수 있으며 첫 번째 그림에 대한 이야기를 다 하고나서 지시문대로 수행되지 않은 경우 다시 한 번 지시문을 일깨워 줄 필요가 있으나 이후부터는 가급적 아무 말도 하지 않는 것이 좋다.

2) 원래 Murray는 실시요강에서 TAT를 두 번에 걸쳐(통상 1~10번 카드는 첫 회기에, 11~20번 카드는 두 번째 회기에 시행) 나누어 시행해야 하며, 두 번의 시행 사이에 적어도 하루 정도의 시간 간격이 있어야 한다고 제안하였다.

3) 두 번째 시행에서 주어지는 지시문은 다음과 같다.

(1) 형식 A : 청소년이나 평균지능을 가진 성인을 위한 지시문

"오늘은 어제와 같습니다. 단지 더 자유롭게 상상해 주실 수 있을 것입니다. 지난번 본 열 장의 그림들도 좋은 것이긴 하지만, 일상생활에서 마주치는 사실들에 이야기를 제한시켜야 했습니다. 이제 그런 일상적 현실을 무시하고 상상하고 싶은 대로 상상하십시오. 신화, 동화, 우화같이 말입니다. 자, 여기 첫 번째 그림이 있습니다."

(2) 형식 B : 아동, 교육수준이나 지능이 낮은 성인, 조현병 환자를 위한 지시문

"오늘은 몇 장의 그림을 더 보여줄 것입니다. 이 그림은 더 좋고 재미있기 때문에 이번에는 더 쉬울 것입니다. 지난번에 아주 좋은 이야기를 해 주었는데, 이번에 조금 더 잘할 수 있을지 봅시다. 할 수 있다면 지난번 했던 것보다 더 흥미 있는 이야기를 만들어 주세요. 꿈이나 동화처럼 말입니다. 여기 첫 번째 그림이 있습니다."

6 BGT

1) 벤더 게슈탈트 검사 (BGT, Bender Gestalt Test) - 투사적 검사

(1) 벤더(L. Bender)가 1938년 개발한 것으로서 본래 Bender Visual - Motor Gestalt Test이었던 것을 1940년에 BGT로 개칭하였다.

(2) 형태주의 심리학의 창시자인 베르트하이머(Wertheimer)가 형태 지각 실험에 사용한 여러 기하학적 도형 중 9단계를 선택하였다(도형 A, 도형 1 - 8).

(3) 지시: "9개의 도형을 보여줄테니, 가능한 한 그림과 똑같이 그려보세요."

(4) 채점(Pascal - Suttell식 채점): 오류 즉, 이탈을 채점 / 채점 항목이 미리 경해져 있음 / 교육정도(중등교육, 대학교육)에 따라 두 개의 규준표 있음 / 전적으로 객관적인 것은 아니다.

2) BGT 검사[18]를 통해 알아볼 수 있는 증상

(1) BGT 검사의 특징

① 기질적 장애를 판별하려는 목적에서 널리 사용한다.
② 뇌손상 이외에 정신증, 정신지체, 그 밖의 성격적인 문제를 진단하는데 적용될 수 있다.
③ 시지각 - 운동 성숙수준, 정서적인 상태, 갈등의 영역, 행동통제의 특성이 드러난다.

(2) BGT 검사가 유용한 검사자

① 언어적인 방어가 심한 환자
② 강박적이고 이지적이며 자기합리화를 하는 경향이 강한 사람들 또는 자신이 가지고 있는 증상 이상으로 병리적인 반응을 보이는 사람들
③ 문화나 언어적인 배경을 뛰어넘기 때문에 언어적 능력이 제한되어 있는 사람이나 언어표현이 자유롭지 못한 환자(예 긴장성 조현병 환자)
④ 뇌손상 여부가 의심스러운 사람들
⑤ 정신지체(지적장애)를 좀 더 정확히 진단할 수 있음

18) 독일 형태심리학자인 베르트하이머(Wertheimer) 등이 제2차 세계대전이 발발하면서 다양한 문화배경에서 징집된 군인들을 진단할 필요가 생기면서부터 고안됨

🗀 실력 다지기

벤더 게슈탈트 검사(BGT)[19] 해석

1) 벤더 - 게슈탈트 검사(이하 BGT)는 베르트하이머(Wertheimer, 1923)가 지각과 관련된 게슈탈트 심리학의 원리를 증명하기 위해 고안한 도형들에 착안하여 Bender(1938)가 개발한 심리학적 평가 도구이다.

2) BGT는 임상가들에 의해 가장 자주 사용되는 심리학적 검사의 하나로 원래 두뇌의 기질적 장애를 평가하기 위한 목적으로 제작되었으나, 현재는 뇌손상이나 시각 - 운동 협응에 대한 발달적 평가 외에, 성격평가를 위한 투사적 기법 등 다양한 목적으로 폭넓게 사용되고 있다.

3) BGT 심리검사기법은 9개의 도형을 제시하고 베껴서 그리도록 하는 검사로 휴대하기가 용이하며, 검사자체가 간편하고 그 실시와 채점 및 해석이 다른 심리검사기법들보다 쉽다.

4) 채점 및 해석

(1) 조직화 방식(배열순서, 도형 A의 위치, 공간 사용, 그림의 중첩, 가장자리 사용, 용지의 회전)

(2) 크기의 일탈(전체적으로 크거나 작은, 점진적으로 커지거나 작아지는, 고립된 큰 그림 또는 작은 그림)

(3) 형태의 일탈(폐쇄곤란, 교차곤란, 곡선 묘사 곤란, 각의 변화)

(4) 형태의 왜곡(지각적 회전, 퇴영, 단순화, 단편화, 중첩곤란, 정교화 또는 조잡, 보속성[20], 도형의 재묘사)

(5) 그려 나가는 방식(그려나가는 방식에서의 일탈, 그려나가는 방향의 비일관성, 선의 질)

(6) 벤더 게슈탈트 검사(BGT)는 뇌 손상의 정도를 파악하는 신경심리검사의 하나로 사용될 수 있기 때문에 뇌 손상이 심할 경우 그대로 그리는 모사의 정확도가 떨어진다.

(7) 기질적 환자나 악성 조현병 환자는 심한 보속성을 보인다. 보속성은 장면을 변화시킬 능력의 부족이나, 이미 설정된 장면을 유지하려는 완고성을 나타내는 것으로, 자아 통제력, 현실 검증력 저하를 의미하며, 경미한 보속성은 도형 묘사의 부(不)주의성의 정도를 나타내고 심한 보속성은 기질적 환자와 악성 조현병 환자에게 나타난다.

(8) 성인에서 도형A의 정상적인 위치는 용지의 정중앙이 아니라, 용지 상부의 1/3 이내 또는 가장자리에서 (어느 가장자리에서 그리든) 2.5cm 이상 떨어져 있다면 정상적인 위치에 있는 것으로 본다.

(9) 뇌기능 장애가 의심될 때는 순간노출단계를 적용한다. BGT 실시 방법은 모사, 변용모사, 연합, 순간노출, 회상, 한계음미단계로 이루어진다. 순간노출단계(tachistoscopic phase)는 각 카드를 5초간 보여주고 기억해서 그리도록 하는 것으로, 자극 도형을 노출하는 데 시간차를 두는 것 외에는 모사단계와 차이가 없으며 뇌기능 장애가 의심될 때 사용하고, 주의집중과 단기기억 손상을 가진 기질적 장애를 가진 환자들을 감별하게 된다.

(10) 우울증 환자는 곡선의 진폭을 작게 그린다. 진폭 커지는 경우는 정서적 민감성, 반응성이 큼을 의미하고 진폭이 작아지는 경우는 정서적 민감성, 반응성이 작음을 의미하는 데 우울한 환자가 사례가 된다. 곡선의 불규칙은 정서적 행동의 불규칙성을 나타낸다.

19) BGT는 대표적인 투사 검사로 행동상의 미성숙을 검사하는 방법 중에서 가장 신뢰로운 검사이다. 로샤(Rorschach) 검사나 주제통각검사(TAT)와는 달리 비언어적인 검사로서 문화적인 영향을 적게 받기 때문에 비교적 피검사자의 나이나 문화와는 무관해서 실시, 해석될 수 있다는 장점을 가지고 있다. 또한 검사 실시, 채점, 해석이 다른 투사적 검사보다 쉽고 간편하면서도 투사적 기본이론에 일치하고 신뢰도 및 타당도가 충분하기 때문에 교육과 임상 장면에서도 활발히 사용되고 있다. 또한 BGT는 심리검사의 통합적인 면을 갖고 있어 시각 - 운동기능 성숙도, 지능, 성격구조, 정서문제, 학습장애, 학업성취도 등의 진단과 예언에 유용하게 적용될 수 있다.

20) 적절하지 않은 반응인지 알면서도 계속 동일한 반응을 하는 것이다.

심화학습

벤더 게슈탈트 검사(BGT)의 평가 항목들과 해석

BGT에서 평가되는 항목들은 조직화 방식(organization), 크기의 일탈(deviation in size), 형태의 일탈(deviation in form), 전체적 왜곡(gross distortion), 그려나가는 방식(movement) 등 5개 유목으로 나누어진다.

1) 조직화 방식(organization) - 개인의 조직성, 계획성 등과 관련

(1) 배열순서(Sequence) - 9개 도형을 용지에 배열하는 순서의 규칙성

① 일반적으로 왼쪽에서 오른쪽, 위에서 아래로 배열하며, 일반적 방식에서 벗어날 때, 피검자가 정한 순서에 변화가 일어날 때 평가의 대상이 된다.

② 채점 : 일반적 방식에서 벗어날 때(오른쪽에서 왼쪽, 아래에서 위로 배열) 1회 변화이탈로 채점, 순서가 달라질 때마다 그 회수를 세어 둔다.

③ 1회 정도의 이탈은 정상적인 것으로 본다.

㉠ 아주 정확한 순서로 배열 - 강박적인 경우

㉡ 계획성 없이 혼란된 방식 - 불안이 매우 심하거나 정신증적 증상을 가진 경우

㉢ 질서 있게 그리다가 갑자기 혼란된 방식 - 욕구 좌절에 대한 인내심이 약하거나 잠재적인 불안, 우유부단, 과도한 엄격성, 강박적인 의심

㉣ 오른쪽에서 왼쪽으로 - 소극적 또는 반항적

㉤ 2매 이상의 용지 사용 - 일단 정상이 아닌 경우로, 정신병 환자, 자기중심적, 조증환자, 과대 망상적인 조현병 환자

(2) 도형A의 위치(position of first drawing) - 도형 A를 어디에 그리는가에 대해서 평가 용지 상부의 1/3 이내, 가장자리에서 (어느 가장자리에서 그리든) 2.5cm 이상 떨어져 있다면 정상적인 위치에 있는 것으로 본다.

① 왼쪽 또는 오른쪽 아래 모서리 - 매우 병리적인 상태, 조현병, 심한 불안신경증, 편집증

② 극단적 왼쪽 위 모서리, 크기 작음 - 소심, 겁이 많은 경우

③ 용지 중앙배치, 크기 큼 - 자기중심적이고 주장적인 경우

(3) 공간의 사용(use of space) - 그린 도형들 사이의 공간 크기에 대해 평가

연속되는 두 도형 간 공간이 앞 도형의 해당 축(수평 또는 수직)의 크기보다 1/2 이상 떨어져 있거나 1/4로 좁으면 비정상이다.

① 도형 사이 공간이 지나치게 큼 - 적대적, 과장을 잘하며 독단적인 성격을 가진 사람에게서 많이 나타남

② 공간이 좁은 경우 - 수동적 경향, 퇴행, 조현성 성격 특성, 억압된 적의나 피학대 음란증적 경향

(4) 그림의 중첩(collision) - 한 그림이 다른 도형에 접해 있거나 겹쳐서 그려진 것으로 평가

① 7세 이하의 어린 아동에게서 비교적 쉽게 관찰되며, 말초신경계 장애와 근육장애에 해당함

② 평가 - 자아기능에 장애가 있음을 시사하고 계획 능력의 빈약, 극단적 충동성 반영, 뇌기능 장애 환자에게서도 나타남

(5) 가장자리의 사용(use of margin)

① 가장자리에 지나치게 치우쳐 그리는 것 - 내재된 불안의 지표가 될 수 있으며, 외부의 도움을 받아 자아통제를 유지해 보려는 노력의 일환으로 해석이 가능함

② 모든 그림을 가장자리에 붙여 그리는 것 - 뇌 손상 환자, 심하게 불안한 사람, 망상을 가지고 있는 사람에서 나타날 수 있음

③ 도형을 용지 가장자리에서 2cm 이내에 배치하는 것이 정상이며 7개 이상의 도형에서 나타나야 함

(6) 용지의 회전(shift in the position of the paper) - 주어진 용지를 수평위치로 회전시키는 것, 90도 정도 회전시키게 됨

제멋대로 하려는 것을 시사하고 심술궂음, 잠재적 또는 외현적 저항, 자기중심적 경향, 아는 체하거나 수다스러운 사람

2) 크기의 일탈(deviation in size)

(1) 전체적으로 크거나 작은 그림 - 자극 도형의 수평축의 크기보다 1/4 이상 크거나 작게 그린 것이 5개 이상일 때 유의미함

① 매우 작음 - 퇴행, 불안, 두려움, 내면의 적대감과 관련됨

② 매우 클 때 - 독단적, 반항적, 자기중심적인 경향, 부적절감, 무력감이 있을 때

(2) 점진적으로 커지거나 작아지는 그림 - 6개 이상의 도형이 뚜렷이 점점 커지거나 작아질 때 / 통제가 빈약하고 욕구 좌절에 견디는 힘이 부족한 경우에 나타남

① 작아질 때 - 에너지 수준의 저하로 나타나는 것으로 해석함

② 커질 때 - 충동성 반영

(3) 고립된 그림

① 한 도형 내에서 일부분이 아주 크거나 작은 경우(1/3 정도)

② 어느 한 도형이 다른 도형들에 비해 아주 크거나 작은 경우(1/4 정도)

③ 도형 A의 경우 각 부분의 크기가 변하는 것은 여성상(원)과 남성상(장방형)에 대한 상대적인 태도를 반영한다고 봄

3) 형태의 일탈(deviation in form)

(1) 폐쇄곤란(closure difficulty) - 도형 A, 2, 4, 7, 8 / 한 도형 내에서 폐곡선을 완성시키지 못하거나 부분들을 접촉시키는 데 어려움이 있는 것

→ 적절한 대인 관계 유지 곤란을 시사하며, 대인관계 관련 정서문제를 반영하는 지표

(2) 교차곤란(crossing difficulty) - 도형 6, 7 / 다각형들의 교차 곤란을 의미 / 선이 교차되는 지점에서 지우고 다시 그리거나 스케치하는 경우 / 선을 지나치게 꾹 눌러 그리는 경우

→ 심리적 단절(psychological blocing)의 지표가 될 수 있으며, 강박증과 공포증 환자, 대인관계의 곤란을 겪는 사람들에게 많이 나타남

(3) 곡선묘사 곤란(curvature difficulty) - 도형 4, 5, 6 / 진폭이 커지거나 작아져서 곡선의 성질이 명백히 변화된 것 / 정서와 밀접한 관련이 있음

① 진폭 커짐 - 정서적 민감성, 반응성이 큼을 의미함

② 진폭 작아짐 - 정서적 민감성, 반응성이 작음을 의미함(예 우울)

③ 곡선 불규칙 - 정서적 행동의 불규칙성

(4) 각의 변화(change in angulation) - 도형 2, 3, 4, 5, 6, 7 / 각도가 15도 이상 커지거나 작아지는 것 / 지적 발달이나 지각의 문제와 관련이 있음

① 부정확한 각 - 기질성 뇌 손상, 정신지체와 관련성 고려가 필요함

② 각도에 의미 있는 변화 - 감정조절과 충동통제가 안 되고 있음을 반영함

4) 전체적 왜곡(gross distortion) - 심한 정신 병리의 지표

(1) 지각적 회전

자극도형과 용지는 정상적인 표준위치를 유지하고 있는데도 불구하고 묘사된 도형의 주된 축이 회전된 것 / 회전의 오류를 알고 있는 자는 지각영역에서 전환곤란을 나타내는 것이고, 알지 못하는 자는 퇴행적 정신병환자와 기질적 환자

① 심한 회전 - 자아기능 수행에 심한 장애를 시사하며, 뇌기능 장애, 정신지체(지적 장애), 정신증 환자들에게서 흔히 볼 수 있음

② 시계방향 회전 - 우울증과 관련됨

③ 역 시계방향 회전 - 반항적 경향과 관련됨

(2) 퇴영

자극도형을 유치한 형태로 묘사하는 것 / 도형 2에서 원을 고리모양 또는 점으로 그림 / 도형 1, 3, 5에서 점 대신 봉선으로 그리는 경우 / 심리적 외상에 대한 비교적 심하고 만성적인 방어 상태에서 나타남 / 자아통합과 자아기능 수행의 실패를 나타내 주는 것 / 조현병 환자나 방어기제가 약화된 심한 신경증 환자에게서 나타나는 경우도 많음

(3) 단순화

자극도형을 단순화하여 그림(점이나 곡선의 수 감소) / 도형 A에서 두 부분을 접촉시키지 않는 경우 / 도형 1, 2, 3, 5에서 구성 요소들의 수 최소 3개 이상 감소 / 도형 6에서 곡선의 수 감소 / 도형 7, 8에서 다각형을 장방형으로 그리는 경우 / 외적 대상이나 사물에 대한 집중력의 감소 / 업무를 완수하는 데 필요한 에너지를 충분히 사용하지 않으려는 경향(꾀부림) / 행동의 통제나 자아기능의 장애와 관련

(4) 단편화

자극의 형태가 본질적으로 파괴된 것 / 도형의 묘사를 분명하게 완성하지 못하는 경우 / 형태가 결합되어 있지 않고 부분이 떨어져 있는 모양으로 묘사되어 전체 형태가 상실된 경우 / 지각 - 운동 기능 수행에 심한 장애를 반영, 추상적 사고능력과 통합능력의 저하와도 관련됨

(5) 중첩곤란

도형 A, 4, 7 / 존재하지 않는 중복을 크게 겹쳐 그리는 것(A, 4) / 두 부분을 겹치지 못한 것, 겹치는 시점에서 어느 한 쪽 그림의 여러 부분을 단순화하거나 왜곡시키는 것(7) / 중첩 곤란은 뇌기능 장애와 관련이 있음

(6) 정교화 또는 조잡

너무 정교하게 그리거나 낙서하듯이 되는 대로 그려서 그 모양이 크게 변해버린 것 / 원래 도형 모양에 고리나 깃 모양을 덧붙인다거나 선 또는 곡선을 더하는 것 / 조증 삽화를 보이는 환자들에게 보임, 충동 통제의 문제와 불안과 관계있음

(7) 보속성

앞 도형의 요소가 뒤 도형에 이어서 이용됨(도형 1에서 사용된 점이 도형 2에서 원 대신 점으로 그대로 사용) / 한 도형의 요소들이 자극 도형에서 요구되는 이상까지 연장해서 그림(도형 1에서 12개 점 대신 14개: 고집 경향)

① 보속성은 장면을 변화시킬 능력의 부족이나, 이미 설정된 장면을 유지하려는 완고성을 나타냄

② 자아 통제력, 현실 검증력 저하

③ **경미한 보속성**: 도형 묘사의 부주의성의 정도

④ **심한 보속성**: 기질적 환자와 악성 조현병 환자

(8) 도형의 재 묘사

첫 번째 모사한 것을 완전히 지우지 않고 그대로 둠 / 지우개를 사용하지 않고 줄을 그어 지워버리고 다시 그림 / 이러한 현상이 한 번 일어나면 현재 불안 수준이 상승되어 있음을 반영함 / 한 번 이상 일어나면 계획 능력의 부족 또는 지나친 자기 비판적 태도

5) 그려나가는 방식(movement)

(1) 그려나가는 방향에서 일탈

도형의 선과 곡선을 그리는 데 있어서, 처음에 피검자가 정하고 시작한 방향으로부터의 일탈이 일어난 경우 일반적인 운동방향은 역시계 방향, 위에서 아래, 도형의 내부에서 외부 / 역시계 방향의 운동은 정상적인 성격 적응 / 시계 방향의 운동은 수동 - 공격적인 경향과 자기중심성을 시사함

(2) 그려나가는 방향의 비일관성

① 그려나가는 방향이 일정하지 않고 비일관되게 변화하는 경우 - 긴장 때문에 발생 가능

② 그 도형이 피검자에게 특징적이고 상징적인 의미를 가지는 경우 - 현재의 어떤 심리적 갈등을 시사함

(3) 선의 질

지나치게 굵은 선, 협응이 빈약하고 지나치게 굵은 선, 지나치게 가는 선, 협응이 빈약하고 지나치게 가는 선, 빈약한 협응 및 스케치한 선 등 / 뇌기능 장애, 강렬한 불안, 적응을 못하는 사람

기출문제 확인학습

허트(M. Hutt)의 채점기준에 따른 BGT 도형 A를 모사한 곤란반응들 중 폐쇄곤란

1) 도형 A는 원과 접촉한 사각형이며, 도형 A의 경우 각 부분의 크기가 변하는 것은 여성상(원)과 남성상(장방형)에 대한 상대적인 태도를 반영한다고 알려져 있다.
2) 형태의 일탈(deviation of form) 중 폐쇄곤란 - 허트(M. Hutt)
   (1) 폐쇄곤란(closure difficulty)은 한 도형 내에서 폐(閉)곡선을 완성시키지 못하거나 부분들을 접촉시키는 데 어려움이 있는 것을 말한다.
   (2) 이러한 폐쇄곤란이 일어나는 도형은 A, 2, 4, 7과 8이다.
   (3) 폐쇄곤란은 적절한 대인관계를 유지해 나가기가 곤란함을 시사하며 이와 관련된 정서 문제를 반영하는 지표가 될 수 있다.

실력 다지기

1) 홀츠만 잉크반점기법(HIT)
   (1) 홀츠만 잉크반점기법은 1961년 최초로 출현하여, 정신질환이 있는 사람과 없는 사람을 비교할 때 사용하며 현재 그 사용이 증가되는 추세에 있다.
   (2) HIT는 2세트로 된 45장의 잉크반점 카드로 구성되어 있으며 5세 이하의 아동들에게는 실시될 수 없다.
   (3) 로샤 검사와는 다르게 각 카드에 대해 단 한 개의 반응을 하게 하며 반응 즉시 반응의 위치와 이유를 알기 위해 표준화된 질문을 실시한다.
2) 로웬펠드 모자이크 검사
   (1) 로웬펠드 모자이크 검사는 다양한 기하학적 형태와 색채 및 두께를 갖는 456개의 모자이크 조각으로 구성되어 있으며 2세 이상의 아동에게 사용할 수 있다.
   (2) 검사자는 아동에게 각 형태와 색채의 표본을 제시하고 5가지의 형태는 6가지의 색채로 구성되어 있다고 설명해 준다.
   (3) 검사자는 아동에게 준비된 접시 위에 그가 원하는 것을 만들도록 요구하고 어떤 모양이 완성되면 그것이 무엇인지 설명하도록 한다.
3) 로렌츠바이츠의 그림 좌절 검사(Picture - Frustration Test : PFT)
   (1) 이 검사는 욕구불만에 대한 반응들을 측정하는 회화연상검사로, 욕구불만에 대한 반응을 측정해서 개인의 인격구조를 이해하기 위한 것이다.
   (2) 그림은 풍사적으로 제시하여 검사에서 오는 긴장감을 주지 않는다.
   (3) 기본 과정은 아동이 그림에서 나타난 욕구 좌절된 사람으로 의식적으로나 무의식적으로 동일시하고 빈칸에 자신의 생각을 기입한다는 것이다.
   (4) 검사의 내용 : 자아 좌절 장면, 초자아 좌절 장면
   (5) 검사의 실시 방법 : 좌절 장면에서 좌절당한 어린이가 어떻게 답을 할 것인가에 대해 제일 먼저 떠오르는 생각을 빈칸에 적게 한다.
   (6) 해석 방법 : 투사적 검사이기 때문에 검사자의 주관이 많이 들어갈 수 있다.

4) 켄트 - 로사노프 자유연상검사

투사법의 하나로 4세 이상의 아동에서부터 성인까지 실시될 수 있도록 설계되었다. 이 검사는 1910년 개발된 검사로서 100개의 자극카드로 구성되어 있다. 아동은 검사자가 읽어주는 단어를 듣고 제일 먼저 떠오르는 단어를 말하도록 요구 받는다. 검사자는 아동의 반응과 반응시간 및 반응과 관련된 행동들을 기록한다. 유치원 아동부터 성인까지의 규준이 마련되어 있다.

5) 블랙키 그림

5세 이상의 아동을 위해 제작된 투사적 기법이다. TAT를 수정하여 만든 이 검사는 개를 주인공으로 하는 12장의 만화로 구성되어 있다. 저항을 야기시키는 억압적 상황에서 개는 사람보다 유기체 내부의 감정을 억압하지 못하고 더 쉽게 표출시키는 경향이 있기 때문에 개를 주인공으로 하는 것이다. 각 카드는 검사자의 설명과 함께 제시되며, 피검사자는 TAT식의 이야기를 만든다.

참고

블랙키 그림과 아동통각검사의 비교

1) 블랙키 그림
   (1) 5세 이상의 아동을 위해 제작된 투사적 기법이다.
   (2) TAT를 수정하여 만든 이 검사는 개를 주인공으로 하는 12장의 만화로 구성되어 있다.
   (3) 저항을 야기시키는 억압적 상황에서 개는 사람보다 유기체 내부의 감정을 억압하지 못하고 더 쉽게 표출시키는 경향이 있기 때문에 개를 주인공으로 하는 것이다.
   (4) 각 카드는 검사자의 설명과 함께 제시되며, 피검사자는 TAT식의 이야기를 만든다.
2) CAT(아동용 주제통각검사)
   (1) Bellak(1949)가 제작한 아동용 투사적 성격검사이다.
   (2) CAT는 아동이 주요인물이나 충동에 대응해 나가는 방식을 이해할 수 있도록 해준다.
   (3) CAT에서는 대인관계, 사회적 상호작용, 동일시 양식과 같은 아동의 보다 구체적인 문제들을 반영하는 반응들이 나타난다.
   (4) TAT를 사용하지 않고 CAT를 만든 이유는 TAT는 도판들의 자극 장면이 성인에게 알맞게 그려져 있기 때문이다.
   (5) 아동기에 주로 나타나는 여러 가지 심리적 문제들이 쉽사리 투사될 수 있는 그림들로 바꾸고, 도판에 등장하는 주인공도 동물들로 바꾸어서 만들었다.
   (6) 검사도구로는 CAT 표준판 9개와 CAT 보충판 9개로 모두 18개이다.

6) 인물화 검사[21]

(1) 피험자에게 남녀 인물을 그리도록 함으로써 그림에서 나타난 정보를 통하여 지능이나 성격 등을 파악하는 검사법이다.

(2) 구디너프(F. Goodenough)는 인물화를 그리게 함으로써 아동의 지능 발달수준을 판정하고자 했다. 인물화 검사에서 신체의 모양은 자아상을 반영하고 그림에서 강조된 기관은 의사소통 수단, 관념화, 욕구, 체계, 성적능력, 갈등, 좌절경험, 성장력 등을 반영한다. 인물화 검사는 이러한 투사적 평가 외에 지적 능력이나 발달 평가에도 사용된다.

21) 특수교육학 용어사전, 국립특수교육원, 2009

7) 동적가족화 검사(KFD : Kinetic Family Drawing)

(1) 번즈와 카우프만(Burns and Kaufman, 1970)에 의해 개발된 기법으로 가족화에 움직임을 첨가한 투사화이다.

(2) 동적 가족화의 목적은 가족 내에서의 자기 자신과 다른 가족구성원에 대한 지각을 파악하고 가족 간의 상호작용과 역동성을 파악하기 위함이다.

(3) 동적 가족화는 일반적인 상담 장면에서 그리게 하는데, 크지 않은 방에 적당한 높이의 책상과 의자가 있으면 충분하지만 피험자가 자유롭고, 수용적인 장면임을 느낄 수 있는 친화관계(Rapport)를 형성하는 것이 필요하다.

(4) 대개의 경우 책상을 가운데 두고 마주보는 형태로 검사준비를 갖추지만, 어린 아동인 경우에는 시선을 마주보는 형태로 의자의 위치를 바꾸거나 평행으로 같은 방향에 앉는 것이 좋은 경우도 있다.

(5) 집단적인 검사도 가능하나, 적어도 임상적 상황에서는 일대일로 검사하는 것이 바람직하다.

(6) 연령순이나 사회적 지위 순으로 그리는 가족화의 단점을 보완하여 가족구성원에 대한 감정이나 태도를 투사하게 하는 것이다.

(7) 동적 가족화의 해석은 (1) 인물상의 행위, (2) 양식, (3) 상징, (4) 역동성, (5) 인물상의 특성 등 5개의 진단 영역으로 나누어서 해석한다.

(8) 해석 : 가족 간의 감정을 용지의 전체적인 맥락에서 파악할 수 있는 영역으로 인물상의 순서, 위치, 크기, 거리, 방향, 생략, 타인의 묘사 등이 이에 속한다.

① 인물상의 순서

㉠ 가족 내의 일상적 순서를 나타내는 경우가 많다.

㉡ 특정 인물이나 자기상이 제일 먼저 그려진 경우에 내담자의 가족 내 정서적 위치에 대해서 특별히 고찰할 필요가 있다.

② 인물상의 위치

㉠ 위쪽으로 그려진 인물상은 가족 내 리더로서의 역할이 주어지는 인물을 나타내며 높은 목표를 가지고 그 목표에 도달하고자 노력한다.

㉡ 가족 구성원 전원이 위쪽으로 그려진 경우는 가족 전체의 현재 상황에 대한 피험자의 불안이나 불안정감을 의미한다.

㉢ 아래쪽은 억울한 감정이나 침체감과 관계가 있다.

㉣ 가장자리나 아래쪽은 불안정, 낮은 자존감을 의미하기도 한다.

㉤ 좌우로 구분했을 때, 우측은 외향성과 활동성에 관계하며, 좌측은 내향성과 침체성과 관계가 있다.

㉥ 적절히 적응하는 사람들은 남녀 모두 자기상을 우측에 그리는 일이 많다.

㉦ 중앙부에 그려진 인물상은 가족의 중심인물인 경우가 많다.

㉧ 만약 내담자가 중앙부에 자기상을 위치시켰을 때는 자기중심성이나 미성숙한 인격을 의미하는 경우도 있다.

③ 인물상의 크기

㉠ 가족 구성원에 대한 관심의 정도가 인물의 크기를 반영한다.

㉡ 부정적이든 긍정적이든 관심이 큰 인물이 크게 그려진다.

㉢ 전반적인 그림이 현저하게 큰 것은 공격적 성향이나 과장, 부적절한 보상적 방어의 감정이나 과잉행동을 나타낸다.

㉣ 반면에 현저하게 작은 그림은 열등감, 무능력함, 혹은 부적절한 감정, 억제적이고 소심함을 나타낸다.

④ 인물상 간의 거리[22]

㉠ 인물상 간의 거리는 내담자가 본 가족 구성원들 간의 친밀성 정도나 심리적인 거리를 반영하는 것이라고 할 수 있다.

㉡ 인물상이 겹쳐지거나 접촉되어 있는 것은 두 사람 사이에 친밀함이 존재함을 의미한다.

㉢ 반대로 거리가 먼 경우에는 실제 생활에서도 상호작용이나 의사소통이 소원한 경우가 많다.

⑤ 인물상의 방향 : 그려진 인물상의 방향이 정면일 경우에는 긍정적인 감정, 측면일 경우는 반 긍정, 반 부정적인 감정 그리고 뒷면일 경우에는 부정적인 감정을 반영한다고 볼 수 있다.

⑥ 인물상의 생략

㉠ 가족 구성원의 생략은 그 가족 구성원에 대한 적의나 공격성, 불안 등의 부정적인 감정을 표현한 것으로 볼 수 있다.

㉡ 인물상을 지운 흔적은 지워진 인물과의 양가감정 혹은 갈등이 있을 수 있음을 암시하거나 강박적이고 불안정한 심리상태를 나타낼 경우도 있다.

㉢ 가족 구성원의 일부를 용지의 뒷면에 그리는 경우는 그 개인과의 간접적인 갈등을 시사한다.

⑦ 타인의 묘사 : 가족 구성원이 아닌 제3자를 그리는 경우에는 가족 내에 누구에게나 마음을 터놓을 수 없는 상태에 있음을 나타낸다.

⑧ 인물상의 특성

㉠ 음영

㉮ 신체 부분에 음영이 그려진 경우 그 신체 부분에의 몰두, 고착, 불안을 시사한다.

㉯ 그림의 윤곽선이 진하고 그림 안의 선들이 진하지 않을 경우 성격의 평형을 유지함이 곤란함을 나타낸다.

㉡ 윤곽선 형태

㉮ 강박적 사고와 관련이 있다.

㉯ 인물상을 빈틈없이 그릴 수 없을 정도로 과도하게 집착하고 있음을 시사한다.

㉢ 신체 부분의 과장

㉮ 신체 부분의 확대 혹은 과장은 그 부분의 기능에 대한 집착을 나타낸다.

㉯ 신체 내부를 투명하게 보이는 경우는 현실 왜곡, 빈약한 현실감각, 정신장애 가능성을 내포한다.

㉣ 신체 부분의 생략 : 그 신체 부분의 기능의 거부와 그 부분에 집착된 불안이나 죄의식을 나타낸다.

㉤ 얼굴 표정

㉮ 직접적인 감정을 나타내므로 해석상 확실한 지표가 된다.

㉯ 인물의 표정은 가족활동 안에서 내담자가 지각하는 정서반응일 수 있다.

㉰ 얼굴 표정을 생략한 경우 가족 내에서 느끼는 갈등이나 정서적 어려움을 회피하거나 거리감을 두려는 시도로 해석할 수 있다.

㉥ 의복의 장식

㉮ 나체상을 그리는 사람은 사회규범에 대해 반항적이며 성적 문제를 가지는 경향이 많다.

㉯ 의복을 통하여 신체가 보이도록 그리는 경우는 현실 검증력이 낮고, 심리적으로 장애가 있는 경우가 많다.

22) 인물상 간의 거리는 내담자가 본 가족 구성원들 간의 친밀성 정도나 심리적인 거리를 반영하는 것이라고 할 수 있다. 인물상이 겹쳐지거나 접촉되어 있는 것은 두 사람 사이에 친밀함이 존재함을 의미한다. 반대로 거리가 먼 경우에는 실제 생활에서도 상호작용이나 의사소통이 소원한 경우가 많다.

㉦ 회전된 인물상 : 인물상이 기울기도 하고 옆으로 누워 있는 경우가 있는데, 보편적으로 강한 불안정과 정서 통제가 되지 않는 내담자에게서 나타난다.

㉧ 정교한 묘사 : 그림이 극히 정교하고 정확하며 질서가 있는 경우는 환경구성에 대한 그림을 그리는 사람의 관심이나 욕구를 반영하는 것이나, 과도한 표현은 강박적이고 불안정한 심리상태를 의미한다.

㉨ 필압

㉮ 선이 굵고 강하게 나타나는 경우는 충동이 밖으로 향하고 공격적이고 활동적이다.

㉯ 반대로 약하고 가는 선은 우울하고 소극적인 사람에게 나타난다.

정리

전반적 검사 개념 정리

1) WISC - R : 아동에게 개별적으로 실시되는 지능검사로 웩슬러의 아동용 지능검사이다.
2) K - WPPSI : 만 3세부터 7세 3개월까지 실시하는 유아, 초등용 한국판 웩슬러 지능검사로 언어성, 동작성 검사를 한다.
3) K - ABC : 카우프만의 아동평가 종합검사로 초등학교까지의 아동(2세 6개월부터 12세 6개월까지)에게 실시하는 지능검사로 순차처리 척도, 동시처리 척도, 인지처리과정 종합 척도, 습득도 척도의 4개의 하위척도로 구성되어 있다.
4) 다중지능검사 : 하워드 가드너의 이론으로 언어, 음악, 공간, 논리수학, 신체운동, 인간친화, 자기성찰 등 7개의 지능으로 구분되어 있다.
5) 비네 지능검사 : 정신지체 아동을 선별하기 위해 고안된 검사로 기억력, 상상력, 이해력, 미적 감식력 등과 같은 복잡한 심리과정을 측정하는 여러 가지 하위검사로 구성되어 있다.
6) 스텐포드 - 비네 검사 : 비네 - 시몬의 검사를 바탕으로 재구성된 검사이며, 2세부터 18세까지 실시한다.
7) VMI(Visual Motor Inventory) : 만 4세 이상 13세까지 실시하는 시각 - 운동 통합발달검사로, 학습과 행동장애를 초기에 발견하도록 고안된 선별검사이다.
8) BGT(Bendor Gesutalt Test) : 만 5세부터 성인을 대상으로 실시하는 벤더 게슈탈트 검사로 시각 - 운동 및 시지각 능력을 측정하는 검사이다.
9) HTP(House - Tree - Person Drawing Test) : 만 3세 이상 실시하는 검사로, 집 - 나무 - 사람 그림화 검사로 아동의 성격적, 정서적 특성을 파악 할 수 있는 투사검사이다.
10) KFD(Kinetic Family Drawing) : 만 3세 이상 실시하는 검사로, 동작성 가족화 검사로 가족역동 및 아동의 가족에 대한 지각을 알 수 있는 투사검사이다.
11) 로샤 검사(Rorschach Ink blot test) : 만 4세부터 실시하는 검사로, 대처양식, 감정, 자기개념, 대인관계양식, 정보처리 방식에 대한 정보를 제공해 주는 투사검사이다.
12) TAT(Thematic Apperception Test) : 만 10세 이상 실시하는 주제통각검사로, 대인관계와 환경지각을 나타내는 성격의 역동성을 투사하는 검사이다.
13) SCT(Sentence Completion Test) : 아동 및 성인을 대상으로 실시하는 검사로, 문장완성 검사로 자아개념과 대인관계 및 환경에 대한 지각을 나타내는 투사검사이다.
14) MMPI(Minnesota Multiphasic Personality Inventory) : 만 15세 이상 실시하는 검사로, 다면적 인성검사로 객관적인 성격검사이다.

기출문제 확인학습

클로닝거(C. R. Cloninger)의 심리생물 인성모델(7가지의 기본척도)에서 기질과 성격의 구조 및 특징 - TCI (Temperament and Character Inventory)[23)]

1) 기질은 자동적으로 일어나는 정서적 반응성향 행동조절 시스템에 대한 기초 신경시스템의 발달양상으로 유전적 요인이며 기질척도[24)]로는 4개의 척도가 있는데 ① 자극추구, ② 위험회피, ③ 사회적 민감성, ④ 인내력이다.
   (1) 자극추구 척도 : 새로운 자극, 보상 단서에서 행동의 활성화와 처벌과 단조로움을 적극적으로 회피하려는 유전적 성향에서의 개인차를 알 수 있다.
   (2) 위험회피 : 처벌이나 단서 앞에서 수동적인 회피성향, 행동이 억제되거나 이전의 행동이 중단되는 유전적 성향에서의 개인차를 알 수 있다.
   (3) 사회적 민감성 : 행동특성 중 사회적 보상 신호에 민감하게 반응하는 유전적인 경향성을 알 수 있다.
   (4) 인내력 : 한 번 보상된 행동을 일정한 시간 동안 꾸준히 지속하려는 성향이 있는지에 대해 알 수 있다.
2) 성격은 체험하는 것에 대한 개인적 해석과의 관계, 자기개념의 발달과 관련 기질과 환경의 상호작용의 결과이다.
   (1) 성격척도에는 3개의 척도가 있는데 ① 자율성, ② 연대감, ③ 자기초월이다.
   (2) 자율성 : 자율적인 자율로서의 자기로 자신이 선택한 목표와 가치를 이루기 위하여 자신의 행동을 상황에 맞게 통제, 조절, 적응시키는 능력을 나타내준다.
   (3) 연대감 : 사회의 한 일부분으로서의 자기로서, 타인에 대한 수용 능력 및 타인과의 동일시 능력에서의 개인차를 말해준다.
   (4) 자기초월 : 우주의 일부로서의 자기로 우주만물과 자연을 수용하고 동일시하며 이들과 일체감을 느끼는 능력에서의 개인차를 말해준다.
3) TCI 프로파일 해석 - 개별 척도의 해석
   (1) 기질유형(Temperament type)의 해석 : 3가지 기질차원(자극추구, 위험 회피, 사회적 민감성)의 상호작용의 관점에서 가장 잘 이해된다.
   (2) 성격 척도와 기질유형의 연계 해석 : 성격 척도들 중에서 특히 자율성과 연대감 차원의 발달정도를 평가하고, 성격발달의 정도가 기질유형에 미치는 조절적 영향을 이해한다.
   (3) 성격유형(Character type)의 해석 : 3가지 성격차원들(자율성, 연대감, 자기 초월)의 조합의 의해서 이루어지는 성격유형을 분류하고 이를 해석한다.

23) TCI는 기존의 다른 인성검사들과는 달리, 한 개인의 기질과 성격을 구분하여 측정할 수 있다는 데 큰 장점이 있으며, 기질과 성격의 분리로 인해서, 인성 발달에 영향을 미친 유전적 영향과 환경적 영향을 구분하여 인성 발달 과정을 이해하는 것이 가능하다.

24) 기질척도로 8가지의 기질을 구분할 수 있는데, 모험적 기질, 열정적 기질, 예민한 기질, 폭발적 기질, 꼼꼼한 기질, 독립적 기질, 신뢰로운 기질, 조심성 많은 기질이다.

K - WAIS - IV(Korean Wechsler Adult Intelligence Scale - IV) 검사[25)]

1) 한국 웩슬러 성인용 지능검사 - 4판은 16세 0개월부터 69세 11개월까지의 청소년과 성인의 인지능력을 개인적으로 평가할 수 있도록 만들어진 임상도구이다.
2) WAIS - IV는 웩슬러 성인용 지능검사의 가장 최신판으로, 소검사들과 합성점수로 이루어져 있다.
3) 합성점수는 일반적인 지적 능력을 나타내주는 점수와 특정 인지영역에서의 지적 기능을 나타내 주는 점수로 구성되어 있다.
4) WAIS - III에서 처음으로 채택되었던 언어이해, 지각추론, 작업기억, 처리속도의 4요인 구조가 WAIS - IV에서도 유지되어 K - WAIS - IV에서도 4요인 구조가 그대로 적용되었다.
5) 또한, 이전 판에 있던 소검사들 중 차례 맞추기와 모양 맞추기가 없어지고 행렬추론, 동형 찾기, 퍼즐, 순서화, 무게비교, 지우기와 같은 새로운 형식의 소검사가 추가되었다.

카우프만의 아동평가 종합검사(K - ABC : K - Assessment Battery for Children)의 특징[26)]

1) 좌반구와 우반구의 기능 차이에 초점 : 인지과정에 관한 이론에 토대를 두고 있는 이 검사는 뇌의 좌반구와 우반구의 기능 차이에 초점을 두고 있다.
2) 2세 6개월 ~ 12세 6개월이 대상 : 이 검사는 2세 6개월 ~ 12세 6개월까지의 아동을 대상으로 학습잠재력과 성취도 모두를 측정하고자 한다.
3) 순차적 처리검사와 동시적 처리검사로 구성 : 이는 계열적이거나 동시적인 순서로 문제를 해결하는 순차적 처리검사와 문제를 통합하고 종합하는 것을 요구하는 동시적 처리검사로 구성되어 있다.
4) 비언어적 척도 포함 : 이 검사는 언어의 영향을 최소화하기 위해 패턴인지, 도형유추, 손동작 반복과 같은 비언어적 척도를 포함하고 있다.
5) 문화적 환경에서 습득한 것과 학교에서 습득한 것을 분리하여 평가 : 인종, 문화, 언어 등 사회경제적 배경이 검사에 미치는 영향을 최소화하기 위해 문화적 환경에서 습득한 것과 학교에서 습득한 지식과 능력의 평가를 분리한다.
   (1) 순차 처리 : 분석적, 순차적, 시간적, 명제적 처리 능력을 측정 / 주로 좌반구의 분석적 - 계차적 능력
   (2) 동시 처리 : 통합적, 공간적, 병렬적 사고 능력을 측정 / 주로 우반구의 동시적 - 전체적 능력
   (3) 인지 처리 : 순차 처리 + 동시처리
   (4) 습득도 : 주로 학습, 문화적 경험에 기초한 사실적 지식과 기능의 범위를 측정

25) **출처** : 경기도 검찰청(2013), 묻지마 범죄자 심층면접을 통한 실증적 원인 분석 및 대응방안 연구

26) **출처** : 전태련 교육학

부연

K - ABC 구성과 성질

1) 지능(intelligence)과 습득도(achievement)를 측정하기 위해 개발된 지능검사이다.
2) 연령 : 2세 6개월 - 12세 6개월까지 정상아동 및 특수아동
3) 소요시간 : 취학 전 아동(약 30분 정도), 초등학교 취학아동(약 60분 정도)
4) 순차처리척도 : 문제를 해결할 때 정보를 한 번에 한 개씩 시간적인 순서로 연속적으로 분석 처리 하는 과정 → 좌반구(언어)
5) 동시처리척도 : 가장 효율적으로 문제를 해결하기 위해 자극의 전체적인 통합을 하는 과정 → 우반구
6) 인지처리과정 척도 → 유동성(선천적) 지능
   (1) 문제해결과 관련된 일련의 기능
   (2) 아동의 현재 지적능력의 정도를 측정함(문제해결 기능)
7) 습득도 척도 → 결정성(후천적) 지능
   (1) 사실에 관한 지식 또는 이미 습득한 지식과 기능을 반영함
   (2) 문제해결과 사실에 대한 지식을 명확하게 구분하여 측정함

CHAPTER 03

기타 심리측정 평가의 활용에 관한 사항

제1절 | 기타 객관적 검사

1 MBTI 검사의 활용

1) 마이어-브리그스 유형 지표[1](MBTI : Myers-Briggs Type Indicator)

(1) 우리 각자가 가지고 태어난 선천적인 경향을 알아보고자 하는 것이다.

(2) 4개 차원(세상에 대해 어떤 태도를 갖는가, 무엇으로 인식하는가, 어떻게 결정하는가, 채택하는 생활양식은 무엇인가)으로 응답자를 분류(외향·내향, 감각·직관, 사고·감정, 판단·인식)한다.

(3) 직업적 차원에서 현재 직업 불만족의 이유를 탐색하며 직업대안 및 적합한 직업 환경 탐색 및 직업을 좋아하는 이유 제시 등에 활용한다.

기출문제 확인학습

마이어-브릭스 유형 지표(MBTI)

1) MBTI는 마이어 - 브릭스 유형 지표(The Myers - Briggs Type Indicator)의 약어이다.
2) 융(C.G. Jung)의 심리유형론을 근거로 하는 심리검사이다.
3) 1921 ~ 1975년에 브릭스(Katharine Cook Briggs)와 마이어(Isabel Briggs Myers) 모녀에 의해 개발되었다.
4) 개인이 쉽게 응답할 수 있는 자기보고 문항을 통해 각자가 인식하고 판단할 때 선호하는 경향을 찾아낸 뒤, 그 경향들이 행동에 어떤 영향을 끼치는가를 파악하여 실생활에 응용한다.
5) 성격유형은 모두 16개이며 외향형과 내향형, 감각형과 직관형, 사고형과 감정형, 판단형과 인식형 등 네 가지의 분리된 선호경향으로 구성된다.
6) 선호경향은 교육이나 환경의 영향을 받기 이전에 잠재되어 있는 선천적 심리경향을 말하며, 각 개인은 자신의 기질과 성향에 따라 각각 네 가지의 한쪽 성향을 띠게 된다.

1) 융(C. Jung)의 성격유형이론을 차용한 지표이다.

2) 마이어-브릭스 유형 지표(MBTI)의 네 가지 양극차원

(1) 세상에 대한 일반적인 태도(관심의 방향)

① **외향형(E)**: 사람과 사건들과 같은 외부세계에 관심이 있는가?

② **내향형(I)**: 관념과 내적반응 같은 내부세계에 관심이 있는가?

(2) 지각적 또는 정보 수집적 과정

① **감각형(S)**: 정보를 오감(五感)을 통해 수집하고 사실과 자료에 초점을 맞추는가?

② **직관형(N)**: 직관을 거친 개연성과 육감(肉感)에 초점을 맞추는가?

(3) 정보 사정 스타일

① **사고형(T)**: 논리와 이성에 의거해서 정보를 사정하는가?

② **감정형(F)**: 개인의 가치에 따라 다른 사람에 대한 영향을 고려하면서 정보를 사정하는가?

(4) 의사결정 속도

① **판단형(J)**: 일을 종결하기 위해서 신속하고 확고한 의사결정을 하는가?

② **지각형(P)**: 정보를 더 수집하기 위하여 의사결정을 미루는가?

기출문제 확인학습

MBTI의 4가지 차원

1) 외향(E : Extraversion)/내향(I : Introversion)
주의집중의 방향과 에너지의 원천에 따라 구분됨

2) 감각(S : Sensing)/직관(N : iNtuition)
정보수집(인식)기능에 따라 구분됨

3) 사고(T : Thinking)/감정(Feeling)
의사결정(판단)기능에 따라 구분됨

4) 판단(J : Judging)/인식(Perceiving)
행동(생활)양식에 따라 구분됨

정리

마이어-브릭스 유형 지표(MBTI, Myers-Briggs Type Indicator)

1) 4가지 유형

(1) 어느 방향에서 나의 에너지가 더 선호하게 흐르는가? (에너지 방향, 원천, 주의집중)

- 외향성(E : Extroversion) / 내향성(I : Introversion)

(2) 나는 어떤 것을 인식할 때 어떤 과정으로 인식하는 것을 더 선호하는가? (정보수집)

- 감각기능(S : Sensing) / 직관기능(N : iNtuition)

(3) 무엇을 결정하고 어떤 견해를 내세울 때, 어떤 과정으로 판단하는 것을 더 선호하는가? (판단과 결정)

- 사고형(T : Thinking) / 감정형(F : Feeling)

(4) 나의 외부생활에서 판단기능을 더 선호하는가? 인식기능을 더 선호하는가? (생활유형)

판단태도(J : Judging) / 인식태도(P : Perceiving)

2) 구체적인 분류

(1) 외향형(E)

① 자기 자신의 외부에 있는 사건, 상황, 사람들에 의해 에너지가 주입된다.

② 무엇보다 말을 먼저 하는 경향이 있으며, 그 다음 자신이 말한 것 - 자신이 생각하는 것에 대하여 생각한다.

③ 많은 사람들을 알고 많은 친구를 가진 것처럼 보이고 그들과 함께 즐기며, 여러 장소에 가고 많은 일을 하는 것처럼 보인다.

④ 자신은 그들과 그들의 개인적인 삶에 관심이 가는 생각과 세부사항들에 대하여 아주 많은 것을 아는 것 같다.

(2) 내향형(I)

① 자신의 내부에서 에너지가 주입되며 자신의 심연으로부터 활력을 얻고자 하는 필요성을 발견하게 된다.

② 많은 사람들을 알지 못할 수 있다.

③ 다른 사람들도 확실하게 그들과 그들의 업무에 대하여 알지 못할 것이다.

④ 자신이 생각하는 것을 솔직히 말하지 못하며, 매우 가까운 동료나 한두 명의 친구만을 선호할 것이다.

(3) 감각형(S)

① 특별하고 세부적인 일들을 더 선호한다.

② 어떤 일에 대하여 단순히 생각하기보다는 어떤 일을 하려고 한다.

③ '보는 것이 믿는 것이다.'라고 생각함으로써 현재 시제 안에 근거하며 고착된 일들을 선호한다.

④ 세부사항에 대한 예리한 눈을 가지며 사물의 명암을 본다.

(4) 직관형(N)

① 세부사항에 대해서 싫어할 수 있고 광대하고 일반적인 묘사를 더 선호한다.

② 일반적으로 행위보다는 사고를 더 선호하여 행동으로 실천할 때 매우 서툴다.

③ 현재보다 미래에 대해 더욱 관심을 가지고 있고 그들은 희망적이고 예상되는 가능성들을 좋아한다.

④ 사물들에 대한 주의를 기울이지 못하고 자주 사물들을 그냥 스쳐버린다.

(5) 사고형(T)

① 사람들을 행복하게 만드는 것보다 공정하고 객관적인 근거에 대한 논쟁을 더 선호할 것이다.

② 과정이 더욱 중요할 것이며 만약 어떤 과정이 좋고 논리적이며 합당한 근본을 수립하지 못한다면 좋은 결과나 끝맺음을 가질 수 없다고 믿을 것이다.

(6) 감정형(F)

① 조화로움을 이루도록 하는 사물을 결정짓는 것을 더욱 선호할 것이다.

② 중요한 것이란 오로지 결과(평화, 조화, 수용)에 달려 있다는 것이고 과정에 대해 지나치게 관심을 두는 것보다 결과가 무엇보다도 더욱 중요하다는 것을 안다.

(7) 판단형(J)

① 언제나 약속을 위한 시간을 지키고, 약속 그 자체를 위한 시간과 장소를 가지는 일들을 더 선호한다.

② 많은 목록표를 만들어 그것을 지닌다.

③ 조직과 위계, 규칙 그리고 규정들을 감지하는 경향을 가진다.

④ 잘 조직된 사물들을 좋아하고 또한 그들은 어떤 상황에 관련되어 있는 장소를 알고자 한다.

(8) 인식형(P)

① 사후(事後)의 일에 더욱 관심을 가지는데 이는 그들은 찾고자 했던 것들을 확실하게 발견할 수가 없었기 때문이다.

② 목록표에 의해 생각하지 않고 비록 그렇게 한다고 해도 그들은 목록표를 좀처럼 지니고 다니지 않는다.

③ 제도나 절차 그리고 형식적인 구조화에 싫증을 느끼고 오히려 비형식적이고 자발적인 기질을 더 선호한다.

④ 규칙이나 남의 도움보다 자기경험에 의지하고, 감정적으로 대부분의 사물들을 보며, 만약 어떤 일이 더욱 적절하게 보이면 언제나 그들의 마음을 변화시킬 준비가 되어 있다.

기출문제 확인학습

MBTI의 각 유형별 특징 – 주 기능, 부 기능, 3차 기능, 열등기능

1) 성격의 기능에는 주 기능, 부 기능, 3차 기능, 열등기능이 있다.

(1) 주 기능이란 4가지 기능 중 자신이 가장 편하고 즐겨 사용하는 기능을 말한다.

(2) 부 기능이란 주기능을 보좌하고 균형을 유지하기 위해 사용되는 기능을 의미한다.

(3) 3차 기능이란 자신의 부족한 성격 경향성을 말한다.

(4) 열등기능이란 자신의 내부에는 존재하지만 살아가면서 가장 사용하지 않는 관계로 그 기능이 상당히 퇴색되어 있는 기능을 의미한다.

2) 인간은 이러한 4가지 기능을 모두 갖고 있지만, 무의식적으로 자신이 가장 선호하는 기능인 주 기능을 가장 많이 사용하게 되며, 심한 정신적 고통이나 스트레스 상황에 놓이게 되면 3차 기능이나 열등 기능을 사용하게 된다.

2 성취도 검사

1) 성취도(학습 기능)의 개념

(1) 학업성취(academic achievement)란 교육학 사전에 의하면 학습의 결과로서 지식과 기능을 습득하는 과정 또는 결과라고 하였으며[2] 다시 말하면, 학업성취란 학습에 의해 얻어진 교과 성적은 물론, 학교교육 활동에서 얻어지는 모든 교육성과까지 포함하는 것이다.

(2) 많은 학자들의 견해를 종합해 볼 때, 학업성취란 학교가 설계 제공하는 교수학습과정을 통해 얻어진 교육목표의 달성도로서 지적인 특성뿐만 아니라 전인 교육적인 모든 것을 포함한다고 할 수 있다.

2) 표준화 성취도 검사의 해석[3] - 국어과 평가 결과의 해석과 활용을 중심으로

(1) 절대적 해석

① 이 방법은 평가 주체인 교사가 아동들에게 필요하다고 인정하는 어떤 수준을 지도 목표로 설정해 놓고, 여기에 어느 정도 도달했는가를 점수나 등급으로 표시하는 방법이다.

② 이러한 평가 결과가 숫자화되고 나면 그 기록에 절대적인 근거를 두게 되며 그 기호나 숫자로써 그 학습이나 학년의 평균 성적이나 그 분포의 변산도(變散度)가 어떤 것인가를 해석하는 것이다.

③ 이 해석의 문제점은 문제의 난이도, 문항 수, 평균치 등이 고려되지 않을 뿐만 아니라 그 기준도 매우 빈약한 것과 다른 교과나 다른 검사의 결과와 상호 간 비교나 가감하기가 곤란한 점이 있다.

(2) 상대적 해석

① 이 방법은 각 피검자의 성적을 급우나 동 학년 혹은 전국의 표준학력과 비교할 때에 이 해석이 가능하고 숫자로 표시되는 절대적 평가 해석의 결함을 보충하는 방법이다.

② 대체로 수·우·미·양·가의 5단계 평가제가 채택되고 있으며 이것은 숫자의 주관성에서 벗어나 그 집단에서의 위치로써 표시하는 방법이다.

③ 평가제의 각 단계별 비율은 학자에 따라서 견해가 크게 다르지만, 일반적으로 '수'는 5 ~ 10%, '우'는 20 ~ 25%, '미'는 35 ~ 50%, '양'은 20 ~ 25%, '가'는 5 ~ 10% 정도에서 가감되고 있다.

④ 상대적 해석의 문제점은 같은 집단 내에서의 순위에만 관심을 집중하게 된다는 점이다.

(3) 개별적 해석

① 이 방법은 어느 피검자 개인의 평가 결과에 대해서 과거의 성적과 비교하여 그 진퇴의 정도를 파악하는 것이다.

② 즉, 한 피검자를 단위로 하여 그 현재의 평가 결과를 가지고 과거의 성적이나 그 학습 능력, 가정환경 등과 관련시켜서 판단해 보려는 것이다.

---

2) 서울 대학교 사범대학 연구소(1975), 「교육용어사전」, p.613.

3) 학습 평가를 문제 삼을 때는 언제나 그 기록을 떠나서는 말할 수 없을 만큼 그 해석이나 활용에 앞서는 것이 곧 그 기록이다. 이러한 국어과 학습 평가의 기록에 따라서 어떤 새로운 해석이 가능하게 된다.

☞ **심화학습**

성취도 검사의 일종인 기초학습 기능검사 평가영역

1) 기초학습 기능검사(KEDI - Individual Basic Learning skills test)는 학습능력과 수행정도를 평가하는 검사들 중 대표적인 것으로서 정보 처리, 셈하기, 읽기 I (문자와 낱말을 재인하고 발음하는 능력), 읽기 II (독해력), 쓰기(철자의 재인)의 5개 하위 소검사들로 구성되어 있으며, 유치원부터 초등학교 6학년 아동까지 실시가 가능하다.
2) 각 소검사 원 점수들은 연령규준과 학년규준에 따라 평가치로 전환되며 5개의 소검사 평가치 점수를 합산하여 전체 학년배치 수준 점수가 산출된다.
3) 이 때 지능지수(IQ)에 의해 산출된 조정된 정신연령을 구하여서 각 소검사들의 점수를 조정된 정신연령과 비교하여 학습장애 여부를 진단한다.
4) 기초학습 기능검사의 검사대상 아동은 유치원부터 초등학교 6학년까지이며 능력이 부족한 장애아동을 대상으로 기초능력을 평가하는데 사용된다.
5) 이 검사는 학생의 학습 수준이 정상에 비해 어느 정도 떨어지는가를 알아보거나 학습 진단 배치에서 어느 정도 수준의 아동 집단에 들어가야 하는가를 결정하는 데 도움을 주는 도구이며, 특히 학생들의 선수학습 능력이나 학습 결손상황의 파악, 학생들이 부딪히고 있는 학습장애의 현상이나 요인들을 밝혀내고 개별화 교육프로그램(IEP)을 작성하는데 기여할 수 있을 것이다.
6) 조기 취학의 가능여부 판별, 미취학 아동의 가능여부 판별, 미취학 아동의 수학여부 판별, 선수학습 능력과 학습의 결손 상황파악, 학습장애 요인 분석, 아동의 학습수준이 정상과의 이탈 정도를 판정, 각 학년별, 연령별 규준을 설정하여 학력 성취도를 쉽게 알 수 있다.
7) 기초학습 기능검사의 검사명 및 측정요소
   (1) **정보처리** : 정보에 대한 학습자의 지각 과정/자극에 반응하는 시각 - 운동과정/시각적 기억과 양, 길이, 무게 및 크기에 대한 관찰능력/묶기, 분류하기, 공간적 특성과 시간에 따라 순서 짓기 등의 조직 능력/학습자의 추론 및 적용 능력/유추, 부조화된 관계 알기 등의 관계 능력 측정
   (2) **셈하기** : 숫자 변별, 수 읽기 등 셈하기의 기초 개념부터 간단한 가, 감, 승, 제, 십진 기수법, 분수, 기하, 측정 영역의 계산 및 응용문제 등 실생활에 필요한 기초적인 수학적 지식과 개념을 측정하는 문항으로 구성
   (3) **읽기 I (문자와 낱말의 재인)** : 문자(낱자와 낱자군)를 변별하고 낱말을 다른 사람들이 이해할 수 있는 언어음으로 읽는 문항들로 구성되어 있으며, 읽기 능력을 측정하는 검사
   (4) **읽기 II (독해력)** : 하나의 문장을 제시하고 그 문장의 의미, 즉 문장에 나타난 간단한 사실과 정보를 기억하고 재생하는 능력 평가
   (5) **쓰기** : 아동들이 얼마나 낱말의 철자를 잘 알고 있는가를 측정하는 검사

3 적성검사(적성탐색검사)[4]

1) 적성의 개념

(1) 적성이란 어떤 과제나 임무를 수행하는 데 있어서 개인에게 요구되는 특수한 능력이나 잠재능력을 의미한다.

(2) 일반적으로 적성은 개인이 가지고 있는 일반 능력인 지능과 구분되는 특수한 능력을 말하는 것으로, 어떤 특수 부문에 대한 능력이나 능력의 발현 가능성을 말한다.

(3) 적성은 개인이 어떤 직업에서 얼마만큼 그 직무를 성공적으로 수행할 수 있는지를 예측하게 해 주는 요인이다.

기출문제 확인학습

적성검사

1) 적성검사는 특정 분야의 교육이나 직업과 관련되는 활동을 성공적으로 수행할 수 있는 능력의 소유 정도를 예언하기 위한 검사를 말한다.
2) 적성검사는 개인의 직무관련 인지적 능력을 밝혀주므로 선발 의사결정시 지원자들을 선별(screening)하는 기준으로 활용할 수 있으며 인성검사는 지원자들을 선별하는 것뿐 아니라 면접에서의 활용 자료로도 활용할 수 있다.
3) 또한 신입사원 교육 시 자신의 성격특성이 직무수행 시 갖는 장단점을 파악하여 보다 빠른 적응을 도울 수 있으며 자신의 경력개발 계획을 수립하는데 도움을 줄 수 있다.
4) 직무 수행과 관련된 언어력과 수리력 · 추리력 · 공간지각력 등의 기초지능 검사와 일을 수행할 때 부딪치는 여러 가지 상황에 대한 대처 능력을 평가하는 검사를 말한다.
5) 업무 능력과 대인관계 능력 및 사회생활을 하는 데 필요한 상식 능력 등을 중점적으로 파악하는 문항도 있다.

2) 표준화 적성검사의 해석방안 - 커리어넷의 직업적성검사[5] 중심으로

(1) 표준화 적성검사의 특징

① 검사과정 및 결과의 교육적 효과

ㄱ. 본 검사는 검사를 치르는 과정이 교육적 경험이 되도록 구성되어 있다.

ㄴ. 직업세계에서 중요한 다양한 능력들 및 각 능력에 포함되는 요소들, 나아가 각 요소와 관련된 긍정적 행동예시들을 접함으로써, 학생들로 하여금 그러한 능력들의 중요성 및 바람직한 행동 모델에 대하여 학습할 수 있다.

ㄷ. 검사 결과는 제한된 직업을 제시하는 것이 아니라, 다양한 직업군에서 요구하는 능력과 각 직업군에 대한 개인의 적합성을 알려주는 방식을 택함으로써, 학생들의 직업세계 탐색의 폭을 넓히고 자기 발전의 가능성을 알려주고 있다.

---

4) 인지적 영역을 재는 심리검사는 인간의 지적 능력과 관련된 인지적 영역을 측정하기 위한 심리검사로서 지능검사, 적성검사, 성취검사, 학력검사 등이 해당된다. 반면, 정의적 영역을 재는 심리검사는 인간의 정의적인 경향성과 관련된 정의적 영역을 측정하기 위한 심리검사로서 성격검사, 흥미검사, 불안검사, 적성탐색 검사, 태도검사, 가치관 검사 등이 해당된다. 특히, 적성은 지적 영역뿐만 아니라 비(非) 지적 영역의 측정에도 해당할 수 있다. 본 교재에서는 한국산업인력공단의 출제영역에 의거해 적성검사를 정의적 검사 영역으로 분류하였다.

5) **개발자** : 임언(한국직업능력개발원 부연구위원), 정윤경(한국직업능력개발원 전문연구원)

② **다양한 적성 영역 포함**: 본 검사는 언어능력, 수리·논리력, 공간 시각력과 같은 인지능력만이 아니라 신체운동능력, 손재능, 음악능력, 대인관계능력, 자기성찰능력, 자연 친화능력, 창의성을 적성 영역에 포함하고 있다.

③ **자기평가 방식에 의한 능력 평정**: 능력에 대한 자기인식이 개인의 진로선택 및 수행에 영향을 미친다는 연구결과에 기초하여 각 하위 영역에 포함되는 다양한 요소들에 대해서 자기평가 경험을 할 수 있도록 구성되어 있다.

④ **행동고정 평정척도 방식에 의한 객관적 평정 유도**: 각 적성 요소별로 그 능력이 나타나는 행동 예시와 그 능력이 나타내는 수준을 제시하고 학생들이 평정하기 쉽게 기준을 제시함으로써 자기 평정에서 오는 오차를 최소화하고 있다.

⑤ **검사의 신뢰도 및 타당도에 대한 철저한 분석**: 본 검사는 검사의 신뢰도 및 타당도를 확인하기 위하여 최대한의 노력을 기울였으며, 그 결과 만족할 만한 신뢰도 및 타당도 근거들을 확보하였다. 신뢰도의 경우 내적 일치도 계수만이 아니라 검사 - 재검사 신뢰도를 확인하였으며, 타당도는 내용타당도, 구인타당도, 공인타당도, 결과타당도 등을 검토하였다.

⑥ **직무조사에 기초한 적성관련 직업분류**

ㄱ. 검사 결과에 따라 특정 능력이 요청되는 직업들과 연결하기 위해서는 직업에서 요청하는 능력에 따른 직업분류가 필요하다.

ㄴ. **조사과정**: 1차 연도의 기초 연구에서 각 직업에서 요청되는 능력에 대한 면접조사를 실시하였으며, 이에 따른 직업분류체계를 2차 연도에 수정·보완하여 최종적으로 직업분류체계를 구성하였다.

(2) 결과 해석 시 유의사항

① 능력만을 고려해 볼 때 한 개인에게 적합한 직업은 단 한 개가 아니기 때문에, 이 검사에서는 검사 결과에 따라서 제한된 직업만 제시하는 것이 아니라 총 26개 직업군 각각에 대하여 3가지 판정(충분함, 보완 필요, 많은 보완 필요) 중에서 하나를 판정한다.

② '충분'하다는 판정은 그 직업군에 해당되는 직업에 관련된 능력들이 충분히 높다는 뜻이다.

③ '약간 능력 보완'의 경우는 해당 능력을 보완하기 위하여 노력을 기울이면 그 직업에 종사할 수 있다는 뜻이다.

④ '많은 보완 필요'의 경우는 해당되는 능력이 많이 부족한 경우이며, 따라서 그 능력을 보완한다면 그 직업에 종사할 수 있다는 의미이다.

⑤ 적성검사는 자신을 이해하기 위한 많은 방법 중의 하나일 뿐이므로, 적성검사 점수만을 믿고 자신의 소중한 진로를 결정하지 않도록 할 필요가 있다.

⑥ 평소에 자신에 대하여 관찰한 것, 잘하는 과목, 좋아하는 일들이 무엇인지 가치관 검사 및 흥미검사 결과 등을 검토하고, 관심 있는 직업들을 잘 알아본 후에 결정하도록 하는 것이 바람직하다.

참고

일반적성검사(GATB)

GATB(General Aptitude Test Battery)는 처음에는 미국에서 개발된 일반적성검사로서 이것을 토대로 국내에서 개발하였다. 이는 한 개인이 어떤 적성을 가지고 있으며 어떤 직업에서 일을 성공적으로 수행할 수 있는지 파악하기 위한 검사이다.

1) 검사의 구성 : 11종의 지필검사와 4종의 동작검사로 구성되며, 15개의 하위검사를 통해 9가지 적성요인을 측정한다.

2) 검출되는 적성

(1) 지능 : 일반적인 학습능력, 설명이나 지도능력과 원리를 이해하는 능력, 추리하고 판단하는 능력, 새로운 환경에 빨리 적응하는 능력을 말한다.

(2) 언어능력 : 언어의 뜻과 그에 관련된 개념을 이해하고 사용하는 능력, 언어 상호 간의 관계와 문장의 뜻을 이해하는 능력, 보고 들은 것이나 자신의 생각을 발표하는 능력을 말한다.

(3) 산수능력 : 빠르고 정확히 계산하는 능력을 말한다.

(4) 사무지각 : 문자나 인쇄물, 전표 등의 세부를 식별하는 능력, 잘못된 문자나 숫자를 찾아 교정하고 대조하는 능력, 직관적인 인지능력의 정확도나 비교 판별하는 능력을 말한다.

(5) 공간적성 : 공간 상의 형태를 이해하고 평면과 물체의 관계를 이해하는 능력, 기하학적 문제해결 능력, 2차원이나 3차원의 형체를 시각적으로 이해하는 능력을 말한다.

(6) 형태지각 : 실물이나 도해 또는 표에 나타나는 것을 세부까지 바르게 지각하는 능력, 시각으로 비교 판별하는 능력, 도형의 형태나 음영, 근소한 선의 길이나 넓이 차이를 지각하는 능력, 시각의 예민도 등을 말한다.

(7) 눈과 손의 협응 : 눈과 손 또는 손가락을 함께 사용해서 빠르고 정확한 운동을 할 수 있는 능력, 눈으로 겨누면서 정확하게 손이나 손가락의 운동을 조절하는 능력을 말한다.

(8) 손가락 재치 : 손가락을 정교하고 신속하게 움직이는 능력, 작은 물건을 정확하고 신속하게 다루는 운동을 말한다.

(9) 손 재치 : 손을 마음대로 정교하게 조절하는 능력, 물건을 집고 놓고 뒤집을 때 손과 손목을 정교하고 자유롭게 운동할 수 있는 능력을 말한다.

일반적성검사 (GATB) - 도표 정리

<table>
<tr><th>하위 검사명(15개)</th><th colspan="2">검출되는 적성(9개)</th><th>측정방식</th></tr>
<tr><td>기구대조 검사</td><td rowspan="2">형태지각(P)</td><td rowspan="6"></td><td rowspan="6">지필검사</td></tr>
<tr><td>형태대조 검사</td></tr>
<tr><td>명칭비교 검사</td><td>사무지각(Q)</td></tr>
<tr><td>타점속도 검사</td><td rowspan="3">운동반응(K)</td></tr>
<tr><td>표식 검사</td></tr>
<tr><td>종선기입 검사</td></tr>
<tr><td>평면도 판단 검사</td><td rowspan="2">공간적성(S)</td><td></td><td rowspan="5">지필검사</td></tr>
<tr><td>입체 공간 검사</td><td rowspan="3">지능(G)</td></tr>
<tr><td>어휘 검사</td><td>언어능력(V)</td></tr>
<tr><td>산수추리 검사</td><td rowspan="2">수리능력(N)</td></tr>
<tr><td>계수 검사</td><td rowspan="5"></td></tr>
<tr><td>환치 검사</td><td rowspan="2">손의 재치(M)</td><td rowspan="4">동작(수행)검사</td></tr>
<tr><td>회전 검사</td></tr>
<tr><td>조립 검사</td><td rowspan="2">손가락 재치(F)</td></tr>
<tr><td>분해 검사</td></tr>
</table>

4 요인분석에 의한 성격검사

1) 16 성격요인 검사(16 Personality Factor Questionnaire)

(1) 1949년 카텔(Cattell)과 그 동료들이 개발하였다.

(2) 사전을 통해 인간에게 적용되는 모든 형용사 목록을 추려서 4,500개의 성격특성 목록을 작성한 후, 이 중 인간 특성을 가장 잘 나타낸다고 생각되는 171개 단어 목록을 선정하였다.

(3) 이것을 대학생에게 선정된 단어 목록을 얼마나 알고 있는지 평정하게 하고 요인 분석하여 16개 요인을 발견하였다.

(4) 16개 요인[6]

냉정성 - 온정성 / 낮은 지능 - 높은 지능 / 약한 자아강도 - 강한 자아강도 / 복종성 - 지배성 / 신중성 - 정열성 / 약한 도덕성 - 강한 도덕성 / 소심성 - 대담성 / 강인성 - 민감성 / 신뢰감 - 불신감 / 실제성 - 가변성 / 순진성 - 실리성 / 편안감 - 죄책감 / 보수성 - 진보성 / 집단의존성 - 자기 충족성 / 약한 통제력 - 강한 통제력 / 이완감 - 불안감

(5) 16요인은 척도 점수 상 높은 것과 낮은 것에 각기 다른 이름을 붙이고 이 검사는 다양한 프로파일을 분석하여 그 사람의 성격특성을 이해할 뿐만 아니라 직업적 적성까지도 이해하려고 하였다.

(6) 3개의 타당성 척도가 있는데 그것은 '무작위 반응 척도', '허세반응 척도(faking good)', '꾀병 척도(faking bad)'이다.

2) 성격 5요인 검사

(1) NEO - PI - R(NEO - Personality Inventory - Revised)

① 올포트(Allport)는 주 특성, 중심 특성, 이차적 특성으로 구분하여 설명하고 있으며 아이젱크(Eysenck)는 그의 성격검사에서 정신병적 경향성, 외향성 - 내향성, 신경증적 경향성, 허위성(Lie) 척도를 제시하고 있다.

② NEO - PI - R은 1992년 코스타와 맥크레이(Costa & Mccrae)에 의해 개발된 것으로서, CPI, MMPI, MBTI 등의 성격검사들을 '결합요인 분석'을 하여 공통적으로 추출되는 요인을 발견하고자 한 결과의 산물이다.

③ 5대 성격요인이라는 용어는 골드버그(Goldberg, 1981)가 "개인차를 구조화하기 위한 모델은 Big Five 차원을 어느 수준에서든 포함해야 할 것"이라고 제안하면서 사용되기 시작하였다.

④ 코스타와 맥크레이(Costa & Mccrae)는 처음에는 신경증(N : Neuroticism), 외향성(E : Extraversion), 개방성(O : Openness) 즉, 'NEO'에 초점을 맞추어서 '새 성격검사(NEO - PI)'라고 하였다가, Big Five 모델을 취하여 수용성(A : Agreeableness), 성실성(C : Conscientiousness)을 추가하여 NEO - PI - R(개정판)을 만들었다.

⑤ 5대 요인은 각각 6개의 하위 척도로 구분되며, 각 척도 당 8문항씩 모두 240문항으로 구성되어 있다.

6) 염태호, 김정규, 1990. [성격요인검사 - 실시요강과 해석방법]

⑥ 5가지 요인(Big Five factor)의 6개 하위 척도

ㄱ. **신경증(Neuroticism, 정서적 불안정성)**: 불안, 적대감, 우울, 자의식, 충동, 심약성

ㄴ. **외향성(Extraversion)**: 온정, 사교성, 주장, 활동성, 흥분성, 긍정적 감정

ㄷ. **개방성(Openness, 경험개방성)**: 공상, 심미, 느낌, 행동, 사고, 가치

ㄹ. **수용성(Agreeableness, 호감성)**: 신뢰, 정직성, 이타주의, 순종, 겸손, 동정

ㅁ. **성실성[7](Conscientiousness)**: 능력, 질서, 착실성, 성취, 자기규제, 신중함

⑦ 중학생 이상 한글을 해독할 수 있는 사람이면 누구나 응시가 가능하고 개인 또는 단체로 실시하며 소요시간은 30 ~ 40분 정도이나 엄격한 시간통제는 필요치 않고 원 점수를 구하고 규준표에 따른 환산점수(T점수 - 평균이 50, 표준편차 10)를 얻은 후 프로필을 작성한다.

⑧ 비장애인 성인용으로 개발되어 직업상담에 사용하기 적합한 것으로 평가한다.

기출문제 확인학습

성격의 5요인 측정요소

1) 경험에 대한 개방성(Openness to experience): 미적 감수성, 상상력이 풍부한, 창의적인, 호기심이 많은, 생각이 깊은
2) 성실성(Conscientiousness): 조직적, 책임감 있는, 질서, 자기절제, 신중함
3) 외향성(Extraversion): 따뜻함, 사교성, 자기 주장성, 활동성, 대담한
4) 우호성(Agreeableness): 친절한, 솔직함, 겸손함, 온유함
5) 신경증 성향(Neuroticism): 긴장, 불안, 분노를 수반하는 적대감, 상처받기 쉬운, 감정적인

NEO - PI - R (Costa & McCrae, 1992)[8]

1) 경험에 대한 개방성: 모험, 여행, 새로운 경험 등을 좋아하고 예술적인 감각이 뛰어나다. 이 요소는 창의성, 호기심, 높은 지능과도 관련이 된다.
2) 성실성: 꼼꼼하고 깔끔하고 철두철미한 특성이다. 이 특성이 지나치게 높은 사람들은 완벽주의적이거나 지나치게 스스로를 통제하는 경향이 있다.
3) 외향성: 사람들과 어울리고 활달하게 즐기는 것을 좋아하는 특성이다. 외향성은 지나칠 경우 자기 주장이 강한 면과 자극을 추구하는 성향(sensation seeking)도 함께 나타난다.
4) 우호성: 착하고 갈등을 싫어하고 남을 돕기 좋아하는 특성이다. 우호성이 높은 사람들은 어려운 사람을 보면 지나치지 못하고 타인에게 싫은 소리를 못하는 성격의 소유자이다.
5) 신경증: 걱정이 많고 위험에 대한 지각이 빠르고 예민한 특성을 보인다. 이러한 특성이 높은 사람은 짜증을 잘 내고 신경질적이며 항상 걱정이 많다.

7) NEO - PI - R의 C에서 높은 점수를 보인 사람들은 목표지향적인 특성이 강하다.

8) **출처: Costa, P. T., & McCrae, R. R. (1992).Revised NEO Personality Inventory (NEO - PI - R) and NEO Five - Factor Inventory professional man - ual. Odessa, FL**: Psychological Assessment Resources.

정리

성격의 5요인 이론 (Big five model) 암기법 **외 - 호 - 성 - 정불 - 경개**

요인	소검사	비고(30개 소검사)
외향성	온정성, 사교성, 리더십, 적극성, 긍정성, 흥분성	6개 하위척도
호감성	타인에 대한 믿음, 타인에 대한 배려, 도덕성, 수용성, 겸손, 휴머니즘	6개 하위척도
성실성	유능함, 조직화 능력, 책임감, 목표지향성, 자기통제력, 완벽성	6개 하위척도
정서적 불안정성	불안, 분노, 우울, 자의식, 충동성, 스트레스 취약성	6개 하위척도
경험 개방성	상상력, 문화, 정서, 경험 추구, 지적 호기심, 가치	6개 하위척도

5 홀랜드(Holland) 인성이론

1) 홀랜드 (Holland) 성격검사 - RIASEC 6각형 모형 암기법 현탐예사진관

유형	성격특징	직업적성	대표직업의 예
R 실재형	남성적이고 솔직하며 성실, 검소하고 지구력이 있고 신체적으로 건강하고 소박하며 말이 적고 고집이 있고 단순하다. 분명하고 질서정연하고 체계적인 활동을 좋아하며 교육적 활동은 좋아하지 않는다.	기계적, 운동적인 능력은 있으나 대인관계 능력이 부족하다. 수공, 농업, 전기, 기술적 능력이나 연장, 기계, 동물들의 조작을 주로 하는 능력이 있으나 교육적 능력은 부족하다.	기술자, 자동차 기계 및 항공기 조종사, 정비사, 농부, 어부, 엔지니어, 전기 및 기계 기사, 운동선수, 소방대원, 동물전문가, 요리사, 목수, 건축가, 도시계획가
I 탐구형	탐구심이 많고 논리적, 분석적, 합리적이며 정확하고 지적 호기심이 많으며 비판적, 내성적이고 신중하다. 관찰적, 상징적이며 체계적이고 창조적인 탐구에 관심 있으나 사회적이고 반복적 활동에 관심 부족하고 혼자 있는 것을 좋아 한다.	학구적, 지적 자부심을 가지고 있으며 수학적, 과학적 능력과 연구 능력은 높으나 지도력이나 설득력은 부족하다. 혼자 하는 활동에 적합하다.	과학자, 생물학자, 화학자, 물리학자, 인류학자, 지질학자, 의료기술자, 의사, 수학교사, 천문학자, 비행기 조종사, 편집자, 발명가
A 예술형	상상력이 풍부하고 감수성이 강하며 자유분방하고 개방적이다. 개성이 강하고 협동적이지 않다. 예술적 창조와 다양성을 좋아하나 체계적이고 구조화된 활동에는 흥미가 없다.	미술적, 음악적 능력은 있으나 사무적 기술은 부족하다. 상징적, 자유적, 비체계적 순서적 능력은 부족하나 창의적이고 독창적인 활동에 적합하다.	예술가, 작곡가, 음악가, 무대감독, 작가, 배우, 소설가, 미술가, 무용가, 디자이너, 조각가, 연극인, 음악평론가, 만화가

S 사회형	사람들을 좋아하며 어울리기 좋아하고 친절하고 이해심이 많으며 남을 잘 도와주고 봉사적이며 감정적이고 이상주의적이다. 기계, 도구, 물질과 함께 하는 명쾌한 활동에 관심이 없다.	사회적, 교육적 지도력과 대인관계 능력은 있으나 기계적, 과학적, 체계적 능력은 부족하다.	사회복지가, 교육자, 간호사, 유치원 교사, 종교지도자, 상담가, 임상치료가, 언어치료사, 승무원, 청소년지도자, 외교관, 응원단원
E 진취형	지배적이고 통솔력, 지도력이 있으며 말을 잘하고 설득적이며 경쟁적, 야심적, 외향적, 낙관적이고 열정적 이다. 계획, 통제, 관리하는 일과 그에 따른 인정, 권위를 즐긴다.	적극적이고 사회적이고 지도력과 언어 능력이 탁월해 조직의 목적과 경제적 이익을 얻는 일에 적합하나 과학적, 상징적, 체계적 능력은 부족하다.	기업경영인, 정치가, 판사, 영업사원, 상품구매인, 관리자, 연출가, 생활 설계사, 매니저, 변호사, 탐험가, 사회자, 여행안내원, 광고인, 공장장, 아나운서
C 관습형	정확하고 빈틈없고 조심성이 있으며 세밀하고 계획성이 있고 변화를 좋아하지 않으며 완고하고 책임감이 강하다. 정해진 원칙과 계획에 따르는 것을 좋아하나 탐구적, 독창적 능력은 부족하다.	자료를 기록, 정리, 조직하는 일을 좋아하고 사무적, 계산능력이 뛰어나나 창의적, 자율적, 모험적, 예술적, 비체계적 활동에는 흥미가 없다.	공인회계사, 경제분석가, 은행원, 세무사, 경리사원, 감사원, 안전관리사, 사서, 법무사, 통역사, 공무원, 약사, 비서, 보디가드, 우체국 직원

실력 다지기

홀랜드(Holland) 6가지 모형에 해당하는 직업

현실적 (R)	밖에서 일하거나 도구를 가지고 일하는 것과 관련된 작업 (예 자동차기술자, 조사연구원, 농부, 전기공)
탐구적 (I)	과학적 활동이나 추상적 문제해결과 연관된 직업 (예 생리학자, 디자인 기술자, 물리학자)
예술적 (A)	창의성, 작문, 음악, 예술적 능력과 연관된 직업 (예 작가, 인테리어 장식가, 작곡가)
사회적 (S)	사람들과 어울려 작업하거나 사람들을 돕는 것과 연관된 직업 (예 교사, 상담자, 목회직)
진취적 (E)	설득, 지도자, 말하는 능력과 연관된 직업 (예 판매원, 기업실무자, 변호사)
관습적 (C)	숫자, 세부사항, 자료와 연관되어 일하는 직업 (예 사무직 근로자, 은행원, 세무사)

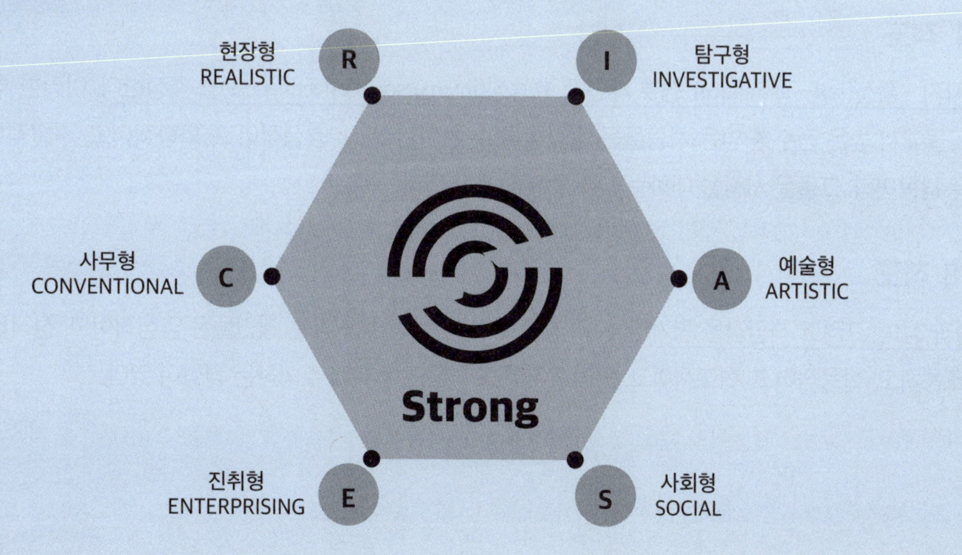

심화학습

홀랜드의 이론

1) 이 이론은 각 모형형태에서 사람의 속성을 비교할 수 있도록 기술되어 있으므로 개인의 가장 유사한 형태를 결정할 수 있는데 개인이 한 가지나 그 이상의 형태를 갖고 있기 때문에 유사한 다른 형태의 것에 확대하여 결정한다. 개인의 가장 유사한 세 가지 형태는 부호로 기술되는데 예컨대 SAE 부호는 가장 유사한 사회적 형태(S)와 조금 낮은 정도의 예술적 형태(A), 그리고 진취적 형태(E)를 의미한다.
2) 각각의 부호는 6각형 모형을 사용하면 가장 쉽게 이해할 수 있다. 이 6각형 모형에서 각각에 인접한 다른 유형끼리는 서로 맞은 편에 있는 유형보다 더 유사성을 가지고 있고, 또한 가까이 관련된 유형에 부호는 가까이 있지 않은 부호보다 더 자주 나타나는데, 예컨대 ESC와 RIC의 부호는 CSI와 IES의 부호보다 더 빈번히 나타난다는 것이다.
3) 성격형태와 환경을 서술하기 위하여 홀랜드가 사용한 언어는 개인의 심상을 주제논술로 전환하는 데 매우 유용하다. 이 모형은 개인이 어떻게 생각하고 그들 자신에 대해 이야기하는지에 대해 쉽게 관련지을 수 있다. 홀랜드의 모형은 개인의 결과를 해석하는 수단으로써 많은 흥미검사에서 사용된다.

6 캘리포니아 성격검사(CPI : California Psychological Inventory)

CPI(Gough)는 준거 - 집단 전략에 의해 구조화된 성격검사로서, MMPI 다음으로 대중성이 높다. 1987년 개정판에서 20개의 CPI 척도들 중에서 11개에 대해서 준거집단들은(예 남자 대 여자 : 동성 남자들 대 이성 남자), 3개의 주제로 범주화되는 성격의 측정치를 제작하기 위해 비교되었다.

1) 범주 1 : 내향성 - 외향성

2) 범주 2 : 규준을 따르는 데 있어서 전통적인 것 대 비전통적인 것

3) 범주 3 : 자기실현과 통합감(sense of integration)

MMPI와는 대조적으로, CPI는 정상적인 사람들의 성격을 평가하기 위해서 시도한다. 그 검사는 18개의 척도를 포함한다. 각각의 척도는 4개의 집단들 중에 하나에 속한다.

4) 집단 I 척도

안정, 자기 - 확신(self - assurance), 상호 대인적 효능성(interpersonal effectiveness)을 측정한다. 이러한 부류(class)내의 척도들에서 높은 점수를 얻은 사람들은 적극적이고, 기지가 있고, 경쟁적이고, 외향적이고, 자발적이며 자신감이 있는 경향이다. 그들은 사람을 대하는 상황을 편하게 느낀다.

5) 집단 II 척도

사회성과 성숙, 그리고 책임감을 평가한다. 이 척도에서 높은 점수를 얻은 개인들은 양심적이고, 정직하고, 의존적이고, 조용하고, 실용적이고, 협조적이고, 윤리적이며 도덕적인 문제에 주의하는 경향이 있다.

6) 집단 III 척도

성취 잠재성과 지적인 효능성을 측정한다. 이러한 척도에서 높은 점수를 얻은 사람은 조직적이고, 효능감이 있고, 진지하고, 성숙하며, 추진력 있고, 유능하고, 지식이 풍부한 사람인 경향이 있다.

7) 집단 IV 척도

흥미 양식을 탐색한다. 이 척도에서 높은 점수를 얻은 사람은 다른 사람의 내적 요구에 반응하고 사회적 행동에서 융통성이 있다.

8) CPI의 장점

그 검사를 정상적인 피험자에 사용할 수 있다는 것이다. MMPI는 일반적으로 정상적인 대상에 적합하지 않다. 만일 대인관계 효능성과 내적 통제에 대해서 정상적인 사람들에게 적용하도록 의도된다면, CPI는 좋은 검사가 된다.

7 성격평가질문지(PAI : Personality Assessment Inventory)

1) Morey(1991)가 제작한 객관형 성격평가 질문지 검사로서, 성인의 다양한 정신병리를 측정하기 위해 구성된 성격검사로 임상진단, 치료계획 및 진단집단을 변별하는데 정보를 제공해 주고 일반인에게도 적용할 수 있는 성격검사이다.

2) 심리측정적 관점에서 매우 타당한 성격검사이며 최근 진단 실제에서 차지하는 비중을 고려하여 임상증후군을 선정하고 이를 측정하는 22개 척도로 구성된다.

3) 많은 성격검사들이 개발된 이후로 심리측정이론의 현재 상태를 잘 나타내주는 새로운 중요한 개념적, 방법론적 측면들을 고려하였다.

4) PAI의 장점

(1) 정상과 이상의 구별뿐만 아니라 척도별로 3 ~ 4개의 구체적인 하위척도로 구성되어 있어서 현재 개인이 경험하고 있는 어려움이나 불편을 호소하고 있는 영역을 구체적이고 전반적으로 파악할 수 있다.
(2) 정신과적 관심이 되는 이상행동뿐만 아니라 개인의 성격적 특징과 행동적 특징을 동시에 파악할 수 있다.
(3) 현대사회를 살면서 일반인들이 흔히 경험하는 대인관계 문제, 공격성, 스트레스, 알코올 문제 및 약물문제까지도 파악할 수 있다.

5) 각 구성척도

(1) 정신장애를 측정하는데 가장 타당하다고 보는 22개 척도에 344개 문항을 선별하여 구성하였고 4점 척도(0 ~ 3)로 이루어진다.
(2) 4개의 타당도 척도와 11개의 임상척도, 5개의 치료고려 척도와 2개의 대인관계 척도가 있다.
(3) 타당도 척도(4) : 비일관성 척도, 저빈도 척도, 부정적 인상 척도, 긍정적 인상 척도

(4) 임상척도(11) : 신체적 호소 척도, 불안척도, 불안관련 장애 척도, 우울척도, 조증척도, 망상척도, 조현병 척도, 경계선적 특징 척도, 반사회적 특징 척도, 알코올문제 척도, 약물문제 척도

(5) 치료고려 척도(5) : 공격성 척도, 자살관념 척도, 스트레스 척도, 비지지 척도, 치료거부 척도

(6) 대인관계 척도(2) : 지배성 척도, 온정성 척도

기출문제 확인학습

성격평가 질문지(PAI, Personality Assessment Inventory)

1) 개념

(1) 성인의 다양한 정신 병리를 측정하기 위해 구성된 성격검사로 임상진단, 치료계획 및 진단 집단을 변별하는 데 정보를 제공해 줄 수 있을 뿐만 아니라 정상인에게도 적용할 수 있는 성격검사이다.

(2) 과거 정신장애 진단분류에서 중요하게 다루어지는 임상증후군들을 선별하여 측정할 수 있도록 하였다.

(3) 성격평가질문지(PAI : Personality Assessment Inventory)는 미국의 심리학자 Morey(1991)가 개발한 성인용 성격검사로서 자기보고형 질문지이다.

(4) 총 344문항, 총 22개의 척도, 4점 척도 ['전혀 그렇지 않다(0점)', '약간 그렇다(1점)', '중간 정도이다(2점)', '매우 그렇다(3점)']로 구성되어 있다.

(5) 4개의 타당도 척도, 11개의 임상척도, 5개의 치료고려척도, 2개의 대인관계 척도로 구성되어 있으며, 이 중 10개의 척도는 3 ~ 4개의 하위 척도를 포함하고 있다.

(6) 각각의 척도들은 타당성 척도, 임상 척도, 치료고려척도, 대인관계척도 등의 4가지 척도군으로 분류하고 있는데, 이 중에서 환자의 치료동기, 치료적 변화 및 치료결과에 민감한 치료고려척도, 대인관계를 지배와 복종 및 애정과 냉담이라는 2가지 차원으로 개념화하는 대인관계척도를 포함하고 있는 것이 특징이다.

2) 특징

(1) 환자집단의 성격 및 정신병리적 특징뿐만 아니라, 정상 성인의 성격평가에 매우 유용하다.
즉, 일반적인 성격검사들이 환자집단에 유용하고 정상인의 성격을 판단하는 데 다소 제한적이지만, PAI는 두 장면에서 모두 유용하다.

(2) DSM - 5의 진단분류에 가장 가까운 정보를 제공한다.

(3) 행동손상 정도 및 주관적 불편감 수준을 정확히 파악할 수 있는 4점 평정척도로 구성되었다.
대부분의 질문지형 성격검사가 '예 - 아니오'라는 양분법적 반응양식으로 되어 있으나, PAI는 4점 평정척도로 이루어져 있어서 행동의 손상 정도 또는 주관적 불편감 수준을 정확히 측정하고 평가할 수 있다.

(4) 분할점수를 사용한 각종 장애의 진단 및 반응 탐지에 유용하다.
분할점수를 사용한 각종 장애의 진단과 꾀병이나 과장 및 무선직 반응과 부정저 반응 왜곡, 물질남용으로 인한 문제의 부인과 긍정적 또는 방어적 반응왜곡의 탐지에 특히 유용하다.

(5) 각 척도는 3 ~ 4개의 하위척도로 구분되어 있어, 장애의 상대적 속성을 정확히 측정하고 평가할 수 있다.

① 10개 척도는 해석을 용이하게 하고 임상적 구성개념을 포괄적으로 다루기 위해 개념적으로 유도한 3 ~ 4개의 하위척도를 포함하고 있어, 장애의 상대적 속성을 정확하게 측정 평가할 수 있다.

② 예컨대 불안척도의 경우 인지적 · 정서적 · 신체적 불안으로 하위척도를 구분하고 있고 하위척도의 상대적 상승에 따른 해석적 가정을 제공하고 있다.

(6) 높은 변별타당도 및 여러 가지 유용한 지표를 활용한다.

문항을 중복시키지 않아서 변별타당도가 높고 꾀병 지표, 방어성 지표, 자살가능성 지표 등과 같은 여러 가지 유용한 지표가 있다.

(7) 임상척도의 의미를 보다 정확하게 평가할 수 있는 결정문항 기록지(결정문항이란 즉각적인 관심을 필요로 하는 행동이나 정신병리가 있다는 것을 말하며 망상과 환각, 자해 가능성. 공격 가능성, 물질남용, 꾀병 가능성, 비신뢰성과 저항, 외상적 스트레스 요인에 관련된 27개의 문항으로 구성된 별지)를 제시한다.

① 환자가 질문지에 반응한 것을 분석하는 데 그치지 않고 임상장면에서 반드시 체크해야 할 결정문항을 제시하고 있다.

② 따라서 그 내용을 직접 환자에게 물어봄으로써 추가적인 정보를 수집할 수 있을 뿐만 아니라 임상척도의 의미를 보다 정확하게 평가할 수 있다는 이점이 있다.

(8) 수검자가 경험하고 있는 다양한 증상이나 심리적 갈등을 이해하는 데 도움을 준다.

결정문항 기록지를 통해 수검자가 경험하고 있는 다양한 증상이나 심리적 갈등을 이해하고 프로파일의 의미를 구체화시키고 해석하는 데 도움이 된다.

(9) 채점 및 표준점수 환산과정의 편리성을 들 수 있다.

① 채점판을 사용하지 않고 채점할 수 있어서 채점하기 용이하고 프로파일 기록지에 원점수와 T점수가 같이 기록되어 있어서 규준표를 찾아야 하는 번거로움이 없다.

② 또한 온라인 검사로 PAI를 실시할 경우 검사 실시 후 실시간으로 결과를 바로 확인할 수 있다.

3) PAI의 구성척도

(1) 정신장애를 측정하는데 가장 타당하다고 보는 22개 척도에 344개 문항을 선별하여 구성하였고 4점 척도(0 ~ 3)로 이루어진다.

(2) 4개의 타당도 척도와 11개의 임상척도, 5개의 치료고려척도와 2개의 대인관계척도가 있다.

(3) 이 중 10개 척도에는 해석을 보다 용이하게 하고 임상적 구성개념을 포괄적으로 다루는데 도움을 주는 3 ~ 4개의 하위척도가 포함되어 있다.

① 타당도 척도(4) : 비일관성 척도, 저빈도 척도, 부정적 인상척도, 긍정적 인상척도

타당성 척도	비일관성(ICN)	10	수검자가 얼마나 일관성있는 반응을 했는지를 나타낸다.
	저빈도(INF)	8	대부분의 사람들과 다른 방식으로 반응하는 경향을 측정한다.
	부정적 인상(NIM)	9	일부러 불편함이나 문제가 있는 것처럼 보이려는 경향을 측정한다.
	긍정적 인상(PIM)	9	바람직한 인상을 주려고 하는 경향을 측정한다.

② 임상척도(11) : 신체적 호소척도, 불안척도, 불안관련 장애 척도, 우울척도, 조증척도, 망상척도, 조현병 척도, 경계선적 특징척도, 반사회적 특징척도, 알코올 문제척도, 약물 문제척도

③ 치료고려 척도(5) : 공격성 척도, 자살관념 척도, 스트레스 척도, 비지지 척도, 치료거부 척도

④ 대인관계 척도(2) : 지배성 척도, 온정성 척도

심화학습

성격평가 질문지(PAI, Personality Assessment Inventory) 척도

척도		문항수	척도 설명
타당성 척도	비일관성(ICN)	10	수검자가 얼마나 일관성 있는 반응을 했는지 나타낸다.
	저빈도(INF)	8	대부분의 사람들과 다른 방식으로 반응하는 경향을 측정한다.
	부정적 인상(NIM)	9	일부러 불편함이나 문제가 있는 것처럼 보이려는 경향을 측정한다.
	긍정적 인상(PIM)	9	바람직한 인상을 주려고 하는 경향을 측정한다.
임상척도	신체적 호소(SOM)	24	전환(SOM - C), 신체화(SOM - S), 건강염려(SOM - H)로 구성되어 있으며 신체적 기능 및 건강관련 문제에 대한 관심을 측정한다.
	불안(ANX)	24	인지적(ANX - C), 정서적(ANX - A), 생리적(ANX - P) 불안
	불안관련 장애(ARD)	24	강박증(ARD - O), 공포증(ARD - P), 외상적 스트레스(ARD - T)
	우울(DEP)	24	인지적(DEP - C), 정서적(DEP - A), 생리적(DEP - P) 우울
	조증(MAN)	24	활동수준(MAN - A), 과대성(MAN - G), 초조성(MAN - I). 고양된 기분, 과대성, 활동수준 증가, 초조성, 참을성 부족 등과 같은 특징 포함
	망상(PAR)	24	과경계(PAR - H), 피해의식(PAR - P), 원한(PAR - R) 주변환경의 잠재적 위험에 대한 지나친 경계, 원한을 품는 경향, 타인으로부터 부당한 대우를 받는다는 생각 등과 관련
	조현병(SCZ)	24	정신병적 위험(SCZ - P), 사회적 위축(SCZ - S), 사고장애(SCZ - T). 기이한 신념과 지각, 사회적 효율의 저하, 사회적 무쾌감, 주의력 결핍 등의 내용을 포함
	경계선적 특징(BOR)	24	정서적 불안정(BOR - A), 정체성 문제(BOR - I), 부정적 관계(BOR - N), 자기 손상(BOR - S) 감정통제 어려움, 강렬하고 투쟁적인 대인관계, 정체감 혼란, 자기파괴적인 충동적 행동 등을 포함
	반사회적 특징(ANT)	24	반사회적 행동(ANT - A), 자기중심성(ANT - E), 자극추구(ANT - S)
	음주문제(ALC)	12	알코올 사용, 남용, 의존과 관련된 행동과 결과를 평가한다.
	약물 사용(DRG)	12	약물 사용, 남용, 의존과 관련된 행동과 결과를 평가한다.

치료고려 척도	공격성(AGG)	18	공격적 태도(AGG - A), 언어적 공격(AGG - V), 신체적 공격(AGG - P) 분노, 공격성, 적개심과 관련된 태도와 행동 특징 측정
	자살관념(SUI)	12	죽음이나 자살과 관련된 사고를 평가한다.
	스트레스(STR)	8	현재 혹은 최근에 경험한 생활 스트레스를 평가한다.
	비지지(NON)	8	친구 및 가족 등과 상호작용에서 얻는 사회적 지지 수준을 측정
	치료거부(RXR)	8	심리적, 정서적 변화에 대한 개인적 관심을 측정한다.
대인관계 척도	지배성(DOM)	12	대인관계에서 독립성, 주장성, 통제성을 측정한다.
	온정성(WRM)	12	대인관계에서 사교적이고 공감하는 정도를 측정한다.

기출문제 확인학습

성격평가질문지(PAI : Personality Assessment Inventory)의 해석

1) 행동손상 정도 및 주관적 불편감 수준을 정확히 파악할 수 있는 4점 평정척도로 구성되었다.
2) 대부분의 질문지형 성격검사가 '예 - 아니오'라는 양분법적 반응양식으로 되어 있으나, PAI는 4점 평정척도로 이루어져 있어서 행동의 손상 정도 또는 주관적 불편감 수준을 정확히 측정하고 평가할 수 있다.
3) 임상척도의 의미를 보다 정확하게 평가할 수 있는 결정문항 기록지(결정문항이란 즉각적인 관심을 필요로 하는 행동이나 정신병리가 있다는 것을 말하며 망상과 환각, 자해 가능성. 공격 가능성, 물질남용, 꾀병 가능성, 비신뢰성과 저항, 외상적 스트레스 요인에 관련된 27개의 문항으로 구성된 별지)를 제시한다.
4) 채점방법 (해석 방법)
   (1) 무응답 문항이 17개 이상이면 수검자에게 다시 응답하도록 지시한다.
   (2) 무응답 문항은 0점을 주고 척도별 무응답 문항이 20% 이상이면 해석하지 않는다.
   (3) 전체 22개의 척도 프로파일은 기록지 A면, 하위척도 프로파일은 B면에 기록한다.
   (4) 비일관성 척도(ICN)의 채점은 프로파일 기록지 뒷면 하단에 있는 계산표의 항목에서 10개의 문항 쌍의 점수를 빼서 절대 값을 계산한다.
5) PAI는 개발과정에서 수렴타당도와 변별타당도를 강조하였고 각 척도는 구체적인 구성개념을 평가하도록 구성하였기 때문에 비교적 해석이 용이하다(Morey, 1996).
6) PAI와 같은 여러 가지 척도로 구성된 Inventroy형 성격검사를 해석할 때는 먼저 수검자의 반응태세를 검토하여 검사결과의 타당성을 결정한 후 보통 단계적 해석과정을 거치게 된다. 즉 문항, 하위척도, 전체척도 및 형태적 수준이라는 4가지 단계를 거쳐 해석할 수 있다.
   (1) 결정 문항 : 모든 결정문항은 즉각적인 관심을 필요로 하는 행동이나 정신병리가 있다는 것을 시사하는 것이다. 어떤 한 문항이라도 '그렇다'는 반응이 있을 경우 문항을 자세히 검토하고 추적질문을 해야 한다. 이렇게 해서 그 영역에 관한 증상과 문제행동의 정도 및 성격을 밝힐 수 있다.

(2) 하위 척도

① 9개의 임상척도와 1개의 치료고려척도는 그 척도가 측정하고자 하는 임상적 구성개념의 핵심적인 하위 요소를 밝히는데 유용한 3 ~ 4개의 하위척도를 포함한다.

② 하위척도의 점수를 고려함으로써 척도상승의 의미를 더 분명하게 밝히고 하위척도들이 상승한 형태를 진단적 의사결정에 사용할 수 있다.

(3) 전체 척도

① 전체척도 수준에서의 해석은 정상집단과 임상집단의 점수를 비교하여 해석하는 것을 말한다.

② PAI 프로파일 기록지에는 정상표본의 원점수와 임상표본의 2표준편차(95%)에 해당되는 값을 실선으로 나타냄으로써 수검자의 점수를 정상표본에서의 상대적 위치뿐만 아니라 임상집단의 점수와 비교할 수 있도록 되어 있다.

(4) 형태적 수준

① 형태적 해석이란 단일 척도의 상승에 관한 해석적 의미를 먼저 검토하고 그 다음으로 척도들이 상승한 형태 또는 유형을 검토하도록 하는 방법이다.

② 척도상이 상승한 형태나 유형을 검토하는 방법에는 크게 다섯 가지가 있는데, 그 중에서 아래와 같이 2 가지가 있다.

㉠ 평균프로파일 : 우울증이나 조현병과 같은 개별 장애나 진단집단 및 자살시도와 같은 특정 문제가 있는 집단의 프로파일이다.

㉡ 프로파일의 코드 유형 : 상승한 두 척도의 쌍을 이용하는 방법이다.

8 K-CBCL의 구성[9)]

1) K-CBCL은 사회능력 척도(Social Competence scale)와 문제행동 증후군 척도(Behavior Problem Scale)로 구성되어 있다.

2) 사회능력 척도는 친구나 또래와 어울리는 정도, 부모와의 관계 등의 사회성을 평가하는 ① 사회성 척도(Social Scale), 교과목 수행정도, 학업수행상의 문제 여부 등을 평가하는 ② 학업수행 척도(School Scale)의 2개의 척도와 ③ 총 사회능력 점수 등 모두 3개로 이루어져 있다.

3) 문제행동증후군 척도(Behavior problem scales)는 모두 119항목으로 되어 있고 문제 항목마다'전혀 없다(0점)', '가끔 보이거나 정도가 심하지 않은 경우(1점)', '자주 있거나 심한 편이다(2점)'의 3점 척도로 평가하게 되어 있다. 각 문제 행동증후군 척도는 해당 문제행동 항목들의 합으로 계산된다.

4) 문제 행동증후군 척도에서는 10개의 문제행동증후군 척도와 4 ~ 11세에만 적용되는 특수척도인 성문제 척도, 우리나라 특유의 정서불안정 척도, 그리고 총 문제행동 척도 등 모두 13개의 척도로 구성되어 있다.

<table>
<tr><th>척도</th><th colspan="3">하위척도</th></tr>
<tr><td rowspan="2">사회능력 척도</td><td colspan="2">사회성 척도</td><td></td></tr>
<tr><td colspan="2">학업수행 척도</td><td></td></tr>
<tr><td rowspan="18">문제행동 증후군 척도</td><td rowspan="9">문제행동 증후군 척도</td><td rowspan="6">내재화</td><td>불안/우울</td></tr>
<tr><td>위축</td></tr>
<tr><td>신체 증상</td></tr>
<tr><td>사회적 미성숙</td></tr>
<tr><td>사고 문제</td></tr>
<tr><td>주의집중 문제</td></tr>
<tr><td rowspan="3">외현화</td><td>규칙 위반</td></tr>
<tr><td>공격 행동</td></tr>
<tr><td>기타 문제</td></tr>
<tr><td colspan="2" rowspan="6">DSM 진단척도</td><td>정서 문제</td></tr>
<tr><td>불안 문제</td></tr>
<tr><td>신체화 문제</td></tr>
<tr><td>ADHD</td></tr>
<tr><td>반항 행동문제</td></tr>
<tr><td>품행문제</td></tr>
<tr><td colspan="2" rowspan="3">문제행동 특수척도</td><td>강박 증상</td></tr>
<tr><td>외상 後 스트레스 장애</td></tr>
<tr><td>인지속도 부진</td></tr>
</table>

9) 허윤석, 안동현, 최준호, 강지윤, 김윤영, & 오경자. (2003). 아동용 문제행동 선별검사의 개발. 대한신경정신의학회지, 42(6), 724-734.

제2절 | 최신 기출내용

1) 심리검사의 제작 방법

(1) 외적 준거접근 및 경험적 준거 타당도방식

통제집단과 특정집단을 구분해주는 검사문항을 선별하여 제작하는 방법으로 MMPI, CPI 검사가 대표적이다.

(2) 내적 구조접근 및 요인분석

비교집단이 없으며, 많은 사람에게 공통적으로 해당되는 검사문항을 선별하여 제작하는 방법으로 16PF, NEO-PI-R이 있다.

(3) 내적 내용접근 및 연역적 접근(이론적 접근)

합리적 추론이나 이론에 따라 검사문항을 선별하여 제작하는 방법으로 BDI, MBTI 검사가 대표적이다.

2) 검사와 실시연령

K-WPPSI(2세 6개월 ~ 7세 7개월), K-ABC(2세 6개월 ~ 12세 5개월), MMTIC(아동용 MBTI), K-CBCL(1세 6개월 ~ 5세)의 연령에서 사용할 수 있다.

검사도구	실시 연령
K-WAIS(성인용 웩슬러지능검사)	16세 0개월 ~ 69세 11개월
K-WISC(아동용 웩슬러지능검사)	6세 0개월 ~ 16세 11개월
K-WPPSI(유아용 웩슬러지능검사)	2세 6개월 ~ 7세 7개월
MMPI-2	19세 ~ 78세
MMPI-A	13세 ~ 18세

3) MMTIC(Murphy-Meisgeier Type Indicator for Children)

(1) 검사대상 : 만 8세(초등학교 2학년) ~ 만 13세(중학교 2학년까지)

(2) 소요시간 : 15분 ~ 30분

(3) 검사개요

성인용 성격유형 검사인 MBTI(Myers-Briggs Type Indicator)와 같이 심리학자 C. G. Jung의 심리유형이론에 바탕을 두고 있다. 1990년 미국의 머피(E. Murphy)와 마이스게이어(C. Meisgeier)에 의해 개발되고 표준화 되었다. 이론적인 틀과 문항구성에 있어서는 MBTI의 4가지 선호지표와 16가지 성격유형이 그대로 적용되고 있다. 다만, 결과치에 U-band(Undetermined-band : 미결정 영역)을 제시하여 청년기를 거쳐 성인이 되어가는 과정에서의 변화 가능성을 열어 두고 있다.

(4) 검사의 특성[10)]

① MMTIC는 인간의 성격유형을 네 가지 선호지표의 조합으로 설명하여 자신의 성격 이해뿐만 아니라, 타인 이해까지 도움을 주어 원만한 인간관계를 이룰 수 있도록 하는 유용한 도구이다.

② MMTIC는 원리 면에서 MBTI와 같으나 단지 대상이 다르다는 점에서 차이가 있고, MMTIC에서 사용하는 지표, 16개 성격유형, 기능, 기질 등의 용어는 MBTI 설명에 따른다.

③ MMTIC에는 성격유형을 나타내는 4가지 선호지표(E-I/S-N/T-F/J-P)외에 각 지표마다 아동의 선호도가 결정되지 않았을 경우 "결정되지 않은 (Undetermined)"의 의미로서 "U"부호를 쓰는 U밴드가 있는데, U밴드는 선호도 측정을 통해 아동의 성격유형이 선호
방향의 둘 중 하나로 귀속될 만큼 명료한 선호도를 아직 획득하지 못했음을 의미한다.

④ 이것은 아동의 발달시기상 선호성이 잘 분화되지 않아 나타날 수도 있고, 환경과의 상호작용에 의해 자신을 그대로 드러내기 어려워 심리 부적응적 행동으로 나타날 수도 있다.

⑤ 머피(E. Murphy)와 마이스게이어(C. Meisgeier)에 의하면 U밴드를 규정한 것은 심리유형의 발달적 현상이며 상당수의 아동은 선호성이 아직 충분히 발달되지 않았을 것이라는 가정에 기초한다.

부연

U-Band(Undetermined Band)

1) MMTIC 채점 기록지에는 아동의 심리적 유형을 나타내는 4가지 문자부호가 요약되어 나타난다.
2) 그런데 어느 척도에서는 아동의 선호도가 결정되지 않았을 경우, "결정되지 않은 (Undetermined)"라는 의미로서 "U"부호를 쓴다.
3) U-Band란 Undetermined-Band(미결정 영역)를 의미하는 것으로, 아동들은 심리적 선호도가 아직 발달 중에 있으므로, 중간치(cut-point)에 가까운 점수를 분명한 유형으로 할당하면 오류를 범할 가능성이 많다.
4) 따라서 이러한 선호의 발달적 특성을 고려하여 중간치에서 표준오차 내의 점수를 갖는 경우, U-Band라고 정하였다.
5) MMTIC은 이론상 MBTI에서 나온 것이지만 E-I, S-N, T-F, J-P 경향의 한 부분에 대해 명백한 선호성을 나타내지 않는 아동을 구분했다는 것에서 차이가 있다.
6) 8가지의 선호경향이 아직은 분화되지 않아 그 미분화된 상태를 나타내는 지표가 U(Undifferentiated) Band인데, 이는 양극지표에서 중심영역에 위치하여 어느 한쪽으로 분류할 수 없다는 것을 나타내는 지표이다.
7) 머피(E. Murphy)와 마이스게이어(C. Meisgeier)(1993)에 의하면, 이러한 부분을 규정한 것은 심리유형의 발달적 현상이며, 상당수의 아동은 선호성이 아직 충분히 발달되지 않았을 것이라는 가정에 기초하는 것이다.
8) 만약 점수가 이렇게 U-Band내에 속한다 하더라도 부정적인 판단을 해서는 안되는데, 그 이유는 단순히 선호도의 방향이 둘 중 하나에 귀속될 만큼 아직 충분히 명료하지 않다는 것이기 때문이다.
9) 결론적으로 U-Band는 단순히 아동의 선호유형이 분류되지 않았음을 의미하는 것이고, 유형의 발달적 특성을 고려할 때 많은 초기 아동들이 U-Band 범주에 들어갈 것이라고 기대할 수 있으며, 아동의 성격 발달 특성상 중요하게 나타나는 영역이지만, 미분화나 문제가 있음을 의미하는 것은 아니다.

10) **출처** : 부선희(2003). 제주대학교 석사학위논문/김인경(2009). 부경대학교 석사학위논문.

4) 웩슬러 지능검사와 시간 측정

K-WISC-Ⅳ 소검사 중 시간제한이 있는 소검사는 토막짜기, **빠진 곳 찾기, 산수**, 동형찾기, **기호쓰기, 선택**이다. 숫자는 시간제한이 없는 소검사이다.

> **K-WAIS-Ⅳ - 시간측정**
>
> 1) 엄격한 시간제한이 있는 소검사도 있고 시간제한이 없는 소검사도 있는데, 토막짜기, 산수, 동형 찾기, 퍼즐, 기호쓰기, 무게비교, 지우기, 빠진 곳 찾기 소검사는 엄격한 시간제한이 있다.
> 2) 이들 소검사에서는 정확한 시간측정을 위해 초시계를 사용해야 한다.
> 3) 문항 지시의 마지막 단어를 말하고 난 후 시간측정을 시작하여 수검자가 반응을 완성했을 때 시간 측정을 마친다.
> 4) 시간제한이 다 되어갈 무렵에 수검자가 거의 완성단계에 있는 경우라면 라포의 유지를 위해 문항을 완성할 수 있도록 약간의 부가적인 시간을 줄 수도 있지만, 시간제한을 초과한 후 완성한 문항에 점수를 주어서는 안 된다.
> 5) 이런 경우라면 시간제한 시점에서 수검자의 수행을 기록하고 점수를 부여해야 한다.
> 6) 시간 보너스 점수는 토막 짜기에서 신속하고 정확한 수행에 대한 보상이 될 수 있다.

5) K-WISC-Ⅳ의 실시와 채점

(1) 숫자 소검사의 실시요령

① 각 시행을 실시할 때, 숫자를 1초에 한 개씩 읽으며, 마지막 숫자에서는 목소리를 조금 낮추고 아동이 반응할 수 있도록 잠시 멈춘다.

② 아동이 해당 문항을 다 읽어주기 전에 반응하려고 하면 나머지 숫자를 다 제시한 후에 반응하도록 한다. 아동이 한 반응에 대하여 채점을 한 후 "내가 다 끝내고 나서 대답해야 합니다."라고 말한다.

③ 어떤 시행도 다시 읽어주지 않는다. 아동이 다시 읽어주기를 요구한다면, "다시 불러줄 수 없어요. 잘 기억해서 해 보세요."라고 말한다.

(2) K-WISC-Ⅳ의 실시 상 반응기록 : 기록용지에 표기하기 쉬운 권장 약어 목록

① Q : 추가질문을 사용했을 때

② P : 촉구를 사용했을 때

③ R : 문항을 반복했을 때

④ DK : 아동이 모른다고 말했을 때

⑤ NR : 아동이 반응하지 않았을 때

⑥ PC : 아동이 정확하게 가리켰을 때

⑦ PX : 아동이 부정확하게 가리켰을 때

6) MMPI-A의 내용척도 중 A-las(낮은 포부) 척도 특징

(1) 일반적으로 성공하는 것에 대한 흥미가 없다.

(2) 공부를 하거나 책을 읽는 것을 좋아하지 않고 성취에 관심이 없으므로 저조한 학업 수행을 보인다.

(3) 일을 시작하는 것을 힘들어하고 일이 잘못되면 쉽게 포기한다.

(4) 타인에게 문제해결의 책임을 떠맡기고, 자신은 어려움을 직면하지 않으려 회피한다.

(5) 타인이 자신의 성공을 가로막는다고 믿고 주변인으로부터 게으르다는 평가를 받는다.

(6) 가출이나 무단결석하는 경향이 있다.

7) 로샤 검사

(1) 종합체계 방식에서 엑스너(J. Exner)가 이전의 접근방식들을 통합할 때 적용한 기준

① 엑스너(J. Exner)는 로샤(H. Rorschach)의 전통적 채점 방식에서 탈피하여 경험적으로 근거를 가진 실증적 방법론을 이용하여 로샤 해석의 종합체계 방식을 만들어 수검자들의 반응을 부호화하고 채점할 수 있도록 체계화하였다.

② 정성적인 분석보다 정량적인 분석을 더 강조하였다.

③ 정신분석적으로 해석 가능한지 여부보다 경험적 연구결과를 중시하고 있고 결과를 통합할 때 관련 있는 해석적 논리와 전략을 강조하고 있다.

(2) 종합체계 방식에서 반응 내용으로 'Hh'가 부여되는 경우

① "램프 안에 불이 타올라요."를 사례로 들 수 있다.

② Hh는 가사용품(Household)으로 식기, 의자, 칼, 램프 및 Ad로 채점하는 모피깔개를 제외한 깔개로 반응할 때 채점된다.

③ 참고로 Ad는 동물 부분(Animal Detail)으로 말발굽, 가재의 집게발, 개의 머리, 모피, 짐승가죽 등으로 반응할 때 채점된다.

(3) 로샤(Rorschach)검사 구조적 요약의 소외지표(Isolation Index)에 관한 설명

① 소외지표 Isolat/R(The Isolation Index)는 대인관계에 대한 제한된 흥미, 대인관계 고립, 사회적 위축, 회피 행동의 정도를 알려준다.

② 이는 식물, 구름, 지도, 풍경, 자연의 5가지 범주들의 반응수가 지표 계산에 사용된다.

③ Isolat/R > .33일 경우 대인관계로부터의 심각한 소외 및 현실접촉이 단절되어 있을 가능성이 높다.

④ 우울지표(DEPI : Depression Index)를 구성하는 요소이다.

⑤ 구조적 요약 가운데 대인관계 영역에 포함된다.

8) 벤더도형검사 2판(BGT - II)

(1) 아동과 성인에게 모두 실시할 수 있다.

(2) 지각 - 운동 기능을 평가할 수 있다.

(3) 기질적 뇌장애로 해석할 수 있는 특정한 반응들이 구체화되어 있다.

(4) 항목별 5점 척도로 평정하는 채점 체계를 갖추었다.

(5) 벤더도형검사 2판(BGT - II)의 경우는 원판 9장에 자극카드 7장이 추가되어 16장으로, 저연령층(만 4세 ~ 7세 11개월)을 위한 자극카드 4장과 고연령층(8세 ~ 85세)을 위한 자극카드 3장으로 구성되어 있다.

9) 주제통각검사(TAT) 검사 결과의 분석법

머레이(H. Murray)는 주제통각검사(TAT)의 수검자 반응을 '욕구'와 '압력'의 측면에서 분석하는 해석체계를 제시하였다.

(1) 주인공

TAT 이야기를 분석하는 가장 첫 단계는 주인공을 선택하는 것이다. 일반적으로 수검자는 주인공과 자신을 동일시하는 것으로 생각되고 있다. 그러므로 주인공에게 강요되는 압력은 수검자에게 영향을 미치는 압력과 같고, 주인공의 욕구는 수검자의 욕구와 같으며, 주인공이 야기하는 대상, 활동 및 감정은 수검자에 의해서 야기되는 것과 동일한 것임을 가정할 수 있다.

(2) 주인공의 행동 : 욕구

TAT에서는 주제의 분석을 기본으로 하며, 주제의 설정은 곧 개인이 갖고 있는 욕구와 압력의 관계에서 나오는 것이다. 다시 말하면 주제는 개체와 환경과의 상호작용에서 나오는 것이며, 개체의 행동이 곧 욕구이고, 환경의 자극이 곧 압력인 것이다.

(3) 환경 자극 : 압력

TAT 이야기 가운데 서술된 환경은 그 행동이 일어나는 일반적인 환경과 특수 환경자극의 성질에 비추어 분석되며, 일반적인 환경은 다음과 같은 측면에 비추어 설명할 수 있다.

① 환경이 주인공의 발달을 촉진하는가? 또는 방해하는가?

② 주인공이 환경을 적당하다고 보는가? 또는 부적당하다고 보는가?

③ 주인공이 환경과 조화하고 있는가? 또는 대립하고 있는가?

④ 주인공이 환경을 만족스럽게 생각하고 있는가? 또는 불안을 느끼고 있는가?

10) 신경심리검사에서의 레이-오스테리스 복합도형(Rey-Osterrieth complex figure)

(1) 레이-오스테리스 복합도형(Rey-Osterrieth complex figure)을 활용하여 평가할 수 있는 인지기능은 지각능력, 시각 주의력, 시각 기억력, 구성능력 등이다.

(2) 레이-오스테리스 복합도형검사(Rey-Osterrieth complex figure test)는 시공간 구성 능력과 시공간 기억력 등을 평가하는 검사이다.

(3) 주어진 복잡한 그림을 보고 따라 그리기, 즉각적 회상하기, 지연 회상하기의 조건에서 도형을 그린다.

(4) 평가영역은 계획능력, 조직화 기술, 선택적 기억, 지각적 왜곡, 시각-운동 협응 능력이다.

(5) 레이-오스테리스 복합도형검사는 인지기능의 평가 뿐 아니라 간질과 파킨슨과 같은 신경계 질환과 조현병과 같은 정신병 및 틱 장애와 같은 뇌신경계에 이상이 있는 환자의 인지기능을 평가하는데 사용된다.

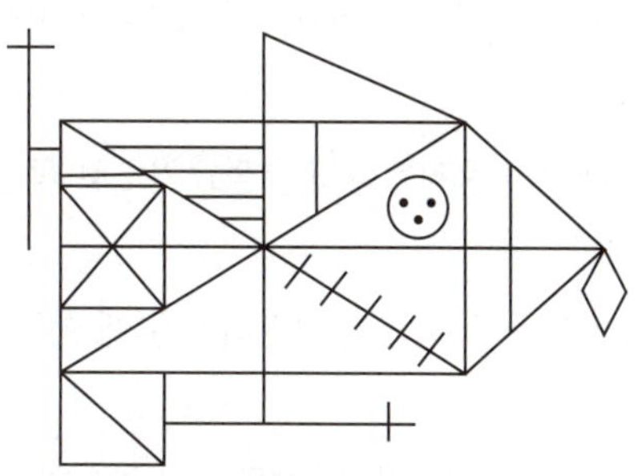

[레이-오스테리스 복합도형[11]]

11) WAIS-IV(성인용) / WISC-IV(아동용) 지표별 소검사

(　　) 부분은 보충 소검사

WAIS-IV	WISC-IV	WAIS-IV	WISC-IV
언어이해 지표 (VCI)		지각추론 지표 (PRI)	
상식 어휘 공통성 (이해)	**이해** 어휘 공통성 (단어추리, 상식)	토막짜기 행렬추론 퍼즐 (빠진곳 찾기, 무게비교)	**토막짜기** 행렬추리 공통그림찾기 (빠진곳 찾기)
작업기억 지표 (WMI)		처리속도 지표 (PSI)	
숫자 산수 (순서화)	숫자 순차연결 **(산수)**	기호쓰기 동형찾기 (지우기)	기호쓰기 동형찾기 (선택)

12) 면담에 관한 설명

(1) 면담이란 심리적 특징을 알아보는 방법으로서 질문과 응답으로 이루어지는 대화나 언어적 의사소통을 통해 피면담자의 언어적 반응내용과 방식을 정밀히 분석하고 수량화하는 방법이다.

cf) 정신상태검사에 포함되는 것은 전반적인 외양, 행동 특성과 태도, 표현 언어, 사고 내용, 인지나 지적 기능, 기분과 정동, 통찰과 판단력, 충동 조절 등에 관한 평가와 관찰이 포함된다.

11) **그림출처** : 서울대학교 병원 홈페이지

(2) 면담 시 명료화 기술은 수검자가 말하려는 주제와 표현이 서로 다를 때(모호성이 있을 때) 명확하게 해 달라고 요청하는 것이다.

(3) K-SADS는 사회불안 및 회피 정도를 알아보기 위한 성인용 면담 도구이다.

(4) 내담자가 자유롭게 말할 수 있는 충분한 면담 시간이 부족할 때 면담 초기에 개방형 질문을 사용하는 것이 좋다. 개방형 질문을 통해서 중요한 정보가 내포된 영역을 탐색하는 것이 가능하고, 폐쇄형 질문으로 인해 내담자가 민감한 영역들에 대해 방어적인 태도를 취하게 될 가능성을 낮출 수 있다.

(5) 비구조화된 면담은 수검자에게 얻은 자료를 양적으로 바꾸기 어렵다.

13) 행동평가

(1) 행동평가란 행동에 선행하는 사건(상황)과 행동에 수반하는 결과에 초점을 맞춰 인간의 행동 특성을 평가하는 심리평가 기법의 한 종류이다.

(2) 행동평가를 통해 문제행동과 더불어 문제행동의 결정요인으로 작용하는 환경요인, 또는 개인과 환경과의 상호작용을 양적으로 평가할 수 있다.

(3) 행동평가는 개인의 성향보다 주어진 상황에서 개인이 어떻게 행동하는지를 평가하는 행동주의 이론에서 출발하였다.

(4) 행동평가는 관찰하고자 하는 개인의 표적행동을 정해놓고 관찰하고 기록하는 개인 특이적 접근을 따른다.

(5) 행동평가에는 행동면담 기법, 행동관찰 기법, 정신-생리학적 측정(심박수나 혈압과 같은 생리적 측정) 등이 있다.

14) K-WISC-V의 소검사의 실시

(1) 그림기억

제한시간 내에 사물들이 그려진 자극 페이지를 제시한 후, 반응 페이지에 있는 사물들 중 자극 페이지에서 보았던 것들을 가능한 한 순서대로 고르도록 한다.

(2) 순차연결

아동에게 연속되는 숫자와 글자를 읽어주고, 숫자는 오름차순으로, 글자는 [가나다] 순으로 암기하도록 한다.

(3) 선택

제한시간(45초) 내에 무선으로 배열된 그림과 일렬로 배열된 그림을 훑어보고 표적그림을 표시한다.

(4) 공통그림 찾기

두 줄 또는 세 줄로 이루어진 그림들을 보고 각 줄에서 공통된 특성으로 묶을 수 있는 그림들을 고른다.

(5) 행렬추리

미완성인 행렬을 보고, 행렬을 완성시키는 적절한 보기를 선택한다.

15) CHC(Cattell-Horn-Carroll) 이론

(1) CHC 이론은 지능은 최상층에 일반지능 g(3층)와 유동적 지능(Gf), 결정적 지능(Gc), 청각지각력, 장기기억력, 단기기억력, 속도처리능력, 결정/반응속도, 양적 지식, 시각-공간지각력, 읽기와 쓰기 등 10개의 광범위한 인지능력(2층), 그리고 70여 개 이상의 세부적 특수능력(1층)의 위계모형으로 구성되어 있다고 설명한다.[12)]

(2) CHC(Cattell-Horn-Carroll) 이론의 모형의 가장 아래인 1층위(first stratum)는 숙달정도와 수행속도 등을 가리키는 수많은 좁은 인지능력(narrow cognitive abilities)으로 구성되어 있고, 이 1층위 요인들은 서로 상관하는 정도와 요인 부하량에 따라 2층위(second stratum)의 넓은 인지능력(broad cognitive abilities)에로 수렴된다.

(3) Carroll은 2층위에 대략 8개의 넓은 능력, 즉 Gf, Gc, 일반 기억과 학습(general memory and learning, Gy), 넓은 시각적 지각(broad visual perception, Gv), 넓은 청각적 지각(broad auditory perception, Ga), 넓은 기억인출 능력(broad retrieval ability, Gr), 넓은 인지속도(broad cognitive speediness, Gs), 결정속도 및 반응 시간(decision speed/reaction time, Gt) 등을 제시하였다. 2층위 요인들은 다시 가장 꼭대기의 3층위(third stratum) 요인에 수렴되는데, Carroll은 이 3층위 인지능력을 Spearman처럼 일반 인지능력 g라고 불렀다.[13)]

16) 써스톤(Thurstone)의 7가지 기본정신능력(PMA : Primary Mental Ability)

인간의 지능은 하나의 일반요인이 아닌 7가지 일반요인(기본정신능력)으로 구성된다.

1) 언어이해력 요인 : 언어를 이해하고 사용할 줄 아는 능력
 예 어휘능력, 문장이해 능력
2) 언어유창성 요인 : 어휘와 문장을 적절히 사용하고 표현하는 능력
 예 어휘의 표현 능력, 시간제한 검사로 측정
3) 지각요인 : 외적으로 주어진 환경을 지각하여 해결하는 능력
 예 인지속도, 그림 속의 작은 차이점들을 인식하는 과제 등으로 측정
4) 추리요인 : 미해결된 구조를 추리하는 능력
 예 추론, 유추능력, 비유, 수열 완성과제 등의 검사로 측정
5) 기억요인 : 대상물을 기억하여 오래 정보를 저장할 수 있는 능력
6) 수요인 : 수를 사용하여 문제를 해결하는 능력
 예 수학적 이해, 계산, 수학적 문제해결 검사로 측정
7) 공간요인 : 공간관계를 보아서 알고 해결하는 능력
 예 기호, 기하학적 형태의 지적 조작 능력

12) **출처** : 김도연 외(2021). K-WISC-V의 이해와 실제. 시그마프레스

13) **출처 : 김상원 외(2011). 아동 인지능력 평가의 최근 동향 : CHC이론과 K-WISC-Ⅳ. 한국심리학회.8(3)** : 337-358

17) 재구성 임상척도(MMPI-2)

척 도 명			내용
RCd	dem	의기소침	순수 F(비전형성)값으로 산출함. 전반적인 정서적 불편감, 정서적 혼란, 불안감과 관련된 문항, 환자가 된 것 같은 느낌
RC1	som	신체증상 호소	건강염려와 집착, 신체증상 호소, 대인관계 곤란
RC2	lpe	낮은 긍정적 정서	긍정적인 정서 경험의 부족, 불행감, 불안, 우울증 가능성
RC3	cyc	냉소적 태도	순진하고 속기 쉬움. 타인을 이용하거나 믿을만하지 못함
RC4	asb	반사회적 행동	RCd 점수에 영향을 받음. 분노, 공격성, 법적문제, 가족갈등
RC6	per	피해의식	불신, 의심, 피해의식, 대인관계 과민성, 관계형성 곤란
RC7	dne	역기능적 부정적 정서	불안·짜증·혐오, 반추적 사고, 깊은 근심, 평가에 대한 두려움, 죄책감, 대인관계에서 지나치게 수동적·복종적
RC8	abx	기태적 경험	망상, 환각, 자아기능 손상, 기태적 경험, 정신증적 가능성
		• RC8 > 75 : 조현병, 망상장애 가능성 • 65 < RC8 < 74 : 분열형(조현형) 성격특성 가능성	
RC9	hpm	경조증적 상태	심신 에너지 항진, 고양된 기분, 과도한 자신감
		• RC9 > 75 : 경조증/조증삽화 양극성 장애 가능성 • 65 < RC9 <74 : 적응적이고 활력이 높은 외향적인 사람	

18) MMPI-A

(1) L척도(부인)의 상승은 솔직하지 않은 검사태도를 시사한다.

(2) 냉소적 태도(A-cyn) 척도의 상승은 타인이 자신을 이용할 목적으로 친구를 사귀기 때문에 아무도 믿지 않는 것이 가장 안전한 길이라고 믿음으로써 타인을 경계한다.

(3) 소외(A-aln)척도의 상승은 타인과 정서적 거리감을 느끼며, 정당한 대접을 받지 못한다는 믿음이 강하며, 타인이 자신을 이용하려 하거나 자신에게 불친절하다고 느낀다.

(4) 임상척도에서 반사회적 척도의 상승은 다양한 행동화, 비행과 관련된다.

(5) MMPI-A의 해석에서 무응답 반응이 30개 이상으로 너무 많으면 전체 척도를 신뢰하기 힘들어, 무효 프로파일로 간주한다.

19) 한국판 아동 · 청소년 행동평가 척도(K-CBCL) 해석 기준

척도		척도명
문제행동 척도	문제행동 증후군 척도	범주 : 내재화, 외현화, 총 문제 행동 < 하위척도들로 구성됨 >
	DSM 진단척도	6개 소척도 (정서, 불안, 신체화, ADHD, 반항행동, 품행문제)
	문제행동 특수척도	3개 소척도 (강박증, PTSD, 인지속도 부진)
적응척도		적응척도 총점
		사회성, 학업 수행

< 문제행동 증후군 척도 >

하위척도		평가 내용
내재화	불안/우울	정서적으로 우울하고 지나치게 걱정이 많거나 불안함
	위축/우울	위축되고 소극적인 태도, 주변에 흥미를 보이지 않음
	신체증상	의학적으로 확인된 질병이 없음에도 여러 신체적 증상을 호소함
외현화	규칙 위반	규칙을 지키지 못하거나 사회적 규범에 어긋난 문제행동을 충동적으로 함
	공격행동	언어적·신체적으로 파괴적이고 공격적 행동이나 적대적 태도
사회적 미성숙		나이에 비해 어리고 미성숙한 면, 비사교적인 측면 등 사회적 발달
사고 문제		특정한 행동이나 생각을 지나치게 반복하거나 실제로 존재하지 않는 현상을 보거나 소리를 듣는 등 비현실적이고 기이한 사고·행동
주의집중 문제		주의력 부족, 과잉행동 양상, 계획 수립에 곤란을 겪음
기타 문제		8가지 증후군에 포함되지 않지만 유의미한 수준의 빈도로 나타나는 문제행동

memo

1교시

4과목

이상심리(필수)

나눔복지교육원 동영상 강의

CHAPTER 01

이상심리학의 이론적 입장

제1절 | 이상심리학의 개요

1 이상심리학의 정의

1) 이상심리학이란 인간의 일탈행동 또는 심리적 장애를 연구하는 학문이다.

2) 우리가 생활하면서 경험하는 적응의 곤란이나, 더 넓게는 생활의 어려운 문제는 적어도 이상심리학의 연구대상이 될 수 있다.

3) 결론적으로, 이상심리학은 인간이 나타내는 다양한 이상행동과 심리장애를 현상적으로 기술하고 분류하며 그 원인을 규명하여 설명하고, 치료 방법 및 예방 방안을 강구하는 학문이다.

4) 주로 이상심리학에서 다루는 문제에는 다음과 같은 것이 있다.

(1) 부적응 행동이나 심리적인 장애에는 어떤 유형이 있는가?

(2) 이러한 장애는 어떻게 표출되는가? 생리적 요소나 인지적 요소, 정서적 요소 등이 어떻게 서로 관련되는가?

(3) 이러한 장애의 유발요인은 무엇인가?

(4) 이러한 장애를 고치는 방법은 무엇인가? 심리적 장애나 이상행동의 예방은 가능한가? 가능하다면 어떤 방법이 있는가?

2 이상(abnormal)과 정상(normal)의 구분 - Kazdin(1980)

1) 통계적인 기준

(1) 개인의 어떤 특성을 측정한 측정치가 지나치게 평균에서 이탈되어 있다면 이를 이상상태로 보자는 것이다.

(2) 통계적인 기준은 정확하게 경계선을 긋기만 한다면 객관적이고 정확하다는 장점을 지닌다.

(3) 문제점

① 통계적 경계선은 전문가들이 세운 편의상의 경계이므로 어떤 이론적이거나 경험적인 타당한 근거는 없다.

② 어떤 특성이 이상행동과 관련되는 것이라도 이탈된 극단치는 양방향적인데, 어느 쪽을 이상행동으로 보느냐 하는 문제가 제기된다.

사례

지능이 극히 우수한 경우 이를 이상행동으로 구분하지 않지만, 지능이 아주 낮을 경우에는 정신지체로 이상행동의 범주에 포함시킨다. 이렇게 볼 때 통계적 기준은 반드시 다른 기준을 필요로 한다.

2) 사회적 규범의 기준

(1) 만일 어떤 사람이 그가 속한 사회적 규범을 어기는 생활을 한다면 그는 적응을 못하는 사람이 될 것이며 한 사회의 규범에 적응하지 못하고 일탈된 행동을 하는 경우를 이상행동으로 본다.

(2) 문제점 : 이 기준의 문제점은 문화 상대성의 문제로서 여러 다른 사회에서는 서로 다른 사회규범을 생각할 수 있는데 이 때 서로 상반되는 규범이 있을 수 있으며 어떤 규범을 기준으로 삼을 것인가 하는 문제가 생기고, 또한 규범 자체가 바람직하지 못할 경우도 있다.

3) 주관적 불편감으로서의 기준

(1) 어떤 특성 때문에 개인 스스로가 불편하고 괴로우면 이를 이상행동으로 보는 것이 주관적 불편감 기준이다.

(2) 객관적으로는 서로 유사한 상태에 있음에도 한 사람은 유독 그 증상으로 인해 괴로움을 느끼고 다른 한 사람은 괜찮을 때 전자의 상태를 이상으로 보는 것이다.

4) 절대적인 기준

어떤 행동특성을 나타내면 언제나 이상행동이라고 정의하는 것이다.

참고

정상적이고 건강한 사람의 심리특성[1]

1) 자신이 처한 주변 현실을 정확히 파악하고 인식할 수 있다.
2) 자신의 능력과 심리적 상태를 스스로 자각하고 인식할 수 있다.
3) 자신의 행동을 스스로 조절하고 통제할 수 있다.
4) 있는 그대로의 자기 자신을 수용하여 존중한다.
5) 다른 사람과 친밀한 관계를 맺으며 원만한 인간관계를 이룰 수 있다.
6) 자신의 능력을 생산적이고 효율적으로 발휘할 수 있다.

3 이상심리학의 연구방법

1) 이상행동에 대한 객관적 측정

(1) 이상심리학은 인간의 심리적 현상에 대한 객관적 평가와 측정에서 출발한다.

(2) 객관적 평가도구는 인간의 다양한 행동을 정교하게 변별할 수 있을 뿐만 아니라, 측정도구가 이상행동을 일관성 있는 방식으로 평가하는 정도를 나타내는 신뢰도와 측정도구가 본래 측정하려고 하는 이상행동을 평가하는 정도를 의미하는 타당도가 높은 도구를 지칭한다.

1) 이상심리학 총론, 학지사, 원호택 · 권석만(2000)

(3) 방법들

① **면접법** : 대화나 의사소통을 통해 사람의 심리적 특징을 알아보는 방법으로서 질문과 응답으로 이루어지는 언어적 의사소통을 통해 피면접자의 언어적 반응내용과 방식을 정밀히 분석하고 수량화하는 방법이다.

② **행동관찰법** : 내면적인 심리적 특성이 밖으로 드러난 행동을 잘 관찰하며 특정한 상황에서 개인이 어떤 행동을 하는지를 관찰하여 구체적으로 기술하고 그 빈도나 강도를 수량화하는 방법이다.

③ **질문지법** : 연구자가 묻고자 하는 사항을 문장으로 기술한 문항을 제시하고 피검자로 하여금 그 문항에 대해 자신의 상태를 응답하게 하는 방법이다.

④ **과제 수행법** : 해결해야 할 과제를 주고 그 사람이 그 과제를 얼마나 잘 수행하는지를 보는 방법으로, 평가하고자 하는 심리적 특성이 요구되는 과제를 주고 그 과제수행 반응을 객관적으로 수량화하고 이를 통해 심리적 특성을 평가하는 방법이다.

⑤ **심리 생리적 측정법** : 심리적 상태를 평가하기 위해 신체 생리적 변화를 측정하는 것으로 뇌파, 심장박동, 혈압, 근육의 긴장도, 피부 전기저항 반응 등의 생리적 상태를 측정할 수 있는 측정 도구를 통해 심리적 상태나 특성을 평가하는 방법이다.

⑥ **뇌영상술** : 뇌의 구조적 결함이나 생리적 활동을 측정하는 방법이다.

2) 이상행동의 원인에 관한 과학적 연구

(1) 이상심리학에서는 과학적인 측정방법에 의해서 수집된 자료에 근거하여 이상행동의 특성, 관련 요인 및 원인적 요인 등을 밝히는 연구가 진행된다.

(2) 이상행동의 원인은 이상행동에 시간적으로 선행하여 존재하면서 이상행동의 증가나 감소에 영향을 미치는 요인을 의미한다.

(3) 연구 방법들

① **사례연구**

ㄱ. 이상행동의 원인과 관련된 요인을 탐색하는 가장 기초적인 연구방법으로 이상행동을 나타내는 개인에 초점을 맞추어 그 사람에 관한 다양한 정보를 수집하여 기술하는 방법이다.

ㄴ. **장점** : 개인에 관해 풍부하고 자세한 정보를 제공하기 때문에 이상행동의 양상, 발전 경위, 영향요인 등을 정밀하게 분석할 수 있다.

ㄷ. **단점** : 한 개인에 대한 자료에 근거하기 때문에 그 결과를 다른 사람에게 일반화하여 적용하기 어렵다.

② **상관연구**

ㄱ. 어떤 이상행동을 나타내는 여러 사람들의 특성을 객관적 평가도구를 통해 수집하여 그러한 자료 간의 관계를 살펴보는 방법이다.

ㄴ. 상관연구는 연구를 통해서 조사된 요인들 간의 밀접한 연관성은 알 수 있지만, 인과적 관계와 방향을 확증할 수는 없다.

③ **집단 간 비교연구** : 상관연구와 마찬가지로 이상행동과 관련된 요인을 탐색할 수 있지만, 이상행동의 요인들 같이 인과관계를 명백히 설명해주지는 못하므로 원인 규명을 위해서는 치밀하게 설계된 실험적 연구나 종단적 연구가 필요하다.

④ **실험연구**

ㄱ. 연구자가 원인적 요인(독립변인)을 의도적으로 변화시켰을 때 그 영향으로 인한 결과적 요인(종속변인)의 변화에서 두 변인 간의 인과관계를 규명할 수 있다.

ㄴ. 실험자가 조작한 변인 외에 다른 변인이 실험의 결과에 개입되지 않도록 세심한 주의를 기울여야 한다.

⑤ **종단적 연구**

ㄱ. 종단적 연구는 두 시점 이상에서 시간차를 두고 자료를 수집하여 인과관계를 밝히는 방법이다.

ㄴ. 실제 생활에서 일어나는 이상행동의 원인을 연구할 수 있는 장점이 있지만, 많은 사람을 대상으로 장기간의 연구를 진행해야 한다는 문제점이 있다.

3) 이상행동의 치료와 예방 방법에 대한 과학적 검증

(1) 심리치료의 효과를 과학적으로 검증하기 위한 여러 가지 연구방법이 사용되고 있다.

(2) 연구 방법들

① **치료 전후의 행동 비교**

ㄱ. 치료 전후의 행동에 변화가 있을 경우에도 그것이 치료에 의한 것인지, 시간경과에 따른 자연적 회복인지를 변별하기는 어렵다.

ㄴ. 특정한 심리치료방법의 효과를 정교하게 검증하는 연구에서는 통제집단을 포함시키는 것이 일반적이다.

② **서로 다른 치료방법들의 치료효과 비교**

ㄱ. 같은 증상의 집단을 두 집단으로 나누어 다른 치료 방법을 실시하고 나서 치료 전후를 측정하여 어떤 치료가 효과적인지 판단할 수 있다.

ㄴ. 치료 효과는 치료 직후뿐만 아니라 1개월, 3개월 또는 1년 후까지 추적하며 증상의 호전상태를 평가하는 추수연구를 한다.

③ **단일사례 연구** : 한 명의 환자에게 심리치료적 처치를 가하는 조건(B, 처치단계)과 그렇지 않은 조건(A, 기초선 단계)을 반복적으로 여러 번 시행하여 치료적 처치가 가해지는 조건에서만 치료적 변화가 나타나는지를 확인하는 방법이다.

4 이상심리학의 역사

1) 고대 사회 : 초자연적인 이해

(1) 고대 원시 사회에서는 동양, 서양의 구분 없이 정신병을 초자연적 현상으로 이해하였다.

(2) 신의 특별한 계시를 받았다거나 저주를 받았다고 여기거나 귀신이 들렸다고 여겼다.

2) 그리스 로마시대

(1) 그리스 로마시대는 이전의 원시시대에서 이상심리를 초자연적 힘으로 본 것과는 달리, 과학적 입장에서 설명하였다.

(2) 이 시기는 신 중심이 아닌 인간중심의 사회(헬레니즘)였기 때문에 이상심리에 대해서도 신의 형벌이나 초자연적인 힘으로 이해하기 보다는 과학적인 접근이 가능했던 것이다.

(3) 히포크라테스의 업적

① 직접 심리적 장애를 관찰해서 객관적으로 기술하였다.

② 처음으로 이상행동에 관한 신체 의학적 또는 생물적 이론을 발전시켰다.

③ 최초로 심리적 장애를 분류하여 조증, 우울증, 광증(狂症)으로 구분하였다.

3) 서양 중세의 귀신론

(1) 중세에는 심리적 장애에 대한 과학적 접근 대신에, 고대의 미신적인 견해나 귀신론적 입장이 성행하였다.

(2) 이 당시에는 귀신이나 악령이 사람의 삶에 직접 영향을 주는 것으로 보았기 때문에 정신병자를 과학적 입장에서 접근하는 것을 방해하였다.

4) 중세 이후의 발전

(1) 중세의 마법과 귀신론의 영향으로 정신장애자의 처우는 19세기까지도 동물이나 죄수와 같이 열악하였다.

(2) 그러나 서서히 인도주의적인 처우와 과학적 접근이 진전되었다.

(3) 1500년대를 넘어서면서 정신병자의 수용기관이 감옥소와 같은 곳에서 서서히 정신병원이나 요양소로 바뀌게 되었지만, 실제는 감옥과 다를 바 없었다.

(4) 정신병자에게 인간적 처우를 해야 한다고 주장한 것으로 유명한 정신과 의사 Pinel은 정신병자의 쇠사슬을 제거하고 환자를 죄수가 아니라 병지로 보고 친절과 관심을 가지고 치료하자고 주장하였다.

5) 근대 과학적 접근의 시작

(1) 16세기에 비롯된 인간의 해부학이나 생리학의 괄목할 만한 발전에 힘입어 이상행동에 대한 경험적이면서 자연주의적인 학설이 형성되기 시작하였다.

(2) 이 시기에는 모든 이상행동이나 정신병리의 원인을 뇌의 기질적인 병변에서 찾고자 하였다.

6) 심리학설의 출현

(1) 현대 정신사에 큰 영향을 미친 지그문트 프로이트의 정신분석학설이 이상행동에 관한 심리학적인 학설로 제창된 것은 19세기 말의 일이지만, 심리학적인 학설이 대두되기까지는 1세기 이상 임상가들의 노력이 밑거름이 되었다.

(2) 프로이트는 처음으로 신경증의 원인과 치료에 있어서 심리적 요인의 중요성을 강조한 사람으로서, 정신분석학에서 제시되고 있는 많은 임상적 추론과 이론적 개념은 이상심리학의 이론과 실제에 막대한 영향을 끼쳤다.

(3) 가장 중요한 개념은 대부분의 인간행동은 무의식적 동기에 의해 결정된다는 무의식의 개념이며 환자의 문제를 이해하기 위해서는 환자가 의식하고 있는 범위를 넘어선 무의식적 동기를 밝혀야 한다는 것이다.

7) 이상행동의 측정과 관찰 : 기술 정신의학의 발달과 심리검사의 시작

(1) 19세기 후반, 기술 정신의학의 아버지로 알려질 만큼 정신과적 장애의 진단분류체계에 큰 영향을 미친 Kraepelin은 정신질환자의 증상을 관찰하고 정신질환의 유형을 분류했다.

(2) 정신의학이 의학의 특수 분야라는 것을 강조했고 정신병을 조울병(manic - depressive illness)과 조발성 치매(dementia praecox)로 분류했는데, 이러한 분류는 오늘날 진단분류체계에서도 상당한 설득력을 갖는다.

(3) 19세기 후반, 인간의 심리적 특성을 측정하려는 과학적인 연구가 시도되어 다양한 지능검사, 성격검사가 개발되기에 이르렀다.

8) 최근의 동향

(1) 2차 대전을 전후해서 이상심리학 분야는 실험과학과 경험적인 연구에 의존해서 기질적 접근과 심리적 접근의 통합적 접근 경향이 뚜렷해지고 있다.

(2) 정신역동적 정신병리이론이 임상실제와 연구 분야에서 도전 받으면서 개인심리학적 접근에서 행동주의적 접근과 현상학적 인간주의적 접근이 발전하게 되었으며 가족체계를 비롯해서 사회 환경의 영향에 관한 이론이 발전하고 있다.

(3) 1950년대 향정신 약물이 개발되고 대형 정신병원에 장기 수용되었던 정신병 환자들이 외래치료 방향으로 전환하면서 지역사회적인 접근이 두드러지게 강조되었다.

(4) 이러한 추세에 따라 사회환경과 개인의 상호작용을 강조하는 이론 모형이 형성되고 있다.

제2절 | 이상심리학의 이론적 관점

1) 정신분석 관점

(1) 정신분석적 입장은 이상행동의 근원적 원인을 어린 시절의 경험에 그 뿌리를 둔 무의식적 갈등에 의해서 설명한다.

(2) 정신분석 이론에 따르면 인간의 성격은 원초적 욕구로 구성된 원초아, 환경에 대한 현실적인 적응을 담당하는 자아, 사회의 도덕적 가치와 윤리적 규범이 내면화된 초자아로 구성되며 이들의 역동적 관계에 의해 행동이 결정된다.

(3) 자아가 원초아의 통제에 어려움을 겪게 될 때 신경증적 불안을 경험하게 되는데 이러한 불안을 감소시키기 위해서 억압, 부인, 반동형성, 합리화, 대치, 투사, 분리, 신체화, 퇴행, 승화와 같은 다양한 방어기제를 사용한다.

(4) 정신분석치료는 자유연상, 꿈의 분석, 전이분석, 저항분석 등의 방법을 통해 내담자가 자신의 무의식적 갈등을 통찰하고 현실생활에서 통찰내용을 실천하게 하는 훈습의 과정으로 구성된다.

2) 행동주의적 관점

(1) 행동주의적 입장은 엄격한 과학적 입장에 근거하며 인간의 행동을 환경으로부터 학습된 것으로 본다.

(2) 인간의 행동을 자극과 반응의 관계로 설명하며 행동이 학습되는 원리와 과정에 주된 관심을 갖는다.

(3) 이상행동이 형성되고 유지되는 과정을 고전적 조건형성, 조작적 조건형성, 사회적 학습 등의 학습원리로 설명한다.

(4) 고전적 조건형성은 무조건자극과 조건자극을 짝지어 반복적으로 제시함으로써 조건자극에 대한 조건반응이 학습되는 과정이며, 조작적 조건형성은 어떤 행동의 결과가 보상적이면 그 행동이 증가하는 반면, 그 결과가 처벌적이면 행동의 빈도가 감소하는 학습과정을 의미한다.

(5) 인간의 경우에는 사회적 상황에서 다른 사람의 행동에 대한 관찰과 모방을 통해 새로운 행동을 학습하는 사회적 학습이 중요하다.

(6) 행동치료기법으로서 부적응적인 이상행동을 제거시키는 방법으로는 소거, 처벌, 혐오적 조건형성, 상호 억제, 체계적 둔감법 등이 있으며 적응행동을 학습시키는 방법으로는 행동조성법, 토큰강화, 모방학습법, 사회적 기술 훈련 등이 있다.

기출문제 확인학습

체계적 둔감법(systematic desensitization)

1) 불안위계표를 사용한다.
2) 공포증의 치료에 효과적이다.
3) 역조건화의 기제와 관련이 있다.
4) 울피(Wolpe)에 의해 개발된 치료기법이다.
5) 고전적 조건화의 원리를 주로 적용한다.
→ 체계적 둔감법(systematic desensitization)은 이완과 불안이라는 반대의 반응 기제를 활용하는 것으로서, 역조건화의 기제와 관련이 있다. 자극(외부 자극)과 반응(이완과 공포 등)의 관계를 활용하는 것이므로 이는 고전적 조건화의 원리를 적용한 것이다.

행동치료

병의 원인보다는 증상(문제행동)의 1차적인 해소에 초점을 두고 있는 심리치료 방법은 행동치료이다. 즉, 문제행동을 수정하는 것에 1차적인 목적을 두는 심리치료이다. 병의 원인에 주된 관심으로 두는 것은 정신분석치료이다.

3) 인본주의적 관점

(1) 인본주의적 입장은 긍정적인 인간관에 근거하여 인간을 근본적으로 자기실현을 추구하는 성장지향적 존재로 본다.
(2) 부모가 어린 아이의 유기체적 욕구나 성향을 충분히 수용하지 못하고 자신들의 가치와 기대에 맞추어 조건적인 수용을 하게 되면, 부모의 애정을 얻기 위해 자신이 유기체적 경험을 왜곡하거나 부인하게 된다.
(3) 인본주의적 심리치료자는 무조건적인 긍정적 존중, 공감적 이해, 진솔함을 통해 내담자와 성장 촉진적 관계를 형성하여 내담자가 왜곡하고 부인해 왔던 자신의 진정한 모습을 자각하고 수용함으로써 자기실현적 성향이 활성화 되도록 돕는다.

4) 인지적 관점

(1) 인지적 입장은 인간을 자신과 세상에 대해 의미를 부여하는 능동적인 존재로 보며 인간이 고통 받는 주된 이유는 객관적 환경 자체보다는 그에 부여한 의미 때문이라는 가정(사고)에 근거하고 있다.
(2) 이상행동과 정신장애는 자신과 세상에 대해서 부정적이고 왜곡된 의미를 부여하는 부적응적인 인지적 활동에 기인한다.
(3) 정신장애를 유발하는 부적응적 인지도식, 역기능적 신념, 인지적 오류, 부정적인 자동적 사고에 초점을 맞추고 있다.
(4) 인지적 심리치료에서는 내담자의 이상행동을 초래하는 부적응적인 사고 내용을 포착하여 그러한 사고의 타당성, 현실성, 유용성을 내담자와 함께 다각적으로 평가함으로써 보다 더 현실적이고 적응적인 사고로 전환시키는 구체적인 작업이 이루어진다.

5) 생물학적 관점

(1) 생물학적 입장은 신체적 원인론의 전통에 뿌리를 두고 있으며, 모든 정신장애는 신체질환과 마찬가지로 신체적 원인에 의해서 생겨나는 일종의 질병이라고 본다.

(2) 정신장애를 유발하는 주요한 생물학적 요인으로 유전적 요인, 뇌의 구조적 결함, 신경 전달물질이나 내분비 계통의 신경화학적 이상 등에 초점을 맞추고 있다.

(3) 정신장애를 치료하는 생물학적 방법으로는 약물치료, 전기충격치료, 뇌 절제술 등이 있으며 뇌의 신경전달물질에 영향을 주는 약물을 통해 치료하는 약물치료가 가장 흔히 사용된다.

기출문제 확인학습

정신장애의 원인 – 기질적 원인

1) 뇌에 영향을 미치는 모든 질병 - 뇌증후군 야기
2) 외상, 감염(매독 등), 독성물질 - 뇌증후군 야기
3) 술(향정신성 약물) - 정신질환 유발
4) 산소결핍, 일산화탄소 중독, 경련, 심장발작 - 뇌에 산소공급 방해 - 행동장애 유발
5) 굶주림 또는 특정 영양소의 부족 - 발육장애, 지적장애(정신지체), 여러 뇌증후군을 일으킴
6) 수면박탈 - 인격장애 초래
7) 감각박탈
8) 유전적 요인 - 진화론을 배경으로 등장한 우생학적 단종

실력 다지기

히스테리성 장애에 관한 매스머의 치료 – 기질적 원인이 아니다.

1) 몸에 자석을 대어 병을 치료한다는 생각은 일찍이 17세기에 연금술사와 점성가들이 시도했던 처방이었다.
2) 그 배경은 인간의 육체 각 부분과 우주의 별들 사이에는 자기적(磁氣的) 연관성이 있다는 이론이었다.
3) 이 이론은 그 후 안톤 메스머에 의해 발전되어 나갔다. 안톤 메스머의 논문은 '인간 육체에 미치는 혹성의 영향에 대하여'라는 제목이었다.
4) 여기서 메스머는 점성학적인 이론을 도입하여 우주 공간에 널리 퍼져 있는 무형의 전류가 인간이 모르게 육체적인 영향을 미친다고 기술하였다.

6) 사회문화적 관점

(1) 사회문화적 입장은 개인이 성장하고 생활하는 환경의 사회문화적 요인이 이상행동과 정신장애의 유발에 중요한 영향을 미친다고 본다.

(2) 사회문화적 입장에서는 이상행동과 정신장애의 발생과 관련되는 여러 가지 사회문화적 요인(예 문화권, 종족, 사회경제적 계층, 거주지역, 사회문화적 변화, 성 차별, 경제적 빈곤, 정신장애에 대한 사회적 낙인 등)에 관심을 둔다.

7) 통합적 관점

(1) 취약성 - 스트레스 모델 : 특정한 장애에 걸리기 쉬운 개인적 특성인 취약성과 환경으로부터 주어지는 심리사회적 스트레스가 상호작용하여 정신장애가 유발된다는 입장이다.

(2) 생물 심리사회적 모델

① 생물 심리사회적 모델은 기존의 특정한 이론적 입장에 구애받지 않은 탈이론적 입장으로서 이상행동과 정신장애의 이해와 치료를 위해서 생물학적, 심리적, 사회적 요인을 종합적으로 고려해야 한다는 입장이다.

② 21세기의 이상심리학에서는 이상행동의 다양한 원인적 요인들이 어떻게 서로 연결되어 있으며 어떤 상호작용 과정을 통해 이상행동을 유발하는지에 대한 통합적 연구가 중요한 연구주제가 될 것으로 전망된다.

기출문제 확인학습

정신장애의 사회적 유발설

교육 기회의 결여, 경제적 궁핍, 사회적 무시와 차별, 불안정한 대인관계 등과 같이 하류층이 경험하는 심한 심리사회적 스트레스가 정신장애를 유발한다.

참고

사회적 선택설

- 하류층에서 정신장애의 빈도가 높은 것은 정신장애의 결과이지 그 원인이 아니다.
- 중상류층에 속하는 사람도 정신장애에 걸리게 되면 사회적 적응능력이 저하되어 결과적으로 하류층으로 전락하게 되기 때문에 하류층에서 정신장애가 더 많이 발견된다.

CHAPTER 02

이상심리의 분류 및 평가

제1절 | 이상심리의 분류

1) 장점

(1) 효과적 의사소통, 체계적 연구, 원인의 이해를 증진시킨다.

(2) 해당 분야의 연구자나 종사자들이 일관성 있게 공통적으로 사용할 수 있는 용어를 제공한다.

(3) 효과적인 의사소통이 가능해지고 불필요한 혼란과 모호함이 감소한다.

(4) 연구자나 임상가에게 효과적인 정보를 제공하며 축적된 연구결과와 임상적 지식을 체계적으로 정리하고 전달할 수 있게 된다.

(5) 정신장애에 대한 과학적 연구와 이론 개발을 위한 기초를 제공한다.

(6) 객관적 기준에 의한 신뢰로운 분류체계에 근거하여 장애의 공통적 특성과 원인에 대한 연구가 가능해진다.

(7) 심리장애를 지닌 환자들 간의 유사성과 차이점을 인식하는데 도움을 준다.

(8) 어떤 증상을 나타내는 환자를 분류체계에 따라 특정한 장애에 할당하는 분류작업인 진단을 통해 임상가는 환자의 다른 특성들을 쉽게 추정할 수 있게 된다.

(9) 치료 효과를 예상하고 장애의 진행과정을 예측한다.

2) 단점

(1) 분류나 진단을 통해 환자의 개인적 정보가 유실되고 환자에 대한 고정관념이 형성될 수 있다.

(2) 진단은 환자에 대한 낙인이 될 수 있는데, 환자에 대한 주변 사람들의 편견과 환자 자신에 대한 태도도 달라진다.

(3) 진단명에 맞도록 자기를 변화시켜 나가는 자기 이행적 예언의 결과가 초래될 수 있다.

(4) 환자의 예후나 치료 효과에 대한 선입견을 줄 수 있다.

(5) 현재의 분류체계는 의학적 모델로서 환경적 영향을 무시하고 있으며 창조적 사고를 억제한다는 비판도 있다.

제2절 | 이상행동의 평가와 진단

1) 심리평가란 개인의 다양한 심리적 속성(지능, 성격, 이상행동, 정신병리 등)을 심리학적 전문지식에 근거하여 면접, 행동관찰, 심리검사 등의 방법을 통해 단기간에 평가하는 작업을 말한다.

2) 개인의 이상행동과 증상에 대한 심리평가 자료를 통합하여 특정한 정신장애로 분류하는 작업을 심리진단이라고 한다.

3) 임상적 심리평가의 과정

(1) 심리평가에 앞서서 평가의 목적을 명료화하는 일이 필요하다.

(2) 평가의 목적에 적절한 평가 방법과 절차를 계획한다.

(3) 평가계획에 따라 환자로부터 직접 평가 자료를 수집하게 된다.

(4) 수집된 자료는 체계적으로 정리되거나 채점되는 과정을 거쳐 그 심리적 의미가 해석되며 이렇게 평가 자료를 해석하고 통합하는 과정은 이상행동과 정신장애에 관한 전문적 지식과 경험, 심리학 전반에 대한 지식, 평가도구에 대한 이해, 치료방법에 대한 구체적 지식 등을 필요로 하는 전문적인 작업이다.

4) 심리평가 방법

(1) 면접법 : 언어적인 대화나 의사소통을 통해 환자의 심리적 특징과 정신병리를 탐색하는 방법이다.

① **비구조화된 임상적 면접** : 환자에 대해 자유로운 방법으로 질문하여 정보를 수집한다.

② **구조화된 임상적 면접** : 면접자의 주관성을 배제하기 위해서 질문의 구체적인 내용과 순서를 비롯하여 응답에 대한 채점방식 등이 정해져 있는 면접방법이다.

③ **정신상태 검사** : 환자의 행동과 심리적 특성을 체계적으로 평가하는 면접방법이다.

(2) 행동관찰법 : 행동관찰법은 개인이 특정한 상황에서 어떤 행동을 하는지를 유심히 관찰하여 그 행동의 내용을 구체적으로 기술하고 그 빈도나 강도를 수량화하는 방법이다.

① **자연주의적 관찰법** : 일상적 생활환경 속에서 개인의 행동을 관찰하여 평가하는 방법이다.

② **구조화된 관찰법** : 특정한 자극상황에서 환자가 나타내는 행동을 관찰하는 방법이다.

③ **자기관찰법** : 환자가 자신의 행동을 체계적으로 관찰하는 방법이다.

④ **행동분석법** : 어떠한 문제행동이 나타나는 전후 상황을 구체적으로 평가하는 방법으로서 특정한 문제 행동이 나타나기 전에, 어떤 일이 일어나며 그러한 행동의 결과로 어떤 일이 초래되는지를 구체적으로 평가하는 방법이다.

(3) 심리검사법 : 심리적 특성을 평가하기 위한 구체적인 검사문항과 채점체계를 갖추고 있으며 검사결과를 해석할 수 있는 규준과 해석 지침을 구비하고 있는 개인의 심리적 특성을 가장 객관적으로 측정할 수 있는 방법이다.

⑤ **지능검사**

ㄱ. 이상행동과 부적응 상태에 있는 사람은 지적 기능의 저하나 손상을 보이는 경우가 많아, 임상적 평가에서는 개인의 지적 능력과 기능을 평가하기 위해 지능검사가 흔히 사용된다.

ㄴ. **웩슬러(Wechsler) 지능검사** : 전반적 또는 세부적 지적 기능의 수준, 병전 지능 수준, 지적 잠재력뿐만 아니라 일반적 적응상태, 성격적 특성, 정신 병리적 특징, 뇌 손상을 평가할 수 있는 정보를 제공하는 유용한 임상적 평가도구이다.

⑥ 객관적 성격검사

ㄱ. 피검자에게 성격의 다양한 측면을 기술하는 문항을 제시하고 자신에게 해당되는지를 평정하게 하는 지필식 자기보고형 검사이다.

ㄴ. **다면적 인성검사(MMPI)** : 가장 널리 사용되는 객관적 성격검사로서, 피검자의 검사태도를 평가하는 4개의 타당도 척도와 여러 가지 성격적 또는 정신병리적 특성을 평가하는 10개의 임상 척도로 구성되어 있다.

⑦ 투사적 성격검사

ㄱ. 투사적 성격검사는 피검자에게 애매 모호한 자극을 제시하고 그에 대한 자유로운 반응을 유도한 후에 검사반응을 정밀하게 분석함으로써 피검자의 무의식적인 성격특성을 평가한다.

ㄴ. **로샤 검사** : 데칼코마니 양식에 의한 대칭형의 잉크얼룩으로 이루어진 10장의 카드로 구성되어 그림이 무엇처럼 보이는지를 말하게 하고 어느 부분에서 어떤 특성 때문에 그러한 반응을 하게 되었는지도 확인한다.

ㄷ. **주제통각 검사(TAT)** : 피검자가 쉽게 동일시할 수 있는 인물과 상황을 묘사한 30장의 그림카드로 구성되며 그림을 보고 피검자가 구성한 이야기 내용을 여러 채점 기준에 따라 분석하는 방법이다.

⑧ **신경심리검사** : 다양한 심리적 기능을 측정함으로써 뇌의 손상 유무, 손상의 정도와 부위를 평가하는 검사이다.

(4) 심리 생리적 측정법 : 신체의 생리적 반응을 통해 심리적 특성을 평가할 수 있는데, 심리 생리적 측정법은 이처럼 심리 생리적 반응을 측정할 수 있는 도구를 통해 심리적 상태나 특성을 평가하는 방법이다.

(5) 뇌 영상술 : 뇌 영상술은 인간의 뇌를 투시하여 뇌의 구조와 기능을 평가하는 방법으로서 다양한 방향에서 뇌를 투과한 X - ray의 양을 측정하여 컴퓨터로 재구성한 뇌의 단면을 영상화하는 기법인 전산화된 단층촬영술(CT), 자기공명 영상술(MRI), 양전자방출 단층촬영술(PET) 등이 있다.

제3절 | 정신진단 분류체계(DSM-5)

1) 정신진단 분류체계(DSM)의 역사

(1) DSM - I은 1952년 130쪽에 106개의 정신장애를 수록, 발간했다. 그 이후 5번의 개정이 이루어졌다. 개정될 때마다 정신장애의 수가 늘어나고 내용이 증가했다.

(2) DSM - II는 1968년 182개의 정신장애를 134쪽에 수록해서 발간되었다.

(3) DSM - III는 1980년 494쪽에 265개의 정신장애를 수록해서 발간되었다. 이 때 외상 후 스트레스 장애가 처음으로 정신장애에 포함되었다.

(4) DSM - III - R은 1987년 567쪽에 292개 정신장애 목록으로 발간되었다.

(5) DSM - IV는 1994년 886쪽에 297개의 목록으로 발간되었다.

(6) DSM - IV - TR은 2000년에 발간되었는데, 서술내용만 일부 수정되었기 때문에 정신장애의 목록에서 DSM - IV와 차이가 없다.

(7) 2010년 2월 미국정신의학협회는 DSM - 5에 대한 시안을 공개했으며 DSM - 5의 최종안은 2013년 5월에 발표하기로 하고 다양한 의견을 청취하기 위해 시안을 발표했다.

(8) 2013년에는 20년만에서 DSM - 5의 새로운 개정판을 내게 되었다.

2) DSM - 5 주요 특징[1)]

(1) DSM - IV까지는 개정판 숫자를 로마자(I, II, III, IV)로 표기해왔으나, DSM - 5부터는 아라비아 숫자로 표기하고 있는데, 이는 급속하게 이루어지고 있는 임상연구의 진전에 따라 향후 개정이 빈번하게 계속될 것이기 때문이다(예 DSM - 5.0, DSM - 5.1, DSM - 5.2).

(2) DSM - 5에서는 다축진단체계가 해체되었다.

(3) DSM - 5에서 조현병의 하위분류도 지워졌다.

(4) 불안 장애의 범주 속에 있던 강박 장애, 외상 후 스트레스 장애가 각각 강박 및 관련 장애, 외상 관련 장애로 나누어졌다.

(5) 기분 장애의 범주 속에 있던 양극성 장애 역시 따로 분류되었다.

(6) 저장장애(Hoarding Disorder), 피부 뜯기장애(Skin - Picking Disorder)라는 새로운 진단이 개발되었다.

(7) 성질내기 좋아하는 아동과 청소년은 양극성 장애로 몰리기보다는 파괴적 기분조절 곤란장애(Disruptive Mood Dysregulation Disorder)라는 좀 더 몸에 맞는 진단을 받을 수 있게 되었다.

(8) 남용과 의존의 개념을 구분 없이 사용한다.

(9) 주요 우울 장애와 사별 반응(Bereavement)이 이웃사촌이 되었다.

(10) 자폐 장애, 아스퍼거 장애, 아동기 해체 장애, PDD - NOS(비전형적 전반적 발달장애) 등이 자폐 스펙트럼 장애로 통합되었다.

(11) 10개의 성격장애는 과거의 틀을 유지하게 되었다.

(12) DSM - 5는 20개의 주요한 상위범주로 심리장애를 구분하고 있다.

1) **출처** : 한국심리학회 홈페이지 글 일부 수정(https : //www.koreanpsychology.or.kr)

(13) DSM - 5는 300개 이상의 하위유형으로 심리장애를 구분하고 있다.

실력 다지기

DSM - 5의 주요 개정 내용

DSM - Ⅳ에 제기된 비판을 토대로 DSM - 5의 개정 작업이 진행되었고 주요 개정 내용은 다음과 같다(APA, 2013)[2).]

1) ICD - 11와 조화를 이룰 수 있도록 진단 체계를 구성함.
2) 진단과 관련된 생애 전반의 발달적 주제들을 진단에 포함시킴(예 신경 인지 장애 : 신경 발달 장애 : 아동에게만 적용할 수 있는 외상 후 스트레스 장애의 특정 진단 기준).
3) 유전학, 신경 영상학 등 최신 연구 결과를 통합시켜 반영함.
4) 차원적 접근을 반영함(예 자폐 스펙트럼 장애 : 성격 장애에 대한 DSM - 5의 대안적 모형 등).
5) 진단 분류의 간소화와 명료화(예 양극성 장애와 우울 장애 : 물질 사용 장애)
6) 특이도 향상(예 주요 신경 인지 장애와 가벼운 정도의 신경 인지 장애)
7) DSM - Ⅳ의 다축 진단 체계 폐기함.

기출문제 확인학습

정신질환의 진단 및 통계편람 제 5판(DSM – 5)의 개정(2013년) 배경

1) 정신장애에 대한 최신 연구결과의 반영 : 정신병리, 평가 및 진단, 치료 연구결과 등의 축적에 따라 정신장애에 대한 최신 의견들을 반영할 필요가 있었다. 특히 임상 분야에서 신경생물학(Neurobiology)의 중요성이 확대되었다.
2) DSM - Ⅳ가 지니는 범주적 진단체계의 한계 : 범주적 분류는 이상행동과 정상행동을 명확히 구분하면서 이들 간의 질적인 차이를 가정하는 한계를 가지고 있었다. 그로 인해 몇 가지 증상들을 공유하는 공존질환(comorbidity)에 대한 더욱 정확하고 효율적인 진단의 필요성이 제기되었다.
3) 사용자 접근성 및 임상적 유용성의 고려 : 진단분류의 신뢰도 및 타당도를 제고하기 위해 다양한 경험적 연구결과들에게 근거하되, 이전버전들과의 연속성을 유지함으로써 실제 임상 현장에서 유효하게 사용될 수 있는 진단체계가 요구되었다.

정신질환의 진단 및 통계편람 제 5판(DSM – 5)의 일반적인 개정사항

1) 개정판 숫자의 변경 : 기존의 DSM - Ⅳ - TR,까지는 개정판의 숫자를 로마자로 표기하였다. 그러나 DSM - 5에서는 로마자 V가 아닌 아라비아 숫자 5를 사용하였다. 이는 새로운 임상적 발견에 따른 개정을 보다 쉽게 하기 위한 의도를 가지고 있다.
2) 다축체계의 폐지 : DSM - Ⅳ에서 사용하는 다축진단체계가 실제 임상 현장에서 유용하지 못하며, 진단의 객관성 및 타당성이 부족하다는 비판에 따라 이를 폐지하였다. 다만, 이는 표기 방식을 폐지하는 것일 뿐 내용 전체를 폐기한 것은 아니다.
3) 차원적 평가의 도입 : 범주적 분류의 한계를 보완하기 위해 차원적 평가방식을 도입함으로써, 이른바 '하이브리드 모델'을 제안하였다. 차원적 분류는 이상행동과 정상행동의 부적응성에 대한 정도 차이일 뿐 이들 간의 질적인 차이를 인정하지 않는다.

---

2) **출처** : 정신장애 진단 및 통계 편람, 심리학용어사전, 2014. 4, 한국심리학회, 이원혜(경희대학교병원 정신건강의학과)

DSM - 5에서 기억해 둘 만한 개정사항

1) 조현병의 하위유형, 즉 망상형 또는 편집형, 해체형 또는 혼란형, 긴장형, 감별불능형 또는 미분화형, 잔류형 등의 분류가 폐지되었다.
2) 불안장애의 하위유형으로 분류되었던 강박장애와 외상 후 스트레스 장애가 불안장애에서 분리되어 각각 강박 및 관련장애와 외상 - 스트레스 관련 장애의 독립된 장애 범주로 분류되었다.
3) 기분장애의 하위유형으로 분류되었던 우울장애와 양극성 장애가 기분장애에서 분리되어 각각 독립된 장애범주로 분류되었다.
4) DSM - Ⅳ에서 유아기, 아동기 또는 청소년기에 통상 처음 진단되는 장애의 하위유형으로 분류된 배설장애가 독립된 장애범주로 분류되었다.
5) DSM - Ⅳ의 분류기준에서 '광범위한 발달장애'의 하위유형으로 분류된 자폐성 장애 등이 '자폐 스펙트럼 장애'로 통합되었다.
6) 기존의 강박장애 및 그와 관련된 장애를 포함하는 '강박 및 관련 장애'가 새로운 장애범주로 제시됨으로써, '저장장애', '피부 벗기기 장애' 등 새로운 하위 장애의 진단이 가능하게 되었다.
7) DSM - Ⅳ에서 종종 만성적인 짜증이나 간헐적인 분노를 표출하는 아동 및 청소년에 대해 내려졌던 '양극성 장애'의 진단 대신, '우울장애'의 하위유형으로서 '파괴적 기분조절곤란 장애'의 새로운 진단 기준이 마련됨으로써 보다 정확한 진단이 가능하게 되었다. 또한 '우울장애'의 하위유형으로 '월경 전 불쾌감 장애'가 추가되었다.
8) DSM - Ⅳ의 분류기준에서 '주요 우울증 삽화'의 진단 기준에 사랑하는 사람과의 사별 후 2개월까지 나타나는 우울 증상을 진단 기준에서 제외하는 항목이 있었다. 그러나 DSM - 5에서는 2개월이라는 기간이 어떠한 과학적인 근거를 가지고 있지 않으며, 사랑하는 사람과의 사별로 인한 상실감이 심각한 심리사회적 스트레스 요인으로 작용할 수 있다는 의견을 반영하여 사별 배제항목을 삭제하였다.
9) DSM - Ⅳ의 분류기준에서 '유아기, 아동기 또는 청소년기에 통상 처음 진단되는 장애'의 하위유형으로 분류된 '주의력 결핍 및 과잉행동장애'가 DSM - 5에서 새롭게 제시된 '신경발달장애'의 하위유형으로 분류되었다. 이는 ADHD가 성인기까지 지속될 수 있다는 사실을 반영하여 성인에 대한 ADHD의 진단기준을 제공하기 위함이다. 그에 따라 증상의 발현시기 또한 '7세 이전'에서 '12세 이전'으로 조정되었다.
10) DSM - Ⅳ의 분류기준에서 '섬망, 치매, 기억상실장애 및 기타 인지장애'의 하위유형으로 분류된 '치매'가 그 심각도에 따라 '주요 신경인지장애' 및 '경도 신경인지장애'로 명명되어 DSM - 5에서 새롭게 제시된 '신경인지장애'의 하위유형으로 분류되었다.
11) DSM - Ⅳ의 분류기준에서 '물질 관련 장애'는 '물질 - 관련 및 중독장애'로 확장되었다. '물질 - 관련 중독장애'는 크게 '물질 - 관련 장애'와 '비물질 - 관련 장애'로 구분되며, 특히 DSM - Ⅳ에서 '병적 도박'이 '도박장애'로 명칭이 변경되어 '비물질 - 관련 장애'로 분류되었다. 또한 DSM - Ⅳ에서 '물질의존'과 '물질남용'에 대한 개별적인 진단기준이 제시되었던 것과 달리, DSM - 5에서는 물질의존과 물질남용이 매우 높은 상관관계를 가진다는 의견을 반영하여 이들을 통합하였다. 다만, 그 심각도를 3가지 등급인 경도(mild), 중(등)도(moderate), 고도 또는 중증도(severe)로 구분하도록 하였다.
12) DSM - Ⅳ의 분류기분에서 부록 목록(Appendix B)에 포함되었던 '폭식장애'의 경우 최근 늘고 있는 과식과 비만에 대한 사회적인 관심과 함께 과식과 폭식의 차이를 부각시킬 필요성이 있다는 의견을 반영하여 DSM - 5에서 '급식 및 섭식장애'의 하위유형으로써 정식 진단명을 부과하였다.

실력 다지기

DSM-5의 개정 변화[3] - 발달장애의 개념 규명을 중심으로

1) 신경발달장애군(ND) 신설을 통해 좀 더 임상적 증거를 기반으로 진단 기준을 마련하고자 하였다.
2) 주요 내용은 다축진단의 폐지, 중증도의 평가 도입, 19개 장애군에서 20개 장애군으로 증가, 차원적 평가 도입, 문화적 차이 고려 등이다.
3) DSM-5는 의학과 정신장애 간에 인위적 구별을 제거하기 위해 기존의 다축 체계를 폐지하였다.
4) 파괴적 기분조절장애, 가벼운 인지기능장애, 폭식장애, 월경 전 불쾌장애 등이 DSM-5에 새롭게 장애로 포함되었다.
5) 특히 DSM-Ⅳ에서 자폐성장애, 아스퍼거, 소아기 붕괴성장애, 달리 분류되지 않는 광범위성발달장애로 구분하였던 것을 자폐스펙트럼장애로 통합하였다.
6) 성격장애는 기존과 동일하게 범주적 진단체계를 유지하였으며, 대신 차원-범주 모델이 섹션 Ⅲ에 수록되었다.

DSM-Ⅳ(1994)에서 임상적 관심의 초점이 될 수 있는 '유아, 아동, 청소년기에 처음으로 진단되는 장애들'이라는 부분이 DSM-5에서는 완전히 사라지고, 각 장애범주마다 3점, 또는 그 이상의 척도 점수로 증상의 심각도를 명시하도록 하여 지원 수준을 결정하도록 한 점은 그동안 범주적 접근의 한계를 인식하고 생애주기적 접근과 질환에 대한 차원적 접근을 사용하고자 한다는 점에서 중요한 변화의 하나라고 하겠다.[4]

7) 특정불능(unspecified)의 대책으로 달리 분류되지 않는 전반적 발달장애(PDD-NOS)의 명칭을 삭제했다.
8) 자폐 스펙트럼장애(ASD)로의 장애명칭 변경과 그 준거가 3세 이전의 증상 발현에서 아동기로 확대되고, 사회적 상호작용과 의사소통을 하나의 차원인 사회적 의사소통으로 보고, 반복적 상동행동과 함께 2가지 진단차원으로 줄여서 진단준거를 제시하고 있다.
9) 주의력결핍 및 과잉행동장애(ADHD)의 진단기준을 7세 이전의 발생 나이에서 12세로 확대하고 청년, 성인(17세 이상)은 진단기준 5항목으로 나타내고 있다.

3) 추연구(2014), DSM-5의 개정에서 본 발달장애의 새로운 진단명과 진단 기준 그리고 ASD의 명칭 도입과 ADHD의 변화, 학지사 뉴논문, 재인용 ; 최성진(2013), DSM-5의 개관, 한국심리학회 연차 학술발표 논문집 2013년 제1호

4) **권희연, DSM-5와 DSM-Ⅳ-TR의 차이점 및 특수교육 진단체계에 미치는 영향**: 신경발달장애를 중심으로

🗀 기출문제 확인학습

이상행동의 분류와 진단(DSM)

1) 1950년대에 처음으로 발간된 이후 현재 DSM - 5까지 이르고 있다. 질환의 증상과 증후들에 많은 초점을 둔 정신장애의 진단 및 통계편람(DSM)은 미국정신의학협회(미국정신의학회, APA)에서는 독자적인 진단 및 통계편람(Diagnostic and Statistical Manual of Mental Disorders)을 1952년에 출간하였다. 2013년에는 DSM - 5의 새로운 개정판을 냈다.
2) 정신장애의 진단 및 통계편람(DSM)은 미국정신의학협회(미국정신의학회, APA)에서 인간의 사망과 질병 통계 작성을 위해 마련된 것이 아니라, 정신질환자들의 분류체계와 진단을 효율적으로 적용하고, 정신의학적 진단의 타당성과 신뢰성을 확보하기 위해 출간되었다.
3) 정신장애의 원인보다는 질환의 증상과 증후들에 많은 초점을 두었다.
4) 정신질환자들의 분류체계와 임상적 진단을 효율적으로 적용하기 위해 마련되었다.
5) 정신의학적 진단의 타당성과 신뢰성을 확보하기 위해 출간되었다.
6) 환경의 영향보다는 개인별 특수성을 더 중시한다.
7) 단점으로는 개인적 정보가 유실되고 환자에 대한 고정관념이 형성될 수 있으며 환자에 대한 선입견과 낙인이라는 부정적 효과(부정적 자기충족적 예언)가 나타날 수 있다.
8) 범주적 분류 : 이상행동이 정상행동과는 질적으로 구분되며 흔히 독특한 원인에 의한 것이기 때문에 정상행동과는 명료한 차이점을 지닌다고 가정한다.

실력 다지기

DSM - 5의 심리장애 상위범주 및 하위유형

1) 신경발달장애(Neuro - developmental Disorders)의 하위유형
   (1) 지적 장애(Intellectual Disability, Intellectual Developmental Disorder) : 경도, 중등도, 중도, 최중도(4가지)
   (2) 의사소통장애(Communication Disorders)
   (3) 자폐스펙트럼장애(Autism Spectrum Disorders)
   (4) 주의력 결핍 및 과잉행동장애(ADHD)
   (5) 특수 학습장애(Specific Learning Disorder) : 읽기장애, 쓰기장애, 산수장애
   (6) 운동장애(Motor Disorders) : 발달성 협응장애(Developmental Coordination Disorder), 상동증적 운동장애(Stereotypic Movement Disorder), 틱 장애(Tic Disorders)
   ※ DSM - IV에서, '유아기 및 아동기에 흔히 처음으로 진단되는 장애' 범주의 변화

2) 조현병 스펙트럼 및 기타 정신병적 장애의 하위유형
   (1) 조현형 성격 장애(Schizotypal Personality Disorder)
   (2) 망상장애(Delusional Disorder)
   (3) 단기 정신증적 장애(Brief Psychotic Disorder)
   (4) 조현양상 장애(Schizophreniform Disorder)
   (5) 조현병(Schizophrenia)
   (6) 조현정동장애(Schizoaffective Disorder)
   (7) 긴장증(Catatonia)
   ※ DSM - IV와 크게 다르지 않다.
   ※ 조현형 성격장애를 스펙트럼장애로 포함시켰다는 차이점이 있다.

3) 양극성 및 관련 장애(Bipolar and Related Disorders)의 하위유형
   (1) 제I형 양극성장애 (Bipolar I Disorder)
   (2) 제II형 양극성장애 (Bipolar II Disorder)
   (3) 순환성장애(Cyclothymic Disorder)
   ※ DSM - IV에서는 기분장애 범주에 포함되었으나, DSM - 5에서는 별도의 장애로 분리시켰다. 즉, 기분장애 범주에서 삭제하여 양극성 및 관련 장애로 분리하였다.

4) 우울장애(Depressive Disorders)의 하위유형
   (1) 파괴적 기분조절곤란장애(Dysruptive Mood Regulation Disorder)
   (2) 주요 우울장애(Major Depressive Disorder)
   (3) 지속성 우울장애(Persistent Depressive Disorder) : 기분부전장애
   (4) 월경전기 불쾌장애(Premenstrual Dysphoric Disorder)
   ※ DSM - IV에서는 기분장애 범주에 포함되었으나, DSM - 5에서는 별도의 장애로 분리시켰으며 2개 장애가 명시적으로 추가되었다.

5) 불안장애(Anxiety Disorders)의 하위유형

(1) 분리불안장애(Separation Anxiety Disorder)

(2) 선택적 함구증(Selective Mutism)

(3) 특정공포증(Specific Phobia)

(4) 사회불안장애(Social Anxiety Disorder) : 사회공포증

(5) 공황장애(Panic Disorder)

(6) 광장공포증(Agoraphobia)

(7) 범불안장애(Generalized Anxiety Disorder)

※ 강박장애, 외상 후 스트레스장애 범주를 별도로 신설하여 분리시켰다.

※ 아동기 장애(2개) 및 광장공포증이 추가되었다.

6) 강박 및 관련 장애(Obsessive - Compulsive and Related Disorders)의 하위유형

(1) 강박장애(Obsessive - Compulsive Disorder)

(2) 신체이형장애(Body Dysmorphic Disorder)

(3) 수집광(Hoarding Disorder) : 저장장애

(4) 발모광(Trichotillomania, Hair - Pulling Disorder) : 모발뽑기 장애

(5) 피부뜯기장애(Excoriation, Skin - Picking Disorder) : 박피증

※ 불안장애에서 별도로 독립시켰다.

※ 강박 스펙트럼장애를 한 영역으로 묶었다.

※ 일부 충동 - 통제장애 및 신체형 장애에서 이관하였다.

※ 일부 장애를 신설하였다.

7) 외상 및 스트레스 관련 장애(Trauma - and Stress - related Disorders)의 하위유형

(1) 반응성 애착장애(Reactive Attachment Disorder)

(2) 탈억제성 사회적 유대감 장애(Disinhibited Social Engagement Disorder)

(3) 외상 후 스트레스장애(Posttraumatic Stress Disorder)

(4) 급성 스트레스장애(Acute Stress Disorder)

(5) 적응장애(Adjustment Disorder)

※ 불안장애에서 별도로 독립시켰다.

※ 스트레스 관련장애를 한 영역으로 묶었다.

8) 해리장애(Dissociative Disorders)의 하위유형

(1) 해리성 정체성장애(Dissociative Identity Disorder)

(2) 해리성 기억상실(Dissociative Amnesia)

(3) 이인성 / 비현실감 장애(Depersonalization / Derealization Disorder)

※ 해리성 둔주(Fugue) 범주를 삭제하고, 기억상실증에 통합하였다.

9) 신체증상 및 관련장애(Somatic Symptoms and Related Disorders)의 하위유형

(1) 신체증상장애(Somatic Symptom Disorder) : 신체화장애

(2) 질병불안장애(Illness Anxiety Disorder) : 건강염려증

(3) 전환장애(Conversion Disorder) : Functional Neurologic Symptom Disorder

(4) 의학적 상태에 영향을 미치는 심리적 요인(Psychological Factors Affecting Other Medical Conditions)

(5) 인위성장애(Factitious Disorder) : 허위성 장애

※ 상위범주 및 하위유형 명칭의 상당한 변경이 있었다.

※ 신체변형장애 이동과 통증장애 삭제, 허위성 장애가 추가되었다.

10) 급식 및 섭식장애(Feeding and Eating Disorders)의 하위유형

(1) 이식증(Pica)

(2) 되새김 장애(Rumination Disorder) : 반추장애

(3) 회피적 / 제한적 음식섭취장애(Avoidant / Restrictive Food Intake Disorder)

(4) 신경성 식욕부진증(Anorexia Nervosa)

(5) 신경성 폭식증(Bulimia Nervosa)

(6) 폭식장애(Binge - Eating Disorder)

※ 아동기, 성인기 장애를 통합하였다.

※ 거식증의 세분화 및 폭식증의 세분화가 이루어졌다.

11) 배설장애(Elimination Disorders)의 하위유형

(1) 유뇨증(Enuresis)

(2) 유분증(Encopresis)

※ 아동기 장애에서 분리시켰다.

12) 수면 - 각성장애(Sleep - Awake Disorders)의 하위유형

(1) 불면장애(Insomnia Disorder)

(2) 과다수면장애(Hypersomnolence Disorder)

(3) 기면증(Narcolepsy) : 수면발작

(4) 호흡관련 수면장애(Breathing - Related Sleep Disorders)

① 방해성 수면무호흡증(Obstructive Sleep Apnea Hypopnea)

② 중추성 수면무호흡증(Central Sleep Apnea)

③ 수면관련 저호흡증(Sleep - Related Hypoventilation)

(5) 일주기 리듬 수면 - 각성장애(Circadian Rhythm Sleep - Awake Disorders)

(6) 사건수면(Parasomnias) : 수면곤란장애

① 비REM 수면 각성장애, 몽유병, 수면 중 보행장애

② 악몽장애(Nightmare Disorder)

③ REM수면 행동장애(Rapid Eye Movement Sleep Behavior Disorder)

④ 하지불안증후군(Restless Legs Syndrome)

13) 성기능장애(Sexual Dysfunctions)의 하위유형
(1) 사정지연(Delayed Ejaculation)
(2) 발기장애(Erectile Disorder)
(3) 여성 극치감 장애(Female Orgasm Disorder)
(4) 여성 성적 관심 / 흥분장애(Female Sexual Interest / Arousal Disorder)
(5) 성기 - 골반통증/삽입장애(Genito - Pelvic Pain / Penetration Disorder)
(6) 남성 성욕감퇴장애(Male Hypoactive Sexual Desire Disorder)
(7) 조기사정(Premature Ejaculation)

14) 성별 불쾌감(Gender Dysphoria) : 성정체감 장애의 변화

15) 파괴적, 충동조절 및 품행장애(Disruptive, Impulse - Control, and Conduct Disorders)의 하위유형
(1) 적대적 반항장애(Oppositional Defiant Disorder)
(2) 간헐적 폭발장애(Intermittent Explosive Disorder)
(3) 품행장애(Conduct Disorder)
(4) 반사회성 성격장애(Antisocial Personality Disorder)
(5) 병적 방화(Pyromania)
(6) 병적 도벽(Kleptomania)
※ 상위범주의 통합이 이루어졌다.
※ 발모광은 강박 스펙트럼장애로 이동, 병적 도박은 중독 장애로 이동하였다.

16) 물질 - 관련 및 중독 장애(Substance - Related and Addictive Disorders)의 하위유형
(1) 물질관련장애(Substance - Related Disorder)
① 물질 사용 장애(Substance Use Disorder)
② 물질 중독(Substance Intoxication)
③ 물질 금단(Substance Withdrawal)
④ 물질로 유발된 장애(Substance - Induced Disorders)
(2) 비물질관련장애(Non - Substance - Related Disorder)
① 도박장애(Gambling Disorder)

17) 신경인지장애(Neurocognitive Disorders)의 하위유형
(1) 섬망(Delirium)
(2) 주요 및 경도 신경인지장애(Major and Minor Neurocognitive Disorders)
※ 뇌의 손상으로 인해 의식, 기억, 언어, 판단 등의 인지적 기능에 심각한 결손이 나타나는 경우
※ 알츠하이머 질환, 뇌혈관 질환, 충격에 의한 뇌 손상, HIV 감염, 파킨슨 질환 등에 의해 유발될 수 있음
※ 물질 사용, 신체적 질병과 같은 다양한 원인에 의해서 유발될 수 있음

18) 성격장애(Personality Disorders)의 하위유형
(1) 군집 A 성격장애 : 편집성(Paranoid), 조현성(Schizoid), 조현형(Schizotypal)
(2) 군집 B 성격장애 : 반사회성(Antisocial), 경계성(Borderline), 연극성(Histrionic), 자기애성(Narcissistic)
(3) 군집 C 성격장애 : 회피성(Avoidant), 의존성(Dependent), 강박성(Obsessive - Compulsive)

19) 변태성욕장애(Paraphilic Disorders)의 하위유형

(1) 관음장애(Voyeuristic Disorder)

(2) 노출장애(Exhibitionistic Disorder)

(3) 마찰도착장애(Frotteuristic Disorder)

(4) 성적피학장애(Sexual Masochism Disorder)

(5) 성적가학장애(Sexual Sadism Disorder)

(6) 소아성애장애(Pedophilic Disorder)

(7) 물품음란장애(Fetishistic Disorder)

(8) 복장도착장애(Transvestic Disorder)

20) 추가 연구가 필요한 진단적 상태(Conditions for Further Study)

(1) 약화된 정신병 증후군(Attenuated Psychosis Syndrome)

(2) 단기 경조증 동반 우울 삽화(Depressive Episodes with Short - Duration Hypomania)

(3) 지속성 복합 애도장애(Persistent Complex Bereavement Disorder)

(4) 카페인사용장애(Caffeine Use Disorder)

(5) 인터넷게임장애(Internet Gaming Disorder)

(6) 태아기 알코올 노출과 연관된 신경행동장애(Neurobehavioral Disorder Associated with Prenatal Alcohol Exposure)

(7) 자살행동장애(Suicidal Behavior Disorder)

(8) 자살의도가 없는 자해(Nonsuicidal Self - Injury)

☞ 정리

정신질환의 진단 및 통계편람 제 5판(DSM - 5)에 포함된 정신장애의 주요 범주

1) 신경발달장애
2) 조현 스펙트럼 및 기타 정신증적 장애
3) 양극성 및 관련 장애
4) 우울장애
5) 불안장애
6) 강박 및 관련 장애
7) 외상 및 스트레스 관련 장애
8) 해리성 장애
9) 신체증상 및 관련 장애
10) 급식 및 섭식 장애
11) 배설장애
12) 수면 - 각성장애
13) 성기능 장애
14) 성 불편증
15) 파괴적, 충동조절 및 품행장애
16) 물질 - 관련 및 중독장애
17) 신경인지장애
18) 성격장애
19) 변태 성욕장애(성도착 장애)
20) 기타 정신장애

기출문제 확인학습

'임상적 주의가 필요한 기타 문제'에서 한 개인이 처한 '사회환경과 연관된 문제' : DSM - 5

1) 생(生)의 단계 문제(예 생의 주기 전환인 발달기)
2) 혼자 살기와 연관된 문제(예 고아, 독신, 별거)
3) 문화적응의 어려움(예 이민, 군 입대)
4) 부정적 차별이나 박해의 표적(예 인종, 종교, 계층 등의 차별)
5) 사회적 배척이나 거부(예 집단 괴롭힘, 공갈의 표적, 언어적 학대)
6) 사회환경과 관련된 명시되지 않은 문제

CHAPTER 03

불안장애

제1절 | 불안장애의 하위유형

불안장애(Anxiety Disorders)의 하위유형

1) 분리불안장애(Separation Anxiety Disorder)
2) 선택적 함구증(Selective Mutism)
3) 특정공포증(Specific Phobia)
4) 사회불안장애(Social Anxiety Disorder) : 사회공포증
5) 공황장애(Panic Disorder)
6) 광장공포증(Agoraphobia)
7) 범불안장애(Generalized Anxiety Disorder)

※ 강박장애, 외상 후 스트레스장애 범주를 별도로 신설하여 분리시켰다.

※ 아동기 장애(2개) 및 광장공포증이 추가되었다.

1 분리불안장애(Separation Anxiety Disorder)

(1) 집 또는 애착 대상과의 분리에 대한 불안이 발달 수준에 부적절하게 지나친 정도로 나타나며, 다음 3가지(또는 그 이상) 상황에서 드러난다.

① 집 또는 주된 애착 대상과 분리되거나 분리가 예상될 때 반복적으로 심한 불안을 느낀다.

② 주된 애착 대상을 잃거나 그에게 해로운 일이 일어날 거라고 계속적으로 심하게 걱정한다.

③ 운 나쁜 사고가 생겨 주된 애착 대상과 분리될 거라는 비현실적이고 지속적인 걱정을 한다(예 길을 잃거나 납치되는 것).

④ 분리에 대한 불안 때문에 학교나 그 외의 장소에 지속적으로 가기 싫어하거나 거부한다.

⑤ 혼자 있거나 주된 애착 대상 없이 지내는 데 대해 지속적이고 과도하게 두려움을 느끼거나 거부한다.

⑥ 주된 애착 대상이 가까이 있지 않은 상황이나 집을 떠나는 상황에서는 잠자기를 지속적으로 싫어하거나 거부한다.

⑦ 분리의 주제와 연관되는 반복적인 악몽을 꾼다.

⑧ 주된 애착 대상과의 분리가 예상될 때 반복적인 신체 증상을 호소한다(예 두통, 복통, 오심, 구토).

(2) 공포, 불안, 회피반응이 아동·청소년에서는 최소 4주이상, 성인의 경우 6개월 이상 지속되어야 한다.

(3) 장애가 사회적·학업적(직업적) 또는 다른 중요한 기능 영역에서 임상적으로 현저한 고통이나 손상을 초래한다.

(4) 장애가 다른 정신질환으로 더 잘 설명되지 않는다. 예를 들어, 자폐증에서 변화에 대한 저항, 정신병적 장애에서 망상이나 환각, 범불안장애나 질병불안장애로 인한 걱정

2 선택적 함구증(Selective Mutism)

(1) 다른 상황에서는 말을 할 수 있음에도 불구하고 특정한 사회적 상황에서는 지속적으로 말을 하지 못한다(예 말하기가 요구되는 상황, 학교).

(2) 장애가 학업적, 직업적 성취나 사회적 의사소통을 저해한다.

(3) 장애의 기간은 적어도 1개월은 지속되어야 한다(입학 후 처음 1개월은 포함되지 않는다).

(4) 말하지 못하는 이유가 사회생활에서 요구되는 언어에 대한 지식이 없거나 그 언어에 대한 불편과 관계가 없는 것이어야 한다.

(5) 장애가 의사소통장애(예 말더듬기)에 의해 잘 설명되지 않아야 하고, 자폐스펙트럼장애, 조현병 또는 다른 정신증적 장애의 기간 중에만 발생되는 것은 아니어야 한다.

3 특정공포증(Specific Phobia)

(1) 특정한 동물, 상황, 자연적 환경에 대한 공포증을 말한다.

(2) 학습이론은 특정 공포증이 고전적 조건형성을 비롯하여 대리학습과 정보 전이에 의해서 습득될 수 있다고 본다.

(3) 주된 치료법에는 체계적 둔감법, 노출치료, 참여적 모방 학습법 등이 있다.

(4) 특정공포증은 어떤 특정한 대상이나 상황을 두려워하여 피하는 것으로 대개 동물이나, 높은 곳, 천둥, 어둠, 비행, 폐쇄 공간, 특정 음식물 섭취, 피나 상처를 보는 것, 주사를 맞는 것 등등 그 수를 헤아릴 수 없을 정도로 많다.

(5) 특정 공포증은 그 유형에 따라 다음과 같이 분류하기도 한다.

① **동물형** : 파충류, 쥐, 벌레, 고양이, 개, 곤충에 대한 공포

② **자연환경형** : 폭풍, 높은 곳, 물과 같은 자연환경에 대한 공포

③ **혈액 - 주사 - 손상형** : 피를 보거나 주사를 맞거나 기타 찌르는 검사에 대한 공포

④ **상황형** : 공중교통 수단, 터널, 다리, 엘리베이터, 운전, 또는 폐쇄된 공간에 대한 공포

기출문제 확인학습

특정 공포증

특정 공포증은 불안장애에 해당한다. 그리고 하위유형으로는 동물형, 자연환경형(높은 곳, 폭풍, 물), 혈액 - 주사 - 손상형, 상황형(비행기, 엘리베이터, 밀폐된 장소), 기타형(질식, 구토, 또는 질병을 유발할 수 있는 상황에 대한 공포, 큰 소리나 전설적 인물에 대한 소아들의 두려움)이 있다.

4 사회불안장애(Social Anxiety Disorder) : 사회공포증

(1) 다른 사람들과 상호작용하는 사회적 상황을 두려워하는 공포증이다.

(2) 인지적 입장에서는 사회공포증이 부정적인 자기개념, 대인관계에 대한 역기능적 신념, 자신의 사회적 행동에 대한 부정적 평가, 자기초점적인 주의 등에 의해 유발되는 것으로 설명한다.

(3) 인지행동적 집단치료가 가장 효과적인 것으로 알려지고 있다.

(4) 사회공포증(Social phobia)은 낯선 사람과 이야기하거나, 다른 사람들 앞에서 연설을 하는 등의 사회적 상황에 대한 두려움과 불안이 있어서 그런 상황을 가능한 한 피하려 하는 병이다.

(5) 사회공포증 환자는 잘 모르는 사람과 대화를 하거나, 직장 상사와 이야기할 때 불안하고 긴장이 되어 얼굴이 붉어지거나, 가슴이 두근거리고, 말을 제대로 하지 못한다.

(6) 남들 앞에서 발표를 하는 등 남들이 자신을 관찰하고 평가하는 상황에 남의 시선을 의식하게 되고 그러한 상황을 두려워하여 자꾸 피하게 된다.

(7) 이러한 상황을 피하다 보면 나중에는 더욱 두려움이 커져서 더욱 그러한 상황을 회피하는 악순환을 되풀이하게 된다.

(8) 사회공포증은 어떤 특정 상황만 두려워하는 사람과 광범위하게 여러 사회 상황을 두려워하는 사람으로 나눌 수 있다.

(9) 사회공포증은 10대 중반의 청소년기에 발병하는데 이는 지나친 자의식으로 비롯되기 때문이다.

☞ 정리

사회공포증(사회불안장애)의 진단기준

1) 타인에게서 면밀하게 관찰될 수 있는 하나 이상의 사회적 상황에 노출되는 것을 극도로 두려워하거나 불안해 한다. 예를 들어 사회적 관계(대화를 하거나 낯선 사람을 만나는 것), 관찰되는 것(음식을 먹거나 마시는 자리), 다른 사람들 앞에서 수행하는 것(연설) 등

※ 주의 : 아이들에서는 성인과의 관계가 아니라 아이들 집단 내에서 불안해할 때만 진단한다.

2) 다른 사람들에게 부정적으로 평가되는 방향(수치스럽거나 당황한 것으로 보임, 다른 사람을 거부하거나 공격하는 것으로 보임)으로 행동하거나 불안 증상을 보일까봐 두려워한다.

3) 이러한 사회적 상황이 거의 항상 공포나 불안을 일으킨다.

※ 주의 : 아동의 경우 공포와 불안은 울음, 분노발작, 얼어붙음, 매달리기, 움츠러듦 혹은 사회적 상황에서 말을 하지 못하는 것으로 표현될 수 있다.

4) 이러한 사회적 상황을 회피하거나 극심한 공포와 불안 속에 견딘다.

5) 이러한 불안과 공포는 실제 사회 상황이나 사회문화적 맥락에서 볼 때 실제 위험에 비해 비정상적으로 극심하다.

6) 공포, 불안, 회피는 전형적으로 6개월 이상 지속되어야 한다.

7) 이러한 장애는 사회적, 직업적, 또는 다른 중요한 기능 영역에서 임상적으로 현저한 고통이나 손상을 초래한다.

8) 이러한 장애는 다른 의학적 상태로 인한 것이 아니며, 다른 정신질환으로 더 잘 설명되지 않는다.

9) 만약 다른 의학적 상태가 있다면, 공포, 불안, 회피는 이와 무관하거나 혹은 지나칠 정도다.

기출문제 확인학습

사회불안장애 사례

- 사례 1 : 24세 여성인 R씨는 타인과 함께 하는 상황(예 대화, 식사, 발표, 연설)을 항상 회피하고자 했다. 늘 수줍음을 잘 탔고 조롱을 받을까봐 또는 당황스러워하는 사람으로 보이거나 그러한 평가를 받을까봐 몹시 두려워했다.
- 사례 2 : 평소 수줍음이 많던 P군은 고등학교 입학 후 가입한 동아리 모임에서 자기소개를 해야 할 순서가 다가오자, 불안이 심해지고 손발이 떨리며 말을 더듬고 횡설수설하게 되었다. 이후 P군은 다른 사람이 자신을 주시하거나 평가받는 상황이 너무 불안하여 고등학교를 자퇴하고 싶다고 한다.

5 공황장애(Panic Disorder)

공황장애

1) 1871년 미국의 군의관 Jacob Mendes DaCosta는 남북전쟁에 참전하던 병사들 중 갑자기 가슴이 뛰고 심장 부위의 통증, 호흡 곤란 등을 느끼는 환자들이 있다는 것을 알게 되었다.
2) DaCosta는 이 병사들이 실제 심장 질환이 없으나, 전투 중의 부상이나 심한 신체적 질병 등이 증상의 원인일 것으로 보아 심한 활동이나 잦은 흥분에 의해 심장이 예민해진 자율신경계 이상으로 생각하여 '예민한 심장(Irritable Heart)'라 이름 지었다.
3) 이는 이후의 여러 전쟁을 거치면서 더 많이 알려졌으며 'Dacosta 증후군' 혹은 '군인의 심장(Soldier's Heart)', '노고 증후군(Effort syndrome)'이라고 불려 왔다.

(1) 갑자기 엄습하는 강렬한 불안을 뜻하는 공황발작을 반복적으로 경험하는 장애를 말한다.
(2) 공황장애는 혈액 속의 CO2 수준에 예민한 생물학적 취약성, 과잉 호흡, CO2 수준 변화에 대한 생리적인 오(誤)해석에 의해 유발될 수 있다는 생물학적 이론이 제시되고 있다.
(3) 인지적 이론에서는 불안으로 인한 증폭된 신체감각을 재난적인 것으로 잘못 해석하는 파국적 오(誤)해석이 공황발작을 유발한다고 본다.
(4) 일반적으로 공황장애에는 불안을 조절하는 복식호흡과 긴장이완, 신체감각에 대한 파국적 오(誤)해석의 인지적 수정, 두려운 상황에의 점진적 노출로 구성되는 인지행동치료가 효과적인 것으로 알려지고 있다.

읽을거리

파국화(catastrophizing)

1) 스트레스 상황들의 결과를 매우 부정적으로 파악하는 경향을 말한다. 즉, 이 왜곡은 개인이 걱정하는 한 사건을 취해서 지나치게 과장하여 두려워하는 것을 말한다.
2) 이런 오류를 가지는 사람들은 자신이 (또는 다른 사람이) 바로 그 상황이나 비슷한 상황들을 과거에 성공적으로 다루었음을 인식하지 못한다.
3) 범불안 장애 환자들은 인지내용에서 정신적 파국화(mental catastrophe) 경향을 보인다.
4) 자신을 계속 파국화시키는 사람은 재난에 대한 과장된 사고를 통해 세상에 곧 종말이 닥칠 것이라는 두려움 속에서 살아가도록 하는 원인이 된다.

기출문제 확인학습

공황장애 사례

B양은 19세로 고등학교 3학년 학생이었는데, 어느 날 도서관에서 밤늦게까지 공부한 후 집으로 가기 위해 버스를 탔다. 버스에는 많은 사람들이 있었고, B양은 가방을 든 채 서 있었다. 버스가 터널로 들어가서 중간 정도쯤 지나갔을 때, B양은 갑자기 가슴이 답답하고 심장이 빨라지며 질식할 것 같은 느낌이 들었다. 몸에는 진땀이 났고, 곧 죽을 것 같은 공포와 불안이 밀려왔다. 이러한 증상이 10분정도 지속되다가, 서서히 좋아졌다. B양은 버스에서 내려 급하게 부모님께 전화했고, 함께 야간응급실로 가서 진단을 받았지만 특별한 이상 소견을 찾을 수 없었다. B양은 그 이후에도 가끔씩 갑작스럽게 나타나는 증상 때문에 학업에 큰 지장을 받고 있다.

☞ 심화학습

공황장애

1) 인체를 보호하기 위해 일어나는 일종의 투쟁이나 도피반응으로 응급반응의 일종인데, 실제적인 위험대상이 없는 데 일어난다.

2) 죽거나 미치거나 자제력을 잃을 것 같은 공포감이 동반될 수 있다.

3) 대개 공황장애를 앓는 사람들은 갑자기 나타나는 신체적 증상에 대해 무슨 큰일이라도 일어날 것 같은 위험 상황으로 인식하는 경향이 있다.

4) 공황장애 발병 연령은 25세이고, 여성이 남성보다 2 ~ 3배 더 많이 발생하며, 어느 연령대에서나 나타날 수 있는 것으로 알려져 있다.

5) 급성 심장병의 심장발작·뇌졸중·질식사·돌연사 등 신체건강상의 위중한 문제와 관련된 것처럼 느껴지는 갑작스러운 신체증상이 나타나기 때문에 많은 환자가 신체적 진료에만 의존하는 경향이 있으나 신체검사에서는 이상이 나타나지 않는다.

6) 공황장애를 확실하게 진단하기 위해서는 신체질환 및 다른 정신과적 질환과의 감별진단이 필요하다.

7) 원인

(1) 생물학적 요인

① 뇌의 구조와 기능의 생물학적인 이상에서 비롯된다.

② 교감신경계의 주요 신경전달 물질인 노르에피네프린을 분비하는 청반핵(Locus Ceruleus)이라는 뇌의 부위의 이상에서 비롯된다.

(2) 유전적 요인

① 임소공포증을 동반한 공황장애의 경우 유전적인 영향을 더 많이 받는 경향이 있다.

② 공황장애 환자의 직계가족에게 나타날 가능성이 더 높다.

③ 쌍둥이 연구에서 일란성쌍생아인 경우에 이란성보다 공황장애에 대한 일치율이 더 높다.

(3) 심리·사회적 요인

① **정신분석이론** : 공황장애는 공황을 유발하는 무의식적 충동에 대한 방어가 실패했기 때문으로 보고 소아기의 부모상실이나 분리불안 경험을 중시한다.

② **행동이론** : 불안은 부모행동에 대한 모델링이나 조건반사의 과정을 통한 학습된 반응으로 보고 있다.

③ **인지이론** : 공황장애는 사소한 신체감각을 지나치게 과대평가하고, 확대 해석하여 파국적인 사고로 발전시킴으로써 극도의 불안인 공황에 도달한다는 것이다.

8) 공황장애에 의한 신체적 증상

(1) 과(過)호흡

① 숨을 너무 빨리 쉬거나 너무 깊이 쉰다.

② 호흡곤란, 가슴이 답답함, 질식감 등이 나타난다.

③ 어지러움, 머리가 무거움, 손발의 저린 감각, 다리에 힘이 없음, 가슴이 두근거림, 가슴이 당기거나 아픔 등의 증상이 나타난다.

(2) 생리현상

① 교감신경이 활성화되어 교감신경계의 모든 부분이 반응하게 됨에 따라 모든 증상이 동시 다발적으로 일시에 나타난다.

② 교감신경계가 활성화되면 심장혈관계에도 영향을 미쳐서 심장박동수와 강도의 증가, 혈류의 변화로 피부·손발이 차갑고 저리거나 따끔거리고 얼굴이 화끈 달아오르기도 한다. 또 땀을 많이 흘린다.

(3) 기타

입마름·구토·거북함·변비·통증·떨림·눈동자 커짐·눈부심 등의 증상이 나타난다.

기출문제 확인학습

공황장애의 치료

공황장애의 주된 치료방법은 약물치료와 인지행동치료, 공황통제치료가 있다.

1) 약물치료

(1) 공황장애에 사용되는 약물은 항우울제(세로토닌 재흡수 억제제)와 항불안제가 있다.

(2) 항우울제는 치료 효과가 오래 유지되고 공황발작을 예방하는 효과가 있으며 습관성이 없다.

(3) 항불안제는 항우울제에 비해 치료 효과가 바로 나타나 불안을 빠르게 감소시켜 주지만, 치료 효과가 수 시간 정도만 지속되고 습관성이 있어서 정신과 전문의의 관리하에 복용해야 한다.

(4) 공황증상이 호전되면 재발방지를 위해 8 ~ 12개월간 지속적으로 약물을 복용해야 한다.

2) 인지행동치료

(1) 공황발작을 경험한 사람은 또 다시 그런 고통스러운 공황발작을 경험하게 될까봐 항상 불안해한다.

(2) 위험하지 않은 상황도 자꾸 피하게 되면서 두려움이 점점 더 커지는데, 이런 생각과 행동을 치료자와 함께 알아내어 바로잡는 것이 인지행동치료이다.

(3) 대개의 경우 집단 인지치료가 진행되고, 긴장을 이완시키는 근육이완, 호흡법이 포함된다. 치료는 보통 10 ~ 12주간 진행되며 초기에는 약물치료와 병용하다가 점차 약물을 줄여나간다.

3) 공황통제치료 - 심리치료 상담 중의 한 기법

(1) 공황상태에서의 생각훈련으로, 공황장애에 매우 효과적이고 효과가 2년 후에도 지속된다.

(2) 이 치료의 예로는 공황장애 증상의 환자를 회전의자에 앉히고 의자를 돌린다.

(3) 환자는 공황발작과 유사한 느낌을 미약하게 받게 되고 그때 치료자가 불안통제기술을 사용하여 환자의 생각이나 느낌 등을 수정하고 변화시켜 안전한 상황임을 인지하게 하는 것이 주요 핵심내용이다.

6 광장공포증(Agoraphobia)

(1) 광장공포증을 지닌 사람은 다음 다섯 가지 상황 중 두 가지 이상에서 현저한 공포와 불안을 나타낸다.

① 대중교통 이용(자동차, 버스, 기차, 배, 비행기)

② 열린 공간에 있는 것(주차장, 시장, 다리)

③ 밀폐된 공간에 있는 것(상점, 공연장, 영화관)

④ 줄서기, 군중 속에 있기

⑤ 집 밖에 혼자있기

※주의 : 만약 회피가 하나의 특정 상황이나 소수의 특정 상황에 한정되어 있다면 특정공포증의 진단을 고려하고, 회피가 오로지 사회적 상황에만 국한되어 있다면 사회공포증의 진단을 고려한다.

(2) 상황을 회피하거나(예 여행을 제한함), 공황발작이나 공황과 유사한 증상이 일어나는 데 대한 현저한 불편감이나 불안을 참고 견디거나 동반자를 필요로 한다.

(3) 이러한 장애는 전형적으로 6개월이상 지속된다.

(4) 불안이나 공포로 인한 회피가 다른 정신장애에 의해 잘 설명되지 않는다. 다른 정신장애란 사회공포증(예 당황할까 두려워하는, 사회적 상황에 국한되는 회피), 특정 공포증(예 엘리베이터와 같은 단일한 상황에만 국한되는 회피), 강박장애(예 오염에 대한 강박적 사고를 갖고 있는 개인의 경우, 더러움에 대한 회피), 외상 후 스트레스장애(예 심한 스트레스 유발 요인과 관련되는 자극에 대한 회피), 분리불안장애(예 집이나 친지를 떠나는 데 대한 회피) 등을 말한다.

(5) 광장공포증은 공황장애 유무와 관계없이 진단된다. 만약 공황장애와 광장공포증의 진단기준을 모두 만족한다면 2가지 진단이 모두 내려져야 한다.

7 범불안장애(Generalized Anxiety Disorder) - 일반 불안장애

(1) 다양한 상황에서 만성적 불안과 과도한 걱정을 나타내는 경우를 말한다.

(2) 정신분석적 입장에서는 성격 구조 간의 역동적 불균형에 의해 경험되는 부동(不動) 불안이 범불안장애의 핵심적 증상이라고 본다.

(3) 행동주의적 입장에서는 이 장애를 다양한 자극상황에 대해 경미한 공포반응이 조건형성되어 나타나는 일종의 다중 공포증이라고 설명한다.

(4) 인지적 입장에 따르면, 위험에 예민한 인지도식으로 인해 생활 속의 잠재적 위험요인에 과민하고 위험한 결과의 발생가능성과 치명성을 과대평가하며 그에 대한 대처능력을 과소평가하는 인지적 특성이 범불안장애를 유발한다.

(5) 범불안 장애에 대한 주요 치료법은 인지행동치료와 약물치료이다.

기출문제 확인학습

만성적인 불안을 느끼는 사람들의 특징

(1) 잠재적 위험에 예민하여, 위험한 사고와 위협적인 사건에 관한 정보에 관심이 많고, 위험한 단서를 예민하게 포착한다.

(2) 잠재적 위험이 실제 발생할 확률을 과도하게 높게 평가한다.

(3) 실제 발생될 부정적 결과를 지나치게 치명적으로 평가한다.

(4) 실제 발생 시 자신의 대처능력을 과소평가한다.

(5) 현실적 근거가 없는 자신만의 규칙을 갖고 있다.

정리

범불안 장애의 진단기준

1) 여러 사건이나 활동(작업 또는 학교 성적)에 대한 과도한 불안이나 걱정(염려스런 예견)이 적어도 6개월 동안 50% 이상 발생한다.

2) 개인은 걱정을 조절하는 것이 어렵다고 느낀다.

3) 불안과 걱정은 다음의 6가지 증상들 가운데 3가지 이상 증상을 동반한다.

※ 주의 : 아동의 경우 1개 이상

(1) 안절부절 못함 또는 긴장이 고조되거나 가장자리에 선 느낌

(2) 쉽게 피로해짐

(3) 집중 곤란 또는 마음이 멍해지는 느낌

(4) 과민한 기분상태

(5) 근육 긴장

(6) 수면장애

4) 불안과 걱정의 초점이 다른 장애의 특징에만 국한되는 것이 아니어야 한다. 즉, 공황발작(공황장애에서), 공공장소에서 어쩔 줄을 모르게 되는 불안(사회공포증에서), 감염된다는 불안(강박장애에서), 집이나 가까운 가족으로부터 멀리 떨어지는 데 대한 불안(분리불안장애에서), 체중 증가에 대한 불안(신경성 식욕부진증에서), 여러 가지 신체적인 증상에 대한 불안(신체화장애에서), 또는 심각한 질병이 있다는 데 대한 불안(건강염려증에서), 그리고 불안과 걱정이 외상 후 스트레스 장애 경과 중에만 발생되지 않는다.

CHAPTER 04

우울장애와 양극성 및 관련장애

우울장애(Depressive Disorders)의 하위유형

1) 주요 우울장애(Major Depressive Disorder)
2) 지속성 우울장애(Persistent Depressive Disorder) : 기분부전장애
3) 월경전기 불쾌장애(Premenstrual Dysphoric Disorder)
4) 파괴적 기분조절곤란장애(Dysruptive Mood Regulation Disorder)

※DSM - IV에서는 기분장애 범주에 포함되었으나, DSM - 5에서는 별도의 장애로 분리시켰으며 2개 장애가 명시적으로 추가되었다.

양극성 및 관련 장애(Bipolar and Related Disorders)의 하위유형

1) 제I형 양극성장애 (Bipolar I Disorder)
2) 제II형 양극성장애 (Bipolar II Disorder)
3) 순환성장애(Cyclothymic Disorder)

※DSM - IV에서는 기분장애 범주에 포함되었으나, DSM - 5에서는 별도의 장애로 분리시켰다.

※즉, 기분장애 범주에서 삭제하고, 즉 양극성 및 관련 장애 & 우울장애로 분리하였다.

제1절 | 우울장애(Depressive Disorders)의 하위유형

1 주요 우울장애

(1) 우울증

① 지속적인 우울한 기분과 일상 생활에 대한 흥미나 즐거움의 현저한 저하를 비롯하여 식욕 및 체중의 변화, 수면의 변화, 지연되거나 초조한 행동, 피로감과 활력 상실, 무가치감과 죄책감, 사고력 및 집중력의 저하, 죽음에 대한 생각 및 자살기도 등의 증상을 나타내는 장애이다.

② 심한 우울증상이 2주 이상 반복적으로 나타나는 ㉠ 주요 우울장애와 경미한 우울증상이 2년 이상 장기간 나타나는 ㉡ 기분 부전장애(기분 저하증)가 있다.

(2) 주요 우울증 삽화의 진단기준

① 다음 9가지 증상 가운데 5개(또는 그 이상) 증상이 연속 2주 기간 동안 지속되며, 이러한 상태가 이전 기능으로부터의 변화를 나타내는 경우 ; 위의 증상 가운데 적어도 하나는 우울 기분이거나, 흥미나 즐거움의 상실이어야 한다.

※주의 : 명백한 일반적인 의학적 상태나 기분과 조화되지 않는 망상이나 환각으로 인한 증상이 포함되지 않는다.

ㄱ. 하루의 대부분, 그리고 거의 매일 지속되는 우울한 기분이 주관적인 보고(슬프거나 공허하다고 느낀다)나 객관적인 관찰(울 것처럼 보인다)에서 드러난다.

※ 주의 : 소아와 청소년의 경우는 과민한 기분으로 나타나기도 한다.

ㄴ. 모든 또는 거의 모든 일상 활동에 대한 흥미나 즐거움이 하루의 대부분 또는 거의 매일같이 뚜렷하게 저하되어 있을 경우(주관적인 설명이나 타인에 의한 관찰에서 드러난다.)

ㄷ. 체중 조절을 하고 있지 않은 상태에서 의미 있는 체중 감소나 체중 증가, 거의 매일 나타나는 식욕 감소나 증가가 있을 때(예 1개월 동안 체중 5% 이상의 변화)

※ 주의 : 소아의 경우 체중 증가가 기대치에 미달되는 경우 주의할 것

ㄹ. 거의 매일 나타나는 불면이나 과다 수면

ㅁ. 거의 매일 나타나는 정신 운동성 초조나 지체(주관적인 좌불안석 또는 처진 느낌이 타인에 의해서도 관찰 가능하다)

ㅂ. 거의 매일의 피로나 활력 상실

ㅅ. 거의 매일 (망상적일 수도 있는) 무가치감 또는 과도하거나 부적절한 죄책감을 느낌(단순히 병이 있다는데 대한 자책이나 죄책감이 아님)

ㅇ. 거의 매일 나타나는 사고력이나 집중력의 감소, 또는 우유부단함(주관적인 호소나 관찰에서)

ㅈ. 반복되는 죽음에 대한 생각(단지 죽음에 대한 두려움뿐만 아니라), 특정한 계획 없이 반복되는 자살 생각 또는 자살 기도나 자살 수행에 대한 특정 계획

② 증상이 혼재성 삽화의 기준을 충족시키지 않는다.

③ 증상이 사회적, 직업적, 기타 중요한 기능 영역에서 임상적으로 심각한 고통이나 장애를 일으킨다.

ㄱ. 증상이 물질(예 약물 남용, 투약)이나 일반적인 의학적 상태(예 갑상선 기능저하증)의 직접적인 생리적 효과로 인한 것이 아니다.

※주의 : 증상이 중요한 상실(사별, 재정적 파탄, 자연재해, 심각한 질병이나 장애)이 있을 경우, 주의깊게 판단하며, 문화적 특징을 근거로 한 임상적 판단이 필요하다.

심화학습

주요 우울장애에 동반되는 세부 유형(양상) 9가지[1)]

이는 별도로 진단명을 명시하여야 한다.

1) 불안증 동반
2) 혼재성 양상 동반
3) 주산기 발병 양상 동반
4) 계절성 양상 동반
5) 긴장증 양상 동반
6) 멜랑콜리아 양상 동반
7) 비전형적 양상 동반
8) 기분과 일치하는 정신병적 양상 동반
9) 기분과 일치하지 않는 정신병적 양상 동반

(3) 원인

① 상실과 실패를 의미하는 부정적인 생활사건에 의해 촉발된다.

② 정신분석적 입장에서는 우울증을 무의식적으로 분노가 자기에게 향해진 현상이라고 설명한다.

③ 행동주의적 입장에서는 사회환경으로부터의 긍정적 강화의 약화나 사회적 기술의 부족이 우울증을 유발할 수 있다고 본다.

④ 우울증이 환경을 통제할 수 없다는 무기력감에서 비롯된다는 학습된 무기력이론은 귀인이론으로 개정되어 미래에 대한 비관적 예상에 초점을 두는 절망감 이론으로 발전되었다.

⑤ 우울증을 설명하는 대표적인 심리학적 이론인 인지이론에서는 우울증이 부정적인 자동적 사고, 인지적 오류와 왜곡, 역기능적 인지도식과 신념에 의해서 발생된다고 본다.

1) 급속 순환성 양상 동반은 양극성 장애 1형에 해당한다.

🗀 기출문제 확인학습

우울증과 관련된 인지적 오류 중 예언자적 오류(fortune telling)

1) 충분한 근거 없이 미래에 일어날 일을 단정하고 확신하는 오류이다.
2) 마치 미래의 일을 미리 볼 수 있는 예언자인 것처럼, 앞으로 일어날 결과를 부정적으로 추론하고 이를 굳게 믿는 오류이다.
3) 예를 들면, 미팅에 나가면 보나마나 호감 가는 이성과 짝이 되지 않거나 호감 가는 이성에게 거부당할 것이 분명하다고 믿는 경우이다.

참고

독심술적 오류(mind-reading) = 임의적 추론

1) 충분한 근거 없이 다른 사람의 마음을 제 마음대로 추측하고 단정하는 것을 말한다.
2) 이 오류는 마치 다른 사람의 마음을 들여다 볼 수 있는 독심술사처럼 매우 모호하고 사소한 단서에 의해서 다른 사람의 마음을 함부로 단정하는 오류이다.
3) 이런 오류를 범하는 사람들은 자신이 타인의 마음을 정확하게 꿰뚫어 볼 수 있는 능력을 지녔다고 믿는 경우가 많다.
4) 하지만, 많은 경우, 상대방의 마음을 확인할 방법이 없기 때문에 자신의 판단이 옳았다고 생각하게 된다.
5) 그러한 판단 하에서 상대방에게 행동하기 때문에 상대방의 행동을 통해 자신의 판단이 옳았다고 확신하게 된다.

⑥ 생물학적 입장에서는 유전적 요인, 노르에피네프린(Norepinephrine), 세로토닌(Serotonin)과 같은 신경전달물질, 시상하부의 기능 이상, 내분비계 호르몬의 이상이 우울증과 관련된 것으로 주장하고 있다.

🗀 기출문제 확인학습

노르에피네프린 등

노르에피네프린 및 아드레날린이 분비되면 여러 조직의 아드레날린 수용체와 결합하여 그 결과 '도전도피반응'의 특성 효과(위험에 대한 기민성 활성화)가 발생한다. 불안, 공포, 우울과 관련된 신경전달 물질로는 노르에피네프린(Norepinephrine) 등이 있다.

참고

교감 신경계와 부교감 신경계

1) 위험 또는 위협이 인지되면 뇌는 자율신경계에 신호를 보내며 자율신경계는 교감 신경계와 부교감 신경계로 나뉜다.
2) 교감 신경계는 투쟁 - 도피 반응을 준비함으로써 위협 또는 위험으로부터 신체를 보호하고, 부교감 신경계는 자율신경계의 균형을 회복하고 정상 상태로 되돌리는 작업을 한다.
3) 이들 두 신경계는 항상 함께 작용하는 것이 아니라, 자동차의 액셀러레이터(교감 신경계)와 브레이크(부교감 신경계)의 관계와 유사하다.

(4) 치료

① 효과적인 치료방법에는 인지치료와 약물치료가 알려져 있다.

② 우울한 내담자의 사고내용을 정밀하게 탐색하여 인지적 왜곡을 찾아내어 교정함으로써 보다 더 현실적이고 긍정적인 사고와 신념을 지니도록 유도하는 것으로 단기간에 치료할 뿐 아니라 치료효과가 우수하며 재발률이 낮은 것이 인지치료이다.

③ 약물치료는 여러 가지 부작용, 약물중단 시의 높은 재발률, 약물에 대한 환자의 거부감 등 문제점을 지니고 있지만 우울증을 치료하는 주요한 방법으로서 치료효과가 높고 부작용이 적은 새로운 약물이 개발되고 있다.

기출문제 확인학습

우울증의 임상양상과 원인 등에 따른 양분된 차원 3가지

1) 정신병적 우울과 신경증적 우울(psychotic vs neurotic)
우울상태가 정신병적 양상(psychotic feature)을 동반하고 있느냐, 신경증적 수준이냐에 따른 구분으로, 정신병적 우울은 망상이나 환각 등 혼란 증세를 보이며, 현실 검증력이 떨어지고, 개인적으로나 사회적으로 기능의 장애가 나타난다.

2) 내인성 우울과 반응성 우울(endogenous vs reactive)
발병요인과 관련하여 우울에 빠질 만한 충분히 납득할 수 있는 외적 요인이 있는가에 따른 구분으로, 내인성 우울의 경우 우울증의 발병이 환경요인과 무관하게 내적·생물학적 요인에 의한 것으로서 치료에서도 약물치료가 우선적이지만 반응성 우울에서는 심리치료가 주가 되고 있다.

3) 지체성 우울과 초조성 우울(retarded vs agitated)
표면에 나타나는 정신운동양상이 지체가 심하게 나타나느냐 또는 초조와 흥분이 두드러지느냐에 따른 구분으로, 보편적인 우울양상은 에너지 수준이 저하되어 가능한 한 행동을 하지 않으려 하고, 의욕이 감소되는 지체성 우울을 보이나, 갱년기에 발병하는 우울이나 소아 우울에서는 대개 쉽게 흥분하거나 싸움을 하는 초조성 우울이 나타난다.

심화학습

삼환식 항우울제와 부작용[2)]

1) 항우울제는 화학적으로 분자구조가 3개의 고리로 되어 있는 삼환식 항우울제와 모노아민산화효소(MAO) 억제제의 2가지로 분류된다.

2) 항우울제는 1950년대 말에 개발되어 우울증(슬픔이나 사기 저하 때 느끼는 정상적인 반응과는 다른 만성질환에서 오는 절망)을 치료하기 위해 널리 사용되고 있다.

3) 삼환식 항우울제는 도파민과 노르에피네프린 같은 모노아민의 수송체계를 저해하여 중추신경계에 영향을 미치는 것으로서, 이미프라민·아미트립틸린·데시프라민·노르트립틸린과 그외 많은 화합물을 포함한다.

4) 몇몇 사람에게서는 뇌·심장 독성이 보고되었으며 그 밖의 부작용으로는 구내건조·변비·현기증·심계항진이 나타나며 시야가 흐려질 수 있다.

5) 삼환식 항우울제는 울증을 조증(燥症)으로 바뀌게 하는 작용이 있다.

2) **출처** : 다음 백과사전

실력 다지기

자살(自殺)

1) 자살은 의식의 단절을 통해 심리적 고통으로부터 벗어나기 위한 도피수단으로 절망감이 자살을 유발하는 중요한 심리적 요인이다.
2) 자살하는 사람의 약 90%는 정신장애를 지니고 있으며 이들 중 약 80%가 우울증을 지니고 있는 사람이다.
3) 고통스러운 상황을 개선할 수 있는 현실적 방법을 강구하는 동시에 가족, 직장동료, 친구들의 심리적 지지를 통해 고통을 덜어주어야 한다.
4) 자살 아닌 다른 방법으로 고통스러운 상황에 대처할 수 있는 방법을 제시해 주는 것이 필요하다.

기출문제 확인학습

Abramson 등의 '우울증의 귀인이론(attributional theory of depression)'

1) 우울증 귀인이론은 학습된 무기력이론이 지니고 있는 문제점을 해결하기 위해서 1978년 Abramson, Seligman, Teasdale(1987)이 사람을 피험자로 하여 소음이나 풀 수 없는 문제를 주어 실패경험을 하게 하는 실험을 하는 과정에서 동물과는 다른 심리적 과정을 발견하였다.
   (1) 즉, 통제 불능 상태가 자신 때문인지 아니면 외부적 상황 때문인지를 판단하는 귀인방향에 따라서 무기력 양상이 달라짐을 발견하게 되었다.
   (2) 이러한 발견에 근거하여 우울증에 취약한 사람은 독특한 인지적 특성을 지니며 이러한 인지적 특성은 어떤 결과에 대한 원인을 설명하는 귀인양식에 반영된다는 것이다.
2) Abramson의 주장에 따르면, 우울증에 취약한 사람들은 실패경험에 대해서 내부적, 안정적, 전반적 귀인을 하는 경향이 있다는 것이다.
3) 이러한 세 가지 귀인양식은 우울증의 세 가지 측면과 관련되어 있는데, 즉 실패경험에 대한 내부적 - 외부적 귀인은 자존감 손상과 우울증의 발생에 영향을 미치며, 안정적 - 불안정적 귀인은 우울증의 만성화 정도와 관련되어 있고, 전반적 - 특수적 귀인은 우울증의 일반화 정도를 결정하게 된다.
   (1) 실패경험(예 성적불량, 사업실패, 애인과의 결별 등)에 대해서 내부적 귀인(예 능력부족, 노력부족, 성격적 결함 등)을 하게 되면, 자존감에 손상을 입게 되어 우울감이 증진된다. 그러나 같은 실패경험이라도 외부적 귀인(예 잘못된 시험문제, 전반적 경기 불황, 애인의 변덕스러움 등)을 하게 되면, 자존감의 손상은 적게 된다.
   (2) 실패경험에 대한 안정적 귀인이 우울증의 만성화와 장기화에 영향을 미친다.
   즉, 실패경험을 능력부족이나 성격적 결함과 같은 안정적 요인에 귀인하게 되면 무기력과 우울감이 장기화될 수 있다. 그러나 실패를 노력부족 등과 같은 일시적인 불안정적 요인에 귀인하게 되면 일시적으로 무기력할 수 있으나 곧 회복될 수 있을 것이다.
   (3) 실패경험에 대한 전반적 - 특수적 귀인은 우울증의 일반화에 영향을 미친다.
   실패경험을 전반적 요인(예 전반적 능력 부족, 성격전체의 문제 등)에 귀인하게 되면, 우울증이 전반적인 상황으로 일반화될 수 있다. 예를 들어 수학과 관련된 능력에만 문제가 있는 것이 아니라, 전반적인 지적 능력의 부족 때문이라고 성적불량에 대해서 전반적 귀인을 하게 되면 수학시험뿐만 아니라 모든 과목의 시험에서 무기력한 행동을 보이게 될 것이다.

2 지속성 우울장애 : 기분 부전장애

(1) 적어도 2년 동안, 하루의 대부분 우울한 기분이 있고, 우울 기분이 없는 날보다 있는 날이 더 많고, 이는 주관적인 설명이나 타인의 관찰로 드러난다.

※ 주의 : 아동과 청소년에서는 기분이 과민한 상태로 나타나기도 하고, 기간은 적어도 1년이 되어야 한다.

(2) 우울기 동안 다음 2가지(또는 그 이상)의 증상이 나타난다.

① 식욕 부진 또는 과식

② 불면 또는 수면과다

③ 기력의 저하 또는 피로감

④ 자존감 저하

⑤ 집중력 감소 또는 결정 곤란

⑥ 절망감

(3) 장애가 있는 2년 동안(아동과 청소년에서는 1년) 연속적으로 2개월 이상, 진단기준 (1)과 (2)의 증상이 존재하지 않았던 경우가 없었다.

(4) 주요우울장애의 진단기준을 만족하는 증상이 2년간 지속적으로 나타날 수 있다.

(5) 조증 삽화, 경조증 삽화가 없어야 하고, 순환성 장애의 진단기준을 충족시키지 않아야 한다.

(6) 장애가 조현병이나 망상장애와 같은 만성 정신증적 장애의 기간에만 발생되어서는 안 된다.

(7) 증상이 물질(예 약물 남용, 투약) 또는 일반적인 의학적 상태(예 갑상선 기능 저하증)의 직접적인 생리적 효과로 인한 것이 아니다.

(8) 증상이 사회적, 직업적, 또는 다른 중요한 기능 영역에서 임상적으로 현저한 고통이나 손상을 초래한다.

※주의 : 만약 질환의 현 삽화가 어느 시점에서든 주요우울장애의 진단기준을 모두 만족한다면 주요우울장애로 진단해야 한다.

기출문제 확인학습

월경 전 불쾌감장애[3]

증상은 기분 증상(우울 기분, 긴장, 기분동요, 예민해짐), 행동 증상(관심 감소, 수면 및 식욕 이상, 집중의 어려움, 피로감, 자기 조절이 결여된 느낌), 신체 증상(부종, 두통, 더부룩함 등) 등 크게 3가지로 구분되며 환자별, 월경주기별로 증상의 정도나 종류가 다양하다. 주로 20대 중·후반에 발생하여 나이가 들어갈수록 증상이 악화되는 경향이 있어 치료는 대개 30대가 되어서야 받으며 폐경이 될 때까지 증상을 경험하게 된다.

3) 김창윤 외(2000), 월경전 불쾌기분장애의 이해와 치료, 대한정신약물학회지

제2절 | 양극성 및 관련 장애(Bipolar and Related Disorders)의 하위유형

1 양극성 장애

(1) ① 우울한 기분상태와 고양된 기분상태가 교차되어 나타나는 장애로서 기분이 비정상적으로 고양되어 조증상태를 특징적으로 나타내는 제1형 양극성 장애, ② 조증상태의 증상이 상대적으로 미약하게 나타나는 경조증 상태와 우울증 상태를 주기적으로 나타내는 제2형 양극성 장애, ③ 경미한 우울증 상태와 경조증 상태가 2년 이상 장기적으로 순환되어 나타나는 순환성 장애로 구분되고 있다.

(2) 양극성 장애는 유전적 영향을 많이 받는 정신장애이며 신경 전달물질, 신경 내분비계통의 기능 등의 생물학적 요인이 밀접하게 관련된 것으로 알려지고 있다.

(3) 정신분석적 입장에서는 양극성 장애의 조증 증세를 무의식적 상실이나 자존감 손상에 대한 방어나 보상 반응으로 보고 있다.

(4) 인지적 입장에서는 우울증의 경우와 마찬가지로 현실에 대한 인지적 왜곡이 조증 상태를 유발한다고 본다.

(5) 대표적 치료방법은 항(抗)조증 약물을 사용하는 약물치료이다.

(6) 양극성 장애는 지속적인 투약과 더불어 자신의 증상을 지속적으로 관찰하고 생활 스트레스를 관리하는 인지행동적 치료가 함께 병행되어야 한다.

2 제1형 양극성 장애 진단기준

(1) 적어도 1회의 조증 삽화를 만족한다

(2) 조증 및 주요우울 삽화는 조현정동장애, 조현병, 조현양상장애, 망상장애, 또는 기타 정신병적 장애로 더 잘 설명되지 않는다.

기출문제 확인학습

조증 삽화

1) 비정상적으로 의기양양하고 자신만만하거나 짜증스러운 기분을 나타내고 목표지향 행동이나 에너지 수준이 비정상적으로 증가된 상태가 1주일이상 분명하게 지속되는 조증 삽화를 나타내야 한다.
2) 이러한 조증삽화는 7가지 증상 중 3가지 이상(기분이 과민한 상태인 경우에는 4가지) 심각한 정도로 나타난다.
   (1) 팽창된 자존심 또는 심하게 과장된 자신감
   (2) 수면에 대한 욕구 감소
      예 단 3시간의 수면으로도 충분하다고 느낌
   (3) 평소보다 말이 많아지거나 계속 말을 하게 됨
   (4) 사고의 비약 또는 사고가 연달아 일어나는 주관적인 경험
   (5) 주의 산만
      예 중요하지 않거나 관계없는 외적 자극에 너무 쉽게 주의가 이끌림
   (6) 목표 지향적 활동의 증가(직장이나 학교에서의 사회적 또는 성적인 활동) 또는 정신 운동성 초조
   (7) 고통스러운 결과를 초래할 쾌락적인 활동에 지나치게 몰두
      예 흥청망청 물건 사기, 무분별한 성행위, 어리석은 사업투자
3) 일생동안 적어도 1회는 조증 삽화가 있어야 제I형 양극성장애로 진단될 수 있다.
4) 기분 장애로 인한 직업적 기능이나 일상적 사회 활동, 대인관계에서의 뚜렷한 손상을 막고 자신이나 타인에게 해를 입히는 것을 방지하기 위해 입원이 필요할 정도로 기분 장애가 심각하거나 정신증적 양상이 동반된다.
5) 증상이 물질(예 약물 남용, 투약, 또는 기타 치료)이나 일반적인 의학적 상태(예 갑상선 기능 항진증)의 직접적인 생리적 효과로 인한 것이 아니다.

기출문제 확인학습

참고 조증 치료에는 탄산리튬(lithium carbonate)을 쓰는데 이는 리튬이 신경전달물질인 protein kinase C(P-KC)의 활동을 줄이기 때문이다.
만성 스트레스로 인해 장기간 코르티솔 수치가 높아지면 면역체계 등에 나쁜 영향을 주어 우울이 유발될 수 있다.

3 제II형 양극성 장애 진단기준

(1) 적어도 1회의 경조증 삽화와 적어도 1회의 주요우울 삽화의 진단기준을 만족시킨다. 조증 삽화는 1회도 없어야 한다.

(2) 비정상적으로 들뜨거나, 의기양양하거나, 과민한 기분, 그리고 활동과 에너지의 증가가 적어도 4일 연속으로 거의 매일, 하루 중 대부분 지속되는 분명한 기간이 있어야 한다.

(3) 삽화가 사회적, 직업적 기능의 현저한 손상을 일으키거나 입원이 필요할 정도로 심각하지 않으며, 정신병적 양상이 있다면 조증 삽화에 해당한다.

4 순환성 장애 - 진단기준

(1) 적어도 2년 동안(아동·청소년에서는 1년), 잦은 경조증 기간(조증 삽화의 진단기준을 충족시키지 않는)과 잦은 우울증 기간(주요 우울 삽화의 진단기준을 충족시키지 않는)이 있다.

(2) 2년 이상의 기간 동안(아동·청소년에서는 1년), 경조증 기간과 우울증 기간이 절반 이상 차지해야 하고, 증상이 없는 기간이 2개월 이상 지속되어서는 안 된다.

(3) 주요 우울 삽화, 조증 삽화, 또는 경조증 삽화가 존재하지 않는다.

(4) 진단기준 1)의 증상이 조현정동장애, 조현병, 조현양상장애, 망상장애, 달리 명시된, 또는 명시되지 않는 조현병 스펙트럼 및 기타 정신병적 장애로 더 잘 설명되지 않는다.

(5) 증상이 물질(예, 남용약물, 치료약물)의 생리적 효과나 다른 의학적 상태(예, 갑상선 기능항진증)로 인한 것이 아니어야 한다.

(6) 증상이 사회적, 직업적, 또는 다른 중요한 기능 영역에서 임상적으로 심각한 고통이나 장애를 일으킨다.

사례

순환성 장애

직장인 33세 A씨는 때로는 흥분되어 기분이 좋았고, 때로는 우울한 감정이 들면서 실패한 사람처럼 느껴지기도 했다. 기분이 들뜨면 조증이나 경조증 삽화에 해당되지는 않았으나 과도한 소비를 하고 자신감이 넘쳤다. 반면 들뜬 기분이 가라앉게 되면 주요 우울 삽화에는 해당되지 않았으나 잠을 잘 못 잤고 깊은 한숨을 쉬며 무기력해졌다. A씨는 이런 기분의 기복을 벌써 2년째 지속하고 있다.

정리

양극성 및 관련 장애

1) I형 양극성 장애 : 조증 + 주요 우울증 / 불규칙한 조증삽화 / 혼재삽화
2) II형 양극성 장애 : 경조증 + 주요 우울증 / 불규칙한 경조증 삽화 / 혼재삽화
3) 순환성 기분장애 : 경조증 + 경미한 우울증 / 규칙적인 경조증 삽화와 경미한 우울 / 초기 2년간은 혼재삽화 없음
4) I형 양극성 장애는 조증상태가 심한 것이며, II형 양극성 장애는 우울증이 심한데 약한 조증이 반복적으로 나타나는 것을 말한다.

기출문제 확인학습

우울장애 등

1) 우울장애는 의욕 저하와 우울감을 주요 증상으로 하여 다양한 인지 및 정신 신체적 증상을 일으켜 일상 기능의 저하를 가져오는 질환을 말한다. 코르티솔은 급성 스트레스에 반응해 분비되는 물질로, 스트레스에 대항하는 신체에 필요한 에너지를 공급해 주는 역할을 한다. 따라서 우울장애는 코르티솔의 과다분비와 관련이 있다.
2) 양극성 장애보다 단극성 장애에서 성차가 크게 나타나는데, 남성보다 여성에게서 많이 나타나며 양극성 장애는 거의 성차가 없다.
3) 일반적인 우울증은 유전적 또는 환경적 이유로 뇌의 신경전달물질인 세로토닌 분비에 이상이 생겨 기분이 가라앉거나 일상생활에 흥미를 잃게 되는 등의 증세가 생기는 데 반해 반응성 우울증은 외부의 극심한 스트레스 탓에 갑자기 세로토닌 분비 시스템에 이상이 생겨 나타난다.
4) 제2형 양극성 장애는 조증보다 울증 삽화가 더 빈번하게 나타나는 특징이 있다.

제1형 양극성 장애	한 번 이상의 조증이나 혼재성 삽화에 의해 특징지어지며 적어도 한 번의 경조증 삽화가 동반
제2형 양극성 장애	한 번 이상의 주요 우울증 삽화에 의해 특징지어지고 적어도 한 번의 경조증 삽화가 동반

CHAPTER 05

물질 - 관련 및 중독장애

물질 - 관련 및 중독 장애(Substance - Related and Addictive Disorders)의 하위유형

1) 물질 - 관련 장애(Substance - Related Disorder)
   (1) 물질 사용 장애(Substance Use Disorder)
   (2) 물질로 유발된 장애(Substance - Induced Disorder)
      → 물질 중독, 물질 금단
2) 비물질 - 관련 장애 : 도박장애(Gambling Disorder)

(1) 물질 관련 장애는 중독성을 지닌 다양한 물질과 관련된 심리적 장애를 말하며 크게 ① 물질 사용 장애와 ② 물질로 유발된 장애로 구분된다.

(2) 물질 사용 장애는 ① 반복적인 물질 섭취로 인해서 그 물질을 점점 더 많이 원하는 내성과 섭취하지 않으면 고통을 느끼는 금단현상으로 인해 개인을 심각한 부적응 상태로 몰아가는 경우를 뜻하는 물질의존과, ② 과다한 또는 반복적인 물질사용으로 인한 현저하게 해로운 결과가 나타나는 경우를 의미하는 물질남용으로 구분된다.

(3) 물질로 유발된 장애는 특정한 물질의 섭취나 복용으로 인해 파생되는 여러 가지 부정적인 심리적 증상을 뜻한다.

(4) DSM - 5에서는 물질 관련 장애를 10가지 중독성 물질, 즉 알코올, 니코틴, 카페인, 흡입제, 아편류, 환각제, 대마계 제제, 자극제(암페타민, 코카인, 등), 진정제, 수면제 또는 항불안제에 따라 구분하고 있다. 다만, DSM - 5에서는 담배(타바코) 중독(intoxication) 진단명은 인정하지 않았다. 그리고 DSM - 5에서 물질 사용장애에서는 카페인 사용장애 진단명은 인정하지 않았다.

기출문제 확인학습

보상결핍증후군

보상결핍증후군은 빈약한 애착관계가 뇌에 부정적인 영향을 주어 보상에 대한 결핍을 느끼게 되고, 갈망을 유발하는 과정이다. 이 증후군은 개인이 일상생활에서 보상을 얻지 못하는 생화학적/신경학적 무능력의 결과라고 본다. 즉, 보상회로에 작용을 하는 도파민이 부족해져 발생하는 증상군으로, 도파민 부족이 이러한 증후군의 원인이 된다고 가정하고 있다.[1)]

물질 관련 및 중독 장애

술, 담배, 마약과 같은 중독성 물질을 사용하거나 중독성 행위에 몰두함으로써 생겨나는 다양한 부적응적 증상이다.

1) 물질 관련 장애

물질 사용장애, 물질 유도성 장애, 물질 중독, 물질 금단, 물질/약물 유도성 정신장애가 있으며 인터넷 중독(internet addiction), 쇼핑 중독(compulsive buying), 일 중독(work addiction), 성 중독(sexual addiction), 음식 중독(food addiction), 디지털 미디어 중독 등이 있다.

2) 비물질 관련 장애에는 중독장애인 도박장애(이전 DSM - Ⅳ에는 충동통제장애)가 있다.

심화학습

젤리넥(Jellinek)의 알코올 의존[2)] 4단계

1) 알코올 의존(alcohol dependence)

(1) 잦은 음주로 내성이 생기고 섭취량과 마시는 빈도가 늘면서 술에 의존하게 되는 현상

(2) 알코올 사용이 물질의존의 진단기준을 충족시킬 경우, 알코올 의존으로 진단

(3) 알코올의 생리적 의존은 내성과 금단증상을 나타나게 함

(4) 알코올 내성 : 술에 잘 취하지 않음, 점점 더 많은 양을 마시게 됨

(5) 알코올 금단증상 : 손 떨림, 불안, 초조, 구토, 불면증

(6) 알코올 의존으로 인해 직장, 가정, 대인관계, 건강 등 심리사회 문제 초래

(7) 12개월 이상 지속되면 알코올 의존 진단

2) 알코올 의존의 4단계(Jellinek 1952) **암기법** 전조결성

1단계	전 알코올 증상단계 (pre alcoholic phase)	사교적 목적, 즐기는 단계, 긴장 해소, 대인관계 원활, 알코올의 긍정적 효과 경험
2단계	전조단계 (prodromal phase)	음주량과 빈도 증가, 망각현상(blackout), 음주 동안의 사건을 기억하지 못함
3단계	결정적 단계 (crucial phase)	술을 수시로 마심, 빈번한 과음으로 여러 가지 부적응적 문제 발생
4단계	만성단계 (chronic phase)	알코올에 내성이 생김, 심한 금단증상, 술에 대한 통제력 상실, 술을 마시는 것 외에는 무관심

1) Flores, P. J. (2004년). Addictions as an Attachment Disorder. [김갑중, 박춘삼 (2010년) 애착장애로서의 중독. 서울 : 도서출판NUN.]

2) 알코올 중독과 관련된 장애는 치매, 공포장애, 우울장애이다.

약물 중 아편류(모르핀, 헤로인, 메사돈, 코데인 등

1) 아편(opium) : 양귀비라는 식물에서 채취되는 진통효과를 지닌 물질
2) 아편류(opioids) : 아편과 유사한 화학적 성분이나 효과를 나타내는 물질들
3) 진통제, 마취제, 설사 억제제, 기침 억제제로 처방
4) 천연 아편류 : 모르핀
5) 반합성 아편류 : 헤로인
6) 합성 아편류 : 코데인, 아이드로 모르핀, 메사돈, 옥시코든, 메페리딘, 펜타닐

참고 엑스터시(Ecstasy) : 한국에서는 '도리도리'로, 미국에서는 '아담', '엑스터시'로 불리는 MDMA는 환각성과 암페타민과 같은 특성을 지닌 합성 향정신성약이다.

기출문제 확인학습

작용	종류	의학적 사용	투여방법	투약 후 추적 가능시간
각성제 (흥분제)	암페타민류	과운동증 치료제, 수면발작증 치료제, 비만치료제	경구, 주사, 흡연, 흡입	1~2일
	메스암페타민	과운동증 치료제, 수면발작증 치료제, 비만치료제	경구, 주사, 흡연, 흡입	1~2일
	메틸페니데이트	과운동증 치료제, 수면발작증 치료제	경구, 주사	1~2일

중추신경 흥분제와 중추신경 억제제 등

1) 중추신경 흥분제 : 뇌신경 세포의 기능을 흥분시키는 약물
   담배, 카페인, 암페타민류(필로폰), 코카인 등
2) 중추신경 억제제 : 뇌신경 세포의 기능을 억제시키는 약물
   알코올, 흡입제(가스, 본드 등), 마약류, 수면제, 신경안정제, 항히스타민제
3) 환각제 : 뇌신경 세포의 기능을 흥분시키기도 하고 억제시키기도 하는 약물
   펜사이클리딘(phencyclidine), 엘에스디(LSD), 메스칼린(mescaline), 엑스터시(ecstasy) 등

물질의존 장애를 일으킬 수 있는 약물

물질의존 장애를 일으킬 수 있는 약물로는 알코올, 니코틴(타바코), 코카인, 암페타민, 환각제(LSD, mescaline, psilocybin, 암페타민류, 항콜린성 물질), 흡입제(본드, 부탄가스, 가솔린, 페인트 시너, 분무용 페인트, 니스 제거제, 라이터 액, 아교, 고무 시멘트, 세척제, 구두약 등), 카페인, 대마(대마계 제제 - 카나비스, 마리화나 - 대마초 등), 아편류는 천연 아편류(모르핀), 반합성 아편류(헤로인), 합성 아편류(코데인, 아이드로 모르핀, 메사돈, 옥시코든, 메페리딘, 펜타닐) 등이 있다.

※ 기억 상실, 지각적 결함, 주도성의 결여, 작화증과 같이 주로 인지적인 기능 손상을 일으키는 코르사코프 증후군이 포함되는 장애 : 알코올 관련장애

코르사코프 증후군(기억상실증적 심리증후군)[3]

1) 지속적인 알코올 섭취는 중추신경계를 손상시켜 주의력, 기억력, 판단력 등의 인지 기능을 손상시키는데 대표적인 장애는 코르사코프 증후군(Korsakoff's syndrome)으로 새로운 경험을 기억하지 못하는 지속성 기억상실증이다.
2) 코르사코프 증후군은 알코올중독자의 경우에 기술되는 건망증(Amnesia)의 한 형태이다.
3) 처음 상세한 기술은 1880년 러시아의 신경학자 Sergei Korsakow(1854 ~ 1900)에 의해 발표되었다.
4) 코르사코프 증후군은 종종 또한 '코르사코프 - 증상복합체'로도 불린다.
5) 코르사코프에 의해 명명된 증후군의 실제적인 증상
   (1) 알코올로 인한 뇌 손상이 극도로 심한 비가역적인 형태
   (2) 기억상실증
   (3) 역행성 기억상실증(retrograde amnesia) - 시간적으로 미래에 초점이 맞춰진 기억상실증
   (4) 전행성 기억상실증(anterograde amnesia) - 시간적으로 과거에 초점을 둔 기억상실증
   (5) 작화증(confabulation)[4] - 환자들은 객관적으로 잘못된 이야기를 설명하는데, 그러나 자기 자신에게는 진실로 받아들여지며 대부분 이 이야기들은 실제적인 사건의 단편들로 짜 맞춰진다.
   (6) 탈정향화 - 해당자들은 이전의 시간에 그리고 다른 장소에서 공상을 하며 종종 이들은 또한 이렇게 그르게 받아들여진 실제에 상응하여 행동한다.

3) **출처** : 알코올 관련 장애, 심리학용어사전, 2014. 4, 한국심리학회

4) 작화증은 자기의 공상을 실제의 일처럼 말하면서 자신은 그것이 허위라는 것을 인식하지 못하는 증상으로서 뇌질환, 알코올 중독, 노인성 치매 등의 정신 질환으로 발생한다.

5 비물질 - 관련 장애: 도박장애

(1) 노름이나 도박을 하고 싶은 충동으로 반복적인 도박을 하게 되는 정신장애이다.

(2) 정신분석적 입장에서는 공격적이거나 성적인 에너지를 방출하려는 욕구가 무의식적으로 대치된 것이라고 본다.

(3) 학습이론에서는 다른 사람의 도박행동에 대한 모방학습과 간헐적으로 돈을 따는 강화에 의해 병적 도박증이 유발되고 지속된다고 설명한다.

(4) 인지적 입장에 따르면 병적 도박증을 지닌 사람들은 자신이 돈을 따게 될 주관적 확률을 높게 평가하는 낙관적 성향과 비현실적이고 미신적인 인지적 왜곡을 나타낸다고 한다.

(5) 병적 도박증의 치료를 위해서는 도박에 대한 매혹을 제거하고 혐오감을 형성시키는 행동치료적인 기법이 사용되기도 한다.

실력 다지기

도박장애

1) 사교적 도박자와 병적인 도박자는 발생 원인과 발달 양상이 서로 관련성이 있다. 사교적 도박에는 자유로운 사교성 도박과 심각한 사교성 도박이 있다. 심각한 사교성 도박자들은 사교성에서 이미 조금 더 습관성으로 빠져든 경우이다. 이들은 처음 단순히 사람을 만나서 사귀기 위해 도박판에 오고, 도박하는 재미를 점차 느낀다. 그러다 도박하지 않으면 허전하고 심심해서 견디지 못하게 된다. 이런 정도에 이르면 상당히 습관성으로 진행됐기에 도박의 전문성으로 진행하기 쉬운 시점에 있다. 이것이 추후에 병적인 도박이 될 수 있기 때문에 사교적 도박자와 병적인 도박자는 발생 원인과 발달 양상이 서로 관련성이 있다.

2) 여성 도박장애자들은 인생의 초반기부터 전조가 시작되는 경향을 보이지 않는다.
도박장애의 발병은 청소년기 혹은 초기 성인기에 나타날 수 있지만, 어떤 사람들은 중년기 혹은 심지어 노년기에 나타날 수도 있다. 도박장애는 대개 수년에 걸쳐 진행되고, 병의 진전 속도는 여성이 남성보다 더 빠르게 진행된다. 도박장애로 발전하는 사람들의 대부분은 도박의 빈도나 양 모두에 있어 점차적으로 증가하는 패턴을 보인다. 보다 경미한 형태가 더 심각한 형태로 발전한다는 점은 확실하다. 도박장애는 여성보다 남성에게서 더 이른 시기에 나타난다. 어린 나이에 도박을 시작하는 사람들은 대개 가족들 혹은 친구들과 같이 한다. 인생 초반부에 도박장애로 발전된다는 것은 충동성이나 물질남용과도 관련되어 보인다. 도박장애로 발전하는 고등학생 및 대학생들 대다수는 그 문제로부터 벗어나지만 일부는 평생 지속되기도 한다. 중년기 및 노년기의 도박장애 발병은 남성보다는 여성에게서 더 흔하다.

3) 도박장애자들은 고혈압이나 소화성 궤양, 편두통과 같은 증상이 동반되는 경우가 많다.

4) 정신적인 고통(무기력, 죄책감, 불안, 우울감 등)을 느낄 때마다 도박에 집착하는 경향이 있다.

고통을 경감시키는 작용을 하는 신체 내 분비물질(엔돌핀과 엔케팔린)

1) 뇌에는 쾌락의 느낌을 주고 통증을 감소시켜주는 여러 진정성 신경전달물질들이 있는데 이는 엔돌핀, 엔케팔린, 모르핀 등이다.

2) 엔돌핀은 사람이 스트레스 상황에 빠지면 고통을 덜어주기 위해 뇌에서 분비되는 것으로 가장 강력한 마약성 진통제인 모르핀의 200배에 해당하는 진통효과를 발휘한다.

3) 엔케팔린(enkephalin)은 웃을 때 엔돌핀과 함께 나오는 신경펩티드 호르몬으로 모르핀보다 300배 강한 물질로 아편과 유사한 체내 물질이라 하여 체내 아편성 물질이라고도 불리며 엔도르핀과 함께 자연적인 진통 작용과 아편의 작용과 같은 희열감 · 행복감 등을 일으키는 신경 펩티드이다.

4) 엔돌핀과 엔케팔린 등의 물질 분비는 면역력이 올라가면서 진통작용이 생긴다.

CHAPTER 06

성격장애

성격장애(Personality Disorders)**의 하위유형**

1) 군집 A 성격장애 : 편집성(Paranoid), 조현성(Schizoid), 조현형(Schizotypal)
2) 군집 B 성격장애 : 반사회성(Antisocial), 경계성(Borderline), 연극성(Histrionic), 자기애성(Narcissistic)
3) 군집 C 성격장애 : 회피성(Avoidant), 의존성(Dependent), 강박성(Obsessive - Compulsive)

제1절 | 성격장애의 개요

1 성격장애(Personality Disorder)

성격장애는 한 개인이 지닌 삽화적이 아닌, 지속적인 일정한 행동양상 때문에 현실에 적응하는 데 있어서 자신에게나 사회적으로 주요한 기능장애를 초래하게 되는 이상 성격의 양상으로 볼 수 있다.

2 성격장애로 진단되기 위한 몇 가지 기준

(1) 개인의 지속적인 내적 경험과 행동 양식이 그가 속한 사회의 문화적 기대에서 심하게 벗어나야 한다.
→ 이러한 양식은 인지(예 자신, 타인, 사건을 지각하고 해석하는 방식), 정동(예 정서 반응의 범위, 강도, 불안정성, 적절성), 대인관계 기능, 충동 조절의 4개 영역 중 2개 이상의 영역에서 나타나야 한다.

(2) 고정된 행동 양식이 융통성이 없고 개인생활과 사회생활 전반에 넓게 퍼져 있어야 한다.

(3) 고정된 행동 양식이 사회적, 직업적 그리고 다른 중요한 영역에서 임상적으로 심각한 고통이나 기능의 장애를 초래해야 한다.

(4) 양식이 변하지 않고 오랜 기간 지속되어 왔으며 발병 시기는 적어도 청소년기나 성인기 초기로 거슬러 올라갈 수 있어야 한다.

3 성격장애(Personality Disorder)의 증상

(1) 만성적이고 만연된 융통성 없는 행동패턴을 보인다.

(2) 기능의 손상과 주관적인 고통을 일으킬 만큼 부적응적인 환경지각 및 반응패턴을 보인다.

(3) 이러한 패턴은 아동기, 청소년기에 형성되어 일생동안 지속되는 행동패턴으로서 이 시기 부모나 중요 타인의 모델링 또는 상호작용이 중요한 역할을 한다.

(4) 다른 정신장애의 증상이나 결과로 일어나는 것이 아니다.

실력 다지기

신경증, 정신증의 구분

1) 신경증(Neurosis)

(1) 인격 : 침해가 덜하다.

(2) 사회적 기능 : 사회적으로 조직되고 잘 보존된다.

(3) 행동 : 내적 경험이 외적 행동을 크게 혼란시키지 않고 이상한 행동을 나타내지는 않는다.

(4) 현실검증 능력

① 크게 장애가 없다(자아가 건전하게 유지됨).

② 현실 회피도 부분적이며 인격손상이 거의 없다.

③ 현실 존재를 부정하지 않고 등한시하려고 하며 현실검증능력의 질적 저하보다 양적인 저하를 나타낸다.

(5) 사고 : 현실적이다.

(6) 사고의 흐름 : 연상이 잘 보전된다.

(7) 소망, 동기 : 투사가 안 되고 내부에서 느끼고 경험한다.

(8) 통찰 : 자신의 병을 알고 있으며 치료에의 필요성을 느낀다.

(9) 사회관계 : 외부세계에 대한 관심이 유지된다.

(10) 정동(감정적인 요소) : 환경적 요소에 의해 결정이 많이 된다.

2) 정신증(Psychosis)

(1) 인격 : 심각한 침해가 있다.

(2) 사회적 기능 : 크게 손상된다.

(3) 행동 : 주관적인 경험과 현실 구별 능력이 크게 장애를 받는다.

(4) 현실검증 능력

① 현실검증에 심각한 장애를 보인다.

② 현실 존재를 부정한다(다른 것으로 대치하려고 한다).

③ 질적인 변화(망상, 환각의 내용을 현실로 생각하고 왜곡시킴)를 보인다.

(5) 사고 : 비현실적이다.

(6) 사고의 흐름 : 연상의 장애가 있다.

(7) 소망, 동기 : 내면의 소망을 외부로 투사한다.

(8) 통찰 : 병식(病識)이 없고 치료 장면으로 오기를 거부한다.

(9) 사회관계 : 관심이 소실되어 있다.

(10) 정동(감정적인 요소) : 정서적 불안, 정동이 감소되거나 변화된다.

결론 정신증(Psychosis)과 신경증(Neurosis) 간의 감별은 현실검증 능력의 여부(망상, 환각, 행동, 사회적인 관계), 병에 대한 통찰력의 유무, 병 때문에 본인이 괴로운가, 괴롭지 않은가 및 대인관계에서 적절한 자기 역할을 할 수 있는가가 중요하다.

제2절 | A군 성격장애

기이하고 괴상한 행동특성을 나타내는 성격장애임

1 편집성 성격장애(Paranoid Personality Disorder)

(1) 주요 증상과 임상적 특징

① 편집성 성격장애는 타인의 의도를 적대적인 것으로 해석하는 불신과 의심을 주된 특징으로 한다.

② 다른 사람이 자신을 부당하게 이용하고 피해를 주고 있다고 왜곡하여 생각하고 친구의 우정이나 배우자의 정숙성을 자주 의심하며 자신에 대한 비난이나 모욕을 잊지 않고 가슴에 담아 두어 상대방에게 보복하는 경향이 있다.

③ 주변 사람들과의 지속적인 갈등의 경험으로 스트레스를 많이 경험하고 우울증, 공포증, 강박장애, 알코올 남용과 같은 정신장애가 나타날 가능성이 높다.

④ 강한 스트레스가 주어질 때 짧은 기간 동안 심리적 혼란을 경험하여 망상장애나 조현병으로 발전되는 경우도 있다.

⑤ 조현형, 조현성, 자기애성, 회피성, 경계성 성격장애의 요소를 함께 지니고 있는 경우가 많다.

⑥ 타인의 동기를 악의에 찬 것으로 해석하는 등 광범위한 불신과 의심이 성인기 초기에 시작되어 여러 가지 상황에서 나타나며 다음 7가지 특성 중 4개 이상을 만족시켜야 한다.

ㄱ. 충분한 근거 없이 다른 사람에게 착취당하고 해를 당하거나 속임을 당하고 있다고 의심한다.

ㄴ. 친구나 동료의 성실성이나 신용에 대한 부당한 의심을 한다.

ㄷ. 정보가 자기에게 악의적으로 사용될 것이라는 부당한 공포 때문에 터놓고 얘기하기를 꺼린다.

ㄹ. 타인의 말이나 사건 속에서 자신을 비하하거나 위협하는 숨겨진 의미를 찾으려 한다.

ㅁ. 원한을 오랫동안 풀지 않는다.

ㅂ. 자신에 대한 모욕, 손상, 경멸을 용서하지 않는다.

ㅅ. 타인은 그렇게 생각하지 않지만 자신의 인격이나 명성이 공격 당했다고 인식하고 즉시 화를 내거나 반격한다.

ㅇ. 이유 없이 배우자나 성적 상대자의 정절에 대해 반복적으로 의심한다.

(2) 원인

① 정신분석적 입장

ㄱ. 무의식적인 동성애적 욕구에 기인한다.

ㄴ. 동성애적 욕구에 대한 불안을 제거하기 위해서 부인, 투사, 반동형성의 방어기제를 사용함으로써 편집성 성격특성이 나타난다.

ㄷ. 편집성 성격을 지닌 사람은 어린 시절 부모로부터 가학적인 양육을 받는 경향이 있으며 이 과정에서 자신과 타인에 대한 가학적 태도를 내면화한다.

ㄹ. 자신의 적대감과 비판적 태도를 자각하지 못하는 특성 때문에 타인이 자신에게 적대적인 태도를 나타내는 이유를 이해하지 못하고 타인은 믿지 못할 악한 존재라는 생각을 강화하게 된다는 것이다.

② 인지적 입장

ㄱ. 독특한 신념과 사고과정에 초점을 둔다.

ㄴ. 편집성 성격장애자들의 3가지 기본적 신념

가. 사람들은 악의적이고 기만적이다.

나. 그들은 기회만 있으면 나를 공격할 것이다.

다. 긴장하고 경계해야만 나에게 피해가 없을 것이다.

ㄷ. 타인에 대한 적대적 신념, 타인의 부정적 측면에 대한 선택적 지각, 타인의 적대적 행동 유발, 타인의 적대성에 대한 신념의 확인으로 이어지는 악순환이 반복됨으로써 편집성 성격성향이 지속되는 것이다.

(3) 치료

① 치료자와 내담자 간의 신뢰로운 관계 형성이 매우 어렵지만, 그만큼 중요하기도 하다.

② 치료자는 솔직하고 개방적인 자세로 신뢰감을 심어주는 것이 중요하다.

③ 편집성 성격장애자가 치료자의 언행에서 적대적 요소를 포착하여 치료자에게 의심과 분노와 적대감을 표현할 때 치료자는 내담자의 감정을 잘 수용하는 것이 중요하다.

④ 이들이 겪고 있는 문제와 갈등의 근본적인 원인이 자기 자신에게 있음을 자각하고 자신을 변화시키기 위한 실제적인 노력을 하게 하는 것이 중요하다.

2 조현성 성격장애(Schizoid Personality Disorder)

(1) 주요증상과 임상적 특성

① 조현성 성격장애는 감정표현이 없고 대인관계를 기피하여 고립된 생활을 하는 성격장애이다.

② 이러한 성격의 소유자는 사람을 사귀려는 욕구가 없으며 생활 속에서 거의 즐거움을 느끼지 못하고 타인의 칭찬이나 비난에 무관심하며 주로 혼자 하는 활동에 종사하는 경우가 많다.

③ 우울증을 지니고 있는 경우가 흔하며 조현형, 편집성, 회피성 성격장애의 요소를 함께 지니고 있는 경우가 많다.

④ 사회적 관계에서 고립되어 있고 대인관계 상황에서 감정 표현이 제한되어 있는 특성이 성인기 초기부터 생활 전반에 나타나며 다음 특성 중 4개 이상의 항목을 충족시켜야 한다.

ㄱ. 가족의 일원이 되는 것을 포함하여, 친밀한 관계를 원하지도 즐기지도 않는다.

ㄴ. 거의 항상 혼자서 하는 활동을 선택한다.

ㄷ. 만약 여럿이 같이 한다고 하더라도, 소수의 활동에서만 즐거움을 얻는다.

ㄹ. 다른 사람과 성경험을 갖는 일에 거의 흥미가 없다.

ㅁ. 직계가족 이외에는 가까운 친구나 마음을 털어놓는 친구가 없다.

ㅂ. 타인의 칭찬이나 비평에 무관심해 보인다.

ㅅ. 정서적인 냉담, 무관심 또는 둔마된 감정반응을 보인다.

(2) 원인

① 정신분석적 입장

ㄱ. 편집성 성격장애와 마찬가지로 기본적 신뢰의 결여에 기인한 것으로 본다.

ㄴ. 어려서 부모로부터 충분히 수용되지 못하거나 거부당하는 경험을 지니는 경향이 있는데 조용하고 수줍으며 순종적인 모습을 나타낸다.

ㄷ. 조현성 성격장애자들은 기본적으로 타인과 관계를 맺는 능력에 결함이 있으며 이러한 결함은 유아기에 부모로부터 양육되는 과정에서 경험하는 부적절감에 기인한다.

② 인지적 입장

ㄱ. 부정적 자기개념과 대인관계 회피에 관한 사고가 조현성 성격장애의 특성을 초래한다.

ㄴ. "나는 혼자 있는 것이 낫다.", "아무도 나를 간섭하지 않았으면 좋겠다.", "다른 사람들과 관계를 맺으면 문제만 일어난다.", "주위에 사람들만 없다면 인생은 별로 복잡하지 않을 것이다." 등의 사고를 내면적으로 지니고 있다.

(3) 치료

① 치료자가 인내심을 가지고 내담자의 침묵이나 소극적 태도를 수용하면서 서서히 관계형성에 노력해야 한다.

② 내담자의 사소한 정서적 반응에도 주목하고 공감적으로 수용함으로써 치료자와의 관계형성에 흥미를 갖도록 유도해야 한다.

③ 치료자는 내담자가 사회적 상황에서 철수하려는 경향을 줄이고, 생활 속에서 즐거움을 경험하도록 도우며, 정서적 경험의 폭과 깊이를 서서히 확대, 심화시키고 인간관계를 형성하고 유지하는 기술을 습득하도록 노력해야 한다.

3 조현형 성격장애(Schizotypal personality Disorder)[1]

(1) 주요 증상과 임상적 특성

① 조현형 성격장애는 친밀한 인간관계를 불편해하고 인지적 또는 지각적 왜곡과 더불어 기괴한 행동을 나타내는 성격장애이다.

② 심한 사회적 불안을 느끼며 마술적 사고나 기이한 신념에 집착하고 말이 상당히 비논리적이고 비현실적이며 기괴한 외모나 행동을 나타내는 경향이 있다.

③ 친밀한 대인관계에 대한 현저한 불안감, 인간관계를 맺는 제한된 능력, 인지적 또는 지각적 왜곡 그리고 기이한 행동으로 인해 생활 전반에서 대인관계와 사회적 적응에 현저한 손상을 나타내야 한다.

④ 위의 특성이 성인기 초기에 시작되고 다양한 상황에서 나타나며 다음의 특성 중 5개 이상의 항목을 충족시켜야 한다.

ㄱ. 관계망상과 유사한 사고(분명한 관계망상은 제외)를 한다.

1) 암기법 우리 형은 괴짜다!

ㄴ. 행동에 영향을 미치는 괴이한 믿음이나 마술적 사고(예 미신, 천리안에 대한 믿음, 텔레파시나 육감, 아동이나 청소년의 경우 기괴한 환상이나 집착)를 한다.

ㄷ. 신체적 착각을 포함한 유별난 지각 경험을 한다.

ㄹ. 괴이한 사고와 언어(예 애매하고 우회적이며 은유적이고 지나치게 자세하게 묘사되거나 또는 상동증(常同症)적인 사고와 언어)를 보인다.

ㅁ. 의심, 편집증적 사고를 보인다.

ㅂ. 부적절하거나 메마른 정동(정서적 요소)을 보인다.

ㅅ. 괴이하고 엉뚱하거나 특이한 행동이나 외모를 보인다.

ㅇ. 직계가족 외에는 가까운 친구나 마음을 털어놓을 수 있는 사람이 없다.

ㅈ. 과도한 사회적 불안(이러한 불안은 친밀해져도 줄어들지 않으며 자신에 대한 부정적인 판단보다는 편집증적 공포와 연관되어 있음)을 보인다.

(2) 원인

① 유전적 요인

ㄱ. 유전적 요인과 관련되어 있다는 주장이 제기되고 있다.

ㄴ. 조현병 환자의 직계가족에서 유병률이 높으며 이 장애를 지닌 사람의 가족에는 조현병의 유병률이 높다.

ㄷ. 조현병과 매우 밀접한 유전적 소인이 관여하는 것으로 추정하고 있다.

② 인지적 입장

ㄱ. 독특한 사고와 다양한 인지적 왜곡을 보인다.

ㄴ. "나는 결함이 많은 사람이다.", "사람들과 관계를 맺는 것은 매우 위험하다.", "나는 사람들이 나를 좋아하지 않는다는 것을 알고 있다.", "나는 다른 사람이 무슨 생각을 하는지 다 안다."와 같은 사고를 지닌다.

ㄷ. 자신과 무관한 일을 자신과 연결시켜 생각하는 개인화, 정서적 느낌에 따라 상황의 의미를 판단하는 정서적 추론, 무관한 사건들 간의 인과적 관계를 잘못 파악하는 임의적 추론 등의 인지적 오류를 통해서 관계 망상적 사고, 마술적 사고, 괴이한 믿음 등을 지니게 된다.

(3) 치료

약물치료와 인지 행동적 치료가 도움이 된다고 보고되고 있다.

기출문제 확인학습

조현형 성격장애

K씨는 눈에 띄는 괴이한 목걸이를 하고 다니면서 계절에 맞지 않는 더러운 옷을 입고 다녔다. 자신이 텔레파시 능력이 있다고 믿으며 다른 사람들이 이해하기 힘든 말을 혼자서 횡설수설하기도 하였다. K씨를 아는 사람은 "그가 친밀한 인간관계가 없는 괴상한 사람이다."라고 말하였다.

제3절 | B군 성격장애

극적이고 감정적이며 변화가 많은 행동이 주된 특징임

1 반사회성 성격장애(Antisocial Personality Disorder)

(1) 주요 증상과 임상적 특징

① 사회적 규범이나 타인의 권리를 무시하는 행동양상을 주된 특징으로 한다.

② 거짓말, 사기, 무책임한 행동, 폭력적 행동, 범법행위를 나타내고 이러한 행동에 대해서 후회나 죄책감을 느끼지 않는 경향이 있다.

③ 반사회성 성격장애자는 잦은 폭력과 범법(犯法) 행동, 직업 적응의 실패, 가족 부양의 소홀, 성적 문란, 채무 불이행, 거짓말이나 사기 행각, 무모한 위험행동, 문화시설의 파괴행위 등을 나타냄으로써 주변 사람과 사회에 커다란 피해를 입히게 된다.

④ 아동기에 주의 결핍 - 과잉행동장애를 나타내거나 청소년기에 품행장애를 나타낸 경향이 있다.

⑤ 타인의 권리를 무시하거나 침해하는 행동양식이 생활전반에 나타나며 이러한 특성이 15세부터 시작되어야 하며 다음의 특성 중 3개 이상의 항목을 충족시켜야 한다.

ㄱ. 다른 사람의 권리 침해

가. 법에서 정한 사회적 규범을 준수하지 않으며 구속당할 행동을 반복한다.

나. 개인의 이익이나 쾌락을 위한 반복적인 거짓말, 가명 사용, 타인을 속이는 사기 행동을 보인다.

다. 충동성 또는 미리 계획을 세우지 못한다.

라. 빈번한 육체적 싸움이나 폭력에서 드러나는 호전성과 공격성을 보인다.

마. 자신이나 타인의 안전을 무시하는 무모성이 나타난다.

바. 꾸준하게 직업 활동을 수행하지 못하거나 채무를 이행하지 못하는 행동으로 나타나는 지속적인 무책임성을 보인다.

사. 타인에게 상처를 입히거나 학대하거나 절도행위를 하고도 무관심하거나 합리화하는 행동으로 나타나는 자책의 결여를 보인다.

ㄴ. 만 18세 이상이다.

ㄷ. 15세 이전에 품행장애를 나타낸 증거가 있어야 한다.

(2) 원인

① 유전적인 요인

ㄱ. 유전적인 요인이 관여함을 시사하는 쌍생아 연구, 입양아 연구들이 보고되고 있다.

ㄴ. 유전적 요인과 환경적 요인 모두의 영향을 받으며 특히 여성의 반사회성 성격은 유전적 요인에 의해 더 강한 영향을 받는다.

ㄷ. 뇌의 활동에 이상을 나타낸다는 연구 보고가 있고 자율신경계와 중추신경계의 각성이 저하되어 있는 경향이 있으며, 이러한 특성이 범죄성향이나 난폭한 행동과 관련된다는 주장이 제기되었다.

ㄹ. 어린 시절 거칠고 거절을 잘하며 지배적인 부모의 태도가 아동을 공격적이고 반사회적으로 만든다는 주장도 있다.

② **정신분석적 입장**

ㄱ. 어머니와 유아 간의 관계형성의 문제에서 반사회성 성격이 기인한다.

ㄴ. 기본적 신뢰가 형성되지 못하여 폭력적이고 파괴적인 방법으로 타인과 관계를 맺으려는 시도가 반사회성 성격으로 나타난다는 것이다.

③ **인지적 입장**

ㄱ. 반사회성 성격장애자들의 독특한 신념체계를 보인다.

ㄴ. "우리는 정글에 살고 있고 강한 자만이 살아남는다.", "힘과 주먹이 내가 원하는 것을 얻는 최선의 방법이다.", "들키지 않는 한 거짓말을 하거나 속여도 상관없다.", "내가 원하는 것을 이루기 위해서는 어떠한 행동도 정당화될 수 있다.", "내가 먼저 공격하지 않으면 다른 사람이 먼저 나를 공격할 것이다." 등의 신념을 지니고 있다.

(3) 치료

① 권위적 인물에 대해 저항하는 경향이 있으므로 치료자는 중립적이고 수용적인 태도를 유지해야 하며 치료적 관계를 형성하는 것이 중요하다.

② 심층적 심리치료보다는 구체적인 부적응적인 행동을 변화시키는 행동치료적인 접근이 더 효과적이라고 알려져 있다.

기출문제 확인학습

반사회적 성격장애의 개념과 요인

1) 사회의 정상적이고 일반적인 규범에 맞추지 못하고 만성적, 반복적으로 비이성적, 비도덕적, 충동적, 반사회적 또는 범죄적 행동을 하고 남의 권리를 무시하거나 침해하고 더 나아가 남을 해치는 행동 등을 나타내는 장애이다.
2) 충동적이고 잦은 거짓말을 하는 등의 사기성을 보이며 공격성, 무책임함을 보이고 양심의 가책이 결여되어 있다.
3) 이는 18세 이후에 나타나고 15세 이전에는 품행장애의 증거가 있어야 한다.
4) 반사회적 성격장애를 갖고 있는 사람은 다른 이에 비하여 세로토닌의 활동수준이 비정상적으로 저하되어 있다. - 신경전달물질인 세로토닌(Serotonin)의 부족
5) 환경적 요인
   (1) 반사회적 성격의 발달력에는 부모의 적대감이 주목되는데, 부모의 적대감과 학대의 대상이 됨으로써 그 반응으로 아이에게 적대감이 발생할 뿐만 아니라, 아이는 부모를 하나의 모델로 관찰함으로써 적대감을 배울 수도 있다.
   (2) 또 다른 환경적 요인은 적절한 부모 모델의 결여로서, 부모의 상실보다도 변덕스럽고 충동적인 부모가 더욱 문제가 된다.

2 경계성 성격장애(Borderline Personality Disorder)

(1) 주요 증상과 임상적 특징

① 경계성 성격장애는 대인관계, 자기 상(象), 감정상태의 심한 불안정성을 주된 특징으로 한다.

② 이러한 성격장애의 소유자는 타인으로부터 버림받는 것에 대한 두려움을 지니며 강렬한 애정과 증오가 반복되는 불안정한 대인관계를 반복적으로 나타낸다.

③ 대인관계, 자아상 및 정서의 불안정성과 더불어 심한 충동성이 생활전반에서 나타나야 한다.

④ 기분장애, 공황장애, 물질 남용, 충동통제 장애, 섭식장애 등이 함께 나타나며 특히 기분장애가 나타날 때 자살가능성이 높은 것으로 알려져 있다.

⑤ 성인기 초기에 시작하여 다양한 상황에서 일어나며 다음의 특성 중 5가지 이상의 항목을 충족시켜야 한다.

ㄱ. 실제적인 또는 가상적인 유기(버림받음)를 피하기 위한 필사적인 노력을 한다.

ㄴ. 극단적인 이상화에서 평가절하가 특징적으로 반복되는 불안정하고 강렬한 대인관계 양식을 보인다.

ㄷ. 정체감 혼란으로 자아상이나 자기지각의 불안정성이 심하고 지속적이다.

ㄹ. 자신에게 손상을 줄 수 있는 충동성이 적어도 2가지 영역에서 나타난다.

예 낭비, 성관계, 물질남용, 무모한 운전, 폭식

ㅁ. 반복적인 자살 행동, 자살 시늉, 자살 위협 또는 자해 행동을 보인다.

ㅂ. 현저한 기분변화에 따른 정서의 불안정성을 보인다.

예 간헐적인 심한 불쾌감, 과민성, 불안 등이 흔히 몇 시간 지속되지만 며칠 동안 지속되는 경우는 드물다.

ㅅ. 만성적인 공허감을 보인다.

ㅇ. 부적절하고 심한 분노를 느끼거나 분노를 조절하기 어렵다.

예 자주 울화통을 터뜨림, 지속적인 분노, 잦은 육체적 싸움

ㅈ. 스트레스와 관련된 망상적 사고나 심한 해리 증상을 일시적으로 나타낸다.

사례

내원한 젊은 여성 환자가 정체감 혼란, 충동적인 성관계, 반복적인 자살위협, 일시적인 해리증상 등을 보이고 있으나, 기질적인 손상은 없는 것으로 확인된 경우

(2) 원인

① 정신분석적 입장

ㄱ. 유아기의 분리 - 개별화 단계에서 심한 갈등을 경험하여 이러한 단계에 고착되어 있다고 설명한다.

ㄴ. 좋은 엄마와 나쁜 엄마가 사실은 동일한 존재라는 것을 수용하지 못한 채 엄마에 대한 양극적인 표상을 분리하여 지니게 된다.

② **인지적 입장** : 경계성 성격장애자들의 3가지 독특한 내면적 믿음을 보이는데, 이는 "세상은 위험하며 악의에 가득 차 있다.", "나는 힘없고 상처받기 쉬운 존재이다.", "나는 원래부터 환영받지 못할 존재이다."이며 또한 흑백 논리적 사고를 통한 인지적 오류를 범한다.

③ **생물학적 입장**

ㄱ. 선천적으로 충동적이고 공격적인 기질을 지닌다.

ㄴ. 행동억제와 관련된 세로토닌 활동수준이 낮다.

ㄷ. 핵심문제는 자기조절 기능의 손상이며 이러한 손상은 뇌의 신경인지적 결함과 관련되어 있다는 주장도 있다.

(3) 치료

① 일반적인 치료방법은 개인 심리치료이다.

② 치료자가 솔직하고 분명한 태도를 나타냄으로써 내담자의 오해를 사는 일이 없도록 하는 것이 중요하다.

③ 일관성 있고 안정된 지지적 태도를 견지함으로써 치료적 관계형성에 주력해야 한다.

④ 인지행동치료에서는 치료의 초기에 치료적 관계형성에 주력하고 다음으로 내담자의 흑백 논리적 사고를 다루어 간다.

실력 다지기

경계성 성격장애의 임상적 특징

1) 실제적이거나 가상적인 유기를 피하기 위한 필사적인 노력
   ※ 주의 : 진단기준 5에 열거한 자살 또는 자해 행위는 포함되지 않음
2) 극단적인 이상화의 평가 절하가 반복되는 불안정하고 강렬한 대인관계 양식
3) 정체감 혼란 : 심각하고 지속적인 불안정한 자아상 또는 자아 지각
4) 자신에게 손상을 줄 수 있는 충동성이 적어도 2가지 영역에서 나타난다.
   예 낭비, 성관계, 물질남용, 무모한 운전, 폭식
   ※ 주의 : 진단기준 5에 열거한 자살 또는 자해 행위는 포함되지 않음
5) 반복적인 자살행동, 자살시늉, 자살위협, 자해행위
6) 현저한 기분의 변화에 따른 정도의 불안정성
   예 간헐적인 심한 불쾌감, 과민성, 불안 등이 수 시간 정도 지속되지만 수일은 넘지 않음
7) 만성적인 공허감
8) 부적절하고 심한 분노 또는 분노를 조절하기 어려움
   예 자주 울화통을 터뜨림, 항상 화를 내고 있음, 자주 몸싸움을 함
9) 일과성으로 스트레스에 의한 망상적 사고 또는 해리 증상

3 연극성 성격장애(히스테리성 성격장애, Histrionic Personality Disorder)

(1) 주요 증상과 임상적 특징

① 연극성 성격장애는 과도하고 극적인 감정표현을 하고 지나치게 타인의 관심과 주의를 끄는 행동을 특징적으로 나타낸다.

② 이러한 사람들은 항상 사람들로부터 주목받는 위치에 서고자 노력하고 외모에 신경을 많이 쓰며 자신을 과장된 언어로 나타내는 경향이 강하다.

③ 지나친 감정표현과 관심 끌기의 행동이 생활전반에 나타나는데 다음 특성 중 5개 이상의 항목을 충족시켜야 한다.

ㄱ. 자신이 관심의 초점이 되지 못하는 상황에서는 불편함을 느낀다.
ㄴ. 다른 사람과의 관계에서 흔히 상황에 어울리지 않게 성적으로 유혹적이거나 도발적인 행동을 특징적으로 나타낸다.
ㄷ. 감정의 빠른 변화와 피상적 감정 표현을 보인다.
ㄹ. 자신에게 관심을 끌기 위해서 지속적으로 육체적 외모를 활용한다.
ㅁ. 지나치게 인상적으로 말하지만, 구체적 내용이 없는 대화 양식을 가지고 있다.
ㅂ. 자기 연극화, 과장된 감정표현을 나타낸다.
ㅅ. 타인이나 환경에 의해 쉽게 영향을 받는 피암시성이 높다.
ㅇ. 대인관계를 실제보다 더 친밀한 것으로 생각한다.

(2) 원인

① **정신분석적 입장** : 어린 시절의 오이디푸스 갈등에 기인한 것으로 보며 남근기의 고착이 연극성 성격을 유발할 수 있다는 주장도 있다.

② 인지적 입장

ㄱ. 독특한 신념과 사고방식을 보이는데, "나는 부적절한 존재이며 혼자서 삶을 영위하는 것은 너무 힘들다."는 핵심적인 믿음을 가진다.
ㄴ. "나를 돌봐줄 사람들을 찾아야 한다."고 생각하며 적극적으로 관심과 애정을 추구한다.

(3) 치료

① 연극성 성격장애자의 대인관계 문제에 초점을 맞추고 있다.

② 애정을 얻을 수 있는 적절한 현실적인 방법을 습득시킨다.

1) 자기애성 성격장애(Narcissistic Personality Disorder)

(1) 주요 증상과 임상적 특징

① 자기애성 성격장애는 자신이 대단히 중요한 사람이라는 웅대한 자기상을 지니고 있어서 다른 사람으로부터 칭찬을 받고자 하는 욕구가 강한 반면, 자신을 위해 타인을 이용하며 타인의 감정을 이해하는 공감능력이 결여되어 있는 특징이 있다.

② 공상이나 행동에서의 웅대(雄大)성, 칭찬에 대한 욕구, 공감의 결여가 생활전반에 나타나며 다음의 특성 중 5개 이상의 항목을 충족시켜야 한다.

ㄱ. 자신의 중요성에 대한 과장된 지각을 갖고 있다.

예 자신의 성취나 재능을 과장함, 뒷받침할 만한 성취가 없으면서도 우월한 존재로 인정되기를 기대함

ㄴ. 무한한 성공, 권력, 탁월함, 아름다움 또는 이상적인 사랑에 대한 공상에 집착한다.

ㄷ. 자신이 특별하고 독특한 존재라고 믿으며, 특별하거나 상류층의 사람들만이 자신을 이해할 수 있고 그러한 사람들(혹은 기관)하고만 어울려야 한다고 믿는다.

ㄹ. 과도한 찬사를 요구한다.

ㅁ. 특권의식을 가지는데, 예를 들어, 특별대우를 받을 만한 이유가 없는데도 특별대우나 복종을 바라는 불합리한 기대감을 가진다.

ㅂ. 대인관계에서 착취적이며 자신의 목적을 위해서 다른 사람을 이용한다.

ㅅ. 감정이입 능력이 결여되어 있어 타인들의 감정이나 욕구를 인식하거나 확인하려 하지 않는다.

ㅇ. 흔히 타인을 질투하거나 타인들이 자신에 대해 질투하고 있다고 믿는다.

ㅈ. 오만하고 건방진 행동이나 태도를 보인다.

(2) 원인

① 정신분석적 입장

ㄱ. 지그문트 프로이트는 자기애를 "심리적 에너지가 자신에게로 향해져 자신의 신체를 성적인 대상으로 취급하는 태도"라고 정의했으며 이러한 성향이 어린 시절에는 정상적일 수 있으나, 성장하여 성숙한 형태로 발전하지 못하면 병적인 자기애가 나타날 수 있다고 주장했다.

ㄴ. 부모의 과잉보호나 특이한 성장과정으로 인해 정상적인 좌절경험을 하지 못하게 되거나 웅대한 자기상에 대한 지나친 좌절을 경험하게 되면 유아기적 자기애가 지속되어 자기애성 성격장애로 발전될 수 있다.

② 인지적 입장

"나는 매우 특별한 사람이다.", "나는 너무나 우월하기 때문에 특별한 대우를 받고 특권을 누릴 자격이 있다.", "인정, 칭찬, 존경을 받는 것은 매우 중요한 일이다.", "사람들은 나를 비판할 자격이 없다.", "나 정도의 훌륭한 사람만이 나를 이해할 수 있다."는 신념을 지니고 있다.

(3) 치료

① 개인적 심리치료가 필요하며 치료자가 내담자와의 관계 속에서 나타나는 전이현상을 잘 활용하는 것이 중요하다고 보았다.

② 인지행동치료는 웅대한 자기상, 평가에 대한 과도한 예민성, 공감의 결여에 대한 치료적 개입을 강조하고 있다.

실력 다지기

자기애의 원인에 대한 정신역동적 접근

1) 프로이트

심리적 에너지가 자신에게로 향해져 자신의 신체를 성적인 대상으로 취급하는 태도. 타인과의 상호작용 속에서 성숙한 형태의 자기애를 발전시키지 못하고, 유아기적 자기애에 고착된 상태를 병리적 자기애로 보았다.

2) 코헛(Kohut)

부모의 과잉보호나 특이한 성장과정으로 자신의 웅대성에 대한 좌절경험을 하지 못하거나, 반대로 지나친 좌절을 경험하게 되면 자기애성 성격장애로 발전될 수 있다.

3) 컨버그(Kernberg)

자신을 특별하게 대우해주고 칭찬해주며, 헌신적인 사랑을 베풀어 주는 이상적인 어머니상이 혼합되어, 자신이 특별한 존재라는 생각을 하게 되고, 웅대한 자기상을 형성하게 된다.

제4절 | C군 성격장애

불안과 두려움을 지속적으로 지니는 특징을 지니고 있음

1 회피성 성격장애(Avoidant Personality Disorder)

(1) 주요 증상과 임상적 특징

① 타인으로부터 부정적 평가를 받는 것에 대해 과도하게 예민하며 사회적 상황에서 지나치게 감정을 억제하고 부적절감을 많이 느끼게 되어 대인관계를 회피하는 성격장애를 말한다.

② 사회적 억제, 부적절감, 부정적 평가에 대한 과민성이 성인기 초기에 시작되고 여러 가지 상황에서 나타나며 다음 중 4개 이상의 항목을 충족시켜야 한다.

ㄱ. 비난, 꾸중 또는 거절이 두려워서 대인관계가 요구되는 직업 활동을 회피한다.
ㄴ. 호감을 주고 있다는 확신이 서지 않으면 사람과의 만남을 피한다.
ㄷ. 창피와 조롱을 당할까 두려워서 대인관계를 친밀한 관계에만 제한한다.
ㄹ. 사회적 상황에서 비난당하거나 거부당하는 것에 사로잡혀 있다.
ㅁ. 부적절감 때문에 새로운 대인관계 상황에서 위축된다.
ㅂ. 자신을 사회적으로 무능하고, 개인적인 매력이 없으며 열등하다고 생각한다.
ㅅ. 당황하는 모습을 보일까봐 두려워서 개인적 위험이 따르는 일이나 새로운 활동에는 관여하지 않으려 하며, 드물게 마지못해서 한다.

(2) 원인

① **정신역동적 입장**
주된 감정이 수치심이며 자신에 대한 부정적 자아상과 관련되는 이 수치심으로부터 숨고자 하는 소망 때문에 대인관계나 자신이 노출되는 상황을 회피하게 되는 것이다.

② **인지적 입장**
ㄱ. 아동기 경험에서 유래하는 자신에 대한 부정적 신념과 관련되어 있다.
ㄴ. 회피성 성격장애자는 자신이 부적절하고 무가치한 사람이며 타인과의 관계에서 거부당하거나 비난당할 것이라는 믿음을 지닌다.

(3) 치료

① 가장 주된 치료는 개인 심리치료라고 알려져 있다.
② 정신역동적 치료에서는 수치심의 기저에 깔려 있는 심미적 원인을 살펴보고 과거 발달과정에서 경험한 일들과의 관련성을 탐색한다.
③ 인지행동치료에서는 자신의 불안을 조절하고 회피행동을 극복할 수 있는 구체적 방법을 제시하고 있다.

2 의존성 성격장애(Dependent Personality Disorder)

(1) 주요 증상과 임상적 특징

① 의존성 성격장애는 타인으로부터 보살핌을 받고자 하는 과도한 욕구를 지니고 있어서 이를 위해 타인에게 지나치게 순종적이고 굴종적인 행동을 통해 의존하는 성격특성을 말한다.

② 경계성, 회피성, 연극성 성격장애와 함께 나타나는 경향이 있으며 기분장애, 불안장애, 적응장애의 발병 위험이 높다.

③ 보호받고 싶은 과도한 욕구로 인하여 복종적이고 매달리는 행동과 이별에 대한 두려움을 나타낸다. 다음 중 5개 이상의 항목을 충족시켜야 한다.

ㄱ. 타인으로부터의 많은 충고와 보장이 없이는 일상적인 일도 결정을 내리지 못한다.

ㄴ. 자기 인생의 매우 중요한 영역까지도 떠맡길 수 있는 타인을 필요로 한다.

ㄷ. 지지와 칭찬을 상실하는 것에 대한 두려움 때문에 타인에게 반대 의견을 말하기가 어렵다.

ㄹ. 자신의 일을 혼자 시작하거나 수행하기가 어렵다(동기나 활력이 부족해서라기보다는 판단과 능력에 대한 자신감이 부족하기 때문이다).

ㅁ. 타인의 보살핌과 지지를 얻기 위해 무슨 일이든 다 할 수 있고 심지어 불쾌한 일을 자원해서 하기까지 한다.

ㅂ. 혼자 있으면 불안하거나 무기력해지는데, 이유는 혼자서 일을 감당할 수 없다는 과장된 두려움을 느끼기 때문이다.

ㅅ. 친밀한 관계가 끝났을 때, 필요한 지지와 보호를 얻기 위해 또 다른 사람을 급하게 찾는다.

ㅇ. 스스로를 돌봐야 하는 상황에 버려지는 것에 대한 두려움에 비현실적으로 집착한다.

(2) 원인

① 부모의 과잉보호는 의존성 성격장애의 중요한 요인이 된다는 주장과 의존성은 공격성이 위장된 것으로 상대방에 대한 적대감을 방어하기 위한 타협책이라는 주장도 있다. 또한 정서의 조절, 동기 및 기억에 관여하는 뇌의 영역인 변연계의 이상과 관련된다는 주장도 있다.

② **정신분석학적 입장** : 의존성 성격장애는 구강기에 고착된 결과이며 의존성, 혼자됨에 대한 불안, 비관주의, 수동성, 인내심 부족, 언어적 공격성 등의 특성을 나타낸다.

③ **인지적 입장** : "나는 근본적으로 무력하고 부적절한 사람이다.", "나는 혼자서는 세상에 대처할 수 없으며 의지할 사람이 필요하다."라는 기본 신념을 지니고 있으며 또한 의존성과 독립에 대한 흑백논리를 가지고 있다.

(3) 치료

① 개인적인 심리치료를 할 수 있는데, 정신역동적인 치료의 목표는 내담자의 의존적 소망을 좌절시키고 내담자가 독립적으로 생각하고 행동할 수 있도록 돕는 것이다.

② 인지행동치료에서는 치료목표를 독립에 두기보다는 자율에 두는데, 이는 타인으로부터 독립적으로 행동하는 동시에 타인과 친밀하고 밀접한 인간관계를 유지할 수 있음을 의미한다.

3 강박성 성격장애(Obsessive-Compulsive Personality Disorder)

(1) 주요 증상과 임상적 특징

① 강박성 성격장애는 지나치게 완벽주의적이고 세부적인 사항에 집착하며 과도한 성취지향성과 인색함을 특징적으로 나타내는 성격장애를 말한다.

② 정리 정돈, 완벽주의, 마음의 통제와 대인관계의 통제에 집착하는 행동특성이 생활전반에 나타나며 이러한 특성으로 인해 융통성, 개방성, 효율성을 상실하는 대가를 치르게 된다.

③ 다음 중 4개 이상의 항목을 충족시켜야 한다.

ㄱ. 사소한 세부사항, 규칙, 목록, 순서, 시간계획이나 형식에 집착하여 일의 큰 흐름을 잃게 된다.

ㄴ. 과제의 완수를 저해하는 완벽주의를 보인다.

예 지나치게 엄격한 기준에 맞지 않기 때문에 과제를 끝맺지 못함

ㄷ. 일과 생산성에만 과도하게 몰두하여 여가 활동과 우정을 희생한다(분명한 경제적 필요성에 의한 경우가 아님).

ㄹ. 도덕, 윤리 또는 가치문제에 있어서 지나치게 양심적이고 고지식하며 융통성이 없다(문화적 또는 종교적 배경에 의해서 설명되지 않음).

ㅁ. 닳아빠지고 무가치한 물건, 그리고 이 물건이 감상적 가치조차 없는 경우에도 버리지 못한다.

ㅂ. 자신이 일하는 방식을 그대로 따르지 않으면 타인에게 일을 맡기거나 같이 일하려 하지 않는다.

ㅅ. 자신과 타인 모두에게 구두쇠처럼 인색하고 돈은 미래의 재난에 대비해서 저축해두어야 하는 것으로 생각한다.

ㅇ. 경직성과 완고함을 보인다.

(2) 원인

① **정신분석적 입장**

ㄱ. 심리성적 발달단계에서 항문기의 경험과 관련된 것으로 본다.

ㄴ. 강박성 성격장애가 오이디푸스 시기의 거세불안으로 인해 항문기의 안정된 상태로 퇴행한 것으로 보았다.

ㄷ. 이 시기에 배변 훈련 과정에서 나타난 어머니의 양육방식과도 관련된다.

ㄹ. 부모의 과잉통제적인 양육방식이 강박성 성격장애를 초래한다는 주장도 있다.

② **인지적 입장** : 강박성 성격장애자들은 "나는 나 자신뿐만 아니라, 내 주변 환경을 완벽하게 통제해야 한다.", "나는 실수를 하지 않아야만 가치 있는 존재이다.", "실수는 곧 실패이다.", "모든 행동과 결정에는 옳고 그름이 있다."와 같은 믿음을 지니고 흑백논리적 사고, 의미 확대 및 의미 축소 등의 인지적 오류를 자주 범한다.

(3) 치료

① 신뢰로운 치료적 관계를 형성하는 것이 중요하다.

② 정신역동적 치료의 목표는 지나치게 엄격한 초자아를 수정하는 것이다.

③ 인지행동치료에서는 내담자가 호소하는 현재의 문제에 초점을 맞추어 구체적인 목표를 세우고 하나씩 해결해 나간다.

④ 이러한 과정을 통해 치료적인 관계를 증진시켜 가면서 내담자로 하여금 자신의 부적응적 신념을 탐색하고 이들의 부정적 결과를 확인하며 이해하도록 한다.

정리

1) 성격장애 A 그룹 : 기이하고 괴상한 행동특성을 나타내는 성격장애임
   (1) 편집성 성격장애(Paranoid Personality Disorder)
   (2) 조현성 성격장애(Schizoid Personality Disorder)
   (3) 조현형 성격장애(Schizotypal Personality Disorder)

2) 성격장애 B 그룹 : 극적이고 감정적이며 변화가 많은 행동이 주된 특징임
   (1) 반사회성 성격장애(Antisocial Personality Disorder)
   (2) 경계성 성격장애(Borderline Personality Disorder)
   (3) 히스테리성 성격장애(연기성 성격장애, Histrionic Personality Disorder)
   (4) 자기애성 성격장애(Narcissistic Personality Disorder)

3) 성격장애 C 그룹 : 불안과 두려움을 지속적으로 지니는 특징을 지니고 있음
   (1) 회피성 성격장애(Avoidant Personality Disorder)
   (2) 의존성 성격장애(Dependent Personality Disorder)
   (3) 강박성 성격장애(Obsessive - Compulsive Personality Disorder)

기출문제 확인학습

성격장애와 방어기제

1) 편집성 성격장애
   (1) 상대하기에 가장 불편하고 힘든 성격장애 중 하나이다.
   (2) 항상 의심이 많고 적대적인 이들이 주로 사용하는 방어기제는 투사(projection)이다.
   (3) 투사는 자기내부의 바람직하지 못한 행동을 부인하고 방출시키는 도구인 동시에, 타인을 향한 공격성 또는 보복성을 정당화하는 도구로써 작용한다.
2) 조현성 성격장애
   (1) 이들은 주지화(intellectualization)를 주요 방어기제로 사용한다.
   (2) 주지화는 장애가 있는 이들의 정서와 대인 경험을 지극히 사실적인 용어로 기술하려는 경향이다.
   (3) 주지화는 조현성 성격장애자에게 환경과 정서적으로 관련되지 않고 초연하게 지낼 수 있는 도구가 된다.
3) 조현형 성격장애
   (1) 자폐적이고 기이한 인지 양상과 심한 사회적 · 정서적 고립을 특징으로 하는 조현형 성격장애는 취소(undoing)를 주요 방어기제로 사용한다.
   (2) 취소는 자기 정화적 기제로써, 바람직하지 않은 행동이나 악한 동기를 참회하려는 시도이다.
   (3) 그러나 스스로는 이러한 자기행동의 실제 의미를 알지 못할 뿐만 아니라 그 행동을 통제할 능력마저 상실한 것처럼 보이기도 한다.
4) 반사회성 성격장애
   (1) 행동화(acting - out)를 주요 방어기제로 사용한다.
   (2) 행동화는 공격적인 사고와 감정 및 외현적 행동들을 충동적으로 표출하는 경향이다.
   (3) 사회적으로 용납되지 않는 행동을 바람직한 형태로 바꾸어 표현하지 않고 결과에 대한 고려 없이 직접적으로 방출하게 된다.
   (4) 분노발작(temper tantrum)이 행동화의 특징적인 예이다.
5) 연극성 인격장애 : 해리, 부정
6) 경계성 인격장애 : 분리, 투사적 동일시
7) 강박성 성격장애 : 고립(= 격리), 취소, 반동형성, 대치 **암기법** 고(분). 취. 반. 대

CHAPTER 07

조현 스펙트럼 및 기타 정신증적 장애

조현 스펙트럼 및 기타 정신증적 장애의 하위유형

1) 조현병(Schizophrenia)
2) 조현형 성격장애(Schizotypal Personality Disorder)
3) 망상장애(Delusional Disorder)
4) 단기 정신증적 장애(Brief Psychotic Disorder)
5) 조현양상 장애(Schizophreniform Disorder)조현양상장애는
   ① 조현병과 동일한 임상적 증상을 나타내지만 장애의 지속기간은 1개월 이상 6개월 이하이다.
   ② 장애의 지속기간이 6개월 이상 지속될 경우에는 진단이 조현병으로 바뀌게 된다.
   ③ 유병률은 조현병의 절반 정도로 추정되고 있고, 청소년에게 흔하다고 알려져 있다.
6) 조현정동장애(Schizoaffective Disorder)
7) 긴장성 강직증(Catatonia)
   ※DSM - IV의 조현병 아류가 삭제되었다.
   ※조현형 성격장애를 스펙트럼장애로 포함시켰다.

1 조현병(Schizophrenia)

(1) 개요

① 가장 심각한 부적응적 양상을 나타내는 정신장애이다.

② 망상, 환각, 와해된 언어, 심하게 와해된 행동이나 긴장증적 행동, 음성 증상 중 2개 이상의 증상이 1개월 이상 나타나는 활성기가 있어야 하며 장애의 징후가 전구기와 잔류기를 포함해서 6개월 이상 지속될 때 진단된다.

③ 망상은 자신과 세상에 대한 잘못된 강한 믿음으로 분명한 반증에도 불구하고 견고하게 지속되는 신념을 망상이라고 하며 피해망상, 과대망상, 관계망상, 애정망상, 신체망상이 있다.

④ 환각은 현저하게 왜곡된 비현실적 지각을 말하며 외부자극이 없음에도 어떤 소리나 형상을 지각하거나 외부자극에 대해 현저하게 왜곡된 지각을 하는 경우를 말하고 환청, 환시, 환후, 환촉, 환미로 구분된다.

⑤ 와해된 언어는 비논리적이고 지리멸렬한 혼란된 언어를 뜻하며 와해된 행동은 나이에 걸맞은 목표지향적 행동을 하지 못하고 상황에 부적절하게 나타내는 엉뚱하거나 부적응적인 행동이며 긴장성 운동행동은 마치 근육이 굳은 것처럼 어떤 특정한 자세를 유지하는 경우를 말한다.

⑥ 음성증상은 정서적 둔마, 무(無)언어증 또는 무욕(無慾)증 상태를 보인다.

(2) 원인

① 생물학적 입장

ㄱ. 조현병을 뇌의 장애로 간주한다.

ㄴ. 유전적 요인의 강력한 영향을 받으며 전두엽과 기저핵을 비롯한 뇌의 여러 영역의 이상과 더불어 전두엽 피질의 신진대사 저하와 관련된 것으로 알려져 있다.

ㄷ. 조현병과 가장 밀접한 관련을 지닌 신경전달물질은 도파민(dopamine)이다.

읽을거리

조현병 발병의 원인으로서 '도파민 가설'을 지지하는 증거

조현병의 병인론으로 많은 생화학적 이론이 제시되어 왔는데 그 중 도파민 가설이 가장 지배적이다.

1) 고전적 도파민 가설

(1) 고전적 도파민 가설은 도파민의 과다 분비 혹은 도파민 수용체의 증가로 인하여 도파민 활동이 과잉상태가 되면 조현병이 발생한다는 가설이다.

(2) 이 가설의 주요한 근거는 항정신병 약물의 효과가 도파민 d2 수용체 차단효과와 밀접한 상관성을 갖고 도파민 활성을 항진시키는 약물에 의해 조현병 증상이 유도되거나 악화된다는 것이다.

(3) 또한 도파민의 대사물질인 HVA의 혈장농도가 조현병에서 증가한다는 보고나 이 물질의 증가가 조현병 증상의 심각도 및 치료반응과 밀접한 관련이 있다는 보고 등도 이 가설을 지지하는 소견이다.

(4) 그러나 이 가설은 너무 단순하고 포괄적이어서 도파민 과활성이 도파민 유리와 증가를 의미하는지, 도파민 수용체의 수의 증가 혹은 감수성 증가를 의미하는지가 확실하지 않고 또 뇌의 어떤 도파민 경로의 문제인지도 불확실하다는 한계가 있다.

2) 최근 수정된 도파민 가설들

(1) 수정된 도파민 가설 1

① 조현병 발생 시에 도파민계의 일부는 활성이 증가되고 다른 일부는 오히려 활성이 감소한다는 가설이다.

② 전전두피질의 도파민 신경을 선택적으로 파괴하면 피질하 도파민 활성과 d2 수용체가 증가된다.

③ 반대로 전전두피질에 암페타민을 주입하면 도파민 대사물질이 감소된다.

④ 이러한 결과에 근거하여 조현병의 증상이 중뇌피질경로의 도파민 저활성과 중뇌 변연계 경로의 도파민 과다활성에 의해 발생한다는 가설이 제시되었다.

(2) 수정된 도파민 가설 2

① 도파민 수용체 아형에 따른 뇌조직별 분포, 항정신병 약물과의 결합 그리고 약물학적 작용이 다르다는 것에 기초한 것이다.

② 뇌 선조체 외에도 전두엽을 포함한 대뇌피질에 분포하고 음성 증상과 관련이 있다고 알려져 있으며 d2 수용체는 주로 뇌 선조체와 변연계에 존재하며 양성증상과 관련이 있다고 제안되고 있다.

③ 최근 d1, d2수용체가 관련이 있음이 밝혀져 연구의 초점이 되고 있다.

3) 뇌에서 도파민(dopamine) 생성을 자극하는 암페타민(amphetamine), 엘 - 도파(L - Dopa), 코카인(cocaine)을 다량 복용하면 조현병과 유사한 증상을 나타낸다는 임상적 보고와 더불어 조현병 치료에 효과가 있는 항정신병 약물들이 도파민에 영향을 준다는 연구결과들이 있다.

② 인지적 입장

ㄱ. 주의 장애에 기인한 사고장애로 보며 주의 기능의 손상으로 인해 부적절한 정보가 억제되지 못하고 의식에 밀려들어 정보의 홍수를 이루게 되어 심한 심리적 혼란을 경험하고 와해된 언행을 나타내게 된다.

ㄴ. 조현병 환자는 심리적 혼란을 감소시키기 위해 지나치게 단순한 논리로 혼란스런 현상을 설명하기 위해 망상을 발달시키거나 외부자극에 대해 무감각한 태도를 취하며 사회적 관계를 회피하게 된다.

③ 정신분석적 입장

ㄱ. 자아가 발달하기 이전의 초기발달과정에서 원인을 찾는다.

ㄴ. 조현병은 강한 심리적 갈등으로 인해 초기단계의 미숙한 자아상태로 퇴행한 것이라는 갈등모델과, 심리적 에너지가 내부로 철수되어 외부세계와 단절된 자폐적 상태에서 적응기능이 손상된 것이라는 결손모델이 제기되었다.

ㄷ. 이 밖에 자아경계의 손상, 피해의식적인 대상관계, 발달초기의 자폐적 단계로의 퇴행 등이 조현병을 야기한다는 주장이 제기되고 있다.

④ 환경적 요인

ㄱ. 가족관계가 조현병에 영향을 미치는 중요한 환경적 요인이다.

ㄴ. 부모의 부적절한 양육태도, 자녀에 대한 부모의 이중적인 의사소통 양식, 가족 간 심한 갈등과 부정적 감정의 과도한 표출, 부모의 편향적 또는 갈등적 부부관계가 조현병 발병과 경과에 영향을 미친다는 주장이 제기되었다.

실력 다지기

표현된 정서

조현병의 예후와 재발로 인한 환자가족들의 환자에 대한 비난, 적개심, 지나친 정서 감정(표현된 정서, EE ; expressed emotion) 등이 관여하므로 가족구성원들이 조현병환자의 재활치료에 영향을 미치게 된다.

ㄷ. 취약성 - 스트레스 모델

유전적 요인과 출생 전후의 신체적 - 심리적 요인에 의해 개인마다 다른 조현병에 대한 취약성과 취약성을 지닌 사람에게 스트레스 사건이 발생하여 그 적응부담이 일정한 수준을 넘게 되면 조현병이 발병한다고 통합적으로 설명하고 있다.

심화학습

취약성 - 스트레스 모델

1) 정신질환의 원인은 흔히 스트레스 - 취약성 모델(stress - diathesis model)로 설명된다.
2) 이 이론은 주요 정신장애에 관한 취약성을 선천적으로 타고 나거나 후천적으로 획득한 사람에게 다양한 스트레스가 가해졌을 때 정신질환이 유발된다고 본다.
3) 취약성이란 주요 정신질환을 일으킬 수 있는 위험성을 의미하며, 증상의 발생시기와 관계없이 개인이 지속적으로 지니고 있는 병리적 이상을 말한다.
4) 이 모델은 질병에 대한 소인인 취약성과 환경적 스트레스 간의 상호작용에 초점을 둔다.
5) 스트레스와 취약성의 관계를 강물과 강둑의 관계에 비유할 수 있는데, 환자는 선천적으로 일반인에 비해서 강둑의 높이가 낮기 때문에 심한 스트레스를 받게 되면 강물이 금방 강둑을 넘치게 되어 발병하거나 재발하게 되는 것이다.

기출문제 확인학습

조현병의 원인

1) 생물학적 요인
   (1) 유전적 요인
      ① 양자연구 : 양부모보다 친부모와 공병률이 높다.
      ② 유전적 요인의 강력한 영향력이 있다는 보고도 있다.
   (2) 뇌의 구조적 이상
      ① 정상인보다 뇌실의 크기가 크고, 뇌 피질의 양이 적은 것 등이 있다.
      ② 뇌실의 확장은 주로 음성증상을 나타내는 조현병 환자, 양극성 장애, 신경성 식욕부진증, 알코올 중독 환자에게서도 나타난다.
   (3) 뇌의 기능적 이상
      전두엽 피질의 신진대사 저하, 좌반구에서 과도한 활동이 나타난다.
   (4) 신경전달물질
      ① 도파민(dopamine) : 도파민 가설
         뇌에서 도파민 생성을 자극하는 amphetamine, L - Dopa, cocaine을 다량 복용하면 조현병과 유사한 증상이 나타난다.
      ② 세로토닌(serotonin) : 세로토닌 - 도파민 가설
         이 두 가지 신경전달물질의 수준이 높으면 조현병 증상이 나타난다.
   (5) 생물학적 환경
      ① 출생 전후의 생물학적 환경 : 태내조건, 출생시의 문제, 출생 직후의 문제는 유전적 취약성을 발현시키는 작용을 한다.
      ② 바이러스 : 늦겨울에서 봄에 태어난 경우, 자궁에 있을 때가 여름이어서 바이러스에 더 많이 노출될 수 있다.
      ③ 가족력이 있는 조현병 환자는 주의 장애를 보였다.

2) 심리적 요인

(1) 인지적 입장

① 주의 장애에 초점

㉠ 조현병이 사고장애이며 사고장애는 주의 기능의 손상에 기인한다고 주장한다.

㉡ 주의기능이 손상되면 부적절한 정보를 억제하지 못해 정보의 홍수를 이루므로 심리적 혼란을 경험하게 된다.

② 망상형 또는 급성 조현병 환자는 주의의 폭이 확대되어 외부 자극에 지나치게 예민한 반응을 나타내는 반면, 비망상형 또는 만성 조현병 환자는 반대로 주의 폭이 협소해져서 외부 자극을 잘 포착하지 못하며 대부분의 인지적 과제에서 현저한 수행저하를 나타난다.

③ 작업기억(단기기억, working memory)의 손상, 전두엽 피질의 기능 이상과 관련된다.

(2) 정신분석적 입장

① 오이디푸스 단계 이전의 심리적 갈등과 결손에 의해 생겨나는 장애로 본다.

② 자아경계(ego boundary)의 붕괴

외부적 자아경계 손상이 외부 현실과 심리적 현실을 구분하지 못하는 환각과 망상의 증상을 나타내고, 내부적 자아경계 약화가 초기의 미숙한 자아상태 출현의 원인이 된다고 주장한다.

③ 대상관계이론의 입장: 생후 1년 이내에 두 가지의 인간관계 패턴을 형성한다.

㉠ 피해의식적 입장: 자신의 공격적 상상을 엄마에게 투사하여 엄마로부터 박해 받을지 모른다는 인식을 갖게 된다.

㉡ 우울적 입장: 엄마를 공격하는 박해자로서의 죄책감을 지닌다.

㉢ 조현병의 잠재가능성을 지닌 아동은 엄마에 대해 공격적 충동을 지니며 이를 엄마에게 투사하여 피해의식적 불안을 갖게 됨으로써 외부세계로부터 철수, 분리, 투사적 동일시 등의 방어기제를 사용하며 피해의식적 입장에 고착된다.

3) 가족관계 및 사회환경적 요인

(1) 어머니의 부적절한 양육태도

① 차갑고 지배적이며 자녀에게 갈등을 조장하는 경향이 있다.

② 조현병 유발적 어머니는 자녀의 감정에 무감각, 거부적, 친밀감에 대한 두려움 또는 자녀에게 과잉보호적, 과도한 자기희생을 보인다.

(2) 이중구속이론

① 조현병 환자의 부모는 이중적 의미의 의사소통을 하는 경향이 있다.

② 부모 가운데 한 사람이 동일한 사안에 대해서 서로 다른 시기에 상반된 의사를 전달하거나, 동일한 사안에 대해 부모가 서로 상반된 지시나 설명을 한다.

(3) 환자 가족의 의사소통 문제

① 불분명한 소통방식과 비논리적 소통방식을 보인다.

② 정상적이고 합리적인 사고나 의사소통을 방해함으로써 발병이나 경과에 영향을 미칠 수 있다.

(4) 표현된 정서

조현병 환자의 가족은 비판적이고 분노감정을 과도하게 표현할 뿐 아니라 환자에 대해 과도한 간섭을 한다.

(5) 부모의 부부관계

① 편향적 부부관계 : 수동적인 배우자가 정신적으로 건강하지 못한 배우자에게 가족에 대한 통제권을 양보한 채 자녀에게 집착하는 경우

② 분열적 부부관계 : 부부가 만성적인 갈등상태에서 서로의 요구를 무시하고 자녀를 자기편으로 만들기 위해 치열하게 경쟁하는 경우

(6) 사회문화적 환경

① 사회적 유발설 : 낮은 사회계층에 속하는 사람은 타인으로부터의 부당한 대우, 낮은 교육수준, 낮은 취업기회 및 취업조건 등으로 많은 스트레스와 좌절경험을 하게 되며 그 결과 조현병으로 발전할 수 있다.

② 사회적 선택설 : 조현병 환자들이 부적응적인 증상으로 인하여 사회의 하류계층으로 옮겨가게 된 것이다.

4) 취약성 - 스트레스 모델

장애에 대한 취약성이 지속되는 장애로서, 이러한 취약성을 지닌 사람에게 스트레스 사건이 발생하여 그 적응부담이 일정한 수준을 넘게 되면 조현병이 발병한다.

사고장애 (Disorder of Thinking)

1) 망상(delusion) : 사실과 다른 신념으로서 그 사람의 교육 정도나 환경과 맞지 않고 현실과 동떨어진 생각이며 비합리적이어서 이성적, 논리적인 방법으로 교정이 어려운 잘못된 믿음 또는 허망한 생각

2) 지리멸렬(incoherence) : 사고 진행이 와해되어 논리적 연결이 없고 조리가 없어 도무지 줄거리를 알 수 없는 언어로서 구나 단어들이 흩어진 상태, 말이 조리 있게 안 됨

3) 사고비약(flight of idea) : 한 생각에서 다른 생각으로 연상이 너무 빨리 진행되어 원래의 주제에서 벗어나 탈선하므로 사고 목표에 도달하지 못하는 사고

4) 강박사고(obsession) : 반복적이고 지속적인 사고, 충동 또는 심상, 이 주요 증상은 장애가 경과하는 도중 어느 시점에서 침입적이고 부적절한 것이라고 경험되며, 현저한 불안이나 고통을 일으킴, 자기 생각이 병적인 줄 알고, 안 하려고 노력함에도 불구하고 안 할 수 없이 자꾸 떠오르는 생각, 느낌, 충동을 말함 등이 나타난다.

☞ 심화학습

사고장애(Disorder of Thinking)

- 정상적인 사고란 합리적이고 현실적인 사고(rational or realistic thinking)를 말한다.
- 즉, 외부의 자극을 정확히 지각하고 인지하며 또 한편으로 자신의 내면에서 일어나는 상상이나 환상과 사실을 구별하여 해석하고 판단할 수 있는 사고이다. 사고장애는 그 사람의 말을 통하여 알 수 있다.

1) 사고 형태 및 사고 체험의 장애(disorders of thought form and thought experience)

(1) 자폐적 사고(autistic thinking)

① 조현병을 앓고 있는 경우 흔히 볼 수 있다. 현실을 무시하고 자신에게만 뜻이 있으며, 자신의 무의식이나 감정의 자극에 의한 비현실적 사고를 말한다.

② 비논리적이고 비합리적인 사고이다.

③ 백일몽(day dreaming), 마술적 사고 등도 무의식적 자기중심적 또는 본능적 욕구에 따라 현실을 무시하는 비논리적 사고이다.

(2) 경직된 구체적 사고(concrete thinking)

① **문자적 사고** : 은유의 사용이 없고, 말의 뉘앙스를 이해하지 못하는 일차원적 사고이다.

② **추상적 사고** : 의미의 뉘앙스를 알고, 은유와 가설을 이해하는 다차원적 사고이다.

2) 사고 진행의 장애(disorder of thought progressions)

사고의 진행이란 연상(association)의 속도와 그 방식을 의미하며, 각종의 정신장애에서 이 과정의 와해(loosening of association)가 일어난다.

(1) 사고의 비약(flight of idea)

① 한 생각에서 다른 생각으로 연상이 너무 빨리 진행되어 원래의 주제에서 벗어나 탈선하므로 사고 목표에 도달하지 못하는 사고로, 빗나가는 사고(tangentiality)라고도 한다.

② 팽창된 내적 욕구와 주의산만 때문에 조증을 앓고 있는 경우에 많이 볼 수 있다.

③ 음향 연상(clang association)은 소리만 비슷한 의미 없는 단어를 계속 말하는 것으로, 예를 들면 비행기, 비둘기, 비누, 비스킷 등이 있다.

④ 언어압박(pressure and push of speech)은 논리나 연상의 특별한 장애는 없어 보이지만 멈출 수 없이 말이 계속 쏟아져 나오는 것을 말하며, 조증에서 많이 나타난다.

(2) 사고지체(retardation of thought)

① 연상의 시작도, 말의 속도도 느린 것을 말하며, 목소리도 낮고 작아서 알아듣기가 어렵다.

② 우울증이나 조현병을 앓고 있는 경우에 많이 나타난다.

(3) 우원증(circumstantiality)

① 많은 불필요한 지엽적인 이야기를 삽입하여 엉뚱한 방향으로 사고가 진행된 후에야 말하고자 하는 목적에 도달하는 경우로, 연상과정에서 중요한 내용, 즉 사고의 주류와 그렇지 않은 것을 구별하지 못하여 일어나는 현상이다.

② 조현병, 기질성 정신장애, 노인정신병, 지적장애(정신지체)에서 많이 나타난다.

(4) 보속증(perseveration)

① 한 생각이 지속적으로 반복되는 것인데 어떠한 질문에도 같은 대답을 한다.

② 뇌손상후유증, 기질적 뇌증후군, 지능 부족에서도 올 수 있다.

(5) 지리멸렬(incoherence)

① 사고 진행이 와해되어 논리적 연결이 없고 조리가 없어 도무지 줄거리를 알 수 없는 언어로서 구나 단어들이 흩어진 상태로, 말의 두서가 없고 횡설수설한다.

② 내적 혼란 상태 때문에 온다.

③ 조현병에서 보는 연상이완(loosening of association)이 전형적인 예이다.

④ 말 비빔(= 단어비빔, word salad)은 연관성이 없는 단어만을 나열하는 것이다.

(6) 사고의 막힘(blocking of thought)

① 사고의 단절, 사고의 박탈(thought beprivation)이라고도 하는데, 사고의 흐름이 갑자기 막혀 버리는 현상을 말한다.

② 사고 진공 상태가 된다. 후에 다시 물어보면 '그 순간 생각이 멈춰 버렸다.', '아무 생각도 떠오르지 않았다.'고 말한다.

③ 정신역동적으로 사람의 무의식 속에 있는 갈등은 강렬하고도 불쾌한 감정을 동반하고 있는데, 이 갈등에 자극되므로 압도되어 막힘이 온다고 보며, 조현병에서 많이 나타난다.

(7) 신어증 / 신어조작증(neologism)

① 자기만 아는 의미를 가진 새로운 말을 만들어내는 현상으로, 두 가지 이상의 단어를 합쳐서 하나의 말로 압축시켜 새로운 단어를 만들기도 하는데, 자폐증과 관계가 많다.

② 조현병의 증상으로서, 정신분열어(schizophrenic word)라고도 한다.

(8) 기타

① 엉뚱한 대답(irrelevant answer)은 질문에 맞지 않는 대답을 하는 경우로 정신병에서 볼 수 있다.

② 방언(tongue)은 glossolalia의 한 형태로서 전혀 알아들을 수 없는 말로 계시적 전달을 하는 것이다.

3) 사고내용의 장애(disorders of thought content)

(1) 사고편향(trend of thought)

① 논리보다 감정 요소의 지배를 받는 사고로서 강한 감정과 관련된 특정한 생각의 주변에 생각이 집중해 있어서 다른 생각을 할 수가 없게 된다.

② 남들이 보기에는 대수롭지 않은 것에 지나치게 집착하여 생각이 거기서 벗어나지 못하는 경우이다.

(2) 망상(delusion) : 망상이란 사실과 다른 신념으로서 그 사람의 교육 정도나 환경과 맞지 않고 현실과 동떨어진 생각이며 비합리적이어서 이성적, 논리적인 방법으로 교정이 어려운 잘못된 믿음 또는 허망한 생각을 말한다.

① 피해망상 또는 편집망상(persecutory or paranoid delusion)

㉠ 타인이 자신을 해칠 것이라고 믿는 망상으로서 자신의 증오, 공격성이 투사된 결과이다. 가장 흔한 증상이다.

㉡ 추적망상(delusion of pursuif), 관찰망상(delusion of observation), 조정망상(delusion of being controlled)이 있다.

② 과대망상(grandiose delusion)

㉠ 자신이 '위대하다', '전능하다', '천리안을 갖고 있다', '텔레파시가 있다'는 등의 마술적 사고로 자신의 능력이나 힘 또는 중요성을 현실과는 달리 실제보다 과장하여 위대하다고 생각하는 것이다.

㉡ 종교망상(religius delusion), 혈통망상 등이 있다.

③ 우울망상(depressive delusion)

㉠ 역동적으로 보면 미워해서는 안 될 사람에게로 향하는 무의식적 미움을 갖게 될 때 갈등이 생기고 우울해지며, 이 우울감정을 피하기 위하여 합리화의 방어를 사용하면 우울망상이 된다.

㉡ 빈곤망상(delusion of poverty), 죄 망상(delusion of dlsease), 허무망상(nihoilistic dlsease), 자책망상(delusion of reference)이 있다.

④ 관계망상(delusion of reference) : 자신과 무관한 일을 사적인 관계가 있는 것으로 믿는 망상이다.

⑤ 색정망상(erotic delusion) : 연애망상(delusion of loveing)이라고도 하며, 모든 이성이 자신을 사랑하고 있다고 믿고, 자신은 모든 이성을 사랑해줄 의무와 권리가 있다고 믿는 망상을 말한다.

⑥ 기타의 망상 : 신체망상(somatic delusion), 사고방송(thought broadcast), 사고주입(thought insertion), 빙의 망상(delusion of possession) 등이 있다.

(3) 건강 염려증(hypochondriasis) : 객관적인 병리가 없음에도 불구하고 자신이 불치병에 걸렸다고 믿는 것을 말하며, 심리적 불안이 육체적 질병에 대한 불안으로 바뀌어진 것이다.

(4) 강박 관념(obsession) : 자기 생각이 병적인 줄 알고, 안하려고 노력함에도 불구하고 안 할 수 없이 자꾸 떠오르는 생각, 느낌, 충동을 말한다. 이는 논리와 합리설의 영향을 받지 않는다.

(5) 공포증(phodia) : 어떤 특정대상이나 상황에 대한 사실 무근의 병적인 두려움을 갖는 것을 말한다.

(3) 치료

① 현실검증력의 손상이 현저하고 자신과 타인을 위해할 가능성이 있기 때문에 입원치료를 받아야 한다.

② 양성 증상의 완화를 위한 항정신병 약물이 사용되는 약물치료가 우선적으로 작용하며 사회적 재적응과 재발방지를 위한 심리치료가 병행되어야 한다.

③ 정신역동적 치료는 환자의 자아기능 강화와 의미 있는 관계형성에 초점을 두고 인지행동치료에서는 적응적 행동과 사고를 증가시키기 위해 인지치료적 기법, 건강한 자기대화를 위한 자기지시 훈련, 사회적 기술훈련, 문제해결 훈련, 환표(換票)이용법과 같은 다양한 방법이 활용되고 있다.

☞ 정리

조현병의 진단기준

1) **특징적 증상** : 다음 증상 가운데 2개(또는 그 이상)가 있어야 하며, 1개월 중 상당 기간 동안 존재해야 한다(단, 성공적으로 치료된 경우는 짧을 수 있다).
   (1) 망상
   (2) 환각
   (3) 와해된 언어(예 빈번한 탈선 또는 지리멸렬 → 말이 조리 있게 안 됨)
   (4) 심하게 와해된 행동이나 긴장증적 행동
   (5) 음성 증상, 즉 정서적 둔마, 무논리증 또는 무욕증
2) **사회적·직업적 기능부전** : 발병 이후 상당 기간 동안 직업이나 대인 관계, 또는 자기 관리와 같은 하나 또는 그 이상의 주요 생활 영역의 기능 수준이 발병 이전과 비교하여 현저히 감소되어 있는 경우(또는 소아기나 청소년기에 발병될 경우에는 대인관계, 학업 또는 직업 분야에서 적절한 성취를 이루지 못하는 경우)
3) **기간** : 장애의 징후가 적어도 6개월 이상 지속되어야 한다. 6개월의 기간은 진단기준 A를 충족시키는 증상(활성기 증상)이 존재하는, 적어도 1개월의 기간을 포함하고 있어야 하며(또는 성공적으로 치료되면 더 짧을 수 있음), 이 기간은 전구기와 잔류기를 포함할 수 있다. 전구기나 잔류기에는 음성증상만 있거나 진단기준 A에 있는 증상 가운데 2개 이상의 증상이 악화된 형태로 나타난다.
   예 괴상한 믿음, 이상한 지각적 경험
4) **조현정동장애와 기분장애의 배제** : 조현정동장애와 정신증적 양상이 있는 기분장애는 다음과 같은 이유로 배제될 수 있다.
   (1) 주요 우울증, 조증 또는 혼재성 삽화가 활성기 증상과 동시에 나타나지 않는다.
   (2) 만약 활성기 증상이 있는 기간 중에 기분 삽화가 발생한다면, 활성기와 잔류기에 비해 전체 삽화의 기간이 상대적으로 짧다.
5) **물질 및 일반적인 의학적 상태의 배제** : 장애가 물질(예 남용 약물이나 투약 약물)이나 일반적인 의학적 상태의 직접적인 생리적 효과로 인한 것이 아니다.

기출문제 확인학습

조현병의 주요 증상

1) 환각과 같은 지각장애가 나타난다.
2) 와해된 언어 및 사고장애가 나타난다.
3) 무논리증 또는 무욕증과 같은 정서적 둔마가 나타난다.
4) 슬픈 이야기를 하면서 무표정하거나 화를 내고 망상을 나타낸다.

Schneider가 주장한 조현병의 1급 증상 – 11가지

1) 사고 반향
2) 환청과의 대화나 논쟁
3) 환자의 활동을 간섭하거나 논평하는 환청
4) 망상적 지각
5) 신체적 피동체험
6) Thought insertion(사고 투입)
7) Thought withdrawal(사고 철수)
8) Thought broadcast(사고 전파)
9) 만들어진 감정
10) 만들어진 충동
11) 만들어진 수의적 행동

블로일러(Bleuler)가 제시한 조현병의 4가지 근본증상

1) 1911년 스위스의 E. Bleuler는 소위 조발성 치매가 반드시 불치의 병도 아니며, 병의 경과나 예후보다는 인격의 통합이 와해되고 관념 연합이 이완, 해체되는 이 병을 정신분열증(schizophrenia)이라고 고쳐 부를 것을 제안하였다.
2) 그는 중요 기본 증상으로 연상장애, 둔마된 감정, 자폐증, 양가감정(소위 4A 증상)을 말했고 망상, 환각은 부수적 증상이라 했다.
3) Bleuler의 4As는 연상(Associations)장애 - 정서(Affect)장애 - 자폐적 사고(Autistic thinking) - 양가감정(Ambivalence)이다.

심화학습

조현병의 음성증상 - 무욕증, 둔마된 정동[1], 빈곤한 언어

1) 음성증상은 꼭 있어야 하는 특성의 부족을 의미한다. 이 증상은 양성증상처럼 두드러지지는 않아도 환자의 기능에 심각하게 영향을 미친다.
2) 감정이 없어 전혀 표현이 안 되는 경우(둔마된 정동): 조현병은 자신의 감정을 분명하게 설명하는 데 어려움을 주기도 하는데, 같은 톤으로 말을 한다거나 얼굴에 표정이 없어지기도 한다.
3) 의욕과 에너지 결여(무욕증)
   (1) 조현병 환자들은 기운이 없거나 어떤 새로운 계획을 시작하는 데 어려움을 겪거나 끝마치는 것이 어렵다.
   (2) 심한 경우에는 목욕을 하거나 옷을 갈아입는 것과 같은 단순한 일조차 지속적으로 알려주어야 한다.
4) 흥미의 결여
   (1) 조현병 환자들은 주변의 것들에 흥미나 기쁨을 느끼지 못하기도 하고 심지어 자신이 좋아하던 것조차 흥미를 잃어버린다.
   (2) 집밖으로 나가려고 하지도 않으며 어떤 일을 하려고도 하지 않을 수 있다.
5) 언어의 제한(빈곤한 언어): 말이 간단해지고 내용이 없어지며 종종 지속적인 대화를 하거나 새로운 것을 말하는 데 어려움을 겪는다.

기출문제 확인학습

조현병 환자의 약물치료[2]

1) 조현병의 치료는 크게 약물치료와 정신치료로 나눌 수 있다. 급성기에는 약물 치료가 가장 중요하며 증상의 상당 부분을 호전시킬 수 있다. 약물치료는 스트레스에 민감한 조현병 환자를 스트레스의 영향을 덜 받도록 보호하는 작용을 해 주며 재발을 방지하는 데 중요한 역할을 하게 된다.
2) 일반적으로 사람들은 항정신병약물(항정신병약물이란 모든 정신질환에 대한 약이 아니라, 주로 조현병에 대한 치료약물을 말하는 의학 용어이다)에 대해 잘못 이해되고 있는 부분이 많다. 의존성이 생기는 것은 아닌가, 단지 진정시키거나 잠을 자게 하는 약이 아닌가, 약을 복용하면 바보가 되는 것은 아닌가 등의 의문을 갖는 경우가 많은데, 항정신병약물은 의존성이 없는 약물이다. 또한 단순한 수면제나 안정제는 망상, 환청과 같은 조현병 증상에는 효과가 없다. 즉 항정신병약물은 조현병 증상을 목표로 사용되는 치료제이다.
3) 약을 복용할 경우 초기 부작용으로 동작이나 발음이 어둔하게 보일 수 있으나 이는 일시적인 것이며 결코 바보가 되는 것은 아니다. 최근에는 음성 증상에도 효과가 있으며 동작이 둔해지는 것과 같은 부작용이 적은 우수한 약물들이 개발되고 있으며 국내에서도 그 사용이 증가되고 있다.
4) 전통적(정형) 항정신병약물: 클로르프로마진, 할로페리돌, 록사핀, 몰린돈, 페퍼나진, 피모자이드, 설피라이드, 티오리다진, 티오틱센
5) 비정형 항정신병약물: 아미설프라이드, 클로자핀, 리스페리돈, 올란자핀, 아리피프라졸, 쿼티아핀, 지프라시돈, 팔리페리돈

1) **둔마된 정동**: 두드러진 감정의 드러남이 없는 상태

2) **출처**: 서울아산병원 건강정보

2 조현정동장애(Schizoaffective Disorder)의 진단기준

(1) 주요 우울증 삽화, 조증 삽화 또는 혼재성 삽화 가운데 하나가 연속적으로 지속되는 기간 동안의 진단기준 A를 충족시키는 증상들이 일부 기간 동안 동반된다.

※ 주의 : 주요 우울증 삽화는 반드시 진단기준 (1)을 포함해야 한다 : 우울 기분

(2) 동일한 장애 기간 중 망상이나 환각이 현저한 기분 증상이 없는 상태에서 적어도 2주 이상 존재해야 한다.

(3) 기분 삽화의 진단기준을 충족시키는 증상들이 활성기와 잔류기를 포함한 전체 장애 기간 가운데 상당 기간 존재해야 한다.

(4) 장애가 물질(예 남용 약물, 투약 약물)이나 일반적인 의학적 상태의 직접적인 생리적 효과로 인한 것이 아니어야 한다.

> **기출문제 확인학습**
>
> **조현정동장애** 사례
>
> 응급실에 오기 전에 D부인은 처음에 망상이나 환청을 2개월 정도 나타내면서 평소와는 다르게 쇼핑에 돈을 많이 썼고, 부지런히 움직였고, 혼자 콧노래를 부르며 새벽 늦게까지 깨어 있었다. 그리고나서 이러한 기분 삽화가 없을 때에도 망상과 환각을 2주 이상 지속적으로 나타냈다.

3 망상장애(Delusional Disorder)의 진단기준

(1) 기괴하지 않은 망상(즉, 미행 당한다거나, 누가 독을 먹인다거나, 감염되었다거나, 멀리서 타인이 자신을 사랑한다거나, 배우자나 연인이 부정하다거나, 질병을 가지고 있다는 등)으로 현실에서 일어날 수 있는 상황과 관련된다.

(2) 조현병의 진단기준 A가 한 번도 충족된 적이 없었다.

※ 주의 : 망상적 주제와 연관되어 환촉이나 환미가 망상장애에서 나타날 수 있다.

(3) 망상이나 망상에 이어지는 판단 장애에 의해 영향 받는 경우를 제외하고는, 기능 수준은 심하게 손상되지 않으며, 행동도 이상하거나 기괴하지 않다.

(4) 망상과 동반되는 기분 삽화가 있을 경우에는, 기분 삽화의 기간이 전체 망상의 기간에 비해 상대적으로 짧아야 한다.

기출문제 확인학습

망상장애의 유형

1) 색정형 : 이 아형은 망상의 중심 주제가 또 다른 사람이 자신을 사랑하고 있다는 것일 경우 적용된다.
2) 과대형 : 이 아형은 망상의 중심 주제가 어떤 굉장한(그러나 확인되지 않은) 재능이나 통찰력을 갖고 있다거나 어떤 중요한 발견을 하였다는 확신일 경우 적용된다.
3) 질투형 : 이 아형은 망상의 중심 주제가 자신의 배우자나 연인이 외도를 하고 있다는 것일 경우 적용된다.
4) 피해형 : 이 아형은 망상의 중심 주제가 자신이 음모, 속임수, 염탐, 추적, 독극물이나 약물 주입, 악의적 비방, 희롱, 장기 목표 추구에 대한 방해 등을 당하고 있다는 믿음을 수반한 경우 적용된다. → 가장 흔한 형태
5) 신체형 : 이 아형은 망상의 중심 주제가 신체적 기능이나 감각을 수반한 경우 적용된다.
6) 혼합형 : 이 아형은 어느 한 가지 망상적 주제도 두드러지지 않은 경우 적용된다.
7) 명시되지 않는 유형 : 이 아형은 지배적 망상적 믿음이 분명히 결정될 수 없는 경우, 혹은 특정 유형에 기술되지 않은 경우 (예 뚜렷한 피해 혹은 과대 요소가 없는 관계망상) 적용된다.

심각도

1) 심각도는 망상, 환각, 와해된 언어, 비정상적 정신운동 행동, 음성 증상 등과 같은 정신병의 일차 증상에 대한 양적 평가를 통해 등급화된다.
2) 이러한 증상 각각은 현재 심각도(지난 7일 중 가장 심한)에 대하여 0(증상 없음)부터 4(고도의 증상이 있음 = 심각한 증상)까지의 5점 척도를 이용해 등급화될 수 있다.

정리

장애	증상
망상장애	조현병의 활성기 증상이 없는 상태에서 적어도 1개월 이상 지속되는 기괴하지 않은 망상이 특징
단기 정신증적 장애	정신증적 증상이 1일~1개월까지 지속
조현양상 장애	기간, 즉 장애가 1개월 이상 6개월까지 지속을 제외하고는 조현병과 동등한 증상이 특징이며 기능 감소가 있어야 한다는 조건은 없음
조현병	6개월 이상 지속, 1개월 이상의 활성기 증상이 있어야 함 (즉, 다음 두 가지 또는 그 이상:망상, 환각, 와해된 언어, 전반적으로 와해된 행동 및 긴장된 행동, 음성증상)
조현정동장애	기분 삽화와 조현병의 활성기 증상이 동시에 나타나는 장애로, 뚜렷한 기분 증상이 없는 상태에서 망상이나 환각이 적어도 2주 이상 선행되어야 함

CHAPTER 08

성(性) 관련 장애

성(性) 관련 장애 유형

성기능 장애(성기능 부전, Sexual Dysfunctions)의 하위유형

1) 사정지연(Delayed Ejaculation)
2) 발기장애(Erectile Disorder)
3) 여성 극치감 장애(Female Orgasm Disorder)
4) 여성 성적 관심 / 흥분장애(Female Sexual Interest / Arousal Disorder)
5) 성기 - 골반통증/삽입장애(Genito - Pelvic Pain / Penetration Disorder)
6) 남성 성욕감퇴장애(Male Hypoactive Sexual Desire Disorder)
7) 조기사정(Premature Ejaculation)

변태성욕장애(성도착장애 : Paraphilic Disorders)의 하위유형

1) 관음장애(Voyeuristic Disorder)
2) 노출장애(Exhibitionistic Disorder)
3) 마찰도착장애(Frotteuristic Disorder)
4) 성적피학장애(Sexual Masochism Disorder)
5) 성적가학장애(Sexual Sadism Disorder)
6) 소아성애장애(Pedophilic Disorder)
7) 물품음란장애(Fetishistic Disorder)
8) 복장도착장애(Transvestic Disorder)

성(性) 불쾌감 장애(Gender Dysphoria)

1 성(性)기능 장애(Sexual Dysfunctions)

(1) 정상적인 성행위가 이루어지는 성욕구 단계, 고조 단계, 절정 단계에서 기능적 문제를 나타내는 장애를 말한다.

(2) 정상적인 성적 욕구를 느끼지 못하는 성욕구 장애, 고조 단계에 문제가 있는 경우로 여성 성적 흥분장애와 남성 발기 장애로 구분되는 성적 흥분장애, 성교시에 절정감을 느끼지 못하는 문제인 절정감 장애, 성교시에 통증을 경험하는 성교 통증 장애로 구분된다.

(3) **Masters와 Johnson의 이론** : 성기능을 제대로 발휘하지 못하여 상대방을 실망시키고 실패할 것을 두려워하며 성행위에 몰두하지 못하고 자신의 성적 반응상태를 관찰하는 즉시적 원인이 있고 종교적 신념, 충격적 성경험, 동성애적 성향, 잘못된 성지식, 과도한 음주, 신체적 문제, 사회문화적 요인의 역사적 원인이 있다.

(4) **정신분석적 입장**

① 성기능 장애를 상대방이 성적 만족을 느끼지 못하도록 좌절시킴으로써 상대방에 대한 무의식적인 불만과 분노를 표현하는 의미로 해석하고 있다.

② 남성의 경우 오이디푸스 갈등에서 경험한 거세불안이 성기능 장애를 유발할 수 있고 여성의 경우 상대에 대한 경쟁심에 의해 성기능 장애가 초래될 수도 있는데 어린 시절의 무의식적인 남근선망과 관련되어 있다고 주장한다.

(5) **인지적 입장**

① 성행위 시에 정서적 흥분과 신체적 반응을 위축시키는 인지적 요소에 초점을 맞추고 있다.

② 성에 관해서 현실적으로 실현되기 어려운 과도한 기대와 믿음을 지니고 있어서 성행위 시 좌절과 실패감을 느끼기 쉬우며 이로 인한 불안이 성기능의 문제를 악화시키게 된다.

③ 성행위에 몰두하지 못하고 자신의 상태를 확인하려는 자기초점적인 주의가 나타나며 자신의 신체적 반응과 상대방의 반응에 대해서 부정적인 의미로 해석하는 경향이 있다.

④ 인지행동치료에서는 환자들이 성에 대해 올바른 지식과 현실적인 기대를 지니도록 도우며 성에 대한 불안감을 증가시키는 부적응적인 신념과 부정적 사고를 교정함으로써 편안한 마음으로 성행위에 임할 수 있도록 유도한다.

⑤ 체계적 둔감법, 모방학습, 긴장이완 훈련, 성적 기술 교육 등을 실시한다.

참고

1) 조루증 : 남성 조루는 스트레스 같은 심리적 요인으로 생기기 때문에 근본적인 치료가 어렵다고 생각하는 사람이 많다. 하지만 최근 들어 조루의 원인이 뇌 신경전달물질인 세로토닌의 기능 저하로 밝혀져 이를 해결하기 위한 연구가 활발하게 진행되고 있다.
2) 지루증 : 사정을 할 것 같은 기분이 들지만, 음경의 근육이 강하게 수축해 쾌감의 절정에 도달하며 정액의 방사가 잘 되지 않는 현상을 말한다.
   지루의 원인은 정신적 문제가 크게 작용한다. 상대 여성에게 성적 매력을 못 느낄 때, 아내에 대한 불만이나 적개심을 가지고 있을 때, 자신의 뜻과 관계없이 여성이 성관계를 원하거나 임신을 종용할 때, 성행위 자체에 죄책감을 가지고 있을 때 지루로 연결될 수 있다.
3) 발기 장애 : 발기가 완전히 불가능한 경우, 발기가 안 되는 경우가 자주 있을 때, 발기가 잠시만 지속될 때 등이다.
4) 성기 - 골반통증/삽입장애(성교 통증장애)
   성교 통증장애는 전정염, 질 위축, 질 감염 등의 의학적 문제에 의하여 발생하기도 하고 생리적 또는 심리적 배경에 의해서도 생길 수도 있다.
   (1) 성교 통증 : 질 성교시 지속적 또는 간헐적으로 발생하는 성기 통증을 말한다.
   (2) 질경 : 질경은 일반적으로 남성의 성기가 질로 삽입되어 들어올 때 발생하는 통증이 여성 자신의 의지와는 무관하게 조건반사적으로 작용하여 질 수축상태가 발생하는 경우가 있고, 심리적 요소나 감정적 요소에 의하여 이차적으로 발생할 수도 있다.
   (3) 기타 성교 통증 : 실제 삽입이 이루어지지 않은 상태에서 성적 자극만으로 발생하는 통증이 지속되거나 재발하는 경우이다.

기출문제 확인학습

성기능장애 중 발기장애의 아형에는 평생형/후천형, 전반형/상황형이 있다.

1) 평생형 : 장애가 개인이 성적으로 활동하기 시작할 때부터 존재한다.
2) 후천형 : 장애는 상대적으로 정상적인 성 기능 시기 이후에 발생한다.
3) 전반형 : 특정한 종류의 상황, 자극, 동반자에 국한되지 않는다.
4) 상황형 : 특정한 종류의 상황, 자극, 동반자에 국한된다.

2 변태성욕장애(성(性) 도착증, Paraphilic Disorders)

(1) 성행위 대상이나 성행위 방식에서 비정상성을 느끼고 성적 상상이나 행위를 반복적으로 나타내는 경우를 말한다.

(2) 관음장애, 노출장애, 물품 음란장애, 소아성애장애, 마찰 도착장애, 성적 가학장애, 성적 피학장애 등이 대표적인 것이다.

(3) 정신분석적 입장에서는 유아적 성적 발달 단계의 고착이라 보고 행동주의적 입장에서는 고전적 조건형성 과정을 통해 성적 욕구를 해소하려는 시도가 나타난다는 주장도 있다.

참고

1) 노출장애 : 타인에게 자신의 성기를 노출함으로써 성적 흥분을 하거나 노출 후 자위를 하며 만족을 얻는 성도착증을 말한다. 자기애 성향에서 벗어나지 못한 유아기적 성욕으로 제대로 성숙하지 못한 단계로 볼 수 있다. 남성에게서 주로 나타나며 여성은 음부가 아닌 전신을 다 드러내는 경향이 있다.

노출장애(exhibitionistic disorder)[1]

1) 낯선 사람에게 자신의 성기를 노출시키는 것이다. - 성도착적 초점
2) 보는 사람을 놀라게 하거나 충격을 주고자 하는 것이지, 실제로 성행위를 시도하고자 하는 경우는 거의 없다.
3) 성기를 노출시켰다는 상상을 하면서 자위행위를 하기도 한다.
4) 보통 18세 이전에 발생되나 그 이후에 시작될 수도 있다.
5) 40세 이후에는 상태가 완화되는 것으로 보인다.

2) 성적 가학장애 : 가학적인 폭력에서 성적 흥분을 하는 것을 말하며 마르키 드 사드의 이름에서 사디즘이라는 말이 나왔다. 가학증의 형태에는 채찍으로 상대에게 고통을 가하는 형태만이 아닌 상대의 몸에 분뇨를 끼얹거나 수치스러움을 느끼게 하는 행위를 강요하는 등의 정신적 가학의 형태도 있다.

기출문제 확인학습

관음장애

1) 다른 사람이 옷을 벗고 있거나 성행위를 하는 모습을 몰래 훔쳐봄으로써 성적 흥분을 느끼는 경우
2) 진단 기준
   (1) 옷을 벗는 과정에 있거나 성행위 중에 있는, 옷을 벗은 낯선 대상을 관찰하는 행위로부터 성적인 흥분을 강하게 일으키는 공상, 성적 충동, 성적 행동이 반복되며, 적어도 6개월 이상 지속되는 경우
   (2) 그러한 성적 충동을 동의하지 않은 상대에게 행하거나, 이러한 성적인 충동이나 공상이 임상적으로 심각한 고통이나 사회적, 직업적, 또는 기타 다른 중요한 기능 영역에서 심각한 손상을 일으킨다.
   (3) 적어도 18세에는 흥분 혹은 충동을 경험한다.
   (4) 실제로 상대방과의 성행위를 시도하는 일은 거의 없다.
   (5) 15세 이전에 발병하고 만성화되는 경향이 있다.
   (6) 감별 진단 : ① 품행 장애와 반사회적 인격장애, ② 물질 사용 장애

1) 노출장애란 성기노출과 관련된 성적 환상이나 행위가 6개월 이상 지속되어 사회적 적응에 문제가 되는 정신장애를 의미한다.

3 성(性) 불쾌감 장애(Gender Dysphoria)

(1) 자신의 생물학적 성과 성역할에 대해서 지속적으로 불편감을 느끼는 경우를 말한다.

(2) 반대 성에 대해 강한 동일시를 나타내거나 반대의 성이 되기를 소망하는 경우로 성전환증이 있다.

(3) 선천적 요인으로는 유전자의 이상과 태내의 호르몬 이상이 주장되고 후천적 요인으로는 성장 과정에서 부모와 가족의 역할이 중요한 것으로 여겨지고 있다.

실력 다지기

성 불편감 장애

성 불편감 장애의 진단기준

1) 강하고 지속적인 반대 성과의 성적 동일시(반대 성이 된다면 얻게 될 문화적 이득을 단순히 갈망하는 정도여서는 안 된다), 소아의 경우에서 다음 사항 중 네 가지 이상의 양상이 드러난다.
   (1) 반복적으로 반대 성이 되기를 소망한다.
   (2) 소년은 옷 바꿔 입기 또는 여성 복장 흉내 내기를 좋아한다. 소녀는 오로지 인습적인 남성 복장만을 고집한다.
   (3) 놀이에서 강력하고 지속적인 반대 성역할에 대한 선호, 혹은 반대 성이라고 믿는 지속적인 환상을 보인다.
   (4) 반대 성의 인습적인 놀이와 오락에 참여하기를 간절히 원한다.
   (5) 반대 성의 놀이 친구에 대한 강한 편애를 보인다.
2) 청소년과 성인에서 이 장애는 반대 성이 되고 싶다는 욕구의 표현, 빈번히 반대 성으로 행세하는 것, 반대 성으로 살거나 취급 받고자 하는 소망, 그리고 반대 성의 전형적인 느낌과 반응을 자신이 갖고 있다는 확신과 같은 증상들이 나타난다.
3) 1차 및 2차 성징을 제거하려는 성전환 수술에 집착한다.
4) 자신의 생물학적 성에 대해 지속적으로 불쾌감을 느낀다.

기출문제 확인학습

아동에서의 '성별 불쾌감' 진단기준 A

자신의 경험된/표현되는 성별과 할당된 성별 사이의 현저한 불일치가, 최소 6개월의 기간으로, 최소한 다음 6가지를 보인다. → 1) 반드시 포함

1) 이성이 되고 싶은 강한 갈망 또는 자신이 이성이라고 주장함
2) 남자아이는 이성의 옷을 입거나 여성 복장의 흉내 내기를 강하게 선호하고, 여자아이는 전형적인 남성 복장만 착용하기를 강하게 선호하고 전형적인 여성 복장을 착용하는 것에 강한 저항을 보임
3) 가상 놀이 또는 환상 놀이에서 이성의 역할을 강하게 선호함
4) 이성에 의해 사용되거나 참여하게 되는 인형, 게임, 활동을 강하게 선호함
5) 이성 놀이 친구에 대한 강한 선호
6) 남자아이는 전형적인 남성 인형, 게임, 활동에 대한 강한 거부감과 난투 놀이에 대한 강한 회피, 여자아이는 전형적인 여성 인형, 게임, 활동에 대한 강한 거부감을 보임
7) 자신의 해부학적 성별에 대한 강한 혐오
8) 자신이 경험한 성별과 일치하고자 하는 일차적 또는 이차적 성적 특징에 대한 강한 갈망

CHAPTER 09

신경발달장애

신경발달장애(Neuro - developmental Disorders)의 하위유형

1) 지적 장애(Intellectual Disability, Intellectual Developmental Disorder)
2) 의사소통장애(Communication Disorders)
3) 자폐스펙트럼장애(Autism Spectrum Disorders)
4) 주의력결핍 - 과잉행동장애(ADHD)
5) 특정 학습장애(Specific Learning Disorder) : 읽기장애, 쓰기장애, 산수장애
6) 운동장애(Motor Disorders) : 발달성 협응장애(Developmental Coordination Disorder), 상동증적 운동장애(Stereotypic Movement Disorder), 틱 장애(Tic Disorders)

※ DSM - IV에서, '유아기 및 아동기에 흔히 처음으로 진단되는 장애'범주의 변화

1 지적 장애(Intellectual Disability, Intellectual Developmental Disorder)

(1) 전반적 지적 능력이 IQ 70 이하로 저조하여 학업을 비롯한 대부분의 적응활동에서 부진함을 나타내는 경우를 말한다.

(2) 유발 원인으로는 유전자 이상, 임신 중 태내 환경의 이상, 임신 및 출산과정의 이상, 후천성 아동기 질환, 그리고 열악한 환경적 요인이 알려져 있다.

(3) 지적장애의 진단기준

① **심하게 평균 수준 이하인 지적 기능** : 개별적으로 실시된 지능 검사에서 70 이하의 지능지수(유아의 경우는, 지적 기능이 유의하게 평균 이하라는 임상적 판단)

② **다음 항목 가운데 적어도 두 가지 항목에서 현재의 적응 기능(예 개인의 연령이나 문화 집단에서 기대되는 기준을 만족시키는 개인의 효율성) 결함이나 장애를 동반** : 의사소통, 자기 - 돌봄, 가정생활, 사회적 기술과 대인관계적 기술, 지역사회 자원의 활용, 자기 - 관리, 기능적 학업 기술, 직업, 여가, 건강 및 안전

③ 18세 이전에 발병한다.

기출문제 확인학습

지적장애의 심각도 (4단계)[1] : DSM - 5

심각도	경도
개념적 영역	학령기 이전에는, 개념적 차이점이 명백하게 나타나지 않을 수 있다. 학령기와 성인기에는, 읽기나 쓰기, 수학, 시간, 돈이 포함된 학업적 기술의 습득에 어려움이 존재하는데, 그 연령대에서 기대되는 것에 충족되기 위해서는 하나 이상의 영역에서의 도움이 필요하다. 성인기에는, 추상적 사고하기와 실행기능(예 계획하기, 전략세우기, 우선순위 정하기, 인지적 유연성), 단기 기억뿐만 아니라 학업적 기술의 기능적 사용(예 읽기, 돈 관리)에서 결함이 나타난다. 동일한 연령대와 비교할 때 어떤 문제와 해결에 다소 경직된 접근을 한다.
사회적 영역	같은 연령대의 전형적인 발달과 비교할 때, 사회적 상호작용에서의 미성숙이 존재한다. 예를 들면, 동료들의 사회적 단서를 정확하게 감지하는데 어려움이 있을 것이다. 의사소통과 대화, 언어는 그 연령대에서 기대되는 것보다 더 경직되어 있거나 미성숙할 것이다. 그 나이에 적절한 감정조절과 행동조절에서의 어려움이 있을 것이다. 이러한 어려움들은 사회적 상황에서 동료들에 의해 알아채게 된다. 사회적 상황에서의 위험에 대한 이해가 한정적이다. 사회적 판단력이 나이에 비해 미성숙하여 다른 사람에 의해 조종될 위험이 있다(잘 속음).
실행적 영역	개인적인 보살핌으로 나이에 적절하게 활동할 것이다. 동료들과 비교할 때 복잡한 일과를 할 때 어떤 도움이 필요하다. 성인기에는, 일반적으로 식료품 쇼핑이나 교통이용, 가사와 자녀 - 돌보기, 영양가 있는 음식준비하기, 은행업무와 돈 관리하기에서 도움이 필요하다. 오락 생활적 기술은 같은 연령대와 비슷하지만, 웰빙이나 오락생활 계획과 연관된 판단에는 도움이 필요하다. 성인기에는, 개념적 기술이 강조되지 않은 일자리에 종종 취업하기도 한다. 일반적으로 건강관리나 법률적 결정, 직업활동을 능숙하게 수행하기 위한 학습에 도움이 필요하다. 일반적으로 가족을 부양하는 데에도 도움이 필요하다.

1) **출처** : Updates to DSM - 5 Criteria & Text

심각도	중등도
개념적 영역	모든 발달기간에 걸쳐, 개념적 기술은 또래들에 비해 뒤쳐져 있다. 학령전기에는 언어기술과 학습준비 기술의 발달이 느리다. 학령기에는 읽기와 쓰기, 수학, 시간과 돈에 대한 이해가 느리게 발달하며 또래와 비교할 때 한계가 뚜렷하게 나타난다. 성인기에는 학업적 기술발달이 일반적으로 초등학교 수준이라서 직업생활과 사생활에서 요구되는 학업적 기술을 사용하기 위해서는 도움이 필요하다. 일상생활에서의 개념적인 일을 수행하기 위해서는 날마다의 일과에 기초한 지속적인 도움이 필요하여, 다른 사람이 그 사람을 위해 그러한 책임을 전적으로 대신하기도 한다.
사회적 영역	모든 발달기간에 걸쳐, 사회적 행동과 의사소통 행동에서 또래들과의 차이가 뚜렷하게 나타난다. 구어가 사회적 의사소통을 위한 가장 일반적인 수단이 되지만, 또래들과 비교할 때 복잡성이 훨씬 떨어진다. 대인관계에 대한 능력이 있어 가족과 친구들과의 유대관계가 존재하며, 삶의 전반에 걸쳐 성공적인 우정을 나눌 수도 있고 때때로 성인기에 로맨틱한 관계를 가질 수도 있다. 그러나 사회적 단서들을 정확하게 인식하거나 해석하지 못하는 경향이 있다. 사회적 판단능력과 결정하는 능력에 제한점이 있어, 보호자가 중요한 결정을 내릴 때 반드시 도와주어야만 한다. 일반적으로 발달하는 또래들과의 친구관계에서 자주 의사소통의 한계나 사회적 한계가 나타난다. 성공적인 직업 환경을 위해서는 사회적이며 의사소통 활동에서 특별한 도움이 필요하다.
실행적 영역	일반 성인들처럼 식사나 옷 입기, 배설, 위생관리가 포함된 개인적 욕구를 처리할 수 있지만, 이러한 영역들이 독립적이 되기 위해서는 추가적인 교육과 시간이 필요하며 그러한 일을 상기시켜주는 것이 필요할 수도 있다. 성인기가 되면 집안일도 할 수 있지만 앞의 내용과 유사하게 추가적인 학습기간이 필요하며 일반적으로 성인 수준의 수행을 위해서는 지속적인 도움이 필요하다. 제한된 개념적 기술과 의사소통이 요구되는 직업에 독립적인 취업이 가능하지만, 사회적 기대와 복잡한 업무를 해내기 위해서는 동료나 감독자, 다른 사람들의 도움이 필요하며 일정관리, 교통수단이용, 의료보험, 금전관리와 같은 부수적인 책임에서도 마찬가지의 도움이 요구된다. 일반적으로 추가적인 도움과 학습 기회는 추가적인 기간 이상에 걸쳐 요구된다. 부적응 행동이 소수 존재하여 사회적 문제의 원인이 된다.

심각도	고도
개념적 영역	개념적 기술의 습득은 제한적이다. 일반적으로 문자언어 또는 수, 양, 시간, 돈이 포함된 개념에 대한 이해력이 적다. 보호자가 인생 전반에 걸쳐 추가적인 도움을 제공한다.
사회적 영역	구어는 어휘와 문법 영역에서 상당히 제한적이다. 말은 단어나 구 수준이거나 보완대체 수단으로 보충하게 될 수도 있다. 언어는 설명을 위해서이기보다는 사회적 의사소통을 위해 사용된다. 간단한 말이나 제스처적인 의사소통은 이해한다. 가족이나 친밀한 사람들과의 관계가 즐거움과 도움의 원천이 된다.
실행적 영역	식사나 옷 입기, 목욕, 배설이 포함된 모든 일상생활 영역에서 도움이 필요하다. 모든 시간 관리가 필요하다. 자기 또는 다른 사람의 행복에 대한 책임감 있는 판단을 할 수 없다. 성인기에, 가정이나 오락활동, 일에 참여하기 위해서는 지속적인 지원과 도움이 필요하다. 기술습득을 위해서는 장기간의 교육과 지속적인 도움이 모든 영역에서 필요하다. 자해와 같은 부적응 행동이 소수의 경우 문제가 될 수 있다.

심각도	최고도
개념적 영역	개념적 기술은 일반적으로 상징적 과정이라기보다는 물질적 세계에 더 관련되어 있다. 자기관리나 일, 오락 활동을 위해 목표지향적인 형태로 사물을 이용할 수 있다. 물질적 성질에 기반을 둔 짝짓기나 분류하기와 같은 시공간적 기술을 습득할 수 있다. 그러나 동반된 운동적 손상이나 감각적 손상으로 사물의 기능적 사용이 방해받을 수 있다.
사회적 영역	말이나 제스처에 사용되는 상징적 의사소통에 대한 이해가 매우 제한되어 있다. 약간의 간단한 지시나 제스처만 이해할 것이다. 자신의 욕구와 감정은 대체로 비구어적 또는 비(非)상징적인 의사소통 방식으로 표현한다. 잘 알고 있는 가족 구성원이나 보호자, 친숙한 사람들과의 관계를 즐기며, 제스처나 정서적 표현을 통해 사회적 상호작용을 시작하고 반응한다. 동반된 감각적 손상과 신체적 손상으로 인해 많은 사회적 활동이 제한적일 수 있다.
실행적 영역	모든 일상적인 신체적 관리, 건강, 안전에 대한 측면에서 다른 사람들에게 의존해야 하지만, 일부 활동에는 참여할 수도 있다. 심한 신체적 손상이 없는 경우, 테이블에 접시를 놓는 것과 같은 가정에서의 일과를 보조할 수 있다. 간단한 사물을 다루는 활동은 높은 수준의 지속적인 도움을 통해 어떤 직업적 활동에 참여하는 기초로 마련될 수 있다. 음악 듣기나 영화보기, 산책, 물놀이와 같은 오락 활동은 모두 다른 사람들의 도움과 함께해야 한다. 동반되는 신체적 손상과 감각적 손상으로 인해 종종 가정활동이나 오락 활동, 직업적 활동의 참여에 방해를 받게 된다. 소수의 경우 부적응 행동이 나타날 수 있다.

2 의사소통 장애(Communication Disorders)

(1) 정상적 지능수준에도 불구하고 의사소통에 사용되는 말이나 언어의 사용에 결함이 있는 경우를 말한다.

(2) 의사소통 장애의 하위유형에는 언어장애, 말소리 장애, 아동기 발병 유창성장애(말더듬), 사회적(실용적) 의사소통장애가 있다.

기출문제 확인학습

의사소통 장애의 하위 유형

1) 의사소통 장애는 감각 이상, 의학적 상태, 신경학적 상태에 기인하지 않으며 지적 장애로도 충분히 설명되지 않음에도 언어, 말하기, 의사소통 등에서 결함을 보이는 것이 특징인 신경 발달 장애의 한 범주이다.
2) 의사소통 장애 범주에는 언어장애, 언어음 장애, 사회적(실용성) 의사소통 장애, 아동기 발병형 유창성 장애(말 더듬기), 불특정형 의사소통 장애 등이 포함된다.

의사소통 장애의 분류[2)]

DSM - 5 (APA, 2013)

- 언어 장애(Language Disorder) : 증상이 지속적인 경우에 해당하며, 표현성 결핍에 비해 수용성 결핍이 있을 때 예후가 더 나쁘다. 수용성 언어의 결핍이 있는 경우에는 치료가 힘들고 독해에 있어 어려움이 있는 경우가 흔하다.
- 언어음(발화음) 장애(Speech Sound Disorder) : 아동의 연령과 발달 단계가 고려된다. 예를 들어 3세경에는 발음 생성 기술을 습득하여 대부분이 이해할 수 있게 말해야 하며, 7세경에는 대부분의 말소리는 명료하게 생성해야 한다.
- 아동기 발병 유창성 장애(말 더듬기) (Childhood - Onset Fluency Disorder / Stuttering)
- 사회적(실용성) 의사소통 장애(Social(Pragmatic) Communication Disorder) - 사회적 의사소통 장애와 자폐 스펙트럼 장애는 동시에 진단될 수 없으며 감별 진단해야 한다.
- 불특정형 의사소통 장애(Unspecified Communication Disorder)

실력 다지기

언어 장애의 진단기준

1) 언어에 대한 이해와 생성의 결함으로 인해 언어 양식(예 말, 글, 수화 또는 기타)의 습득과 사용에 지속적인 어려움이 있으며, 다음 항목들을 포함한다.
   ① 어휘(단어에 대한 지식과 사용)의 감소
   ② 문장구조(적절한 문법이나 어순을 만드는 능력)의 제한
   ③ 담화(적절한 어휘를 사용하고 문장을 연결하는 능력)의 손상
2) 언어 능력이 연령에 기대되는 수준보다 상당히 그리고 정량적으로 낮으며, 이로 인해 개별적으로나 어떤 조합에서나 효율적인 의사소통, 사회적 참여, 학업적 성취 또는 직업적 수행의 기능적 제한을 초래한다.

2) 의사소통 장애(심리학용어사전, 2014. 4, 한국심리학회)

3) 증상은 초기 아동기에 시작된다.

4) 이러한 어려움은 청력이나 다른 감각 손상, 운동 기능 이상 또는 다른 의학적·신경학적 조건에 기인한 것이 아니며, 지적장애나 전반적 발달지연에 의한 것이 아니다.

사회적 의사소통장애의 진단기준

1) 언어적 · 비언어적 의사소통의 사회적인 사용에 있어서 지속적인 어려움이 있고, 다음과 같은 양상이 모두 나타난다.

① 인사하기나 정보 교환과 같은 사회적 목적을 위해서 맥락에 적절하게 의사소통하는 능력의 결함

② 맥락이나 듣는 사람의 필요에 맞추어 의사소통을 적절하게 변화시키는 능력(예 교실과 운동장에서 각기 다른 방식으로 말하기, 아동과 성인에게 다른 방식으로 말하기, 매우 형식적인 언어의 사용을 피하는 것 등)의 손상.

③ 대화와 이야기하기에서 규칙을 따르는 능력(예 대화에서 번갈아 말하는 것, 잘 이해하지 못했을 때 쉬운 말로 바꾸어 말하기 등)의 어려움.

④ 명시적으로 표현되지 않은 것(예 추측하기)이나 언어의 함축적이거나 이중적 의미(예 관용구, 유머, 은유, 해석 시 문맥에 따른 다중적 의미)를 이해하는 데 있어서의 어려움.

2) 개별적 또는 복합적으로 결함이 효과적인 의사소통, 사회적 참여, 사회적 관계, 학업적 성취 또는 직업적 수행의 기능적 제한을 초래한다.

3) 증상은 초기 아동기에 나타난다.(다만, 사회적 의사소통 요구가 제한된 능력을 넘어설 때까지는 완전히 나타나지 않을 수 있음.)

4) 다른 의학적 상태로 더 잘 설명되지 않는다.

기출문제 확인학습

의사소통 장애의 분류[3](DSM－IV와 DSM－5 비교)

DSM - IV(APA, 2000)	DSM - 5(APA, 2013)
• 표현성 언어 장애(Expressive Language Disorder) • 혼재 수용 - 표현성 언어 장애 (Mixed Receptive - Expressive Language Disorder) • 음성학적 장애(Phonological Disorder) • 말 더듬기(Stuttering) • 달리 분류되지 않는 의사소통 장애 (Communication Disorder Not Otherwise Specified)	• 언어 장애(Language Disorder) • 말소리 장애(Speech Sound Disorder) • 아동기 발병 유창성 장애(말더듬) (Childhood - Onset Fluency Disorder) (Stuttering) • 사회적(실용성) 의사소통 장애 (Social(Pragmatic) Communication Disorder) • 명시되지 않는 의사소통 장애 (Unspecified Communication Disorder)

3) 심리학용어사전, 2014. 4, 한국심리학회

3 자폐스펙트럼 장애(Autism Spectrum Disorders)

(1) 다른 사람과 상호관계가 형성되지 않고 정서적인 유대감도 일어나지 않는 아동기 증후군으로 '자신의 세계에 갇혀 지내는 것' 같은 상태라고 하여 이름 붙여진 발달장애이다.

(2) 자폐스펙트럼 장애는 사회적 교류 및 의사소통의 어려움, 언어발달지연, 현저하게 저하된 관심과 흥미를 지니며, 상동증적 행동 등을 특징으로 한다.

(3) DSM-IV 전반적 발달장애에 포함되었던 자폐장애, 소아기 붕괴성 장애, 아스퍼거 장애, 기타의 전반적 발달장애를 DSM-5에서는 자폐 스펙트럼으로 통합하였다.

(4) 이러한 네가지의 장애는 심각도만 다른 하나의 장애 스펙트럼 상에 존재한다는 것을 의미하며, DSM-IV의 전반적 발달장애에 포함되어 있던 레트장애(Rett's disorder)는 고유한 유전적 원인이 밝혀지면서 자폐 스펙트럼 장애에서 제외되었다.

자폐증 또는 자폐스펙트럼 장애

1) 자폐증 또는 자폐스펙트럼 장애는 출생 후 부모의 성격이나 양육방식에 의해 주로 유발된다는 연구결과 보고는 없다. 자폐증의 원인은 뇌의 발달장애로 인한 질병인데, 원인은 아직까지 확실하지 않다.

2) 초기에는 정신사회적 원인이 중요한 것으로 간주되었으나 최근에는 중추 신경계의 장애로 보는 것이 타당하다는 학설이 지배적이다.

3) 현재까지 알려진 자폐증의 원인으로는 유전적 요소, 출생 전후의 감염이나 환경적 독소, 자궁 내에서 발달하는 동안 또는 초기 영아기 동안에 일어나는 뇌 손상 또는 뇌 이상(brain abnormality) 때문이라고 알려져 있다. 뿐만 아니라 자폐증이 도파민, 세로토닌 등 신경전달물질이라고 불리는 화학물질들의 비정상적인 농도 때문이라는 증거를 제시하는 연구자들도 있다.

4) 자폐증은 빛이 프리즘을 거쳐 다양한 스펙트럼으로 나눠지는 것처럼 경계가 불분명하면서 공통적인 증상을 가진 유사한 장애들이 연결되기 때문에 명확히 구분되는 하나의 질병이나 증상은 아니다.

5) 최근에는 좁은 의미의 자폐증인 캐너 증후군(Kanner Syndrome)과 아스퍼거 증후군(Asperger Syndrome)을 비롯한 장애들을 모두 합쳐 자폐스펙트럼 장애(Autism Spectrum Disorder)라고 부른다.

6) 자폐는 일반적으로 출생 후 3년 이내에 나타나고 약 10,000명당 2 ~ 5명의 출현율을 보이며, 여자 아동보다 남자 아동에게서 3 ~ 4배 이상의 출현율을 보인다.

실력 다지기

자폐스펙트럼 장애 진단기준

1) 다양한 맥락에서 사회적 의사소통과 상호작용에 지속적인 결함이 나타난다. 이러한 결함은 현재 또는 과거에 다음과 같은 방식으로 나타날 수 있다.
   ① 사회적 - 정서적 상호작용의 결함을 나타낸다.(예 타인에게 비정상적인 사회적 접근을 시도하거나 정상적인 주고 받는 대화가 실패됨. 또는 타인과 흥미나 감정 공유가 어렵고, 사회적 상호작용의 시작 및 반응에 실패함)
   ② 사회적 상호작용을 위한 비언어적인 의사소통 행동의 결함을 나타낸다.(예 언어적, 비언어적 의사소통의 불완전한 통합. 눈 맞춤이 어렵고 비정상적인 몸동작을 보임. 타인의 몸동작을 이해하지 못하며 몸동작 사용을 못함. 얼굴 표정과 비언어적 의사소통의 전반적 결핍)
   ③ 관계발전, 유지 및 관계에 대한 이해의 결함을 나타낸다.(예 다양한 사회적 상황에 적합한 적응적 행동의 어려움, 상상 놀이를 공유하거나 친구 사귀기가 어려움, 동료들에 대한 관심이 없음)

2) 제한적이고 반복적인 행동이나 흥미, 활동이 현재 또는 과거력상 다음 4가지 중 2가지 이상 나타난다.
   ① 상동증적이거나 반복적인 운동성 동작, 물건 또는 언어의 사용(예 단순 운동 상동증, 장난감 정렬하기, 또는 물체 튕기기, 반향어, 특이한 문구 사용)
   ② 동일성에 대한 고집, 일상적인 것에 대한 융통성 없는 집착, 또는 의례적인 언어나 비언어적 행동 패턴(예 작은 변화에 대한 극심한 고통, 변화의 어려움, 완고한 사고방식, 의례적인 인사, 같은 길로만 다니기, 매일 같은 음식 먹기 등)
   ③ 극도로 제한되고 고정된 흥미를 갖는데, 강도나 초점에 있어서 비정상적임(예 특이한 물체에 대한 강한 애착 또는 집착, 과도하게 국한되거나 고집스러운 흥미)
   ④ 감각 정보에 대한 과잉 또는 과소 반응, 또는 환경의 감각 영역에 대한 특이한 관심(예 통증/온도에 대한 명백한 무관심, 특정 소리나 감촉에 대한 부정적 반응, 과도한 냄새 맡기 또는 물체 만지기, 빛이나 움직임에 대한 시각적으로 매료됨)

3) 이러한 증상은 반드시 초기 발달 시기부터 발생해야 한다.

4) 이러한 증상은 사회적, 직업적, 또는 다른 중요한 현재의 기능 영역에서 뚜렷한 손상을 초래한다.

5) 이러한 장애는 다른 의학적 상태에 의한 것이 아니다.

기출문제 확인학습

자폐스펙트럼 장애의 특징

1) 핵심증상 2가지
   (1) 사회적 상호작용의 결함
      ① 사회적 - 정서적 상호작용 결함(예 대화)
      ② 비언어적 의사소통 행동 결함(예 눈맞춤)
      ③ 관계에 대한 이해 결함(예 친구 사귀기)
   (2) 제한된 반복적 행동 패턴
      ① 상동증적 행동
      ② 융통성 없는 행동
      ③ 제한된 흥미
      ④ 감각 정보에 대한 특이한 반응
2) 유병률
   (1) 유병률은 아동과 성인을 포함한 전체 인구의 1% 정도이다.
   (2) 남자 아동이 여자 아동보다 3~4배 더 나타난다.
   (3) 증상은 보통 생후 2년 내(생후12~24개월)에 인식된다(다만, 발달지연이 심각하면 생후 12개월 이전에 인식됨)
3) 치료법
   (1) 구체적인 치료법은 알려져 있지 않다.
   (2) 행동치료가 가장 일반적으로 적용된다.
   (3) 정신역동치료에서는 놀이치료를 통해 언어적 기술과 상상적 활동을 증진시킨다.
   (4) 자폐스펙트럼 장애 아동의 예후는 의사소통 능력과 지적수준의 발달과 관련되어 있다.

자폐 스펙트럼 장애

1) DSM - Ⅳ의 분류기준에서 '광범위한 발달장애'의 하위유형으로 분류된 '자폐성 장애'가 '자폐 스펙트럼 장애'로 통합되었다. 즉, 이전에는 별개의 장애로 분류되었던 전반적 발달장애(자폐성 장애, 아스퍼거 증후군, 달리 분류되지 않는 전반적 발달장애)의 항목이 자폐 스펙트럼 장애(Autism Spectrum Disorder)라는 하나의 새로운 장애로 통합되었다.
2) DSM-IV 기준 : 자폐는 레트장애, 소아기 붕괴성 장애, 아스퍼거 장애 및 기타 자폐장애와 함께 '전반적 발달장애'에 속해 있었다. 즉, 전반적 발달장애에 자폐장애, 레트장애, 소아기 붕괴성 장애, 아스퍼거 장애, 기타 전반적 발달장애가 있었다.
3) DSM-5 기준 : 자폐 스펙트럼 장애는 더 이상 전반적 발달 장애에 속하지 않는다. 전반적 발달장애에 포함되었던 자폐증, 소아기 붕괴성 장애, 아스퍼거 장애, 기타 전반적 발달장애를 통합하여, '자폐 스펙트럼 장애'의 진단명으로 독립되었다. 즉, 자폐 스펙트럼 장애는 자폐증 + 소아기 붕괴성 장애 + 아스퍼거 장애 + 기타 전반적 발달장애로 이해하면 된다.

4 주의력 결핍/과잉행동 장애(Attention Deficit/Hyperactivity Disorder, ADHD)

(1) 아동기에 많이 나타나는 장애로, 지속적으로 주의력이 부족하여 산만하고 과다활동, 충동성을 보이는 상태를 말한다.

(2) 증상

① 부주의, 과잉행동-충동성을 보인다.

② ADHD 아동들은 자극에 선택적으로 주의 집중하기 어렵고, 지적을 해도 잘 고쳐지지 않는다.

③ 선생님의 말을 듣고 있다가도 다른 소리가 나면 금방 그 곳으로 시선이 옮겨가고, 시험을 보더라도 문제를 끝까지 읽지 않고 문제를 풀다 틀리는 등 한 곳에 오래 집중하는 것을 어려워한다. - 산만함

④ ADHD 아동들은 허락 없이 자리에서 일어나고, 뛰어다니고, 팔과 다리를 끊임없이 움직이는 등 활동 수준이 높다.

⑤ 생각하기 전에 행동하는 경향이 있으며 말이나 행동이 많고, 규율을 이해하고 알고 있는 경우에도 급하게 행동하려는 욕구를 자제하지 못하기도 한다. - 또래들과 어울리는데 어려움

⑥ 유아기에는 증상으로 표현되기보다는 일상적인 행동이나 습관으로 나타날 수 있다.

⑦ 젖을 잘 빨지 못하거나 먹는 동안 칭얼거리고 소량씩 여러 번 나누어서 먹여야 하고, 잠을 아주 적게 자거나 자더라도 자주 깨며, 떼를 많이 쓰고 투정을 부리고 안절부절 못하거나, 과도하게 손가락을 빨거나 머리를 박고 몸을 앞뒤로 흔드는 행동을 하기도 한다.

⑧ 기어 다니기 시작하면 끊임없이 이리저리 헤집고 다니기도 하고 수면 및 수유 등 일과가 매우 불규칙적한 모습을 보이기도 한다.

실력 다지기

주의력 결핍 및 과잉행동장애의 DSM-5 진단기준(요약)

A	(1), (2) 중 적어도 하나 만족(발달 수준에 부적절하게 6개월 이상 지속)	
	(1) [주의력 결핍] ≥ 6 (17세 이상에서는 ≥ 5) a. 부주의한 실수 b. 작업, 놀이에 집중하지 못함 c. 타인의 말에 경청하지 못함 d. 끝까지 공부 / 일을 마무리 못(not 안)함 e. 계획적인 공부 / 일 못함 f. 공부, 숙제 등을 회피 g. 물건을 잘 잃어버림 h. 쉽게 한눈을 팖 i. 할 일을 잘 잊어버림	(2) [과잉행동] ≥ 6 (17세 이상에서는 ≥ 5) a. 꼼지락거림 b. 자리에 못 앉아 있고 일어남 c. 부적절하게 뛰어다니고 기어오름 (청소년기:앉아 있으면 몸이 근질거림) d. 차분히 놀지 못함 e. 모터가 달린 것처럼 계속 움직임 f. 말이 많음 [충동성] g. 질문 끝나기 전에 대답 h. 차례를 기다리지 못함 i. 불쑥 끼어들고 참견

5 특정 학습장애(Specific Learning Disorder)

(1) 특정 학습장애란 읽기, 쓰기, 추론, 산수 계산 등의 능력과 획득 및 사용상의 심각한 곤란을 주증상으로 하며, 정상적인 지능을 갖추고 있으며, 정서적으로 문제가 없음에도 학습에 어려움을 나타낸다.

(2) 지능에 비해서 실제적인 학습기능이 낮은 경우를 의미하며, 특정한 학습기능에 따라 읽기 손상형, 쓰기 손상형, 수학 손상형으로 구분한다.

(3) 특정학습장애는 기본적으로 중추신경계, 특히 대뇌의 특정 영역의 발달적인 기능 장애로 인한 것으로 보고되고 있다.

(4) 뚜렷한 가족력이 있는 경우도 있어, 유전적인 요인이 있는 것으로 판단된다.

(5) 특정학습장애 아동은 대개 정상 또는 정상보다 높은 지능을 갖는 경우가 많으며, 가족 환경의 면에서 뚜렷한 병리를 갖고 있지 않은 경우도 많다.

(6) 증상

① **읽기 손상형**

ㄱ. 아동은 단어를 소리 내어 발음하는 데에 어려움(틀린 발음, 혼란된 발음)

ㄴ. 읽기 속도가 매우 느리며, 읽은 문장을 이해하는 것에 힘들어 한다.

② **쓰기 손상형**

ㄱ. 아동은 철자의 오류가 매우 많고, 반복적인 학습에도 불구하고 철자의 혼란이 교정되지 않는다.

ㄴ. 일기 쓰기 등에서 내용이 매우 미숙하고 문법적인 오류를 많이 보인다.

③ **수학 손상형**

ㄱ. 빼기, 곱하기 등의 기본 연산을 제대로 하지 못하는 경우

ㄴ. 수학공식을 적용하거나 암기된 연산값을 적용하는 것 등 수학적 추론의 어려움을 보인다.

(7) 대부분 저학년 때 학습 문제가 분명해 지며, 특정학습장애가 지속되면 이차적인 우울증, 시험 불안증이 동반되는 경우가 많고, 청소년기에 이르면 학업 탈락에 대한 반응으로 분노 조절의 어려움, 반항성의 증가가 나타나는 경우도 많다.

(8) 주의력 결핍 장애가 동반되는 경우가 약 50%에서 보고되고 있는데, 이러한 경우 반항 장애나 품행 장애로의 이환이 더욱 증가된다고 알려져 있다.

(9) 난독증(dyslexia)은 적절한 단어 인지의 어려움, 해독 및 철자 능력 결함을 특징으로 하는 학습장애의 또 다른 용어이다. 따라서 독해나 수학적 추론과 같은 어려움이 있는지 동반 가능성을 확인하는 것이 중요하다.

기출문제 확인학습

학습장애 아동의 특성

1) 학업적 특성으로 읽기, 말하기, 듣기, 쓰기, 셈하기, 추론하기 등 영역 중 몇 가지에서 어려움을 보인다.
2) 추론하기의 경우에 문제를 읽고 그 문제에 담긴 의미를 파악하기 어려운 경우가 있고 특히 읽기 장애의 경우가 가장 많은데, 읽기의 경우에 글자를 빠뜨리거나 추가하거나 하는 문제를 보이기도 한다.
3) 인지적 특성으로는 낮은 기억력을 보이고 인지적인 전략을 잘 사용하지 못해 비효율적인 결과를 낳지만, 평균 지능을 가지고 있다.
4) 정서적 특성으로는 낮은 학업성취로 인한 자신감 결여, 부정적인 자아 개념, 위축, 부적절한 귀인 등을 보이지만 반대로 안정적인 정서를 가지고 사회적으로 거부당하지 않고 잘 생활하는 경우도 있다.
5) 사회적 특성으로는 상황에 대해 잘못 판단하여 부적절하게 행동하는 경우가 많아 사회적으로 거부되기 쉽고 사회적인 거부가 반복되면 정서적으로 더욱 부정적인 자아 개념을 갖게 되고 사회적으로 위축되어 다른 사람과의 관계를 맺는 것이 더욱 어려워질 수 있다.
6) 신체적 특성으로는 운동능력의 부족함으로 손으로 도구를 사용하는 활동에서 문제가 있을 수 있고, 어설픈 동작을 보이기도 한다.
7) 시각적, 청각적인 정보처리에서 문제가 있어 학업적 문제를 보일 수 있다.

특정 학습장애 진단적 특징

1) 특정학습장애의 어려움이 없었더라면 정상 수준의 지적 기능을 예상할 수 있다.
2) 학습의 어려움이 외부 환경적 요인(빈곤, 교육 경험의 부족 등)에 의한 것이 아니다.
3) 다른 의학적 상태(소아 뇌졸중, 운동장애, 시각장애 또는 청각장애)에 의한 것이 아니다.
4) 학습의 어려움이 한 가지 학업 기술이나 학업 영역에만 국한되어 있을 수 있다.

특정 학습장애 - 신경발달장애 중 하나

1) 특정 학습장애의 심각한 정도는 경도, 중등도, 고도로 구분한다.
2) 17세 이상인 경우 학습의 어려움에 대한 과거 병력이 표준화된 평가를 대신할 수 있다.
3) 읽기 손상 동반의 경우 읽은 내용에 대한 기억력이 포함되지 않는다. 읽기 손상 동반의 경우 단어 읽기 정확도, 읽기 속도 또는 유창성, 독해력을 포함한다.
4) 쓰기 손상 동반의 경우 작문의 명료도와 구조화, 철자 정확도, 문법과 구두점 정확도가 포함된다.
5) 수학 손상 동반의 경우 수학적 추론의 정확도는 포함된다. 이 외에도 수 감각, 단순 연산값의 암기, 계산의 정확도 및 유창성이 포함된다.

6 틱 장애(Tic Disorders)

(1) 얼굴 근육이나 신체 일부를 갑작스럽게 움직이거나 갑자기 이상한 소리를 내는 이상행동을 반복적으로 나타내는 경우를 말한다.

(2) 틱은 갑작스럽고 재빨리 일어나는 비(非)목적적인 행동이 동일하게 반복되는 현상을 말한다.

(3) 틱 장애는 ① 운동 틱과 음성 틱이 1년 이상 지속적으로 나타나는 경우인 뚜렛 장애, ② 둘 중에 한 가지 틱이 1년 이상 지속적으로 나타나는 만성적 운동 / 음성 틱 장애, ③ 일시적으로 운동 틱이나 음성 틱이 나타나는 틱 장애로 구분된다.

실력 다지기

뚜렛 장애

1) 근육이 빠른 속도로 리듬감 없이 반복해서 움직이거나 소리를 내는 장애를 '틱 장애'라고 한다.
2) 틱 장애의 종류는 3가지 형태가 있는데 일시적인 틱, 만성 운동 및 음성 틱, 그리고 '뚜렛 장애'가 그 한 가지 형태이다.
3) '뚜렛 장애'는 음성 틱이나 운동 틱이 1년 이상 같이 나타나는 증상으로 외설스러운 말이나 욕을 반복적으로 하는 경우가 많다.
4) '뚜렛 장애'에 관하여 처음 기록되어 있는 문헌은 1825년으로 거슬러 올라가는데, 당시 Itard라는 사람이 몸통 틱, 개 짖는 소리, 자기도 모르게 튀어나오는 음란한 말을 하는 프랑스 귀족여성을 기록하였다. 그러한 기록이 있은 지 60년 후에 프랑스 신경과 의사인 뚜렛(George Gilles de la Tourette)이 Itard의 원조 기록에 8명의 환자기록을 추가 검토하였는데, 이 9명의 환자들이 하나의 공통된 양상 - 짧은 불수의적 운동, 즉 틱을 보인다고 하였다. 이 후 이러한 양상의 환자를 '뚜렛 장애' 또는 '뚜렛 증후군'이라고 진단하고 있다.

기출문제 확인학습

지속성 운동 · 음성 틱 장애 사례

J양은 약 2년 전부터 반복적으로 헛기침을 하거나, '킥킥' 소리를 내는 습관이 생겨났다. 어머니와 함께 있을 때는 괜찮지만 무서워하는 아버지가 귀가하면 이 증상이 증가한다. 최근에는 갑자기 마음에도 없는 단어를 반복하기도 한다. J양은 이 행동을 하지 않으려고 애쓰지만 자신도 모르게 갑자기 행동이 나타나서 당황하게 된다.

실력 다지기

틱 장애의 DSM-5 진단기준(요약)

	뚜렛 장애	지속성(만성) 운동 / 음성 틱 장애	잠정적 틱 장애
A	틱(갑작스럽고 빠르게 반복되는, 불규칙한 상동적 운동 또는 발성)		
	다수의 운동 틱 + 음성 틱	운동 틱 or 음성 틱	
B	1년 이상 지속		1년 미만
C	18세 이전 발병		
D	물질(정신자극제) 및 신체질환(뇌염, 헌팅턴병 등) 배제		
E	-	뚜렛 장애 아님	뚜렛 장애, 지속성 틱 장애 아님

기출문제 확인학습

상동적 운동장애(Stereotypic movement disorder)

1) 상동적 운동장애(Stereotypic movement disorder)는 반복적이고 외관상 충동적이고 비기능적인 운동근육행동(몸 흔들기, 머리 부딪치기, 자기 깨물기)이 나타나는 장애이다.
2) 증상으로는 엄지손가락 또는 손가락 빨기, 손톱 물어뜯기, 콧구멍 후비기 또는 피부 후비기, 머리 부딪치기, 몸 흔들기, 머리를 잡아 뜯기(발모광), 머리카락 꼬기, 눈 찌르기, 기타 신체부분을 반복해서 움직이기 등이다.
3) 증상이 심하면 자해상태에 이르고 신체에 상처가 생기며, 다른 활동에 지장을 초래하고 대개 정신지체나 전반적 발달장애가 있을 때 많이 나타난다.

실력 다지기

틱 장애 – 신경생물학적 요인

1) 신경화학적 요인으로는 뇌의 중요한 신경전달물질인 도파민계의 이상항진이 원인이라는 가설이 유력하다.
2) 흔히 틱 장애의 치료에서 효과적으로 사용되는 할로페리돌(Haloperidol)이나 피모자이드(Pimozide) 같은 약물들이 도파민이라는 뇌신경 전달물질을 차단하는 효과를 갖는다는 사실로부터 유추할 수 있다.

CHAPTER 10

해리장애

해리장애(Dissociative Disorders)**의 하위유형**

1) 해리성 정체감 장애(Dissociative Identity Disorder)
2) 해리성 기억상실증(Dissociative Amnesia)
3) 이인증/비현실감 장애(Depersonalization/Derealization Disorder)
※해리성 둔주(Fugue) 범주를 삭제하고, 기억상실증에 통합하였다.

- 강한 심리적 충격이나 외상을 경험한 후 개인의 통합적인 기능, 즉 의식, 기억, 자기정체감 그리고 환경에 대한 지각 등에서 붕괴가 나타나는 정신장애는 해리장애이다.
- 해리장애는 의식, 기억, 행동 및 자기 정체감의 통합적 기능에 갑작스러운 이상을 나타내는 정신장애로서 충격적인 경험을 한 이후 발생되는 경향이 있으며, '억압'이라는 방어기제를 주로 활용한다.
- 해리장애는 견디기 힘든 외상적 경험이나 심리적 쇼크는 관련이 있지만, 뇌손상이나 신체적 질병에 의한 것과는 거리가 멀다.

1 해리성 정체감 장애(다중 성격장애, Dissociative Identity Disorder)

(1) 한 사람 안에 둘 이상의 각기 다른 정체감을 지닌 인격이 존재하는 장애이다.

(2) 아동기의 외상적인 경험과 관련되어 있는 것으로 이해되고 있다.

(3) 신(新) 해리이론은 개인의 인지체계를 통합적으로 관리하는 중앙통제체계로부터 하위 인지체계가 분리되어 독립적인 기능을 함으로써 해리성 정체감 장애와 같은 해리 현상이 나타난다고 하였다.

해리성 정체감 장애의 DSM - 5 진단기준(요약)	
A	2가지 이상의 뚜렷이 구분되는 주체성(정체성) / 인격이 환자를 교대로 통제한다.
B	주요 개인정보 관련한 광범위 기억장애
C	증상으로 인해 사회, 직업 기능의 현저한 장애
D	증상이 문화나 종교적으로 넓게 받아들여지는 정상적인 범위를 벗어난 수준
E	배제진단 - 물질 / 신체질환

2 해리성 기억상실증(Dissociative Amnesia)

(1) 중요한 과거경험을 기억하지 못하는 장애이다.

(2) 고통스런 사건 당시의 감정상태가 너무 충격적이어서 그러한 상태에서 학습되었던 정보들을 기억하지 못하는 것으로 이해되고 있다.

(3) 해리성 둔주는 해리성 기억상실증에 해당하는 것으로서, 갑자기 가정과 직장을 떠나 방황하거나 예정에 없는 여행을 하며 이에 대한 기억상실을 나타내는 장애이다.

(4) 해리성 기억상실증과 유사한 원인에 의해 유발되며 기억상실뿐만 아니라, 고통스러운 감정을 유발하는 환경으로부터 벗어나며 자기정체감 상실까지 수반한다.

정리

해리성 기억상실증의 진단기준

1) 새로운 정보에 대한 학습 장애 또는 병전에 학습한 정보의 회상 능력의 장애로 초래되는 기억력 장애가 발생한다.
2) 기억력 장애가 사회적 또는 직업적 기능에 있어서 심각한 장애를 일으키고, 병전의 기능 수준보다 상당히 감퇴되어 있음을 나타낸다.
3) 과거력, 신체검사 또는 검사 소견에서 장애가 일반적인 의학적 상태(신체 손상 포함)의 직접적인 생리적 효과로 인한 것이라는 증거는 없다.

3 이인증/비현실감 장애(Depersonalization/Derealization Disorder)

(1) 자신이 매우 낯선 상태로 변화되었다고 느끼는 이인증이나 외부 세계가 예전과 달라졌다고 느끼는 비현실감을 호소하는 장애이다.

(2) 자기정체감의 갈등과 관련되어 있으며 자기통합의 어려움에 대한 두려움을 반영하는 것이라고 여겨지고 있다.

심화학습

이인증(離人症, depersonalization)

1) 심리학에서 한 개인이 자기 자신이나 외부 세계를 실재하지 않는 허구로 느끼는 상태이다.
2) 이인증은 이러한 비현실감 이외에도 정신이 육체와 분리되어 있다는 느낌, 신체의 일부가 짝짝이라는 느낌, 자기가 자기 자신을 멀리서 바라보고 있다는 느낌 또는 자신이 기계가 되어버렸다는 느낌 등을 동반하기도 한다.
3) 가벼운 이인증은 많은 청소년이 인격을 완성하고 독특한 개성을 얻어가는 정상적인 과정에서 나타나며, 사회적·심리적 기능에 반드시 해를 끼치지는 않는다.
4) 오랫동안 정서적인 스트레스를 받으면 어른에게도 이러한 느낌이 나타날 수 있으며 사회적 기능을 제대로 하지 못하거나 직업에 종사할 수 없을 만큼 심각한 상태가 계속되면, 치료를 받아야 할 정신장애자로 여겨진다.
5) 이인증은 우울증·히스테리·조현병 등의 부차적인 증상으로 나타날 수도 있다.
6) 지그문트 프로이트의 정신분석이론에 따르면, 자아는 '현실의 대표자'이므로 이인증은 자아 기능이 손상된 결과이다.
7) 이인증은 참을 수 없거나 위협적인 현실에서 도피하려는 무의식적 욕구에 대한 방어적 반응으로 해석되는 경우가 많다.
8) 이인증이라는 용어는 일터나 공동체에서 개성을 잃어버린 결과로 나타나는 사회적 소외를 가리키기도 한다.

CHAPTER 11

급식 및 섭식장애

급식 및 섭식장애(Feeding and Eating Disorders)의 하위유형

1) 신경성 거식증(Anorexia Nervosa)
2) 신경성 폭식증(Bulimia Nervosa)
3) 이식증(Pica)
4) 반추장애(Rumination Disorder)
5) 회피적/제한적 음식섭취장애(Avoidant/Restrictive Food Intake Disorder)
6) 과잉섭취장애(Binge - Eating Disorder) = 폭식장애

※아동기, 성인기 장애를 통합하였다.

※거식증의 세분화 및 폭식증의 세분화가 이루어졌다.

1 섭식장애(eating disorder)

(1) 섭식장애는 식이행동상 현저한 장애로서, 마른 몸매에 대한 강한 욕구로 인해 계속 굶거나 약을 먹어서 부적절한 체중 조절을 하는 등 극단적 다이어트에 비정상적으로 집착하는 질환이다.

(2) 섭식장애는 불규칙한 식사 습관, 폭식, 음식에 대한 조절감의 상실, 음식에 대한 과도한 집착, 영양결핍 상태인데도 음식 섭취를 거부하는 등 주로 무리한 다이어트에 의하여 촉발되는 식사행동상의 장애를 특징으로 한다.

(3) 섭식장애의 특징

① 체중의 증가와 비만에 대한 강박적인 걱정과 함께 왜곡된 신체상을 가지고 있다.

② 건강하게 체중을 유지하기 위한 음식 섭취를 적절히 통제하지 못한다.

③ 자신의 체형과 체중을 어떻게 지각하느냐에 따라 자기평가가 쉽게 변한다.

(4) 섭식장애는 음식을 먹는 것을 거부하는 신경성 식욕부진증(anorexia nervosa), 지나치게 많이 먹는 신경성 폭식증(bulimia nervosa), 과잉섭취장애(binge - eating disorder)로 구분되는데, 그중에서 신경성 식욕부진증과 신경성 폭식증이 가장 많이 알려져 있다.

(5) 거식증과 폭식증의 공통점은 체중에 대한 지나친 관심과 왜곡된 신체상을 가지며, 만성 경과를 밟는 증후군으로 볼 수 있다.

(6) 자가중독(auto addictive) 이론이나 설정점(set point) 이론으로 설명할 수 있는 장애는 섭식장애이다.

기출문제 확인학습

1) 자가중독(auto - addictive) 이론
쥐에게 지속적으로 먹이를 한번만 주다보면 스스로 먹기를 거부하고 굶거나, 운동하는 자가중독(self - addiction) 또는 자가기아(self - stavation) 행동을 한다고 주장하는 이론이다.
2) 설정점(set point) 이론
(1) 고정점(set point) 이론이라고도 하며 고정점이란 '의학적으로 우리 몸이 특정 값을 유지하려고 노력하는 일련의 값'을 말한다.
(2) 즉, 고정점(set point)이란 우리 몸이 일정한 몸무게(체중), 일정한 온도(체온), 일정한 염분 농도(삼투압) 등을 유지하려고 하는 하나의 노력이다.
(3) 이는 신체에 큰 변화가 오면 신체의 기관 전체에 변화를 주고 이러한 변화들은 몸에 무리를 줄 수 있기 때문에 어느 정도 일정선에서 유지하려는 우리 신체의 보호기전이다.
(4) 설정점(set point) 이론은 결론적으로, 체중이 내적인 자동조절장치인 지방세포수 등의 설정점에 따라 조절되며 이를 인위적으로 조절하려는 시도는 실패한다고 주장하는 이론이다.

2 신경성 식욕부진증(Anorexia Nervosa)

(1) 체중 증가와 비만에 대한 극심한 두려움을 지니고 있어 음식섭취를 현저하게 감소시키거나 거부함으로써 체중이 비정상적으로 저하되는 경우를 말한다.
(2) 정신분석적 입장에서는 성적인 욕구에 대한 방어적 행동으로 식욕부진증을 설명하였다.
(3) 행동주의적 입장에서는 뚱뚱함에 대한 공포와 과도한 음식섭취에 대한 공포가 식욕부진증을 유발한다고 보았다.
(4) 인지적 입장에서는 식욕부진증 환자들이 자신의 신체를 뚱뚱한 것으로 왜곡하여 지각하는 경향이 있으며 이상적인 몸매와의 심각한 괴리감으로 그 원인을 들었다.
(5) 생물학적 입장에서는 신경성 식욕부진증에 유전적 요인과 시상하부의 이상이 관여한다고 주장한다.
(6) 신경성 식욕부진증 환자들은 영양실조로 인한 여러 가지 합병증의 위험이 있기 때문에 입원 치료하는 경우가 많은데, 건강한 식습관과 영양관리, 신체 상(象)에 대한 왜곡의 수정, 비합리적 신념의 변화, 가족치료를 병행하는 것이 바람직하다.
(7) 신경성 식욕부진증 진단기준
① 연령과 신장에 비하여 체중을 최소한의 정상 수준이나 그 이상으로 유지하기를 거부한다.
② 낮은 체중임에도 불구하고 체중 증가와 비만에 대한 극심한 두려움이 있다.
③ 체중과 체형이 체험되는 방식이 왜곡되고, 체중과 체형이 자기 평가에 지나친 영향을 미치며, 현재의 낮은 체중의 심각함을 부정한다.
④ 월경이 시작된 여성에서 무월경, 즉 적어도 3회 연속적으로 월경 주기가 없다(만일 월경 주기가 에스트로겐과 같은 호르몬 투여 후에만 나타날 경우 무월경이라고 간주된다).

⑤ 유형을 세분할 것

ㄱ. **제한형** : 신경성 식욕 부진증의 현재 삽화 동안에 규칙적으로 폭식하거나 하제를 사용하지 않음(즉, 스스로 유도하는 구토 또는 하제, 이뇨제, 관장제의 남용이 없음)

ㄴ. **폭식 및 하제사용형** : 신경성 식욕 부진증의 현재 삽화동안 규칙적으로 폭식하거나 하제를 사용함(즉, 스스로 유도 구토 또는 하제, 이뇨제, 관장제의 남용)

기출문제 확인학습

신경성 식욕부진증의 임상양상

1) 체중의 감소(제한형 & 폭식 / 제거형)
2) 무월경
3) 변비, 복통, 추위에 대한 내성 저하, 무기력감, 과도한 에너지, 심각한 저혈압, 저체온, 서맥, 피부 건조증 등
4) 체중 증가에 대한 극심한 두려움
5) 과도한 운동 - 엔도르핀의 증가
6) 음식에 대한 생각에 집착(음식에 대해서 생각이 없는 것이 아니라는 것에 주의)
7) 자신의 문제에 대한 부정
8) 공공장소에서의 식사 거부
9) 요리법이나 타인을 위한 요리에의 몰두
10) 음식을 숨기거나 버림
11) 소량의 음식을 오랜 시간 동안 먹음
12) 고지식하며 완벽주의적 성향

3 신경성 폭식증(Bulimia Nervosa)

(1) 짧은 시간 내에 많은 양을 먹는 폭식행동과 이로 인한 체중 증가를 막기 위해 배출행동이 반복되는 경우를 말한다.

(2) 정신분석적 입장에서는 부모에 대한 무의식적 공격성의 표출과 관련 있다고 본다.

(3) 행동주의적 입장에서는 음식에 대한 접근행동과 회피행동의 반복 상태라고 설명하였다.

(4) 신경성 폭식증 진단기준

① 폭식의 반복적인 삽화, 폭식의 삽화는 다음 두 가지 특징이 있다.

ㄱ. 일정한 시간 동안(예 2시간 이내) 대부분의 사람들이 유사한 상황에서 동일한 시간동안 먹는 것보다 분명하게 많은 양의 음식을 먹는다.

ㄴ. 삽화 동안 먹는 데 대한 조절 능력의 상실감이 있다.

예 먹는 것을 멈출 수 없으며, 무엇을 또는 얼마나 많이 먹어야 할 것인지를 조절할 수 없다는 느낌

② 스스로 유도한 구토 또는 하제나 이뇨제, 관장약, 기타 약물의 남용, 금식이나 과도한 운동과 같은, 체중 증가를 억제하기 위한 반복적이고 부적절한 보상행동이 있다.

③ 폭식과 부적절한 보상 행동 모두 평균적으로 적어도 1주 2회씩 3개월 동안 일어난다.

④ 체형과 체중이 자아 평가에 과도한 영향을 미친다.

⑤ 이 장애가 신경성 식욕부진증의 삽화 동안에만 발생되는 것은 아니다.

⑥ 유형을 세분할 것

ㄱ. **하제 사용형** : 신경성 폭식증의 현재의 삽화 동안 정규적으로 구토를 유도하거나 하제, 이뇨제, 관장약을 남용한다.

ㄴ. **하제 비사용형** : 현재의 삽화 동안 금식이나 과도한 운동과 같은 부적절한 보상 행동을 하지만, 정규적으로 구토를 유도한다거나 또는 하제, 이뇨제, 관장제를 남용하는 행동은 하지 않는다.

※ **폭식장애** : 구토 등의 보상행동이 없어도 통제력을 잃은 폭식이 반복되는 경우

4 이식증(Pica)의 진단기준

(1) 적어도 1개월 동안 비영양성 물질을 지속적으로 먹는다.

(2) 비영양성 물질을 먹는 것이 발달수준에 부적절하다.

(3) 먹는 행동이 문화적으로 허용된 관습이 아니다.

(4) 만약 먹는 행동이 다른 정신장애(예 지적장애, 광범위성 발달장애, 조현병)의 기간 중에만 나타난다면, 이 행동이 별도의 임상적 관심을 받아야 할 만큼 심각한 것이어야 한다.

5 반추장애(Rumination Disorder)의 진단기준

(1) 정상적으로 기능하는 기간이 있고 난 다음 나타나며, 적어도 1개월 동안 음식물의 반복적인 역류와 되씹기 행동이 있다.

(2) 이 행동은 동반되는 위장 상태 또는 일반적인 의학적 상태(예 식도 역류)로 인한 것이 아니다.

(3) 이 행동은 신경성 식욕부진증 또는 신경성 폭식증의 경과 중에만 발생하지는 않는다. 만약 증상이 지적장애 또는 광범위성 발달장애의 경과 중에만 발생한다면, 이 증상은 별도로 임상적 관심을 받아야 할 만큼 심각한 것이어야 한다.

6 폭식장애(Binge-Eating Disorder)

1) 반복되는 폭식 삽화, 폭식 삽화는 다음과 같이 특징지어진다.

(1) 일정 시간 동안(예 2시간 이내) 대부분의 사람이 유사한 상황에서 동일한 시간 동안 먹는 것보다 분명하게 많은 양의 음식을 먹음

(2) 삽화 중에 먹는 것에 대한 조절 능력의 상실을 느낌(예 먹는 것을 멈출 수 없거나, 무엇을 혹은 얼마나 많이 먹어야 할 것인지를 조절할 수 없는 느낌)

2) 폭식 삽화는 다음 중 3가지(혹은 그 이상)과 연관된다.

(1) 평소보다 많은 양을 급하게 먹음

(2) 불편하게 배가 부를 때까지 먹음

(3) 신체적으로 배고프지 않은데도 많은 양의 음식을 먹음

(4) 얼마나 많이 먹는지에 대한 부끄러운 느낌 때문에 혼자서 먹음

(5) 폭식 후 스스로에 대한 역겨운 느낌, 우울감 혹은 큰 죄책감을 느낌

3) 폭식으로 인해 현저한 고통이 있다고 여겨진다.

4) 폭식은 평균적으로 최소 3개월 동안 일주일에 1회 이상 발생한다.

5) 폭식은 신경성 폭식증에서 관찰되는 것과 같은 부적절한 보상 행동과 연관되어 있지 않으며, 신경성 폭식증 혹은 신경성 식욕 부진증의 기간 동안에만 발생하지 않는다.

CHAPTER 12 파괴성 장애, 충동통제장애 및 품행장애

파괴성 장애, 충동통제장애 및 품행장애(Disruptive, Impulse - Control, and Conduct Disorders)**의 하위유형**

1) 적대적 반항장애(Oppositional Defiant Disorder)
2) 간헐적 폭발장애(Intermittent Explosive Disorder)
3) 품행장애(Conduct Disorder)
4) 반사회성 성격장애(Antisocial Personality Disorder)
5) 방화광(Pyromania)
6) 도벽광(Kleptomania)

※ 상위범주의 통합이 이루어졌다.

※ 발모광은 강박 스펙트럼장애로 이동하였고, 병적 도박은 중독 장애로 이동하였다.

1 적대적 반항장애(Oppositional Defiant Disorder)

(1) 진단적 특징

① 적대적 반항장애의 필수 증상은 권위 인물에 대해 반복되는 거부적, 도전적, 불복종적, 적대적 행동이 적어도 6개월 이상 지속된다(진단기준 A).

② 다음 행동 가운데 적어도 4가지 행동이 빈번하게 발생한다.

ㄱ. 화내기
ㄴ. 어른과 논쟁하기
ㄷ. 적극적으로 어른의 요구나 규칙을 무시하거나 거절하기
ㄹ. 고의적으로 타인을 귀찮게 하기
ㅁ. 자신의 실수나 잘못된 행동을 남의 탓으로 돌리기
ㅂ. 타인에 의해 기분이 상하거나 쉽게 신경질 내기
ㅅ. 화내고 원망하기
ㅇ. 악의에 차 있거나 앙심을 품고 있기

③ 적대적 반항장애가 진단 내려지기 위해서는 나이가 비슷하고 동일한 발달 수준에 있는 다른 사람들에게서 전형적으로 관찰되는 것보다 그러한 행동이 더 빈번해야 하고, 그러한 행동이 사회적, 학업적, 직업적 기능에 심각한 장애를 초래해야 한다(진단기준 B).

④ 행동장애가 정신증적 장애 또는 기분장애 기간에만 나타나지 않는다(진단기준 C).

⑤ 품행장애 또는 반사회성 인격장애의 진단기준에 맞는다면(18세 이상의 개인에서), 적대적 반항장애는 진단 내려지지 않는다.

(2) 특징

① 거부적이고 도전적인 행동은 지속적인 고집, 지시에 대한 저항, 어른이나 친구와의 타협, 양보, 협상을 하지 않는 양상으로 표현된다.
② 도전은 대개 명령을 무시한 채 논쟁하고, 실수에 대한 비난을 받아들이지 못하는 양상으로 표현된다.
③ 적개심은 어른이나 친구에게 직접적으로 표현되고, 고의적으로 귀찮게 굴거나 언어적으로 공격하는 양상으로 나타난다(흔히 품행장애에서 심각한 신체적 공격성은 나타나지 않는다).
④ 이 장애의 표현은 거의 대부분 집에서 나타나는데, 학교나 지역사회에서는 나타나지 않을 수 있다.
⑤ 증상은 전형적으로 잘 알고 있는 어른이나 친구와의 관계에서 더 잘 나타나고, 임상적인 관찰 도중에는 분명히 나타나지 않을 수 있다.
⑥ 이 장애를 갖고 있는 개인들은 흔히 자신을 반항적이거나 도전적이라고 생각하지 않고, 자신의 행동을 불합리한 요구나 환경에 대한 반응이라고 정당화한다.

2 간헐적 폭발성 장애(Intermittent Explosive Disorder)

공격적 충동이 조절되지 않아, 심각한 공격적 행동이나 재산 및 기물을 훼손하는 파괴적 행동을 반복적으로 나타내는 경우이다.

심화학습

	적대적 반항장애	간헐적 폭발성 장애	파괴적 기분조절 곤란장애
핵심 증상	① 분노하며 짜증내는 기분 ② 논쟁적이고 반항적인 행동 ③ 복수심	① 공격적 충동조절의 어려움 ② 이로 인한 심각한 파괴적 행동	① 만성적인 짜증 ② 간헐적 분노폭발
구별	① 기분장애를 반드시 동반하지 않음 ② 폭발적 행동이 반드시 동반되지는 않음	① 기분장애 동반되지 않음 ② 폭발적 행동(분노발작) 동반 ③ 6세 이상 진단	① 기분장애 동반 ② 폭발적 행동(분노발작) 동반 ③ 6세~18세 진단

3 품행장애(conduct disorder)[1]

(1) 타인의 기본 권리나 나이에 맞는 사회적 규칙을 반복적이고 지속적으로 위반하는 것과 관련된 장애이다.

(2) 사람과 동물에 대한 공격성, 파괴와 사기 혹은 절도, 심각한 규칙의 위반 등의 모습으로 나타난다.

(3) 사회적인 관점에서는 일탈행동이며 법률적으로는 비행에 해당하고, 특히 형법과 관련되어서는 범죄 행위로 평가될 수 있는데 사회적으로 용납되지 않는 행동을 지속하는 것이 품행장애의 주된 증상으로 비행, 공격성이 동반된다.

(4) 일시적인 일탈이 아니라 적어도 과거 6개월 동안 진단에 필요한 준거가 나타나야 한다.

(5) 품행 장애는 반사회적, 공격적, 도전적 행위를 반복적, 지속적으로 행하여 사회, 학업, 작업 기능에 중대한 지장을 초래하는 장애를 의미한다.

(6) 가족뿐만 아니라 대인관계 전반에서 나타날 수 있으며 가정과 학교, 사회에서 나타난다.

(7) 심리적 관점으로는 품행장애로 보지만, 사회적으로는 일탈 행동, 법률적으로는 청소년 비행에 해당된다.

(8) 품행장애는 1950년대에 '청소년 비행(juvenile delinquency)'으로 소아기에 나타나는 행동장애로 간주되었고, 1990년대에 품행장애(conduct disorder)라는 용어를 사용하였다.

(9) 품행장애는 남자에게서 훨씬 높게 나타나며 청소년기의 여아에게는 성적 일탈이 두드러지고 남아는 폭력적 성향이 두드러지며 주로 청소년 초기에 처음 발현된다.

(10) 소아기(10세 이전)에 발병되면 잘 낫지 않으며 청소년기에 발병하면 나이가 들어서 반사회적 행동이 줄어드는 경향이 있다.

1) **출처** : 네이버 백과사전

🗀 실력 다지기

품행장애의 진단기준

1) 다른 사람의 기본적 권리를 침해하고 나이에 맞는 사회적 규범 및 규칙을 위반하는, 지속적이고 반복적인 행동 양상으로서, 다음 가운데 3개(또는 그 이상) 항목이 지난 12개월 동안 있어 왔고, 적어도 1개 항목이 지난 6개월 동안 있어 왔다.
   (1) 흔히 다른 사람을 괴롭히거나, 위협하거나, 협박한다.
   (2) 흔히 육체적인 싸움을 도발한다.
   (3) 다른 사람에게 심각한 신체적 손상을 일으킬 수 있는 무기를 사용한다(예 곤봉, 벽돌, 깨진 병, 칼 또는 총).
   (4) 사람에게 신체적으로 잔혹하게 대한다.
   (5) 동물에게 신체적으로 잔혹하게 대한다.
   (6) 피해자와 대면한 상태에서 도둑질을 한다.
      예 노상강도, 날치기, 강탈, 무장 강도
   (7) 다른 사람에게 성적 행위를 강요한다.
      ※ 재산의 파괴
   (8) 심각한 손상을 입히려는 의도로 일부러 불을 지른다.
   (9) 다른 사람의 재산을 일부러 파괴한다(방화는 제외).
      ※ 사기 또는 도둑질
   (10) 다른 살인마들의 집, 건물, 차를 파괴한다.
   (11) 물건이나 호감을 얻기 위해 또는 의무를 회피하기 위해 거짓말을 흔히 한다.
      예 다른 사람을 속인다
   (12) 피해자와 대면하지 않은 상황에서 귀중품을 훔친다.
      예 파괴와 침입이 없는 도둑질, 위조 문서
      ※심각한 규칙 위반
   (13) 13세 이전에 부모의 금지에도 불구하고 밤 늦게까지 집에 들어오지 않는다.
   (14) 친부모 또는 양부모와 같이 사는 동안 적어도 2번 가출한다(또는 오랫동안 돌아오지 않는 1번의 가출).
   (15) 13세 이전에 시작되는 무단결석

2) 행동의 장애가 사회적 · 학업적 또는 직업적 기능에 임상적으로 심각한 장애를 일으킨다.

3) 18세 이상일 경우, 반사회성 인격장애의 진단기준에 맞지 않아야 한다.

기출문제 확인학습

품행장애의 다중체계치료 (Multi - Systemic Therapy)[2)]

1) 미국의 다중체계치료는 1970년대 후반부터 개발되어온 치료 모형으로, 비행 청소년 및 위기청소년의 정신 건강 문제를 다루기 위하여 개발된 가족 및 지역사회 중심 치료 개입이다(Henggeler, 2002).

2) 다중체계치료의 특징
   (1) 대상 청소년 및 가족의 문제와 욕구를 파악하여 청소년의 문제에 개별적으로 개입한다.
   (2) 가족의 기술 및 능력을 강화하여 청소년을 도울 수 있도록 한다.
   (3) 다양한 지역사회의 서비스를 연계하는 것으로, 전문 인력인 다중체계치료 프로그램의 치료자가 대상 청소년의 개인적 문제 개입, 가족 개입, 지역사회와의 연계 등의 역할을 맡아 활동한다.

3) 다중체계치료(MST)의 9가지 치료원칙
   (1) 다중체계치료의 평가과정은 발견된 문제와 그것이 나타난 환경(systemic context) 간의 적합성(fit)을 파악하려는 목적을 갖는다(초기 평가).
   (2) 변화를 위한 개입은 보호요인을 강조하고, 체계(system)의 강점을 이용하는 것을 중요시한다(개입 목표 및 전략).
   (3) 다중체계치료의 개입은 가족 성원들의 책임감 있는 행동을 증진시키고, 무책임한 행동을 감소시키는 것을 중시한다(개입 목표 및 전략).
   (4) 다중체계치료 개입은 집중적인 목표가 되고(focused), 행동 지향적이고(action oriented), 특정적이며(specific), 잘 정의된(well - defined) 문제를 대상으로 이루어진다(개입 대상).
   (5) 개입은 문제행동을 지속하게 하는 다중체계(multiple systems) 내의 혹은 체계 간의 요인들을 그 개입 대상으로 한다(개입 대상).
   (6) 개입은 청소년과 양육자의 발달적 욕구에 적합한(fit) 것이어야 한다(개입대상).
   (7) 가족성원과 관련된 사람들에게 매일 혹은 매주 일정한 과업을 하게 하는 것은 매우 중요하다(개입 전략 및 내용).
   (8) 다중체계치료 개입은 관련된 사람들의 다양한 관점에 의해 지속적으로 개입의 효율성이 평가된다(개입 효율성 지속적인 평가).

2) 국가청소년위원회, 청소년동반자 활동 매뉴얼(개정판), 2006

(9) 다중체계치료 개입은 다체계적 맥락(multiple systemic context)에서 가족성원들의 욕구를 다루고 청소년을 보살피는 사람들의 힘을 강화시킴으로써(empowering) 치료적 일반화와 그 변화의 장기적인 유지가 촉진될 수 있도록 한다(개입 효과의 일반화 및 유지 방안).

MST 치료 원리	
원리 1	평가의 주요 목적은 발견된 문제와 그것이 나타난 환경 간의 적합성을 파악하는 것이다.
원리 2	치료적 접촉에서는 긍정적인 면을 강조하고, 변화를 위한 수단으로 체계의 강점을 이용한다.
원리 3	개입은 가족 구성원 간에 책임있는 행동의 증진과 무책임한 행동의 감소를 위해 고안되어야 한다.
원리 4	개입은 집중적인 목표가 되고, 행동지향적이고 특정적이며, 잘 정의된 문제를 대상으로 이루어진다.
원리 5	개입은 확인된 문제를 지속하게 하는 다중체계 내 혹은 다중체계 간 요인들을 대상으로 한다.
원리 6	개입은 청소년과 양육자의 발달적 욕구에 적합한 것이어야 한다.
원리 7	개입은 가족 구성원이 매일 혹은 매주 단위로 일정한 과업을 할 수 있도록 고안되어야 한다.
원리 8	개입의 효율성은 장애물을 극복하고 성공적인 결과를 낳을 책임이 있는 서비스 제공자가 다양한 조망에서 지속적으로 평가해야 한다.
원리 9	개입은 다양한 체계의 맥락에서 가족 구성원의 욕구를 다룰 수 있도록 보호자의 힘을 키워줌으로써 치료의 일반화와 치료적 변화가 장기간 유지되도록 해야 한다.

파괴적 행동문제를 보이는 청소년에게 정적강화의 수준을 높여야 하는 이유

1) 파괴적 행동문제(disruptive behavior problem)를 보이고 있으므로 정적 강화는 바람직하지 못한 행동을 수정하는 효과가 높기 때문이다. 즉, 파괴적 행동을 하지 않고 그 반대의 행동을 했을 경우 인정과 칭찬은 바람직한 행동을 더 하도록 유발할 수 있다.
2) 파괴적 행동문제(disruptive behavior problem)를 하는 청소년에 대해 벌(체벌 등)을 주는 것보다는 강화기법을 활용하는 것이 정서적으로 민감한 청소년이 받아들일 수 있는 더 좋은 방법이기 때문이다.
3) 정적 강화가 효율적이 되려면 강화계획은 미리 알려주는 것이 좋은데, 이를 이해하고 받아들이는 것이 파괴적 행동문제를 일으키는 청소년들에게 더욱 적합하고 쉽기 때문이다.

4 기타 충동통제장애 유형

여러 가지 종류의 충동이 조절되지 않은 채 부적응적인 행동양상으로 나타나는 경우를 의미한다. 충동통제장애의 하위유형의 공통적 특성은 자기 자신이나 타인에게 해를 끼칠 수 있는 행동을 하려는 충동, 욕구, 유혹에 저항하지 못한다는 것과 충동적 행동을 하기 전까지 긴장감이나 각성상태가 고조되고, 일단 행동으로 옮기고 나면 쾌감, 만족감, 안도감을 경험하게 되는 것이다.

(1) 도벽광(Kleptomania)

① 남의 물건을 훔치고 싶은 충동을 참지 못해서 반복적으로 도둑질을 하는 경우
② 개인적으로 필요치 않은 하찮은 물건을 훔침
③ 훔친 물건을 살만한 돈을 가지고 있음
④ 훔친 물건은 버리거나 다시 제 자리에 몰래 갖다 놓기도 함
⑤ 미리 계획된 행동이 아닌 충동적 행동으로 언제나 혼자 저지름
⑥ 훔치다 붙잡혀서 사회적 체면을 손상받지 않을까 하는 우려로 우울, 불안, 죄책감에 시달리기도 함
⑦ **동반질환**: 만성우울, 신경성 식욕부진증, 과식욕, 방화광(특히 여성에서)
⑧ 대부분 소매상에서 훔침
⑨ 개인적으로 쓸모가 없거나 금전적으로 가치가 없는 물건을 훔치려는 충동을 저지하는데 반복적으로 실패한다.
⑩ 훔치기 전에 고조되는 긴장감을 경험한다.
⑪ 훔친 후에 기쁨, 충족감, 안도감을 느낀다.

실력 다지기

도벽광의 DSM-5 진단기준(요약)

A	자신에게 쓸모나 경제적 가치가 없는 물건을 반복적으로 훔침
B	훔치기 직전에 긴장이 고조
C	훔치는 동안 쾌감, 만족감 또는 긴장 해소
D	망상이나 환각 또는 분노나 원한 때문이 아님
E	배제진단 - 품행장애, 조증삽화, 반사회성 인격장애

(2) 방화광(Pyromania)

불을 지르고 싶은 충동을 조절하지 못해 반복적으로 방화를 하는 장애이다.

(3) 간헐적 폭발성 장애[3)]

공격적 충동이 조절되지 않아, 심각한 공격적 행동이나 재산 및 기물을 훼손하는 파괴적 행동을 반복적으로 나타내는 경우이다.

기출문제 확인학습

간헐적 폭발성 장애(Intermittent Explosive Disorder)

1) 공격적 충동이 조절되지 않아 심각한 파괴적 행동으로 나타나게 되는 경우를 말한다.
2) 이 장애를 지닌 사람은 심각한 공격적 행위 또는 재산이나 기물을 파괴하는 공격적 충동을 통제하지 못하는 사건이 일정하지는 않지만 계속해서 일어난다.
3) 이러한 사건 동안에 나타나는 공격성의 정도가 그 사건을 일으킨 계기가 되는 심리사회적 압박감에 비례하지는 않는다.
4) 공격적 발작을 하듯이 폭발적인 행동을 하기 전에 긴장감이나 각성상태를 먼저 느끼고 행동을 하고 나서는 즉각적인 안도감을 느낀다.
5) 공격적 행동으로 인해 동요하고 후회(죄책감을 느낌)하며 당혹감을 느끼게 되며 이러한 문제로 인하여 직업상실, 학교적응 곤란(정학), 이혼, 대인관계의 문제, 사고, 입원, 투옥 등을 겪을 수 있다.

3) 간헐적 폭발성 장애는 언어적 공격(분노발작, 장황한 비난, 논쟁이나 언어적 다툼) 또는 신체적 공격(재산, 동물, 타인에게 가하는 공격성) 중 하나를 특징으로 보이는 장애이다. 이는 3개월 동안 평균적으로 1주일에 2회 이상 발생한 경우이다.

CHAPTER 13

신경인지장애

신경인지장애[1](Neurocognitive Disorders)의 하위유형

1) 주요 신경인지장애(Major Neurocognitive Disorders)
2) 경도 신경인지장애(Minor Neurocognitive Disorders)
3) 섬망(Delirium)

※뇌의 손상으로 인해 의식, 기억, 언어, 판단 등의 인지적 기능에 심각한 결손이 나타나는 경우
※알츠하이머 질환, 뇌혈관 질환, 충격에 의한 뇌 손상, HIV 감염, 파킨슨 질환 등에 의해 유발될 수 있음
※물질 사용, 신체적 질병과 같은 다양한 원인에 의해서 유발될 수 있음

1 섬망(delirium)

(1) 의식이 흐릿하고 주의를 집중하지 못하며 사고의 흐름이 일관성이 없는 장애로서 주변상황을 잘못 이해하며, 생각의 혼돈이나 방향상실 등이 일어나는 정신의 혼란상태이다.

(2) 일반적인 의학적 조건에 의한, 물질 중독성, 물질 금단성, 복합 원인에 의한 섬망이 있다.

(3) 섬망은 보통 중독·발열·심부전(心不全) 및 대뇌에 부상을 당했을 때 등 뇌에 나쁜 영향을 끼치는 신체적 결함으로 인해 일어난다.

(4) 주위환경 변화가 심하면 섬망상태가 더 잘 일어나기 때문에 섬망이 나타나려고 할 때 환자를 집에서 병원으로 옮기는 것은 환자에게 위협이 될 수 있는데, 이때 가족이 곁에 있으면 위협을 훨씬 줄일 수 있다.

(5) 원인이 되는 신체적 조건이 개선되면 섬망 증상은 곧 없어진다.

(6) 독물의 제거뿐 아니라 뇌의 피해 정도나 신체의 회복능력에 따라서도 회복속도가 달라진다.

(7) 섬망의 진단기준

① 의식 장애(즉, 환경을 파악하는 명료도의 감퇴)와 주의를 집중하고, 유지하고, 이동하는 능력의 감퇴

② 인지의 변화(기억력 장애, 지남력 장애, 언어 장애 등) 또는 지각 장애가 이미 존재하거나 확진되거나 진행 중인 치매로 잘 설명되지 않는다.

③ 장애가 단기간 동안(대개 몇 시간에서 며칠) 발전되고, 하루 중에도 변동하는 경향이 있다.

④ 과거력, 신체검사 또는 검사 소견에서 장애가 일반적인 의학적 상태의 직접적인 생리적 효과에 의한 것이라는 증거가 있다.

1) 신경인지장애(Neurocognitive Disorders)의 하위유형을 중심으로 기술

2 치매

(1) 노년기에 나타나는 대표적 정신장애로서 다양한 인지적 기능이 퇴화하는 경우를 말한다.

(2) 기억력이 현저하게 저하되고 언어나 운동기능이 감퇴하며 물체를 알아보지 못하고 일상생활에 필요한 여러 가지 적응능력이 전반적으로 손상된다.

(3) 기억장애를 필수적으로 포함하여 실어증, 실행증(失行症), 실인증, 실행 기능의 장애가 나타날 경우 치매로 진단된다.

> 1) 실어증(aphasia):사람과 사물의 이름을 말하는 데 어려움을 느낌
> 2) 실인증(agnosia):사물을 인지하지 못하거나 그 의미를 파악하지 못함
> 3) 실행증(apraxia):동작을 통해 어떤 일을 실행하는 능력의 장애
> 4) 실행기능(executive function) 장애:하위 과제로 쪼개기, 순서대로 배열하기, 계획하기, 시작하기, 결과 점검하기, 중단하기 등을 수행하지 못함
> 5) 지남력:시간과 장소, 상황이나 환경 따위를 올바로 인식하는 능력

(4) ① 뇌세포의 점진적 파괴로 인해 발생하며 치매증상이 서서히 진행되는 것이 주된 특징인 알츠하이머형 치매와 ② 뇌출혈이나 뇌졸중 등에 의한 뇌혈관의 파열로 인해 뇌세포가 손상되어 치매증상이 나타나는 경우인 혈관성 치매, ③ 두부 외상으로 인한 치매, ④ 파킨슨 질환으로 인한 치매 등으로 다양하게 구분된다.

(5) 알츠하이머 치매 : 알츠하이머병은 가장 흔한 치매로서, 전체 치매의 절반정도를 차지하고 있다. 이 치매는 정상 뇌세포의 손상으로 아세틸콜린과 세로토닌이라는 신경전달물질이 감소되어 기억력, 언어기능, 판단력이 상실되고 성격이 변화되어 결국에는 스스로를 돌볼 수 있는 능력이 상실되는 질환이다. 점차적으로 발생하고 서서히 나빠지는데 아직까지 정확한 원인이 밝혀지지 않았다.

기출문제 확인학습

알츠하이머 질환과 베타 아밀로이드

1) 일종의 뇌 질환인 치매의 종류는 다양하며 이는 알츠하이머병 치매, 혈관성 치매, 파킨슨 치매, 외상에서 오는 치매, 음주와 흡연에서 오는 치매 등이다.
2) 여러 종류의 치매 중 가장 흔한 치매는 알츠하이머병 치매와 혈관성 치매이다.
3) 알츠하이머 치매는 '베타 아밀로이드'라고 불리는 단백질과 관련성이 높고, 혈관성 치매는 뇌졸중이나 중풍처럼 뇌 혈관과 관련이 많다.
4) 알츠하이머병 치매의 원인은 '베타 아밀로이드'가 뇌 신경세포 내 미토콘드리아에서 배출되는 활성산소를 증가시키며 생긴다.
5) 증가된 활성산소는 뇌 조직에 염증을 일으켜 뇌 세포 내 단백질이나 DNA에 치명적인 손상을 입혀 치매 증상의 원인이 된다.
6) 혈관성 치매 역시 알츠하이머 치매와 진행 과정이 비슷하며 혈관이 막히면서 뇌세포를 손상 또는 사망시켜 치매 증상을 일으킨다.

실력 다지기

알츠하이머 치매 진단기준(DSM-5) 요약

기준	내용
A	복합적인 인지 결손이 다음의 두 가지 양상으로 나타난다. 1) 기억 장애(새로운 정보에 대한 학습 장애 또는 병전에 학습한 정보의 회상 능력의 장애) 2) 다음의 인지 장애 가운데 1개(또는 그 이상) (1) 실어증(언어 장애) (2) 실행증(운동 기능은 정상이지만, 운동 활동의 수행에 장애) (3) 실인증(감각 기능은 정상이지만, 물체를 인지하거나 감별하지 못함) (4) 실행 기능의 장애(즉, 계획, 조정, 유지, 추상적 사고 능력)
B	진단기준 A1과 A2의 인지 장애가 사회적 또는 직업적 기능에 있어서 심각한 장애를 일으키고, 병전의 기능 수준보다 상당히 감퇴되어 있음을 나타낸다.
C	경과는 서서히 발병하고 지속적인 인지 감퇴를 보이는 특징이 있다.
D	진단기준 A1과 A2의 인지 장애가 다음 가운데 어떤 경우로 인한 것도 아니어야 한다. 1) 점진적인 기억과 인지 장애를 일으키는 다른 중추신경계 상태 예 뇌혈관 질환, 파킨슨 병, 헌팅턴 병, 경막하 혈종, 정상압 수두증, 뇌종양 2) 치매를 일으키는 정신적 상태 예 갑상선 기능 저하증, 비타민 B12 또는 엽산결핍, 나이아신결핍, 과칼슘혈증, 신경매독, 인간면역결핍 바이러스 병 3) 물질로 유발된 상태

기출문제 확인학습

1) 테이 삭스 질환 - 뇌 손상 관련 없음

뇌에 해로운 화학물질이 축적되는 유전질환으로 어린 시기에 발생하는 치명적인 질환이다. 뇌에 필수적인 효소가 결핍되어 비정상적인 화학 물질이 축적되고 진행성이고 치명적인 뇌 손상을 일으킨다. 상염색체 열성으로 유전되는 이상 유전자에 의해서 발생하는 질환이다(유전자 질환).

2) 헌팅턴 무도병 - 뇌 손상 관련 있음

의도하지도 않았는데 날뛰듯이 거칠게 사지를 움직이는 질병이며, 선조체 손상(더 자세히 설명하면 미상핵과 피핵으로 이루어진 선조체에서 미상핵 손상)으로 발생한다.

3) 픽병(Pick Disease) - 뇌 손상 관련 있음

뇌의 앞부분이 서서히 위축되는 병(좀 더 구체적으로 이야기하면 측두엽 피질의 조직 퇴화)으로 치매를 불러일으킨다. 기억을 상실하고(좀 더 구체적으로 이야기하면 사실과 관계된 기억 상실) 혼돈 상태가 자주 나타나는 것이다.

4) 알츠하이머병 - 뇌 손상 관련 있음

전뇌기저부 뉴런의 망실로 야기되는 노인성 치매의 가장 흔한 형태. 기억 상실, 방향 감각 상실, 의식장애 증상을 보인다. 알츠하이머병에서 문제가 되는 것은 사고 과정 자체가 마멸되는 치매 현상이다. 알츠하이머병과 파킨슨병은 둘 다 '신경퇴행성'질환이다.

5) 파킨슨병 - 뇌 손상 관련 있음

흑질의 뇌세포가 사멸하면서 발생하는 질병으로 환자들은 수의적인 운동 능력을 상실한다. 근육이 경직되고 손도 떨린다. 파킨슨병은 알츠하이머병과 달리 운동장애를 먼저 일으킨다. 환자는 움직이려고 하지만 자신의 욕구를 행동으로 옮길 수 없다.

출처 : <뇌에 대해 풀리지 않는 의문들>, <브레인 스토리>에서 발췌하여 정리

주요 신경인지 장애

1) 주요 신경인지장애(NCDs)의 경우 인지 기능의 저하 여부는 병전 수행 수준을 기준으로 삼으며, 이미 획득된 기능 수준으로부터의 감퇴를 의미한다.
2) 주요 신경인지장애(NCDs)의 경우 가족력이나 유전자 검사에서 원인이 되는 유전적 돌연변이의 증거와 관련이 적은데, 이는 발달상의 장애라기보다는 후천성을 띤 장애이기 때문이다.
3) 주요 신경인지장애(NCDs)의 경우 기억 기능의 저하가 항상 나타나는 것은 아니다. 유형 중에 전두측두엽 주요 또는 경도 신경인지장애는 학습과 기억은 거의 손상되지 않는다.
4) 주요 신경인지장애(NCDs)의 경우 인지 기능 손상의 증거가 환자나 보호자의 주관적 보고와 객관적 검사 중 모두에서 확인되면 진단 가능하다.

주요 신경인지 장애 : DSM – 5 → 병인에 따른 아형 세분화(Specify whether due to)[2)]

1) 알츠하이머병(Alzheimer's disease)
2) 전측두엽 퇴화(Frontotemporal lobar degeneration)
3) 루이체병(Lewy body disease)
4) 혈관성 질환(Vascular disease)
5) 외상성 두뇌 손상(Traumatic brain injury)
6) 물질 / 약물 유발형 (Substance / medication induced)
7) 인간면역결핍 바이러스(HIV) 감염 (HIV infection)
8) 프리온 병(Prion disease)
9) 파킨슨병(Parkinson's disease)
10) 헌팅턴병(Huntington's disease)
11) 다른 의학적 상태(Another medical condition)
12) 다양한 병인(Multiple etiologies)
13) 불특정형(Unspecified)

2) 신경인지장애(Neurocognitive Disorders)의 하위유형에는 주요 신경인지장애(Major Neurocognitive Disorders), 경도 신경인지장애(Minor Neurocognitive Disorders), 섬망(Delirium)이 있다.

CHAPTER 14 신체증상 및 관련장애

신체증상 및 관련장애(Somatic Symptoms and Related Disorders)의 하위유형

1) 신체증상장애(Somatic Symptom Disorder) : 신체화장애
2) 질병불안장애(Illness Anxiety Disorder) : 건강염려증
3) 전환장애(Conversion Disorder) : Functional Neurological Symptom Disorder
4) 의학적 상태에 영향을 미치는 심리적 요인(Psychological Factors Affecting Other Medical Conditions)
5) 허위성장애(Factitious Disorder)

※ 상위범주 및 하위유형 명칭의 상당한 변경이 있었다.

※ 신체변형장애 이동과 통증장애 삭제, 허위성 장애가 추가되었다.

1 신체증상장애(Somatic Symptom Disorder) : 신체화장애

(1) 장기간 지속되어 온 다양한 종류의 신체적 증상을 호소하는 장애이다.

(2) 부정적 감정을 억압할 때 생겨날 수 있으며 신체적 증상으로 인한 이차적 이득에 의해서 강화된다.

(3) 신체화 장애를 지닌 사람은 신체적 변화에 주의를 많이 기울이고 신체 감각을 증폭하여 지각하며 신체적 증상의 원인을 질병으로 잘못 해석하는 경향이 있다.

(4) 만성적인 경과를 나타내며 치료하기 어려운 장애로 알려져 있다.

(5) 원인론 중 정신사회 이론

① 신체증상장애가 있는 사람은 스트레스, 불안, 좌절을 외부로 표출하기보다는 내재화시킨다.

② 일차적 이득은 직접적인 외적 이득으로 불안, 갈등, 스트레스가 줄어드는 것이다.

③ 이차적 이득은 아프기 때문에 관심과 대우를 제공받는다는 것이다.

☞ 정리

신체증상장애의 DSM-5 진단기준(요약)

A	일상생활에 심각한 장애를 초래하는 한 가지 이상의 신체 증상
B	신체 증상 및 건강에 대한 걱정과 관련된 다음 중 한 가지 이상의 생각, 느낌 또는 행동 1) 과도하고 지속적으로 증상의 심각성에 대해 생각함 2) 건강 또는 증상에 대한 지속적으로 과도한 불안 3) 이런 증상 또는 건강을 걱정하는 것에 과도한 시간과 에너지를 소비함
C	증상이 지속적(6개월 이상), 단 한 가지 증상이 쭉 지속될 필요는 없음(증상이 중간에 바뀌어도 진단 가능)

기출문제 확인학습

신체증상장애

신체증상장애는 증상의 심각도에 따라 경도(mild), 중등도(moderate), 고도(severe)의 3단계로 구분된다. 경도는 진단기준 B의 구체적인 증상들이 단 1가지만 만족한다. 중등도는 진단기준 B의 구체적인 증상들이 2가지 이상 만족한다. 고도는 진단기준 B의 구체적인 증상들이 2가지 이상 만족하고 여러 가지 신체증상이 있거나, 하나의 매우 심한 신체증상이 있다.

신체증상장애 - 진단기준 B

1) 증상의 심각성에 대해 편중되고 지속적인 생각
2) 건강이나 증상에 대한 지속적이고 높은 단계의 불안
3) 이러한 증상들 또는 건강염려에 대해서 과도한 시간과 에너지 소비

2 질병불안장애(Illness Anxiety Disorder, 건강염려증) 진단기준

(1) 자신이 중병을 가지고 있다는 공포나 믿음에 사로잡혀 있다.

(2) 일상적인 신체증상이나 감각을 정상이 아니라고 생각한다(중병의 신호로 인식).

(3) 주관적으로 느끼는 신체적 장애를 의학적 검사로 입증할 수 없다.

(4) 사회생활이나 직업에 지장을 준다.

(5) 6개월 이상 지속된다.

(6) 자신은 합당하고 충분한 진료를 받지 못했다고 인식한다.

3 전환장애(Conversion Disorder)

(1) 전환(conversion)이란 정신적인 에너지가 신체증상으로 변환되었다는 의미이며, 고전적으로 히스테리 신경증이라고 불리던 질환으로 신체 마비나 감각 이상과 같이 주로 신경학적 손상을 시사하는 소수의 신체적 증상을 나타내는 장애이다.

(2) 증상은 심리적 갈등 욕구가 원인이 되어 신경계 증상이나 수의 운동기관의 증상이 한 가지 이상 오지만, 정밀 검사를 하여도 해부 생리학적인 기전으로 설명되지 않는 경우 진단을 내리게 된다.

(3) 사춘기나 성인초기에 잘 발병되며 여성에게서 더 많이 나타난다.

(4) 정신분석적 입장에서는 전환 장애가 무의식적인 욕구와 그것을 표출하는 것에 대한 두려움의 타협으로 생긴다고 본다.

(5) 행동주의적 입장에서는 전환증상을 충격적 사건이나 정서적 상태 후에 생기는 신체적 이상이 외부적으로 강화된 것이라고 설명하고 있다.

정리

전환장애의 DSM-5 진단기준(요약)

A	수의운동 / 감각기능의 이상이나 결손
B	증상이 신경학 또는 의학적인 상태에 부합하지 않음
C	배제진단 - 다른 의학적 또는 정신 장애
D	증상이나 결손으로 인해 사회적, 직업적 또는 다른 중요한 기능적 장애나 고통

🗀 기출문제 확인학습

전환장애[1]

1) 과거에 '히스테리'라고 불렸던 전환장애는 S. Freud가 정신분석학을 발전시키는 초기과정에 많은 관심을 지녔던 장애이다.
2) S. Freud는 전환장애가 무의식적인 생각이나 감정을 표현하려는 욕구와 그것을 표현하는 것에 대한 두려움의 타협으로 생긴다고 보았다.
3) S. Freud는 한 쪽 팔이 마비되어 움직이지 못하는 히스테리 증상을 나타냈던 20대 여성인 Anna O의 사례를 분석하면서, Anna가 병상에 있는 아버지를 간호하는 과정에서 아버지의 성기를 만지고 싶은 욕망과 그에 대한 죄책감에 대한 무의식적 타협으로 증상을 나타내게 되었다고 설명하고 있다.
4) 팔의 마비는 아버지의 성기를 만지려는 욕망이 행동으로 나타나는 것을 방지하는 동시에 그러한 욕망을 품었던 자신에 대한 자기처벌적인 의미를 지니고 있으며 이는 죄책감을 완화하는 기능을 할 수 있다는 것이다.
5) 이러한 분석을 통해서, 전환장애는 오이디푸스 시기에 생기는 수동적인 성적 유혹과 관련되어 있다고 보았던 것이다.
6) 결론적으로 정신분석적 입장에서는 전환장애를 심리성적 발달과정의 오이디푸스 갈등에서 유래하는 특정한 성적 갈등이 억압되어 상징적 의미를 지니는 신체적 증상으로 전환된 것으로 보고 있으며, 최근에는 성적 갈등 뿐 아니라 다양한 심리적 갈등이 전환장애를 초래할 수 있다고 설명하고 있다.

4 허위성 장애(Factitious Disorder)[2]

(1) 환자의 역할을 하기 위하여 신체적 또는 심리적 증상을 의도적으로 만들어 내거나 위장하는 경우를 말한다.
(2) 이러한 증상으로 인하여 아무런 현실적인 이득이 없음이 분명하고 다만, 환자 역할을 하려는 심리적 욕구에 기인한 것으로 추정될 때 이러한 진단이 내려진다.
(3) 허위성 장애와 구분되는 꾀병은 의도적으로 증상을 만들거나 과장하지만, 목적이 있다는 것이 허위성 장애와 다른 점이다.

1) 현대 이상 심리학, 권석만, 2003
2) 허위성장애 또는 가성장애는 행동의 외적 유인(예 꾀병에서와 같은 경제적 이득, 법적 책임을 회피하려는 의도, 혹은 신체적 안녕을 꾀하는 것들)이 없어야 한다.

기출문제 확인학습

뮌하우젠 증후군(Munchausen's syndrome)

1) 1951년 미국의 정신과 의사 리처드 애셔(Richard Asher)가 의학저널 'The Lancet'을 통해 처음으로 이 증세를 묘사했다.
2) '뮌하우젠'이란 병명은 18세기 독일의 군인이자 관료였던 폰 뮌하우젠 남작(Baron Karl Friedrich Munchausen, 1720 ~ 1797)에게서 따왔다.
3) 애셔는 끊임없는 허풍과 과장, 진지하게 자신의 경험이라고 주장하는 부분이 환자들의 증세와 일치한다고 보고 뮌하우젠 남작의 이름을 병명으로 만들었다.
4) 허위성 장애의 아형 3가지(정신장애의 진단 및 통계 편람)
   (1) 주로 심리적인 징후와 증상이 있는 것
   (2) 주로 신체적인 징후와 증상이 있는 것 - 뮌하우젠 증후군
   (3) 심리적, 신체적 징후와 증상이 같이 있는 것
   허위성 장애의 필수 증상은 신체적인 혹은 심리적인 징후나 증상을 의도적으로 만들어 내는 것이다.
5) 임상 양상
   (1) 꾸며진(위조된) 주관적인 호소
   예 어떤 동통도 없으면서 급성 복통을 호소
   (2) 자기 - 상해 상황
   예 타액이 피부로 침투되어 농양 형성
   (3) 전에 있었던 일반적인 의학적 상태에 대한 과장이나 악화
   예 간질의 과거력을 가진 환자가 대발작으로 꾸며 말함
   (4) 이러한 행동을 하는 동기는 환자의 역할을 하려는 것이며, 이런 행동의 외적인 이득이 없어야 한다.
   예 꾀병에서처럼 경제적인 이득, 법적인 책임 회피, 신체적인 편안함의 개선
6) 고통을 주는 검사나 수술을 원하는 것은 환자의 피학적 성격(masochistic personality) 때문인데, 그 고통을 자신의 과거의 실제 또는 상상의 죄에 대한 징벌로 생각한다.
7) 증상
   (1) 주로 심리적인 징후와 증상이 있는 것
   개인들은 배우자 사망 후 우울과 자살 사고(배우자의 사망은 다른 정보 제공자에 의해 확인되지 않음), 기억 상실(단기와 장기 기억), 환각(환청과 환시), 해리 증상을 호소한다.
   (2) 주로 신체적인 징후와 증상이 있는 것 - 뮌하우젠 증후군
   흔한 임상 양상은 메슥거림과 구토를 동반한 심한 좌하복부 복통, 현훈, 다량의 각혈, 전신의 발진과 농양, 확인되지 않는 원인의 발열, 항응고제 복용 후의 이차적인 출혈 등이다.
8) 진단(정신장애의 진단 및 통계 편람 제4판)
   (1) 신체적 혹은 정신적 징후나 증상을 의도적으로 만들거나 가장한다.
   (2) 그 행동의 동기는 환자 역할(sick role)을 가장하려는 것이다.
   (3) 행동의 외적 유인이 없어야 한다.
   예 꾀병에서와 같은 경제적 이득, 법적 책임을 회피하려는 의도, 혹은 신체적 안녕을 꾀하는 것들

CHAPTER 15 외상 및 스트레스 관련장애

외상 및 스트레스 관련 장애(Trauma and Stress - related Disorders)**의 하위유형**

1) 반응성 애착장애(Reactive Attachment Disorder)
2) 탈억제성 사회적 유대감 장애(Disinhibited Social Engagement Disorder)
3) 외상 후 스트레스 장애(Posttraumatic Stress Disorder)
4) 급성 스트레스 장애(Acute Stress Disorder)
5) 적응장애(Adjustment Disorder)
   ※ 불안장애에서 별도로 독립시켰다.
   ※ 스트레스 관련장애를 한 영역으로 묶었다.

1 반응성 애착 장애[1] (Reactive Attachment Disorder, RAD)

(1) 5세 이전에 시작되는 대표적인 영유아기 장애로서 아동과 양육자 관계에서의 애착문제가 아동의 다양한 발달을 지연시키는 장애를 말한다.

(2) 반응성 애착 장애의 가장 기본적인 특징은 거의 모든 상황에서, 심하게 손상되고 발달적으로 적절하지 못한 사회적 관계를 형성한다는 것이다.

(3) 이 장애는 5세 이전에 시작되고 병적인 보살핌(안락함·자극·애정 등 소아의 기본적인 감정적 욕구를 지속적으로 방치, 소아의 기본적인 신체적 욕구를 지속적으로 방치, 양육자의 빈번한 교체)과 매우 밀접하게 관련이 있다.

(4) 발달적으로 부적절한 사회적 관계 형성은 크게 두 가지 유형으로 나타난다.

① 소아는 장기간에 걸쳐 계속적으로 거의 모든 사회적 관계를 시작하지 못하고, 발달적으로 적절하지 못한 방식으로 반응을 취하며, 사회적 관계를 맺음에 있어서 지나치게 억제적이고 경계하며, 심하게 양가적이고 상반된 반응을 보인다.

② 소아는 애착대상을 무분별하게 선택하는 애착대상 선택능력 결여의 특징을 나타내며 이 유형의 애착 장애를 가진 소아는 낯선 사람에 대해서도 지나치게 친근감을 나타내는 등 애착 대상을 제대로 분별하여 선택하지 못한다.

(5) DSM - IV에서 반응성 애착장애의 아형으로 억제성과 탈억제성 구분하던 것을 DSM - 5에서 억제성을 반응성 애착장애, 탈억제성을 탈억제성 사회적 유대감 장애로 독립하여 분류하였다.

(6) 반응성 애착장애는 단지 발달지연으로만 설명되지는 않으며, 광범위성 발달장애의 기준에 부합되지 않는다.

---

1) DSM - 5에 의하면 외상 및 스트레스 관련 장애(Trauma - and Stress - related Disorders)에 해당한다.

정리

반응성 애착장애와 탈억제성 사회적 유대감 장애의 진단기준(요약)

	반응성 애착장애	탈억제성 사회적 유대감 장애
양육자에 대한 태도 (A)	(1) 억제형 2가지 a. 괴로움을 느낄 때에도 양육자에게 위안을 구하지 않음 b. 괴로움을 느낄 때에도 양육자의 위안에 반응하지 않음	(1) 탈억제형 2가지 이상 a. 낯선 성인에게 접근하거나 소통하는데 주저함이 없음 b. 과도하게 친밀한 언어 또는 신체적 행동 c. 낯선 상황에서도 성인 양육자의 존재를 확인하지 않음. d. 낯선 성인을 따라가는데 주저함이 없음
사회적·감정적 장애 (B)	(2) 지속적인 사회적·정서적 장애가 최소 2가지 이상 a .타인에 대한 사회적·정서적 반응을 나타내지 않음 b. 긍정적인 정서를 거의 느끼지 못함 c. 성인양육자와 상호작용 중 이유없는 과민성, 슬픔, 무서움 삽화	(2) 진단기준 A의 행동이 충동성에 국한되지 않고, 사회적으로 탈억제된 행동을 포함한다.
양육외상 경험 (C)	(3) 양육외상 경험 최소 1가지 이상 a. 양육자에 의해 기본적인 정서적 욕구가 충족되지 못한 사회적 방임이나 박탈 경험 b. 안정 애착 형성을 방해할 정도의 주 양육자의 잦은 교체 c. 선택적 애착 형성 기회를 제한하는 독특한 양육형태 (예 아동 육아원)	

2 외상 후 스트레스 장애(PTSD)

(1) 충격적인 외상 사건을 경험하고 난 후에 불안상태가 지속되는 경우를 말한다.

(2) 유전적 또는 체질적 취약성, 아동기의 외상적 경험, 성격 특성, 사회적 지지체계의 부족, 최근 생활의 스트레스나 변화와 같은 개인적 위험요인을 지닌 사람들이 외상사건 후에 이 장애를 나타내기 쉽다.

(3) 인지적 입장에 따르면, 이 장애는 충격적인 외상경험이 개인의 신념체계에 수용되지 못하여 발생하는데 외상사건이 제공하는 대량의 정보가 인지적 과부하를 유발하고 인지체계에 통합되지 못하여 발생하게 된다.

(4) 급성 스트레스 장애는 외상 후 스트레스 장애와 매우 유사한 증상을 나타내는 불안장애로서 외상 사건 경험 후에 단기간 해리 증상이 나타나는 경우를 말한다.

정리

외상 후 스트레스 장애의 진단기준

1) 실제적이거나 위협적인 죽음, 심각한 상해 또는 성폭력에 노출되는 것이 다음 중 한가지 이상에서 나타난다.
   (1) 외상 사건의 직접적 경험
   (2) 다른 사람에게 일어난 외상 사건을 직접 목격하는 것
   (3) 가까운 가족이나 친구에게 외상 사건이 일어난 것을 알게 되는 것
   (4) 외상 사건의 혐오스러운 세부사항에 반복적으로 극단적으로 노출되는 것(단, 전자매체, TV, 영화, 사진을 통한 것은 제외)

2) 외상 사건 이후 외상 사건과 관련된 침습 증상이 다음 중 한가지 이상에서 나타난다.
   (1) 외상 사건의 고통스러운 기억이 반복적이고 불수의적이며 침습적으로 경험됨
   ※ 주의 : 아동의 경우 반복적인 놀이를 통한 재현으로 나타날 수 있음
   (2) 외상 사건과 관련된 고통스러운 꿈의 반복적 경험
   ※ 주의 : 아동의 경우 꿈의 내용이 외상 사건과 연관없는 악몽의 형태로 나타날 수 있음
   (3) 마치 외상성 사건이 재발하고 있는 것 같은 행동이나 느낌(사건을 다시 경험하는 듯한 지각, 착각, 환각, 해리적인 환각 재현의 삽화들, 이런 경험은 잠에서 깨어날 때 혹은 중독 상태에서의 경험을 포함한다.)
   ※ 주의 : 아동의 경우 외상의 특유한 재연(놀이를 통한 재경험)이 일어날 수 있음
   (4) 외상적 사건과 유사하거나 상징적인 내적 또는 외적 단서에 노출되었을 때 심각한 심리적 고통
   (5) 외상적 사건과 유사하거나 상징적인 내적 또는 외적 단서에 노출되었을 때의 생리적 재반응

3) 외상 사건과 관련된 자극에 대한 지속적인 회피가 다음 중 한 가지 이상에서 나타난다.
   (1) 외상 사건과 밀접하게 관련된 고통스러운 기억, 생각, 감정을 회피하거나 회피하려는 노력
   (2) 외상 사건과 밀접하게 관련된 고통스러운 기억, 생각, 감정을 초래하는 외적인 단서들(예 사람, 장소, 대화, 활동, 대상, 상황)을 회피하거나 회피하려는 노력

4) 외상 사건 이후 외상 사건과 관련된 인지와 감정의 부정적 변화가 다음 중 2가지 이상에서 나타난다.
   (1) 외상 사건에 대한 중요한 내용을 기억할 수 없는 무능력
   (2) 자신, 타인, 세상에 대한 지속적이고 과장된 부정적인 신념과 기대
   (3) 외상 사건의 원인이나 결과에 대한 지속적인 왜곡된 신념으로 자신과 타인을 책망함
   (4) 부정적인 정서 상태(예 공포, 경악, 화, 죄책감 또는 수치심)가 지속됨
   (5) 주요 활동에 대한 흥미와 참여가 현저하게 감소됨
   (6) 타인과의 관계에서 거리감이나 소외감을 느낌
   (7) 긍정 정서(예 행복감, 만족, 사랑)를 경험할 수 없는 지속적인 무능력

5) 증가된 각성 반응의 증상(외상 전에는 존재하지 않았던)이 2가지 이상 나타난다.
   (1) 자극에 과민한 상태 또는 분노의 폭발
   (2) 무모하거나 자기파괴적인 행동
   (3) 지나친 경계
   (4) 악화된 놀람 반응
   (5) 집중의 어려움
   (6) 수면교란(잠들기 어려움 또는 잠을 계속 자기 어려움)
6) 장애의 기간이 1개월 이상이다.
7) 증상이 임상적으로 심각한 고통이나 사회적·직업적 다른 중요한 기능 영역에서 장애를 초래한다.

기출문제 확인학습

외상 후 스트레스 장애의 침습 증상

1) 외상적인 사건을 생활 속에서 재경험한다.
2) 사건에 대한 기억이 자꾸 떠올라 고통스럽다.
3) 꿈에 사건이 나타나 고통스럽다.
4) 외상적 사건이 다시 일어나는 것처럼 행동하고 느낀다.
5) 그 사건이 회상되거나, 사건을 떠올리게 하는 단서를 접하면 심리적으로 매우 고통스럽다.
6) 사건이 회상되거나, 사건을 떠올리게 하는 단서를 접하면 땀이 나거나 심장이 뛰는 등의 생리적 반응을 보인다.

외상 후 스트레스 장애의 지나친 각성 증상

1) 잠이 들거나 잠을 유지하기 힘들다.
2) 신경이 날카로워지고 화를 잘 낸다.
3) 집중하기가 어렵다.
4) 위험하지 않을까 지나치게 살핀다.
5) 아주 잘 놀란다.

읽을거리

외상 후 스트레스 장애(PTSD)와 Edna Foa 박사의 지속노출치료(PE)[2)]

1) 외상 후 스트레스장애(Post - Traumatic Stress Disorder, PTSD)

(1) 외상 후 스트레스 장애는 자신이나 타인에게 죽음이나 상해 당할 것에 대한 실제적 혹은 지각된 위협을 수반하는 사건을 경험하거나 목격(외상)한 후 나타나는 정신적인 고통이 1개월 이상 지속되는 경우를 의미한다.

(2) 주로 성범죄, 가정폭력, 각종 재해, 사고, 고문 등과 같은 사건 사고로 인하여 발생하며, 증상은 구체적으로 충격의 재경험, 회피 그리고 과경계 증상으로 나타난다.

(3) 충격을 다시 경험하는 피해자의 경우에는 기억, 꿈, 환각을 통해 사건 당시와 같은 강렬한 느낌이 재연될 수 있다.

(4) 회피 증상을 경험하는 경우 외상과 관련된 상황, 생각과 활동을 회피하고 활동에 대한 흥미가 감소하고 타인과의 관계가 분리되며 감정의 범위가 제한된다.

(5) 각성의 증가 증상으로는 수면 장애, 분노 폭발, 주의집중 곤란과 과다 경계 증상이 나타날 수 있다.

(6) 외상 후 스트레스 장애로 어려움을 겪는 피해자들은 감정이 비현실적이고, 분노심과 피해의식에 휩싸이며 수치심을 느끼기 쉽다.

(7) 어린이의 경우에는 경험 자체에 대한 꿈 대신에 악몽을 꾸는 경향이 있고, 위통, 두통, 학교 공포, 외부인에 대한 공포로 나타날 수 있다.

(8) 알코올이나 약물 남용, 자해적 행동과 자살 시도, 직업적 무능력, 대인관계 어려움이 나타날 수 있다.

2) 에드나 포아(Edna Foa)의 지속노출치료(PE, Prolonged Exposure)

(1) 지속노출 기법으로써, 성폭력, 가정폭력, 재난, 사고, 범죄, 고문 등 각종 외상 후 스트레스 장애(PTSD)를 단기간에 매우 효과적으로 치료할 수 있는 과학적으로 검증된 유일한 심리치료 기법이다.

(2) 현재 과학 수준에서 PTSD를 치료할 수 있는 가장 좋은 심리치료법은 지속노출치료이다.

(3) 최소 3개월에서 6개월 정도 안에 대부분의 증상이 완화되는 과학적으로 효과가 검증된 치료기법이며, 미국에서는 대부분의 병원과 심리클리닉에서 매우 각광받고 있는 심리치료이다.

2) 포아(Foa)에 의해 개발된 이후 외상 후 스트레스 장애에 대해 경험적으로 지지된 치료로서 학계로부터 널리 인정을 받고 있는 치료법이다.

3 적응장애(Adjustment Disorder)

(1) 분명하게 확인될 수 있는 심리사회적 스트레스 사건에 대한 반응으로 나타나는 정서적 또는 행동적 증상을 말한다.

(2) 스트레스 사건이 발생하고 3개월 이내에 증상이 나타나며 사건의 강도에 비해 과도한 심리적 고통과 부적응적인 증상을 나타내는 경우에 적응장애로 진단된다.

(3) 주된 증상은 우울한 기분, 불안, 행동문제 등이 나타나게 되며 스트레스 사건이 종료되면 6개월 이내에 사라지는 것이 일반적이다.

(4) 우울 기분을 동반하는 적응장애, 불안을 동반하는 적응장애, 품행장애를 동반하는 적응장애 등으로 나누어진다.

4 급성 스트레스 장애(Actual Stress Disorder) - 진단기준

(1) 실제적이거나 위협적인 죽음, 심각한 부상 또는 성폭력에의 노출이 다음과 같은 방식 가운데 한 가지 또는 그 이상에서 나타난다.

① 외상성 사건들에 대한 직접적인 경험

② 그 사건들이 다른 사람에게 일어난 것을 생생하게 목격함

③ 외상성 사건들이 가족, 가까운 친척 또는 친한 친구에게 일어난 것을 알게 됨

※ 주의점 : 가족, 친척 또는 친구에게 생긴 실제적이거나 위협적인 죽음의 경우에는 그 사건들이 폭력적이거나 돌발적으로 발생한 것이어야만 한다.

④ 외상성 사건들이 혐오스러운 세부 사항에 반복적이거나 지나친 노출의 경험(예 변사체 처리의 최초 대처자, 아동 학대의 세부 사항에 반복적으로 노출된 경찰관)

(2) 외상성 사건이 일어난 후에 시작되거나 악화된 침습, 부정적 기분, 해리, 회피, 각성의 5개의 범주 중에서 어디서라도 다음 증상 중 9가지 또는 그 이상에서 존재한다.

① **침습증상**

ㄱ. 외상성 사건들의 반복적, 불수의적이고 침습적인 고통스러운 기억

ㄴ. 꿈의 내용과 정동이 외상성 사건들과 관련되는 반복적으로 나타나는 고통스러운 꿈

ㄷ. 외상성 사건들이 재생되는 것처럼 그 개인이 느끼고 행동하게 되는 해리성 반응(예 플래시백)

ㄹ. 외상성 사건들을 상징하거나 닮은 내부 또는 외부의 단서에 노출되었을 때 나타나는 극심하거나 장기적인 심리적 고통 또는 현저한 생리적 반응

② **부정적 기분** : 긍정적 감정을 경험할 수 없는 지속적인 무능력(예 행복, 만족 또는 사랑의 느낌을 경험할 수 없는 무능력)

③ **해리증상**

ㄱ. 주위 환경 또는 자기 자신에의 현실에 대한 변화된 감각(예 스스로를 다른 사람의 시각에서 관찰, 혼란스러운 상태에 있는 것, 시간이 느리게 가는 것)

ㄴ. 외상성 사건들의 중요한 부분을 기억하는 데의 장애(두부 외상, 알코올 또는 약물 등의 이유가 아니며 전형적으로 해리성 기억상실에 기인)

④ 회피증상

ㄱ. 외상성 사건들에 대한 또는 밀접한 관련이 있는 고통스러운 기억, 생각 또는 감정을 회피하려는 노력

ㄴ. 외상성 사건들에 대한 또는 밀접한 관련이 있는 고통스러운 기억, 생각 또는 감정을 불러일으키는 외부적 암시(사람, 장소, 대화, 행동, 사물, 상황)를 회피하려는 노력

⑤ 각성증상

ㄱ. 수면 교란(예 수면을 취하거나 유지하는 데 어려움 또는 불안한 수면)

ㄴ. 전형적으로 사람 또는 사물에 대한 언어적 또는 신체적 공격성으로 표현되는 민감한 행동과 분노 폭발(자극이 거의 없거나 아예 없이)

ㄷ. 과(過)각성

ㄹ. 집중력의 문제

ㅁ. 과장된 놀람 반응

(3) 장애 진단기준 B의 증상의 기간은 외상 노출 후 3일부터 1개월까지이다.

(4) 장애가 사회적, 직업적 또는 다른 중요한 기능 영역에서 임상적으로 현저한 고통이나 손상을 초래한다.

(5) 장애가 물질(예 치료약물이나 알코올)의 생리적 효과나 다른 의학적 상태(예 경도 외상성 뇌손상)로 인한 것이 아니며 단기 정신병적 장애로 더 잘 설명되지 않는다.

기출문제 확인학습

급성스트레스 장애 증상 5가지 범주

1) 침습증상
   (1) 외상성 사건의 반복적 기억
   (2) 고통스러운 꿈
   (3) 플래시백과 같은 해리 반응
   (4) 외상 사건과 관련된 단서에 대한 강렬한 반응
2) 부정적 기분
   긍정적 감정을 잘 느끼지 못함
3) 해리증상
   (1) 자신의 주변세계나 자신에 대한 변형된 인식
   (2) 외상 사건의 중요한 측면에 대한 기억 불능
4) 회피증상
   (1) 외상과 관련된 기억이나 감정에 대한 회피
   (2) 외상과 관련된 단서들에 대한 회피
5) 각성증상
   (1) 수면 장해
   (2) 짜증이나 분노폭발
   (3) 과도한 경계심
   (4) 집중력의 문제
   (5) 과장된 놀람 반응

스트레스 호르몬이라고 불리는 코티솔(cortisol)

1) 코티솔은 급성 스트레스에 반응해 분비되는 물질로, 스트레스에 대항하는 신체에 필요한 에너지를 공급해 주는 역할을 한다.
2) 코티솔은 콩팥(신장)의 부신 피질에서 분비되는 스트레스 호르몬이다.
3) 코티솔은 외부의 스트레스와 같은 자극에 맞서 몸이 최대의 에너지를 만들어 낼 수 있도록 하는 과정에서 분비되어 혈압과 포도당 수치를 높이는 것과 같은 역할을 수행한다.
4) 코티솔의 역할
   (1) 분비된 코티솔은 스트레스와 같은 외부 자극에 맞서 신체가 대항할 수 있도록 신체 각 기관으로 더 많은 혈액을 방출시키며 그 결과 맥박과 호흡이 증가한다.
   (2) 근육을 긴장시키고 정확하고 신속한 상황 판단을 하도록 하기 위해 정신을 또렷하게 하며 감각기관을 예민하게 한다.
   (3) 문제는 스트레스를 지나치게 받거나, 만성스트레스가 되면 코티솔의 혈중농도가 높아지고 그 결과 식욕이 증가하게 되어, 지방의 축적을 가져온다.
   (4) 혈압이 올라 고혈압의 위험이 증가하며, 근조직의 손상도 야기될 수 있다.
   (5) 불안과 초조 상태가 이어질 수 있고 체중의 증가와 함께 만성피로, 만성두통, 불면증 등의 증상이 나타날 수 있으며 면역 기능이 약화되어 감기와 같은 바이러스성 질환에 쉽게 노출될 우려도 있다.

CHAPTER 16

강박 및 관련 장애

강박 및 관련 장애(Obsessive - Compulsive and Related Disorders)의 하위유형

1) 강박장애(Obsessive - Compulsive Disorder)
2) 신체이형장애(Body Dysmorphic Disorder)
3) 수집광(Hoarding Disorder) : 저장장애
4) 발모광(Trichotillomania, Hair - Pulling Disorder) : 모발뽑기 장애
5) 피부 뜯기 장애(Excoriation, Skin - Picking Disorder) : 박피증

※ 불안장애에서 별도로 독립시켰다.

※ 강박 스펙트럼장애를 한 영역으로 묶었다.

※ 일부 충동 - 통제장애 및 신체형 장애에서 이관하였다.

※ 일부 장애항목을 신설하였다.

1 강박장애(Obsessive - Compulsive Disorder)

(1) 반복적으로 의식에 침투하는 강박적 사고와 그에 따른 강박행동을 주된 증상으로 하는 장애이다.

(2) 인지적 입장에서는 누구나 경험하는 침투적 사고에 대해서 과도하게 중요성, 책임감, 통제 필요성을 부여하는 인지적 평가와 사고억제를 위한 부적절한 대처행동이 강박장애의 유발에 관여한다고 본다.

기출문제 확인학습

강박장애에 관한 인지행동적 원인 설명

1) 강박장애의 인지행동 모델은 정상적인 침투사고가 강박사고로 변질되는 과정을 잘 설명하고 있다.
2) 즉, 과도한 책임감 지각이나 사고에 대한 파국적 오해석 등이 침투사고의 현저성을 증가시키고 중화행동을 더욱 강화시킴으로써 강박장애 메커니즘을 유지시킨다는 것이다.
3) 침투사고에 대한 오류적 평가 및 이에 영향을 미치는 역기능적 신념에는 사고에 대한 과도한 중요성 부여(사고행위 융합), 과도한 책임감, 사고 통제의 중요성, 불확실성에 대한 두려움, 완벽주의, 위협에 대한 과도한 평가 등이 포함된다.
4) 중화행동은 침투적 사고의 불편감을 제거하고 예방하며 사고 자체의 내용을 바꾸기 위해 시도되는 의도적인 통제방략으로, 최근 연구에서는 침투사고 유형에 따라 이러한 인지적 평가와 통제방략이 달라진다는 보고가 있다.
5) 강박장애의 인지행동치료는 노출 및 반응방지 기법을 중심으로 한 행동적 전략을 통하여 강박증상을 유지시키는 중화행동 및 회피행동의 고리를 끊고, 더불어 인지적 전략을 사용하여 환자들의 왜곡된 평가 및 비합리적 신념을 수정하고 보다 융통성 있고 현실적인 평가로 대체시킨다.
6) 강박행동은 불안을 감소시키기 위해서 반복적으로 나타내는 행동을 말한다.
7) 강박행동은 씻기, 청소하기, 정돈하기, 확인하기와 같이 외현적 행동으로 나타날 수도 있고 숫자세기, 기도하기, 속으로 단어 반복하기와 같이 내현적 활동으로 나타나는 경우도 있다.
8) 강박행동이 지나치고 부적절하다는 것을 잘 알지만 이러한 행동을 하지 않으면 심한 불안을 느끼기 때문에 이러한 행동을 반복하지 않을 수 없게 되는 것이다.
9) 강박장애를 지닌 사람들은 이러한 강박적 사고와 행동으로 인해 심한 심리적 고통을 겪을 뿐만 아니라 이러한 생각과 행동에 많은 시간을 허비하기 때문에 현실적응에 어려움을 겪게 된다.

(3) 정신분석적 입장에서는 격리, 대치, 반동형성, 취소와 같은 방어기제를 통해 무의식적 갈등과 불안에 대처할 경우 강박증상을 나타낼 수 있다고 설명한다.

(4) 강박장애는 다양한 형태로 나타나는데 ① 순수한 강박사고형, ② 내현적 강박행동형, ③ 외현적 강박행동형이 있다.

(5) 강박장애에 대한 심리적 치료방법으로는 노출 및 반응방지법, 인지적 치료 및 약물치료가 적용되고 있다.

☞ 정리

강박장애의 진단기준

1) 강박적 사고 또는 강박적 행동

(1) 강박적 사고는 다음과 같이 정의한다.

① 반복적이고 지속적인 사고, 충동 또는 심상, 이 주요 증상은 장애가 경과하는 도중 어느 시점에서 침입적이고 부적절한 것이라고 경험되며, 현저한 불안이나 고통을 일으킨다.

② 이러한 사고, 충동, 심상을 무시하거나 억압하려고 시도하며 다른 생각이나 행동에 의해 중화하려고 한다.

(2) 강박적 행동은 다음과 같이 정의한다.

① 반복적인 행동(예 손 씻기, 정돈하기, 확인하기) 또는 정신적인 활동(예 기도하기, 숫자세기, 속으로 단어 반복하기), 이러한 증상은 개인의 강박적 사고에 대한 반응으로, 또는 엄격하게 적용되어야 하는 원칙에 따라 수행되어져야 한다는 압박감을 동반한다.

② 강박적 행동이나 정신적 활동은 고통을 예방하거나 감소하고, 두려운 사건이나 상황을 방지하거나 완화하려는 것이다. 그러나 이런 행동이나 정신적 활동이 중화하거나 방지하려고 하는 것과 현실적인 방식으로 연결되어 있지 않으며 명백하게 지나친 것이다. (아동의 경우는 인식하지 못할 수 있음)

2) 시간을 소모하는(하루에 1시간 이상) 강박적 사고나 강박적 행동은 심한 고통을 초래하거나 정상적인 일, 직업적(또는 학업적) 기능, 또는 사회적 활동이나 사회적 관계에 심각한 지장을 초래한다.

기출문제 확인학습

강박장애 환자의 치료기법 및 효과적인 치료과정 4단계

1) 노출(exposure) 및 반응 방지(response prevention) 기법 - ERP

노출 및 반응 방지 기법은 강박증 환자가 불안을 느끼는 어떤 상황에 노출시킨 후에 불안을 줄이기 위해서 보이는 강박행동을 못 하도록 막는 것이다

2) 치료과정 4단계

① 1단계 : 치료 프로그램의 과정과 목적 공유

치료프로그램(ERP)의 과정과 목적 등을 환자와 공유하여 환자가 치료과정에 적극적으로 임하고 동기부여를 할 수 있도록 한다.

② 2단계 : 노출 및 반응방지법 진행

환자의 불안과 증상으로 나타나기까지의 과정에 대한 이해를 바탕으로 불안을 스스로 완화하는 방법을 연습하는 동시에 강박행동을 줄이는 데까지 연습이 이루어지도록 한다.

③ 3단계 : 왜곡된 인지적 평가 수정

환자가 흔히 왜곡되게 인지하는 경우와 상황은 어떤 것들이 있는지 확인하고 그 다음으로 환자 스스로가 자신의 왜곡된 인지를 알고 평가하여 이를 올바르게 고쳐나가는 방법을 익혀나가도록 한다.

④ 4단계 : 재발 방지 및 효과 평가

이 과정은 환자 가족이 생각하기에 환자가 호전증상을 보이고 있는 상황에서 불필요하게 느껴질 수 있지만, 이 과정을 통해 강박증 재발과 더 악화될 수 있는 상황과 대처방법에 대해 논의하고 익히며 종결하게 된다.

실력 다지기

장애에 따라 사용하는 방어기제 외우기 암기법

1) 강박장애 : 강박 - 고(분). 취. 반. 대. (고립(= 분리 = 격리), 취소, 반동형성, 대치)
2) 전환장애 : 전환 - 억. 동. 전. 투. (억압, 동일시, 전환, 투사)
3) 망상장애 : 망상 - 투. 부. 반. (투사, 부정, 반동형성)
4) 불안장애 : 불안 - 회. 전. 상. (회피, 전치, 상징화)
5) 해리장애 : 해리 - 억. 부. (억압, 부정)

2 신체이형장애(Body Dysmorphic Disorder)

(1) 신체이형장애는 자신의 외모가 기형적이라고 지나친 몰두와 집착을 하는 경우를 말한다.

(2) 대부분의 신체이형 장애 환자는 피부과나 성형외과를 찾는 경향이 있지만, 성형수술을 하더라도 다른 신체적 특징에 새롭게 집착하게 된다.

(3) 자신의 외모에 대한 결함을 타인이 알아채는 것에 대한 지나친 두려움이나 관계 망상을 가지고 있어서 낮은 외향성, 낮은 자존감, 높은 수준의 불안과 사회적 회피, 우울, 신경증적 경향을 보이기도 한다. 또한 자살 사고와 자살 시도의 발생률이 높게 나타난다.

3 수집광(저장장애) - 진단기준

(1) 실제 가치와는 상관 없이 소지품을 버리거나 소지품과 분리되는 것을 지속적으로 어려워한다.

(2) 이런 어려움은 소지품을 보관해야만 하는 인지적 필요나 이를 버리는 데 따르는 고통에 의해 생긴다.

(3) 소지품을 버리기 어려워해서 결국 물품들이 모여 쌓이게 되고, 이는 소지품의 원래 용도를 심각하게 저해하여 생활을 어지럽히게 된다. 생활이 어지럽혀지지 않는다면, 그것은 가족 구성원이나 청소부, 다른 권위자 등 제3자의 개입이 있을 경우뿐이다.

(4) 수집광 증상은 사회적, 직업적 또는 다른 중요한 기능 영역에서 임상적으로 현저한 고통이나 손상을 초래한다.

(5) 수집광 증상은 뇌손상이나 뇌혈관 질환, 프래더 - 윌리 증후군과 같은 다른 의학적 상태로 인한 것이 아니다.

(6) 수집광 증상은 다른 정신질환으로 더 잘 설명되지 않는다.

※ DSM - 5에서는 저장장애를 수집광(Hoarding Disorder)으로 표기하였다.

CHAPTER 17

기타 장애

제1절 | 배설장애(Elimination Disorders)

배설장애(Elimination Disorders)의 하위유형

1) 유뇨증(Enuresis)
2) 유분증(Encopresis)
※아동기 장애에서 분리시켰다.

1) 대소변을 가릴 충분한 나이가 되었음에도 불구하고 이를 가리지 못하고 옷이나 적절치 못한 장소에서 배설하는 경우를 말한다.
2) 소변과 관련된 ① 야간형 유뇨증(遺尿症)과 ② 주간형 유뇨증(遺尿症), ③ 주간 및 야간형 유뇨증(遺尿症)으로 나뉘는 유뇨증과 적절치 않은 곳에 대변을 보는 ④ 유분증으로 구분된다.
3) 유분증(Encopresis)의 진단기준
   ① 적절치 않은 곳(예 옷 또는 마루)에 불수의적이든 의도적이든 반복적으로 대변을 본다.
   ② 이러한 사건이 적어도 3개월 동안 최소한 매달 1회 발생한다.
   ③ 소아의 생활 연령이 최소한 4세이다(또는 그와 동일한 발달 수준).
   ④ 행동이 전적으로 물질(예 하제)이나 일반적인 의학적 상태(변비를 일으키는 기전을 제외한)의 직접적인 생리적 효과로 인한 것이 아니어야 한다.
4) 유뇨증(Enuresis)의 진단기준
   ① 침구나 옷에 반복적으로 소변을 본다(불수의적이든 고의적이든).
   ② 이 행동이 적어도 연속 3개월 동안 주 2회의 빈도로 일어나고, 사회적, 학업적(직업적) 또는 다른 중요한 기능 영역에서 임상적으로 심각한 고통이나 장애를 일으킨다는 점에서 임상적으로 중요하다.
   ③ 생활연령이 적어도 5세(또는 이에 해당하는 발달 수준)이다.
   ④ 이러한 행동이 전적으로 물질(예 하제)이나 일반적인 의학적 상태(예 당뇨병, 척수이분증, 경련 질환)의 직접적인 생리적 효과로 인한 것이 아니어야 한다.

실력 다지기

기능적 유뇨증 - 성인기까지 발전하는 것은 아님

1) 기능적 유뇨증은 아동들이 신체적 장애가 없음에도 불구하고 배변 훈련을 할 나이를 지나서도 옷이나 침대에 무의식적으로 혹은 고의로 지속적으로 오줌을 싸는 경우를 의미한다.
2) 유뇨증은 오줌이 불수의적으로 나오는 것으로 정의하며 낮에 오줌 싸는 것을 주뇨증이라고 하며 아동이 낮과 밤 모두 오줌을 싸는 것을 일컬어 '복합성 유뇨증'이라 정의한다.
3) 야뇨증은 남아가 여아보다 두 배 정도 많게 보이지만 주뇨증은 여아들 사이에서 더욱 보편적인 경향이다.
4) 태어나서 한 번도 소변을 가려본 적이 없는 경우 일차성 유뇨증이라고 하며 소변을 가리다가 사회 환경적 스트레스 등으로 소변을 다시 가리지 못하는 경우를 이차성 유뇨증이라고 한다.

제2절 | 수면 - 각성장애(Sleep - Awake Disorders)

수면 - 각성장애(Sleep - Awake Disorders)의 하위유형

1) 불면장애(Insomnia Disorder)
2) 과다수면장애(Hypersomnolence Disorder)
3) 기면증(Narcolepsy) : 수면발작
4) 호흡관련 수면장애(Breathing - Related Sleep Disorders)
   ① 방해성 수면무호흡증(Obstructive Sleep Apnea Hypopnea)
   ② 중추성 수면무호흡증(Central Sleep Apnea)
   ③ 수면관련 저호흡증(Sleep - Related Hypoventilation)
5) 일주기 리듬 수면 - 각성장애(Circadian Rhythm Sleep - Awake Disorders)
6) 사건수면(Parasomnias) : 수면곤란장애
   ① 비REM 수면 각성장애, 몽유병, 수면 중 보행장애
   ② 악몽장애(Nightmare Disorder)
   ③ REM수면 행동장애(Rapid Eye Movement Sleep Behavior Disorder)
   ④ 하지불안증후군(Restless Legs Syndrome)

인간의 수면

1) 인간의 수면은 렘(rapid eye movement : REM)수면과 비렘(non - rapid eye movement : NREM)수면으로 나뉜다.
2) 정상 성인의 밤 수면은 4 ~ 6회의 주기가 반복되는데, 일반적으로 수면은 비렘(NREM)수면으로 시작하며 점점 깊은 수면단계로 들어간다.
3) 수면시작 후 80 ~ 100분에 첫 번째 비렘수면이 나타나고, 그 후로는 렘수면과 비렘수면이 약 90분을 주기로 반복된다.
4) 기면증(narcolepsy)
   (1) 렘수면의 이상과 관련된 질환으로, 주간 과다 졸림증(excessive daytime sleepiness, EDS)을 주 증상으로 하는 복잡한 신경계 질환이다.
   (2) 주간 과다 졸림증과 함께 수면각성 주기가 교란되고, 렘수면의 혼란으로 유발되는 증상들이 동반되는데, 크게 웃거나 화를 내는 등 감정 자극이 있을 때 몸의 힘이 갑자기 빠지는 허탈발작(탈력발작, cataplexy), 잠이 들거나 깰 때 정신은 깨어 있는데, 몸을 움직일 수 없는 수면마비(가위눌림, sleep paralysis), 잠이 들거나 잠에서 깰 때 꿈이 현실로 이행되어 보이는 입면기 / 출면기 환각(hypnagogic / hypnopompic hallucination)이 대표적인 증상이다.

1 불면장애(Insomnia Disorder)

(1) 적어도 1개월 동안 수면의 시작이나 수면 유지의 어려움 또는 원기 회복이 되지 않는 수면을 주로 호소한다.

(2) 수면 장애(또는 연관되는 낮 동안의 피로감)가 사회적·직업적 또는 기타 중요한 기능 영역에서 임상적으로 심각한 고통이나 장애를 초래한다.

(3) 수면 장애가 수면발작, 호흡 관련 수면장애, 일주기 리듬 수면장애, 또는 수면 관련 장애의 경과 중에만 발생되지 않는다.

(4) 장애가 다른 정신장애(예 주요 우울장애, 범불안장애, 섬망)의 경과 중에만 발생되지 않는다.

(5) 장애가 물질(예 남용 약물, 투약 약물)이나 일반적인 의학적 상태의 직접적인 생리적 효과로 인한 것이 아니다.

2 과다수면장애(Hypersomnolence Disorder)

(1) 적어도 1개월 동안 지속되는 과다한 졸음이 주된 호소로서 연장된 수면 삽화 또는 거의 매일 일어나는 주간의 수면 삽화로 나타난다.

(2) 과다한 졸음이 사회적·직업적 또는 기타 중요한 기능 영역에 있어서 임상적으로 심각한 고통이나 장애를 초래한다.

(3) 과다한 졸음이 불면증에 의해 잘 설명되지 않으며, 다른 수면장애(예 수면발작, 호흡 관련 수면장애, 일주기 리듬 수면장애, 또는 수면 관련 장애)의 경과 중에만 발생되지 않으며, 불충분한 수면의 양으로도 설명되지 않는다.

(4) 장애가 다른 정신장애의 경과 중에만 발생되어서는 아니 된다.

(5) 장애가 물질(예 남용 약물, 투약 약물)이나 일반적인 의학적 상태의 직접적인 생리적 효과로 인한 것이 아니다.

3 기면증(Narcolepsy) : 수면발작

(1) 적어도 3개월 이상 지속되는 저항할 수 없는, 원기 회복이 되는 수면발작이 주요 호소이다.

(2) 다음 중 하나 이상이 발생하여야 한다.

① 탈력발작(즉, 짧은 시간 동안 흔히 격렬한 감정과 연관되는, 양측 근 긴장의 갑작스런 소실)

② 수면과 각성의 이행기 동안 REM 수면의 반복적인 침습이 있으며, 수면 삽화의 시작이나 끝에 출면기 또는 입면기 환각이나 수면 마비가 있다.

(3) 장애가 물질(예 남용 약물이나 투약 약물)이나 다른 일반적인 의학적 상태의 직접적인 생리적 효과로 인한 것이 아니다.

기출문제 확인학습

작용	종류	의학적 사용	투여방법	투약 후 추적 가능시간
각성제 (흥분제)	암페타민류	과운동증 치료제, 수면발작증 치료제, 비만치료제	경구, 주사, 흡연, 흡입	1 ~ 2일
	메스암페타민	과운동증 치료제, 수면발작증 치료제, 비만치료제	경구, 주사, 흡연, 흡입	1 ~ 2일
	메틸페니데이트	과운동증 치료제, 수면발작증 치료제	경구, 주사	1 ~ 2일

4 호흡 관련 수면장애(Breathing - Related Sleep Disorders)

(1) 수면장애가 과도한 졸음 또는 불면증을 유발하고, 그것이 수면 관련 호흡 상태(예 폐색성 수면 무호흡 증후군, 중추성 수면 무호흡 증후군, 중추성 폐포 환기저하증후군)로 인한 것이라고 판단되는 경우

(2) 장애가 다른 정신장애로 잘 설명되지 않으며, 물질(예 남용 약물, 투약 약물)이나 다른 일반적인 의학적 상태(호흡 관련 장애를 제외한)의 직접적인 생리적 효과로 인한 것이 아니어야 한다.

5 일주기 리듬 수면 - 각성장애(Circadian Rhythm Sleep - Awake Disorders)

(1) 환경에 의해 요구되는 수면 - 각성 주기와 개인의 일주기 수면 - 각성 양식 사이의 부조화 때문에 생기는 과도한 졸음 또는 불면을 일으키는 수면장애가 반복되고 지속되는 양상을 보인다.

(2) 수면 장애가 사회적 · 직업적 기타 중요한 기능 영역에서 임상적으로 심각한 고통이나 장애를 초래한다.

(3) 장애가 다른 수면장애나 다른 정신장애의 경과 중에만 발생하는 것은 아니다.

(4) 장애가 물질(예 남용 약물, 투약 약물)이나 일반적인 의학적 상태의 직접적인 생리적 효과로 인한 것이 아니다.

기출문제 확인학습

일주기 리듬 수면-각성 장애의 5가지 유형

1) 지연된 수면단계형
2) 조기 수면단계형
3) 교대 근무형
4) 불규칙한 수면-각성형
5) 비24시간 수면-각성형

6 수면곤란장애(Parasomnias) 중 수면 중 보행장애

(1) 수면 동안 침대에서 일어나서 걸어 다니는 반복적인 삽화가 있고, 대개 주요 수면 시간의 초기 3분의 1에서 발생한다.
(2) 수면 중 보행 동안 개인은 멍청하게 응시하는 얼굴을 보이고, 대화하려는 다른 사람의 노력에 대해 반응을 보이지 않고, 깨우기가 무척 어렵다.
(3) 깨어났을 때(수면 중 보행 삽화 동안 또는 다음날 아침), 삽화에 대해 기억상실이 있다.
(4) 수면 중 보행 삽화에서 깨어나서 몇 분이 지나면 정신 활동이나 행동에는 아무런 장애가 없다(초기에 잠깐 동안 혼돈이 있거나 지남력 장애가 있을 수 있다).
(5) 수면 중 보행은 사회적·직업적 또는 기타 중요한 기능 영역에서 임상적으로 심각한 고통이나 장애를 일으킨다.
(6) 장애가 물질(예 남용 약물, 투약 약물)이나 일반적인 의학적 상태의 직접적인 생리적 효과로 인한 것이 아니다.

기출문제 확인학습

사건수면(parasomnias)[1] = 수면곤란장애

사건수면이란 우리가 잠자는 도중이나 잠이 덜 깬 상태에서 일어나는 바람직하지 않은 현상으로 몽유병, 야경증, 악몽이 있다. 몽유병은 고단함과 같이 서파수면 비율이 증가하면서 발병 횟수가 늘 수 있으며 잠자리에서 일어나 옷을 입고 집안팎을 돌아다니고 음식을 먹기도 하는 등 매우 위험하다. 증상의 지속 시간은 1분에서 1시간 사이이며 몽유병 증세를 보이는 도중에 깨우면 지남력 상실 및 혼돈상태를 보인다. 야경증은 밤에 자다가 갑자기 일어나 소리를 지르는 병으로 극심한 불안과 지남력의 혼돈을 보이며 깨어 있거나 다시 잠이 든다. 몽유병을 동반하기도 하며 아침에 일어나 거의 기억하지 못한다. 악몽과는 다르게 아침에 기억하지 못하며 땀을 흘리고 호흡이 거칠어지며 심장이 빨리 뛰는 등의 자율신경계 흥분증상이 심하게 나타난다. 악몽은 스트레스, 불안정한 생활, 생활의 고통, 우울, 불안, 죄책감 등과 연관되어 나타나며 반복적인 악몽은 수면 리듬에 영향을 끼치고 잠이 드는 것에 대해 불안을 야기해 정신생리성 불면증을 유발할 수 있다.

1) 주경미, 수면장애(1), 약학정보원

제3절 | 최신 기출내용

1) 이상심리의 발달모형

(1) 동일결과론(equifinality)은 아동기에 각기 다른 경험과 경로를 거쳤지만 동일한 질병을 나타낸다.

(2) 다중결과론(multifinality)은 아동기에 동일한 경험(따돌림을 당한 사람)과 경로를 거쳤지만 각기 다른 질병(우울증, 대인불안, 피해망상)을 나타내는 것이다.

(3) 동일결과론과 다중결과론은 행동발달의 보편적 주제(학령기에는 학업과 교우관계, 청년기에는 사랑과 취업, 중년기에는 퇴직과 이혼, 노년기에는 사별)를 인정한다.

2) 주의력 결핍 및 과잉행동장애(ADHD) : DSM-5의 진단기준

(1) 부주의 및 과잉행동-충동성의 지속적인 패턴이 나타난다. 이러한 패턴은 개인의 기능과 발달 저해하며, 아래 ①항과 ②항 중 1가지 이상에 해당 되어야 한다.

① **부주의** : 다음 중 6개 이상의 증상이 6개월 이상 지속적으로 나타나고, 이러한 증상이 발달수준에 맞지 않으며, 사회적, 학업적/직업적 활동에 직접적으로 부정적인 영향을 미친다.

ㄱ. 흔히 세부적인 면에 대해 면밀한 주의를 기울이지 못하거나, 학업, 직업, 또는 다른 활동에서 부주의한 실수를 저지른다(예 세부사항을 간과하거나 놓침, 작업이 정확하지 못함).

ㄴ. 흔히 일을 하거나 놀이를 할 때 지속적으로 주의를 집중하는데 어려움이 있다(예 강의, 대화, 긴 독서 중에 집중을 유지하기가 어려움).

ㄷ. 흔히 다른 사람이 직접 말을 할 때 경청하지 않는 것으로 보인다(예 뚜렷하게 집중을 방해하는 것이 없는데도 정신이 다른 곳에 가 있는 것처럼 보임).

ㄹ. 흔히 지시를 완수하지 못하고, 학업, 집일, 작업장에서의 업무를 수행하지 못한다(예 과업을 시작하지만, 곧 초점을 잃고 쉽게 옆길로 빠짐).

ㅁ. 흔히 과업과 활동을 체계화하지 못한다(예 순차적인 과업을 처리하는데 어려움, 자료와 소지품을 정리하는데 어려움, 지저분하고 정리되지 않은 업무, 형편없는 시간관리, 마감기한을 맞추지 못함).

ㅂ. 흔히 지속적인 정신적 노력을 요구하는 과업에 연관되기를 피하고, 싫어하고 꺼린다(예 학업이나 숙제, 청소년기 후기나 성인기에 보고서 준비, 서식 작성하기, 긴 서류 검토하기).

ㅅ. 흔히 과업이나 활동하는데 필요한 물건을 잃어버린다(예 학교자료, 연필, 책, 도구, 지갑, 열쇠, 서류, 안경, 핸드폰).

ㅇ. 흔히 외부자극에 쉽게 산만해진다(청소년기 후기나 성인에게는 관련 없는 생각들이 포함될 수 있음).

ㅈ. 흔히 일상적인 활동을 잊어버린다(예 잡일, 심부름, 청소년기 후기나 성인에게는 회답 전화하기, 공과금 내기, 약속 지키기).

② **과잉행동-충동성** : 다음 중 6개 이상의 증상이 6개월 이상 지속적으로 나타나고, 이러한 증상이 발달수준에 맞지 않으며, 사회적, 학업적/직업적 활동에 직접적으로 부정적인 영향을 미친다. 청소년기 후기나 17세 이상은 최소한 5개의 증상이 요구된다.

ㄱ. 흔히 손발을 가만히 두지 못하거나 톡톡 두드리고, 또는 자리에 앉아서도 몸을 옴지락거린다.

ㄴ. 흔히 앉아 있도록 요구되는 상황에서 자리를 떠난다(예 교실, 사무실이나 작업장).

ㄷ. 흔히 부적절한 상황에서 뛰어다니거나 기어오른다(청소년이나 성인에서는 안절부절못하는 느낌으로 제한될 수 있다).

ㄹ. 흔히 조용하게 여가 활동에 참여하거나 놀지 못한다.

ㅁ. 흔히 '끊임없이 활동하거나' 마치 '전동기에 의해 움직이는 것'처럼 행동한다.

ㅂ. 흔히 지나치게 수다스럽게 말을 한다.

ㅅ. 흔히 질문이 채 끝나기 전에 성급하게 대답한다(예 사람들의 문장을 자신이 끝맺음, 대화 중에 자기 차례를 기다리지 못함).

ㅇ. 흔히 차례를 기다리지 못한다(예 줄을 기다리는 동안).

ㅈ. 흔히 다른 사람의 활동을 방해하고 간섭한다(예 대화, 게임, 활동에 참견을 함, 허락을 구하거나 받지 않고 다른 사람의 물건을 쓰기도 함. 청소년이나 성인은 다른 사람이 하는 것을 함부로 침범하거나 탈취할 수도 있음).

(2) 몇몇 부주의나 과잉행동-충동성의 증상이 12세 이전에 나타난다.

(3) 몇몇 부주의나 과잉행동-충동성 증상이 2가지 이상의 상황에서 존재한다(예 집, 학교, 직장, 친구들이나 친척들과 함께 있을 때, 다른 활동 중에).

(4) 이러한 증상들이 사회적, 학업적, 또는 직업적 기능을 방해하거나 그 질을 저하시킨다는 명백한 증거가 있다.

(5) 이러한 증상들이 정신분열증(조현병)이나 다른 정신증적 장애의 경과 중에만 나타나는 것이 아니어야하고, 다른 정신장애(예 기분장애, 불안장애, 해리장애, 성격장애, 물질중독 또는 금단)로 더 잘 설명되지 않아야 한다.

(6) 어느 것인지 명시할 것

③ **복합형** : 지난 6개월 동안 진단기준 1의 ①부주의와 ② 과잉행동-충동성에 모두 부합되는 경우

④ **부주의 우세형** : 지난 6개월 동안 진단기준 1의 ① 부주의에는 부합되지만, ② 과잉행동-충동성에는 부합되지 않는 경우

⑤ **과잉행동-충동성 우세형** : 지난 6개월 동안 진단기준 1의 ② 과잉행동-충동성에는 부합되지만, ① 부주의에는 부합되지 않는 경우

(7) 현재의 심각도 구분

① **경도** : 증상이 사회적 또는 직업적 기능에 가벼운 손상 이상을 초래하지 않음

② **중등도** : 증상이나 기능적 손상이 '경도'와 '중증도' 사이에 존재함

③ **중증도** : 특별히 심각한 여러 증상들이 존재하거나 또는 증상이 사회적 또는 직업적 기능에 뚜렷한 손상을 초래함

3) 양극성 장애

(1) 양극성 장애 제 I 형 환자의 자살률은 일반인에 비해 30배 이상 높다. 자살 위험성은 질환의 초기에 가장 높다. 양극성 장애 제 II 형은 제 I 형에 비하여 더욱 만성적인 경향을 보이며 우울증을 자주 나타내고 10% 이상의 높은 자살 성공률을 보이며 사회공포와 단순 공포증의 높은 유병률을 보인다[2].

(2) 제 I 형 양극성 장애는 남녀의 발병률이 비슷하다. 남성은 보통 조증 삽화가 먼저 시작되고, 여성은 주요 우울 삽화가 먼저 시작되는 경우가 많다.

(3) 제 II 형 양극성 장애의 자살(자해)시도 빈도는 제 I 형보다 높다.

(4) 순환성 장애는 최소한 2년 동안(아동과 청소년의 경우 최소한 1년), 경조증과 우울증의 기간이 최소한 절반 가까이 지속되고, 증상이 없었던 기간이 2개월 이상 지속된 적이 없는 경우로, 순환성 장애는 남녀의 발병률이 비슷하지만, 임상장면에서는 여성이 남성보다 치료를 받는 비율이 더 높다.

4) 이상행동 치료를 위한 단일사례 실험설계에 사용되는 전략들

(1) 철회(withdrawal) 설계

중지반전설계라고도 한다. 외부 사건을 더 잘 통제하기 위해 A(제 1 기초선 측정) - B(제 1 처치) - A(관찰, 제 2 기초선 측정) - B(제 2 처치) 기간을 갖는다. 개입을 한 상태와 개입을 하지 않은 상태를 두 번 관찰함으로써 개입이 변화를 일으켰다는 확신을 가질 수 있다.

(2) 추세(trend) 분석

반복적인 관찰을 통한 경향(trend)과 변화를 파악하는 것이다.

(3) 반복(repeated) 측정

반복적인 관찰을 통한 개입(처치)의 효과성을 파악하는 것이다.

(4) 다중(multiple) 기저선 설정

다중 기초선 설계(다중 기저선 설정)는 개입의 대상자가 2명 이상의 소수이거나(대상자 간 다중 기초선 설계), 한 명이라 하더라도 2개 이상의 문제에 대한 개입을 실시할 경우(문제 간 다중 기초선 설계), 그리고 여러 가지 상황 하에서(상황 간 다중 기초선 설계) 사용이 가능하다.

2) **출처** : 곽경필(2007). 양극성 장애. Continuing Education Column

5) 이상심리의 분류 준거에 관한 설명

(1) 고전적인 범주적(classical categorical) 접근

이상행동이 정상행동과는 질적으로 구분되며 흔히 독특한 원인에 의한 것이기 때문에, 정상행동과는 명료한 차이점을 지니고 있다는 가설로 흑백논리적인 분류의 특성을 지닌다.

(2) 차원적(dimensional) 접근

특정 질병을 연속선에서 기술하고 평가하는 것으로, 정상행동과 이상행동의 구분이 부적응성의 문제일 뿐 질적인 차이는 없다는 가정에 근거한다. DSM-5는 2013년도의 새로운 업데이트 버전으로, 이전 버전에서의 범주적 접근과 함께 보다 유연한 해석을 위해 차원적 접근을 추가했다.

① **개별 기술적(idiographic) 접근** : 개인 특성의 독특한 측면을 중점적으로 규명
② **차원적(dimensional) 접근** : 특정 질병을 연속선에서 기술하고 평가
③ **원형적(prototypical) 접근** : 특정 질병의 필수 특성과 다른 유형의 변종을 함께 고려
④ **법칙 정립적(nomothetic) 접근** : 일반적인 법칙을 명료화하기 위하여 대규모 집단을 비교

6) DSM-5의 외상 및 스트레스 관련 장애의 하위 유형과 특징

외상 및 스트레스 관련 장애의 하위 유형에는 반응성 애착장애, 탈억제 사회관여 장애(탈억제성 사회적 유대감 장애), 외상 후 스트레스 장애, 급성 스트레스 장애, 적응장애 등이 있다.

(1) 반응성 애착 장애 : 아동이 보호자로 추정되는 사람과 애착이 없거나 명백하게 미발달되어 있음
(2) 급성 스트레스 장애 : 외상성 사건에 노출된 뒤 3일 이상 1개월 이내로 증상이 지속됨
(3) 적응 장애 : 스트레스 사건 후 정서적 · 행동적 문제들이 3개월 이내에 발생하고, 그 스트레스 요인이 사라지면 6개월 이내로 회복함
(4) 외상 후 스트레스 장애 : 외상성 사건을 경험한 후, 그 후유증으로 1개월 이상 다양한 부적응적 증상들을 재경험함
(5) 탈억제성 사회적 유대감 장애 : 생후 9개월 이상 된 아동이 애착 외상 또는 애착 결핍 때문에 처음 본 사람 누구에게든지 무분별한 친밀감을 나타내고, 망설임 없이 애착을 나타내는 증상을 보임

7) 신체변형장애(신체이형 장애)의 특징과 진단기준

(1) 특징

신체변형장애(신체이형장애, Body Dysmorphic Disorder)는 강박 및 관련 장애의 하위 유형으로, 실제로는 외모에 결점이 없거나 사소한 것임에도 자신의 외모에 심각한 결함이 있다는 생각에 과도하게 사로잡히는 장애이다. 외모에 대한 높은 미적 민감성을 가지고 자기 신체(얼굴)을 과도하게 관찰하고(자기 얼굴의 미묘한 비대칭성을 발견한다) 자신의 외모를 고치기 위해 성형수술이나 피부과 시술에 중독되지만 이를 통해 궁극적인 만족감을 느끼지 못한다. 이들은 아동기 학대를 경험했거나 자존감이 낮은 경향이 있다.

(2) 진단기준

① 타인이 알아볼 수 없거나 혹은 미미한 정도인 하나 혹은 그 이상의 신체적 외모의 결함을 의식하고 이에 대해 지나친 몰두와 집착을 보인다.

② 외모에 대한 걱정 때문에 질환 경과 중 어느 시점에 반복적 행동(예. 거울보기, 과도한 치장, 피부 뜯기, 안심하려고 하는 행동)이나 심리 내적인 행위(예 자신의 외모를 다른 이와 비교하는 것)를 보인다.

③ 이런 집착은 사회적, 직업적, 또는 다른 중요한 영역에서 임상적으로 현저한 고통이나 손상을 초래한다.

④ 외모에 대한 집착이 섭식장애의 진단을 만족하는 증상을 보이는 사람의 신체 지방이나 몸무게에 대한 염려로 더 잘 설명되지 않는다.

⑤ 다음의 경우 명시할 것

근육이형증 동반 : 자신의 체격이 너무 왜소하거나 근육질이 부족하다는 믿음에 사로잡혀 있다. 흔히 있는 경우지만 다른 신체부위에 사로잡혀 있을 때도 역시 추가 서술될 수 있다.

8) 수면-각성장애의 하위 유형과 특징

수면-각성장애의 하위 유형에는 불면장애, 과다수면장애, 수면 무호흡증, 수면-각성주기장애, 사건수면 등이 있다. 이 중 중추성 수면 무호흡증은 수면 다원검사[3]에서 수면 시간당 5회 이상의 중추성 무호흡이 나타난다.

(1) 중추성 수면무호흡(central sleep apnea)

수면 중에 호흡 욕구(respiratory drive)가 없어지면서 호흡이 멈추는 증상이며, 이에 따른 폐 소포의 환기부족으로 저산소증과 이에 동반된 임상증상을 야기할 수 있다. 수면다원검사를 통해 무호흡 시에 동반되는 호흡노력이 없을 때 비교적 쉽게 중추성 수면무호흡으로 진단 할 수 있으며, 수면다원검사에서 측정된 수면무호흡의 50% 이상이 중추성으로 나타날 때 중추성 수면무호흡증(central sleepapnea syndrome)으로 진단할 수 있다. 중추성 수면무호흡증은 다른 수면 질환과 마찬가지로 수면의 질을 떨어뜨리고, 주간졸음증이나 피로감, 심혈관계 질환의 위험을 증가시킨다고 알려져 있다[4].

(2) 과다수면장애

과도한 주간 졸림을 특징으로 하며, 과도한 수면 시간에도 불구하고 각성의 질 저하와 수면 무력증과 같은 증상을 보인다.

(3) 불면장애

수면을 개시하는 과정에서 어려움을 보이며(잠들기까지 너무 오래 걸리거나), 수면의 양과 질이 불만족스러운 상태(잠 든 후 자주 깨거나, 새벽에 너무 일찍 깨어 다시 잠들기 어렵거나, 자고 일어나도 개운하지 않은 상태)를 말한다. 불면증은 남자보다 여자에서 좀 더 흔하며 노인인구에서 불면증을 포함한 수면질환이 중대한 건강 문제임이 널리 알려져 있다.

3) 수면다원검사는 수면장애를 진단하기 위한 검사이다. 수면다원검사는 수면 중 뇌파, 안구운동, 근육의 움직임, 호흡, 심전도 등을 종합적으로 측정하고 동시에 수면 상태를 비디오를 통해 녹화한다. 검사에서 얻어진 기록을 분석하여 수면과 관련된 질환을 진단하고 치료방침을 정하게 된다. 수면다원검사는 비침습적이며 안전하고 편안하게 시행할 수 있는 검사로 수면뿐만 아니라 수면 중 여러 가지 중요한 신체기능도 검사할 수 있다. (출처 : 서울아산병원 의료정보)

4) **출처** : 조양제(2009). 입면기 중추성 수면무호흡. J Kor Sleep Soc. Volume 6

(4) 기면증(수면발작)

주간에 깨어 있는 상태에서 갑자기 저항할 수 없는 졸음을 느끼며 수면에 빠지는 증상이다.

(5) 하지불안 증후군

움직이지 않고 정적인 상태에서 사지에 불쾌한 감각이 나타나고 자꾸 움직이고 싶은 충동이 일면서 움직여 주면 증상이 일시적으로 완화되고, 증상이 낮 보다는 주로 밤에 더 심해지는 증상이다.

> 참고 **사건수면**
> 잠자는 도중이나 잠이 덜 깬 상태에서 일어나는 비정상적인 행동이나 생리적 사건을 말한다. 사건수면에는 수면 보행증(몽유병), 야경증, 수면마비(가위눌림), 수면섭식장애, 악몽장애, 아뇨증, 렘수면 행동장애, 하지불안 증후군 등이 있다.

9) 간헐적 폭발성 장애 체크리스트

(1) 3개월 동안 매주 평균 2번 이상, 동물 및 다른 사람을 향한 언어적 공격이나 신체적 공격을 나타났다.
(2) 재산 피해나 파괴를 초래하는 행동적 폭발, 또는 동물이나 다른 사람을 대상으로 신체적 손상을 입히는 공격이 지난 12개월 내에 발생했다.
(3) 공격성의 강도가 요인에 비해 지나치게 과도하다.
(4) 반복적인 폭발행동이 미리 중재될 수 없으며 어떤 목적을 얻기 위해 저지르는 것은 아니다.
(5) 공격적 폭발들이 개인에게 고통을 초래하거나, 직업이나 대인관계적인 기능을 손상시키고 경제적이거나 법적 결과와 관련되어 있다.
(6) 연령이 6세 이상이다.
(7) 실제 상황에서 보통 30분 이내로 나타난다.

기출사례

A는 38세의 남성으로 부인과 함께 프랜차이즈 식당을 운영한다. 그런데 가끔 A가 화를 내면 부인은 두려워했다. A는 공격적 충동을 참지 못하는 경우, 집안의 물건들을 부수기 시작했다. 짧은 시간 동안의 폭발적 행동이 끝나면, 그는 잠시 이성을 잃은 것에 대해 자책하며 부인에게 용서를 빌었다.

10) 월경전 불쾌감장애의 진단기준(DSM-5)

A. 대부분의 월경 주기에서 월경 시작 1주 전에 다음의 증상 가운데 5가지 또는 그 이상이 시작되어 월경이 시작되고 수일 안에 증상이 호전되며 월경이 끝난 주에는 증상이 경미하거나 없어져야 한다.
B. 다음 중 적어도 한 가지 또는 그 이상이 포함되어야 한다.
(1) 현저하게 불안정한 기분(예. 갑자기 울고 싶거나 슬퍼진다거나 거절에 대해 민감해지는 것)
(2) 현저한 과민성, 분노 또는 대인관계에서 갈등 증가

(3) 현저한 우울감, 절망감 또는 자기비난적 사고

(4) 현저한 불안, 긴장, 신경이 곤두서거나 과도한 긴장감

C. 다음 증상 중 적어도 한 가지는 추가적으로 존재해야 하며, 진단 기준 B에 해당하는 증상과 더해져 총 5가지의 증상이 포함되어야 한다.

(1) 일상 활동에서의 흥미 저하

(2) 집중이 어려운 주관적 느낌

(3) 기면, 쉽게 피곤함, 현저한 무기력감

(4) 식욕의 현저한 변화, 즉 과식 또는 특정 음식에 대한 탐닉

(5) 과다 수면 또는 불면

(6) 압도되거나 자제력을 잃을 것 같은 주관적 느낌

(7) 유방의 압통이나 부종, 두통, 관절통, 근육통, 부풀거나 체중이 증가된 느낌과 같은 다른 신체적 증상

11) 파괴적 기분조절부전장애의 진단기준(DSM-5)

(1) 언어적 또는 행동적으로 표현되는 심한 분노 발작이 반복적으로 나타나며, 상황이나 촉발자극의 강도나 기간에 비해서 현저하게 과도한 것이어야 한다.

(2) 분노 발작은 발달수준에 부적절한 것이어야 한다.

(3) 분노 발작은 평균적으로 매주 3회 이상 나타나야 한다.

(4) 분노 발작 사이에도 거의 매일 하루의 대부분 짜증이나 화를 내며 이러한 행동은 다른 사람들(부모, 교사, 동료)에 의해서 관찰될 수 있다.

(5) (1)~(4)의 증상이 12개월 이상 지속적으로 나타나야 하며, 1-4의 증상 없이 지낸 기간이 연속 3개월을 넘어서는 안 된다.

(6) (1)~(4)의 증상이 3가지 상황(가정, 학교, 또래와 함께 있는 상황) 중 2개 이상에서 나타나야 하며 1개 이상에서 심하게 나타나야 한다.

(7) 이 진단은 6세 이상부터 18세 이전에만 부여될 수 있다.

(8) (1)~(5)의 증상은 10세 이전에 시작되어야 한다.

(9) 조증이나 경조증 삽화의 증상 기준에 부합된 적이 없어야 한다.

(10) 이러한 행동들이 주요 우울장애의 삽화 중에만 나타나는 것이 아니어야 하며, 다른 정신장애로 더 잘 설명되지 않아야 한다.

(11) 이러한 증상들이 물질이나 다른 의학적 질환, 신경학적 질환의 생리적 효과들로 인한 것이 아니어야 한다.

12) 해리장애(dissociative disorder)

(1) 해리장애(dissociative disorder)는 의식, 기억, 행동 및 자기정체감의 통합적 기능에 갑작스러운 이상을 나타내는 장애이다. 해리의 기능은 감당하기 어려운 충격적 경험(학대/성폭력)에 대한 기억을 억압(repression)을 통해 자신을 보호하는 것이다.

(2) 하위유형으로는 해리성 정체감 장애(자신의 정체감을 망각/변화 하는 것), 해리성 기억상실증(개인적인 사건을 회상하지 못하거나 거주지로부터 멀리 떨어져 낯선 곳에서 방황하는 것), 이인증(자신의 생각, 감정, 감각, 신체 또는 행동을 생생한 현실로 느끼지 못하고 그것과 분리되거나 외부 관찰자가 된 경험 ; 지각의 변화, 시간감각의 이상, 자신이 낯설거나 없어진 듯한 느낌, 정서적 또는 신체적 감각의 둔화), 비현실감 장애(주변 환경이 비현실적인 것으로 느껴지거나 그것과 분리된 듯한 느낌을 경험 ; 사람이나 물체가 현실이 아닌 것으로 인식되거나 꿈이나 안개 속에 있는 것처럼 느껴지거나 생명이 없거나 왜곡된 모습으로 보임), 미분류형 해리장애(해리성 황홀경 ; 빙의, 신 내림)과 갠서증후군(다소 의식이 혼탁한 상태에서 질문의 의미를 알면서도 유사한 대답을 적당히 하고 넘어가는 등 의도적으로 정신과적 증상을 나타내는 경우) 등이다.

해리성 기억상실의 진단 기준(DSM-5)

A. 통상적인 망각과는 일치하지 않는 외상성의 중요한 자전적 정보를 회상하지 못한다. 해리성 기억상실에는 주로 특별한 사건들에 대한 선택적 기억상실이 있다. 또한 정체성과 생활사에 대한 전반적 기억상실도 있다.
B. 증상은 사회적, 직업적, 또는 다른 중요한 기능 영역에서 임상적으로 현저한 고통이나 손상을 초래한다.
C. 해리성 기억상실은 알코올이나 약물남용, 치료약물의 생리적 효과나 신경학적 상태 또는 발작, 일과성 기억상실, 두부 손상에 의한 후유증으로 인한 것이 아니다.
D. 장애는 해리성 정체성장애, 외상후 스트레스장애, 급성 스트레스장애, 신체증상장애, 주요 또는 경도 신경인지장애로 더 잘 설명되지 않는다.

13) 전환장애의 진단기준[5] (DSM-5)

A.하나 이상의 변화된 수의적 운동이나 감각 기능의 증상이 있다.
B. 임상 소견이 증상과 인정된 신경학적 혹은 의학적 상태의 불일치에 대한 증거를 제공한다.
C. 증상이나 결함이 다른 의학적 장애 또는 정신질환으로 더 잘 설명되지 않는다.
D. 증상이나 결함이 사회적, 직업적, 또는 다른 중요한 기능 영역에서 임상적으로 현저한 고통이나 손상을 초래하거나, 의학적 평가를 필요로 한다.

전환장애 증상유형은 다음과 같이 진단명에 명시할 수 있다.

1) 쇠약감이나 마비 동반
2) 이상 운동 동반(예 떨림, 근육긴장 이상, 간대성 근경련, 보행장애)
3) 음식 삼키기 증상 동반
4) 언어 증상 동반(예 발성곤란, 불분명한 언어)
5) 발작동반
6) 무감각증이나 감각 손실 동반
7) 특정 감각 증상 동반(예 시각, 후각 또는 청각장애)
8) 혼합 증상 동반
→ 다음의 경우를 명시한다.
① 급성삽화 : 증상이 6개월 이하로 존재할 때
② 지속성 : 증상이 6개월이나 그 이상 지속될 때
→ 다음의 경우도 명시한다.
① 심리적 스트레스 요인을 동반하는 경우(스트레스 요인을 명시할 것)
② 심리적 스트레스 요인을 동반하지 않는 경우

5) **출처** : 박지훈 정신건강의학과 홈페이지

14) 정신장애 분류의 장점

(1) 이상행동에 대한 일관적이고 공통적인 용어를 제공한다.

(2) 임상적 지식을 축적시켜 체계적으로 정리하여 치료계획에 대한 정보를 제공한다.

(3) 객관적인 기준에 의한 신뢰로운 분류체계는 과학적 연구와 이론 개발을 위한 기초를 제공한다.

(4) 심리장애를 지닌 환자들 간의 유사성과 차이점을 인식하는 데 도움을 준다.

(5) 환자에 대한 치료 계획을 세우고, 치료효과를 예측하고 판단하는 중요한 근거가 된다.

(6) 정신장애 분류로 인해 진단된 장애의 속성에 따른 공통된 증상과 특성을 고려하여 치료 계획을 세울 수 있다.

※ 진단된 장애 속성 이외에도 개인의 독특한 증상과 특성을 고려하며, 개인의 특수성에 초점을 맞출 수 있다. ×

15) 우울증의 유형

(1) 외인성(반응성) 우울증과 내인성 우울증[6)]

우울증은 증상을 유발한 외부적 촉발사건이 있는지의 여부에 따라서 외인성 우울증과 내인성 우울증으로 구분하기도 한다.

① 외인성 우울증(반응성 우울증)

외인성 우울증은 가족과의 사별, 실연, 실직, 중요한 시험에서의 실패, 가족의 불화나 질병 등과 같이 비교적 분명한 환경적 스트레스가 계기가 되어 우울 증상이 나타나는 경우로 반응성 우울증이라고 부르기도 한다.

② 내인성 우울증

내인성 우울증은 이러한 환경적 사건이 확인되지 않으며, 흔히 유전적 요인 또는 호르몬 분비나 생리적 리듬 등과 같은 내부적인 생리적 요인에 의해서 우울증상이 나타나는 경우를 의미한다.

(2) 신경증적 우울증과 정신증적 우울증

우울 증상의 심각성에 따라 신경증적 우울증과 정신증적 우울증으로 구분하기도 한다.

① 신경증적 우울증

신경증적 우울증은 현실 판단력에 현저한 손상이 없는 상태에서 다만 우울한 기분과 의욕상실을 나타내며, 자신에 대한 부정적 생각에 몰두하지만 이러한 생각이 망상 수준에 도달하지는 않으며, 무기력하고 침울하지만 현실 판단 능력의 장애는 보이지 않는다.

② 정신증적 우울증

정신증적 우울증은 매우 심각한 우울 증상을 나타냄과 동시에 현실 판단력이 손상되어 망상 수준의 부정적 생각이나 죄의식을 지니게 된다. 정신증적 우울증에서는 환각과 망상이 나타나며 현실 세계로부터 극단적으로 철수하는 경향을 보인다.

6) **출처**: 권석만(2000).우울증(이상심리학 시리즈 2). 학지사

(3) 이 밖에도 우울증은 ① 행동과 사고가 느려지고 침체되는 지체성 우울증과, ② 걱정과 불안을 동반하며 흥분된 모습을 나타내는 초조성 우울증으로 나누어지기도 한다.

16) 공황장애

(1) 공황장애의 신경생물학적 관점[7)]

공황장애는 뇌의 공포 회로가 이상 작동을 하면서 발생하는 뇌질환이다. 뇌간에 있는 청반핵에서 노르에피네프린이 갑자기 상승하면서 공황이 발생하고, 공포 경험 후에는 위협 자극에 매우 민감해진다. 공포를 관장하는 뇌 영역 가운데 하나인 편도체가 오작동해 알람이 울리면, 위협적인 상황이 아닌데도 위험을 감지했을 때와 같은 자율신경계의 반응이 갑자기 나타난다. 즉 뇌의 공포 신경계의 오작동은 몸의 자율신경계에 증상을 만들고, 자율신경계에 나타난 신체 증상들로 인해 뇌는 뭔가 큰일이 일어났고 죽을 수도 있다고 판단하는 것이다. 이러한 뇌의 판단은 몸의 각성과 불안 반응을 더욱 가속화한다.

(2) 공황장애 치료기법: 신체감각에 대한 민감성을 떨어뜨리는 훈련 3가지 출처: (주) 마음성장센터 홈페이지

① 공황통제치료(panic control treatment)

발로(Barlow)의 공황통제치료는 환자에게 치료실에서 과호흡을 시켜, 공황상태에서 경험했던 두려운 신체감각을 다시 유발한다. 공황이 왔을 때와 치료실에서의 과호흡 때 나타난 증상들을 비교하여 과호흡으로 인해 나타나는 증상들이 해롭지 않다는 것을 알게 한다. 작은 공황발작으로 고양된 신체감각에 노출시켜 익숙해지도록 하고, 다양한 불안통제기술을 적용해 파국적 오해석을 방지함으로써 효과적으로 공황장애를 치료한다.

② 복식호흡

복식호흡은 불안할 때 나타나는 증상을 가라앉힐 수 있다. 공황 발작 때 나타나는 호흡 증상에 대한 공포감을 줄임으로써 공황증상을 완화하는 것이 목적이다.

③ 제이콥슨(Jacobson)의 긴장이완 훈련

이완 훈련을 통해 공황장애 환자가 느끼는 다양한 신체감각의 불안을 완화하는 치료이다.

17) 해리성 정체감 장애 관련 이론

(1) 신해리 이론(neo-dissociation theory)

신해리 이론(neo-dissociation theory)이란 힐가드(Hilgard, 1977)가 해리현상이 발생하는 심리구조를 설명한 것이다. 억압은 억압 장벽에 의해 수평분할이 생기고 기존의 내용들이 무의식으로 눌러 내려가게 되는 반면, 해리에서는 수직분할이 생기고 사고의 내용들은 수평적인 의식 속에 머물러 있게 된다. 위계적 관계를 지니고 있는 인지체계에서 가장 높은 위치에 있는 중앙통제체계인 집행적 자아에서 일부 하위 인지체계가 고립되어 해리가 된다. 즉, 독립된 여러 인지체계가 번갈아 의식에 나타나는 것이다.

---

7) **출처**: 세브란스병원 홈페이지

(2) 4요인 이론

클러프(Kluft, 1984)는 해리성 정체감 장애(다중인격)를 유발하는 4가지 요인을 제시하였다.

① **해리 능력**: 외상에 직면했을 때 현실로부터 해리될 수 있는 내적 능력

② **외상 경험**: 신체적·성적 학대와 같은 외상경험

③ 응집력 있는 자아의 획득 실패

④ 진정(위로) 경험의 결핍

(3) 빙의 이론

두 개 이상의 다른 성격상태로 인한 정체감의 분열을 일부 문화에서는 빙의(possession)되었다고 표현하기도 한다. DSM-5에서는 빙의 경험을 해리성 정체감 장애의 증상과 근본적으로 동일하다고 여기고 있다. 빙의는 개인의 생각과 행동이 내면적 자아가 아닌 외부의 존재에 의해서 지배되는 현상으로서 자기정체감의 뚜렷한 변화와 더불어 기억상실로 나타난다.

18) 성격장애에 대한 대안적 DSM-5모델(Alternative DSM-5 Model for Personality Disorders)[8]

(1) 대안적 DSM-5모델에서 도출될 수 있는 특정 성격장애 진단에는 반사회성 성격장애, 회피성 성격장애, 경계성 성격장애, 자기애성 성격장애, 강박성 성격장애, 조현형 성격장애가 있다.

암기법 대안적 DSM-5모델의 성격장애 = 형(A) / 경자반(B) / 회강(C)

(2) 성격장애에 대한 현재의 접근은 DSM-5의 II편(범주적 접근[9])에 있으며, DSM-5를 위해 개발된 대안적 모델은 III편(차원적 접근[10])에 제시되어 있다. DSM-5에 두 모델을 모두 포함시킨 것은 현재의 임상 활동과의 연속성을 유지하면서 성격장애에 대한 현재의 접근이 지니는 수많은 단점을 해결하기 위해 새로운 접근을 도입하려는 미국 심리학회(APA)의 결정을 반영한다.

(3) 예를 들어, 특정 성격장애의 진단기준을 충족하는 전형적인 환자는 빈번하게 다른 성격장애의 진단기준도 충족한다. 또한 달리 명시된 / 명시되지 않는 성격장애 역시 환자가 오직 하나의 성격장애와 일치하는 양상의 증상을 나타내지 않는 경향이 있다.

(4) 대안적 DSM-5 모델에서 성격장애는 (1) 성격 기능의 손상과 (2) 병리적 성격 특질로 특징지어지며, 대안적 DSM-5모델에서 도출될 수 있는 특정 성격장애 진단에는 반사회성 성격장애, 회피성 성격장애, 경계성 성격장애, 자기애성 성격장애, 강박성 성격장애, 조현형 성격장애가 있다.

---

8) **출처**: 「마음의 예술 심리연구소」 블로그

9) 범주적 접근의 기본 가정은 (1) 문제가 되는 성격특징은 있거나 없거나 둘 중 하나, (2) 한 개인은 성격장애를 가지고 있거나 없거나 둘 중 하나, (3) 한 성격장애를 가진 사람은 그 외 다른 성격 문제는 뚜렷하게 나타내지 않는다는 것을 기본가정으로 한다. 그러나 이러한 가정은 임상현장에서 쉽게 모순에 부딪힌다.

10) 차원적 접근은 (1) 역기능의 유형이 아닌 역기능의 정도의 차이(증상의 유무가 아닌 정도), 주요 성격 특성에서 정상-비정상 간의 경계가 있기보다는 연속선 상에서 다양성을 보인다고 간주한다.

19) DSM-5-TR(수정판)에 포함된 '임상적 주의의 초점이 될 수 있는 기타의 상태' 중 '임상적 초점이 될 수 있는 추가적 상태 또는 문제'

'임상적 주의의 초점이 될 수 있는 기타의 상태' 중 '임상적 초점이 될 수 있는 추가적 상태 또는 문제'들로는 1) 정신질환과 연관된 배회, 2) 단순 사별, 3) 생의 단계 문제, 4) 종교적 또는 영적 문제, 5) 성인 반사회적 행동, 6) 아동 또는 청소년 반사회적 행동, 7) 의학적 치료를 멀리함, 8) 과체중 또는 비만, 9) 꾀병, 10) 나이 관련 인지 쇠퇴, 11) 경계성 지적 기능, 12) 손상적 감정 폭발이다.

실력 다지기

DSM-5-TR(수정판)에 포함된 '임상적 주의의 초점이 될 수 있는 기타의 상태'

1) 자살행동 및 비자살적 자해
2) 학대 및 방임
3) 관계문제
4) 가족환경과 관련된 문제
5) 교육문제
6) 직업문제
7) 주거문제
8) 경제문제
9) 사회환경과 관련된 문제
10) 사법체계와의 상호작용과 관련된 문제
11) 기타 정신사회적·개인적·환경적 상황과 관련된 문제
12) 의학적 치료 및 기타 건강관리에 대한 접근과 관련된 문제
13) 개인력의 상황
14) 상담과 의학적 조언을 위한 기타의 건강 서비스 대면
15) 임상적 초점이 될 수 있는 추가적 상태 또는 문제

20) 지속적 비탄장애

(1) 지속성 비탄장애는 DSM-5-TR(수정판)의 외상 및 스트레스 사건 관련 장애에 추가된 장애이다. 지속성 비탄장애는 친밀했던 사람의 최소 1년(아동청소년은 최소 6개월) 전의 죽음 때문에 지속적인 비적응적 비탄 반응을 나타내는 증상을 말한다.

(2) 지속성 비탄장애(Prolonged Grief Disorder : PGD) 진단기준(DSM-5-TR) [11)]

지속성 비탄장애는 DSM-5에서 추가 연구가 필요한 진단에 있었던 지속적 복합 애도장애가 지속적 비탄장애라는 이름으로 외상 후 스트레스 관련 장애에 추가된 것이다.

A. 지속성 비탄장애의 진단을 위해서는 사랑하는 사람의 상실이 성인의 경우 최소 1년 전에, 어린이 및 청소년의 경우 최소 6개월 전에 발생해야 한다. 또한 슬픔에 잠긴 사람은 진단을 받기 전, 적어도 한 달 동안 거의 매일 아래의 증상 중 최소 3가지를 경험해야 한다.

1) 정체성 붕괴(자신의 일부가 죽은 것 같은 느낌)

2) 죽음에 대한 뚜렷한 불신감

11) **출처** : 마음그루 아동가족상담연구소 홈페이지

3) 그 사람이 죽었다는 사실을 떠올리는 것을 회피

4) 죽음과 관련된 강렬한 감정적 고통(분노, 쓰라림, 슬픔 등)

5) 재통합의 어려움(친구와의 관계 문제, 관심사 추구, 미래 계획 등)

6) 정서적 무감각(정서적 경험의 부재 또는 현저한 감소)

7) 인생이 무의미하다는 느낌

8) 극심한 외로움(외로움 또는 다른 사람으로부터 분리된 느낌)

B. 개인의 사별은 사회적, 문화적 또는 종교적 규범에 따라 예상되는 것보다 오래 지속되어야 한다.

실력 다지기

DSM-5-TR 정신질환의 진단 및 통계 편람(제5판 수정판)

DSM-5-TR은 명확성을 위하여 기존에 출판된 70개 이상 질환에 대한 DSM-5 진단기준의 수정사항을 포괄적으로 업데이트한 것이다. 2013년 발행된 DSM-5에 대한 모든 이전 온라인 업데이트를 통합하여, 반복적인 개정 과정을 통해 특정 과학적 발전 및 ICD-10-CM 부호화 조정에 대응한다. 자살 및 비자살적 자해 행동을 보고하기 위한 새로운 진단, 지속적 비탄장애(애도장애), 증상 부호가 추가되었다.

대부분의 DSM-5-TR 질환 본문은 DSM-5의 최초 출판으로부터 9년이 지난 후 일부 개정되었으며, 압도적 다수가 상당한 개정을 가졌다. 가장 광범위하게 업데이트된 본문 부분은 유병률, 위험 및 예후 인자, 문화와 관련된 진단적 쟁점, 성 및 젠더와 관련된 진단적 쟁점, 자살 사고 혹은 행동과의 연관성, 동반이환이다.

출처 : 학지사

2교시

5과목

집단상담(선택)

나눔복지교육원 동영상 강의

CHAPTER 01

청소년 집단상담의 이론

제1절 | 집단상담의 기초(정의, 목표, 치료적 요인)

1 집단상담의 개요

집단상담은 사람의 상담자가 여러 명의 참여자를 대상으로 집단을 구성하고 그 참여자들의 역동적 상호작용을 활용하여 참여자 개개인의 문제를 해결하거나 성장·발달을 촉진시켜 나가는 과정을 말한다.

(1) 집단상담자가 여러 명의 내담자를 대상으로 행동양식의 변화를 가져오게 하는 노력이다.

(2) 집단 역동성에 기초하여 자신에 대한 통찰력 및 타인에 대한 태도를 증진시키는 것이 목적이다.

(3) 허용적 분위기 속에서 자신의 감정과 태도 및 자신과 외부와의 관계를 이해하도록 하여 자신의 가능성을 최대로 개발시키도록 도와주는 과정을 말한다.

2 집단상담의 목표 등

1) 집단상담의 목표

(1) 자기 이해

① 자신의 몸과 마음에 관한 모든 것을 사실 그대로 이해하는 것이다.

② 자신에 대한 이해는 다른 사람에 대한 이해를 촉진한다.

③ 자신을 정확히 볼 수 있는 능력이 생길 때 다른 사람도 정확히 볼 수 있게 된다.

(2) 건전한 자아개념의 발달

자아개념은 인간이 세상을 어떻게 느끼고 생활 경험을 어떻게 받아들이고 주위의 중요 인물들이 자기를 어떻게 본다고 느끼느냐에 따라 다르게 형성된다.

(3) 학습과정의 촉진

① 상담은 참여자로 하여금 자기의 능력과 취미를 발전시키며 잠재력을 최대한 활용할 수 있게 하여야 한다.

② 학습방법의 결함을 보완해 주고 장점은 더욱 발전시켜 줄 수 있어야 한다.

(4) 자기수용

① 이해한 그대로의 자신을 인정하고 받아들이는 것이다.

② 자기수용은 자기만을 수용하는 것만이 아니라, 다른 사람들도 수용할 수 있게 한다.

(5) 자기개방

① 이해하고 수용한 자신을 그대로 나타내 보이는 것이다.

② 이해한 자신의 일면을 완전히 수용하지 못하면 자기개방도 어렵게 된다.

③ 자기개방은 타인의 개방을 촉진시켜, 상호 이해의 폭을 넓힌다.

④ 넓어진 이해와 신뢰를 근거로 더 깊은 자기개방을 하게 하는 연쇄반응으로 이어진다.

(6) 대인관계의 발달

참여자들은 상담을 통해 주위의 동료들과의 인간관계를 이해하고 보다 바람직한 태도를 배우게 된다.

(7) 정서적 문제의 해소

상담자의 지도를 요하는 개인적·정서적 문제인 수줍음, 자신감의 결여, 습관적인 걱정, 동료와의 갈등 등은 상담을 통해 수정할 수 있다.

(8) 자기주장

① 상대방에게 피해를 주지 않으면서 자신이 나타내고자 하는 바를 그대로 나타내는 학습된 행동이다.

② 자신의 권리, 욕구, 의견, 생각, 느낌 등을 직접 상대에게 나타낸다.

실력 다지기

집단상담

1) 집단상담은 정상 범위에서 심하게 일탈하지 않는 사람들을 대상으로 이루어지게 되고 심각한 정서적·성격적 문제를 가지고 있는 사람은 제외되며, 본격적인 치료보다는 성장과 적응에 강조점이 주어진다.
2) 집단상담의 상담자는 훈련받은 전문가이거나 상담에 대한 최소한의 지식과 자질을 갖추어야 한다.
3) 집단상담의 분위기는 신뢰로우며 수용적이어야 한다.
4) 집단상담은 집단 구성원들이 상호작용하는 역동적인 대인관계 과정이다.
5) 집단 응집력은 집단 내의 친밀감, 신뢰감, 온화함, 공감적 이해로 나타나며, 적대감과 갈등을 포함할 수 있다.
6) 응집력 있는 집단은 집단원으로 하여금 자기개방, 위험 감수 그리고 집단 내의 갈등에 대해 건설적으로 표현함으로써 성공적인 상담으로 나아갈 수 있다.

2) 집단상담의 장점과 단점

(1) 집단상담의 장점

① 개인상담에서는 내담자가 상담자와의 일대일 관계에서 오는 부담감이나 불안감을 느끼게 되지만 집단 속에서는 보다 편안함과 안정감을 가지게 된다.

② 집단상담 장면은 개인으로 하여금 어떤 외적인 비난이나 처벌에 대한 두려움 없이 새로운 행동을 검증해 볼 수 있는 실험실 역할을 하게 되어 새로 학습한 행동을 실제의 생활 속에서 실천할 수 있는지를 집단 안의 가상적 현실 속에서 검증할 수 있다.

③ 집단상담에서는 동료들 간에 서로의 관심사나 감정을 터놓고 이야기할 수 있기 때문에 구성원들은 쉽게 소속감과 동료의식을 발전시킬 수 있다.

④ 집단상담은 집단원들에게 넓은 범위의 다양한 성격(특히 연령, 성별, 흥미, 성장배경, 사회경제적 지위, 문제의 형태 등이 다양한 개인들)의 소유자들과 접할 수 있는 기회를 부여해 줌으로서 풍부한 학습 경험을 할 수 있다.

⑤ 서로 경청하고 수용하고 지지하고 대면할 수 있는 구성원이 많다는 점에서 집단상담은 개인상담에서 보다 학습효과가 더욱 클 수 있다.

⑥ 집단 속에서는 개인이 한편으로는 직접 참여하면서도 다른 한편으로는 물러서서 관망할 수도 있다.

⑦ 특정한 대화의 내용을 취급하는데 고통이나 위협을 느끼는 경우 그는 다른 구성원들을 관찰하면서도 함께 생각하고 느끼므로 자기 자신과 타인 이해에 도움이 될 수 있고 자신의 문제해결에 필요한 통찰을 얻을 수 있다.

⑧ 집단상담은 또한 개인상담을 회피해 온 사람이 상담집단에서 용기를 얻어 개인상담을 신청할 수 있게 한다.

(2) 집단상담의 단점

① 구성원 개개인에게 모두 만족을 줄 수 없다.

② 집단상담에서는 특정 내담자의 개인적인 문제가 충분히 다루어지지 않을 가능성이 많다.

③ 집단상담 경험에 치우쳐 집단경험 그 자체를 목적으로 삼는 경우 집단이 현실도피의 기회가 되어버릴 수 있다.

④ 참여자들이 심리적으로 준비가 되기 전에 자기의 마음속을 털어놓아야 한다는 집단압력을 받기 쉽다.

⑤ 모든 사람이 집단상담에 모두 적합하지 않다(예 많은 의심, 지나친 적대감, 심한 정서 장애 등).

⑥ 집단상담이 개인의 생활양식과 가치관에 변화를 초래할 경우, 개인이 안정감을 상실할 가능성이 있다.

⑦ 동료들과의 상담집단이 대체로 유리하지만, 그 반대의 경우도 생길 수 있는데 이는 비슷한 연령과 생활환경을 가진 참여자들로 구성되면 참여자들의 공통적인 문제가 주로 논의되기 쉬우며, 다른 다양한 성격과 수준의 참여자들로부터 자극을 받거나 배울 기회가 없게 된다.

3) 집단상담이 필요한 경우

(1) 사람들에 대한 깊은 이해가 필요하며 자신에 대해 객관적 시각을 배우고자 하는 내담자
(2) 자신과 다른 성격, 생활배경 등의 사람들에게 배려와 존경심을 배워야 하는 내담자
(3) 다른 사람과의 대화를 포함한 사회적 기술의 습득이 필요한 내담자
(4) 다른 사람과의 유대감, 소속감 및 협동심의 향상이 필요한 내담자
(5) 자기의 관심사나 문제에 관해 다른 사람의 반응, 조언이 필요한 내담자
(6) 동료나 타인의 이해와 지지가 도움이 되리라고 판단되는 내담자
(7) 자기 문제에 관한 검토, 분석을 기피하거나 유보하기를 원하고 자기노출에 관해 필요 이상의 위협을 느끼는 내담자

실력 다지기

개인상담이 필요한 경우

1) 문제가 위급하고 원인과 해결 방법이 복잡하다고 판단되는 내담자
2) 내담자 자신과 관련 인물들의 신상을 보호할 필요가 있는 경우
3) 자아개념 또는 사적인 내면세계와 관련해서 심리검사 결과를 해석해 주는 면담의 경우
4) 집단에서 공개적으로 발언하는 것에 대해 심한 불안공포가 있는 내담자
5) 집단상담의 동료들로부터 수용될 수 없을 정도로 대인관계(행동, 태도 등)가 좋지 못한 내담자
6) 자기 자신에 대한 탐색, 통찰력이 극히 제한되어 있는 내담자
7) 상담자나 다른 사람들로부터의 주목과 인정을 강박적으로 요구할 것으로 판단되는 내담자
8) 폭행이나 '비정상적'인 성적 행동을 취할 가능성이 보이는 내담자 등

기출문제 확인학습

한 내담자가 개인상담과 집단상담을 동시에 참여하게 되는 상담모델

1) 한 내담자가 한 상담자에게 개인상담과 집단상담을 동시에 참여하게 되는 상담모델은 병행(combined)상담이며, 한 상담자에게 개인상담을 받고 다른 상담자에게 집단상담을 받는 것을 연합(conjoint)상담이라 한다.
2) 심한 성격적 문제를 갖고 있을 때 연합(conjoint)상담이 단독상담보다 효과적일 가능성이 크다.
3) 아동기에 성폭행을 당했거나 수치심과 관련된 문제가 있는 내담자의 경우 정신역동적 연합상담이 단독상담보다 효과적일 가능성이 크다.
4) 병행상담과 연합상담 모두 단독상담보다 중도탈락자가 발생하는 비율이 낮다.

4) 집단상담과 토의집단의 차이

(1) 내용과 과정

① **토의집단** : 해결해야 할 분명한 주제, 즉 토의될 내용을 중시한다.

② **집단상담** : 내용보다 집단의 과정을 중시한다.

(2) 양극성과 통일성

① **토의집단** : 몇 개의 분파가 생기고, 결국 승패나 옳고 그름의 시비를 가린다.

② **집단상담** : 상반된 의견들이 허용되고, 오히려 장려되기에 통일성을 이룬다.

(3) 형식성과 자발성

① **토의집단** : 상반된 의견이 용납될 수 없기 때문에 강한 정서적 반응이 유발되고, 이는 토의 진행 방해, 규칙과 질서를 창조해야 하므로 형식적이다.

② **집단상담** : 형식이 필요 없고 집단원들의 자발적인 참여가 강조된다.

(4) 객관성과 주관성

① **토의집단** : 객관적인 사실을 취급한다.

② **집단상담** : 주관적인 측면을 더 강조한다.

(5) 제한성과 솔직성

① **토의집단** : 정한 목적을 향해 토의를 진행해야 하므로, 언행에 항상 제약을 받는다.

② **집단상담** : 개인은 감정과 사고를 언어로 솔직하게 표현하도록 격려된다.

(6) 지도성의 차이

① **토의집단** : 형식에 따른 지도자의 역할이 있고, 지도자는 목적달성을 위해 집단을 통제한다.

② **집단상담** : 리더가 할 형식상 정해진 역할은 없고 자신의 언행을 통해 집단 분위기를 자유롭게 조성한다.

5) 집단상담과 집단지도의 차이

(1) 집단상담

① 집단상담의 중심은 어떤 주제가 아니라 집단원 개개인 자체이다.

② 변화에 대한 정보제공이 목적이 아니라 개개인의 실제적 행동변화가 목적이다.

(2) 집단지도

① 정보제공을 포함한 교육적 경험의 내용을 주제로 다룬다.

② 정보제공의 모든 책임이 주로 교사에게 있다.

실력 다지기

집단지도, 집단상담, 집단치료의 비교

구분	집단지도	집단상담	집단치료
대상	정보, 방향 제시가 필요한 집단	비교적 정상적인 내담자 집단	임상적으로 비정상적인 내담자 집단
접근 방법	예방적 접근	예방적, 성장 촉진적 접근	교정적 접근
초점	토의되는 주제	참여자 개인의 발달적인 문제	참여자 개인의 증세 완화
집단의 목적	주로 교육적이고 직업적인 지식 습득	현재의 문제와 관련한 성숙 지향적 행동 변화	무의식적 동기를 주로 탐색, 해석하여 정서적 장애 치료
상담자의 역할	집단의 구조, 활동, 내용에 권위적인 책임	안내자, 민주적인 촉진자	정상적인 생활을 위하여 전문적으로 돕는 역할

기출문제 확인학습

집단상담의 유형

1) 참 만남 집단(성장 집단상담)

타인과의 보다 의미 있는 만남과 접촉을 통해 인간관계에 대한 경험적 통찰과 학습, 인간 실존에 대한 자각을 강조하며 건강하고 정상적인 청소년들이 그들 자신뿐만 아니라 다른 사람들과도 더 친근감을 갖고 만날 수 있도록 도움으로써 그들이 더욱 성장하고 발전할 수 있게 한다.

성장 집단상담

1) 비교적 정상범위의 적응 수준을 가진 사람을 대상으로 한다.
2) 인원은 8 ~ 12명 정도가 적당하나, 대상자 특성에 따라 달라질 수 있다.
3) 집단원 간의 역동적 상호작용을 통한 변화와 성장을 지향한다.
4) 지도자와 집단원이 정기적으로 만나 상호 수용적 분위기에서 진행한다.

2) 가이던스 집단(지도 및 교육집단)

체계적 교육목표를 가지고 강의, 교수 등 구조화된 방법을 사용한다.

3) 상담집단

개인의 성장과 발달뿐만 아니라 성장에 방해요소를 제거시키거나 자기인식에 초점을 두는 집단상담으로, 일상생활에서 어려움을 경험하는 일반인들을 대상으로 대인관계문제, 자기 이해 증진, 부적응 행동의 극복 등에 도움이 된다.

4) 치료집단

주로 병원이나 임상장면에서 치료목적으로 장기집단 형태로 운영한다.

5) 자조집단

공통의 문제나 관심을 가진 사람들이 모여 문제를 효율적으로 대처해 나갈 수 있도록 동기를 갖게 하는 지지 체제를 형성하는 집단이다.

6) T - 집단

중학교, 고등학교의 학급단위로 이루어지는 훈련 집단이나 대학생들을 대상으로 하는 인간관계훈련 집단 또는 잠재력 개발 훈련 집단 등으로, 소집단의 훈련을 위주로 형성된 집단을 훈련 집단, 일명 T-집단이라고 한다.

7) 구조화 집단

집단원들이 특수한 기술을 개발한다거나, 어떤 특정한 주제를 이해하거나 또는 인생의 힘든 전환기를 헤쳐 나가도록 돕기 위한 프로그램이다.

집단의 유형

1) 성장집단 : 집단 활동을 통해 대인관계에서 자신의 생각, 감정, 행동을 인식하고 바꿀 수 있는 기회를 가지고, 자신의 잠재력을 최대한 발휘하는데 목적을 둔다. 병리적인 부분을 치료하기보다는 심리사회적인 건강에 초점이 있는 집단 유형이다.
2) 교육집단 : 구성원의 지식, 정보, 기술 향상에 목적을 둔다. 체계적 교육목표를 가지고 강의, 교수 등 구조화된 방법을 사용하는 집단 유형이다.
3) 치료(치유)집단 : 집단 활동을 통해 구성원의 문제 행동을 변화하거나 개선하고 기능을 회복하는데 목적을 둔다. 주로 병원이나 임상장면에서 치료목적으로 장기 집단 형태로 운영하는 집단이다.
4) 지지집단 : 구성원들이 생활에서 스트레스에 효과적으로 대응할 수 있도록 돕는데 목적을 둔다. 주로 유사한 문제를 경험한 사람들이 자조, 상호원조하는 형태로 운영되는 집단이다.
5) 과업집단 : 과업달성과 결과의 도출을 위해, 또는 과업을 수행하기 위해 만들어진 집단으로 문제에 대한 해결책과 새로운 아이디어를 도출하기 위한 집단 유형이다.

3 집단상담의 치료적 요인(얄롬)

1) 희망 심어주기

(1) 집단상담을 통해 자신에게 변화가 일어나고 문제가 해결될 수 있다는 희망을 가지게 되는 것이다.
(2) 집단상담은 내담자에게 그들의 문제가 개선될 수 있다는 희망을 심어주고 이러한 희망은 그 자체가 치료적 효과를 갖는다.

2) 보편성

(1) 다른 사람들도 자신과 유사한 생각과 고민을 가지고 있음을 알게 되는 것이다.
(2) 내가 그렇게 이상하지만은 않다는 것을 알게 되는 것이다.
(3) 내담자는 종종 자기만이 유독 끔찍하거나 용납될 수 없는 문제, 생각, 충동 등을 가지고 있다고 생각한다.
(4) 집단을 통해 다른 사람들도 자기와 비슷한 갈등과 생활경험 또는 문제를 가지고 있다는 것을 알고 위로를 얻는다.

(5) 다른 집단원들도 자신과 비슷한 환경이나 문제를 가지고 있다는 것을 깨달음으로써 불필요한 방어를 줄이고 상담작업을 촉진하게 하는 치료적 요인이다. - 12회 기출

3) 정보 전달

(1) 유사한 문제에 대해 다른 집단원들이 어떤 방식으로 그 문제를 극복했는지에 대한 정보를 얻는다.

(2) 내담자는 집단상담자의 강의를 통해서 자신의 문제를 보다 명확하게 알 수 있으며 또한 집단성원으로부터도 직·간접적인 제안, 지도, 충고 등을 얻게 된다.

4) 이타주의

(1) 다른 집단원들에게 도움을 주는 경험을 통해 개인의 자긍심이 고양된다.

(2) 집단성원들은 위로, 지지, 제안 등을 통하여 서로 도움을 주고받으며 자신도 누군가에게 도움을 줄 수 있고 타인에게 중요할 수 있다는 발견은 자존감을 높여준다.

5) 일차 가족집단의 교정적 반복발달

(1) 집단은 가족과 유사한 점이 있기 때문에 집단상담자는 부모역할, 그리고 집단성원은 형제자매 역할을 할 수 있다.

(2) 내담자는 부모 형제들과 상호작용하는 방식으로 상담자 및 집단성원들과 상호작용을 재연하는데 그 과정을 통해서 그 동안 해결되지 않은 가족갈등에 대해 탐색하고 도전한다.

(3) 집단원들이나 집단상담자로부터 일차 가족 구성원에게 가졌던 감정을 다시 경험하게 될 수 있다.

(4) 일차 가족 구성원과 가졌던 부정적 대인관계 패턴과 감정을 해결할 기회를 갖는다.

기출문제 확인학습

집단상담의 치료적 요인 중 교정적 정서 체험

1) 강렬한 긍정적 정서를 표현했는데, 이것은 그(녀)에게는 드문 일이다.

2) 조롱, 거부, 휘말림 등 두려워하는 끔찍한 일이 일어나지 않았다.

3) 전에 알지 못했던 자기의 부분을 회복했고, 그리하여 새로운 방식으로 타인과 관계할 수 있었다.

6) 사회화 기술의 발달

(1) 다른 집단원들과 사회적 관계를 형성하면서 다양한 사회화 기술을 습득한다.

(2) 집단성원으로부터의 피드백이나 특정 사회기술에 대한 학습을 통해 대인관계에 필요한 사회기술을 개발한다.

7) 모방행동

(1) 다른 집단원들이나 집단상담자를 모방하여 바람직한 생각, 행동, 그리고 감정을 습득한다.

(2) 집단상담자와 집단성원은 새로운 행동을 배우는 데 좋은 모델이 될 수 있다.

8) 대인관계 학습

(1) 집단원들과의 대인관계에서 집단원이 가지고 있는 대인관계 문제를 해결하고 새로운 패턴을 습득한다.

(2) 내담자는 집단성원 간의 다양한 상호작용 속에서 자신의 대인관계에 대한 통찰을 얻게 되고 자신이 원하는 관계형성에 대한 아이디어를 가질 수 있다.

9) 집단 응집력

(1) 집단원들이 집단에 계속해서 참여하도록 하는 모든 요인의 합이다.

(2) 신뢰, 따뜻함, 공감적 이해, 수용, 하나 됨을 의미하고, 집단원에게 소속감과 안정감을 제공한다.

(3) 집단성원들이 느끼는 소속감과 친밀감, 존중감 등으로 표출되는 집단 응집력은 치료의 가치를 지닌다.

기출문제 확인학습

응집력이 높은 집단에서 관찰되는 집단원의 특징

1) 다른 집단원들에게 영향을 주기 위해 더 열심히 노력한다.

2) 더 많은 자기개방을 한다.

3) 집단규범을 잘 지키고, 집단규범 일탈자에게 압력을 가한다.

4) 응집력이 높은 집단이라도 부정적 감정을 표출하여야 집단에 도움이 되며 부정적 감정을 표출했을 때 강한 지지를 보내주고 용기를 주게 된다.

5) 한 명의 집단원이 중도 탈락했을 때, 집단의 붕괴에 대하여 덜 민감하게 반응한다.

10) 정화

(1) 내면에 억압된 여러 가지 감정과 생각들을 집단상담을 통해 노출하는 것이다.

(2) 노출된 감정과 생각들이 다른 집단 구성원들에게 수용되면 정서적 변화가 생긴다.

(3) 신뢰할 수 있고 존중받는 집단의 분위기 속에서 성원들은 억눌리고 불편했던 감정을 자유롭게 표현함으로써 문제해결의 효과를 얻을 수 있다.

11) 실존적 요인

(1) 인생이 때로는 부당하고 공정치 않다는 것을 알고 인생의 고통과 죽음은 피할 길이 없음을 인식하고, 자신의 인생에 스스로 책임이 있음을 배우게 된다.

(2) 집단성원들은 각자의 경험들을 공유함으로써 각 집단성원들의 행동은 독자적인 특성을 지니고 있음을 인정하게 되고, 자신의 문제는 스스로 결정하는 것이 중요하다는 것을 알게 된다.

실력 다지기

집단상담에서 치료적 변화의 요인

집단상담은 개인상담과 그 역동이 다르고 개인상담과 구별되는 독특한 치료적 요인들이 있다. 얄롬(Yalom)과 코리(Corey), 홍경자 등은 다음과 같은 요인들이 중요하다고 했다.

얄롬 (1985)	코리 (1995)	홍경자 등 (1996)
희망의 주입	신뢰와 수용	모방행동
보편성	공감과 배려	이타심
정보교환	희망	보편성
이타주의	실험을 해보는 자유	변화를 시도하는 자유
일차적 가족관계 재현	변화하겠다는 결단	안정감과 긴장감
사회화 기법 발달	친밀감	피드백
모방행동	감정 정화	정보교환
대인관계 학습	인지적 재구조화	인간관계 형성의 습득
집단의 응집성	자기개방	
카타르시스	직면(맞닥뜨림)	
실존적 요인들	피드백	

집단상담의 경우 이점 (말레코프, 1997)

1) 상호 지지 : 집단 성원 서로 지지하는 역할
2) 일반화 : 어떤 성원이 문제를 이야기할 때 그 문제를 듣고 "나만 이런 문제가 있는 것이 아니구나!"라고 생각하고 동기부여를 받을 수 있다.
3) 희망 증진 : 집단 활동을 통해 많은 경험을 하기 때문에 개인대상으로 하는 것보다 더욱 희망을 가질 수 있는 계기가 된다.
4) 이타성 향상 : 남을 생각하고 배려하는 마음
5) 새로운 지식과 기술 습득(정보제공)
6) 집단의 통제감 및 소속감 : 집단규범 준수와 응집력으로 인한 효과
7) 정화의 기능 : 카타르시스라고도 하며 성원이 가지고 있는 감정을 다른 성원에게 충분하게 표현하는 등 생각이나 느낌 등을 서로 교환한다.
8) 재경험의 기회 제공 : 집단경험을 한 후, 성원은 문제해결 활동, 즉 집단 활동의 결과물을 통해 실제적인 현장에서 재경험의 기회를 갖는다.
9) 현실 감각의 테스트효과 : 집단 프로그램의 내용들을 치료 세팅 내에서 벗어나서 실제적인 생활현장에서 다른 집단과 실제적이고 현실적인 감각을 시험해 보는 효과를 의미한다.

4 집단상담의 윤리기준

집단상담의 윤리규준에는 집단참가자의 권리, 참가자와 집단지도자 간의 관계 윤리, 집단 지도자의 행동 윤리, 참가자들 간의 사회적 관계 윤리 등이 있다.

1) 집단 참가자의 권리

(1) 자신이 기대하거나 원하는 것이 나타나지 않았을 때 집단을 떠날 권리

(2) 집단 기록이 참가자의 참여를 제한한다는 생각이 들 때에는 기록을 하지 못하게 할 권리

(3) 드러내기 수준이나 내용에서 참가자의 사생활 존중받을 권리

(4) 비밀보장 받을 권리

(5) 집단 활동에의 참여, 의사결정, 다른 참가자가 제안한 것 수용하기 등에 대해 부당한 집단 압력을 받지 않을 권리

(6) 성장을 위해 집단의 자원을 사용할 수 있는 기회를 가질 권리 등

(7) 다만, 집단상담자는 집단 참여에 대한 권리뿐만 아니라 집단에 규칙적으로 참석하고 위험을 감수하며, 다른 사람들에게 피드백을 주고, 비밀을 보장하는 등의 책임이 따른다는 것을 알려주어야 한다.

2) 참가자와 집단상담자 간의 관계 윤리

(1) 집단상담자와 참가자 간의 개인적·사회적 관계에서의 적절성이 문제가 될 수 있는데, 기준은 그러한 사회적 관계가 치료적 관계를 방해하느냐의 여부이다.

(2) 집단 상담자는 집단에 참여하고자 하는 참가자의 능력을 손상시키거나 자신의 객관성과 전문가적 판단을 방해하는 참가자들과의 이중관계는 피해야 한다.

3) 집단상담자의 행동윤리

(1) 집단상담자의 가치관이 집단에 영향을 미칠 수 있는데, 집단상담자는 자신의 가치관을 명확히 인식하고 집단상담에서 적절할 때에 솔직히 표현할 수 있어야 하지만, 집단상담자는 가치중립적이어야 하고 자신의 가치관을 지도력과 구분해야 한다.

(2) 집단상담자가 개인의 의도대로 집단을 이끌어 가거나 참가자들의 희생을 통해 자신의 욕구를 충족시킬 때 문제가 된다.

(3) 집단상담자는 자신의 가치관이 집단과정을 어떻게 방해하는지 인식하고 있어야 한다.

(4) 집단상담자가 집단에서 사용한 기법들은 이론적 근거를 바탕으로 해야 하는데 집단상담자가 친숙하지 않은 기법을 사용하거나 기법을 기법만으로 사용하거나 자신의 의도대로 집단을 이끌기 위해 사용할 때 이러한 기법들이 오용될 수 있다.

(5) 상담기법들은 참가자의 이익을 위해 사용되어야 하며 정서를 잘 표현하도록 하기 위해 사용되어야 하며 참가자들이 새로운 행동을 시도해볼 수 있도록 도움을 주기 위해, 참가자들을 존중하면서 섬세하고 적절하게 사용되어야 한다.

4) 참가자들 간의 사회적 관계

(1) 참가자들이 집단 내에서 소집단을 만들거나 다른 참가자들에 대한 소문을 만들거나 집단상담 시간에 탐색해야 될 문제에 대해 외집단에서만 논의하고 원 집단에서는 꺼리는 경우 윤리적인 문제가 될 수 있다.

(2) 이 때에는 원 집단에서 이야기하는 것이 집단의 응집력에 도움이 된다는 것을 가르쳐야하고 이 문제에 대해서 토론하는 기회를 가지는 것이 좋다.

(3) 문화적으로 다양한 참가자를 상담할 때 상담자는 참가자의 문화적·윤리적 배경에 맞게 기법을 수정하여 사용해야 한다.

(4) 집단상담자 직업윤리 조항에 따라 치료하고 법을 지켜야 하는데, 전문적 치료에 영향을 주는 법률을 숙지해야 한다.

5) 집단상담 윤리

(1) 집단에 관한 충분한 사전 안내와 양해

① 집단에 참여하는 내담자들은 참여 여부를 결정하기 전에 자기가 어떤 집단에 관여하게 되는지를 알 권리가 있다.

② 상담자는 집단 참여를 고려하는 내담자들에게 그들의 권리와 책임이 무엇인지를 분명히 알게 할 책임이 있다.

③ 집단의 목적과 참여자의 역할 등에 관해 설명을 해주고 함께 토론의 시간을 갖는 것이 필요하다.

④ 이러한 조치는 집단 구성원들이 보다 적극적이고 협조적으로 집단 과정에 참여하도록 만들 것이며 상담자에 대한 존경심과 집단에 대한 신뢰감을 증진시킨다.

(2) 개인 정보를 보호 받을 권리

① 개인 정보의 보호는 집단상담에 참여하는 내담자들이 가장 관심을 갖는 것이다.

② 상담자는 집단에 참여 의사를 밝힌 내담자들과의 사전 개별 면담에서 이 문제를 납득시켜야 한다.

③ 흔히 첫 단계에서 다른 '요망사항'과 함께 개인 정보를 지킬 것을 당부하거나 마지막 단계에서 한두 마디로 다시 언급하는 수준에 머무는 수가 많다.

④ 비밀 보장의 책임이 각자에게 있음을 처음과 최종 단계에서는 물론 중간 과정에서도 자주 강조할 필요가 있다.

⑤ 집단상담자는 비밀 유지의 한계를 명시하고 외부에 공개해야만 하는 특수 상황에 관한 명세서나 상담자의 책임 사항에 관한 각서 같은 것을 각 내담자들에게 집단 과정에 들어가기 전에 나누어 주는 것이 유익하다.

(3) 내담자 이익을 위한 윤리 문제

① 집단지도자는 가능한 한 신체적 위협, 협박, 강제 그리고 부당한 집단 압력으로부터 집단참여자들의 권리를 보호해야 한다.

② 집단참여자들은 각자가 집단 과정의 시간을 공정하게 나누어 가질 권리가 있다.

③ 집단참여자들이 포함되는 어떤 연구 보고서는 실험적 활동이 있을 경우에는 그에 관련된 정보를 알려주되 참여 내담자들의 사전 동의를 받아야 한다.

④ 집단에 참여함으로써 경험하게 될지 모르는 심리적인 부담에 관해서 사전에 또는 그러한 부담요소의 발생 단계에서 해당 참여자들에게 경고해주는 일이다.

⑤ 집단 참여자들끼리 집단의 모임 밖에서 개별적인 만남이나 관계가 이루어질 경우, 이를 집단 모임에서 가능한 한 '보고'하도록 권유할 필요가 있다.

(4) 집단지도자의 행동 윤리

집단상담자의 개인적인 가치관과 집단 장면에서 활용하는 기법이 집단 목적의 달성에 저촉되지 말아야 할 것과 집단을 자기의 이익에 맞게 이용하는 등의 부당한 행동을 삼가도록 해야 한다.

① 상담자의 가치관을 집단에 전혀 투영하지 않을 수 없기 때문에 특히 집단 참여자들의 가치관과 갈등이 발생할 경우에는 상담자 자신의 가치관을 공개하는 것이 필요하다.

② 집단지도자는 사용되는 집단 기법이 집단 과정을 촉진하고 참여자들의 이익에 부합하는가를 자각 또는 확인해야 하고 그 사용 결과에 대한 책임 의식을 지녀야 한다.

③ 윤리적 행동 지침

ㄱ. 상담자가 익숙하지 않거나 확신이 없는 기법을 집단에 부과하지 말아야 한다.

ㄴ. '게임'이나 '연습'과 같은 기법을 필요 이상으로 투입하여 집단 참여자들 간의 충분하고 자연적인 의사 및 감정 소통을 방해하지 말아야 한다.

ㄷ. 실제 생활 장면과 갈등적이거나 내담자들의 인지·정서 기능에 부담이 되는 기법을 도입하지 않는다.

④ 집단 지도자가 집단 참여자들과 부적절한 개인적 관계를 갖지 않는다.

(5) 이중관계

① 넓은 의미에서 상담자와 내담자 사이에 상담관계 이외에 다른 관계가 동시에 형성되어 있는 경우이다.

② 이중관계가 형성되어 있을 경우 상담관계를 시작하지 않는 것이 좋다.

③ 상담자들은 내담자에 대해 영향력을 가진 지위에 있는 경우가 많고 자칫 내담자로부터 받고 있는 신뢰나 의존성을 이용해서 착취할 가능성이 있기 때문이다.

④ 사례

ㄱ. 가족관계

ㄴ. 경제적 채무관계

ㄷ. 사업관계

ㄹ. 교수 - 학생관계

ㅁ. 상 - 하급자 관계

ㅂ. 개인적 친분관계

ㅅ. 지도감독이나 평가가 개입된 상하관계

ㅇ. 친구나 애인 등

실력 다지기

집단상담에서의 특수한 윤리적 문제들

1) 집단지도자는 집단원의 권리와 책임을 자각시키는 것과 집단과정을 명료화하는 일이 집단지도자의 임무이다.
2) 집단상담이 진행됨에 따라 지도자는 집단원이 불필요한 모험을 하지 않도록 보호해야 한다.
3) 나아가 지도자는 자기 능력 이상의 기법을 구사해서는 안 된다.
4) 지도자는 집단원들이 집단에서 배운 것을 일상의 생활에서 실행하도록 신경을 써야 한다.
5) 따라서 집단 치료에서는 실행을 위한 기술을 쓴다.
6) 집단상담이 끝난 후에는 추후평가에 관심을 갖는다.

1 집단역동의 이해

1) 집단역동의 정의

(1) 집단역동은 집단 구성원들 간의 전체적 상호작용이다.

(2) 집단상담은 상담자와 10명 내외의 집단 구성원들의 상호작용이 활동적이고 활기 있게 끊임없이 변하며 일어나기 때문에 역동이라는 용어를 사용한다.

(3) 집단역동은 집단 과정을 분석하기 위하여 일반적인 체계이론을 적용하는데, 체계이론이란 한 사람의 행동을 집단 체계 내의 한 부분으로 이해하는 방법이다.

(4) 집단 체계이론의 관점에서 볼 때 집단상담은 각 구성원들에게 미치는 집단의 힘이 있는데, 상담자의 임무는 집단 과정에 영향을 미치는 주요 요인들을 규명하고 분석하며, 집단상담의 목표를 달성할 수 있도록 통제하는 것이다.

2) 집단역동의 구성 요소

(1) 의사소통과 상호작용

언어적, 비언어적 의사소통은 상호작용의 구성요소가 된다.

(2) 집단매력

① 청소년들이 집단에 남아 있어 집단 역동을 일으키게 하는 모든 힘의 결과이다.
② **개인적 차원의 관계(매력)** : 과업보다 친구관계에 치중한다.
③ **과업중심의 매력** : 과업을 빨리, 효율적으로 완수하기를 원하며, 과업과 관련된 대화를 주로 한다.
④ **집단에서 얻은 지위의 매력** : 집단 내에서의 지위에 손상을 받을 수 있는 모험을 하지 않는다.

(3) 집단 응집력

집단역동을 위해서는 무엇보다도 그 집단의 응집성과 집단성원들을 서로에게 혹은, 집단 자체에게 연결시키는 관계의 강도를 고려하는 것이 중요하다.

(4) 사회적 통제

청소년들을 순응, 복종하게 하는 힘이며 이는 집단규범과 관련이 있다.

(5) 집단문화

① 청소년들이 공통적으로 가지고 있는 가치, 신념, 관습, 전통 등을 의미한다.

② 집단의 가치는 청소년들이 일반적 속성, 문화, 인종, 민족 등에 따라 달라진다.

③ 유사한 문화를 갖고 있는 청소년들이 집단을 이룰 때, 집단역동의 힘은 높아진다.

참고

집단역동성을 이해하기 위한 영역

1) 의사소통과 상호작용(예 정서적 유대, 하위집단, 집단크기, 물리적 환경 등)
2) 집단 응집력 : 집단 구성원들이 그 집단에 머물고자 하는 소속감으로 집단의 영향력이다.
3) 집단문화 : 집단 성원들이 공통적으로 가지고 있는 가치, 신념, 관습, 전통 등을 말한다.
4) 집단지도력 : 집단 활동에 참여하는 모든 성원이 가능한 한 최대의 만족감을 가지고 효과적인 목표 달성을 위해 행동하도록 하는 작용이다.
5) 집단규범 : 집단에서 중요하게 생각하는 것에 대하여 행동의 표준을 일반화한 것이며 가치 판단으로 구체화 되고 집단 내에서는 주요한 통제의 수단이 된다.
6) 집단구조화 : 집단에서 형성되는 지위와 역할 등의 구조화는 역동성을 이해하는 영역 중 하나이다.
7) 피드백(환류) : 집단상담자와 집단성원 간, 집단성원들 간의 상호작용, 즉 피드백이 잘 일어날 때 집단의 역동성이 활발하게 일어날 수 있는 것이다.
8) 긴장과 갈등 : 어느 정도의 긴장과 갈등은 집단 성원 간 상호작용의 힘을 증가시킨다.

실력 다지기

집단역동의 요소

집단상담은 크게 내용적 측면과 과정적 측면으로 구분된다.

1) 내용적 측면
   (1) 현재 집단의 이야기 주제
   (2) 현재 집단의 이야기 주제와 집단 과업 및 목표와의 일치성
2) 과정적 측면
   (1) 집단의 소통방식
   (2) 집단 구성원간 소통의 빈도나 대상
   (3) 집단 발달의 단계
   (4) 집단 구성원간 작용하는 치유적 요소

2 집단상담의 과정

집단상담의 과정

집단 준비단계, 초기단계(initial stage), 과도기적 단계(transitional stage), 작업단계(working stage), 종결단계(final stage), 추수작업의 여섯 단계로 구분된다.

1) 집단 준비단계는 집단 구성원들에게 집단의 목적과 운영방식 등을 알려주고 이 집단을 통해 어떤 경험과 도움을 받을 것인지 미리 생각하게 한다.
2) 집단상담 계획의 진행과정은 욕구 파악 → 계획안 작성 → 사전면담 → 집단원 선정 → 사전 검사로 이루어진다. - 2급 기출

> **기출문제 확인학습**
>
> **집단상담 계획서에 포함되어야 할 내용**
>
> 집단 목적, 집단 유형, 집단 활동내용, 기대효과 및 평가계획 등이다.
>
> 참고 집단규칙은 집단상담계획서에 포함되지 않는다.

3) 초기단계
   (1) 오리엔테이션과 탐색이 이루어지는 시기로 침묵이 많고 서로 어색하게 느끼며 혼란스러워하는 단계이다.
   (2) 비구조화 집단상담에서 신뢰 대 불신, 참여의 주저, 의미의 추구, 의존이 주된 관심사가 되는 발달단계이다.
4) 과도기적 단계는 집단원의 불안감과 방어적 태도가 두드러지며 집단 내에서 힘과 통제력을 놓고 갈등이 일어나며 저항이 다양한 형태로 표현되는 단계이다.
5) 작업단계는 집단에 응집력이 생기고 생산적인 활동이 이루어지는 시기이며 이 단계에서 상담자는 집단의 응집력을 강화하고 맞닥뜨림이나 공감 같은 적절한 반응에 대해 모범을 보이며, 집단 전체와 개인이 보이는 패턴에도 관심을 가지고 자신이 관찰한 것을 개방한다.
6) 종결단계는 종결과 헤어짐에 대한 감정을 다루고, 지금까지 집단이 집단원 각자에게 주었던 영향을 평가하며 서로에 대한 피드백과 해결되지 않은 주제를 마무리하고 앞으로 개인의 성장을 위해 어떻게 살 것인가를 전망하는 활동이 전개된다.
7) 추수작업은 지금까지 해 온 집단의 효과를 재검토하고 집단이 어떤 부정적인 영향은 없었는지, 집단이 일상생활에 어떤 긍정적 영향을 끼치고 있는지, 집단의 효과가 지속되고 있는지 등을 돌아보는 단계이다.

실력 다지기

집단의 발달단계[1](코리)

집단의 단계는 예비 모임, 초기단계, 전환단계, 작업단계 그리고 종결단계로 나눌 수 있다. 전체적인 기간 동안 집단의 특성을 결정짓는 단계들이 있는데, 이 단계들이 한 번 모이는 회기에서도 명백하게 다 나타나는 것처럼 보일 수도 있다. 처음 구성원들이 집단에 들어올 때, 이것을 초기라는 초점으로 볼 수 있다. 집단의 회기 내에 간략한 전환기간이 있을 수 있고 생산적인 탐색과 주제에 관한 작업, 그리고 개인적인 관심사들이 뒤따라올 수 있다. 마지막으로 회기가 끝나기 전에 집단원들은 그 회기가 그들에게 어떤 의미를 지니고 있는지 되돌아 볼 수 있고 몇 가지 간략한 언급을 할 수 있다.

1) 예비단계(pregroup stage)

(1) 집단의 형성에 관련된 모든 요인들을 다 포함하고 있다. 어떤 집단이든지 단단한 토대를 형성하기 위해서는 신중한 생각과 계획이 있어야 한다.

(2) 집단이 모이기 전에 집단을 위한 목적, 집단원들의 유인가, 집단원들을 선별하고 선발하는 것, 그리고 오리엔테이션 과정들의 설계를 미리 해야 하는 과제가 있다.

(3) 집단을 형성하는 데 있어 실질적으로 고려해야 할 사항을 따라가려면 대단히 많은 시간이 소요되지만 이 예비 단계에 참석하는 것은 생산적인 집단이 될 수 있는 기회를 향상시켜 준다.

2) 집단의 초기단계(initial stage)

(1) 오리엔테이션과 탐색의 시기이다. 초기 회기에서 집단원들은 사회적으로 수용될 만하다고 생각되는 자신의 측면만을 진술하는 경향이 있다.

(2) 이 단계는 일반적으로 집단의 구조에 대한 어느 정도의 불안과 불확실성으로 특징 지어진다. 집단원들은 한계를 깨닫고 테스트해보고 있는 중인데, 자신이 수용될지 여부에 의문을 품고 있기 때문에 주저하게 된다.

(3) 일반적으로 집단원들은 어떤 기대와 관심사와 불안을 집단에 지니고 오게 되는데 여기서 대단히 중요한 것은 그런 관심사들을 공개적으로 표현하는 것이 허용되어야 한다는 점이다.

(4) 집단원들이 서로를 알게 되고 집단이 어떻게 기능하는가를 알게 되면 집단을 지배하는 규범을 발달시키게 되고, 집단에 속해있는 두려움과 기대를 탐색하게 되고, 개인적인 목표를 정립하며 탐색하기를 바라는 개인적인 주제를 명료화하게 되고, 이 집단이 안전한 장소인지 아닌지를 결정하게 된다. 리더가 그들의 반응에 대처하는 태도에 따라 집단원들은 신뢰감의 정도를 결정하게 된다.

3) 전환단계

(1) 집단원들이 감당할 수 있을 만큼 심각한 정도로 상호교류하기 전에 일반적으로 집단은 다소 힘든 전환 단계(transition stage)를 거치게 된다.

(2) 이 단계에서 집단원들은 불안, 거부감, 방어, 갈등에 접하게 되고 리더의 과업은 그들이 집단에 오게 된 관심사에 대한 작업을 어떻게 시작할 것인지 배우도록 도와주는 것이다.

(3) 집단원들의 과업은 자신의 생각, 느낌, 반응, 활동을 잘 살펴보고 자신을 언어로 표현하는 법을 배우는 것이다.

1) 코리(Gerald Corey, Ph. D) 초청 집단상담 세미나 원고 중에서, 고려대학교, 2004

(4) 리더는 집단원들이 자신의 두려움과 방어를 깨닫고 수용하도록 도와주는 동시에 그들이 경험하고 있을지 모르는 불안과 거부감을 헤쳐 나가도록 격려한다.

(5) 집단원들은 자신에 대한 생각, 혹은 다른 사람들이 자신에게 지닐 수 있는 생각 때문에 감추고 있는 것들을 위험을 감수하고 공개할 것인가를 숙고한다.

(6) 집단 리더는 집단원들 간의 우려가 미치는 영향을 이해하고 집단 참석에 대해 지닐 수 있는 거부감을 모두 탐색해 보도록 고무시켜야 한다.

전환(과도기)단계에서 집단상담자의 역할

Corey(1981)는 전환(과도기)단계 동안에 저항과 갈등양상이 발생한다고 하면서 이때 집단상담자가 해야 할 일을 다음과 같이 지적하였다.

1) 집단원들에게 불안을 인식하고 표현하는 것이 중요하다는 사실을 가르친다.
2) 집단원들이 방어적으로 반응하는 방식을 깨닫도록 돕고 저항 심리를 공개적으로 다룰 수 있는 분위기를 형성한다.
3) 저항현상을 포착하고 그러한 저항은 자연스러운 것이며 건강한 것이란 점을 참여자들에게 알려준다.
4) 집단에서 일어나는 갈등을 인식하고 그것을 공개적으로 다루는 것이 필요하다는 점을 집단원들에게 알린다.
5) 통제하고자 투쟁하는 행동적 징후를 지적하고 집단의 발달에 대한 공동의 책임을 받아들이도록 가르친다.
6) 인간으로서 또는 전문가로서의 집단상담자에 대한 도전의 문제를 직접적으로 그리고 솔직하게 다루는 모범을 보여준다.
7) 자율적이고 독립적인 집단원이 될 수 있는 능력에 영향 미칠 문제들을 다룰 수 있도록 돕는다.

4) 작업단계(working stage)

(1) 이 단계는 초기단계와 전환단계에서 효율적으로 이루어진 작업의 기반 위에 세워진다. 상호관계와 자기-탐색이 증가하고 집단은 이제 행동의 변화를 가져오는데 초점을 두게 된다.

(2) 실제 상황에서는 전환단계와 작업단계가 서로 섞여 들게 된다. 작업단계에서 집단은 초기의 테마였던 신뢰, 갈등, 참여에 대한 거부감으로 되돌아 갈 수도 있다.

(3) 새로운 도전을 집단이 받아들일 때 더 깊은 수준의 신뢰가 구축될 수 있다. 집단이 전개되면서 새로운 갈등이 표출될 수 있고 앞으로 나가려는 어려운 작업을 위한 헌신이 필요하다.

(4) 모든 집단원들이 똑같이 집중해서 작업하지 못할 수도 있고 어떤 집단원들은 여전히 겉돌고, 감추고 위험을 감수하는 것을 더 두려워하는 상태에 남아 있을 수도 있다.

(5) 실제로, 집단의 모든 단계를 지나갈 때 집단원 사이에 개인적인 차이점이 있다. 집단의 모든 단계에서 생산적인 작업이 일어나고 있어 작업단계만 생산적인 것은 아니며 집단의 다양한 단계에서 작업의 질과 깊이는 다른 형태로 나타난다.

(6) 여러 가지 이유들 때문에 결코 작업단계에 이르지 못하는 집단도 있다. 그러나 이런 경우에도 종종 중요한 점을 배울 수 있어서 개인들은 이런 집단 경험을 통해서도 여전히 도움을 받을 수 있다.

5) 종결단계(final stage)

(1) 집단에서 무엇을 배웠으며 이 새로운 배움을 어떻게 일상적인 삶의 한 부분이 되도록 연결할 수 있을 것인가에 대해 결정하게 된다.

(2) 집단 활동에는 종결, 요약, 미해결상태를 다루기, 서로 집단 경험을 통합하고 해석하는 과정 등이 포함된다.

(3) 집단이 끝나갈 때에는 집단의 경험을 개념화하고 종결시키는 방향에 초점을 맞추게 된다.

(4) 종결단계에서 집단은 분리의 느낌, 집단원들의 해결되지 않은 관심사를 언급하기, 집단 경험의 회고, 일상적인 삶에서 집단원들이 새로운 행동을 실습하는 약속, 활동 계획 짜기, 퇴보할 경우에 대처할 전략 짜기, 그리고 지지적인 네트워크 형성하기 등을 다루게 된다.

본 교재에서는 집단상담의 과정을 아래와 같이 4단계로 구분하여 설명하고자 한다.

1) 참여단계

(1) 신뢰감 형성

예상불안을 감소시키며 긴장을 풀어주어 신뢰감을 형성하고 안정된 집단 분위기의 조성이 필수적이다.

(2) 집단의 구조화

① 집단의 성격과 목적에 대한 설명이 이루어진다.

② 집단상담자의 주된 역할에 대해 언급을 한다.

③ 집단의 기본 규칙과 유의사항(예 지금 - 여기, 느낌에 초점두기, 비밀보장 등)을 전달한다.

실력 다지기

집단이 성공하기 위해 구성원들이 지켜야 할 규준(규칙)

1) 집단 안에서 일어나는 모든 일과 이야기의 비밀 유지하기
2) 다른 사람의 이야기나 일반적인 이야기보다는 자신의 이야기에 초점 두기
3) 솔직한 자신의 느낌과 생각들을 나누고 타인의 이야기를 경청하기
4) 지각이나 결석이 불가피할 경우 미리 집단지도자와 다른 구성원들에게 알리기
5) 집단상담 과정 중에 인간 대 인간의 참 만남을 경험할 수 있도록 노력하기
6) 집단에서 결정되는 사항은 구성원들 모두가 논의하고 동의된 것으로 삼기

(3) 행동적 목표의 설정

① **과정적 목표** : 과정 상 지금 - 여기 초점, 자기 노출, 모험 시도, 피드백, 통찰 실험, 새로운 행동 적용 등을 목표로 둔다.

② **개인적 목표** : 집단성원 각자가 개인적 목표설정을 하도록 돕는다.

정리

참여단계

1) 집단상담은 서로 어느 정도 친숙해지고 아는 것에서부터 시작된다.
2) 인사를 하고 소개하는 과정은 모든 집단과정에서 필요한 일이다.
3) 상담자는 집단의 분위기를 형성하고 유지시키는 책임이 있다.
4) 첫 번째 모임은 다른 어떤 모임보다도 중요하다.
5) 상담자는 집단상담을 위한 사전 준비를 철저히 한 후 첫 번째 모임을 시작한다.
6) 상담자는 각 구성원들에게 왜 이 집단에 들어오게 되었는가를 분명히 해 주며 수용과 신뢰의 분위기를 형성하여 집단상담에서 새롭고 의미 있는 경험을 가지도록 이끌어 준다.
7) 구성원들은 자유로이 각자의 의견과 느낌을 나누도록 격려된다.
8) 상담자의 적극적인 참여가 필요하지만, 그렇다고 교사와 같이 가르치는 역할을 하는 것이 아니다.
9) 상담자는 내담자들로 하여금 스스로 집단의 규범을 지키고 상호 협력적인 자세를 갖추도록 함으로써 효율적인 집단 분위기를 만들 수 있다.
10) 상담자 자신의 말과 행동은 집단상담의 분위기를 만들고 유지하는 데 도움이 되는 것이라야 한다.
11) 집단상담을 시작하는 방법이나 집단 구성원들이 서로 경험을 나누도록 하는 '최선의 방법'이란 없으며 부단히 자기노력이 요구된다.
12) 상담자 자신의 경험과 개인적 특성을 살려 나름대로 자기 것으로 개발해야 한다.

2) 과도기적 단계

(1) 안정되고 신뢰가 느껴지는 집단 분위기를 조성해서 이어지는 작업단계를 준비하는 단계이다.

(2) 과도기적 단계에서 다룰 내용들

① 의존성

ㄱ. 집단상담자가 집단을 주도하고 지시 및 충고를 하며 평가해 주기를 기대하는 의존성을 다루어 준다.

ㄴ. 상담자가 집단원의 의존행동을 조장할 수도 있으므로 상담자 자신을 탐색해 보는 작업이 필요하다.

ㄷ. 집단원 간 상호작용 시에도 집단상담자를 향해 말하면서 집단상담자의 시인과 수용을 기대하게 된다.

ㄹ. 집단상담자는 집단 활동의 책임을 점차로 집단에 이양하는 것이 바람직하다.

② 저항 - 집단상담자가 지도성의 책임을 이양하게 되면 집단은 저항할 수 있다.

ㄱ. 저항 반응들은 집단원들이 자기보호를 위한 노력이라고 생각하는 것이 바람직하다.

ㄴ. 집단원들이 집단에서 어떻게 처신할 것인가를 탐색하는 과정에서 나타난다.

ㄷ. 저항은 이것이 타인들에게 수용될 것인지, 아니면 무시나 배척을 당할 것인지에 대해 타진해 보는 노력이다.

ㄹ. 저항의 양상

가. 침묵, 상호 간 어색한 웃음 교환, 관찰자 자세, 말을 많이 하거나 잦은 질문과 충고

나. 대체로 안전한 문제나 집단 밖의 이야기를 늘어놓기, 지적인 내용 등에 호소

다. 자기를 개방하는 대신에 배우자, 자녀나 직장 사람들 문제점을 제시하고 해결책에 열중

라. 자신은 도움 받을 문제가 없는 것처럼 행동

마. 상호 간에 너무 조심스럽게 지지적이고 예의 갖춘 행동

바. 의사소통의 내용과 스타일은 대체로 피상적이고 제한적이며 틀에 박힌 것들

실력 다지기

집단원의 저항

저항은 집단운영에 방해될 수도 있지만 그것을 잘 활용하면 매우 효과적일 수도 있다.

1) 침묵

(1) 집단에서의 침묵은 상담자에 대한 불만, 타 집단원이나 상담자의 반응에 대한 불만, 집단에 제시된 정보나 자료에 대한 각 개인의 처리과정 등이 될 수도 있다.

(2) 상담자는 침묵의 의미를 정확히 파악하고 반영이나 해석 등을 통해 명료화시키는 것이 필요하다.

2) 독점

한 사람이 타인의 이야기를 듣지 않고 자신의 이야기만 하거나 집단을 주도하는 것을 의미한다.

3) 지나친 의존

집단 초기에 집단원은 상담자가 자신들에게 무엇인가를 지시하고 문제를 해결해 주기를 기대하는 현상이 자주 나타난다.

4) 집단의 양립화나 소집단화

집단이 두 개, 또는 그 이상으로 분리되어 집단 전체적인 역동이 이루어지지 않고 소집단별로 전체와는 다른 주제에 대해 이야기하거나 때에 따라서는 전혀 집단에 참여하지 않고 침묵하기도 하는 현상이다.

5) 주지화(= 지성화)

집단에서 자신의 내면적인 세계를 개방하기보다는 지적인 토론을 벌이는 현상이다.

6) 역사가 출현

집단에서 옛날에 일어났던 일, 또는 떠난 사람에 대해 이야기하는 것 등이다.

7) 지도자의 동일시

특정 집단원이 상담자의 역할을 맡아 다른 집단원에게 질문하고 충고하는 현상이다.

③ 갈등(지배, 통제, 권력을 갖고자 하는 노력)

ㄱ. 저항이 처리되고 집단원들이 집단에 참여하기 시작하면 처음으로 나타나는 '지금 - 여기'의 상호작용이 집단상담자나 다른 집단원들을 향한 부정적 감정의 표출로 이어지게 된다.

ㄴ. 갈등기에는 지배할 것인가, 지배당할 것인가에 주된 관심을 두게 된다.

ㄷ. 집단원들이 집단 상담자에게 도전

가. 집단의 목적과 효과에 대해 의문을 제기한다.

나. 냉담하고 무관심하며 자신을 개방하지 않고 너무 권위적이라는 등으로 집단리더에게 도전한다.

다. 타 집단원을 판단하고 비난하는 반응을 보인다.

라. 집단원 상호 간 또는 집단상담자와의 사이에 힘겨루기를 하면서 경쟁적, 갈등적 모습을 보인다.

마. 갈등 관계의 집단원들은 상대방을 사실과 다르게 지각하고 상호 간에 불신하는 반응이 나타난다.

④ 응집성

ㄱ. 저항과 갈등을 생산적으로 처리하고 나면 집단은 점차 응집성이 발달한다.

ㄴ. 응집성이란 집단원들이 경험하는 집단에의 매력, 소속감, 결속감 그리고 일치감을 뜻한다.

ㄷ. 부정적 반응과 갈등의 표현이 허용된다면 지금부터는 상호 간에 믿고 가까워져도 되겠다는 생각을 하게 된다.

ㄹ. 자기노출이 긍정적인 반응을 수반함에 따라 집단원 상호 간에 신뢰감이 발달한다.

ㅁ. 집단상담자는 응집성을 높이기 위해 스스로 모범을 보이고 응집성을 높이려는 집단원 반응을 강화한다.

ㅂ. 응집성은 집단상담에서 작업단계를 위한 전제조건이기 때문에 그것 자체가 목적이 되어서는 안 된다는 것을 유념해야 한다.

ㅅ. 응집성이 집단 발달에 장애가 되는 경우

가. 집단원들이 응집성을 저해한다고 생각하는 부정적인 감정의 표현을 자제할 경우

나. 유쾌한 대화나 상호작용에 빠져들어 거짓 형태의 응집성이 발달되는 경우

다. 갈등 뒤에 얻은 응집성이기 때문에 이를 즐기는 나머지 다음 단계로 나아가기 싫어하는 경우

정리

과도기적 단계

1) 과도기적 단계는 참여 단계와 엄격히 구분되지는 않는다. 말하자면 참여 단계에서 생산적인 작업단계로 넘어가는 '과도기적 과정'이라고 볼 수 있다.

2) 과도기적 단계에서의 주요 과제는 집단 구성원들로 하여금 집단에 참여하는 과정에서 일어나는 망설임이나 저항, 방어 등을 자각하고 정리하도록 도와주는 것이다.

3) 이 단계의 성공 여부는 주로 상담자가 칩단 구성원들에게 얼마나 수용적이고 신뢰로운 태도를 보이며 상담 기술을 어떻게 발휘하느냐에 달려 있다.

기출문제 확인학습

집단상담 과정의 과도기 단계에서 상담자의 역할

1) 교육자(educator)의 역할

(1) 상담자는 과도기 단계에서 일어나는 저항과 갈등에 대해 교육해야 한다.

(2) 상담자는 집단상담에서 저항과 갈등 현상이 필연적인 것임을 교육할 필요가 있다.

(3) 첫 회기 또는 두 번째 회기가 끝나고 집단상담의 과정상 열의가 식는다든지 불안한 마음이 생긴다든지 상담자의 통제에서 벗어나려는 행동이 있을 수 있음을 교육하고 아울러 내담자가 자신의 감정이나 느낌을 표현하는 것이 집단상담의 과정에 어떤 긍정적인 효과를 주는지 교육한다.

2) 조성자(maker)의 역할

신뢰로운 분위기의 조성이 중요한 역할이 되며 상담자는 집단원들이 자신의 저항, 불안, 갈등을 솔직하게 표현할 수 있도록 집단의 분위기를 조성한다.

3) 촉진자(facilitator)의 역할

(1) 상황에 대해 확인과 명료화하는 작업을 하는 것을 말하며 특히 저항과 갈등과 관련된 상황을 확인하고 명료화해야 하는데 상담자는 집단원이 자신의 느낌과 생각을 탐색하고 솔직히 표현하도록 격려하고 촉진하는 역할을 하여야 한다.

(2) 대부분의 저항과 갈등은 간접적으로 표현되며 그때의 감정과 생각이 솔직하게 표현되지 못하는 경우가 많다.

(3) 상담자는 저항과 갈등이 표현되는 상황을 구체적이고 세세하게 확인할 필요가 있으며 그 당시 느꼈던 내담자의 감정을 명료화해줄 필요가 있다.

4) 모범자(model)의 역할

(1) 이 역할은 특히 직면 기법을 사용할 때 중요하며 과도기 단계부터 집단원들도 많이 사용하는 기법이 된다.

(2) 상담자는 적절하고도 부드러운 직면을 시키는 모델로서의 모습을 보여줘야 한다. 직면은 보다 강하게 저항과 갈등을 다루는 방법이기 때문이다.

(3) 직면은 4가지가 있는데, ① 집단원의 과거와 현재에 한 말의 내용이 다를 때, ② 집단원의 말과 행동이 불일치 할 때, ③ 집단원의 말과 정서적인 반응이 다를 때, ④ 집단원의 말과 지도자의 느낌이 다를 때 이를 직면하는 것이다.

5) 참여자(participant)의 역할

(1) 상담자는 이 단계에서 자신도 저항과 갈등에 대해 느끼는 반응을 개방하고 시험하고 도전하게 된다.

(2) 내담자의 인격을 모욕하지 않으면서 자신의 화나 짜증을 표현하거나 갈등을 피하기보다, 도전하고 자신의 역전이 반응을 다루는 행동은 참여자의 역할을 하는 것이다.

6) 조력자(helper)의 역할

(1) 상담자는 저항이나 갈등과 관련하여 내담자가 자신의 문제를 독립적이고 자발적으로 다루도록 도와주는 조력자의 역할을 한다.

(2) 문제 해결자(problem - solver)가 아닌 조력자의 역할이란 내담자 스스로 자신의 문제를 풀어가도록 문제를 탐색하고 다루어 주는 것이다.

3) 작업단계(생산단계)

(1) 행동적인 변화를 촉진하는 단계

① 집단원들은 집단상담자에게만 의존하지 않는 분산적 지도성의 패턴을 발달시킨다.

② 자기노출, 피드백, 맞닥뜨림을 생산적으로 취급할 수 있을 정도의 신뢰관계가 형성된다.

③ 집단원들이 각자의 삶에서 겪고 있는 심각한 문제를 내어놓고 취급할 수 있게 된다.

(2) 작업단계의 과정

① 자기 노출과 감정의 정화

ㄱ. 집단원들이 부정적 정서의 토로 등으로 의미 있는 자기노출을 시도한다.

ㄴ. 사무친 감정적 응어리가 충분히 정화되도록 촉진한다.

② 비효과적인 행동패턴 취급

ㄱ. 당면문제와 감정의 응어리가 충분히 정화되어 집단원이 심적 여유를 가지게 된다.

ㄴ. 집단원이 자신에게 시선을 돌려 문제와 관련된 비효과적인 행동패턴을 탐색하고 이해하며 수용하게 돕는다.

ㄷ. 집단상담자는 집단이 그 집단원의 행동패턴에 대해 효과적으로 피드백을 하도록 돕는다.

③ **바람직한 대안 행동의 취급** : 집단원이 자신의 비효과적 행동패턴을 깨닫고 인정한 후, 바람직한 대안행동을 탐색하고 선택하여 학습하게 된다.

정리

작업단계

1) 작업단계는 집단상담의 가장 핵심적인 부분이다.
2) 앞의 단계들이 잘 조정되면 작업 단계는 매우 순조롭게 진행되고 집단지도자는 집단으로부터 한 걸음 물러나서 집단구성원들에게 대부분의 작업을 맡길 수도 있다.
3) 집단이 작업단계에 들어서면 구성원들은 집단을 신뢰하고 자기를 솔직하게 공개한다.
4) 대부분의 구성원들이 자신의 구체적인 문제를 집단에 가져와 활발히 논의하며 바람직한 관점과 행동 방안을 모색하게 된다.
5) 작업단계에서는 집단 구성원들이 높은 사기와 분명한 소속감을 갖는 것이 특징이다.
6) 이 단계에서 구성원들은 '우리'라는 느낌을 갖는다.
7) 다만, 집단에 대한 자부심이 점차로 커지고 집단이 결속되어 감에 따라 집단에서 부정적 감정의 표현을 오히려 억제하는 경향이 생길 수도 있으므로 지도자는 이 점에 유의해야 할 필요가 있다.
8) 작업단계에서의 통찰만으로는 행동을 변화시키기에 부족하며 행동 실천이 필요한데, 특히 어려운 행동을 실행해야만 하는 처지의 집단원에게는 집단원들과 함께 강력한 지지를 보내주는 식으로 그들에게 실행을 위한 용기를 주도록 한다.
9) 집단상담에서는 한 개인이 직면한 문제를 다른 동료가 이해하고 공감해 주며 각자의 비슷한 경험에 비추어 문제를 해결하려는 노력이 자연스럽게 이루어진다.

4) 종결단계

(1) 비효과적인 행동패턴을 버리고 새로운 대안행동을 학습해서 목적을 달성하면 종결단계에 진입하게 된다.

(2) 종결단계의 특징

① 집단원들이 자신의 문제를 해결하게 되어 자기노출을 줄인다.
② 이제까지 맺어 온 유대관계에서 분리되어야 하는 아쉬움을 경험한다.

(3) 종결단계의 과제

① **학습 결과의 적용문제** : 집단원들이 학습결과를 잘 정리하여 이를 실천하겠다는 의지와 희망을 갖게 도와야 한다.
② **이별 감정의 취급** : 아쉬움의 감정을 표현하고 상호 간에 공유할 수 있게 돕는다.
③ **집단 경험의 개관과 요약** : 전체 집단과정에서 자신에게 특별한 의미가 있었거나 도움이 되었던 경험을 나누게 한다.
④ **집단원의 성장 및 변화 평가** : 집단원들 각자의 변화를 집단 시작 시점과 종결의 현재를 비교하여 살펴보게 한다.
⑤ 미해결 과제의 취급
ㄱ. 집단에서 마무리 짓지 못한 채 남겨진 안건을 확인한다.
ㄴ. 집단원 상호 간에 부정적 감정을 가지고 있지 않은지 확인한다.
ㄷ. 집단원 중 개인적 문제해결을 마무리하지 못해 아쉬운 사람은 없는지 확인한다.
ㄹ. 미해결 과제를 새롭게 취급하는 것이 아니라, 이를 집단에서 토로할 기회를 제공하고 공감해 준다.
⑥ 피드백 주고받기
ㄱ. 종결단계의 피드백은 지금까지 관찰한 집단원의 행동변화를 최종적이고 종합적으로 하고자 하는 특징이 있다.
ㄴ. 마무리 단계의 피드백은 부정적인 것보다는 긍정적인 측면에 초점을 두고 실시한다.
⑦ 지속적 성장 촉구
ㄱ. 집단의 경험은 하나의 계기가 되며 학습한 것을 소화하기 위해 지속적 노력이 필요함을 언급해 준다.
ㄴ. 학습한 행동을 가정과 사회에서 실행할 때 주위의 오해를 사거나 배척될 가능성을 언급해 준다.

기출문제 확인학습

젠킨스(Jenkins, 1961)가 제시한 집단 자체에 관계되는 평가내용

집단 자체의 평가를 위한 내용은 그 집단의 발달단계, 목적, 채택하는 이론적 배경, 취급되는 현저한 문제와 관심의 초점 등에 따라서 달라지겠으나 대부분의 경우 집단의 분위기, 응집도, 지도자의 행동, 집단원의 역할, 집단이 채택하는 방법절차 및 의사소통이나 인간관계의 형태 등이 여기에 포함된다.

젠킨스((Jenkins, 1961)는 다음과 같은 내용들이 집단 자체의 평가에 포함되어야 한다고 주장하고 있다.

1) 목표지향적인 방향성

집단이 어느 정도로 목표를 향하여 전진하고 있는가?, 주제나 정규과정에서 이탈되거나 우왕좌왕하고 있지는 않는가?

2) 집단토의나 활동의 성취도

집단은 문제를 진단하는 단계에 있는가?, 해결책을 모색하고 있는가?, 아니면 최종의 결정을 내릴 단계에 이르렀는가?

3) 성취 혹은 진전의 속도

집단은 적절한 속도로 효율적인 토의나 활동을 해 나가고 있는가?, 아니면 지지부진 상태에서 혼란을 겪고 있는가?

4) 집단 자원의 활용도

집단이 가지고 있는 가능성, 즉 모든 집단원의 창의적인 능력을 문제해결에 충분히 활용하고 있는가?, 혹은 절반 정도나 몇 사람 밖에 활용하지 못하고 있는가?

5) 집단 활동의 개선책

보다 생산적인 집단 활동이 되기 위해서는 어떤 면의 개선이 필요할 것인가?, 어떻게 하면 모든 집단원이 각자의 능력을 발휘하면서 함께 일할 수 있겠는가?

정리

종결단계

1) 집단상담의 종결단계는 어떤 면에서 하나의 '출발'을 의미한다고 볼 수 있다.
2) 상담자와 집단 구성원들은 집단 과정에서 배운 것을 미래의 생활 장면에 어떻게 적용할 것인가를 생각해야 한다.
3) 집단 구성원 각자의 첫 면접 기록과 현재의 상태를 비교한 후, 일정한 정도의 진전이 있다면 집단상담자는 종결을 준비한다.
4) 종결에 대한 판단은 적어도 집단에 참여할 때 약정했던 목표가 달성되었을 경우 가능하다.
5) 종결해야 할 시간이 가까워지면 집단 관계의 끝맺음이 가까워 오는데 대한 구성원들의 느낌을 토의하는 것이 필요하다.
6) 종결의 시기를 미리 결정하지 않았던 집단에서는 언제 집단상담을 끝낼 것인가를 결정해야 한다.
7) 청소년들로 이루어진 집단에서는 집단상담이 종결될 때쯤에 정도의 차이는 있지만, 거의 예외 없이 거부당했다는 느낌을 받기 쉬우며 집단상담자가 아무리 노력을 하더라도 청소년들이 경험하는 이러한 부정적인 느낌을 막을 수는 없을 것이다.
8) 청소년들에게 진정한 관심이 있다는 것을 보여주고 이후에라도 집단 구성원들 간에 서로 돌보아 주도록 해 줄 필요가 있다.
9) 집단상담이 종결된 후에도 집단 구성원들 간의 유대 관계가 지속되도록 노력하는 것이 필요하다는 점을 집단 구성원들이 이해할 수 있게 해야 한다.
10) 집단상담자와 차후에 연락할 수 있는 방법을 알려 주는 것도 한 방법이 된다.

참고 생산적인 종결의 촉진

(1) 집단상담의 전 과정을 종결할 때는 마지막 모임에서 집단원들이 서로 전체 진행과정에 대한 종합적 평가를 하도록 하고 집단상담이 끝난 뒤에 각자가 어떤 실제적인 개선노력을 계획하고 있는지 등에 관하여 이야기를 나눈다.
(2) 집단상담자는 집단원 간의 상호 연락 등 유대감의 유지 노력을 격려할 필요가 있다.

🗀 기출문제 확인학습

집단발달단계의 특징

1) 집단원들 간의 낮은 신뢰감, 높은 불안감(초기단계) - 집단상담자에 대한 도전, 저항과 방어적 태도 형성(과도기적 단계) - 강한 집단 응집력, 피드백 교환의 활성화(작업단계) - 복합적 감정, 소극적 참여, 양가감정 다루기(종결단계)의 순서로 이루어진다.
2) 집단의 과정은 집단 준비단계 - 초기단계 - 과도기적 단계 - 작업단계 - 종결단계 - 추수작업으로 이루어진다.
3) 종결단계의 과업
   종결계획하기, 양가감정 다루기, 의존성 감소시키기, 변화된 것 확인하기, 변화 유지시키기, 변화된 내용 적용시키기, 집단경험 나누기, 미해결과제 취급하기, 피드백 주고받기, 사후관리계획 수립하기 등

종결회기에서 심층적인 문제를 노출하는 집단원에 관한 상담자의 반응

1) 집단원이 합의하면 시간을 가지고 다룰 수 있다.
2) 심층 문제를 다루지 못한 미진한 마음을 표출하게 한다.
3) 개인상담으로 진행될 수 있도록 권하고 실행할 수 있는 용기를 준다.
4) 다른 집단원을 설득해서라도 그 문제를 다루는 것은 바람직하지 않다.
5) 종결회기이므로 충분히 다룰 수 없음을 이해시키고 집단원의 행동을 제한한다.

집단상담의 회기 시작과 마감 개입방법

1) 집단상담의 회기 시작
   (1) 집단원들이 집단을 위한 준비작업을 할 수 있는 시간을 갖도록 한다.
   (2) 모든 집단원들이 적어도 한 차례는 참여할 수 있는 활동을 한다.
   (3) 처음부터 한 사람에게 집중적으로 작업을 하면 공통 주제나 관심사를 놓치기 쉽기 때문에, 집단원들을 서로 연결하거나, 상반된 태도를 보이는 집단원을 발견하여 공통된 주제나 관심사를 찾도록 한다.
   (4) 이전 회기와 현재 회기를 연결시켜주는 작업을 한다.
2) 집단상담의 회기 마감
   (1) 마무리 작업 없이 황급히 회기를 끝내는 일을 피한다.
   (2) 집단원들이 스스로 집단과정을 돌이켜보고 자신의 경험에 의미를 부여하고 평가할 수 있는 기회를 갖는다.
   (3) 집단활동과 개인의 경험을 연결시키고 한 회기를 정리하고 평가하는 작업을 한다.
   (4) 상담자는 참여자들의 소감을 들어본 뒤 집단원들의 반응을 정리하고 요약한다.
   (5) 집단활동이나 집단과정에 대한 상담자 자신의 소감과 반응을 나눈다.
   (6) 집단원의 경험을 보다 구체적인 용어로 표현할 수 있도록 돕는다.

제3절 | 집단상담의 제 이론

1 정신분석적 접근방법(정신분석적 집단상담)

1) 특징

(1) 건강한 성격

① 자아가 초자아와 원초아의 기능을 조절할 능력이 있어서 적절한 균형을 유지하는 성격이다.
② 인생의 초기경험을 중시하므로 이에 따라 건강한 성격이 이루어진다.

(2) 집단상담 목적

① 집단원 개개인의 건전한 자아발달을 촉진시키는 것이다.
② 무의식에 숨어 있는 문제의 원인을 분석하여 의식화하고 자아기능을 강화한다.
③ 집단을 통해 과거의 일을 재경험하게 하여 무의식적 갈등을 의식화하고 갈등 해소의 경험을 제공한다.
④ 집단과정에서 일어나는 전이, 정화, 해석, 현실검증을 통해 자아의 강화가 이루어진다.

2) 집단상담자의 역할

전이와 저항에 주의를 기울인다.
(1) 적절한 때에 전이와 저항에 대해 해석해 주고 언어화를 통해 통찰하게 돕는다.
(2) 집단상담자는 자신을 향한 집단원들의 전이적 행동을 자각하고 잘 처리해야 한다.
(3) 집단원들이 집단상담자를 아버지나 권위자로 보고 나타내는 적개심이나 칭찬 등을 잘 활용하는 것이 요구된다.

3) 집단상담자의 4가지 기능

(1) 지도적 기능

집단이 뚜렷한 목적과 결론 없이 지나치게 피상적인 대화에 빠져 있을 때 밑바닥에 깔려 있는 숨은 주제를 지적하여야 한다.

(2) 자극적 기능

집단이 억압, 저항, 정서적 피로, 흥미 상실로 인해 무감각 상태에 빠졌을 때 집단이 활기를 되찾을 수 있도록 보다 능동적인 질문을 해야 한다.

(3) 확충적 기능

집단이 상호작용에서 한 영역에 고착되어 있을 때 이를 벗어날 수 있도록 이를 확장시켜야 한다.

(4) 해석적 기능

집단원이 상담자를 어떻게 지각하고 있는가를 살펴 적절한 해석을 실시해야 한다.

4) 집단상담기법

(1) 자유연상(돌림 차례법)

집단 구성원들 중에 한 사람씩 택하여 모든 집단원들이 그 사람을 볼 때 마음에 연상되는 것은 무엇이든 이야기하게 하는 것이다.

(2) 해석

① 집단에서 일어나는 여러 행동의 숨은 의미에 대해서 해석하여 통찰을 하게 한다.

② 집단상담에서는 집단원들이 남자, 여자, 노인 등 다양하기 때문에 모든 가족에 대한 전이가 가능하다.

기출문제 확인학습

정신역동적 비구조화 집단상담에서 관찰되는 투사적 동일시의 사례

A집단원이 자신과 관계없다고 생각하는 자신의 특성 일부를 B집단원이 가지고 있다고 믿게 되었다.
A집단원과 B집단원은 집단에서 상호작용하였다.
이에 따라 B집단원이 예상하는 행동을 하게 돼 집단원 간 갈등이 유발되었다.

투사적 동일시(멜라니 클라인)의 개념

1) 투사적 동일시는 한 개인이 특정한 상황에서 다른 사람들의 행동이나 반응을 유발하는 대인관계 행동유형이다.
2) 이는 실제로 다른 사람들을 행동이나 정서적으로 조정하려는 것이다.
3) 투사적 동일시에 매어 있는 사람들은 미묘하지만 투사의 대상이 되는 사람들로 하여금 이미 정해놓은 방식대로 행동하도록 유도하기 위해 강력하게 조정한다.
4) 조정의 대상자는 투사를 하고 있는 사람이 부인한 측면을 동일시하도록 유도된다.
5) 투사자는 투사적 동일시를 하면서 대상자의 반응을 보고는 자신의 원래의 신념을 확인하고 병리를 지속시킨다.
6) 투사자들의 희망은 좋은 세력이 더 우세해질 것이라는 것과 개인이 자신을 인간존재로서 더 좋게 느끼게 될 것이라는 것이다.
7) 아동기의 위협 속에서 투사대상자들이 된 아이들은 그들이 성인이 되었을 때 위협을 사용하게 된다.
8) 그러한 개인들의 상호작용 양식은 중요한 개인들이 그들과 함께 관계 속에 머물도록 강요하는 비언어적인 메시지들(메타커뮤니케이션)을 포함하는 경향이 있다.
9) 투사적 동일시들은 대부분 생의 초기에 발생했던 왜곡된 대상관계의 병리적 결과이다.

2 인간중심 접근방법 - 로저스

인간중심적 집단상담

1) 인간중심 집단상담에서 인간은 완전성과 자아실현을 지향하는 존재이며 집단상담자의 최소한의 도움으로 자신들의 방향을 찾을 수 있다는 것을 전제한다.
2) 인간중심 집단상담은 인간의 자기잠재력을 실현하려는 경향성에 대한 기본적인 신뢰감과 스스로 건설적인 방향으로 움직여 갈 수 있는 가능성을 가진 집단 능력에 대한 신뢰를 바탕으로 하고 있다.
3) 따라서 집단이 지향하는 바로 나아가기 위해서 구성원들은 자신들의 감추었던 부분을 드러내고 새로운 행동을 시도할 수 있는 신뢰롭고 수용적인 분위기를 발전시켜야 한다.
4) 인간중심 집단상담의 기본이론은 "if ~ then"의 가설 "만약(if) 상담자의 태도에서 어떤 조건이 나타난다면, 그 때(then) 내담자에게 긍정적인 변화가 일어날 것이다"로 설명될 수 있다.
5) 여기서 어떤 조건이란 진솔성, 무조건적 긍정적 배려, 공감적 이해라는 필요충분조건을 말한다.

기출문제 확인학습

인간중심 집단상담자의 개입방식

집단과정에 대해 많은 의견을 제시하는 것이 아니라 파트너의 역할을 하며/집단원의 동기와 행동을 지속적으로 해석해 주기보다는 집단원 자신이 스스로 찾아갈 수 있도록 도와주며/어떤 정서를 이끌어 내기 위해 계획된 방법을 사용하기보다는 집단과정 그 자체를 더 중요시한다.

1) 문제

(1) 인간은 성장하면서 다른 사람들의 가치기준들을 알아가게 되고 이에 따라 이 가치에 맞춰 살아가려는 자신의 자아개념과 유기체 경험 간의 불일치가 생겨나게 된다.
(2) 즉, 인간은 타인에게서 충족 받으려고 하는 긍정적인 자기 관심의 욕구 또는 자기 존중의 욕구 때문에 자신의 경험과 자아개념 사이에 불일치가 커지게 되고 그 결과 불안을 경험하게 되는데 이것이 심리적 부적응 상태이다.

2) 목표

(1) 인간중심 집단상담의 목표는 각 참가자와 집단 전체에 기본적 실현 경향성이 자유롭게 표현되는 분위기를 창조하는 것이다.
(2) 인간중심 집단상담에서는 참가자의 자아개념과 유기체적 경험 사이의 불일치를 제거하고 그들이 느끼는 자아에 대한 위협과 그것을 방어하려는 방어기제를 해제함으로써 참가자들이 스스로 충분히 기능하는 사람이 되도록 하는 것을 목표로 한다.
(3) 상담자는 참가자로 하여금 치료 목표를 스스로 세우도록 하고, 상호 신뢰로운 분위기 속에서 참가자가 거리낌 없이 자기를 노출하도록 함으로써 자신의 내면세계를 이해하고 자신의 문제를 제대로 파악할 수 있도록 돕는다.

(4) 참가자는 자신이 처한 환경에 대한 왜곡된 지각을 수정하고 현실적 경험과 자아개념 간의 조화를 이룩하며 궁극적으로는 자신의 능력과 개성을 최대로 발휘하여 자아실현을 촉진하게 되어 충분히 기능하는 사람으로 성장한다.

(5) 참가자가 잠재력의 발휘를 가로막는 불안과 의심으로부터 자유로워져야 하는데, 여기서 상담자의 조력이 필요하며 상담자의 진솔성, 무조건적 긍정적 존중, 공감적 이해와 같은 태도는 내담자의 변화를 이끄는 촉매 역할을 한다.

(6) 인간 중심 집단상담에서는 어떤 특별한 행동의 변화에 상담의 목적을 두기보다는 참가자 모두가 자신의 전체적이고 계속적인 성장의 방향으로 향하게 하도록, 궁극적으로 충분히 기능하는 사람으로 성장하도록 돕는 것을 목적으로 삼는다.

(7) 결론적으로 참가자 모두가 자신의 '자아실현 경향성'의 발현과 '완전히 기능하는 인간'이 되도록 조건을 조성하는 것이다.

3) 집단기법

(1) 인간중심 집단상담에서는 특정한 상담기법이나 방법보다는 상담자의 인격이 상담 장면에서 중요한 역할을 한다.

(2) 즉, 내담자의 자기실현경향성을 이루도록 도와주기 위한 상담자의 진실성, 무조건적 긍정과 수용, 공감 등의 태도가 일종의 상담기법이 되는 것이다.

4) 집단상담자의 역할

(1) 인간중심 접근에서는 상담자의 가장 중요한 역할이 집단 내에서 참가자들이 서로 솔직하고 의미 있는 방식들로 상호작용할 수 있는 생산적이고 치료적인 분위기를 만드는 것이므로 기법보다는 상담자의 인간적 자질이 더 요구된다.

(2) 치료적 분위기는 상담자가 정확한 공감적 이해, 수용, 비소유적인 온정, 관심, 진솔성과 같은 태도에 기초한 관계를 만들 때 형성된다.

(3) 상담자가 이러한 태도와 수용, 애정을 보여주면 내담자들은 자신의 방어벽을 누그러뜨릴 것이고, 개인적으로 의미 있는 목표를 이루기 위해 노력할 것이며 그 과정 속에서 적절하고 유용한 행동변화를 할 수 있게 되는 것이다.

(4) 로저스는 인간의 자기실현 경향성을 촉진시키는 상담자의 3가지 태도로 진실성, 무조건적 긍정적 존중, 공감을 주장하였다.

기출문제 확인학습

참만남 집단 15단계(로저스)

1) 집단지도자의 역할

(1) 집단이 극히 비조직적인 형태로, 유도된 목표나 진행절차가 없이 시작되기 때문에 심리적으로 안전한 분위기를 조성하기 위해 노력한다.

(2) 집단의 촉진자로서, 그리고 한 집단성원으로서 타인과 깊은 사적인 수준에서의 의사소통을 위해 의사소통의 사실적 의미를 파악하려고 애쓴다.

(3) 공격적이고 판단적인 태도가 아니면서도 참된 자신의 모습으로 피드백을 한다.

(4) 어떤 한 집단성원이 원하면, 그 때 그 감정상태에서 혼자 있을 수 있는 특권이 그에게 주어져야 하며, 반면에 그러한 감정을 표출하기를 원하면 촉진자 혹은 집단은 그를 도와준다. 이 집단과정에서는 습관화된 지각이나 역할행동을 배제하고, 자신의 행위나 가치관에 대하여 스스로 책임을 지게 하여, 분노나 적개심을 포함하는 감정과 사고를 솔직하게 있는 그대로 표현하게 한다.

2) 구체적인 집단과정의 발달

(1) 혼돈과 무질서
(2) 자기노출의 저항
(3) 과거의 느낌 진술
(4) 부정적 느낌 표현
(5) 개인에게 의미 있는 자료의 표출과 탐색
(6) 즉시적 대인 간의 느낌 표현
(7) 집단에서 치료적 능력의 발달
(8) 자기 수용과 변화의 시작
(9) 가면 파괴
(10) 피드백 주고받기
(11) 직면(맞닥뜨림)
(12) 집단 밖에서 조력관계 발전
(13) 기초적 만남
(14) 긍정적 느낌과 친근감 표현
(15) 집단 내에서의 행동 변화

조하리의 창(Johari Window)

1) 조하리의 창은 개인의 자기공개와 피드백의 특성을 보여주는 4가지 영역으로 구분된다.

2) 4가지 영역은 각각 공개적 영역, 맹목의 영역, 숨겨진 영역(은폐영역), 미지의 영역으로 나누어진다.

(1) 공개적 영역(open area) : 나도 알고 있고, 다른 사람에게도 알려져 있는 나에 관한 정보를 의미한다.

(2) 맹목의 영역(blind area)

① 나는 모르지만, 다른 사람은 알고 있는 나의 정보를 뜻한다.

② 사람은 이상한 행동습관, 특이한 말버릇, 독특한 성격과 같이 '남들은 알고 있지만 자신은 모르는 자신의 모습'이 있는데 이를 맹목의 영역이라고 할 수 있다.

(3) 숨겨진 영역(은폐영역, hidden area)

① 나는 알고 있지만, 다른 사람에게는 알려지지 않은 정보를 의미한다.

② 즉, 나의 약점이나 비밀처럼 다른 사람에게 숨기는 나의 부분을 뜻한다.

(4) 미지의 영역(unknown area)

① 나도 모르고 다른 사람도 알지 못하는 나의 부분을 의미한다.

② 심층적이고 무의식의 정신세계처럼 우리자신에게 알려져 있지 않은 부분이 미지의 영역에 해당한다.

③ 그러나 자신의 행동과 정신세계에 대한 지속적인 관심과 관찰을 통해서 이러한 부분은 자신에게 의식될 수 있다.

3 행동주의적 접근방법

1) 상담 목표

집단원이 가진 문제는 학습 과정을 통해 습득된 부적절한 행동이기 때문에 부적절한 행동을 제거하고 보다 적절한 새로운 행동을 학습하도록 하는 것이다.

2) 집단상담자의 역할 및 과정

(1) 행동주의적 상담에서 상담자는 과학적 연구자, 강화자, 코치, 교사로서의 역할을 담당한다.

(2) 활동적이고 능동적인 역할을 하며 집단역동성보다는 집단원 개개인에게 직접 관여하게 된다.

(3) 상담이 집단에 의해 이루어지는 것이 아니라 집단 속에서 이루어지게 한다.

(4) 집단상담 전에 개인 면접을 실시하는 것이 좋다.

(5) 각 구성원의 수정되어야 할 사고방식(인지), 스트레스(긴장)를 경험하는 상황의 조건들, 문제의 해결을 촉진할 수 있는 개인적 자원(자질, 능력 등), 환경(지지적 인물 등)을 알아보며 필요한 심리검사를 실시한다.

(6) 목표를 설정한다.
집단원이 수정하고자 하는 행동이 무엇인가를 분명히 밝히고 목표를 설정한다.

(7) 구성원이 수립한 목표 설정을 위해서 습득해야 할 구체적 행동이나 제거해야 할 행동을 선정하여 객관적인 용어로 정의한다.

(8) 행동의 기초선을 측정한다.
행동 수정에 들어가기 직전까지 행동이 얼마나 빈번하게 또는 오랫동안 일어나고 있었는가를 측정한다.

(9) 적응 행동의 증가와 부적응 행동의 약화가 나타난다.
기초선을 측정한 이후에는 상담 과정에서 정적 강화, 부적 강화, 벌 또는 소거 등의 기법을 적용해서 바람직한 행동을 증가하고 부적응 행동은 약화시키거나 제거해 나간다.

(10) 행동 수정된 효과의 일반화를 이룬다.
어떤 바람직한 행동이 획득된 다음에는 그 행동이 구성원의 생활환경에 확대되어 유지되도록 하게 한다.

실력 다지기

행동연습

1) 행동연습(behavioral Rehearsal)은 행동주의 기법을 적절히 결합하여 행동을 습득하고 습관화시키기 위해 사용하는 기법이다.
2) 이를 위해 제일 먼저 해야 할 것은 역할 연기를 통해 시범을 보이는 것이다.
3) 어느 정도 행동이 습득되면 행동계약을 하고 행동과제를 내 준다.
4) 행동계약은 일정 수준 또는 빈도를 정해서(목표설정) 그 목표가 달성되면 집단원들이 그에게 강화물을 제공하고 목표를 달성되지 못했을 경우는 벌을 주도록 계약을 하며 이 계약을 집단에서 일관성 있게 시행하도록 한다.
5) 습득한 행동을 습관화하기 위해 스스로 자기 지도를 한다.
6) 자신의 비효과적인 행동패턴을 잘 수정하지 않고 상대방 입장에 대한 이해가 부족한 경우는 역할 바꾸기를 한다.

4 인지적 접근방법 - 합리적 - 정서적(REBT) 집단상담

1) 비합리적 신념

정서적 문제는 비합리적 신념에 기인하기 때문에 비합리적인 것을 합리적으로 대치할 때 정서적 문제가 해소된다는 원리에 입각한다.

2) 집단상담자의 역할

(1) 비합리적 신념의 대치
집단원들로 하여금 그들의 현재 상태와 행동들이 비합리적 사고에 기반하고 있기 때문에 자기 기만적이라는 사실에 맞닥뜨릴 수 있게 한다.

(2) 논박을 통해 보다 합리적인 것으로 대치하도록 돕는다.

(3) 능동적이고 지시적이며 설득적, 철학적인 방법을 사용한다.

(4) 집단원의 비합리적인 생각들을 재빨리 포착한 후 그것을 확인하기 위해 도전적으로 맞부딪쳐야 한다.

(5) 그것들이 근거가 희박한 비논리적 생각들임을 밝혀주고 합리적으로 생각하는 법을 가르친다.

3) 집단 기법[2)]

(1) 인지변화를 이룩하는 데 도움이 되는 모든 방법을 동원해서 활용한다.

(2) 논박, 강의, 행동수정, 독서치료, 시청각적 자료, 활동중심 과제, 역할놀이, 자기주장 훈련 등

기출문제 확인학습

Lazarus가 개발한 다중양식치료의 핵심개념인 BASIC - ID

1) 개요

(1) 이 치료법의 기본전제는 내담자들은 보통 여러 가지 특수한 문제들로 고통을 받고 있기 때문에 그 문제들을 다룰 때에도 여러 가지 특수한 치료법들을 동원해야 한다는 것이다.

(2) 다중양식 치료에 있어서 상담자의 역할은 내담자의 특수한 문제들을 평가하여 그것에 적절한 치료기법들을 적용하는 것이다.

2) BASIC ID 확인

(1) 다중양식 치료는 인간의 경험이 움직이기, 느끼기, 감지하기, 상상하기, 생각하기 및 서로 관계하기로 이루어져 있다고 본다.

(2) 이 치료이론에 따르면 한 개인의 진행 중인 두드러진 행동(B), 감정적 · 정서적 반응(A), 감각(S), 심상(I), 인지(C), 대인관계(I) 및 생물학적 기능, 성향(D)에 대해 상세하게 파악할 수 있다면 그 사람의 성격과 심리적 특성에 대한 완전한 이해가 가능해지게 되는 것이다.

(3) 라자루스(Lazarus)는 진행 중인 행동(Behavior), 감정적 과정(Affect), 감각(Sensation), 심상(Imagery), 인지(Cognition), 대인관계(Interpersonal) 및 생물학적 기능(Drugs/Diet)들 각각을 '양식'이라 불렀다.

(4) 다중양식 치료에서는 내담자의 문제를 이러한 BASIC - ID에 의거해서 평가한다.

2) 자세한 것은 상담이론의 인지적 - 정서적 상담 부분을 참고하길 바란다.

(5) 내담자들은 이러한 7가지 양식들이 관련되어 있는 정도와 그것들이 서로 관련되는 순서에 있어서 차이가 날 수 있다.

(6) 실제 상담에서 다중양식 치료자는 각 내담자마다 독특한 BASIC - ID의 형태를 파악하여 내담자 문제를 평가할 수 있게 된다.

3) 치료기법들

(1) 행동 : 소거, 역조건 형성, 긍정적 강화, 부정적 강화 및 처벌

(2) 정서 : 소유하고 수용하는 감정

(3) 감각 : 긴장이완, 감각적 쾌감

(4) 심상 : 자기상(셀프 이미지)의 변화, 대처 심상

(5) 인지 : 인지적 재구성, 자각

(6) 대인관계 : 모델링, 불건전한 공포를 분산시키기, 역설적인 책략

(7) 약물 또는 생물학 : 의학적 치료, 운동의 이행, 영양섭취, 물질남용 중지

실력 다지기

인지적 재구조화

비효과적 행동패턴이 나타나는 것은 인지구조 때문이라고 보고 관련된 인지구조를 바꾸면 효과적인 행동패턴이 나타날 수 있다고 보는 것이 인지적 재구조화이다.

심화학습

인지행동치료

1) 인지행동치료를 Aaron Beck 계열에서는 'Cognitive Therapy'라는 용어를 선호하고, 일반적으로는 'Cognitive Behavior Therapy'라고 표현한다. 인지행동치료가 확장되고 진화하면서, 기존의 인지행동치료를 보완하고 혁신하는 치료방법들이 소개되고 있다.

2) 즉, Young의 심리도식치료(Schema Therapy), Linehan의 변증법적 행동치료(DBT : Dialectical Behavior Therapy), Teasdale의 마음 챙김에 기초한 인지치료(MBCT : Mindfulness - Based Cognitive Therapy), Hayes의 수용전념치료(ACT : Acceptance and Commitment Therapy) 등이 대표적이다.

3) 리네한의 변증법적 행동치료의 핵심은 우리 자신을 비참하게 느끼게 하고 정신적으로 고통을 주는 모든 행동적, 감정적, 인지적 양식을 바꿀 수 있는 기술을 배우고 다듬어 나가는 것이다. 이에 속하는 기술 훈련은 크게 네 가지 영역으로 나눌 수 있는데, 핵심 마인드 풀니스(전통적 명상훈련을 심리학적, 행동학적으로 해석한 관점, mindfulness) 기술, 감정 조절 기술, 대인 관계 효율성 기술, 고통 감내 기술이다.

4) 내담자는 치료자와 함께 줄여가야 할 행동과 늘려가야 할 행동의 목록을 만들고, 각각의 기술을 익혀 나가기 시작한다. 이를 통해 충동적이거나 자기 파괴적인 행동을 줄이고, 감정을 효과적으로 조절하며, 사람들과의 따뜻한 관계를 나눌 수 있다.

5 교류분석 접근방법 - 대인관계, 의사소통 문제에 적용

1) 집단상담 목표

구성원들이 각자의 자아 상태, 교류 양식의 특성을 이해하도록 분석을 시도한다.

(1) 집단원들로 하여금 자아 상태의 오염을 제거하도록 돕는다.

(2) 생활 장면의 요구에 따라 모든 자아 상태를 고르게 활용할 수 있는 능력을 개발하도록 돕는다.

(3) 각 개인이 부적절한 생활각본(= 인생각본)을 버리고 생산적인 생활각본을 지니도록 돕는다.

2) 집단상담자의 역할

(1) 상담자 - 집단원들 간의 계약, 집단에서 집단원들이 각자 이루어야할 목표를 구체적으로 진술한다.

(2) 교류분석에 대한 소개를 해 준다.

(3) 집단원 교류분석[3]의 종류 : 구조분석, 교류분석, 게임분석, 각본분석

① **구조분석** : 과거의 경험적 자료들 때문에 형성된 자아구조의 혼합이나 배타 현상의 여부를 파악하고 자유롭게 각 자아 상태들에 대한 현실검증을 할 수 있도록 돕는다.

② **의사교류 분석** : 구조적 분석을 기초로 하여 집단원 각 개인이 집단 지도자나 다른 집단원과의 관계에서 행하고 있는 의사교류 혹은 의사소통의 양상과 성질을 파악하는 분석이다.

③ 게임분석

ㄱ. 숨겨져 있기는 하지만, 세련된 보상 행동으로 보이는 일련의 암시적 혹은 이중적 의사교류를 분석한다.

ㄴ. 특히 생산적인 방법으로 그들의 시간을 조직하는 데 실패한 사람들이 인정, 자극을 받기 위해 얼마나 게임에 의존하는가를 분석한다.

④ **생활각본 분석** : 생의 초기에 있어서 개인이 경험하는 외적 상태들에 대한 자신의 해석을 바탕으로 결정하여 형성된 생활각본을 분석한다.

6 현실요법 접근방법 - 현실치료 집단상담

1) 집단상담 목표

내담자의 기본적 욕구를 현실적으로 충족하는 방법을 통해 자신과 대상에 대한 통제력을 습득하도록 도와주는 것이다.

2) 집단상담자의 역할

(1) 우리는 우리 자신의 인생을 통제할 뿐이지, 통제받기를 원하지 않는 타인은 통제할 수 없다는 것을 학습시킨다.

(2) 타인의 욕구를 방해하지 않는 범위 내에서 자기의 욕구를 충족시키며 타인이 자기를 통제하지 않도록 가르친다.

(3) 치료자는 내담자에게 자신의 정신적, 신체적 건강 유지에 유익한 활동을 찾아서 긍정적인 현상에 몰입하도록 요청한다.

---

3) 자세한 것은 [청소년상담이론과 실제]의 교류분석적 상담 부분을 참고하길 바란다.

(4) 집단상담자는 내담자와 함께 WDEP(Want, Doing, Evaluation, Planning)의 단계를 거친다.

① 집단원의 심리적 사진첩에 각인된 개인의 바람(Want)과 욕구를 탐색한다.

집단원이 원하는 것이 무엇인가를 질문하여 마음 속에 새겨져 있는 기대치를 찾아내게 한다.

② 전체행동 지각한다.

집단원이 자신의 욕구 충족을 위해서 현재 어떠한 태도로 임하는가(Doing)를 이야기하게 한다.

사례

"당신은 지금 무슨 행동을 취하고 지내십니까?"

③ 집단원에게 평가(Evaluation)를 요청한다.

ㄱ. 집단원이 지각한 자신의 현재 행동에 대해 스스로 가치 판단을 내리도록 안내한다.

ㄴ. 자신의 행동이 자기의 욕구 충족을 위하여 과연 효과적인가를 검토하도록 한다.

④ 집단원이 새로운 행동을 시도하도록 계획 수립(Planning)하는 것을 돕는다.

계획과 실행 과정으로서 집단원이 긍정적인 행동 계획을 세우고 그 계획을 실천하겠다고 약속을 받는 것으로 이루어진다.

3) 집단 기법

(1) 기술적 질문

① 거의 모든 단계에서 질문이 집단 기법으로 활용된다.

② 질문의 4가지 주요 목표

ㄱ. 집단원의 내부 세계로 들어가기 위해

ㄴ. 정보를 모으기 위해

ㄷ. 정보를 주기 위해

ㄹ. 집단원 삶의 효과적인 통제를 위한 도움을 위해

(2) 언어 충격 기법

긴장을 유발하는 기법이다.

예 "당신은 미친 사람입니다. 왜냐하면 책임을 지지 않으려고 하니까요."

기출문제 확인학습

현실치료 집단상담에서 집단원의 바람이나 욕구 충족에 효과적인 계획의 특징

1) 집단원이 새로운 행동을 시도하도록 하고 계획수립하는 것을 돕는다.
2) 계획과 실행 과정으로서 집단원이 긍정적인 행동 계획을 세우고 그 계획을 실천하겠다고 약속받는 것으로 이루어진다.
3) 따라서, 효과적인 계획의 특징은 이해하기 쉽고 간단하며 즉각적인 실행이 용이하다.

현실치료 집단상담 인간관

1) 현실치료 집단상담은 인간본성에 대한 결정론적 철학에 의존하지 않고 인간은 궁극적으로 자기 결정을 하고 자기 삶에 책임을 갖고 있다는 가정에 근거한다.
2) 이것은 실존적이고 현상학적인 전제에 기초한다.
3) 글래서는 인간은 자유롭고 자신의 목표를 스스로 선택하고자 하는 욕구를 지닌다고 가정하고 있다.
4) 사람들이 다른 사람들의 자유를 침해하려는 결정을 한다면 그들의 행동은 무책임하다.
5) 집단원으로 하여금 다른 사람들이 그 과정에서 고통을 당하지 않게 하면서 자신의 자유를 성취할 수 있는 방법을 배우도록 하는 것이 필수적이다.

현실치료 3R – 책임(responsibility), 현실(reality), 옳고 그름(right and wrong)

1) 책임(responsibility)
   (1) Glasser는 책임을 '다른 사람이 그들 자신의 욕구를 충족시키는 것을 방해하지 않는 범위에서 자신의 욕구를 충족시키는 능력'이라고 했는데 이는 책임이 자신의 행동과 자신의 욕구를 충족시켜야 하면서, 그 한계도 제시하고 있다.
   (2) 이 이론에서는 정신건강과 책임을 같은 것으로 보는데 자신의 책임을 잘 지는 사람을 정신적으로 건강하고, 그렇지 않은 사람을 건강하지 못한 사람으로 본다.
   (3) Glasser는 정신건강이 책임 있는 행동의 원인이 되는 것이 아니고 책임 있는 행동이 정신건강의 원인이 된다고 주장한다.
   (4) 즉, 불행과 고통은 무책임의 결과이며, 이는 무책임의 원인이 될 수 없다고 한다. 현실주의 상담이 개인에게 부여되는 현실적 책임을 강조한다.
2) 현실(reality)
   (1) 현실주의 상담에서는 책임을 다른 말로 표현하면 '현실을 직면한다'는 것이다.
   (2) 현실과의 직면이란 현실세계의 모든 여건을 받아들여야 한다는 것과 현실세계에 대한 통제를 통해 자신의 욕구를 충족시켜야 한다는 점이다.
3) 옳고 그름(right and wrong)
   (1) 다른 대부분의 상담이론에서는 가치판단을 배제하지만, 현실주의 상담에서는 중요하게 생각하는데 가치판단을 하지 않으면 문제를 현실적으로 해결할 수 없다는 점이다.
   (2) 악한 행동을 하게 되면 남의 비난이나 처벌 같은 현실적 책임을 면할 수 없기 때문에 현실주의 상담을 하는 상담자는 다른 사람에 대한 관심, 정직성과 같은 가치를 내담자에게 불어 넣으려고 한다.

7 게슈탈트 접근방법 - 게슈탈트 집단상담(펄스)

1) 특징

(1) 집단 속의 개인 상담

① 상담자가 중심이 되어 한 번에 한 집단원의 문제를 집중적으로 다루며 집단원의 현재 경험에 중점을 두고 그것에 대한 집단원의 자각이 이루어지도록 돕는다.

② 집단에서 어떤 활동을 할 것이며 누구와, 또 언제 그러한 상호작용이 이루어질 것인가가 대부분 집단상담자에 의해서 결정되고 인도된다.

(2) 게슈탈트 집단상담의 목적

① 부모 상에 복종하고자 하는 마음과 반항하는 마음의 두 가지 모습을 깨닫도록 인도함으로써 전경과 배경이 동시에 지각되어 게슈탈트가 형성되도록 한다.

② 집단원들이 '지금 - 여기'의 실존을 경험하여 자각에 이르도록 돕는다.

③ 자기 수용을 통한 성격의 통합을 이루도록 원조한다.

기출문제 확인학습

게슈탈트 상담이론의 8가지 인간관

1) 인간은 통합된 부분들로 이루어진 복합물이다.
2) 인간은 환경의 한 부분이며 환경과 분리하여서는 인간을 이해할 수 없다.
3) 인간은 내 · 외적 자극에 대해 반응할 방법을 선택하며 세계에 대한 행위자이다.
4) 인간은 모든 감각, 사고, 정서, 지각을 충분히 인식할 수 있는 잠재력을 가지고 있다.
5) 인간은 인식력을 가지고 있기 때문에 선택할 수 있다.
6) 인간은 자기 자신의 삶을 효과적으로 영위할 수 있는 능력을 가지고 있다.
7) 인간은 과거와 미래를 경험할 수 없으며 현재에서만 자기 자신을 경험할 수 있다.
8) 인간은 기본적으로 선하지도 악하지도 않다.

실력 다지기

지금 - 여기(Here and now)

지금 - 여기는 실존주의 철학에 근거를 두지만 게슈탈트 창시자인 펄스(Perls)에 의해 확산되었다. 펄스는 상담자가 과거 사건에 초점을 두는 상담방법을 사용하게 되면 내담자가 자신의 현재 문제를 정당화하는 이유를 제공함으로써 오히려 증상 완화를 방해한다고 믿었다. 우리의 일상적인 삶도 과거나 미래에 집착하는 경향이 많은데 이것은 현재를 직면하지 않으려는 태도에서 비롯된다. 우리의 실존적 삶이란 이미 지나버린 과거도 아니고 아직 다가오지도 않은 미래도 아니며 단지 현재에서만 가능한 것이다.

'지금 - 여기'의 개입이 집단상담에 주는 효과

1) 집단원에 대한 가장 타당한 자료수집의 방법이 된다.
2) 개인적 자각을 증가시키고 집단에 관여하도록 한다.
3) 집단원 자신의 문제를 대인관계 문제로 바라볼 수 있도록 한다.
4) 집단원 간의 합의적 타당화와 자기 관찰을 통해 자신이 다른 사람과 상호작용하는 방식을 알아차리게 된다.
5) 과거나 미래에 머물면서 집단 상호작용에 저항하는 집단원들로 하여금 집단 상호작용에 참여케 한다.

2) 집단상담자의 역할

(1) 집단 안에서 한 사람의 문제를 상담자와 1 : 1로 집중적으로 다루고 나서 다른 구성원의 문제를 다루어 나간다.
(2) 집단원들은 집단 속의 참여적 관찰자이면서 청중이 되는 것이다.
(3) 집단원들의 자각을 돕기 위해 여러 가지 기술, 게임, 활동 등을 책임지고 계획하고 지도한다.

3) 집단 기법

(1) 뜨거운 자리

① 집단원 중에 자기 문제를 해결하고 싶으면 누구든지 한 사람만 나와 집단상담자의 자리와 마주보고 있는 빈 자리에 앉으라고 한다.
② 자기를 괴롭히는 구체적 문제를 이야기하게 하고 집단상담자는 직접적으로 공격하고 맞닥뜨린다.
③ 집단원과 집단상담자 사이에 어떤 결론에 도달했다고 느낄 때까지 그 문제에 대한 상호작용이 이루어진다.
④ 다른 집단원들은 특별한 허락 없이는 그 집단원과 집단상담자의 상호작용을 방해하지 않게 하도록 한다.

(2) 차례로 돌아가기(= 한 바퀴 돌기)

뜨거운 자리에 앉아 있는 집단원이 다른 집단원들에게 한 사람씩 차례로 돌아가면서 자신의 감정을 이야기하거나 특정한 행동을 하게 한다.

사례

"저는 사람들을 잘 믿지 못해요." → 모든 집단원들에게 돌아가며 이 말을 표현하게 시킴 → 각성을 촉진하는 기법

(3) 현실검증

내담자는 흔히 자신의 상상이나 투사를 현실과 혼동해서 어려움을 겪게 되는데 치료자는 현실이 내담자가 상상하는 것과는 다를 수 있다는 것을 알게 해줌으로써 현실적인 감각을 키워 주어야 한다.

예 타인이 자기를 비웃을지 모른다고 생각하는 사람에게 집단원들에게 돌아가면서 그들이 자기에 대해 어떤 생각과 감정을 갖고 있는지 물어보게 하거나 표정을 살피게 해서 자신에 대한 그들의 태도를 직접 확인하도록 해 주는 것이다.

기출문제 확인학습

게슈탈트 집단상담

게슈탈트 집단상담은 게슈탈트(형태)의 형성과 해소라는 일련의 과정을 거치며, 집단상담자에 의해 주도적으로 진행되고, 지금 - 여기, 접촉, 각성 등을 강조하며 뜨거운 자리, 순회하기(차례로 돌아가기, 내담자로 하여금 집단을 순회하면서 집단의 개개인에게 자신이 보통 때는 언어적으로 의사소통하지 않는 것을 해보게 하는 것으로, 주 목적은 혼자 힘으로 모든 것을 하는 것이 어떠한지 자각하게 하는 것임) 등의 기법을 사용한다.

펄스의 게슈탈트 상담이론에서 인간의 인격은 양파껍질을 까는 것과 같다고 했다. 인간이 심리적 성숙을 얻기 위해 벗어야 한다고 가정한다. 신경증적 요인 3가지는 다음과 같다.

Perls는 신경증을 부적응 행동의 주된 표현으로 보고 신경증적 행동발달이 세 가지 개념, 즉 공격성의 발달과 평형상태의 유지 및 환경과의 상호작용과 연관된다고 보았다.

1) 공격성의 발달
   (1) 공격성의 발달은 아동의 치아발육 및 그에 따른 음식물의 파괴와 관련된다.
   (2) 음식물을 동화시키는 공격적 과정이 건전하게 발달될 때, 그 외 다른 개인생활에 대한 건전한 공격적 접근의 기초가 마련될 수 있다.
   (3) 그러나 최초의 공격적 과정이 좌절되면, 자신의 인생을 공격적으로 창조할 수 있는 능력 또한 좌절된다.
   (4) 예컨대 위장이 동화작용 없이 삼켜진 음식덩어리를 처리할 수 없는 것처럼 정신 또한 동화작용 없이 들어온 성격의 덩어리들(타인의 기대와 요구)을 효과적으로 다룰 수 없어 개인의 독특한 성격을 이룰 수 없고 신경증적 행동을 하게 된다는 것이다.

> 결국, 대부분의 이상성격인 신경증은 개인이 정상적으로 자아기대를 학습하여 성숙에 이르게 되는 성장과정(자아실현)을 갖지 못하고 어떤 사람이 되어야 한다는 생각(자아상의 실현) 때문에 유발된다. Perls에 의하면 자기 자신을 믿을 수 있다는 것을 아는 결과로 생기는 자기규제보다 기질적 자기통제를 방해하는 환경의 간섭인 외적 규제가 병리로 이끈다는 것이다.

2) 유기체 내에는 평형을 유지하려는 기본적인 동기가 있다.
   (1) 개인적인 욕구가 지각되면, 유기체는 평형을 회복시킬 수 있는 적절한 대상이나 수단을 배경으로부터 선택한다.
   (2) Perls에 따르면 인간의 과거 경험은 배경이 되고 현재 경험이나 개인의 절박한 욕구가 전경이 된다.
   (3) 개인의 가장 절박한 욕구는 그것이 만족될 때까지 개인의 행동을 지배하여 이 욕구가 충족되면 그것은 배경으로 물러나고 그 다음의 중요한 욕구가 다시 전경이 된다.

(4) 어느 면에서 인간이 성장한다는 것은 게슈탈트를 만들고는 부수고, 부수고는 또 만들어 가는 순간순간의 게슈탈트 형성의 과정이라고 할 수 있다.

(5) 여기에서 건강한 사람은 전경 - 배경과의 상호작용이 탄력적인 반면, 신경증 환자는 이들 간의 형성을 유연하게 하지 못하므로 과거에 집착하게 된다.

(6) 예를 들면 Freud가 말하는 complex가 바로 Perls가 말하는 병리적 게슈탈트인 것이다.

3) 총체주의 원리(holism)에 대한 한 가지 측면이 유기체와 환경 간의 상호작용이다. - 12회 기출

(1) 인간과 환경의 상호의존성에서 환경은 끊임없이 변화하므로 개인도 이에 맞추어 변화해야 하나 그렇지 못할 때 신경증이 유발된다.

(2) 여기에서 부적응자란 자기가 놓여진 상황에서 어떻게 하면 좋을지 모르는, 즉 게슈탈트를 만들 수 없는 자이거나, 비록 만들 수 있다하더라도 하나의 게슈탈트 밖에 움직일 수 없는 자이다.

(3) 말하자면, 장면에 어울리지 않는 행동을 취하는 소위 one pattern의 인간으로서 게슈탈트 고착적 현상인 것이다.

실존주의 영향을 받은 게슈탈트 심리학에서는 인간은 반드시 어떠한 상황에 처하고 있고 그 상황을 받아들이는 방법(게슈탈트, 생활공간)이 행동을 규정한다고 생각한다.
이런 관점에서 건강한 인간이란 상황에 따라 자유자재로 게슈탈트를 만들 수 있는 인간이라 할 수 있고 따라서 게슈탈트 상담은 게슈탈트를 만들 수 없는 사람이나 one pattern의 게슈탈트 밖에 만들 수 없는 사람에게 게슈탈트를 창조할 장을 주려고 하는 것이다.

펄스의 게슈탈트 이론의 성격 변화 단계(신경증의 층)

Perls는 심리치료를 통한 성격변화의 단계를 다섯 개의 심리층 개념으로 설명하였는데, 이는 심리치료를 통해 성격이 변화하고 성숙되어 가는 변화과정을 비유적으로 설명한 개념이다.

1) 피상층(cliche) 혹은 사이비층(phony layer)

(1) 사람들이 서로 형식적이고 의례적인 규범에 따라 피상적으로 만나는 단계이다.

(2) 표면적으로는 세련된 행동과 적응적인 행동을 보이지만 자신을 깊이 노출시키지 않으므로 진정한 변화가 일어나지 않는다.

2) 공포층(phobic) 혹은 연기층(role playing layer)

(1) 개체가 자신의 고유한 모습으로 살아가지 않고 부모나 주위 환경의 기대역할에 따라 행동하며 살아가는 단계이다.

(2) 이 단계에 있는 개체는 환경에 적응하기 위해 자신의 욕구를 억압하고 주위에서 바라는 역할행동을 연기하며 사는데, 그들은 자신이 하는 행동이 연기라는 것을 망각하고 그것이 진정한 자신인 줄 착각하고 산다.

(3) 예를 들면 모범생, 지도자, 중재자, 희생자, 구세주 등의 역할을 한다.

(4) '자기는 어떤 사람이어야 한다.'는 관념에 의해 살아가고, 타인에 대해서도 '그들은 어떠어떠하게 행동해야 한다.'라는 관념적인 규준과 틀로 대한다.

(5) 이러한 인간관계는 서로에 대한 기대와 이미지 그리고 환상만을 좇는 것으로, 역할 연기를 그만둘 수 없는 이유는 역할 연기를 그만두게 되면 큰 일이 벌어 질 것이라는 비현실적인 공포를 갖고 있기 때문에 그들은 현상유지를 하려고 애쓴다.

3) 교착층 혹은 막다른 골목(impasse)

(1) 개체는 이제껏 해왔던 역할연기를 그만두고 자립을 시도하지만 동시에 심한 공포를 체험한다.

(2) 개체는 이러한 공포감과 공허감을 만나는 것이 두렵기 때문에 이 단계에 들어서기를 한사코 회피한다.

(3) 이러한 현상이 막다른 골목의 체험인데, 이 때 치료자는 내담자로 하여금 이러한 상태를 피하지 말고 직면하며 견뎌내도록 격려해야 한다.

(4) 내담자가 이러한 혼동상태와 공백상태를 참고 통과하게 되면 유기체적인 변화가 일어나면서 새로운 돌파구가 열린다.

4) 내파층(implosive layer)

(1) 이 단계에 오면 내담자는 자신이 억압하고 차단해왔던 욕구와 감정을 알아차리게 된다.

(2) 그런데 이러한 유기체 에너지는 오랫동안 차단되어 파괴력을 가지고 있어 외부로 발산하면 타인과의 관계가 악화될 것이라고 두려워해서 자기 내부로 향하게 된다.

(3) 이 단계에서는 접촉경계 혼란 장애 중 반전행동을 많이 보인다.

5) 폭발층(explosive layer)

(1) 이 단계에 오면 개체는 자신의 감정과 욕구를 더 이상 억압하거나 차단하지 않고 직접 외부대상에게 표현한다.

(2) 또한 이전에 억압하고 차단했던 미해결 과제들은 전경으로 떠올려 완결 짓는다.

(3) 이제까지 회피해 왔던 진정한 자신의 감정과 접촉하게 되면서 유기체는 신체적 · 정서적으로 강렬한 자각과 접촉을 경험하게 되고 인지적으로도 깊이 몰입하여 마침내 정신과 신체의 총체적인 통합을 체험하기도 한다.

※성격변화의 단계들을 알아차림 - 접촉 주기와 관련해 살펴보면, 표피층과 공포층은 게슈탈트 형성이 잘 안 되는 단계이고, 교착층은 게슈탈트 형성은 되었으나 에너지 동원이 잘 되지 않는 단계이며, 내파층은 에너지 동원은 되었지만 행동으로 옮기는 단계에서 차단되어 게슈탈트가 완결되지 않은 상태이고, 폭발층은 마침내 개체가 게슈탈트를 순조롭게 해소하고 완결짓는 단계라고 할 수 있다.

8 개인심리학적 접근방법 - 개인심리적 집단상담(아들러, 개인주의적 집단상담)

1) 중요 개념 및 특징

(1) 사회적 관심

인간은 사회적 속성을 지니고 있고 인간 행동은 사회적 맥락에서 발달하기 때문에 사회적 관심의 맥락에서 인간 행동을 연구한다.

(2) 상담목표

① 열등감과 그릇된 생활양식의 발달과정에 대한 이해를 통해 잘못된 생활 목표를 변화시키는 것이다.
② 새로운 생활양식을 구성하게 하고 사회적 관심을 가지도록 촉구한다.
③ 집단상담은 서로에게서 배우고 학습하는 일종의 교육과정으로 이해된다.

2) 집단상담자의 역할

(1) 지금 - 여기의 강조

집단 내에서 일어나는 개인들의 지금 - 여기의 행동에 주목하고 집단원들 스스로 그 행동의 목적과 결과에 대해 이해하도록 격려한다.

(2) 역동의 분석과 이해

① 현재의 갈등상태에 근간이 되는 역동을 이해하기 위해 개인에 관한 행동 자료를 수집한다.
② 집단원들이 겪는 갈등의 원인에 대한 가설을 수립한다.

(3) 재교육 실시

① 집단원들의 그릇된 생활양식을 변화시키기 위하여 대안을 찾고 달리 행동할 수 있게 돕는다.
② 재교육 수준에서 효과가 있었는가를 알아내기 위해서 초기 경험에 관한 회상을 시켜 본다.
③ 회상의 내용에 변화가 있다면 집단원의 삶에 대한 생활양식이 변화되었다는 것을 의미한다.

기출문제 확인학습

개인심리적 집단상담의 기술

1) 역설기법(역설적 의도)

(1) 문제 또는 증상에 대한 집단원의 저항에 대항하지 않고 문제에 편승하게 하는 기법으로 내담자 자신을 나약하게 만든다는 생각이나 행동에 의도적으로 관심을 가지고 과장하는 것을 말한다.

(2) 이 기법의 핵심은 내담자가 저항에 의해서라기보다는 내담자의 편이 되는 것이다.

2) 단추 누르기(버튼 누르기)

(1) 집단원에게 행복한 경험과 불행한 경험을 번갈아 가면서 생각하도록 하고, 각 경험과 관련된 감정에 관심을 가지도록 하는 기법이다.

(2) 내담자가 유쾌한 경험과 유쾌하지 않은 경험을 번갈아 가면서 생각하도록 하고 각 경험과 관련된 감정에 관심을 가지도록 하는 것이다.

3) 수프에 침뱉기

집단원의 행동 뒤에 숨겨진 의도나 목적을 드러내어 집단원이 문제행동을 하는 것을 꺼리게 하는 기법이다.

4) 마치 ~인 것처럼 행동하기

(1) 상담자는 내담자가 자신의 바람을 이룬 자신으로 상상하고 행동하도록 역할놀이 상황을 설정한다.

(2) 내담자가 "만약 내가 …을 할 수 있다면"이라고 말하면 최소한 일주일 동안 그 환상 속의 역할을 실제로 행동해 보고 무슨 일이 일어났는지를 보도록 한다.

(3) 따라서 내담자는 긍정적인 방향으로 기대를 변화시킴으로써 자신의 계획을 성공시킬 수 있도록 돕는다. 만약 실패했다면 실패한 이유에 대해서 논의한다.

5) 악동 피하기(악동의 함정 피하기)

(1) 내담자가 일상생활에서의 자기 패배적 행동양상을 상담 장면에 가져오는데 잘못된 가정도 사실로 인정받을 수 있는 기회가 있기 때문에 잘못된 가정에 매달려 있는 것인지도 모른다.

(2) 따라서 상담자는 함정에 빠지지 않도록 하며 내담자의 행동을 강화하지 않도록 주의해야 한다.

아들러(A. Adler) 집단상담의 역동성 탐색 단계(상담과정 중 2단계)

1) 집단원의 역동성의 탐색은 두 부분으로 나누어지는데, 치료자는 집단원의 생활양식을 이해하고자 하며 집단원의 생활양식이 현재의 삶을 어떻게 발휘하고 있는가를 이해한다(주관적인 상황).

2) 집단원의 생활양식을 이해하기 위해 치료자는 집단원의 감정, 동기, 신념, 목표 등에 세심한 관심을 기울인다.

3) 이 단계의 목표는 사람들로 하여금 '만약 ~하기만 하면(as if)'의 성격을 벗어나게 하는 것이며 탐색하기 위한 조사는 면접의 첫 순간부터 시작된다.

4) 탐색단계의 주요목표는 집단원으로 하여금 자신의 우선적 욕구의 순위를 알도록 하여 그 순위가 무엇이든 수용하고 그 대가가 실제로 치를 만한 가치가 있는 것인지 판단하도록 도와 집단원의 잘못된 신념과 목표를 평가할 수 있으며 집단원에게 좀 더 합당한 대안들을 고려할 수 있다.

5) 집단원에게 남아있는 어린 시절에 대한 기억을 떠올리게 하여 그 기억에 담겨있는 감정과 사고도 표출하게 한다.

6) Adler학파는 초기회상을 개인 생활양식을 이해하는 중요한 자료로 보고 있다.

아들러의 개인심리학적 집단상담 - 자기보호 경향성

1) 지그문트 프로이트와의 다른 견해

(1) 우월성 추구의 일부는 자아존중감의 욕구이다.

(2) 자아존중감이 위협 당할 때 우리는 그러한 위협으로부터 우리 자신을 보호하기 위해 어떤 기술을 시도할 수 있다.

(3) 이러한 자기보호경향성은 프로이트의 방어기제와 유사하지만, 프로이트의 방어기제는 불안으로부터 자아를 보호하려는 것이며 아들러의 자기보호 경향성은 그 사람에게 부여된 외부적 요구에 대한 보호로서 작용한다.

2) 프로이트에게 있어서 방어기제는 모든 사람에게 발견되는 것이지만 이 방어기제가 성격을 과장하게 하고 성격을 지배할 때에만 문제가 되는 반면, 아들러의 자기보호 경향성은 신경증적 개인에게서 방어기제의 작용을 더욱 강조하였다.

3) 지그문트 프로이트는 자기보호성향의 억제가 무의식 수준에서 사용된다고 믿은 반면, 아들러는 의식과 무의식 간의 구분을 하기 않았기 때문에 두 수준에서 작용될 수 있다.

4) 자기보호 경향성(성향)의 유형

(1) 변명

신경증 환자의 행동은 삶의 어려운 문제들을 회피하려는 시도를 한다. 변명은 두 종류가 있는데 '예, 그렇지만(yes, but)' 유형과 '단지 ~했더라면(if only)'의 유형이 있다.

(2) 공격

① 자기보호 경향성으로써 공격성을 사용함에 있어서 아들러는 우리 자신들뿐만 아니라 타인들을 경멸하고 비난하는 형태로 공격적 표현을 이용한다.

② 공격의 형태는 경멸(이상화와 염려), 비난, 자기비난이 있다.

③ 경멸은 다른 사람의 재능, 능력 혹은 성격특질을 포함하여 그 사람을 낮추거나 평가절하하는 경향을 말한다.

④ 비난은 자신의 실패에 대하여 타인을 비난하는 경향으로, 때때로 그것은 극단적인 보복을 추구하게 되며, 그래서 자기 자신의 흔들리는 자존감을 보존한다.

⑤ 자기비난

이것은 자기 비난, 자기학대 혹은 죄책감의 형태를 띠며 그것은 피학적 경향을 띠거나 심지어 자살을 시도할 수 있다.

(3) 거리 두기

① 거리 두기는 개인이 자기와 문제 사이에 거리를 설정함으로써 어떤 문제에서 도피하려는 시도인 자기보호 경향성의 한 범주이다.

② 물러서기는 생의 초기 그리고 더 안전한 시기로 되돌아감으로써 자신의 자아존중감을 보호하려는 경향성이며 자살, 졸도, 범죄경향성, 불안발작의 시도로 표현될 수 있다.

③ 머무르기는 프로이트의 고착과 아주 비슷하나, 이것은 과장된 우월감을 줌으로써 자아를 보호하며 머무르기에서 사람은 실패의 위협을 회피한다.

④ 주저하기

이러한 방안은 시간 보내는 것이 목적이며 강박적인 손 씻기, 다시 하기, 이미 끝난 일 망치기, 일을 끝내지 않은 채로 놔두기, 지각하기 등이 있다.

⑤ 장애물 설치하기

증상은 피곤, 불면증, 변비, 장 질환 혹은 두통으로 나타나며 이러한 증상들에서 개인은 장애를 극복할 수 있을지를 스스로 검사한다.

(4) 배제 경향성(철회)

① 자신의 문제를 회피하거나 도피하는 수단으로써 세상으로부터 철수하는 것으로, 개인은 다른 사람의 행동에 다가갈 수 없게 된다.

② 고립은 실제적으로 은둔자, 은퇴자가 되는 물리적 고립이 될 수 있거나 그렇지 않으면 사람들 사이에 있기는 하지만, 그들과 상호작용할 수 없는 단지 심리적 고립이 될 수 있다.

9 실존주의 집단상담[4)]

1) 기본원리

(1) 실존이란 인간존재의 특유한 존재방식을 뜻하며, 인간의 현재에 관계하는 것이다.

(2) 실존은 현실의 존재, 사실의 존재, 진실의 존재에 대한 새로운 표현으로 본질에 선행한다.

(3) 인간을 무(無)에서 시작된 자유로운 존재로 보며, 그 무엇에 의해서도 규정되어 있지 않기 때문에 자신을 규정할 수 있는 힘은 오로지 자신에게만 있다.

(4) 개인은 자신의 자유의지에 따라 선택하고, 행동하고, 그 결과에 책임지며 자신의 본질을 만들어 가는 것이다.

2) 집단상담의 목표

(1) 집단원이 자기 존재의 본질에 대하여 각성하고 현재 자기가 경험하고 있는 정서적 장애의 원인이 자기 상실 내지 논리의 불합리성에 있다는 것을 각성하게 하며, 자신의 삶을 수동적으로 살아갈 것이 아니라 자기 주관을 가지고 능동적으로 삶의 방향을 선택하도록 도와주는 데 있다.

(2) 실존주의 집단상담자는 집단원의 주관적인 세계를 이해하는데 관심을 가져야 하는데 이는 사람들이 새로운 이해와 선택을 하도록 돕기 위해서이다.

뷰젠탈(Bugental)의 3가지 상담 목표

1) 집단원이 집단상담 과정 그 자체에 충분히 참여하고 있지 않다는 것을 인식하도록 하고, 이런 삶의 패턴이 그를 어떻게 제한할 수 있는가를 이해시킨다.
2) 집단원이 오랫동안 회피해 왔던 불안에 직면하도록 지지해 준다.
3) 집단원이 보다 진솔한 삶의 접촉을 이룰 수 있는 방법으로 자신과 자신의 세계를 재정의하도록 조력한다.

4) **출처**: 노안영, 집단상담 이론과 실제 ; 신재균, 실존치료이론

3) 집단상담자의 역할과 기능

(1) 집단상담자는 모든 집단원과 친밀한 관계를 형성하기 위해 최선을 다한다.
(2) 적극적이고 반영적인 책임감을 가지며, 항상 모험하기를 생각하면서 시도한다.
(3) 집단원의 관심사를 자각하고 그것에 민감하게 반응한다.
(4) 전문가 역할보다 집단원과 함께하는 인생의 동반자 역할을 취한다.
(5) 집단원이 느끼는 불안 및 불편한 감정을 더 깊은 자각에 이르도록 조력한다.
(6) 집단원의 의미 있는 변화는 서로 간의 개인적 접촉 및 상호작용이 있을 때만 일어나며 나 - 당신의 참 만남에서 변화가 일어난다.
(7) 집단원의 불일치적인 언행을 직면시키고, 자신이 부딪혀 왔던 관심사에 대한 본보기로서의 역할을 수행한다.

4) 집단상담의 기법

(1) 특별한 기법을 사용하거나 강조하지 않으며, 집단원이 겪은 실존적 불안을 다룬다. 다만, 집단원이 겪는 실존적 공허감이 그의 궁극적 관심사와 관련이 있다는 전제에서 진솔하게 그 문제와 직면할 수 있도록 격려한다.
(2) 얄롬이 제안한 궁극적 관심사는 죽음, 자유, 고립, 무의미성이다.
(3) 프랭클이 제안한 역설적 의도와 탈숙고 기법

① 역설적 의도

ㄱ. 공포나 불안을 가진 집단원들은 특정 사건의 재발을 두려워하여 사건에 대한 두려운 기대는 집단원에게 기대 불안을 야기한다.

ㄴ. 기대불안은 '지나친 주의'나 '지나친 의도'의 원인이 되며, 이는 자신이 원하는 것을 하지 못하도록 하는 원인이 되며, 이 과정에서 자신의 불안이 가져올 잠재적 효과에 대한 걱정이 '불안에 대한 불안'으로 나타나 불안이나 공포의 자기유지적인 악순환이 되풀이된다.

ㄷ. 결과적으로 '공포에 대한 공포'는 공포를 증가시키고, '불안에 대한 불안'은 불안을 증가시킨다.

ㄹ. 이러한 악순환으로부터 탈피하기 위해서는 그것과 직면하도록 해야 한다. 즉, 집단원이 두려워하는 그 일 자체를 하도록 하거나 일어나기를 소망하도록 격려함으로써 의도와 반대되는 결과를 생성하게 하고, 집단원의 의도와 정반대인 상황에 직면하게 함으로써 공포증의 악순환에서 이탈하게 한다.

ㅁ. 즉, 역설적 의도를 통해 공포의 악순환을 막는다.

② 탈숙고

ㄱ. '지나친 의도'처럼 지나친 숙고로 인한 기대 불안의 악순환에서 벗어나게 하기 위해 사용된다.

ㄴ. 프랭클이 소개한 탈숙고의 사례

> "지네가 있었는데 그의 적이 지네에게 '너의 다리들이 어떤 순서로 움직이는가?'라고 물었다. 지네가 그런 질문에 주의를 기울였을 때, 지네는 전혀 움직일 수가 없었다." 이처럼 지나친 숙고는 자신의 자발성과 활동성에 방해가 되므로 지나친 숙고를 상쇄시킴으로써 자발성과 활동성을 회복시켜 준다.

10 예술적 접근방법(심리극, 미술, 음악 등)

1) 심리극(=싸이코 드라마)

(1) 특징

일정한 대본 없이 등장인물인 집단원에게 어떤 역할과 상황을 주어 그가 생각나는 대로 연기를 하게 하여 그의 억압된 감정과 갈등을 표출하게 하여 치료하는 집단치료 접근이다.

① 갈등을 말보다는 행동으로 직접 표현하여 드러내게 한다.

② 이 과정을 통해 과거의 상처받은 마음을 치료하며 보다 깊이 있게 자신을 이해하고 새로운 모습으로 변화하도록 한다.

③ 아이들이나 정신질환자들처럼 언어 표현에 불편을 느끼거나 잘 표현하지 못하는 사람들까지도 신체적 동작을 통해 자신을 표현하도록 해 준다.

④ 특정한 의상을 입을 필요도 없으며 무대도구도 필요하지 않고 단지 장면을 상상만 하면 되는 것이다.

(2) 심리극 구성(5요소)

주인공, 연출가, 보조자아, 관객, 무대(5요소)로 구성되며 모두가 참여하여 하나의 드라마를 연출하게 된다.

① **주인공** : 심리극의 연기 주체가 되는 사람으로서 심리극에 참여한 관객 중 한 사람이다.

② **연출가** : 주인공이 그의 문제를 탐구하도록 심리극을 이끌어 주는 전문가이다.

③ **보조자아** : 전문적인 훈련을 받은 사람 또는 관객 중에서 담당하도록 한다.

ㄱ. 주인공의 또 다른 모습이 되기도 하며 주인공에게 중요한 인물(부모, 형제, 의미 있는 물건 등) 역할을 하기도 하며 주인공이 심리극에 집중하도록 돕는다.

ㄴ. 주인공이 전에 몰랐던 자신의 모습을 볼 수 있게 하며 마음 속에 담아두고 잘 표현하지 못했던 감정을 표현할 수 있게 한다.

④ 관객

ㄱ. 심리극의 관객은 주인공과 같은 문제를 가진 사람들로 구성되는 경우가 많다.

ㄴ. 심리극을 보며 극에 참여함으로써 각자의 심리적 어려움을 해결하도록 한다.

⑤ **무대** : 사이코드라마가 이루어지는 공간

(3) 진행과정 : 준비작업(warming - up), 행동, 종합

① 준비과정

ㄱ. 간단한 역할극, 상황극, 상상의 표현 등을 통해 마음의 긴장을 풀고 자신의 마음을 행동으로 표현해 보고자 하는 참여의식을 높여주는 과정이다.

ㄴ. 이 과정에서 스스로 자신을 표현해 보고자 하는 동기가 강한 한 사람이 주인공으로 선정된다.

② 행동

ㄱ. 주인공이 선정되면 보조자아가 연출자의 지시에 따라 주인공과 같이 행동하며 서로의 행동을 통해 주인공이 자신의 문제를 표현하도록 돕는다.

ㄴ. 관객들은 주인공의 행동을 보면서 자신도 주인공의 감정을 함께 느끼게 된다.

ㄷ. 주인공이 자신의 갈등을 충분히 행동으로 표현하면 마음의 정화가 이루어지고 자신의 모습을 볼 수 있게 된다.

③ 종합

ㄱ. 주인공이 자기가 원하는 새로운 행동을 충분히 연습할 수 있게 하며 심리극 중에 깨달은 것을 지속할 수 있게 한다.

ㄴ. 관객들이 자신의 느낌을 서로 토론하여 서로의 느낌을 공유하고 주인공을 격려한다.

(4) 기본정신 - 창조성, 자발성, 즉흥성

① **창조성** : 새로운 것을 만들어 낼 수 있는 능력이다.

② **자발성** : 다양한 여러 상황에서 여러 가지 형태의 다른 반응으로 능동적으로 대처하는 것이다.

③ **즉흥성** : 사전연습이나 대본 없이 즉흥적으로 역할과 상황을 연출하는 것이다.

(5) 집단상담자(연출자)의 역할

① 무대에서의 경험을 현실처럼 느끼고 심리극의 진행을 위해서는 주인공의 몰입이 중요하다.

② 심리극의 성공과 실패를 좌우하는 것은 주인공의 몰입정도에 달려 있다.

③ 연출자와 보조자아는 주인공이 가지고 있는 고정관념과 두려움을 벗어나 용기를 갖게 돕는다.

④ 연출자는 집단의 내담자가 갖고 있는 문제를 미리 알고 있어야 하고 심리극이 문제의 핵심에서 벗어나는 경우 즉시 시정해 주어야 한다.

(6) 심리극 기법

① 마술 상점(Magic Shop) 기법

ㄱ. '마술가게'라는 상상적인 장면을 설정해서 거기에서 어떤 물건이든 사거나 팔 수 있게 한다.

ㄴ. 심리극 준비단계에서 사용되는 것으로서 극을 워밍업(warming - up)시키고 집단원 개개인의 문제에 접근하기 위해 활용한다.

ㄷ. 주인공이 자신의 목표에 대해 혼동하고 있거나 자신들의 가치에 대한 우선순위를 정하는 데 어려움을 겪는 경우에 목적과 가치를 분명히 하기 위해 활용한다.

ㄹ. 연출자는 구성원에게 무대에 작은 가게가 있다고 상상하게 하고 가게 주인은 보조자아나 연출자가 맡으며 이 때 상점 선반에 있는 물건의 구매를 원하는 지원자가 고객이면서 주인공이 된다.

② 역할 바꾸기(Role Reversal) 기법

ㄱ. 주인공이 상대역을 하고 상대방이 주인공의 역할을 하는 식으로 역할을 교환하여 전개하는 기법이다.

ㄴ. 타인이 자기를 보는 것처럼 객관적 입장에서 자신을 볼 수 있으며 통찰하기 쉬운 기법이다.

ㄷ. 역할 바꾸기를 통해 주인공이 자신의 삶에서 중요한 사람들을 공감할 수 있게 한다.

ㄹ. 주인공의 인간관계에 대한 왜곡된 인식은 표면화되고 탐색되며 행동을 통해 교정될 수 있다.

③ 이중 기법(Double Technique)

ㄱ. 보조자아가 주인공의 또 다른 자아가 되어서 주인공을 대변하고 표현하는 기법이다.

ㄴ. 보조자아는 주인공 옆에 바짝 붙어 주인공이 여러 가지 원인으로 언어화하지 않은 감정을 발견하여 그것을 큰 소리로 이야기를 해 준다.

ㄷ. 자아를 이중화하는 이중 기법(Double Technique)의 목적은 주인공의 내적인 갈등과 억눌린 감정에 대한 이해를 증진시키고 이를 표현하도록 하는 것이다.

④ 거울 기법(Mirroring)

ㄱ. 보조자아가 주인공이 연기를 하는 동안 보여준 몸짓, 말, 자세 등을 비춰주는 역할을 하는 기법이다.

ㄴ. 보조자아가 거울 역할을 하는 동안 주인공은 다른 사람에 의해 반영된 자기 자신의 행동을 관찰하게 되는데 이것은 다른 사람들처럼 자신의 행동을 바라볼 수 있게 된다.

ㄷ. 타인의 눈에 자신이 사회적으로 어떻게 보이는가를 직면하게 하는 기법이다.

기출문제 확인학습

심리극(사이코드라마)의 기본개념[5]

1) 자발성(spontaneity)

기존 상황에 새롭게 반응하고 새로운 상황에 적절히 반응하는 타고난 경향이다. 즉 자발성은 행동하고 반응하려는 준비성이며 한 개인이 그 순간의 요구에 따라 대처하기 위해 생리적, 정서적, 사회적으로 워밍업 될 때 발생된다.

2) 창조성(creativity)

인간 개개인의 개성의 전달 수단을 통해 장면의 목적에 대한 돈독한 감각을 표현하는 사람들의 중요성을 강조한다. 창조성은 최고의 자발성, 매 순간 신선해지고자하는 원형적인 행위의 힘이다. 즉 창조성은 역할연기의 바탕으로 역할수행을 하는데 과거의 경험이나 기억만의 고정된 반복이 아니라, 개성적이고 창조적으로 역할연기를 하게 하는 것이다.

3) 카타르시스와 통찰

카타르시스는 억제된 감정이 마침내 표출되었을 때 일어난다. 사이코드라마에서 주인공은 억제된 상황들을 행위화를 통해 카타르시스를 경험한다. 통찰 또는 문제 상황에 대해서 많은 인식을 얻는 것은 종종 카타르시스의 과정을 따른다. 사이코드라마의 참가자들이나 관중들 모두는 카타르시스를 경험할 수 있고 통찰을 하게 된다.

5) (사) 한국예술치료학회 광주지부 홈페이지 참조

4) 역할이론(role theory)

역할이란 '자아의 실제적이며 측정가능한 형태로서 특정 시간과 장소에서 타인이나 대상에 반응해 나타나는 인간행동의 기능적 형태'라고 정의하였다(Moreno). 역할의 범주로는 신체적 혹은 생리적 역할인 정신 신체적 역할, 가정과 같은 특정 집단이나 사회에서 공통된 역할인 사회적 역할, 개인에게 특별한 정신 내적 역할인 사이코 드라마적 역할 등으로 구분하였다.

역할은 역할 상호간의 역동적인 갈등을 겪는다는 특성을 지니고 있다. 역할수행양식인 역할행위를 분류하면, 그 누구도 역할의 존재에서 빠져나갈 수 없는 기본적 역할행위인 역할살기(role living), 역할의 형성이 이미 끝나고 어떤 변형도 허용되지 않는 거의 기계적으로 고착된 역할수행을 의미하는 역할취하기(role taking), 어느 정도의 자유가 허용되는 융통성이 있는 역할 행위로서 어린아이에게 자아발달의 기본적인 힘이 되는 역할놀이(role playing), 최고의 자발성으로 자유롭고 창조적으로 자신의 역할을 수행 하는 것을 의미하는 역할창조(role creating) 등이 있다.

5) 잉여현실(surplus reality)

충분히 표현되지 않은 무형의 정신세계의 현실이며 상상에 의해 변형, 축소, 확대된 현실이다. 잉여현실의 내용들은 꿈, 백일몽, 환상, 망상과 같은 상상적 요소들, 영감, 영혼, 영원성, 초월성과 같은 초월적 요소들, 두려움, 수치심, 유치함, 절망감, 불안, 죄의식과 같은 부정적 혹은 긍정적 요소들, 원시성, 야만성, 성적 본능, 광기적인 요소, 생명력과 같은 본능적 요소들, 그리고 애매모호한 것들, 충족되지 않는 것들, 금지된 영역들이 포함된다.

6) 행위 갈증(act hunger)

행위 하고자 하는 타고난 욕구, 자신이 근원적인 자발성을 향한, 무의식적 요소들을 의식화시키려는 행위화의 동기이다. 행위갈증을 나타내는 내용들에는 의식적, 무의식적 욕망, 욕구, 소망들, 행위를 완료하고자 하는 생각, 느낌, 충동들, 정신적 상처를 극복하고자 하는 욕망(desire) ; 관계상의 욕구 ; 충동을 충족시키고자 하는 욕구(drive), 경험하고자 하는 내적 요구(need) 등이 있다.

7) 행위화(acting - out)

치료 장면에서 표현되는 모든 행위를 말한다. 어떤 종류의 행동이든 행동으로 옮겨가는 모든 것을 뜻하며, 충동이 구체화되고 실현되는 것을 말한다.

8) 지금 - 여기(Here & Now)

인간에 대한 실존적 접근방식으로 최고의 창조성이 작용하는 순간이다.

9) 참 만남(encounter)

참 만남이란 인격적으로 독립된 두 개체가 서로 자신의 정체성을 유지하면서, 동시에 두 개체가 함께 알려지지 않은 새로운 세계로 나아가는 것이며, 또한 그것에 대한 내맡김이다.

10) 놀이정신

as - if 세계, 즉 부조화의 불가능의 현실에서 상상력의 힘이다. 심리극이 놀이와 다른 점은 한 인간의 갈등에 관한 정서적인 문제의 해결을 위해 연기를 한다는 점이다.

11) 워밍업(warming - up)

개인이나 집단의 자발성을 높이고 기꺼이 행위 하고자 하는, 다음 작업에 대한 의지와 준비성을 유발, 촉진시키기 위한 방법이다. 즉 능동적으로 참여하여 마음의 준비를 하고 극으로 표현하는 문제에 몰입할 수 있는 분위기를 조성하는 단계이다.

12) 사회측정학(sociometry)

사회측정학이란 집단내의 숨겨져 있는 관계들의 구조를 탐색하는 비교적 특정한 방법이다. 끌림, 반발, 무관심, 중립 등 집단의 형성과 구조화를 연구하며, 모든 사회적, 인간관계에 대한 자료를 측정하는 것이다.

13) 사회원자(social atom)

더 이상 나누어 질 수 없고 상호의존적인 관계를 갖고 있는 가장 작은 사회생활의 단위로, 대개 가족의 경우가 해당되지만 어떤 무형의 존재도 사회원자가 될 수 있다.

14) 텔레(tele)

텔레(tele)란 사람들 사이에서 서로 끌리고 반발하는 무형의 힘이다. 즉 타인에 대한 전체적인 인상을 만들어 내는 기초감정이라고 할 수 있다. 이것은 개인에게 일종의 감각, 느낌, 지각, 직관 등으로 표현되고, 관계에서는 호혜성, 상호성, 친근성 등으로 표현된다.

2) 미술치료

(1) 미술치료는 놀이, 음악, 무용, 레크리에이션, 심리극, 문학(시)치료와 같은 예술치료의 한 영역이다.

(2) 그림이나 조소, 디자인의 기법 등과 같은 미술활동을 통해서 심신의 어려움을 겪고 있는 사람들의 심리 상담이나 치료를 하고 심리적으로 건강한 사람들을 대상으로 한 자아성장 프로그램으로도 활용할 수 있어 예방적, 발달적 기능도 갖고 있다.

(3) 미술치료는 심리치료 과정에서 미술을 매개체로 이용하는 방법이라는 측면(Art in Therapy)과, 작품을 만드는 과정 자체를 중시하는 치료로서의 미술(Art as Therapy)이라는 입장, 양자를 통합하는 입장 등이 있으나 목적과 대상에 따라 선택할 수 있다.

(4) 어떤 입장을 취하든 간에 미술치료는 인간의 조형 활동을 통해서, 개인의 갈등을 조정하고 자기표현과 승화작용을 통해서 자아성장을 촉진시키며, 개인의 내적 세계와 외적 세계 간의 조화를 이룰 수 있도록 조장해 준다.

(5) 미술치료의 장점

① 미술은 심상의 표현이며, 그 심상은 성격형성에 중요한 역할을 한다. 미술은 비언어적 수단이므로 통제를 적게 받으며, 자신의 작품을 통해서 자신도 모르게 자신의 감정을 느낀다.

② 개인이 만든 작품의 변화를 직접 눈으로 확인함으로써 자신의 감정을 회상하거나 새로운 통찰이 일어나기도 한다.

③ 미술에서는 언어와 같은 규칙이 필요 없으며 공간 속에서의 연관성들이 발생하기 때문에 개인의 경험을 이해하기 쉽다.

(6) 미술작업은 단순한 신체운동이 아니라 창조적 에너지를 발산하는 것이라 할 수 있다. 그래서 각종 심신 부적응자들의 심리치료 과정에서 미술을 매개체로 이용하기도 하고, 미술작업 자체를 중요시하여 창작활동을 통해 치료하기도 한다.

3) 음악치료

(1) 음악치료는 음악을 통하여 심신의 기능 상실상태를 재확립(Restoration)하고, 유지(Maintenance)하고 개선(Improvement)시키고자 하여 부정적 심리와 행동을 바람직하고 만족한 상태로 변화시킨다.

(2) 음악치료법에는 먼저 음악을 연주하는 것(Music Preforming)이 있는데, 노래 부르기, 악기 연주, 음악 작곡, 즉흥연주 등이며 내담자가 자유자재로 쉬운 리듬악기를 통해 자신의 감정을 표현하는데 이때 몸짓이 매우 중요하다.

(3) 즉흥연주는 인간관계에 도움이 되며, 노래 부르기는 가사내용을 활용하면 치료에 효과적이며 음악청취(감상)를 통한 정신치료와 음악과 동작을 통한 치료, 레크리에이션 음악치료, 긴장이완 등의 치료법을 들 수 있다.

(4) 음악치료의 단계를 보면 활동중심 음악치료 단계(사회적 상호작용효과), 통찰 및 과정중심 단계(감정의 언어화), 분석적 카타르시스 단계(무의식 표출) 등이 있으며 상담에서는 라포 형성으로 음악을 사용하기도 한다.

4) 놀이치료

(1) 놀이치료는 놀이를 통해 대인관계 개선, 공격성, 욕구 불만, 집착성, 억제 등을 치료한다.

(2) 놀이의 생리적인 면과 내적인 욕구, 상호관계적인 면. 사회문화적인 면 등의 기능을 활용한 것이며, 여기서도 정신분석학, 인본주의, 행동주의, 발달심리 등의 이론을 바탕으로 하고 있다.

(3) 놀이치료에는 모래상자 놀이치료와 게임 놀이치료 등이 있다.

5) 레크리에이션 치료

(1) 레크리에이션(recreation)은 휴양, 기분전환, 오락, 원기회복 등의 의미를 지니고 있으며, 스트레스 해소와 리더십과 협동심, 적극적인 생활 등의 효과를 거둘 수 있다.

(2) 레크리에이션을 통해서 신체적·정신적·정서적·사회적 행동의 변화와 개인의 성장과 발전, 증진을 이루는 과정이 치료 레크리에이션이다.

(3) 치료 레크리에이션 과정은 평가, 계획, 이행, 평가 등의 순으로 이루어지며 치료 레크리에이션의 모델은 크게 치료, 여가교육, 레크리에이션 참여 등의 세 가지 구성요소가 포함되고 있다.

① **치료**(treatment) : 기능이나 행동수정을 목적으로 하는 것으로서 정신지체의 경우는 움직임 발달, 사회성 증진, 주의력 집중 등의 효과를 얻는다.

② **여가교육**(Leisure Education) : 여가 참여와 여가 생활에 관련된 지식, 태도, 기술을 익히게 하며 여가에 대한 인식, 사회적 상호작용능력, 여가활동기능, 여가자원에 대한 지식과 이용 등이 중심내용이다.

③ **레크리에이션 참여**(Recreation Participation) : 레크리에이션을 즐기거나 자기를 표현할 수 있는 기회를 제공하기 위한 집단 레크리에이션의 장을 마련하는 것이다.

11 구성주의적 접근방법(해결중심 집단상담, 이야기치료 집단상담)

1) 해결중심 집단상담(드세이저와 버그 등)

(1) 문제의 원인을 파악하기보다는 해결책에 초점을 맞추어 단기로 진행되는 상담으로, 1980년대에 발전되기 시작하였다.

(2) 10회 정도의 단기치료 접근이다.

(3) 3대 철학 : 문제 삼지 않는 것은 건드리지 않는다, 효과가 없다면 하지 않고 대신 다른 것을 한다, 효과가 있는 것을 알면 그것을 더 많이 한다.

(4) 치료자 역할

① **해결중심적 대화** : 내담자가 문제를 다른 시각에서 바라보게 하며, 내담자의 생활에서 문제시 되지 않았거나 문제가 해결되는 시점의 예외적 상황을 발견하도록 돕는다.

② **알지 못함의 자세(not - knowing posture)** : 치료자가 언어적, 비언어적 행동을 통해 내담자에게 풍부하고 진실한 호기심을 전달하는 것이다.

2) 이야기 치료 집단상담 기법(White, 1995)[6] - 가족치료모델이기도 함

(1) 문제 이야기 경청 : 내담자의 지배적 이야기를 변별한다.

(2) 문제의 설정 : 문제의 설정을 통해 내담자는 자신의 현재 상황에 대한 인식을 정리한다.

(3) 문제의 외재화 : 문제를 내담자 자신으로부터 분리한다.

(4) 문제의 내력과 영향력 탐색 : 입장지도(Position map)를 통해 문제의 영향력을 탐색한다.

참고 입장지도(Position map) : 이름 붙이기, 영향력 찾아보기, 영향력 평가하기, 입장 취하기 단계로 이루어진다.

(5) 독특한 결과 찾기 : 문제가 목적을 성취하지 못하는 예외적인 경험을 찾는다.

(6) 대안적 이야기 형성 : 지배적 이야기에 가려져 있던 많은 독특한 결과들이 나타나면서 의미 있는 이야기를 형성한다.

(7) 대안적 이야기 굳히기 : 새롭게 형성된 대안적 이야기를 지속적으로 실천하도록 한다.

6) 김창규, 2017, 석사학위논문

제4절 | 집단상담자

1 집단상담자의 역할

1) 집단상담자의 기능

(1) 집단 활동의 시작을 돕는다.

(2) 집단의 방향을 제시하고 집단 규준의 발달을 돕는다.

(3) 집단의 분위기 조성을 돕는다.

(4) 행동의 모범을 보인다.

집단원들에게 바라는 행동을 집단상담자 자신이 먼저 시범을 보여서 집단원도 그렇게 하게 돕는 것을 말한다.

(5) 의사소통 및 상호작용을 촉진한다.

집단원·간에 의사소통의 통로를 막고 있는 장애물을 찾아내도록 돕고, 원활한 상호관계를 촉진한다.

(6) 집단원의 권리를 보호한다.

① 집단의 압력으로 부당하게 어떤 행위를 강요하거나 압력을 가하는 시도를 막는다.

② 집단원들 중 어느 누구도 속죄양이 되어 인권을 침해당하는 일이 없도록 한다.

③ 참여를 원치 않거나, 개인적인 문제를 파헤치는 일을 꺼린다면, 집단원의 거절의 권리를 인정한다.

(7) 집단의 종결을 돕는다.

집단이 제 시간에 시작하여 정한 시간에 마치도록 한다.

(8) 자신의 개인적 가치 체계를 통하여 집단 구성원들에게 미칠 수 있는 영향력에 주의를 기울인다.

실력 다지기

집단상담자의 역할 등

집단의 목적과 설계, 기간의 장단(長短)과 조직 형태, 그리고 상담자의 철학과 이론적 배경 등 여러 가지 변인의 차이에 따라 상담자의 역할도 여러모로 달라질 수 있으나, 가장 기본적이고 공통적이라고 생각되는 몇 가지만 살펴보면 다음과 같다.

1) 집단활동의 시작을 돕는다.

상담집단을 처음 시작할 때, 집단원들은 서먹함을 느끼고 어떻게 할 바를 모른다. 이 때 상담자는 솔선하여 모범을 보이거나 느낌 표현을 장려하는 방법으로 집단원들로 하여금 상호작용을 시작하도록 이끌어 주어야 한다.

2) 집단의 방향을 제시하고 집단 규준의 발달을 돕는다.

상담자는 집단의 일방적인 목표를 제시함과 아울러 "'지금 - 여기'에 초점을 둔다.", "느낌 수준에 강조점을 둔다.", "정직한 피드백의 교환에 힘쓴다." 등의 규준을 제시하여 집단원들이 이에 따라 행동하도록 도와주어야 한다.

3) 집단의 분위기 조성을 돕는다.

상담집단의 주된 목적이 집단원으로 하여금 스스로의 문제를 스스로의 힘으로 해결함으로써 보다 생산적인 인간으로 성장, 발달하게 하는데 있으므로 집단지도자의 과업은 그러한 발달을 이룩하는데 도움이 될 수 있도록 자유롭고 허용적인 집단 분위기를 조성해 주는 것이다.

4) 행동의 모범을 보인다.

집단원에게 바라는 그러한 행동을 상담자 자신이 먼저 시범을 보임으로써 집단원도 그렇게 하도록 돕는다.

5) 의사소통 및 상호작용을 촉진시킨다.

집단상담자는 항상 집단원 간의 의사소통의 통로를 막고 있는 장애물을 찾아내도록 도와주어 원활한 상호관계를 이루게 한다. 또 의문을 제기하거나 문제를 명료화하기도 하며, 집단원이 가능한 한 모두 참여하도록 도와준다.

6) 집단원을 보호한다.

상담자는 집단원의 거절할 권리를 인정해 주어야 하며, 집단원 중 몇 사람 혹은 전원이 한 집단원에게 부당하게 압력을 가할 때 즉시 개입하여 그 집단원을 보호해 주어야 한다.

7) 집단활동의 종결을 돕는다.

집단은 정한 시간에 시작하여 정한 시간에 마쳐야 한다. 그리고 집단 전체의 종결 시에는 집단원들로 하여금 실제의 삶에 적용하는데 대한 가능성을 제시해 주어야 한다.

효율적인 집단상담자의 특성

집단원들과 정서적으로 함께 하고, 집단원과의 상호작용 속에서 진실된 모습으로 임하는 용기, 자신을 직면하는 기꺼움, 자기인식, 진실성(진솔성), 정체성, 집단과정에 대한 신념과 열정, 창의성, 상담자 자신의 심리적 건강, 에너지 수준, 활기 등을 유지할 수 있는 힘, 삶의 중심 유지 능력 등을 갖는다.

기출문제 확인학습

집단상담자의 전문성

1) 개인상담 경험

(1) 내담자로서의 경험 - 개인상담을 통해 상담자가 되고자 하는 동기에 대해 탐색하고 내담자로서 상담의 효과를 몸소 체험

(2) 상담자로서의 경험 - 집단원들과의 효과적인 의사소통 기술을 연마할 수 있는 기회뿐만 아니라 상담자와 내담자 사이의 역동성을 이해하는데 촉매역할을 하며 집단을 이끄는 데 자신감을 심어줌

2) 집단경험

(1) 자기탐색 집단 - 자신의 문제를 모색함으로써 집단원들과의 상호작용에 장애가 되는 요소를 제거하고 집단원의 입장에서 집단을 조망해 볼 수 있음

(2) 교육지도 실습 집단 - 수련감독자와 함께 참여함으로써 예비 집단상담자의 집단 과정에 대한 통찰력과 이해력을 길러주며 치료집단이나 상담 집단에 집단원으로 참여하여 자신을 탐색하고 이해할 수 있는 기회를 가져야 함

(3) 집단 실습 - 시행착오를 통해 더욱 많은 것을 배울 수 있는 귀중한 기회이며 실습을 위한 유형과 크기는 교육집단이나 상담집단이 적합하며 인원수는 4 ~ 5명 정도

3) 집단 계획과 조직 능력

집단의 전체 회기뿐만 아니라 각 회기별로 구체적인 계획을 수립할 수 있고 집단을 생산적으로 이끌 수 있으며, 집단원 개개인이 집단 참여 목적을 달성할 수 있도록 도울 수 있는 기법과 전략을 갖추어야 함

4) 상담이론에 관한 지식

필수적인 지식이며 전문가의 책무에 해당함

5) 인간에 관한 폭넓은 지식과 경험

주위 사람들의 행동과 사고의 의미와 영향에 대해서도 보다 잘 이해할 수 있는 민감성을 체득하게 되며 일상 생활에서도 자신감을 갖게 됨

코리(G. Corey)가 주장한 유능한 집단 지도자의 개인적 특성

'코리'는 유능한 집단 지도자의 개인적 특성에 대한 목록을 제시하였다.

1) 정체감을 가지고 있다. 즉, 자신이 현재 어떤 사람이며, 미래에 어떤 사람이 될 수 있을 것이며 무엇을 원하며, 무엇이 중요한지를 알고 있고, 타인의 기대나 희망의 반영이 아닌 자신의 내적 기준에 따라 살아가려고 노력한다.
2) 자기 존중감과 안정감이 있다.
3) 강한 사람이 될 수 있고 자신의 힘을 인식하고 수용한다.
4) 변화에 개방적이고 인간적인 자아를 유지하며 자발적으로 모험한다.
5) 자신과 타인에 대한 인식을 확장시키려 한다.
6) 불확실성을 기꺼이 수용하고 견디어 낸다.
7) 자신의 독특한 상담양식을 개발한다.
8) 집단원의 세계를 경험하고 이해하지만 비소유적으로 공감한다.
9) 생기가 있고 생활 지향적인 선택을 한다.
10) 진실하고 솔직하며 일치성이 있고 순수하며 정직하다.
11) 유머를 쓸 줄 안다.
12) 현재에 산다.
13) 실수도 하고 그것을 기꺼이 인정한다.
14) 자신의 일에 깊이 관여하고 창조적 과제에 몰두한다.
15) 자신을 다시 창조할 수 있고 자신의 삶에서 의미 있는 관계를 재창조 할 수 있다.
16) 자신의 삶을 자신이 선택한다.
17) 존경과 배려와 신뢰, 그리고 자기에 대한 가치의식에 바탕을 두고 집단원의 복지에 진실한 관심을 갖는다.
18) 일을 열심히 하며 일에서 의미를 찾는다.

2) 협동상담자(공동상담자)

(1) 한 상담집단을 두 사람이 협동으로 상담하는 경우이다.

(2) 협동상담자는 이론적 배경이 같고 여러 면에서 상호보완적일수록 좋다.

예 동성보다는 이성이 더 효과적이다.

(3) 장점

① 한 상담자가 직접 집단 활동에 참여하거나 집단을 지도하고 있는 동안 다른 상담자는 집단 전체를 객관적인 입장에서 관찰할 수 있다.

ㄱ. 혼자서는 전 집단원을 한꺼번에 모두 관찰하고 그들의 비언어적 의사소통 메시지를 전부 파악하는 것이 어렵다.

ㄴ. 협동상담의 형태를 취하는 경우 두 상담자가 서로 마주보고 앉는 것이 바람직하다.

ㄷ. 각각 자기의 시야에 들어오는 반 정도 이상의 집단원들의 거동을 파악할 수 있다.

② 필요한 경우 두 상담자끼리 상호작용을 하여 집단원들에게 시범을 보일 수 있다.

(4) 문제점

① 두 집단상담자 사이에 협동이 잘 이루어지지 못하고 경쟁관계에 놓이게 되는 경우, 잘못하면 집단의 유지·발전에 지장을 초래한다.

② 문제점을 해결하기 위해서 이런 사실을 재빨리 자각하고 집단 앞에 솔직히 털어놓고 원만히 해결하면 경쟁이나 적대감도 좋은 집단활동의 자료가 될 수 있다.

③ 위 ②의 경우 두 상담자는 자신들의 행동을 통해 문제해결에 관한 실제 시범을 집단원에게 보여줄 수 있다.

기출문제 확인학습

공동상담자 활용의 장점

1) 한 상담자가 직접 집단 활동에 참여하거나 집단을 지도하고 있는 동안 다른 상담자는 집단 전체를 객관적인 입장에서 관찰할 수 있다.
2) 혼자서는 전 집단을 한꺼번에 모두 관찰하고 그들의 비언어적 의사소통 메시지를 전부 파악하는 것이 어려우며 협동상담의 형태를 취하는 경우 두 상담자가 서로 마주보고 앉는 것이 바람직하다.
3) 각각 자기의 시야에 들어오는 반 정도 이상의 집단원들의 거동을 파악할 수 있다.
4) 필요한 경우 두 상담자끼리 상호작용을 함으로써 집단원들에게 시범을 보일 수도 있다.

집단상담 시 집단상담자의 행동

1) 집단상담자는 집단 활동의 시작을 도우며 집단의 방향을 제시하고 집단 규준의 발달을 돕는다.
2) 집단의 분위기를 조성하고 행동의 모범을 보이며 의사소통 및 상호작용을 촉진시킬 뿐만 아니라 집단원을 보호한다.
3) 집단활동의 종결을 도와야 한다.
4) 효율적인 집단상담자의 특성은 집단원들과 정서적으로 함께 하고 집단원과의 상호작용 속에서 진실된 모습으로 임하는 용기, 자신을 직면하는 기꺼움, 자기인식, 진솔성, 정체성, 집단과정에 대한 신념과 열정, 창의성, 상담자 자신의 심리적 건강, 에너지 수준, 활기 등을 유지할 수 있는 힘, 삶의 중심 유지 능력 등을 갖추어야 한다.
5) 집단원들의 진술에 일일이 반응할 필요는 없으며 필요할 경우 자기노출을 할 수 있다.

6) 질문을 자주하는 집단원의 행동은 집단에 오히려 방해가 될 수 있기 때문에 적절하게 통제하는 기술이 필요하며 소극적인 집단원이라도 적극적으로 참여할 것을 지속적으로 권하면 오히려 부담을 가질 수 있다.

2인의 공동상담자가 진행하는 집단상담

1) 한 상담자가 개입활동에 주력할 때, 다른 상담자는 집단원 관찰에 주의를 기울일 수 있다.
2) 공동상담자의 인간적 성향과 이론적 배경이 상반될수록 집단에 도움이 되지 않는다.
3) 남성 상담자와 여성 상담자일 때 그 역할이 보완적이어서 집단에 도움이 된다.
4) 정신역동적 집단에서 한 상담자의 역전이 반응을 다른 상담자가 점검할 수 있어 도움이 된다.
5) 상담회기 전후에 공동상담자 간 토의하는 시간을 갖는 것이 도움이 된다.

3) 집단에서 발생하는 집단원의 문제행동들

(1) 대화 독점

끊임없이 다른 집단원과 동일시하는 경향이 있어서 다른 집단원과 관련된 상황을 자신과 연결시켜 자신의 일상생활에 대한 이야기를 장황하게 늘어놓는다.

① 문제점

ㄱ. 다른 집단원들과 집단 시간을 공유하는데 방해하며, 말을 많이 하는 사람이 바람직한 집단원이라는 잘못된 생각을 갖게 한다.

ㄴ. 대화를 독점하는 사람을 지켜보는 사람들을 피곤하게 만들어, 좌절을 겪게 되는 다른 집단원들은 그 집단원뿐 아니라 이를 방치하는 집단상담자에게도 분노를 느낀다.

② 대처방안

ㄱ. 집단상담자는 대화를 독점하는 집단원의 문제행동에 즉각적이고 적극적으로 개입해야 한다.

ㄴ. 문제 집단원 자신이 대화독점 행동에 대한 결과를 서서히 깨달을 수 있도록 유도한다.

ㄷ. 집단상담자는 집단내의 혼란 상태나 집단원들의 문제행동을 시의 적절하게 조절하는 중재기술을 갖추고 있어야 한다.

ㄹ. 자신의 행동에 대한 탐색기회를 제공하는 미완성문장을 사용하기도 하며 마음속에 가장 먼저 떠오르는 것을 적거나 말하게 하고, 발표할 때 집단원들 간에 피드백을 교환하게 함으로써, 이런 연습을 통해 대화를 독점하는 집단원에게 자신의 문제행동에 대한 통찰을 가지게 한다.

(2) 습관적 불평

거의 매 회기마다 집단에 대해 불평불만을 늘어놓거나 이로 인해 다른 집단원과 자주 논쟁을 벌이는 것으로 흔히 집단초기에 나타나는 경향이 있다.

① **문제점** : 한 집단원의 불평은 다른 집단원들의 불평으로 번져가게 되고, 그 결과 집단의 응집력 형성에 부정적인 영향을 미친다.

② 대처방안

ㄱ. 다른 집단원이 있는 상황에서 불평에 대해 정면으로 지적하는 것은 좋지 않고, 초점을 다른 사람이나 주제로 돌리고 집단이 끝난 다음 불평을 한 집단원과 면담기회를 가지는 것이 바람직하다.

ㄴ. 개별 면담을 통해 불평의 이유를 알아보고 생산적인 집단을 위해 정중하게 협조와 도움을 요청한다.

ㄷ. 집단에 활력소를 불어넣는 집단원에게 질문과 피드백의 기회를 제공함으로써 집단의 분위기를 고양시킨다.

ㄹ. 불평적인 집단원과 시선의 접촉을 피함으로써 나서지 않게 한다.

(3) 일시적 구원(반창고 붙이기 또는 상처 싸매기)[7]

다른 집단원의 상처를 달래고 고통을 줄여 사람들을 즐겁게 하고 자신도 안정을 취하려는 욕구의 표현이며, 타인의 고통을 지켜보는 것이 어려워 이를 사전에 봉쇄하려는 시도의 일환으로 가식적으로 지지하는 행위로 해석된다.

① **문제점** : 다른 집단원에 대한 보호나 배려 또는 관심으로 보이지만 진정한 의미에서 도움을 주는 행동과는 거리가 멀다.

② 대처방안

ㄱ. 다른 집단원이 고통스런 경험을 노출할 때 그의 느낌과 생각을 탐색해 볼 수 있는 기회를 제공하는 것이다.

ㄴ. 미해결 감정을 애써 회피하거나 억압했던 집단원은 일시적으로 구원하는 것보다 안전한 집단분위기 속에서 교정적 감정경험을 충분히 거치고 난 후에 집단의 지지와 격려를 받는 것이 좋다.

(4) 사실적 이야기 늘어놓기

자신의 느낌이나 생각에 대해 말하기보다 '옛날 이야기', 즉 과거에 있었던 사실 중심의 이야기를 늘어놓는 것이다.

① 문제점

ㄱ. 다른 집단원을 지루하게 하고 집단원들이 달리 도울 수 있는 방법을 찾지 못하게 해서 집단 역동에 부정적인 영향을 미친다.

ㄴ. 집단상담자의 공평하지 못한 시간 안배에 대해 다른 집단원들의 불만을 초래할 수 있으며, 사실적인 이야기만을 늘어놓은 집단원 자신도 공허함을 경험하고 자신이 집단의 분위기를 해치고 있음을 인식하게 되어 불필요한 죄의식을 가질 수 있다.

② 대처방안

ㄱ. 공감적 이해를 통해 해당 집단원이 '지금 - 여기'에 초점을 맞추고 과거의 경험에서 야기된 감정을 적절하게 표출할 수 있도록 도움을 준다.

ㄴ. 사실적인 이야기보다는 과거 사건이나 상황에 대한 느낌(감정)을 진솔하게 토로할 수 있도록 도움을 준다.

7) 심하게 곪은 환부가 있을 경우 적절한 시기에 고름을 제거하기보다 일시적인 고통을 피하기 위해 단순히 반창고를 붙이는 것으로 대신하는 것을 일컬음

(5) 질문공세

다른 집단원에게 일련의 질문을 퍼붓는 것으로, 적절치 않은 시기에 끼어들어서 다른 집단원들이 답변을 하기도 전에 연속해서 질문을 던지는 특징이다.

① 문제점

ㄱ. 집단에서 이루어지는 질문공세는 집단원에 대한 호기심 충족을 위한 수단으로 잘못 사용될 수 있으며, 연속적인 질문은 집단원의 말을 가로막을 뿐만 아니라 답변을 해야 하는 부담감을 준다.

ㄴ. 경험에 대한 감정을 탐색해 볼 수 있는 기회를 잃게 되는 상황을 초래한다.

② 대처방안

ㄱ. 질문 속에 포함된 핵심 내용을 자신을 주어로 해서 직접적인 방식으로 표현해 보도록 돕는 방법을 사용한다.

ㄴ. 집단원에게 질문을 하기 전에 마음속에 무엇이 진행되고 있는지를 말해보도록 제안할 수 있다.

(6) 적대적 태도

① 집단원 자신의 내면에 누적된 부정적인 감정을 직접 또는 간접적인 방식으로 집단상담자나 다른 집단원들에게 표출하는 것을 말한다.

② 적대적 태도를 보이는 집단원은 주로 간접적인 활동, 즉 비판적인 표현, 농담, 빈정거림, 치고 빠지는 식의 행동을 보이고, 집단회기에 빠지거나 늦게 출석하고 심지어 중도에 집단을 그만두고 떠나기도 한다.

③ 지나치게 예의를 차리거나 격식을 차리는 행동을 보이는 은근한 방식으로 적대감을 표현하기도 한다.

④ 지나치게 방어적인 태도를 보여 자신이 적대적 태도를 지니고 있다는 사실을 위장하는 경우도 있다.

⑤ 문제점

ㄱ. 다른 집단원들에게 또 다른 적대적 태도와 감정을 불러일으킬 수 있다.

ㄴ. 적대감을 표출하는 형태는 공격적인 행동을 보이는 것이지만, 직면상황에서는 당혹스러워 하면서 재빨리 후퇴하기도 한다.

ㄷ. 자신의 행동이 직면될 때 분노하면서 온갖 변명을 늘어놓으며, 다른 집단원들의 피드백을 경청하지 않고 방어적인 태세를 취함으로써 집단의 분위기를 해치고 응집력을 떨어뜨린다.

ㄹ. 집단원들이 서로 적대적인 감정을 갖게 될 경우에 안정감보다는 심리적으로 위협을 느끼게 되며, 자기개방을 어렵게 한다.

⑥ **대처방안** : 다른 집단원들이 그 집단원에게 받는 영향, 느낌, 원하는 행동에 대해 경청하게 한 다음 적대적 태도를 보이는 집단원이 집단에서 원하는 것이 무엇인지를 탐색하고 직접 확인한다.

(7) 의존적 자세

집단상담자나 다른 집단원들이 자신을 보살피고 자신에 관한 것을 대신 결정해 줄 것으로 기대하는 경향으로, 때로는 집단상담자와 다른 집단원들에게 필사적으로 해결책을 구한다.

① 문제점

ㄱ. 집단원 간의 상호작용에서 긍정적인 대답, 즉 '예'라는 대답을 반복하면서 다른 집단원의 피드백을 고려하기보다 '예, 그렇지만'식의 반응을 보이면서 교묘하게 집단원들의 제안을 회피하거나 무시하는 경향이 있다.

ㄴ. 충고나 조언을 받아들인다 하더라도 이를 올바르게 실천하지 못해 돕기 위해 여러 가지로 애쓴 집단원들은 허탈함을 경험하고 집단의 역동에 부정적인 영향을 미친다.

② 대처방안

ㄱ. 자신의 문제를 올바르게 인식하게 하여 타인에게 의존함으로써 얻을 수 있었던 욕구충족의 고리를 끊는 것이 필요하다.

ㄴ. 다른 집단원들의 주의를 집중시키거나 자신에 대한 책임을 회피할 수 있었던 강화요인들을 봉쇄하며, 동시에 상담자는 내담자가 타인에게 의존하려는 경향성이 있다는 점을 인식시켜야 한다.

(8) 우월한 태도

다른 집단원들보다 우월하다는 태도를 보이며 다른 집단원들 위에 군림하려는 자세를 나타내고, 자신의 능력이 탁월하거나 도덕적인 사람처럼 행동하면서 다른 집단원들의 행동에 대해 판단하거나 비판적인 태도로 일관한다.

① 문제점

ㄱ. 일상생활에서도 이러한 태도로 인해 인간관계에서 문제를 경험하게 되지만, 자신의 문제행동을 잘 깨닫지 못하는 경향이 있다.

ㄴ. 다른 집단원들에게 불필요한 적대감을 불러일으킴으로써 집단의 역동에 부정적인 영향을 미치게 된다.

ㄷ. 집단원들은 우월한 태도를 보이는 집단원에게 비판받지 않기 위해 자신들의 약점이 노출될 수 있는 자기개방을 삼가게 되면서 분위기는 위축되는 결과를 가져온다.

② **대처방안** : 자신의 느낌이나 집단을 통해 얻고자 하는 점을 탐색함으로써 자신은 문제가 없다는 입장을 방어적이지 않은 상태에서 스스로 점검하도록 기회를 제공한다.

(9) 충고 일삼기

다른 집단원에게 인지적인 사항, 즉 해야 할 것과 하지 말아야 할 것을 일러주는 것으로, 제공하는 사람은 승자인 반면, 제공받는 사람은 패자라는 미묘한 느낌을 주어, 집단과정과 역동에 부정적인 영향을 준다.

① 문제점

ㄱ. 자기방어나 저항의 형태일 수 있어, 다른 집단원의 감정표출이나 미결감정의 재 경험을 조기에 차단하는 결과를 초래한다.

ㄴ. 실제로 사람들은 충고를 귀담아듣지 않는 경향이 있으며, 충고 적용시 실패나 성공의 귀인을 타인에게 돌리게 된다.

② 대처방안

ㄱ. 그의 문제에 대해 깊이 탐색하고 자신의 문제와 갈등을 탐색하도록 돕고, 충고를 일삼는 행동의 동기를 탐색할 기회를 제공한다.

ㄴ. 섣부른(공허한) 충고보다는 보다 깊은 수준의 문제탐색과 자기탐색 기회를 제공한다.

(10) 하위집단(소집단) 형성

집단 내에 파벌(성별, 연령, 출신학교, 출신지역, 종교, 학력, 직업, 결혼유무, 사회경제적 지위, 민족, 인종 등 기준)을 형성하는 것으로, 일부 집단원들이 집단 내에 집단을 만들어 그들 나름의 세력을 형성하고 단합해서 다른 집단원들의 행동과 집단의 역동에 부정적인 영향을 미친다.

① 문제점

ㄱ. 일부 집단원들이 집단 밖의 모임을 계속한다면 다른 집단원과 친밀감에서 차이가 나게 되고, 공유된 정보의 차이로 괴리감을 조장하여 결국 집단의 응집력을 해치게 된다.

ㄴ. 소집단이 형성됨으로써 집단원들이 자신의 중요한 문제를 전체 집단 내에서 논의하기보다는 집단 밖에서 다루는 것을 선호할 수 있다.

ㄷ. 집단과정에서 같은 소집단에 속하는 집단원들은 옹호하는 반면, 속하지 않는 집단원들은 의도적으로 따돌리는 문제가 발생할 수 있다.

② 대처방안

ㄱ. 상담자는 집단원들에게 집단이 진정 효과적으로 기능하기를 바라고, 집단이 발전하는데 관심이 있는지를 확인할 필요가 있다.

ㄴ. 집단원들이 소집단 형성이 비생산적이고 집단 응집력에 저해가 된다는 사실을 인식하게 도와야 한다.

(11) 지성화(주지화)

집단과정에서 감정적으로 부담이 되는 내용을 다루게 되는 경우에 감정노출을 꺼리고 지적인 부분만을 언급하는 현상으로, 집단원 개인의 불안, 자아에 대한 위협, 불편한 감정과 충동을 억누르기 위해서 이와 관련된 감정을 직접 경험하는 대신에 궤변이나 분석적 사고와 같은 인지적 과정을 통해 해소하려고 노력하는 적응기제이다.

① 문제점

ㄱ. 집단의 신뢰감 형성을 저해하는데, 이는 감정표현을 억제하고 매사에 이성적으로 대하는 특성 때문이다.

ㄴ. 집단원들의 자기개방을 가로막는 역할을 하여, 다른 집단원들에게 관찰 또는 감시당하고 있다는 인상을 주어 집단의 분위기를 경직시킨다.

② 대처방안

ㄱ. 자신이 말하는 내용과 관련된 감정을 인식하고 직접 경험하고 정리하여 표현할 수 있는 기회를 제공한다.

ㄴ. 감정을 인식하고 통찰을 촉진하기 위해 역할놀이(역할극)를 한다거나 집단상담자가 감정표현 방법을 직접 시범 보이는 방법(모델링) 등이 있다.

(12) 감정화

지성화와 상대되는 개념으로, 인지적이고 이성적인 면은 철저히 외면하면서 마치 '감정 지상주의자'처럼 감정에만 초점을 맞추고 매사에 감정적으로 처리하여 집단의 흐름을 저해한다.

① 문제점

ㄱ. 감정화를 일삼는 집단원의 문제는 슬픈 감정 자체보다 다른 집단원들에게 관심을 얻지 못한다고 여긴다.

ㄴ. 강한 감정 표출을 통해 집단에 큰 기여를 하고 있다는 인상을 다른 사람들에게 심어 줄 수 있다고 믿는다.

ㄷ. 감정화하는 집단원에게 초점을 맞추고 관심을 집중시키느라 집단의 시간을 지나치게 소비할 수 있다.

② 대처방안

ㄱ. 반드시 시간을 염두해 두면서, 문제의 집단원에게 어떻게 반응을 보일 것인가를 결정한다.

ㄴ. 빈번하게 눈물을 동반한 감정표출을 한다면 상담자는 이러한 행동이 고통스러운 사건의 결과인지, 단지 주위 사람들의 동정을 얻기 위한 것인지를 분명하게 파악할 필요가 있다.

ㄷ. 둘씩 짝을 짓게 하여 서로의 생각과 감정을 나누도록 하는 것도 좋은데, 상담자는 감정화를 일삼는 집단원과 짝을 지어 그가 겪고 있는 고통에 대해 탐색하게 한다.

ㄹ. 그러한 집단원의 고통을 인정해 준 후, 집단 회기를 마친 다음 좀 더 이야기를 나누도록 권유한다.

(13) 소극적 참여

침묵으로 일관하거나 철수 행동을 하며, 적극적으로 참여하지 않는 형태이다.

① 문제점

ㄱ. 언어표현 능력 부족, 성격 특성, 저항감, 집단원 역할의 잘못된 이해, 열등감, 진행 방향에 대한 불확실성, 두려움, 자기노출을 해서는 안 된다는 신념 등의 원인이 있을 수 있다.

ㄴ. 자기노출을 감행한 집단원이 자기를 지켜만 보고 있는 것에 대해 불안, 염려, 의구심, 분노 등과 같은 복합적인 감정을 갖게 되어 자기개방을 꺼리게 되고, 집단의 응집력에 부정적인 영향을 미친다.

② 대처방안

ㄱ. 생산적인 침묵의 경우, 적극적으로 참여할 수 있는 기회를 제공한다.

ㄴ. 비생산적인 침묵의 경우, 소극적 집단원의 태도의 의미를 탐색할 기회를 제공한다.

4) 집단성원 탈락시키기

다음에 해당하는 경우 집단성원을 탈락시킬 수 있다.

(1) 특정 집단원의 요구가 집단의 목적에 상충되어 도움을 받을 수 없는 경우

(2) 집단원이 너무 파괴적이어서 집단의 기능을 방해하는 경우

(3) 해결 방안

① 다른 구성원 앞에서 힘겨루기가 일어나지 않도록, 한 회기의 끝에 요청하는 것이 이상적이다.

② 파괴가 너무 심각하면 집단을 재정비하고 구성원들이 도움을 받을 수 있도록 즉시 행동한다.

③ 전체 집단에서 설명하고 집단을 나가라고 말하는 것이 좋다.

심화학습

집단에서 떠날 자유(Freedom to Withdraw From a Group) – 코리

1) 집단원들이 집단을 떠날 권리를 갖고 있더라도 최종적인 결정을 내리기 전에 집단 리더와 집단원들에게 알려주는 것이 중요하다.
2) 리더가 중도에 집단을 떠나는 경우에 일어날 수 있는 위험성을 논의하는 것은 좋은 방침이다.
3) 집단을 떠나기 전에 집단원들은 그만 두고 싶은 이유를 일반적으로 논의해야만 한다.
4) 집단 리더는 다른 집단원들이 떠나려는 사람을 집단에 남아있도록 하기 위해 과도한 압력을 가하지 않도록 반드시 개입할 필요가 있다.
5) 적절한 준비와 모집 과정을 거친 경우에는 집단원이 중도에 그만 두는 위험부담을 감소시킬 수 있다.

기출문제 확인학습

청소년 집단원의 문제행동과 그에 대한 집단상담자의 대처방법

1) 습관적 불평 : 불평 이유를 파악하되 논쟁이 유발되지 않도록 유의한다.
2) 소극적 참여 : 지루함으로 인해 침묵할 경우에는 지루함을 없앨 수 있도록 분위기를 조성하는 것이 필요하다.
3) 하위집단 형성 : 하위집단 형성에 따른 문제점을 전체 집단 내에서 개방적으로 다룬다.
4) 대화 독점 : 독점 행동을 통해 얻고자 하는 것이 무엇인지를 탐색할 수 있게 한다.
5) 지성화 : 집단원에게 자신이 말하는 내용과 관련된 감정을 인식하고 표현할 수 있게 한다.

2 집단상담자의 기술

집단상담자는 집단상담을 실시할 때 다양한 기술을 발휘하는데, 각각에 대한 내용을 정리하면 다음과 같다.

1) 자기노출하기

(1) 집단상담자가 적절한 때에 자기 자신에 대한 정보를 노출하는 기술이다.

(2) 자기노출을 통해 집단원에게 유사성과 친근감을 전달하고 집단상담자와 집단원 간의 보다 깊은 이해를 발달시킬 수 있다.

(3) 자기노출을 통하여 집단원들에게 보다 철저하고 깊이 있는 자기탐색의 모범을 보여주게 된다.

(4) 자기노출의 종류

① 집단상담자가 집단원과 대화하는 동안 경험하게 되는 '지금 - 여기'의 자신의 생각이나 느낌을 말해준다.

ㄱ. '지금 - 여기'의 관계에서 나 자신에 대해서 무엇을, 어떻게, 느끼고 있는가 말해준다.

ㄴ. '지금 - 여기'의 관계에서 집단원에 대한 나의 느낌은 어떠한지 진솔하게 말해준다.

② 과거에 있었던 나의 경험과 느낌이 현재 집단원이 경험하고 있는 것과 유사성이 있을 때 이에 대해 말해준다.

실력 다지기

자기노출의 중요성

1) 자기노출은 타인의 자기노출을 증가시켜서 상호 신뢰감을 높이고 인간관계를 촉진시켜 준다.

한 집단원의 자기노출은 다른 집단원의 자기노출을 촉진시키고 이것이 다시 또 다른 집단원의 자기 노출 수준을 더욱 깊어지게 하는 과정으로 이어지는데 이 과정에서 집단원의 자기노출과 신뢰감의 수준은 계속 높아진다고 볼 수 있다.

2) 자신의 일에 더욱 몰입할 수 있게 한다.

(1) 자기 노출이 적을수록 자신의 에너지 중 자기성장을 위해 사용할 에너지가 적어진다.

(2) 자신에 대한 비밀을 많이 가진 사람은 누가 그 비밀을 알까 두려워서 자신이 가진 에너지의 많은 양을 그 비밀을 숨기는데 사용해야 하기 때문에 자신의 성장을 위해 사용할 에너지는 그만큼 줄어들게 된다.

3) 자신감 또는 자유감을 갖게 한다.

자신을 더욱 자신되게 함과 아울러 당당하게 자신을 이끌어가게 할 수 있다.

4) 정화(Catharsis)효과를 가져오고 그것은 치료의 효과로 연결될 수 있다.

우리가 어떤 상황에 대한 분노와 같은 감정을 억누르고 있거나 죄책감을 가지고 있을 경우 이를 누구에게 말하고 나면 아주 편안함을 느끼게 되며 듣는 사람이 이해해 주면 더욱 편안해지고 속이 후련해진다.

기출문제 확인학습

'지금 – 여기'의 개입이 집단상담에 주는 효과

1) 집단원에 대한 가장 타당한 자료수집의 방법이 된다.
2) 개인적 자각을 증가시키고 집단에 관여하도록 한다.
3) 집단원 자신의 문제를 대인관계 문제로 바라볼 수 있도록 한다.
4) 집단원 간의 합의적 타당화와 자기 관찰을 통해 자신이 다른 사람과 상호작용하는 방식을 알아차리게 된다.
5) 과거나 미래에 머물면서 집단 상호작용에 저항하는 집단원들로 하여금 집단 상호작용에 참여하게 한다.
6) 경험하고 있는 것을 표현할 수 있는 기회를 제공한다.
7) 집단원 간 상호작용의 정서적 강도를 높일 수 있다.
8) 집단에서 일어나는 일에 대한 집단원들의 책임을 자각하게 한다.

2) 피드백 주고받기

타인의 행동에 대한 자신의 반응을 상호 간에 솔직히 이야기해주는 과정이다.

(1) 피드백을 주고받을 때 유의할 점

① 사실적인 진술을 하되, 가치판단을 하거나 변화를 강요하지 않아야 한다.
② 구체적으로 관찰 가능한 행동에 대하여 그 행동이 일어난 직후에 해줄 때 효과적이다.
③ 변화 가능한 행동에 대해서 피드백을 하고 가능한 대안까지 마련해서 제시하는 것이 좋다.
④ 한 사람에게서보다는 집단의 여러 사람들에게서 온 피드백이 더욱 효과적이다.

(2) 다른 집단원에게 피드백을 주고자 하는 이유

① 다른 집단원의 행동에 대해 수정을 해 주기 위해서
② 다른 집단원이 자신을 변화시키는 것을 방해하는 마음 속의 바람직하지 못한 것을 제거하기 위해서
③ 다른 집단원이 얼마만큼 탁월하고 사려가 깊은지를 보기 위해서
④ 다른 집단원이 효율적인 방식으로 자신의 목표를 성취하도록 도와주기 위해서

(3) 사람들이 다른 집단원들에게 피드백 주기를 어려워하는 이유

① 우리 문화에서는 타인의 사적인 느낌에 대해 표현하는 것을 좋지 않게 생각하는 습관이 있기 때문에
② 솔직한 피드백을 주면 타인의 분노를 야기하여 결국 그 관계가 악화될까봐 두려워하기 때문에
③ 시간이 지난 후에 상대방으로부터 이에 대한 보복을 당할까봐 두려워하기 때문에
④ 좋은 의미로 주었던 피드백을 오해하여 자칫 좋은 대인관계를 해치게 될까봐 두려워하기 때문에
⑤ 피드백을 해 주었던 경험이 적고 자신의 동기도 확실하지 않아 피드백을 어떻게 줄지 모르기 때문에

(4) 도움을 줄 수 있는 피드백 종류

① 객관적 자료 – 외현적 행동의 관찰이나 용어로 현상을 기술하는 데 국한되는 것이다.
② 주관적 자료 – 어떤 사람의 행동이 다른 사람의 느낌에 영향을 미치는 것이다.

실력 다지기

피드백 사용 시 주의할 점

1) 분명하고 직접적으로 주어지는 간결한 피드백이 효과가 크다.
2) 내용이나 비언어를 포함한 모든 집단의 전 과정에 대해 피드백을 주는 것이 좋다.
3) 포괄적인 피드백은 피하는 것이 좋다.
4) 피드백은 적절한 시기에 이루어져야 하고 비 판단적이어야 한다.
5) 피드백은 이를 주고받는 사람 간의 관계를 다룰 때 큰 의미를 가진다.
6) 피드백은 그 집단원에 대해 부정적으로 경험한 것과 마찬가지로 긍정적으로 경험한 것에도 관심을 가지는 것이 좋다.
7) 피드백을 통해 상대를 강제로 바꾸려 해서는 안 된다.
8) 생각이나 느낌을 나타내는 하나의 지각적 사실로 피드백이 주어져야 한다.
9) 변화가 가능한 행동에 대해서 피드백이 주어져야 한다.
10) 같은 피드백이라도 여러 사람이 주면 집단역동 때문에 영향력이 더 크다.
11) 서로가 잘못 이해하여 오해할 수 있는 소지를 파악하기 위해 피드백을 받을 때는 관심을 기울이고 상대방이 말한 내용을 확인해 본다.

심화학습

피드백[8]

1) 개념

피드백(Feedback)은 타인의 특정 행동이 자신에게 어떤 영향을 미치고 있는지에 대해 반응을 보이는 것이다.

2) 피드백의 종류

(1) 확인(Confirmatory) 피드백

상담자, 친지, 친구, 동료와 같은 중요한 타인들은 내담자가 제 길을 가고 있다는 것, 다시 말해 목표를 향해 행동 프로그램의 각 단계를 성공적으로 거쳐 가고 있다는 것을 알려준다.

(2) 수정(Corrective) 피드백

①중요한 타인들은 내담자가 궤도에서 벗어나고 있기 때문에 제 길로 돌아올 필요가 있다는 사실을 일깨워 준다.
②따뜻하게 배려하는 마음으로 확인하거나, 수정하거나, 확인 수정한다.
③간결하고 적절해야 하며 포착하기 어려운 내담자의 성격 특성보다 구체적인 행동에 초점을 맞추어야 한다.
④적절한 수준으로 해야 하며 내담자가 대안을 찾을 수 있도록 도와주어야 한다.

3) 효과적인 피드백 - 효과적인 피드백을 위해 선행되어야 할 조건들

(1) 구성원이 피드백을 받아들일 만한 준비가 되어 있어야 한다.

(2) 다른 집단원의 피드백을 자신의 새로운 면을 이해하는 단서로 사용하려는 태도를 갖고 있어야 한다. 이는 다른 집단원의 피드백을 완전히 무시하는 것도 아니고 완전히 받아들이지도 않는다는 것이다.

8) **출처** : 심수명(2001), 평신도 상담자를 위한 집단상담, 서로사랑

4) 피드백 사용 시의 주의점

(1) 분명하고 직접적으로 주어지는 간결한 피드백이 효과가 크다.
(2) 내용이나 비언어를 포함한 모든 집단의 전 과정에 대해 피드백을 주는 것이 좋다.
(3) 포괄적인 피드백은 피하는 것이 좋다.
(4) 피드백은 적절한 시기에 이루어져야 하고 비(非)판단적이어야 한다.
(5) 피드백은 이를 주고 받는 사람간의 관계를 다룰 때 큰 의미를 가진다.
(6) 피드백은 그 집단원에 대해 부정적으로 경험한 것과 마찬가지로 긍정적으로 경험한 것에도 관심을 가지는 것이 좋다.
(7) 피드백을 통해 상대를 강제로 바꾸려고 해서는 안 된다.
(8) 생각이나 느낌을 나타내는 하나의 지각적 사실로 피드백이 주어져야 한다.
(9) 변화 가능한 행동에 대해서 피드백을 하고 가능한 대안까지 마련해서 제시하는 것이 좋다.
(10) 같은 피드백이라도 여러 사람이 주면 집단역동 때문에 영향력이 더 크다.
(11) 서로가 잘못 이해하여 오해할 수 있는 소지를 파악하기 위해 피드백을 받을 때는 관심을 기울이고 상대방이 말한 내용을 확인해 본다.
(12) 구체적으로 관찰 가능한 행동에 대하여 그 행동이 일어난 직후에 해줄 때 효과적이다.

3) 행동을 제한하기

집단지도자는 집단원의 바람직하지 못한 행동을 제한할 책임이 있으며 집단원의 인간 자체를 비난하거나 공격함이 없이 그의 비생산적인 행동만을 제한할 수 있는 것이다.

(1) 바람직하지 못하거나 비생산적인 집단원의 행동을 제한하는 것이다.
(2) 상담자는 그 사람됨을 공격하지 않으면서 비생산적인 행동을 성공적으로 제한하거나 중재하는 것이다.
(3) 집단원의 행동을 제한해야 하는 경우
  ① 지나치게 질문만 계속할 때 등 계속적인 질문 공세가 있을 경우
  ② 제3자에 대해 험담을 할 경우
  ③ 집단 외부의 이야기를 길게 늘어놓을 경우
  ④ 다른 집단원의 사적인 비밀을 캐내려고 강요할 경우

4) 촉진하기

집단원들이 의사소통의 장애가 되는 것들을 극복하고 열린 마음으로 자신을 표현하도록 돕는 것이다.

(1) 집단원들이 그들의 두려움이나 기대하는 것 등을 솔직하게 표현하도록 돕는다.
(2) 안전하고 수용적인 분위기를 조성하기 위하여 적극적으로 활동한다.
(3) 집단원이 개인적인 문제를 탐색하거나 새로운 행동을 시도해 보려고 할 때 지지와 격려를 보낸다.
(4) 집단원들이 참여하도록 초대하고 도전함으로써 가능한 한 많은 집단원들을 상호작용에 참여시킨다.
(5) 집단상담자에 대한 의존성을 감소시키는 방향(상담자의 집단 개입의 최소화)으로 개입한다.
(6) 갈등이나 의견의 불일치를 공공연히 표현하도록 장려한다.
(7) 직접적으로 의사소통을 하는데 있어서 장애물을 극복하도록 돕는다.

실력 다지기

촉진하기 사례

- "다른 집단원 분들은 어떻게 생각하시는지 궁금하군요."
- "○○님은 지금까지 계속 침묵만 지키고 있군요."
- "○○님이 눈물 흘리는 것을 보시고 어떤 생각이 드셨나 궁금하군요."

기출문제 확인학습

집단과정 촉진기술

집단과정을 촉진하는 기술은 집단상담자가 집단과정에 영향을 미치려는 의도가 있을 때 사용한다.

1) 집단성원의 참여촉진 : 집단상담자는 소외되거나 침묵하고 있는 성원들을 토론에 참여시켜 자신의 생활경험을 나누고 문제해결방법을 찾도록 원조해야 한다.
2) 주의집중 : 집단상담자가 각 성원의 말이나 행동을 듣고 이를 이해하고 있다는 것을 나타내는 기술로, 성원의 발을 반복하거나 다른 말로 표현하거나 감정이입적으로 반응, 눈 맞춤을 함으로 관심을 전달한다.
3) 표현기술 : 성원들이 주요한 문제나 과업 등에 대해 자유롭게 표현하도록 원조해야 한다.
4) 반응기술 : 집단과정에 선별적으로 반응하여 다음에 이뤄질 집단과정에 영향을 미칠 수 있다
5) 집단 의사소통의 초점유지 : 초점유지 기술로는 명확한 특정 의사소통의 반복, 토론 범위의 제한 등이 포함된다.
6) 집단과정의 명료화 : 성원으로 하여금 그들이 어떻게 상호작용하고 있는가를 인식하도록 도와주는 기술을 말한다.
7) 내용의 명료화 : 성원의 의사소통을 원활히 하기 위해 성원이 자신을 분명히 표현하도록 원조하며, 또 특정한 메시지를 집단성원이 잘 이해했는지 검토한다.
8) 집단 상호작용의 지도 : 집단상담자는 집단의 상호작용을 특정 방향으로 인도할 수 있으며 지도를 통해 하위 집단의 역기능적 측면을 수정하고, 과업성취를 위해 노력할 수 있는 상호작용을 촉진한다.

5) 관심 기울이기

(1) 대화할 때 서로 간의 시선을 부드럽게 마주친다.
(2) 관심을 보이고자 하는 몸짓과 얼굴표정이 중요하다.
(3) 간단한 말이나 동작으로 집단성원들에게 즉각적인 반응을 보인다.

6) 감정, 사고, 행동의 확인, 명료화 및 반영

(1) 집단원들이 정리되지 않은 생각과 감정으로 인해 문제에 포함되어 있는 혼돈과 갈등을 가려 내어 의미를 설명하는 것을 의미한다.
(2) 땀이나 심장박동의 증가, 위의 수축과 긴장 등의 생리적 지표들은 감정상태의 변화와 밀접히 관련되어 있다.
(3) 이러한 생리적 행동들은 쉽게 관찰되거나 판단하기 어려운 경우도 있겠지만 집단상담자는 집단상담의 과정에서 그러한 행동들 이면의 감정과 사고 상태를 감지하고 그 감정과 사고의 흐름을 명료화해주고 필요에 따라 집단원이 가지고 있는 감정이나 행동의 본질을 스스로 볼 수 있도록 반영해주어야 한다.

실력 다지기

명료화 및 반영 사례

감정의 명료화 및 반영 사례

"지금 이 모임에서 각자는 다루기 힘든 일이나 생각을 말하기를 꺼려하고 있는 것 같습니다. 가령, 태희가 자기 선생님과의 갈등을 이야기하면서 목소리가 떨리곤 했는데 아무도 반응이 없었습니다. 오히려 윤옥이는 다른 화제로 돌리고 말았습니다. 태희에게 반응을 보이지 않음으로써, 여러분은 태희가 고민하는 내용에 대해 말하기를 두려워한다는 사실을 드러낸 것이며, 태희의 문제를 같이 해결하기를 꺼리는 셈입니다. 아마 태희가 더 자세히 이야기해주는 것이 좋을지도 모르겠군요."

행동적 자료의 명료화 및 반영 사례

"지금 여러분이 보이고 있는 행동은 각자 서로를 감싸고 돌아가는 셈입니다. 가령 태희가 학교 수업이 지루해서 빼먹는다고 했을 때 윤옥이는 지루한 감을 느끼지 않도록 하는 책임은 학교에 있는 것이 아니고 태희 자신에게 있는 것처럼 말했고, 관희는 지루한 분위기를 요리하는 기술을 가르쳐 주는 것 같이 들렸습니다. 민성이만이 실력 없는 선생님들에 대해 솔직한 불평을 말했습니다. 태희! 네가 말하려는 기본 의미를 이해하지도 못하면서 너를 감싸기만 하려드는 동료들의 이런 태도를 눈치 챘습니까?"

인지적 자료의 명료화 및 반영 사례

"지난 모임에서도 다소 그랬지만, 오늘은 특히 다른 사람의 행동이나 감정을 서로 해석하고 설명하는 분위기가 되고 있습니다. 각자가 마치 청소년 문제의 권위자이거나 변호사의 입장에서 설명하기만 하고, 다른 사람이 신경을 쓰는 문제에 공감하거나 도와주려는 기색이 안 보이는 것 같습니다. 가령 윤옥이는 …라고 했고, 관희는 …라고 말했는데, 태희! 윤옥이와 관희의 이러한 설명들이 도움이 됐다고 생각합니까?"

기출문제 확인학습

명료화 기법

1) 내담자가 표현을 분명하게 할 수 있도록 격려한다.
2) 장점으로는 상담자가 내담자의 이야기를 주의 깊게 경청하고 있으며 이야기에 중요성을 부여하고 있음을 보여주는 것이다.
3) 단점은 내담자가 부담을 느껴 면접의 흐름을 방해할 수 있다는 것이다.
4) 내담자의 말 속에 내포되어 있는 뜻을 내담자에게 명확하게 말해 주는 것이며 또한 내담자가 보다 분명하게 표현할 수 있도록 도와주는 것이다.
5) 내담자에게 언급해 주는 내용과 의미는 내담자의 표현 속에 포함되었다고 판단된 것이어야 하며, 명료화해 줄 것은 내담자가 미처 자각하지 못하는 의미와 관계가 있는 것으로 한다.
6) 내담자가 애매하게 느끼던 내용과 자료를 상담자가 말로 표현해 주기 때문에 내담자는 자신이 이해받고 있고 상담이 잘 진행되고 있다는 느낌을 갖게 해주는 장점이 있으며, 내담자가 미처 생각하지 못했던 측면을 분명하게 생각하도록 하는 자극제 역할을 한다.

7) 직면시키기(Confronting)

(1) 맞닥뜨림, 지적하기, 직면하기는 집단상담자가 관심사(문제)에 대한 집단원의 사고, 감정, 행동반응의 모순, 비일관성, 비합리성을 확인하여 지적해주는 기술이다.

(2) 이러한 직면시키기는 흔히 무례하고, 불친절하고, 적대적인 행동으로 지각되기 쉽다.

(3) 그러나 효과적인 집단상담자는 그가 개인적으로 집단원을 싫어하거나 자기의 취향에 맞추기 위해서 지적한다는 인상을 주지 않는다.

실력 다지기

직면적 태도의 촉진 사례

1) "태희씨, 지난 모임에서는 입사 시험에 자신이 있다고 하고선, 오늘은 자신이 없다면서 떨어질 경우 무엇을 어떻게 해야 할지 막연하다고 말하는군요 …." (전후 발언의 차이에 직면시킴)

2) "태희씨, 대개 무슨 일이고 해낼 능력이 있는 것처럼 말하면서도 웃어른 앞에 가면 말하기가 무척 힘들다고 하니 … 말하는 내용과 실제 행동 사이에는 거리가 있는 것 같은데 …." (언행의 격차에 직면시킴)

3) "관희씨, 부모님들이 무척 좋은 분들이라고 강조하면서도 그 분들이 당신을 대하는 태도에 관해서 말할 때에는 다소 흥분이 되어 보입니다." (발언 내용과 감정의 차이에 직면시킴)

8) 마음으로 지지해주기

(1) 집단원이 위기에 직면해 있거나 미지의 행동을 모험적으로 할 때, 바람직하지 못한 행동을 고치고자 노력할 때 이를 민첩하게 감지하고 마음의 지지를 해준다.

(2) 이러한 집단지도자의 마음의 지지는 집단원에게 격려가 되고 자신감을 준다.

(3) 특히 나이 어린 집단원들에게 마음의 안정을 주게 되고 전체적으로 수용적인 분위기를 만든다.

9) 침묵에 대한 처리

(1) 경험이 부족한 집단상담자는 집단 내에서의 침묵에 매우 불안을 느낀다.

(2) 효과적인 집단상담자는, 침묵에는 그 원인이 있게 마련이고 그 원인은 집단원마다 다를 수 있다는 것을 알고 있으므로 집단원들이 침묵할 권리가 있음을 인정한다.

기출문제 확인학습

침묵에 대한 집단상담자의 대처 행동[9]

1) 침묵하는 집단원들은 자기가 말을 덜 한다고 해서 관여하지 않는 것은 아니라고 항변하기도 한다. 그들은 다른 사람들의 문제를 듣고 자신의 문제와 동일시함으로써 배우고 있다는 태도를 견지할 수 있다.

2) 집단상담자는 집단 내에서 그들이 자신의 침묵에 관해 논의하도록 격려해야 한다. 참여하지 않는 행동에는 많은 이유가 있을 수 있는데 이 이유들을 반드시 탐색해야만 한다.

9) **출처** : 통합접근 집단상담학술대회 원고 중에서, 한알상담연구회·고려대학교행동과학연구소 2005

3) 집단 상담자는 침묵하는 내담자에게 관심을 기울여야 하는데, 이런 참석자들은 자신의 반응을 내면화하고 집단에서 다루지 않음으로써 집단에 의해 상처를 입을 수 있기 때문이다.

4) 집단원들이 참여해서 말하지 않는 이유들은 다음과 같다.

(1) 집단상담자가 부를 때까지는 기다리는 것이 예의라고 믿고 있음

(2) 자신이 말할 만한 가치 있는 것을 가지고 있지 않다는 느낌

(3) 자기 자신에 대해서는 말해서는 안 된다는 느낌

(4) 적절한 말이나 행동을 모르고 있다는 두려움

(5) 다른 집단원이나 집단리더에 대한 두려움

(6) 시간이나 주의를 요청하기 거북함

(7) 집단의 과정이 진행되는 방식에 대한 불확실성

(8) 거절 당하거나 수용되는 것에 대한 두려움

(9) 집단에 대한 신뢰의 결핍

5) 집단원이 침묵하는데 대해 질책하지 않고 참여하도록 초청하는 것이 중요하다. 집단상담자가 그들의 침묵에 대해 판단하지 않고 배려하면서 접근했을 때 그 결과는 달라질 수 있다.

6) 또한 집단상담자는 침묵하는 사람을 지속적으로 호명하는 것을 피하도록 유의해야 한다. 그렇게 하면 집단원은 상호작용을 먼저 시작해야 한다는 책임감에서 벗어나게 되기 때문이다.

7) 침묵하는 집단원들은 자신의 침묵이 의미하는 바가 무엇인지 탐색해 보도록 권유받을 수 있다. 그들이 말로 표현하지 않으면 다른 사람들이 그들이 관여하고 있다는 것을 모를 수 있다는 것을 가르쳐줄 수도 있다. 더 나아가, 이런 집단원은 집단에 있는 다른 사람들이 침묵하고 있는 그들에게 투사를 할 수도 있다는 것을 알아야만 한다.

8) 집단상담자는 집단에서 침묵하는 집단원이 그날 회기에 어떻게 반응했는가를 각 회기마다 이야기하기로 약속을 하자고 권해볼 수 있다.

9) 집단상담자가 이런 행동을 다루는 다른 방법은 대체로 말이 적은 집단원들에게 회기가 끝나갈 때 이 회기에 참석했던 것이 어땠는지 물어볼 수 있다. 또한 그들에게 이 회기에서 원하던 바를 얻었는지 물어볼 수 있다.

10) 연결 짓기(연결하기)

(1) 집단원들이 제각기 말한 생각이나 느낌 등의 공통점을 찾아내어 집단의 주제와 관련하여 연관시켜 설명하는 것을 의미한다.

(2) 연결 짓기를 통해서 집단상담자는 한 집단원의 문제와 진술을 다른 집단원의 문제와 연결시켜 집단원 간의 상호교류를 격려하고 촉진한다.

(3) 집단상담자는 이러한 연결 짓기 기술을 통하여 집단원들이 자신의 문제를 보다 객관적으로 보게 하여 자기의 문제가 심각하다거나 비정상적인 것이 아니라는 생각을 갖도록 도와줄 수 있다.

실력 다지기

연결짓기(연결하기) 사례

1) 순희가 불안감을 이야기할 때 집단상담자는 이것을 철희가 앞에서 이야기한 불행감과 연결을 지음으로 집단원 간의 공통된 경험을 지적해 줄 수 있다.

2) 기출 사례들

- 집단원:주말에 친구들과 시내에 갔었어요. 패스트푸드점에 갔는데 내가 원하는 것을 먹자고 주장할 수가 없었어요.
- 집단상담자:지난번 학원을 선택하는 과정에서도 부모님께 너의 생각을 말하지 않았던 것 같은데 이번 행동과 지난번 행동에서 너의 어떤 모습을 볼 수 있을까?

- 영희:오늘 우리 반 애들이랑 공놀이를 했는데, 미영이가 나만 빼놓고 다른 애들에게 공을 패스해 주는 거예요. 이젠 미영이랑 놀지 않을 거예요.
- 상담자:그래, 지난 회기 때 철수도 다른 친구들로부터 그런 일을 당했다는 얘기를 한 것 같은데.
- 철수:네, 저도 얼마 전에 우리 반 애들이랑 같이 축구한 적이 있는데, 그 때 그 애들이 나한테는 공을 주지 않는 거예요. 제가 키가 작고 빨리 달리지 못하니까 그랬던가 봐요. 속상했어요. 앞으로도 같이 놀지 않을 거예요.
- 상담자:영희와 철수는 같은 반 친구들이 놀아주지 않아서 무척 속상했겠구나. 그래서 너희 둘이 반 친구들과는 다시는 놀지 않겠다고 마음먹게 되었구나.

11) 질문하기

집단원들로 하여금 새로운 시각에서 생각해 볼 수 있는 자극이 될 만한 질문을 던지는 것으로서 주로 개방적인 질문을 활용한다.

실력 다지기

집단상담에서 주의사항

1) 대화하는 동안의 주의사항
   (1) '우리가', '우리들', '그들은'과 같은 말 뒤에 자신을 감추지 말고 가능한 한 자신의 경험을 많이 나누라.
   (2) '나는 이렇게 생각해' 또는 '당신은 어떻게 생각하고 사는가?'라고 말함으로써 토의하지 마라.
   (3) '해야 한다.'와 같은 말로써 당신 자신 또는 다른 사람에게 설교하지 마라.
   (4) 당신의 생각 또는 말하기를 급하게 하지 마라.
2) 듣는 동안의 주의사항
   (1) 다른 사람의 경험과 느낌과 의견을 비난하지 말라.
   (2) 난처하게 할지도 모르는 것을 질문함으로써 철저히 조사하지 말고 대신 당신이 관심이 있다는 것을 나타내 주는 질문을 하라.
   (3) 너무 빨리 충고를 해 줌으로써 그것을 고정시키지 마라.
   (4) 당신이 그것을 고정시키는 것에 대해 생각하기 전에 발견한 것을 확실히 해라.
   (5) 당신이 도우려고 노력하기 전에 들어라.
   (6) 대화를 하는 사람이 천천히 생각하고 있을 때 침묵을 방해하지 마라.

(7) 그들에게 말과 말 사이에 충분한 시간을 주라.
(8) 훌륭한 대화는 시간이 걸린다.
(9) 그들이 고통스러워한다 할지라도, '시간이 지나면 괜찮아질거야.'라고 말함으로써 감정의 긴장을 누그러뜨리려는 노력을 하지 마라.

12) 차례로 돌아가기

(1) 차례로 돌아가기는 한 집단원이 모든 집단원 앞에 다가가서 어떤 말이나 행동을 하게 하는 것이다.
(2) 집단원의 자기이해, 자기수용, 새로운 행동의 습득 및 내면화를 위해 효과적으로 활용할 수 있다.

13) 모험하기

(1) 모험하기는 많은 위험이 있어도 자신의 성장에 도움이 되는 행동을 기꺼이 실행하는 것이다.
(2) 집단상담에서는 다른 사람을 너무 의식하여 자신이 하고 싶은 것을 못하는 집단원에 대해 이러한 모험하기가 많이 활용된다.
(3) 모험하기는 싫으면서도 남에게 싫은 말은 물론 내색도 못하는 집단원에 대해 자신이 좋아하는 순서대로 집단원을 일렬로 세워 보게 하거나 집단원의 부정적인 측면에 대해 집단에 보고하게 하는 것이 좋은 사례이다.
(4) 이성의 신체적 접촉에 대해 너무 큰 부담을 느끼는 집단원일 경우는 가능한 한 많은 집단원에게 신체적 접촉을 경험해 보도록 하는 것이다.

14) 해석하기

(1) 해석은 단정적이거나 교리적으로 하지 않고 시사적으로 혹은 가설적으로 하며 내담자의 의향을 묻는 형식을 취하는 것이 바람직하다.
(2) 일반적으로 좁은 대인관계 문제보다는 전체 집단의 문제를 우선적으로 다룬다.
(3) 내담자가 무엇을 원하는가('요구하는 관계')?, 무엇을 회피하는가('후퇴하는 관계')?, 무엇을 두려워하는가('두려워하는 관계')? 등을 중점적으로 해석한다.
(4) 일반적으로 판단이나 주장보다는 느낌을, 과거보다는 '지금과 여기에' 중심으로, '사람들'보다는 '나와 너'를, 간접적인 것보다는 직접적인 것을, 일반적인 것보다는 구체적인 것을, 추측이나 가정보다는 스스로의 탐색(확인), 방어보다는 자기개방 등을 권장하는 지적 및 해석이 필요하다.

실력 다지기

해석 사례

"동관씨, 다른 참여자들의 발언과 반응에 위축되어 있군요. 내 생각에는 당신이 적극적인 반응을 받을 때마다 뒤로 물러나서는 다른 사람들이 자신보다 강하기 때문에 양보해야 상처를 입지 않는 것으로 생각하고 있고, 또 그런 태도는 다른 사람에게 책임이 있기 때문에 고칠 필요가 없다고 믿는 것 같습니다." (그렇게 위험을 피하면 대인 관계가 향상될 기회가 줄어들까봐 걱정이 된다는 의미)

15) 감정적 환기법

(1) 집단원들의 핵심적 가치를 변화시키는데 도움을 주려는 노력이다.

(2) 역할놀이, 유머, 강한 설득 등의 방법을 사용하기도 한다.

실력 다지기

집단에서의 감정표출(환기) 경험은 집단 내에서 집단원의 긴장을 완화하며 감정으로 인한 문제가 있을 경우 이를 치료하는 효과가 있다. 다만, 이는 집단 내에서의 효과이며, 이를 일상생활에서 그대로 적용해 보도록 권유하는 것은 일상적인 생활문제를 일으킬 수 있다. 즉 집단상담의 경험은 집단원들이 집단상담을 종결한 이후라도 주위 삶들에 대해서 지배나 경쟁보다는 조화를 추구하고, 감정의 발산보다는 절제를 통하여 자신의 수양과 성숙을 위해 더욱 노력하는 계기가 되어야 할 것이다.

기출문제 확인학습

개인상담에 비해 집단상담 장면에서 활용도가 더 높은 상담기술

1) 차단하기

집단원이 다른 집단원의 말이나 행동에 방해가 될 때 적절히 차단하는 기술

2) 연결하기

(1) 집단원들이 제각기 말한 생각, 느낌 등의 공통점을 찾아내어 집단의 주제와 관련하여 연관시켜 설명하는 것을 의미한다.

(2) 집단원 간의 상호교류를 격려하고 촉진하는 기술이며 집단원들이 자신의 문제를 보다 객관적으로 보게 하여 자기의 문제가 심각하다거나 비정상적인 것이 아니라는 생각을 갖도록 도와줄 수 있다.

참고 반영하기(감정, 행동, 인지 등에 대한 기술), 직면하기(맞닥뜨림, 지적하기 기술), 해석하기(사실적으로 혹은 가설적으로 설명하는 기술)는 집단상담보다 개인상담에서 더 활용도가 높다.

집단상담 기술과 그 예시

1) 폐쇄적 질문 - "지금 기분이 슬픈가요?"

2) 직면하기 - "슬픈 이야기를 웃으면서 하네요."

3) 차단하기 - "잠깐, 다른 분들의 이야기도 들어야하니 가능하면 1분 안에 마무리해 주세요."

4) 해석 - "다른 친구들이 고통스러웠던 이야기를 할 때 계속 달래려고 하는 것은 자신이 겪었던 고통스러운 기억이 되살아나는 것에 대한 두려움 때문이 아닌가요?"

5) 연결 짓기 - "아까 민준이도 송이처럼 친구사귀기가 힘들다고 이야기한 것 같은데 민준이 이야기를 들어볼까요?"

집단상담에서 표출된 갈등을 중재하는 기술

1) 부적절한 공격행동은 차단한다.

2) 갈등관계의 집단원들끼리 필요한 경우 직접 대면하여 갈등을 해결해 나가도록 한다.

3) 집단원들의 의사소통 내용을 명료화, 재진술 해준다.

4) 갈등과 관련된 느낌과 생각을 직접 표현하도록 한다.

5) 집단 응집력을 기반으로 갈등을 직접 다루어야 한다.

초점화(초점 맞추기, focusing) 개입의 유형

초점이란 집단에서 논의되고 있는 주제를 말하며, 초점 맞추기는 초점 설정, 초점 유지, 초점이동, 초점 심화의 4가지 과정이 필요에 따라 앞뒤로 오가며 이루어진다.

1) 초점 설정 : 집단원들의 복잡한 관심사 중 주제설정을 하는 경우
2) 초점 유지 : 집단의 초점이 산만하지 않도록 유지하는 경우
3) 초점 이동 : 기존의 초점을 더 이상 유지할 필요가 없는 경우
4) 초점 심화 : 적극적으로 팀원들 간의 깊은 나눔이 이루어지는 경우

3 집단상담자의 인성

1) 청소년 집단상담자의 바람직한 성격 특성

(1) 다양한 상담 이론과 기법을 자신의 개성에 맞는 생활 철학과 삶의 방식으로 활용한다.
(2) 자신의 가치와 능력에 대한 자부심을 갖고, 다른 사람들과 도움을 주고받으며 대등하고 긍정적인 인간관계를 맺는다.
(3) 집단 참여자들의 무기력함이나 의존적 삶의 방식에서 벗어나도록 자신의 건전한 생활 방식과 능력을 보인다.
(4) 변화에 적극적이며 기꺼이 새로운 것을 시도한다.
(5) 명확성이 결여된 불확실성을 기꺼이 수용한다.
(6) 자신이 누구인지 어떤 사람이 될 수 있는지 삶에서 무엇이 본질인지 알며 추구한다.
(7) 다른 사람의 경험을 함께 나누며 이해할 수 있고 공감하며 동일시할 수 있다.
(8) 생기 있고 활동적이며 감정적인 삶을 살며, 삶을 긍정적으로 향유한다.
(9) 진실하고 솔직하며 모순되지 않고 정직하다.
(10) 순수하고 진실된 사랑을 주고받으며 공허감이나 무력감을 느끼지 않는다.
(11) 과거나 미래보다는 현재의 느낌과 생각과 행동에 충실하며 다른 사람들과 인간관계를 맺는다.
(12) 자신의 실수를 기꺼이 인정하며, 실수에 대한 죄책감에 빠지지 않고 그것으로 배우려한다.
(13) 자신의 일에 깊이 몰두하며 창의적 과제에 삶의 의미와 가치를 둔다.
(14) 삶의 의미와 형태를 원하는 방향으로 새롭게 결정할 수 있고 그에 따라 생활하려고 노력한다.
(15) 자신의 감정과 정서적 체험을 다른 사람들에게 털어놓으며 고통과 즐거움을 함께 나눈다.

2) 청소년 집단상담자의 기본자세

(1) 용기내기
(2) 모범을 보이기
(3) 심리 상태에 동참하기
(4) 선의의 관심 갖기
(5) 집단상담의 효과에 대한 신념 갖기
(6) 개방적인 자세 취하기
(7) 공격에 대응하는 능력 함양하기
(8) 자신감 갖고 영향력 발휘하기
(9) 자아를 인식하기
(10) 창의적 태도 지니기

3) 청소년 집단상담자가 유의해야 할 사항

(1) 집단상담 기법의 사용뿐만 아니라 자신의 개인적 가치체계를 통하여 집단 구성원들에게 미칠 수 있는 자신의 영향력에 주의를 기울여야 한다.

(2) 집단상담에 참여하는 과정에 부수하는 심리적 부담에 주의를 기울여야 한다.

(3) 집단 구성원들의 목적을 분명하게 재정의 해야 한다.

(4) 집단 구성원들과 함께 비밀보장과 집단의 규범에 대해 논의해야 한다.

(5) 자신의 심리적 욕구충족을 위하여 집단 구성원들을 대하지 않도록 진지한 존중심을 보인다.

(6) 각 회기의 종결 단계에서 구성원들이 그들의 생각과 느낌을 말할 수 있도록 격려하고 충분한 시간을 할애해야 한다.

(7) 집단 구성원들이 집단에서 학습한 내용을 그들의 일상생활에 활용하려고 시도할 때 다른 사람들로부터 받을 수 있는 부정적인 반응에 효율적으로 대처하도록 도와야 한다.

(8) 자신의 집단상담자 기법과 효율성을 높이기 위해 집단상담의 효과를 평가할 수 있는 방법을 개발해야한다.

(9) 집단 구성원들의 권리를 보호하기 위하여 첫째, 말하고자 하는 것만 말하도록 허용하고 둘째, 집단의 압력으로 어떤 행위를 강요하려는 시도를 막으며 셋째, 구성원들 중 어느 누구도 속죄양이 되어 인권을 침해당하는 일이 없도록 해야 한다.

기출문제 확인학습

청소년 집단상담자가 갖추어야 할 전문적 자질

1) 청소년마다 발달적인 접근이 다르기 때문에 치료적 · 예방적 · 발달적 집단을 다른 관점에서 이끌어간다.
2) 청소년의 부모와 협력할 수 있는 기술을 갖는다.
3) 각 연령집단의 발달과업을 이해한다.
4) 청소년 집단원에게 적합한 의사소통 기술을 갖춘다.
5) 자신의 가치관이 다문화 청소년에게 미칠 수 있는 영향을 인식한다.
6) 자신과 타인을 이전과 다르게 보고 느낄 수 있는 유일한 경험을 제공하며 이전과 다르게 행동하도록 격려하고 지지한다.
7) 더 나아가 일상생활에서 경험하는 문제들을 점검하고 이러한 문제들에 대응하는 다양한 방법들을 서로 교환할 수 있는 기회를 제공한다.
8) 청소년 집단상담은 서로 영향을 주고받는 경험과 함께 다른 사람에게 미치는 자신의 영향력을 분석하도록 만들어주는 기능이 있다.

CHAPTER 02

청소년 집단상담의 실제

제1절 | 집단상담자의 기술 및 문제 상황 다루기

1 청소년 집단상담의 개요

1) 청소년 집단상담의 의미

한 명의 상담자와 여러 명의 청소년들이 함께 모여 일정기간 동안 정기적으로 만나면서 생활 과정에서 직면하는 문제나 사건 등 그들의 관심사에 대하여 각자의 느낌, 반응행동, 생각들을 대화로 서로 교환하는 가운데 허용적, 현실적, 감정 정화적, 상호 신뢰적, 수용적, 지원적인 집단의 응집력과 치료적 분위기를 통해 상호 이해를 촉진함으로써 긍정적 변화를 모색하는 목적을 가진 집단 활동이다.

기출문제 확인학습

청소년 내담자의 특징

1) 상담동기가 부족하여 자기 스스로 상담실의 문을 두드리기보다는 의뢰된 내담자가 많다.
2) 상담동기가 낮은 청소년 내담자는 여러 회기의 상담에서 요구되는 지구력이 부족하여 청소년의 집중력의 한계를 가지고 있으며 큰 변화와 재미없이 상담시간에 꾸준하게 자발적으로 참여하는 것을 힘들어한다.
3) 청소년 내담자들은 상담자를 학교 지도부 선생님의 표상을 갖는 위치로 파악하는 경우가 많아 오해가 있을 수 있어, 상담자를 부정적으로 지각하는 경향이 있다.
4) 청소년들은 동시다발적인 관심을 가지기 때문에, 한 가지에 지속적인 관심을 가지지 못한다.
5) 청소년들은 감각적이고 빠른 흐름을 추구하기 때문에 감각적 흥미와 재미를 추구한다.
6) 청소년은 연령적으로 피아제의 구체적 조작단계에서 벗어나 형식적 조작단계에 있지만, 인지적 능력이 부족한 상태이다.
7) 청소년들은 환경으로부터 지배적인 영향을 받는다.
8) 언어 표현력이 부족하다.
9) 신장 등이 가장 급격한 발달을 이루는 시기, 즉 왕성한 변화를 이루는 발달시기이다.
10) 청소년 문제는 복합적이고 종합적인 특성을 지니기 때문에 종합적 이해와 대책이 요구되어 상담자는 청소년 내담자의 문제는 자기 자신과 가족의 배경, 학교생활 배경, 친구 배경, 미래에 대한 생각이나 방향 등을 총체적으로 살필 수 있는 틀과 방법을 확보하고 있어야 한다.

2) 청소년 집단상담의 목표

(1) 청소년들이 성장, 발달하고 변화하도록 돕는다.

(2) 청소년들이 각자의 환경을 수용하고 이에 적응하도록 돕는다.

(3) 청소년들이 그들의 발달과정에서 발생하는 다양한 요구를 충족시키고 그들의 느낌과 태도를 점검하는 것을 배우며, 그들의 행동을 동기의 측면에서 이해하고 자신의 능력에 자신감을 갖도록 돕는다.

(4) 청소년들이 집단 상호 인간관계를 통하여 다른 사람들을 이해함으로써 새로운 관점으로 자신과 타인을 보며, 일상생활의 문제해결과 의사결정에 도움이 되는 가치 체계를 발견하도록 돕는다.

(5) 청소년들이 자신에게 관심 있는 문제를 해결하는 과정에서 새로운 관점을 발달시키고, 자유롭고, 충분히 융통성이 있도록 돕는다.

3) 청소년 집단상담의 기능

집단에 참여한 청소년들의 자아개념, 대인관계, 생활양식을 변화시키는 4가지 기능이 있다.

(1) 자신과 타인을 이전과 다르게 보고 느낄 수 있는 유일한 경험을 제공한다.

(2) 이전과 다르게 행동하도록 격려하고 지원한다.

(3) 일상생활에서 경험하는 문제들을 점검하고 이러한 문제들에 대응하는 다양한 방법들을 서로 교환할 수 있는 기회를 제공한다.

(4) 서로 영향을 주고받는 경험과 함께 다른 사람에게 미치는 자신의 영향력을 분석하도록 만든다.

4) 청소년에게 집단상담이 적합한 이유

(1) 청소년들은 부모나 상담자와 같은 사람들로부터 이질감을 느끼고 또래친구들에게는 많은 영향을 받기 때문이다.

(2) 집단상담에서 다른 또래 참여자들의 피드백은 청소년들이 자신을 이해하는 데 큰 영향을 미치기 때문이다.

(3) 집단상담이 청소년의 공통 관심사이며 발달 과업인 자아정체감에 크게 기여할 수 있기 때문이다.

5) 청소년에게 있어서 집단상담의 장점

(1) 청소년들의 '자신만이 특이하다.'는 생각에 또래집단에서 감정과 경험을 나눔으로써 도전의식을 제공한다.

(2) 상담자가 제공하는 안전한 구조 속에서 독립적 행동을 연습한다.

(3) 개인상담 시 성인과의 관계에서 오는 불편함을 감소시켜 준다.

(4) 청소년기의 자기애적 사고에 도전하게 한다.

(5) 감정이입, 존중, 상대방에 대한 관심 등 새로운 사회적 기술을 연습시킨다.

(6) 집단원들의 자아 강도를 높일 수 있는 기회를 제공한다.

기출문제 확인학습

아동 · 청소년 집단상담의 유의사항

1) 윤리적 원칙과 법규를 고려하여야 한다.
2) 종결을 사전에 고지하고 준비시켜야 한다.
3) 약물남용의 경우는 비밀보장의 원칙을 철회하고 보호자에게 알려야 한다.
4) 집단원으로 하여금 참여 동기와 기대, 집단 규칙 등에 대해 언어로 표현하게 하는 것이 효과적이다.

2 집단상담을 위한 기본조건

1) 자기 투입과 참여

(1) 교재나 과제가 별도로 없으며, 다만 참여자들 스스로가 집단에서 자신들의 상호작용을 관찰하고 분석하는 것만으로 학습이 이루어지기 때문에, 참여자 개개인은 심신을 투입하여 적극적으로 참여해야 한다.

(2) 집단상담자는 침묵을 지키는 집단원들로 하여금 자신의 의견을 발표하도록 자극, 격려하고 지나치게 능동적인 참여자는 보다 자기 성찰에 치중하도록 도와주어야 한다.

(3) 침묵하는 집단원에 관한 일반적인 대처 반응은 표정·몸짓 등 비언어적 행동에 대해 언급하며 자연스러운 참여를 유도하는 것이 좋다.

2) '지금 - 여기' 중심의 활동

(1) '지금 - 여기', '나와 너' 사이에서 일어나고 있는 느낌, 생각, 행동을 관찰, 분석, 지적하는 것만으로 진행되어야 한다.

(2) 집단 밖의 제3자적 또는 일반적인 이야기로 방향을 돌려서는 소기의 성과를 얻지 못한다.

3) 피드백 주고받기

(1) 피드백이란 상대방의 행동이 나에게 어떤 반응을 일으키고 있는가에 대하여 그 상대방에게 직접 솔직하게 이야기해 주는 것을 말하며, 이는 자기성장을 위한 학습에 필수적인 한 요소이다.

(2) 상대방의 기분을 상하게 할 우려가 있으므로 상대방을 공격하거나 판단하는 태도는 배제되어야 한다.

4) 허용적인 분위기와 심리적 안정감

징벌이나 도덕적 판단의 위험 없이 비교적 자유롭게 행동할 수 있을 뿐만 아니라, 집단상담자를 포함한 모든 참여자들 상호간에 신뢰할 수 있는 분위기가 형성·발달되어야 한다.

기출문제 확인학습

상호작용 중심적 집단에서 집단원의 중도 탈락 이유

1) 친밀감의 영역에서 심각한 내적 갈등이 있을 때
2) 정서적 전염에 대한 두려움이 있을 때
3) 집단의 발달과정에 비추어 이른 자기개방이 이루어졌을 때
4) 상담과정과 집단원의 역할에 대하여 부적절한 오리엔테이션이 이루어졌을 때

대인 간 상호작용을 중시하는 집단상담에서 집단원들이 얻게 되는 통찰

1) 다른 사람들에게 자신이 어떻게 비춰지는지에 대한 객관적 시각을 얻게 된다.
2) 자신의 대인관계 패턴을 이해하게 된다.
3) 자신이 다른 사람들에게 왜 그런 행동을 하는지 그 동기에 대해 이해하게 된다.

3 집단상담자의 기술

집단상담자의 기술을 간단하게 도표로 정리하였다.

기술	설명
관심 기울이기	① 청소년을 향해 앉는다. ② 부드럽게 시선을 맞춘다 ③ '응', '그래' 등의 반응을 보여준다.
적극적 경청하기	적극적인 경청은 청소년의 말의 내용을 파악함은 물론, 청소년의 몸짓과 표정 그리고 음성에서 섬세한 변화를 알아차리고, 저변에 깔려있는 메시지를 감지하고 나아가서는 청소년이 말하지 못한 내용까지도 육감적으로 직감하는 것을 내포한다.
반영하기	① 청소년 집단원이 전달하고자 하는 의사의 본질을 스스로 볼 수 있게 반사 혹은 반영해 주는 기술을 말한다. ② 청소년 집단원이 말한 내용을 좀 더 구체적으로 인식하도록 반사해 준다. - 12회 기출
명료화하기	① 어떤 중요한 문제의 밑바닥에 깔려 있는 혼돈되고 갈등적인 느낌을 가려내어 분명히 해주는 기술이다. 예 한 청소년 집단원이 "나는 아버지가 밉다. 어버지는 너무 너무 내 마음을 상하게 하기 때문에 이제는 보기도 싫다. 그러나 나는 이런 생각을 할 때 죄책감을 느낀다. 왜냐하면, 나는 또한 아버지를 사랑하고 있으며, 그가 나를 좋아하기를 바라기 때문이다."라고 말할 때, 집단상담자는 "너는 아버지에 대하여 사랑과 미움의 두 가지 느낌을 동시에 가지고 있구나, 그리고 이와 같이 두 가지를 동시에 가지고 있는 것을 바람직하지 못하다고 느끼고 있구나."라고 명료화시켜 줄 수 있다. ② 문제의 밑바닥에 깔려있는 혼돈되고 갈등적인 것을 명확히 알도록 해준다. - 12회 기출
요약하기	요약을 통하여 청소년 집단은 나아갈 방향을 바로 잡는데 도움을 받는다.
해석하기	① 청소년 집단원의 행동이나 징후에 대하여 설명을 해줌으로 무의식적 동기를 의식화하도록 도우려는 것이다. ② 청소년 집단원의 말이나 행동에 새로운 의미를 부여하여 새로운 인식의 틀을 제공한다. - 12회 기출
질문하기	① 자주 사용되기는 하나 질문은 집단상담의 기술로서 그리 바람직한 것이라고는 볼 수 없다. ② 그러나 적절한 때에 '무엇'과 '어떻게'의 형식으로 하는 질문은 경험을 강화시키는데 도움을 줄 수 있다.

연결 짓기	한 청소년 집단원의 말과 행동을 다른 청소년 집단원의 관심에 관련지어 주는 통찰력에 관한 기술이다.
맞닥뜨리기 (직면하기)	청소년 집단원의 행동이 집단의 기능을 방해하거나 말과 행동이 일치하지 않을 때에 이에 대하여 직접적으로 솔직하게 지적을 해줌으로써 자신을 각성하게 도와주는 기술이다.
심적인 지지를 해주기	① 치료적이 될 수도 있고 비생산적(의존성 야기)이 될 수도 있다. ② 지지가 필요한 경우, 청소년 집단원의 위기에 직면했을 때, 미지의 행동을 모험적으로 감행하려 할 때, 바람직하지 못한 행동을 제거해 보려고 노력할 때 등이다.
행동을 제한하기 (= 차단하기)	집단상담자는 청소년 집단원이 바람직하지 못한 행동을 제한할 책임을 지고 있다. 예 ① 지나치게 질문만 계속할 때:질문 대신에 직접적인 진술문을 사용하도록 이야기 한다. ② 제3자의 험담을 할 때:집단에 앉아 있는 다른 청소년 집단원의 이야기를 제3자의 형태로 집단에 이야기 할 때, 그 당사자에게 직접 1:1로 이야기하게 한다. ③ 집단 외부의 이야기를 길게 늘어놓을 때:그 청소년 집단원에게 이 이야기가 현재의 느낌이나 사건과 어떤 관련이 있는지 물어본다. ④ 다른 청소년 집단원의 사적인 비밀을 캐내려고 강요할 때:남의 사적인 영역의 침범임을 지적해야 한다.
촉진하기	① 청소년 집단원들로 하여금 그들의 느낌을 솔직하게 표현하도록 돕는다. ② 안전하고, 수용적이고, 신뢰로운 분위기를 조성하는데 힘쓴다. ③ 청소년 집단원이 개인적인 문제를 탐색하거나 새로운 행동을 실험해 보려고 할 때 격려와 지지를 해 준다. ④ 초청 혹은 도전을 통하여 가능한 많은 청소년 집단원을 참여시킨다. ⑤ 집단상담자에게 의존하는 경향을 줄인다. ⑥ 갈등이나 의견의 불일치를 공공연히 표현하도록 장려하고, 의사소통의 장벽을 극복하도록 도움으로써 집단과정을 촉진시킬 수 있다.
공감하기	① 상대방의 입장이 되어 그의 감정이나 기분을 이해하고 이해한 것을 말로 또는 행동으로 표현하는 것이다. ② 청소년 집단원의 내적 경험을 정확히 포착하면서도 자신의 분리성을 유지하는 능력이 필요하다.
자기노출하기	집단상담자는 적절한 때에 자기 자신에 대한 정보를 노출하는 기술을 활용할 줄 알아야 한다.
피드백 주고받기	타인의 행동에 대한 자신의 반응을 상호 간에 솔직히 이야기해 주는 과정을 피드백(feedback)이라고 한다.
강화해 주기	① 청소년 집단원의 말과 행동에 대하여 집단상담자가 적극적인 피드백을 주므로 그 특정행동을 조장시키려는 기술이다. ② '그래', '맞아', 미소, 시선의 마주침 등
저항의 처리	처음으로 집단에 참여한 청소년들은 자연히 불안과 긴장을 느끼게 되므로 쉽사리 움츠려 들고 참여하기를 꺼려하고 자신을 내어놓기를 주저하고, 과거의 일이나 제3자에 관한 이야기를 하게 된다. 예 "지금 - 여기"의 느낌을 취급하는 것이 우리에게는 매우 힘이 드는 모양입니다.
전이의 취급	과거의 경험에서 억압된 느낌을 현재의 비슷한 대상에게 표현하려는 현상을 전이라고 하며 집단상담자는 비현실적임을 지적해주는 것이다.
역전이 현상의 처리	역전이는 청소년 집단원들에 대한 집단상담자의 의식적 혹은 무의식적인 정서적 반응을 말한다.
적시성에 유의하기	어떠한 기술도, 사용하는 시간 또는 시기가 적절하지 못할 때 오히려 역효과를 가져 올 수 있다.

제2절 | 청소년 집단상담의 계획 및 평가

1 청소년 집단상담의 계획

1) 집단상담의 계획

(1) 집단 회합장소와 분위기

① 집단상담이 열리는 환경은 집단의 분위기와 집단 내 상호작용에 영향을 미치게 되기 때문에 매우 중요하다.
② 집단 회합 공간의 크기는 집단원 간의 관계에 영향을 미칠 수 있다.
③ 집단원들의 비밀이 보장되고 편안함을 느끼며 방해를 받지 않는 장소라면 어디에서든 이루어질 수 있다.

(2) 집단의 크기

① 집단의 크기는 집단 구성원의 수를 의미하며 나이가 어릴수록 보다 적은 수로 구성하는 것이 바람직하다.
② 보통 6명에서 15명의 범위 정도인데, 8명이 가장 이상적이며 공동의 집단리더가 있을 경우 15명까지도 무방하다.
③ 집단의 크기는 모든 집단원이 원만한 상호작용을 할 수 있을 정도로 커야 한다.
④ 동시에 모든 집단원이 정서적으로 집단 활동에 관여하여 집단에서 감정을 느낄 수 있을 정도로 작아야 한다.
  ㄱ. 집단원 수가 너무 많을 경우
    가. 개인적 문제를 다룰 시간이 줄어들기 때문에 서로 이야기하려는 경쟁이 치열하여 문제가 발생한다.
    나. 자기주장이 강하지 못한 집단원들은 그들의 생각을 표현하기가 더욱 어려워지게 된다.
  ㄴ. 집단원수가 너무 적을 경우
    가. 집단으로서 기능하지 못하며 개인 상담을 하는 경우가 종종 생기게 된다.
    나. 집단에서 일어나는 집단 역동성을 활용할 수 있는 기회가 줄어들어 문제가 발생한다.
    다. 집단원들이 말을 하지 않고 조용히 앉아있고 싶어도 그렇게 하기가 어려워서 심리적 압박을 받게 된다.

(3) 집단의 구성

① 동질적 집단 대 이질적 집단
  ㄱ. 사회적 성숙도, 성(性), 지적능력, 교육수준, 성격 차이, 문제영역, 사회경제적 수준 등 요인들과 관련되어 동질 또는 이질로 구성할 수 있다.
  ㄴ. 청소년 대상 집단상담에서는 혼성적인 집단이 동성적 집단보다 더 바람직하다.
  ㄷ. 다만, 15세 이전의 청소년들은 성적 정체감에 몰두하여 다른 동성 또래들과 비교하려는 욕구가 강한 시기이기 때문에 동성 집단이 더 바람직하다.

② 동질집단의 장점과 단점

ㄱ. 장점

가. 출석률이 높고 보다 쉽게 공감이 이루어지며 상호 간에 즉각적인 지지가 가능하다.

나. 상호 간 갈등이 적고 응집성이 빨리 발달하며 집단 소속감의 발달이 쉽게 이루어진다.

ㄴ. **단점** : 상호 간에 피상적인 관계에 머무르며 영속적인 행동의 변화 가능성이 낮다.

③ 이질집단의 장점

ㄱ. 다양한 대인 간의 상호작용이 가능하기 때문에 상호 간에 의미 있는 자극을 주고받을 수 있다.

ㄴ. 서로 간의 차이점을 발견하고 이해하게 되며 현실 검증[1]의 기회도 더 풍부하게 된다.

④ 구조화 집단 대 비구조화 집단

ㄱ. 구조화 집단

가. 상담자에 의해 통제되며 정해진 절차에 따라 지시적으로 진행되는 집단이다.

나. 고도의 조직성을 띠며 조직화된 역할연습을 통해 구성원들 사이의 친밀관계를 형성하는데 도움이 된다.

기출문제 확인학습

수줍음이 많은 학생들에게 자기표현 증진을 목적으로 매주 1회 12주 진행되며, 매 회기마다 계획된 활동들로 프로그램이 구성된 집단상담 유형은 구조화된 동질적 구성의 분산적 집단에 해당한다.

ㄴ. 비구조화 집단

가. 집단원들이 중심이 되는 집단으로 비조직적인 형태를 띠게 된다.

나. 지나치게 비조직적인 집단은 혼란스럽게 보내는 시간이 많을 수 있어 시간과 에너지를 낭비할 수 있는 문제점이 있다.

ㄷ. 집단원들의 불만과 욕구 좌절로 집단 활동 및 개인 성장에 방해 요인이 될 수 있다.

ㄹ. 또한 말 수가 적고 수줍어하는 사람은 소극적으로 가만히 있기 때문에 변화를 기대하기 어려울 가능성이 있다.

실력 다지기

구조화된 집단

1) 구조화된 집단을 시작할 때 참여자들은 그들이 문제영역에 얼마나 잘 대처하는지에 관한 질문지를 작성하는 것이 일반적이다.
2) 어떤 집단은 구조화된 연습, 읽기, 숙제, 계약을 사용한다.
3) 집단이 종결하게 될 때 또 다른 질문지가 종종 참여자들의 성장을 평가하기 위해 사용된다.

1) 내담자는 흔히 자신의 상상이나 투사를 현실과 혼동해서 어려움을 겪는데 상담자는 현실이 내담자가 상상하는 것과는 다를 수 있다는 것을 알게 해줌으로써 현실 감각을 키워 주는 것이다.

⑤ 집단의 개방성 여부에 따라

ㄱ. **개방집단** : 집단이 허용하는 한도 내에서 중도에 탈락하는 집단원의 자리를 새로운 구성원이 대치할 수 있다.

가. 장점

ⓐ 새로운 자극을 집단에 제공할 수 있다.

ⓑ 새 집단원은 기존 집단원을 모방하여 집단의 과정과 집단기술에 대하여 배울 수 있다.

ⓒ 새로운 아이디어의 도입으로 분위기 조성에 좋은 경우가 있다.

나. 단점

ⓐ 너무 많은 집단원들이 나가거나 새로이 들어오는 경우 집단 응집력이 발달하기 어렵다.

ⓑ 새로운 집단원이 들어옴으로써 분위기가 흐트러지기 쉽다.

ⓒ 새로운 집단원은 이미 토의한 내용과 집단 기능에 대해 생소해서 갈등을 초래할 소지가 있다.

기출문제 확인학습

개방집단

1) 개방집단은 집단이 허용하는 한도 내에서 중도에 탈락하는 집단원의 자리를 새로운 구성원으로 대치할 수 있다.
2) 개방집단의 장점으로는 새로운 자극을 집단에 제공할 수 있으며 새 집단원은 기존 집단원을 모방하여 집단의 과정과 집단기술에 대하여 배울 수 있다.
3) 새로운 아이디어의 도입으로 분위기 조성에 좋은 경우가 있다.
4) 단점으로는 너무 많은 집단원들이 나가거나 새로이 들어오는 경우 집단 응집력이 발달하기 어려우며 새로운 집단원이 들어옴으로써 분위기가 흐트러지기 쉬우며 새로운 집단원은 이미 토의한 내용과 집단 기능에 대해 생소해서 갈등을 초래할 소지가 있다.

ㄴ. **폐쇄집단** : 집단상담의 시작 시 참여했던 구성원들만으로 끝까지 유지되는 집단이며 도중에 탈락자가 생겨도 새로운 집단원을 받아들이지 않는다.

가. 장점 : 집단의 안정성과 집단 응집력이 강하며 회합을 준비하기가 쉽고 협력이 잘 나타난다.

나. 단점

ⓐ 새로운 아이디어, 정보의 제공이 어렵다.

ⓑ 장기집단으로 유지하기 어렵고 집단적 사고에 빠지기 쉽다.

ⓒ 새로운 아이디어의 도입이 불가능하고 비효율적인 집단이라고 하더라도 순응할 수 밖에 없다.

기출문제 확인학습

초보 집단상담자가 실시하기에 상대적으로 용이한 집단상담의 형태는 구조적이고 폐쇄적이며 동질적 집단상담이다.

실력 다지기

집단의 상호작용 유형

1) 기둥형 : 지도자가 중심인물이며 성원과 지도자 양자 간에 의사소통이 이루어지는 상호작용 유형이다.
2) 순번형 : 지도자가 중심에 있기는 하지만, 각 성원이 돌아가면서 이야기하는 상호작용 유형이다.
3) 뜨거운 자리형 : 다른 성원이 지켜보는 가운데서 지도자와 한 성원만이 의사소통하는 유형이다.
4) 자유부동형 : 모든 성원이 의사소통 할 책임을 지니는 유형으로, 성원들이 주도권을 가지므로 집단 중심의 상호작용 유형이다.

집단 구성할 때 고려할 점

1) 구성원 선발 : 성(性), 연령, 과거의 배경, 성격 차이, 개인의 배경과 성격에 주의를 기울여야 한다.
2) 집단의 크기 : 집단의 목표, 내담자들에게 기대하는 몰입 정도 고려, 일반적으로 6 ~ 7명에서 10 ~ 12명의 수준이 보통이다.
3) 모임의 빈도 : 1주일에 한 두 번이 적당하며 문제의 심각성이나 집단의 목표에 따라 모임의 빈도를 증감할 수 있다.
4) 모임의 시간 : 1주일에 한 번 만나는 집단은 한 시간에서 한 시간 반 정도로 지속되는 것이 필요하며 2주일에 한 번 만나는 집단이라면 한 번에 두 시간 정도가 바람직하다.
5) 물리적 장치 : 효과적인 참여를 위해서는 모든 집단원이 서로 잘 볼 수 있고 잘 들을 수 있어야 한다.
6) 집단 참여에 대한 준비 : 가능하다면 개별면담을 통해 비현실적인 기대와 불안을 줄이고 적극적인 자세로 참여하도록 준비시키는 것이 좋다.
7) 폐쇄집단과 개방집단 : 집단의 목표에 따라 집단의 운영을 폐쇄적으로 할 것인가 혹은 개방적으로 할 것인가를 미리 정해야 한다.

기출문제 확인학습

효율적인 집단 구성의 사례

1) 심리치료집단은 성격 구조 재구성(내면치료)이 목적이므로 심리적인 문제의 유사한 진단을 받은 동질집단 구성이 유용하다.
2) 심리교육집단은 특정 주제에 초점을 둔 구조화된 집단으로 진행할 때 유용하다.
3) 성장집단은 성장 지향이 목적이므로 이질집단 구성과 비구조화된 회기가 유용하다.
4) 지지집단은 정서적 지지가 목적이므로 동질집단 구성이 유용하다.
5) 자조집단은 상호 지지가 목적이므로 특정 주제를 가진 동질집단 구성이 유용하다.

2) 집단성원 선발 절차

(1) 모집공고

① 집단의 유형
② 집단의 목적
③ 만나는 시간과 장소
④ 집단에 가입하는 절차
⑤ 집단상담자로부터 집단원들이 기대할 수 있는 것
⑥ 집단상담자의 자질과 배경에 대한 진술
⑦ 집단에 적합한 사람들을 결정하는 지침
⑧ 가입비
⑨ 집단에서 사용될 기법이나 절차
⑩ 회기의 기록(녹화, 녹음) 여부
⑪ 집단 리더와 집단 구성원들의 권리와 책임(집단과 관련된 개인적인 위험) 등

기출문제 확인학습

집단원의 선정

1) 집단상담의 목적에 부합한 사람을 선정한다.
2) 집단과정을 방해하지 않는 사람을 선정한다.
3) 사전면담을 통해 집단원을 선정하고 집단과정을 준비시켜야 함

집단상담에 적합하지 않은 사람

1) 자살 가능성이 있는 사람
2) 정서가 극도로 혼란스러운 사람
3) 지나치게 예민하고 정신병적인 사람
4) 지나치게 공격적이며, 반사회적인 사람
5) 아주 중대한 위기를 맞은 사람
6) 극도로 자기중심적인 사람
7) 극도로 의존적이거나 의심이 많은 사람

3) 집단원 선발을 위한 예비 면담

(1) 성공적으로 집단상담을 이끌기 위해서 집단원 선발에 유념해야 한다.

(2) 예비 면담의 목적

① 특정 예비성원과의 집단상담을 통해 도움을 받을 수 있겠는가를 결정하기 위함이다.
② 상담에 대한 동기와 관심도 및 특별히 도움 받고자 하는 문제들을 살피기 위함이다.

기출문제 확인학습

비자발적인 청소년의 참여 동기를 촉진시키는 방법

1) 집단원이 수용받는 경험을 하게 한다.
2) 집단을 거부할 권리나 비밀유지 등을 고지한다.
3) 집단에 대한 자신의 마음을 표현할 수 있는 시간을 충분히 가지게 한다.
4) 상담자는 진실하게 대하고 집단원의 욕구와 특성에 맞는 흥미롭고 창의적인 활동을 계획한다.
5) 명령이나 강제로 참여하게 된 집단원에게도 상담 내용과 목표에 대해 알려 주는 것이 참여 동기를 촉진시키는 방법이다.

집단상담 평가의 순서

1) 평가계획 : 집단상담 평가계획 수립
2) 정보수집 : 집단상담 내용과 방법에 대한 정보수집
3) 현상기술 : 수집된 정보를 통해 집단 내용에 대한 현상을 기술함
4) 현상설명 : 기술된 현상을 설명함
5) 대안제시 : 평가 결과에 대한 보완점에 대한 대안 제시
6) 재과정 : 대안을 반영하여 집단을 다시 진행함.

2 청소년 집단상담의 평가

1) 집단 활동을 통해 어느 정도의 목표가 달성되었으며 얼마만큼의 진전이 이루어졌는가에 대하여 알아보는 과정이다.
2) 집단상담 전 과정이나 한 번의 모임이 끝나기 전에 그 결과에 대해 평가하는 것이 중요하다.
3) 평가의 내용 자체가 바로 하나의 풍부한 집단 활동의 자료가 될 수 있다.
4) 집단상담의 평가에 있어서 가장 중요한 요소의 하나는 정직성이다.
5) 집단 평가의 시기
   (1) 매 모임이 끝날 때
   (2) 집단상담 기간의 중간과 마지막 때 - 전체 집단과정의 중간에 한 번의 모임을 가져 평가에 활용할 필요가 있다.
   (3) 추후평가
      ① 집단상담의 전 과정이 끝나고 2 ~ 3개월이 지난 후에 사후관리 차원에서 추후평가를 실시한다.
      ② 집단경험이 일상생활에 어떤 결과를 가져왔는지, 변화가 어느 정도 계속되는지, 집단상담의 효과가 어느 정도인지 등에 대해 평가하는 것이다.
      ③ 부작용이나 문제점이 있다면 이에 대한 해결책도 모색해주는 적극적인 활동이다.

기출문제 확인학습

집단상담 평가

1) 매 회기마다 실시할 필요가 없는 상담과정이다.
2) 평가의 일차적인 목적은 목표 관리이다.
3) 평가의 주체는 집단상담자이며 대상은 집단원이다.
4) 평가 내용에는 집단의 분위기, 응집성, 의사소통 형태, 인간관계 형태 등이 포함된다.
5) 평가의 주체와 대상이 다르다는 것은 상담자와 집단원이 동반체제가 되어 집단상담을 진행해야 함을 의미한다.

제3절 | 청소년 집단상담의 특징

1 윤리와 규범 등

1) 청소년 집단상담의 특성

(1) 자존심의 회복(자존감 회복)

열등감을 극복하고 자신감과 자존감을 높이기 위하여 다양하고 폭넓은 경험을 하는 가운데 자신의 느낌을 인식하고 수용하며, 주변의 많은 사람들과 자신의 경험, 생각, 느낌, 희망, 신념 등을 자유롭게 교환하는 기회를 가져야 한다.

(2) 성적 갈등의 해소

사춘기에 접어들면서 이성에 호기심과 관심이 많아지며 이성과 친밀한 관계 형성을 원하면서도 이성과의 접촉을 두려워할 수 있는데, 상담을 통해 성적 갈등의 해소를 도모할 수 있다.

(3) 외로움과 고립감의 극복

신체적, 심리적, 사회적으로 급격한 발달과 성장에 따른 변화를 경험하면서 외로움과 고립감에 빠지기도 한다. 자신의 삶의 목표를 발견하기 위해서는 고통스러운 과정이 있어야 하고, 그 과정에 직면해야 한다.

(4) 새로운 가치 추구

집단 내의 다른 사람에 대한 관심과 이해는 자기주관에 빠지기 쉬운 청소년들에게 귀중한 사회경험을 가능케 하며 부모나 교사의 일방적 주문에 의한 가치와 생활양식은 그들 자신의 삶의 목표라는 기준에 맞추어 재정립되어야 한다.

(5) 자아의 발견과 진로 결정

청소년들은 부모로부터 심리적, 물리적 독립을 준비하여야 하며 이는 직업을 선택하고 진로결정을 통해 가능해지고 가장 바람직하고 만족스런 진로결정은 자아정체감의 발달이 이루어질 때 가능해진다.

(6) 자아정체감의 발달

청소년기의 주요 발달 과업인 자아정체감은 과거, 현재, 미래에 걸쳐 일관성 있는 자기 자신의 모습에 대한 느낌이며 발견인데, 자기이해를 통한 변화를 추구함으로써 자기 자신의 삶의 목표와 삶의 방식을 추구하며 일상생활에서 직면하는 발달상의 각종 문제에 대한 생각, 느낌, 행동의 변화를 모색한다.

2) 청소년 집단상담의 윤리

(1) 집단참여자들은 집단상담의 목표를 분명히 알 권리가 있다.

(2) 집단상담에서 가장 중요한 윤리 문제가 비밀보장이며 상담 과정에서 상담자는 집단과 관련된 구체적 사항을 집단 밖에서 논의하지 않도록 구성원들에게 상기시켜야 한다.

(3) 청소년 집단상담에 참여한 청소년들이 심리적 혼란을 느끼는 경우가 발생하는데, 치료적 기능이 강한 청소년 집단상담은 긍정적 변화에 효과적이지만 그들의 본래 모습을 혼란하게 할 수 있다. 이러한 경우 상담자가 이런 위협의 가능성을 참여자에게 알려주는 것이 중요하고 이러한 위협이 상담 초기에 논의되어야 하며 상담자는 이러한 위협을 줄이기 위한 방안을 참여자들과 논의해야 한다.

(4) 상담자는 참여자들이 자신을 위해 무엇을 탐색하고 어떻게 대처할 것인지 결정할 권리가 있음을 강조해야 한다. 상담자는 집단의 압력에 민감하고, 참여자들이 다른 사람이 원하지 않는 것을 하게 하려는 어떠한 시도도 차단해야 한다.

(5) 집단 경험 후 참여자들은 그들의 삶뿐만 아니라 가족들의 삶에도 영향을 미치는 성급한 결정을 내릴 수 있음을 유의한다.

(6) 참여자들에게 또 다른 위협은 집단 내의 활동을 바깥으로 옮기려는 시도에서 나타날 수 있는데, 외부에서 만나는 것을 거부하는 것이 집단 경험의 가치를 완전히 저하시킬 수 있다.

3) 청소년 집단상담의 규범

(1) 집단 내에서 이야기된 어떤 구성원에 관한 내용도 집단 밖에서 말하지 않는다. 단, 자기 자신에 관한 사항은 말해도 좋을 것이다.

(2) 지각이나 결석이 불가피할 경우 사유를 미리 상담자나 다른 참여자들 중 누구에게든 알리도록 한다.

(3) 집단에서 빠지고 싶을 땐 집단에 참석하여 다른 사람들에게 이유를 밝히고 빠진다.

(4) 가능한 한 솔직하고, 정직한 느낌과 진지한 마음으로 내 자신에 대해 말하고 남의 말에 공감하며 듣도록 노력한다.

(5) 누구에게나 귀 기울여, 말하는 사람의 진실된 느낌을 듣고 이해하도록 노력한다.

(6) 궁극적 목표는 진지한 만남에 있으며, 그 밖의 것은 다 함께 논의한 후 결정한다.

(7) 집단에 들어오고 싶어 하는 새로운 참여 희망자가 있을 때 집단 참여자 모두 함께 논의한 후 결정한다.

(8) 집단 구성원 중 누가 위기 사항에 직면할 때에는 서로 연락하여 바깥에서 개별적으로 만날 수 있다. 그러나 그와 같은 사실을 다음 모임에서 꼭 보고한다.

(9) 집단에서 결정되는 사항은 참여자들 모두가 논의한 후 동의하여야 하며 이렇게 결정된 사항은 누구나 어떻게든 지키도록 한다.

참고

청소년 집단상담의 규범

1) 청소년 집단상담에는 집단의 목표가 있고 집단참여자들 각자의 목표가 있으며, 집단상담자의 목표도 있다.
2) 이러한 각각의 목표들이 어느 정도 달성되는가가 집단상담의 성패를 가름한다.
3) 청소년 집단상담의 목표를 달성하는 데 필요한 참여자들의 협력 사항이 있다.
4) 이 협력사항을 참여자들이 지키기로 서로 약속한 것이 규범이다.
5) 규범은 집단참여자들의 책임을 강조함으로써 집단상담의 목표를 달성하는 데 중요할 뿐만 아니라, 집단의 응집력을 향상시키며, 동시에 참여자들의 인권 침해를 예방하는 한편 권리를 보장한다.

기출문제 확인학습

집단상담의 윤리와 규범

1) 집단상담 중에는 집단원에게 익숙한 사회적 규범과 다른 행동을 요구하기도 한다.
2) 규범이 명확할수록 집단상담 진행에 도움이 된다.
3) 집단원의 권리와 집단의 권리 모두 존중되어야 한다. - 비교하면 틀린 지문임
4) 집단에서 권장하는 행동 등과 같은 긍정적인 규범도 있다.
5) 집단상담의 궁극적인 요구는 집단원의 변화에 초점을 두어야 한다.

2 참여자의 권리와 책임

1) 집단상담에 참여하기를 희망하는 청소년들의 선발은 집단상담의 성공을 위해서 뿐만 아니라 변화를 희망하는 청소년 참여자들의 권리를 보호해야 하는 윤리적인 측면에서도 아주 중요하다.
2) 어떤 청소년들은 다른 참여자들에게 심리적 부담을 주기 때문에 집단참여자를 선발하는 과정은 신중을 기해야 한다.
3) 집단참여를 희망하지 않는 청소년을 무리하게 참여시키려는 상담자는 무책임하고 비윤리적이며, 집단상담의 과정에 이러한 활동과 내용이 부분적으로 포함되어 있다면 참여자들이 미리 알고 있어야 한다.
4) 흔히 집단상담에서 참여자들은 그들의 관심 사항의 하나로 성적 느낌에 대해 터놓고 이야기하도록 고무될 수 있는데, 청소년 혼성 집단에서는 실제 성적 접촉으로 발전되지 않도록 조심해야 한다.
5) 참여자들 사이에 알게 모르게 서로 인격과 권리를 침해할 수 있는 사항에 대하여 미리 참여자들 모두 약속하는 형태의 규범을 만드는 것이 좋다.

제4절 | 청소년 집단상담의 제 형태

1 T-집단과 참 만남 집단

1) T-집단(훈련 집단)

(1) 개념 및 특징

① 소집단의 훈련을 위주로 형성된 집단을 훈련 집단(T-집단)이라고 하며 실험실 교육프로그램의 방법을 활용하고 있기 때문에 실험실적 접근이라 불리기도 한다.

② 모호성&사회적 공백상태

ㄱ. 구성원들은 합의된 절차나 특정의 의제, 기대, 지도자 없이 비조직적으로 구성원들이 집단에 참여하여 스스로의 활동과 상호작용을 평가한다.

ㄴ. 실습훈련을 목적으로 하는 T-집단은 일상생활에서 원만하고 건전한 인간관계를 형성하고 유지할 수 있는 기술을 강조한다.

③ 새로운 행동 실험

ㄱ. 실습을 해보고 결과를 분석하며 새로운 방안을 탐색하는 등 새로운 결정을 내리는 경험적 교육과정이다.

ㄴ. 집단원들은 무엇이든지 자기가 원하는 새로운 행동을 시험 삼아 해 볼 수 있으며 지금-여기에 초점을 두고 심리적으로 허용적인 분위기에서 안정감을 갖고 참여하게 한다.

④ **피드백 주고받기**: 상대방의 행동이 자신에게 어떤 반응을 일으키는지에 대해 그 상대방에게 직접 이야기 해주는 것이다.

⑤ **집단규칙의 발달**: 집단규칙은 집단상담자에 의해 미리 정해지지 않고 집단 내에서 집단원들에 의해 서서히 발전시켜 나가는 것이 바람직하다.

(2) 집단상담자의 역할

① 집단상담자는 집단원들에 의해 정해지기도 하고 경험 많은 집단원이 집단상담자가 되기도 한다.

② 집단상담자는 학습경험의 촉진자이자 집단원이기도 한다.

ㄱ. 학습이 일어날 수 있는 분위기를 조성한다.

ㄴ. 집단과정 분석법이나 피드백 주고받는 법, 감정과 생각을 표현하는 법 등에서 시범을 보인다.

ㄷ. 집단규칙의 발전과 유지를 솔선해서 돕는다.

ㄹ. 의사소통의 통로를 열어준다.

(3) T-집단의 학습목표

① 학습하는 방법에 대한 학습이 이루어지도록 한다.

② 성원의 자기 이해력을 증진시킨다.

③ 집단 기능에 대한 통찰력의 증진과 효과적인 집단원 역할에 대한 학습이 이루어지도록 한다.

④ 의사소통 기술이나 피드백 기술과 같은 구체적인 행동기술을 습득하도록 한다.

2) 참 만남 집단(엔카운터 집단, Encounter Groups) - 로저스 등의 집단상담 접근 중심으로

(1) 특징과 목적

① T - 집단을 보완하는 특징이 있다.

T - 집단의 집단상담자들이 기존의 인간관계 훈련 집단 모형들이 가지는 유용성에 대한 한계를 보완하기 위해 실존적이고 인도주의적 사상을 기초로 발전시킨 집단 모형이다.

② 집단상담의 목적

집중적인 고도의 친교적인 집단경험을 통해 타인과 더 친근감을 갖고 만날 수 있도록 도움으로써 더욱 성장하고 발전할 수 있게 한다.

③ 참만남 집단(Encounter Groups)유형에는 인간관계 집단 · 잠재력 집단 · T - 집단 · 성장집단 등, 그 성격에 있어서 약간씩 다른 집단들이 포함되지만, 공통적으로 자신과 타인과의 보다 의미 있는 만남과 접촉을 통해 인간관계에 대한 경험적 통찰과 학습 및 인간의 실존에 대한 자각을 강조한다.

④ '지금 - 여기'의 경험을 통해 집단원들의 느낌이나 자각을 중심으로 자유롭고 솔직한 대화가 중요한 집단 활동의 기제가 된다.

⑤ 성장 중심의 집단 참여자들에게 타인과의 교류능력을 개발하게 할 뿐만 아니라 자신의 내적 가치 · 자기 가능성 및 잠재력 등을 증진하는 효과를 가질 수 있다.

(2) 집단상담자의 역할

① 집단의 과정을 중시한다.

특정한 집단 기술보다는 집단과정 그 자체를 더 중요시한다.

② '지금 - 여기'

'지금 - 여기'에 초점을 두고 개방성과 솔직성, 직면, 자기 노출, 직접적인 정서적 표현을 격려하는 것이 바람직하다.

(3) 로저스(Rogers) 모형

① 특징

ㄱ. 집단 내에 어느 정도 촉진적인 분위기만 조성된다면 집단은 그 자체의 잠재적인 가능성과 함께 집단원들의 잠재적 가능성을 계발시킬 수 있다고 가정한다.

ㄴ. 집단을 위한 특수한 목적도 없으며 사전에 꾸며진 진행계획도 없다.

ㄷ. 집단상담자는 집단이 자체의 활동방향을 발전시킬 수 있도록 돕는 역할을 한다.

② 집단상담자 역할

ㄱ. 집단상담자의 태도와 신념을 중요하게 여긴다.

ㄴ. 태도 - 집단이 자체의 방향을 개발하도록 안내하는 태도가 중요하다.

ㄷ. 신념 - 상담촉진적인 분위기가 형성되면 집단과 집단원들의 잠재적 가능성이 계발된다는 신념을 형성한다.

③ 집단 과정

ㄱ. 습관화된 지각방식이나 역할행동을 지양하고 자신의 행동이나 가치관에 스스로 책임지게 한다.

ㄴ. 분노나 적개심을 포함한 감정과 사고를 솔직하게 그대로 표현하게 하는 데 강조점을 두며 건설적 공격을 장려하고 행동변화를 위해 집단이 개인에게 압력을 가하기도 한다.

ㄷ. 집단 초기에는 거북한 침묵과 피상적 의사소통, 자기노출에 대한 저항감이 나타날 수 있다.

ㄹ. 점차 자신의 부정적 감정도 표현하게 되고 집단에서 느끼는 대인적 감정을 즉시 표현하게 한다.

ㅁ. 자기 수용적 태도와 행동의 변화를 위해 개방적이고 솔직해지게 하고 맞닥뜨림의 위험을 감수한다.

ㅂ. 결과적으로 기본적인 만남이 이루어지고 긍정적 감정과 친밀감을 표현하면서 행동의 변화가 나타난다.

(4) 스톨러(Stoller) 모형

① 특징

ㄱ. '마라톤 참 만남 집단'이라 불리며 24시간이나 48시간 동안 집중적으로 활동하는 집단과정이다.

ㄴ. 피로나 시간적 집중성 그 자체가 집단원이 기존에 고수하던 역할 가면을 벗겨주어 있는 그대로의 자신을 드러내 주는 개인 발달의 촉진제가 된다고 본다.

ㄷ. 시간적 집중성 외에는 로저스의 모형과 비슷하게 이해를 하면 될 것이다.

기출문제 확인학습

스톨러 모형

1) 마라톤 참 만남 집단
집단 훈련의 시간적 집중성(24시간 또는 48시간), 피로 및 시간적 집중성은 집단이나 개인발달의 촉진제 역할을 한다.

2) 집단상담자 역할
행동의 모범, 설명을 통해 집단 활동 돕기, 신뢰감을 높일 수 있는 분위기 조성, 기술의 기계적 사용 배제(이유 : 집단 상황에서의 잠재적 성장 가능성 축소)

3) 집단상담의 과정
(1) 1단계(상대방을 낯선 사람 취급) : 사건, 상황에 관해서 말하기
(2) 2단계(정서적 정보교환) : 사실적 사건으로 감정 주고받기, 집단원 간 따뜻한 이해 또는 공격성과 욕구좌절 경험
(3) 3단계(친밀감) : 방어적 태도가 없고 자발적 표현이 가능

실력 다지기

로저스 모형

1) 내담자 중심의 상담 원리를 집단 과정에 적용 및 발전시킴
2) 모형의 가정 : 촉진적인 분위기에서는 집단과 집단원의 잠재적 가능성 계발이 가능함
3) 사전에 진행 계획이 없음
4) 집단상담자 역할 : 집단촉진자, 집단활동의 방향 설정 돕기, 심리적으로 안정된 분위기 조성, 집단원 간의 의사소통의 사실적 의미 파악, 참된 자신의 모습으로 피드백, 집단원 직면, 감정표출을 원하는 집단원 도와주기 등
5) 집단상담의 과정 : 자신의 행위 및 가치관에 대해 책임감 부여, 부정적 감정을 포함한 감정과 사고의 솔직한 표현, 건설적인 공격 장려, 행동 변화를 위한 집단의 압력, 긍정적 만남을 통해 긍정적인 감정, 친밀감을 표현하면서 행동 변화의 단계로 발전함

슈츠 모형

1) 개방적 참 만남 집단 : 신체적 느낌과 이완을 통한 개인의 정서적 문제해결에 초점을 둠
2) 집단상담자 역할 : 행동 및 경험을 강조하며, 신체를 통해 표현되는 핵심적인 정서 문제 파악, 집단원에게 집중적인 정서적 경험 제공, 의사소통 및 개인의 정화를 촉진하는 기법(심리극, 신체운동연습, 명상 등)을 사용함
3) 집단상담의 과정 : 정서적으로 생생하게 만드는 기회를 갖기 위해 신체활동 이용, 장애 해소의 과정(호흡과 신체 및 육체적 훈련 강조)

기출문제 확인학습

집단의 구조 또는 형태에 관한 설명

1) 구조화집단
   (1) 상담자에 의해 통제되며 정해진 절차에 따라 지시적으로 진행되는 집단이므로 목적달성이 용이한 결과중심의 집단에 해당하며 집단의 목표, 과정, 내용, 절차 등을 체계적으로 구성해 둔다.
   (2) 고도의 조직성을 띠며 조직화된 역할연습을 통해 구성원들 사이의 친밀관계를 형성하는데 도움이 된다.
   (3) 구조화된 집단을 시작할 때 참여자들은 그들이 문제영역을 얼마나 잘 대처하는지에 관한 질문지를 작성하는 것이 일반적이다.
   (4) 어떤 집단은 구조화된 연습, 읽기, 숙제, 계약을 사용한다. 집단이 종결하게 될 때 또 다른 질문지가 종종 참여자들의 성장을 평가하기 위해 사용된다.
2) 폐쇄집단은 집단의 안정성이 높아 집단응집력이 강한 편이다.
3) 마라톤집단은 심화된 상호작용의 활성화를 꾀하기 위한 집단이다.
4) 자조집단은 지도자의 전문적 도움 없이 집단원들 간에 서로를 돕는 특성이 강한 집단이다.

성장집단에서 집단규범 형성을 위한 상담자 역할

1) 자기 개방의 격려
2) 솔직한 표현의 격려
3) 비생산적인 행동에 대한 개입
4) 지금 - 여기 자각의 촉진

2 청소년 집단상담의 주제별 프로그램

청소년 집단상담의 제 영역을 주제별 프로그램으로 설명한다면 아래의 도표와 같이 설명할 수 있다.

실력 다지기

청소년 집단상담의 제 형태

1) 현재 청소년들을 위한 집단상담 프로그램들이 많이 연구 개발되어 적용되고 있다.

2) 그 중에서 자주 시행되고 있는 집단상담 프로그램을 주제별로 살펴보면 다음과 같다.

주제	프로그램
사회성	① 부끄러움 극복을 위한 집단상담 ② 친구 사귀기 프로그램 ③ 대인관계 향상을 위한 집단상담 ④ 갈등관리 프로그램
학습	① 집중력 향상을 위한 집단상담 ② 학습습관 향상을 위한 집단상담 ③ 시험불안 극복을 위한 집단상담
진로	① 진로탐색 프로그램 ② 진로의사결정 훈련 프로그램
정서	① 대인 불안 극복을 위한 집단상담 프로그램 ② 분노조절을 위한 집단상담 프로그램 ③ 스트레스 대처 훈련을 위한 집단상담
부적응	① 우울과 자살관념 학생들을 위한 집단상담 ② 비행청소년을 위한 집단상담 ③ 약물남용 청소년을 위한 집단상담 ④ 부적응 학생을 위한 적응력 강화 프로그램
성장	① 가치명료화를 위한 집단상담 ② 성취동기 육성을 위한 집단상담 ③ 자아성장 프로그램 ④ 또래상담자 프로그램 ⑤ 마음의 대화 프로그램 ⑥ 도덕성 증진 프로그램
기타	① 성교육 ② 말더듬을 위한 집단상담 ③ 섭식장애아를 위한 집단상담 프로그램 ④ EQ 향상을 위한 집단상담 ⑤ REBT 집단상담

3 학교 집단상담

1) 학교 집단상담의 정의

(1) 개념 및 특징

① 학교집단상담은 학생을 대상으로 성장과 발달을 돕는 집단상담을 의미함.

② 학교집단상담은 집단 혹은 인간관계의 역동을 바탕으로 학생이 경험하는 발달적 문제의 예방과 해결 그리고 다양한 측면에서의 성장과 발달을 원조함.

③ 학교집단상담은 학생에게 또래와의 상호작용과 관계 발달의 기회를 제공함.

(2) 학교 집단상담과 일반 집단상담의 차이

① 학교 집단상담은 학교 교육목표를 반영함.
학교 집단상담은 학교의 기능을 이해하고, 교육적 목표 달성을 위한 하나의 교육수단으로 교육활동의 일환이다.

② 학교 집단상담은 학교의 상황과 조건에 영향을 받음.
학교 집단상담은 학교 내에서 이루어지는 활동으로 학교 상황에 영향을 받는다. 또한 집단상담자가 동시에 선생님(담임)인 경우가 많아 이중관계에 놓일 수 있다.

③ 학교 집단상담은 학생의 보호자 및 교육 책임자의 승인과 협조를 필요로 함.
학교 집단상담은 학생의 동의로만 이루어지기는 어렵고, 학부모, 선생님, 학교 관계자 등의 승인과 협조가 필요한 경우가 많다.

④ 학교 집단상담은 보호자 및 교육적 필요에 의해 비밀유지의 한계가 있음.
학교 집단상담의 경우에도 다른 상담과 마찬가지로 비밀유지의 한계가 있다. 특히, 학생들의 집단상담은 학부모 또는 선생님들과 협력적인 관계에 놓이는 경우로 비밀유지의 한계를 갖는다.

⑤ 학교 집단상담은 참가자의 자발성이 낮음.
학교 집단상담은 교육활동의 일환이기 때문에 자발적인 참여보다는 개인의 필요나 욕구를 고려하지 않은 강제적인 참여가 많다.

(3) 학교 집단상담자의 태도

① 학교 기능의 이해

② 학생들의 다양성 존중

③ 자기 능력의 한계 인식

④ 학생들에 대한 현실적 기대

CHAPTER 03

기타

제1절 | 최신 기출내용

1) 얄롬(I. Yalom)이 제시한 집단상담의 치료적 요인 중 실존적 요인

얄롬의 치료적 요인 11가지는 보편성, 희망 심어주기, 정보 나누기, 이타주의, 교정적 정서체험, 사회화 기술 촉진, 모방행동, 대인관계 학습, 집단응집력, 감정정화, 실존적 요인이다. 이 중 얄롬은 '실존적 요인'을 다음과 같이 주장한다.

(1) 인생이 때로 부당하고 공정하지 않다는 것을 인식한다.

(2) 궁극적으로 인생의 고통이나 죽음은 피할 길이 없음을 인식한다.

(3) 내가 아무리 다른 사람과 가깝게 지내더라도, 여전히 홀로 인생에 맞닥뜨려야 한다는 것을 인식한다.

(4) 나의 삶과 죽음에 대한 기본적인 문제들을 직면하고, 그럼으로써 좀 더 솔직하게 나의 삶을 영위하고 사소한 일에 얽매이지 않는다.

(5) 내가 다른 사람들로부터 아무리 많은 지도와 지지를 받는다 할지라도 내 인생을 살아가는 방식에 대한 궁극적인 책임은 나에게 있다는 점을 알게 된다.

2) 집단상담을 축소된 사회라고 보는 얄롬(I. Yalom)의 관점

(1) 집단상담 상황은 집단원 자신의 일상적인 생활을 대표하는 자연스러운 상황이다. 개인은 저마다 '서로 다른 내적 세계'를 갖고 있어서, 동일한 자극이라도 '각자에게 다른 의미'를 지닌다. 따라서 '서로 다른 반응들은 개인의 내적 세계를 이해'할 수 있게 해주는 '깊이 있는 정보'를 제공한다. 집단상담을 통해 집단원들은 상호작용에 의해 각자의 대인관계에서 대처양식을 드러낸다.

(2) 얄롬에 의하면, 이 같은 특징은 집단치료 상황에서 더욱 두드러져서, 집단의 발달이 방해받지 않는다면, 각 집단원의 사회환경이 반영되는 '축소된 사회'로 발전시킨다. 이렇게 만들어진 축소된 이 사회는 집단원들의 특정한 방어적 행동을 이끌어 낸다. 또한 '피드백, 카타르시스, 의미 있는 자기개방, 사회화 기술들의 습득' 등을 용이하게 해준다. 이러한 결과 집단이라는 축소된 사회에서 나타내는 부적응적인 대인관계 행동을 알게 되고 그것을 치료적으로 활용하는 능력을 발달시키는 것은 집단상담자의 주요 과제가 된다.

3) 집단상담 초기단계에서 상담자의 역할

(1) 집단상담 초기단계에 집단상담자는 집단상담에 대한 오리엔테이션, 집단의 구조화, 집단원들 간 신뢰감 형성, 집단원의 불안을 낮추는 역할을 한다. 집단상담자는 집단과정을 신뢰하고 집단원들이 의미 있는 변화를 만들어 내는 능력이 있음을 믿고, 집단원의 의존성을 부추기지 않으면서 집단원이 혼란스럽지 않도록 집단을 구조화한다. 또한 집단원은 서로를 잘 모르기 때문에 낯설어하거나 불안이 높을 수 있다. 이때 상담자는 집단원들의 두려움과 기대를 표현하도록 돕고 개방적이고 존중하는 태도로 집단원의 이야기를 듣고 집단원의 경험을 가치 있게 여기도록 독려한다.

(2) 참고로 집단상담의 과정은 초기단계(집단원들 간의 낮은 신뢰감, 높은 불안감), 과도기적 단계(집단상담자에 대한 도전, 저항과 방어적 태도 형성), 작업단계(강한 집단 응집력, 피드백 교환의 활성화), 종결단계(복합적 감정, 소극적 참여, 양가감정 다루기)의 순서로 이루어진다.

4) 아들러(A. Adler) 집단상담에서 '재정향과 재교육' 단계의 상담자 과업

(1) 아들러학파 개인심리학의 4단계 상담과정은 치료관계 형성 - 개인 역동성 탐색 - 통합과 요약 - 재교육(재정향 = 방향 재조정)이다.

(2) 재정향과 재교육 단계에서 상담자는 집단원이 잘못된 신념에 도전하고, 대안적 행동을 할 수 있도록 조력한다. 재정향에 사용되는 기법으로는 즉시성, 격려, 마치 ~인 것처럼 행동하기, 하던 일 멈추기, 상상하기, 내담자 수프에 침 뱉기, 수렁 피하기, 역설적 의도, 과제 설정과 계약, 버튼 누르기, 인생 과제와 심리치료, 종결과 면담 요약하기 등이다.

> 참고 지금-여기의 행동양식에 대한 동기를 탐색하고 다른 관점에서 자신을 보도록 잠정적인 가설을 제시하는 것은 아들러(A. Adler) 집단상담 과정 중 '통합과 요약의 단계'이다. 통합과 요약의 단계에서 상담자는 내담자의 생활양식, 현재의 심리적 문제, 잘못된 신념 등을 깨닫도록 해석해 준다. 해석의 일반적인 지침은 다음과 같다.
> (1) 내담자 행동의 목표를 추구하되 단정적인 해석은 피한다.
> (2) 한 번 내린 해석이라도 영구적이 아니라 변화될 수 있다.
> (3) 상담자의 해석이 완벽하지 않을 수 있음을 인정하고 내담자가 그 해석을 받아들이지 않을 권리가 있음을 존중한다.
> (4) 내담자가 보이는 지금-여기의 행동과 감정을 인식하고 있어야 한다.
> (5) 내담자의 장점을 인정해주고 격려조로 상담을 진행한다.

5) 게슈탈트 집단상담의 주요 개념 중 하나인 접촉 경계 혼란 6가지

(1) 내사(introjection)

개체가 환경으로부터 자신의 공격성을 사용하는 것을 제지를 당하게 되면 권위자의 행동이나 가치관을 무비판적으로 받아들이게 된다. 이때 이렇게 무비판적으로 받아들임으로써 자기 것으로 동화하지 못한 채 남아 있으면서 개체의 행동이나 사고방식에 악영향을 미치는 타인의 행동 방식이나 가치관이다.

(2) 투사(projection)

내담자는 흔히 자신의 생각이나 욕구, 감정 등을 타인의 것으로 지각하는 데, 이러한 현상을 투사라고 부른다. 이러한 현상은 개체가 자신의 욕구나 감정을 자신의 것으로 자각하고 접촉하는 것을 두려워한 나머지 그것에 대한 책임 소재를 타인에게 돌림으로써 나타난다.

(3) 융합(confluence)

밀접한 관계에 있는 두 사람이 서로 간에 차이점이 없다고 합의함으로써 발생하는 접촉경계혼란을 융합이라고 한다. 융합관계는 흔히 공허감이나 고독감을 피하기 위한 목적으로 시작, 유지되는 측면이 있다. 이러한 관계에 있는 사람들은 겉으로 보기에는 서로 지극히 보살펴주는 사이인 것처럼 보이지만 내면적으로는 서로 독립적으로 행동하지 못하고 의존관계에 빠져 있는 경우가 많다.

(4) 반전(retroflection)

개체가 다른 사람이나 환경에 대하여 하고 싶은 행동을 자기 자신에게 하는 것 또는 타인이 자기에게 해 주기를 바라는 행동을 스스로 자신에게 하는 것을 뜻한다.

(5) 자의식(egotism)

개체가 자신에 대해 지나치게 의식하고 관찰하는 현상을 자의식이라고 한다. 이것은 자신의 행동에 대한 타인의 반응을 지나치게 계산하고 의식화할 때 개체의 행동은 자연스러움이 없어지고 인위적이 된다.

(6) 편향(deflection)

내담자는 흔히 환경과의 접촉이 자신이 감당하기 힘든 심리적 결과를 초래할 것이라 예상할 때, 이러한 경험으로부터 압도당하지 않기 위해 환경과의 접촉을 피해 버리거나 또는 자신의 감각을 둔화시켜버림으로써 환경과의 접촉을 약화시킨다.

6) 침묵하는 집단원에 대한 상담자의 개입방법

(1) 집단상담자는 집단에서 문제행동을 보이는 집단원을 어떻게 대처해야 하는지 알아야 한다. 집단원의 문제행동은 독점하기, 침묵하기, 산만하게 행동하기, 상처 싸매기, 우월하게 행동하기, 주지화 하기, 보조지도자처럼 행동하기 등이다.

(2) 소극적이고 침묵하는 집단원에게 집단상담자는 특별히 신경을 쓰고, 침묵하는 집단원의 표정, 몸짓에 대해 언급함으로써 집단에 참여할 기회를 열어주어야 한다. 집단상담에서의 침묵은 집단 초기에는 큰 영향을 주지 않지만, 다른 집단원들이 침묵하는 집단원을 비난하거나 공격적으로 대하거나 돌봄을 제공하거나 불안해하는 등 회기가 지나갈수록 점차 다른 집단원이 침묵하는 집단원에게 신경을 쓰게 되고 집단의 분위기를 침체시키는 등 집단응집력에 영향을 미칠 수 있다.

(3) 따라서 집단상담자는 집단원의 침묵이 생산적 침묵인지, 비생산적 침묵인지 검토하고 생산적 침묵이 생겨나 침묵하는 집단원이 말할 수 있도록 다른 집단원에게 기다려달라고 요청할 수 있다.

7) 집단원 선별 기준과 선별 과정

(1) 집단원 선별 기준

① 집단의 목적에 부합되는 요구와 목적을 가진 자

② 집단과정을 방해하지 않을 자

③ 집단경험에 의해 자신의 안녕이 위협받지 않을 자 등이다.

④ 반사회성, 급성 정신병 등 위기에 처한 예비 집단원은 집단과정에 방해가 될 수 있어 상담집단에서 제외한다. 또한, 집단경험으로 인해 전이 문제가 생겨 위험할 것 같은 집단원은 참여하지 않도록 권유한다.

(2) 집단원 선별 과정

① 집단상담자가 한 명이 아니라 공동지도자라면 두 사람이 함께 집단원 개개인을 면담하는 것이 바람직하다.

② 집단상담자는 집단원들을 사전 면담하여 예비 집단원이 집단상담에서 궁금한 것을 집단상담자에게 질문할 기회를 준다.

③ 상담자가 집단원을 선별하기도 하지만 집단원도 집단 참여 여부를 결정할 수 있다.

④ 집단원에 대한 사전면담에서는 집단 참여자의 비현실적인 기대와 불안을 줄이고 집단상담의 목적을 알려주며, 집단상담의 참여 여부를 스스로 결정하게 하며 집단상담의 운영과 관련된 정보와 집단과정에 대한 간략한 설명 등이 이루어진다.

8) 심리극의 상담기법

심리극의 상담기법으로는 미래투사 기법, 마술가게 기법, 역할전환 기법, 거울 기법, 이중자아 기법, 독백 기법, 빈 의자 기법, 죽음 기법 등이 있다.

(1) 마술가게 기법

문제해결의 우선순위나 목표에 혼동을 느끼는 경우에 사용되며 주인공을 마술가게에 초대해서 주인공의 희망, 소원, 갈망 등을 교환하는 것이다.

(2) 역할전환 기법

가까운 두 사람에게 장애가 되는 태도를 교정하기 위해 사용하는 기법으로, 어떤 장면이나 상황에서의 두 사람의 역할을 바꾸는 것이다.

(3) 거울 기법

주인공은 관객석에 앉아 있고, 보조자아가 주인공의 역할을 하면서 주인공의 몸짓, 말, 자세, 행동방식, 표현방법, 생활방식 등을 연기하는 것이다. 이때 주인공은 타인의 시선에서 자신이 사회적으로 어떻게 보이는지 알게 된다.

(4) 이중자아 기법

주인공의 깊은 감정을 표현할 수 있도록 하는 목적으로 사용되는 기법으로 보조자아가 주인공의 뒤에 서서 주인공의 또 다른 자아의 역할을 하는 것이다.

(5) 독백 기법

주인공이 혼자서 어떤 장면을 연기하면서 일상적으로는 혼자서 말하지 않는 그때의 머리 속에 떠오르는 생각이나 느낌을 말하도록 하는 것이다.

(6) 빈 의자 기법

주인공이 이야기하고 싶거나 보고 싶은 사람이 의자에 앉아 있는 것처럼 상상하고 마음속에 있는 것을 말하게 한 후, 주인공이 그 대상이 되어 의자에 앉아 주인공이 한 말에 대답을 하도록 하는 것이다.

(7) 죽음 기법

주인공이 고인에 대한 애도작업을 할 때 당시의 죽음 장면으로 가서 죽은 사람과의 역할 바꾸기를 통해 주인공에게 유언을 하게끔 함으로써 고인에 대한 감정을 명료화시키고 고인과의 이별을 받아들이게 하는 것이다.

(8) 미래투사 기법

집단원이 상상하고 있는 자신의 미래의 상황을 무대에서 현실로 직접 경험하는 것이다.

9) 심리극 집단상담의 특성

집단구성원을 하나로 묶는 양방향적 공감인 텔레파시가 중시된다. ×

(1) 집단구성원을 하나로 묶는 집단원들 간 감정의 양방적 흐름인 텔레(tele)가 중시된다.

참만남이란, 사이코드라마의 핵심이며, 이러한 과정을 통해 타인을 서로 깊고 의미 있는 수준으로 이해한다. 참만남은 한 집단 속에서 공동체 의식을 증진시키고, 공동체 의식은 생산적 활동에 필수적인 신뢰를 쌓아 올린다. 텔레(tele)[1]는 진정한 참만남의 과정 속에서 증진된다. 모레노는 텔레를 집단원들 간 감정의 양방적 흐름 혹은 "치료적 사랑"으로 정의하였다. 그는 이것을 "서로에 대한 감정으로 집단을 함께 묶어 주는 연결체"라 불렀다. 텔레가 상호적으로 긍정적이고 강렬할 때 집단 응집력이 커지고 감정이입의 가능성도 높아지게 된다. 긍정적 텔레는 다른 사람을 이해하는 능력을 키운다. 텔레가 긍정적일 때 사람들은 더 자발적으로 되어 사람 간의 갈등을 다룰 창조적인 대안을 더 쉽게 찾을 수 있다.

(2) 심리극 집단상담은 잉여 현실을 다룬다. 즉, 상상으로만 일어나는, 실제로 일어나지 않은 것까지 연기함으로써 집단원의 희망과 공포, 기대, 표현되지 않는 소원, 투사, 태도를 생생하게 경험할 수 있게 된다.

(3) 심리극 집단상담은 일정한 대본 없이 집단원에게 어떤 역할과 상황을 주어 연기(지금-여기 시점)를 하게 하여 억압된 감정과 갈등을 표출하게 하여 치료하는 집단치료 접근으로, 말보다는 행동(=역할연기)으로 직접 표현하도록 한다. 심리극 집단상담의 과정은 준비과정(워밍업), 행동(시연), 나누기(종결, 종합)으로 진행된다.

10) 집단상담자에게 전이 반응을 보이는 집단원에 대한 집단상담자의 대처

(1) 집단원이 그 반응으로 어떤 잠재적 이익을 얻는지 탐색한다.
(2) 집단원에 대한 집단상담자 자신의 반응을 검토해본다.
(3) 집단원이 드러내는 감정이 집단 전체의 의견인지 확인해 본다.
(4) 집단원의 전이 감정을 연상시키는 사람을 집단에서 찾아보도록 한다.
(5) 집단상담자는 집단원의 전이와 저항에 주의를 기울여야 하는데 긍정적인 전이 감정은 집단의 흐름을 활성화시킨다.

1) 텔레(tele)는 본래 거리(a far)를 의미하는 그리스어로, 인간들 사이에서 서로 끌리고 반발하는 무형의 힘이다. 이를 모레노(Moreno)는 의사소통 및 대인관계를 의미하는 것으로 보아 '사회특성 조사에 의해 측정된 사회적 대인관계 감정의 단위'라고 정의하였다.

☞ 심화학습

전이의 징조들 2)

1) 전이에는 두 종류가 있다. 긍정적 전이와 부정적 전이가 그것이다. 긍정적 전이가 생기면 분석가를 좋아하는 감정이 생기고, 부정적 전이가 생기면 분석가를 미워하는 감정을 갖는다. 전이가 긍정적일 때는 치료에 큰 도움이 된다. 그러나 이를 지나치면 분석가의 마음에 들려고만 하고 사랑받으려고만 한다. 따라서 분석이 정상적으로 진행되지 못한다(Freud, 1938).
2) 긍정적 전이가 발생했을 때와 부정적 전이가 발생했을 때의 환자의 행동이 달라지는데, 이러한 행동을 전이의 징조(transference sign)라고 한다. 긍정적 전이의 대상으로 분석가를 보게 되었을 때는, 치료시간 전에 도착하고, 옷차림이나 외모에 관심이 많아지고, 치료실 환경에 대한 관심이 높아져서 치료실에 대한 언급이 많아진다. 또한 꿈의 내용이 분석가와 관련된 것들이 많아지고, 치료효과가 좋다는 말을 자주 한다. 집에서도 치료시간이나 분석가에 대한 생각을 많이 하고, 분석가의 신상에 대한 궁금증이 많아진다.
3) 부정적 전이의 경우는, 치료 때문에 불편을 겪고 있다는 말을 자주 한다. 예를 들어, 병원 주차장 시설이 형편없다거나 치료시간을 내느라 직장에서 곤란을 겪고 있다고 말한다. 다른 의사들을 욕하기도 한다. 또한 성공하지 못한 치료의 예를 이야기하며, 치료실의 물리적 환경이 싫다고 불평하고 정신분석 이론에 대한 비판을 하기도 한다. 또 치료비 지불을 지연시키고, 비싸다는 뜻을 암시하는 꿈을 가져오기도 한다.

11) 집단상담자의 역할

(1) 촉진자: 집단원의 참여를 권장하고, 집단원이 자기이해와 자기탐구의 깊은 단계로 나아갈 수 있도록 돕는다.
(2) 모범자: 집단원이 새로운 행동변화를 시도할 수 있도록 분위기를 만들어 주고 집단 과정에서 본보기가 된다.
(3) 강화자: 집단원의 성숙한 행동은 강화하고, 미성숙한 행동을 억제하는 사회적 자극이 된다.
(4) 참여적 관찰자: 집단의 수용적이고 자율적 분위기 조성을 위해 집단원의 일원으로 참여하고 집단 전체의 상황을 주의 깊게 관찰한다.
(5) 보호자: 집단원들에게 권리와 책임에 대해 알려주고, 비밀보장의 중요성을 강조한다.

12) 청소년상담사 윤리강령 중 내담자의 복지 영역에 '다양성 존중' 항목

1) 청소년상담사는 모든 인간의 기본적인 권리, 존엄성, 가치를 존중하며 성별, 장애, 나이, 성적 지향, 사회적 신분, 외모, 인종, 가족형태, 종교 등을 이유로 내담자를 차별하지 않는다.
2) 청소년상담사는 내담자의 다양한 문화적 배경을 이해하고, 청소년상담사 자신의 고유한 문화적 정체성이 상담 과정에 영향을 주지 않도록 노력해야 한다.
3) 청소년상담사는 자신의 개인적 가치, 태도, 신념, 행위를 자각하고 내담자에게 자신의 가치를 강요하지 않는다.

기출 지문

① 집단상담을 시작할 때 집단원의 권리와 책임을 알려준다. → 내담자 복지
② 집단원과 연애 관계 및 기타 사적인 관계를 맺지 않는다. → 상담관계
③ 내담자의 보호자 또는 법정대리인에게 상담에 대한 사전 동의를 받는다. → 내담자 복지
④ 훈련받지 않은 상담기법을 오남용하지 않는다. → 청소년상담사로서의 전문적 자세

2) **출처**: [상담이론] 고전적 정신분석과 현대 정신분석 치료_전이(transference) 분석. 한국상담심리교육연구소

13) 비자발적인 청소년 집단상담에서 집단상담자의 역할

(1) 청소년 집단원들은 자발적 참여보다는 학교나 부모에 의해 참여시키게 되는 비자발적인 경우가 많다. 이런 경우 비자발적 참여자는 집단에 대해 무관심하고 반항적인 태도를 가지고 도전할 수 있다.

(2) 비자발적인 청소년을 대상으로 집단상담을 할 때에도 집단원에게 사전 동의서를 받아야 한다. 만약, 집단상담자가 권위적인 태도를 가진다면 집단상담은 실패할 확률이 높다.

(3) 따라서 집단원들이 집단 참여에 대해 느끼는 부정적인 감정을 솔직하게 표현할 기회를 준다.

(4) 또한, 집단원 스스로 집단활동 참여 여부를 선택할 권리가 있음을 말해준다. 만약 집단을 중도 탈퇴할 경우 발생할 결과에 대해 안내하고 선택할 수 있도록 한다. 단, 의무적으로 집단상담을 수료해야 할 경우, 중도 탈락하면 불이익이 생길수도 있음을 미리 고지한다.

14) 집단상담의 과정

(1) 집단상담 초기단계의 집단원 특징

① 집단참여와 관련하여 두려움과 주저하는 태도를 보인다.
② 새로운 사람들과의 만남으로 인해 어색함을 느낀다.
③ 집단에 대한 막연한 기대감을 가지기도 한다.
④ 집단이 자기개방을 하기에 안전한 장소인지 탐색한다.

cf 집단상담자에 대한 적대감이나 저항의 표면화가 일어난다. → 과도기적 단계

(2) 코리(G. Corey)의 '작업집단'의 주요 특성

① 집단원들이 서로 신뢰하고 기꺼이 위험을 감수한다.
② 피드백이 자유롭게 오가며 거부감 없이 수용된다.
③ 지금-여기에서 의미 있는 상호작용이 이루어진다.
④ 무분별한 공격이 아닌 생산적인 피드백이 이루어진다.

cf 가까운 집단원끼리 하위집단을 만들기 때문에 전체 집단의 응집력이 높다. ×
→ 가까운 집단원끼리 하위집단을 만들면 전체 집단의 응집력에 좋지 않은 영향을 미칠 수 있다.

(3) 종결단계에서 집단상담자 역할

① 집단원들이 학습결과를 잘 정리하여 이를 실천하겠다는 의지와 희망을 갖게 돕는다.
② 이별에 대한 아쉬움의 감정을 표현하고 상호 간에 공유할 수 있게 돕는다.
③ 집단 경험을 정리하고 소감을 나눈다.
④ 집단원의 성장 및 변화 평가한다.
⑤ 미해결 과제를 다룬다.
⑥ 집단상담에서 경험한 집단원의 행동변화에 대한 피드백을 나눈다.
⑦ 지속적인 성장을 위한 촉구(격려)를 한다.

memo

2교시

6과목

가족상담(선택)

나눔복지교육원 동영상 강의

CHAPTER 01

가족상담의 기초

제1절 | 가족상담을 위한 체계적 조망

1 가족체계의 주요개념들

1) 일반체계이론에서의 가족체계의 개념 (베르탈란피)

(1) 가족은 각부분의 특성을 합한 것 이상의 특징을 지닌 체계이다(비총합성).

(2) 가족 체계의 움직임은 어떤 일반적 규칙에 의해 지배되고 있다(가족규칙).

(3) 모든 가족체계는 경계를 가지고 있다(가족의 경계).

(4) 가족체계 한 부분의 변화는 가족체계 전체의 변화를 초래할 수 있다(순환적 인과성).

기출문제 확인학습

마침표 찍기 (punctuation) – 순환적 인과성과 관련됨

1) 사례

- 부인 : 남편이 술을 마시니까 화가 나서 잔소리를 하게 돼요.
- 남편 : 아내가 잔소리를 하니까 속이 상해서 술을 마시게 돼요.

2) 설명

(1) 순환적인 인과관계 속에서 특정 원인을 구별해 내는 것을 마침표(punctuation)라 한다.

(2) 마침표는 인과관계를 바라보는 관찰자에 따라 다르며, 마침표를 찍는 사람에 따라 원인을 식별해 내는 행위도 달라진다.

(3) 가족원 간 혹은 대인 간의 갈등은 대부분 원인에 대한 마침표를 다르게 찍는 것에서 비롯된다.

순환적 인과성

1) 순환적 인과관계는 어떤 원인에는 또 다른 원인이 있고, 그 위에 다시 또 다른 원인이 있고, 이런 원인과 결과의 관계가 끝없이 이어진다고 본다.

2) 예 아들이 집에 늦게 들어와서 엄마가 잔소리를 하고, 엄마가 잔소리를 하니까 아들은 더 늦게 들어오고, 아들이 더 늦게 들어오니까 엄마는 더 심하게 잔소리를 하게 되고...

3) 위의 사례와 같이 원인이 결과가 되고, 결과가 원인이 되는 상황이 된다.

4) 순환적 인과관계 속에서 특정 원인을 구별해 내는 것을 마침표 찍기(punctuation)라고 한다.

5) 이러한 마침표 찍기는 인과관계를 바라보는 관찰자에 따라 달라진다. 위의 예에서, 아들의 입장에서는 '엄마가 잔소리를 하니까, 나는 집에 늦게 간다.'에 마침표가 찍히는 것이고, 엄마의 입장에서는 '아들이 늦게 오니까, 나는 잔소리를 한다.'에 마침표가 찍히게 된다.
6) 만약 아들이 옳은가 또는 엄마가 옳은가에 초점이 둔다면, 문제는 해결되지 않는다.
7) 가족원 간의 상호작용이 지속되고 있음에 주목하면서, 문제를 전체적으로 조망하고, 해결점을 찾아야 한다.

(5) 가족체계는 항상 비교적 안정된 상태를 유지하려는 경향이 있다(항상성).
   예 자녀가 청소년기에 진입하였는데도 부모는 아동기의 가족체계 방식대로 의사결정을 하려 한다.
(6) 가족체계 기능 중에는 체계 간의 의사소통이나 피드백 기능이 중요하다(개방체계).
(7) 가족 내 개인적 행동은 직선적 인과관계보다 순환적 인과관계로 본다(순환적 인과성).
(8) 가족체계는 하위체계에 의해 성립되며, 또한 가족체계는 보다 큰 상위체계의 일부분이다(홀론).

기출문제 확인학습

가족체계론적 시각에 관한 설명

1) 부적(negative) 피드백은 가족체계가 안정 지향적으로 작동하는 것이다.
2) 가족원간의 디지털 의사소통 양식은 언어적 의사소통을 의미한다.
3) 가족체계에서는 부적 피드백과 정적 피드백 중에서 어느 피드백이 더 나쁘다고 판단할 수 없다. 특정 맥락에 따라 다르게 평가될 수 있기 때문이다.
4) 가족체계는 하위체계들로 구성되고, 사회체계는 가족의 상위체계이다.
5) 가족구성원 개인의 특성보다 가족 상호작용 패턴에 초점을 둔다.

(9) 일반체계론적 관점에서 가족은 각 부분은 어느 일정 기간 어느 정도 안정된 방법으로 다른 성원들과 관계를 맺으며 환경을 포함하여 부분들의 합이 직접적, 간접적으로 상호작용하는 역동체계이다.

2) 하위체계 (subsystems)

각 체계는 특수한 기능을 갖는 하위체계 또는 하부구조로 나누어지는데, 하위체계 각각이 모여 큰 체계를 구성하기도 하고 그 자체가 하나의 완전한 체계가 될 수도 있다.

3) 전체성 (wholeness)

(1) 체계는 각각 분리된 부분들의 합을 포함할 뿐 아니라, 각 부분 간의 상호작용도 포함하기 때문에 전체 체계는 단순히 부분들의 합으로 이루어지는 것 그 이상을 포함한다.

(2) 모든 가족원들의 상호관계가 모여서 전체를 이루는 가족이라는 체계는 가족원 간에 일어나는 상호작용을 합한 것보다 크며 이를 비총합성이라고 한다.

4) 동일 목적성 (equifinality)

체계 내에서 일어나는 상호작용의 결과는 항상 같다는 것을 의미하는데, 그렇기 때문에 시작이 되는 초기 조건에 구애받지 않고 문제의 기원이 무엇이든지 체계 내에서 변화가 이루어진다면 어떤 문제도 제거될 수 있다는 신념을 뒷받침해 준다.

5) 항상성 (homeostasis)

(1) 항상성은 체계 스스로가 역동적인 평형을 이루려 하는 성질을 의미한다.

(2) 가족이란 체계가 유지되는 속성을 설명하는데 체계는 어느 일정 기간, 어느 정도 안정된 방법으로 다른 성원들과 관계를 맺으려 하기 때문에 변화를 거부하고 익숙함에 안주하려는 경향을 지닌다.

(3) 다시 말하면, 변화를 가져오는 것이 체계가 지니는 고통을 줄인다고 하더라도 변화에 직면하여 체계가 위협을 당하는 상황에 부딪히면 항상성 기제가 활성화되어 이미 익숙한 역기능적 유형에 안주하려고 한다.

(4) 가족 항상성을 유지하는 것이 모든 가족원에게 최선의 이익만을 제공하지 않는 경우의 사례 : 부모가 싸울 때마다 한 자녀가 증상행동을 보인다면 그 증상은 부모가 한 마음으로 일치되어 자녀에게 관심을 가짐으로써 싸움을 중단시키는 수단이 될 수 있다. 자녀의 증상행동은 부모의 싸움으로부터 가족 평형을 지켜주는 기능을 하는 것이다. 가족 내의 상호작용 유형(부부싸움)이 문제행동(자녀의 증상행동)을 유지하도록 하는 것이다.

6) 피드백 (feedback)

(1) 피드백은 체계의 부분들 사이에서 일어나는 상호작용을 뜻하는 것으로 체계 내에서 부분들이 어떻게 연결되고 있는지를 보여준다.

(2) 피드백의 과정을 통하여 체계가 적응하고 유지되며 피드백은 직선이라기보다는 순환론적이다.

심화학습

환류 고리(Feedback Loop)

1) 환류란 자신이 수행한 것에 관한 정보를 받는 것이다.
2) 체계는 환류를 통해 새로운 행위를 산출하거나 기존의 행위를 수정하는 자기조절행위를 통해서 자신의 목적을 달성한다.
3) 환류는 정적 환류와 부적 환류가 있다.
4) 정적 환류와 부적 환류는 체계에 새로운 정보가 들어왔을 때 체계가 안정을 깨고 일탈을 향해 움직이려는 경향을 증대시키느냐, 아니면 감소시키느냐에 따라 구분하는 것으로서 어느 것이 더 바람직하다는 것은 무의미하다.
5) 정적 환류(긍정적 환류, 적극적 환류)
   (1) 정적환류는 현재 자신의 행동이나 변화에 대해 그 행위를 계속하게 하는 정보를 받는 것이다.
   (2) 새로운 행동이나 변화가 생겼을 경우, 변화를 수용하여 그 변화를 유지하게 되는 역할을 한다.
   (3) 내용이 긍정적이거나 부정적인 것에 관계없이 상황이나 행위, 변화를 지속하게 되면 정적 환류이다.
   (4) 가정에서 일어나는 일탈행동이나 갈등상황에 대해 정적 환류를 적용하면 정적환류는 최초의 일탈이나 갈등을 증폭시키는 역할을 한다.
6) 부적 환류(부정적 환류, 소극적 피드백)
   (1) 어떤 상태나 변화 또는 새로운 행동이 부적절하므로 원래의 상태로 되돌아가게 하는 환류이다.
   (2) 체계가 항상성을 유지하고, 안정을 유지하게 하는 일탈 감소, 안정 유지의 역할을 한다.
   (3) 부적환류는 위기상황으로 더 이상 진전되는 것을 멈추고 원래의 상태로 돌아가는 것이다.
   (4) 가족규범으로부터 벗어나는 행동은 부적환류를 통해 저지되면서 항상성을 유지하는데 기여한다.

7) 경계[1]

(1) 하위체계는 자신의 조직, 경계, 상호작용을 가지고 있다.
(2) 경계의 투과성 정도에 따라 개방체계(opened system)와 폐쇄체계(closed system)의 두 가지로 구분된다.
(3) 개방체계는 주위 환경이나 다른 체계와 서로 상호작용이 이루어지고 있는 체계이고 폐쇄체계는 환경과의 작용이 없고 자신의 경계 안에서만 작용하는 체계이다.
(4) 가족이 충분히 개방된 경계를 가지고 있다면 가족으로 들어오고자 하는 낯선 사람이나 새로운 생각을 쉽게 받아들이며, 폐쇄된 경계를 가지고 있는 가족은 자기 가족 외에 어떤 사람도 받아들이지 않으며 자신들이 가지고 있는 생각과 다른 것에는 매우 배타적이다.
(5) 체계가 서서히 무질서와 혼란상태로 흘러가는 것을 엔트로피(entropy)라고 하는데, 이는 폐쇄체계에서만 가능하다.
(6) 개방체계에서는 환경이나 다른 체계와 정보와 에너지를 교환하면서 엔트로피를 억제시키는데 이것을 네겐트로피(negentropy)라고 한다.
(7) 가족경계의 한 끝이 혼합된 가족을 나타낸다면, 다른 한 끝에는 가족은 경계가 적당하게 분리되지 못한 심히 경직된 가족경계를 지닌 가족이 나타난다(분리된 가족).
(8) 분리된 가족은 일반적으로 가족 간의 대화나 관심표현이 부족한 것을 특징으로 한다.
(9) 혼합가족에서는 가족원 중 하나가 문제행동을 보일 때 다른 식구들이 민감하고 과대한 반응을 보인다.

---

1) 가족체계에 있어서 경계는 관계의 성격을 나타내는 행동유형과 가족의 관습, 가치를 바탕으로 형성된다. 가족원들은 가족 상호 간의 정보, 의사소통을 기초로 하여 다른 가족과 구별되는 경계를 만든다.

8) 하위체계와 경계선

(1) 가족체계는 가족원 사이의 관계, 속성, 환경으로 구성되며 모든 가족체계는 부부, 부모 - 자녀, 형제 - 자매, 여성, 남성, 모자, 부녀 등 하위체계로 구성되고 동시에 사회나 문화와 같은 더 큰 체계의 부분이 된다.

(2) 가족치료에서 일반적으로 관심을 갖는 것은 가족 내 부부관계, 부모 - 자녀 관계, 형제 - 자매 관계 등 같은 가족의 하위체계이다.

(3) 개인과 개인 사이에 또는 하위체계와 하위체계 사이의 경계선(체계의 내부와 외부를 구분하는 선으로 다른 사람들과의 접촉하는 수준을 규제하는 눈에 보이지 않는 장벽)에 의해 정보가 흘러가는 것이 통제되거나 규정된다.

(4) 경계선은 모호한 경계선, 분명한 경계선, 경직된 경계선 등으로 구분된다.

(5) 모호한(혼합된, 산만한) 경계에서는 가족원 사이에 모든 정보를 공유하며 모든 문제에 지나치게 얽혀있어 필요 이상의 관여를 하게 된다.

(6) 분명한 경계는 경계가 적절히 투과적이기 때문에 지나치게 관여하거나 전혀 관여하지 않거나 하지 않고 유연함을 보인다.

(7) 경직된(분리된, 유리된) 경계에서는 가족원 사이에 생각이나 감정, 정보 등을 전혀 나누어 갖지 않으며 폐쇄적이고 경직된 경계를 지닌 가족은 지역사회, 이웃, 직장, 친척, 친구 등과의 관계에서 정보교환과 상호작용이 매우 제한적이다.

9) 가족 규칙

(1) 가족은 규칙에 의해 지배되는 체계로서 가족원은 조직화되고 반복적인 상호작용 패턴으로 행동하게 된다.

(2) 대부분 역기능적 가족에서는 가족 규칙이 한정되어 있거나 적은 경우가 많고 자녀의 발달 수준에 맞지 않게 경직되어 있다.

(3) 기능적 가족에서는 가족의 규칙이 일정하게 있고 가족원의 발달단계에 적합하며 유연하게 생산적으로 작용하며 가족원 각자가 다른 사람에 대한 행동을 자유롭게 선택할 수 있고, 자신에 대한 다른 사람의 행동에 대하여 자유롭게 반응할 수 있도록 가족규칙이 작용한다.

10) 가족 삼각관계

(1) 보웬(Bowen)에 의해 처음 제안된 것으로 세 사람의 인간관계를 기술하는 개념이다.

(2) 두 사람이 관계를 맺으면 불안이나 긴장이 유발되는 경우가 많으므로 이 때 긴장을 줄이기 위해 제3자나 문제를 끌어 들여 삼각관계를 형성하게 된다.

예 아버지와 어머니, 자녀 세 사람으로 된 삼각관계나 또는 시어머니와 남편, 며느리로 된 삼각관계, 그리고 가정을 돌보지 않고 외도하는 남편의 부인이 자녀들과 생존하기 위해 자녀들과 결속하려고 하는 것이다.

(3) 일반적으로 병리적이고 역기능적인 삼각관계는 대부분 세대가 다른 사람들 간에 형성되며 자신의 연합 사실을 인정하지 않고 부정하며 정형화되어 있는 것이 특징이다.

(4) 그러나 모든 삼각관계가 가족병리의 지표가 되는 것은 아닌데, 그 이유는 긴장을 야기하는 에너지의 방향을 전환시킴으로써 개인이나 가족관계가 생산적이고 정상적인 기능을 유지하는데 일시적 도움을 제공할 수도 있기 때문이다.

11) 가족문제

(1) 문제를 어떻게 해결할 것인가를 결정하기 위해서는 문제의 본질이 무엇인가를 명확하게 파악하는 것이 필수적이다.

(2) 가족이 당면한 문제가 얼마나 오래된 것인가를 아는 것은 도움이 되는데 이는 오래 끌어온 문제는 최근에 일어난 갈등이나 문제보다 변화가 어렵기 때문이다.

(3) 상담을 시작하기에 앞서 남아있는 과거 기록이나 2차 자료는 문제를 파악하는데 결정적인 역할을 한다.

(4) 가족문제를 다루는데 상담자가 우선 알아야 하는 부분은 문제의 복합성과 기간이다.

(5) 가족문제를 이해하기 위해서 상담자는 문제가 얼마나 오래 된 것인가?, 문제가 얼마나 심각한가?, 내담자는 어떻게 반응하였고 어떤 행동을 취했는가?, 과거에 이 같은 문제가 있었다면 어떻게 해결하였는가?, 이 문제에 개입된 다른 가족원이 있는가?, 그들의 반응은 어떠한가? 등의 질문에 대답을 구해야 한다.

12) 의사소통 유형

(1) 모든 가족원들은 그들만의 언어와 비언어를 포함하여 독특하게 의사소통을 하여 정보를 주고받는다.

(2) 각자가 자기 고유의 의사소통 양식을 갖고 있듯이, 가족도 나름대로의 의사소통 양식을 갖는다.

(3) 의사소통의 사례 : 아버지는 아들과는 운동과 관련된 이야기만을 하고 어머니는 딸과의 대화가 주로 집안 일에 관해서 이루어진다. 이와는 달리 다른 가족에서는 가족 간의 대화가 성역할에 상관없이 자유롭게 진행됨을 보여준다면 그 가족은 더욱 개방적인 경계체계를 갖고 있음을 알 수 있다.

(4) 명확치 않은 의사소통 유형을 자주 반복하여 사용하는 가족은 기능에 심각한 문제를 갖게 된다.

(5) 서로 다른 두 가지의 주제를 동시에 포함하는 대화를 할 때 가족원들은 어떤 방법을 사용해도 인정을 받지 못하는 "이중속박(double bind)"의 상황에 놓이게 되며 이러한 대화에서는 표면적으로는 행동을 승인하는 듯하나, 내면적으로는 행동을 승인하지 않는 것이다.

(6) 가족평가를 할 때 "의사전달이 명확한지?", "토론을 할 때 가족 성원 누군가가 빠지고 있는지?", "가족문제에 대한 비난이 한 사람에게만 습관적으로 돌아가는지?", "대화에 이중 속박(double bind)과 같은 모순된 내용이 담겨 있는지?", "가족이 정한 금기사항이 있는지?"와 같은 질문들이 가족의 의사소통 유형을 평가하고 관찰하는 데 도움을 준다.

기출문제 확인학습

가족 의사소통에 대한 가족상담자의 효과적인 개입

1) 여러 가족원이 동시에 말하는 경우 : 특정 가족 구성원을 지정하여 질문하였다.
2) 아무도 말하지 않는 경우 : 가족 상호작용이 원만하지 않기 때문인지 자신의 생각이나 감정을 억압하기 때문인지 원인을 파악하였다.
3) 다른 가족원 대신 말하는 경우 : 다른 가족원 대신 말하는 가족원의 표현을 줄이며, 표현을 잘 못하는 가족원이 직접 말하도록 격려하였다.
4) 다른 가족원을 비난하는 경우 : 자신의 감정과 생각을 감정 반사적이지 않게 표현하도록 하였다.
5) 가족원들이 상담자에게만 말하는 경우 : 가족 간의 상호작용이 중요하므로 직접 표현하도록 하였다.

13) 가족구조

(1) 가족기능을 평가하기 위해서는 가족구조를 아는 것이 필요하며 가족구조는 가족원들이 어떻게, 언제, 어떤 사람과 반복적으로 상호작용하는가에 의해 알 수 있다.

(2) 가족구조의 본질을 이해하기 위해서는 둘 또는 그 이상의 가족원들 사이에서 일어나는 유형화된 행동의 결과를 광범위하게 관찰해야 한다.

(3) 가족 내에서 행해지는 모든 역할(특정 사회체계에서 한 위치를 점유하고 있는 사람에게 사회가 기대하는 행동)을 종합해 보면 가족구조를 파악할 수 있다.

(4) 가족의 공식적 역할의 사례 : 부모는 양육자 또는 가계 부양자의 역할을 하고, 자녀는 학생 또는 보조자의 역할을 한다.

(5) 일반적인 비공식적 가족역할에는 영웅, 피해자, 희생양, 놀림감, 우스개꾼, 효자·효녀, 미운 털, 반항아 등이 있다.

(6) 어떤 가족은 가족체계의 균형을 위해서 비공식적 역할을 필요로 하지만, 개인에게 뿐만 아니라 가족 전체에 피해를 주는 역할을 특정 가족원에게 부여한다.

(7) 상담자는 가족구조를 평가할 때 역할수행과 더불어 어떻게 가족의 욕구충족이 이루어지는지를 살펴보아야 한다.

(8) "여러 가지 역할을 맡은 사람이 있는가?", "칭찬을 받기 위해 특정 역할을 맡고 있지는 않는가?", "주어진 역할이 애매모호하여 한꺼번에 여러 사람이 역할을 수행하거나 다른 가족원이 할 것으로 예상하여 아예 역할을 수행하지 않기도 하는가?", "가족에 문제가 생겼을 때 상황에 적응할 수 있을 만큼 역할 수행에 융통성이 있는가?", "비공식적 역할이 가족원들을 서로 경멸하게 하거나 가족원들의 자존감 발달을 방해하지는 않는가?" 등과 같은 질문들은 가족구조가 갖고 있는 역할을 평가하는데 도움을 준다.

14) 가족환경

(1) 생태학적 접근을 사용하는 상담자는 가족이 가족을 둘러싸고 있는 전체 환경과의 조화를 살피는데 중점을 둔다.

(2) "가족이 필요로 하는 욕구가 환경 내의 자원으로 충족될 수 있는가?", "확대가족이나 가족환경을 통해서 필요한 지원을 받을 수 있는가?", "환경 내에 있는 제도나 사람들이 가족의 성장과 안정에 도움을 주는지, 또는 중요한 욕구가 불만족 상태에 있음으로 가족이 환경에 불만을 느끼고 있지는 않는가?" 등의 질문들을 사용하여 상담자는 가족 내의 가족원과 가족의 환경을 포함한 전체적 관점에서 가족을 평가한다.

(3) 사정도구는 생태지도(생태도)를 통하여 가족과 환경과의 관계를 파악할 수 있다.

15) 가계도

(1) 가계도(genogram)란 보웬이 고안한 것으로서, 3세대 이상에 걸친 가족성원에 관한 정보와 그들 간의 관계를 그림으로 기록하는 작성방법을 말한다.

(2) 가계도에서는 가족에 관한 정보가 도식화되어 있기 때문에 복잡한 가족유형의 형태를 한 눈에 알아볼 수 있다.

(3) 가계도 작성의 3단계는 ① 가족구조를 도식화하는 것, ② 가족에 관한 정보를 기록하는 것, ③ 가족관계의 기술이다.

① **가족구조의 도식화** : 가계도는 각 가족성원이 한 세대에서 다음 세대까지 생물적, 법적으로 어떻게 관련되는지를 도표로 묘사한 것이다.

② **가족에 관한 정보 기록 방법** : 가족구조를 도식화한 후 구성원의 이력, 가족의 역할, 가정의 중요한 가족사건 등에 관한 정보를 덧붙인다.

③ **가족관계 표현** : 가계도 작성에 있어서 마지막 단계는 지금까지와는 달리 추론에 근거한 작업으로서, 이는 가족의 보고와 치료자의 직접적 관찰에 근거하여 가족성원의 관계를 묘사하는 것이다.

제2절 | 가족상담의 기본개념

1 가족의 개념

1) 가족은 생물학적, 심리적, 사회적으로 서로 다른 남녀의 결합(결혼)을 기초로 하여 이루어진다.

2) 가족 구성원들은 정서적 끈으로 연결된, 제1차적인 복지를 추구하는 집단이다(부부, 부모자녀, 형제).

3) 가족은 일반적으로 한 곳에서 주거와 생계를 함께 하며 서로의 안전, 휴식, 영양, 성장, 성(性), 애정의 욕구 등을 일차적으로 충족시킨다.

4) 가족의 정서적 결합이 중요하며, 이는 가족 안에서 공동생활이 잘 된다는 것은 역할 배분에 무리가 없고, 각자가 다른 사람의 역할을 서로 인정하며, 역할 수행의 조화를 이루며 일상생활이 안정적, 발전적으로 통합되어 있는 상태를 의미한다.

5) 다음과 같은 견해를 근거로, 가족을 체계라는 관점에서 이해할 수 있다.

(1) 가족은 각 부분의 특성을 합한 것 이상의 특징을 지닌 체계이다.

(2) 체계의 움직임은 어떤 일반적인 규칙에 의하여 지배되고 있다.

(3) 모든 체계는 경계를 가지고 있으며 이와 같은 경계의 특성은 체계가 어떻게 기능하는가를 이해하는데 중요한 열쇠가 된다.

(4) 체계 한 부분의 변화는 체계 전체의 변화를 초래할 수 있다.

(5) 가족체계는 완전하지 않으므로 항상 비교적 안정된 상태를 유지하려는 경향이 있다.

(6) 체계의 기능 중 체계 간의 의사소통이나 피드백 기능이 중요하다.

(7) 가족에서의 개인행동은 어떤 원인이 곧 결과가 된다는 직선적 인과관계보다는 원인이 결과이며, 결과가 원인이 될 수 있다는 순환적 인과관계로 본다.

(8) 다른 개방체계와 마찬가지로 가족체계는 목적을 추구한다.

(9) 체계는 하위 체계에 의해서 성립되며, 그 체계는 보다 큰 상위체계의 일부분이다.

2 기능적인 가족의 지표 - 가족의 기능적 수준을 평가하는 몇 가지 요소

1) 부부관계의 특성

부부가 상대 배우자에게 얼마나 영향력을 가지고 있으며 서로 협력하는가?

2) 가족 내의 세력을 다루는 방법

(1) 부모 - 자녀 관계에서는 부모가 리더십을 가지고 자녀를 양육한다.

(2) 세력의 문제에 대한 합의가 없다면 가정 내에서 세력에 대한 끊임없는 갈등이 일어나게 된다.

3) 가족 응집력의 양과 유형

가족이 어떻게 응집성과 개별성 양쪽의 조화를 이루면서 추진하느냐는 중요한 문제이다.

4) 가족 내의 의사소통

의사소통 방식을 결정하는 요인에는, 명백한 대화를 격려하는가?, 가족이 자발적으로 대화하는가?, 서로 말하도록 기회를 주는가? 등이 있다.

5) 문제해결 능력

가족이 위기에 어떻게 접근하여 효과적인 과정을 통하여 문제해결을 추구하는가를 파악하여야 한다.

6) 감정을 다루는 방법

(1) 건강하게 자신이 보고 듣고 느낀 것을 분명하게 말할 수 있어야 한다.
(2) 가족 내에서 각 구성원이 얼마나 개방적으로 자신의 감정을 표현하며, 표출된 감정 표현이 공감적 반응을 얻었는지의 여부와 스트레스가 없을 때 기본적인 가족의 기분 정도 등에 따른다.

7) 자존감의 형성

(1) 자존감이란 긍정적인 자기 상(象)이며 누구나 자신에 대한 이미지를 지니고 있다.
(2) 이렇게 되고 싶다는 이상적 자기 상이 강한 사람은 현재의 자신에게 만족하지 못하고 항상 이상적 자기 상과 비교하여 자신을 볼 것이다.
(3) 참된 자아란 자신의 감정을 있는 그대로 받아들이고 자신을 고정된 실체로 보지 않으며 변화하는 존재로 받아들이는 것이다.

8) 친밀감과 자립성

(1) 다른 사람과 친밀한 관계를 가질 수 있는가의 여부는 사람을 사랑할 수 있는지와 직결되기 때문에 가정생활에 있어서 중요한 요소이다.
(2) 자신의 두 발로 설 수 있는 독립성은 자립의 필요조건이지만, 결코 충분조건은 아니다.
(3) 자립이란 자신의 두발로 서면서 동시에 필요하다면 타인에게 기댈 수 있는 능력까지도 포함되는 개념으로 자립한 인간이란 자율과 의존의 조화가 이루어져야 한다.

3 가족 관련 문제

1) 가족상담을 적용하기 위한 지표는 다음과 같이 제시할 수 있다.

(1) 어떤 증상이 역기능에 빠진 가족관계의 체계 속에 얽혀 있다고 판단될 경우이다.

(2) 도움을 구하고 있는 사람의 호소가 특정 가족 개인의 문제보다도 가족 간의 관계 변화에 있다고 판단될 경우이다.

(3) 가족이 서로 분리되는 것에서 어려움을 겪고 있는 경우이다.

청소년이 관련된 많은 문제행동의 이면에는 이와 같은 분리에 대한 갈등이 내재되어 있는 경우가 많은데, 그러한 경우에는 가족상담의 개입이 상당한 효과를 거둘 수 있다.

2) 위에서 언급한 지표에 대한 이해를 돕기 위하여 오늘날 우리의 생활 속에서 자주 볼 수 있는 가족문제를 유형별로 살펴보자.

(1) 부부 간의 문제

① 결혼을 하려는 젊은 부부는 원 가족과 독립적이면서도 연결된 하나의 하위체계를 형성하기 위해 자신이 출생한 가족과 맺고 있는 관계에 변화를 추구해야 한다.

② 원 가족과 분화를 잘 하지 못한 개인이 새로운 가정을 만들 때는 여러 가지 어려움이 예상된다.

(2) 맞벌이의 문제

사회생활 속에서의 남녀평등과 가사분담의 문제 및 자녀양육의 문제가 있다.

(3) 아동양육의 문제

치료적 개입에서는 문제행동을 하는 아동과 다른 가족 사이의 역기능적인 상호작용 양상이 변화할 수 있도록 돕게 된다.

(4) 청소년기 동일성의 문제

① 심리적으로나 신체적으로 불안정한 청소년들이 지나친 압박감을 느끼면 우울이나 자살을 시도하거나 그 반대로 다른 사람에게 폭력 등을 휘두르는 행동화라는 양극단의 양상을 보이게 된다.

② 청소년 상담의 또 다른 어려움은 등교거부에서 보이는 것처럼 그들은 학교 부적응을 중심으로 한 신경성 식욕 부진증, 여러 가지 비행 등 자아정체감의 장애 때문에 상담을 받으러 오는 경우가 많은데, 이들의 상담에 대한 동기가 낮다는 점이다.

(5) 집 떠나는 성인 자녀와의 문제

① 최근에 가족상담 분야에서 주목할 만한 문제는 부모의 곁을 떠나는 성인 자녀에 대한 어려움이 있다는 점이다.

② 부모들은 성인 자녀들이 자율적으로 되기를 원하면서도 한편으로는 그들의 힘으로는 성공하지 못할 것이라고 생각한다.

③ 자녀가 성인이 되어 집을 떠나야 할 시기가 되면 이 같은 과제는 모든 가족의 위기로 파급되며, 집을 떠나는 과제는 좀처럼 이루어지기 어렵게 된다.

④ 이 시기에 중요한 것은 부모 - 자녀관계를 분리시키고 부모가 자녀에게 하던 투자를 부부관계로 돌리도록 변화해야 한다.

(6) 연로한 부모 돌보기

연로한 부모를 부양할 책임이 점점 늘어나는 중년기 가족들에게 부모와의 상호관계나 가중되는 스트레스 같은 여러 가지 어려움이 부각되는 것은 당연한 일이다.

(7) 한부모 가정의 문제

① 한부모 가정이 늘어 가는데 그에 따른 스트레스와 재혼가족들에 의한 계부모가족은 가족생활주기의 분열인 동시에 새로운 주기의 시작이다.
② 이들은 한쪽 부모의 죽음이나 이혼으로 인한 상실을 경험한 가족이므로 더 많은 어려움을 겪게 된다.
③ 가족관계에 있어서도 더 많은 관계들이 서로 얽혀 있기 때문에 더욱 복잡한 문제를 파생시킬 수 있으므로 상담자의 도움을 필요로 한다.

(8) 아동학대 가정의 문제

① 학대받고 큰 아이들은 공격적인 성향이 강하여 다시 학대를 하는 악순환이 생긴다.
② 가족상담을 통하여 부모들이 자신의 분노를 조절하는 방법을 습득하거나, 부모의 분노를 유발시키는 아동의 행동에 대한 적절한 지도가 필요하다.

(9) 약물과 알코올 중독의 문제

가족 중에 누군가 약물이나 알코올 남용의 문제를 가지고 있다면 나머지 가족들도 영향을 받기 때문에 상담자는 환자뿐 아니라 환자에 대한 가족들의 감정도 도와줄 필요가 있다.

4 가족 스트레스

가족 스트레스는 생활스타일을 만들어 갈 때 생활체계로서 가족에게 어떤 자극요인이 더해짐으로써 종래의 생활양식이 혼란을 초래하고 기존의 대처양식이나 문제해결방식으로는 평형을 유지할 수 없는 위기에 도달하는 상황, 또한 그것을 극복하려는 노력과 결과까지를 포함하는 능동적인 과정을 의미하는 용어이다.

1) 가족의 중요성이 약화되는 원인

(1) 사회의 변화와 함께 이전에는 가족의 기능이었던 생식, 성(性), 교육, 오락 등의 여러 기능이 점차 외부로 이양되거나 또는 가족 고유의 기능으로 존재하지 않게 되었다.
(2) 가사 노동의 경감과 함께 자녀 수효의 감소는 필연적으로 주부의 사회 진출뿐만 아니라, 자신들의 활발한 취미 활동을 가능하게 하였다.
(3) 가족은 기능면에서 축소했을 뿐 아니라, 규모에 있어서도 3세대 가족이 줄어들고 30세 이후의 사람들은 형제가 거의 2명 정도로 가족 수가 급격하게 감소하고 있다.

2) 가족 갈등의 다양성에 따른 접근법

(1) 가족의 다양한 갈등으로 인해 가족의 문제행동이나 병리현상을 개인의 문제로 한정하지 않고 가족 전체로서 생각하고 대처하는 것이 중요하며 심리학, 문화인류학, 민속학 등의 관점과도 관련하여 가족을 바라보는 다양한 관점이 필요하게 된다.

(2) 가족의 문제를 바라볼 때는 단순히 지적으로 이해하거나 해석하지 않으면서, 실제 어떤 문제를 가지고 고민하고 있는 내담자나 그 가족이 가진 문제가 무엇이며, 현실적으로 어떻게 해결하여 가족 공동체의 생활을 유지, 회복 또는 갈등에서 벗어날 수 있는가라는 접근을 할 필요가 있다.

3) 가족 스트레스 연구동향

(1) 가족 스트레스 연구는 우선 가족을 위기적 상황을 초래하는 사건에 주목하는 데서 시작되었으며 개인과 달리 가족이 보이는 스트레스는 수직적 요인과 수평적 요인이 함께 작용하므로 더욱 복잡하다.

(2) 수직적 스트레스 요인은 가족의 태도, 기대, 규칙 등 세대에 따라 전수되는 관계와 기능 양상을 포함한다(원 가족에서 파생되는 가족 이미지, 가풍, 가족신화, 가족규칙 등이 이에 속한다).

(3) 수평적 스트레스는 발달적 스트레스 요인과 외적 스트레스 요인으로 구성된다.

① 발달적 스트레스는 생활주기의 변화로서, 자녀의 출산, 입학, 결혼처럼 대부분의 가족이 발달하면서 겪게 되는 사건과 같이 가족이 예측할 수 있는 것으로 구성되어 있다.

② 외적 스트레스 요인은 실직, 사고에 의한 죽음처럼 예측할 수 없는 사건들로 이루어져있다.

기출문제 확인학습

카터와 맥골드릭이 제시한 가족체계에서의 스트레스원(stressor)

1) 가풍은 수직적 스트레스원이다.

2) 가족원의 만성적 질병은 수평적 스트레스원이다.

3) 자녀 출산은 수평적 스트레스원이다.

4) 가족원의 실직은 수평적 스트레스원이며, 가족 유산은 수직적 스트레스원이다.

5 스트레스 이론

1) 가족 스트레스 이론

(1) 일반적 적응 증후군

셀리에(Selye)는 스트레스 반응이 ① 경각(경고) 반응 단계, ② 저항 단계, ③ 소모(소진) 단계의 3단계로 진행되며, 이 스트레스 단계를 일반적 적응 증후군이라고 명명하였다.

(2) 스트레스의 인지 - 교류이론

스트레스는 환경의 요구와 대처 자원 간의 불일치이며, 평가와 대처라는 두 가지 인지과정이 작용한다.

(3) 힐(Hill)의 연구

① 가족 위기연구는 1930년대부터 시작되어 불황이나 실업이 가족에게 미치는 영향, 가족의 사별, 부부 갈등과 이혼 후의 재적응 등에 관한 연구가 진행되었다.

② 이 중에서도 1949년 발행된 R. Hill의 "스트레스 상황에 있는 가족"은 선행연구를 폭넓게 포함한 실증적 연구로 잘 알려져 있다.

③ ABC - X공식은 가족 위기 또는 스트레스 상황 발생의 요인 관련모델이며 이는 어떤 사건(A)이 위기(X)를 생성하려면 가족의 자원(B)과 가족의 사건에 대한 정의(C)와 상호작용한다는 의미이다.

④ 스트레스 요인이 되는 사건에 대하여 살펴보면, Hill의 초기연구에서는 가족과 관련된 스트레스 요인을 가족의 증가, 가족의 이탈, 가족의 유대감 상실, 가족구조의 변화 등 내부적인 요인에서만 찾았지만, 그 후 가족 스트레스의 원천을 다음의 3가지로 정리하였다.

ㄱ. 가족 이외의 사건이다.
전쟁, 정치적 또는 종교적 박해, 홍수, 지진 등의 자연 재해 등을 들 수 있다.

ㄴ. 가족 내부의 사건이다.
사생아의 탄생, 부양의 기피, 정신장애 가족의 발생, 배우자의 부정, 자살, 약물남용 등이 포함되며 이것은 그 이전의 가족 내부의 기능이 잘 기능하지 못했다는 점을 반영하여 생기는 사건이라는 점에서 한층 해체적이라고 말할 수 있다.

ㄷ. 가족 외적 사건이다.

가. 결정적인 스트레스 요인으로 보지 않거나, 다른 가족도 같은 상황이나 그것에 의해 상황이 나빠질 수 있다고 생각하는 성질을 가지고 있다.

나. 구체적으로는 전쟁으로 인한 이별이나 귀환에 의한 재통합, 화재로 인한 가옥 상실, 강제적 이주, 불황기의 수입원 상실, 조산(早産) 등을 들 수 있다.

⑤ Hill이 제시한 제2의 이론을 청룡열차 모델이라고 부르며 이것은 집단으로서의 가족이 위기를 직면하면 조직 해체 - 회복 - 재조직이라는 과정을 거치면서 적응해 가는 과정을 나타낸 것이다.

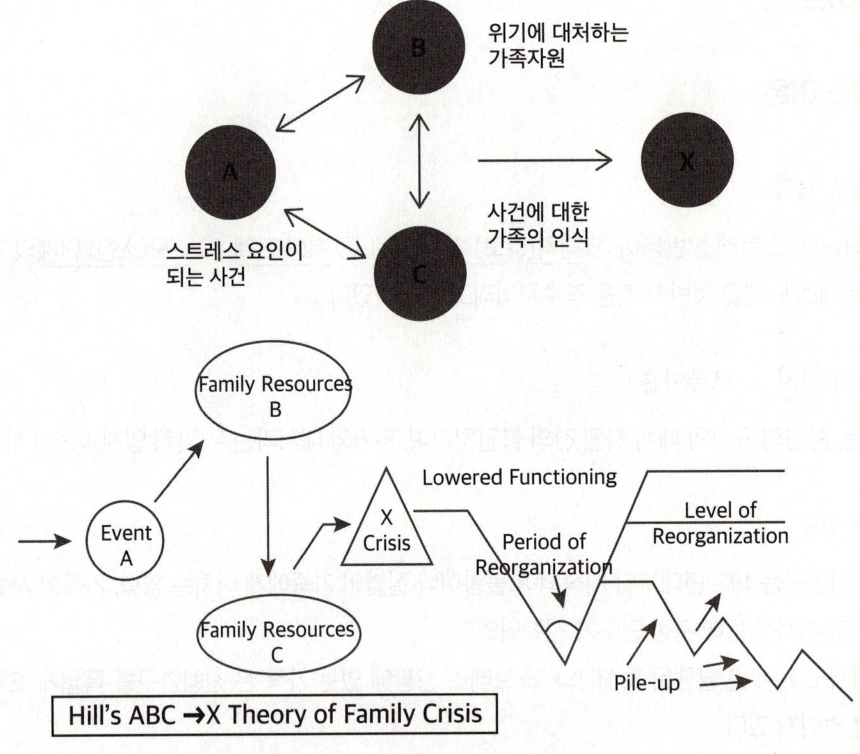

R. Hill의 ABC - X 공식

(4) 버어(Burr)에 의한 연구

① 미국에서 1970년대 가족연구는 실증연구에 근거한 이론 구축 작업이 크게 진전을 보았다.

② 이러한 움직임을 이끈 대표적인 사람이 W. Burr이며 1973년에 그의 저서에서 연역적인 명제체계로서 이론화하는 획기적인 작업을 진행하였다.

③ Hill의 ABC - X 공식을 기초로 하면서도 지금까지의 여러 연구에서 추출하여 재구성한 25개의 명제 군을 정리하였다.

(5) 맥커빈(McCubbin)과 패터슨의 이중 ABC - X 모델

① Hill의 스트레스 이론을 보다 충실하게 계승하면서 발전시킨 것은 McCubbin 등의 이중 ABC - X 모델로서, 현재는 가족 스트레스의 이론을 가장 잘 표현한 것으로 알려져 있다.

② McCubbin 등의 목표는 Hill에 의한 ABC - X공식과 청룡열차 모델로 표현된 조직 해체 - 회복 - 재조직화 과정을 통합하는 것이다.

③ Hill이 말한 스트레스의 결과인 조직화의 수준 대신에, 그는 적응의 개념으로 대치시켰으며 이는 가족연구에서 익숙한 개념일 뿐 아니라, 생리학, 심리학에서 말하는 스트레스 이론과 공통점을 가지고 있다.

④ McCubbin 등은 이와 같은 재적응 과정은 대처(Coping) 과정이기도 하다는 관점에서 셀리에(Selye) 등의 심리학적 스트레스 연구의 주요 개념을 도입하였다.

⑤ McCubbin 등은 베트남 전쟁에서 전시포로가 되었던 미군의 가족연구를 기초로 스트레스 연구를 한 경력에서 실증적 연구로서 위기상황은 진화하는 성질을 가지고 있으며, 또한 해결에도 어느 정도의 기간을 필요로 한다는 것을 밝혔다.

⑥ 스트레스 상황의 가족을 보면, 거의 대부분의 가족은 어떤 단일의 스트레스 요인을 처리하는 것이 아니라, 주요한 스트레스 요인이 되는 사건이 일어난 후에 스트레스 요인의 누적을 경험함으로써 곤란이 가중되어 사건이 심각해진다는 것을 인정했다.

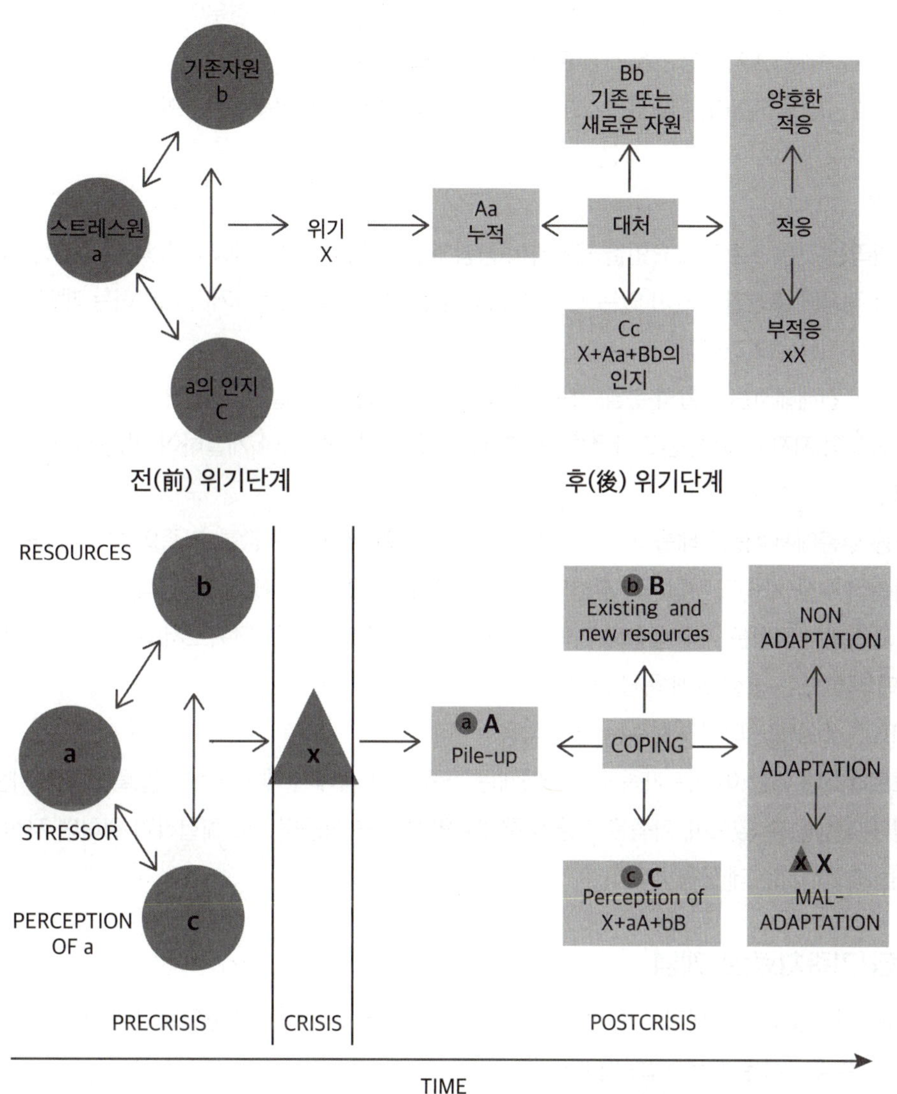

맥커빈 & 패터슨의 이중 ABC - X 모델[2)]

2) 맥커빈 & 패터슨의 이중 ABC - X 모델은 위기(X) 시 가족의 취약성은 스트레스 요인(A)과 기존의 자원(B) 그리고 가족의 인지(C) 간의 상호작용에 의해 결정되지만, 이 모델에서는 스트레스 요인의 축적과 이에 수반되는 영향이 추가되었다.

(6) 스티븐스의 스트레스와 대처에 대한 모델

스트레스는 가족의 사회적 지지를 동원하게 되며 이는 스트레스를 감소시켜 가족 구성원 및 가족 전체의 안녕에 긍정적 효과를 미치게 된다.

2) 스트레스 요인 누적의 주된 현상

(1) 사건 자체에 내재하는 곤란성이 시간의 경과와 함께 가중되는 상태이다.

(2) 원래의 사건이 미해결된 채로 그것과는 별개의 사건이 겹쳐서 일어나는 경우이다.

(3) 위기로의 대처행동 그 자체가 스트레스 요인으로 가중되는 경우이다.

(4) 스트레스 요인의 누적이라는 발상은 스트레스 연구의 중요한 핵심 개념인 사건의 누적에서 유래한 것이다.

3) 가족의 대처

(1) 가족 대처라는 것은 스트레스 요인을 제거하여 상황의 곤란함을 처리하거나 가족 내부의 분쟁이나 긴장의 해결 또는 가족 적응을 촉진할 필요가 있는 사회적, 심리적, 물적 자원을 획득하거나 개발하는 개인 또는 가족 단위로서의 행동적 적응을 의미한다.

(2) 가족 대처의 견해에서는 역할의 분담, 가족집단의 유대, 적응능력과 같은 가족 내부의 자원 강화와 개발 또는 친인척의 정서적 지지, 전문적 원조와 같은 지역사회 자원을 강화하거나 개발하여 이끌어내려는 가족의 노력이 중시된다.

(3) 가족 기능 수준에서 적응상태를 이루는 특징은 가족 통합의 유지 또는 강화, 가족의 발달과 가족 단위로서의 발달의 지속적 추진, 가족의 자립성과 환경의 방향을 통제할 수 있는 감각을 얻게 된다.

(4) 반대로 가족의 부적응은 가족 통합의 저하, 가족 개인적 발달 또는 가족 단위로서의 발달 저하, 가족의 독립성과 자립성의 저하 또는 상실 초래 등을 들 수 있다.

(5) 이중 ABC - X 모델의 마지막 변수는 가족 적응력이다.

(6) 가족 스트레스에 대한 이해는 가족 상담자에게는 가족 상황 속에서 예측가능한 일을 해결해 가는 복잡한 전략을 상담에 적용할 수 있으며, 가족은 그들 나름대로의 위기를 성공적으로 해결하기 위하여 자신들의 장점이나 가능성을 촉진시키는 데 도움이 된다.

6 가족상담(가족치료)의 개념

1) 가족상담이란 가족을 하나의 체계로 보며, 그 체계 속의 상호교류 양상에 개입함으로써 개인의 증상이나 행동에 변화를 가져오도록 추구하는 치료적 접근법이다.

2) 개인적인 심리상담이 개인이 가진 문제를 환자 개인의 정신 내적 문제로 간주하여 치료한다면, 가족상담에서는 환자 개인이 맺고 있는 관계, 특히 가족관계와 역동성에 초점을 두어 치료한다.

3) 가족상담을 필요로 하는 가족을 언급하려면 건강한 또는 잘 기능하는 가족인가에 대한 정리가 필요하다.

4) 가족은 특유의 상호작용을 통하여 그들의 갈등 해결의 유형도 함께 형성해 왔으며 가족을 집합체인 전체로 이해하기 위해서는 가족 각각의 특성이 아니라, 그들이 서로에게 어떻게 관계하는지를 파악하는 것이 중요하다.

5) 최근에는 가족을 구성하고 있는 개인을 강조하던 기존의 관점과는 달리 개인을 둘러싼 맥락을 강조하는 관점으로 전환하고 있는데, 즉 개인의 행동은 환경의 역동성을 반영한다고 가정하는 것이다.

6) 최근에는 통합적 접근이 모색되고 있으며 이는 생태체계이론에 의해 더욱 공고히 되면서 가족 실천 분야에 있어서 지역사회를 기반으로 하여 내담자와 그 가족의 환경 자원을 연결하는 포괄적인 서비스들의 통합, 전문가 간의 협력, 일원적 서비스 연계(one - stop services system)이 이루어지고 있다.

기출문제 확인학습

개인상담과 체계론적 가족상담의 비교

1) 문제의 초점에 대한 시각에서 차이가 있다.

(1) 개인치료

① 개인치료는 내담자를 별개의 독립된 존재로 본다.

② 내담자의 내면에서 무엇이 일어나고 있고 내담자의 특성은 무엇이며 내담자가 어떠한 행동을 하여 문제가 나타났는가를 파악하는 데 주의를 기울이기 때문에 내담자가 맺고 있는 관계나 맥락은 일차적인 초점이 아니다.

(2) 체계론적 가족치료

① 체계론적 가족치료는 내담자를 다른 사람 또는 체계와 상호작용하는 관계의 망에 속해 있다고 보기 때문에 내담자의 문제나 증상은 그가 속한 가족이나 관계의 역기능과 직접적으로 연관된다고 본다.

② 체계론적 가족치료에서는 내담자가 가지고 온 문제를 해결하기 위해서 내담자의 가족관계나 맥락을 일차적으로 고려한다.

2) 내담자에 대한 시각에서 차이가 있다.

(1) 개인치료

① 개인치료는 내담자를 수동적이고 반응적인 존재로 본다.

② 내담자는 외부에서 일정한 자극이 가해지면 그에 따라 반응하는 기계와 같은 존재로 보기 때문에 치료자가 전문적인 위치에서 해결책을 제시하고 치료과정을 지도하면 내담자는 반응할 것이라고 가정한다.

(2) 체계론적 가족치료

① 체계론적 가족치료는 내담자란 능동적으로 선택할 수 있는 존재로 본다.

② 치료자가 전문적인 위치에서 치료과정을 지시하기보다 내담자의 세계와 내담자 가족의 상호작용을 존중하면서 치료과정을 진행한다.

③ 구조적 가족치료의 주요 기법인 합류는 내담자 가족의 상호작용을 존중하면서 협력적인 치료적 관계를 형성하는 것으로 이의 대표적인 예다.

3) 인과관계를 보는 시각에서 차이가 있다.

(1) 개인치료

① 개인치료는 문제의 원인과 결과관계를 선형적으로 본다(A → B → C).

② 개인치료는 원인을 파악하기 위해 '왜?'라는 질문을 자주 하며, 과거 혹은 역사에 초점을 두고, 증상과 행동의 원인을 파악하기 위해 이전의 발달단계를 추적해 간다.

③ 모든 심리적 사건에는 특정 원인이 있어 그것이 특정 결과를 가져오며, 개인의 심리상태는 초기 아동기의 '조건'에 의해 독특하게 결정된다고 인식한다.

(2) 체계론적 가족치료

① 체계론적 가족치료는 인과관계를 순환적이고 회귀적인 것으로 본다(A ⇄ B).

② 문제를 둘러싼 체계의 맥락은 유기적으로 연결되어 있기 때문에 원인을 정확히 파악하여 분별해 내는 것은 어렵다고 본다.

③ 원인을 추적하기보다 지금 - 여기(here and now)에 '무엇?'이 일어나고 있으며, 상호작용의 패턴을 파악하는 데 초점을 둔다.

4) 문제의 진단과 해결 과정에서 차이가 있다.

(1) 개인치료

① 개인치료는 내담자의 문제를 객관적이고 정확하게 진단하고 평가할 수 있다고 본다.

② 기계의 매뉴얼이 어느 기계에나 적용된다고 보듯이 진단과 평가의 기준은 객관적으로 설정될 수 있고, 그 기준은 어느 내담자에게나 절대적으로 적용될 수 있다고 가정한다.

(2) 체계론적 가족치료

① 체계론적 가족치료는 내담자를 유기체로 보는데, 유기체의 특성은 자신이 처한 상황이나 맥락에 따라 다르게 반응하고 행동하기 때문에 절대적이고 객관적인 평가를 하는 것이 쉽지 않다.

② 내담자의 인식행위에 초점을 두며, 동일한 상황에 대해서도 내담자의 인식행위에 따라 다르게 이해되고 경험될 수 있다고 가정한다.

③ 내담자의 사고나 행동을 지배하는 공통된 법칙에 관심이 없는 것은 아니지만, 정확한 진단과 사정을 하는 것이 가족치료의 초점은 아니다.

7 가족상담의 기본전제 및 원리

1) 가족상담의 기본 전제

(1) 가족은 개방적이고 변화하며, 목표 지향적이고 적응적이며 변화의 주체이다.

(2) 가족 구성원들은 각자 다른 발달단계를 살아가고 있고 그에 따른 개성, 욕구와 기대, 가치관이 다르며 인격의 성숙도와 문제해결 능력도 다르므로 가족원들의 개인차와 개성, 자율성이 존중되어야 한다.

(3) 가족원 한 사람의 정서적·행동적 문제는 개인의 내적측면에서 비롯되기도 하지만, 가족관계적 측면과 가족의 발달단계에서 비롯되는 경우도 있다.

(4) 가족 안에서 의사소통과 역할, 심리 및 정서적 유대, 규칙과 권력구조 등이 변화하면 가족원의 증상이 해결될 수 있다.

2) 가족상담의 일반적 원리

(1) 내담자의 모든 말과 행동의 의미와 이유를 가능한 한 정확히 이해한다.
(2) 내담자의 반응을 정확히 예측한다.
(3) 상담목표를 분명하게 설정하고 중간목표 달성에 노력한다.
(4) 문제보다는 문제에 대한 내담자의 대처방법에 주안점을 둔다.
(5) 긍정적인 경험을 반복, 확대시킨다.

3) 체계이론에 바탕을 둔 가족상담의 원리

(1) 문제발생과 변화에 대한 가족원 모두의 책임을 강조한다.
가족은 발달주기에 따라 고유한 발달과업을 지니고 있으며 변화하고 상황을 개선하려는 욕구와 능력을 지니고 있기 때문에 가족은 변화의 주체가 된다.

(2) 치료의 첫 번째 단계로서 가족에 대한 평가나 진단이 필요하며 가족원 간 상호작용 패턴의 파악을 강조한다.
상담자는 먼저 가족평가나 진단을 통해 내담자로 하여금 원 가족과 현재 가족에서의 역기능적인 상호작용 패턴과 문제의 연관성을 인식하고 수용하게 하며 의식적으로 기능적 상호작용 패턴으로 변화하도록 원조한다.

(3) 공통적인 최종목표와 중간목표가 있고 공통적으로 과제를 부여한다.
① 가족상담 치료의 일반적인 목표는 가족상황이 변화하도록 돕는 것인데, 이는 개인의 증상행동이 가족체계를 유지시켜 주던 기능을 더 이상 필요가 없게 하는 것이다.
② 가족상담의 공통적인 최종목표는 역할의 융통성과 적응력을 도모하고 가족집단 내의 개인의 자율성을 확립하며 부부 간 권력의 균형, 의사소통의 구체성, 개방성, 명료성을 증진시키는 것이다.
③ 공통적인 기본목표는 상담자와 내담자 간의 신뢰적 및 치료적 관계 형성과 내담자의 자기이해와 자각 및 자율성 회복이다.

기출문제 확인학습

초기 가족치료의 기초 : 체계이론

1) 체계이론이란 세계를 모든 현상의 상호연관성과 상호의존성에 의해 파악한다.
2) 일반체계이론, 사이버네틱스, 생태체계 이론 등이 체계론적 사고를 함축한다.
3) 사이버네틱스는 살아있는 유기체는 인과적으로 연결된 구성요소의 순환적인 배열이라는 피드백망에 의해 움직인다는 점이 기계와 다르다는 시각을 발전시키게 되었다.
4) 체계이론과 사이버네틱스는 부분이 아니라 전체와 상호연관성을 강조한다는 공통점이 있다.

제3절 | 가족상담 과정

1 가족상담의 초기 과정

초기상담은 관계의 형성(라포 형성)이 중요하며 가족문제의 명료화, 가족사정, 가계도 활용하기 등이 요구된다.

1) 인테이크 상담

(1) 1단계(의뢰 단계)

내담자가 가족상담을 하기 위해 오게 되는 과정으로 누가 가장 먼저 문제가 있다고 생각했는지, 가족상담이 필요하다고 생각한 사람은 누구인지에 대해 알아본다.

(2) 2단계

가족의 최근변화와 문제에 대해 간략하게 알아본다.

(3) 3단계

이전에 받아 본 적이 있는 치료에 대해 평가해 본다.

(4) 4단계

가족에 대한 정보를 파악한다.

(5) 5단계

첫 번째 상담에 누가 참여할 것인지 등에 관한 내용에 대해 논의한다.

2) 가족사정

(1) 가족상담 영역에서는 가족의 건강, 기능, 과업수준을 파악하는 것을 가족사정(family assessment)이라고 한다.
(2) 가족사정은 직관이나 느낌보다는 가족에 대한 관찰과 기록, 관련 문헌 등 경험적인 자료에 근거해 이루어진다.
(3) 가족사정을 정확히 하기 위해 단일 모델로 가족의 기능을 평가하기보다는, 다양한 모델의 장점과 단점을 취하여 가능한 한 객관적인 자료를 확보하기 위해 노력한다.
(4) 사정도구로는 가계도나 생태도, 가족도, 가족조각 기법 등 다양한 방법을 활용하여 가족사정을 하게 된다.

3) 가족문제를 정하고 상담목표를 정하기

(1) 문제를 명료화함으로써 가족은 자신들이 문제에 어떻게 개입되어 있는지 이해할 수 있다.
(2) 역기능적이고 혼란스러운 문제를 잘 기술하게 하는 것이 첫 번째로 행해지는 치료적 개입이 될 수 있다.

4) 상담과정의 구조화

(1) 상담과정의 구조화는 상담과정에 대한 전반적인 지침을 세우는 것이다.

(2) 상담의 구조화는 상담하면서 느낄 수 있는 내담자 및 가족의 불안을 감소시키고 상담에의 참여도와 관여도를 높일 수 있다는 점에서 중요한 의미가 있다.

실력 다지기

상담의 구조화

1) 가족상담자는 가족에 대한 사정을 끝내면, 앞으로 이끌어갈 치료과정을 어떻게 운영할 것인가에 대한 나름대로의 지침을 가지고 있어야 한다.

2) 예를 들면 상담에 누구를 참석시킬 것인가, 어떤 형태의 치료계약을 할 것인가, 가족구성원의 특수한 요구에 어떻게 대응할 것인가에 대하여 사전에 구체적인 생각을 정리하는 것이 바람직하다.

3) 상담자가 상담과정을 구조화시키면 상담에 대해 느끼는 상담자의 불안이 감소되어 바람직한 상담자와 가족의 관계를 형성할 수 있을 것이다.

상담 구조화의 내용

상담자 자신에 대한 이해, 가족체계의 명료화, 상담에 참여하는 가족범위 결정, 상담 계약, 개인면담의 수락 여부 확인, 가족구성원 내 비밀유지 여부, 공동 치료 등

공동치료가 갖는 이점

1) 가족 안에서 무엇이 일어나고 있는가를 보다 잘 관찰할 수 있다.
   한 사람의 상담자가 면담에서 생기는 모든 언어적 · 비언어적 사건을 아는 것은 불가능하지만, 두 사람의 상담자라면 놓치는 것이 적을 것이다.

2) 필요한 경우에는 상담자가 서로 저지할 수 있다.
   상담자가 가족에게 휘말리거나 가족체계에 대처할 때 객관성을 상실하는 경우, 다른 한 명의 상담자가 이러한 흐름을 알아차려 공동상담자에게 주의를 준다.

3) 상담자는 가족이 보이는 상호작용보다는 건강한 상호작용 · 건강한 의사소통을 표현할 수 있는 모델이 되기도 한다.
   남녀의 공동상담자라면 부부나 부모로서의 좋은 관계의 모델을 보여 줄 수 있다.

4) 두 사람의 상담자가 의견을 달리한다면서 두 개의 서로 상반된 행동지침을 가족에게 제시하는 역설적 방법의 사용이 가능하다.

5) 상담자에게도 귀중한 체험학습이 된다. 공동치료를 통하여 서로에게 배울 수 있으므로 경험이 부족한 상담자는 풍부한 경험을 지닌 상담자에게 배울 수 있다.

2 가족상담의 중기 과정

1) 가족상담의 중기 과정은 많은 기법[3]을 활용하여 가족의 변화를 도모하는 과정이다.
2) 상담자가 대상 가족이 안고 있는 문제를 해결하도록 돕기 위해서는 그 해결을 돕는 데 필요한 기법들을 충분히 익혀 활용해야 한다.
3) 대부분의 상담자들은 개인이나 집단상담을 위한 기본기법을 익히는 데는 많은 시간을 소요하면서도 가족상담에 대해서는 학문적으로만 배울 뿐, 효과적인 기술을 습득하기 위한 전문적인 수련과정을 거치는 경우는 드물다.
4) 그러나 가족상담도 다른 상담과 마찬가지로 가족을 대상으로 기능을 향상시키거나, 가족구성원들이 새로운 행동을 실천하도록 동기를 부여하거나 변화를 촉진할 수 있는 기법이 필요하다.
5) 이에 본 교재에서는 가족상담의 중기과정을 몇 가지의 기법을 중심으로 기술하고자 한다.

1) 질문하기

(1) 내담자의 생략된 부분 메우기

① 상담자는 내담자들이 제대로 표현하지 못한 부분에 대해 잘 모르면서도 미루어 짐작하는 것은 매우 위험하고, 문제의 핵심을 오판할 수도 있으므로 제대로 파악해야 한다.

② 겉 구조의 구체화되지 않은 동사와 형용사 등 술어에 한 가지 이상의 보충이 필요한지를 직관적으로 판단하고 필요한 경우 생략된 부분을 보충시킨다.

(2) 단정적 표현과 극단적 표현 다루기

내담자가 표현한 말의 겉 구조만으로 단정 짓거나 극단적인 표현을 하는 경우, 속 구조를 알기 위해 상담자는 "어떻게 해서 그러한 확신을 느꼈어요?"라는 등의 질문을 할 수 있다.

(3) 일반화 현상 다루기

내담자가 표현한 말의 겉 구조에서 지칭 대상이 없거나 불확실한 단어나 불확실한 구절이 없는지 찾아낸다.

(4) 오해할 수 있는 명사 파악하기

내담자가 사용한 명사에 과장된 의미가 있는지를 검토한다.

2) 공감하기

공감이란 상대방이 어떤 감정을 느끼고 있는지를 알아보고, 그러한 감정을 내면화할 수 있는 능력이다.

3) 직면하기

(1) 직면(confrontation)은 일관되지 않거나 불일치한 행동을 지적하고 교정할 수 있는 유용한 기술로서 불일치한 행동에 대한 책임을 부각시키고 결과적으로 가족을 활성화시킬 수 있다.

(2) 상담자와 가족과의 관계가 안정적(라포형성이 충분히 된 경우)일 때 활용하는 것이 바람직하다.

3) 상담기법은 '청소년 상담이론과 실제'에서 더 자세하게 기술하고 있으니, 이를 참고하길 바란다.

4) 상담자의 자기노출

상담자의 자기노출은 가족이 상담자를 신뢰하고 수용할 경우에 가능하기 때문에 초기단계에서 가족원 사이에 신뢰감과 응집성이 형성되지 않으면 자기노출하기가 어렵다.

5) 경계 설정하기(경계 만들기)

밀착·분리된 가족의 경계를 분명한 경계의 가족이 되도록 개입하는 것이다.

6) 가족조각 기법

가족관계가 소원하고 가족이 서로 조망하는 시각 차이를 보일 경우 가족응집력 강화 및 구성원의 개별화 촉진을 위해 활용한다.

7) 역할 바꾸기

가족구성원에 대한 공감도를 높이고 새로운 역할을 연습시키기 위해 시도한다.

3 가족상담의 종결과정

1) 상담을 종결하는 과정

다양하게 이루어질 수 있으나 대체로 ① 도입 단계, ② 요약 단계, ③ 장기적 목표 나누기 단계, ④ 추후면담 단계 등의 순서로 이루질 수 있다(Epstein & Bishop, 1981)

(1) 도입 단계

① 상담자가 왜 종결의 문제를 꺼냈는지를 설명한다.
② 이는 상담이 시작되었을 때 기대했던 것이 달성되었기 때문일 수도 있으며 예정된 면담횟수가 다 되었거나 진전이 전혀 없기 때문일 수도 있다.

(2) 요약 단계

면담 중에 일어난 것을 정리함으로써 상담에 관여된 모든 사람에게 성취된 변화와 가족현상을 되돌아볼 기회를 준다.

(3) 장기적 목표 설정 단계

① 목표 도달의 여부를 가족이 어떻게 생각하는지를 서로 나누어야 한다.
② 상담은 계속 지속되는 과정으로 가족의 성장과 발전의 한 부분이 된다.
③ 따라서 가족이 앞으로 직면할지 모르는 어려움을 예상해 보고 가족의 능력과 심리적 자원으로 그와 같은 곤란을 극복할 수 있는지 이야기를 나누는 것이 중요하다.

(4) 추후면담 단계

① 상담효과의 지속성을 확인하는 과정이다.

② 대체로 가족은 계속하여 치료면담에 참가하는 것을 꺼려하면서도 종결시점에서는 상황과 가족의 장래를 낙관적으로 보고자 하는데, 그 이유는 가족을 변화시킬 수 있는 유일한 수단이 가족상담만은 아니라고 생각하기 때문이다.

③ 실제로 가족은 상담자의 원조 없이 변화하여 자신들의 곤란에서 벗어나 어려움을 극복하는 경우가 많다.

④ 상담의 종결단계에서 가족은 긍정적인 대우를 받아야만 한다고 생각하는 경향이 있으며 필요한 변화를 수행하는 그들의 능력을 확신한다고 전하는 것이 필요하다.

2) 상담 종결 시 다루어야 할 과제

(1) 가족원의 감정 다루기(양가감정의 해소)

(2) 가족상담 효과 검토하기(평가)

(3) 미해결된 과제 다루기

① 상담자는 어떤 점이 미진하고 후회가 되는지 알아보고, 미흡한 것이라도 불안한 상태를 공감해 준다.

② 지금으로서는 충분히 다룰 수 없음을 이해시키는 것이 좋다.

③ 경우에 따라 다루어야 할 상태라고 판단되면, 전체 상담이 종결된 후에 개별적 상담을 권하거나 다른 상담자에게 의뢰하는 것이 바람직하다.

(4) 피드백 주고 받기

① 상담자는 피드백을 줄 때에는 분명하고 직접적이고 간결하게 주며, 관찰 가능한 구체적인 행동과 변화 가능한 행동에 관련된 피드백을 준다.

② 가급적 긍정적인 피드백을 주어 내담자 가족의 자존감을 높여주어야 하며, 부정적인 피드백을 줄 경우에는 매우 구체적인 사실을 알려 주어야 한다.

(5) 추후 과정에 대한 인식과 작별인사

3) 상담 종결 후 추후지도

(1) 가족에 따라서 추후에 재발 가능성도 있으므로 상담 종료 후, 그들이 직면하게 될 심리적 문제를 위해 추가적인 가족상담이나 개인상담의 가능성을 알려주는 것이 좋다.

(2) 전화나 편지를 활용하여 추후관리를 시행하는 것도 하나의 방법이 될 수 있다.

기출문제 확인학습

가족상담의 종결을 고려하는 지표

1) 상담 초기에 설정한 목표가 달성된 경우
2) 가족이 상담에 대한 동기를 상실하였을 경우
3) 상담사가 가족의 문제해결을 위해 노력했음에도 불구하고 상담효과가 없는 경우
4) 상담목표가 달성되지는 않았지만 가족기능에 충분한 변화가 있다고 판단되는 경우

가족상담의 실제

1) 가족상담 첫 회기에는 전체 가족원이 참여하지 않아도 된다.
2) 상담자는 적절한 시점에서 잡담의 종료를 알리며 면담을 진행하는 것이 바람직하다.
3) 다른 가족원을 대신해서 이야기해서는 안 된다는 규칙을 만들어 놓는 것이 효과적이다.
4) 모든 가족원이 동시에 말하는 경우 상담자가 특정 가족원을 지정해서 질문할 수 있다.
5) 상담실에서 싸움이 발생할 가능성이 높은 경우나 가족원이 따로 상담을 받기 원하는 경우 등에는 가족원을 따로 만나는 것이 좋다.

1 가족개입 초기(사정과 계획)에 주로 적용되는 상담기술

1) 합류하기 - 라포 형성 기술

가족과의 합류(joining)는 가족을 있는 그대로 받아들이고 가족에 적응함으로써 가족의 신뢰를 얻는 것을 의미한다.

2) 가족사정

가족사정의 목적은 가족의 욕구와 문제를 파악하고 가족의 강점과 자원을 활용함으로써 가족의 목표를 달성하도록 지원하기 위함이다.

3) 순환적 질문하기

전략적 가족치료모델 중 하나인 밀란 모델에서 개발된 면접 방법으로서, 가족성원들이 문제에 대해 제한적이고 단선적인 시각에서 벗어나 문제의 순환성을 깨닫도록 돕기 위한 질문을 연속적으로 하는 기법이며, 이 기법은 초기단계에 속하는 사정단계에서 사용할 때 가족에 대한 새로운 이해를 촉진시킬 수 있다는 점에서 효과적이다.

2 가족개입 진행기(중기)에 주로 적용되는 상담기술

1) 환경적 개입

(1) 가족이 주변 환경체계들과의 상호작용을 통해 필요한 자원과 지지를 확보하지 못할 경우 가족상담자는 가족의 주변 사회환경을 변화시키기 위한 환경적 개입을 계획해야 한다.

(2) 환경적 개입에 가족 옹호(family advocacy)가 있는데 이 목적은 공공기관 또는 민간기관들이 가족을 위한 기존의 서비스 혹은 서비스 전달을 향상시키거나 새롭고 변화된 형태의 서비스를 개발하도록 원조하는 것이다.

2) 탈삼각화

(1) 보웬(다세대적 가족치료)에 따르면, 성원들의 분화가 이루어지지 않은 가족일수록 두 성원들 간 불안수준이 높아지며 다른 성원들을 끌어들여 삼각관계를 형성하게 된다.

(2) 탈삼각화(de - triangulation)란 두 성원들의 감정 영역에서 제3의 성원을 분리시키는 과정이다.

3) 가족조각

(1) 경험적 모델에서 주로 사용하는 가족 조각(family sculpture)이란 성원들이 가족에 대해 어떻게 인식하고 있는지를 시각적으로 표현함으로써 가족에 대한 이해를 돕기 위한 기법이다.

(2) 가족이 가족행동의 중요한 측면을 재연하여 갈등과 문제를 완화시키도록 돕기 위해서 가족원의 한 사람이 공간을 이용하여 가족성원을 다양한 신체적 자세로 배열시킴으로써 가족구조를 시각적으로 묘사하는 기법을 말한다.

(3) 가족의 사전 동의를 구하고 무언(無言)으로 실시한다.

4) 가족그림(드로잉 기법)

경험적 모델의 기법으로서, 가족 성원들에게 자신이 느끼는 대로 자유롭게 가족에 대해 그림을 그리도록 하는 기법이다.

5) 경계 만들기

구조적 가족치료 기법으로서, 가족 내 하위체계들 간의 경계가 지나치게 유리(= 분리)되거나 밀착된 경우에 유리된 경계는 보다 가깝게 해주고 밀착된 경계는 어느 정도 거리를 두도록 만드는 것이다.

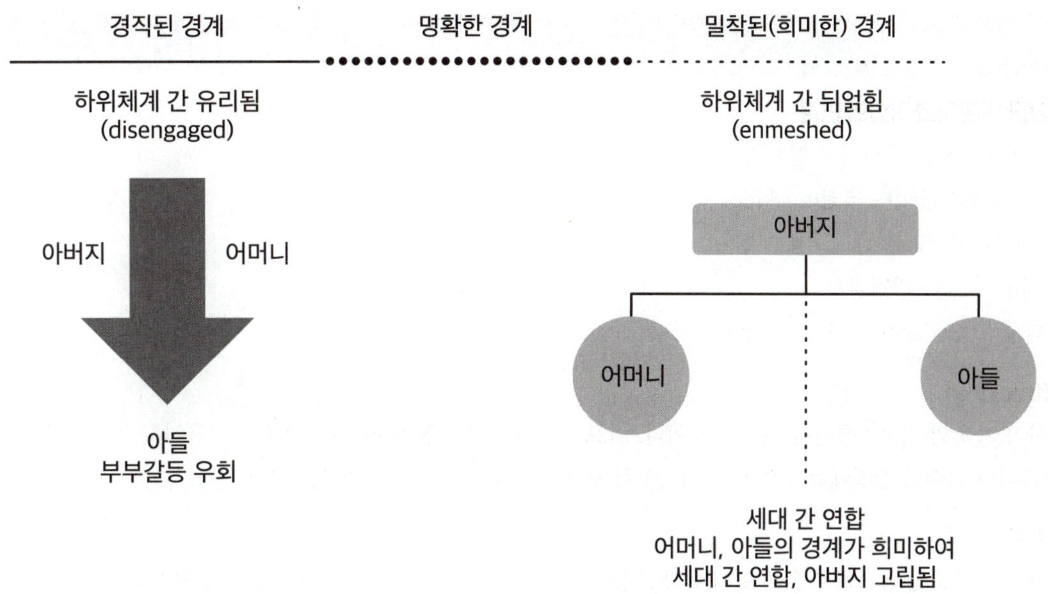

가족 내 하위체계 간의 관계

6) 역기능적 균형 깨뜨리기 - 역기능적 권력 균형

(1) 구조적 가족치료 기법으로서, 가족 내 하위 체계들 간의 역기능적 균형을 깨뜨리기 위한 기법이다.

(2) 즉, 기능적 구조상에 어떠한 역기능적인 균형이 이루어지고 있다면 이를 깨뜨려야 하는데 이러한 균형을 깨뜨리는 기법이다.

7) 역설적 지시(증상처방)

전략적 가족치료 모델의 기법으로서, 문제를 유지하는 연쇄적인 내용들을 변화시키기 위해 가족이 역설적이라고 생각하는 행동, 즉 문제 행동을 유지하거나 또는 강화하는 행동을 오히려 수행하도록 지시하는 기법이다.

8) 재명명(재정의, 재구성)

전략적 가족치료 모델의 기법으로서, 가족성원들이 문제 혹은 이슈를 다른 시각, 즉 긍정적인 시각에서 보도록 또는 다른 방법으로 이해하도록 돕는 것을 의미하며 재명명(relabeling) 혹은 재규정(redefining)이라고도 한다.

9) 역할극

경험적 가족치료 모델에서 사용하였으며, 가족치료사가 한 가족성원에게 다른 가족성원의 역할을 수행해 보도록 요구함으로써 다른 성원의 느낌과 행동을 다른 성원의 시각에서 경험하도록 돕는 기법이다.

기출문제 확인학습

가족상담 이론가와 기법의 연결

1) 헤일리(Haley) - 역설적 개입
2) 미누친(Minuchin) - 추적(tracking)
3) 드 쉐이저(de Shazer) - 관계성 질문
4) 보웬(Bowen) - 과정질문
5) 마다네스(Madanes) - 가장기법(pretend technique)

추적(tracking)

치료사가 가족의 의사소통을 추적하는 것이다. 치료사는 개방적 질문을 하거나, 가족이 사용하고 있는 의사소통의 내용이나 가족의 감정에 반응하거나, 가족행동에 참여함으로써 가족과 관계를 맺게 된다.

과정질문

감정을 가라앉히고 정서적 반응에 의해 유발된 불안을 경감시키고 사고를 촉진하기 위한 질문이다.

가장 기법(pretending method)

환자와 치료자 사이의 관계를 방해하는 지시를 내리지 않으면서 문제의 환자에게는 증상을 가지고 있는 것처럼 행동하게 하고, 가족들에게는 그를 보호하고 원조하는 것처럼 행동하는 기법이다.

제5절 | 가족상담 윤리[4]

1) 비밀보장

비밀보장

1) 비밀보장은 효과적인 상담을 하는 데 가장 필수적인 요소이다.
2) 다른 형태의 상담처럼 부부 및 가족상담에서도 비밀이 확실하게 보장되어야 한다.
3) 내담자들은 비밀보장을 기대할 권리를 가지고 있으며 상담과정에서 말한 것은 비밀이 보장되어야 한다.
4) 그러나 부부 및 가족상담에서 개인상담과 동일한 수준으로 비밀보장을 보증하기 어려운 측면이 있으므로 사전에 내담자들과 이 문제에 대해 공개적으로 논의할 필요가 있다.
5) 상담자는 개별적인 만남을 통해 내담자들로부터 알게 된 내용들 중 가족상담에 도움이 될 가능성이 높은 정보의 비밀보장에 대한 자신의 입장을 분명히 밝혀야 한다.

(1) 부부 및 가족상담에서의 비밀보장과 특권 - 용어 정의

① 사생활 : 타인들과의 관계에는 영향을 미치지 않으나 공유하기를 원치 않는 정보
② 비밀 : 타인과의 관계에 영향을 미칠 수도 있는 감정 또는 정보
③ 비밀보장 : 개인의 사생활에 대한 법적 권리에 기초하여 내담자의 개인적인 정보에 대한 비밀을 유지해야 한다는 상담자의 전문적 의무 중 하나
④ 특권 : 법적인 절차(예 민사소송)에서 전문가가 목격자로서 내담자에 관한 비밀정보를 폭로하는 것으로부터 내담자들을 보호하기 위한 내담자의 법적 권리
⑤ 증언거부권 : 상담자가 내담자의 정보를 보호하기 위해 증언을 거부하는 것

(2) 부부 및 가족상담에서의 비밀보장과 소송

① 특권은 법원에서 부여하는 권리이고 특권과 비밀보장을 가장 위협하는 것은 소송이므로 소송에 휘말렸을 때의 비밀보장에 관한 검토가 필요하다.
② 부부 및 가족상담자들은 상담과정에서 이야기한 내용을 말하도록 상대편 변호사로부터 강제적인 법적 압력을 받아 공개해야 할 가능성도 있다는 점에 대해 내담자에게 미리 알려야 한다.
③ 비록 법원의 명령이 있다하더라도 전문가는 항상 내담자의 비밀정보를 공개하기 전에 내담자로부터 문서로 작성된 동의서를 받으려고 노력해야만 한다.

4) 전문가로서 상담자는 주어진 평가를 사용하여 특수한 결정을 내릴 때 책임을 져야 한다. 상담자의 윤리적인 문제들에 대해 결정을 내리는 것은 상담자가 자기개방과 비판을 통해 끊임없이 발달시키는 과정이다.출처 : http : //jsdwond.egloos.com/viewer/

2) 사전 동의

사전 동의

1) 내담자가 상담진행에 대한 사전지식이 거의 없으므로 상담초기에 내담자들에게 상담의 진행과 관련하여 충분히 설명함으로써, 그들이 충분히 알고 이해한 상태에서 의사결정 및 선택을 할 수 있도록 필요한 정보를 제공할 의무가 있다.
2) 사전동의의 기본적인 요점은 상담과정에 관해 미리 적절하게 설명하지 않아서 내담자들이 상담 중에 당황하지 않게 하는 데 있다.

(1) 사전 동의의 내용

① 내담자가 상담에 대해 이해하도록 하는 것 이외에, 상담이 시작되기 전에 내담자의 동의를 얻는 것은 윤리적 실천의 기초이다.

② 사전 동의의 목적은 극단적인 상황을 제외하고는 상담자는 내담자가 자신의 최상의 이익을 위해 스스로 결정할 수 있도록 해야 한다는 것과 내담자들이 그들의 상담계획, 목표 설정 등에 참여하고 상담과정에 대해 질문할 수 있는 권한을 부여받아야 하는 것에 있다.

③ 내담자의 동의를 얻어야 하는 내용에는 내담자들이 가지고 있는 문제, 두려움 또는 의문들 중에서 어떤 것들을 다룰 것인가, 내담자의 정신적 · 신체적 안전과 비밀보장 등에 대한 미묘한 문제뿐만 아니라 회기를 얼마나 자주 할 것인지 또는 상담비용이 얼마나 드는지와 같은 구조적인 문제도 다루어야 한다.

④ 또한 상담 계약의 사업적 측면을 다루어야 하는데 상담료 약정, 약속 위반, 회기의 길이, 제3자 지불 등에 관해 의논하고 이를 분명히 해야 한다.

⑤ 상담의 이익과 한계점에 관해 솔직하게 논의한 내담자들은 상담 초기에 상담지시를 더 잘 따르고 상담에 적극적으로 참여할 가능성이 더 높다.

⑥ 사전동의는 상담이 진전되고 변함에 따라 계속적이고 순환적인 과정으로 이루어져야 한다.

상담과정에 대해 충분히 숙지하고 있는지 확인할 필요가 있는 기본적 질문

- 서비스 제공자는 누구이며 상담자 자격(자격증과 면허)은 있는가?
- 회기의 이유와 목적을 이해하고 있는가?
- 상담서비스의 특성, 범위, 예상되는 결과, 가능한 대안 등을 이해하고 있는가?
- 서비스 한계가 있음을 이해하고 있는가?
- 상담료, 불참 및 약속 취소 등에 관한 정책을 이해하고 있는가?
- 회기와 회기 사이에 상담자와의 비상 연락 절차를 이해하고 있는가?
- 비밀보장에 관한 상담자의 입장을 이해하고 있는가?
- 사례에 대한 자문을 얻기 위한 상담자의 슈퍼비전 의무를 이해하고 있는가?

(2) 동의 능력이 없는 내담자의 사전 동의

① 사전 동의는 동의할 능력을 가진 사람이나 특정 개인에 대한 동의의 권한을 가진 사람으로부터 받은 것만이 효력이 있다.

② 마약이나 알코올 중독자들, 정신지체, 치매 또는 지속적인 정신병 발현, 미성년자들과 같이 정신적 능력이 없거나 부족하여 사전 동의가 불가능하다고 판단될 때 상담자는 사전 동의를 제공할 수 있는 법적 보호자나 위임권자를 찾아야 한다.

③ 만약 보호자의 권한에 제한이 있는 것으로 의심이 된다면 상담자는 변호사나 법원직원을 통해 보호자의 법적 권한이 분명해질 때까지 상담을 미루어야 한다.

3) 이익의 상충

이익의 상충

1) 우리는 여러 유형의 경계 속에 살고 있다.

2) 경계의 개방성, 유연성뿐만 아니라 명료성과 혼란성의 차원에서도 경계의 역동성을 볼 수 있으나 경계가 혼란스러울 때, 지나치게 개방적일 때, 충분히 개방적이지 못할 때, 지나치게 유연하거나 충분히 유연하지 못할 때 경계의 역기능이 발생한다.

(1) 상담자가 내담자와 전문적 관계 이외에 하나 이상의 또 다른 관계를 맺을 때, 중립을 유지하는 능력 또는 내담자에게 최상의 이익이 돌아가도록 행동하는 능력은 손상된다.

(2) 상담자가 전문적 및 상담적 관계 이외에 또 다른 관계를 맺지 못하도록 금지하는 것은 상담자나 내담자 모두를 보호하기 위해 설정된 경계이다.

(3) 그러나 모든 다중관계를 금지하여 상담자가 두 가지 이상의 역할을 수행하지 못하게 한다는 것은 불가능하다.

(4) 다중관계에 대해 너무 경직된 경계를 유지하는 것과 내담자의 착취 가능성에 주의를 기울이지 않는 것은 둘 다 위험하다.

(5) 윤리적 차원에서 착취적인 다중 관계(성적 관계를 포함)는 바람직한 것이 아니며 신뢰할 수 없다는 것에 주목해야 한다.

(6) 이러한 관계들은 내담자와 상담자 모두에게 좋지 않은 결과를 초래하며, 내담자에게 자유로운 선택을 할 수 있는 능력이 있음을 부정한다.

(7) 이중관계는 바람직하지 않은데, '가족 상담사이기도 한 A교수는 이번 학기 수업을 듣고 있는 B군이 개인적으로 가족 상담을 요청하자 다른 상담사를 소개해 주는 경우'를 들 수 있다. - 12회 기출

4) 역량

역량

1) 부부 및 가족상담자는 한 사람 이상의 문제를 다루어야 하며, 모든 가족 구성원들 간의 미묘한 균형을 깨야만 하는 경우가 많다.
2) 가족상담자가 점차적으로 부부나 가족에게 효과적으로 기능하는 복잡한 요소들에는 개인상담의 모형을 적용하는 것이 타당하지 않을 수 있다.
3) 따라서 부부나 가족 상담에 대한 전문성을 가지는 것은 단지 상담자가 되기 위한 교육에 참여하는 것 이상의 것을 요구한다.

(1) 부부 및 가족상담자는 여러 유형의 가족들과 그들이 가지고 있는 다양한 문제들을 다루는 데 있어서 능숙하지 않은 영역에서 활동하는 것과 적절하게 교육받지 않은 영역에서 활동하는 것 그리고 슈퍼비전 경험이 없이 복잡하고 역동적인 내담자들의 문제를 임의적으로 바라보는 상담은 비윤리적인 것이 된다.
(2) 부부 및 가족상담자들은 자신들의 교육훈련 내용과 합치된 전문영역에 대해 명확히 해야 한다.
(3) 법적인 측면에서 이러한 전문 영역을 명확히 밝히는 것은 내담자가 가지는 상담자에 대한 믿음을 부당하게 악용할 수 있는 비윤리적인 상담자들로부터 대중들을 보호하기 위한 것이며 이는 내담자의 정확한 선택권을 보장하기 위한 측면에서 상당히 중요한 윤리적 측면이다.
(4) 건전한 윤리적 실천을 위해서는 모든 전문영역들이 상담 착수 단계에서 중요한 문제로 다루어지고 충분히 이야기되어야 한다.

기출문제 확인학습

한국상담심리학회 윤리강령 중에서[다양성 존중]

1) 상담심리사는 모든 인간의 기본적인 권리, 존엄성, 가치를 존중하며 연령이나 성별, 인종, 종교, 성적인 선호, 장애 등을 이유로 내담자를 차별하지 않는다.
2) 상담심리사는 내담자의 다양한 문화적 배경을 이해하려고 적극적으로 시도해야 하며, 상담심리사 자신의 고유한 문화적 정체성이 상담과정에 어떤 영향을 주는지를 인식해야 한다.
3) 상담심리사는 자신의 고유한 가치, 태도, 신념, 행위를 인식하여 그것이 어떻게 다양한 사회에서 적용되는지를 깨닫고 있어야 하고, 내담자에게 자신의 가치를 강요하지 않는다.

CHAPTER 02

가족상담의 이론과 실제

제1절 | 가족상담의 이론적 기초 - 역사 중심으로

1) 가족치료의 발달 배경

전통적 개인치료가 다루지 못했던 문제점을 해결하기 위해서, 그리고 전통적 심리치료의 바탕이었던 기계론적 세계관과 다른 세계관의 탄생으로 가족치료는 발달하였다.

2) 체계론적 사고의 등장

(1) 가족을 살아있는 체계이며 유기체적인 총체로 간주하였다.

(2) 일반체계이론(베르탈란피)과 사이버네틱스[1](위너)가 발달하여 유기체론적 세계관이 등장하였다 - 상호 연관성, 상호 의존성으로 세계를 파악하고자 하였다.

기출문제 확인학습

사이버네틱스(Cybernetics)이론

1) 사이버네틱스이론은 매사추세스 공과대학(MIT)의 수학자 와이너(Weiner)에 의해 정리되었다.
2) 이는 자기 - 교정적 피드백 망(feedback loops) 또는 환류작용이라는 제어체계를 갖는다.
3) 제어체계는 수용, 중앙, 효과가 있으며 이들을 통합하여 스스로를 조정하고 규제한다.
4) 베이슨(G. Bateson)은 다양한 문화 속에서 인간행동의 일치(uniformity)와 변화성(variability)을 설명하는 사이버네틱스이론에 관심을 갖는다.
5) 인류학적 현상을 분석하는데 인간행동은 '규칙을 통한 체계유지'임을 발견하였고 체계의 평형상태(equilibrium)는 정적 피드백(positive feedback)과 부적 피드백(negative feedback)에 의해 일어난다고 하였다.
6) 사이버네틱스의 출현은 전통적인 심리치료가 성격의 구조나 내용에 관심을 두었던 시각에서 벗어나 사람 간의 의사소통 유형이나 피드백 과정에 관심을 돌리도록 하는 데 크게 기여하였다.

1) 사이버네틱스라는 용어는 1942년 위너(Norbert Weiner)가 처음으로 사용하였으며 사이버네틱스이론은 매사추세스 공과대학(MIT)의 수학자 와이너(Weiner)에 의해 정리되었다.

사이버네틱스

- (사이버네틱스)는 자기조절 체계에서 피드백 기제에 관한 것으로, 가족이 어떻게 안정성을 유지하는가를 설명하기 위한 은유로 사용되었다.
- (사이버네틱스)의 핵심에는 피드백 고리가 있다. 예를 들면, (부적 피드백)은 체계가 원래의 상태로 복귀하라는 신호를 보내 체계를 유지하는 작용을 한다. 즉, 체계가 변화나 이탈을 거부하고 안정성을 유지하는 방향으로의 피드백을 부적(negative) 피드백이라고 한다. 한편 체계의 안정적인 상태를 거부하고 체계를 변화시키려는 방향으로의 피드백을 정적(positive) 피드백이라고 한다.
- 1차 수준의 (사이버네틱스)는 (일반체계이론)과 동일한 것으로 간주되기도 한다. 1차 수준의 (사이버네틱스)는 체계론적 상담이론과 관련이 있다.

3) 서구 가족치료의 발달단계

(1) 파종기 : 1930년대부터 1940년대 - 베르탈란피, 위너, 베이트슨의 영향

(2) 모종기 : 1950년대

① 베이슨의 이중구속[2] 가설

② 애커먼의 가족 연구소

③ 보웬의 세대 간 융합

④ 휘태커의 치료기법 개발

⑤ 리즈의 부부 균열(자녀들이 종종 부부갈등의 중재자 역할을 하게 됨)과 부부 불균형

⑥ 윈의 거짓 친밀성(가족원 모두 결속된 모습을 보여야 하기 때문에 역할에 융통성이 없고 유머와 자발성이 부족함), 거짓 적대성, 고무 울타리(가족을 둘러싼 경계가 자신들의 편의에 따라 넓어지기도 하고 축소되기도 하는 것)

⑦ 보스조르메니 - 나지의 맥락적 치료

(3) 발아기 : 1960년대

알토(Palo Alto)에 정신건강연구소(MRI) 설립 - 잭슨, 헤일리, 사티어 등을 중심으로 의사소통 가족치료와 전략적 가족치료 발전, 미누친(Minuchin)의 구조적 가족치료

(4) 개화기 : 1970년대

다세대 가족모델, 구조적 가족모델, 경험적 가족모델, 전략적 모델, 대상관계 가족치료, 인지행동적 가족치료의 개발

(5) 전환기 : 1980년대부터 1990년대

① 초기 가족치료모델의 통합 : 다세대 모델, 경험적 모델, 구조적 모델, 전략적 모델

② **후기 가족치료모델** : 포스트모더니즘 영향(사회구성주의 이론의 등장, 어떻게 경험하고, 어떤 의미를 부여하며, 어떻게 구성하는가?) - 해결지향모델, 해결중심모델, 이야기치료, 협력 언어체계모델

---

2) 베이슨, 헤일리, 위클랜드 등은 공동으로 의사소통에 관한 연구를 통해 이중구속(double - bind)개념을 체계화한다. 이중구속은 논리적으로 상호 모순되며 일치하지 않는 두 가지 메시지를 동시에 전달하는 것이다.

4) 초기 가족치료 연구의 개념

(1) 이중구속(double bind) - G. Bateson - Palo Alto

이중구속 상황에 처한 사람은 언어적 메시지와 비언어적 메시지의 불일치로 적절한 반응을 할 수 없고, 파악하기 위한 질문을 하는 것에 대해 두려움을 느낀다.

(2) 부부 균열(marital schism) & 부부 불균형(marital skew) - T. Lidz

① 부부 균열 : 부부가 서로 역할을 교환할 수 없고 목표를 공유하거나 보완할 수 없다.

② 부부 불균형 : 부부 간의 권력이 지나치게 불균형을 이루어 강자가 약자를 지배하는 상황이다.

(3) 거짓 상호성(pseudo mutuality) & 거짓 적대성(pseudo hostility) - L. Wynne

① 거짓 상호성 : 표현되는 가족원 간 친밀한 상호작용이 거짓된 모습으로 나타난다.

② 거짓 적대성 : 가족 구성원들이 거리감이나 적대적인 방식으로 상호작용하는 상황이다.

③ 고무울타리(rubber face) : 개인이 정체성과 독자성을 찾으려는 시도를 무시하고 가족이 함께 해야 한다는 믿음으로 가족의 담장을 늘려가는 상황이다.

(4) 자기분화(자아분화 differentiation of self) - M. Bowen

① 개인이 타인에게 의존하지 않고 자기만의 방식으로 기능하는 것을 배우는 과정이다.

② 정신 내적으로는 사고와 감정의 분리, 대인관계적으로는 자신과 타인 사이의 분화가 가능하다.

기출문제 확인학습

리즈(Theodore Lidz)의 부부 왜곡(= 부부 불균형, marital skew)

부부간의 권력이 지나치게 불균형을 이룬 상황으로 부부 중 한 사람은 강하고 다른 한 사람은 약한 위치에 있다. 이 경우 강한 배우자가 약한 배우자를 지배함으로써 부부간 갈등이 표면화 되는 것을 막을 수 있다. 그러나 부부간 조화로운 힘의 균형을 유지하는 데 실패할 뿐 아니라 부부간에 허용되는 것과 실제로 느끼는 것 사이의 불일치를 공개적으로 표현할 수 없게 된다.

이중구속(double bind)

이 개념은 베이트슨 연구진이 조현병 환자 가족의 의사소통에 관한 프로젝트 수행 결과를 1956년 학술지에 발표하면서 처음 소개되었다. 이중구속(double bind) 상황에 처한 사람은 상대방에게서 언어적 메시지와 비언어적 메시지가 서로 일치하지 않고 모순되는 메시지를 받는다. 따라서 어떠한 메시지가 진짜 메시지인지 분간하지 못하기 때문에 어떠한 수준의 메시지에 반응하더라도 결코 적절한 반응이 될 수 없는 상황에 처하게 된다.

윈(Lyman Wynne)의 고무울타리(rubber fence)

고무울타리는 가족원 개인이 자신의 정체성과 독자성을 찾으려는 시도를 무시하고 가족이 함께해야 한다는 믿음으로 가족의 담장을 늘여 가는 상황을 고무 울타리(rubber fence)라고 한다. 이런 가족에서는 허용할 수 있는 행동이나 정보는 받아들여지지만, 허용할 수 없는 정보는 폐쇄하여 배척하기 때문에 가족의 경계가 바뀌게 되고, 이 상황이 고무가 늘어났다 줄었다 하는 상황과 같다는데서 고무 울타리라고 명명한 것이다. 결국 개인이 가족 밖의 경험에서 의미를 정확히 추론할 수 있는 자신의 능력을 의심하게 되고 가족의 안전한 경계로 회귀하려 하면서 혼란 상태에 빠지게 된다.

대칭적 관계와 보완적 관계

1) 대칭적 관계는 평등에 기초한 관계이며, 보완적 관계는 평등하지 않은 관계를 의미한다. 그렇다고 어느 관계가 보다 안정적이거나 우월하다고 할 수는 없으며, 양자는 모두 병리적으로 발전할 가능성이 있다.
2) 보완적 관계란 의사교환자가 우월-열등의 관계에 놓여 있어 한쪽이 다른 한쪽을 보완하는 관계를 의미한다. 예를 들면 한 사람이 공격적이면 다른 한 사람은 순응적이고, 이 순응적인 태도는 한쪽의 좀 더 공격적인 태도를 유발시키고, 이것은 또한 더욱 순응적인 태도를 유발시키는 관계가 보완적 관계이다. 이 관계가 경직되는 경우에 병리적인 관계로 발전한다.
3) 대칭적 관계는 평등성에 기초하지만 병리적인 관계로 발전할 위험성이 있다. 즉 의사 교환자 한쪽의 반응이 다른 쪽에 영향을 주고 이것이 다시 한쪽의 반응을 상승시키는, 즉 대칭적 상승의 효과를 가져오게 되어 언쟁, 싸움으로 발전하게 되는 경우이다.

초기 가족상담 발전의 배경

1) 개인치료의 주류 밖에서의 영향
   (1) 집단역동 운동 : 레빈의 장이론을 기초로 한 모레노의 사이코드라마의 개발
   (2) 아동지도운동(아동상담소 운동) : 아동기의 정서적 문제의 예방 및 치료로 성인기의 심리적 문제 예방을 중시함
   (3) 부부상담의 필요성 확산 : 개인의 심리적 문제는 결혼생활에 기반을 둔 부부문제에서 야기되며, 개인치료 주류 밖의 정신건강전문가들의 부부상담 필요성 강조
   (4) 사회복지실천의 영향 : 초기 사회복지실천은 부부 갈등, 자녀양육 등 가족 대상이었음
2) 체계론적 사고의 등장
   (1) 가족을 살아있는 체계이며 유기체적인 총체로 보는 관점의 등장
   (2) 유기체론적 세계관의 등장 : 일반체계이론(Bertalanffy)과 사이버네틱스(Wiener)의 발달
   (3) 상호연관성, 상호의존성으로 세계를 파악함

5) 가족치료의 여러 모델

(1) 초기의 가족치료모델 - 체계론적 사고(관점)

① 다세대 가족치료모델 : 보웬, 맥골드릭 & 카터, 보스조르메니 - 나지 등
개인의 정신 내적 과정에 초점을 두고 가계도, 치료적 삼각관계, 코칭 등의 기법을 사용한다.

② 경험적 가족치료 모델 : 휘태커, 켐플러, 사티어 등
비이론적 접근으로 치료과정에서의 경험에 초점을 두고 가족 조각, 가족 인형극, 가족미술치료, 가족 합동화 그리기 등의 기법을 사용한다.

③ 구조적 가족치료모델 : 미누친, 몬탈보, 로스먼, 아폰테, 피시먼 등
가족구조에 초점을 두고 비행 청소년, 식이장애, 약물중독, 알코올 중독 가족에 효과적이었으며 합류, 구조적 지도, 가족 재구조화 기법을 주로 사용한다.

④ 전략적 가족치료모델 : 헤일리, 밀란학파(파라졸리, 보스콜로, 체친, 프라타 등)
치료기법의 고안에 중점을 두고 역설적 개입, 긍정적 의미부여, 의식 기법 등을 사용한다.

실력 다지기

체계론적 가족치료 모델과 기법

1) 체계론적 개념을 기초로 하여 가족치료 모델을 발전시키고 가족치료 기법을 개발한 치료자들은 많이 있지만, 역사적으로 가장 대표적인 학자로는 보웬(M. Bowen), 사티어(V. Satir), 미누친(S. Minuchin), 헤일리(J. Haley) 등을 들 수 있다.

2) 보웬(Bowen) 모델
가족을 체계로 보고 가족 체계를 중시하였으며, 가족의 문제를 습관적인 삼각관계적 정서 체계의 관점에서 분석하고, 치료 기법에 있어서도 부모 중 한 사람을 선택하여 일정 기간 치료한 후에 그 가족원이 전체 가족에 영향을 주도록 하는 체계론적 개념을 사용하였다.

3) 사티어(Satir) 모델
가족 체계를 치료단위로서 중요시하였으며, 가족의 의사소통 유형, 항상성, 자기 존중, 가족 규칙 등을 중요시 하였다. 치료 기법으로는 조각, 비유, 역할극, 재구성, 가족 도표 등을 들 수 있다.

4) 미누친(Minuchin) 모델
(1) 구조적 이론을 적용하는 전문적인 지식과 기술을 개발하였는데 체계의 구조적인 역동성 특히 경계선의 발생, 경계 유지, 경계수정에 초점을 두고 있는 구조적 이론을 근거로 하고 있다.
(2) 가장 기본적인 개념들은 가족구조 내의 경계선, 제휴, 세력, 가족의 하위 체계, 가족의 적응 등이다.
(3) 치료 기법으로는 가족 상호 거래 유형을 실현화, 경계선 만들기, 긴장을 고조시킴, 과제를 줌, 증상 활용, 분위기 조작, 지지 교육 안내 등이 있다.

5) 헤일리(Haley) 모델
(1) 가족을 체계로 보았으며 가족 문제를 가족 구조적인 측면에서 관찰하고, 가족 관계를 의사소통과 세력 구조로서 분석하고 치료적인 접근을 하였다.
(2) 치료 기법으로서 지시적 기법, 역설적 기법, 고된 체험 기법 등을 사용하였다.

위에서 설명한 학자들의 이론 모델의 기본적인 이론 배경에는 일반체계이론을 기초로 하고 있으며, 가족을 치료 단위로서 중요시하였고, 가족 문제를 구조적 관점과 체계론적 관점에서 분석하고, 그들의 치료적인 접근법은 다르지만 체계론의 기본 가정과 개념을 기초로 하고 있는 것은 공통된 사실이다.

MRI 단기상담

1) MRI 단기상담은 1959년 MRI를 중심으로, 조현병 가족연구팀을 중심으로 의사소통에 대한 획기적 연구를 진행하였으며, MRI 연구팀은 베이트슨, 잭슨, 헤일리, 바츨라비스크 등이다.
2) MRI 단기상담은 가족원의 입장을 수용하고 활용하며 협력을 높인다.
3) 전략적 가족치료는 팔로알토의 정신건강연구소(MRI)의 가족 의사소통 연구 프로젝트에서 시작되었다.

기출문제 확인학습

체계에 대한 투입과 산출에 초점을 두는 블랙박스 모델

체계에 대한 투입과 산출에 초점을 두는 블랙박스 모델인 것은 초기 가족치료 이론인 체계론적 상담이론과 관련이 있다. 즉, 외부 관찰자가 체계에 대한 투입과 산출 간의 피드백 과정을 관찰함으로써 체계의 특성을 파악할 수 있다고 보았으며, 체계를 블랙박스로 보고, 그 안에 무엇이 진행되고 있는가를 연구하기보다 입력과 출력(행동, 의사소통, 규칙 등)을 연구하는 것이 더 편리하다는 결론에 이르게 된다.

(2) 후기의 가족치료모델 - 포스트모더니즘의 확산, 사회구성주의의 영향 등

① 해결지향 가족치료모델 : 오한런(O' Hanlon)

ㄱ. 문제를 개인이 정의하는 의미 체계로 인한 것으로 보며, 내담자의 언어를 사용하고, 변화의 발생을 전제로 하여 해결지향으로 대화방향을 조정한다.

ㄴ. 선다형 질문, 문제의 정상화, 방향을 틀어 요약하기 기법, 내담자의 관점 수용(활용), 분명하거나 상식적 제안, 의문 던지기, 미래에 초점 두기 기법 등의 개입을 한다.

② 해결중심 가족치료모델 : 드 쉐이저 & 버그(김인수)

ㄱ. 개인의 경험 세계의 구성은 언어를 통해서 가능하며 내담자 중심으로 해결에 중점을 둔다.

ㄴ. 내담자의 장점이나 건강한 특성을 활용하며, 치료자와 내담자 간 협력관계를 중시한다.

ㄷ. 해결지향적 질문(상담 전 변화에 관한 질문, 예외질문, 기적질문, 척도질문, 대처질문, 관계성 질문, 악몽질문, 간접적 칭찬, '그 외에 또 무엇이 있습니까?' 질문)과 치료적 피드백의 메시지를 사용한다.

③ 이야기치료[3] : 화이트, 엡스턴 등

ㄱ. 사회구성주의를 바탕으로 하며 문제의 외현화와 새로운 시각으로 대안적 삶의 이야기를 서술하도록 돕는다.

3) ① 자신의 의미와 자신이 살고 있는 삶의 의미를 이해하기 위해 이야기는 만들어진다.
② 개인과 가족의 과거 경험에 의한 부정적 이야기, 즉 삶을 짓누르는 '지배적 이야기'를 재구성하는 것이다.
③ 이야기 치료는 문제 이야기 경청, 해체, 그리고 대안이야기 구축이라는 치료과정을 통해 가족의 문제를 해결한다.

ㄴ. 입장 진술지도(Statement of Position Map), 스캐폴딩[4] 지도, 회원 재구성 지도, 정의 예식(Definitional Ceremony)과 외부증인 집단 등의 기법을 사용한다.

④ 협력 언어체계 모델 : '협력적 모델' 또는 '치료적 대화' (Anderson & Goolishian)

ㄱ. 내담자와의 협력적 대화를 통하여 새로운 의미를 찾는 과정에 중점을 두며 '알지 못함'의 자세를 취한다.

ㄴ. 문제가 체계를 만든다고 가정하고 치료체계는 곧 언어체계라고 본다.

ㄷ. 반영팀(reflecting team)을 주요 기법으로 활용한다(하나의 상황을 보는 다양한 관점이 있다).

기출문제 확인학습

개념 문제

1) 거짓 상호성(pseudo - mutuality)은 개인이 가족과 화합해야 한다고 생각하여 자아정체감의 획득을 희생해 가면서 가족이 보이는 일종의 표면적인 제휴를 의미한다.
2) 가족투사과정(family projection process)은 부모가 자신의 낮은 분화수준을 자녀들에게 전달하는 과정을 의미한다.
3) 긍정적 의미부여(positive connotation)는 전략적 가족상담의 대표적 개념이다.
4) 보스조르메니 - 나지(Boszormenyi - Nagy)는 인간에게 가장 기본이 되는 힘이 관계윤리(relational ethics)라고 하였다.

가족상담 발달 초기에 조현병 환자 가족의 역기능을 설명하기 위해 제시된 개념

1) 이중구속(double bind)
2) 부부균열(marital schism)
3) 고무울타리(rubber fence)
4) 거짓적대성(pseudo - hostility)

반영팀(reflecting team) 접근[5]

1) 협력적 모델(collaborative model)과 관련이 깊다.
2) 노르웨이의 정신과 의사인 안데르센(Andersen)이 발전시킨 것이다.
3) 2차 사이버네틱스를 토대로 하여 발전되었다.
4) 상담자는 관찰자이며 내담자는 관찰대상이라는 고정된 관계를 변화시켰다.
5) 상담팀(관찰자)이 상담실에서 상담을 받던 내담자 가족(참여자)에게 그들의 생각과 느낌을 전달하고, 또 이에 대한 참여자의 생각과 느낌을 관찰자에게 전달한다.

4) Scaffolding(비계) : 스캐폴딩이란 치료자가 독특한 결과와 관련이 있는 과거 사건을 찾아내고, 그 사건들이 순서에 따라 시간의 흐름 속에서 특정한 주제와 구성을 갖는 이야기로 전개하는 데 도움을 제공하는 것으로서 사전적인 의미로는 건축공사 때에 높은 곳에서 일할 수 있도록 설치하는 임시가설물, 재료 운반이나 작업원의 통로 및 작업을 위한 발판이라는 개념이다.

5) 반영팀이라는 새로운 접근방법은 관찰자가 면접실의 가족을 보고 느낀 점을 다시 가족에게 되돌리는 것을 말한다. 즉, 치료자 각각이 자신의 눈에 비친 가족의 모습을 표현하는 것이다.

1 정신분석적 대상관계 가족치료 모델 - 클레인, 페어번, 컨버그

1) 개요

(1) 정신분석적 대상관계 가족치료이론의 뿌리는 지그문트 프로이트의 정신분석에 근거를 두고 있으며 이후에 프로이트와 입장을 달리한 많은 사람들의 생각들이 모아져서 이론을 형성하게 되었다.

(2) 프로이트의 대상이라는 개념에서 출발을 한 대상관계는 클레인에 의해서 프로이트와 여러 가지 측면에서 그 의미를 달리하게 되었다.

(3) 클레인은 대상과의 관계에서 발생되는 여러 가지 현상들을 개념화하였고 대상관계이론을 만드는 데 기초 개념들과 핵심 모형을 제공하였으며 이후에 페어번과 컨버그 등은 대상관계이론의 확고한 틀을 만드는 데 기여하였다.

(4) 인간이 가지고 있는 기본 동기를 원욕(願慾)에 의한 충동이기보다는, 태어나면서부터 가지고 있는 발달의 힘으로 보았는데, 발달의 힘은 대상과 관련을 맺으려는 본능이라고 정의하였다[6].

2) 정신분석적 대상관계 가족치료의 의미

(1) 대상관계 치료에서 가장 중요한 개념은 정신분석 이론에서 주장하는 바와 같이 인간의 자아(ego)는 리비도적 충동과 사회규범과의 갈등을 겪으면서 천천히 발달되는 것이 아니라, 이미 태어날 때부터 자아는 존재한다는 점이다.

(2) 모든 인간의 근본적인 자아 욕동(浴童)은 안전을 기하기 위해 충동을 막으려는 동기에서 유발된 것이 아니라, 대상관계를 향한 것이다.

(3) 최초의 대상관계를 위한 노력과 자아발달은 순수하게 영아와 양육자(엄마) 사이에서 일어나는 현상이며 영아는 격리되어서는 존재할 수 없고, 다만 엄마와의 관계 속에서만 존재할 뿐이라는 것을 의미한다.

(4) 영아의 세계에서 가장 중요한 사람들이 초자아의 위치를 점유하게 되는데, 이러한 현상은 후에 이들과의 관계에서 갖게 되는 수치심과 죄의식에서 추적해 볼 수 있다.

(5) 유아는 엄마와 용해된 환각적 단계(정신병적 위치, schizoid position)를 시작으로 하여 여러 단계들을 거치면서 성장하고 발달한다.

(6) 위의 모든 것이 잘 진행되었다면 고려능력, 수용능력에 의해 사랑과 증오를 동시에 할 수 있는 능력이 생기고 부수적으로 죄의식의 수용력을 갖게 된다.

3) 치료 목표

(1) 대상관계 가족치료의 궁극적 목표는 내담자의 역기능적인 개인 내적 역동에 대한 통찰을 얻고 온전한 대상관계(whole object relations)를 형성하고 자아 기능을 강화하여 자신과 다른 사람들에 대해 좀 더 현실적이고 수용적인 태도를 갖게 하는 것이다.

---

6) 이러한 정의는 기존의 전통적인 정신분석과는 서로 달리하는 생각으로써 대상관계이론의 독자노선을 확립하는 기본 가정의 역할을 한다.

(2) 4가지 치료 목표

① 가족 성원에게 성숙한 방어기제의 사용을 증가시키는 것이다.

② 각 가족원들이 개별화를 이루도록 해 주는 것으로 개별화가 증가되면 친밀한 관계를 맺는 능력도 증가된다.

③ 가족들이 발달상에서 이루었어야 할 통합을 이루도록 돕는 일이며 말러가 제시한 분리와 개별화의 과정을 통하여 유아들은 자신들의 자아 속에 좋은 부분들도 자신 안에 받아들일 수 있는 능력이 생기게 된다.

④ 가족원들이 과거의 무의식적 이미지보다는 현재의 현실에 기본을 둔 전인적인 건전한 인간으로 서로 상호작용할 수 있도록 가족원들의 성격을 변화시키는 데 있다.

4) 치료 기법

(1) 대상관계 가족치료의 기법

대체로 비지시적이며 내담자에게 행동 변화를 위한 구체적인 지침을 제공하거나 방향을 제시하기보다는, 탐색과 통찰을 목적으로 하는 기법들을 주로 사용한다.

(2) 주요 기법으로는 해석하기, 지금 - 여기의 경험 다루기, 역전이의 활용 등이 있다.

(3) 해석하기

① 내담자의 경험과 문제에 대한 이해를 얻어나가는 과정에서 필수적인 기법이며 치료자의 이해를 내담자와 함께 나눌 수 있게 하는 기법이기도 하다.

② 치료자가 내담자의 역동이나 경험에 대해 이해한 바를 해석을 통해 전달하여 내담자가 이를 받아들이거나 또는 치료자의 관점을 수정할 수 있는 기회를 주기도 한다.

③ 해석하기는 연관 짓기와 의미를 발견하여 가족들이 스스로 자신들의 발달을 촉진하도록 돕는 역할을 한다.

④ 연관 짓기(수직 해석)는 현재 가족들이 경험하고 있는 여러 가지 현상들을 과거의 부모와 자녀 관계 속에서 일어난 상호작용과 관련을 맺는 방법이다.

예 권위적인 아버지에 대한 분노 경험은 권위적인 남편을 거부하는 행동으로 나타날 수 있으며 이를 과거 경험과 연관 지어 해석함으로써 부인으로 하여금 자신의 행동을 이해하고 통찰하게 해 줄 수 있다.

⑤ 의미 부여하기(수평 해석)는 관련을 통해서 이해하고 깨달은 내용들을 현재의 관계를 확장하고 바람직하게 만드는 데 어떻게 기여할 수 있는가 하는 점을 이해하고 알도록 하는 치료자의 활동이다.

(4) 지금 - 여기의 경험 다루기

① 대상관계 가족치료에서는 과거 경험이나 치료 장면 밖에서 일어나는 일, 즉 그때 - 거기의 경험을 다루기도 하지만, 지금 - 여기 치료 장면에서 내담자와 치료자와의 관계에서 일어나는 사건이나 경험을 중요하게 다룬다.

② 지금 - 여기를 다루는 기법은 치료자로 하여금 내담자와 경험을 공유하게 하여 즉각적으로 이를 탐색하고 분석함으로써 더 설득력 있는 개입을 할 수 있게 한다.

(5) 역전이의 활용

① 지금 - 여기 경험 다루기에는 치료자의 역전이(counter - transference)도 포함되며 고전적 정신분석에서 역전이는 치료자 자신의 미해결 문제로 인해 치료 장면에서 나타나는 반응으로 극복되어야 할 부분으로 인식되었다.

② 대상관계 가족치료에서는 내담자의 투사적 동일시로 유발된 역전이의 경우, 치료자가 자신의 반응을 충분히 자각하고 통찰함으로써 내담자 가족의 경험에 대해 더 깊은 수준에서 공감할 수 있고, 내담자의 내면세계와 역동을 파악하고 치료적으로 다루는데 유용한 단서로 활용할 수 있음을 강조한다.

③ 내담자의 역기능적 패턴과 투사적 동일시에 대한 통찰을 얻게 되면, 훈습(薰習) 과정을 통해 과거 경험으로부터 내면화된 무의식적인 대상관계에 근거한 것이 아니라, 지금의 현실에 더 적합하게 반응할 수 있도록 도와준다.

(6) 듣기

① 단지 수동 형태로 나타나는 치료자의 활동이 아니라, 대단히 적극적이고 긍정적 방향으로 이루어지는 치료 활동이다.

② 치료자가 듣는 방식은 가족들로 하여금 자신들의 이야기나 다른 가족들의 이야기에 어떻게 반응해야 하는지에 대해서 일정한 안내지침과도 같은 역할을 한다.

③ 다른 가족 구성원들이 가지고 있는 이야기 속에서 진행되는 여러 가지 분열과 투사의 현상을 경험하고 이해할 수 있도록 돕는다.

(7) 공감적 이해

① 감정이입적 경청은 치료자가 내담자의 생각과 느낌을 함께 공감할 수 있도록 주의를 기울여 들어 주는 것이며 감정이입적 경청을 할 때는 내담자의 감정을 공유하며 이는 효율적인 치료 상황에 놓이게 된다.

② 과거에 있었던 어머니와 아버지와의 관계에서 이야기를 듣는 동안 치료자는 그때 어떤 감정들을 가지고 있었는지를 물어 본다.

예 "그때 아버지가 야단을 칠 때 어떤 기분이었는지 말해 주시겠어요?"라는 질문을 치료자는 할 수 있다.

(8) 중립 유지하기

① 치료자는 중립을 유지함으로서 가족들의 투사 동일시의 현상을 객관적으로 볼 수 있게 되며 치료자는 중립 태도를 보임으로써 가족들이 비지시적 상황 속에서 자유롭게 자신들을 표현할 수 있는 분위기를 만들어야 한다.

② 치료자의 중립 태도는 복잡한 상황들을 단순하고 분명하게 만들어서 가족들이 자신들의 무의식을 자유롭게 탐색하고 서로 상호작용이 어떻게 자신들의 무의식과 관련이 되는지 알아가도록 도와주는 역할을 한다.

기출문제 확인학습

코헛(Kohut)과 컨버그(Kenberg)의 대상관계이론 – 자기애성 성격장애와 관련하여

1) Kohut(1968)에 따르면, 신생아는 부모의 전폭적 애정과 보살핌을 받는 정상적 발달과정에서 웅대한 자기상을 형성하며 유아기적 자기애를 나타내게 되지만 성장과정에서 필연적으로 이러한 웅대한 자기상은 좌절과 상처를 경험하게 된다.
2) 점차 성장하면서 아동은 부모로부터 규제와 질책을 받게 되고 자신의 한계에 직면하게 되는 좌절경험 속에서 '세상은 나를 중심으로 돌아가지 않으며 나는 그렇게 대단한 존재가 아니다.'라는 사실을 아프게 깨닫게 된다.
3) 이러한 좌절경험을 통한 깨달음은 성숙하고 현실적인 자기애로 발전하는 필수요소이다.
4) 그러나 부모의 과잉보호나 특이한 성장과정으로 인해 이러한 좌절경험을 하지 못하게 되면 유아기적 자기애가 지속되어 자기애성 성격장애로 발전될 수 있다.
5) Kernberg(1975)는 자기애성 성격장애자들이 어린 시절 어머니와의 상호작용 속에서 형성한 이상적 자기상과 어머니상이 혼합된 웅대한 자기상을 통해 자신에 대한 과장된 생각을 갖게 된다고 설명한다.
6) 그의 주장은 어린 시절에 부모와의 상호작용을 통해 형성한 자기표상과 타인표상이 정신병리의 이해에 중요하다는 대상관계이론에 근거하고 있다.
7) 자기애성 성격으로 발전할 가능성이 있는 아이는 흔히 특별한 재능을 지니고 있거나 가족 내에서 중요한 위치에 있는 경우가 많다.
8) 이러한 아이에게 엄마가 칭찬이나 특별대우를 해 주게 되면, 아이는 이를 중시하고 엄마로부터 칭찬받는 것과 그렇지 못한 것에 예민해진다.
9) 칭찬받지 못하는 불안을 외면하기 위해서, 아이는 엄마가 칭찬해 주는 자신의 긍정적 특성을 크게 부풀려서 엄마가 좋아할 거라고 생각되는 이상적 자기상을 만들어 자주 상상하게 된다.
10) 다른 한편으로는 엄마의 사랑을 열망하기 때문에 자신의 상상 속에 이상적 어머니상을 만들어간다.
11) 어린아이는 엄마가 칭찬해 주는 자신의 모습, 이상적 자신의 모습, 이상적 엄마의 모습에 대한 상상을 자주 하며 즐기게 된다.
12) 그러나 어린아이는 이러한 내적 상상내용을 변별하는 능력이 부족하기 때문에, 자신의 긍정적 측면과 엄마로부터 사랑받게 될 이상적 자기상이 혼합되어 실제의 자기보다 현저하게 과장된 자기상을 지니게 된다.
13) 인지적 입장에서는 자기애성 성격장애자의 부적응적 행동을 유발하는 독특한 신념과 사고과정에 초점을 두고 있다.
14) 자기애성 성격장애(Narcissistic Personality Disorder)는 자신에 대한 과장된 평가로 인한 특권의식을 지니고 타인에게 착취적이거나 오만한 행동을 나타내어 사회적인 부적응을 초래하는 성격을 말한다.
15) 자기 자신을 사랑하는 것은 자연스럽고 건강한 것이나, 자기사랑이 지나쳐서 자신을 비현실적으로 과대평가하고 타인을 무시하며 자기중심적인 행동을 나타내게 되면 대인관계의 갈등과 부적응을 초래하게 되는데, 이러한 경우를 자기애성 성격장애라고 한다.

2 다세대적 가족치료 모델(정서적 관계체계 이론) - 보웬

1) 기본가정 및 치료 목표

(1) 기본가정

① 보웬은 가족을 다세대적 현상으로 보아 다세대적 분석을 통해 현재 가족 문제를 파악하려고 했다.

② 가족을 하나의 정서체계로 보고, 가족은 세대를 초월한다고 평가하였다.

③ 인간의 자아 속에는 감정과 지성이 서로 용해 또는 분리되어 있다고 보고 감정과 사고가 뚜렷하게 구분된 사람을 자아의 분화 정도가 높다고 평가한다.

④ 가족성원이 원가족과 맺는 관계를 통찰하고, 해결되지 못한 감정적 애착의 해결을 강조한다.

(2) 치료 목표

① 이 모형의 목적은 미분화된 가족자아 덩어리로부터 벗어나도록 도와, 불안을 경감시켜 자아분화 수준을 높이고 문제가 되는 삼각관계에서 벗어나는 탈삼각화를 이루는 것이다.

② 보웬은 가족의 주요 문제인 불안과 정서적 융합을 자아분화 수준의 향상을 통해 적응력을 향상시키는 데 둔다.

③ 목표 : 가족체계의 개방, 탈삼각화, 개인의 분화와 성장

2) 개념

(1) 자아분화

① 사고와 감정을 분리하여 자신과 타인을 구분할 수 있는 능력

② 한 가족의 정서적 혼란으로부터 자신이 자유로워지는 과정

실력 다지기

보웬(Bowen)의 자아분화(differentiation of self) 개념

1) 자아분화는 Bowen(1976)이 가족체계 이론에서 제시한 중심 개념이다.

2) 자아분화는 인간이 심리 내적 차원과 대인 관계적 차원으로 성립되어 있다고 생각하고, 양 체계가 기능적으로 어느 정도 분화되어 있는가, 아니면 융합되어 있는가를 의미하는 것이다.

3) 자아분화의 정도는 개인의 정서적 성숙도를 나타내는 것으로 가족체계에 있어서 자율성과 의존성의 정도를 나타낸다.

4) 자아분화 수준이 낮고 융합된 사람은 감정의 세계에 쉽게 빠져들거나 정서성에 의해 영향을 받으며, 객관성, 지적 추리, 독립적 목표 지향을 할 수 있는 능력을 상실하게 되는 반면, 자아분화 수준이 높고 분리되어 있는 사람은 독립적으로 사고하고 신중하며 융통성이 있고 사려가 깊으며 스트레스 상황에서도 자율적으로 행동한다.

5) Bowen은 개인의 분화수준과 지적 기능을 기초로 적절하게 기능하고 있는 상태를 정상으로 보았다. 잘 분화된 사람이라 해도 역기능적으로 되는 것에 스트레스를 받을 수 있지만, 높게 분화된 사람은 극복할 수 있는 다양한 기제들을 가지고 있기 때문에 빨리 회복할 수 있고 합리적 원칙을 근거로 반응한다.

6) 자아분화의 수준

(1) Bowen은 두 가지 수준의 분화를 말하였는데, 하나는 기본분화(basic differentiation)이며 다른 하나는 기능분화(functional differentiation)이다.

(2) 기능분화는 주어진 상황에서 얼마나 주어진 목표활동을 하는가에 대한 개념으로 개인의 기능분화 정도는 가족이 나타내는 만성적 불안 정도와 관계가 있다.

(3) 가족체계가 지닌 불안도가 높을수록 체계의 기능은 약화되고, 가족체계의 기능이 약화될 때 기본분화도가 낮은 개인은 쉽게 정서적 반사행동을 나타내게 된다.

(4) 기능적인 수준의 변화가 일어나고 그러한 상태가 계속되게 되면 기본적인 수준의 변화가 오게 된다.

(5) Bowen은 자아분화 정도를 척도로 구분해서 0 ~ 100이라는 연속선상에서 설명을 하였는데, 이것은 4가지의 범주로 구분된다.

(6) 분화지수 0 ~ 25는 가장 낮은 자아분화 수준, 26 ~ 50은 낮은 수준의 자아분화수준, 51 ~ 75는 보통 자아분화수준, 76 ~ 100은 높은 자아분화 수준이라고 말할 수 있다.

(2) 삼각관계

① 두 사람 사이에 긴장관계나 스트레스가 발생했을 때 제3자를 두 사람의 상호작용체계로 끌어들여 긴장의 수준을 낮추려는 것이다.

사례

부부관계가 소원한 부인은 남편의 관심을 사기 위해 자녀의 교육과 일탈된 자녀의 행동을 남편에게 투사한다. "당신이 자녀교육에 방임하니 아이들이 일탈된 행동을 보이는 것 아닌가요?"

② 보웬은 가족의 자아분화 수준이 낮을수록 삼각관계를 형성하며 삼각관계는 긴장, 불안, 스트레스를 일시적으로 감소시킬 수는 있으나 가족의 정서체계를 더 악화시킨다고 주장하였다.

사례

남편과의 정서적 거리가 멀리 떨어진 경우 자녀에 대한 과도한 관심을 보인다.

③ 핵가족 정서과정 : 해소되지 못한 불안들이 개인에게서 가족에게로 투사되는 것

④ 정서적 융합 : 부부 간의 갈등, 부부 간의 정서적 거리감, 자녀에게 문제 투사 등

⑤ 다세대 전수과정 : 가족 정서과정(분화수준, 삼각관계, 융합 등)이 그 세대에서 그치는 것이 아니라 대를 이어 전개되는 것

⑥ 출생 순위 : 형제들 간의 경쟁을 삼각관계에 초점을 맞추어 제시

⑦ 정서적 단절 : 세대 간의 불안을 처리하는 방법으로 세대 간의 미분화의 결과로 나타나며 정서적 융합이 클수록 정서적 단절이 일어날 경향이 높음

⑧ 가족투사 과정 : 부모가 자신들의 문제를 자녀에게 전달하는 과정

사례

"아빠, 엄마가 매일 다투는 것은 너희들이 부모님 말씀 안 듣고 공부를 안 하기 때문이야."

3) 대표적 기법

(1) 탈삼각화(detriangul - ation)

① 보웬(다세대적 가족치료)에 따르면 성원들의 자아분화가 이루어지지 않은 가족일수록 두 성원들 간 불안수준이 높아지며 다른 성원들을 끌어들여 삼각관계를 형성하게 된다.

② 탈삼각화(detriangulation)란 두 성원들의 감정 영역에서 제3의 성원을 분리시키는 과정이다.

③ 치료자가 의도적 · 일시적으로 삼각관계에 들어가기도 하고 벗어나기도 하면서 가족의 삼각관계를 깬다.

탈삼각화 사례

가족 사정 관계에서 아내는 자신에게서 멀어지는 남편을 대신하여 아들(15세)에게 지나치게 관여해 왔고, 아들은 부모의 관계 회복을 위해 문제행동을 나타내는 것으로 파악되었다. 어머니는 아들의 문제행동 해결을 위해 몇 차례 자녀훈육기술 교육을 받았으나 별 효과가 없었다고 한다. 따라서 상담사는 아들의 문제행동을 주요 개입대상으로 삼는 대신 아내가 남편과의 갈등을 직접 해결하도록 돕는 노력을 하기로 했다.

(2) 가계도

① 3세대 이상의 가족을 그림으로 나타냄으로써 내담자에게 나타난 문제의 근원을 조사하여 자신의 위치와 역할에 대하여 인식하도록 돕는다.

② 가계도는 가족 성원들이 세대 간 맥락에서 정서적(정서적 관계 표시), 행동 상의 문제, 가족역할, 가족 유형, 갈등 단절, 삼각관계 패턴을 파악하고 가족문제를 사정하는데 치료적으로 활용된다.

(3) 관계실험

① 새로운 관계를 핵가족과 원 가족에서 경험하도록 함

② 탈삼각화를 위해 관계의 방향과 위치를 변화시키기 위함

(4) 코칭

분화 수준이 높은 내담자를 활용해 순환적 인과관계를 활용하여 분화수준이 향상되면서 가족 내 관계방식에 영향을 줌

(5) 자기 위치 지키기

자신의 생각과 감정을 존중하면서 객관적 관계를 유지하는 것

기출문제 확인학습

보웬(Bowen) 가족상담의 상담자 역할

1) 가족융합으로부터 탈삼각화를 코치한다.
2) '나의 입장(I - position)'을 시범 보이는 모델이 된다.
   '나의 입장(I - position)'은 보웬에 의하여 정의된 개념으로서, 개인이 자신의 감정에 의해서가 아니라 자신의 지성에 기초한 어떤 입장을 가지는 것을 의미라며 성숙한 인간은 감정과 지성과의 분화가 충분히 이루어진 것으로 가족체계 내에서의 분화를 유지하기 위해서는 '나'라는 자세가 필요하다.

실력 다지기

보웬의 가족치료기법

보웬 치료자들은 가계도나 과정질문 등을 통해 가족과정을 파악하는데 관심을 두는 반면, 특정기법을 사용하는 데 크게 치중하지 않는다. 보웬 치료기법은 주로 질문이나 과제를 사용하는데, 내담자의 정서나 행동의 변화에 초점을 두기보다는 내담자의 인지적 자각을 촉진하고 삼각관계를 벗어나도록 유도하는 것이 많다.

1) 가계도 작성하기
   (1) 최소한 3세대에 걸친 표식을 통해 문제를 폭넓게 진단하는 그림 방법을 사용했다.
   (2) 가계도는 첫 면접에서 내담자와 함께 작성하여 여러 회기에 걸쳐 수정, 보완된다.
   (3) 원가족과의 융합문제, 미분화 문제, 핵가족 정서체계, 정서적 단절, 삼각관계 등의 보웬 개념이 가계도를 통해 드러난다.
2) 치료적 삼각관계
   (1) 가족치료의 기본 기법 중 하나는 두 성인과 치료자로 이루어진 삼각관계 시스템에서 작업하는 것이다.
   (2) 두 사람의 긴장을 감소시키기 위해 치료자를 자동적으로 삼각화 과정에 끌어들이려고 할 때 치료자가 정서적으로 말려들지 않는다면, 치료적 삼각관계 안에서 가족체계는 다시 평정을 찾아 문제를 해결할 방법을 찾게 된다.
3) 코칭
   (1) 치료자는 내담자가 직접 본인의 가족문제를 해결해 나가도록 조언한다.
   (2) 코칭을 통해 치료자가 내담자의 삼각관계에 끌려 들어가지 않으면서도 가족 스스로 가족의 정서과정을 이해하고 개인의 역할을 이해할 수 있도록 돕는 방법이다.
   (3) 코칭의 목적은 자기 이해와 가족원에게 건강한 애착을 가질 수 있도록 하는 것이다.
4) 과정질문
   (1) 내담자의 감정을 가라앉히고 정서적 반응에 의해 유발된 불안을 낮추며 사고를 촉진하는 질문기법이다.
   (2) 이 질문은 내담자의 감정이나 정서에 초점을 두기보다 인지에 초점을 두며, 내담자가 어떤 방식으로 관계 유형에 관여되어 있는지를 묻는다.

(3) 치료자가 내담자가 말하는 내용에 초점을 두는 것이 아니라 그 내용에 관련하여 부부 또는 가족성원들의 상호작용의 과정에 초점을 맞춘다.

면담 중에 부부 중 한 사람이 눈물을 보이면 그 눈물을 나게 한 생각에 대하여 질문을 한다. 부부가 논쟁을 심하게 하면 적극적으로 나서서 한 사람 한 사람에게 조용하게 중립적 태도로 질문을 하여 각자의 생각에 초점을 맞추도록 한다. 부부간의 상호작용의 과정을 보도록 하기 위해 부부 사이에 거리두기와 추적하기의 역동성에 대하여 설명하고 그 과정에 대하여 생각하도록 한다.

기출문제 확인학습

보웬(M. Bowen)의 가족상담에서 사용하는 과정질문(process question)

1) 내담자의 감정을 가라앉히고 정서적 반응에 의해 유발된 불안을 낮추며 사고를 촉진하는 질문이다.
2) 감정이나 정서에 초점을 두기보다 인지에 초점을 두고, 내담자가 어떤 방식으로 관계유형에 관여되어 있는지를 묻는다.
3) 효과로서는 가족 구성원이 문제에 대한 지각과 관계유형에 어떤 방식으로 참여하였는지를 인식할 수 있게 한다.
4) 사례
   - 상담사 : 희준이가 숙제하라는 어머니의 말은 안 듣고 게임만 하고 있으면 어머니께서는 어떤 생각을 하세요?
   - 어머니 : 아, 정말 화가 나지요.
   - 상담사 : 그렇군요. 그러면 희준이가 게임만 계속하는데 어머니는 무슨 역할을 하셨나요?
   - 어머니 : 모르겠어요. 내가 무슨 역할을 했을까요?
   - 상담사 : 글쎄요. 어머니는 희준이가 원하는 것을 말하면 들어주셨나요?

☞ 어머니가 부자관계에서 일어나는 일에 대해 자각하게 하고 상황을 개선하려면 본인이 어떤 역할을 해야 하는지에 대해 통찰을 격려하게 한다.

5) '나의 입장' 기법

상대방의 행동을 비난하거나 지적하기보다 자신의 감정에 초점을 맞추어 표현하도록 하는 방법이다.

6) 탈삼각화(detriangulation)

(1) 일단 가계도상에 가족의 관계패턴이 드러나고 증상과 관련하여 주요 삼각관계를 찾아내었으면 삼각관계 위치를 변화시킬 계획을 세운다.

(2) 불안한 부부관계에서 그 대처방식으로 어머니가 아들과 연합하여 아버지를 소외시키는 삼각관계에서 어머니는 아들에게 와서 항상 아버지에 대한 불평을 이야기하면 아들은 어머니를 위로하고 아버지를 비난하는 편에 서게 된다.

(3) 탈삼각화의 과정에서 치료자는 어머니가 아버지에 대한 불평을 자녀에게 이야기를 할 때마다 아버지에게 가서 직접 이야기하도록 제안하게 하여 자녀가 더 이상 어머니의 불평의 동조자나 해결사가 되려는 시도를 하지 않도록 코치를 할 수 있다.

(4) 이 때 삼각관계 속에 연루된 상대방은 분화된 자녀의 반응에 대하여 자신에게 끌어들이기 위해 더 강하게 감정 반사적으로 반응할 수도 있다.

(5) 치료자는 예상되는 반응에 대하여 미리 함께 논의하고 그에 대하여 자신의 입장을 중립적으로 지킬 수 있도록 내담자에게 지속적인 피드백을 줌으로써 성공적으로 역기능적 삼각관계 패턴에서 분화할 수 있도록 도울 수 있다.

(6) 이렇게 하면 삼각화를 시도했던 상대방도 새롭게 시도되는 탈삼각관계적 변화된 행동에 따라 자신도 변화를 하면서 내담자의 분화수준에 따라 분화수준이 점차 향상되게 된다.

7) 관계성 실험(relationship experiments)

(1) 관계성 실험은 주요 삼각관계를 구조적으로 변화시키기 위해 사용한다.

(2) 목표는 가족들이 체계과정을 인식하고 그 과정 내에서의 자신의 역할을 깨닫도록 학습시키는 것이다.

(3) 이 기법은 정서적으로 의존하려는 자와 거리를 두려는 자에게 사용하며 의존하려는 사람에게는 상대방에 대한 의존을 자제하고 요구를 중지하고 정서적으로 연계되는 압력을 감소시키고, 자신과 상대방과의 관계에 어떤 일이 발생하는지 보게 한다.

(4) 이 경험은 개입되고 있는 정서적 과정을 명료화시키도록 돕는다.

8) 치환 이야기(displacement stories) = 다른 이야기로 대치하기

(1) 이 기법은 비슷한 문제를 가진 다른 가족의 예를 들어 이야기를 들려주거나 비디오, 테이프, 영화 등의 자료를 사용하여 개인과 가족을 교육하는 것인데 가족의 방어적 태도를 최소화 시킬 수 있다.

(2) 내담자가 가족 속에서 자신의 역할과 기능을 인식하도록 돕는다.

기출문제 확인학습

다세대적 모델(보웬)의 기법 : 치료적 삼각관계와 코칭

1) 치료적 삼각관계

(1) 기본적으로 두 사람과의 관계에 치료자가 개입하여 치료적 삼각관계를 형성한다.

(2) 치료자가 정서적으로 말려들지 않아야 한다.

(3) 반면 둘 중 하나는 자동적으로 삼각관계를 만들려고 한다.

(4) 문제증상이 아동에게 있을 경우, 아동을 치료 대상으로 삼는 대신, 부모의 결혼관계에 문제가 있다는 가정을 부모가 수용하기를 요구한다.

2) 코칭(coaching)

(1) 가족구성원이 문제를 해결해 나갈 수 있도록 치료자는 조언을 한다.

(2) 코칭을 통해 삼각관계에 끌려들어가지 않으면서도 가족 스스로 정서과정을 이해하고 개인의 역할을 이해할 수 있도록 돕는 방법이다.

3 구조적 가족치료 모델 - 미누친

1) 기본가정 및 목표[7)]

치료목적은 역기능적 경계선을 기능적이고 구조적인 위계질서로 회복하도록 재구성하고 가족규칙을 재조정하여 하위체계 간 위계질서를 회복하는 데 초점을 두며 가족구조의 재구조화, 문제해결과 증상완화를 목표로 한다.

(1) 가족구조의 불균형(경계가 불분명, 위계질서의 모호, 체계 간 경직성)의 결과로서 가족문제가 발생한다고 보고 가족의 재구조화를 목표로 한다.

(2) 어느 가족에게나 문제는 있다.

(3) 가족의 증상 - 체계를 유지시키는 장치로서 가족의 역기능의 표현과 가족구조의 불균형의 결과로 본다.

(4) 정상가족의 초점 - 명확한 경계선, 강한 부모 하위체계의 위계질서, 체계의 융통성을 둔다.

(5) 치료 목표는 가족 구성원과 그 성원 간의 규칙 및 역할의 습득 방법을 가족에게 이해시킴으로써 가족을 원조하는 것이다.

2) 개념과 기술

(1) 개념

① 경계

ㄱ. 구성원의 누군가가 어떠한 방법으로 참가할 수 있는가에 대한 규약

ㄴ. 가족의 상호작용 과정에 구성원 간의 명확한 경계, 경직된 경계, 밀착된 경계

② 하위체계

ㄱ. 가족체계는 각각 하위체계가 있으며 다른 체계와는 구별되는 기능을 함

ㄴ. 부부 하위체계, 부모 - 자녀 하위체계, 형제 하위체계

③ **제휴** : 가족체계의 한 개인이 다른 구성원의 활동에 협력하거나 반대하거나 하는 관계를 가지는 것으로 연합과 동맹이 있다.

사례

1) 연합 : 남매에게 "항상 공부해라, 청결히 해라, 게임하지 마라." 잔소리를 하시는 어머니에게 남매는 연합하여 자신들의 감정을 표현하며 어머니에게 대항한다.

2) 동맹 : 넷북을 개인적으로 소유하고 싶은 남매는 동맹관계를 맺으며 아빠에게 넷북을 사달라고 호소한다.

실력 다지기

역기능적 가족동맹 : 상담사의 개입

동맹 해체하기(1단계의 단절)→동맹 발전시키기(새로운 동맹 창출 또는 미발달 관계 강화)→동맹 재강화하기(동맹의 유지 또는 동맹의 범위와 힘의 증가)→동맹 느슨하게 하기(정서적으로 너무 밀착된 관계는 조정함)

④ **세력(= 권력)** : 가족 개개인이 상호작용을 통해 다른 사람에게 미치는 영향을 의미함

⑤ **가족구조** : 가족성원들이 다른 성원과 관계하는 방법을 조직하는 기능적 차원

---

7) 치료목적은 역기능적 경계선을 기능적이고 구조적인 위계질서로 회복하도록 재구성하고 가족규칙을 재조정하여 하위체계 간 위계질서를 회복하는 데 초점을 두며 가족구조의 재구조화, 문제해결과 증상완화를 목표로 한다.

(2) 치료기법

① **실연**(enactment) : 치료 면담 중에 가족에게 역기능적인 가족구성원 간의 교류를 실제로 실연하도록 하여 상호교류 유형을 경험하게 함

사례

"그 점에 관하여 남편에게 직접 이 자리에서 이야기해 보시죠?"

② 경계 만들기

ㄱ. 가족성원 각자가 체계 내에서 적절한 위치에 있도록 가족 내 세대 간 경계를 분명히 유지하도록 원조한다.

ㄴ. **밀착된 가족** : 하위 체계 간 경계선을 강화시키고 각 개인의 독립성을 키워준다.

ㄷ. **분리된 가족** : 가족성원 간의 지지 · 통제 기능을 강화하여 하위체계 간 교류를 촉진시키고 경직된 경계선을 완화시킨다.

사례

1) 부부, 가족 전체, 아이들을 따로 만난다. 혹은 아이들을 빼고 부부만 밖에 나가서 할 수 있는 활동을 하게 한다.
2) 본인이 없는 곳에서는 이야기하지 않기
3) 치료세션에서 다른 사람의 질문에 절대로 대신 대답해 주지 않기

③ 합류하기(joining)

ㄱ. 상담사가 개입장면에서 가족의 분위기를 파악하여 그에 맞추어 행동하거나 감정을 표현하는 것이다.

ㄴ. 가족과 상담사의 거리를 좁혀주는 역할을 한다.

ㄷ. 일반적으로 개입 초기단계에 많이 사용한다.

사례

상담사가 "나도 성격이 급해요.", "우리 집에도 그와 비슷한 일이 있어요."라고 말하는 경우

④ 과제부여

ㄱ. 가족 상호교류에서 자연스럽게 발전될 수 없는 행위를 실연해 보도록 한 후, 가족이 해야 할 분야를 개발시키기 위하여 과제를 주는 것

ㄴ. 단일과제 : ○○씨는 월요일에 상담실 방문하기

ㄷ. 반복과제 : 날마다 집안 청소 30분씩 하기

ㄹ. 인지적 과제 : 나의 강점과 단점은 무엇인지 생각해보기

ㅁ. 공동과제 : 준표와 잔디는 서로에게 존댓말 사용하기

사례

"3분 동안 방해하지 마세요.", "위치를 바꾸어 서로 더 가까이 앉으세요." 등 아들이 바람직하게 말을 잘 할 때 칭찬해 주기, 이야기 끝까지 들어주기

⑤ **긴장 고조시키기** : 치료자가 가족체계의 경계선, 제휴, 연합, 권력에 직접 개입함으로써 가족들의 긴장을 고조시킴으로써 가족구조를 재구조화한다.

사례

1) 모녀 간의 의사소통을 계속 해석하여 온 장남에게 "잠깐만"이라고 말하면서 의사소통 통로를 차단한 후 딸에게 "계속해서 이야기 하세요."라고 말한다. 모녀 간 접촉을 증가시켜 줌으로써 모녀의 하위체계가 가까워지므로 재구조화가 이루어진다.
2) 항상 딸의 문제를 대변하는 엄마에게 가만히 있게 하고 딸이 직접 대답하도록 하게 한다.

⑥ **역기능적 균형 깨뜨리기** : 가족 내 하위체계들 간의 역기능적 균형(권력적인 측면)을 깨뜨리기 위한 기법이다.

사례

가부장적 구조의 가족체계에서 아버지의 권위주의적이고 지배적인 의사소통을 깨기 위해서 상담사가 의도적으로 자녀의 의견을 들어줌으로써 역기능적 균형을 깨뜨린다.

구조적 가족치료

1) 사례 1 - 가족의 권력, 경계

매사에 권위적인 아버지로 인해 부부 권력구조가 불균형적이다. 어머니는 아버지에 대한 불만을 아들과 공유하면서 친구와 같은 관계를 맺고 있다. 아들도 자신의 대학생활에 대해 일일이 어머니와 의논하는 등 밀착된 관계를 유지하고 있다. 상담사는 부부 간의 권력구조를 변화시키고 아들과의 경계를 명확하게 설정하도록 도왔다.

2) 사례 2 - 하위체계와 경계

어머니가 우울증을 호소하며 상담사에게 상담을 요청했다. 아버지는 일정하지 않은 직업과 소득으로 아내와 아들로부터 소외된 채 술로 세월을 보내고 있다. 어머니와 아들은 서로 밀착되어 가계를 이끌어 오다가 최근 소득이 감소되어 우울증이 심화됐다. 상담사는 어머니와 아들 사이의 경계를 조정하고 부부 하위체계를 강화하는 개입을 시도했다.

☞ 심화학습

구조적 가족상담의 주요 기법

1) 증상활용 기법

가족은 증상을 가진 사람(IP)에게 초점을 맞추기를 기대하는데 치료자가 가족의 이러한 경향에 도전하거나 제시된 증상을 직접 다루는 방법이다. 이를 위해 다음과 같은 전략을 사용한다.

(1) 증상에 초점 맞추기(증상 유지)

증상에 초점을 맞춘 과제를 부여하여 증상을 유지하도록 하여 가족 이 증상을 둘러싼 상호작용에 새로운 의미를 부여하거나 새로운 각도로 바라볼 수 있다.

사례
- 상담자 : 당신의 병을 잊고 싶어 하지 않는군요.
- 내담자 : 저는 환자에요. 왜냐하면 모두들 저보고 우울한 사람이라고 말하거든요.

(2) 증상을 과장하기

증상을 과장하게 하여 가족들이 발생맥락을 볼 수 있도록 하여 가족들의 역기능적 상호교류를 보게 한다.

(3) 증상에 무관심하고 새로운 증상으로 이동하기

증상을 둘러싼 가족의 내재된 갈등이나 다른 증상에 초점을 둔다.

(4) 증상을 재명명하기

증상을 역기능적 가족 구조의 산물임을 재명명화를 통해 알려주는 작업으로 이로 인해 증상을 새로운 각도로 보고 가족구조의 변화를 가져올 수 있다.

2) 유지(Maintenance, 적응하기)

(1) 유지기법은 기존의 가족구조에 참여하는 치료자의 활동이다.
(2) 현재의 가족 체계를 적극적으로 인정하고 지지하는 태도를 보여줌으로써 가족 구성원들을 편안하게 만들어 준다.
(3) 치료자의 지지하는 태도와 존중하는 마음은 가족들로 하여금 편안한 마음을 가지고 치료에 임할 수 있도록 돕는 역할을 한다.
(4) 만일 치료자가 성급하게 가족의 구조나 위계질서에 도전하는 방식으로 접근하게 된다면 가족들은 저항을 보이게 될 것이며 결국 가족들은 저항으로 인해서 서로 더욱 비난하게 된다.
(5) 이런 면에서 치료자는 가족에 적응하기 위해 부드러운 말씨와 세심한 배려를 보여 주며 구체적 질문을 한다.
(6) 때때로 적응하기의 기술을 사용하는 데 있어서 가족들이 가지고 있는 역기능을 약간 건드려 주는 일도 필요하다.
(7) 가족들이 가지고 있는 역기능을 약간 건드려 주는 일은 가족들에게 희망을 줄 수 있다.
(8) 가족들은 자신들의 역기능을 치료자가 알고 이해하고 있다는 점에서 안도감을 느끼며, 이러한 안도감은 가족들로 하여금 치료자를 신뢰하고 치료에 협조할 수 있는 기본 토양을 만드는 데 기여한다.

3) 추적(Tracking, 따라가기)

(1) 추적은 가족들의 행동양식과 언어 형태들을 주의 깊게 관찰하는 치료자의 행동이다.
(2) 치료자는 가족들의 말과 행동을 따라가면서 정보를 수집한다.
(3) '누가 가장 많이 말을 하는가 그리고 다음에는 누가 말을 받는가, 또는 한 사람이 말이 끝나고 나면 다른 가족 구성원들의 반응은 어떤가' 하는 등의 여러 가지 정보를 얻게 된다.
(4) 치료자는 가족들이 말하는 대화의 내용을 따라가면서 가족들의 상호작용과 구조를 탐색하는 활동을 한다.
(5) 치료자는 따라다니면서 가족들을 지지하는 발언과 행동을 한다.
(6) 치료자는 격려하고 이해하는 발언을 함으로써 가족들이 더욱 자신들의 마음을 열고 상호작용을 할 수 있도록 돕는 역할을 한다.
(7) 치료자는 가족들이 사용하는 언어를 적극 사용함으로써 가족들의 상호작용에 참여한다.

기출문제 확인학습

구조적 모델에서 가족치료 기법(김유숙, 2000)

1) 교류의 창조

치료적 효과와 연결될 수 있는 가족 구성원간의 교류를 치료자가 의도적으로 만들어내는 기법

(1) 실연화 : 가족 상담에서 가족구성원 간의 상호작용 유형을 실제로 재현시킨다.

(2) 가족 내 과제설정 : 치료자가 가족 간의 어떤 특정한 새로운 상호작용의 구조를 창조하기 위하여 과제를 주는 것이다.

2) 교류와의 합류

치료의 목표에 도달하려는 치료자가 창출하는 가족과의 인간적 교류에 관한 기법

3) 교류의 재구성화

보다 기능적인 가족구조를 향하여 가족 간의 교류유형을 변화시키기 위한 기법

(1) 긴장고조 : 긴장을 고조시킴으로써 가족구조를 재구조화 하는 기술이다. 긴장고조에는 ① 가족간 상호교류 유형을 차단 ② 가족 간의 의견 차이를 강조 ③ 은폐하려는 갈등을 표면화 ④ 가족 내 연합에 합류하는 것이 있다.

(2) 증상활용 : 치료자는 역기능적 가족을 빠르게 변화시키기 위해 증상을 다룬다. 증상활용은 ① 증상에 초점 ② 증상을 강화 ③ 증상을 의도적으로 무시 ④ 증상에 새로운 명칭붙이는 것이 있다.

(3) 경계선 작업(경계 만들기) : 부부체계 간의 명확한 경계와 부모와 자녀의 하위체계 간의 분명한 경계를 설정한다.

(4) 분위기 조작 : 가족의 특성을 강조하거나 재명명을 통해서 분위기 조작을 활용한다.

(5) 교육적 개입 : 치료자는 가족들과 합류하기도 하고 제3자적 관점을 취하기도 하면서 적극적으로 개입하는데, 교육적으로 모범을 보이거나 강의를 통한 교육적 개입을 활용한다.

(6) 가족의 상호작용 인식 : 가족들이 서로의 상호관계성을 알아차리고 지각하도록 하기 위해 치료자는 가족의 상호작용 유형을 깨뜨리는데 초점을 둔다.

구조적 가족지도의 기호

기호	의미	기호	의미
─────────	경직된 경계선	──┤ ├──	갈등(conflict)
··············	명확한 경계선	⏞	연합(coalition)
- - - - - - - -	모호한 경계선	──────→	우회(detouring)
═════════	친밀(affiliation)		
≡≡≡≡≡≡≡≡≡	과잉밀착(over involvement)		

4 경험적 가족치료 모델 - 사티어, 휘태커

1) 기본가정과 목적

(1) 기본가정

① 사티어(Satir)가 제시한 이론으로 인간에 대한 긍정적 사고와 성장에 대한 믿음을 기초로 수많은 가족에 대한 치료경험을 바탕으로 한 기법 등을 사용한다.

② 자신과 다른 가족구성원에 대해 어떻게 느끼고 반응하는가에 관심을 가진다.

③ 인간의 잠재능력에 관심을 가졌으며, 인간의 동등성을 추구한다.

④ 사건과 행동은 내적 · 외적 세계의 상호작용의 결과, 변화는 필수적이다.

⑤ 건강하고 정상적인 가족은 가족성원들이 서로의 성장을 돕는 가족이다.

⑥ 역기능적인 가족

ㄱ. 정서가 메말라 있고 회피와 자기방어적인 가족

ㄴ. 낮은 자기 가치감

ㄷ. 간접적이고 정직하지 않은 의사소통

ㄹ. 비인간적이고 비타협적인 엄하고 경직된 규칙

ㅁ. 회유적이며 책임전가, 사회로부터 고립된 가족

(2) 치료목적

① 자기존중감 향상, 가족규칙 명확화, 의사소통 수준 향상

② 내면의 경험과 표현 행동이 일치하는 통합의 증가, 선택에 대한 보다 많은 자유, 덜 의존적인 것, 경험을 확대하는 것

③ 자기 가치감(self - worth) 향상과 감정표현, 의사소통의 일치감을 갖게 함

2) 개념 및 의사소통 유형

(1) 개념

① **자아존중과 자기가치감** : 자기가 자신에게 가지는 애착, 사랑, 신뢰, 존중

② **가족규칙** : 규칙의 근거, 영향, 규칙을 어길 때의 반응을 중요시 함

③ **의사소통 유형** : 의사소통은 정보를 주고받는 과정으로 중요함

(2) 의사소통 유형

기능/역기능	유형	의사내용 분석	자신	타인	상황
기능적	일치형 (congruent)	- 언어적 메시지와 비언어적 메시지가 일치하는 의사소통 유형 - 자신, 타인, 상황을 모두 고려, 진솔한 의사소통유형	존중	존중	존중
역기능적	비난형 (placater)	- 자기주장이 강하고 독선적이며 명령적이고 지시적인 사람들이 많이 사용하는 의사소통유형 - 잘못을 남의 탓으로 돌리며 자신에게는 충성과 복종을 요구함 - "다 너 때문이야.", "나에게는 잘못이 없어."	존중	무시	존중
	회유형 (아첨형) (blamer)	- 상대방의 의견에 무조건 동의하고 상대방이 원하는 대로 행동 - 자신의 내적 감정이나 생각을 무시하고 타인의 비위에 맞추며 희생적으로 행동함 - "다 내 잘못이야.", "나는 신경 쓰지 마."	무시	존중	존중
	초이성형 (계산형) (super - resonable)	- 지나치게 이성적이고 잘 따지며 부정적인 측면을 잘 지적함 - 자신의 감정을 잘 표현하지 않으며 실수하지 않으려고 노력함 - "사람은 논리적이어야 해."	무시	무시	존중
	혼란형 (산만형) (irrelevant)	- 상황에 적절하게 반응하지 못하고, 의사 표현에 초점이 없고 요점이 없음 - 타인의 말이나 행동과는 무관한 의사소통을 함	무시	무시	무시

3) 대표적 기법

(1) 역할극

① 한 가족 구성원에게 다른 가족 구성원의 역할을 수행하도록 함

② 자신의 역할을 하되, 이전과 다르게 행동해 보도록 함

(2) 원가족 도표(family origin map)

가족의 역동성과 대인관계를 이해하고 평가해 준다.

(3) 가족생활 연대기(family fact chronology)

가족 상황, 사회적 상황, 역사적 상황과 상호 연관지어 이해하여 스타(내담자)의 가족 재구성에 도움을 준다.

(4) 가족조각(family sculpting)

① 언어적 표현이 부족하고 소극적으로 참여하는 가족들이 자연스럽게 참여하며 가족 구성원들의 거리감이나 밀착된 몸짓 및 자세를 취하여 가족원들의 관계를 나타내는 것이다.

② 가족을 사정할 때 또는 개입의 기법으로 사용된다.

사례

"영희야, 그럼 네가 생각하는 대로 가족관계에 대해서 몸으로 표현해 보렴. 즉, 영희가 가족들에게 자리를 배치해 주는 거야."

(5) 가족그림(드로잉 기법)

① 가족 구성원에게 가족을 인식하는 대로 그리도록 함

② 예전에 미처 생각하거나 대화하지 못했던 상황을 경험하도록 함

(6) 학습 삼인군(family triangle)

① 각자 자신의 취약점, 대인관계 및 대처 유형을 파악하여 이를 이해하고 재구성하는 과정에서 치료적 경험

② 3명이 한 팀이 되어 학습과 활동을 통하여 자기 성장 도모

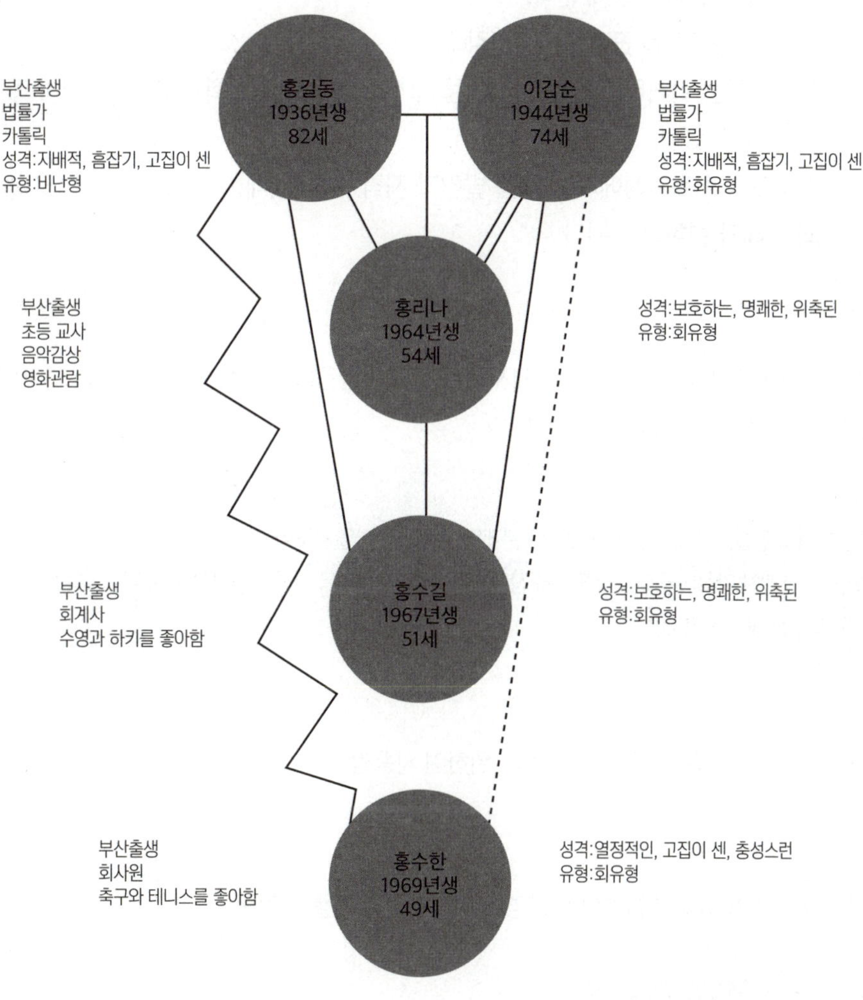

원가족 삼인군 도표[8)]

8) **출처 : http://www.icancan.co.kr/new/nlp.html(대한심리연구소), http** : //www.familycounseling.co.kr/new/frame5.html내담자를 IP-(identified patient)라는 용어 대신에 스타(star) 용어를 사용한다. 원가족 도표는 가족원들이 의논하여 작성하도록 하며, 정보가 불명확한 것을 추리하여 완성하여도 무방하다.

③ 원가족 삼인군에서 갖게 된 왜곡된 지각, 경험을 학습 삼인군 활동으로 치유

④ 원가족 삼인군 치료과정의 3단계

ㄱ. **1단계 : 원가족 도표 작성** : 원가족 도표를 통하여 가족구성원의 성격, 자존감 정도, 의사소통 유형과 생존 유형, 가족규칙, 가족의 역동성, 가족원들 상호관계, 세대 간의 유사점과 차이점, 그리고 사회와의 연계성 수준을 파악할 수 있다.

ㄴ. 2단계 : 원가족 도표를 사용하는 치료과정

가. 스타(내담자)가 원가족 도표를 근거로 원가족 삼인군을 기술하는 과정에서 진단과 평가가 이루어지고, 변화되어야 하는 내용과 목표가 설정된다.

나. 원가족 삼인군에서 발생한 쟁점이 이 치료에서 제기될 뿐만 아니라, 내담자가 그 당시의 상황에서 이해를 하게 됨으로써 이 쟁점들이 현재의 생활을 방해하기보다는 재조명시키는 과정을 통해 치료적 효과를 얻게 된다.

ㄷ. 3단계 : 원가족 도표를 근거로 가족조각 실시

가. 가족조각을 실시하는 새로운 경험을 실제로 함으로써 변화를 좀 더 촉진하고, 치료의 효과를 더욱 높일 수 있다.

나. 가족조각 치료과정에서 새로운 발견과 지각, 감정에 대한 재평가, 재해석을 통하여 이전의 시각과 견해가 변화하게 된다.

(7) 재정의

① 전략적 가족치료에서도 사용하며 문제시되는 태도와 반응을 재구성하고 긍정적인 의미를 부여함

② 재명명, 재규정, 재구조화라고도 한다.

사례

- 자녀에 대한 엄마의 간섭을 엄마의 관심과 배려로 문제의 긍정적 측면을 강조한다.
- 동수는 엄마의 잔소리와 간섭이 싫다고 불평하자 상담사는 "엄마가 동수를 항상 걱정하고 사랑하는 마음에서 우러나오는 말과 행동이란다."라고 재구성 해주는 것이다.

(8) 유머

긴장을 풀고 친밀감 있는 분위기를 만들기 위하여 사용함

(9) 신체적 접촉(hug)

상담사가 의도적인 신체적 접촉으로 환영과 비언어적 지지를 보여줌

(10) 빙산탐색 암기법 행정/지대/열자

① 개인의 내적 과정을 이끌어내는 은유적인 방법으로 활용하며 행동에 대한 탐색, 감정에 대한 탐색, 지각에 대한 탐색, 기대에 대한 탐색, 열망에 대한 탐색, 자기에 대한 탐색을 활용하는데 유용하게 활용될 수 있다.

② **빙산 탐색의 목표** : 빙산 탐색기법은 빙산의 '수면' 아래를 탐색하여 부적응적인 내담자의 경험을 표면화하고 변형하도록 함으로써 2차, 3차 수준의 변화를 가져올 수 있다.

③ 빙산탐색의 과정

ㄱ. **행**동과 대처방식의 탐색

- "그때는 어떻게 하셨어요?"
- "무엇을 지금까지 해보셨어요?"
- "상대방이 그렇게 할 때 당신은 어떻게 하세요?"
- "어떤 행동방식을 어떻게 변화시키고 싶은가요?"
- "지금은 그 문제를 어떻게 변화시키고 싶은가요?"
- "힘든 상황에 어떻게 대처하시나요?"
- "상대방이 당신을 비난하거나 무시하면 어떻게 하나요?"

ㄴ. 감**정**에 대한 탐색

- "상대방이 그렇게 할 때 어떤 감정을 느끼십니까?"
- "그 감정을 어떻게 다루시나요?"
- "그 감정이 무엇이라고 말하지요?"
- "한 번 들어 볼까요?"
- "그 감정의 의미는 무엇일까요?"
- "눈물의 의미는 무엇일까요?"
- "지금 느끼는 감정과 함께 가슴 속에는 무엇이 일어나고 있나요?"
- "한 번 들어가 보면 어떨까요?"
- "그 슬픔(분노, 죄책감, 미움, 상처) 이면에는 또 어떤 감정이 있는지 말씀해 주시겠어요?"
- "그 감정이 신체적으로는 어디서 어떻게 느껴지나요?"
- "지금 그 감정에 그대로 머무를 수 있겠어요?"
- "이런 감정을 과거 언제, 누구에게 느낀 적이 있습니까?"
- "그런 감정에서 벗어나기 위하여 어떤 노력을 하셨나요?"

ㄷ. **지**각에 대한 탐색

- "이 사건에 대하여 어떻게 생각(판단, 해석) 하셨어요?"
- "어떤 가치관이 힘들게 하는지요? 또는 어떻게 도움이 되는지요?"
- "상대방의 행동이나 동기에 대해 다르게 해석할 수는 없는지요?"
- "나의 잘못된 사고나 섣부른 판단은 어떤 것이 있었는지요?"
- "당신의 두려움은 궁극적으로 어떤 것에 대한 두려움이라고 생각하시나요?"
- "지금까지 살아 온 당신의 삶에 대해서는 어떻게 생각하시나요?"
- "당신의 행동이 자신(다른 사람)에게 어떤 영향을 미친다고 생각하세요?"

ㄹ. 기대에 대한 탐색

☞ "남편(아내, 자녀)에게 아직까지 거는 기대감이 있나요?"
☞ "내 삶에서 아직도 붙잡고 있는 기대는 무엇인가요?"
☞ "그 기대를 채우기 위하여 무엇을 하셨나요?"
☞ "원하는 그 기대를 지금은 놓아버릴 수 있나요?"
☞ "놓아버리지 못한다면 그 이유는 무엇인가요?"
☞ "과거에 이루지 못한 기대를 채울 수 있는 현실적인 방안들은 무엇이 있을까요?"
☞ "이 기대를 채우는 것이 당신의 삶에서 어떤 의미가 있나요?"

ㅁ. 열망에 대한 탐색

☞ "당신의 삶에서 원하는 것은 어떤 것입니까?"
☞ "원하는 것을 채우기 위해 당신은 어떤 노력을 하셨나요?"
☞ "인정받는다는 것은 어떻게 하면 알 수 있을까요?"
☞ "당신의 삶의 진짜 의미는 어떤 것이라고 생각하나요?"
☞ "당신은 사랑의 열망을 어떻게 충족시키고 있는지요?"
☞ "앞으로 열망을 채우기 위해서는 어떻게 해야 한다고 생각하세요?"
☞ "당신의 원함이나 열망은 현실 가능하고 실행 가능한지요?"

ㅂ. 자아에 대한 탐색

☞ "자기 자신에 대해 어떻게 생각하십니까?"
☞ "자기 자신을 있는 그대로 수용할 수 있나요?"
☞ "그렇지 못한다면 어떤 것들을 수용하기가 힘드나요?"
☞ "자기 자신을 사랑하는 방법들은 어떤 것들이 있는지요?"
☞ "자신은 사랑받을 가치가 있는 사람이라고 생각하세요?"
☞ "나의 자아 존중감을 높일 수 있는 방안이나 대안은 어떤 것들이 있는지요?"
☞ "내 삶의 진짜 의미는 어떻게 사는 것입니까?"

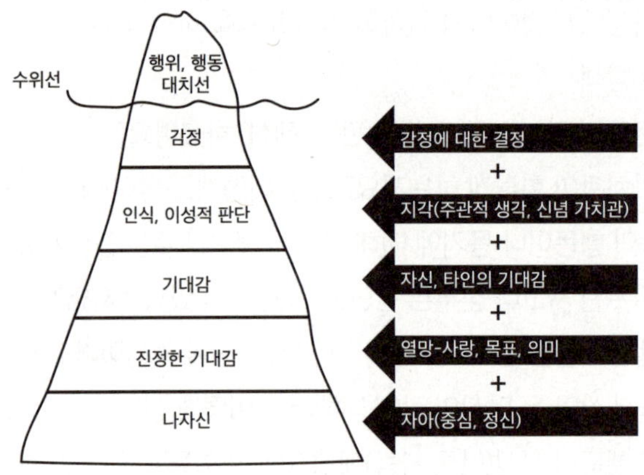

경험적 가족치료(Satir) 모델의 빙산 탐색[9)]

9) **출처 : http://www.icancan.co.kr/new/nlp.html(대한심리연구소), http** : //www.familycounseling.co.kr/new/frame5.html

5 전략적 가족치료 모델 - 헤일리, 밀란

1) 기본가정과 목적

(1) 기본가정

① 행동의 정신내적 원인보다 증상행동의 대인관계적 의미에 초점을 둔다.
② 문제는 가족 권력이나 가족경계에 연합이 일어나는 결과로 구조적이다.
③ 한 개인이 다른 누군가를 보호하거나 통제할 때 나타난 문제는 전체 가족체계의 기능을 돕게 된다.

(2) 치료목적

① 상호작용을 기능화, 위계질서의 회복, 가족문제로 재규정하여 당면문제를 해결하는데 있다.
② 가족 상호작용 연쇄과정을 관찰하여 문제를 야기하는 가족의 위계질서를 파악하며, 문제를 직접 관찰이 가능하고 해결이 가능한 구체적인 가족 위계질서의 문제로 규정하여 치료한다(다양한 전략과 단기치료).

2) 개념 및 기법

(1) 개념

① 관계 규정
  ㄱ. 기능적 관계 : 의사소통 수준이 일치할 경우 행동규칙 명확함
  ㄴ. 역기능 관계 : 의사소통 수준이 불일치할 경우 행동규칙 불명확함
② **권력 다툼** : 상대방의 행동을 통제하기보다 관계를 규정하려는 시도나 전략을 통제하기 위한 싸움
③ 위계질서
  ㄱ. 가장 기본적인 위계질서의 요소 : 세대선(generational line)
  ㄴ. 가족 구성원 간의 반복적 상호작용을 분석하여 위계질서를 평가
  ㄷ. 조부모, 부모, 자녀 세대 순의 높은 위계질서를 가짐

(2) 대표적 치료기법

① **역설적 개입(증상처방)** : 가족이 치료자의 지시에 저항하도록 하여 변화를 일으키는 기법이다.

사례

불면증으로 잠이 안 온다고 호소하는 경우, 밤새 자지 말고 버텨보라고 한다.

기출문제 확인학습

- 남편 : "저는 우리 부부가 계속 싸우는 것이 문제라고 봅니다."
- 부인 : "맞아요."
- 상담사 : "그렇다면 두 분이 매일 일정한 시간에 계속 싸워보도록 하시지요."

② **지시적 기법** : 내담자나 가족에게 특정한 행동을 하도록 하거나 다른 행동을 하도록 지시한다.

사례

매일 부모 · 자녀와 30분씩 대화하기, 등교할 때마다 안아주기 등

③ **시련기법** : 변화를 원하는 사람에게 증상보다 더 고된 체험을 하도록 과제를 주어 증상을 포기하도록 한다.

사례

1) 운동을 싫어하는 자녀에게 날마다 줄넘기 500개씩 하도록 한다.
2) 상담자는 김 군에게 집안을 어지르는 경우가 발생하면 소설을 30장씩 베껴 쓰는 과제를 주었으며 이를 수행한 김 군은 집안을 어지르지 않게 되었다. 이는 고된 체험(ordeal technique) 기법으로 전략적 치료에서 사용한 이 기법은 증상이 나타날 때마다 내담자가 괴로워하는 일을 수행하도록 지시하는 직접적이며 처방적인 개입기술이다.

④ **순환적 질문** : 내담자가 자신을 관계의 맥락에서 보게 하고 또 다른 가족원들의 관점에서 바라볼 수 있도록 하는 것이다.

사례

"남편이 아이들에게 고함을 지르면 당신은 어떤 기분이 드나요? 그리고 그 때 당신은 어떻게 행동했나요?"

⑤ **긍정적 의미부여(positive connotation)** : 가족성원의 문제를 다른 관점에서 보거나 이해하도록 하는 것으로 문제나 증상의 긍정적인 측면을 강조한다. 긍정적 의미부여는 가족의 응집력을 향상시키고 치료에 대한 저항을 줄이기 위한 목적으로 가족의 문제나 행동을 긍정적으로 재해석하는 기법이다.

사례

자녀의 출산 이후 소원해진 부부관계를 가족의 생애주기에 따른 정상적인 변화로 재해석한다.

실력 다지기

전략적 가족치료기법

1) 역설적 개입 - 헤일리 모델

(1) 가족 스스로 증상을 통제할 수 있도록 하기 위해 치료적 이중구속의 상황을 만든다.

(2) 가족원의 행동을 관찰한 후 그대로 행동하도록 지시한다.

(3) 재정의(증상의 긍정적 의미 재명명), 처방(간단하나 수용하기 어려운 증상처방), 제지(가족이 너무 빨리 변화하는 것을 견제)의 3단계를 거친다.

① 증상 처방 : 내담자에게 증상행동을 자발적으로 계속하도록 격려하는 지시나 과제를 준다.

예 권위적인 남편에게 아내에게 더욱 지배적으로 행동하도록 지시를 내린다.

② 고된 체험(ordeal technique)기법 : 증상이 나타날 때마다 내담자가 괴로워하는 일을 수행하도록 지시하는 직접적이며 처방적인 개입. 운동, 숙제, 독서, 다이어트 등

예 고부갈등 며느리에게 시어머니에 대한 부정적인 생각이 들 때마다 비싼 선물을 드리도록 한다.

③ 위장기법

㉠ 내담자가 증상을 가진 '척하고' 부모는 도와주는 '척하는' 연극적 기법

㉡ 놀이를 즐기는 기분으로 저항을 우회시킨다(매더네스).

예 분노발작 어린이에게 '헐크놀이'를 하게 하고 아이가 흉내를 잘 내면 어머니는 돕는 척한다.

④ 은유기법

㉠ 문제를 밝히는 것에 대해 꺼려하는 경우 비유나 이야기를 통해 변화를 유도한다.

㉡ 행동 목표를 정한 후 유사하지만, 좀 더 쉬운 행동(은유적 행동)을 선택하여 실행한다.

예 성적 문제로 갈등 겪는 부부에게 먹는 행위로 비유하여 대화하고 생각하게 한다.

2) 긍정적 의미부여

문제를 지속시키는 가족의 행동을 재구성하는 방법으로 밀란모델에서 제시하였다.

3) 의식(ritual) = 의례화 처방

일정한 의식을 만들어 게임을 하게 함으로써, 가족게임을 과장되게 인식하도록 하는 기법이며 밀란 모델에서 제시하였다.

4) 불변의 처방

(1) 역기능적 가족의 게임에 유사성이 있음을 발견하고 가족으로 하여금 그에 대한 대항방식을 형성, 게임을 중단하도록 한다.

(2) 부모의 동맹을 강화하고 다른 가족연합을 해체함으로써 가족의 경직되고 파괴적인 상호작용에서 벗어나도록 유도한다.

전략적 가족치료모델(밀란모델)의 기법

1) 가족의 위계질서는 전략적 가족치료의 중요한 요인이며 가족의 위계질서는 가족의 순환적 인과관계에서 이해된다. 위계질서는 가족의 중요한 규칙으로서 작용한다는 것이다. 그러나 문제 있는 가족의 경우에는 위계질서가 기능을 상실하여 역기능적인 증상을 유발한 결과이다. 밀란모델이 가족의 힘겨루기를 중요시하는 것도 이와 같은 맥락이라고 볼 수 있다.

2) 밀란 연구팀

(1) 밀란모델은 주로 조현병과 식욕부진증의 가족을 치료대상으로 하였다.

신경성 식욕부진증 청소년 자녀가 있는 가족의 특성

1) 평온해 보이는 가족 이면에 심각한 긴장감이 존재한다.
2) 가족들이 서로에게 과도하게 관심을 가지는 데서 비롯된다.
3) 부모의 갈등에 끼인 자녀는 문제를 해결하고자 증상을 강화시킨다.
4) 가족은 겉으로 보이는 조화를 유지하는 데 급급하여 갈등을 회피한다.
5) 가족 간 친숙한 상호교류 패턴에 고착되어 있어서, 변화의 필요성조차 부인해 버리는 경우가 있다.

(2) 가족 상호관계에서 힘겨루기를 위해 행해지는 가족게임에 초점을 두었다.

(3) 밀란모델에서는 면담을 통하여 가족의 여러 세대에 걸친 가족사에 관해서 질문하여, 그것이 어떻게 자녀의 증상을 필요로 했는지의 가설을 입증할 수 있는 증거를 찾으려 했다.

(4) 밀란모델 치료자는 가족이 자신을 점검하고 숨겨진 힘겨루기 게임을 드러내는 데 도움이 될 수 있는 질문을 함으로써 가족이 보다 나은 방법으로 스스로 재조직할 것을 믿었다.

3) 치료 기법

밀란 연구팀은 가족들의 문제를 치료하기 위해서 여러 가지 치료의 기법을 개발하였으며 긍정내포(긍정적인 의미부여), 의례화 처방, 불변처방 그리고 협동 또는 과정처방 등이 대표적 기법들이다.

(1) 긍정내포

① 긍정내포는 가족들이 가지고 있는 게임의 긍정적 측면을 부각시키고 이를 역설적으로 처방하는 방법이다.

② 가족들이 가지고 오는 게임들은 한사람에게 증상을 발달시킴으로 인해서 전체 가족의 체제를 유지하려고 하며 이러한 긍정적 측면을 부각시킴으로 가족들의 게임을 무력화시키는 방법이다.

(2) 의례화 처방(ritualized prescription)

의례화 처방은 게임을 반복적으로 수행하도록 하기 위해서 가족들이 일정한 의식을 만들어 게임을 하도록 하며 이러한 기술은 가족들의 게임을 더 분명하게 드러나도록 하면서 가족들이 게임을 더 과장되게 인식하도록 만든다.

(3) 불변처방(invariant prescription)

① 불변처방은 더러운 게임을 무너뜨리기 위해서 개발된 방법이며 치료의 방법에 있어서 여러 가지 고정된 방식들을 가지고 있다.

② 치료의 기간이 10회기로 일정하고 가족들에게 치료자는 어느 시점에서든지 처방을 할 수 있고 치료를 시작할 때 가능한 많은 수를 치료에 포함시켰다가 점차로 수를 줄여서 직계가족들로 줄여나가는 방식 등 일정하게 정해진 치료의 기법이다.

기출문제 확인학습

헤일리(J. Haley)가 활용한 내담자의 증상

헤일리는 힘의 관점에서 증상을 이해한다. 내담자들이 들고 오는 증상은 가족구조 내에서 힘을 얻기 위한 수단으로 생각한다. 주로 힘이 약한 위치에 있는 가족 구성원들은 증상을 통해서 가족 내에서 힘을 갖기를 원한다. 증상은 다른 가족 구성원들을 통제하고 지배하는 역할을 한다. 즉 증상은 가족들의 행동을 통제하고 지배하는 가장 강력한 수단이다.

밀란 모델(장기간 단기치료, long brief therapy)[10]

1) 밀란 모델은 치료과정이 독특하다. 매 치료모임은 일면경과 팀 접근을 활용하고 가족들은 남성과 여성으로 된 공동 치료팀에 의해 치료팀, 일면경 뒤에 역시 남녀 2명의 치료팀이 관찰하는 형식을 취한다.
2) 모든 면접은 비디오로 녹화되고 기록된다. 전화접수 과정도 중시하며, 치료자와 의뢰인과의 관계에도 관심을 기울인다.
3) 치료모임의 빈도와 횟수는 면접은 한 달에 한번 10회로 제한되며, 치료기간은 1년이 소요된다. 이를 밀란팀은 "장기간의 단기치료"라고 하였다.

치료횟수를 제한함으로써 가족이 책임의식을 갖게 되고 시간과 비용부담을 더는 이중효과를 갖게 된다.

맥락적 가족상담

1) 맥락적 가족치료라고도 불리는 '보스조르메니 - 나지의 가족치료'에서는 가족 내의 윤리적 책임을 강조하였다.
2) 자녀가 자신의 가족을 돕기 위해 스스로에게 손상을 입히면서 보이는 무의식적인 헌신과 그 맥을 같이 한다.
3) 이러한 윤리적인 고려를 강조하면서도 가족 개개인의 주관적 경험과 무의식적 역동성을 무시하지 않았다.
4) 치료자의 역할은 현재의 증상에 연결된 부정의 연쇄 고리를 찾아내는 것이 중요하다.
5) 치료의 점검은 그들이 자신의 가족에게 일어난 부정적 연쇄 고리에 대한 통찰을 통해 용서와 관대함이 이루어질 때이다.
6) 치료 기법
   (1) 맥락적 가족치료의 가장 중요한 치료의 방법은 여러 사람들이 골고루 배려와 관심을 받도록 하는 일이다.
   (2) 치료를 시작하는 데 있어서 많은 사람들이 편안하게 느낄 수 있는 방법은 개별 회기를 따로 갖는 일이다.
   (3) 개별회기를 통해서 치료에 참여하는 사람들이 모두 안전하고 편안하게 느낄 수 있도록 한다.

10) 김유숙, 가족치료 이론과 실제, 학지사

7) 치료기법

(1) 자기타당(self - validation)

치료자가 자녀들이 가지고 있는 충성심을 부각시키는 활동이다.

사례

어머니가 아들에 대해서 불평을 하고 나쁜 아이라고 말을 한다. 치료자는 아들에게 "지금까지 살면서 가족에게 했던 충성에 대해서 말해 보아라."라고 말을 한다. 아들은 치료자의 말을 통해서 자신이 지금까지 가족에 대해서 했던 여러 가지를 말하게 된다. 치료자는 아들이 가지고 있는 충성심을 충분히 부각시키고 인정하고 지지해 준다. 어머니는 아들의 말을 듣고 어떤 마음이 드는지 살펴보고 어머니로 하여금 아들의 충성심을 충분히 인정하고 받아들이도록 만든다. 만일 어머니가 아들의 충성심을 받아들이고 지지한다면 아들은 자존감이 높아질 것이다. 어머니로부터 받은 인정과 지지 그리고 치료자로부터 받은 인정과 지지를 통해서 아들은 자기 타당에 의한 자아 개념이 좋아질 것이다.

(2) 편파성(partiality)

치료자가 가족 구성원들 중 어느 한 사람에 대해서 특별한 배려와 관심을 갖는 활동을 편파성이라고 한다. 이 방법은 가족 구성원들이 가지고 있는 여러 가지 영역들 중에서 윤리의 맥락이 실현되지 않은 경우에 사용하는 기법이다.

사례

부부관계에서 남편이 권위적이고 지배적이어서 부인이 자신의 마음을 제대로 표현하지 못했다고 하자. 부인은 정서를 표현하는 영역에서는 남편과 윤리의 맥락을 형성하고 있지 못하다. 부인은 남편에게 자신의 감정과 느낌을 제대로 표현하고 살지 못했기 때문에 마음속에 억울함과 부당함을 느낄 수 있다. 치료자는 이런 경우에 부인에게 특별한 배려와 관심을 표현한다. 치료자는 부인에게 "당신은 당신의 감정과 느낌을 남편에게 제대로 표현하지 못하고 살았군요."라고 말을 한다. 치료자는 편파성이 있는 말을 하면서 부인편을 든다. 부인은 치료자의 말에 용기를 얻고 그 동안 남편에게 할 수 없었던 표현들을 치료 장면에서 하게 된다. 남편은 부인의 말에 대해서 반박하거나 방어를 하려고 한다. 이 경우에 치료자는 남편이 방어나 반박하지 않도록 제지한다. 치료자는 부인으로 하여금 그 동안 하지 못했던 말을 충분히 하도록 부인편을 들어준다. 부인의 편을 들어주면서 남편으로 하여금 부인의 말을 충분히 들어주도록 한다. 말을 들어 줄 뿐만 아니라 어떤 행동을 해야 할 필요성이 생기는 경우에 치료자는 남편으로 하여금 행동을 하도록 한다.

(3) 해방(exoneration)

① 치료자는 부모로부터 물려받은 회전판으로부터 자신들을 해방시키도록 돕는데, 회전판은 부모로부터 물려받은 파괴적 행동양식으로서 자녀들에게 이 행동을 되풀이함으로써 역기능의 가족 속에서 살아가도록 한다.

② 회전판으로부터의 해방은 가족들로 하여금 단지 부정적 관계를 청산하는 치료의 의미에서 한 걸음 더 나아가 서로 관계를 돕고 배려하는 관계로 만들어가도록 한다.

③ 해방은 단지 이해만 하고 끝나는 수동적 의미의 개념이 아니라 헌신하고 노력하는 적극적 행동을 의미한다.

심화학습

보스조르메니 - 나지 - 맥락적 가족치료

1) 보스조르메니 - 나지는 가족 내에서 구성원 모두가 윤리적 책임을 강조하는 맥락적 가족치료이론을 발달시켰다.
2) 맥락적 가족치료는 가족 구성원들이 서로 돕고, 서로 책임을 가지고, 상호간 충성을 하면서 공평하고 평등한 관계에서 화합과 단결을 이루는 치료방법이다.
3) 가족들은 다른 가족에게 근원적 채무(가족 상호간의 빚)를 지니고 있으며 여러 세대에 거쳐서 그 빚을 관리하고 갚아나가야 하며 궁핍한 가족에게는 더 지원해주고 가족 공동체의 이익과 이득을 위한 개인의 희생을 더 강조했다.
4) 치료자는 현재의 문제와 증상 그리고 가족 간에 연결된 빚(채무)으로 야기되는 불만과 부정적 요소를 통찰하고 가족을 용서하고 상호작용의 틀을 강조하면서 그 가족 공동체의 문제를 긍정적으로 받아들이고 내면화될 수 있도록 상담해야 한다.

맥락적 가족치료의 개념

1) 유산
   ⑴ 자녀들이 부모로부터 대화를 통해서 물려받게 되는 명령(Imperative)을 유산(legacy)이라고 부른다(Boszormenyi - Nagy, Grunebaum, and Ulich).
   부모가 자녀에게 '너는 이 다음에 커서 훌륭한 사람이 될 거야. 그러니까 공부도 열심히 하고 착한 사람이 되어야 한다.'라고 기대를 했다고 하자. 부모는 아이가 훌륭한 사람이 되도록 여러 가지 행동을 하게 될 것이다. 이러한 기대는 자녀의 마음속에 심리유산으로 남게 된다. 자녀가 부모로부터 물려받은 심리 명령은 부정적 명령과 긍정적 명령으로 나누어진다.
   ⑵ 부정명령(negative imperative)은 자녀들이 부모로부터 떠안게 되는 빚을 말한다.
   부모가 일억 원의 빚을 가지고 있었고 부모가 이 빚을 다 갚지 못해서 오천만 원의 빚을 남기고 돌아가셨다면 자녀는 부모로부터 오천만 원의 빚을 떠안게 된다. 심리 측면에서도 마찬가지로 원리가 적용된다. 부모가 자녀에게 잘못된 기대를 하거나 아니면 잘못된 행동을 하는 경우에 자녀는 부모로부터 부정명령을 심리 유산으로 물려받게 된다.
   ⑶ 긍정명령과 부정명령의 심리 유산은 다음 세대를 위한 맥락으로서 역할을 하는데, 인류는 반복되는 역사의 맥락을 통해서 한 세대에서 다음 세대로 전달하고 그 다음 세대는 자신들이 맥락을 선택할 수 없는 입장에서 부모들이 가지고 있었던 아니면 이전세대가 가지고 있었던 맥락을 그대로 물려받게 된다.
2) 원장
   ⑴ 부모로부터 주어진 유산과 자신이 살아가면서 얻은 것들을 기록해서 계산해 놓은 장부를 원장이라고 부른다(Boszormenyi - Nagy, Grunebaum, and Ulich).
   ⑵ 원장(ledger)은 유산에 의해서 부여된 내용과 노력에 의해서 얻어진 내용을 비교하고 계산해서 써 놓은 장부를 말한다.
   ⑶ 단순하게 말한다면 원장은 부모에게서 주어졌든지, 자신이 노력을 해서 얻었든지 간에 장점(merit)과 빚(debt)을 계산해 놓은 장부를 의미한다.
   ⑷ 장점과 빚은 두 가지 원천에 의해서 만들어지는데, 유산과 노력이 장점과 빚을 만들며, 부모로부터 얻는 경우를 유산이라고 부르고 노력해서 얻은 경우를 신용(credit)이라고 부른다.
   ⑸ 유산에는 부정유산과 긍정유산이 있으며, 부정유산은 부모가 자녀에게 넘겨준 빚을 의미하고, 긍정 유산은 부모가 자녀에게 넘겨준 자산을 의미하는데, 긍정유산인 자산은 장점으로, 부정 유산인 빚은 빚으로 남게 된다.

3) 충성심(loyalty)

(1) 부모가 자녀를 돌보고 도움을 줌으로써 자녀는 부모에 대한 신뢰와 사랑의 마음을 갖게 되는데 이를 충성심(loyalty)이라 한다.

(2) 부모에 대한 자녀의 충성심은 부모가 일방적으로 자녀를 돌보는 책임에 근거를 두고 있다.

(3) 충성심을 다른 방식으로 설명한다면, 자녀가 부모에 대해서 갖는 관계이다.

(4) 물론 자녀는 부모에게 같은 방식으로 돌봄을 제공할 수 없지만, 부모에게 충성심을 보임으로써 자신의 은혜를 갚으려고 한다.

(5) 부모가 자녀를 돌보는 일은 자녀에게 두 가지 명령을 의미하는데, 하나는 다음 세대인 자녀들을 돌보도록 하는 일이며, 다른 하나는 부모에 대해서 충성심을 보이도록 하는 일이다.

(6) 충성심은 신뢰와 사랑을 바탕으로 하며 부모를 돌보는 행위라는 두 축으로 이루어진다.

(7) 다른 의미에서 충성심은 자녀가 부모에 대한 효도(filial loyalty)를 하는 일이고, 부모를 돌보고 배려하는 행위를 말한다.

4) 회전판(revolving slate)

(1) 회전판은 좋든 나쁘든 헛된 노력에도 불구하고 유형이 한 세대에서 다음 세대로 반복되는 유산을 의미하며, 사람들이 삶을 살아가면서 일정하게 계속해서 반복하는 행동의 형태를 말한다.

(2) '판'(slate)이라고 하는 용어는 보통 공평한 배려를 받기에 마땅한 사람들 사이의 고정된 평가(행동양식)를 가리킨다.

(3) 사람들은 다양한 종류의 회전판 행동들을 가지고 있는데, 바람을 피우는 행동, 알코올 중독, 분노의 배치, 이혼하는 행동, 폭력의 행동, 무시하는 행동 등이다.

(4) 회전판은 다음 세대에게는 파괴적 부여(destructive entitlement)를 만드는 역할을 한다.

(5) 부여란 어떤 사람이 다른 사람에게 일방적으로 제공하는 그 무엇을 말하며, 부여는 빚을 제공할 수도 있고 자산을 제공할 수도 있다.

(6) 빚을 제공하는 부여를 파괴적 부여라고 부르며, 파괴적 부여는 이미 다음 세대의 아이들이 태어나기 전에 부모가 원래 가족과의 관계에서 만들어 놓고 있다.

(7) 파괴적 부여는 다음 세대의 아이들에게는 일정한 맥락으로서 역할을 한다.

(8) 파괴적 부여의 맥락 속에서 태어난 아이들은 성장하면서 관계의 정의를 실천하고자 하며, 이들은 부모화 현상으로 인해서 부모들로부터 받지 못한 돌봄과 관심을 다른 사람들로부터 받고자 한다.

(9) 다른 사람들이 자신을 돌보고 이해하며 수용해야 한다고 생각하는데, 만일 그러한 수용과 관심을 보여 주지 않으면 다른 사람들을 무시하고 협박하는 행동을 하게 된다.

(10) 이러한 행동들은 불량 신용이 되어서 자신의 원장에 많은 빚을 기록하게 된다.

(11) 따라서 이러한 부당한 관계의 악순환의 고리를 끊기 위해서 자신이 회전판이라고 하는 행동을 가지고 있음을 인식하는 일이 중요하며, 인식을 통해서 우량 신용을 얻을 수 있는 행동을 하도록 노력이 필요하다.

기출문제 확인학습

맥락적 가족치료(보스조르메니 – 나지, Ivan Boszormenyi – Nagy)에서의 중요 개념

1) 보이지 않는 충성심(Invisible Loyalty)

(1) 충성심은 타고난 것이며, 사람들은 그들의 충성심을 서로 서로에게 표현한다. 이러한 충성심은 두 가지 형태로 나타나는데 하나는 보이는 형태이고, 하나는 보이지 않는 형태이다.

(2) 보이는 형태의 충성심은 분명한 방식으로 상대방을 돌보고 관심을 표명하는 방법(자주 인사드림, 옷이나 음식을 사드림)이다. 그러나, 보이지 않는 충성심은 일반적으로 잘 관찰되지 않는 충성심이며, 직접적이라기보다는 간접적이다.

(3) 표면적으로 볼 때, 보이지 않는 또는 간접적인 충성심은 충성심의 대상에 반대되는 사람에게 무관심하거나 회피하거나 용납하지 않거나, 우유부단하게 행동하는 모습 등으로 나타난다. 명백하게는, 보이지 않는 충성심은 결혼과 같은 현재의 관계가 진행되는 것을 방해하는 병리학적인 힘으로 나타난다.

(4) 보이지 않는 충성심은 흔히 무의식적이며, 각 배우자의 근원가족에 대한, 그리고 그 부모의 근원가족, 그 조부모의 근원가족 등에 대한 일종의 유대감이다. 자녀들은 부모와 상호작용을 통해서 부모들이 하는 행동들을 내면화한다.

(5) 보이지 않는 충성심의 사례

① 바람을 피우는 아버지의 행동을 의식적으로는 싫어하고 자신은 하지 않겠다고 다짐하나, 무의식 수준에서 아들은 아버지의 행동이 내면화되어서 바람을 피우는 행동이 반복되는 경우

② 알코올 중독 아버지의 행동을 자녀가 의식적으로 싫어하고 자신은 술을 마시지 않겠다고 하였지만, 자녀가 알코올 중독에 빠지는 경우

2) 분열된 충성심(split loyalty) 출처 : 김용태(2001), 가족치료이론, 학지사

(1) 한쪽 부모에 대해 아이가 충성심을 가지게 됨으로 다른 쪽 부모에 대해 충성심을 나타낼 수 없을 때 나타나는 심각한 모순을 분열된 충성심이라고 부른다.

(2) 분열된 충성심은 아버지(또는 어머니)가 자녀에게 어머니(또는 아버지)에 대한 효성을 희생하고 자신에게만 충성할 것을 요구할 때 나타난다.

(3) 분열된 충성심의 어려움은 아이가 강제로 그(그녀)가 다른 부모의 사랑을 선택해야 함으로써 다른 부모를 배반해야 하는 대가를 치루어야 한다는 것이며, 이러한 험악한 상태는 부모들이 서로를 불신하고 경멸함으로 더 깊게 분열될 때 표면화된다.

(4) 분열된 충성심을 보이는 아이는 이러한 삼각관계의 어느 한 쪽에 신뢰의 기초를 만들기 위해 노력한다.

(5) 분열된 충성심의 부정적인 결과는 아이로 하여금 파괴적 부모화의 기초를 만들게 하며, 자살과 같은 심각한 인성 문제를 야기 시킬 수 있다.

3) 관계윤리

(1) 관계윤리는 맥락적 가족치료이론의 가장 중요한 초석이 되는 개념이다.

(2) 인간은 윤리적 존재로서 관계윤리를 형성하고자 하는 기본적인 욕구를 가지고 태어나며 인간이 살아가는 윤리의 맥락을 형성한다(Boszormenyi-Nagy and Spark, 1984).

(3) 관계윤리는 인간에게 가장 기본이 되는 힘으로서, 인간으로서 살아가도록 하는 역할을 한다. 어떤 사람들은 아주 건강한 윤리의 맥락에서 태어나기도 하고 어떤 사람들은 건강하지 못한 윤리의 맥락에서 태어나기도 한다.

(4) 어떤 윤리의 맥락에서 태어났는가에 따라서 인간의 성장과 발달이 건강하게 이루어지는가 아니면 건강하지 못하게 성장하는가 하는 점이 결정된다.

기출문제 확인학습

1) 가장기법 - 마다네스

(1) 마다네스가 개발한 것으로 계속적인 가족의 저항에 직면하면서 가족을 변화시켜야 하는 목적을 지닌 역설적 기법이며, 유사한 목적을 가졌지만 더 부드러운 기법이다.

(2) 이 기법은 가장 상황을 조성하고 반항심을 유발하는 대신에 놀이를 하는 기분으로 저항을 우회시킨다.

(3) 헤일리와는 달리 마다네스의 지시는 보통 부모로 하여금 권력행사를 통한 통제를 목적으로 하지 않고, 부모와 자녀가 즐길 만한 기회를 만들어 줌으로써 직접 서로 돌보거나 보호하도록 하는 것을 목적으로 한다.

2) 역설적 과제(지시) - 헤일리

(1) 직접적 지시나 은유적 지시, 고된 체험 기법은 가족이 치료자의 지시를 따라주기를 원하면서 사용하는 기법이다.

(2) 그러나 역설적 지시는 가족이 치료자의 지시에 저항하도록 하여 변화를 일으키는 기법이다. 치료자는 가족의 변화를 돕기 원한다고 하면서 동시에 그들에게 변화하지 말라고 요구함으로써 가족이 변화하도록 한다.

(3) 예를 들면 지배적인 아내에게 가정에서 계속해서 모든 일들을 자기 마음대로 하게 한다. 싸움만 하는 부부에게는 집에 가서 3시간 동안 싸우라고 한다.

(4) 이러한 지시는 하나의 통제로 작용하여 가족이 치료자의 지시에 저항하게 되면 변화가 있게 되는 것이다.

3) 가족게임(처방(prescription)) - 전략적 가족치료(파라졸리)

처방이란 가족의 저항에 대처하고 증상을 없애기 위하여 증상을 지속하게 하거나, 증상을 과장하게 하고, 자의로 증상을 통제할 수 있도록 하는 역설적 개입전략으로, 가족게임의 변화라는 치료적 효과를 목표로 한다.

4) 피드백 고리 변화시키기 - MRI 학파

(1) MRI팀(베이트슨)은 사이버네틱스의 개념에서 도출된 피드백 개념을 도입하여, 자극과 반응의 반복적인 의사소통 형태를 분석하였다.

(2) 치료자는 우선 의사소통 하는 메시지로 증상을 확인하고 그 문제를 지속시키고 있는 행동의 연쇄 고리가 무엇인가를 탐색해야 한다.

(3) 즉, 치료자는 문제주변의 정적 환류 고리를 규정하고 이러한 상호작용을 유지하는 규칙을 발견, 환류 고리 혹은 규칙을 변화시키는 방법을 찾는 데에 초점을 맞춘다.

(4) 일단 문제와 목표가 분명하게 규정된 다음에는 가족이 해결하려고 시도하지만 오히려 문제를 유지하는 환류과정이 무엇인가를 찾는다.

(5) 이런 과정을 통하여 선행행동이 발견되면 치료개입의 목표는 파괴적이지 않은 행동, 즉 증상을 지지하지 않는 행동으로 대체하게 된다.

전략적 가족치료의 제1차 변화와 제2차 변화

1) 체계에 있어서 변화란 제1차적인 변화(first - order change)와 제2차적인 변화(second - order change)를 의미한다.

2) 제1차적인 변화란 체계의 근본적인 조직은 변화하지 않고 체계에 있어서 변화를 의미한다.

3) 제2차적인 변화란 체계의 근본적인 조직을 변화시키는 변화를 의미하며 제2차적인 변화에서는 가족의 구조 혹은 가족구성원 간의 의사소통 패턴에 있어서의 변화를 추구한다.

4) 제2차적인 변화와 관련된 4가지의 원리가 있다.

(1) 제2차적인 변화는 제1차적인 변화 관점에서 해결책이라고 본 것을 사용한다. 그 이유는 제2차적인 변화 관점에서 '해결책'은 그 자체가 지금까지 시도된 해결책에 있어서 문제의 근본으로 나타난다.

(2) 제1차적인 변화가 상식적인 수준에서 세워진 것처럼 보이는 반면에, 제2차적인 변화는 일반적으로 이상하고, 갑작스러우며 비상식적으로 보인다. 즉, 당황하게 하는 역설적 요소가 변화의 과정에 내재한다.

(3) '해결책'에 대한 제2차적인 변화기법을 사용하는데 있어서 상황은 항상 지금 - 여기(here and now)를 다루며 이러한 기술은 가정된 원인이 아니라 결과를 다룬다.

(4) 제2차적인 변화기술의 적용은 시도된 해결책에 대한 자기반성에서 비롯된 역설적 함정으로부터 상황을 제기하며, 이 상황을 또 다른 구조에 놓는다.

심화학습

미누친(S. Minuchin) – 구조적 가족치료 – 모방(Mimesis, 흉내내기)

1) 치료자는 가족들의 대화의 내용 또는 방법들을 따라서 한다.
2) 모방은 치료자로 하여금 가족의 일원으로서 행동할 수 있게 해 준다.
3) 가족들은 자신들의 용어를 사용하면서 자신들이 말하는 방식으로 용어를 구사하는 치료자를 거부감 없이 마치 가족의 일원인 것처럼 받아들이게 된다.
4) 치료자는 가족들에게 이방인과 같은 느낌을 주지 않으면서 자연스럽게 가족의 하위체계를 형성하게 된다.
5) 하위체계를 형성하게 되면 치료자는 이제 가족들의 상호작용을 파악하고 이해할 수 있는 중요한 지렛대를 확보한 셈이 되며, 치료자는 가족들에게 좀 더 지시적 자세로 임할 수 있게 된다.

마다네스(C. Madanes) – 전략적 가족치료[11] – 가장기법

1) 마다네스가 개발한 것으로 계속적인 가족의 저항에 직면하면서 가족을 변화시켜야 하는 목적을 지닌 역설적 기법이며, 유사한 목적을 가졌지만 더 부드러운 기법이다.
2) 이 기법은 가장 상황을 조성하고 반항심을 유발하는 대신에 놀이를 하는 기분으로 저항을 우회시킨다.
3) 헤일리와는 달리 마다네스의 지시는 보통 부모로 하여금 권력행사를 통한 통제를 목적으로 하지 않고, 부모와 자녀가 즐길 만한 기회를 만들어 줌으로써 직접 서로 돌보거나 보호하도록 하는 것을 목적으로 한다.

스튜어트(R. Stuart) – 인지행동주의적 가족치료 – 유관계약

1) 사회사업가 스튜어트는 유관계약(contingency contracting) 방법을 개발하였다.
2) 유관계약이란 가족구성원의 바람직하지 않은 행동을 수정하는 방법에 초점을 맞추는 것이 아니라, 오히려 바람직하고 긍정적인 행동변화를 극대화할 수 있는 상호작용 강화에 초점을 맞추는 것이다.
3) 스튜어트는 가족 내에서 갈등을 일으키고 있는 다른 구성원에게 우선 무조건 긍정적이며 보상적인 태도를 보일 것을 제안한다.
4) 다른 구성원들의 긍정적 베풂은 그 받는 구성원에게 호혜적 반응을 불러일으키고, 이러한 결과로 가족 내에 있던 갈등이 제거되고, 상호 긍정적 기류가 최대화되며, 각 가족 구성원 간의 책임감도 커질 것이라고 보았다.

인지행동주의적 부부치료 중 '돌봄의 날(caring day)' 기법

1) 긍정적 행동의 교환의 일종으로, 부부가 서로 바라는 행동의 빈도를 증가시키도록 돕는 기법이다.
2) 스튜어트는 '돌봄의 날(caring days)'을 정하고 그 날에는 배우자를 배려하고 보살피는 행동을 하게 하도록 했다.

사티어(V. Satir) – 경험적 가족치료 – 원가족 삼인군 치료

1) 원가족 삼인군 치료의 궁극적인 목적은 내담자가 원가족 삼인군에서 학습한 역기능적 대처방법에 집착하는 것에서 벗어나고, 가족규칙과 부모의 규제에서 벗어나 독자적인 개별성을 갖도록 돕는 데 있다.
2) 원가족 삼인군 치료는 대부분의 역기능적인 학습이 원가족 삼인군에서 온다는 것을 전제로 하고 있으며, 출생 이후 성장과정에서 자아 존중감의 발달측면에서 부모의 영향을 중요시하면서 성장 이후에도 자아 존중감의 변화와 새로운 차원에서의 성장이 가능함을 강조하였다.
3) 원가족 삼인군 치료는 원가족 도표를 사용하며, 가족원들이 공동으로 원가족 도표를 작성하는 과정과 완성된 원가족 도표를 설명하고 재구조화하고, 가족조각 또는 역할극을 병행하면서 치료과정을 진행하게 된다.

11) 전략적 가족치료에 속하는 것은 MRI그룹의 Jackson의 의사소통 이론과 Watzlawick의 단기치료, Haley와 Madanes의 전략적 치료, Millan학파의 체계론적 치료 등이 있다.

6 해결중심 가족치료 모델 - 김인수, 드 쉐이저

1) 기본가정과 목적

(1) 기본가정

① 인간과 문제를 변화 가능한 것으로 바라보며, 치료자와 내담자의 관계는 협동적 동료관계이다.
② 해결중심 가족치료의 규칙은 '효과가 있는 것을 알면, 그것을 좀 더 한다. 효과가 없으면 다른 방법을 사용한다. 어떤 것이 기능을 하면 그것은 고치지 않는다.'이다.
③ 문제 중심적 이야기를 해결 중심적 이야기로 변화시킨다.

(2) 기본원리

① 건강하고 긍정적인 것에 초점 두기
② 강점, 자원, 증상까지 치료에 활용하기
③ 탈이론, 비규범, 내담자 견해 존중하기
④ 간단하고 단순한 방법 선호하기
⑤ 변화는 불가피하다.
⑥ 현재에 초점을 맞추고 미래지향적이다.
⑦ 내담자와의 협력관계를 중요시한다.

기출문제 확인학습

해결중심 단기치료의 발달

1) 해결 중심 단기치료의 발달은 정신건강 연구소(MRI)의 단기가족치료센터를 중심으로 하는 전략적 치료모델에 근원을 두고 있고, 이곳에서 활동하던 드 쉐이저(S. de Shazer)와 동료들(Berg, Nunnally, Lipchik, Molnar)이 1978년 미국 위스콘신주 밀워키에 단기가족치료센터(Brief Family Therapy Center)를 설립하면서 시작되었다.
2) 1982년 이 센터에서 치료의 초점을 문제중심에서 해결중심으로 전환하면서 해결중심 단기치료(solution - focused brief therapy)가 생성된 것이다(de Shazer&Berg, 1993).
3) 해결중심 치료는 MRI의 전략적 치료에 토대를 두어서 단기상담이고, 문제의 피드백 연쇄과정과 시도되었던 문제해결책에 초점을 두고 문제를 실용적으로 해결하는 방법을 찾는 것이 공통점이다.
4) 그러나 해결중심 모델은 문제중심 모델인 MRI 전략적 치료에 비해, 내담자 자원 활용과 현재와 미래에 초점을 맞추는 접근원리에 더 충실하고, 사회구성주의의 영향을 받은 철학에 바탕을 두었다는 차이가 있다.

해결중심 가족치료에서 목표를 설정하는데 있어 중요한 원칙

1) 내담자에게 중요한 것을 목표로 한다.

(1) 치료 목표는 내담자 입장에서 중요하다고 생각하는 것을 중심으로 목표를 설정하여야 한다.

(2) 목표는 구체적이고 행동적이어서 목표의 성취에 관하여 직접 관찰이 가능하고 누구나 인정할 수 있는 것이어야 한다.

2) 작은 것을 목표로 한다.

(1) 내담자에게 중요한 것을 목표로 설정하면서 아주 작은 부분을 목표로 한다.

(2) 일반적으로 내담자들은 처음부터 최종적으로 성취되기를 원하는 전체적이고 큰 것을 목표로 설정하려는 경향이 있다.

(3) 치료 목표가 적을 때 내담자는 쉽게 성취하고 성공할 수 있다.

3) 구체적이고 행동적인 것을 목표로 한다.

(1) 치료 목표는 내담자가 제시하는 추상적이고 개념적인 목표를 실제 생활 속에서 관찰이 가능하며, 구체적이고 명확하고 행동적인 것을 목표로 설정하도록 돕는다.

(2) 분명하고 구체적이고 행동적인 목표는 내담자의 성공을 즉각적으로 인정할 수 있는 기회가 증가하며, 성취하지 못하였을 경우 성취하지 못한 이유를 파악하고 다른 방안을 모색하기가 용이하다.

4) 없는 것보다는 있는 것에 관심을 둔다.

(1) 문제시되는 것을 없애는 것보다는 있는 것에 관심을 두고, 긍정적인 단어로 치료 목표를 규정하였을 때 좀 더 효과적이고 효율적이다.

(2) 문제행동 대신에 할 수 있는 일에 관심을 두고 의논하며, 실제 생활 속에서 찾아내어 목표로 설정하는 것이다.

5) 목표를 종식보다 시작으로 간주한다.

(1) 대부분의 내담자들은 원만한 것, 행복해 지는 것, 관계가 좋아지는 것과 같이 완전한 것을 목표로 생각한다.

(2) 궁극적인 목표를 성취하기 위하여 현재부터 시작할 수 있는 아주 작고 긍정적인 행동을 시작하는 것이다.

6) 내담자의 생활에서 현실적이고 성취 가능한 것을 목표로 한다.

내담자와 치료자에게 중요한 것은 내담자의 생활환경에서 현실적이고 성취가 가능한 것을 파악하고 목표로 설정하는 것이다.

7) 목표수행은 힘든 것이라고 인식하도록 한다.

(1) 목표가 아무리 작고 현실적이고 성취 가능한 것이라고 하여도 내담자 입장에서 변화를 시작하는 것은 힘든 것이라는 것을 인식해야 한다.

(2) 목표수행이 '힘든 일'이 될 것이라고 말하는 것은 내담자를 이해하는 것이며, 쉽게 동의할 수 있는 일이다.

(3) 만일 목표에 도달하지 못하였다면, 그것은 단순히 좀 더 노력해야 할 것이 남아있다는 신호인 것이며, 목표를 성취하였다면 그것은 의도적으로 노력한 증거이기 때문에 인정해주고 칭찬해 주어야하는 일이다.

(3) 치료목적

① 구체적이고 행동적인 것을 목표로 한다.

② 내담자의 생활에서 현실적이고 성취 가능한 것을 목표로 한다.

③ 내담자의 문제해결 능력을 인정하고, 문제 내용보다 문제해결 방안의 모색과 새로운 행동유형의 시작에 초점을 둔다.

④ 인간의 잠재적 자원, 문제해결 능력, 과거의 성공적 경험, 변화 욕구 등을 중요시한다.

⑤ '반복적으로 잘못 다룬 것'을 문제로 보며, 개인과 가족의 역기능에 초점을 두지 않는다.

2) 대표적 치료기법

(1) 치료면담 전의 변화에 대한 질문

첫 면담시간에 치료자가 내담자에게 문제의 심각한 정도가 어떻게 완화되었는지를 내담자 스스로 파악할 수 있도록 질문한다.

사례

"당신은 치료면담 후에 게임중독으로부터 얼마나 벗어날 수 있을 것 같은가요?"

(2) 예외질문

문제시되는 실패 경험보다는 문제가 발생하지 않았던 경험을 찾아내어 그것을 의도적으로 계속 실시하여 예외적 경험을 확장하고 강화하는 것이다.

사례

"영철이가 늦잠을 자지 않고 지각하지 않는 때는 언제인가요?" 그 때 가족과 학교선생님은 어떤 반응을 보였나요?

(3) 기적질문

① 기적이 일어나서 문제가 해결되었다고 상상하게 함으로써 문제 자체보다 문제와 별개로 해결책을 생각해 보게 하여 기적이 일어났을 때 달라질 수 있는 일들을 해보게 하는 것이다.

② 해결하기 원하는 것을 구체화, 명료화하여 현실적 목표설정을 돕는다.

사례

"집에 돌아가서 잠을 잤는데, 밤새 기적이 일어나서 문제가 해결되었다고 가정해 봅시다. 당신은 무엇을 보고 기적이 일어났다고 알 수 있을까요?"

(4) 척도질문

구체적인 숫자를 이용하여 자신의 문제의 정도, 변화정도, 변화에 대한 의지 등의 수준을 수치로 표현하도록 하는 질문이다.

사례

"1점에서 10점까지 숫자에서 당신의 오늘 이 문제는 몇 점 정도에 해당하나요?"

(5) 대처질문

어려운 상황에서 잘 견뎌내고 더 나빠지지 않은 것을 강조, 확대하며 자신의 경험을 활용하여 새로운 힘을 갖게 한다. - 과거 문제상황에서 극복했던 경험 중시

사례

"남편의 욕설에 지금까지 잘 견뎌왔는데, 남편과의 관계를 어떻게 오늘까지 지탱해 왔나요?"

(6) 관계성 질문

내담자와 중요한 관계에 있는 사람들의 생각, 의견, 지각 등에 대해 질문하는 것이다.

사례

"선생님의 부인이 지금 여기 계신다면, 제가 그 분에게 선생님의 문제가 해결되면 무엇이 달라졌겠냐고 물었을 때, 그 분은 무엇이라고 대답하실까요?"

기출문제 확인학습

해결중심상담에서 제시하는 <상담자 - 내담자 관계유형>과 과제

해결중심 가족치료 모델은 다른 치료 모델에 비해 치료자와 내담자의 협조적 관계를 강조하므로 치료 초기에 치료자와 내담자의 관계유형을 정확히 파악하는 것이 중요하며 De Shazer와 Insoo Berg는 치료자와 내담자의 관계유형을 불평형, 방문형, 고객형의 세 가지 범주로 제시하였다.

1) 불평형과의 관계(complainant type relationship)

(1) 불평형의 내담자는 다른 사람을 위한 목표를 가지고 있을 때 발생한다.

(2) 이러한 내담자는 자신을 희생자로 생각하지만, 한편으로는 자신은 존재가치가 있으며 다른 가족을 돌보는 역할을 하고 있다고 느끼고 있기 때문에 내담자는 치료에 좀 더 협조적이 될 수도 있다.

(3) 불평형의 내담자는 문제가 있음을 인식하고 있으며 그들의 불평이나 불만을 치료자에게 이야기함으로써 치료자에게서 이해 받기 원하고 해답을 얻기 원한다.

(4) 즉 문제로 인해 고통을 받고 있지만 해결책을 찾는 단계에서는 수동적이고 불분명한 반응을 보이며, 문제 중심의 대화가 특징적이다.

(5) 상담

① 치료자는 치료를 위한 자원으로서 또한 투자해야 할 대상으로 생각하고, 내담자에게 이해와 공감을 표시하며 내담자가 잘 하고 있는 점에 대해 칭찬을 해 준다.

② 그리고 내담자가 과거에 시도한 노력은 내담자가 원하는 성공적인 결과를 가져오지 못했으므로 과거와는 다른 방법으로 노력할 것을 격려한다.

③ 불평형의 내담자는 대부분 치료의 진행과정에서 변화하며, 사례에 따라 첫 회기 중에 또는 2 ~ 3회 진행하는 과정에서 점차로 고객형으로 변화하게 된다.

④ 불평형 내담자는 자신을 희생자 관점에서 보기 때문에 문제해결을 스스로 해야 한다는 것을 깨닫게 도와주어야 한다.

⑤ 내담자는 자신의 문제에 대해 관찰자 역할만 하기 때문에 불평형에 대한 과제는 생각하기와 관찰에 국한시켜야 한다.

2) 방문형과의 관계(vigitor type relationship)

(1) 방문형의 내담자는 대체로 자신의 의사와는 상관없이 타의에 의해 치료자에게 온 상황에서 볼 수 있으며, 치료를 받아야 한다는 필요성이나 문제해결의 동기가 약한 비자발적인 내담자라고 한다.

(2) 이러한 내담자들은 문제에 대한 책임감이 없거나, 자신의 문제를 인정하지 않는 경향이 있다.

(3) 그래서 가능한 한 치료자와의 관계를 끝내려고 하므로 치료자의 의도대로 진행할 경우 더욱 어려워진다.

(4) 상담

① 치료자는 방문형의 내담자가 다른 사람의 요구와 결정을 따르는 것이 얼마나 힘들었는지를 이해, 수용하고 내담자의 의사를 존중하며, 긍정적인 측면을 부각시켜 인정해 주고 칭찬해 주며, 만약에 상담 받을 문제가 있는 경우에 기꺼이 도와주겠다는 의사를 표시한다.

② 내담자는 치료자의 이해를 받는다고 느끼고 치료자를 신뢰하게 되고 결과적으로 방문형 역시 치료를 진행하는 과정에서 점차로 고객형으로 변화하게 된다.

De Shazer와 Berg, Miller가 제안하는 방문형과의 관계에서 유용한 접근방안

1) 가능한 한 겸손하고 성실하며 따뜻한 태도를 취한다.
2) 내담자가 상담을 받으러 오는 다른 사람들을 볼 수 있도록 한다.
3) 효과가 없는 것보다는 효과가 있는 것을 찾도록 한다.
4) 내담자의 의사결정을 존중하고, 자신에게 중요한 것에 관하여 판단할 수 있는 능력을 믿어 준다.
5) 타의로 왔지만, 치료센터에 온 것은 치료를 의뢰한 사람과 잘 지내기 위한 노력이며, 갈등을 최소화하려는 긍정적인 노력임을 인정해 주고 협조적인 행동을 찾아내어 칭찬한다.
6) 문제를 해결하려고 노력하는 일들을 모두 부각시켜주고 인정해 준다.

③ 방문형은 치료센터에 오는 것 자체가 어려운 일이었으므로 다음 상담에 오게 하는 것 자체를 과제로 준다.

3) 고객형과의 관계(customer type relationship)

(1) 고객형과의 관계는 내담자가 자기 자신과 관련되어 있는 치료 목표를 표현하고 자신의 행동을 변화하기 위한 많은 방법들을 제시하는 경우를 말한다.

(2) 고객형의 내담자는 문제를 해결하기 위한 동기가 있고 문제를 시인하고, 문제해결을 위해 도움을 요청한다.

(3) 따라서 매우 긍정적이고 협력적인 치료관계로 쉽게 발전할 수 있다.

(4) 이러한 관계의 내담자는 대부분의 치료자들에게는 이상적인 유형이지만 실제로는 고객형의 내담자 비율은 상대적으로 아주 적다.

(5) 상담

① 이 경우에 치료자는 내담자가 잘 하고 있는 점에 대해 역시 많은 칭찬을 해 주고 내담자의 문제 해결을 위한 의지에 대해 지지와 동의를 표시해야 한다.

② 처음에는 내담자가 불평형, 방문형이었으나 상담의 중간이나 끝 부분에서 치료자와 내담자가 일치된 해결 목표와 기대를 가질 때 고객형의 관계로 발전하게 된다.

③ 이때 내담자는 문제해결을 하려는 의지를 갖게 되며, 치료과정에서 해결책을 찾거나 목표를 달성할 수 있는 능력이 자신에게 있는 것을 확인하게 된다.

④ 고객형 내담자는 문제해결에 적극적으로 역할을 하려고 하기 때문에 상담자는 내담자가 하고자 하는 최초의 적극적이며 행동적인 조치가 무엇인지를 밝히고 예외적인 상황을 강화시킬 수 있는 행동적인 과제를 제시한다.

해결중심 단기 가족상담에서의 치료적 피드백의 메시지 → 상담자가 내담자에게 전달하는 메시지

치료적 피드백인 메시지는 칭찬(compliment), 연결문(bridge), 과제(task)로 구성된다.

(1) 칭찬 : 내담자가 중요하게 생각하는 것, 내담자가 성공적으로 하고 있는 것과 이러한 성공을 통해 나타나는 내담자의 강점을 강조하는 것이다.

(2) 연결문 : 칭찬 다음에 나오는 제안이나 과제와 연결시켜 주는 것으로 치료자가 제안을 하게 된 근거를 제공한다.

(3) 과제 : 내담자와 치료자 간의 관계유형에 따라 다르다.

관계유형	방문형	불평형	고객형
과제	과제 없음 상담참여 격려	관찰 과제 생각 과제	행동 과제

해결중심치료에서 사용하는 기타 질문들

1) 악몽질문(nightmare question)

(1) 악몽질문은 해결중심치료에서 기적질문과 유사하나, 유일하게 문제 중심적 질문이다.

(2) 목적 설정을 위한 상담 전 변화에 대한 질문, 예외질문 그리고 기적질문 등이 효과가 없을 때 이 질문을 사용할 수 있다.

(3) 질문 사례

"오늘 밤에 잠자리에 들었다고 가정해 봅시다. 한밤중에 악몽을 꾸었는데 오늘 여기에 가지고 온 모든 문제가 갑자기 더 많이 나빠진 거예요. 이것은 꿈이었으나, 이 악몽이 정말로 온 거예요. 내일 아침에 무엇을 보면 악몽 같은 인생을 살고 있다는 것을 알겠습니까?"

2) 간접적인 칭찬 : "어떻게 그렇게 할 수 있었습니까?"

(1) 내담자의 어떤 측면이 긍정적이라는 것을 암시하는 질문으로, 내담자가 자신의 강점이나 자원을 스스로 발견하도록 하는 것이다.

(2) 질문 사례

① "그렇게 하는 것이 부인에게 좋다는 것을 어떻게 알게 되셨나요?"

② "어머님은 자녀 모두를 특별하게 대하는 것이 중요하다는 것을 어떻게 아셨습니까?"

3) "그 외에 또 무엇이 있습니까?"

(1) 예외를 더 발견하고, 장점, 자원, 성공적 경험 등 긍정적인 측면을 더 이끌어 내려는 질문이다.

(2) 질문 사례

① "무엇이 더 있을까요? 또 다른 좋은 생각이 뭘까요?"

② "이전의 이야기와 연결시킨다면 또 뭐가 있을까요?"

정리

주요 가족치료 모델 핵심 정리

1) 정신역동적 가족치료 모델

체계적 가족치료에 정신역동적인 통찰과 개입을 선택적으로 도입하는 것으로 현재 나타나고 있는 행동 아래 숨겨진 동기를 파헤쳐 감으로써 통찰력을 키워주며 억압된 감정을 표현하도록 돕는다.

2) 다세대적 가족치료 모델 - 보웬

(1) 가족문제는 가족성원이 자신의 원 가족에서 심리적으로 분화하지 못하는 데(자아 미분화) 기인한다고 본다.

(2) 정서적인 관계가 최소한 3대에 걸쳐 전달되는 과정이라고 본다.

(3) 여러 세대를 통해 삼각관계, 정서적 차단, 가족의 투사가 어떻게 영향을 주는지 알아 불안을 감소시키고, 자아분화를 증가시키는 것을 치료 목표로 한다.

3) 경험적 가족치료 모델 - 사티어

(1) 경험적 가족치료의 목표는 가족을 안정된 상황에 머무르게 하는 것이 아니라 성장시키는 것(자기 가치감의 향상, 의사소통의 성장)이다.

(2) 합리적인 사고보다 경험의 우수성을 강조하면서 치료자는 활동적이고 자기개방을 하며 환자가 자신들의 느낌, 감정, 공상 그리고 내면적인 경험에 가까워질 수 있도록 다양한 방법을 사용한다.

(3) 치료기법으로는 휘태커의 상징적 기법이나 사티어의 성장 기법, 칸토의 가족조각 기법 등이 유명하다.

4) 구조적 가족치료 모델 - 미누친

(1) 구조적 가족치료자들은 문제가 역기능적 가족 구조에 의해 유지된다고 본다.

(2) 치료는 가족구조를 변화시켜서 가족의 문제를 해결할 수 있도록 한다.

(3) 역기능적인 가족구조를 재구조화하는 데 치료 목표를 둔다.

(4) 가족의 하위체계를 관찰하여 역기능적인 가족구조를 파악하여 건강하고 기능적인 가족의 경계를 명료화한다.

5) 전략적 가족치료 모델 - 헤일리, 밀란학파

(1) 전략적 치료자는 문제를 지속시키는 행동을 발견하고 수정하려고 노력한다.

(2) 문제를 지속시키는 행동이 변화될 때 그 문제는 해결될 것으로 본다.

(3) 증상이나 문제는 혼란되거나 불명확한 위계 질서에서 일어난 산물로 증상을 유발하는 암묵적인 의사소통을 차단시키고 보다 나은 방법으로 반응하도록 의사소통의 유형을 변화시킨다.

(4) 치료기법으로는 MRI기법, 헤일리(Haley)의 기법, 밀란모델의 기법 등이 있다.

6) 해결중심적 가족치료 모델 - 김인수(Insoo Berg), 드 쉐이저

(1) 모든 문제는 항상 발견하는 것이 아니라 전혀 일어나지 않거나 덜 일어난 산물로, 해결이 가능하다.

(2) 해결중심 가족치료자는 가능하면 예외의 상황이나 아주 작은 변화와 같은 가족의 긍정적인 면을 발견하여 그 점에 초점을 맞추려고 노력한다.

7 기타 가족치료 모델

1) 행동수정 가족치료 모델

(1) 기본가정

① 행동을 수정함에 있어 정적 강화 등의 학습이론의 원리를 이용하여 가족 성원들 사이에 부적응 행동이 어떻게 발달하는지를 설명하고 가족들에게 강화 행동을 변경하도록 지도한다.

② 목표는 특정한 행동유형을 수정하여 문제가 되는 현재의 증상을 제거하거나 완화하는 것이다.

(2) 개념

① 강화와 처벌

ㄱ. 행동에 영향을 미치는 원인으로서 행동을 가속 또는 감속시키는 것

ㄴ. 강화물 : 행동을 가속시키는 원인(긍정적 강화물, 부정적 강화물)

ㄷ. 처벌물 : 행동을 감속시키는 원인(혐오적 통제, 긍정적 결과의 철회)

② **소거** : 반응에 대해 아무런 강화도 일어나지 않을 때 발생한다.

사례

계속 보채며 우는 아이에게 달래지 않고 무관심한 채 그대로 놔두는 것이다.

(3) 대표적 기법

① **모델링** : 다른 사람의 행동을 모방함으로써 학습하는 것으로 복잡하거나 새로운 행동을 가르치는 데 사용한다.

사례

체육시간에 뜀틀 경기를 체육 선생님이 먼저 시범을 보이며 새로운 행동기술을 가르친다.

② **토큰 강화법(token economics)** : 여러 가지 바람직한 행동과 습관을 했을 때 그에 상응하는 토큰을 줌으로써 체계적으로 행동을 강화하는 것이다.

사례

- 어른께 존댓말을 사용할 때마다 칭찬 스티커를 주어 10개 모으면 선물 사주기
- 청소년 자녀들이 9시까지 귀가하도록 약속하여 지키면 한 달 용돈 올려주기

③ **타임아웃** : 짧은 시간동안 아이의 행동을 중지시키는 방법으로 이 방법을 적용할 때에는 미리 경고를 주어야 하며 시간은 짧을수록 좋다.

사례
수업시간에 계속 떠드는 아이에게 주의를 준 후, 계속적으로 떠들면 2분 동안 생각하는 의자에 앉아서 혼자 생각할 시간을 갖도록 하는 것

④ **모의 가족**(simulated family) : 가족 내의 바람직한 의사소통 방법과 입장을 배우기 위해 모의 형태의 가족이 되어 연기하고 연습해 보는 기법이다.

2) 의사소통 가족치료 모델

(1) 가장 큰 특징은 의사소통 내용보다 가족 간 의사소통 과정과 형태를 중시한 점이다.
(2) 가족에게 명확한 의사소통 규칙을 가르치고 가족이 사용하고 있는 의사소통 유형을 분석하고 설명함으로써 가족의 의사소통 상호작용을 조절한다.
(3) 접근방법으로 재명명화와 증상처방 기법을 사용한다.

사례 증상 처방 기법
사소한 말다툼이 큰 싸움이 되는 과정에서 서로 상처를 주는 말이 쌓여 부부관계가 악화되었고, 끝내는 이혼을 고려하고 있는 부부를 상담 중인 상담사는 다음과 같은 과제를 주었다.
"잘 알겠습니다. 그럼 이렇게 해보시죠. 집으로 돌아가셔서 일주일에 이틀을 정해, 두 분이 싸울 거리를 한 가지씩 찾아내서 부부싸움을 30분간 하시는 겁니다."

3) 사회구성주의적 가족치료모델

(1) 20세기 초에 사물을 객관적으로 검증할 수 있다고 주장해 온 논리적 실증주의와는 다른 사회구성주의가 등장하였다.
(2) 사회구성주의는 사물에 대한 느낌, 관점, 인식, 견해에 대해 다룬다.
(3) 사회구성주의에서는 어떤 사실은 객관성과 주관성으로 나눌 수 없으므로 주관적인 경험을 이해함으로써 비로소 사물을 알 수 있다고 주장하였다.
(4) 사회구성주의에서는 사물 자체가 객관적으로 존재하는 것이 아니라, 사람에 의해서 만들어진 것으로 이해되어 사회구성주의에서는 객관적인 현실보다는 개인의 정신적 구성에 관심을 가진다.
(5) 사회구성주의 이론에 의하면, 가족은 치료적 개입에서 이끌어 낼 수 있는 본질적인 요소를 가지고 있는 것이 아니라, 그들이 현실을 어떻게 지각하느냐에 의해서 만들어진다는 것이다.
(6) 현실이란 사람들이 그 문제에 대하여 어떻게 지각하고 이야기하느냐에 따라 다르게 존재한다는 것이다.
(7) 따라서 같은 상황을 다른 관점에서 보고 이야기할 수 있다면 문제는 더 이상 존재하지 않을 수 있다는 것이다.

기출문제 확인학습

사회구성주의적 가족치료모델 특징

1) 진실(truth)은 사회적으로 구성된다.
2) 현실(reality)은 언어적 상호작용에 의해 이루어진다.
3) 가족기능의 정상성 판단기준에 관한 절대적 진실은 존재하지 않는다.

4) 이야기치료

(1) 포스트모던 구성주의의 영향을 받아 탄생한 이야기 치료는 문제를 표출화(외현화) 시키기 위하여 고안된 대화에 가족을 관여시킨다.

(2) 이러한 이야기에 근거한 대화 이론은 사람은 그들 자신의 삶에 대하여 이야기를 창조할 수 있다는 것을 가정한다.

(3) 이러한 이야기는 진실과 이야기의 조화에 근거를 두고 있다.

(4) 여기서 진실이란 논리적으로 추론될 수 있으며, 이야기는 사람들에게 그들의 고유한 경험에 입각하여 진실을 이해하게 하는 방법 안에서 사람들에 의하여 창조될 수 있다.

(5) White와 Epston(1990)에 따르면, 사람들은 이야기 창조를 통해 그들의 삶의 의미를 느끼며, 미래에 대하여 구상을 한다는 것이다.

(6) White는 개인의 복잡한 삶은 정확히 묘사하는 데 있어 단순한 이야기로는 할 수 없고, 항상 이야기를 재창조 할 수 있는 여지가 있다고 하였다.

(7) 치료에 있어서 White의 초점은 개인의 부정적이고, 자기패배적인 견해를 반박하고, 문제를 다루는데 있어서 긍정적인 경험으로 대체하는 방법으로 이야기를 재창조하는 데에 둔다.

(8) 포스트모더니즘은 이야기나 서술을, 삶을 구성하는 재료 또는 원동력이라고 보는 이야기치료를 탄생하게 하였다.

(9) 이야기치료자들의 역할은 가족과 함께 새로운 현실들을 이야기를 통해 구성해 나가는 것이다.

(10) 이야기치료자들이 하는 질문은 내담자에게 무엇이 진실이냐가 아니라, 어떠한 견해가 유용하며 내담자에게 무엇이 더 좋은 효과를 가져오는가에 있다.

(11) 이야기치료(화이트)의 치료기법 참고 : 이야기치료 (삶을말하기) 가족치료 블러그에서
대부분의 이야기 중재는 질문의 형태로 전달된다. 작업할 때 그들은 결코 어떤 것을 주장하거나 해석을 내리지 않는다. 그들은 단지 질문을 하는데 종종 답변으로 돌아가서 그것을 적으며 질문에 질문을 계속한다. 내담자에게는 치료사에게 하고 싶은 질문을 아무거나 하도록 격려한다. 또한 내담자들이 원하면 기록을 보게 해준다. 그리고 각 사람이 말할 때 기록을 하는 데 이것은 중요한 요점을 잊지 않게 할 뿐 아니라 내담자에게 그들의 시각이 존중받는다는 느낌을 준다.

① 외재화하기(문제의 외현화) : 사람이 문제는 아니다.

이야기치료사들은 내담자들에게 문제가 포화된 그들의 이야기를 하도록 요청함으로써 시작하고, 가족이 겪어 오고 있는 것에 대해 인정하고 있다는 느낌을 전하기에 충분할 만큼 오래 경청한다. 그렇게 말하는 도중 혹은 후에 치료사와 가족 사이에 신뢰감이 수립되면, 치료사는 문제를 외재화시키는 질문을 하고 문제가 그들의 삶과 관계에 미치는 영향력을 명백하게 한다. 문제는 언제나 의인화된다. 가족구성원의 삶을 지배하려 드는 반갑지 않은 침입자로 묘사된다. 예를 들어 한 여자의 섭식문제를 논한다면, 어떻게 식욕부진증이 그녀를 굶어 죽게 하려 설득하는지를 묻는다. 공포증 아이에게는 얼마나 자주 공포가 원하는 바를 그 아이가 하도록 만들 수 있는지, 또 얼마나 자주 그 아이가 거기에 대항할 수 있는지를 묻는다. 죄의식에 사로잡힌 어머니에게는 어떻게 자기혐오가 자신의 양육에 대해 나쁘게 느끼도록 만들고 있는지를 묻는다. White는 문제는 계속 살아남기 위하여 그 효과에 의존하므로, 문제에 대항하고 그들에게 영향을 주도록 허용하지 않음으로써 내담자들은 문제의 존속체계를 끊을 수 있다고 제안한다. 외재화는 그 자체로 막강한 영향력을 지닌다. 사람들은 시간을 두고 문제와 동일시되어 왔다. 그들은 문제가 있다는 것이 그들의 흠 있는 성격의 상징이라고 믿는다. 문제가 외재화될 때 그것은 마치 사람이 문제를 뒤에서 바라볼 수 있는 것과 같다. 즉 가족구성원들은 문제가 그들을 가리고 있어 보지 못했던 더 건강한 사람이 존재한다는 것을 볼 수 있다.

- “거짓말이 당신들 사이에 갈등을 일으키게 했군요.”
- “아드님을 괴롭히고 있는 틱 증상에 이름을 붙이면 뭐라 할 수 있나요?”

② 사람과 문제 중 누가 책임이 있는가?

치료사는 여러 회기에 걸쳐 문제가 어떻게 가족들을 분열시키고 지배해 왔는지, 또 이에 대하여 그들이 얼마나 문제를 통제해 올 수 있었는지의 전체 지도를 그리는 많은 질문을 한다. 이것은 상대적인 영향력 질문으로 불리는데 이 과정에서 모든 가족 구성원을 논의에 포함시킴으로써 많은 경우 문제가 그들의 상호관계를 방해하는 데 성공해 왔음이 분명해진다.

- “우울증이 아빠를 이길 때 그것이 가족생활에 어떻게 영향을 미치고 있습니까?”
- “심술이 Joey가 소리를 지르고 비명을 지르도록 한다면 당신의 반응이 심술을 부추기는 것이라고 생각합니까?”

③ 문제 이야기의 행간 읽기

이 상대적인 영향력 질문을 하면서 치료사들은 그 사람이 문제의 효과를 회피할 수 있었던 빛나는 사건들과 점화행동을 경청하고 강조하며 그것이 어떻게 이루어졌는지 상술할 것을 요청한다.

- “분노가 당신을 점거하려 들지만 당신은 그렇게 하도록 허용하지 않았던 때를 기억할 수 있습니까? 어떻게 그렇게 하였지요?”
- “신경성 식욕부진증이 당신 딸의 몸에 대해 말하는 거짓말을 그녀가 믿지 않았던 때가 있었습니까?”
- “Jenny가 알코올 중독에서 느끼는 굉장한 압박감에 저항하였을 때 당신은 그 성취의 중요성을 인정하였습니까?”

이러한 점화행동은 새롭고 더욱 영웅적인 이야기를 세우는 주춧돌이 된다.

④ 전체 이야기 다시 쓰기

내담자의 이야기에서 감별되어 수집된 문제와 관련된 그의 능력의 증거들이 전반적으로 그가 어떤 사람인가에 대한 새로운 이야기의 시작으로서 사용될 수 있다. 이 연결을 위하여 치료사는 문제에 대한 과거와 현재의 일련의 승리가 내담자에게 무엇이라고 말하는가를 물음으로써 시작할 수 있다.

- "우울을 패배시킬 수 있었다는 사실이 당신에게 무엇이라고 말합니까?"
- "그러한 일을 하기 위해 당신의 아들이 어떤 특질의 성격을 가져야만 합니까?"

치료사는 또한 새로운 '자기 이야기(self - narrative : 사건, 경험 따위를 서술한 것, 이야기, 담화 - story)'를 지탱해 줄 증거를 더 찾기 위해 문제에 관련된 에피소드를 넘어서 역사적인 범위까지 확장할 수 있다.

- "내게 그토록 분노를 잘 처리할 수 있었던 것을 더 잘 이해할 수 있게 당신의 과거에 대해서 더 말해 줄 수 있습니까?"
- "아이 때 당신을 아는 사람으로 이러한 경우에 공포에 대항할 수 있었다는 것에 놀라지 않을 사람이 누구입니까?"

새로운 자기 이야기가 구체화되기 시작하면 내담자 혹은 가족이 새로운 이야기에 적합한 다가올 변화들을 그려 보게 함으로써 치료사는 초점을 미래로 옮긴다.

- "이제 당신 자신에 대해 이러한 것들을 발견하였으므로, 이 발견들에 대해 당신이 어떻게 생각하는지가 당신의 자기혐오와의 관계에 영향을 줄 것입니다."

이제 자기 이야기는 과거, 현재, 그리고 미래를 갖게 되었다. 즉 완전한 이야기가 되는 것이다.

⑤ 새로운 이야기 강화하기

이야기치료사들은 자아가 사회관계 안에서 형성되고, 그렇기 때문에 사람들은 그들의 새로운 이야기를 가지는 것이 옛것을 만들어 냈던 동일한 맥락 안에서는 손상당하기 쉽다고 믿기 때문에 내담자들을 위한 새로운 이야기를 형성하는 데 그들의 진보를 지지하는 청중을 발견하도록 돕는 것을 중요시 한다. 내담자들은 그들의 새로운 이야기를 믿어줄 수 있는 사람, 즉 능력 있게 활동하는 사람의 예로 확신하고 첨가할 수 있는 사람과 접촉하도록 요구될 것이다. 내담자는 또한 그들의 새 이야기를 지지하는 증인의 역할을 할 수 있는 사람을 그들의 삶에 모집하도록 격려 받을 것이다. 때때로 '동맹'이 형성되는데, 이는 문제를 거부하는 서로의 노력을 지지하기 위해 비슷한 문제를 가진 사람들로 구성된 그룹이다. 단지 문제를 해결하는 것이 아니고 사고와 삶의 전반에 걸친 변화이기 때문에 회기에서 발생되는 것은 단지 시작일 뿐이다. 각 회기 종료 때 이야기치료사들은 외재화하는 언어를 반드시 사용하고 언급된 점화행동을 강조함으로써 무엇이 일어났는가를 종종 요약해준다. 요약의 효과는 치료사가 회기 중 내담자와 함께 하였고 그들의 피어나는 새로운 정체성을 축하한다는 것을 내담자에게 전달하기 위한 것이다.

⑥ 파괴적인 담화 해체하기

이야기치료사가 문화적 담화들과의 연관을 보다 명백히 해야 할 때가 있다. 예를 들어 식욕부진증은 여성이 어떻게 그녀가 그녀의 유일한 가치가 외모라는 믿음으로 받아들여졌는지 질문을 받을 수 있다. 이것은 우리 사회에서 여성들의 지위에 관한 다른 질문들로 이끌어 갈 수 있다. 이와 유사하게, 폭력적인 남성은 우리 문화에서 남성들은 결코 약하거나 부드러우면 안 된다는 것을 그가 어떻게 믿게 되었는지 질문을 받을 수 있고, 그리고 남자들이 수용하는 메시지의 해체가 뒤따를 것이다.

기출문제 확인학습

이야기 치료의 기본 전제 : 7가지 원칙

1) 인간은 능동적 행위자이다.
   자신의 경험을 만들어내는 존재, 해석하는 능동적 존재이다.
2) 이야기는 삶을 반영하는 매체이자 도구이다.
   (1) 이야기는 개인의 삶을 반영하는 도구이자, 개인의 삶 자체를 만들어내고 나아가 개인의 정체성을 만들어내는 도구이다.
   (2) 특정한 사건을 이야기 할 때, 시간 순서에 따라 특정한 주제를 염두에 두고 줄거리를 만든다.
   (3) 이야기를 말하는 과정에서 삶의 경험을 해석하거나 나름의 의미를 붙이면서 우리 삶을 그려 내게 되며, 또 그렇게 그려진 삶이 내가 된다.
3) 경험은 사회문화적 산물이다.
   개인이 자신의 경험에 부여하는 의미는 특정의 역사 문화적 맥락의 영향을 받는다.
4) 인간의 정체성은 사회적 산물이다.
   (1) 인간의 정체성은 사회적으로 구성되는데, 개인의 정체성은 타인과의 상호작용 속에서 만들어지고, 또 다시 만들어지는 과정을 반복한다.
   (2) 다른 사람이 어떻게 보는가, 타인의 인정을 받는 과정을 통해 온전히 자신의 것이 된다.
5) 삶은 복합적인 이야기이다.
   (1) 삶은 다양한 목적을 가진 복합적인 이야기이다.
   (2) 이야기치료에서는 그동안 망각되고 간과되어 온 개인의 삶의 지식과 기술을 찾아낸다.
   (3) 이야기치료는 내담자가 선호하는 이야기, 그 속에 깃들어 있는 삶의 목적이 무엇인지 질문하는 과정이다.
6) 문제와 사람은 별개이다.
   (1) 문제가 되는 것은 문제를 갖고 있는 사람이 아니라, 문제 그 자체이다.
   (2) 사람을 문제시 하는 것은 문제의 소재를 개인의 내면 또는 개인의 정체성에서 찾는 실천 방식에서 비롯된 것이다.
7) 지향 상태는 인간 삶의 방향이다.
   개인이 자신의 삶에서 지향하는 바는 그의 의도, 목적, 희망, 가치, 꿈, 헌신의 대상을 살펴봄으로써 알 수 있다.

실력 다지기

이야기 치료(화이트)

1) 개요

(1) 이야기 치료는 삶이 이야기와 같다고 보며 이야기는 기본 줄거리를 바탕으로 여러 가지 사건을 시간 순으로 보여 주면서 전체적으로 어떤 주제를 갖고 있는 것을 말하는데, 스스로 독백을 한다거나 자신의 인생 이야기를 주변사람들에게 하는 것도 여기에서 말하는 이야기라는 것이다.

(2) 세부적인 내용은 이야기 할 때마다 조금씩 달라지지만 '나는 누구인가, 내 인생은 어떤 인생인가'라는 이야기의 주제는 쉽게 변하지 않는다.

(3) 그 이야기를 바탕으로 미래를 짐작하기도 한다.

(4) 대표적 인물인 화이트와 엡스턴은 '문제로 제기 되는 이야기'를 '지배적 이야기'라 불렀다.

(5) '문제 이야기 경청, 문제 이야기 해체, 대안 이야기 구축'이란 치료과정을 통해 내담자와 함께 문제이야기를 다시 쓸 것을 제안한다.

(6) 인생을 사건, 순서, 구성, 주제를 가진 이야기 형태로 이해하는 방식이며 문제 해결을 이야기 다시쓰기 작업으로 보는 점 때문에 문학적 특성을 지닌 치료라고 한다.

2) 철학적 배경

(1) 이야기 은유 : 초기의 가족 체계적 접근은 '체계'나 '구조'같은 은유를 사용하면서 가족의 증상에 존재하는 역기능을 밝히고 치료하는 데 중점을 두는 반면, 이야기 치료는 포스트모던 인문학적 은유(이야기, 내러티브, 여행 등)를 사용하고 문제의 생성에 작용하는 사회문화적 영향을 해체하고 인간 삶의 의미와 정체성이 사회관계 속에서 새롭게 구성되어 가도록 돕는데 역점을 둔다.

(2) 은유(metaphor) 용어 설명 : 치료자가 직접적으로 지시하거나 평가하기보다는 간접적이고 비유적인 표현을 사용하는 것으로, 내담자의 자존감이나 체면을 손상시키지 않게 되어 덜 위협적이다.

(3) 후기 구조주의

① 전통적 치료에서는 인간의 문제행동을 근본적 구조(자아, 정체성)의 결함에서 오는 것으로 보는데, 후기 구조주의의 영향을 받은 이야기치료에서는 문화와 역사의 산물이며 오랜 시간을 특정한 맥락 속에서 만들어진다는 사회구성주의 관점을 견지하고 있다.

② 또한 인간의 삶에 대한 우리의 이해는 역사와 사회의 맥락 속에 한정되어 있다고 주장한 푸코의 영향을 받아 치료자를 자문으로, 자신들을 자문가로 부르면서, 치료적 개입은 치료자와 내담자 사이의 권력 요소를 포함하여 보이지 않는 사회문화적 권력의 영향을 무효화 시킬 수 있는 것이어야 한다는 신념을 갖게 되었다.

(4) 페미니즘

① 이야기치료는 페미니즘이 확산되던 1980년대 발전하면서 페미니즘의 영향을 받아 페미니즘 요소를 반영한다.

② 개인의 문제를 강화시키는 담론(의미, 신념)을 해체하는 '외현화 대화'라는 질문법을 활용함으로써 여성의 성차별적 담론을 내면화시키는 과정을 중단시키고, 사회문화적 차원의 문제로서 이해하는 것을 돕는 작업에서 페미니즘의 영향을 엿볼 수 있다.

3) 치료 목표

(1) 단기적으로는 내담자 가족이 호소하는 문제감소에 초점을 두고 궁극적으로는 자신들이 선호하는 가족의 이야기를 써 나갈 수 있게 한다.

(2) 치료자를 포함하여 구성원 각자의 이야기는 고유하며 절대적이지 않기 때문에 구성원이 서로 다른 목표를 갖고 있을 때는 서로 상반되는 목표도 일단 수용하며 목표를 한 가지로 한정하지 않는다.

4) 치료과정

(1) 문제의 해체, 독특한 결과의 해체, 대안적 이야기 구축, 대안적 정체성 구축 순으로 이루어진다.

(2) 치료시작은 사람과 문제를 분리하고 문제 내력과 형성의 사회적 맥락을 탐색하는데서 출발한다.

(3) 가족차원의 문제해결방식과 사회문화적 관행 사이에서의 관계를 깨닫도록 하고 관행에서 벗어나고자 하는 내담자의 의지, 책임을 확인한다.

(4) 새롭게 조명된 지식과 기술, 일화, 사건을 수집, 탐색하는 과정을 통해 가족이 지향하는 신념을 드러낸다.

(5) 이야기 치료에서는 내담자의 이야기를 해체하고 재구성하는데 필요한 질문을 몇 가지 유형으로 나누고 각각을 지도(map)에 비유한다.

(6) 각 지도는 단계별 작업과 질문모음으로 이러한 지도는 지속적으로 개발 중에 있으며 회기구성은 매우 유동적이다.

5) 치료자의 역할

이야기 치료자는 치료문화를 비롯한 억압적 권력구조의 영향을 해체하는데 민감해야 하며, '탈중심적이고 영향력 있는(de - centered and influential)' 위치를 고수해야 한다.

(1) 탈중심적 : 내담자 가족이 제시하는 자신들의 이야기, 삶의 지식과 기술을 치료자의 전문적 이론이나 지식보다 우선순위에 두는 입장이다.

(2) 영향력 행사 : 질문과 반영을 통해 가족이 대안적 인생스토리를 보다 풍부하게 이야기하고, 삶에서 간과되었던 영역으로 발을 들여 놓고 탐색하며, 새롭게 발견한 삶의 지식과 기술 가운데 현재의 문제 · 곤경 · 우려를 다루는 데 적절한 것에 가족 스스로가 훨씬 더 친숙해지도록 돕는 것이다.

대안적 정체성의 구축 : 정의예식(Definitional Ceremony)과 외부증인 집단

1) 정의예식을 통해 내담자가 자신이 선호하는 삶의 이야기를 청중 앞에서 사회적으로 인정받는 경험을 갖도록 한다.

2) 정의예식은 예식의 주인공과 외부증인들(청중)이 말하기와 다시 말하기를 교대로 실시하는 구조로 이루어져 있다.

3) 외부증인 집단은 치료자 집단(반영팀), 내담자의 인생클럽 회원, 지역사회의 관련된 사람들이며 다시 말하기 역할을 통해 내담자의 '말하기'에 나타난 대안적 이야기가 증인 자신의 삶에 어떠한 의미를 주었는가를 말해줌으로써, 내담자의 대안적 이야기를 인정해준다.

4) 정의예식의 순서

(1) 말하기 : 예식의 주인공이 자신의 삶과 관련하여 자신이 선호하는 이야기(정체성)를 외부증인에게 말한다.

(2) 다시 말하기(1차 다시 말하기) : 외부증인은 내담자 이야기 가운데 자신에게 각별한 의미가 있었던 특정 부분에 초점을 두고, 다음 순서에 따라 다시 말하기 행위를 실시한다. - 특정 부분 주목하기→이미지 설명하기→반응 형상화하기(공명하기)→지점 이동을 인정하기

(3) 다시 말하기의 다시 말하기(2차 다시 말하기) : 일반적으로 예식의 주인공이 말한다.

(4) 다시 말하기의 다시 말하기의 다시 말하기(3차 다시 말하기) : 일반적으로 외부증인이 말한다.

5) 정의예식은 내담자와 외부증인을 포함하는 참여자 모두가 예식 이전과는 다른 지점으로 이동하는 지평 확장을 경험할 수 있도록 해주는 치료적 대화이다.

기출문제 확인학습

지배담론의 해체(deconstruction of dominant discourse)[12]

1) 사례

- 지희 : "어머니는 제가 대학을 잘 가야 다른 사람들한테 대접 받는다고 하셨어요!"
- 상담자 : "어머니의 그런 생각은 어디서 온 것일까? 네 자신도 그런 신념이 있는 것이니? 아니면 너는 다른 생각이 있는 것이니?"

2) 이야기 속에는 담론이 깊숙히 담겨 있다.

(1) 담론(discourse)이란 원래 대화에서 주고받는 것을 지칭하는 말이지만 미셸 푸코에 의하면 사용하는 담론의 개념은 특정한 사회적 맥락 속에서 이루어지는 수많은 대화의 이면에 있는 일련의 가정들에 대한 진술을 의미한다.

(2) 이러한 진술적 담론에는 지배적 담론이 있어서 이것은 사람들의 삶에 실제적이고 구체적인 영향을 끼쳐서 사람들의 선택, 가치, 감정, 행동을 만들어 낸다.

(3) 이러한 지배적 담론이 지배하는 문화는 사람들이 생각하고 행동하는 방법에 대한 자신의 지식이나 의지를 제약한다.

(4) 그러므로 이러한 지배적 담론을 해체하는 것이 삶의 새로운 가능성을 높여준다.

(5) 보편화와 객관화라는 담론 체계(기준)에서 자신을 보려는 것에서 벗어나 자기만의 독특한 경험과 자기만의 경험 속에서 발견하는 진리를 발견하는 것이 바로 자기 발견이다.

(6) 상담의 자리에 있어서도 지배적 담론이 존재하는데, 상담의 자리에서 내담자를 이해하는 데 있어서 상담자가 사용하는 지배적 담론을 가지고 내담자를 대면하며 접근하는 것이다.

(7) 이것은 상담 자리에서 어떤 이론이나 지배적 이론에 선입견을 두는 담론이다.

(8) 그러나 이야기 상담은 이러한 지배적 담론을 넘어서서 내담자의 담론을 우선으로 존중하며 내담자의 담론으로 상담의 중심의 자리로 자리매김을 하도록 대안적인 담론을 만들어 내는 것이다.

(9) 이것은 기존의 상담의 지배적 담론이 내면(내부로)에서 접근하라는 감시와 통제가 주어질 때 이야기 상담은 과감히 이에서 벗어나 외부의 환경 속, 곧 삶의 자리에서 접근하겠다는 새로운 담론이다.

(10) 상담은 담론을 분석하거나 풀어 헤쳐서 그것이 한 인간의 삶에 미치는 영향을 드러내 보이는 기회를 제공하는 것이다.

(11) 이것이 곧 이야기 상담에서 '해체(deconstruction)'(White, 1992)이다.

12) http://blog.daum.net/

이야기 치료

1) 포스트모더니즘 사조 속에서 발전하였다.
2) 상담자는 탈중심적이고(decentered) 영향력 있는(influential) 입장을 취한다.
3) 화이트(White)와 엡스톤(Epston)에 의해 발전되었다.
4) 주요 기법으로 정의 예식(definitional ceremony)이 있다.
5) 정의 예식(Definitional Ceremony)
   (1) 말하기(telling)와 다시 말하기(retelling)를 예식의 주인공과 외부 증인들, 즉 청중이 교대로 실시하는 구조로 이루어졌다.
   (2) 정의예식의 순서와 말하기 - 다시 말하기의 방법
      ① 말하기
      ② 다시 말하기
      ③ 다시 말하기의 다시 말하기(2차 다시 말하기)
      ④ 다시 말하기의 다시 말하기의 다시 말하기(3차 다시 말하기)
   (3) 말하기와 다시 말하기가 교대로 이루어지면서 삶에 대한 대안적 주제, 줄거리가 풍부해지며, 주제를 통해 주제에 담겨있는 가치, 목적, 헌신의 대상 등을 통해 참여자가 서로의 삶이 연결되는 현상을 경험한다.
   (4) 정의예식은 내담자와 외부증인을 포함하는 참여자 모두 예식 이전과는 다른 지점(transport)으로 이동하는 지평의 확장 경험하게 해주는 치료적 대화이다.

기출문제

다음 이야기치료 상담자의 질문에 해당하는 것은?

> • 당신은 무엇을 중요시했기에 그런 행동을 하게 되었습니까?
> • 어떤 기대나 바람으로 그렇게 하였습니까?

① 외재화(externalization)를 위한 질문
② 외부증인(outside witness) 초대를 위한 질문
③ 제지하기(restraining) 위한 질문
④ 재저작(reauthoring)을 위한 질문
⑤ 기적(miracle) 질문

답 ④

해 ④ '재저작(reauthoring)을 위한 질문'은 내담자의 문제에 대한 대안적인 이야기를 발전시키도록 하는 질문이다. 질문에는 내담자의 삶의 경험을 행위적 관점과 그것을 해석하는 정체성 관점을 번갈아 가면서 질문하면서 대안적 이야기를 발전시키도록 한다.

문제 사례에서

• 당신은 무엇을 중요시했기에 그런 행동을 하게 되었습니까?
• 어떤 기대나 바람으로 그렇게 하였습니까?

의 밑줄 친 부분을 고려하여 문제 이야기에 대항했던 때(독특한 결과)를 찾아내도록 가족의 역사를 상세히 살펴 과거를 재조명하고 미래를 다시 쓰도록, 즉 자신의 삶의 이야기를 다시 쓰도록 한다.

오답노트

① 외재화(externalization)를 위한 질문

문제와 자신을 완전히 동일시하는 내담자로 하여금 자신의 문제를 객관적으로 보고 검토할 수 있도록 질문하는 것이다. 질문에는 3인칭으로 바꾸어서 서술하기, 자신을 괴롭히는 문제로 바꾸어서 서술하기, 관찰자 입장에서 서술하기 등으로 다양하게 질문할 수 있다.

예 나의 문제는 게으름, 게으름일 경우 '나무늘보' 문제 이름 붙이기 → 이렇게 하면 문제와의 관계는 '나'의 삶에 '나무늘보'가 들어와 내 삶을 방해하는 것이 된다.

② 외부증인(outside witness) 초대를 위한 질문 : 정의예식

외부 증인으로서 청중을 초대하여 그들의 진술과 재진술을 치료적 과정으로 활용하는 것이다. 사람들은 개인의 정체성 형성을 위해 자신의 정체성을 다른 사람들에게 지속적으로 선언하는 것이 중요하다. 다른 사람들을 통해 자신이 살아오면서 보여 준 가치 있는 행동이나 신념을 떠올리고 이를 통해 자신의 내면에서 발견한 자원과 가치, 신념 등을 유지해야 한다는 책임감을 스스로 느낄 수 있으며 자신의 정체성에 대한 빈약한 결론을 풍부하게 대체할 수 있도록 돕는다.

③ 제지하기(restraining)

헤일리가 주로 사용했던 역설적 방법의 하나로, 제지(restraining)는 치료의 효과를 증진시키기 위하여 재발을 예측하고 경고하거나, 변화의 속도가 지나치게 빠르다고 지적하여 변화의 속도를 통제하기도 하는데, 이를 제지기법이라고 한다. 재발을 처방하는 제지기법은 재발을 예측하는 제지기법의 연장선상에 놓여있다. 재발을 처방하는 것은 증상을 재연하도록 처방함으로써 증상에 대해 역겹고, 지겹게 만드는 것이다. 예를 들어, 부부문제에 자녀를 개입시키는 가족에 개입할 때, 부모가 서로 화가 나서 말을 하지 않을 때 아동에게 다시 증상을 나타내도록 하면 부모는 자녀의 증상이 자신들과 관련이 있다는 것을 인식하게 됨으로써 부부간의 갈등이 줄어들게 된다.

⑤ 기적(miracle) 질문은 해결중심상담의 기법이다.

기출문제 확인학습

가족상담 모델에서 제시하는 상담자의 역할

1) 인지행동 모델 : 부부나 부모를 대상으로 교육하고 훈련시킨다.
2) 구조적 모델 : 가족구조를 나타내는 가족의 상호교류와 그 패턴에 개입한다.
3) 맥락적 모델 : 문제의 내용 그 자체보다도 그것을 문제로 규정하고 있는 맥락에 관심을 가지고 치료의 초점을 맞춘다.
4) 경험적 모델 : 자신을 개방적이고 솔직하며 자발적인 정서표현의 모델로 활용한다.
5) 사회구성주의 모델 : 내담자의 견해를 존중하고 '알지 못한다는 자세'로 호기심을 갖고 접근한다.

후기 가족치료모델

포스트모더니즘 영향(사회구성주의 이론의 등장, 어떻게 경험하고, 어떤 의미를 부여하며, 어떻게 구성하는가?) - 상담자의 '알지 못한다(not knowing)'는 자세 강조 - 해결지향모델, 해결중심모델, 이야기치료, 협력 언어체계모델

6) 정신역동 모델 : 개인이나 가족원 간, 가족과 상담자 간에 심리 내적 역동이나 투사적 동일시를 중시한다.

가족상담 모델 혹은 이론가와 주요 상담목표의 연결

1) MRI모델 : 가족 내 지속되는 악순환적 피드백 고리의 개선을 통한 증상제거 및 행동변화
2) 보스조르메니 - 나지(Boszormenyi - Nagy) : 가족원들의 재접속(rejunction)을 통한 관계개선
3) 헤일리(Haley) : 가족의 잘못된 위계질서의 수정
4) 구조적 가족치료 모델 : 가족의 역기능적 상호작용의 개선
5) 보웬(Bowen) : 가족구성원의 분화수준 향상
6) 정신역동 모델 : 과거의 무의식적 이미지에 대한 통찰을 통한 인성 변화와 가족원의 무의식적 구속으로부터의 자유 추구

가족상담이론 혹은 개념에 관한 설명

1) 초이성형(super - reasonable)의 의사소통 유형에서 존중하는 요소는 상황만이다.
2) 이야기치료는 새로운 대안적 이야기(alternative story)를 재구성하도록 돕는다.
3) 연합(coalition)은 특정 가족원이 제3의 구성원에 대항하기 위해 맺는 동맹이다.
4) 행동주의 가족상담자들은 행동 변화가 부적 행동의 감소보다는 정적 행동의 증가에 의해 더 잘 성취된다고 본다.
5) 순환질문(circular questioning)은 내담자가 자신을 다른 가족원들의 관점에서 보게 함으로써 자기중심에서 벗어나게 한다.

실력 다지기

사이버네틱스 이론

1) 1차 사이버네틱스

(1) 사이버네틱스라는 용어는 1942년 위너(Norbert Weiner)가 처음으로 사용하였다.

(2) 사이버네틱스의 출현은 전통적인 심리치료가 성격의 구조나 내용에 관심을 두었던 시각에서 벗어나 사람 간의 의사소통 유형이나 피드백 과정에 관심을 돌리도록 하는 데 크게 기여하였다.

(3) 일반체계 이론과 사이버네틱스로 대표되는 체계론적 사고를 바탕으로 발전된 초기의 가족치료 모델은 1970년대에 그 발전이 정점에 이르렀고 가족치료자는 개인의 선호 또는 내담자나 증상에 따라 특정 모델을 사용하거나 여러 모델을 통합할 필요성을 느끼기에 이른다.

(4) 초기 가족치료 모델은 '1차 가족치료' 혹은 '체계론적 가족치료', '1차 사이버네틱스'라고 불린다.

(5) 초기 가족치료 이론에서 이론의 초점이 개인의 심리 내면에 더 있는지 아니면 대인관계에 더 있는지에 따라 차이가 있다.

→보웬의 다세대 모델이나 사티어의 경험적 모델은 관계뿐 아니라 개인의 심리 내면에도 초점을 두는 반면, 미누친의 구조적 모델이나 전략적 모델은 관계를 더 강조하는 경향이 있다.

(6) 초기 가족치료 이론에서 나타나는 다른 차이점 하나는 시간에 대한 관점의 차이로 과거와 현재를 강조하는 정도에서 차이가 있다.

→다세대 모델, 경험적 모델, 사티어의 원가족 경험의 강조는 현재 뿐 아니라 과거에도 초점을 두지만, 구조적 모델이나 전략적 모델은 과거보다 현재에 더 초점을 두는 경향이 있다.

2) 포스트모더니즘(post - modernism)과 2차 사이버네틱스

(1) 포스트모더니즘은 1980년대부터 문학, 예술, 문화 전반에 나타난 시대정신이나 세계관이다.

(2) 포스트모더니즘은 인간과 자연, 사회를 인식하는 방향, 절대적 진리에 대한 인식 방법에서 모더니즘(modernism)과 차이가 있다.

(3) 모더니즘이 본질주의, 보편주의, 이분법적 사고를 강조한다면, 포스트모더니즘은 다양성, 차이, 비 본질주의를 강조한다.

(4) 포스트모더니즘은 2차 사이버네틱스 관점과 일치하는데, 객관적 지식과 절대적 진실이 가능하다는 모더니즘의 신념에 도전하여, 인간은 누구에게나 똑같이 존재하는 하나의 우주(universe)가 아니라, 각자의 관찰과 인식행위를 통해 다르게 구성된 여러 우주(universe)에 살고 있다고 가정한다.

(5) 포스트모더니즘, 2차 사이버네틱스의 경우, 사실(facts)은 관점(perspective)으로 대체되며, 절대적으로 옳은 기준은 없다고 가정하기 때문에, 지식의 소유자에게 특권과 권한을 부여하였던 모더니즘의 시각에 도전한다.

정리

초기 가족치료와 후기 가족치료

1) 초기 가족치료

1970년에 미국에서 초기 가족치료는 발전의 정점에 이르렀고 대중으로부터 큰 관심을 받았다.

(1) 초기 가족치료이론의 특징

① 서구 사회를 지배하던 모더니즘의 영향을 크게 받음

② 일반체계이론과 사이버네틱스를 기초로 발전

③ 가족의 기능/역기능을 사정하기 위한 다양한 개념 개발

④ 가족을 변화시키기 위한 각 모델의 고유 이론과 기법을 확립

2) 초기 가족치료의 한계점

① 각 모델은 자기만의 영역고수하며 타 모델과의 교류가 없음

② 치료자는 특정 치료기법을 습득함으로써 가족을 치료할 수 있다고 믿음

③ 문제와 증상은 객관적으로 정의가 가능

④ 핵가족 체계에 초점을 두고 다양한 가족 형태에 무관심함

⑤ 가족 내 존재하는 성별 간의 권력 차이에 주의를 기울이지 않음

⑥ 인종/민족/계층의 문제 도외시 함

⑦ 가족 상호작용에 지나친 관심으로 가족원 개인의 문제와 경험에 소홀함

⑧ 가족 외 사회체계나 동료집단, 직장, 문화적 영향 등 더 큰 체계의 영향을 고려하지 못함

3) 초기 가족치료 모델

다세대 가족치료(보웬), 경험적 가족치료(사티어), 구조적 가족치료(미누친), 전략적 가족치료(MRI, 밀란, 헤일리), 맥락적 치료(보스조르메니 내지)

4) 후기 가족치료(2차 가족치료)

(1) 1980년대 들어 초기 가족치료 모델 간의 뚜렷한 경계가 무너지면서 발달하기 시작함

(2) 더불어 초기 가족치료에 대한 페미니스트의 비판, 포스트모더니즘 성향의 후기 구조주의와 사회구성주의의 발전은 후기 가족치료 모델이 탄생하기 위한 토양이 됨

(3) 2차 사이버네틱스의 발전이 후기 가족상담이 탄생하게 된 배경이 되었음

(4) 후기 가족치료의 모델

해결중심단기치료(드세이저와 버그), 이야기치료(화이트와 엡스턴), 협동적 언어체계 모델(앤더슨과 굴리시안), 반영팀 모델(안데르센)

기출문제 확인학습

각종 가족치료모델에서 사용하는 기술 등

1) 경험적 가족상담의 영향력의 수레바퀴는 가족 재구조화 기법에서 스타에게 중요한 영향을 주었던 인물들을 드러내주기 위해 도입되는 도구이다. 이 그림은 스타를 중심으로 위치하고 긍정적이든 부정적이든 영향을 주었던 사람들의 관계를 표시하고 있다. 굵은 선은 더욱 밀접한 관계를 드러내 주는 것이다.

2) 경험적 가족치료자로서 갖춰야 될 3대 요소로 유능성(Competent), 자신감(Confident) 일치성(Congruent)의 3C를 강조한다.

   오기문장 경험적 치료 상담자는 유능성과 자신감이 일치하여야 한다.

3) 맥락적 가족치료는 가족 구성원들이 서로 돕고, 서로 책임을 가지고, 상호간 충성을 하면서 공평하고 평등한 관계에서 화합과 단결을 이루는 치료방법이다.

4) 은유는 전략적 가족치료(헤일리)의 기법으로, 문제를 밝히는 것에 대해 꺼려하는 경우 비유나 이야기를 통해 변화를 유도하며, 행동 목표를 정한 후 유사하지만, 좀 더 쉬운 행동(은유적 행동)을 선택하여 실행한다. 예를 들어, 성적 문제로 갈등 겪는 부부에게 먹는 행위로 비유하여 대화하고 생각하게 하는 것이다.

5) 자기입장 지키기(I - positioning)는 나 - 메시지(I - message)와 얼핏 같은 기법으로 보이지만, 다르다. 보웬의 가족치료 기법인 자기입장 지키기(I - positioning)는 정서적 충동에 의해 반응하려는 경향을 막는 가장 직접적인 방법으로 자신의 견해를 피력하는 방법이며, 내담자 뿐 아니라 치료자도 이러한 자기 입장을 취하도록 한다.

6) 위장(가장)기법은 내담자의 증상을 있는 것처럼 연극하고, 부모는 그것을 도와주는 것처럼 반응하여 놀이를 즐기는 기분으로 저항을 우회시키는 방법이다.

7) 정의예식(definitional ceremony)은 이야기치료 기법이다. 이야기 치료 과정 중 대안적 정체성 구축과정에서 '정의예식'은 내담자가 자신이 선호하는 삶의 이야기를 청중 앞에서 사회적으로 인정받는 경험을 갖도록 하는 것이다.

8) 전략적 가족치료 기법인 역설적 개입은 '변화하라'는 메시지와 '변화하지 말라'는 두 가지 모순되는 메시지를 동시에 전달하는 '치료적 이중구속'의 상황을 만드는 것이다. 만약 치료자가 '변화하지 말라'고 지시한 것을 충실히 따른다면 내담자는 이미 증상을 통제할 수 있게 되는 것이며, 치료자의 지시를 따르지 않는다면 증상을 포기하게 되는 것이 된다.

9) 전략적 가족치료 기법인 의식처방(ritual prescription)기법은 일정한 가족의식을 구성하여 역기능적인 가족게임을 과장시켜 연출해봄으로써 가족원들이 가족게임과 역기능에 대해 명확히 인식하게 하는 기법이다.

10) 스캐폴딩(Scaffolding) 지도

   ① 스캐폴딩(Scaffolding)이란 치료자가 독특한 결과와 관련이 있는 과거 사건을 찾아내고, 그 사건들이 순서에 따라 시간의 흐름 속에서 특정한 주제와 구성을 갖는 이야기로 전개하는 데 도움을 제공하는 것으로서 사전적인 의미로는 건축공사 때에 높은 곳에서 일할 수 있도록 설치하는 임시가설물, 재료 운반이나 작업원의 통로 및 작업을 위한 발판이라는 개념이다.

   ② 확고한 문제 이야기에 대항하여 긍정적 변화를 가져오기 위해 튼튼한 줄거리의 대안적 이야기가 필요하다. 사람의 자기에 관한 이야기는 '행동'과 '의식'의 두 가지 차원으로 이루어져 있다.

   ㉠ 행동의 전경 : 여러 개의 사건이 일정한 주제에 의해 시간 상 배열됨

   - 행동영역의 질문 : 과거에 행했던 일을 언제, 어디서, 누가, 무엇을, 어떻게 질문과거 - 현재 - 미래 행동영역

ⓛ 정체성의 전경 : 개인적 자질이나 특성에서 드러나는 다양한 삶의 목적의식이 존재

- 정체성영역의 질문 : 내담자 삶의 의도, 목적, 중요가치, 신념, 희망, 삶의 원칙 등'왜'의 질문은 정체성 영역에 포함.

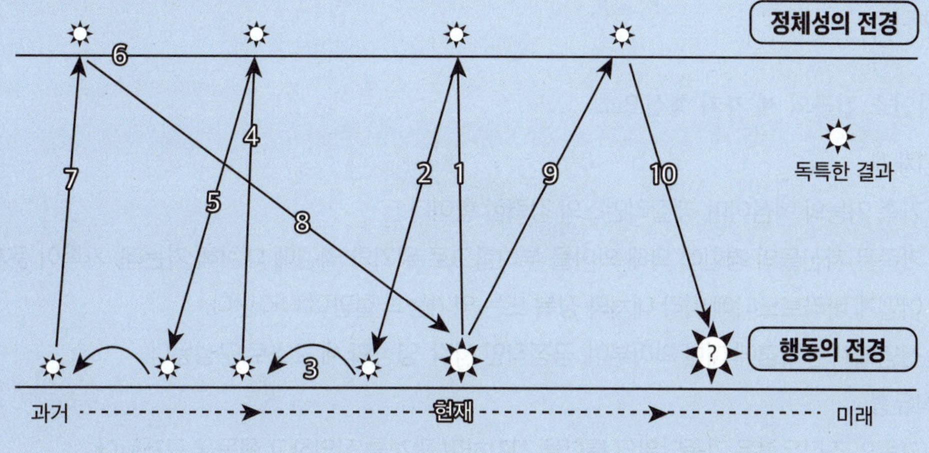

5) 탄력성(레질리언스, Resilience) 모델[13] - 맥커빈

(1) 기본전제

① 위기에 처한 개인이나 가족의 회복과정에 초점을 둔다.

② 환자의 가족은 잠재적인 회복능력과 성장을 믿으며, 많은 고통과 책임이 따르는 혼돈스러운 경험을 거쳐 원래의 위기 이전의 상태로 돌아갈 수 있도록 하는 과정을 중시한다.

③ 위기나 스트레스의 위협은 그에 대한 대처와 적응을 수반하며 성공적인 대처와 적응은 개인과 가족에게 더 강력한 삶의 의미를 경험하도록 한다.

④ 개인의 내구력(耐久力)은 개인, 가족, 그리고 환경적 과정의 상호작용으로서, 가족과 더 큰 사회의 맥락에서 가장 잘 이해되고 강화된다.

⑤ 위기사건들과 계속되는 스트레스는 가족 전체와 그 구성원들에게 영향을 미치며 개인의 역기능뿐 아니라 갈등관계와 모든 가족해체의 위험을 일으킨다.

⑥ 가족과정은 모든 가족구성원과 그들의 관계에 미친 스트레스의 영향을 중재한다.

⑦ 가족 과정은 많은 위기사건들의 과정에 영향을 줄 수 있다.

⑧ 모든 가족들은 탄력성(레질리언스)에 대한 잠재력을 가지고 있으므로, 우리는 최선의 노력을 격려하고 주요 과정을 강화시킴으로써 그 잠재력을 극대화 할 수 있다.

13) 레질리언스 모델은 강점관점을 바탕으로 내담자와 전문가 간의 협력적 파트너십과 예방, 초기 개입을 강조하며 강점과 자원을 활용한 총체적인 서비스를 제공할 수 있는 방법을 말한다.

(2) 레질리언스 사전적[14] 개념

① 위기와 역경을 견디고 회복하는 능력으로, 역경을 회복한 후에는 더 탄력을 얻고 자원이 풍부해지는 능력이다.

② 스트레스 상황에서 영향을 적게 받으며, 그 상황을 유연하게 대처함으로써 스트레스 수준을 낮출 수 있는 능력이다.

(3) 레질리언스 접근의 세 가지 핵심요소

① 신념체계

ㄱ. 가족 기능의 핵심이며, 레질리언스의 강력한 힘이다.

ㄴ. 가족은 자신들의 경험에 의해 의미를 부여함으로 위기와 역경에 대처해 가는데, 가족이 문제와 대안을 어떻게 바라보느냐에 따라 대처와 정복 또는 역기능과 절망이 나타난다.

ㄷ. 신념체계는 역경에 대한 의미부여, 긍정적인 시각, 영성의 세 요소로 구성된다.

② 조직유형

ㄱ. 가족의 조직유형은 가족단위의 통합을 지지하며 관계를 정의하고 행동을 규제한다.

ㄴ. 조직유형에 중요한 핵심요소는 융통성, 연결성, 사회 및 경제적 자원이다.

③ 의사소통 과정

ㄱ. 가족기능에 필수적인 요소이며 가족원의 질환으로 의사소통은 복잡해지고 어려워질 수도 있으며 위기 또는 지속적인 스트레스 상황에서 깨질 수도 있다.

ㄴ. 의사소통의 세 가지 중요한 핵심요소는 명료화, 개방적인 감정표현, 상호 협력적 문제 해결이다.

(4) 레질리언스 강화를 위한 4가지 보호기제

레질리언스를 강화하는 방법으로 시간경과에 따른 스트레스와 대처적응 과정 추적, 위기 경험의 의미를 재구성하기, 가족 고통을 정상화하는 방법이 있으며 가족자원을 확보하여 스트레스를 더 효과적으로 다루고, 강화된 개인과 관계체계로 다시 일어서도록 하는 4가지 보호기제는 아래와 같다.

① 위험요인 감소시키기

ㄱ. 위협적 상황에 대해 예견하고 준비하기

ㄴ. 스트레스에 대한 노출이나 그에 의한 부담 감소시키기

ㄷ. 정보를 제공하여 비극적 신념들 변화시키기

② 미래 위기와 지속적인 영향에 대한 위험을 고조시키는 부정적인 연속 반응 감소시키기

ㄱ. 스트레스 영향을 중재하여 영향을 완화하고 장애 극복하기

ㄴ. 부적응적인 대처전략 변화시키기

ㄷ. 여파, 지속적 긴장을 견뎌내어 후퇴로부터 다시 회복하기

14) 개념은 탄성, 탄력성, 회복력, 쾌활, 활기, 원기이다.

③ 보호적 가족과정을 강화하고 취약성 감소시키기
　ㄱ. 가족 강점을 강화하여 성공을 위한 기회와 능력 향상시키기
　ㄴ. 회복과 정복을 향한 자원을 동원하고 지지하기
　ㄷ. 위기의 여파 속에서 다시 세우고, 조직하며, 새로운 방향 잡기
　ㄹ. 예견할 수 있는 것과 없는 것 모두에 대해 예견하고 준비하기
④ 성공적 문제해결을 통하여 가족 및 개인 자존감에 효율성 지지하기
　ㄱ. 상호 협력적 노력을 통한 유능감, 자신감, 연계성 얻기
　ㄴ. 어려움 속에서도 유능감을 유지하도록 지속적으로 도전 과정 관리하기

(5) 만성 질환자와 가족을 위한 적용 지침

① 중증의 신체적·정신적 상태를 치료할 때 가족의 강점, 자원 및 성공적 대처 방침을 정립하는 것은 필수적이다.
② 질병의 일반적인 도전들이 밝혀지고, 앞으로 예견되는 어려운 시기에 문제해결을 위한 도움이 제공된다면, 가족들은 스트레스를 처리하고 미래의 위기를 방지하며 개선하는 방법들을 좀 더 잘 계획할 수 있다.
③ 개입에 대한 계획을 짜고 가족성원들의 욕구에 반응함에 있어서 융통성은 매우 중요하다.

제3절 | 가족생활주기와 가족상담

1) 가족생활주기[15]의 의의

(1) 인간은 태어나서 특정한 발달단계를 거치며 단계마다 수행해야 할 과업이 있으며 이처럼 가족에게도 발달단계와 과업이 있다.

(2) 가족생활주기는 시간이 경과함에 따라 가족 내의 발달적인 경향을 묘사하기 위해 일반적으로 사용되는 용어이다(Carter & McGoldrick, 2005).

(3) 각 발달단계에서 요구되는 개인의 발달과제가 달성되느냐의 여부는 그 개인의 정신건강에 커다란 영향을 주며 이러한 관점은 종래의 출생부터 5 ~ 6세까지를 가리키는 형성기가 그 이후의 인생을 결정짓는다는 결정론적 관점과는 달리, 인간의 정신적 성장 가능성에 대하여 보다 낙관적이며 희망적인 인생관을 제공한다.

(4) 생활주기의 관점은 종래의 발달론적 관점에 성인기 이후 노년기까지의 인간의 생물학적, 심리적, 사회적인 변화를 그 이전의 발달과정과 연결하여 보다 포괄적으로 볼 수 있도록 한 것이다.

2) 가족생활주기의 역사적 동향

(1) 각 개인에 관한 생활주기 이론을 토대로 가족상담 영역에 가족생활주기의 관점이 생겨났기 때문에, 가족생활주기 과정의 이해에 앞서 각 개인의 생활주기에 대한 이해가 선행되어야 한다.

(2) 1950년대에서 1960년대에 걸쳐 Bowen, Ackerman, Jackson, Satir도 가족발달 또는 가족생활주기의 모델이 확립되어야 한다고 강조하였다.

(3) Bowen은 가족에게 치료적 접근을 하기 전에, 가족사정의 과정을 통하여 가족생활주기의 전체 상(象)을 그려내는 것이 중요하다고 주장하였으며 3세대 사이에서 이루어지는 교류, 출산, 결혼, 질병, 이별 등이 어떤 경과를 거치는지를 파악함으로써 가족을 이해하는 중요한 부분이 된다고 강조하였다.

15) 가족들이 안고 있는 임상적 문제는 어떤 발달단계에서 다음의 발달단계를 이행할 때 생기는 어려움과 관련이 있는 경우가 대부분이므로 상담자는 각 개인이나 가족의 생활주기에 관한 많은 지식을 가져야만 한다.

3) 가족생활주기의 단계(Carter & McGoldrick, 1980)

단계	가족생활주기의 단계	이행에 동반된 특징적 원리	발달과정에 의해서 일어나는 가족 안에서의 2차적인 변화
1	가족과 가족 사이의 중간적 존재 - 어떤 가족에게도 소속되지 않는 젊은 성인	부모로부터의 분리	1) 가족과의 관계에서 자기 확립 2) 친밀한 또래관계의 발달 3) 직업상의 정체감 확립
2	결혼에 의한 가족결합 - 새로운 신혼커플의 탄생	새로운 가족체계의 출발	1) 부부체계의 형성 2) 확대가족이나 친구들이 배우자를 수용
3	어린 자녀를 둔 가족 (아동기 자녀 가족)	가족체계 내의 새로운 구성원 수용	1) 자녀를 포함한 부부체계의 재구성 2) 부모로서의 역할수행 3) 부모 또는 조부모의 역할을 포함하는 확대가족의 관계 회복
4	사춘기 자녀를 둔 가족 (청소년기 자녀 가족)	자녀의 자립을 인정해 주는 가족경계의 확대	1) 사춘기 자녀가 가족 체계 안과 밖을 자유롭게 드나드는 것을 허용하는 형태로 부모 - 자녀관계가 이행 2) 중년의 부부문제나 직업 등의 발달과제에 대한 재인식 3) 노년세대에 대해 배려하는 방향으로 관심의 이행
5	자립하는 자녀를 둔 가족 (자녀 독립가족 = 進水期)	가족체계 밖에서 생활하거나 가족체계에 새롭게 참가하는 가족의 다양화 현상	1) 둘 만의 부부체계의 새로운 협력 2) 성장한 자녀와 부모 간의 성인으로서 맺는 관계로 이행 3) 자녀의 배우자와 손자를 포함한 형태의 가족관계 회복 4) 부모 또는 조부모의 신체적, 정신적 장애나 죽음에 대한 대처
6	노년기를 보내는 가족 (노년기 가족)	세대에 따른 역할 변화의 수용	1) 자신 또는 부부의 기능 유지와 육체적 쇠약에 대한 관심 2) 새로운 가족관계 또는 사회적인 역할 탐색 3) 중년세대가 보다 중심적인 역할을 하도록 지지 4) 연장자의 지혜와 경험을 가족체계 속에서 살리는 기회 형성 5) 배우자, 형제, 동료의 상실에 대응, 자신의 죽음을 준비, 인생의 통합

4) 가족생활주기의 발달과제

(1) 새롭게 출발하는 가족

① 이 단계의 주요과제는 두 남녀가 각자가 출생한 가족에서 물리적, 심리적으로 분리하여 두 사람 만의 세계를 만드는 것이다.

② 바람직한 결혼생활을 시작하기 위해서는 결혼이 곧 자립을 의미하는 것이 아니라, 결혼은 자신들의 원 가족으로부터 정서적으로 자립한다는 것을 전제로 성립된다.

③ 결혼에 의한 새로운 부부체계가 바람직하게 형성되기 위해서는 성숙한 남녀의 결합이 중요하며 성숙한 사람이란 부모로부터 분리되어 독립하였으며 유연한 태도로 여러 사람을 접하면서도 개성과 주체성을 가진 생활이 가능한 사람이라고 말할 수 있다.

④ 결혼에 의해 하나의 가족단위로 성립되기 위해서는 가족으로서 몇 가지의 기본적인 가족기능을 원만히 수행할 필요가 있으며 특히 결혼 단계에서 획득해야 할 기본적인 기능은 거주, 식생활, 수입, 취업, 가족 건강의 유지와 같이 물리적인 요소나 정서적, 심리적 요소를 들 수 있다.

(2) 어린 자녀를 둔 가족

① 자녀의 자립성과 가족에 대한 소속감, 충성심과의 균형을 지닐 수 있도록 노력하는 것으로, 자녀를 가족에게 구속하거나 배제해서는 안 된다.

② 자녀가 기대로 중압감을 느껴 힘들어하지 않도록 부모와 자녀 사이의 균형을 유지해야 한다.

③ 자녀 출생을 계기로 가족이 하나의 실질적인 가족단위를 만들어 가게 되며 부부만의 단계와 비교하여 자녀를 포함한 가족은 하나의 체계로서의 위치를 확고히 하게 된다.

④ 자녀들을 위한 심리적, 물리적 공간을 만들어 갈 때 부부 체계의 적응에 상당한 영향을 주게 되므로 부부로서 바람직한 친밀함과 결합관계를 가진 남편과 아내가 자녀의 출현에 대하여 어떻게 유연한 적응력을 발휘하는가가 중요하다.

⑤ 남편과 아내가 부모가 되는 것 또는 부모로서의 역할에 적응하는 것이 주요과제이다.

⑥ 부모 또는 조부모의 역할을 포함한 확대가족과 관계를 회복하는 것도 중요한데, 결혼하여 가정을 이루고 아이를 갖게 되므로 조부모와의 관계발전이 이루어지고 이는 자녀양육과 성장에 있어서도 중요한 부분이다.

⑦ 자녀가 유치원, 학교 등으로 진학하는 데 따른 사회화의 발달이 중요하며 자녀에게는 친구관계를 형성하여 자립할 수 있는 과제가 요구된다.

(3) 청소년기의 자녀를 가진 가족

① 자녀들이 자유롭게 드나드는 것을 허용하는 부모 - 자녀관계로 이행하는 것이 중요하다.

② 청소년기의 자녀들은 가족 밖에서 가족 안으로 여러 가지 새로운 생각, 정보, 패션을 가지고 들어오기 때문에 청소년기 자녀의 행동에 유연하게 대응하여 가족이 얼마나 잘 적응해 갈 수 있는가가 중요한 발달과제이다.

③ 청소년기 자녀의 이러한 행동과 병행하여 중년기를 맞이하는 부모의 가족 생활주기 사이의 문제도 해결하여야 한다.

④ 조부모와 관련된 여러 가지 문제와 직면하게 되는데, 조부모가 노화하여 허약해지면서 동거하는 문제나 병든 조부모를 돌보는데 따른 여러 가지 스트레스가 가족에게 부각될 가능성이 높으므로 유연하게 대응하는 것이 바람직하다.

(4) 자립하는 자녀를 둔 가족

① 부모는 일상생활에 중심이 되었던 자녀가 떠나가면서 정도의 차이는 있지만 슬픔을 경험하는데, 이러한 상태를 빈둥지 증후군이라고 부른다.

② 가족관계가 큰 장애나 문제를 직면하지 않고 순조롭게 발달해 가려면 부모 - 자녀 모두 자녀의 자립을 상당히 준비해야 한다.

③ 부모의 부부체계를 보다 긴밀한 협력관계로 재구성하는 것으로, 부모는 다시 한번 부부로서 결합하여 친밀한 인생을 보내는 것이다.

④ 성장한 자녀들과 그 부모가 각각 한 사람의 성인으로서 보다 안정되고 바람직한 가족관계를 어떤 식으로 영위하는가 하는 문제가 있다.

⑤ 자녀의 배우자나 손자와 어떻게 관계를 맺는가를 포함하는 새로운 확대가족을 어떤 방법으로 형성하는가 하는 문제가 있다.

⑥ 부모 각각의 노화에 동반되는 신체장애나 사별에 대한 대응으로서, 특히 자신의 부모가 사망함으로써 겪게 되는 대상 상실의 처리가 중요한 과제이다.

(5) 인생의 노년기를 보내는 가족

① 부부의 기능을 유지하는 것과 사회적 또는 육체적인 쇠퇴에 대응하는 것이다.

② 중년 세대인 자녀들에게 가정 내의 중심적인 역할을 이양하는 것으로서, 가족 내의 여러 종류의 권한이나 지도력의 이양이 원만하게 이루어지는 것이 무엇보다 중요하다.

③ 연장자로서의 지혜와 경험을 자신의 가족체계 속에서 적절히 살리는 기회를 갖는 것이며 가장 대표적인 것은 손자에 대한 좋은 조부모의 역할에 순응하는 것이다.

5) 새로운 동향의 가족

(1) 이혼 전, 이혼, 이혼 후에 이르는 가족과정

단계		이혼에 이르는 정서과정	각 단계에서 직면하는 문제
1	이혼의 결의	부부관계의 긴장을 해결할 수 없게 되어 부부관계를 계속하는 것이 어렵다는 현실을 수용함	결혼에 실패한 자신을 수용함
2	현재의 가족체계 해체 계획	가족체계 중 유효한 대처능력에 대한 활용방안을 검토함	1) 자녀의 보호, 방문, 경제문제 등에 대해 협의함 2) 이혼을 둘러싼 확대가족과의 관계를 수습함
3	별거	1) 부모로서 협력적인 관계를 계속 가지려는 노력을 함 2) 배우자에 대한 애증을 해소하기 위해 노력함	1) 함께 한 가족을 상실하는 데 따르는 비애를 느낌 2) 부부 또는 부모자녀의 관계를 재구성함 3) 확대가족과의 관계를 재조정함
4	이혼	이혼으로 인한 분노, 죄책감, 미움 등의 정서적 문제의 극복	1) 함께 한 가족을 상실하는 것에 대한 비애를 느낌 2) 결혼에 걸었던 희망이나 꿈, 기대를 상실한 아픔을 회복함 3) 확대가족과의 접촉을 유지함

(2) 재혼에 의한 가족형성과 그 발달 과정

단계		요구되는 정서적 태도	각 단계에서 직면하는 문제
1	새로운 애정관계에 돌입	최초의 결혼에 대한 상실감 회복	결혼생활의 재적응과 새로운 가족형성, 복잡함과 애매함에 대응하는 마음 자세가 요구됨
2	새로운 결혼과 가족에 대한 설계	1) 재혼이나 계부모에 대하여 새로운 배우자나 자녀, 본인의 불안이나 두려움을 수용함 2) 적응해야 할 세 가지 (1) 여러 가지 새로운 역할에 적응 (2) 공간, 시간, 가족이 되는 것 등을 둘러싼 질서, 경계를 확립하는 것에 적응 (3) 죄악감, 갈등, 서로의 요구, 충성심, 과거의 미해결된 고통 등에 관한 정서적 문제에 적응	1) 새로운 애정관계에 대한 진지한 관여 2) 이전 배우자와 협력관계를 유지하기 위한 방법 모색 3) 두 개의 가족체계 사이에서 두려움이나 충성심을 중심으로 한 갈등에 휘말릴 자녀에 대한 원조 4) 새로운 배우자의 자녀를 포함한 확대가족과의 관계에 의해서 이전의 가족에서 상실된 것을 회복하려는 노력 5) 이전 배우자의 확대가족과 자녀의 관계를 유지하기 위한 방법 모색
3	재혼과 가족의 재구성	1) 이전의 배우자에 대한 애착 해소 2) 경계가 확립되지 않은 투과성을 가진 가족이라는, 지금과는 다른 가족 모델의 수용	1) 새로운 배우자, 계부모를 포함할 수 있는 가족경계의 재형성 2) 가족체계의 혼란을 허용하는 새로운 하위체계의 가족관계 회복 3) 생물학적 아버지, 부모, 조부모와 다른 확대가족과 모든 자녀와의 관계가 가능한 공간의 설정 4) 계부모와 자녀로 구성된 재결합 가족의 통합을 촉진하기 위한 기억이나 역사의 공유

제4절 | 가족상담 사정과 평가

1 가족상담 사정의 개요

1) 가족상담 사정의 개념

가족을 하나의 단위로 보고 가족 내 및 가족 외부요인 그리고 이들 양자 간의 상호작용 등을 파악하기 위해 자료를 수집 및 분석하고 종합하여 그 가족에 대한 개입을 계획하는 일련의 과정을 말한다.

2) 가족상담 사정의 영역

일반적으로 가족상담 사정은 다음의 다섯 가지 사항에 대해 자료를 수집하고 분석하고 종합하는 일련의 과정을 말한다.

(1) 가족문제의 본질
(2) 가족문제와 관련된 체계
(3) 체계와 가족 간의 상호작용
(4) 가족의 문제해결을 위해 이용 가능한 자원
(5) 문제를 해결하려는 가족의 동기

2 가족상담의 사정도구의 유형

가족상담의 사정도구는 가계도, 생태도 등 여러 가지가 활용되고 있다.

1) 가계도(Genogram)

(1) 3세대 이상의 가족을 그림으로 나타냄으로써 내담자에게 나타난 문제의 근원을 조사하는, 일종의 그림 기법의 사정도구이다.
(2) 내담자와 상담자는 대개 가계도를 함께 구성한다.
(3) 가계도는 본질적으로 가족체계도의 성격이 있고 머레이 보웬(Murray Bowen)에 의해 개발되었다.
(4) 가계도는 나와 가족성원들이 세대 간 맥락에서 정서적(정서적 관계 표시), 행동상의 문제 행동패턴을 검토하는 데 유용하게 활용된다.
(5) 가족 내에서 반복되는 정서적, 행동적 패턴을 확인하고 이해할 수 있으며 구성원의 성격, 의사소통의 유형 등을 알 수 있다.
(6) 결혼의 법률적 관계는 수평선으로, 여성은 원으로, 남성은 사각형으로 표기한다.
(7) 수직선은 결혼한 사이에서 출생자녀를 나타내는 선으로 원과 사각형에 닿게 그린다.
(8) 사망, 이혼 및 재혼 등과 같은 중대한 사건을 간략하게 표시하고 재발된 행동양식을 나타내기 위한 다른 기호 또는 문자해설이 포함된다.
(9) 사례에 대한 기록을 간단히 한 눈에 볼 수 있게 한다.

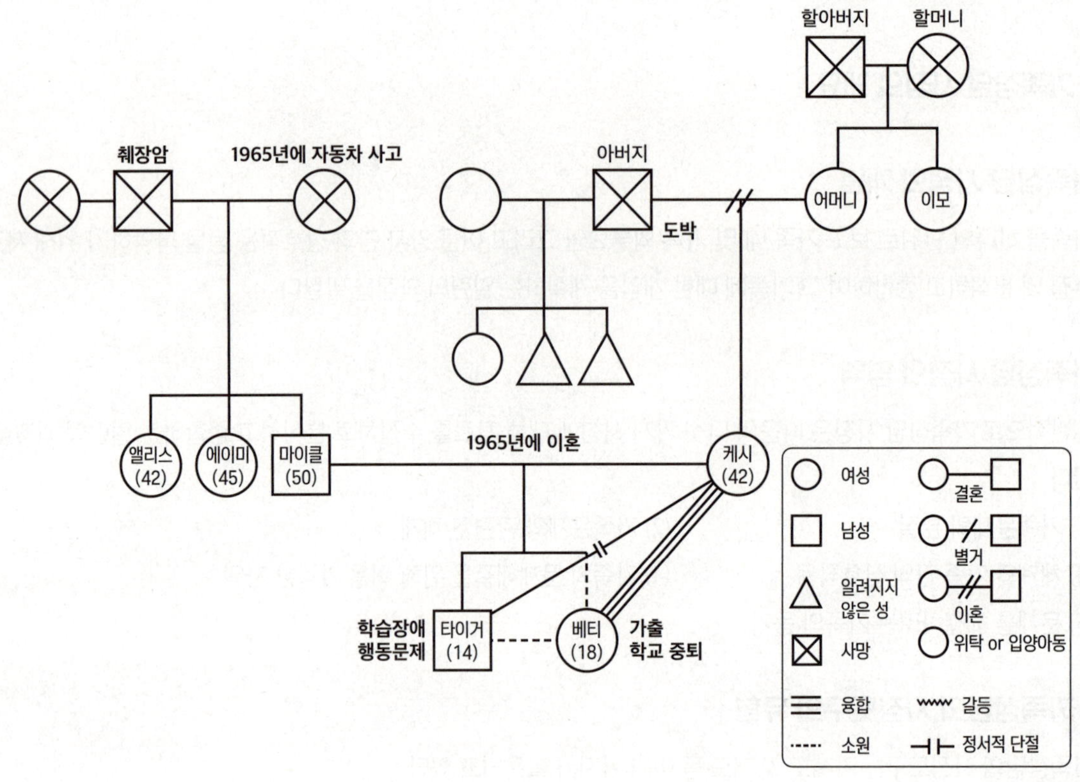

할아버지
할머니
췌장암
1965년에 자동차 사고
아버지
도박
어머니
이모
앨리스 (42)
에이미 (45)
마이클 (50)
1965년에 이혼
케시 (42)
학습장애
행동문제
타이거 (14)
베티 (18)
가출
학교 중퇴
여성
결혼
남성
별거
알려지지 않은 성
이혼
위탁 or 입양아동
사망
융합
갈등
소원
정서적 단절

가계도의 사례

기출문제 확인학습

가계도를 통한 가족역동

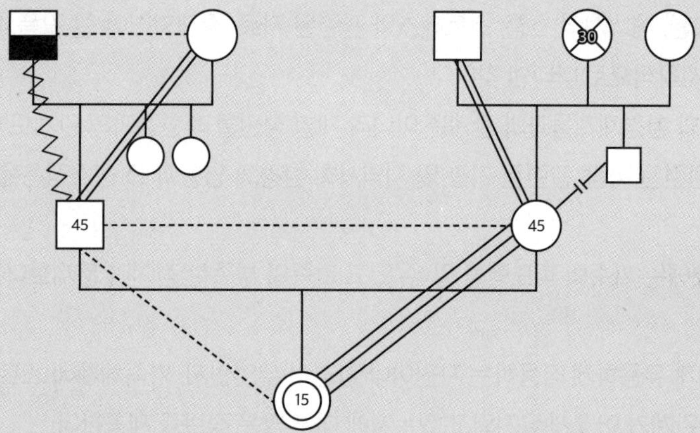

1) IP와 모는 정서적으로 융합 관계이다.
2) 세대 간에 삼각관계가 전수되고 있다.
3) IP 모는 남동생과 정서적 단절을 하고 있다.
4) IP 모는 불안정한 애착관계를 형성했을 것이다.
5) IP 부는 알코올문제를 갖고 있는 아버지와 갈등관계이다.

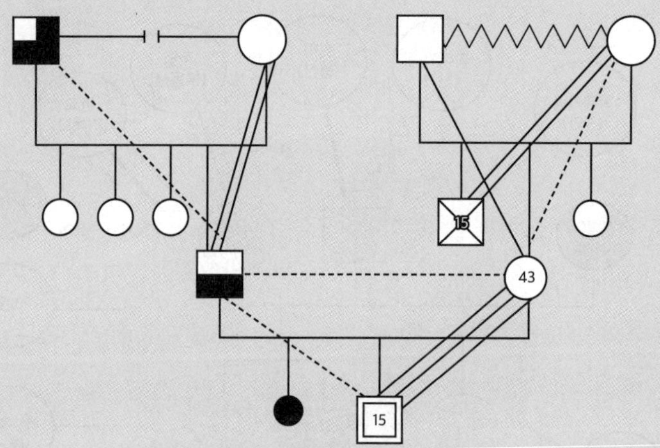

1) IP 부는 부모의 정서적 단절로 모에 대한 충성심이 높았을 것이다.
2) IP 친조부의 알코올/약물 남용 문제가 IP 부에게 전수되었을 것이다.
3) IP의 부계와 모계 모두 삼각관계에 맞물려 있을 것이다.
4) IP 모는 오빠의 죽음으로 인한 불안을 아들에게 투사했을 것이다.
5) IP 모는 여러 번의 상실로 아들과 정서적으로 더욱 융합했을 것이다.

가계도에서 알코올/약물 문제와 신체적/정신적 질병의 표기방법

- 알코올/약물 남용 문제
- 알코올/약물 남용 문제로 인한 신체적/정신적 질병
- 신체적/정신적 질병

2) 생태도[Eco - map]

(1) 생태도(eco - maps)는 앤 하트만이 고안한 가족과 환경체계들과의 관계를 이해하기 위한 사정도구로서 가족과 체계들 간의 자원교환, 에너지의 흐름, 스트레스와 관련된 자료, 중재되어야 할 갈등, 메워야 할 간극, 활성화되어야 할 자원 등을 시각적으로 나타낸 것이다.

(2) 생태도는 가족전체와 환경체계들과의 관계뿐 아니라 개별 성원들과 환경과의 관계도 나타낸다.

(3) 내담자, 내담자와 관련된 사람, 관련된 기관 및 지역사회 환경의 영향과 그 상호작용을 설명하기 위해 전문가가 사용한다.

(4) 상담사가 분석할 때에는 가족의 피드백을 알 수 있고 가족의 부족한 점이나 문제보다는 강점을 먼저 언급할 필요가 있다.

(5) 생태도는 내담자에게 유용하게 작용하는 자원이나 환경이 무엇인지, 가족체계에 스트레스를 주는 것은 무엇인지, 이들 체계 간의 관계가 어떻게 유지되고 있는지에 대한 많은 정보를 제공한다.

(6) 생태도는 '환경 속의 인간'에 초점을 두기 때문에 내담자를 생태학적 관점에서 이해하는데 많은 도움이 된다.

(7) 생태도는 개입 초기단계에 가족을 사정하는 도구로 활용할 뿐 아니라 변화를 확인하는 도구로 반복해서 사용할 수 있다. - 연속생태도

(8) 내담자와 상담사가 함께 작성하며 생태도 작성 시 '원'으로는 자원의 양, '선'으로는 관계의 정도를 표시한다.

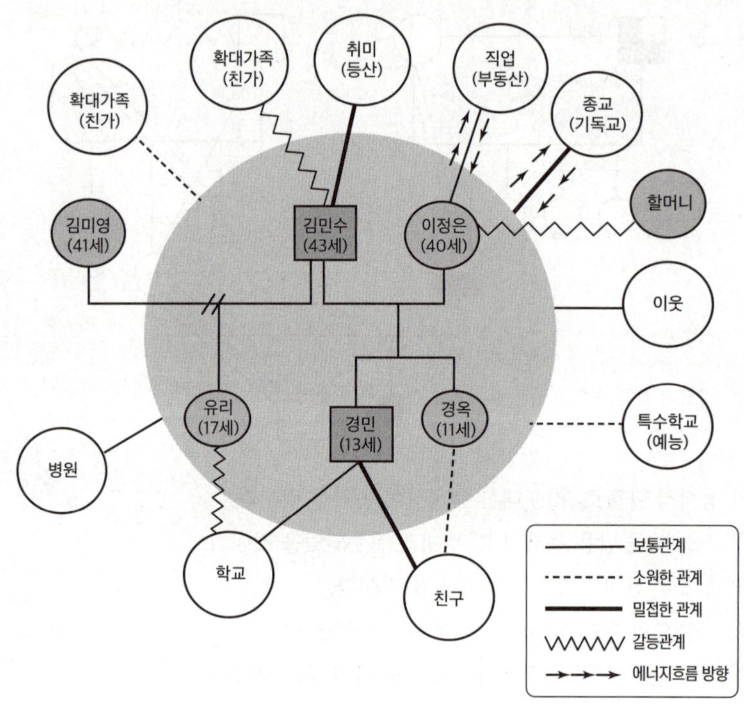

생태도의 사례

3 가족상담의 객관적 사정방법(평가도구에 의한 사정)

1) 현재 많은 객관적인 도구가 임상 장면에서 사용되고 있지만, 상담자는 사정도구들을 검토하고, 가족의 유형과 실제로 조화를 이루는 것을 선택하는 것이 현명하다.

2) 도구를 선택할 때는 개인의 가족 내 역할, 집단으로서의 가족, 가족의 상호작용을 포함할 수 있는 것이 바람직하다.

(1) 서컴플렉스 모델

① Olson과 그의 동료들은 가족학 관련 문헌에서 제시한 다양한 50가지 이상 개념 간의 관련성을 탐색하여 가족의 기능을 묘사하고 평가할 수 있는 중요한 개념으로 '의사소통'과 '적응성', '응집성' 개념을 제시하였다.

② 10년에 걸쳐 1000가족을 연구한 결과, '응집성'과 '적응성'을 두 축으로 하여 서컴플렉스 모델(Circumplex Model)을 개발하였다.

③ **의사소통** : 가족이 역기능적인 경우 '응집성'과 '적응성'을 기능적 수준이 되도록 돕는 촉매 역할을 한다.

④ **응집성** : 가족 간의 정서적 유대로서 가족성원의 상호의존적 관계를 설명하는 개념이다.

⑤ **적응성** : 변화에 대처, 또는 그것을 수용할 수 있는 가족체계의 허용성과 유연성으로 상황적 과정과 발달적 과정에서 발생되는 스트레스에 대응해서 가족체계가 그의 권력구조, 역할관계, 관계 규칙 등을 변화시킬 수 있는 능력을 의미한다.

⑥ **'응집성'을 살펴보기 위해 측정하는 하위 개념** : 가족원 간 정서적 유대, 가족 외부환경과 하위체계 간의 경계, 연합이 이루어지는 대상과 정도, 가족의 공동 시간과 개인의 사적 시간의 허용 정도, 가족의 공동 공간과 개인의 사적 공간의 허용 정도, 가족의 공동 친구와 개인의 사적 친구 인정 정도, 의사결정의 유형, 가족의 전체 오락 활동과 개인의 활동 보장 정도 등

⑦ **'적응성'을 측정하기 위해 사용되는 6가지 구체적인 하위개념** : 가족성원이 자신의 의견을 주장하는 방식, 리더십 유형, 부모의 자녀훈육 방식, 가족원 간 협상 능력, 역할 확립 및 역할 분담, 가족규칙의 명시성 및 융통성 등

(2) 비버즈 모델

① Beavers는 조현병 환자인 청소년과 가족 간의 상호작용을 관찰해 가면서 가족체계 모델을 개발하였으며 체계이론과 발달이론을 통합하려는 시도를 하였다.

② '스타일'과 '유능성'의 두 개념을 축으로 가족의 기능과 건강성을 평가하였으며 올슨의 응집성과 적응성 개념과 유사하다.

③ 스타일

ㄱ. 가족의 상호작용 양식을 의미하며 '구심력'과 '원심력' 개념을 고려하여 스타일이란 용어를 사용하였고 건강한 가족은 균형적인 가족 스타일을 지닌 가족이다.

ㄴ. 극단적인 구심성 가족(가족 외부에 대해 관심을 보이지 않고 내부 관계에만 관심이 집중되어 있는 가족)이거나, 극단적인 원심성 가족(가족 내부에 대한 관심과 결속력이 없는 채 외부 세계에 대한 관심을 보이는 가족)은 건강하지 않다고 본다. - 곡선적 개념

④ 유능성

ㄱ. 올슨의 적응성 개념과 대비되는 용어로, 가족체계의 전반적인 체계적 기능으로 체제의 발달 개념에 기초하고 있으며, 역량으로 표현되기도 한다.

ㄴ. 유능성 정도가 크면 클수록 기능적이고 건강한 가족이다. - 직선적 개념

⑤ 4가지 가족체계 유형

ㄱ. **건강한 가족**: 최상의 기능은 융통성 있는 가족구조와 역할, 분명하고 일관된 의사소통, 가족구성원 간의 분명한 경계, 권력의 공유, 일관성 있는 부모의 연합, 친밀감, 가족 구성원의 자율적인 지지, 관계에 만족을 느끼는 가족

ㄴ. **중간 범위의 가족**: 유능성 차원에서는 중간 수준, 스타일 수준에서는 중간범위의 구심성 가족, 중간범위의 원심성 가족 및 중간범위의 혼합가족의 세 유형이 있으며 이 유형은 가벼운 행동장애와 신경증적 증세를 보인다.

ㄷ. **경계선 상의 가족**: 가족 양식 수준에 따라 경계선 상의 구심성 가족과 경계선 상의 원심성 가족으로 나누어지며 안정된 상호작용을 하기는 하지만, 중간 범위 가족보다 효과적이지 못하고 이 가족유형의 자녀는 불안정한 성격 혼란을 겪거나 강박 관념이나 식욕부진으로 고통을 경험한다.

ㄹ. **심하게 혼란스러운 가족**: 가족 역량이 가장 낮으며 심하게 혼란스러운 구심성 가족과 원심성 가족이 이 유형에 속하고 의사소통을 효과적으로 하지 못하는 가족으로, 가족원들은 자신의 정체감을 상실할지 모른다는 불안감을 지닌다.

⑥ 비버즈 모델에서는 가족구조, 신념, 목표 지향적 협상, 자율성, 가족 정서 등 5가지 영역의 상호작용에 대해 평가한다.

(3) 맥매스터 모델(가족 기능 사정 모델)

① 캐나다 맥매스터 대학의 Epstein은 Bishop, Baldwin 등과 함께 체계이론의 바탕 하에 가족 기능을 평가하고 진단하기 위한 장기적인 연구를 시행하여 맥매스터 모델(McMaster Model)을 개발하였다.

② 맥매스터 모델은 가족의 기능 차원에 초점을 두고 가족의 상호작용 유형뿐만 아니라 가족구조와 조직을 연구하고, 가족발달이 어떻게 이루어지며, 대처 기술을 통해 가족은 어떻게 유지되는지를 중시하고 특정 문제 영역을 명시해 주었다.

③ 맥매스터 모델은 가족의 7가지 기능을 탐색하기 위해 72문항의 설문 결과를 토대로 가족을 분석하였으며 4점 척도(강하게 동의한다. 동의한다. 동의하지 않는다. 강하게 동의하지 않는다)를 사용하였다.

④ 7가지 기능

ㄱ. **가족의 문제를 해결하는 능력**: 가족 기능을 유지하면서 전체성을 위협하지 않는 가운데 문제해결 하는 능력

ㄴ. **의사소통**: 가족 내 의사소통이 분명한가, 모호한가, 직접적인가, 간접적인가, 의사를 전달하는 사람의 마음이 열려있는가 등을 평가함

ㄷ. **가족의 역할**: 가족의 기능을 충족시키기 위해 반복적으로 일어나는 개인의 행동 유형으로, 역할은 명백하게 또는 적합하게 규정되었는가 등을 파악함

ㄹ. **정서적 반응** : 주어진 상황 또는 자극에 대한 반응이 질적으로나 양적으로 적합한가를 파악함

ㅁ. **정서적 관여** : 가족원 서로에 대한 관심과 배려의 양과 질에 대한 것으로서, 가족 전체가 가족원 개개인의 특정 활동과 관심 등을 얼마나 가치 있게 여기는가의 정도

ㅂ. **행동 통제** : 위험한 상황과 가족 내외의 사회적 상호작용을 포함하는 상황을 다루기 위해 가족이 채택하는 유형과 식습관, 수면, 성(性), 공격성 다루기와 같은 심리사회적 욕구를 충족시키기 위해 채택한 행동 유형 등

ㅅ. **일반적 기능** : 전반적인 가족의 기능에 대한 평가를 포함함

(4) 스탠포드 대학의 무스(R. H. Moos) 등이 개발한 가족환경 척도

① 전제조건

ㄱ. 모든 사회적 분위기(Social climate)는 정확하게 기술하고 측정할 수 있다.

ㄴ. 가족환경은 가족행동을 규제하고 주도해 나간다.

② 심리 측정의 평가 차원에서 가족환경이 개인과 가족에 미치는 영향을 측정하기 위한 FES(Family Environment Scale)를 개발하였다.

③ FES는 '예, 아니오'라는 2가지 응답 범주로 구성된 총 270문항(각 영역 당 90문항)의 척도이다.

④ 이 척도는 10개의 하위척도로 구성되어 있는데, 크게는 상호관계 영역, 개인적 성장 영역, 체계 유지영역 등 3개의 하위영역으로 나눈다.

(5) 달링톤 모델

① DFAS(Darlington Family Assessment System) : 1983년부터 1993년까지 달링톤의 마리온 가족센터에서 개발된 가족 사정용 통합 패키지로 구성되어 있다.

② 이 척도는 아동과 가족에 관한 기초 자료 확보 및 포괄적인 사정을 위해 이용되고, 문제와 관련된 가족 배경을 이해하기 위한 훈련 도구로 활용할 뿐 아니라, 임상에서 가족 면접기술의 개발을 장려하기 위해 주로 사용한다.

③ DFAS에는 문제의 역사에 대한 평가, 가족의 소시오그램, 가족 성원으로서 문제에 대한 인식하기, 가족의 동기화와 장점, 주요 문제 영역, 치료 전략 등이 포함되어 있다.

④ 크게 4가지 영역으로 분류함(아동 중심 문제, 부모 중심 문제, 부모 - 자녀관계, 총체적 가족 기능)

⑤ 4가지 영역

ㄱ. **아동 중심 문제** : 아동의 신체적 건강상태 파악, 아동발달(자기관리, 의사소통, 독립성, 언어발달 등), 정서장애(불안, 우울, 두려움, 공포 등), 가족 내외의 관계(형제, 친구 등 대인관계를 어떻게 맺는지, 어떤 상태인지 탐색), 행동(아동의 행동장애가 상황적인지, 반복적인지 파악, 사회성 여부, 내향성 및 외향성 등), 부정적 삶의 경험

ㄴ. **부모 중심 문제** : 부모의 신체적 건강, 심리적 건강, 부부 생활(대화시간, 심리적 관계, 긍정적 신체의 접촉, 갈등 해결 등), 부모의 생활사(부모 자신의 어린 시절 양육 환경 파악), 부모의 사회적 지지(부모의 사회적 관계망이 제한적인지, 자녀에게 어떤 사회적 모델이 되는지 파악)

ㄷ. **부모 - 자녀 관계(자녀양육)** : 보편적으로 '애정과 통제'의 틀로 기본적 평가 실시 - 돌봄, 기대, 존중, 경청, 공감적 이해, 통제

ㄹ. 총체적 가족 기능

(6) 가족사정 방법(PREFARE ENRICH) - 커플관계 검사

① Olson, Fournier와 Druckman(1982)에 의해 개발된 PREPARE ENRICH 프로그램(Enriching Relationship Issues, Communication and Happiness)은 결혼 전 커플과 부부들을 상담하는 상담자들이 보다 효율적으로 커플들을 돕고 중요한 관계 문제를 객관적으로 평가하도록 설계하였다.

② 상당 수의 부부가 결혼 초기에 심각한 갈등을 겪는데, PREPARE는 이를 최대한 예방하기 위한 프로그램이다.

③ 부부들이 결혼생활에 갈등이 있는 경우 해결 자체를 어려워하는데, 그 이유는 부부들은 갈등의 핵심이 무엇이고, 어떻게 갈등을 해결해야 하는지 기술을 모르기 때문이라는 가정 하에 부부관계의 강점 영역과 성장 영역을 파악하고, 이를 바탕으로 관계를 새롭게 하도록 고안한 것이다.

④ 질문지 결과에 대한 피드백 과정에서 커플들은 의사소통과 갈등 해결 기술을 배우며, 자신들에게 특정한 문제의 소지가 될 논제들을 자각하고, 이들 문제를 해결하도록 지원받는다.

⑤ 부부별로 11개 하위 영역별 일치와 불일치 점수를 제공함으로써 부부의 성장 영역과 강점을 제공해 준다.

⑥ 또한 가족의 응집성과 적응성을 기초로 서컴플렉스 모델(Circumplex model)에 부부의 위치를 표시해 줌으로써 부부들과 상담자들에게 준거 자료를 마련해 준다.

⑦ 이를 통해 결혼과 자신의 파트너에 대한 기대와 자신의 원가족의 중요성을 지각하고 결혼 후 직면하게 될 많은 일반적인 문제들(재정 예산, 역할 책임 등)도 구체적으로 다룬다.

⑧ 평가도구는 결혼관계 진단 및 치료에 필수적인 도움의 수단으로 상담자에 의해 사용된다.

⑨ ENRICH는 치료와 부부 제반관계의 질적 향상 모두에 도움이 될 수 있다.

⑩ ENRICH는 상담자에게 다음과 같은 유용성이 있다.

ㄱ. 광범위한 문제들에 대한 다양한 시각을 갖춘 관계 기능의 포괄적인 개관을 제공한다.

ㄴ. 광범위한 규준(Norm)을 토대로 한 관계역동의 거시적인 전망과 부부의 의견일치 정도를 반영하는 미시적인 전망 모두를 제공한다.

ㄷ. 가치 있는 진단자료를 효율적인 방법으로 공급한다.

ㄹ. 상담을 통해 해결해야 할 특별한 문제들과 생각들을 알게 한다.

ㅁ. 상담 진행 중이거나 또 상담 후에 상담의 효과를 평가하는 데 도움이 된다.

다양한 가족기능 사정척도 중 외국에서 가장 빈번하게 이용되는 대표적인 척도들

1) Moos : FES(Family Environment Scale)

2) Beavers 체계 모델 : SFI(Self - report Family Inventory)척도

3) Olson 등 순환모델 : FACES(Family Adaptability and Cohesion Evaluation Scale)척도

4) Epstein 등의 맥매스터 가족기능 사정모델

MMFF(McMaster Model of Family Functioning)에 따른 FAD(Family Assessment Device) 척도

기출문제 확인학습

FACES(Family Adaptability and Cohesion Evaluation) 척도

1) 사례

C 가족상담사는 행동문제로 의뢰된 중학생 민수를 상담하다가 가족기능의 사정이나 평가가 필요하게 되었다. 그는 특히 민수를 포함한 전체 가족 내에서의 정서적 유대관계와 변화를 허용하는 정도에 대해 알고 싶었다.

2) 설명

(1) FACES 척도는 올슨 등의 순환모델로서, Family Adaptability and Cohesion Evaluation의 약자이다.

(2) 의사소통과 적응성, 응집성 개념을 제시하였다.

(3) 의사소통은 가족이 역기능적인 경우 적응성과 응집성을 기능적 수준이 되도록 돕는 촉매 역할을 한다.

(4) 응집성은 가족 간의 정서적 유대로서 가족성원의 상호의존적 관계를 설명하는 개념이다.

(5) 적응성은 변화에 대처, 또는 그것을 수용할 수 있는 가족체계의 허용성과 유연성으로 상황적 과정과 발달적 과정에서 발생되는 스트레스에 대응해서 가족체계가 그의 권력구조, 역할관계, 관계 규칙 등을 변화시킬 수 있는 능력을 의미한다.

가족상담에서 활용되는 평가방법

1) 가족체계분화척도(Differentiation in the Family System Scales)

가족체계 내의 연결성과 분리성 정도를 측정한다.

2) 동적가족화(Kinetic Family Drawing)

개인이 가진 가족이미지를 파악하고 가족전체의 상호작용을 알 수 있는 투사적 도구이다.

3) 합동가족화(Conjoint Family Drawing)

가족성원이 함께 가족화 작업을 함으로써 가족의 역동과 상호작용을 파악한다.

4) 가계도(Genogram)

가족성원에 관한 정보와 그들 간의 관계가 도식으로 제시되어 세대 간에 반복되는 유형을 알 수 있는 도구이다.

5) 결혼적응척도(Dyadic Adjustment Scale)

부부간의 일치성, 결합, 애정표현, 만족도 등 결혼생활의 질과 적응 정도를 측정한다.

6) 부모 - 자녀 간 의사소통척도(Parents-Adolescent Communication Family Inventories)

부모 - 자녀 간 의사소통의 기능 정도를 파악한다.

4 가족상담의 주관적 사정방법

인터뷰, 그림 그리기(graphic measure), 가계도(genogram), 생태도(eco map)[16], 사회적 관계망 그리드(Whittaker & Tracy), 관계망 다이어그램(seed, 1990)[17], 가족화(DAF : draw - a - family), 관찰, 가족조각 기법(family sculpture)[18], 시연(enactment), 체크리스트(checklist) 및 목록(invention) 등이 있다. 체크리스트나 목록은 인터뷰 및 관찰과 더불어 가족사정의 유용한 도구로서 이들은 사정과정의 여러 단계에서 선택적으로 사용될 수 있는데, 가족에 관한 객관적 정보와 주관적 정보를 파악하는 데도 사용될 수 있어 내담자나 그 가족이 처한 상황이나 문제에 따라 다양하게 선택할 수 있다.

5 가족상담의 평가 - 가족원의 의사소통을 중심으로

가족성원의 모든 행동은 언어적 혹은 비언어적 의사소통으로 나타나고 내용(content)의 기능은 사실적인 정보, 의견, 감정을 전달하고 관계의 기능은 정보가 전달되는 과정에서 관계의 속성을 나타낸다.

1) 기능적 의사소통

(1) 기능적 의사소통 특성

① 가족구성원들은 서로에 대해 깊은 신뢰감을 가지고 있다.
② 가족원들이 서로 억압받지 않고 자유롭게 사실이나 감정을 표현하는 긍정적인 의사소통 유형이다.
③ 개방적이고 직접적이며 분명하고 정확한 표현을 주고받으며, 억압받지 않고 자유롭게 감정을 표현한다.

(2) 나 - 전달법(I - message)

① 나 - 전달법은 상대방의 행동에 대한 나의 반응을 판단이나 평가 없이 알려줌으로써 반응에 대한 책임을 내가 지는 것이다.
② 나 - 전달법은 상대방의 행동 또는 상황, 그에 따른 결과, 나의 감정 또는 반응을 포함한다.
③ '나'를 주어로 하여 자신의 감정을 표현하기 때문에 상대방을 존중하면서 자신의 감정을 표현할 수 있다.

사례

- "네가 그렇게 행동을 하니 여러 사람에게 욕을 먹을 것 같아 내가 속이 상하는구나."
- "네가 너무 늦어서 무슨 일이라도 생긴 거 아닌가 걱정했어. 내가 기다릴 생각을 안 한다고 생각하니 섭섭하더라."
- "당신이 나의 일에 일일이 참견을 하니 내가 일을 하는데 방해가 되고 나를 무시하는 것 같아 화가 납니다."

16) 생태도는 가족과 그 가족의 생활공간 내에 있는 사람 및 기관 간의 관계를 그림으로 그려 나타나는 것이다(Ann Hartman, 1975). 즉, 생태도는 그 가족의 주요환경이라고 간주되는 체계를 그려서 가족체계의 요구와 자원 간의 균형을 보여주는 것이라고 할 수 있다.

17) 관계망 다이어그램은 내담자에게 2주일 혹은 그 이상의 기간 동안 일지를 쓰게 하고 그 일지의 내용을 근거로 하여 내담자가 누구와 어느 정도의 그리고 어떤 내용의 교류가 있었는지를 파악하여 이를 그림으로 나타내는 것이다.

18) 가족조각 기법이란 가족 중 한 사람이 자신의 이미지에 따라 다른 가족을 공간에 배열한 후 신체적 표현을 요구하여 가족관계를 나타내는 무언(無言)의 동작표현이다. 즉, 공간개념을 통하여 가족체계를 상징적, 비유적으로 묘사하는 것이다. 이것은 가족원들이 미처 깨닫지 못한 가족의 구조와 정서체계를 보여 주는 투사적 방법의 하나라고 할 수 있다.

2) 역기능적 의사소통

(1) 역기능적 의사소통의 특성

① 의사소통이 비효율적이고 정확하지 않으며, 원만하게 이루어지지 않는 것이다.
② 서로 눈치를 보면서 표현을 주저하고 회피적인 태도를 보이는 의사소통 유형이다.
③ 가족구성원 간 의사소통에 있어 불일치가 나타난다.
④ 애정적 표현보다는 비난적인 표현을 더 많이 사용한다.

(2) 역기능적 사례

① 너 - 전달법(You - message)

ㄱ. 지시나 명령 혹은 비난을 섞어서 표현하고, 상대방에 대한 평가를 담은 표현을 한다.
ㄴ. 상대방에게 행동변화를 요구하지만 오히려 상대방이 받아들이기 어렵고 저항하게 만드는 효과를 가져온다.

> **사례**
> "너 정말 못됐구나.", "너 왜 맨날 약속을 어기는 거야?", "당신 일이나 신경 쓰세요."

② 위장(거짓꾸밈, mystification)

ㄱ. 가족 내에서의 갈등이나 어려움을 드러내지 못하고 오히려 모호하게 하거나 가면을 쓰고 거짓반응을 하는 것을 말한다.
ㄴ. 말하는 사람의 인식을 흐리게 하고, 판독하기 어려운 모호한 반응을 한다든가 비꼬는 반응을 한다.

> **사례**
> 며느리와 같이 사는 시어머니가 며느리의 잘못된 행동에 서운해 하면서도 가족이 그 사실을 알아 가족회의에서 며느리의 시어머니 모시는 행동에 대한 의견이 대립되고 다툼이 일어나자, 시어머니는 며느리를 옹호하면서 며느리가 잘한다고 거짓 표현하는 것이다.

③ 이중구속 메시지(double - bind message) 도망갈 곳 없는 가족상황에서 한 사람이 다른 사람에게 메시지를 보낼 때 모순된 메시지가 계속 반복적으로 이어져 메시지를 받는 사람은 어떻게 반응하든지 실패하게 되는 것을 의미한다.

ㄱ. 이중구속(double bind)은 두 개 이상의 상반된 메시지를 담고 있어(일치성의 결여) 서로를 이해하거나 자신의 분명한 뜻을 언급하는 것이 힘든 상황이다.
ㄴ. 중요한 타인으로부터 상호 모순적인 메시지를 받는 것
ㄷ. 다른 수준의 상호 모순되는 두 가지 메시지를 동시에 받으면 듣는 사람은 두 메시지 중 어떤 메시지에도 반응할 수 없는 혼란스러운 상황에 놓이게 된다.

> **사례**
> 평소에 아들에게 친구를 때리지 말고 사이좋게 지내라고 교육하는 어머니가 어느 날 아들이 친구들에게 맞고 집에 왔을 때 "너는 왜 맞고 다니니?" 앞으로는 "친구가 때리면 너도 맞지 말고 때려."라고 나무랐다. 그 뒤 친구들과 다툴 때마다 아들은 어떻게 해야 할지 혼란스러웠다.

④ 가족신화(family myth)와 인식 성향

ㄱ. 가족신화는 가족 성원이 자신을 방어하면서 가족 기능을 수행하게 하는 것으로서 가족구성원 모두에게 받아들여지고 아무런 의심 없이 공유하고 지지되는 가족의 믿음이나 신념이며 특정의 정형화된 관계나 기능을 의미한다.

ㄴ. 가족신화에 집착하면 가족은 새로운 시도를 하기보다 관계가 변화되는 것을 저해하며 가족이 습관적으로 기능하도록 조장한다.

ㄷ. 가족 성원 간에 공유된 인식이 부적절하게 형성되고 자기 기만적이면서 잘 체계화된 신념에 의해 구성원들이 무비판적으로 받아들이는 일종의 왜곡현상이다.

사례

"우리 가족에서는 남자가 최고다." 또는 "형은 항상 동생에게 양보해야 한다."

⑤ 희생양(속죄양, scapegoating)

ㄱ. 가족 성원 중 한 명을 골라내어 특이하고 일탈적이라고 완강하게 믿는 것으로서 가족들은 가족의 역기능을 그 가족성원 개인의 문제로 전가시켜 균형을 유지하려 하고 그 사람 역시 자신을 희생하여 가족의 조화로운 관계를 유지하려고 한다.

ㄴ. 대개 아프다, 나쁘다, 미쳤다, 게으르다 등의 낙인이 붙은 구성원을 말한다.

사례

- 자녀는 부모의 의견에 무조건 따라야 한다. → 자녀 중 순종적이지 못한 사람을 소외시키는 경우 병적이라거나 정신이 나갔다고 낙인을 줌
- 이 외에도 천재, 어린애, 엄한 부모, 귀염둥이, 쓸모없는 사람, 착한 아이, 멍청이 등의 낙인은 가족성원의 역할에 고정관념을 부여함으로써 다른 성원들로 하여금 한 가지 특징만 보게 만들어 다른 많은 특성을 간과하게 하여 그 구성원의 성장은 억눌리고 만다.
- 막내는 귀염둥이 노릇을 해야 한다. → 성격상 그렇지 않을 경우 다른 가족원의 비난을 받는다. 이는 현실을 왜곡, 부정하는 경우이다.

⑥ 부모화

ㄱ. 자녀가 가족 내에서 부모나 배우자의 역할을 대신 수행하는 것

ㄴ. 아이로서의 욕구를 충족 받지 못하여 발달과업을 제대로 수행하지 못함

사례

- 가정형편도 어렵고 부부 간의 갈등이 심한 가정에서 딸은 의사로 성공했으나 어머니는 딸에 대한 정서적인 기대와 경제적 의존과 욕구가 지나치다.
- 어머니의 정서적인 안정, 가정생활의 경제적인 부담, 동생의 학비 마련 등

기출문제 확인학습

부모화 사례

수민이는 중학교 1학년이다. 어머니는 3년 전 가출하였고 그 이후 전혀 연락이 없으며, 아버지는 잦은 음주로 집안일에 전혀 신경을 쓰지 않고 있다. 수민이는 어머니 가출 이후부터 집안일뿐 아니라 세 살 아래 남동생과 아버지까지 돌보고 있다.

⑦ 삼각관계(triangulation)

ㄱ. 상호관계에서 압력, 무력감, 실망을 경험한 사람이 제3자를 끌어들여 동료 혹은 상대방을 질타하는 사람으로 행동하도록 하는 것이다.

사례

부부관계에서 권위적인 남편을 대항하기 위하여 부인이 아들과 밀접한 친밀감이 형성되어서 아버지의 권위적인 행동에 반항하도록 하는 것이다.

⑧ 의사소통의 장애물

ㄱ. 주제를 성급하게 바꾸는 것
ㄴ. 한두 사건에 의해 무리한 결론 내리기
ㄷ. 많은 질문, 동정이나 거짓 안심시키기
ㄹ. 진단적 자세로 해석하는 것
ㅁ. 부정적인 내용이 많은 과거사건 회상하기
ㅂ. 충분하지 않은 대답
ㅅ. 융통성 없는 단언적 발언, 이분법적 논리, 조언을 자주 하는 것
ㅇ. 부정적 평가와 문책 등 비판적 태도
ㅈ. 지시와 명령 및 훈계 등의 설득적 자세, 지나친 농담 등
ㅊ. 비꼬는 유머, 지나친 농담, 조르기

제5절 | 가족상담의 실제[19]

1 유아기의 가족문제와 상담 - '모성적 양육 박탈'과 '유아 학대' 중심으로

1) 영유아의 모성적 양육 박탈[20]

(1) 고전적 모성적 양육박탈 개념

① 보울비(Bowlby)는 영유아에게 있어서 엄마의 애정은 마음의 건강을 유지시키기 위해 공급되어야 할 중요한 요인이라 강조한다.

② 초기 영유아기 때 박탈을 경험한 아동은 정신발달 지체, 신체적 성장장애, 정서 결핍의 성격장애, 비행 등의 심리적 또는 신체적 장애를 남길 가능성이 있다.

③ 모성적 양육 박탈의 영유아는 자기의 경험을 통합하는 능력의 장애, 언어발달의 지체, 사회적 접촉의 감소와 수동성, 대인접촉의 장애, 이러한 장애의 결과로서 유발되는 부적응과 반사회적 경향이 두드러진다.

(2) 현대적 의미의 모성적 양육 박탈 개념

① 새로운 모성적 양육 박탈 증후군의 연구는 보울비의 연구와는 달리, 영유아가 단순히 엄마에게 양육된다는 사실만이 중요한 것이 아니라, 엄마가 어떻게 양육하는가의 문제도 중요하다고 본다.

② 외적인 엄마의 존재가 아니라, 엄마 자신의 내적 대상관계의 발달과 모성적 양육경험의 결여가 육아 상의 장애원인으로 부각된다는 점이다.

2) 유아 학대

(1) 1961년 켐프(Kempe)에 의해서 '피(被)학대 아동 증후군'이라는 개념이 소개된 후, 많은 학자들이 관심을 갖기 시작하였다.

(2) 유아 학대의 가족과 만나게 되는 상담자는 무엇보다 먼저 학대받는 유아에 대하여 관심을 가지면서, 그들이 안전한지 여부를 살펴보아야 한다.

(3) 학대를 받은 유아는 강한 죄책감을 가지고 있으며, 학대를 한 부모 역시 죄책감이나 불안을 느끼고 있는데 상담자는 이 점을 간과해서는 안 된다.

(4) 상담자는 부모가 느끼고 있는 이러한 불안이나 죄책감이 자녀인 유아에게 도움이 될 뿐 아니라, 부모 자신에게도 도움이 될 수 있다는 점을 부모에게 알려야 한다.

---

19) 가족상담의 실제는 발달단계별 가족문제에 대해 기술하고자 한다. 청소년기의 내용은 제3장에서 기술하였다.

20) 미혼모, 모성적 보살핌에 장애를 가진 엄마, 이혼, 별거, 재혼 가족 등과 같은 가족구조와 기능의 내적인 붕괴 또는 변용에 의해서 일어나고 있다.

2 아동기[21]의 가족문제와 상담 - '장애아동의 가족'과 '등교 거부 아동의 가족'을 중심으로

1) 장애아동의 가족 문제

(1) 대부분의 장애아동의 가족은 다음의 세 가지 부분에서 곤란에 직면하게 된다.

① 가족이 자녀의 장애를 처음에 직면하여 받아들일 때 겪는 심리적 충격이며 대부분의 가족 기능 전체가 일시적 또는 만성적으로 장애를 갖게 된다.

② 영유아기에는 부모 - 자녀 상호관계에서 장애를 가진 유아는 일반 유아에 비해 자신의 부모를 자극하여 스스로 의사소통하는 능력이 부족하기 때문에 곤란이 생긴다.

③ 장애아동이 필요로 하는 돌봄을 일상적으로 수행해 가는 역할은 많은 시간과 노력, 정신력을 필요로 한다.

(2) 가족에게 미치는 영향

① 신체적 영향 : 장애아동을 키운다는 사실만으로도 가족은 많은 부담을 안게 된다.

② 심리적 영향 : 대부분의 부모는 출산 전에는 태어날 아이는 당연히 건강할 아이라는 기대를 가지고 있기 때문에 장애 아동의 출산은 커다란 충격이 된다.

③ 대인관계의 영향 : 가족 내의 관계는 장애아동의 존재 그 자체가 가족관계 또는 가족생활주기에 직접적으로 해로운 영향을 초래한다고는 생각하지 않지만, 가족 외부와의 관계에서도 발병 초기의 경우, 부모는 사회의 편견이나 오해에 민감해져서 스스로 다른 사람과의 접촉을 피하는 경향이 있다.

④ 경제적 영향 : 장애아동을 가졌기 때문에 수입이 감소하는 경우, 장애아동 때문에 주택의 개보수, 특수 기구, 치료비 등으로 지출이 필요하다.

(3) 일상생활 속에서 생기는 문제

장애아동과 생활하면서 생기는 문제에 대하여 가족이 구체적으로 어떻게 대응해야 하는가에 대하여 고민하는 경우가 많다.

(4) 장애 아동으로부터 배우는 것

① 장애아동을 양육해야 한다는 것은 가족에게 언제나 부정적인 요인으로만 작용한다고 말할 수는 없다.

② 때로는 장애 아동을 통하여 부모 자신이 성숙하게 되는데, 문제 속에서 긍정적인 의미를 찾아내는 가치의 전환으로서 상담자는 이 점에 관심을 가져야 한다.

21) 인간은 태어날 때부터 자아 기능을 갖추고 있기 때문에 나이가 들면서 수동적인 존재에서 벗어나게 된다. 따라서 부모 - 자녀관계를 비롯한 모든 관계에 적극적으로 참여하여 능동적인 자세로 자기 환경의 폭을 넓혀 가게 되는데, 이것은 주로 아동기에 이루어지게 된다.

2) 등교 거부 아동의 가족

학교 공포증의 원인에는 가족구성, 양육 태도, 모자관계를 비롯한 가족역동에 다음과 같은 공통점이 있다.

(1) 결손가족이 적다는 점이다.

특히 엄마가 없는 가족은 거의 찾아볼 수 없으며, 별거 또는 이혼을 경험한 가족도 극히 드물고 이들의 형제 순위는 외동아이이거나 막내가 많아서 어린애처럼 취급되는 경우가 많다.

(2) 엄마의 양육 태도는 과보호와 엄격함의 양극단의 성격을 띤다.

엄마의 행동은 의식적으로는 자녀를 위해서 하는 행동이기 때문에 표면적으로 엄마로부터 거부당하고 있는 아이는 없다.

(3) 대부분의 엄마는 미숙하고 의존적인 사람이며, 아내로서보다는 엄마로서의 역할수행에 어려움을 가지고 있다.

(4) 부모들은 자신의 원 가족과의 결합이 강하다.

다시 말하면, 부모 자신에게서 보이는 의존적인 관계가 아직 해결되지 못한 상태이다.

(5) 가족은 서로 의존적인 경향이 강하며 가족 이외에는 관심이 적어서 지역사회의 활동에 참여하는 경우가 극히 적다.

(6) 자녀의 자아발달이 억제되어 있다.

자녀는 가족 내에서는 폭군적 존재로서 부모의 지나친 칭찬과 보상을 받지만, 가족 이외의 곳에서는 필요한 자아 확장을 경험하지 못한다.

3 성인기의 가족문제와 상담 - '가정폭력 문제의 가족'을 중심으로

1) 가정폭력(아내 구타 등) 문제의 가족

(1) 가정폭력에 의한 심리적 외상

① 가정폭력의 피해자들에게는 공통된 정신적, 신체적 증상이 나타난다.

② 가정폭력이나 강간 피해 여성 등에서도 공통적으로 보이는 증상은 외상 후 스트레스 장애(PTSD)라는 진단 범주에 포함시킬 수 있다.

③ PTSD 개념은 침입적 반응양상을 보이는 급성기와 감정 둔화 양상을 보이는 만성기의 두 가지 양상으로 되어 있다.

ㄱ. 심리적 외상 직후에 시작되는 급성기는 지나친 활동성과 흥분, 불면이 특징이며 불안, 공포, 분노도 보인다.

ㄴ. 만성기의 감정 둔화 반응으로는 예를 들어 강간 피해를 입은 사람이 그로부터 5년 이후에도 무기력하며 우울을 호소하는 경우가 있다.

(2) 아내 구타의 치료적 개입

① 가족은 폭력 피해가 발생한 후 즉시 상담을 받는 것이 바람직하며 가족상담을 시작할 때 상담자는 두 가지 목표를 세우게 된다.

ㄱ. 가해자가 충동적인 행동을 지연시키는 방법을 배울 수 있도록 돕는다.

ㄴ. 상담자는 피해자와 가해자를 도와서 가해자가 그와 같은 잠재적인 폭력 상황에 직면하게 되면, 사회적으로 용납되는 몇 가지 다른 대안을 할 수 있는 능력을 개발시킨다.

② 폭력이 있은 후 바로 면담이 이루어지므로 첫 면담은 위기개입의 면담이다.

③ 상담자는 가족이 지나치게 감정적으로 치우치지 않으면서 자신들이 표현하지 못했던 감정을 표출할 수 있도록 도와야 한다.

④ 상담자는 격해져 있는 가족들의 감정을 통제할 수 있는 전문적 기술도 있어야 한다.

⑤ 가족이 면담하면서 감정을 나누는 동안 자신들의 행동을 통제할 수 있는 힘을 보인다면 상담자는 그러한 측면을 강화해 주어야 한다.

⑥ 상담의 초기과정은 가족이 통제된 한계 속에서 분노를 다룰 수 있도록 준비되어야 한다.

⑦ 상담자는 가족 내의 폭력주기를 이해하는 것이 상담에 도움이 되는데, 폭력주기란 가족 내의 긴장 형성→폭력사건 발생→폭력 가해자는 후회하고, 피해자에게 이해를 호소하는 것의 반복을 말한다.

⑧ 가족들에게도 절대로 폭력을 수용해서는 안 된다는 것을 주지시켜야 한다.

⑨ 상담자와 가족은 가해자가 스스로 폭력행동을 다스리는 방법을 터득하지 않으면 법적인 책임을 물을 수도 있다는 사실을 분명히 밝혀야 한다.

⑩ 가족이 위협을 느끼면 피해자를 위한 쉼터에 가족을 격리시키는 것도 좋다.

⑪ 상담자가 알아야 할 문제는 가해자가 상담자를 위협할 수도 있으므로 이에 대한 적절한 보호책을 찾아야 한다.

기출문제 확인학습

가정폭력의 유형

1) 가정폭력은 표현적 폭력(expressive violence, 감정표현을 위한 폭력)과 도구적 폭력(instrumental violence, 목표달성을 위한 도구로서의 폭력)으로 구분할 수 있다.

2) 표현적 폭력(expressive violence, 감정표현을 위한 폭력)

(1) 표현적 폭력은 감정이 극도로 고조될 때 폭행을 행사하는 것으로써 주로 부부 간의 갈등이 고조될 때 발생하게 된다.

(2) 표현적 폭력은 두 사람 중 한 사람이 가족 내의 신화나 암묵적 규칙을 위반하는 것과 같은 촉발 요인이 작용을 하게 된다.

(3) 이러한 경우, 갈등 상승과정에서 작용하는 어떤 형태의 패턴이 확인된다.

(4) 표현적 폭력의 경우, 부부가 정도의 차이는 있지만 감정고조 단계에 기여하는 부분이 있고 피해자와 가해자가 뚜렷이 구분되지 않는 특성을 보인다.

(5) 두 사람 모두 자신은 배우자의 촉발행동에 대응 행동을 했을 뿐이라고 주장하는 경향이 있으며 오히려 자신은 피해자라고 생각한다.

(6) 이들은 폭력이 결코 자신의 가치관에 맞는 행동이 아니라고 생각하며 폭행사건 이후, 한동안 후회와 우울감에 빠져들게 된다.

3) 도구적 폭력(instrumental violence, 목표달성을 위한 도구로서의 폭력)

(1) 도구적 폭력은 상대에게 영향을 가하려는 수단으로 행사하는 고의적인 폭력을 말한다.

(2) 주로 남성이 여성에 대한 '아내 구타' 형태로 이루어지는데, 이때 폭력은 배우자에 대한 처벌이나 통제를 위한 수단으로 사용되는 경우가 많다.

(3) 특징은 아동기에 학대를 당한 경험이 있는 사람이 표현적 폭력에서 도구적 폭력으로 전이되기가 쉽다는 것이다.

(4) 도구적 폭력의 특징은 폭력의 촉발원인이 경미하며 돌발적으로 일어난다는 것이다.

(5) 도구적 폭력은 표현적 폭력처럼 상호성을 띠지 않으며 가해자와 피해자의 역할이 정해져 있다.

(6) 도구적 폭력의 가해자는 폭행사건 이후 후회하기도 하지만 흔히, 진심어린 후회라기보다는 아내를 집으로 다시 불러들이기 위한 이기적인 동기가 작용하는 경우가 많다.

4 노년기의 가족문제와 상담 - '상실을 경험한 가족'과 '치매노인 가족'을 중심으로

1) 상실을 경험한 가족

린드만(Lindemann)은 소중한 사람의 죽음으로 애정의 대상을 박탈당했을 때 인간은 어떻게 반응할 것인가에 대해 두 가지 반응이 있다고 주장한다.

(1) 건강한 비애 반응

① 신체적 고통 반응의 단계이다.

소중한 사람이 죽었다는 사실을 알고 난 후, 20분에서 한 시간 정도 계속되며 고통을 느끼며 가슴이 막혀서 숨을 쉴 수 없는 것처럼 느끼며 한숨만 쉬는 상태이다.

② 죽은 사람의 기억과 이미지에 휩싸이게 되는 단계이다.

심한 경우 죽었다는 사실을 인정하지 않으려 한다.

③ 죄책감의 단계이다.

그 사람의 죽음을 자신의 책임이나 과실처럼 느끼는 단계이다.

④ 적의(敵意) 반응의 단계이다.

분명한 대상은 없지만, 왠지 모르게 화가 나거나 사고나 사태의 책임자가 될 만한 사람에게 퍼붓거나 자신의 마음 깊숙한 곳에서 치미는 슬픈 적의에 휩싸이게 된다.

⑤ 일상적인 행동을 하기 어려운 단계이다.

(2) 병적인 비애 반응

① 비애 반응의 지체 또는 연기이다.

상실을 경험한 지 10주가 지나도 심한 우울감에서 벗어나지 못하는 경우, 허탈감에 빠져 죽은 사람의 추억만 기억해 내고 거기에 빠져 있게 된다.

② 왜곡된 비애 반응이다.

미해결된 상태가 여러 가지 왜곡된 형태를 만들어 낸다는 것으로 일반적으로 비애 반응의 주된 과정은 충격 - 부인 - 우울 - 죄책감 - 불안 - 공격 - 재통합을 거친다.

2) 치매 노인[22]

(1) 뇌혈관성 치매 특징

① 기억장애가 심하지만, 이해력 및 판단력은 남아 있어 지적 능력의 저하가 균일하지 않다.
② 지적 기능의 저하에도 불구하고 원래의 인격적 특징은 말기까지 유지된다.
③ 병에 대한 인식이 있으며, 남에 대한 배려, 수치심 등을 잃어버리지 않는다.
④ 감정의 장애를 보이며 감정이 불안정하며 화를 잘 내고, 쉽게 눈물을 흘린다.
⑤ 언어, 행동, 인식의 상실로 인하여 부분적으로 움직이지 못하게 되는 경우가 있다.
⑥ 초기에는 신체 증상이 선행되는 경우가 많은데, 두통, 현기증, 기억력 저하가 초기의 주요 증상이며 그 밖에 손발이 저리는 느낌, 어지럼증, 수면장애 등도 자주 호소한다.

(2) 치매 노인을 돌볼 때 가족이 알아두어야 할 사항

① 급격한 변화를 피하며 노인이 안정적으로 느낄 수 있는 위치를 제공한다.
② 수동적 태도로 대하면서 노인을 이해하도록 노력한다.
③ 노인을 존중하며 노인의 속도에 맞춘다.
④ 같은 노인끼리 만나는 시간을 마련하며 고독하게 만들지 않는다.
⑤ 적절한 자극을 조금씩 쉬지 않고 준다.

22) 노인성 치매의 주된 특징은 심한 기억장애가 있으며 시간과 공간 인식의 장애이다.

CHAPTER 03

청소년 가족-부모 상담

제1절 | 청소년기 가족의 이해와 변화[1]를 위한 개입전략

청소년기 가족의 문제에 대한 개입전략을 '가정폭력 청소년'을 중심으로 살펴본다.

1) 가정폭력 청소년의 배경

(1) 가정 안에서 청소년이 처음 폭력을 휘두르는 경우는 13세부터 17세 사이에 많이 일어나며 이들은 지적 수준도 높다.

(2) 형제 순위로 보면 외동아이, 장남, 막내가 많은데, 과도한 책임을 부여받거나 과보호되기 쉬운 환경에 놓여 있는 청소년이 문제를 일으키기 쉽다고 추론할 수 있다.

(3) 아빠는 마음이 약하며 우유부단하고, 자녀에 대하여 무관심하거나 방관자로 있는 경우가 많으며 회사 일로 바빠서 집에 거의 없는 반면, 엄마는 지기 싫어하는 여성이 많다.

(4) 자주성을 잃고 엄마에 소속된 존재로 살아가다가, 사춘기 때 자신이 구속되어 있다는 사실을 알아차린, 감수성이 예민한 몇몇 청소년은 자신을 지배하려고 하는 엄마에 대하여 이의를 제기하게 된다.

2) 가정폭력 청소년의 성격 특징

(1) 엄마에 대해 심한 폭력행동이 나타난다.

(2) 분노에 대한 억제가 결여되어 있다.

(3) 엄마에 대하여 어리광과 함께 폭력의 양면적인 태도를 보인다.

(4) 가정 안과 밖의 이중성을 보이는데, 이들은 지능수준이 높은 것에 비해 언행은 미숙한 경향이 있다.

(5) 어린 시절 반항기를 경험하지 못한 경향이 있으며 이렇게 자란 청소년들은 자아정체감이 확립되지 못하여 고립감, 공허함 등의 감정을 가지고 있다.

1) 청소년기 가족의 이해와 변화는 가족생활주기의 내용에서 기술되었으므로 이를 참고하길 바란다.

3) 가정폭력 청소년에 대한 개입전략

(1) 상담자는 가족 내의 인간관계에 문제를 예상할 경우 문제 청소년 뿐만 아니라 가족, 특히 부모와 직접 면담을 할 필요가 있다.

(2) 또래상담을 통해 인격적 성숙을 시도하거나 스포츠 같은 신체활동을 하거나 자원봉사 등으로 그들의 정신적 건강에 도움이 되도록 하는데, 이는 욕구불만의 근원인 공격적 에너지를 발산시키기 위한 방법이다.

(3) 더욱 중요한 것은 그들을 고립시키지 않고 애정을 가지고 지지해 줄 사람이 필요하다는 사실을 인식시키는 것이다.

기출문제 확인학습

청소년 자녀가 있는 가족에 대한 개입전략

1) 가족 경계의 융통성을 증가시킨다.
2) 노부모 세대를 돌보는 변화가 시작됨을 고려한다.
3) 중년부부의 결혼생활과 직업문제에 재초점을 두게 한다.
4) 청소년이 가족체계 안과 밖에서 생활하는 것을 허용하는 부모 - 자녀관계로 변화시킨다.

신경성 식욕부진증 가족의 특징(Minuchin, 1978)

1) 융합(enmeshment)

(1) 신경성 식욕부진증의 가족은 망처럼 서로 강하게 연결되어 있어서 개인 또는 두 사람 사이의 변화가 쉽게 전체에 영향을 주게 된다는 것이다. 물론, 이와 같은 경향은 정상적인 가정에도 다소 보이게 된다.

(2) 그러나 정상적인 가정에는 부부, 부모, 자녀, 형제라는 가족 전체의 체계를 구성하고 있는 하위체계가 일반적으로 잘 분화하여 기능하고 있으며 그 하위 체계간의 경계도 명확하다.

(3) 신경성 식욕부진증 가족에서는 그 하위 체계 내부의 경계나 하위 체계간의 경계가 미분화되어 분명하지 않다.

(4) 부모와 그들의 부모와의 관계가 지나치게 밀착되어 있어서 부부관계에 문제가 생기는 경우도 있다.

2) 과보호(overprotectiveness)

(1) 과보호란 가족이 서로의 행복에 지나치게 관심을 가지고 있다는 것을 의미한다. 여기서 관심을 가지는 것은 환자나 질병 그것에만 한정되지는 않는다.

(2) 지나친 관심의 결과로 청소년은 자신의 능력이나 자율성, 흥미, 활동성이라는 것을 가정 이외에서 자유롭게 발휘할 수 없게 된다. 뿐만 아니라 자녀 스스로도 가족을 지키지 않으면 안 된다는 의식이 강하게 발달하게 된다.

(3) 가족이 자신의 증상을 화제로 삼는 것을 인정받는 것으로 생각하게 되면 점점 증상에 고착되게 될 것이다.

3) 경직(rigidity)

(1) 정상적인 가족의 경우, 전직, 이사, 친인척의 죽음이라는 여러 가지 변화가 생기면 그것에 대응해 가는 체계를 변화시키지만, 한편 가족으로서의 일관성은 계속 유지하려고 노력한다.

(2) 초기 부모자녀 간의 관계는 미분화된 채로 자녀를 키우지만 자녀의 성장과 함께 점차로 경계를 분화시켜서 자녀가 자율성을 발휘할 수 있도록 한다.

(3) 신경성 식욕부진증의 가족은 지나치게 친숙한 사람들의 상호 교류 양상에 고착하는 경향이 강하기 때문에 변화를 초래하는 사건에 대해서는 아주 허약하여 때로는 변화하지 않으면 안 된다는 사실조차 부인해버리는 경우가 많다.

4) 갈등해결 능력의 결여

(1) 신경성 식욕부진증 가족은 서로 의견이 다른 것을 인식하지 못한 채, 표면적인 조화를 유지하려는 경향이 있다. 즉 갈등을 회피함으로써 안정을 유지하려는 것이다.

(2) 갈등해결능력의 결여는 물론 정상적인 가족에게도 그와 같은 경향이 보이지만, 언젠가 어떤 형태로든 갈등을 직면하여 해결하게 된다.

5) 적극적으로 휘말리는 자녀

(1) Minuchin은 신경성 식욕부진증의 증상을 보이는 청소년 자신이 적극적으로 가족체계 속에 휘말리고 있는 측면을 간과해서는 안 된다고 강조하고 있다.

(2) 신경성 식욕부진증 환자 부모의 부부관계는 본질적으로 갈등상황에 있다. 여기서 부모는 자녀를 둘러싸고 있는 여러 가지 수단을 사용하여 갈등을 회피하려고 한다.

(3) 예를 들면 자신에게 유리한 형태로 자녀를 이용하여 배우자와 대립하거나 부모 자녀관계를 밀접하게 하거나 자녀의 증상만을 화제로 삼거나 증상을 가진 자녀만을 가정 내의 문제 청소년으로 취급하여 자신의 문제를 보지 않으려는 것이다.

제2절 | 청소년 문제 유형별 가족상담[2] (폭력, 중독, 자살 등)

1) 학업스트레스 및 시험 불안

(1) 시험에 대한 불안감, 지나친 학원 스케줄, 감당하기 어려운 과제들, 주변의 기대 등으로 인해 학업스트레스가 유발된다.

(2) 많은 경우 지적 능력이 뛰어남에도 스트레스로 인해 자신의 잠재력을 발휘하지 못하는 일이 있다.

(3) 장기적으로 지속되면 학업 능력과 관련된 자아 개념에 부정적인 영향을 미치며, 자포자기하는 등의 무력감을 보일 수 있다.

(4) 상담방법

① 개인상담과 가족상담을 통해 자녀에 대한 가족의 이해는 물론, 청소년 자신의 불안한 마음과 복잡한 생각들을 표현함으로써 불필요하고 부정적인 스트레스를 제거하도록 돕는다.

② 또한 자신을 돌아보고 스스로 생각을 정리할 수 있도록 도와 자신의 능력을 충분히 발휘할 수 있게 한다.

2) 청소년기 우울

(1) 청소년의 기분이 지속적으로 저조해 보이고 자신의 삶과 미래를 어둡고 황량한 것으로 바라본다면, 우울한 상태일 수 있다.

(2) 청소년은 신체적 성장과 비례하는 사회심리적 기대감을 충족시키지 못하면 좌절감과 불안감을 느끼게 된다.

(3) 문제에 부딪혀 반복적으로 경험하는 좌절감은 우울증을 야기하고 자신, 환경, 미래에 대한 부정적이고 절망적인 태도가 우울을 심화시킨다.

(4) 또한 자신의 존재와 역할에 대한 갈등과 의문들로 여러 가지 정서적 어려움을 겪는다.

(5) 타인과의 비교를 통한 열등감과 다른 사람이 자신을 어떻게 보는지에 대한 관심이 증대되고 이 때문에 대인관계에서 매우 위축되거나 소극적인 행동을 보이게 되며 이런 증상들로 인해 청소년들은 매사를 부정적으로 받아들이기 쉽다.

(6) 상담방법

① 청소년의 우울의 원인을 잘 사정해보고 심할 경우 약물치료를 병행하는 것이 좋다.

② 상담방법으로는 필요에 따라 미술치료적인 접근을 할 수 있는데, 다양한 미술매체를 통해 청소년들이 그들 내면에 억압된 감정들을 표현하고 정화해 갈 수 있도록 돕고, 정서적 지원을 통해 스스로의 강점을 찾고 자존감을 회복해 가도록 한다.

2) 청소년 문제 유형별 가족상담은 가족원과 함께 동참하여 상담하는 것과 개인적인 상담을 병행할 수 있을 것이다. 본 교재에서는 청소년문제 및 상담전략을 개인상담에 맞추어서 기술하고자 한다. 출처 : 한국가족상담소(http : //www.가족상담.kr/)

3) 인터넷 중독 및 게임중독

(1) 인터넷 중독은 현실에서는 쉽게 보상되지 못하고 만족스럽지 못한 경험들, 좌절된 욕구를 가상의 현실을 통해 대리 충족하게 되는 경우나 책임감이 부족하고 충동조절에 어려움을 보이는 경우, 자아존중감이 낮은 경우에 쉽게 나타나게 된다.

(2) 또한 가족 간 의사소통이 부족하고 의지하고 친밀하게 지낼 만한 사람이 없는 경우에도 인터넷 사용의 조절이나 통제에 어려움을 보인다.

(3) 인터넷 중독 청소년들의 경우 컴퓨터를 켜지 않으면 불안하여 일상적인 활동을 거의 할 수 없게 되고, 학업시간이나 잠자는 시간 모두 크게 줄어들어 학교생활과 친구관계에 심각한 어려움을 겪으며, 규칙적인 생활리듬이 깨지게 되어 신체적인 문제들이 동반되어 나타나기도 한다.

(4) 심한 경우 가상세계와 현실세계에 대한 혼동이 일어나게 되며 언어파괴, 폭력성 및 도벽, 성충동 유발 등의 문제점들이 나타나기도 한다.

(5) 상담방법

① 우선 청소년들은 현재 지금 - 여기에서 자신과 자신의 욕구를 표현하고 조절해갈 필요가 있다.

② 상담자와의 안정적인 관계를 통해 대화의 창을 열어감으로써 자신이 속한 세상과의 만남을 준비해 나갈 수 있도록 가족도 함께 노력할 필요가 있다.

4) 비행행동

(1) 청소년기는 자율성과 독립성이 증대되는 시기이므로 독립성에 대한 주장이 자칫 반항행동이나 가출, 음주, 흡연 등의 다양한 형태로 표출될 수 있다.

(2) 이러한 경우, 우선적으로 반항성 장애나 품행장애가 아닌지에 대한 정확한 진단을 하게 된다.

(3) 반항 및 여러 가지 문제 행동을 보이는 청소년은 우울감 등의 정서적 문제 혹은 관심을 끌려는 행동이 문제행동으로 나타나는 경우와 규칙위반에 대한 죄책감이 없으며, 자신의 행동에 대한 책임감이 없는 반사회적 성격 특성을 보이는 경우로 나누어 볼 수 있다.

(4) 상담방법

① 문제 행동을 보이는 청소년의 경우 정확한 평가가 필요하다.

② 평가 후 결과에 따라 약물치료 의뢰, 개인상담 및 가족상담을 통한 심리적 개입 등의 적절한 치료적 개입이 이루어져야 한다.

5) 학습부진

(1) 학습부진은 정상범위의 지적 능력과 학업을 수행할 수 있는 잠재력을 갖추고 있지만 학습장애나 주의력결핍, 환경문제, 심리적 문제 등의 내적 또는 외적 요인으로 인하여 교육 목표에서 설정한 최저 수준의 학업 성취에 미치지 못하는 경우에 해당한다.

(2) 학습장애와 혼동되기도 하지만, 학습장애는 뇌의 기능장애나 인지적 결함 등의 기질적 문제가 원인이라는 점에서 학습부진과 구별된다.

(3) 학습부진이 지속되면 주위의 부정적인 반응 및 환경에 노출될 가능성이 높으며, 이로 인해 학업을 잘 할 수 있다는 자신감이 저하되고, 부정적인 자아상이 형성되며, 학교생활에 흥미를 잃고 적응에도 어려움을 나타내게 된다.

(4) 상담방법

① 인지학습치료 등을 통하여 학습에 필요한 기초적 인지 능력을 향상시켜 줄 필요가 있다.

② 가정, 학교 등의 주변 환경으로 인한 정서적 문제가 동반되는 경우에는 원인을 파악하여 부정적 정서의 문제를 해결하기 위해 가족상담 등의 상담치료를 함께 실시해야 한다.

제3절 | 청소년 가족-부모상담 사례[3]-상담사례의 실제

다음은 청소년기 자녀를 둔 이혼을 원하는 부부의 실제 가족상담 사례연구[4]에 관한 내용이다.

1) 상담의 배경 및 가족 구성원

(1) 의뢰 과정

만성적 부부갈등으로 이혼을 결심한 부인(이하 IP)이 전화로 상담을 의뢰하여 상담이 이루어짐

(2) 주 호소문제(전화면접 내용)

① 성격 부조화에 따른 잦은 부부싸움

② 남편과 시부모의 비난과 무시

③ 부모(아버지)와 아들과의 관계단절

④ IP의 무력감과 우울증

(3) 가족 구성원

① **남편(46세)**: 명문대를 졸업하고 자영업을 하고 있으며 세상과 아내에 대해 늘 비판함

② **아내(43세)**: 성격은 내성적이며 분노폭발형이고 만성적 갈등으로 우울, 자기 우월감에 빠져 있음

③ **아들(17세)**: 영특하고 내성적, 이기적으로 친구관계가 좁고 아버지에게 적개심이 있고 부모와 대화가 없음

④ **시어머니(75세)**: 보수적, 자기주장이 강하며 사람을 믿지 않고 화를 잘 내는 성격으로 자식들이 관계를 회피하고 있음

(4) 부부의 성장배경과 원 가족

① 남편

ㄱ. 경제적으로 풍족한 가정에서 2남 2녀 중 셋째로 태어남

ㄴ. 모친의 양육방법에 문제가 있고 부친의 사망으로 반항적인 행동과 충돌 속에서 성장함

ㄷ. 본가에 대한 강한 자긍심을 가지고 있지만 심리적 측면에서 불만과 적대감이 많음

② 아내

ㄱ. 부부갈등이 많은 가정에서 1남 2녀 중 둘째로 태어나 부친의 사랑을 독차지하며 성장함

ㄴ. 부친의 독재와 모친에 대한 부당대우에 부친에 대한 원망과 적개심으로 가득 차 있음

ㄷ. 부친과의 갈등으로 가출하여 남편의 하숙방에서 거취하면서 혼전 임신을 하게 됨

---

3) 청소년기 자녀를 둔 이혼을 원하는 부부의 가족상담 사례연구, 이창숙. 발표된 논문을 중심으로 기술함

4) 본 사례는 이혼을 원하는 부부의 가족상담 사례연구로서 인지치료, Bowen의 다세대 가족치료, Minuchin의 구조적 가족치료, 의사소통, 정신역동모델 등 다양하게 적용된 사례이다. 고부 간의 관계 중재로부터 시작하여 부부관계 중재가 실시되었고 부부와 아들과의 부모자녀 관계가 중재되었다.

2) 가족진단

(1) 부부의 자아가 건강하지 못하며 결혼생활과 가족생활에 대한 부정적 생각이 강함
(2) 가족들의 분화수준이 낮음(가족들의 분노 폭발, 비난 등 감정적 반응을 많이 함)
(3) 역기능적 가족구조를 가지고 있음(부부하위 체계 붕괴, 세대 간 연합)
(4) 가족들 간 의사소통이 이뤄지지 않으며 부자간의 관계가 단절되어 있음
(5) 부부간의 성격적 부조화로 부부싸움이 잦음

3) 상담목표

(1) 개인적 차원의 치료 목표
(2) 결혼생활이나 배우자에 대한 왜곡되고 부정적인 생각들을 변화시킴
(3) 부정적 정서 감소, 적절히 통제하는 능력향상, 부부갈등의 이성적 대처능력 향상

4) 관계적 차원의 치료 목표

(1) 역기능적인 세대 간 연합을 재조절하여 가족구조를 바로 잡음
(2) 가족원의 개별성과 연계성을 균형 있게 유지할 수 있도록 함
(3) 부자관계를 친밀한 관계가 유지될 수 있도록 함
(4) 전체 가족원들의 대화가 원활하게 이뤄지도록 하고 부부간의 성격차이에 대한 이해 향상

5) 회기별 상담목표 및 상담기법

회기	상담목표	상담기법
Session 1	① IP와 상담자간의 친밀감을 형성한다. ② 지속적인 면접상담을 받을 수 있도록 도모한다.	반영적 경청, 공감반응
Session 2	① IP의 심리적 고통에 대한 공감과 격려를 해 준다. ② 부부관계 변화를 위한 노력에 대한 의지를 촉진시킨다.	반영적 경청, 공감반응
Session 3	IP의 심리적 고통에 대한 공감과 격려를 해 준다	반영적 경청, 공감반응
Session 4	① IP와 시어머니의 대립적 관계를 해소시킨다. ② 시어머니와 며느리(IP)의 치료적 동맹관계를 수립한다. ③ 가족의 하위 체계간의 경계를 재설정한다.	Minuchin의 구조적 가족상담 기술 / 보웬기법, 빈 의자 기법
Session 5	① IP, 남편, 시어머니의 역기능적인 삼각관계를 해제시킨다. ② 남편과 시어머니, IP와 아들의 명확한 경계 재설정, 부부 하위체계의 경계를 재설정하여 부부체계를 강화한다.	Minuchin의 구조적 가족상담 기술 / 보웬기법
Session 6	① 부부 성장사를 통해 자아 역기능성을 알게 하고 배우자 관계에 있어서 정신역동에 대한 이해를 높인다. ② 가족의 자아분화 수준을 높이고 잘못된 결혼신념의 변화와 배우자에 대한 부정적이고 왜곡된 사고를 교정한다.	Bowen의 다세대적 전이 과정 이해 인지치료 기술, 정신역동 이해
Session 7	IP와 남편의 부정적 정서를 조절한다.	합리적 사고에 의한 정서적 통제 기술
Session 8	부자 간의 경직된 관계 해소, 가족 간 의사소통 도모, 부부간 성격 파악으로 상대를 이해하고 수용하게 한다.	의사소통 훈련, MBTI 성격유형 해석

6) 종결

상담중반에 부부의 종결 요청으로 상담이 종결되어야 했으므로 상담자가 상담주제에 대한 배분을 적절히 조절할 수가 없었다. 상담자는 부모 - 자녀관계 향상은 부부체계의 기능을 회복한 후에 이루어져야 한다는 신념하에 상담 전반에는 부부체계에 많은 비중을 두고 진행했기에 중간종결에 대한 아쉬움도 많지만, 치료과정을 통하여 학습된 기술을 바탕으로 부모가 자녀에게 많은 관심과 애정을 쏟아 관계를 회복할 것으로 굳게 믿으며 가족상담이 종결되었다.

CHAPTER 04

기타

제1절 | 최신 기출내용

1) 에릭슨(M. Erickson)의 가족생활주기(6단계)와 가족치료

단계	문제	치료목표	개입방법
구애기	1) 신체적 외모에 대한 콤플렉스 2) 원가족과의 분화문제 3) 또래관계의 문제	부적응 개인을 도와 직업과 배우자를 얻게 하여 기능적인 사회 구성원이 되는 것	1) 사고, 행동방식을 수용하면서 변화로 이끄는 생각과 행동을 소개함 2) 치료자 자신과 지역사회의 자원을 최대한 활용함 3) 자신에 대한 인식, 특히 신체상을 재개념화 시킴
결혼초기	1) 배우자 및 원가족과의 마찰 2) 성적 부적응, 배우자의 외도	여러 가지 문제를 극복하고 부부생활을 유지하면서 자녀양육기로 넘어가는 것	1) 증상을 이용해 원가족과 독립할 수 있게 함 2) 성적 부적응을 병리적으로 다루지 않음 3) 배우자의 외도는 상황에 따라 직접적으로 개입함
자녀양육기	1) 한쪽 배우자가 자녀와 밀착되어 부부문제를 아동을 통해 다툼 2) 자녀양육으로 부부 또는 원가족과 갈등 3) 습관적인 의사소통 문제 4) 가족 간의 경계선 파괴	부모와 자녀를 분리하여 부부생활과 자녀양육 생활을 독자적으로 하는 것	1) 개인을 둘러싸고 있는 상황을 모두 고려함 2) 부모의 권위는 인정하고 상황에 따라 아동과 치료적 동맹 맺음 3) 과잉 간섭하는 부모를 아동에게서 분리시킴 4) 아동의 잘못된 행동보다는 올바르게 행동하는 데 초점을 둠
중년기	1) 주도권을 갖기 위한 힘겨루기 2) 가족 안정성을 유지하려고 역기능적 상호작용을 고수함	부부의 습관적이고 주기적인 상호작용에 내재된 갈등을 해결하는 것	1) 부부를 함께 상담 2) 부부의 역기능적 관점을 바꿈 3) 모순적인 과제부여로 변화를 야기함 4) 직면을 사용함
자녀독립기	1) 자녀의 독립으로 부부의 공통요소가 사라져 그 동안 유지해 온 가족의 안정성이 깨짐 2) 부모의 관심, 자비, 과잉보호 때문에 부모-자녀관계가 동료관계로 옮겨가지 못함	자녀는 독립하여 성인의 역할을 수행하게 하고 부모는 자녀를 독립된 개체로 인정하며 이전과 다르게 상호작용하는 것	1) 필요에 따라 부모와 자녀를 함께 또는 따로 작업함 2) 자녀를 가족과 분리시키면서도 가족과의 유대를 지속하게 함
노년기	1) 은퇴에 따른 역할 상실감 2) 부부가 갑자기 24시간 함께 있게 됨으로써 문제 발생	변화에 대한 희망보다는 피할 수 없는 일을 수용하게 함	1) 부부가 애정적이고 서로 도움이 되는 역할을 하도록 함 2) 배우자가 먼저 사망할 경우 다른 가족 간의 관계를 도움 3) 질병의 고통을 덜어주기 위해 최면술을 사용함

2) 후기 가족상담의 발전

후기 가족상담은 1980년대 들어 초기 가족치료 모델간의 뚜렷한 경계가 무너지면서 발달하기 시작하였으며, 포스트모더니즘 성향의 후기 구조주의와 사회 구성주의의 발전은 후기 가족치료 모델이 탄생하기 위한 배경이 되었다. 후기 구조주의의 일부는 포스트모더니즘으로 발전하게 된다. 특히 후기구조주의에 따르면, 절대적이고 객관적인 진리는 정치적, 사회적 권력에 의해 만들어진 담론에 불과하다고 본다. 따라서 치료자는 이러한 담론을 해체하고 내담자의 준거틀, 신념, 판단을 검토함으로써 내담자를 이해해야 한다고 본다. 후기 가족상담에 영향을 준 대표적인 이론은 다음과 같다.

(1) 사회구성주의

사회구성주의는 누구도 객관적 실체를 알 수 없다는 구성주의에서 출발하며, 인간의 사회적 현상이나 의식이 사회 속에서 인간의 상호작용에 의해 형성된다고 보는 이론이다. 사회 구성주의의 기본 전제는 다음과 같다.

① 실재는 사회적으로 구성된다.
② 실재는 언어를 통해 구성된다.
③ 실재는 이야기를 통해 조직되고 유지된다.
④ 본질적인 진실이란 존재하지 않는다.

(2) 포스트모더니즘

포스트모더니즘은 본질주의, 보편주의, 이분법적 사고를 강조한 모더니즘과는 달리, 다양성과 상대적인 차이, 비본질 주의를 강조한다. 포스트모더니즘은 탈중심적이고 다원적인 사고, 탈이성적인 사고를 강조하는데, 이는 2차 사이버네틱스 관점과 일치한다. 체계는 자율적이고 자기조직적인 특징이 있으므로 피드백 과정에도 여러 수준이 있다고 이해하는 2차 사이버네틱스에 따르면, 가족구성원이 자율적으로 구성하는 의미의 세계에 주목해야 한다고 주장한다.

3) 가족상담을 시작하기 전에 내담자에게 고지하고 동의를 구해야 하는 내용

(1) 비밀보장의 범위와 한계
(2) 내담자가 상담을 중단할 수 있는 권리
(3) 상담 참여에 따르는 잠재적 이익과 위험
(4) 상담 기록의 성격과 범위
(5) 다른 가족원에게 폭력을 행사하지 않기
(6) 상담 중에 음식이나 술, 담배 등을 금하는 것
(7) 상담시간의 제한
(8) 상담비용과 지불방법
(9) 녹음이나 녹화, 등

4) 미누친의 구조적 가족치료에서 사용한 가족지도

(1) 가족지도에서 사용되는 기호(Minuchin, 1974 : 김종옥 외 역, 1988)

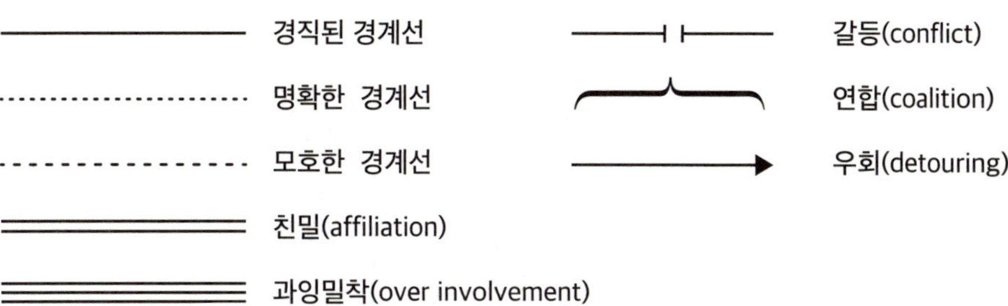

(2) 부모의 갈등으로 우회 대상이 된 자녀[1)]

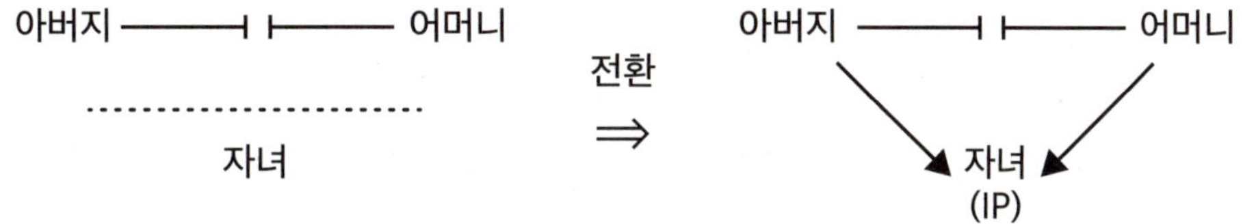

1) **출처** : 최규련(2010), 가족상담 및 치료, 공동체

5) 경험적 가족치료(사티어)의 기법 중 하나인 영향력의 수레바퀴[2)]

경험적 가족치료(사티어)의 기법으로, 영향력의 수레바퀴는 스타(star)에게 중요한 영향을 주었던 인물들을 드러내 주기 위해 도입되는 도구이다. 이 그림은 스타(star)를 중심으로 위치하고 긍정적이든 부정적이든 영향을 주었던 사람 또는 경험들의 관계를 표시하고 있다. 굵은 선은 더욱 밀접한 관계를 드러내 주는 것이다.

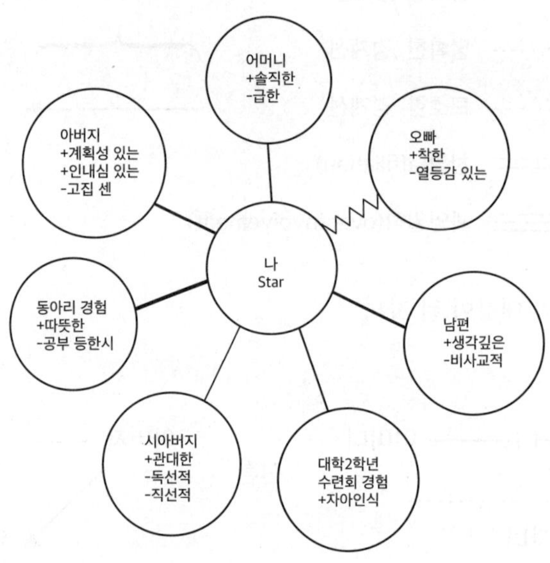

6) 이야기치료의 특징

(1) 이야기치료는 1970년대 후반 베이트슨(G. Bateson)의 영향(사람들이 어떻게 세상을 바라보는가에 대해 말하는 것)을 받았다.

(2) 인간의 정체성은 심층적인 자기의 내적 표현에 의해 구성된다고 가정한다.

(3) 이야기치료자는 '탈중심적이고 영향력 있는 위치'를 고수해야 한다.

(4) 이야기 재저작(re-authoring)은 내담자의 문제해결을 위해 지배적 구상에 맞서는 대안적 구상을 찾아 새로운 이야기를 생성하는 것이다. '재저작 대화'라고도 하며, 주요 목적은 우리의 수많은 경험이 모두 내담자의 지배적인 이야기 안에 들어가지 않으므로 새로운 이야기를 생성함으로써 우리가 사용해온 기존의 지배적인 삶의 각본을 수정하는 것이다.

(5) 이야기치료에서 telling-retelling에서 4단계 반응이란, 표현(expression), 이미지(image), 공명(resonance), 이동(transport)이다. 상담자는 내담자의 삶의 가치를 잘 보여주는 표현에 주목하여 이미지나 형상을 떠올린 후, 그 이미지를 통해 내담자의 존재방식이나 추구하는 가치 등을 본다. 이때 공명(resonance) 대화란, 내담자의 이야기 중 어떤 이야기나 표현이 끌렸는지, 내담자의 삶의 경험 가운데 어떤 것이 떠올랐는지 주목하는 일련의 대화이다. 즉, 문제 중심의 지배적 이야기와 맞는 일련의 일화를 말하는 것이다. 마지막으로 이동(transport)이란 내담자의 이야기가 내담자를 어떻게 삶으로 움직였는지 보는 것이다.

---

2) **그림출처** : You & Me 심리상담연구소

7) 이야기치료의 기법

(1) 정의예식(definitional ceremony)

내담자가 자신이 선호하는 삶의 이야기를 청중 앞에서 함으로써 사회적으로 인정받는 경험을 갖게 하는 기법이다. 정의예식은 말하기(telling), 다시 말하기(retelling), 다시 말하기에 대한 다시 말하기(retelling of retelling)의 순서로 이루어진다.

(2) 외부증인집단의 다시 말하기(re-telling)

정의예식의 과정으로, 정의예식의 주인공인 내담자가 자신의 이야기를 외부증인에게 이야기를 한 후, 외부 증인으로 초대받은 사람들이 주인공의 이야기에 대해 다시 말하는 기법이다.

(3) 독특한 결과(unique outcome) 대화

① 내담자가 이전에 무시함으로써 내담자의 이야기의 주요 범주에 속하지 않았던 내용을 포함하는 창조적이고 긍정적인 경험을 되찾는 대화이다.

② 사례 : "당신이 게으름과 싸워 물리친다면 가장 놀랄만한 사람은 누구인가요?"

(4) 외재화(externalization) 대화

① 문제의 사회문화적 발생 맥락을 반영하여 문제를 사람과 분리시키는 기법이다. 외재화 대화는 이야기치료의 질문의 형태로 내담자를 문제와 분리시키는 것을 목적으로 한다. 이때 문제는 의인화되며, 가족구성원을 지배하려는 침입자로 묘사된다.

② 사례 : "죄의식이 당신에게 뭐라고 말합니까?"

(5) 회원재구성(re-membering) 대화

① 개인의 정체성이 인생 클럽을 통해 회원 공동으로 생산되는 복합적 성격의 것임을 가정하는 대화이다. 즉, 내담자가 어떤 클럽의 회원이 되어 이 클럽에 속해 살아가는 것이라는 관점을 가지고 나누는 대화이다.

② 사례 : "당신의 삶에서 당신을 인정하셨던 분은 누구인가요?"

8) 밀란학파의 가족치료 모델의 특징

(1) 증상을 가진 가족의 '게임규칙'에 초점을 두고 그 규칙에서 벗어나지 못하는 가족에게 역설적으로 접근하였다.

(2) 가족이 고착되어 있는 그릇된 신념체계에 개입함으로써 가족체계에 새로운 정보를 유입시켜 역기능적 가족관계 유형을 변화시키고자 하였다.

(3) 치료자는 중립적 위치에서 가족게임의 규칙을 파악하고 순환질문과 같은 언어기반 접근을 통해 가족원이 스스로의 인식론을 검토하여 새로운 신념체계를 도입하도록 유도한다.

(4) 가족을 항상적인 체계로 보는 관점에 기초하여 치료하고 연구하였다.

(5) 주요 개념은 가족게임, 가족전제, 의사소통의 원리, 인식론과 인식론적 오류, 의미 vs 행동, 언어의 횡포, 순환적 인식론 등이다.

(6) 치료모임의 구성은 매 회기의 면담을 면담전 모임(presession), 면담회기(session), 중간모임 회기(intersession), 개입 및 결론 회기(intervention), 면담후 모임(종합회기, postsession)의 표준화된 5단계로 실행된다.

(7) 치료횟수는 한 달에 한번, 치료기간은 1년 정도로 전체 치료모임은 10회로 엄격하게 규정하고 '장기적 단기 치료(long, brief therapy)'라고 명했다. 치료 간격은 가족 규칙 변화가 연속적으로 일어남으로써 어떤 변화가 파급되어 후속 변화가 통합되고, 가족이 재조직되기 위한 시간을 확보하기 위함이다. 또한 치료 횟수를 10회로 엄격히 제한함으로써 가족이 책임의식을 갖게 되고, 시간과 비용 부담을 더는 이중효과를 얻게 된다.

(8) 치료기법은 긍정내포(긍정적 의미부여), 의례화 처방, 불변 처방, 협동치료, 가설설정, 중립성, 순환질문 등이다.

9) 가족상담 모델의 중심 키워드와 상담기법

(1) 보웬의 다세대 가족치료

자아분화, 탈삼각화, 삼각관계, 코칭, 핵가족 정서체계, 정서적 단절·융합, 가족투사, 가계도 분석, 치료적 삼각관계, 나의 입장(I-position)기법, 과정질문 등

(2) 사티어의 경험적 가족치료

자아존중감, 가족조각, 원가족 삼인군, 의사소통 유형, 원가족 도표, 가족조각기법, 역할극, 빙산탐색, 가족규칙, 심상기법, 최면, 영향력의 수레바퀴, 초기회상 등

(3) 미누친 구조적 가족치료

가족구조, 하위체계, 경계, 경계선, 제휴, 권력, 균형 깨기, 교류와의 합류, 교류의 창조, 교류의 재구성, 긴장 고조시키기, 실연, 경계 만들기, 과제부여, 증상활용, 동맹 맺기 등

(4) 전략적 가족치료

불변의 처방, 권력과 통제, 위계, 역설적 기법, 은유적 기법, 순환질문, 재구성, 가장기법(위장기법), 시련 체험기법 등

밀란학파 전략적 치료의 기법

순환질문, 불변의 처방, 긍정적 의미부여(긍정내포), 의례화 처방 등

(5) 보스조르메니-나지의 맥락적 가족치료

관계맥락, 관계윤리의 회복, 실존과 대화의 원리, 부모화, 분열된/보이지 않는 충성심, 자기 타당화(self-validation), 편파성(partiality), 해방(exoneration), 회전판(revolving slate), 등

(6) 화이트의 이야기치료

문제의 외재화와 해체, 독특한 결과 찾기, 대안적 이야기와 재창작, 이야기 편지쓰기, 정의 예식, 회원재구성 대화 등

10) 구조적 가족상담의 주요 기법과 설명

① 실연하기(enactment) - 가족구성원 간의 교류를 상담 과정에서 실제로 재현(상황 재현)시키는 기법

② 모방(흉내) - 가족원의 언어나 몸짓을 그대로 따라하는 기법

③ 증상 과장하기 - 가족 구성원 중 증상을 가진 사람에게 집중된 관심을 치료자가 도전하거나, 상담 과정에서 증상을 더 크게 드러나게 하는 기법

④ 긴장고조 기법 - 가족들의 긴장을 고조시켜 치료자가 직접 개입하는 기법

⑤ 증상 재명명하기 - 가족 구성원이 나타내는 증상을 다른 이름을 붙임으로써 증상을 다른 시각에서 보도록 하는 기법

⑥ 유지(maintenance)기법 - 가족이 기존의 상호작용을 계속하도록 격려하는 기법

11) 구조적 가족상담의 '증상 활용기법'[3]

가족의 재구조화를 위해 증상을 활용하는 것이다. 치료를 요청하는 가족은 증상을 가진 사람에게 초점을 맞추기를 기대하는 데, 치료자는 가족의 이러한 경향에 도전하거나 제시된 증상을 직접 다룬다. 이를 위해 몇 가지 전략을 사용한다.

(1) 증상에 초점 맞추기

IP의 증상은 대개 가족이 스트레스를 해결하는 방법으로 기능하기 때문에 가족의 상호작용에 의해 지지를 받는다. 이때 치료자가 증상에 초점을 둔 과제를 부여하거나 증상과 관련된 상호작용을 실연하게 하거나 증상을 계속 유지하도록 할 때, 가족은 증상을 둘러싼 가족 상호작용에 새로운 의미를 부여하거나 증상을 새로운 각도에서 바라볼 수 있다.

(2) 증상을 과장하기

이는 증상을 과장하여 표현하도록 하는 전략이다, 증상은 치료대상자 개인이나 가족을 힘들게 하지만, 이것으로 인한 이차적인 이득을 치료대상자 본인이나 가족이 모두 얻고 있기 때문에 가족에서 유지되어 온 것이 사실이다. 증상의 강조란 더 이상 증상에서 이차적 이득이 일어나지 못하도록 증상을 과장하는 것이다. 예를 들어, 화가 나면 소리를 지르는 아들에게 더 소리를 지르라고 하는 것이다. 이 같은 치료대상자(IP)의 증상은 가족에게 제거되어야 하는 증상이라는 신념을 만들었지만, 사실 이러한 믿음에서 가족의 역기능적 상호작용 유형이 발생하는 것이다. 증상은 그것이 발생한 맥락을 놓고 볼 때 오히려 정상적인 것이기 때문에 증상을 제거하려 하지 않고 오히려 과장하여 표현하도록 하는 개입이 바로 '증상의 강조'이다.

3) **출처**: 정문자 외(2007). 가족치료의 이해. 학지사

(3) 증상을 축소하기

치료대상자(IP)가 가진 증상을 다른 문제와 비교해 다른 문제를 더욱 부각시킴으로써 상대적으로 현재의 증상을 경시하도록 만드는 것이다. 이것도 역시 치료대상자(IP) 증상 위주의 가족 상호작용 유형을 변화시키기 위한 기법이다. 예를 들어, 화가 나면 소리를 지르는 아들의 문제는 정서 표현을 전혀 안하는 것보다는 아들이 언제 화가 나는지를 알 수 있는 신호를 제시하기 때문에 더 나은 상태라고 인식하도록 해주는 것이다.

(4) 증상에 무관심하고 새로운 증상으로 이동하기

증상에 의도적으로 무관심하고 증상을 둘러싼 가족의 내재된 갈등이나 다른 증상에 초점을 둔다. 이는 가족원 한 명의 증상은 가족체계의 역기능과 연관이 있다는 가정에 기초한다. 예를 들어, 10대 자녀의 비행이라는 증상에는 일부러 무관심하고 증상을 둘러싼 부부간의 부정적인 상호작용으로 치료의 초점을 이동한다.

(5) 증상을 재명명하기

증상이란 겉으로 표현된 개인의 부정적인 정서나 행동 상태이다. 그러나 구조적 가족치료에서 볼 때, 증상은 역기능적 가족구조의 표현이다. 증상을 재명명한다는 것은 증상이 역기능적 가족구조를 표현하거나 연관이 있다고 재정의해서 말해 주는 것이다. 예를 들어, 대학생 딸의 식이장애는 부모의 통제에서 벗어나 독자적이 생활을 하려는 시도라고 재명명할 수 있고, 늘 친구들과 돌아다니면서 놀기만 좋아하는 아들을 둔 어머니에게 '대인관계 능력이 참 좋은 아들이네요.' 라고 새로운 의미를 부여 증상을 재명명하게 되면 가족은 증상을 새로운 각도, 특히 가족구조의 기능으로 볼 수 있고, 이것은 가족구조가 변화되는 데 도움이 될 수 있다.

12) 삼각관계 (triangulation) → 보웬(M. Bowen)의 가족상담

(1) 삼각관계 (Triangulation)는 가족 간 갈등 해결을 위한 대체 수단으로 발현되는 것으로, 삼각관계를 두 사람 간의 갈등이나 불안을 해결하기 위해 제3의 사람이나 일을 끌어들이는 것이다.

(2) 일반적으로 가족의 정서적 융합 정도가 높을수록, 즉 가족원의 분화 정도가 낮을수록 삼각관계를 만들려는 노력이 더욱 필요한 반면, 가족원의 분화수준이 높을수록 삼각관계를 만들지 않고도 긴장을 다루고 불안을 관리할 수 있다.

(3) 기출 사례

> L씨(45세, 남편)와 C씨(43세, 아내)는 결혼 13년차 부부로 딸(10살)과 아들(7살)을 두고 있다. 부부는 결혼 6년차부터 자녀 양육 및 가사 분담에 관한 의견 차이로 크게 다툰 이후 현재까지도 만성적으로 부부 갈등을 겪고 있으며, 두 사람 간에 원활한 의사소통은 잘되지 않는 상황이다. 초등학교에 다니는 딸이 전학 이후에 학교 적응과 친구관계에 어려움을 겪기 시작하면서 C씨는 딸에게 과도한 관심을 쏟고 있다. C씨는 남편과의 관계에서 느끼는 좌절과 불편함으로 인해 딸에게 더욱 집중하면서 남편과의 갈등을 해소할 기회는 점점 줄어들고 있다.

13) 관계실험 → 보웬(M. Bowen)의 가족상담

(1) 관계실험이란 주요한 삼각관계를 구조적으로 변화시키기 위한 목적으로 실시된다.

(2) 관계실험은 정서적으로 의존하려는 사람에게는 상대방에 대한 의존을 자제하고, 상대방에 대한 요구를 중지하며, 정서적 연결에 대한 압력을 줄이고, 자신과 상대방과의 관계에 어떤 일이 발생하는지 보게 하는 기법이다.

(3) 기출

- 가족체계 내 삼각관계에 변화를 일으키기 위한 기법
- 가족원이 체계 과정을 인식하고 그 과정에서 자신의 역할을 자각하게 하는 것을 목표로 함
- 가족원이 평소 자신의 충동에 따라 자동적으로 반응하지 않을 때의 상황을 경험하도록 함
- 예 추적자 역할의 가족원에게는 상대와 거리를 두고 떨어져 보기를 요청하고, 도망자 역할의 가족원에게 자신의 감정을 표현하며 상대에게 다가가보도록 격려함

14) 보웬(M. Bowen)의 가족상담에서의 개념들

(1) 핵가족 정서체계

가족들이 감정적으로 서로 강한 결속력과 연결 정도를 나타내는 것으로, 원가족에서부터 형성된 강한 정서적 유대감을 핵가족에서도 다시 반복한다. 즉, 원가족에서부터 자아분화가 안 된 사람은 결혼을 하여도 부부관계에서 강한 융합을 이루려는 경향이 있다.

(2) 가족의 투사과정

가정에서 심한 스트레스나 위기의 상황, 갈등과 싸움의 관계를 바람직하게 해결하지 못하고, 부모의 문제나 갈등을 자녀에게 전가시키는 것이다.

(3) 다세대간 전이과정

자녀들의 자아분화 수준이 현재 속해 있는 핵가족에서만 형성되는 것이 아니라, 여러 세대를 거치는 동안에 형성되어 온 것으로 본다. 부모의 낮은 자아분화수준이 세대를 넘어 또 다음 세대에도 전달되고 점점 더 낮은 자아분화로 이어진다.

(4) 출생순위에 따른 형제자매 위치

가족 안에서 똑같은 자녀라도 첫째인지, 둘째인지, 막내인지의 출생순서에 따라 가족들과 감정적 교류가 다른 방식으로 작용하기 때문에 성격이 독특하게 그리고, 다르게 형성된다는 것이다.

(5) 자아분화

자아분화란, 타인으로부터의 자기의 분리 및 감정과 정서를 지적체계인 사고에 의해서 적절하게 잘 통제하고 분별하는 능력의 정도이다. 따라서 미분화 가족 자아군은 온 가족이 감정적으로 한 덩어리가 되어 고착되어 있는 상태이다. 또한 가족구성원의 자아분화 수준이 낮을수록 자율성이 부족하며, 감정적으로 반응한다.

15) 후기 가족상담이론에 영향을 준 사회구성주의에 대한 설명

(1) 실재(reality)는 언어를 통해 구성된다고 본다.

(2) 그 누구도 객관적인 실재를 알 수 없다고 본다.

(3) 실재는 상호작용을 통해 사회적으로 구성된다고 본다.

(4) 본질적인 진실이란 존재하지 않는다는 관점을 가진다.

cf 전문가의 전문적인 지식을 중요시하는 관점을 가진다. ×

→ 후기 가족상담 이론에 영향을 준 사회구성주의는 가족원의 주관적 견해를 중시하기 때문에 전문가의 전문적인 지식을 중요시하는 관점과 거리가 멀다.

16) 이야기 치료의 과정

(1) 포스트모더니즘과 사회구성주의적인 시각에 근거하여 탄생한 이야기치료는 화이트(C. White)와 앱스턴(D. Epston)에 의해 제안되었다. 이야기치료에서는 문제가 문제이지, 사람이 문제가 아니라고 본다. 예를 들어 우울증이 걸린 사람들은 문제로 제기되는 지배적인 이야기(예 나는 어린 시절에 우울하게 지냈기 때문에 앞으로도 평생 우울하게 살아야 한다)가 있다. 따라서 지배적 담론을 해체하기 위해 문제 이야기를 경청하고 해체하며, 대안적 이야기를 만들고 대안적 정체성을 구축한다.

(2) 이야기 치료 과정

문제의 해체 → 독특한 결과의 해체 → 대안적 이야기 구축 → 대안적 정체성 구축의 순서로 이루어진다.

① 문제의 해체

문제 중심 이야기를 경청하고 공감하며 확인하여, 문제와 사람을 분리하며, 문제의 역사와 사회문화적 맥락 탐색

② 독특한 결과의 해체

문제 이야기 속에서 가족의 예외적인 독특한 결과인 문제해결 기술, 지식, 유능함 탐색

③ 대안적 이야기 만들기

독특한 결과를 동원하여 새로운 관계방식과 대안적 이야기의 구성

④ 대안적 정체성 구축

대안적 이야기를 계속하고 풍요로워지도록 원조하여, 대안적 정체성을 구축함

17) 해결중심치료에서 사용하는 질문기법의 개념 - 기출문제를 중심으로

(1) 대처질문

내담자가 어려움과 위기를 어떻게 극복하고 생존해 왔는지 그리고 희망을 버리지 않고 유지해 올 수 있었는지에 관하여 질문하는 동시에 생존능력을 인정하고 간접적으로 칭찬하는 기법이다.

(2) 예외질문

내담자들이 이미 효과적인 해결책을 사용하고 강점과 자원을 갖고 있으면서도 의식하지 못할 때 문제보다는 해결책을 모색하는 것으로 관심을 전환시키는데 도움이 되는 기법이다.

(3) 척도질문

내담자가 인식하는 문제의 정도, 해결가능성, 상담의 진척 정도 등을 숫자로 표현하도록 하는 기법이다.

(4) 관계성 질문

내담자와 중요한 관계에 있는 사람의 생각, 의견, 가치관, 반응 등에 관하여 질문하는 것으로 다른 사람의 관점에서 생각하고 이해하도록 돕기 위한 기법이다.

(5) 보람질문

한국에서 해결중심모델을 적용하는 과정에서 명명된 질문으로 상담을 통해 어떤 상태가 되면 보람 있다고 생각하는지 질문하는 기법이다.

18) FACES(Family Adaptability and Cohesion Evaluation Scale) 척도 → 써컴플렉스 모델(순환모델)

올슨(Olson) 등의 써컴플렉스 모델(순환모델)인 FACES(Family Adaptability and Cohesion Evaluation Scale) 척도는 가족의 응집성과 적응성을 측정하는 자기보고식 가족 사정척도이다.

적응성	적응성은 가족의 안정과 변화 간의 구조적 수준을 의미하는 개념으로, 적응성의 수준에 따라 경직적, 구조적, 융통적, 혼돈적의 4가지 수준이다. 적응성 너무 낮으면 경직된 가족, 적응성이 너무 높으면 혼돈된 가족이며 2가지가 적절해야 최적의 수준이 된다.
응집성	응집성은 가족 간의 정서적 친밀감과 결속을 반영하는 개념으로, 응집성 수준에 따라 유리, 분리, 연결, 밀착의 4가지 수준으로 나눈다. 유리된 가족은 개인주의적이며, 밀착된 가족은 자율성이 낮다. 1) 과잉분리 가족(=유리된): 매우 낮은 응집력으로 가족 구성원들이 자율성을 극대화하며, 가족과 자신을 동일시하지 않는다. 2) 분리 가족: 자율성을 중시하지만, 가족의 통합과 정체감도 함께 유지하려 한다. 3) 연결 가족: 친밀감을 중요시하며, 자율성의 발달을 인정하고 지원한다. 4) 밀착 가족: 가족의 친밀성을 최우선으로 하여 자립을 방해한다.

memo

청소년상담사 2급

부록

나눔복지교육원 동영상 강의

CHAPTER 01

청소년상담사 윤리강령 및 주요장애 진단기준

제1절 | 청소년상담사 윤리강령

서문

청소년상담사는 청소년의 인지, 정서, 행동, 발달을 조력하는 유일한 상담전문 국가자격증이다. 청소년상담사는 항상 청소년과 그 주변인들에게 인간으로서의 존엄성을 높이고자 노력하고, 청소년이 스스로 결정할 수 있도록 도와주며, 청소년의 아픔과 슬픔에 대해 청소년상담사로서의 책임을 다한다. 청소년상담사는 청소년이 사랑하는 가족, 이웃과 더불어 행복하게 살아갈 수 있도록 지원하기 위해 다음과 같이 윤리규정을 숙지하고 준수할 것을 다짐한다.

가. 제정 목적

1. 청소년상담사의 책임과 의무를 분명하게 제시하여 내담자를 보호한다.
2. 청소년상담사가 직무 중에 발생하는 문제를 처리할 수 있는 기준을 제공한다.
3. 청소년상담사의 활동이 전문직으로서의 상담의 기능 및 목적에 저촉되지 않도록 기준을 제공한다.
4. 청소년상담사의 활동이 지역사회의 도덕적 기대에 부합하도록 준거를 제공한다.
5. 대한민국 청소년들의 건강 성장을 책임지는 전문가로서의 청소년상담사를 보호하는 기준을 제공한다.

나. 청소년상담사로서의 전문적 자세

(1) 전문가로서의 책임

① 청소년상담사는 청소년 기본법에 따라 청소년의 권리와 책임을 다할 수 있게 지원해야 한다.

② 청소년상담사는 자기의 능력 및 기법의 한계를 인식하고, 전문적 기준에 위배되는 활동을 하지 않도록 한다.

③ 청소년상담사는 검증되지 않고 훈련 받지 않은 상담기법의 오·남용을 하지 않도록 유의한다.

④ 청소년상담사는 청소년과 관련된 정책, 규칙, 법규에 대해 정통해야 하고 청소년 내담자를 보호하며 청소년 내담자가 최선의 발달을 이루도록 노력해야 한다.

(2) 품위유지 의무

① 청소년상담사는 전문상담자로서 품위를 손상하는 행위를 하지 않는다.

② 청소년상담사는 현행법을 우선적으로 준수하되, 윤리강령이 보다 엄격한 기준을 설정하고 있다면, 윤리강령을 따른다.

③ 청소년상담사는 상담적 배임행위(내담자 유기, 동의를 받지 않은 사례 활용 등)를 하지 않는다.

(3) 보수교육 및 전문성 함양

① 청소년상담사는 자신의 전문성을 유지·향상시키기 위해 법적으로 정해진 보수교육에 반드시 참여 한다.

② 청소년상담사는 다양한 사람들을 상담함에 있어 상담에 필요한 이론적 지식과 전문적 상담 및 연 구능력을 향상시키기 위해 교육, 자문, 훈련 등 지속적인 노력을 기울여야 한다.

다. 내담자의 복지

(1) 내담자의 권리와 보호

① 청소년상담사는 내담자의 복지를 증진하고 존엄성을 존중하는 것에 최우선 가치를 둔다.

② 청소년상담사는 내담자가 상담 계획에 참여할 권리, 상담을 거부하거나 개입방식의 변경을 거부할 권리, 거부에 따른 결과를 고지 받을 권리, 자신의 상담 관련 자료를 복사 또는 열람할 수 있는 권리 등을 보장해주어야 한다. 단, 기록물에 대한 복사 및 열람이 내담자에게 해악을 끼친다고 판단될 경우 내담자의 기록물 복사 및 열람을 제한할 수 있다

③ 청소년상담사는 외부 지원이 적합하거나 필요할 때 의뢰를 요청할 수 있으며 이를 청소년 내담자 및 보호자(만 14세 미만 내담 청소년의 경우)에게 알리고 서비스를 받을 수 있도록 노력한다.

④ 청소년상담사는 자신의 질병, 죽음, 이동, 퇴직 등으로 인하여 상담을 중단해야 하는 경우 이에 대한 적절한 조치를 취해야 한다.

⑤ 청소년상담사는 청소년 내담자에게 무력, 정신적 압력 등을 사용하지 않는다.

(2) 사전 동의

① 청소년상담사는 상담을 시작할 때 내담자가 충분한 설명을 듣고 선택할 수 있도록 적절한 정보를 제공해야 하고, 상담자와 내담자 모두의 권리와 책임에 대해 알려줄 의무가 있다.

② 청소년상담사는 내담자에게 상담 과정의 녹음과 녹화 여부, 사례지도 및 교육에 활용할 가능성에 대해 설명하고, 내담자에게 동의 또는 거부할 권리가 있음을 알려야 한다.

③ 청소년상담사는 내담자가 만 14세 미만의 청소년인 경우, 보호자 또는 법정대리인의 상담 활동에 대한 사전 동의를 구해야 한다.

④ 청소년상담사는 내담자에게 상담의 목표와 한계, 상담료 지불 방법 등을 명확히 알려야 한다.

(3) 다양성 존중

① 청소년상담사는 모든 인간의 기본적인 권리, 존엄성, 가치를 존중하며 성별, 장애, 나이, 성적 지 향, 사회적 신분, 외모, 인종, 가족형태, 종교 등을 이유로 내담자를 차별하지 않는다.

② 청소년상담사는 내담자의 다양한 문화적 배경을 이해하고, 청소년상담사 자신의 고유한 문화적 정 체성이 상담과정에 영향을 주지 않도록 노력해야 한다.

③ 청소년상담사는 자신의 개인적 가치, 태도, 신념, 행위를 자각하고 내담자에게 자신의 가치를 강요 하지 않는다.

라. 상담관계

(1) 다중관계

① 청소년상담사는 법적, 도덕적 한계를 벗어난 다중 관계를 맺지 않는다.

② 청소년상담사는 내담자와 연애 관계 및 기타 사적인 관계를 맺지 않는다.

③ 청소년상담사는 내담자와 상담 비용을 제외한 어떠한 금전적, 물질적 거래 관계도 맺지 않는다.

④ 청소년상담사는 내담자와 상담 이외의 다른 관계가 있거나, 의도하지 않게 다중관계가 시작된 경우에는 적절한 조치를 취해야 한다.

(2) 부모/보호자와의 관계

① 청소년상담사는 부모(보호자)의 권리와 책임을 존중하고, 청소년 내담자의 건강한 성장을 위해 부모(보호자)에게 상담자의 역할에 대해 설명하여 협력적인 관계를 성립하도록 노력한다.

② 청소년상담사는 내담자의 성장과 복지에 필요하다고 판단되는 경우, 내담자의 동의하에 부모(보호자)에게 내담자에 관한 최소한의 정보를 제공한다.

(3) 성적 관계

① 청소년상담사는 내담자 및 내담자의 가족, 중요한 타인에게 자신의 지위를 이용하여 성적 접촉 및 성적 관계를 가져서는 안 된다.

② 청소년상담사는 이전에 연애 관계 또는 성적인 관계를 가졌던 사람을 내담자로 받아들이지 않는다.

마. 비밀보장

(1) 사생활과 비밀보장의 의무

① 청소년상담사는 내담자와 부모(보호자)의 사생활과 비밀보장에 대한 권리를 최대한 존중해야 한다.

② 청소년상담사는 상담기관에 소속된 모든 구성원과 관계자 슈퍼바이저 주변인들에게도 내담자의 사생활과 비밀이 보호되도록 주지시켜야 한다.

③ 청소년상담사는 청소년 내담자 상담 시 사전에 상담에 대한 내담자의 동의를 받고 상담 과정에 부모나 보호자가 참여할 수 있으며, 비밀보장의 한계에 따라 정보를 제공할 수 있음을 알린다.

④ 청소년상담사는 청소년 내담자 상담 시, 상담 의뢰자(교사, 경찰 등)에게 내담자 및 보호자(만 14세 미만 내담 청소년의 경우)의 동의하에 정보를 제공할 수 있다.

⑤ 청소년상담사는 비밀보장의 의미와 한계에 대하여 청소년 내담자의 발달단계에 적합한 용어로 알기 쉽게 설명해주어야 한다.

⑥ 청소년상담사는 강의, 저술, 동료자문, 대중매체 인터뷰, 사적 대화 등의 상황에서 내담자의 신원 확인이 가능한 정보나 비밀 정보를 공개하지 않는다.

(2) 기록 및 보관

① 청소년상담사는 내담자에게 전문적인 서비스를 제공하기 위해 상담 내용을 기록하고 보관한다.

② 기록의 보관은 공공기관이나 교육기관 등은 각 기관에서 정한 기록 보관 연한을 따르고, 이에 해당하지 아니한 경우에는 3년 이내 보관을 원칙으로 한다.

③ 청소년상담사는 기록 및 녹음에 관해 내담자의 사전 동의를 구한다.

④ 청소년상담사는 면접기록, 심리검사자료, 편지, 녹음 및 동영상 파일, 기타 기록 등 상담과 관련 된 기록을 보관하고 처리하는 데 있어서 비밀을 준수해야 한다.

⑤ 청소년상담사는 원칙적으로 내담자 및 보호자(만 14세 미만 내담 청소년의 경우)의 동의 없이 상담의 기록을 제3자나 기관에 공개하지 않는다.

⑥ 청소년상담사는 내담자와 보호자가 상담 기록의 삭제를 요청할 경우 법적, 윤리적 문제가 없는 한 삭제하여야 한다. 상담 기록을 삭제하지 못할 경우 타당한 이유를 내담자와 보호자에게 설명 해 주어야 한다.

⑦ 청소년상담사는 퇴직, 이직 등의 이유로 상담을 중단하게 될 경우 기록과 자료를 적절한 절차에 따라 기관이나 전문가에게 양도한다.

⑧ 전자기기 및 매체를 활용하여 상담관련 정보를 기록 관리하는 경우, 기록의 유출 또는 분실 가능성에 대해 경각심과 주의 의무를 가져야 하며 내담자의 정보보호를 위해 적극적인 노력을 해야 한다.

⑨ 내담자의 기록이 전산 시스템으로 관리되는 경우, 접근 권한을 명확히 설정하여 내담자의 신상이 공개되지 않도록 조치를 취한다.

(3) 상담 외 목적을 위한 내담자 정보의 사용

① 청소년상담사는 자신의 사례에 대해 보다 나은 전문적 상담을 위해 내담자 및 보호자(만 14세 미만 내담 청소년의 경우)의 동의를 구한 후 내담자에 대해 사실적이고 객관적인 정보만을 사용하여 동료나 슈퍼바이저에게 자문을 받을 수 있다.

② 청소년상담사는 교육이나 연구 또는 출판을 목적으로 상담 관련 자료를 사용할 때에는 내담자 및 보호자(만 14세 미만 내담 청소년의 경우)의 동의를 구해야 하며, 신상 정보 삭제와 같은 적 절한 조치를 취하여 내담자에게 피해를 주지 않도록 한다.

(4) 비밀보장의 한계

① 청소년상담사는 상담 시 비밀보장의 1차적 의무를 내담자의 보호에 두지만 비밀보장의 한계가 있는 경우 청소년의 부모(보호자) 및 관계기관에 공개할 수 있다.

② 비밀보장의 한계가 있는 경우는 다음과 같다.

ㄱ. 청소년상담사는 내담자의 생명이나 사회의 안전을 위협하는 경우 비밀을 공개하여 그러한 위험의 목표가 되는 사람을 보호하기 위한 합당한 조치 등 안전을 확보한다.

ㄴ. 청소년상담사는 법적으로 정보의 공개가 요구되는 경우 내담자에게 그 사실을 알리고 최소한의 정보만을 제공한다.

ㄷ. 청소년상담사는 내담자에게 감염성이 있는 치명적인 질병이 있을 경우 관련 기관에 신고하고, 그 질병에 노출되어 있는 제3자에게 정보를 공개할 수 있다.

③ 청소년상담사는 아동학대, 청소년 성범죄, 성매매, 학교폭력, 노동관계 법령 위반 등 관련 법령에 의해 신고의무자로 규정된 경우 해당 기관에 관련 사실을 신고해야 한다.

바. 심리평가

(1) 심리검사의 실시

① 청소년상담사는 심리검사를 실시하고 해석할 수 있는 능력을 배양해야 한다.

② 청소년상담사는 심리검사 실시 전에 내담자 및 보호자(만 14세 미만 내담 청소년의 경우)에게 사전 동의를 받아야 한다.

③ 청소년상담사는 검사 도구를 선택, 실시, 해석함에 있어서 모든 전문가적 기준을 고려하여 사용한다.

④ 청소년상담사는 내담자에게 적절한 심리검사를 선택해야 하며 검사의 타당도와 신뢰도, 제한점 등을 고려한다.

⑤ 청소년상담사는 다문화 배경을 가진 내담자를 위한 검사 선택 시 내담자의 사회문화적 맥락을 신중히 고려해야 한다.

(2) 심리검사의 해석

① 청소년상담사는 심리검사 해석에 있어 성별, 나이, 장애, 성적 지향, 인종, 종교, 문화 등의 영향 을 고려하여 검사 결과를 해석한다.

② 청소년상담사는 청소년이 이해할 수 있도록 심리검사의 목적, 성격, 결과에 대한 설명을 제공한다.

③ 청소년상담사는 심리검사 결과를 다른 이들이 오용하거나 외부에 유출하지 않도록 하여야 한다.

사. 슈퍼비전

(1) 슈퍼바이저의 역할과 책임

① 슈퍼바이저는 사례지도 방법과 기법들에 대한 교육과 훈련을 지속적으로 받음으로써 사례지도 역량을 향상시키기 위해 노력한다.

② 슈퍼바이저는 전자 매체를 통하여 전송되는 모든 사례지도 자료의 비밀 보장을 위해서 주의하고, 필요한 조치를 취한다.

③ 슈퍼바이저는 사례지도를 시작하기 전에, 진행 과정에 대해 충분히 설명한 후 동의를 받음으로써 슈퍼바이지의 적극적 참여를 독려할 책임이 있다.

④ 슈퍼바이저는 슈퍼바이지에게 전문가적 윤리적 규준과 법적 책임을 숙지시킨다.

⑤ 슈퍼바이저는 지속적 평가를 통해 슈퍼바이지의 한계를 파악하고, 그가 자신의 한계를 인식하고 보완할 수 있도록 돕는다.

(2) 슈퍼바이저와 슈퍼바이지의 관계

① 슈퍼바이저는 슈퍼바이지와 상호 존중하며 윤리적, 전문적, 개인적 그리고 사회적 관계를 명료하 게 정의하고 유지한다.

② 슈퍼바이저와 슈퍼바이지는 성적 혹은 연애 관계, 그 외에 사적인 이익관계를 갖지 않는다.

③ 슈퍼바이저와 슈퍼바이지는 상호간에 성희롱 또는 성추행을 해서는 안 된다.

④ 슈퍼바이저는 가족, 친구, 동료 등 상대방에 대한 객관성을 유지하기 힘든 사람과 슈퍼비전 관계 를 맺지 않는다.

아. 청소년 사이버상담

(1) 사이버상담에서의 정보 관리

① 운영 특성 상, 한명의 내담자가 여러 명의 사이버상담자를 만나게 되는 경우 상담자들 간에 정보 를 공유할 수 있음을 내담자에게 알린다.

② 사이버상담 운영기관에서는 이용자가 다른 사람의 신분을 도용하지 않도록 절차를 마련해야 한다.

(2) 사이버상담에서의 책임

① 사이버상담자는 만약에 있을지 모르는 위기개입 등의 상황을 대비하기 위해서 내담자의 신분을 확인할 방법을 가지고 있어야 한다.

② 사이버상담이 내담자에게 부적절하다고 간주될 경우, 상담자는 대면상담 연계 등 이에 적합한 서비스 연계를 하여야 한다.

자. 지역사회 참여 및 제도 개선에 대한 책임

(1) 지역사회를 돕는 전문가 역할

① 청소년상담사는 경제적 이득이 없는 경우에도 청소년의 최선의 유익을 위하여 지역사회의 기관, 조직 및 개인과 협력하고 사회공익을 위해 전문적 활동에 헌신함으로써 사회에 공헌하도록 한다.

② 청소년상담사는 내담자가 다른 정신건강 전문가와 상담을 받고 있음을 알게 되면, 내담자의 동의 하에 그 전문가와 긍정적이고 협력적인 관계를 맺도록 노력한다.

(2) 제도 개선 노력

① 청소년상담사는 청소년 및 복지관련 법령, 정책 등의 적용과 개선을 위해 노력한다.

② 청소년상담사는 자문을 요청한 내담자나 기관의 문제 혹은 잠재된 사회문제를 규명하고 해결하 는데 도움을 준다.

차. 상담기관 설립 및 운영

(1) 상담기관 운영자의 역할

① 청소년 상담 기관을 운영하고자 할 경우, 운영자로서의 전문성 및 역량을 갖추도록 노력해야 한다.

② 상담기관 운영자는 직원이나 학생, 수련생, 동료 등을 교육, 감독하거나 평가 시에 착취하는 관계를 가져서는 안 된다.

③ 상담기관 운영자는 자신과 현재 종사하고 있는 직원의 전문적 역량 향상에 책임이 있다.

④ 상담비용은 내담자의 재정 상태 등을 고려하여 합리적으로 책정한다.

⑤ 상담기관 운영자는 직원 채용 시 자격 있는 사람을 채용해야 한다.

(2) 상담기관 종사자의 역할

① 청소년상담사는 자신이 종사하는 기관의 목적과 운영방침을 따라야 하며, 기관의 성장 발전을 위 해 노력해야 한다.

② 청소년상담사는 고용기관에 손해를 끼칠 수 있는 상황이나 기관의 효율성에 제한을 줄 수 있는 상황에 대해 미리 알려주어야 한다.

카. 연구 및 출판

(1) 연구 활동

① 청소년상담사는 청소년 문제 해결을 위해 윤리적 기준에 따라 과학적인 방법으로 연구를 계획하 고 수행한다.

② 청소년상담사는 연구 대상자를 심리적, 신체적, 사회적 불편이나 위험으로부터 보호하여야 한다.

③ 청소년상담사는 연구 참여자들에게 연구의 본질, 결과 및 결론에 대한 정보를 제공하는 것이 과학적 가치와 인간적 가치를 손상키시지 않는 한, 연구 참여자들이 이에 대한 정보를 얻을 수 있 는 기회를 제공한다.

(2) 출판 활동

① 청소년상담사는 연구 결과를 출판할 경우에 자료를 위조하거나 결과를 왜곡해서는 안 된다.
② 청소년상담사는 투고논문, 학술발표원고, 연구계획서를 심사할 경우 제출자와 제출내용에 대해비밀을 유지하고 저자의 저작권을 존중한다.

타. 자격취소

(1) 청소년상담사는 청소년기본법 제21조의2(자격의 취소)에 해당하는 경우 자격이 취소된다.

① 청소년기본법 제21조의 결격사유에 해당하게 된 경우
ㄱ. 미성년자, 피성년후견인 또는 피한정후견인
ㄴ. 파산선고를 받고 복권되지 아니한 사람
ㄷ. 금고 이상의 형을 선고받고 그 집행이 끝나거나 집행을 받지 아니하기로 확정된 후 3년이 지나지 아니한 사람
ㄹ. 금고 이상의 형을 선고받고 그 집행유예의 기간이 끝나지 아니한 사람
ㅁ. 3호 및 4호에도 불구하고 다음 각 목의 어느 하나에 해당하는 죄를 저지른 사람으로서 형 또는 치료감호를 선고받고 확정된 후 그 형 또는 치료감호의 전부 또는 일부의 집행이 끝나거나(집행이 끝난 것으로 보는 경우를 포함한다) 집행이 유예·면제된 날부터 10년이 지나지 아니한 사람
가. 「아동복지법」 제71조제1항의 죄
나. 「성폭력범죄의 처벌 등에 관한 특례법」 제2조의 성폭력범죄
다. 「아동 · 청소년의 성보호에 관한 법률」 제2조제2호의 아동·청소년대상 성범죄
ㅂ. 법원의 판결 또는 법률에 따라 자격이 상실되거나 정지된 사람
② 거짓이나 그 밖의 부정한 방법으로 자격을 취득한 경우
③ 자격증을 다른 사람에게 빌려주거나 양도한 경우

파. 청소년상담사 윤리강령 제·개정 및 해석

1. 한국청소년상담복지개발원은 청소년상담사 윤리강령 교육 · 보급을 위해 노력해야 한다.
2. 한국청소년상담복지개발원은 청소년상담사 대상 의견 수렴 및 전문가 토론회, 자격검정위원회의 보고 등 자문을 통해 청소년상담사 윤리강령 개정안을 수립한 후 청소년상담사 윤리강령을 개정할 수 있다.
3. 윤리강령과 관련하여 의견이 있거나 공문 등을 통해 윤리적 판단을 요청할 경우, 한국청소년상담복지 개발원에서 전문적 해석을 제공할 수 있다.

제2절 | DSM-5(2013)의 주요 장애 진단기준 - 도표 정리

1 기분장애의 진단분류(DSM-5)

우울장애(Depressive disorders)	양극성 및 관련 장애(Bipolar and related disorders)
• 주요 우울장애(Major depressive disorder) • 지속성 우울장애(persistent depressive disorder, Dysthymia) • 파괴적 기분조절 곤란장애(Disruptive mood dysregulation disorder) • 월경 전 불쾌장애(Premenstrual dysphoric disorder)	• 양극성 장애 Ⅰ형(Bipolar Ⅰ disorder) • 양극성 장애 Ⅱ형(Bipolar Ⅱ disorder) • 기분순환장애(Cyclothymic disorder)

가. 기분 장애의 분류는 우울 및 조증 삽화의 조합에 근거함

(1) 주요 우울장애 : 조증, 경조증 삽화 없이 주요 우울 삽화만 나타나는 경우

(2) 지속성 우울장애 : 주요 우울장애 또는 경미한 우울증상이 2년 이상 지속되는 경우(소아 청소년의 경우 1년 이상)

(3) 양극성 장애 Ⅰ형 : 일생동안 한번이라도 조증 삽화를 경험하게 되는 경우

(4) 양극성 장애 Ⅱ형 : 주요 우울삽화와 경조증이 나타나는 경우

(5) 기분순환장애 : 경조증과 경미한 우울증상이 반복되는 경우

(6) 파괴적 기분조절 곤란장애 : 6 ~ 18세에 진단, 떼쓰고 땡깡, 고집부리는(temper outburst) 소아, 청소년

(7) 월경 전 불쾌장애 : 월경 주기와 관련, 월경 전 불안정한 기분, 짜증, 화 등 우울 증상을 보이다 월경 시작 후 증상이 호전되는 경우

삽화 \ 장애		우울성 장애		양극성 장애		
		주요 우울장애	지속성 우울 장애	양극성 장애 Ⅰ형	양극성 장애 Ⅱ형	순환성 기분 장애
우울	주요 우울삽화	○	±	±	○	×
	주요 우울삽화에 못 미치는 우울증상	±	○		±	○
조증	조증 삽화 또는 혼합 양상	×		○	×	×
	경조증 삽화			±	○	○

나. 주요 우울장애의 DSM-5 진단기준 (요약)

	단일 삽화 주요 우울장애	재발성 주요 우울장애
A	1회의 주요 우울삽화	2회 이상의 주요 우울삽화(2개월 이상의 간격으로 구별되는)
B	조현 정동장애, 조현병 / 조현 양상장애, 망상장애, 기타 정신병적 장애 배제	
C	조증 / 경조증 삽화를 겪은 적이 없어야 함	

2년 이상 지속되는 주요 우울장애는 "지속성 우울장애"로 진단함

다. 주요 우울삽화의 DSM-5 진단기준 (요약)

A	① ~ ⑨ 중 5가지 이상이 2주 이상 거의 매일 지속되는 평상시와 확연히 다른 상태. 그리고 ①, ② 중 한 가지는 반드시 있어야 함 ① 하루의 대부분 동안 우울한 기분(소아 / 청소년에게서는 짜증) ② 대부분의 활동에서 흥미 / 쾌감의 저하 ③ 현저한 체중의 감소나 증가, 또는 식욕의 감소나 증가 ④ 불면 또는 수면과다 ⑤ 정신운동성 초조 또는 지체 ⑥ 피로 / 기력 저하 ⑦ 무가치감 또는 지나친 죄책감 ⑧ 사고력, 집중력 저하 또는 우유부단함 ⑨ 반복적 자살사고, 자살계획 또는 자살시도
B	현저한 기능장해 또는 고통
C	배제진단 - 물질 / 신체질환

라. 조증 삽화의 DSM-5 진단기준 (요약)

A	들뜨거나 과대하거나 짜증스런 기분, 에너지 수준과 목적 지향적 활동의 현저한 증가 1주일 이상의 기간 동안 지속(혹은 입원이 필요할 정도로 심함)
B	A의 기간 동안 다음 중 3가지 이상(짜증스러운 기분만 있을 때는 4가지) • 자신감 충만 또는 과대사고 • 수면 욕구 감소 • 평상시보다 말을 못 참고 말이 많아짐 • 사고 비약 • 주의 산만 • 목적지향적 활동(일, 공부, 사교) 증가 또는 정신운동성 초조 • 뒷감당이 안 되는 활동을 저지름(묻지마 투자, 묻지마 쇼핑, 성적 문란)
C	현저한 기능장해 또는 고통, 또는 입원치료 필요, 또는 정신병적 증상
D	배제진단 - 물질 / 신체질환

마. 경조증 삽화의 DSM-5 진단기준 (요약)

A	들뜨거나 과대하거나 짜증스런 기분, 4일 이상 동안 지속
B	(조증 삽화의 B항목과 동일)
C, D	평상시와 확연히 다른 양상으로 남들이 보기에도 눈에 뜨이는 변화
E	현저한 기능장해 또는 고통, 정신병적 증상 없고 입원치료 불필요
F	물질 / 신체질환 배제

* 항우울제 유발 조증 / 경조증 삽화는 정의상 기분 삽화가 아닌 물질에 의한 기분장애로 분류함

바. 양극성 장애 1형의 DSM-5 진단기준 (요약)

양극성 장애 1형 단일 조증 삽화	양극성 장애 1형 최근 조증 삽화	양극성 장애 1형 최근(주요 우울/경조증) 삽화
1회의 조증(또는 혼재성) 삽화	현재 또는 가장 최근의 기분 삽화가 조증 삽화	현재 또는 가장 최근의 기분삽화가 주요 우울 / 경조증 삽화
	적어도 조증 / 주요 우울삽화 중 하나를 이전에 경험	조증 삽화를 이전에 경험
조현 정동장애, 조현병 / 조현 양상장애, 망상장애, 기타 정신병적 장애 배제		

사. 양극성 장애 II형의 DSM-5 진단기준 (요약)

A, B	1회 이상의 주요 우울삽화 AND 1회 이상의 경조증 삽화
C	조증 삽화를 겪은 적이 없어야 함
D	조현 정동장애, 조현병 / 조현 양상장애, 망상장애, 기타 정신병적 장애 배제
E	현저한 기능장해 또는 고통

2 불안장애의 진단 분류 (DSM - 5)

분리불안장애 separation anxiety disorder
선택적 함구증 selective mutism
특정 공포증 specific phobia
사회공포증 social phobia / social anxiety disorder
공황장애 panic disorder
광장공포증 agoraphobia
범불안장애 generalized anxiety disorder
물질 / 약물 유발성 불안장애 substance / medication - induced anxiety disorder
다른 의학적 상태로 인한 불안장애 anxiety disorder due to another medical condition
달리 분류되는 불안장애 other specified anxiety disorder
분류되지 않는 불안장애 unspecified anxiety disorder

가. 공황발작의 DSM - 5 진단기준 (요약)

다음 13가지 증상 중 4가지 이상이 갑자기 발생하여 수분 내에 최고조에 도달함

① 심계 항진 ② 땀 흘림 ③ 떨리거나 후들거림 ④ 숨찬 느낌 ⑤ 질식감 ⑥ 흉통, 흉부 불쾌감 ⑦ 오심, 복부 불쾌감 ⑧ 현기증 ⑨ 오한이나 열감 ⑩ 이상감각(감각이 둔해지거나 따끔거리는 느낌) ⑪ 비현실감 / 이인증 ⑫ 통제를 잃거나 미칠 것 같은 공포 ⑬ 죽을 것 같은 공포

나. 공황장애의 DSM - 5 진단기준 (요약)

	공황장애
A	예기치 않은 공황발작이 반복됨
B	적어도 1개월 이상은 다음 중 하나가 있어야 함 • 추가적인 공황발작 및 공황발작의 결과(통제력을 잃음, 심장마비, 미치는 것)에 대해 걱정 • 공황발작과 관련된 뚜렷한 행동 변화
C, D	배제진단 - C : 물질 / 신체질환, D : 다른 정신장애(주로 다른 불안장애)

다. 광장공포증의 DSM - 5 진단기준 (요약)

A	다음 5가지 상황 중 두 가지 이상의 상황에서 심한 공포나 불안 • 대중 교통 이용 • 주차장, 다리건너기 등 개방된 공간 • 가게, 영화관 등 닫힌 공간 • 사람 많은 곳에서 줄서는 상황 • 혼자 외출
B, C	위의 상황에서 거의 항상 유발되는 불안이나 공포가 공황발작(또는 공황발작 유사증상)이 발생했을 때 그 곳을 벗어나거나 도움을 받기 어려울 것이라고 생각하기 때문
D	그래서 그런 상황을 견디기가 힘들고 아예 피해버리거나 타인에게 동반할 것을 요구함
E	이 공포와 불안이 객관적 상황이나 사회문화적 맥락에서 실제 위험보다 지나침
F	공포, 불안, 회피가 6개월 이상 지속
G	사회, 직업기능 등에 막대한 지장
H, I	배제진단

라. 범불안장애의 DSM - 5 진단기준 (요약)

A	6개월 이상 기간 중 대부분동안 지속되는 매사(예 공부, 직장생활)에 대한 지나친 불안과 걱정
B	걱정을 주체할 수 없음
C	다음 6가지 증상 중 3가지 이상(소아에서는 1가지) • 초조 및 예민 • 피로감 • 집중력 저하 / 머릿속이 하얘지는 느낌 • 짜증 • 근육 긴장 • 수면장애
D	이로 인한 심한 고통, 또는 사회 / 직업 기능의 장애
E, F	배제진단 - E : 물질 / 신체질환, F : 다른 질환

3 강박장애의 DSM-5 진단기준 (요약)

<table>
<tr><td rowspan="2">A</td><td colspan="2">강박사고 또는 강박행동이 있음</td></tr>
<tr><td>강박사고
• 뇌리를 파고들어 불안감을 유발하는 반복적 / 지속적인 생각, 심상, 충동
• 환자는 이를 상쇄(= 강박행동) 또는 억제하려 애씀</td><td>강박행동
• 강박사고 때문에, 혹은 규칙에 맞추어 반복할 수밖에 없다고 느끼는 행동(세척, 확인) 또는 정신활동(기도하기)
• 이는 원치 않는 결과를 막기 위한 행동이지만 정도가 지나치거나 현실적 연관성이 없음</td></tr>
<tr><td>B</td><td colspan="2">현저한 기능장해, 고통 또는 시간소모(하루 1시간 이상)</td></tr>
<tr><td>C</td><td colspan="2">배제진단
• C : 물질 / 신체질환
• D : 강박증상을 보일 수 있는 다른 정신장애(범불안장애, 신체이형장애 등)</td></tr>
</table>

4 반응성 애착장애의 DSM-5 진단기준 (요약)

A	성인 양육자를 대상으로 억제되고 감정적으로 위축된 모습 • 고통 받으면서 편안함을 거의 느끼지 못함 • 고통 시에 편안함을 제공해도 이에 대해 거의 반응하지 않음
B	사회적, 감정적으로 지속적인 어려움 ≥ 2/3 • 타인에 대해 사회적 감정적 반응이 거의 없음 • 긍정적 정동이 제한됨 • 성인 양육자의 위협적이지 않은 갑작스러운 행동에 대해 예민함, 슬픔, 공포를 보임
C	부적절한 양육 ≥ 1/3 • 아동의(위안, 자극, 애정 등) 감정적 요구를 무시 • 아동의 신체적 요구를 무시 • 일차 양육자의 잦은 교체(잦은 입양 등)
D	C가 A의 원인이라는 근거(시간적 선후관계 등)
E, F, G	배제진단 • E : 자폐 스펙트럼 장애 • F : 5세 이전에 증상 발현이 있어야 함 • G : 발달 연령 9개월 이상이어야 함

5 외상 후 스트레스 장애의 DSM-5 진단기준 (요약)

<table>
<tr><td>A</td><td colspan="4">• 사망할 뻔하거나, 심한 부상을 당(할 뻔)한 위협적 사건을 경험 / 목격 후
• 극심한 공포, 무력감, 고통과 함께 B+C+D+E 모두를</td></tr>
<tr><td>F</td><td colspan="4">1개월 이상 지속해서 경험</td></tr>
<tr><td colspan="2">B. (사건관련)재경험 × ≥ 1
(1가지 이상)</td><td>C. (사건관련)회피 × ≥ 1
(1가지 이상)</td><td>D. 인지와 감정 증상
(사건 전 없던)
둔화(numbing) × ≥ 2
(2가지 이상)</td><td>E. (사건 전 없던)
과각성 × ≥ 2 (2가지 이상)</td></tr>
<tr><td colspan="2">• 사건관련 원치 않는 회상
• 사건관련 악몽
• flashback
• cue 노출 시 심적 고통이나 생리작 반응</td><td>• 생각, 느낌, 대화 회피
• 장소, 행동, 사람 회피</td><td>• 사건관련 기억상실
• 자신, 타인, 세계에 대한 부정적 인식
• 외상 사건의 원인 결과에 대한 왜곡된 인지
• 지속적으로 부정적인 감정
• 흥미 저하
• 남들과 동떨어진 느낌
• 긍정적인 감정 경험의 어려움</td><td>• 예민, 분노 폭발
• 난폭함 또는 자기파괴적 행동
• 경계태도(hypervigilance)
• 경악반응(startle response)
• 집중력 저하
• 불면</td></tr>
<tr><td>G</td><td colspan="4">현저한 기능장해 또는 고통</td></tr>
</table>

* flashback : 마치 사건을 생생하게 다시 겪고 있는 듯한 느낌

* cue : 사건이 떠오르게 하는 단서(예, 비행기 추락사고 후 비행기 모형)

6 해리장애의 진단 분류 (DSM-5)

<table>
<tr><td rowspan="5">해리장애
(dissociative disorders)</td><td>해리성 정체감장애(dissociative identity disorder)</td></tr>
<tr><td>해리성 기억상실(dissociative amnesia)</td></tr>
<tr><td>이인화 / 비현실감 장애(depersonalization / derealization disorder)</td></tr>
<tr><td>달리 분류되는 해리 장애(other specified dissociative disorder)</td></tr>
<tr><td>분류되지 않는 해리 장애(unspecified dissociative disorder)</td></tr>
</table>

가. 해리성 정체감장애의 DSM - 5 진단기준 (요약)

A	2가지 이상의 뚜렷이 구분되는 주체성 / 인격이 환자를 교대로 통제
B	주요개인정보 관련한 광범위 기억장애
C	증상으로 인해 사회, 직업 기능의 현저한 장애
D	증상이 문화나 종교적으로 넓게 받아들여지는 정상적인 범위를 벗어난 수준
E	배제진단 - 물질 / 신체질환

나. 해리성 기억상실의 DSM - 5 진단기준 (요약)

A	주요 개인정보 관련한 광범위 기억장애
B	현저한 기능장해 또는 고통
C	배제진단 - 해리성 주체장애, 외상 후 스트레스 장애 / 급성 스트레스 장애, 물질 / 신체질환 등

다. 이인감 / 비현실감 장애의 DSM - 5 진단기준 (요약)

A, B	• 이인감 : 마치 외부관찰자인 것처럼 정신활동 또는 신체로부터 분리되는 경험 • 비현실감 : 마치 외부 관찰자인 것처럼 주변과 분리되고 비현실감을 느끼는 경험 • 현실 검증력은 정상
C	현저한 기능장해 또는 고통
D, E	배제진단 - 조현병, 공황장애, 급성스트레스장애, 다른 해리장애, 약물(LSD), 신체질환(TLE)

7 신체증상 및 관련 장애의 진단분류(DSM - 5)

가. 신체증상 및 관련 장애 (somatic symptom and related disorders)

신체 증상장애 Somatic symptom disorder
질병 불안장애 Illness anxiety disorder
전환 장애 Conversion disorder(functional neurological symptom disorder)
다른 의학적 상태에 영향을 미치는 정신적 요인 Psychological factors affecting other medical conditions
가장성 장애 Factitious disorder
달리 분류되는 신체증상 및 관련 장애 Other specified somatic symptom and related disorder
분류되지 않는 신체증상 및 관련 장애 Unspecified somatic symptom and related disorder

참고

신체증상 장애 : DSM - Ⅳ - TR의 신체화 장애와 미분화형 신체장애가 합쳐진 진단임
ICD - 10에서 전환 장애는 신체증상 및 관련 장애가 아닌 해리장애로 분류되어 있음

나. 신체증상장애의 DSM - 5 진단기준 (요약)

A	일상생활에 심각한 장애를 초래하는 1가지 이상의 신체 증상
B	신체 증상 및 건강에 대한 걱정과 관련된 다음 중 한 가지 이상의 생각, 느낌 또는 행동 • 과도하고 지속적으로 증상의 심각성에 대해 생각함 • 건강 또는 증상에 대한 지속적으로 과도한 불만 • 이런 증상 또는 건강을 걱정하는 것에 과도한 시간과 에너지를 소비함
C	증상이 지속적(6개월 이상), 단 한 가지 증상이 쭉 지속될 필요는 없음(증상이 중간에 바뀌어도 진단 가능)

다. 전환 장애의 DSM - 5 진단기준 (요약)

A	수의운동 / 감각기능의 이상이나 결손
B	증상이 신경학 또는 의학적인 상태에 부합하지 않음
C	배제진단 - 다른 의학적 또는 정신 장애
D	증상이나 결손으로 인해 사회 직업적 또는 다른 중요한 기능적 장애나 고통

8 신경성 식욕부진증의 DSM - 5 진단기준 (요약)

A	정상 하한선 이상의 체중을 유지하기를 거부함 (기대 체중의 정산 하한선 미만이 되도록 체중이 줄어듦 또는 성장기에 적절히 증가하지 않음
B	저체중이면서도 체중이 늘거나 뚱뚱해지는 것에 대해 극도의 공포
C	다음 중 한 가지 이상 • 체중과 체형에 대해 왜곡하여 받아들임 • 체중이나 체형이 자기평가에 과도한 영향 • 현재 저체중 상태의 심각성을 부인

9 신경성 폭식증의 DSM - 5 진단기준 (요약)

A	반복적 폭식 삽화 • 단위시간에 일반인의 식사보다 많은 양을 섭취 • 폭식하는 중에는 자제가 불가능
B	체중 증가 방지를 위한 부적합한 보상행동 - 제거행동(구토, 설사, 이뇨제, 관장) 또는 굶기나 심한 운동
C	A / B 둘 다, 최소 주 1회 발생, 3개월 이상 지속
D	체중이나 체형이 자기평가에 과도한 영향
E	신경성 식욕 부진증 배제(즉 저체중이 아님)

10 폭식장애의 DSM - 5 진단기준 (요약)

A	반복적 폭식 삽화 • 단위시간에 일반인의 식사보다 많은 양을 섭취 • 폭식하는 중에는 자제가 불가능
B	폭식 때 다음 중 3가지 이상 나타날 것 • 빠른 속도로 먹음 • 배불러 불편할 만큼 먹음 • 배고프지 않아도 먹음 • 많이 먹는 게 민망하여 숨어서 먹음 • 과식 후 죄책감, 자기혐오 또는 우울감
C	A / B 둘 다, 최소 주 1회 발생, 3개월 이상 지속
D	폭식에 대해 심하게 괴로워함
E	보상행동이 없다.

11 수면-각성장애(sleep-wake disorders)의 진단분류(DSM-5)

<table>
<tr><td>수면 - 각성장애
(sleep - wake disorders)</td><td>• 불면장애(insomnia disorder)
• 과다수면장애(hypersomnolence disorder)
• 기면병(narcolepsy)</td></tr>
<tr><td>호흡 - 관련 수면장애
(breathing - related sleep disorders)</td><td>• 폐쇄성 수면 무호흡 저호흡(obstructive sleep apnea hyponea)
• 중추성 수면 무호흡(central sleep apnea)
• 수면 - 관련 저환기(sleep - related hypoventilation)</td></tr>
<tr><td colspan="2">일주기 리듬 수면 - 각성장애(circardian rhythm sleep - wake disorder)</td></tr>
<tr><td>사건 수면
(수면 수반증, parasomnia)</td><td>• 비렘 수면각성 장애(non - REM sleep arousal disorder)
• 수면 보행장애(몽유병, sleepwalking disorder)
• 야경증(sleep terror disorder)
• 악몽장애(nightmare disorder)
• 렘수면행동장애(REM sleep behavior disorder)
• 하지불안증후군(restless legs syndrome)</td></tr>
<tr><td colspan="2">물질 / 약물 - 유발 수면장애(substance / medication - induced sleep disorder)</td></tr>
<tr><td colspan="2">달리 분류되는 불면장애(other specified insomnia disorder)</td></tr>
<tr><td colspan="2">분류되지 않는 불면장애(unspecified insomnia)</td></tr>
<tr><td colspan="2">달리 분류되는 과다수면장애(other specified hypersomnolence disorder)</td></tr>
<tr><td colspan="2">분류되지 않는 과다수면장애(unspecified hypersomnolence disorder)</td></tr>
<tr><td colspan="2">달리 분류되는 수면 - 각성장애(other specified sleep - wake disorder)</td></tr>
<tr><td colspan="2">분류되지 않는 수면 - 각성장애(unspecified sleep - wake disorder)</td></tr>
</table>

가. 불면장애의 DSM - 5 진단기준 (요약)

A	다음 중 1가지 이상 수면의 양, 질과 관련한 불만족 증상 • 입면의 어려움 • 수면 유지의 어려움 • 이른 오전에 깨어 다시 잠들기 어려움
B	불면 또는 연관된 주간 피로에 의해 현저한 기능 장해 또는 고통
C, D	• C : 평균 1주일에 3회 이상 • D : 적어도 3개월 이상 지속
E ~ H	배제진단 • E : 부적절한 수면환경 • F : 다른 수면 - 각성장애 • G : 물질에 의한 수면장애 • H : 다른 정신장애, 의학적 상태로 주로 설명될 경우

나. 일주기 리듬 수면 - 각성장애의 DSM - 5 진단기준 (요약)

A	환자의 하루 중 수면 - 각성 양상과 환경에 맞는 수면 - 각성 일정이 어긋나서 수면이 방해받음
B	이로 인해 과도한 졸림 또는 불면이 발생함
C	이로 인해 현저한 기능장해 또는 고통

12 성기능 장애(sexual dysfunction)의 진단분류 (DSM-5)

장애
• 지연 사정 Delayed ejaculation • 발기 장애 Erectile disorder • 여성 극치감 장애 Female orgasmic disorder • 여성 성적 관심/흥분장애 Female sexual interest/arousal disorder • 생식기 - 골반통증/삽입 장애 Genito - pelvic pain/penetration disorder • 남성 성욕 감퇴장애 Male hypoactive sexual desire disorder • 조루증 Premature(early) ejaculation • 물질 / 약물 유발 성기능 장애 substance/medication - induced sexual dysfunction • 달리 분류되는 성기능 장애 Other specified sexual dysfunction • 분류되지 않는 성기능 장애 Unspecified dysfunction

13 변태성욕장애(성도착장애, paraphilic disorders)

소아성애 장애 (pedophilic disorder)	13세 이하, 사춘기 이전 소아를 대상으로 한 성적 행위(환자는 16세 이상, 나이차 5년 이상) • 여아 / 남아 / 남아 - 여아 모두로 구별 • 근친상간에만 국한된 경우도 있음 • 성인에게도 성욕을 느끼는 경우와 그렇지 못한 경우로 구별	욕구로 인해 고통 또는 생활에 지장을 받거나 (동의하지 않는 상대를 대상으로) 행동으로 옮길 때 진단
노출장애 (Exhibitionistic disorder)	낯선 남에게 자신의 성기를 노출	
관음장애 (Voyeuristic disorder)	남의 벗은 몸 또는 옷 벗는 과정, 성행위를 몰래 쳐다봄	
접촉 도착장애 (Frotteuristic disorder)	동의하지 않는 상대를 만지거나 부빔	
성적 가학 장애 (Sexual sadism disorder)	상대방에게 신체적 / 심리적으로 고통을 가하는 데에 집착	
성적 피학 장애 (Sexual masochism disorder)	모욕, 구타, 결박 등 고통을 주기 위한 행위를 당하는 데에 집착	욕구 또는 행동으로 인해 고통 또는 생활에 지장을 받을 때만 진단
절편 음란장애 (Fetishistic disorder)	여성 속옷 등의 물건에 집착	
이성복장 착용장애 (Transvestic disorder)	이성애자 남자가 여장하는 데에 집착	

14 인격장애 (성격장애, DSM - 5)

A	다음 4가지 영역 중 2가지 이상에서의 비정상 소견 • 인지(자신, 타인, 세상에 대한 관점) • 감정특성(affectivity) • 대인관계 • 충동조절
B	이 양상이 쉽게 바뀌지 않고, 개인적/사회적 상황에 전반적으로 보임
C	고통이나 기능장해
D	사춘기나 초기 성인기에 시작되어 장기 지속
E, F	감별진단 • E : 타 정신질환의 증상 또는 후유증 • F : 약물 또는 신체질환의 영향

가. A군 인격장애의 DSM - 5 진단기준(요약)

	편집성 인격장애	조현성 인격장애	조현형 인격장애
A	불신, 의심, 타인이 악의적이라고 느낌 ≥ 4/7	대인관계에 무관심하며 감정표현 메마름 ≥ 4/7	인지 / 지각왜곡과 괴상한 행동으로 대인관계장애 ≥ 5/9
	① 피해 / 핍박받는다는 오해 ⑤ 기분 나쁜일 못 잊고 원한 ③ 지나친 말조심 ④ 대화의 숨겨진 악의 찾음 ⑥ 비판이라 오해해 과민반응 ② 친구 / 동료의 배신을 의심 ⑦ 배우자가 바람핀다 의심	① 친밀한 인간관계에 무관심 ⑤ 친구 없음 ③ 성관계에 무관심 ② 주로 혼자 놀기 ④ 좋아하는 활동 거의 없음 ⑥ 칭찬 / 비판에 무덤덤 ⑦ 냉담하고 둔마된 정동	② 마술적 사고(텔레파시 등) ③ 독특한 지각경험 ④ 괴이한 사고 / 언어(비유↑) ① 관계사고(not 관계망상) ⑤ 의심 ⑨ (자존심과 무관한)대인 공포 ⑥ 부적절 / 둔마된 행동 ⑦ 괴상한 행동 ⑧ 친구 없음
B	배제진단 - 조현병 등 정신병적 장애, 정신병적 증상 동반 기분장애, 물질 / 신체질환		
		* 조현성, 조현형은 자폐 스펙트럼 장애도 배제	

나. B군 인격장애의 DSM - 5 진단기준 (요약)

<table>
<tr><th colspan="2">반사회성 인격장애</th><th>경계성 인격장애</th></tr>
<tr><td>A</td><td>타인 권리의 무시 및 책임 ≥ 3/7
⑥ 무책임(결근, 채무불이행 등)
⑦ 양심의 가책 없음

④ 짜증 또는 공격성

③ 충동성이나 무계획성
⑤ 안전을 고려하지 않는 무모함
① 범법행위
② 거짓말이나 가명 사용</td><td rowspan="3">충동성 및 self - image, 대인관계, 감정의 불안정성 ≥ 5/9
⑦ 만성적 공허감
⑧ 과도한 분노
⑨ 일시적 피해사고 또는 해리증상
③ 정체성 혼란(불안정한 self - image)

⑥ 불안정한 정동

① 버림받는 것에 대한 공포

② 강렬하고 불안정한 대인관계(이상화와 평가절하)
④ 자기파괴적 무절제 ≥ 2 (알코올 중독, 쇼핑 중독, 섹스 중독, 폭식, 난폭운전)</td></tr>
<tr><td>B, C</td><td>18세 이후 진단, 15세 이전 품행장애</td></tr>
<tr><td>D</td><td>배제진단 - 조현병 및 조증삽화</td></tr>
<tr><th colspan="2">히스테리성 인격장애</th><th>자기애성 인격장애</th></tr>
<tr><td></td><td>과장된 감정표현과 관심 끌기 ≥ 5/8
① 시선을 끌지 않으면 불편함
⑦ 피암시성(귀가 얇다)

③ 피상적 / 가식적 감정표현
⑥ 과장되고 극적인 감정표현
⑤ 알맹이 없는 과장된 언어사용

② 부적절한 성적 유혹 / 도발
④ 눈에 띄기 위해 외모를 이용
⑧ 실제보다 남들과 친하다고 착각</td><td>남에 대한 공감 없는 과대사고 및 존경 요구 ≥ 5/9
① 스스로에 대한 과대사고(대단한 사람이라 생각)
② 성공, 권력, 이상적인 사랑 등에 몰두
⑤ 특별대우를 당연히 받아야 한다고 생각

⑦ 남의 감정 / 요구에 공감 못함
⑧ 남을 부러워하거나, 남이 자기를 부러워한다 생각

③ 높은 / 특별한 사람과만 어울리려 함
⑨ 건방지고 거만한 태도
④ 칭찬 / 존경을 지나치게 요구
⑥ 타인을 이용하고 착취</td></tr>
</table>

다. C군 인격장애의 DSM - 5 진단기준 (요약)

회피성 인격장애	의존성 인격장애	강박성 인격장애
소심함, 자기비하, 비판에 예민 ≥ 4/7	독립에 대한 공포로 맹목적으로 매달림 ≥ 5/8	질서, 통제, 완벽함에 집착하여 융통성, 효율 포기 ≥ 4/8
⑥ 자신이 못나고 한심하다 생각 ④ 비판, 거절당할까 노심초사 ① 사람 대하는 직업을 피함 ⑤ 낯가림 ② 자기편인 사람과만 어울림 ③ 친한 사람 사이에서도 조심 ⑦ 망신당하기 싫어 새로운 시도를 못 함	⑧ 혼자되는 데 대한 공포 ⑥ 혼자있을 때 불편 / 무력함 ⑦ 헤어지면 금방 딴사람 찾음 ⑤ 남 눈밖에 날까봐 불편감수 ③ 반대의견을 못냄 ④ 스스로 일을 벌이지 못함 ① 남의 동의가 있어야 결정 ② 남이 대신 책임져주기 원함	② 일 못 끝낼 정도의 완벽주의 ① 순서, 세부사항 등에 집착 ⑥ 자기방식에 정확히 따르지 않으면 일을 남에게 못 맡김 ③ 일 때문에 취미 / 사교를 포기 ⑦ 자신 / 남에게 돈 쓰는데 인색 ⑤ 필요없는 물건도 못 버림 ④ 가치관에 융통성이 없음 ⑧ 고집이 셈

15 파괴적, 충동조절, 품행장애의 진단분류 (DSM - 5)

• 적대적 반항장애(oppositional defiant disorder, ODD)
• 간헐성 폭발성 장애(intermittent explosive disorder)
• 품행장애(conduct disorder)
• 병적 방화벽(방화광, pyromania)
• 병적 도벽(절도광, kleptomania)
• 달리 분류되는 파괴적, 충동조절, 행실장애(other specified disruptive, impulse - control, and conduct disorder)
• 분류되지 않는 파괴적, 충동조절, 행실장애(unspecified disruptive, impulse - control, and conduct disorder)

가. 적대적 반항장애의 DSM - 5 진단기준 (요약)

A	6개월 이상 지속되는 부정적. 적대적. 반항적 행동 ≥ 4/8 • 쉽게 화냄 • 어른들과 다툼 • 규칙이나 어른의 요구를 거절 • 타인의 짜증을 의도적으로 자극 • 자신의 실수나 잘못에 대해 남을 탓함 • 쉽게 짜증냄 • 분노와 원망을 쉽게 품음 • 심술궂거나 복수심을 품음
B	사회, 학업, 직업기능에 지장
C	배제진단 • C : 물질, 기분장애

16 물질 관련 장애의 진단분류 (DSM - 5)

물질 사용 장애 (substance use disorder)	
물질 유도성 장애 (substance induced disorder)	물질중독(substance intoxication)
	물질금단(substance withdrawal)
	물질 유도성 섬망(substance induced delirium)
	물질 유도성 지속성 신경인지기능장애(substance - induced major / mild NCD
	물질 유도성 기분장애(substance - induced mood disorder)
	물질 유도성 정신병적 장애(substance - induced psychotic disorder)
	물질 유도성 불안장애(substance - induced anxiety disorder)
	물질 유도성 성기능장애(substance - induced sexual dysfunction)
	물질 유도성 수면 - 각성장애(substance - induced sleep - wake disorder)
	기타 물질 관련장애

가. 물질 사용 장애의 DSM - 5 진단기준 (요약)

A	다음의 11가지 진단 기준 중 2가지 이상을 12개월 이내에 경험할 경우 • 의도보다 많이 투여 • 끊으려 하나 실패 • 물질을 얻기 위한 시간 / 노력 소모 • 갈망 • 학업 / 직장생활 / 가사에 지장(결석 / 결근, 해고, 자녀방치 등) • 사회 / 대인관계의 지장이 있음을 알면서도 사용 • 사회 / 직업 / 취미생활의 포기 또는 감소 • 위험한 상황에서의 물질 사용(운전, 기계조작 등) • 신체적 / 정신적으로 해롭다는 것을 알면서도 사용 • 내성(같은 효과를 위해 점점 많은 물질이 필요 / 같은 양 물질의 효과가 점차 감소) • 금단(해당물질의 특징적 금단증상, 또는 금단증상을 피하기 위해 물질 사용)

17 신경 인지기능 장애(Neurocognitive disorders)의 진단분류 (DSM - 5)

섬망 (Delirium)	• 물질중독 섬망(Substance intoxication delirium) • 물질금단 섬망(Substance withdrawal delirium) • 약제유발 섬망(Medication - induced delirium) • 신체질환에 의한 섬망(Delirium another medical condition) • 여러 요인에 의한 섬망(Delirium due to multiple etiologies) • 달리 분류되는 섬망(Other specified delirium) • 분류되지 않는 섬망(Unspecified delirium)
중증과 경증의 신경 인지기능 장애 (Major and mild neurocognitive disorder, NCD)	• 알츠하이머병에 의한 신경 인지기능 장애(Major and mild NCD due to Alzheimer's disease) • 전두측두엽 신경 인지기능 장애(Major and mild frontotemporal NCD) • 루이소체를 동반한 신경 인지기능 장애(Major and mild NCD with Lewy bodies) • 혈관성 신경 인지기능 장애(Major and mild vascular NCD) • 외상성 두부손상에 의한 신경 인지기능 장애(Major and mild NCD due to traumatic brain injury) • 물질/약제유발 신경 인지기능 장애(Substance/medication - induced major and mild NCD) • HIV감염에 의한 신경 인지기능 장애(Major and mild NCD due to HIV infection) • Prion병에 의한 신경 인지기능 장애(Major and mild NCD due to prion disease) • 파킨슨병에 의한 신경 인지기능 장애(Major and mild NCD due to Parkinson's disease) • 헌팅톤병에 의한 신경 인지기능 장애(Major and mild NCD due to Huntington's disease) • 다른 의학적 상태에 의한 신경 인지기능 장애(Major and mild NCD due to another medical condition) • 여러 요인에 의한 신경 인지기능 장애(Major and mild NCD due to multiple etiologies) • 분류되지 않는 신경 인지기능 장애(Unspecified NCD)

가. DSM - 5 섬망의 진단기준 (요약)

	신체질환에 의한 섬망	여러 요인에 의한 섬망
A~C	A. 주의집중 / 유지 / 전환의 감소를 동반한 의식의 변화 B. 이 변화는 수 시간 - 수 일의 단기간에 발생하여 일중 변동 C. 추가적으로 다른 인지의 변화(기억 결핍, 지남력, 언어, 시공간 능력이나 지각)	
D	이것이 신체질환의 직접적인 생리적 결과라는 병력 / 신체검진 / 검사상 근거	2가지 이상의 신체질환 또는 신체질환 + 물질의 영향에 의해 발생

18 신경발달장애의 진단분류 (DSM - 5)

지적 장애 (intellectual disabilities)
• 의사소통장애(communication disorders) • 언어장애(language disorder) • 음성장애(speech sound disorder) • 소아기 - 발병 유창성 장애(childhood - onset fluency disorder, 말더듬 stuttering) • 사회적(실용적) 의사소통장애(social(pragmatic) communication disorder) • 분류되지 않는 의사소통장애(unspecified communication disorder)
자폐 스펙트럼 장애 (autism spectrum disorder, ASD)
주의력 결핍 과잉행동 장애 (attention - deficit/hyperactivity disorder)
• 특정 학습장애(specific learning disorder) • 읽기장애(with impairment in reading) • 쓰기장애(with impairment in written expression) • 산술장애(with impairment in mathematics)
• 운동장애(motor disorders) • 발달 협응 장애(developmental coordination disorder) • 상동 운동장애(stereotypic movement disorder) • 틱 장애(Tic disorders) • 뚜렛 장애(Tourette's disorder) • 지속성(만성) 운동/음성 틱 장애(persistent(chronic) motor or vocal tic disorder) • 잠정적인 틱 장애(provisional tic disorder) • 달리 분류되는 틱 장애(other specified tic disorder) • 분류되지 않는 틱 장애(unspecified tic disorder)
• 기타 신경발달장애(other neurodevelopmental disorders) • 달리분류되는 신경발달장애(other specified neurodevelopmental disorder) • 분류되지않는 신경발달장애(unspecified neurodevelopmental disorder)

가. 지적장애의 DSM - 5 진단기준 (요약)

A	전반적 지적 기능이 유의하게 낮음(IQ 70 이하 또는 이에 준하는 임상양상)	
B	적응기능의 결핍/장애 • 의사소통 • 자기보호 • 가정생활 • 사회 / 대인관계 • 공공시설 이용	• 자기관리 • 학습 • 작업 • 취미생활 • 건강 / 안전
C	발달시기에 나타남	

나. 자폐 스펙트럼 장애의 DSM - 5 진단기준 (요약)

A	지속적인 사회적 상호작용, 의사소통의 장애 • 사회 / 감정적 상호성 없음 • 비언어적 상호작용 안됨(눈맞춤, 표정, 몸짓 등) • 타인과 관계를 발전, 유지, 이해하지 못함
B	반복 / 상동 / 제한적인 행동, 관심사 • 상동 / 반복운동 • routine이나 ritual의 고수 • 상동 / 제한된 관심사 집착 • 자극에 대해 과도하거나 저하된 반응
C	증상의 시작이 초기 발달기
D	이로 인하여 학업, 직업, 의사소통에 막대한 지장
E	배제진단 - 지적장애, 발달 지연

다. 주의력 결핍 과잉행동 장애의 DSM - 5 진단기준 (요약)

<table>
<tr><td rowspan="2">A</td><td colspan="2">①, ② 중 적어도 하나 만족(발달 수준에 부적절하게 6개월 이상 지속)</td></tr>
<tr><td>① [주의력 결핍] ≥ 6
(17세 이상에서는 ≥ 5)
b. 작업, 놀이에 집중 못함
c. 타인 경청 전혀 못함
h. 쉽게 한눈을 팖
a. 부주의한 실수
g. 물건을 잘 잃어버림
I. 할 일을 잘 잊어버림
d. 끝까지 공부/일을 마무리 못(not 안)함
e. 계획적인 공부/일 못함
f. 공부, 숙제 등을 회피</td><td>② [과잉행동] ≥ 6
(17세 이상에서는 ≥ 5)
a. 꼼지락거림
b. 자리에 못 앉아 있고 일어남
c. 부적절하게 뛰어다니고 기어오름(청소년기 : 앉아 있으면 몸이 근질거림)
d. 차분히 놀지 못함
e. 모터가 달린 것처럼 계속 움직임
f. 말이 많음
[충동성]
g. 질문 끝나기 전에 대답
h. 차례를 기다리지 못함
I. 불쑥 끼어들고 참견</td></tr>
<tr><td>B</td><td colspan="2">12세 이전 시작</td></tr>
<tr><td>C</td><td colspan="2">2가지 이상의 환경에서 나타남(집, 학교, 직장 등)</td></tr>
<tr><td>D</td><td colspan="2">학업 사회, 직업기능의 심각한 장애</td></tr>
<tr><td>E</td><td colspan="2">배제진단 - 조현병, 기타 정신장애(기분장애, 불안장애, 해리장애, 인격장애)</td></tr>
</table>

* A(1) 우세 : 부주의함(predominantly inattentive presentation)
  A(2) 우세 : 과잉행동 - 충동성향(predominantly hyperactive/impulsive presentation)
  A(1) / A(2) 비슷 : 혼합형(combined presentation)

라. 틱 장애의 DSM - 5 진단기준 (요약)

	뚜렛 장애	지속성(만성) 운동 / 음성 틱 장애	잠정적 틱 장애
A	틱(갑작스럽고 빠르게 반복되는, 불규칙한 상동적 운동 또는 발성		
	다수의 운동 틱 + 음성 틱	운동 틱 or 음성 틱	
B	1년 이상 지속		1년 미만
C	18세 이전 발병		
D	물질(정신자극제) 및 신체질환(뇌염, 헌팅톤병 등) 배제		
E		뚜렛 장애 아님	뚜렛 장애, 지속성 틱 장애 아님

19 조현 스펙트럼 및 기타 정신증적 장애의 하위유형

• 조현병(Schizophrenia)
• 조현형 성격장애(Schizotypal Personality Disorder)
• 망상장애(Delusional Disorder)
• 단기 정신증적 장애(Brief Psychotic Disorder)
• 조현양상 장애(Schizophreniform Disorder)[1)]
• 조현정동장애
• 긴장성 강직증(Catatonia)

1) 조현양상장애는 ① 조현병과 동일한 임상적 증상을 나타내지만 장애의 지속기간은 1개월 이상 6개월 이하이다. ② 장애의 지속기간이 6개월 이상 지속될 경우에는 진단이 조현병으로 바뀌게 된다. ③ 유병률은 조현병의 절반 정도로 추정되고 있고, 청소년에게 흔하다고 알려져 있다.

조현병의 DSM - 5 진단기준

① 특징적 증상 : 다음 증상 가운데 2개(또는 그 이상)가 있어야 하며, 1개월 중 상당 기간 동안 존재해야 한다(단, 성공적으로 치료된 경우는 짧을 수 있다).

- 망상
- 환각
- 와해된 언어(빈번한 탈선 또는 지리멸렬 → 말이 조리 있게 안 됨)
- 심하게 와해된 행동이나 긴장증적 행동
- 음성 증상, 즉 정서적 둔마, 무논리증 또는 무욕증

※ 주의 : 만약 망상이 기괴하거나, 환각이 계속적으로 행동이나 생각에 대해 간섭하는 목소리이거나, 둘 또는 그 이상이 서로 대화하는 목소리일 경우에는 한 개 증상만 있어도 된다.

② 사회적·직업적 기능부전 : 발병 이후 상당 기간 동안 직업이나 대인 관계, 또는 자기 관리와 같은 하나 또는 그 이상의 주요 생활 영역의 기능 수준이 발병 이전과 비교하여 현저히 감소되어 있는 경우(또는 소아기나 청소년기에 발병될 경우에는 대인관계, 학업 또는 직업 분야에서 적절한 성취를 이루지 못하는 경우)

③ 기간 : 장해의 징후가 적어도 6개월 이상 지속되어야 한다. 6개월의 기간은 진단기준 A를 충족시키는 증상(활성기 증상)이 존재하는, 적어도 1개월의 기간을 포함하고 있어야 하며(또는 성공적으로 치료되면 더 짧을 수 있음), 이 기간은 전구기와 잔류기를 포함할 수 있다. 전구기나 잔류기에는 음성증상만 있거나 진단기준 A에 있는 증상 가운데 2개 이상의 증상이 악화된 형태로 나타난다(예 괴상한 믿음, 이상한 지각적 경험).

④ 조현정동장애와 기분장애의 배제 : 조현정동장애와 정신증적 양상이 있는 기분장애는 다음과 같은 이유로 배제될 수 있다.

- 주요 우울증, 조증 또는 혼재성 삽화가 활성기 증상과 동시에 나타나지 않는다.
- 만약 활성기 증상이 있는 기간 중에 기분 삽화가 발생한다면, 활성기와 잔류기에 비해 전체 삽화의 기간이 상대적으로 짧다.

⑤ 물질 및 일반적인 의학적 상태의 배제 : 장해가 물질(예 남용 약물이나 투약 약물)이나 일반적인 의학적 상태의 직접적인 생리적 효과로 인한 것이 아니다.

망상장애의 DSM - 5 진단기준 (요약)

A	망상이 1개월 이상 지속
B	조현병 진단기준의 A항목을 만족시키지 않음
C	망상과 관련 없는 영역에서의 기능저하나 기괴한 행동은 없음
D~E	배제진단 • D : 기분장애(망상에 동반한 기분삽화가 있을 경우 망상이 있는 기간보다 짧아야 함) • E : 물질 및 신체질환

참고문헌

전공도서

- 고려대학교행동과학연구소(2005), 통합접근 집단상담학술대회 원고 중에서
- 강봉규 외(2001), 현대 상담이론과 실제, 교육과학사
- 고홍월 외(2013), 상담연구방법론, 학지사
- 권대훈(2009), 교육심리학의 이론과 실제(2판), 학지사
- 권석만(2012), 현대 이상심리학, 학지사
- 권석만 외(2000), 이상심리학 총론, 학지사
- 권석만(2003), 현대 이상심리학, 학지사
- 권준수 외(2015), DSM - 5, 학지사
- 권중돈(2005), 인간행동과 사회환경, 학지사
- 김계현(2000), 상담심리학 연구, 학지사
- 김갑중 외(2010) 애착장애로서의 중독, 도서출판 NUN
- 김기원(2002), 사회복지조사론, 나눔의 집
- 김귀환 외(2005), 사회복지조사방법론, 나눔의 집
- 김대현 외1, 교육과정 및 교육평가, 학지사
- 김동민 외(2013), 심리검사와 상담, 학지사
- 김영환 외(2005), 심리검사의 이론과 실제, 학지사
- 김유숙(1998), 가족치료(이론과 실제), 학지사
- 김정택 외(1997), 상담과 심리치료를 위한 변화, 중앙적성출판사
- 김정희 외(2000), 심리학의 이해, 학지사
- 김청택(2011), 통계적 가설검증의 절차와 문제점 그리고 대안, 민속원
- 김태련 외(2004), 발달심리학, 학지사
- 남기철 외(2005), 사회복지실천기법과 지침, 나남출판
- 대한신경정신의학회 편, 신경정신과학, 하나의학사
- 박성희(2004), 상담학 연구방법론, 학지사
- 배병렬(2005), 「Lisrel, 구조방정식 모델 - 이해와 활용 - 」, 청람
- 변영계(1999), 교수 학습이론의 이해, 학지사
- 변영인 외(2003), 돌봄의 기술, 정담미디어
- 송명자(1995), 발달심리학, 학지사
- 송성자(2001), 한국문화와 가족치료, 법문사
- 서울대학교사범대학연구소(1975), [교육용어사전]
- 설동훈, 다문화 가족에 대한 사회적 인식
- 심수명(2001), 평신도 상담자를 위한 집단상담, 서로사랑
- 원호택 외(2000), 이상심리학 총론, 학지사
- 원호택(2003), 이상심리학, 법문사
- 이원혜(경희대학교병원 정신건강의학과), 정신 장애 진단 및 통계 편람, 심리학용어사전, 2014. 4, 한국심리학회
- 이성진(2009), 교육심리학 서설(제3판), 교육과학사
- 이신동 외(2011), 「최신교육심리학」, 학지사
- 이용교 외(2000), 현대청소년복지론, 양서원
- 이장호(2005), 상담심리학의 기초, 학지사
- 이장호(2006), 상담심리학, 박영사
- 이장호(2001), 상담심리학의 기초, 학문사
- 이장호 외(2003), 집단상담의 원리와 실제, 법문사
- 이형득 외(2002), 집단상담, 중앙적성출판사
- 이형득(1992), 상담이론, 교육과학사
- 임규혁 외(2007), 교육심리학(학교학습 효과를 위한), 학지사
- 임인재 외(2003), 심리측정의 원리, 학연사
- 엄명용(2005), 사회복지실천의 이해, 학지사
- 정성란(2013), 집단상담, 학지사
- 정옥분(2004), 발달심리학, 학지사
- 정영숙 외(2010), 사회과학조사방법론
- 전재일(2004), 사회복지실천기술론, 형설출판사
- 정순례 외(2010), 청소년 상담(이론과 실제), 학지사
- 정태신(2000). 인간행동과 사회환경, 광주대학교 출판부
- 조현춘 외(2012), 심리상담과 치료의 이론과 실제, 센게이지러닝
- 최규련(2012), 가족상담 및 치료, 공동체
- 최정윤 외(2000), 이상심리학, 학지사
- 최지영(나사렛대학교 교수), 근거이론의 개념과 연구방법
- 최한나 외 옮김(2013), 상담연구방법론, 양적 질적 혼합적 방법론, 학지사
- 탁진국(2007), 심리검사 개발과 평가방법의 이해, 학지사
- 학지사 / 상식, 빠진 곳 찾기, 어휘 등의 15개 소검사를 이용해 아동의 전반적인 인지기능 평가
- 한상철(2004), 청소년학, 학지사
- Costa, P. T., & McCrae, R. R. (1992).Revised NEO Personality Inventory (NEO - PI - R) and NEO Five - Factor Inventory professional man - ual. Odessa, FL : Psychological Assessment Resources.
- Jeffery Navid 등(2000), 변화하는 세상의 이상행동(제4판)
- Gerald C. Davison, John M. Neale(2000), 이상심리학, 시그마프레스
- Kaufman & Lichtenberger(1999). Essentials of WAIS - III Assessment
- 사티어 한국 지역교육훈련 (자료참고)
- Satir 가족치료모델에 따른 사례연구(2003), 성결대학교
- Segal, Z. V., Williams, J. M. G., & Teasdale, J. D. (2006). 마음 챙김 명상에 기초한 인지치료[Mindfulness - based Cognitive Therapy for Depression : A new approach to preventing relapse]. (이우경, 조선미, 황태연 역). 서울 : 학지사.

간행물

- 김영천, 질적연구방법론, 문음사
- 김용태(2001), 가족치료이론, 학지사
- 김유숙, 가족치료 이론과 실제, 학지사
- 주경미, 수면장애(1), 약학정보원
- 허승희 외. 질적연구방법과 설계, 문음사
- Ian Stewart, Vann Joines 공저, 현대의 교류분석, 학지사
- Updates to DSM-5 Criteria & Text
- 2019 청소년백서

논문 자료

- 경기도 검찰청(2013), 묻지마 범죄자 심층면접을 통한 실증적 원인 분석 및 대응방안 연구
- 권희연, DSM-5와 DSM-Ⅳ-TR의 차이점 및 특수교육 진단 체계에 미치는 영향 : 신경발달장애를 중심으로
- 김창윤 외(2000), 월경전 불쾌기분장애의 이해와 치료, 대한정신약물학회지
- 박원진 외(2019). 분석심리학을 적용한 상담과정과 상담기법에 관한 연구. 산업진흥연구. 4(1) : 67-78.
- 백순근, 현장교육연구에 대한 일 고찰 원고 정리
- 부선희(2003). 제주대학교 석사학위논문/김인경(2009). 부경대학교 석사학위논문.
- 설동훈, 다문화 가족에 대한 사회적 인식. 전북대 사회복지학과
- 원수현(2013), 프랑스판 TAT(주제 통각 검사)에 대한 이론적 검토와 시사점, 상담학연구
- 이창숙, 청소년기 자녀를 둔 이혼을 원하는 부부의 가족상담 사례연구
- 장문선 외(2009), 베트남 참전 고엽제 환자와 한국전쟁 참전 상이군인의 심리적특성에 관한 예비 연구-로샤 반응을 중심으로-, 한국산학기술학회
- 조수영(2015), 청소년의 여가활동에서 비행이 발생하는 원인에 대한 근거 이론적 접근
- 조양제(2009). 입면기 중추성 수면무호흡. J Kor Sleep Soc. Volume 6
- 최성진(2013), DSM-5의 개관, 한국심리학회 연차 학술발표 논문집 2013년 제1호
- 추연구(2014), DSM-5의 개정에서 본 발달장애의 새로운 진단명과 진단 기준 그리고 ASD의 명칭 도입과 ADHD의 변화, 학지사 뉴논문, 재인용
- 허윤석 외(2003). 아동용 문제행동 선별검사의 개발. 대한신경정신의학회지, 42(6), 724-734.
- 한알상담연구회·고려대학교행동과학연구소(2005), 통합접근 집단상담학술대회 원고

수험 도서

- 김형준(2024), 청소년상담사 2급 이론서, 나눔book
- 김형준(2024), 임상심리사 2급 이론서, 나눔book
- 김형준(2024), 직업상담사 2급 이론서, 나눔book
- 김형준(2024), 사회복지사 1급 이론서, 나눔book
- 김형준(2024), 심리학 이론서, 메가공무원

인터넷 사이트

- (사) 한국예술치료학회 광주지부 홈페이지
- (주) 마음사랑 발표자료
- [헤아림] 심리연구소 홈페이지
- 구글, 네이버, 다음 사이트
- 대한심리연구소
- 보건복지부 홈페이지
- 블로그 : https://blog.naver.com/bacajjang
- 서울대학교 병원 홈페이지
- 심리학용어사전(2014), 한국심리학회
- 성평등가족부 홈페이지
- 국가데이터처 홈페이지
- 특수교육학 용어사전(2009), 국립특수교육원
- 한국가족상담소 홈페이지
- 한국산업인력공단 홈페이지
- 한국상담연구원 상담연수 자료
- 한국심리학회 홈페이지
- 한국청소년상담복지개발원 홈페이지
- 현대심리상담연구소 연구자료실
- KORATES EDUCONSULTING 홈페이지
- http://www.icancan.co.kr/new/nlp.html(대한심리연구소)
- 기타 : 학지사, 시그마프레스, (주) 마음사랑 등 다양한 자료에서 인용함

memo

김형준 교수

| 학력 및 경력

- 사회복지학 박사 / 교육학 박사 / 심리학 박사
- 현) 오산대학교 사회복지상담학과 겸임교수
- 현) 노량진 메가공무원학원 심리학 전임교수
- 현) 서울복지상담협동조합 이사장
- 현) 대한민국가족지킴이(비영리 사단법인) 등기이사
- 현) 현) 나눔복지교육원, 나눔book 대표
- 현) 에이치알디이러닝 (주) 대표이사

유상현 교수

| 학력 및 경력

- 상담학 박사 / 전문상담사 1급(No. 847)
- 전) 천안보호관찰소 상담위원
- 현) 제페토상담센터 센터장
- 현) 한국법무보호복지공단 충남지부 상담위원
- 현) 직업상담사2급 전임교수(직업상담학, 나눔복지교육원)
- 현) 직업상담사1급 전임교수(고급직업상담학, 나눔복지교육원)
- 현) 단국대학교 보건복지대학원 강사

2026 청소년상담사 2급 이론서 전과목 통합서

초판 1쇄 발행일	2023년 2월 10일	**개정판 1쇄 발행일**	2026년 1월 2일
발행처	인성재단(나눔book)	**발행인**	조순자
편저자	김형준, 유상현		
디자인	김지원		

정 가 46,000원 **ISBN** 979-11-7491-042-4